Am Ende jedes Abschnitts finden Sie zahlreiche **Übungen**. Nach jedem Abschnitt zweiter Ordnung folgen übergreifende Aufgaben.

Die Übungen enthalten mit dem Schloss-Symbol gekennzeichnete „offene Aufgaben". Zu jeder offenen Aufgabe gibt es auch eine passende „geschlossene Variante".

Aufgaben, die mit dem Symbol oHi Mi gekennzeichnet sind, sollen ohne Hilfsmittel gelöst werden.

Zum Abschluss jedes Abschnitts zweiter Ordnung finden Sie den Kompetenz-Check **„Ich kann …"** sowie einen **Abschluss-Test**. So können erworbene inhaltliche und anwendungsbezogene Kompetenzen überprüft werden.

Übungen zu 2.2.3

1. oHi Mi Gegeben ist die Nachfragefunktion p_N mit $p_N(x) = 16 - 0{,}25x^2$ und die Angebotsfunktion p_A mit $p_A(x) = 2x + 4$.
a) Zeichnen Sie die beiden Funktionsgraphen.
b) Berechnen Sie den Gleichgewichtspreis und die Gleichgewichtsmenge.
c) Ermitteln Sie sowohl die Konsumenten- als auch die Produzentenrente.

2. Auf dem Markt eines Produkts richtet sich die Nachfrage nach der Funktion p_N mit $p_N(x) = 0{,}5 \cdot (36 - x^2)$ und das Angebot nach der Funktion p_A mit $p_A(x) = 0{,}5x^2 + 2$.
a) Bestimmen Sie $D_{ök}$ und stellen Sie die Marktverhältnisse in einem Koordinatensystem dar.
b) Berechnen Sie den Gleichgewichtspreis.
c) Ermitteln Sie sowohl die Konsumenten- als auch die Produzentenrente.

3. oHi Mi Die Grenzkostenfunktion K' ist durch die Gleichung $K'(x) = 1{,}2x^2 - 4{,}8x + 3{,}6$ gegeben. Bei einer Produktion von 10 ME entstehen Gesamtkosten in Höhe von 1540 €.
Bestimmen Sie den Term der Gesamtkostenfunktion K, die Fixkosten und den Term der Durchschnittskostenfunktion k.

4. oHi Mi Für einen Angebotsmonopolisten sind dessen Grenzerlösfunktion E' und die Grenzkostenfunktion K' bekannt:
$E'(x) = -70x + 3500$ und
$K'(x) = 0{,}75x^2 - 60x + 1250$.
a) Ermitteln Sie die Erlös- und die Kostenfunktion des Angebotsmonopolisten. Gehen Sie dabei von 20 000 GE für die Fixkosten aus.
b) Bestimmen Sie die zugehörige Gewinnfunktion und Preis-Absatz-Funktion sowie den ökonomischen Definitionsbereich $D_{ök}$.
c) Bestätigen Sie, dass der Bet… bei 80 ME erreicht, und bes… schwelle.
d) Bestimmen Sie den Courn… tern Sie dessen Bedeutung.
e) Erläutern Sie die Zusamm… hand der entsprechenden G…
f) Untersuchen Sie das Grenz… triebsminimum und das Be…

5. Die JoRo GmbH glaubt, mit einem von ihr entwickelten neuen Joystick einen Gewinn machen zu können, der für die kommenden Jahre durch die Funktion G mit $G(t) = -3t^3 + 180t^2 + 50t - 3000$; $t \in [0; 36]$ beschrieben wird. Dabei wird t in Vierteljahren und G in GE angegeben.
a) Berechnen Sie die Höhe des gesamten Anlaufverlusts.
b) Ermitteln Sie, mit welchem Gewinn die JoRo GmbH insgesamt rechnen kann.

6. Die Marketingabteilung des Unternehmens Handygut hat vor der Markteinführung eines neuen Produkts den Produktlebenszyklus durch die Erlösfunktion E mit $E(x) = -0{,}01x^3 + 0{,}14x^2 + 0{,}28x + 1{,}92$ prognostiziert. Der Graph zeigt den möglichen Verlauf des Erlöses in GE in Abhängigkeit von der Zeit x in Monaten.

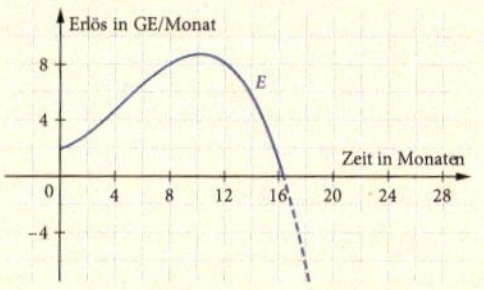

Bereiten Sie einen Vortrag für die nächste Vorstandssitzung vor, in dem die einzelnen Phasen des Lebenszyklus des Produkts erläutert werden.
Beurteilen Sie den möglichen Gesamterlös des neuen Produkts in den ersten sechs Monaten.

Ich kann …

… den **Inhalt von Flächen** berechnen, **die zwischen G_f und der x-Achse** liegen.
▸ Test-Aufgabe 1, 3

$f(x) = x^3 - 4x$
$F(x) = \frac{1}{4}x^4 - 2x^2$

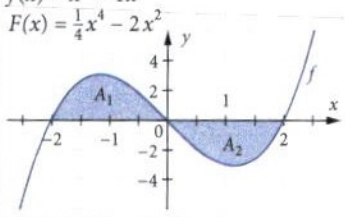

1. Nullstellen: $f(x_N) = 0$
$\Leftrightarrow x_{N_1} = -2; x_{N_2} = 0; x_{N_3} = 2$
2. $A_1 = \int_{-2}^{0} f(x)\,dx = \left[\frac{1}{4}x^4 - 2x^2\right]_{-2}^{0} = 4$
$A_2 = \left|\int_{0}^{2} f(x)\,dx\right| = \left|\left[\frac{1}{4}x^4 - 2x^2 …\right.\right.$
3. $A = A_1 + A_2 = 8$ (FE)

Bei der Berechnung der Flächen muss berücksichtigt werden, ob die Flächen positiv oder negativ orientiert sind, da das bestimmte Integral nur die Flächenbilanz angibt.

1. Nullstellen der Funktion berechnen (→ Integrationsgrenzen).
2. Die Flächeninhalte der Teilflächen mithilfe des bestimmten Integrals ermitteln. Bei negativ orientierten Flächen muss der Betrag des Integrals berechnet werden.
▸ Wenn möglich Symmetrie nutzen: Im Beispiel …

… den Inhalt von **Flächen** berechnen, die **zwischen den Graphen von zwei Funktionen** liegen.
▸ Test-Aufgabe 2

$f(x) = 2x^2 - 2x + 1$ und
$g(x) = x^2 - 2x + 5$

1. $d(x) = f(x) - g(x) = x^2 - 4$
mit $D(x) = \frac{1}{3}x^3 - 4x$
2. $d(x_N) = 0 \Leftrightarrow f(x_N) = g(x_N)$
$\Leftrightarrow x_{N_1} = -2; x_{N_2} = 2$
3. $A = \left|\int_{-2}^{2} d(x)\,dx\right| = \left|\left[\frac{1}{3}x^3 - 4x\right]_{-2}^{2}\right.$

… aufgrund des Änderungsverhaltens einer Größe auf die **Größe** selbst **schließen**.
▸ Test-Aufgabe 4, 6

Die Grenzkosten betragen $K'(x) = 6x^2 - 24x + 30$ und die Fixkosten 112 GE.
$\Rightarrow K(x) = 2x^3 - 12x^2 + 30x +$

… die **Konsumentenrente** (KR) und die **Produzentenrente** (PR) berechnen.
▸ Test-Aufgabe 5

Nachfragefunktion $p_N(x) = -x$
Angebotsfunktion $p_A(x) = \frac{1}{3}x +$
$p_N(x) = p_A(x)$ liefert die Gleichgewichtsmenge $x_G = 6$ und den Marktgleichgewichtspreis $p_G =$
$KR = \int_0^{x_G} (p_N(x) - p_G)\,dx = 18$
$PR = \int_0^{x_G} (p_G - p_A(x))\,dx = 6$

… aus der Entwicklung einer Größe im Zeitablauf auf die **Gesamtheit der Größe** im Zeitintervall schließen.
▸ Test-Aufgabe 6

Absatz eines Produkts:
$a(t) = \frac{3}{8}t^4 - 65t^3 + 1014t^2 + 21$
a in ME, t in Tagen
Gesamter Absatz vom 0. bis 40.
$\int_0^{40} a(t)\,dt = [0{,}075t^5 - 16{,}25t^4 + 3$
$+ 105\,456t^2]_0^{40} = 156$

Test zu 2.2

1. Berechnen Sie den Inhalt der Fläche, die vom Graphen der Funktion f mit $f(x) = x^3 + 2x^2 - 5x - 6$ und der x-Achse eingeschlossen wird.

2. Berechnen Sie den Inhalt der Fläche, die vom Graphen der Funktion f mit $f(x) = 2x^3 - 2x^2 - 2x + 8$ und dem Graphen der Funktion g mit $g(x) = x^3 + 2x^2 + 2x - 8$ eingeschlossen wird.

3. Die Landschaftsgärtnerei Pfeifer wirbt mit dem Slogan „Sie zahlen nur, was wir wirklich verbrauchen". Familie Kalweit möchte eine Terrasse mit Eichenholz-Terrassendielen anlegen lassen. Sie reicht der Gärtnerei eine Planskizze ein und bittet um einen Kostenvoranschlag, in dem die Materialkosten (ohne Unterkonstruktion) gesondert aufgelistet werden.
a) Prüfen Sie, ob die Umrandung der Terrasse durch den Graphen der Funktion f mit $f(x) = -\frac{1}{36}x^4 + \frac{2}{9}x^2 + \frac{32}{9}$ modelliert werden kann.
b) Ermitteln Sie die Materialkosten, wenn der Preis pro Diele (25 × 140 × 4000 mm) 31,60 € beträgt. ▸ 7,90 $\frac{€}{\text{lfm}}$

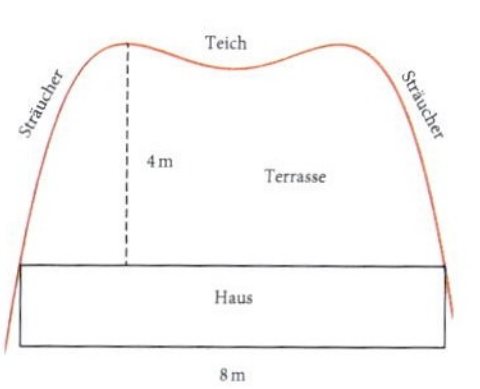

4. Berechnen Sie die gewinnmaximale Absatzmenge, wenn folgende Informationen bekannt sind:
– Grenzkostenfunktion: $K'(x) = x^2 - 2x + 1$
– fixe Kosten: 3 ME
– Grenzerlösfunktion: $E'(x) = 8 - 2x$
Untersuchen Sie, welcher Gewinn bei maximaler Absatzmenge erzielt wird und welcher Preis unter diesen Voraussetzungen gilt.

5. Gegeben sind die Preis-Absatz-Funktion p_N mit $p_N(x) = 0{,}0025 \cdot (200 - x)^2 - 16$ und die Angebotsfunktion p_A mit $p_A(x) = 0{,}02x^2 + 16$; $x \in [0; 120]$.
a) Zeichnen Sie die Graphen beider Funktionen.
b) Bestimmen Sie rechnerisch die Gleichgewichtsmenge und den Gleichgewichtspreis.
c) Berechnen Sie die Konsumenten- und Produzentenrente.

6. Ein Unternehmen möchte ein neues Produkt auf den Markt bringen. Es geht davon aus, dass seine Verkaufschancen durch eine Funktion a wiedergegeben werden können mit $a(t) = -t^3 + 6t^2$.
Dabei zählt t jeweils die Anzahl der Jahreshälften und $a(t)$ steht für die verkauften Mengeneinheiten (1 ME = 1000 Stück) zum Zeitpunkt t.
Das Unternehmen bezieht von seinem Lieferer 93 750 Stück.
a) Ermitteln Sie den Gesamtabsatz bis zu dem Zeitpunkt, in dem der halbjährliche Absatz am größten ist.
b) Ermitteln Sie den Gesamtabsatz bis zu dem Zeitpunkt, in dem der halbjährliche Absatz nicht mehr progressiv steigt.
c) Berechnen Sie den Zeitpunkt, in dem die gelieferte Me…
d) Ermitteln Sie die Anzahl der Produkte, die insgesamt h…

Das Symbol GTR CAS weist darauf hin, dass es im Anhang ein Beispiel gibt, das zeigt, wie man das Problem mit dem GTR (Casio fx-CG20/50 oder TI-*n*spire CX) bzw. CAS (TI-*n*spire CX CAS) löst.

MATHEMATIK
BERUFLICHES GYMNASIUM NIEDERSACHSEN

WIRTSCHAFT – GESUNDHEIT UND SOZIALES | 12/13

Von:
Rolf Schöwe
Jost Knapp
Volker Klotz
unter Mitarbeit der Verlagsredaktion

Beratung:
Alois Graelmann
Elke Preckel

Cornelsen

Dieses Buch enthält Materialien und Aufgaben anderer Bücher der Cornelsen Schulverlage.
An diesen waren neben den zuvor genannten Personen beteiligt:
Garnet Becker, Christoph Berg, Juliane Brüggemann, Elke Effert, Otto Feszler, Werner Fielk, Christoph Fredebeul, Dr. Michael Funcke, Berthold Heinrich, Christa Hermes, Andreas Höing, Mikhail Ioffe, Stefan Konstandin, Daniel Körner, Peter Meier, Hildegard Michael, Georg Ott, Kathrin Rüsch, Dr. Markus Schröder, Robert Triftshäuser, Paul Vaßen, Susanne Viebrock, Simon Winter

Verlagsredaktion: Marielle Böhning, Susann Streller
Redaktionelle Mitarbeit: Angelika Fallert-Müller, Groß-Zimmern
Bildredaktion: Gertha Maly
Illustration: Dietmar Griese, Laatzen
Grafik: CMS – Cross Media Solutions GmbH, Würzburg; Da-TeX Gerd Blumenstein, Leipzig; Martin Frech, Tübingen; zweiband.media, Berlin
Umschlaggestaltung: Elena Blazquez, Recklinghausen; EYES-OPEN, Berlin
Layout: Da-TeX Gerd Blumenstein, Leipzig
Technische Umsetzung: medienfrech.de, Tübingen

www.cornelsen.de

1. Auflage, 1. Druck 2019

Alle Drucke dieser Auflage können im Unterricht nebeneinander verwendet werden.

Druck: Firmengruppe APPL, aprinta Druck, Wemding

ISBN 978-3-06-451631-1 (Schülerbuch)
ISBN 978-3-06-451633-5 (E-Book)

PEFC
PEFC/04-32-0928

PEFC zertifiziert
Dieses Produkt stammt aus nachhaltig bewirtschafteten Wäldern und kontrollierten Quellen.
www.pefc.de

Vorwort

Dieses Mathematikbuch wendet sich an Schülerinnen und Schüler an einem Beruflichen Gymnasium in Niedersachsen. Es wurde passgenau zum neuen Kerncurriculum für die Fachrichtungen Wirtschaft sowie Gesundheit und Soziales entwickelt. Die mathematischen Inhalte werden durch Beispiele aus der Berufs- und Alltagswelt motiviert, insbesondere durch wirtschaftswissenschaftliche und kaufmännische Problemstellungen. Parallel zu der im Kerncurriculum geforderten systematischen Behandlung der mathematischen Gegenstände werden die volks- und betriebswirtschaftlichen Begriffe mindestens so umfassend erläutert, dass Schülerinnen und Schüler auch ohne Vorkenntnisse aus der Ökonomie die berufsbezogenen Probleme mathematisch modellieren und lösen können. Fächerübergreifende Lerninhalte können dadurch in verständlicher Weise mathematisiert werden, ohne dass die Systematik und die Logik der Mathematik verloren gehen.

Ein besonderes Augenmerk der Didaktik und Methodik dieses Buchs gilt dem Kompetenzerwerb der Schülerinnen und Schüler sowie der Handlungsorientierung: Auf der Startseite jedes Abschnitts sind die schwerpunktmäßig zu erwerbenden Kompetenzen ebenso vermerkt wie die berufsbezogenen Anwendungen. Offene Aufgabenstellungen auf den Startseiten, in den Übungen oder im Lehrtext bieten in besonderem Maße Möglichkeiten zum Kompetenzerwerb.

In diesem Buch unterstützt außerdem der geforderte Einsatz grafikfähiger Taschenrechner (GTR) bzw. von Computer-Algebra-Systemen (CAS) den Kompetenzerwerb der Schülerinnen und Schüler. In vielen Beispielen begleiten GTR/CAS-Darstellungen den Rechenweg. Dabei werden Rechner von Casio und Texas Instruments gleichmäßig eingesetzt. Im Anhang des Buchs erfolgt auf 16 Seiten eine Erläuterung der wichtigsten Befehle der zwei Systeme.

Während die Übungsaufgaben grundsätzlich für den GTR/CAS-Einsatz konzipiert sind, werden Aufgaben, die ausdrücklich ohne jegliche Hilfsmittel bewältigt werden sollen, extra durch das Zeichen „oHiMi“ ausgewiesen. Sie dienen der Vorbereitung auf diejenigen Abituraufgaben, die ohne Hilfsmittel bearbeitet werden müssen.

Das Buch für die Jahrgangsstufen 12 und 13 beginnt nach einer Wiederholung der Grundlagen aus der Jahrgangsstufe 11 mit dem Lernbereich 1 „Kurvenanpassung und Funktionsscharen“. Es folgen Lernbereich 2 „Von der Änderung zum Bestand – Integralrechnung“, Lernbereich 3 „Exponentialfunktionen und Wachstumsmodelle“, Lernbereich 4 „Mehrstufige Prozesse – Matrizenrechnung“, Lernbereich 5 „Raumanschauung und Koordinatisierung“ und Lernbereich 6 „Daten und Zufall“. Eine Fülle von Übungsaufgaben dient der Festigung und der Vertiefung des Gelernten und soll zur Übertragung auf andere Problemstellungen anregen. Zahlreiche Aufgaben zur Vernetzung und Prüfungsvorbereitung im 7. Kapitel runden die Übungsmöglichkeiten ab.

Das Buch soll für den Lernenden ein Lernbuch und für den Lehrenden ein Lehrbuch sein: Die mathematischen Inhalte werden in jedem Abschnitt durch eine Vielzahl von Beispielrechnungen in kleine Einheiten zerlegt. Einerseits können so die Lernenden die Problemlösungen durchschauen und selbstständig mit dem Buch arbeiten. Andererseits wird den Lehrenden eine solide Basis geboten, systematisch Mathematik berufsbezogen und problemorientiert zu unterrichten, sodass die geforderten Kompetenzen von den Schülerinnen und Schülern erworben werden können.

Wir danken der Redaktion für die gute Zusammenarbeit.

Rolf Schöwe, Jost Knapp, Volker Klotz

Berufsbezogene Anwendungen:

Inhaltsverzeichnis

Grundlagen

Grundlagen ... 9

1 Kurvenanpassung und Funktionenscharen

Kosten-, Erlös- und Gewinnverläufe
Grenzkosten, Grenzerlöse und Grenzgewinn
Produktlebenszyklus
Angebot und Nachfrage
Minimalkostenkombination
Elastizitäten

1.1 Funktionen im ökonomischen Sachzusammenhang - Terme und Eigenschaften ermitteln ... 17
1.1.1 Steckbriefaufgaben ... 18
1.1.2 Steckbriefaufgaben mit Anwendungen ... 20
1.1.3 Minimalkostenkombination ... 26
1.1.4 ↗ Elastizitäten ... 31

Kosten-, Erlös- und Gewinnverläufe; Produktlebenszyklus
Optimale Losgröße
Minimalkostenkombination
Gewinnmaximum, -minimum in Abhängigkeit von Einflussfaktoren

1.2 ↗ Funktionenscharen ... 45

2 Von der Änderung zum Bestand – Integralrechnung

Gesamterlös

2.1 Der Hauptsatz der Differenzial- und Integralrechnung ... 61
2.1.1 Die Fläche unter einem Graphen – Flächeninhaltsfunktion ... 62
2.1.2 Stammfunktionen und unbestimmte Integrale ... 69
2.1.3 Das bestimmte Integral ... 73

Herleitung von Kosten- und Erlösfunktionen aus Grenzkosten und Grenzerlösen
Gesamtumsatz und -absatz
Konsumenten- und Produzentenrente

2.2 Anwendungen der Integralrechnung ... 83
2.2.1 Flächenberechnungen ... 84
2.2.2 ↗ Volumenberechnungen ... 91
2.2.3 Anwendungen in der Ökonomie ... 96

3 Exponentialfunktionen und Wachstumsmodelle

Wachstumsgeschwindigkeit
Unterjährige und stetige Verzinsung

3.1 Ableitung von Exponentialfunktionen ... 111
3.1.1 Ableitung der natürlichen Exponentialfunktion ... 112
3.1.2 ↗ Exkurs: Stetige Verzinsung ... 114
3.1.3 Produktregel ... 116
3.1.4 Verkettung von Funktionen und Kettenregel ... 118
3.1.5 Ableitung beliebiger Exponentialfunktionen ... 122
3.1.6 ↗ Die Logarithmusfunktion ln als Stammfunktion von $\frac{1}{x}$ ... 124

3.2 Anwendungen von Exponentialfunktionen 129
3.2.1 Untersuchung von Exponentialfunktionen mit Anwendungen 130
3.2.2 ↗ Funktionenscharen mit Anwendungen 138
3.2.3 Integration verknüpfter und verketteter Exponentialfunktionen 143
3.2.4 Wachstumsmodelle 147

Absatz- und Gewinnentwicklung
Produktlebenszyklus
Medikamentendosierungen und -abbau
Wachstumsmodelle, Bevölkerungsentwicklung
Gesamtabsatz, Gesamtgewinn

4 Mehrstufige Prozesse – Matrizenrechnung

4.1 Matrizen und Matrizenverknüpfungen 159
4.1.1 Darstellung und Arten von Matrizen 160
4.1.2 Matrizenverknüpfungen 165

Gozintographen
Transport-, Kosten-, Produktionsmatrix
Produktionsvektor

4.2 Mehrstufige Produktion 179
4.2.1 Zweistufiger Produktionsprozess 180
4.2.2 Gewinnermittlung 183

Rohstoffbedarf
Gewinn; Stück- und Gesamtdeckungsbeitrag

4.3 Lineare Gleichungssysteme 193
4.3.1 Darstellung linearer Gleichungssysteme mithilfe von Matrizen 194
4.3.2 Kriterien für die Lösbarkeit linearer Gleichungssysteme 205
4.3.3 Die inverse Matrix 212

Maschinenbelegungszeiten
Herleitung von Stücklisten mithilfe der Inversen bei mehrstufigen Produktionsprozessen

4.4 Das Leontief-Modell 225

Beschreibung volkswirtschaftlicher Zusammenhänge mithilfe von Verflechtungsdiagrammen und Input-Output-Tabellen

4.5 ↗ Übergangsmatrizen und Populationsentwicklungen 241

Wähler- und Käuferverhalten
zyklische und nicht-zyklische Entwicklungsprozesse

5 Raumanschauung und Koordinatisierung

5.1 Punkte und Vektoren – Maße und Lage im Raum 255
5.1.1 Punkte im Raum 256
5.1.2 Vektoren in der Ebene und im Raum 258
5.1.3 Einfache Vektoroperationen 261
5.1.4 Kollineare Vektoren 267

Aufbau und Konstruktion von Spielgeräten

5.2 Skalarprodukt und Orthogonalität 273
5.2.1 Definition des Skalarprodukts und Rechenregeln 274
5.2.2 Winkel zwischen zwei Vektoren 278

6 Daten und Zufall

Wahrscheinlichkeiten von Güte und Fehlern bei Produktentwicklungen

6.1 Grundbegriffe der Wahrscheinlichkeitstheorie 283
6.1.1 Zufallsexperiment, Ergebnisse und Ereignisse 284
6.1.2 Von der relativen Häufigkeit zur Wahrscheinlichkeit 288
6.1.3 Laplace-Experimente 294
6.1.4 Baumdiagramme und Pfadregeln 296

Wahrscheinlichkeiten bei Produktentwicklungen unter bestimmten Bedingungen

6.2 Bedingte und totale Wahrscheinlichkeit sowie stochastische Unabhängigkeit 303
6.2.1 Bedingte und totale Wahrscheinlichkeit 304
6.2.2 Unabhängigkeit von Ereignissen 312

Gewinn- und Verlustberechnungen
Entwicklung von Prognosen
Investitionsentscheidungen
Preiskalkulation
Vergleich von Maschinenlaufzeiten

6.3 Zufallsgrößen 319
6.3.1 Zufallsgrößen und ihre Verteilungen 320
6.3.2 Erwartungswert, Varianz und Standardabweichung 324

Qualitätskontrolle
Auslastungsmodell

6.4 Binomialverteilung 333
6.4.1 Der Binomialkoeffizient und das Pascal'sche Dreieck 334
6.4.2 Vom Bernoulli-Experiment zur Binomialverteilung 336
6.4.3 Eigenschaften und Kennzahlen der Binomialverteilung 344

Qualitätskontrolle bei stetigen Zufallsgrößen

6.5 ↗ Normalverteilung 359
6.5.1 Approximation der Binomialverteilung 360
6.5.2 Normalverteilung – eine stetige Zufallsgröße 367

Ermittlung von Vertrauensintervallen

6.6 ↗ Beurteilung von Daten 373

7 Vernetzung und Prüfungsvorbereitung

7.1 Aufgabenanalyse und Arbeitsmethodik 381

7.2 Klausur- und Abituraufgaben 394

Anhang

Lösungen der „Alles klar?"-Aufgaben 436

Arbeiten mit dem GTR/CAS 457
Casio fx-CG20/50 458
TI-*n*spire CX und TI-*n*spire CX CAS 465

Glossar 473

Stichwortverzeichnis 477

Grundlagen

Zahlen und Zahlenmengen

Mit Funktionen lassen sich viele Vorgänge und Zusammenhänge unseres alltäglichen Lebens, aber auch des gesamten Universums darstellen, erklären und beurteilen.
Ein großer Teil der Inhalte der Jahrgangsstufe 11 beschäftigte sich daher mit Funktionen, insbesondere mit einer bestimmten Klasse von Funktionen, den ganzrationalen Funktionen.
Im folgenden Wiederholungsteil sind die wichtigsten Eigenschaften der ganzrationalen Funktionen und ihrer Graphen sowie die Verfahren zur Untersuchung von Funktionen noch einmal zusammengestellt.

Funktionen beschreiben eine eindeutige Zuordnung der Elemente aus einer Ausgangsmenge zu den Elementen einer Zielmenge.
Beispiel: Beim Schalter eines Handrührgerätes gibt es die Stellungen 0, I, II und III. Das Gerät funktioniert so: Bei Stufe 0 drehen die Rührbesen sich nicht, auf I langsam, auf II normal und auf III schnell.

Hat das Gerät einen Wackelkontakt und springt auf Stufe I mal an und mal nicht, so liegt keine eindeutige Zuordnung, also keine Funktion vor. Wenn das Gerät hingegen ganz ausfällt und auf keiner Stufe mehr arbeitet, liegt wiederum eine Funktion vor, nämlich eine konstante, die immer den Wert 0 hat.

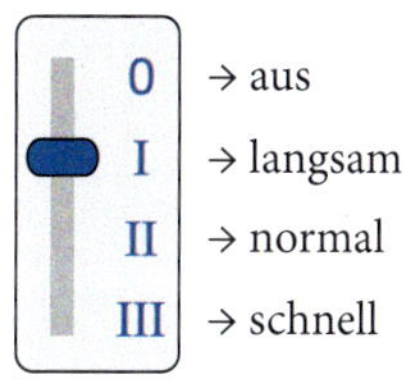

In der Mathematik beschreiben Funktionen in der Regel Beziehungen zwischen Zahlen. Die Zuordnungsvorschrift oder **Funktionsvorschrift** gibt an, wie diese Beziehung hergestellt wird.

Funktionsname, Funktionsvariable, Funktionsterm:

$$\underbrace{f : x \mapsto \overbrace{2x + 5}^{\text{Funktionsterm}}}_{\text{Zuordnungsvorschrift}} \quad \text{oder} \quad f: x \mapsto y$$

Die Funktionsvorschrift ist meist in Form einer Gleichung gegeben, der **Funktionsgleichung**.

Funktionswert:

$$\underbrace{\overbrace{f(x)}^{\text{Funktionswert}} = 2x + 5}_{\text{Funktionsgleichung}} \quad \text{oder} \quad y = 2x + 5$$

Der **Definitionsbereich** D_f (auch Definitionsmenge genannt) umfasst alle Zahlen, die für die Funktionsvariable x zugelassen sind.

In unserem Kontext sind dies normalerweise alle reellen Zahlen. Aus mathematischen Gründen oder bedingt durch einen Sachzusammenhang können Einschränkungen sinnvoll oder sogar notwendig sein.

$f(x) = 2x + 5;\ D_f = \mathbb{R}$

$g(x) = \frac{2}{x};\ D_g = \mathbb{R}\setminus\{0\}$

$E(x) = -2x^2 + 36x;\ D_{ök} = [0; 18]$

h: Tage im Jahr 2015 $\mapsto$ Sonnenstunden;
$D_h = \{x \mid x \in \mathbb{N} \text{ und } x \le 365\}$

In abschnittweise definierten Funktionen gelten verschiedene Zuordnungsvorschriften.

$$v(t) = \begin{cases} -\frac{2}{3}t^3 + 3t^2 & \text{für } 0 \le t \le 3 \\ 9 & \text{für } t > 3 \end{cases} \qquad D_v = [0; \infty[$$

Der **Wertebereich** W_f (auch Wertemenge genannt) umfasst alle Funktionswerte, d. h. alle Elemente der Zielmenge, die einem x aus dem Definitionsbereich zugeordnet werden.

$f(x) = 2x + 5;\ W_f = \mathbb{R}$

$g(x) = \frac{2}{x};\ W_f = \mathbb{R}\setminus\{0\}$

$E(x) = -2x^2 + 36x;\ W_{ök} = [0; 162]$

In einer **Wertetabelle** kann man ausgewählte Wertepaare $(x|f(x))$ oder $(x|y)$ einer Funktion übersichtlich erfassen. Trägt man sämtliche Wertepaare einer Funktion als Punkte in ein Koordinatensystem ein, so erhält man den **Graphen** der Funktion.

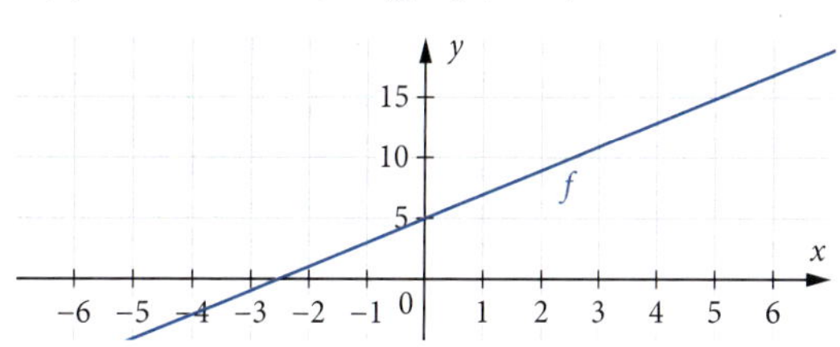

Steigung und Ableitung

Ableitung

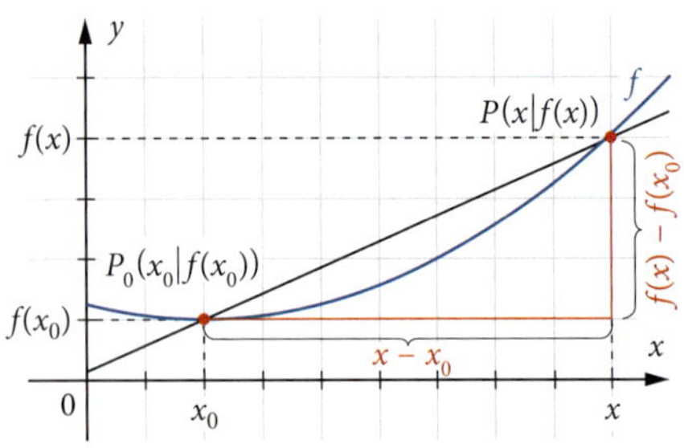

Differenzenquotient: • durchschnittliche Steigung zwischen P_0 und P (Steigung der Sekante) • mittlere Änderungsrate	$m_S = \frac{f(x) - f(x_0)}{x - x_0}$
Differenzialquotient: • Steigung des Graphen im Punkt P_0 (Steigung der Tangente im Punkt P_0) • lokale Änderungsrate = Grenzwert des Differenzenquotienten m_S • 1. Ableitung an der Stelle x_0	$m = \lim\limits_{x \to x_0} m_S$ $= \lim\limits_{x \to x_0} \frac{f(x) - f(x_0)}{x - x_0}$ $= f'(x_0)$

Hilfreich ist oft die Einführung einer Hilfsvariablen h, um die Steigung bzw. Ableitung zu berechnen:

$(x - x_0)$-Methode

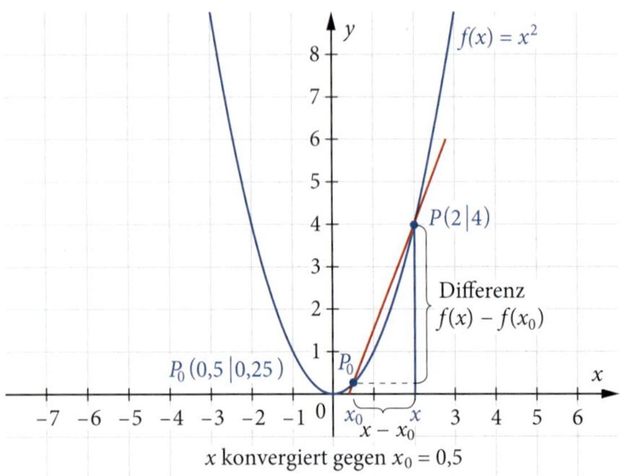

Die Steigung der Tangente errechnen wir als Grenzwert des Differenzenquotienten:

$$\lim_{x \to x_0} \frac{f(x) - f(x_0)}{x - x_0}$$

Die Steigung der Funktion $f(x) = x^2$ an der Stelle $x_0 = 0,5$ berechnen wir durch Einsetzen von $x_0 = 0,5$ und anschließende Umformung:

$$\lim_{x \to 0,5} \frac{f(x) - f(0,5)}{x - 0,5} = \lim_{x \to 0,5} \frac{x^2 - 0,25}{x - 0,5}$$
$$= \lim_{x \to 0,5} \frac{(x - 0,5)(x + 0,5)}{x - 0,5}$$
$$= \lim_{x \to 0,5} (x + 0,5)$$
$$= 0,5 + 0,5 = 1$$

Für die Steigung an der Stelle x_0 erhalten wir so den Wert 1.

h-Methode

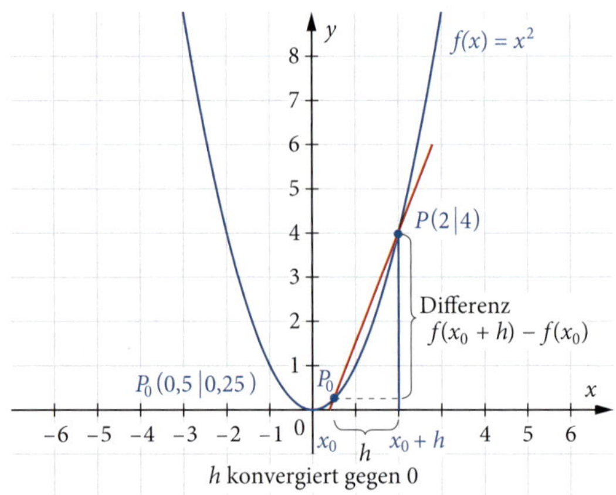

Die Steigung der Tangente errechnen wir als Grenzwert des Differenzenquotienten:

$$\lim_{h \to 0} \frac{f(x_0 + h) - f(x_0)}{h}$$

Die Steigung der Funktion $f(x) = x^2$ an der Stelle $x_0 = 0,5$ errechnen wir durch Einsetzen:

$$\lim_{h \to 0} \frac{f(0,5 + h) - f(0,5)}{h} = \lim_{h \to 0} \frac{(0,5 + h)^2 - 0,25}{h}$$
$$= \lim_{h \to 0} \frac{0,25 + h + h^2 - 0,25}{h}$$
$$= \lim_{h \to 0} \frac{h + h^2}{h} = \lim_{h \to 0} \frac{h(1 + h)}{h}$$
$$= \lim_{h \to 0} (1 + h) = 1$$

Für die Steigung an der Stelle x_0 erhalten wir ebenfalls den Wert 1.

Ableitungsregeln

Mithilfe von **Ableitungsregeln** kann die Ableitung schnell berechnet werden:

Potenzregel:	$f(x) = x^n$	$\Rightarrow f'(x) = n \cdot x^{n-1} \;\; (n \in \mathbb{N})$
Konstantenregel:	$f(x) = c$	$\Rightarrow f'(x) = 0 \;\; (c \in \mathbb{R})$
Faktorregel:	$f(x) = c \cdot g(x)$	$\Rightarrow f'(x) = c \cdot g'(x) \;\; (c \in \mathbb{R})$
Summenregel:	$f(x) = g(x) + h(x)$	$\Rightarrow f'(x) = g'(x) + h'(x)$

Anwendung der **Potenzregel**:
Den Potenzterm mit dem Exponenten multiplizieren.
Den Exponenten vermindern wir um 1.

$f(x) = x \Rightarrow f'(x) = 1$
$f(x) = x^5 \Rightarrow f'(x) = 5x^4$
$f(x) = x^{11} \Rightarrow f'(x) = 11x^{10}$

Anwendung der **Konstantenregel**:
Die Ableitung einer konstanten Funktion ist immer 0.

$f(x) = 0{,}2 \Rightarrow f'(x) = 0$
$f(x) = -3 \Rightarrow f'(x) = 0$

Anwendung der **Faktorregel**:
Wir multiplizieren die Ableitung des Potenzterms mit dem Koeffizienten.

$f(x) = 2x^4 \Rightarrow f'(x) = 2 \cdot 4 \cdot x^3 = 8x^3$
$f(x) = -5x^2 \Rightarrow f'(x) = (-5) \cdot 2 \cdot x = -10x$
$f(x) = 0{,}5x \Rightarrow f'(x) = 0{,}5 \cdot 1 \cdot x^0 = 0{,}5$

Anwendung der **Summenregel**:
Wir leiten die Summanden einzeln ab.

$f(x) = 5x^2 - x = 5x^2 + (-x)$
$\Rightarrow f'(x) = 10x + (-1) = 10x - 1$

Eine ganzrationale Funktion f kann beliebig oft abgeleitet werden.
- f' heißt **erste Ableitung von f**.
- f'' ist die Ableitung von f' und heißt **zweite Ableitung von f**.
- f''' ist die Ableitung von f'' und heißt **dritte Ableitung von f**.
- $f^{(4)}$ ist die Ableitung von f''' und heißt **vierte Ableitung von f**.

Entsprechend können höhere Ableitungen gebildet werden: $f^{(5)}$; $f^{(6)}$; $f^{(7)}$ usw.

Extrem- und Wendepunkte

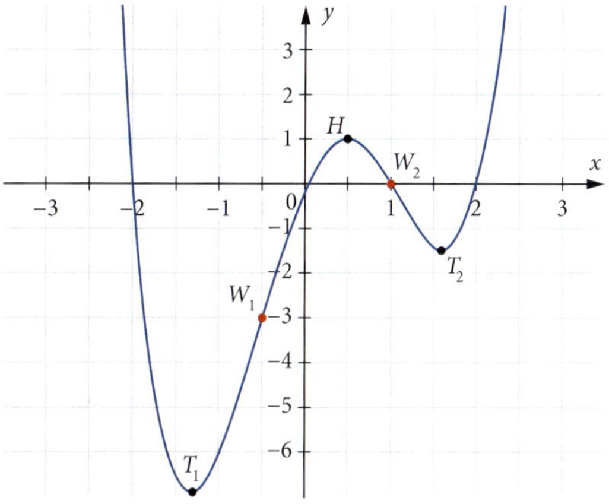

Ein Punkt T, dessen unmittelbar benachbarte Punkte auf dem Graphen links und rechts von ihm einen größeren Funktionswert haben, heißt **lokaler Tiefpunkt** des Graphen von f.
Ist $T(x_{E_1}|f(x_{E_1}))$ ein lokaler Tiefpunkt, so heißt die Stelle x_{E_1} **lokale Minimalstelle** und der zugehörige $f(x_{E_1})$-Wert **lokales Minimum**.
Ist der Tiefpunkt kleiner als **alle** anderen Funktionswerte, so heißt T **globaler** oder **absoluter Tiefpunkt**.

Ein Punkt H, dessen unmittelbar benachbarte Punkte auf dem Graphen links und rechts von ihm einen kleineren Funktionswert haben, heißt **lokaler Hochpunkt** des Graphen von f.
Ist $H(x_{E_2}|f(x_{E_2}))$ ein lokaler Hochpunkt, so heißt die Stelle x_{E_2} **lokale Maximalstelle** und der zugehörige $f(x_{E_2})$-Wert **lokales Maximum**.
Ist der Hochpunkt größer als **alle** anderen Funktionswerte, so heißt H **globaler** oder **absoluter Hochpunkt**.

Allgemein heißt ein Punkt $W(x_W|f(x_W))$, an dem sich das Krümmungsverhalten eines Graphen von f verändert, **Wendepunkt** des Graphen. Seine Stelle x_W heißt **Wendestelle**.

Funktionsuntersuchung bei ganzrationalen Funktionen

Bei der Untersuchung der einzelnen Merkmale ist stets der **Definitionsbereich** der Funktion zu beachten. Für ganzrationale Funktionen gilt $D = \mathbb{R}$, sofern kein Sachzusammenhang eine Einschränkung erfordert.

1. Symmetrieeigenschaften

Achsensymmetrie zur *y*-Achse: Bedingung $f(-x) = f(x)$ prüfen.
Alternativ prüfen: nur geradzahlige Exponenten im Funktionsterm
Punktsymmetrie zum Ursprung: Bedingung $f(-x) = -f(x)$ prüfen.
Alternativ prüfen: nur ungeradzahlige Exponenten im Term

2. Globalverlauf

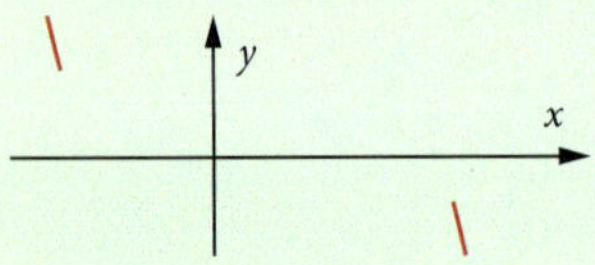

Verhalten von $f(x)$ für $x \to -\infty$ und $x \to +\infty$ prüfen.
Verlauf des Graphen durch die Quadranten des Koordinatensystems beschreiben.

3. Achsenschnittpunkte

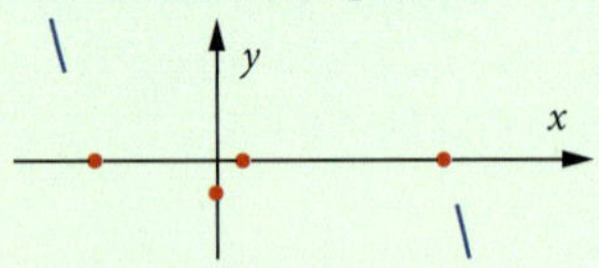

***y*-Achsenschnittpunkt:** $f(0)$ berechnen und $S_y(0|f(0))$ angeben.
***x*-Achsenschnittpunkte:** Mit der Bedingung $f(x_N) = 0$ die Nullstellen berechnen.
Punkte $N(x_N|0)$ angeben; dabei ggf. Symmetrie ausnutzen.

4. Ableitungen

Die **Gleichungen von f', f'' und f'''** angeben.

5. Extrempunkte

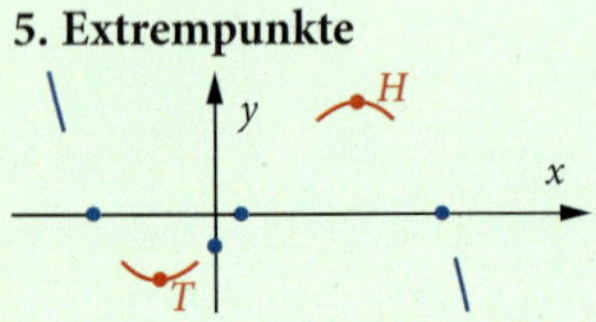

Mit der **notwendigen Bedingung $f'(x_E) = 0$** Kandidaten für Extremstellen ermitteln.
Hinreichende Bedingung für jeden der Kandidaten prüfen:
VZW-Kriterium oder 1. Kriterium für f':
$f'(x)$ wechselt bei x_E Vorzeichen von „+" nach „−" $\Rightarrow$ x_E Maximalstelle
$f'(x)$ wechselt bei x_E Vorzeichen von „−" nach „+" $\Rightarrow$ x_E Minimalstelle
2. Kriterium für f':
$f''(x_E) < 0 \quad \Rightarrow \quad x_E$ Maximalstelle
$f''(x_E) > 0 \quad \Rightarrow \quad x_E$ Minimalstelle
Punkte $H(x_E|f(x_E))$ und $T(x_E|f(x_E))$ angeben; dabei ggf. Symmetrie ausnutzen.

6. Wendepunkte

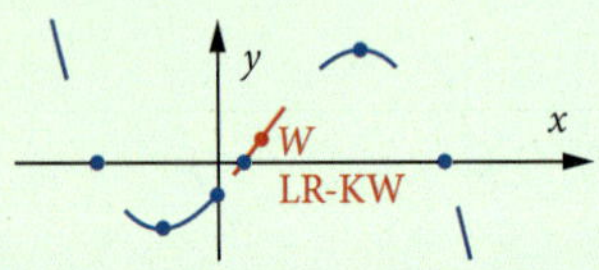

Mit der **notwendigen Bedingung $f''(x_W) = 0$** Kandidaten für Wendestellen ermitteln.
Hinreichende Bedingung für jeden der Kandidaten prüfen:
VZW-Kriterium oder 1. Kriterium für f'':
$f''(x)$ wechselt bei x_W Vorzeichen von „+" nach „−" $\Rightarrow$ x_W Wendestelle mit Links-Rechts-Krümmungswechsel (LR-KW)
$f''(x)$ wechselt bei x_W Vorzeichen von „−" nach „+" $\Rightarrow$ x_W Wendestelle mit Rechts-Links-Krümmungswechsel (RL-KW)
2. Kriterium für f'':
$f'''(x_W) < 0 \Rightarrow x_W$ Wendestelle $\to$ mit LR-KW
$f'''(x_W) > 0 \Rightarrow x_W$ Wendestelle $\to$ mit RL-KW
Für die Untersuchung auf Sattelstellen die Bedingung $f'(x_W) = 0$ prüfen.
Punkte $W(x_W|f(x_W))$ bzw. $S(x_W|f(x_W))$ und Krümmungsänderung angeben; dabei ggf. Symmetrie ausnutzen.

7. Graph

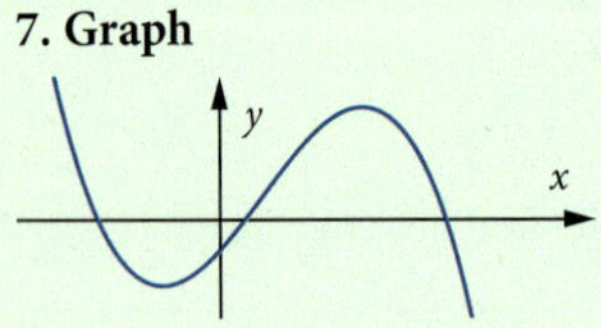

Ermittelte Punkte in ein Koordinatensystem eintragen. Ggf. Punkte mittels einer Wertetabelle ergänzen. Verlauf des Graphen zeichnen.

Untersuchung einer ganzrationalen Funktion 4. Grades

Diskutieren Sie die Funktion f mit $f(x) = -x^4 + 6x^2 - 5$ und dem Definitionsbereich $D_f = \mathbb{R}$.

Symmetrie: Da der Funktionsterm nur x-Potenzen mit geradzahligen Exponenten enthält, ist der Graph symmetrisch zur y-Achse.

Für alle $x \in \mathbb{R}$ gilt:
$f(-x) = -(-x)^4 + 6(-x)^2 - 5$
$= -x^4 + 6x^2 - 5 = f(x)$

Globalverlauf: Da der Leitkoeffizient negativ ist, verläuft der Graph vom III. in den IV. Quadranten.

Für alle $x \in \mathbb{R}$ gilt:
$f(x) \to -\infty$ für $x \to -\infty$
$f(x) \to -\infty$ für $x \to +\infty$

***y*-Achsenschnittpunkt:** $S_y(0|-5)$

$f(0) = -5$

***x*-Achsenschnittpunkte:** Die Bedingung für Nullstellen lautet: $f(x_N) = 0$.
Da alle Exponenten geradzahlig sind, können wir das Substitutionsverfahren verwenden.

Die Funktion f hat die Nullstellen $-\sqrt{5}$; -1; 1 und $\sqrt{5}$. Der Graph schneidet die x-Achse also in den Punkten $N_1(-\sqrt{5}|0)$, $N_2(-1|0)$, $N_3(1|0)$ und $N_4(\sqrt{5}|0)$.

$-x_N^4 + 6x_N^2 - 5 = 0$
$\Leftrightarrow \quad x_N^4 - 6x_N^2 + 5 = 0 \qquad |\, x_N^2 = z$
$\Leftrightarrow \quad z^2 - 6z + 5 = 0$
$\Leftrightarrow \quad z = 3 - \sqrt{(-3)^2 - 5}$ oder $z = 3 + \sqrt{(-3)^2 - 5}$
$\Leftrightarrow \quad z = 1$ oder $z = 5 \qquad |\, z = x_N^2$
$\Leftrightarrow \quad x_N^2 = 1$ oder $x_N^2 = 5$
$\Leftrightarrow \quad x_N = -1$ oder $x_N = 1$ oder $x_N = -\sqrt{5}$ oder $x_N = \sqrt{5}$

Ableitungen: Wir bilden f', f'' und f'''.

$f'(x) = -4x^3 + 12x$
$f''(x) = -12x^2 + 12$
$f'''(x) = -24x$

Extrempunkte: Wir berechnen die Nullstellen von f'.

Durch Ausklammern faktorisieren wir den Term, um den Satz vom Nullprodukt anwenden zu können.
Wir erhalten drei Kandidaten: 0; $-\sqrt{3}$; $\sqrt{3}$.

Notwendige Bedingung: $f'(x_E) = 0$
$-4x_E^3 + 12x_E = 0$
$\Leftrightarrow \quad -4x_E \cdot (x_E^2 - 3) = 0$
$\Leftrightarrow \quad -4x_E = 0$ oder $x_E^2 - 3 = 0$
$\Leftrightarrow \quad x_E = 0$ oder $x_E = -\sqrt{3}$ oder $x_E = \sqrt{3}$

Diese prüfen wir mit der hinreichenden Bedingung.
Wegen $f'(0) = 0$ und $f''(0) > 0$ ist 0 Minimalstelle.
Wegen $f'(-\sqrt{3}) = 0$ und $f''(-\sqrt{3}) < 0$ ist $-\sqrt{3}$ Maximalstelle. Aufgrund der Symmetrie ist dann auch $\sqrt{3}$ Maximalstelle.

Hinreichende Bedingung: $f'(x_E) = 0$ und $f''(x_E) \neq 0$

$x_E = 0$: $f'(0) = 0$ und $f''(0) = 12$
$x_E = -\sqrt{3}$: $f'(-\sqrt{3}) = 0$ und $f''(-\sqrt{3}) = -24$
$x_E = \sqrt{3}$: $f'(\sqrt{3}) = 0$ und $f''(\sqrt{3}) = -24$

Mit der Funktionsgleichung von f erhalten wir den Tiefpunkt $T(0|-5)$, den Hochpunkt $H_1(-\sqrt{3}|4)$ und aus Symmetriegründen auch $H_2(\sqrt{3}|4)$.

$f(0) = -5$; $f(-\sqrt{3}) = 4$; $f(\sqrt{3}) = 4$

Wendepunkte: Wir bestimmen die Nullstellen von f''.

Durch Umstellen und Wurzelziehen erhalten wir die Lösungen -1 und 1 als Kandidaten für Wendestellen.

Notwendige Bedingung: $f''(x_W) = 0$
$-12x_W^2 + 12 = 0$
$\Leftrightarrow \quad x_W^2 = 1$
$\Leftrightarrow \quad x_W = -1$ oder $x_W = 1$

Diese prüfen wir mit der hinreichenden Bedingung.
Wegen $f''(-1) = 0$ und $f'''(-1) > 0$ ist -1 Wendestelle mit RL-Übergang des Graphen.
Wegen $f''(1) = 0$ und $f'''(1) < 0$ ist 1 Wendestelle mit LR-Übergang des Graphen.

Hinreichende Bedingung: $f''(x_W) = 0$ und $f'''(x_W) \neq 0$

$x_W = -1$: $f''(-1) = 0$ und $f'''(-1) = 24$

$x_W = 1$: $f''(1) = 0$ und $f'''(1) = -24$

▶ Fortsetzung auf der nächsten Seite

Mit der Gleichung von f erhalten wir $W_1(-1|0)$ und wegen der Symmetrie $W_2(1|0)$.
Die Bedingung $f'(x_W) = 0$ ist für $x_W = -1$ nicht erfüllt. Also ist W_1 kein Sattelpunkt. Aufgrund der Symmetrie gilt dies auch für W_2.

Graph: Zum Zeichnen nutzen wir die ermittelten Punkte und Eigenschaften, insbesondere die Symmetrie des Graphen. Als zusätzliche Hilfe kann eine Wertetabelle dienen.

x	0	0,5	1	1,5	2	2,5
$f(x)$	−5	−3,5625	0	3,4375	3	−6,5625

$f(-1) = 0;\ f(1) = 0$

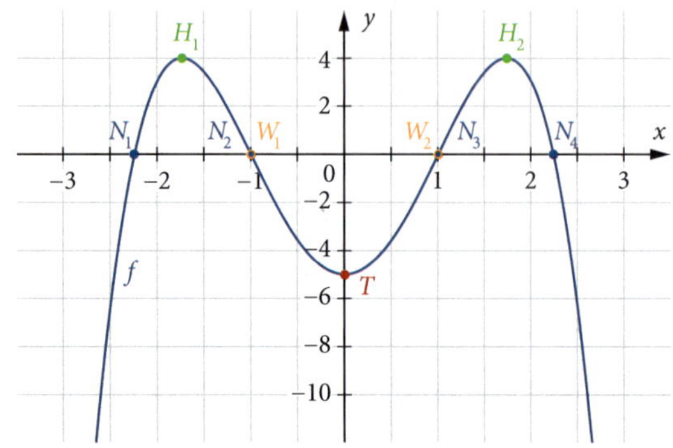

Tangentengleichungen

Zeichnen Sie für die Funktion f mit $f(x) = -x^4 + 6x^2 - 5$ aus dem vorangegangenen Beispiel in den Achsenschnittpunkten, Extrempunkten und Wendepunkten jeweils die Tangente an den Graphen.
Stellen Sie auch deren Gleichung auf.

Die Tangenten in den Extrempunkten haben die Steigung 0. Mithilfe der y-Koordinaten lassen sich die Gleichungen daher unmittelbar angeben.

Für die übrigen Punkte wird die Steigung mithilfe der 1. Ableitung bestimmt.
Einsetzen des Steigungswerts sowie der Koordinaten des Punkts in die allgemeine Gleichung $y = mx + n$ liefert den y-Achsenabschnitt.

Auch bei der Angabe der Tangentengleichungen kann die Achsensymmetrie des Graphen von f genutzt werden.

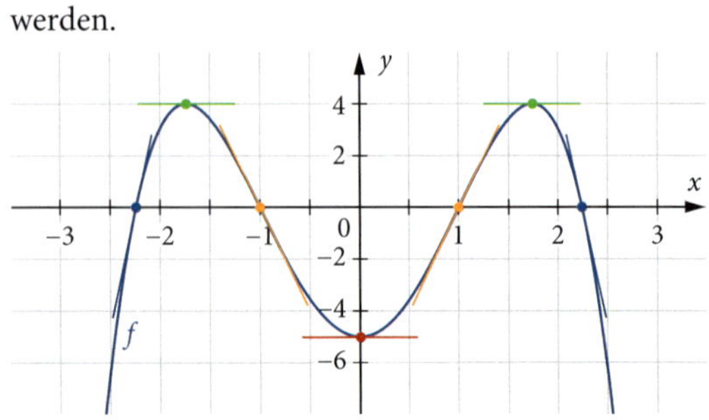

$H_1(-\sqrt{3}|4)$: $t(x) = 4$
$T(0|-5)$: $t(x) = -5$
$H_2(\sqrt{3}|4)$: $t(x) = 4$

$f'(x) = -4x^3 + 12x$

$N_1(-\sqrt{5}|0)$: $f'(-\sqrt{5}) = 8\sqrt{5} \Rightarrow m_t = 8\sqrt{5}$
$y = mx + n$
$0 = 8\sqrt{5} \cdot (-\sqrt{5}) + n$
$\Leftrightarrow \quad n = 40$
$\Rightarrow t(x) = 8\sqrt{5}\,x + 40$

$N_4(\sqrt{5}|0)$: $t(x) = -8\sqrt{5}\,x + 40$ ▶ Symmetrie

$W_1(-1|0)$: $f'(-1) = -8 \rightarrow m_t = -8$
$y = mx + n$
$0 = -8 \cdot (-1) + n$
$\Leftrightarrow \quad n = -8$
$\Rightarrow t(x) = -8x - 8$

$W_2(1|0)$: $t(x) = 8x - 8$ ▶ Symmetrie

Übungen

Führen Sie eine vollständige Funktionsuntersuchung durch.

a) $f(x) = 1{,}8x^2 + 18x + 28{,}8$
b) $f(x) = -\frac{1}{24}x^4 + \frac{1}{3}x^3$
c) $f(x) = 2{,}25x^4 - 18x^2$
d) $f(x) = -0{,}3x^3 + 3{,}6x^2$
e) $f(x) = -\frac{4}{9}x^2 + \frac{8}{3}x - 4$
f) $f(x) = -\frac{1}{9}x^3 - \frac{1}{3}x^2 + 5x + 15$
g) $f(x) = -0{,}4x^3 - 1{,}8x^2 - 5$
h) $f(x) = \frac{1}{4}x^4 + x^3 - 2x$
i) $f(x) = \frac{4}{3}x^3 - 144x$
j) $f(x) = -0{,}25x^4 + 1{,}25x^2 - 1$
k) $f(x) = 0{,}5x^4 + 2x^3 + 3x^2 + 2x$
l) $f(x) = 0{,}2x^3 - 2{,}4x^2 + 9{,}6x - 14{,}4$

Übungen mit wirtschaftlichen Anwendungen

Tipp: Die ökonomischen Fachbegriffe können Sie im Glossar ab Seite 473 nachschlagen.

1. Begründen Sie, warum bei linearen Kosten- und Erlösfunktionen
a) die Grenzkosten und der Preis konstant sind,
b) die Graphen von K' und k_v zusammenfallen,
c) es kein Stückkostenminimum gibt und
d) für $x > 0$ die Stückkosten höher als die Grenzkosten sind.

2. Die folgende Tabelle gibt die Stückkosten k, die variablen Stückkosten k_v und die Grenzkosten K' zur ertragsgesetzlichen Kostenfunktion K an (x in ME; $K(x)$ in GE).

x	1	2	3	4	5	6	7	8
$k(x)$	20,1	12,4	9,7	8,4	7,78	7,6	7,76	8,2
$k_v(x)$	5,7	5,2	4,9	4,8	4,9	5,2	5,7	6,4
$K'(x)$	5,1	4,4	4,3	4,8	5,9	7,6	9,9	12,8

Beurteilen Sie die Richtigkeit der Aussagen und Ihre Rechnungen allein mithilfe der Tabellenwerte. Gehen Sie dabei jeweils von ganzzahligen Lösungen für x aus.
a) Bestimmen Sie den Bereich degressiv steigender Kosten.
b) Das Betriebsoptimum liegt bei 6 ME.
c) Berechnen Sie die Fixkosten.
d) Ermitteln Sie das Betriebsminimum.
e) Das Grenzkostenminimum liegt bei 7 ME.
f) Der Unterschied zwischen kurz- und langfristiger Preisuntergrenze beträgt 2,8 GE.

3. Die Fly Bike Werke GmbH möchte ihre speziellen Senioren-City-Bikes einführen und hat für sich eine Angebots- und eine Nachfragefunktion ermittelt.

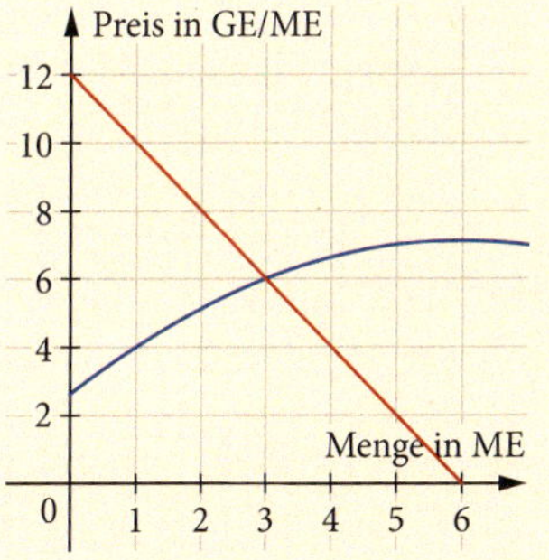

a) Entscheiden Sie begründet, welcher Funktionsterm für die Angebotsfunktion p_A und welcher für die Nachfragefunktion p_N steht, wenn das Unternehmen die beiden Funktionen $p(x) = -0{,}125x^2 + 1{,}5x + 2{,}625$ und $p(x) = -2x + 12$ ermittelt hat. Ordnen Sie die Funktionsterme den Graphen zu.
b) Berechnen Sie den Höchstpreis und die Sättigungsmenge.
c) Ermitteln Sie das Marktgleichgewicht.
d) Bestimmen Sie die angebotene Menge bei einem Preis von 5 GE/ME und den Preis bei einer Nachfragemenge von 2 ME.
e) Ermitteln Sie zunächst zeichnerisch den Angebotsüberschuss bei einem Preis von 7 GE/ME sowie den Nachfrageüberschuss bei einem Preis von 4 GE/ME und überprüfen Sie Ihre Ergebnisse rechnerisch.
f) Berechnen Sie die Preise bei einem Angebotsüberschuss von 1,5 ME und bei einem Nachfrageüberschuss von 2 ME.
g) Untersuchen Sie, wie sich das Marktgleichgewicht verändert, wenn der Höchstpreis um 2 GE/ME sinkt bei ansonsten gleich bleibenden Bedingungen.

4. Die Funktion a mit $a(t) = 0{,}5t^3 - 12t^2 + 72t$ gibt den Absatz eines Fahrradtyps der Fly Bike Werke GmbH im Laufe eines Geschäftsjahrs an. Hierbei steht t für die Monate und $a(t)$ für den Absatz in 1000 Stück.
a) Erläutern Sie, warum der Definitionsbereich $D_a = [0; 12]$ als sinnvoll zu erachten ist.
b) Ermitteln Sie, in welchem Monat der Absatz des Fahrradtyps maximal ist. Geben sie den zugehörigen Absatz an.
c) Untersuchen Sie, zu welchem Zeitpunkt die Fly Bike Werke GmbH mit dem größten Absatzanstieg rechnen kann, und beziffern Sie diesen.
d) Berechnen Sie den größten Absatzrückgang des Fahrradtyps sowie den Zeitpunkt, zu dem dieser zu erwarten ist.
e) Zeichnen Sie den Graphen von a und beschreiben Sie den Lebenszyklus des Fahrradtyps.

5. Die Fly Bike Werke GmbH produziert verschiedene Zubehörteile gemäß der Kostenfunktion K mit $K(x) = 1{,}75x^3 - 15{,}75x^2 + 47{,}25x + 43{,}75$; $D_{ök} = [0; 8]$.

a) Bestimmen Sie jeweils die zugehörige Ausbringungsmenge und den Betrag der minimalen Grenzkosten sowie der kurzfristigen und langfristigen Preisuntergrenze und erklären Sie jeweils deren ökonomische Bedeutung.

b) Mit dem Tacho „Überblick“ befindet sich die Fly Bike Werke GmbH in vollständiger Konkurrenz und bietet den Tacho zum Preis von 38,72 € pro Stück an. Ermitteln Sie die Gewinnzone sowie das Gewinnmaximum und zeichnen Sie die Graphen von K, E und G in ein Koordinatensystem ein.

c) Der Tacho „Selfspeed“ wird nur von der Fly Bike Werke GmbH gemäß der Nachfragefunktion p_N mit $p_N(x) = -11x + 88$; $D_{ök} = [0; 8]$ angeboten. Bestimmen Sie die Gewinnzone, das Gewinnmaximum sowie den Cournot'schen Punkt, erklären Sie jeweils deren ökonomische Bedeutung und zeichnen Sie die Graphen von p_N, K, E und G in das Koordinatensystem von Teil b) ein.

d) Zeichnen Sie die Graphen von p_N, k, K' und E' in ein neues Koordinatensystem, bestimmen Sie die Gewinnzone zeichnerisch sowie rechnerisch mithilfe der Funktionen k und p_N und begründen Sie, warum die Gleichung $k(x) = p_N(x)$ auch zur Berechnung der Gewinnzone führt.

e) Ermitteln Sie den Cournot'schen Punkt zeichnerisch sowie rechnerisch mithilfe der Funktionen K' und E' und begründen Sie, warum die Gleichung $K'(x) = E'(x)$ auch zur Berechnung der gewinnmaximalen Ausbringungsmenge führt.

f) Vergleichen Sie beide Zeichnungen unter ökonomischen Aspekten.

6. Die JoRo GmbH produziert hochwertige Chips gemäß der ertragsgesetzlichen Kostenfunktion K mit $K(x) = 0{,}2x^3 - 1{,}8x^2 + 6x + 18$; $D_{ök} = [0; 9]$.

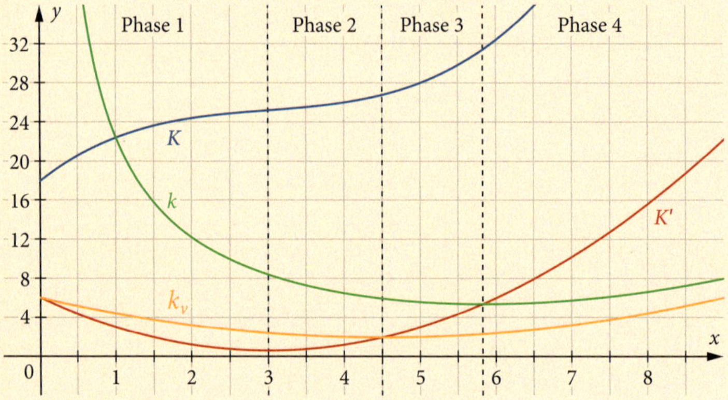

a) Beschreiben Sie die vier Kostenphasen, indem Sie das Monotonie- und Krümmungsverhalten der einzelnen Kostenfunktionen untersuchen und unter ökonomischen Gesichtspunkten betrachten.

b) Berechnen Sie die Übergangsstellen der einzelnen Kostenphasen und erklären Sie deren ökonomische Bedeutungen. Bestimmen und erläutern Sie auch die zugehörigen Punkte.

c) Zeigen Sie allgemein, dass im Betriebsminimum x_{BM} die Gleichung $K'(x_{BM}) = k_v(x_{BM})$ und im Betriebsoptimum x_{BO} die Gleichung $K'(x_{BO}) = k(x_{BO})$ gilt.

d) Ermitteln Sie das Betriebsoptimum zeichnerisch mithilfe einer Tangente an den Graphen von K und zeigen Sie damit, dass die Kostenphasen 1 bis 3 der unterproportionalen Kostenphase und die Phase 4 der überproportionalen Kostenphase entsprechen.

e) Die JoRo GmbH steht beim Verkauf ihrer Chips in vollständiger Konkurrenz und erzielt ihre Gewinne gemäß der Gewinnfunktion G mit $G(x) = -0{,}2x^3 + 1{,}8x^2 + 0{,}5x - 18$; $D_{ök} = [0; 9]$.
Bestimmen Sie den Verkaufspreis, die Gewinnzone und das Gewinnmaximum der JoRo GmbH und zeichnen Sie die Graphen von E und G in die vorhandene Zeichnung ein.

f) Zeichnen Sie die Graphen von K', k, p und G in ein neues Koordinatensystem und zeigen Sie, dass bei vollständiger Konkurrenz die Preis-Absatz-Funktion p der Grenzerlösfunktion E' entspricht.

g) Bestimmen Sie die Gewinnzone zeichnerisch sowie rechnerisch mithilfe der Funktionen k und p und begründen Sie, warum die Gleichung $k(x) = p(x)$ auch zur Berechnung der Gewinnzone führt.

h) Ermitteln Sie die gewinnmaximale Ausbringungsmenge zeichnerisch sowie rechnerisch mithilfe der Funktionen K' und p und begründen Sie, warum die Gleichung $K'(x) = p(x)$ auch zur Berechnung der gewinnmaximalen Ausbringungsmenge führt.

i) Vergleichen Sie beide Zeichnungen unter ökonomischen Aspekten.

1 Kurvenanpassung und Funktionenscharen

1.1 Funktionen im ökonomischen Sachzusammenhang – Terme und Eigenschaften ermitteln

Zu Beginn des Schuljahres wird am Schulkiosk der für alle Klassen verbindliche Taschenrechner zu einem günstigen Preis angeboten. Nach 8 Schultagen ist ein Großteil der bestellten 200 Stück schon verkauft, sodass sich die Frage einer Nachbestellung stellt.

„Wenn man wüsste, wie hoch der Bedarf noch ist! Heute haben wir zum Beispiel mehr verkauft als an den ganzen Tagen vorher", stellt Judith mit Blick auf die bisherigen Verkaufszahlen fest.

„Das liegt wahrscheinlich daran, dass in den Klassen noch mal darauf hingewiesen wurde", mischt Dominik sich ein. „Möglicherweise wirkt sich das auch in den nächsten Tagen noch aus. Ich meine, wir müssen auf jeden Fall noch welche nachbestellen, und zwar mindestens 100 oder 150 Stück. Auf der Homepage steht, dass wir 520 neue Schüler haben, und die brauchen doch alle einen, oder?"

„Einige haben sich vielleicht schon selbst einen gekauft oder bekommen ihn von ihren Geschwistern. Aber im Prinzip hast du natürlich Recht. Wenn wir jetzt allerdings zu viele nachbestellen und darauf sitzen bleiben, können wir nachher die Rechnung nicht bezahlen", entgegnet Eileen. „Vielleicht machen wir vorher eine Umfrage in den neuen Klassen."

Da fällt Judith etwas ein: „Könnt ihr euch noch erinnern, als Hendrik in Mathe gefragt hat, wofür man Funktionen eigentlich braucht? Da hieß es, dass man damit auch Vorhersagen machen kann." „Aber wir haben keine Funktion", wendet Eileen ein. Doch Judith lässt sich nicht beirren: „Die müssen wir uns natürlich erst basteln. Immerhin haben wir ja die Liste. Man könnte die Zahlen in ein Koordinatensystem eintragen. Bei null geht es los."

Datum	Verkaufte Stückzahl	Unterschrift	Bemerkungen
Mo. 25.08.	---	---	---
Di. 26.08.	15	Eileen Müller	
Mi. 27.08.	20	Dominik Meier	Zu wenig Wechselgeld
Do. 28.08.	22	Judith Schulze	
Fr. 29.08.	21	A. Schmitz	Schönes WE ☺
Mo. 01.09.	20	J. Schulze	
Di. 02.09.	18	DoM	
Mi. 03.09.	19	A. Schmitz	
Do. 04.09.	24	E. Müller	Nachbestellen?
Fr. 05.09.			
Mo. 08.09.			
Di. 09.09.			

Dominik findet Judiths Idee gut und schlägt vor: „Kannst du uns die Zeichnung schicken, wenn du sie fertig hast? Dann kann jeder überlegen, welche Funktion in Frage kommt."

▶ Aufgabe 3 auf Seite 38

Kompetenzen

- Wirtschaftliche Zusammenhänge mathematisch modellieren
- Lösungsstrategien entwickeln und bewerten
- Steckbriefaufgaben lösen
- Minimalkostenkombinationen und Elastizitäten berechnen

Anwendungen

- Kostenverläufe bewerten
- Mengenkombinationen ermitteln
- Kosten-, Preis- und Mengenrelationen beschreiben

1

1.1 Funktionen im ökonomischen Sachzusammenhang – Terme und Eigenschaften ermitteln

1.1.1 Steckbriefaufgaben

Wir konnten verschiedene Eigenschaften einer gegebenen Funktion durch eine Kurvendiskussion ermitteln. Anschließend waren wir in der Lage, ihren Graphen zu zeichnen. In der Praxis ist es häufig umgekehrt. Uns sind verschiedene Eigenschaften einer Funktion bekannt und wir müssen den zugehörigen Funktionsterm ermitteln.

1 Aufstellen eines Funktionsterms

Bestimmen Sie mithilfe des Gauß´schen Eliminationsverfahrens die Funktionsgleichung einer ganzrationalen Funktion dritten Grades, für die Folgendes gilt: Ihr Graph verläuft durch den Punkt $(2|-2)$. Sie besitzt im Punkt $T(3|0)$ einen Tiefpunkt und an der Stelle $\frac{4}{3}$ eine Wendestelle.

$f(x) = ax^3 + bx^2 + cx + d$ ist die allgemeine Gleichung einer ganzrationalen Funktion dritten Grades. Außerdem benötigen wir die beiden Ableitungen $f'(x) = 3ax^2 + 2bx + c$ und $f''(x) = 6ax + 2b$.

Zur Bestimmung der Werte für die vier Koeffizienten *a*, *b*, *c* und *d* benötigen wir vier Gleichungen. Die aus den gegebenen Funktionseigenschaften ermittelten vier **Bedingungsgleichungen** notieren wir in Matrixform und wiederholen den Gaußalgorithmus aus der Klasse 11.
Beispielhaft wählen wir mithilfe des Additionsverfahrens in der ersten Matrix die 1 in der 4. Spalte und 1. Zeile, da in dieser Spalte schon zwei Nullen vorhanden sind. In dieser Spalte muss nur die 1 in der 3. Zeile in eine 0 verwandelt werden. Dazu bleibt die 1. Zeile unverändert. Multiplizieren wir die 1. Zeile mit −1 und addieren sie zur 3. Zeile, so erhalten wir in der 2. Matrix eine 3. Zeile mit einer 0 in der 4. Spalte.
In dieser Weise verfahren wir mit jeder Spalte, bis in allen Spalten und Zeilen jeweils eine 1 und drei Mal 0 stehen.
Dabei erläutern die Rechenhilfen, welche Zeile mit welcher Zahl multipliziert wird. Die Pfeilrichtung zeigt an, zu welcher Zeile addiert wird.
In der 4. Matrixform steht in der 1. Spalte und 3. Zeile −4. Hier können wir zunächst die ganze Zeile durch −4 teilen, bevor wir mit dem Additionsverfahren fortfahren.
In der rechten Spalte stehen die Lösungen für *a*, *b*, *c* und *d*. Dabei steht z.B. die Lösung −0,5 für *a* in der 3. Zeile der rechten Spalte, da in der 1. Spalte (*a*-Spalte) dort die 1 steht, usw. Wir setzen die Lösungen für *a*, *b*, *c* und *d* in die allgemeine Funktionsgleichung $f(x) = ax^3 + bx^2 + cx + d$ ein.
Die gesuchte Funktionsgleichung lautet
$f(x) = -0{,}5x^3 + 2x^2 + 1{,}5x - 9$.

Punkt $(2|-2)$: $f(2) = -2 \Leftrightarrow 8a+4b+2c+d = -2$

Tiefpunkt $(3|0)$: $f'(3) = 0 \Leftrightarrow 27a + 6b + c = 0$
$f(3) = 0 \Leftrightarrow 27a + 9b + 3c + d = 0$

Wendestelle $\frac{4}{3}$: $f''\left(\frac{4}{3}\right) = 0 \Leftrightarrow 8a + 2b = 0$

a	*b*	*c*	*d*		Rechenhilfe
8	4	2	1	−2	| ·(−1)
27	6	1	0	0	+
27	9	3	1	0	←
8	2	0	0	0	| :2
8	4	2	1	−2	← +
27	6	1	0	0	| ·(−1) | ·(−2)
19	5	1	0	2	← +
4	1	0	0	0	
−46	−8	0	1	−2	←
27	6	1	0	0	← +
−8	−1	0	0	2	← +
4	1	0	0	0	+ | ·(−6) | ·8
−14	0	0	1	−2	← +
3	0	1	0	0	← +
−4	0	0	0	2	| :(−4) | ·(−3) | ·(−4) | ·14
4	1	0	0	0	← +

a	*b*	*c*	*d*		
0	0	0	1	−9	▸ $d = -9$
0	0	1	0	1,5	▸ $c = 1{,}5$
1	0	0	0	−0,5	▸ $a = -0{,}5$
0	1	0	0	2	▸ $b = 2$

$\Rightarrow f(x) = -0{,}5x^3 + 2x^2 + 1{,}5x - 9$

Das Erstellen von Funktionstermen aus bekannten Eigenschaften der Funktion oder des zugehörigen Graphen bezeichnet man auch als **Steckbriefaufgaben**. Die Tabelle fasst die wichtigsten Eigenschaften zusammen:

Eigenschaften von f bzw. G_f	Punkt	Steigung	Krümmung
G_f schneidet die y-Achse bei b / der Ordinatenabschnitt ist b.	$f(0) = b$		
G_f hat eine Nullstelle bei $x = a$ / G_f schneidet die x-Achse bei $x = a$.	$f(a) = 0$		
G_f berührt die x-Achse bei $x = a$.	$f(a) = 0$	$f'(a) = 0$	
G_f läuft durch den Punkt $(a\|b)$.	$f(a) = b$		
G_f hat einen Hochpunkt (ein Maximum) bei $x = a$.		$f'(a) = 0$	
G_f hat einen Tiefpunkt (ein Minimum) bei $x = a$.		$f'(a) = 0$	
Der Punkt $(a\|b)$ ist ein Hochpunkt bzw. Tiefpunkt.	$f(a) = b$	$f'(a) = 0$	
G_f hat einen Wendepunkt bei $x = a$ / G_f hat die stärkste Steigung bzw. den stärksten Rückgang bei $x = a$.			$f''(a) = 0$
Der Punkt $(a\|b)$ ist ein Wendepunkt.	$f(a) = b$		$f''(a) = 0$
Die Tangente an G_f an der Stelle a hat die Steigung c.		$f'(a) = c$	
G_f hat im Punkt $(a\|b)$ die Steigung c / die Tangente im Punkt $(a\|b)$ hat die Steigung c.	$f(a) = b$	$f'(a) = c$	
G_f hat im Wendepunkt $(a\|b)$ eine Wendetangente mit der Steigung c.	$f(a) = b$	$f'(a) = c$	$f''(a) = 0$
G_f hat einen Sattelpunkt $W_S(a\|b)$.	$f(a) = b$	$f'(a) = 0$	$f''(a) = 0$
G_f ist achsensymmetrisch zur y-Achse.	Der Funktionsterm hat **keine** ungeraden Exponenten.		
G_f ist punktsymmetrisch zum Ursprung (zum Punkt $(0\|0)$).	Der Funktionsterm hat **nur** ungerade Exponenten.		

Übungen zu 1.1.1

1. Der Graph einer ganzrationalen Funktion dritten Grades berührt die x-Achse im Koordinatenursprung. Außerdem hat der Graph im Punkt $P(-3|0)$ die Steigung 9. Bestimmen Sie den Funktionsterm.

2. Der Graph einer kubischen Funktion verläuft durch den Koordinatenursprung. Er hat bei $x_1 = 2$ eine waagerechte Tangente. Bei $x_2 = 4$ liegt eine Wendestelle. Die zugehörige Wendetangente hat die Steigung -4. Bestimmen Sie den Funktionsterm.

3. Der Graph einer ganzrationalen Funktion dritten Grades hat in $H(3|2)$ einen Hochpunkt und an der Stelle 2 eine Wendestelle. Die Wendetangente hat die Steigung 1,5. Ermitteln Sie den Funktionsterm.

4. Bestimmen Sie den Term einer ganzrationalen Funktion 3. Grades, deren Graph die x-Achse an der Stelle 1 berührt und an der Stelle 0 die Steigung 7 hat. Zusätzlich gilt: $f''(1) = -4$.

5. Der Graph einer ganzrationalen Funktion dritten Grades verläuft durch den Koordinatenursprung und schneidet bei 6 die x-Achse. Die Wendetangente durch den Punkt $(0|0)$ ist Graph der reellen Funktion t mit $t(x) = 2x$. Ermitteln Sie den Funktionsterm.

6. Der Graph einer ganzrationalen Funktion dritten Grades berührt die x-Achse an der Stelle 4 und hat bei $x = \frac{8}{3}$ eine Wendestelle. Die Wendetangente hat die Steigung $-\frac{4}{3}$. Ermitteln Sie den Funktionsterm.

7. Ein durch den Koordinatenursprung verlaufender Graph einer ganzrationalen Funktion dritten Grades besitzt bei 6 eine Nullstelle und bei 3 eine Wendestelle mit der Steigung -3. Ermitteln Sie $f(x)$.

8. Der Graph einer ganzrationalen Funktion vierten Grades berührt die x-Achse an der Stelle -1 und hat in $W_S(2|6{,}75)$ einen Sattelpunkt. Ermitteln Sie den Funktionsterm.

1.1.2 Steckbriefaufgaben mit Anwendungen

2 Bestimmung der Terme einer Kosten- und einer Gewinnfunktion, Gewinnsituation

Ein Betrieb beschreibt seine Kostenstruktur durch eine ertragsgesetzliche Funktion dritten Grades und seine Gewinnsituation durch eine Funktion dritten Grades.

Die Fixkosten betragen 20 GE. Die minimalen Grenzkosten betragen 1 GE/ME bei einer Ausbringungsmenge von 4 ME, bei der auch die Gewinnschwelle liegt. Sowohl die Stückkosten als auch der Grenzgewinn betragen 11,5 GE/ME bei einer Produktionsmenge von 5 ME. Der Gewinn bei einer Ausbringungsmenge von 8 ME beträgt 20 GE/ME.

a) Bestimmen Sie die Terme der Kostenfunktion K, der Gewinnfunktion G sowie der Preis-Absatz-Funktion p und erklären Sie, warum sich der Betrieb in vollständiger Konkurrenz befindet.

b) Erläutern Sie die Gewinnsituation.

Zu a) $K(x) = ax^3 + bx^2 + cx + d$ ist der allgemeine Term einer Kostenfunktion dritten Grades. Zur genauen Bestimmung der Werte für die vier Koeffizienten a, b, c und d benötigen wir vier Gleichungen. Die Umsetzung der gegebenen Eigenschaften in Gleichungen erfordert die Funktionsterme der Kostenfunktion K, der Grenzkostenfunktion K' und von K'' sowie der Stückkostenfunktion k.

$K(x) = ax^3 + bx^2 + cx + d$
$K'(x) = 3ax^2 + 2bx + c$; $K''(x) = 6ax + 2b$
$k(x) = ax^2 + bx + c + \frac{d}{x}$; $x > 0$

$K(0) = 20 \Leftrightarrow d = \mathbf{20}$ ▸ Fixkosten 20 GE
$K'(4) = 1 \Leftrightarrow 48a + 8b + c = 1$ ▸ Grenzkosten
$K''(4) = 0 \Leftrightarrow 24a + 2b = 0$ ▸ Grenzkostenminimum
$k(5) = 11{,}5 \Leftrightarrow 25a + 5b + c + \frac{20}{5} = 11{,}5$ ▸ $d = 20$
$\Leftrightarrow 25a + 5b + c = 7{,}5$ ▸ Stückkosten

Da sich aus der ersten Gleichung sofort $d = 20$ ergibt, reduziert sich das zu lösende LGS auf drei Gleichungen, das in Matrixform notiert und mit dem GTR/CAS gelöst wird.

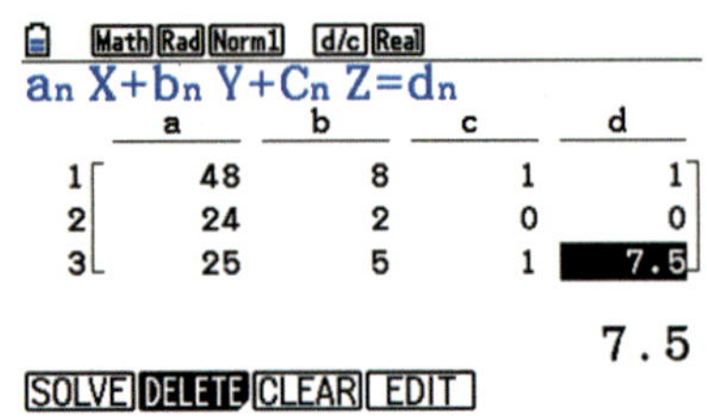

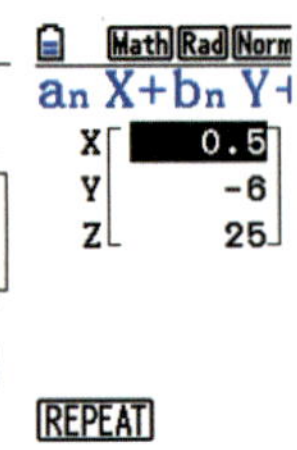

Die Gesamtkosten lassen sich somit durch $K(x) = 0{,}5x^3 - 6x^2 + 25x + 20$ beschreiben.

▸ CA Im Hauptmenü die Anwendung Gleichung [A] – SIMUL ([F1]) auswählen.

$\Rightarrow \mathbf{K(x) = 0{,}5x^3 - 6x^2 + 25x + 20}$

Entsprechend ist $G(x) = ex^3 + fx^2 + gx + h$, auch hier benötigen wir vier Gleichungen. Hier sind die Funktionsterme der Gewinnfunktion $G(x)$ und der Grenzgewinnfunktion G' nötig.

Da sich aus der ersten Gleichung sofort $h = -20$ ergibt, reduziert sich das zu lösende LGS auf drei Gleichungen, das in Matrixform notiert und mit dem GTR/CAS gelöst wird.

$G(x) = ex^3 + fx^2 + gx + h$; $G'(x) = 3ex^2 + 2fx + g$
$G(0) = -20 \Leftrightarrow h = \mathbf{-20}$ ▸ Fixkosten 20 GE
$G(4) = 0 \Leftrightarrow 64e + 16f + 4g - 20 = 0$
$\Leftrightarrow 64e + 16f + 4g = 20$ ▸ Gewinnschwelle
$G'(5) = 11{,}5 \Leftrightarrow 75e + 10f + g = 11{,}5$ ▸ Grenzgewinn
$G(8) = 20 \Leftrightarrow 512e + 64f + 8g - 20 = 20$
$\Leftrightarrow 512e + 64f + 8g = 40$

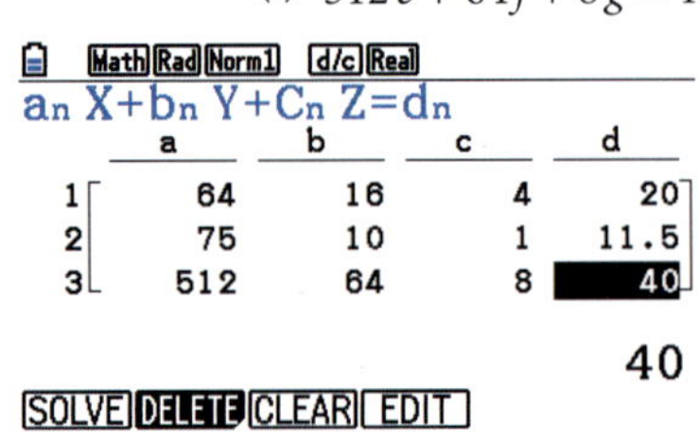

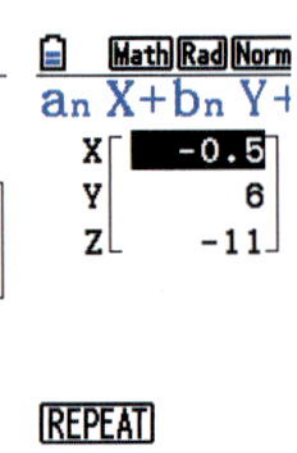

Der Gesamtgewinn lässt sich somit durch $G(x) = -0{,}5x^3 + 6x^2 - 11x - 20$ beschreiben.

Der Verkaufspreis ist aus Sicht des Anbieters konstant. Der Preis ist für ihn nicht beeinflussbar, er lebt in vollständiger Konkurrenz und hat keine Marktmacht.

$\Rightarrow \mathbf{G(x) = -0{,}5x^3 + 6x^2 - 11x - 20}$ ▸ $E(x) = K(x) + G(x)$
$\Rightarrow E(x) = 14x \Rightarrow \mathbf{p(x) = 14}$ ▸ $p(x) = \frac{E(x)}{x}$

Zu b) Um die Gewinnzone zu ermitteln, lösen wir die Gleichung $G(x_N) = 0$ und erhalten die Gewinnschwelle bei 4 ME und die Gewinngrenze bei 9,1 ME.
Die Lösungen der Gleichungen $G'(x_E) = 0$ liefern die möglichen Extremstellen 1,06 und 6,94.

Wegen $G''(6{,}94) < 0$ ist x_{E_2} lokale Maximalstelle. Bei einer Ausbringungsmenge von 6,94 ME ist der Gewinn maximal und beträgt 25,51 GE/ME.

Die Zeichnung bestätigt die Berechnungen der Gewinnzone und des Gewinnmaximums.

$G(x_N) = 0 \Leftrightarrow -0{,}5\,x_N^3 + 6\,x_N^2 - 11\,x_N - 20 = 0$

$\Rightarrow x_{N_1} \approx -0{,}68$ ($\notin D_{ök}$);

$x_{N_2} = \boldsymbol{x_{GS} = 4}$; $x_{N_3} = \boldsymbol{x_{GG} \approx 9{,}1}$ ▸ GTR/CAS

$\Rightarrow$ **Gewinnzone:** $[4; 9{,}1]$

$G'(x_E) = 0 \Leftrightarrow -1{,}5\,x_E^2 + 12\,x_E - 11 = 0$

$\Rightarrow x_{E_1} \approx \mathbf{1{,}06}$; $x_{E_2} \approx \mathbf{6{,}94}$ ▸ GTR/CAS

$G''(x) = -3\,x + 12$

$G''(1{,}06) = 8{,}82$ (> 0, lokale Minimalstelle)

$G''(6{,}94) = -8{,}82$ (< 0, lokale Maximalstelle)

$G(6{,}94) \approx 25{,}51 \Rightarrow \boldsymbol{G_{max}\,(6{,}94\,|\,25{,}51)}$

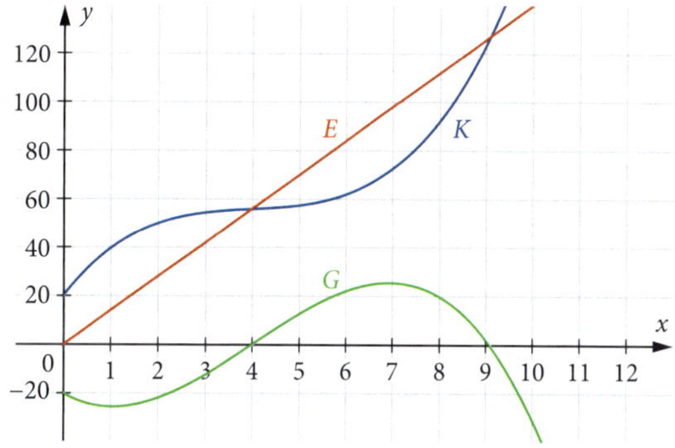

Eigenschaften von K und G bzw. G_K und G_G	Punkt	Steigung	Krümmung
Die Fixkosten betragen b GE.	$K(0) = b$		
Die Gesamtkosten bei a ME betragen b GE.	$K(a) = b$		
G_K wechselt in $W_K(a\,|\,b)$ von einem degressiven zu einem progressiven Kostenanstieg.	$K(a) = b$		$K''(a) = 0$
Die Grenzkosten bei a ME betragen b GE.	$K'(a) = b$		
Das Grenzkostenminimum liegt im Punkt $GKM\,(a\,|\,b)$; die Grenzkosten sind bei a ME minimal und betragen b GE.	$K'(a) = b$	$K''(a) = 0$	
Die variablen Durchschnittskosten bei a ME betragen b GE.	$k_v(a) = b$		
Das Betriebsminimum liegt im Punkt $BM\,(a\,|\,b)$; die variablen Stückkosten sind bei a ME minimal und betragen b GE; die kurzfristige Preisuntergrenze b GE (KPU) wird bei a ME erzielt.	$k_v(a) = b$	$k_v'(a) = 0$	
Die Durchschnittskosten/Stückkosten bei a ME betragen b GE.	$k(a) = b$		
Das Betriebsoptimum liegt im Punkt $BO\,(a\,|\,b)$; die Stückkosten sind bei a ME minimal und betragen b GE; die langfristige Preisuntergrenze b GE (LPU) wird bei a ME erzielt.	$k(a) = b$	$k'(a) = 0$	
Die Gewinnschwelle/Gewinngrenze liegt bei a ME.	$G(a) = 0$		
Der Gewinn bei a ME beträgt b GE.	$G(a) = b$		
Das Gewinnmaximum liegt im Punkt $G_{max}\,(a\,|\,b)$; der Gewinn ist bei a ME maximal und beträgt b GE.	$G(a) = b$	$G'(a) = 0$	
Der Cournot'sche Punkt liegt bei $C\,(a\,|\,b)$.	$p(a) = b$	$G'(a) = 0$	
Die Erlösschwelle/Erlösgrenze liegt bei a ME.	$E(a) = 0$		
Der Erlös ist bei a ME maximal und beträgt b GE.	$E(a) = b$	$E'(a) = 0$	

3 Termerstellung einer Funktion zum Produktlebenszyklus

Ein externer Controller untersucht die Absatzzahlen von Bikinis der Hannoveraner Splish-Splash GmbH und prognostiziert, dass der Absatz Mitte Mai schon 3375 Stück betragen und das Absatzmaximum Ende Mai sowie der größte Absatzrückgang Ende Juli erreicht wird. Ende September wird kein Absatz mehr erwartet.
Bestimmen Sie den Term der Funktion a zum Produktlebenszyklus vom Typ $a(t) = et^3 + ft^2 + gt + h$ und die Absatzzone. Dabei steht t für Monate und $a(t)$ für den Absatz in ME pro Monat (1 ME = 1000 Stück).

$a(t) = et^3 + ft^2 + gt + h$ ist der allgemeine Term einer Absatzfunktion dritten Grades. Zur Bestimmung der Werte für die vier Koeffizienten e, f, g und h benötigen wir vier Gleichungen.
Die Umsetzung der gegebenen Eigenschaften in Gleichungen erfordert die Funktionsterme der Funktionen a, a' und a''.
Mit dem GTR/CAS können der allgemeine Term der Absatzfunktion und deren Ableitungen definiert werden. Das lineare Gleichungssystem kann dadurch kompakter eingegeben und gelöst werden.

Da die Funktion a heißt, darf man den Parameter nicht auch a nennen.

$a(t) = et^3 + ft^2 + gt + h$ ▸ 1 ME = 1000 Stück
$a'(t) = 3et^2 + 2ft + g$; $a''(t) = 6et + 2f$
$a(4{,}5) = 3{,}375$
$\Rightarrow\ 91{,}125e + 20{,}25f + 4{,}5g + h = 3{,}375$
$a'(5) = 0 \ \Rightarrow\ 75e + 10f + g = 0$ ▸ Absatzmaximum
$a''(7) = 0 \ \Rightarrow\ 42e + 2f = 0$ ▸ größter Absatzrückgang
$a(9) = 0 \ \Rightarrow\ 729e + 81f + 9g + h = 0$ ▸ Absatzende

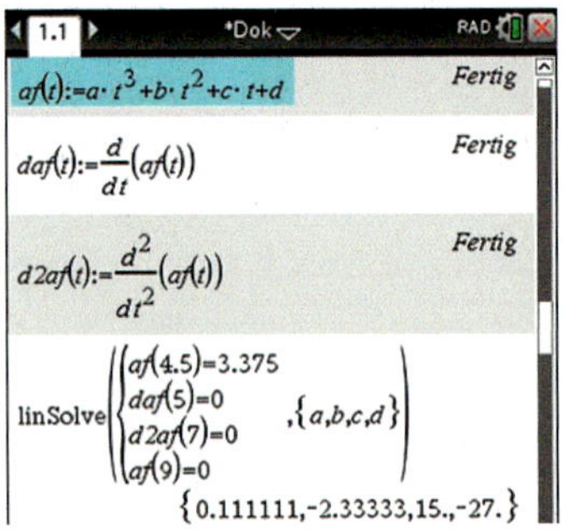

▸ TI MENU, Algebra, Gleichungssystem lösen, System linearer Gleichungen lösen

Der Produktlebenszyklus der Bikinis lässt sich durch $a(t) = \frac{1}{9}t^3 - \frac{7}{3}t^2 + 15t - 27$ beschreiben.
Der Absatz erstreckt sich von Anfang April (Absatzbeginn) bis Ende September (Absatzende).

$\Rightarrow\ a(t) = 0{,}11t^3 - 2{,}33t^2 + 15t - 27$
$= \frac{1}{9}t^3 - \frac{7}{3}t^2 + 15t - 27$
$a(t_N) = 0 \Leftrightarrow \frac{1}{9}t_N^3 - \frac{7}{3}t_N^2 + 15t_N - 27 = 0$
$\Rightarrow\ t_{N_1} = 3$ und $t_{N_2} = 9$ ▸ doppelte Nullstelle

4 Vergleichende Funktionstermerstellung mithilfe von Regression

Die Aufzeichnung der tatsächlichen Absatzzahlen von Bikinis der Hannoveraner Splish-Splash GmbH hat den Absatzbeginn am 1.4. sowie das Absatzende zum 30.9. bestätigt und für die Monate April bis August folgende Absatzzahlen jeweils zum Monatsende ergeben: 2708 Stück, 3527 Stück, 3126 Stück, 1892 Stück und 615 Stück.
Erstellen Sie den Funktionsterm mithilfe von kubischer Regression und vergleichen Sie den Term mit dem Term der Funktion a aus Beispiel 3.

Zunächst müssen die tatsächlichen Absatzzahlen in ME in die Tabellenfunktion des GTR/CAS eingegeben werden.
Bei einer Regression muss dem GTR/CAS übergeben werden, welche Zahlen als x-Werte und welche Zahlen als y-Werte interpretiert werden sollen. Im Beispiel sind dies die Monate für die x-Werte und die Absatzzahlen für die y-Werte.

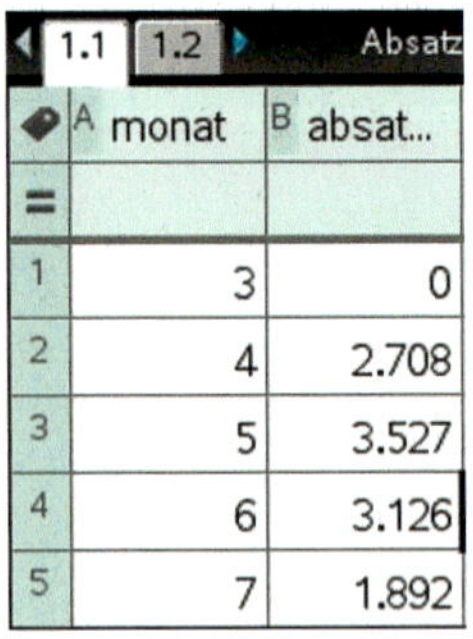

	A monat	B absat...
=		
1	3	0
2	4	2.708
3	5	3.527
4	6	3.126
5	7	1.892

▸ TI Eingabe in Lists & Spreadsheet
Die Funktionen zur Berechnung der Regression sind im Menü unter Statistik, Statistische Berechnungen, Kubische Regression zu finden.

Wir erhalten die an die tatsächlichen Absatzzahlen angenäherte Absatzfunktion a mit
$a(t) = 0{,}1\,t^3 - 2{,}21\,t^2 + 14{,}36\,t - 26{,}03;\ t \geq 0.$
Diese Funktion unterscheidet sich kaum von a mit $a(t) = \frac{1}{9}t^3 - \frac{7}{3}t^2 + 15\,t - 27$ aus Beispiel 3.

▶ siehe Aufgabe 2 auf dieser Seite unten

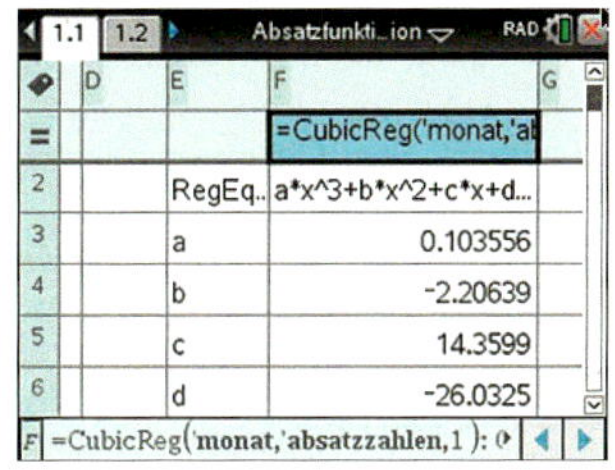

Erstellung von Angebots- und Nachfragefunktionen mithilfe von Regression

5

Die Hannoveraner Splish-Splash GmbH beabsichtigt, 2 ME auf dem Markt anzubieten, wenn der Preis 10 GE pro ME beträgt. Bei einem Preis von 12 GE pro ME möchte das Unternehmen 3 ME, bei 13 GE pro ME 4 ME und bei einem Preis von 14 GE pro ME Bikinis im Umfang von 6 ME anbieten.
Eine Umfrage bei potenziellen Kunden hat ergeben, dass sie 1 ME bei einem Preis von 19 GE/ME, bei einem Preis von 10 GE/ME schon 2 ME, 5,5 ME bei 4 GE/ME und bei 3,5 GE/ME sogar 6 ME erwerben würden.
Erstellen Sie die Funktionsterme der Angebotsfunktion p_A mithilfe von quadratischer Regression sowie der Nachfragefunktion p_N mithilfe einer Regression durch eine Potenzfunktion und ermitteln Sie das Marktgleichgewicht.

Die beabsichtigten Angebotszahlen übertragen wir in eine Tabellenanwendung und können diese als Punkte in einem Graphen darstellen. Da die Punkte annähernd eine Parabel beschreiben, führen wir eine quadratische Regression durch und erhalten die Angebotsfunktion $p_A(x) = -0{,}27\,x^2 + 3{,}13\,x + 4{,}88$.
Das Angebot steigt, wenn der Preis steigt. Das bedeutet mathematisch, dass die Angebotsfunktion p_A immer steigen, also $p_A'(x) > 0$ gelten muss. Der Definitionsbereich $D_{p_A} = [0;\, x_E]$ verläuft also von 0 bis zur Extremstelle x_E von p_A:
$D_{p_A} = [0;\, 5{,}8]$.

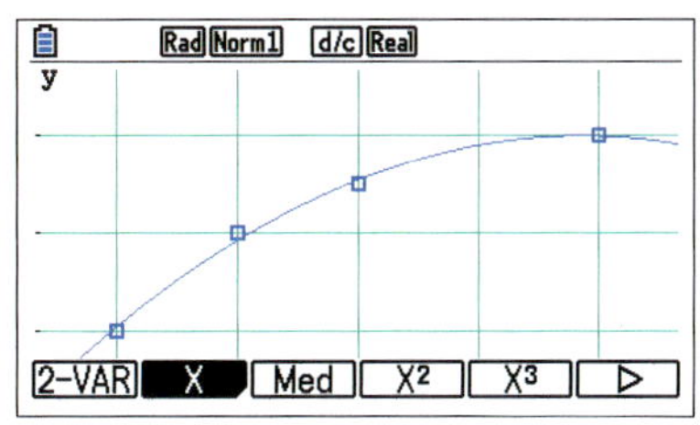

▶ CA Übertragen der Werte in die Anwendung Statistik (MENU, 2). Anschließend die Punkte als Punktwolke (Scatter) ausgeben und im Untermenü von CALC (F1) den Befehl X^2 (F4) auswählen.

$p_A'(x_E) = 0 \;\Leftrightarrow\; -0{,}54\,x_E + 3{,}13 = 0 \;\Rightarrow\; x_E \approx \mathbf{5{,}8}$

Den Vorgang wiederholen wir für die Umfrageergebnisse bei den potenziellen Kunden. Wir nähern uns der Funktion mit einer Regression durch eine Potenzfunktion vom Typ $\frac{a}{x^n}$ an und erhalten die Nachfragefunktion $p_N(x) = \frac{19{,}12}{x^{0{,}93}}$ für $x > 0$.

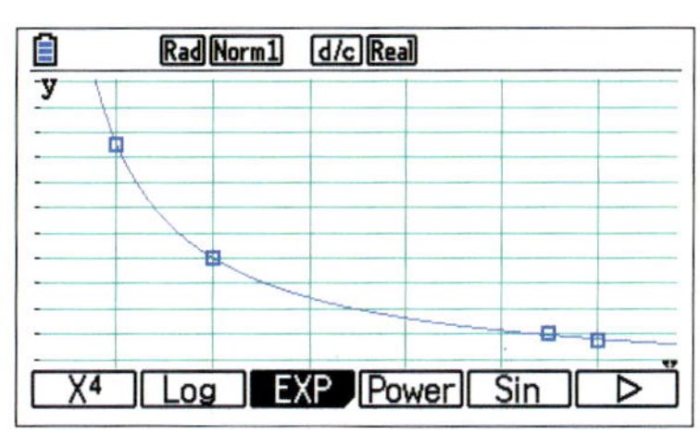

▶ CA Im Untermenü von CALC (F1) den Befehl Power (F4) auswählen. Dadurch werden die Punkte durch eine Potenzfunktion angenähert.

Der Gleichgewichtspreis beträgt 10 GE/ME bei einer Gleichgewichtsmenge von 2 ME.

$p_A(x) = p_N(x) \;\Leftrightarrow\; -0{,}27\,x^2 + 3{,}13\,x + 4{,}88 = \frac{19{,}12}{x^{0{,}93}}$
$\Rightarrow\; x \approx 2 \;\Rightarrow\; p_A(2) = p_N(2) \approx 10 \;\Rightarrow\; \boldsymbol{MGG(2\,|\,10)}$

1. Ermitteln Sie den Term einer ganzrationalen Funktion dritten Grades des Produktlebenszyklus für Beyblades, die es seit 1. 1. 2017 zu kaufen gibt und die Ende Dezember 2017 zu 130 000 Stück, Ende Juni 2018 zu 175 000 Stück sowie Ende Dezember 2018 noch zu 105 000 Stück verkauft wurden.

2. Vergleichen Sie die Absatzmaxima der Beispiele 3 und 4 miteinander.

Übungen zu 1.1.2

1. Ein Betrieb beschreibt seine Kostenstruktur durch eine ertragsgesetzliche Funktion dritten Grades mit $K(x) = ax^3 + bx^2 + cx + d$.
Bestimmen Sie beim jeweiligen Aufgabenteil alle ökonomisch relevanten Gleichungen.
a) Die Fixkosten betragen 12,5 GE.
b) Die langfristige Preisuntergrenze beträgt 6 GE/ME bei einer Ausbringungsmenge von 5 ME.
c) Bei einer Ausbringungsmenge von 2 ME betragen die minimalen Grenzkosten 1 GE/ME und die Gesamtkosten 28 GE/ME.
d) Das Betriebsminimum liegt im Punkt $(4|3)$.
e) Bei einer Ausbringungsmenge von 6 ME steigen die Kosten um 8 GE/ME.
f) Die Kosten steigen bei einer Ausbringungsmenge von 2 ME am geringsten.

2. Interpretieren Sie die folgenden Gleichungen ökonomisch:
a) $K'(4) = 64$
b) $K'(6) = E'(6)$
c) $k(3) = 64{,}33$
d) $G'(2) = 4$
e) $k_v'(2{,}25) = 0$ und $k_v(2{,}25) = 29{,}88$
f) $G(9) = 0$ und $G'(9) = -6$
g) $k'(4) = 0$ und $k(4) = 75{,}35$
h) $K(1{,}5) = 7$ und $K'(1{,}5) = 2$ und $K''(1{,}5) = 0$

3. Der Produktlebenszyklus von Winterjacken eines großen Textilunternehmens beginnt nach neun Monaten Planung Ende September und weist ein Absatzmaximum von 320 000 Jacken je Monat Ende Januar des nächsten Jahres (13. Monat) auf. Der Absatzanstieg zu Beginn des Absatzzeitraums beträgt 120 000 Winterjacken pro Monat.
a) Erstellen Sie den Term der ganzrationalen Absatzfunktion a dritten Grades.
b) Berechnen Sie die Absatzzone sowie jeweils den maximalen Absatzanstieg und -rückgang.
c) Bestimmen Sie die Zahl für b im Term $a(t) = -10\,000\,t^3 + b\,t^2 - 3\,510\,000\,t + 12\,150\,000$, wenn der stärkste Absatzanstieg schon nach 10,5 Monaten stattfinden soll.
d) Untersuchen Sie mithilfe kubischer Regression, wie sich der Funktionsterm von a ändert, wenn das Gewinnmaximum im 13. Monat auf 350 000 Jacken je Monat steigt.

4. Die Gesamtkosten einer kleinen Werkzeugfabrik können durch eine ertragsgesetzliche Kostenfunktion beschrieben werden. Die jährlichen fixen Kosten betragen 30 000 €. Bei einer Ausbringungsmenge von 20 ME fallen insgesamt 60 000 € Kosten an. Bei einer Ausbringungsmenge von 60 ME entstehen 1200 € Durchschnittskosten; zugleich liegt bei dieser Ausbringungsmenge das Betriebsminimum.
a) Ermitteln Sie die Gesamtkostenfunktion.
b) Bestimmen Sie das Grenzkostenminimum.

5. Ein Betrieb weist an seiner Kapazitätsgrenze von 7 ME Gesamtkosten in Höhe von 122 GE aus, hat bei einer Produktion von 4 ME Grenzkosten von 6 GE pro ME und sein Betriebsminimum im Punkt $(4{,}5|9{,}75)$. Bestimmen Sie den Term der ganzrationalen Kostenfunktion dritten Grades mit ertragsgesetzlichem Verlauf.

6. Die Gesamtkosten eines Sportartikelproduzenten zur Herstellung von einfachen T-Shirts betragen 40 GE bei einer Produktion von 4 ME. Bei einer Ausbringungsmenge von 6 ME erreicht der Hersteller sein Betriebsminimum und hat Grenzkosten von 3 GE je ME. Die kurzfristige Preisuntergrenze beträgt 3 GE je ME.
Der Betrieb erreicht die Gewinnzone bei einer Produktionsmenge von 4 ME und hat dabei einen Gewinnzuwachs von 10 GE je ME. Beim Verkauf von 5 ME erzielt das Unternehmen einen Gewinn von 9,75 GE. Der Gewinnrückgang beträgt 2 GE pro ME bei einer Ausbringungsmenge von 8 ME.
a) Erstellen Sie die Funktionsterme der Kosten- und der Gewinnfunktion und berechnen Sie den Verkaufspreis.
b) Bestimmen Sie die Gewinnzone und das Gewinnmaximum.

7. Die Kosten eines Betriebs für eine Produktserie betragen 60 GE bei einer Ausbringungsmenge von 4 ME. Die minimalen Grenzkosten betragen 3 GE bei einer Produktion von 2 ME. Die kurzfristige Preisuntergrenze ist durch einen Stückpreis von 6 GE festgelegt und liegt bei einer Ausbringungsmenge von 3 ME.
Bestimmen Sie den Funktionsterm der Kostenfunktion.

8. Die Gesamtkosten der JoRo GmbH für die Produktion von Spezialchips betragen 47,75 GE/ME bei einer Herstellung von 4 ME. Die kurzfristige Preisuntergrenze von 10 GE/ME wird bei einer Ausbringungsmenge von 3 ME erreicht. Die Kosten steigen am geringsten bei einer Ausbringungsmenge von 1 ME.

a) Bestimmen Sie den Term der ganzrationalen Kostenfunktion K dritten Grades.

b) Berechnen Sie, wie sich die Fixkosten entwickeln müssten, um Stückkosten von 15 GE/ME bei einer Ausbringungsmenge von 5 ME zu erreichen.

9. Die Kostenrechnungsabteilung der Fly Bike Werke GmbH errechnet für ihr Sportfahrrad „Superbike“ das Betriebsminimum bei 15 ME und bei der Ausbringungsmenge von 5 ME eine Kostensteigerung pro ME um 15 GE/ME. Bei der Produktion von 3 ME übersteigen die variablen Stückkosten die Grenzkosten um 14,4 GE je ME. Die Stückkostenerhöhung beträgt 2,4 GE/ME bei der Ausbringungsmenge von 25 ME.

a) Bestimmen Sie den Term der Kostenfunktion K mit ertragsgesetzlichem Verlauf.

b) Ermitteln und erklären Sie die vier Kostenphasen.

c) Durch Kostensteigerungen nach Lohnverhandlungen hat sich der Funktionsterm der Kostenfunktion verändert: $K(x) = 0{,}2x^3 - bx^2 + 60x + 1000$. Prüfen Sie die kurzfristige Preisuntergrenze, wenn das Betriebsminimum jetzt bei einer Ausbringungsmenge von 12 ME liegt.

d) Bestimmen Sie mithilfe kubischer Regression den veränderten Kostenfunktionsterm, wenn im Unterschied zu $K(x)$ aus Aufgabenteil a) das Grenzkostenminimum bei 12 ME erreicht wird.

10. Die JoRo GmbH ist Monopolist im Bereich von Mikrochips für Spezialanlagen und bietet ihre Chips gemäß einer linearen Nachfragefunktion p_N mit $p_N(x) = -ax + b$; $a, b > 0$, $x \geq 0$ an. Die Sättigungsmenge beträgt 8 ME; bei einem Preis von 55 GE/ME werden 3 ME nachgefragt.
Die JoRo GmbH hat Kosten gemäß einer ganzrationalen Kostenfunktion dritten Grades. Bei einer Produktion von 3 ME sind keine minimalen Grenzkosten zu verzeichnen, bei einer Ausbringungsmenge von 5 ME entstehen Gesamtkosten von 105 GE je ME. Das Betriebsminimum liegt bei 4,5 ME.

a) Erstellen Sie die Terme der Nachfragefunktion p_N, der Kostenfunktion K, der Erlösfunktion E und der Gewinnfunktion G.

b) Die Angebotsfunktion p_A verläuft senkrecht zu p_N. Bestimmen Sie den Term der linearen Angebotsfunktion p_A, wenn die Gleichgewichtsmenge bei 5 ME liegt.
Ermitteln Sie auch den Gleichgewichtspreis.

c) Bestimmen Sie das Betriebsoptimum und erklären Sie seine ökonomische Bedeutung.

d) Ermitteln und erklären Sie die vier Kostenphasen.

e) Untersuchen Sie, wie sich die langfristige Preisuntergrenze verändert, wenn die Kostenfunktion aus verschiedenen Gründen nun variabel in der Form $K(x) = ax^3 - 15{,}75x^2 + 47{,}25x + 43{,}75$ vorliegen soll und außerdem das Betriebsoptimum bei 6 ME liegen soll.

f) Ermitteln Sie das Gewinnmaximum und den entsprechenden Marktpreis.

g) Die Gewinnchancen haben sich verändert.
Erläutern Sie mittels einer Rechnung, für welche Zahl anstelle von c im Funktionsterm von G mit $G(x) = -1{,}75x^3 + 4{,}75x^2 + cx - 43{,}75$ das Gewinnmaximum bei einer Produktionsmenge von 4 ME liegt.

h) In einer neuen Geschäftsperiode lautet die Gewinnzone [0,8 ME; 6 ME]. Der Gewinn wird dann bei einer Ausbringungsmenge von 3,9 ME maximal und beträgt 90,92 GE je ME. Der Gewinn von 64,57 GE pro ME wird bei der Produktionsmenge 5 ME erzielt.
Ermitteln Sie den Term der Gewinnfunktion durch kubische Regression.

1

1.1.3 Minimalkostenkombination

6 Isoquante

In einem landwirtschaftlichen Versuchsbetrieb werden Untersuchungen für den Anbau von Getreide gemacht, um die kostengünstigste Kombination des Produktionsfaktors „Arbeit“ mit dem Produktionsfaktor „Dünger“ (Kapital) herauszufinden. Eine Arbeitsstunde kostet 24 €, ein Sack Dünger kostet 16 €.
In der Tabelle sind die Ergebnisse dieser Untersuchungen aufgelistet.

Das Getreide wird auf mehreren Feldern unter gleichen Bedingungen angebaut, nur die Arbeitszeit (Arbeitsstunden y) und die Düngermenge (Anzahl der Säcke x) variieren.
Aus der Tabelle können wir entnehmen, dass es mehrere Mengenkombinationen aus „Arbeit“ und „Dünger“ gibt, um einen ganz bestimmten Ertrag (in kg) zu erzielen.

y \ x	3	4	5	6	7	8
8	320	472	552	636	709	779
7	286	450	**494**	568	636	697
6	249	**350**	427	**494**	552	604
5	204	286	**350**	410	452	**494**
4	145	204	249	286	320	**350**

▸ (4|6), (5|5), (8|4) erzeugen 350 kg
▸ (5|7), (6|6), (8|5) erzeugen 494 kg

Die Produktionsfaktoren „Arbeit“ und „Dünger“ können sich also in gewissen Grenzen gegenseitig ersetzen. Dosiert man die beiden Faktoren in beliebig kleinen Mengen, wird die funktionale Abhängigkeit deutlich.

a) Tragen Sie die Punkte für einen Ertrag von 350 kg in ein Koordinatensystem ein und beschreiben Sie den entstehenden Graphen.

Zu a) Die Punkte für einen bestimmten Ertrag (hier: 350 kg) liegen nicht auf einer Geraden, sondern auf einer Hyperbel, da bei sinkender Menge des Faktors „Arbeit“ immer weiter (progressiv) steigende Mengen des Faktors „Dünger“ benötigt werden.
Dieser Graph enthält als Punkte alle Mengenkombinationen der Faktoren „Arbeit“ und „Dünger“, mit denen der geforderte Ertrag von 350 kg erzielt werden kann.
Eine solche Kurve bezeichnet man in der Volkswirtschaftslehre als **Isoquante**.
▸ iso [griech.] = gleich; quantum (lat.) = wie viel/Menge

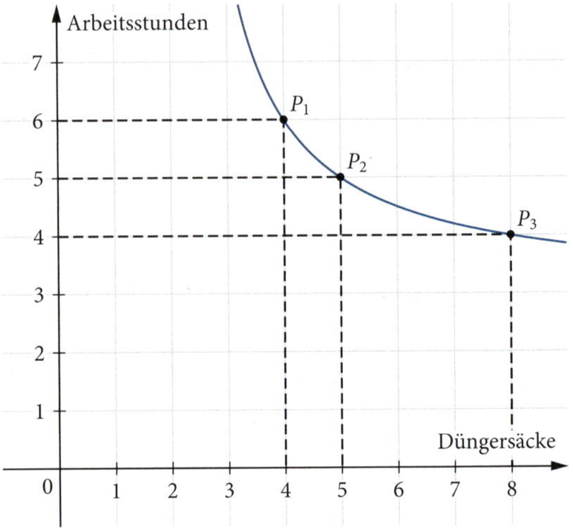

Die **Isoquante** kann durch eine Funktion I vom Typ $y = \frac{k}{x-a} + b$ mit reellen Zahlen für a, b und k dargestellt werden. Dabei gelten $x > 0$ und $y > 0$. ▸ ohne Dünger und Arbeit kein Ertrag

b) Ermitteln Sie die Funktionsgleichung der Isoquante für einen Ertrag von 350 kg.

Zu b) Die Mengenkombinationen $P_1(4|6)$, $P_2(5|5)$ und $P_3(8|4)$ führen zu einem Ertrag von 350 kg. Setzen wir diese drei Punkte in die allgemeine Funktionsgleichung ein, erhalten wir ein Gleichungssystem mit drei Gleichungen und den drei Unbekannten a, b und k.

Beispiel: $y(4) = 6 \Leftrightarrow \frac{k}{4-a} + b = 6 \quad |\cdot(4-a)$

$\Leftrightarrow k + (4-a)\cdot b = 6\cdot(4-a)$

$\Leftrightarrow k + 4b - ab = 24 - 6a$

I $\quad k + 4b - ab = 24 - 6a$

II $\quad k + 5b - ab = 25 - 5a$

III $\quad k + 8b - ab = 32 - 4a$

Subtrahieren wir Gleichung I jeweils von Gleichung II und III, so erhalten wir zwei neue Gleichungen mit nur zwei Variablen.

II – I $\quad b = 1 + a$

III – I $\quad 4b = 8 + 2a$

$\Rightarrow a = 2;\ b = 3;\ k = 6$

Nun lassen sich nacheinander die Variablen b, a und k berechnen. Durch Einsetzen der berechneten Variablen in die allgemeine Funktionsgleichung erhalten wir die Gleichung der Isoquantenfunktion I.

$I(x) = \frac{6}{x-2} + 3;\ D_I =]2; \infty[$

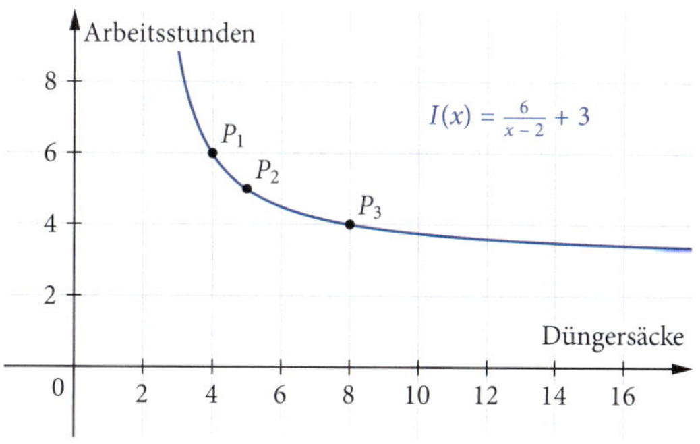

Der Definitionsbereich aller reellen Zahlen größer als 2 ergibt sich aus der ökonomischen Forderung, dass x und y größer als 0 sein müssen.

An den Rändern 2 und ∞ des Definitionsbereichs von I können die beiden Produktionsfaktoren x („Dünger") und y („Arbeit") nicht vollständig durch den jeweils anderen ersetzt werden. ▸ Übung 1, Seite 30

Bestimmen Sie die Gleichung der Isoquante für einen Ertrag von 494 kg aus dem obigen Beispiel.

Viele Mengenkombinationen der Einsatzfaktoren können den gleichen Ertrag erzielen. Die entscheidende ökonomische Frage ist jedoch meist, ob es eine kostengünstigste Faktormengenkombination gibt. Dafür benötigen wir ein weiteres Hilfsmittel, die **Isokostenkurve**. Auf ihr liegen alle Faktormengenkombinationen, die mit einem bestimmten Betrag K realisiert werden können.

Isokostenkurve

7

Bestimmen Sie den Funktionsterm der Isokostenkurve in allgemeiner Form.

Wir bezeichnen den Kostenfaktor für x mit p_x, den Kostenfaktor für y mit p_y und den zur Verfügung stehenden Betrag für die Kosten mit K. Wir erhalten eine Gleichung mit den Variablen x und y.

$K = p_x\cdot x + p_y\cdot y \quad | -p_x\cdot x$

$\Leftrightarrow -p_x\cdot x + K = p_y\cdot y \quad | : p_y$

$\Leftrightarrow \frac{-p_x\cdot x + K}{p_y} = y$

Stellen wir diese Gleichung nach y um, so wird die lineare funktionale Abhängigkeit deutlich.

Alle Faktormengenkombinationen x und y, die einem vorgegebenen Betrag K zugrunde liegen, erfüllen die Gleichung der Isokostenfunktion I_K.

$\mathbf{I_K(x) = -\frac{p_x}{p_y}\cdot x + \frac{K}{p_y}}$ ▸ Isokostenfunktion I_K

Die Isokostenkurve ist eine Gerade.

Im Beispiel 6 haben wir den Graphen ermittelt, auf dem alle die Kombinationen der Einsatzfaktoren Arbeit und Dünger liegen, mit denen ein Ertrag von 350 kg erzielt werden kann.
Wir interessieren uns nun für die kostengünstigste Kombination aus den beiden Einsatzfaktoren, die diesen Ertrag möglich machen. Diese Kombination nennt man **Minimalkostenkombination**.

8 Minimalkostenkombination (zeichnerische Lösung)

Ermitteln Sie zeichnerisch im Beispiel 6 die Minimalkostenkombination für einen Ertrag von 350 kg sowie den nötigen Geldbetrag K, wenn eine Arbeitsstunde 16 € und ein Sack Dünger 24 € kosten.

Soll ein Ertrag von 350 kg erzielt werden, dann muss die Minimalkostenkombination (MKK) auf der Isoquante liegen, die diesem Ertrag entspricht, also auf dem Graphen der Isoquantenfunktion $I(x) = \frac{6}{x-2} + 3$.

Auf der Isokostenkurve liegen alle Mengenkombinationen, die mit einem bestimmten Betrag K realisiert werden können. Es gilt: $I_K(x) = -\frac{2}{3}x + \frac{K}{24}$.

$K = p_x \cdot x + p_y \cdot y$ ▶ $p_x = 16; p_y = 24$
$K = 16 \cdot x + 24 \cdot y$
$I_K(x) = -\frac{16}{24}x + \frac{K}{24} = -\frac{2}{3}x + \frac{K}{24}$

Für verschiedene Beträge von K verlaufen die Isokostenkurven alle parallel. ▶ Steigung immer $-\frac{2}{3}$

Je geringer die Kosten für die Faktorkombinationen sind, desto näher liegen die parallelen Geraden der Isokostenfunktionen am Ursprung. Die gesuchte Isokostenfunktion erfüllt also folgende Kriterien:
1. Der Graph liegt so nah wie möglich am Ursprung.
2. Der Graph besitzt noch einen Punkt mit der Isoquante gemeinsam.

Diese Bedingung erfüllt die Gerade, die die Isoquante soeben noch berührt.
Dieser Tangentialpunkt und damit die gesuchte Minimalkostenkombination ist der Punkt (5|5), wie wir der Zeichnung entnehmen.

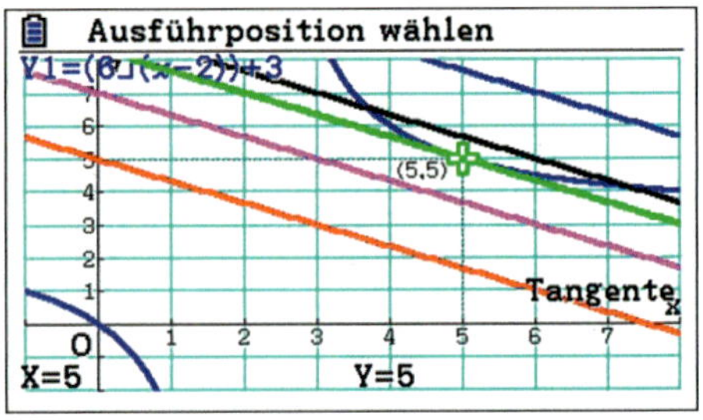

▶ CA Die Wahl der optimalen Isokostenfunktion lässt sich in der Anwendung DynaGraph anschaulich simulieren. Die Geraden der Form $g(x) = -\frac{2}{3}x + n$ mit der Dynamikvariablen n werden nacheinander gezeichnet und die optimale Isokostenfunktion $I_K(x) = -\frac{2}{3}x + \frac{25}{3}$ kann gefunden werden.

Wir bestimmen noch den für die Realisierung der Minimalkostenkombination (5|5) erforderlichen Geldbetrag für K aus der Gleichung

$K = p_x \cdot x + p_y \cdot y$ ▶ $p_x = 16; p_y = 24$
$= 16 \cdot 5 + 24 \cdot 5 = \mathbf{200}$

Dieser Betrag liegt bei 200 €.

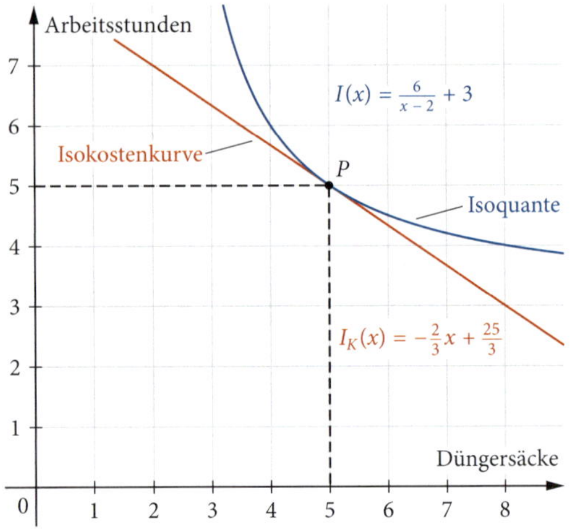

Setzen wir K in die Isokostenfunktion ein, so erhalten wir die vollständige Gleichung der Isokostenkurve mit

$\boldsymbol{I_K(x) = -\frac{2}{3}x + \frac{25}{3}}$.

$I_K(x) = -\frac{2}{3}x + \frac{200}{24} = -\frac{2}{3}x + \frac{25}{3}$

Ermitteln Sie zeichnerisch die Minimalkostenkombination für einen Ertrag von 494 kg aus Beispiel 6.

Minimalkostenkombination (rechnerische Lösung)

9

In einem landwirtschaftlichen Versuchsbetrieb werden Untersuchungen für den Anbau von Getreide durchgeführt, um die kostengünstigste Kombination des Produktionsfaktors „Arbeit“ mit dem Produktionsfaktor „Dünger“ herauszufinden. Eine Arbeitsstunde (Einsatzfaktor y) kostet 24 €, ein Sack Dünger (Einsatzfaktor x) kostet 16 €. Die Isoquantenfunktion I zur Erzielung eines Ertrags z. B. von 350 kg ist gegeben mit $I(x) = \frac{6}{x-2} + 3$; $D_I =]2; \infty[$. Der Graph von I enthält als Punkte alle Mengenkombinationen der Faktoren „*Arbeit*“ und „*Dünger*“, die zum angestrebten Ertrag führen.

a) Bestimmen Sie die Funktionsgleichungen $y = mx + n$ der verschiedenen Isokostenkurven $I_{K,n}$.

b) Bestimmen Sie die **Minimalkostenkombination**, d. h. den Punkt, in dem eine der Isokostenkurven die Isoquante berührt, um die kostengünstigste Kombination beider Einsatzfaktoren zu ermitteln, und erklären Sie die Steigung $I'(x)$ im ökonomischen Zusammenhang.

c) Ermitteln Sie die Funktionsgleichung dieser Isokostenkurve und vergleichen Sie mit der Isokostenkurve und der Isoquante in der Zeichnung von Beispiel 8, Seite 28.

d) Geben Sie den für die Realisierung der Minimalkostenkombination erforderlichen Geldbetrag an.

Zu a) Für alle Isokostenkurven gelten die Funktionsgleichungen $y = -\frac{p_x}{p_y} \cdot x + \frac{K}{p_y}$ mit p_x bzw. p_y als Kostenfaktoren für x bzw. y sowie dem zur Verfügung stehenden Betrag K für die Kosten.

$$y = I_{K,n}(x) = -\frac{16}{24}x + n \quad \blacktriangleright\ p_x = 16;\ p_y = 24 \quad \blacktriangleright\ n = \frac{K}{24}$$

$$= -\frac{2}{3}x + n$$

Zu b) Soll eine der Isokostenkurven die Isoquante in einem Punkt berühren, so muss sie die Tangente an den Graphen von I in diesem Punkt sein. In diesem Punkt stimmt die Steigung von G_I mit der Tangentensteigung überein.

$$I_{K,n}(x) = -\frac{2}{3}x + n \Rightarrow I'_{K,n}(x) = -\frac{2}{3}$$

$$I(x) = \frac{6}{x-2} + 3 = 6(x-2)^{-1} + 3$$

$$\Rightarrow I'(x) = (-1) \cdot 6 \cdot (x-2)^{-2} = \frac{-6}{(x-2)^2} \quad \blacktriangleright \text{ Potenzregel}$$

▸ Hinweis: Die Potenzregel lässt sich in diesem Fall anwenden. Dies gilt allerdings nicht für alle zusammengesetzten Funktionen (siehe Kapitel 3).

Wir lösen also die Gleichung $I'(x) = I_{K,n}(x)$.

$$I'(x) = I'_{K,n}(x) \Leftrightarrow \frac{-6}{(x-2)^2} = -\frac{2}{3}$$

$$\Rightarrow x_1 = -1\ (\notin D_I) \text{ und } x_2 = 5\ (\in D_I)$$

$$\Rightarrow y = I(5) = 5$$

$$\Rightarrow \boldsymbol{MKK(5|5)}$$

Von beiden Lösungen dieser Gleichung ist nur die Lösung 5 Element von D_I und daher Lösung der Aufgabe. Die Minimalkostenkombination erreichen wir bei je 5 ME beider Einsatzfaktoren.

Die Steigung $I'(x)$ der Isoquante I heißt auch **Grenzrate der Substitution** und gibt das Austauschverhältnis der beiden Produktionsfaktoren zueinander in Abhängigkeit von x an.

Z. B. besagt $I'(3) = -6$, dass bei einem Einsatz von $x = 3$ (ME Dünger) eine unendlich kleine Veränderung des Düngereinsatzes eine entgegengesetzte Veränderung des Arbeitseinsatzes (y) um das 6-Fache zur Folge hat.

Z. B.: $I'(3) = -6$ ▸ $I'(x) = \frac{-6}{(x-2)^2}$

▸ Ein kleiner Mehr- oder Mindereinsatz von x als 3 ME bewirkt die gegenläufige Veränderung von y um das 6-Fache der Veränderung von x.

Zu c) Durch Setzen von 5 für x und y sowie $\frac{25}{3}$ für n erhalten wir die Funktionsgleichung $y = -\frac{2}{3}x + \frac{25}{3}$. Die Zeichnung aus Beispiel 8 bestätigt die Berechnungen.

$$5 = -\frac{2}{3} \cdot 5 + n \Leftrightarrow n = \frac{25}{3} \Rightarrow y = -\frac{2}{3}x + \frac{25}{3}$$

Zu d) Der für die Realisierung der Minimalkostenkombination $(5|5)$ erforderliche Geldbetrag für K beträgt 200 €.

$$K = p_x \cdot x + p_y \cdot y \quad \blacktriangleright\ p_x = 16;\ p_y = 24;\ x = 5;\ y = 5$$

$$\Rightarrow K = 5 \cdot 16 + 5 \cdot 24 = \mathbf{200}$$

Gegeben ist die Isoquantenfunktion I mit $I(x) = \frac{24}{x-3} + 5$; $D_I =]3; \infty[$. Eine Einheit des Faktors x kostet 20 €, eine Einheit des Faktors y kostet 30 €. Bestimmen Sie die Isokostenkurven und die Minimalkostenkombination einschließlich des dafür erforderlichen Geldbetrags.

1

Übungen zu 1.1.3

1. Begründen Sie, warum im Beispiel 6, S. 26, die beiden Produktionsfaktoren „Dünger“ (x) und „Arbeit“ (y) an den Grenzen des Definitionsbereichs von I sich nicht vollständig gegenseitig ersetzen können.

2. Ein Landwirt produziert Getreide auf 2 ha Ackerland, das er zu einem Jahresbetrag von 100 € (fixe Kosten) gepachtet hat. Neben dem ihm kostenlos zur Verfügung stehenden Saatgut setzt er noch Arbeitskräfte und Dünger ein (x entspricht der Einsatzmenge des Faktors Arbeit bezogen auf Arbeitsstunden, y entspricht der Einsatzmenge des Faktors Dünger bezogen auf 100 kg). Eine Arbeitsstunde kostet 60 € und 100 kg Dünger kosten 40 €.
Dem Landwirt sind die Anbaubedingungen in Form eines Isoquantensystems mit folgenden Isoquantenfunktionen bekannt.
$I_1(x) = \frac{6}{x-5} + 3$; $x > 5$ (bezogen auf 1 Tonne)
$I_2(x) = \frac{6}{x-11} + 3$; $x > 11$ (bezogen auf 2 Tonnen)
$I_3(x) = \frac{6}{x-20} + 3$; $x > 20$ (bezogen auf 3 Tonnen)
   a) Zeichnen Sie die Isoquanten in ein Koordinatensystem im Intervall [0; 25].
   b) Bestimmen Sie die Funktionsgleichungen der verschiedenen Isokostenkurven.
   c) Bestimmen Sie für die drei Isoquanten die Minimalkostenkombinationen.
   d) Zeichnen Sie die Isokostenkurven in das vorhandene Koordinatensystem.
   e) Bestimmen Sie die Gesamtkosten für die Produktionsmengen 0 t, 1 t, 2 t und 3 t.

   Im Folgenden steht x für die Produktionsmenge und $K(x)$ für die Kosten.
   f) Ermitteln Sie aus den nach e) errechneten Wertepaaren $(x|K(x))$ den Term der zugehörigen ganzrationalen Kostenfunktion K dritten Grades.
   g) Zeichnen Sie den Graphen der Kostenfunktion K im Intervall [0; 3].
   h) Bestimmen Sie das Betriebsminimum.

3. Erklären Sie die Bedeutung von a, b und c im Funktionsterm $I(x) = \frac{a}{x-b} + c$ der Isoquante I und bestimmen Sie mithilfe von a, b und c die Polstelle und Asymptote der Isoquante sowie den ökonomisch sinnvollen Definitions- und Wertebereich von I.

4. Zur Produktion einer festgelegten Menge eines Gutes können die Einsatzfaktoren x und y in den Mengenkombinationen (4|29), (6|13) und (11|8) eingesetzt werden. Eine Einheit des Faktors x kostet 20 €, eine Einheit des Faktors y kostet 30 €. Es stehen insgesamt 450 € zur Verfügung.
   a) Ermitteln Sie die Isoquantenfunktion und die entsprechende Isokostenfunktion.
   b) Zeichnen Sie beide Graphen in ein gemeinsames Koordinatensystem.
   c) Prüfen Sie anhand der Zeichnung, ob mit dem vorhandenen Geldbetrag das angestrebte Produktionsergebnis erzielt werden kann.
   Falls ja, berechnen Sie auch die dazu erforderliche Faktormengenkombination.

5. Im Unterschied zur Produktionstheorie kennt die Haushaltstheorie anstatt der Isoquante die **Indifferenzkurve**, auf der im I. Quadranten eines Koordinatensystems in Form von Punkten verschiedene Mengenkombinationen zweier Konsumgüter dargestellt sind, die dem Haushalt den gleichen Nutzen stiften. Entsprechend der Isokostengeraden stellt die **Bilanzgerade** die mit einem bestimmten Geldbetrag – der Konsumsumme – realisierbaren Mengenkombinationen beider Konsumgüter dar. Der Berührungspunkt von Bilanzgerade und Indifferenzkurve repräsentiert das Haushaltsgleichgewicht als kostengünstigste Gütermengenkombination.
Gegeben sind die Indifferenzkurven mit folgenden Gleichungen: $I_2(x) = \frac{2}{x-1} + 2$; $I_3(x) = \frac{2}{x-1} + 3$ und $I_4(x) = \frac{2}{x-1} + 4$.
Der Preis des Gutes x beträgt 20 €, der Preis des Gutes y 10 € und die Konsumsumme 90 €.
   a) Bestimmen Sie für diese Indifferenzfunktionen den Definitionsbereich. Zeichnen Sie die Indifferenzkurven in ein gemeinsames Koordinatensystem.
   b) Stellen Sie die Gleichung der Bilanzgeraden auf und zeichnen Sie die Bilanzgerade in das gemeinsame Koordinatensystem ein.
   c) Berechnen Sie die in der Zeichnung erkennbaren gemeinsamen Punkte der Bilanzgeraden mit den Indifferenzkurven.
   d) Ermitteln Sie die Mengenkombination im Haushaltsgleichgewicht.

1.1.4 Elastizitäten

In den bisherigen Kapiteln stand das **absolute Änderungsverhalten** von Funktionswerten an einer beliebigen Stelle des Definitionsbereichs einer Funktion f im Mittelpunkt der Betrachtungen. Dieses absolute Änderungsverhalten berechneten wir mithilfe der 1. Ableitung f' der Funktion f.
In den Modellen der Wirtschaftswissenschaften gibt es aber Bereiche, in denen das **relative bzw. prozentuale Änderungsverhalten** mehr interessiert als das absolute. Beispielsweise ist es ein Unterschied, ob der Preis von 100 € auf 95 € oder von 10 € auf 5 € gesenkt wird, obwohl die absolute Änderung mit 5 € in beiden Fällen gleich ist. Oder ob bei einer Absatzsteigerung von 10 000 Stück der Ausgangswert 20 000 oder 100 000 Stück beträgt.
Das wollen wir ausführlich am Beispiel einer Nachfragefunktion erläutern.

Absolutes und relatives Änderungsverhalten bei Nachfragefunktionen

10

Die Nachfragefunktion p_N eines Angebotsmonopolisten lautet $p_N(x) = -2x + 20$; $D_{ök} = [0; 10]$.
Berechnen Sie die absoluten und prozentualen Preis- und Mengenänderungen sowie die prozentuale Mengenänderung in Bezug auf die prozentuale Preisänderung, wenn sich der Preis jeweils um 2 GE von 12 GE/ME auf 10 GE/ME sowie von 10 GE/ME auf 8 GE/ME verringert.

Bei einem Monopolisten entspricht die Nachfragefunktion der Preis-Absatz-Funktion.

Die absoluten Preisänderungen betragen immer −2 GE/ME und die absoluten Mengenänderungen immer +1 ME. Eine Preisverringerung um 2 GE/ME zieht in diesem Beispiel also eine Mengenzunahme um eine ME nach sich.

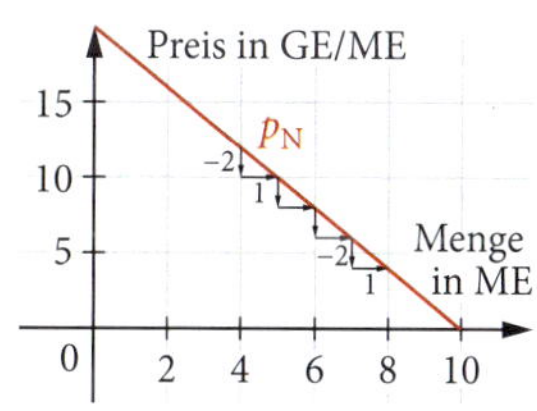

▶ Hier bewirkt die Änderung der Größe auf der y-Achse (Preis in GE/ME) die Änderung der Größe auf der x-Achse (nachgefragte Menge in ME).

Obwohl die Preissenkung Δp vom „alten“ zum „neuen“ Preis immer 2 GE/ME beträgt, ergeben sich je nach „altem“ Preis unterschiedliche prozentuale (oder relative) Preisänderungen $\frac{\Delta p}{p}$.

Preissenkung von 12 auf 10; von 10 auf 8 (GE/ME)

$\Delta p = -2$ GE/ME ▶ absolute Preisänderung Δp

$\frac{\Delta p}{p} = -\frac{2}{12} \approx -16{,}67\,\%$ ▶ prozentuale Preisänderung $\frac{\Delta p}{p}$; $p = 12$

$\frac{\Delta p}{p} = -\frac{2}{10} = -20\,\%$ ▶ prozentuale Preisänderung $\frac{\Delta p}{p}$; $p = 10$

Obwohl die Mengenänderung Δx von der „alten“ zur „neuen“ Menge immer 1 ME beträgt, ergeben sich je nach „alter“ Menge unterschiedliche prozentuale Mengenänderungen $\frac{\Delta x}{x}$.

Mengenzunahme von 4 auf 5; von 5 auf 6 (ME)

$\Delta x = +1$ ME ▶ absolute Mengenänderung Δx

$\frac{\Delta x}{x} = \frac{1}{4} = 25\,\%$ ▶ prozentuale Mengenänderung $\frac{\Delta x}{x}$; $x = 4$

$\frac{\Delta x}{x} = \frac{1}{5} = 20\,\%$ ▶ prozentuale Mengenänderung $\frac{\Delta x}{x}$; $x = 5$

Bei einer absoluten Preissenkung von 12 auf 10 GE/ME beträgt die prozentuale (relative) Nachfragezunahme das 1,5-Fache der prozentualen (relativen) Preissenkung.
Dabei gibt das Minuszeichen nur an, dass die nachgefragte Menge bei einer Preissenkung zunimmt bzw. bei einer Preiserhöhung zurückgeht.

Prozentuale Mengen- je prozentualer Preisänderung bei einer Preissenkung von 12 auf 10 (GE/ME)

$$\frac{\frac{\Delta x}{x}}{\frac{\Delta p}{p}} = \frac{\frac{1}{4}}{\frac{-2}{12}} = -1{,}5 = \mathbf{-150\,\%}$$

$\frac{\text{relative Änderung der nachgefragten Menge}}{\text{relative Preisänderung}} = \frac{\frac{\text{neue Menge} - \text{alte Menge}}{\text{alte Menge}}}{\frac{\text{neuer Preis} - \text{alter Preis}}{\text{alter Preis}}} = \frac{\frac{\Delta x}{x}}{\frac{\Delta p}{p}}$

Bei einer absoluten Preissenkung von 10 auf 8 GE je ME bewirkt eine relative Preisänderung eine relative Mengenänderung in gleicher Höhe.

bei einer Preissenkung von 10 auf 8 (GE/ME)

$$\frac{\frac{\Delta x}{x}}{\frac{\Delta p}{p}} = \frac{\frac{1}{5}}{\frac{-2}{10}} = -1 = \mathbf{-100\,\%}$$

- Für die Entscheidung, ob der Preis verändert werden soll, ist folglich die *relative* Mengenänderung wichtiger als die *absolute* Mengenänderung.
- Die folgende Tabelle gibt eine Übersicht über die absoluten und relativen Preis- und Mengenänderungen im ökonomischen Definitionsbereich $D_{ök} = [0; 10]$.

x **in ME**	**0**	**1**	**2**	**3**	**4**	**5**	**6**	**7**	**8**	**9**	**10**
Δx in ME	–	1	1	1	1	1	1	1	1	1	1
$\frac{\Delta x}{x}$	–	1	$\frac{1}{2}$	$\frac{1}{3}$	$\frac{1}{4}$	$\frac{1}{5}$	$\frac{1}{6}$	$\frac{1}{7}$	$\frac{1}{8}$	$\frac{1}{9}$	$\frac{1}{10}$
p in GE/ME	20	18	16	14	12	10	8	6	4	2	0
Δp in GE/ME	–	−2	−2	−2	−2	−2	−2	−2	−2	−2	−2
$\frac{\Delta p}{p}$	–	$-\frac{1}{9}$	$-\frac{1}{8}$	$-\frac{1}{7}$	$-\frac{1}{6}$	$-\frac{1}{5}$	$-\frac{1}{4}$	$-\frac{1}{3}$	$-\frac{1}{2}$	−1	–
$\frac{\frac{\Delta x}{x}}{\frac{\Delta p}{p}}$	–	−9	−4	$-\frac{7}{3}$	−1,5	−1	$-\frac{2}{3}$	$-\frac{3}{7}$	$-\frac{1}{4}$	$-\frac{1}{9}$	–

11 Herleitung des Nachfrageelastizitätskoeffizienten e_N

Leiten Sie den Nachfrageelastizitätskoeffizienten e_N allgemein her.

Setzen wir x für die Ausbringungsmenge und $p(x)$ für den Preis, dann gibt Δx die Mengenänderung und $\Delta p(x)$ die Preisänderung an.

Der **Nachfrageelastizitätskoeffizent e_N** ist dann das Verhältnis der *relativen Mengenänderung* $\frac{\Delta x}{x}$ zur *relativen Preisänderung* $\frac{\Delta p(x)}{p(x)}$.

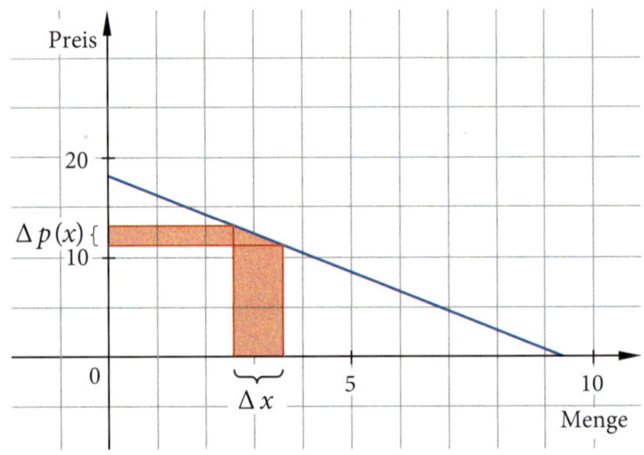

Elastizität = $\frac{\text{Veränderung der reagierenden Variablen}}{\text{Veränderung der verursachenden Variablen}}$

$$e_N = \frac{\frac{\Delta x}{x}}{\frac{\Delta p(x)}{p(x)}} = \frac{\Delta x}{\Delta p(x)} \cdot \frac{p(x)}{x} = \frac{1}{\frac{\Delta p(x)}{\Delta x}} \cdot \frac{p(x)}{x}$$

$$\lim_{\Delta x \to 0} \left(\frac{1}{\frac{\Delta p(x)}{\Delta x}} \cdot \frac{p(x)}{x} \right) \quad ▶ \lim_{\Delta x \to 0} \frac{\Delta p(x)}{\Delta x} = p'(x)$$

$$= \frac{1}{p'(x)} \cdot \frac{p(x)}{x} = \frac{p(x)}{x \cdot p'(x)} = e_N(x)$$

Betrachten wir die Elastizität in einem Punkt der Nachfragekurve, so müssen wir die Mengenänderung Δx gegen null laufen lassen.
Diese Grenzwertbildung führt zur Ableitung $p'(x)$ und somit zum Term $e_N(x) = \frac{p(x)}{x \cdot p'(x)}$.

Das negative Vorzeichen (▶ vgl. Tabelle oben) bei der Nachfrageelastizität zeigt nur, dass bei einer Preissenkung die nachgefragte Menge steigt (Ursache und Wirkung sind entgegengesetzt). Häufig interessiert bei der Betrachtung der Elastizität jedoch nur, ob die Mengenänderung relativ groß oder klein ist, deshalb betrachtet man die Beträge der Elastizität.

Ist $|e_N| > 1$, so reagieren die Mengen überproportional auf Preisänderungen, d. h., dass die nachgefragten Mengen relativ schneller steigen als die Preise; kleine relative Preisänderungen haben große relative Mengenänderungen zur Folge; man spricht hier von **elastischer Nachfrage**.
Für $0 < |e_N| < 1$ reagieren die nachgefragten Mengen unterproportional auf Preisänderungen; große relative Preisänderungen bewirken kleine relative Mengenänderungen; dies ist der **unelastische Nachfragebereich**.
Die Elastizität 1 zeigt **proportionale Nachfrageelastizität**, bei der eine relative Preisänderung eine relative Mengenänderung in gleicher Höhe bewirkt.

Untersuchung der Nachfrageelastizität

12

a) Berechnen Sie den Elastizitätskoeffizienten e_N für $p_N(x) = 18{,}75 - 2x$; $D_{ök} = [0; 9{,}375]$.

b) Berechnen Sie die Nachfragemenge, bei der Mengen- und Preisänderung proportional elastisch sind. Zeichnen Sie die Graphen von p_N und e_N in ein Koordinatensystem.

c) Bestimmen Sie den Preis, bei dem eine 3-prozentige Preissenkung eine 6-prozentige Mengenänderung auslöst.

Zu a) Mithilfe von $p'_N(x) = -2$ ergibt sich der Funktionsterm $e_N(x) = 1 - \frac{9{,}375}{x}$; $x \in\,]0; 9{,}375]$ der Nachfrageelastizität e_N.

$$e(x) = \frac{18{,}75 - 2x}{x \cdot (-2)} = -\frac{18{,}75}{2x} + 1 = 1 - \frac{9{,}375}{x}$$

Zu b) Zur Berechnung der proportionalen Elastizität setzt man $e_N(x) = -1$.
Bei 4,6875 ME ist die Nachfrage proportional elastisch. Die Mengen verhalten sich elastisch im Intervall $[0; 4{,}6875[$, d. h., eine kleine relative Preisänderung bewirkt eine größere relative Änderung der nachgefragten Menge. Die Mengen verhalten sich unelastisch im Intervall $]4{,}6875; 9{,}375]$, d. h., eine große relative Preisänderung bewirkt eine kleine relative Änderung der nachgefragten Menge.

$$e_N(x) = 1 - \frac{9{,}375}{x} = -1 \Leftrightarrow x = \mathbf{4{,}6875}$$

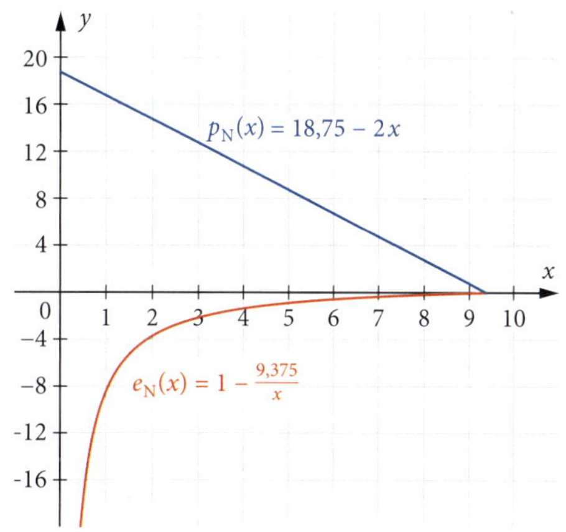

Der Graph der Elastizität ist bezüglich der Zahlenwerte korrekt dargestellt, allerdings nicht bezüglich der Einheit, denn die Elastizität hat keine Einheit.

Zu c) Zu lösen ist die Gleichung $e_N(x) = -\frac{6}{3}$.
Bei einem Preis von 12,5 GE löst eine 3-prozentige Preissenkung eine 6-prozentige Mengenänderung aus.

$$e_N(x) = -\frac{6}{3} \Leftrightarrow 1 - \frac{9{,}375}{x} = -2$$
$$\Leftrightarrow 9{,}375 = 3x \Rightarrow x = \mathbf{3{,}125}$$
$$\Rightarrow p_N(3{,}125) = 18{,}75 - 2 \cdot 3{,}125 = \mathbf{12{,}5}$$

Für die **Nachfrageelastizität** e_N gilt: $e_N(x) = \frac{p_N(x)}{x \cdot p'_N(x)}$. ▸ Preis-Absatz-Funktion p ist differenzierbar.

Sie ist ein Maß dafür, wie stark die nachgefragten Mengen auf Preisänderungen reagieren.

- Für $|e_N(x)| = 1$ ist die Nachfrage **proportional elastisch** zum Preis, eine relative Preisänderung bewirkt eine relative Änderung der nachgefragten Menge in gleicher Höhe.
- Für $|e_N(x)| > 1$ ist die Nachfrage **elastisch**, eine kleine relative Preisänderung hat eine große relative Änderung der nachgefragten Menge zur Folge.
- Für $|e_N(x)| < 1$ ist die Nachfrage **unelastisch**, eine große relative Preisänderung führt zu einer kleinen relativen Änderung der nachgefragten Menge.

a) Berechnen Sie die Nachfrageelastizität e_N für $p_N(x) = 49 - 7x$; $D_{ök} = [0; 7]$. Zeichnen Sie die Graphen von p sowie e_N in ein Koordinatensystem und interpretieren Sie die einzelnen Elastizitätsintervalle.

b) Berechnen sowie erläutern Sie die jeweilige Nachfrageelastizität bei vorgegebenen Preisen von 49 GE, 38,5 GE bzw. 21 GE.

c) Untersuchen Sie anhand jeweils eines selbstgewählten Beispiels aus dem elastischen bzw. unelastischen Bereich das jeweilige Verhältnis von der relativen Preisänderung zur relativen Mengenänderung der nachgefragten Menge.

d) Bestimmen Sie die Menge, bei der eine 3-prozentige Preiserhöhung zu einer 1,5-prozentigen Mengenänderung führt.

Ein Monopolist richtet sich nach der Nachfragefunktion p_N und interessiert sich folglich für die Nachfrageelastizität. Ein Polypolist, also ein Anbieter in vollständiger Konkurrenz, interessiert sich auch für die **Angebotselastizität**, denn auch hier ist bei einer möglichen Preisänderung die *relative* Mengenänderung wichtiger als die *absolute* Mengenänderung.

Analog zum Nachfrageelastizitätskoeffizienten e_N gibt der Angebotselastizitätskoeffizient e_A das Verhältnis der relativen Mengenänderung $\frac{\Delta x}{x}$ zur relativen Preisänderung $\frac{\Delta p(x)}{p(x)}$ wieder: $e_A(x) = \frac{p_A(x)}{x \cdot p_A'(x)}$, wobei x für die Ausbringungsmenge, $p(x)$ für den Preis, Δx für die Mengenänderung und $\Delta p(x)$ für die Preisänderung steht.

Auch hier sind die Zahlenwerte der Elastizität korrekt, jedoch ist zu beachten, dass die Elastizität keine Einheit hat.

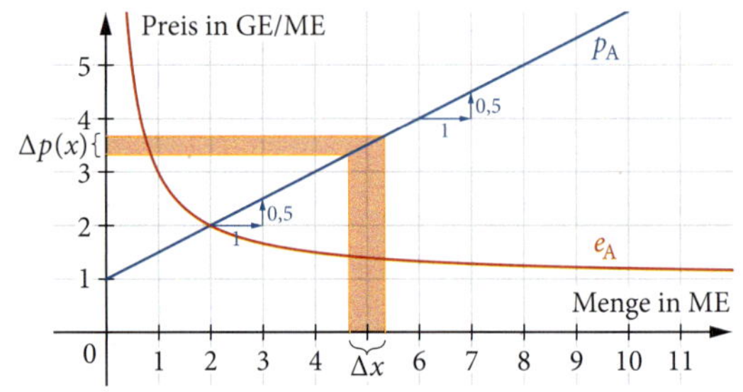

▶ Auch hier bewirkt die Änderung der Größe auf der y-Achse (Preis in GE/ME) die Änderung der Größe auf der x-Achse (Menge in ME).

13 Untersuchung der Angebotselastizität

a) Berechnen Sie den Elastizitätskoeffizienten e_A für $p_A(x) = 0{,}5x + 1$; $D_{ök} = [0; 10]$.
b) Bestimmen Sie den Preis, bei dem eine 2-prozentige Preiserhöhung zu einer 10-prozentigen Mengenerhöhung führt.

Zu a) Mithilfe des Ableitungsterms $p_A'(x) = 0{,}5$ ergibt sich der Funktionsterm $e_A(x) = 1 + \frac{2}{x}$; $x > 0$ der Angebotselastizität e_A.

$$e_A(x) = \frac{0{,}5x + 1}{x \cdot 0{,}5} = 1 + \frac{2}{x}$$

Zu b) Zu lösen ist die Gleichung $e_A(x) = \frac{10}{2}$.
Zunächst bestimmen wir die Menge für x, bevor wir den Preis ermitteln.
Bei einem Preis von 1,25 GE führt eine 2-prozentige Preiserhöhung zu einer 10-prozentigen Mengenerhöhung.

$$e_A(x) = \frac{10}{2} = 5 \;\Leftrightarrow\; 1 + \frac{2}{x} = 5$$
$$\Leftrightarrow\; \frac{2}{x} = 4 \;\Leftrightarrow\; x = \mathbf{0{,}5}$$
$$p_A(0{,}5) = 0{,}5 \cdot 0{,}5 + 1 = \mathbf{1{,}25}$$

Da die Zählerfunktion der Angebotselastizität für $x > 0$ immer größer ist als die Nennerfunktion, ist die Angebotselastizität immer größer als 1 und damit die relative Mengenänderung immer größer als die relative Preisänderung.

Für die Angebotselastizität e_A gilt: $e_A(x) = \frac{p_A(x)}{x \cdot p_A'(x)}$. ▶ Angebotsfunktion p_A ist differenzierbar.
Sie ist ein Maß dafür, wie stark die angebotenen Mengen auf Preisänderungen reagieren.

a) Berechnen Sie den Elastizitätskoeffizienten e_A für $p_A(x) = -0{,}5x^2 + 6x + 10{,}5$ und bestimmen Sie den ökonomisch sinnvollen Definitionsbereich.
b) Berechnen und erläutern Sie die jeweilige Angebotselastizität bei vorgegebenen Preisen von 28 GE, 20,5 GE bzw. 16 GE.
c) Bestimmen Sie die Mengen und die dazugehörigen Preise, bei denen eine 20-prozentige Preiserhöhung zu einer 58-prozentigen Mengenerhöhung führt.

Kostenelastizität

Die Gesamtkosten des Angebotsmonopolisten JoRo verlaufen ertragsgesetzlich und können durch die Funktion K mit $K(x) = 0{,}25x^3 - 2x^2 + 6x + 12{,}5$; $D_{ök} = [0;\, 9{,}375]$ beschrieben werden.

x in ME	0	1	2	3	4	5	6	7	8	9
Δx in ME	–	1	1	1	1	1	1	1	1	1
$\frac{\Delta x}{x}$	–	1	$\frac{1}{2}$	$\frac{1}{3}$	$\frac{1}{4}$	$\frac{1}{5}$	$\frac{1}{6}$	$\frac{1}{7}$	$\frac{1}{8}$	$\frac{1}{9}$
K in GE/ME	12,5	16,75	18,5	19,25	20,5	23,75	30,5	42,25	60,5	86,75
ΔK in GE/ME	–	4,25	1,75	0,75	1,25	3,25	6,75	11,75	18,25	26,25
$\frac{\Delta K}{K}$	–	$\frac{17}{67}$	$\frac{7}{74}$	$\frac{3}{77}$	$\frac{5}{82}$	$\frac{13}{95}$	$\frac{27}{122}$	$\frac{47}{169}$	$\frac{73}{242}$	$\frac{105}{347}$
$\frac{\frac{\Delta K}{K}}{\frac{\Delta x}{x}}$	–	$\frac{17}{67}$	$\frac{7}{37}$	$\frac{9}{77}$	$\frac{10}{41}$	$\frac{13}{19}$	$1\frac{20}{61}$	$1\frac{160}{169}$	$2\frac{50}{121}$	$2\frac{251}{347}$

Bei einer Änderung der Produktionsmenge von z. B. 0 ME auf 1 ME beträgt die Kostensteigerung 4,25 GE und bei einer Produktionsmengenänderung von 5 ME auf 6 ME macht die Kostensteigerung 6,75 GE aus. Obwohl die erste Kostensteigerung in GE niedriger ausfällt als die zweite, ist die erste Kostensteigerung *relativ* höher als die zweite. Für die Entscheidung, ob die Produktionsmenge erhöht werden soll, ist die *relative* Kostensteigerung wichtiger als die *absolute* Kostensteigerung. Deshalb betrachten wir das **Verhältnis der relativen Kostenänderung zur relativen Mengenänderung**.
Diesen Quotienten nennt man **Kostenelastizitätskoeffizient e_K**.

Herleitung des Kostenelastizitätskoeffizienten e_K

14

Leiten Sie den Kostenelastizitätskoeffizienten e_K allgemein her.

Setzen wir x für die Ausbringungsmenge und $K(x)$ für die Kosten, dann gibt Δx die Mengenänderung und $\Delta K(x)$ die Kostenänderung an.

Elastizität = $\frac{\text{Veränderung der reagierenden Variablen}}{\text{Veränderung der verursachenden Variablen}}$

Der **Kostenelastizitätskoeffizent e_K** ist dann das Verhältnis der *relativen Kostenänderung* $\frac{\Delta K(x)}{K(x)}$ zur *relativen Mengenänderung* $\frac{\Delta x}{x}$.

Betrachten wir die Elastizität in einem Punkt der Kostenkurve, dann müssen wir die Mengenänderung Δx gegen null laufen lassen und erhalten die Ableitung $K'(x)$ und somit den Term $e_K(x) = \frac{K'(x)}{K(x)} \cdot x$.

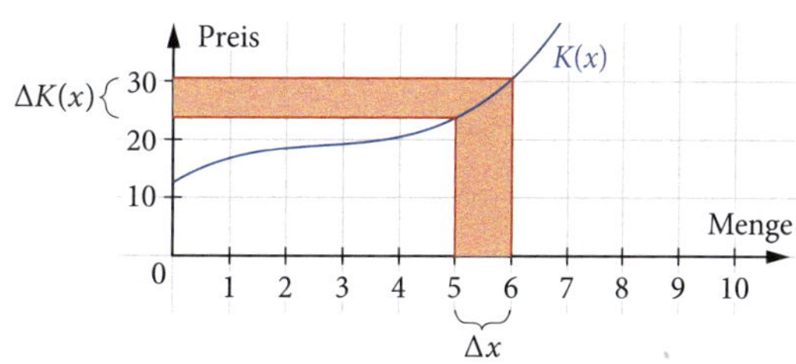

$$e_K = \frac{\frac{\Delta K(x)}{K(x)}}{\frac{\Delta (x)}{x}} = \frac{\Delta K(x)}{K(x)} \cdot \frac{x}{\Delta x} = \frac{\Delta K(x)}{\Delta x} \cdot \frac{x}{K(x)}$$

$$\lim_{\Delta x \to 0}\left(\frac{\Delta K(x)}{\Delta x} \cdot \frac{x}{K(x)}\right) \quad ▸ \lim_{\Delta x \to 0} \frac{\Delta K(x)}{\Delta x} = K'(x)$$

$$= K'(x) \cdot \frac{x}{K(x)} = \frac{K'(x)}{K(x)} \cdot x = e_K(x)$$

Ist $e_K > 1$, so reagieren die Kosten überproportional auf Mengenänderungen, d. h., dass die Kosten relativ schneller steigen als die Ausbringungsmenge; kleine relative Mengenänderungen haben große relative Kostenänderungen zur Folge; man spricht hier von **elastischem Kostenverhalten**.
Für $0 < e_K < 1$ reagieren die Kosten unterproportional auf Mengenänderungen; große relative Mengenänderungen bewirken kleine relative Kostenänderungen; dies ist der **unelastische Kostenbereich**.
Die Elastizität 1 zeigt **proportionale Elastizität**, bei der eine relative Mengenänderung eine relative Kostenänderung in gleicher Höhe bewirkt.

15 Untersuchung der Kostenelastizität

a) Berechnen Sie den Kostenelastizitätskoeffizienten e_K für $K(x) = 0{,}25x^3 - 2x^2 + 6x + 12{,}5$; $D_{ök} = [0; 9{,}375]$.

b) Ermitteln Sie die Ausbringungsmenge, bei der Kosten- und Mengenänderung proportional elastisch sind, und vergleichen Sie sie mit dem Betriebsoptimum. Veranschaulichen Sie das Ergebnis.

Zu a) Mithilfe von $K'(x) = 0{,}75x^2 - 4x + 6$ ergibt sich der Funktionsterm
$e_K(x) = \frac{0{,}75x^3 - 4x^2 + 6x}{0{,}25x^3 - 2x^2 + 6x + 12{,}5}$; $x \in D_{ök}$.

$$e_K(x) = \frac{K'(x)}{K(x)} \cdot x = \frac{0{,}75x^2 - 4x + 6}{0{,}25x^3 - 2x^2 + 6x + 12{,}5} \cdot x$$
$$= \frac{0{,}75x^3 - 4x^2 + 6x}{0{,}25x^3 - 2x^2 + 6x + 12{,}5}$$

Zu b) Zur Berechnung der proportionalen Elastizität setzt man $e_K(x) = 1$.
Bei 5 ME verhalten sich die Kosten proportional elastisch. Die Kosten verhalten sich unelastisch im Intervall $[0; 5[$ und elastisch im Intervall $]5; 9{,}375]$.
Im unelastischen Bereich $[0; 5[$ veranlassen große relative Mengenänderungen nur kleine relative Kostenänderungen. Die Stückkosten fallen bis zum Betriebsoptimum, da bis zu dieser Ausbringungsmenge auch die Grenzkosten K' niedriger sind als die Stückkosten k.
Im elastischen Intervall $]5; 9{,}375]$ bewirken kleine relative Mengenänderungen große relative Kostenänderungen. Dort steigen die Stückkosten k, da auch die Grenzkosten K' höher sind als die Stückkosten k.

$$e_K(x) = \frac{0{,}75x^3 - 4x^2 + 6x}{0{,}25x^3 - 2x^2 + 6x + 12{,}5} = 1$$
$\Leftrightarrow\ 0{,}5x^3 - 2x^2 - 12{,}5 = 0$
$\Rightarrow\ x = \mathbf{5}$

Unelastischer Kostenbereich: $[0; 5[$ ▸ $0 < e_K < 1$
Elastischer Kostenbereich: $]5; 9{,}375]$ ▸ $e_K > 1$

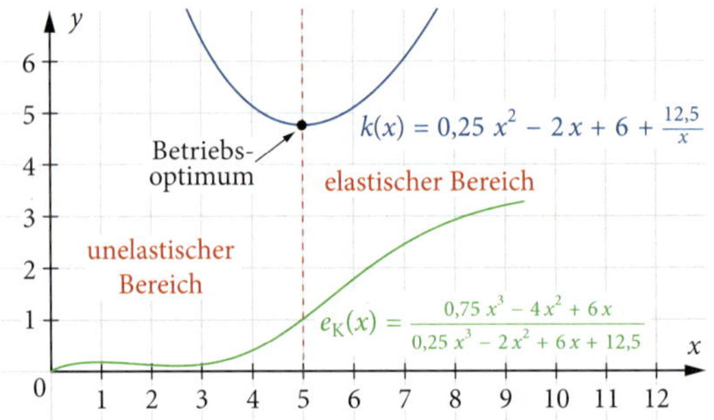

Vergleichen wir $e_K(x) = 1$ und $k'(x) = 0$, so erkennen wir, dass nach Umformung und Vereinfachung beider Gleichungen mit $0{,}5x^3 - 2x^2 - 12{,}5 = 0$ dieselbe Gleichung gelöst werden muss, um zu der Stelle zu gelangen, an der sich die Kosten proportional elastisch verhalten und an der das Betriebsoptimum liegt.

$k(x) = 0{,}25x^2 - 2x + 6 + \frac{12{,}5}{x}$; $D_{ök} = [0; 9{,}375]$
$k'(x) = 0{,}5x - 2 - \frac{12{,}5}{x^2}$
$k'(x) = 0 \ \Leftrightarrow\ 0{,}5x^3 - 2x^2 - 12{,}5 = 0$
$\Rightarrow\ x_{BO} = \mathbf{5}$ ▸ Betriebsoptimum $BO(5|4{,}75)$

Für die **Kostenelastizität** e_K gilt: $e_K(x) = \frac{K'(x)}{K(x)} \cdot x$. ▸ Kostenfunktion K ist differenzierbar.
Sie ist ein Maß dafür, wie stark die Kosten auf Änderungen der Produktionsmengen reagieren.
- Für $e_K(x) = 1$ ist die Produktionsmenge **proportional elastisch** zu den Kosten; eine relative Mengenänderung bewirkt eine relative Kostenänderung in gleicher Höhe.
- Für $e_K(x) > 1$ ist die Produktionsmenge **elastisch**; eine kleine relative Mengenänderung hat eine große relative Kostenänderung zur Folge.
- Für $e_K(x) < 1$ ist die Produktionsmenge **unelastisch**; eine große relative Mengenänderung führt zu einer kleinen relativen Kostenänderung.

Berechnen Sie den Elastizitätskoeffizienten e_K für $K(x) = 3x^3 - 8x^2 + 24x + 50$; $D_{ök} = [0; 10]$, x in ME, $K(x)$ in GE. Zeichnen Sie die Graphen von K und e_K in ein Koordinatensystem und bestimmen Sie den elastischen und den unelastischen Kostenbereich.

Übungen zu 1.1.4

1. Gegeben ist die Nachfragefunktion p_N mit
oHi Mi $p_N(x) = -0{,}1x + 10$.
   a) Bestimmen Sie den ökonomisch sinnvollen Definitionsbereich $D_{ök}$.
   b) Bestimmen Sie die Funktionsterme der Gesamt- und der Grenzerlösfunktion.
   c) Zeichnen Sie die Graphen von p_N und E'.
   d) Zeigen Sie, dass die Grenzerlösfunktion E' für $x = 0$ denselben Funktionswert p_h (p_h Höchstpreis) hat wie die Preis-Absatz-Funktion p_N, dass aber der Graph von E' doppelt so schnell fällt wie der Graph von p_N, $G_{E'}$ also die x-Achse bei $0{,}5x_s$ (x_s Sättigungsmenge) schneidet.
   e) Bestimmen Sie den Funktionsterm der Elastizitätsfunktion.
   f) Berechnen Sie den Gesamterlös und die Elastizität der Nachfrage bei einer Absatzmenge von 40 ME.
   g) Berechnen Sie den Grenzerlös und die Elastizität für die Absatzmenge 50 ME.

2. Ein Anbieter bietet sein Produkt nach der Angebotsfunktion p_A an, deren Graph im Punkt $(8|24)$ seinen Hochpunkt hat. Bei einem Preis von 23 GE/ME ist der Anbieter bereit, 6 ME anzubieten.
   a) Stellen Sie den Term der quadratischen Funktion p_A auf und prüfen Sie die Übereinstimmung mit $p_A(x) = -0{,}25x^2 + 4x + 8$.
   b) Berechnen Sie den Elastizitätskoeffizienten e_A für p_A, bestimmen Sie den ökonomisch sinnvollen Definitionsbereich und zeichnen Sie die Graphen von e_A und p_A in ein Koordinatensystem.
   c) Bestimmen Sie die angebotene Menge und den dazugehörigen Preis, bei denen eine 9-prozentige Preiserhöhung zu einer 12-prozentigen Mengenerhöhung führt.
   d) Die Nachfrage folgt der Nachfragefunktion p_N mit $p_N(x) = \frac{20}{x + 0{,}5} + 1$.
   Geben Sie den elastischen und unelastischen Nachfragebereich an, zeichnen Sie die Graphen von p_N sowie e_N in ein Koordinatensystem und interpretieren Sie ihre ökonomische Bedeutung.
   e) Ermitteln Sie das Marktgleichgewicht.
   f) Erklären Sie allgemein die Bedeutung der Parameter a, b und c im Term $p_N(x) = \frac{a}{x - b} + c$; $x \neq b$ der Funktion p_N und ihre Auswirkung auf den Verlauf des Graphen von p_N.

3. Die JoRo GmbH produziert Blu-Ray-Player gemäß K mit $K(x) = 0{,}05x^3 - 4{,}5x^2 + 145x + 5400$ (x in Stück, K in €) und verkauft sie zu einem Preis von 350 GE.
   a) Berechnen Sie den Kostenelastizitätskoeffizienten e_K und zeichnen Sie die Graphen von k und e_K in ein Koordinatensystem.
   b) Ermitteln Sie die Ausbringungsmenge, bei der Kosten- und Mengenänderung proportional elastisch sind, und vergleichen Sie sie mit dem Betriebsoptimum.
   c) Berechnen Sie die Gewinnzone und das Gewinnmaximum.

4. Ein Monopolist richtet sich nach der linearen Nachfragefunktion p_N mit $p_N(x) = -22x + 176$ und produziert entsprechend der variablen Stückkostenfunktion k_v mit $k_v(x) = 3{,}5x^2 - 31{,}5x + 94{,}5$. Er hat Fixkosten in Höhe von 87,5 GE.
   a) Bestimmen Sie den ökonomischen Definitionsbereich, geben Sie den elastischen und unelastischen Nachfragebereich an, zeichnen Sie die Graphen von p_N sowie e_N in ein Koordinatensystem und interpretieren Sie ihre ökonomische Bedeutung.
   b) Ermitteln Sie die Elastizität der Nachfrage bei den Mengen 2,5 ME, 4 ME, 6,5 ME und 8 ME.
   c) Erläutern Sie die jeweilige Nachfrageelastizität bei Preisen von 0 GE, 55 GE, 71,5 GE und 176 GE.
   d) Bestimmen Sie den Preis, bei dem eine 7,5-prozentige Preiserhöhung zu einer 2,5-prozentigen Mengenerhöhung führt.
   e) Geben Sie die Kostenelastizitätsintervalle an, zeichnen Sie die Graphen von k sowie e_K in ein Koordinatensystem und interpretieren Sie ihre ökonomische Bedeutung.
   f) Ermitteln Sie die Ausbringungsmenge, bei der Kosten- und Mengenänderung proportional elastisch sind, und vergleichen Sie sie mit dem Betriebsoptimum. Zeigen Sie am Beispiel der gegebenen Funktion K, dass das Stückkostenminimum die beiden Kostenelastizitätsintervalle trennt.
   g) Bestimmen Sie die Menge, bei der eine 4-prozentige Mengenerhöhung zu einer 2-prozentigen Kostenerhöhung führt.
   h) Berechnen Sie die Gewinnzone, das Gewinnmaximum und den Cournot'schen Punkt.

Vermischte Übungen zu 1.1

1. Der Graph einer ganzrationalen Funktion f dritten Grades berührt die x-Achse an der Stelle -2. Der Graph der ersten Ableitungsfunktion hat dort die Steigung $-2{,}5$. Die Tangente an G_f an der Stelle 3 hat die Steigung 6,25. Bestimmen Sie $f(x)$.

2. Ein Monopolbetrieb hat bei der Produktion von 20 Stück eines Produkts Gesamtkosten in Höhe von 6000 € und bei 60 Stück Gesamtkosten von 18 000 €. Bei diesen Produktionsmengen werden weder Gewinn noch Verlust erzielt. Die Kostenfunktion ist eine quadratische Funktion mit fixen Kosten in Höhe von 5400 €, die Erlösfunktion ist eine lineare Funktion; $D_{ök} = [0; 100]$.
   a) Bestimmen Sie die Funktionsterme der Kosten- und der Erlösfunktion.
   b) Bestimmen Sie die gewinnmaximale Ausbringungsmenge und den maximalen Gewinn.

3. Zu Beginn des Schuljahres werden am Schulkiosk zu einem günstigen Preis Taschenrechner verkauft. Von den anfangs 200 vorrätigen Exemplaren sind nach knapp zwei Wochen schon so viele verkauft, dass das Verkaufsteam über eine Nachbestellung nachdenkt. Um den weiteren Verkauf besser vorhersagen zu können, wollen die drei Verantwortlichen den bisherigen Verlauf anhand der Liste von Seite 17 durch einen geeigneten Funktionsgraphen modellieren. Eileen stellt sich eine Parabel 2. Ordnung vor, die im Ursprung und in $N(11|0)$ die x-Achse schneidet und die außerdem durch $P(8|24)$ geht. Dominik geht von einer ganzrationalen Funktion 3. Grades aus, deren Graph durch den Ursprung geht und in $H(3|y_H)$ einen Hochpunkt und in $T(6|18)$ einen Tiefpunkt hat. Judith schlägt eine Funktion 4. Grades vor. Der Graph soll auch durch den Ursprung gehen und dieselben Extrempunkte haben wie Dominiks Graph. Bei 11 soll ein weiterer Hochpunkt sein.
   a) Übertragen Sie die Wertepaare aus der Tabelle auf Seite 17 als Punkte in ein Koordinatensystem.
   b) Ermitteln Sie die Funktionsgleichungen der drei vorgeschlagenen Funktionen.
   c) Zeichnen Sie die Graphen in das unter a) angelegte Koordinatensystem und überprüfen Sie jeweils die Qualität der Modellierung. Sprechen Sie dem Verkaufsteam eine Empfehlung hinsichtlich der Anzahl der nachzubestellenden Taschenrechner aus.

4. Die Kosten eines Betriebs zur Herstellung von PCs betragen 545 GE bei einer Ausbringungsmenge von 3 ME, die minimalen Grenzkosten 10 GE bei einer Produktion von 4 ME. Die kurzfristige Preisuntergrenze beträgt 70 GE bei einer Ausbringungsmenge von 6 ME.
   Bestimmen Sie den Term der Gesamtkostenfunktion 3. Grades.

5. Ein Winzer besitzt auf einer Anbaufläche von zwei Hektar 8000 Rebstöcke der Traubensorte „Dornfelder“. Für die Bewirtschaftung setzt er die Einsatzfaktoren Maschineneinheiten (x in ME) und Arbeitskräfteeinheiten (y in AE) in unterschiedlichen Kombinationen $(x|y)$ ein.
   Aus langjähriger Erfahrung weiß er, dass bei dem beschriebenen Besatz an Rebstöcken recht unterschiedliche Mengen bei gleicher Qualität geerntet werden können, je nach Kombination der beiden Einsatzfaktoren. Mit den Faktormengenkombinationen $(5|22)$, $(6|16)$ und $(8|13)$ können 17 t Trauben pro ha geerntet werden.
   17,5 t pro Hektar können mit den Kombinationen $(8|16)$, $(9|14)$ und $(10|13)$ erzielt werden.
   18 t können erreicht werden mit den Kombinationen $(9|22)$, $(10|16)$ und $(20|11)$. Eine Maschineneinheit kostet 10 GE, eine Arbeitskräfteeinheit 30 GE.

   a) Stellen Sie die drei Gleichungen für die Isoquanten auf, die zu Erträgen von 17 t, 17,5 t und 18 t Trauben führen, und zeichnen Sie sie in ein geeignetes Koordinatensystem.
   b) Ermitteln Sie die Terme der durch die Faktorpreise festgelegten Isokostenkurven.
   c) Berechnen Sie jeweils die Minimalkostenkombination (*MKK*) und die sich daraus ergebenden Gesamtkosten.
   d) Zeichnen Sie die zu den *MKK* gehörenden Isokostenkurven zu den Isoquanten in dasselbe Koordinatensystem.

6. Ein landwirtschaftlicher Betrieb kann mit den Faktormengenkombinationen (4|22), (6|10) und (9|7) der Einsatzfaktoren x und y jeweils denselben Ertrag produzieren.

a) Bestimmen Sie $I(x)$.

b) Eine Einheit des Faktors x kostet 30 €, eine Einheit des Faktors y kostet 40 €. Ermitteln Sie die Funktionsterme der Isokostenkurven sowie die Minimalkostenkombination (MKK) und geben Sie den erforderlichen Geldbetrag für die MKK an.

7. Ein Sportartikelhändler handelt als Polypolist mit Fußbällen und rechnet bei einer Ausbringungsmenge von $\frac{10}{3}$ ME mit minimalen Grenzkosten von $4\frac{5}{6}$ GE/ME, hat sein Betriebsminimum bei einer Produktionsmenge von 5 ME und verkauft die Fußbälle für 18,5 GE je ME.

a) Bestimmen Sie die Terme der quadratischen Grenzkostenfunktion K' sowie der Erlösfunktion E und begründen Sie, warum der Graph von K' die individuelle Angebotskurve des Polypolisten ist und er somit als Mengenanpasser gilt. Zeichnen Sie die Graphen von K', k_v und k in ein Koordinatensystem und erklären Sie anhand der Graphen, welche Preise für den Polypolisten ökonomisch sinnvoll sind und welche Mengen er bei den ökonomisch sinnvollen Preisen anbietet.

b) Ein Konkurrent bietet die Fußbälle zu 13,95 GE an. Prüfen Sie, ob der Sportartikelhändler den Preis kurz- bzw. langfristig halten kann, wenn seine Fixkosten 36 GE betragen.

c) Ermitteln Sie die Gewinnzone sowie das Gewinnmaximum und zeichnen Sie die Graphen von K, E und G in ein weiteres Koordinatensystem.

d) Berechnen Sie den Elastizitätskoeffizienten e_K für K, ermitteln Sie die Ausbringungsmenge, bei der Kosten- und Mengenänderung proportional elastisch sind, und vergleichen Sie sie mit dem Betriebsoptimum. Nennen Sie die beiden Elastizitätsintervalle und erklären Sie sie ökonomisch.

8. Bei der JoRo GmbH werden einem Auszubildenden zwei unbeschriftete Grafiken vorgelegt.

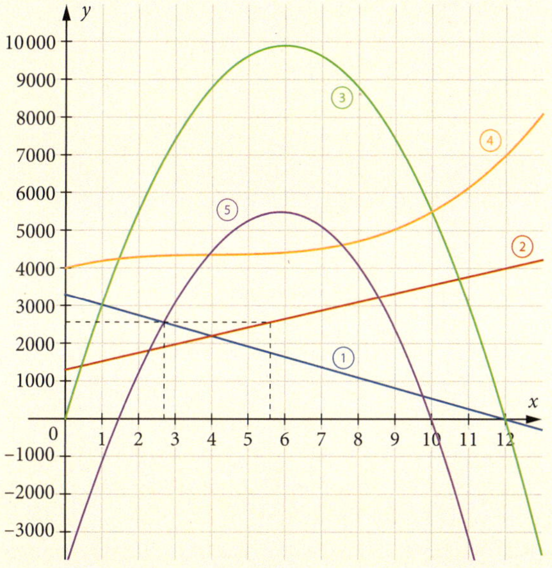

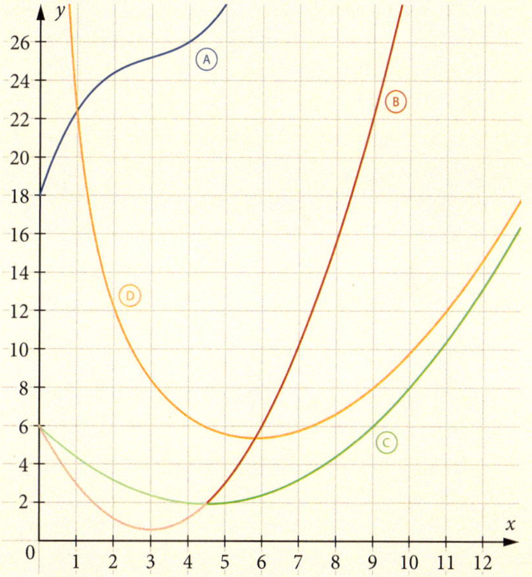

Helfen Sie dem Auszubildenden bei der Beschriftung der Graphen, indem Sie die folgenden alphabetisch geordneten ökonomischen Begriffe den entsprechenden Graphen zuordnen, wobei auch Mehrfachzuordnungen möglich sind: Angebotsfunktion, Angebotsüberschuss, Betriebsminimum, Betriebsoptimum, Break-even-Punkt, Degressiver Kostenanstieg, Erlösfunktion, Erlösgrenze, Erlösmaximum, Erlösschwelle, Erlöszone, Fixkosten, Gesamtkostenfunktion, Gewinnfunktion, Gewinngrenze, Gewinnmaximum, Gewinnschwelle, Gewinnzone, Gleichgewichtsmenge, Gleichgewichtspreis, Grenzkostenfunktion, Grenzkostenminimum, Höchstpreis, Individuelle Angebotskurve des Polypolisten, Kostenphasen, Marktgleichgewicht, Nachfragefunktion, Progressiver Kostenanstieg, Sättigungsmenge, Stückkostenfunktion, Variable Stückkostenfunktion.

9. Die KloVo GmbH stellt in zwei Produktionswerken im Südtiroler Vinschgau spezielle Sportmützen für anspruchsvolle einheimische Skilangläufer her. Die erfolgreichen Sportler schätzen die fast gleiche, hohe Qualität der Mützen, aber auch ihre Unterschiede in Bezug auf ihre Anpassungsfähigkeit an verschiedene Temperaturen. So sind die Mützen „Icecap“ aus Werk 1 in Prad besonders für sehr niedrige Temperaturen und „Suncap“ aus Werk 2 in Schlanders für Temperaturen um den Gefrierpunkt geeignet.
Die Qualitätsmützen werden gemäß der Kostenfunktionen K_1 mit $K_1(x) = 0{,}25x^3 - 3x^2 + 12{,}5x + 200$ (für das Werk 1 in Prad) und K_2 mit $K_2(x) = 2x^3 - 18x^2 + 54x + 50$ (für das Werk 2 in Schlanders) hergestellt. Die Mütze „Icecap“ wird für 43,75 GE, die Mütze „Suncap“ für 44,25 GE verkauft; $x \in [0\text{ ME}; 20\text{ ME}]$, $K(x)$ in GE.

a) Erstellen Sie die Funktionsterme der Erlös- und der Gewinnfunktionen beider Werke.

b) Ordnen Sie nachvollziehbar die Funktionsterme den nebenstehenden Graphen zu und zeichnen Sie die beiden fehlenden Graphen ein.

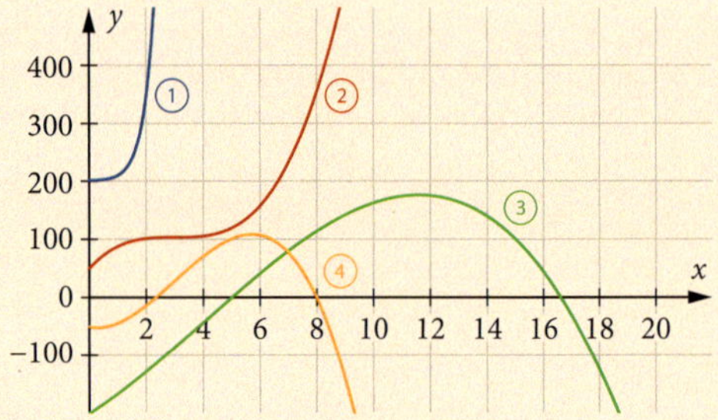

c) Beschreiben Sie die wirtschaftliche Situation anhand der Graphen.

d) Berechnen Sie die Gewinnzonen und -maxima beider Werke.

e) Berechnen Sie die Elastizitätskoeffizienten e_{K_1} für K_1 sowie e_{K_2} für K_2 und zeichnen Sie die Graphen von k_1, k_2, e_{K_1} und e_{K_2} in ein Koordinatensystem.

f) Ermitteln Sie jeweils die Ausbringungsmenge, bei der Kosten- und Mengenänderung proportional elastisch sind, und vergleichen Sie sie mit dem jeweiligen Betriebsoptimum.

10. Die Fly Bike Werke GmbH ist nur einer von vielen Herstellern für Kinderräder auf dem Fahrradmarkt und sieht sich daher einem starken Wettbewerb ausgesetzt.

a) Die Gewinnschwelle liegt bei der Ausbringungsmenge von 1 ME und dort beträgt der Grenzgewinn 15,5 GE/ME. Für 2 ME beläuft sich der Gewinn auf 19,5 GE und steigt dort am stärksten.

a_1) Erstellen Sie den Term der ganzrationalen Gewinnfunktion G dritten Grades für $x > 0$.
Gehen Sie im Weiteren von der Gewinnfunktion G mit $G(x) = -2x^3 + 12x^2 - 2{,}5x - 7{,}5$ aus.

a_2) Berechnen Sie das Gewinnmaximum für die Kinderräder.

b) Die Abteilung Controlling der Fly Bike Werke GmbH hat ermittelt, dass die Gesamtkosten für die Produktion der Kinderräder 67,5 GE/ME bei einer Herstellung von 3 ME betragen. Bei dieser Ausbringungsmenge liegt auch die kurzfristige Preisuntergrenze von 20 GE/ME. Die Kosten steigen am geringsten bei einer Ausbringungsmenge von 1 ME.

b_1) Bestimmen Sie den Term der Kostenfunktion K mit $K(x) = ax^3 + bx^2 + cx + d$; $x > 0$.

b_2) Berechnen Sie den Preis p in GE pro ME, für den die Kinderräder verkauft werden.
Gehen Sie im Weiteren von der Kostenfunktion K mit $K(x) = 2x^3 - 12x^2 + 38x + 7{,}5$; $x \geq 0$ aus.

b_3) Ermitteln Sie den Deckungsbeitrag an der gewinnmaximalen Produktionsmenge von 3,89 ME, wenn Sie von einem Verkaufspreis von 35,5 GE je ME ausgehen.

b_4) Die Konkurrenz möchte das Kinderrad kurzfristig zu 24 GE je ME anbieten. Untersuchen Sie, ob die Fly Bike Werke GmbH den Preis kurzfristig halten kann.

c) Bestimmen Sie die Produktionsmenge, bei der der Übergang von der degressiven zur progressiven Kostenstruktur erfolgt, und erläutern Sie den Zusammenhang mit dem Grenzkostenminimum.

d) Aufgrund einer Kostenänderung wird das Grenzkostenminimum erst bei 3 ME erreicht. Ermitteln Sie die entsprechende Änderung für a im Funktionsterm $K(x) = ax^3 - 12x^2 + 38x + 7{,}5$; $x \geq 0$.

e) Zum Transport werden die Kinderräder in einen großen Karton verpackt, dessen Querschnittsansicht rechts abgebildet ist. Der Karton hat dann das größte Volumen, wenn die nebenstehende Rechtecksfläche maximal ist.

e_1) Bestimmen Sie die Maße des Kartons, wenn der Umfang des abgebildeten Querschnitts 5,50 m beträgt und die Rechtecksfläche maximal sein soll.

e_2) Bestimmen Sie bei gleichem Umfang die Maximierung der gesamten abgebildeten Fläche.

11.

a) Ordnen Sie die Funktionen p, K, K', k, k_v und G begründet den vorliegenden Graphen zu.

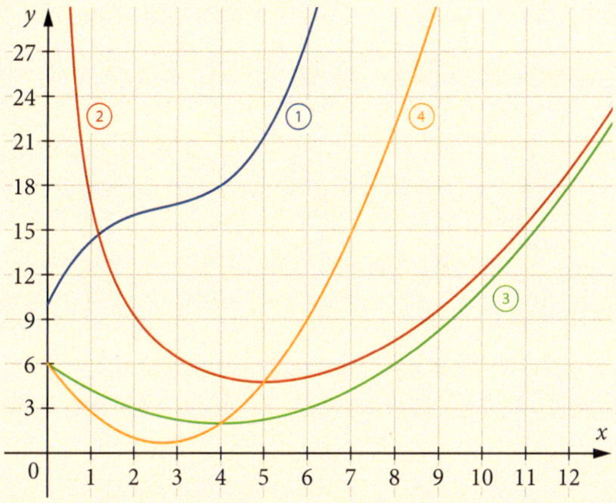

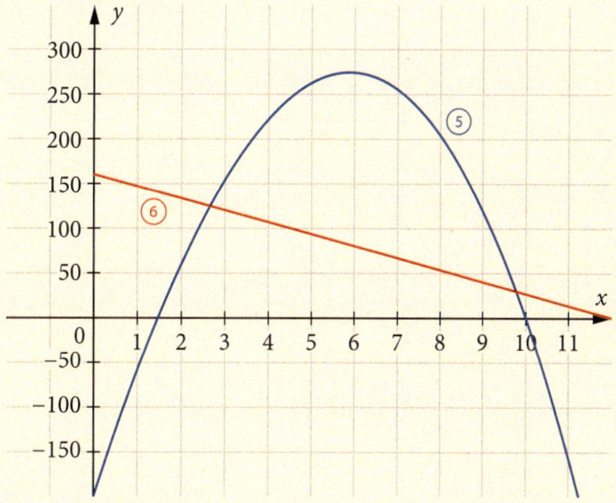

b) Beurteilen Sie anhand der Graphen die folgenden Behauptungen:

b_1) Der Graph der variablen Stückkostenfunktion k_v liegt immer oberhalb vom Graphen der Stückkostenfunktion k.

b_2) Der Graph der Grenzkostenfunktion schneidet den Graphen der Stückkostenfunktion im Betriebsoptimum.

b_3) Eine Reduzierung der gewinnmaximierenden Menge führt dazu, dass der Preis für das gleiche Produkt am Markt steigt.

b_4) Eine Reduzierung des Preises im Gewinnmaximum führt dazu, dass der maximale Gewinn für das gleiche Produkt steigt.

b_5) Eine Reduzierung der Fixkosten führt zu einer Vergrößerung der Gewinnzone.

12. Die Fly Bike Werke GmbH handelt auch mit hochwertigen und leicht verträglichen Nahrungsergänzungsmitteln für sportliche Freizeitradfahrer und bringt zum neuen Jahr einen speziellen Kraftriegel auf den Markt.
Das Unternehmen rechnet zum Jahresanfang mit dem Umsatzbeginn und einem Umsatz von 512 GE pro Monat nach 2 Monaten und einem Umsatzanstieg von 384 GE pro Monat zu demselben Zeitpunkt.
Der Vertriebsleiter der Fly Bike Werke GmbH rechnet mit einem Umsatz gemäß der Umsatzfunktion u vom Typ $u(t) = at^4 + bt^3 + ct^2$. Dabei gibt t die Zeit in Monaten nach Markteinführung des Kraftriegels und $u(t)$ den zugehörigen Monatsumsatz in GE je Monat an. Der Zeitpunkt der Markteinführung ist $t = 0$. Der Vertriebsleiter geht davon aus, dass der Umsatzverlauf einem Produktlebenszyklus mit untenstehenden Phasen entspricht.

Phase	Wachstum	Reife	Sättigung	Degeneration
Absatz	progressiv steigend	degressiv steigend	progressiv fallend	degressiv fallend

Der Geschäftsführer rechnet mit einem Verlust von 160 GE pro Monat zum Umsatzbeginn und mit der Gewinnschwelle nach einem Monat bei einem Gewinnanstieg von 143,5 GE je Monat zu diesem Zeitpunkt. Ende Juni möchte er einen Gewinn von 230 GE pro Monat erzielen. Der Geschäftsführer geht von einer ganzrationalen Funktion dritten Grades aus, wobei t die Zeit in Monaten nach Markteinführung des Kraftriegels und $g(t)$ den zugehörigen Gewinn in GE je Monat angibt.

a) Erstellen Sie die Funktionsterme der Umsatzfunktion u sowie der Gewinnfunktion g, zeichnen Sie beide Graphen in ein Koordinatensystem und beschreiben Sie mithilfe beider Funktionen die einzelnen Phasen des Produktlebenszyklus des Kraftriegels.

b) Berechnen Sie jeweils den Beginn der einzelnen Phasen und das Umsatzende.

c) Ermitteln Sie die Gewinnzone und das Gewinnmaximum. Vergleichen Sie die Ergebnisse mit den Umsatzzahlen.

d) Die Unternehmensleitung gibt vor, dass der Verkauf des Kraftriegels eingestellt wird, wenn der Monatsumsatz unter 400 GE pro Monat sinkt. Weisen Sie nach, dass der Kraftriegel nach gut 8 Monaten wieder vom Markt genommen wird.

13. Ein Unternehmen erstellt seine Produkte gemäß einer Kostenfunktion K mit ertragsgesetzlichem Verlauf (x in ME, K in GE) und verkauft sie zu einem Preis von 18,5 GE pro ME. Das Unternehmen hat Kosten von 69 GE bei einer Ausbringungsmenge von 3 ME und Grenzkosten von 15,5 GE bei einer Produktionsmenge von 6 ME. Sein Betriebsminimum ist $BM(5|9)$.

a) Erstellen Sie den Funktionsterm von K und bestätigen Sie $K(x) = 0{,}5x^3 - 5x^2 + 21{,}5x + 36$.

b) Begründen Sie, warum es sich um eine ertragsgesetzliche Kostenfunktion handelt.

c) Bestimmen Sie den Funktionsterm der Erlösfunktion E und ordnen Sie die Funktionen K und E den nebenstehenden Graphen zu.

d) Beweisen Sie allgemein, dass an der Stelle des Gewinnmaximums $E'(x) = K'(x)$ gilt.

e) Bestimmen Sie grafisch mithilfe der nebenstehenden Abbildung die Ausbringungsmenge des Gewinnmaximums.

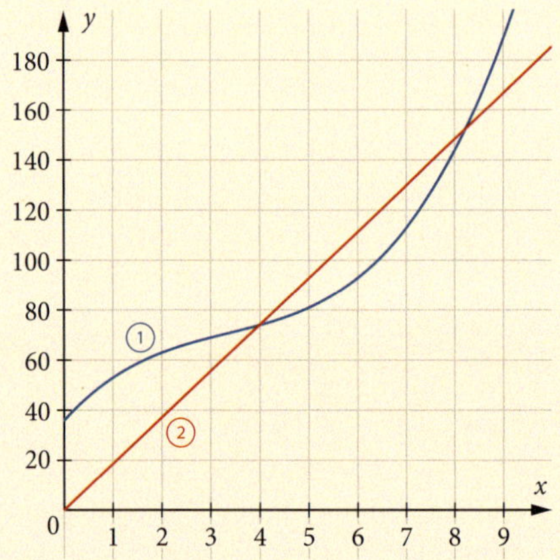

f) Bestimmen Sie den Term der Gewinnfunktion G, zeichnen Sie G_G in ein Koordinatensystem und bestätigen Sie Teil e) anhand der Berechnung des Gewinnmaximums.

g) Das Unternehmen will seine Kostensituation gründlich analysieren. Übertragen Sie dazu den Graphen G_K der Funktion K in ein neues Koordinatensystem und ermitteln Sie zeichnerisch das Betriebsminimum und das Betriebsoptimum mithilfe von Tangenten.

h) Bilden Sie die Terme der Grenzkostenfunktion K', der variablen Stückkostenfunktion k_v sowie der Stückkostenfunktion k. Berechnen Sie das Grenzkostenminimum, das Betriebsoptimum und Betriebsminimum.

i) Zeichnen Sie die Graphen von K', k_v und k in das neue Koordinatensystem und vergleichen Sie Ihre Ergebnisse aus g) und h).

j) Beweisen Sie allgemein, dass das Grenzkostenminimum kleiner ist als das Betriebsminimum und das Betriebsminimum wiederum kleiner ist als das Betriebsoptimum. Äußern Sie sich in diesem Zusammenhang auch zu der Tatsache, dass der Graph $G_{K'}$ der Grenzkostenfunktion den Graphen G_{k_v} der Funktion der variablen Stückkosten und den Graphen G_k der Funktion der Stückkosten jeweils in deren Tiefpunkt schneidet.

k) Berechnen Sie die Kostenelastizität e_K und zeichnen Sie den Graphen von e_K in ein Koordinatensystem.

l) Ermitteln Sie die Ausbringungsmenge, bei der Kosten- und Mengenänderung proportional elastisch sind, und vergleichen Sie sie mit dem Betriebsoptimum.

14. Eine Monopolistin richtet sich nach einer linearen Nachfragefunktion p_N mit dem Höchstpreis 132 GE/ME und der Sättigungsmenge 12 ME, ihre Kosten ermittelt sie anhand einer ganzrationalen Funktion dritten Grades. Dabei hat sie Gesamtkosten von 175 GE/ME bei einer Ausbringungsmenge von 5 ME. Die geringsten Kostensteigerungen von 0,4 GE/ME hat sie bei der Produktionsmenge 4 ME. Ihr Betriebsminimum ist bei 6 ME.

a) Erstellen Sie den Term der linearen Nachfragefunktion p_N.

b) Geben Sie die Elastizitätsintervalle der Nachfrage an, interpretieren Sie ihre ökonomische Bedeutung und erläutern Sie für den Fall der proportionalen Elastizität, wie die Nachfrage prozentual auf eine Preiserhöhung um 1 GE pro ME reagiert.

c) Ermitteln Sie die Elastizität der Nachfrage bei den Mengen 4,5 ME und 8 ME sowie die jeweilige Nachfrageelastizität bei Preisen von 66 GE und 96 GE.

d) Bestimmen Sie den Preis, bei dem eine 4-prozentige Preiserhöhung zu einer 5-prozentigen Mengenerhöhung führt.

e) Bestimmen Sie den Term der Kostenfunktion K mit ertragsgesetzlichem Verlauf.

f) Geben Sie die Kostenelastizitätsintervalle an, zeichnen Sie die Graphen von k sowie e_K in ein Koordinatensystem und interpretieren Sie ihre ökonomische Bedeutung.

g) Ermitteln Sie die Ausbringungsmenge, bei der Kosten- und Mengenänderung proportional elastisch sind, und vergleichen Sie sie mit dem Betriebsoptimum.

Ich kann ...

... die **allgemeinen Funktionsgleichungen** angeben und die zugehörigen **Ableitungen** bilden. ▶ Test-Aufgaben 1, 2, 3	Ganzrationale Funktion 3. Grades: $f(x) = ax^3 + bx^2 + cx + d$ $f'(x) = 3ax^2 + 2bx + c$ $f''(x) = 6ax + 2b$	
... **Symmetrieeigenschaften** ausnutzen.	$f(x) = ax^3 + cx$ punktsymmetrisch (Ursprung) $f(x) = ax^4 + cx^2 + e$ achsensymmetrisch (y-Achse)	Punktsymmetrie zum Ursprung: x nur mit ungeraden Exponenten Achsensymmetrie zur y-Achse: x nur mit geraden Exponenten
... Angaben über **Punkte des Graphen** in **Bedingungsgleichungen** übersetzen. ▶ Test-Aufgaben 1, 2, 3	$f(x) = ax^3 + bx^2 + cx + d$ z. B. Graph verläuft durch $P(2\|3)$: $f(2) = 3$ $\Leftrightarrow\ a \cdot 2^3 + b \cdot 2^2 + c \cdot 2 + d = 3$	$P(x_0\|y_0)$: x_0 für x in die Funktionsgleichung einsetzen; y_0 für $f(x)$ in die Funktionsgleichung einsetzen
... Angaben über **Steigungen und Extrempunkte** dem Text entnehmen und in **Bedingungsgleichungen** übersetzen. ▶ Test-Aufgaben 1, 2, 3	z. B. Graph hat den Hochpunkt $H(2\|3)$: $f'(2) = 0$ und $f(2) = 3$ z. B. Graph hat an der Stelle $x = 3$ eine Tangente mit der Steigung 7: $f'(3) = 7$	Extrempunkt $E(x_E\|y_E)$: (I) $f(x_E) = y_E$ (Koordinaten des Punkts, falls gegeben) (II) $f'(x_E) = 0$ (waagerechte Tangente) Tangente an einer Stelle x mit Steigung m: $f'(x) = m$
... Angaben über **Wendepunkte und Sattelpunkte** dem Text entnehmen und in **Bedingungsgleichungen** übersetzen. ▶ Test-Aufgaben 1, 2, 3	z. B. Graph hat den Wendepunkt $W(3\|4)$: $f''(3) = 0$ und $f(3) = 4$ z. B. Graph hat im Punkt $P(4\|8)$ eine Wendetangente mit der Steigung 3: $f(4) = 8; f'(4) = 3$ und $f''(4) = 0$	Wendepunkt $W(x_W\|y_W)$: (I) $f(x_W) = y_W$ (Koordinaten des Punkts, falls gegeben) (II) $f''(x_W) = 0$ (Krümmungswechsel) Wendetangente: Tangente durch Wendepunkt
... die weiteren Schritte angeben, um die **Funktionsgleichung** zu bestimmen. ▶ Test-Aufgaben 1, 2, 3	1. Lineares Gleichungssystem lösen 2. Funktionsgleichung angeben	Additions- oder Einsetzungsverfahren Ermittelte Koeffizienten in $f(x)$ einsetzen
... die **Minimalkostenkombination** zweier Einsatzfaktoren mithilfe der gleichen Steigung einer **Isoquanten-** und einer **Isokostenfunktion** ermitteln.	$I(x) = \frac{k}{x-a} + b;\ I'(x) = -\frac{k}{(x-a)^2}$ $I_{K,n}(x) = -\frac{p_x}{p_y} \cdot x + \frac{K}{p_y};\ I'_{K,n}(x) = -\frac{p_x}{p_y}$ $I'(x) = I'_{K,n}(x) \Rightarrow x_{MKK}$ $\Rightarrow I(x_{MKK}) = I_{K,n}(x_{MKK}) = y_{MKK}$	Die **Isoquantenfunktion** I gibt die Kombinationsmöglichkeiten zweier Einsatzfaktoren an. x_{MKK} und y_{MKK} sind die Faktormengen, die eingesetzt werden müssen, um mit minimalen Kosten eine vorgegebene Produktionsmenge zu erreichen.
... ↗ die **Elastizität e_K der Kosten**, die **Elastizität e_N der Nachfrage und die Elastizität des Angebots bilden**. ▶ Test-Aufgabe 4	$e_K(x) = \frac{K'(x)}{K(x)} \cdot x$ ▶ Kostenelastizität $e_N(x) = \frac{p_N(x)}{x \cdot p'_N(x)}$ ▶ Nachfrageelastizität $e_A(x) = \frac{p_A(x)}{x \cdot p'_A(x)}$ ▶ Angebotselastizität $\|e(x)\| = 1$: proportional elastisch $\|e(x)\| > 1$: elastisch $\|e(x)\| < 1$: unelastisch	Der **Elastizitätskoeffizent e_K** ist das Verhältnis der relativen Kostenänderung zur relativen Mengenänderung. Die **Elastizitätskoeffizenten e_N** und **e_A** beschreiben das Verhältnis der relativen Mengenänderung zur relativen Preisänderung.

Test zu 1.1

1. Prüfen Sie, welche der angegebenen Bedingungsgleichungen zu beiden abgebildeten Graphen, nur zu einem der beiden oder zu keinem passt. Begründen Sie jeweils Ihre Entscheidung.

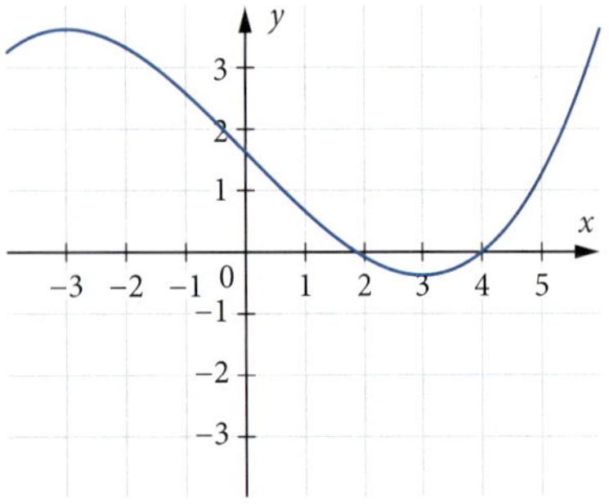

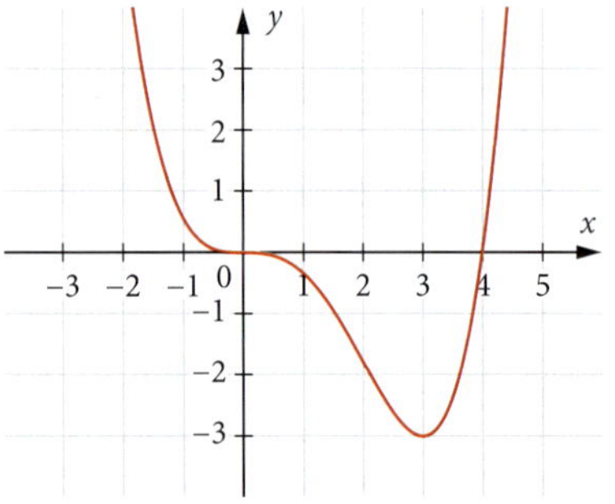

(1) $f(4) = 0$
(2) $f'(-3) = 0$
(3) $f(0) = 0$
(4) $f'(2) = 0$
(5) $f'(3) = 0$
(6) $f'(0) = 0$
(7) $f(3) = 0$
(8) $f'(0) = 0$

2. Benedikt möchte sich möglichst schnell an die Notenangabe im Punktesystem gewöhnen und rechnet zu diesem Zweck die Noten seines letzten Zeugnisses in Punkte um. Dabei kommt er auf einen Durchschnitt von 10,645 Punkten. Die Rechnung bringt ihn auf die Idee, auch für die vergangenen Schuljahre den Punktedurchschnitt zu ermitteln und seine Leistungsentwicklung durch eine Kurve darzustellen. Zunächst legt er eine Tabelle an und kennzeichnet die Höchst- und Tiefstwerte rot.

Halbjahr	1 (7.I)	2 (7.II)	3 (8.I)	4 (8.II)	5 (9.I)	6 (9.II)	7 (10.I)	8 (10.II)	9 (11.I)	10 (11.II)
Punkte	7	6,485	5,64	5,245	5,72	7,125	9,16	11,165	12,12	10,645

a) Tragen Sie die Wertepaare in ein Koordinatensystem ein und verbinden Sie die Punkte zu einer Kurve.
b) Ermitteln Sie die Gleichung einer ganzrationalen Funktion, deren Graph der Kurve entspricht.

3. Die Fly Bike Werke GmbH produziert Elektrobikes mit einem neuartigen Elektroantrieb und ist damit Alleinanbieter auf dem Markt und richtet sich nach der linearen Preis-Absatz-Funktion p_N mit dem Höchstpreis 40 GE je ME und der Sättigungsmenge 10 ME. Sie produziert gemäß einer ertragsgesetzlichen Kostenfunktion K, hat Fixkosten von 20,75 GE, erreicht die Gewinnzone bei einer Produktionsmenge von 1 ME und erzielt einen Gewinn von 13 GE pro ME bei einer Ausbringungsmenge von 5 ME. Bei der Produktion von 2 ME steigt der Gewinn um 19 GE je ME.
a) Berechnen Sie das Marktgleichgewicht unter der Voraussetzung, dass die Fly Bike Werke gemäß der Angebotsfunktion p_A mit $p_A(x) = 2x + 10$ ihre Fahrräder anbieten.
b) Geben Sie den elastischen und unelastischen Nachfragebereich an und interpretieren Sie deren ökonomische Bedeutung.
c) Bestimmen Sie die Terme der Gewinn- sowie der Kostenfunktion und ermitteln Sie das Grenzkosten- und Betriebsminimum sowie das Betriebsoptimum und erklären Sie deren ökonomische Bedeutungen.
d) Ermitteln Sie die Gewinnzone sowie das Gewinnmaximum und den Cournot'schen Punkt.
e) Das Gewinnmaximum soll erst bei einer Ausbringungsmenge von 4 ME erreicht werden. Ändern Sie nach einer Rechnung die Gewinnfunktion $G(x) = ax^3 + 4x^2 + 18x - 20{,}75$ ab, indem Sie die entsprechende Zahl für a berechnen.

4. Gegeben ist die Isoquantenfunktion I durch die Gleichung $I(x) = \frac{8}{x-1} + 3$ mit den Produktionsfaktoren x und y. Eine Einheit des Faktors x kostet 20 € und eine Einheit des Faktors y kostet 10 €.
a) Berechnen Sie den Definitionsbereich D_I sowie den Wertebereich W_I und zeichnen Sie die Isoquante.
b) Ermitteln Sie die Minimalkostenkombination der Einsatzfaktoren x und y.
c) Geben Sie den für die Realisierung der Minimalkostenkombination erforderlichen Geldbetrag an.
d) Bestimmen Sie die Funktionsgleichung der zugehörigen Isokostenkurve und zeichnen Sie diese in dasselbe Koordinatensystem.

1 Kurvenanpassung und Funktionenscharen

1.2 Funktionenscharen

Die Fly Bike Werke GmbH verfügt in Celle über ein Verwaltungsgebäude mit den Grundmaßen 16 m mal 12 m, wobei in der nordwestlichen Ecke eine Fläche von 6 m mal 4 m fehlt (siehe Skizze). Das Gebäude besitzt 2 Zugänge, einen Liefereingang und einen Lieferausgang.

Die Fly Bike Werke GmbH möchte gern einen Weg für einen elektronisch gesteuerten Boten anlegen, der den Liefereingang mit dem Lieferausgang verbindet sowie an wesentlichen Verwaltungs- und Lagerstätten für das Fahrradzubehör vorbeikommt und die entsprechenden Schreiben und Produkte zum Lieferausgang transportiert.

Die Geschäftsleitung wünscht sich einen Botenweg, der möglichst viele Büros, Lagerstätten und Sozialräume passiert.

Frau Herzklotz aus der Verwaltung wünscht sich einen geschwungenen Weg, der vom Liefereingang zunächst nach rechts, dann an der mitten im Raum liegenden und nach allen Seiten offenen Minicafeteria sowie an der Infostelle und den Lagerräumen vorbeikommt. Frau Ottönder möchte an der Infostelle eine Wendestelle im Botenweg haben.

Herr Schürschas aus dem Lager sähe es lieber, wenn der elektronische Bote zuerst nach links zum Lager 1 ginge und dann die Minicafeteria streifte sowie nach rechts herüber zu den Büros ginge.

„Streitet euch nicht, es gibt sowieso unendlich viele Möglichkeiten", versucht Eia Rund zu vermitteln, worauf Jutzi Semrühl erwidert: „Das ist ja auch wieder übertrieben. Immerhin ist das Gebäude ja begrenzt. Können wir uns denn auf eine Funktion dritten Grades einigen? Am besten bringt jeder beim nächsten Mal eine Skizze mit, damit wir abstimmen können. Und vor allem dürfen wir nicht vergessen, den Wendepunkt zu markieren, der Chef wird sich bestimmt freuen."

Jetzt mischt sich die Planungschefin ein: „Das schaffe ich alleine. Ich brauche nur die Maße und die Position der Infostelle. Hier auf dem alten Grundriss ist zum Glück alles eingezeichnet."

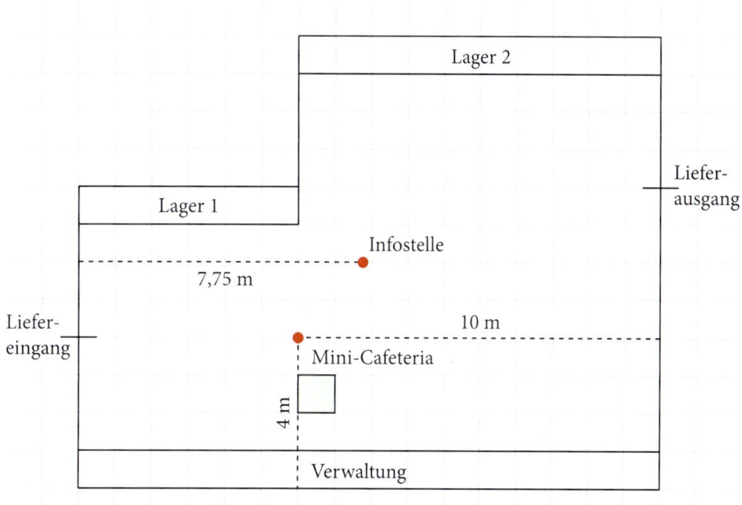

▶ Aufgabe 4 auf Seite 56

Kompetenzen

- Wirtschaftliche Zusammenhänge in Abhängigkeit von Parametern mathematisch modellieren
- Lösungsstrategien entwickeln und bewerten
- Eigenschaften von Graphen ermitteln

Anwendungen

- Kosten-, Erlös- und Gewinnverläufe in Abhängigkeit eines Parameters bewerten
- Mengenkombinationen, Produktlebenszyklen und Absätze ermitteln
- Angebot und Nachfrage beschreiben

1

1.2 Funktionenscharen

Im Folgenden sind reelle Funktionen f_a durch Funktionsterme gegeben, in denen außer der Funktions- oder Argumentvariablen x eine weitere „Variable" (hier: a) vorkommt. Diese Variable bezeichnet man als **Parameter**.

Für unterschiedliche Werte anstelle von a erhalten wir unterschiedliche Gleichungen und Graphen.

Alle Graphen G_{f_a} bilden eine **Graphenschar**, die zugehörigen Funktionen f_a nennt man daher auch **Funktionenscharen**.

Die Funktionen einer Schar sind in der Regel miteinander verwandt. So sind z. B. die Graphen der Funktionen $f_a(x) = 0{,}5\,a\,x^2$ mit $a \neq 0$ Parabeln, die je nach der Zahl für a gestreckt oder gestaucht bzw. nach unten oder nach oben geöffnet sind.

Durch Setzen eines konkreten Wertes für a wird eine Funktion bestimmt, also z. B. die Funktion f_1, wenn man für a die Zahl 1 setzt.

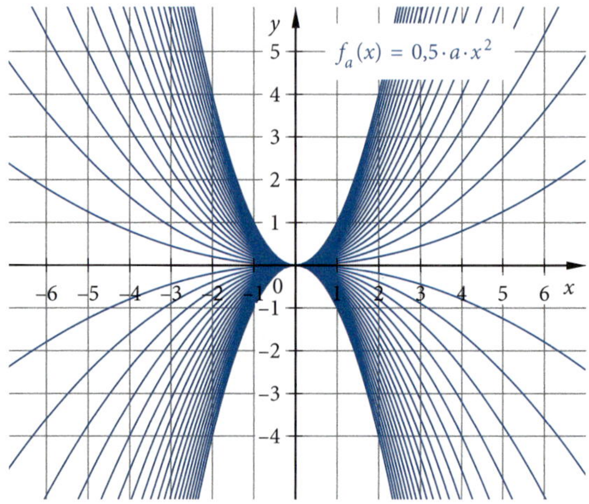

Im folgenden Beispiel sollen sowohl gemeinsame als auch unterschiedliche Eigenschaften von Funktionenscharen herausgestellt werden.

1 Funktionenscharen zum Produktlebenszyklus

Die Fly Bike Werke GmbH kann den Produktlebenszyklus eines Frauen-Sportrads im Jahresverlauf durch die Absatzfunktion a_k mit $a_k(t) = -0{,}2\,k\,t^5 + 20\,t^3$ darstellen. Dabei steht t für Monate und $a_k(t)$ für den Absatz in ME pro Monat, wobei der Parameter k mit $k > 0$ abhängig von den Rohstoffpreisen am Weltmarkt ist.

a) Zeichnen Sie den Graphen von a_1 für $k = 1$. Diskutieren Sie einen ökonomisch sinnvollen Produktlebenszyklus des Fahrrads, indem Sie die Absatzzone, den Zeitpunkt und Betrag des Absatzmaximums sowie den Zeitpunkt und Betrag des maximalen Absatzzuwachses und -rückgangs in Abhängigkeit des Parameters k bestimmen. Geben Sie diese Werte auch für $k = 1$ an.
b) Ermitteln Sie, für welche reelle Zahl anstelle von k der maximale Absatz 1000 ME pro Monat beträgt. Bestimmen Sie auch die zugehörigen Zeitpunkte des maximalen Absatzes und des Absatzendes.
c) Bestimmen Sie die Funktionsterme f_E aller Absatzmaxima und f_W aller Absatzzuwachsmaxima in Abhängigkeit von $k\,(k > 0)$. Zeichnen Sie die Graphen G_{f_E}, G_{f_W} und G_{a_k} für $k = 1$, $k = 2{,}4$ und $k = 4$.

Zu a) Absatzzone in Abhängigkeit von *a*:
Die Absatzzone ist gekennzeichnet durch die Nullstellen von a_k, zwischen denen die Graphen G_{a_k} der Funktionenschar oberhalb der t-Achse verlaufen.
Die Lösungen der Gleichungen $a_k(t_N) = 0$ ergeben $t_{N_1} = 0$ als dreifache Nullstelle und für $k > 0$
$t_{N_2} = -10 \cdot \sqrt{\frac{1}{k}}$ und $t_{N_3} = 10 \cdot \sqrt{\frac{1}{k}}$, wobei $-10 \cdot \sqrt{\frac{1}{k}}$ als negativer Wert ökonomisch nicht sinnvoll ist.

$\Rightarrow$ Absatzzone: $\left[0;\ 10 \cdot \sqrt{\frac{1}{k}}\right]$ für $k > 0$
bzw.: $[0;\ 10]$ für $k = 1$

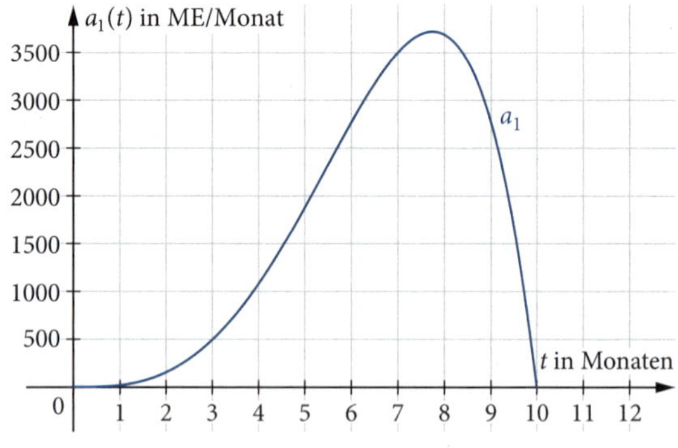

▸ Für $k < 0$ gibt es keine weiteren Nullstellen, da dann die Gleichung $k t_N^2 = 100$ keine reelle Lösung besitzt.

Die Nullstellen hängen von k ab, allerdings wird der zusätzliche Index k der Übersichtlichkeit halber weggelassen.

$a_k(t_N) = 0 \Leftrightarrow -0{,}2\,k\,t_N^5 + 20\,t_N^3 = 0$

$\Leftrightarrow -0{,}2\,t_N^3 \cdot (k\,t_N^2 - 100) = 0$

$\Rightarrow t_{N_1} = 0$ ▸ dreifache Nullstelle von a_k

$k\,t_N^2 - 100 = 0$

$\Rightarrow t_{N_2} = -10 \cdot \sqrt{\frac{1}{k}}\ (< 0);\ t_{N_3} = 10 \cdot \sqrt{\frac{1}{k}}$ ▸ $k > 0$

$t_{N_2} = -10\ (< 0);\ t_{N_3} = 10$ ▸ $k = 1$

Absatzmaximum in Abhängigkeit von k:

Die Lösungen der Gleichungen $a_k'(t_E) = 0$ ergeben als mögliche Extremstellen $t_{E_1} = 0$ als zweifache Nullstelle und $t_{E_2} = -\sqrt{\frac{60}{k}}$ und $t_{E_3} = \sqrt{\frac{60}{k}}$ für $k > 0$, wobei $-\sqrt{\frac{60}{k}}$ als negativer Wert ökonomisch nicht sinnvoll ist.

▸ Für $k < 0$ gibt es keine weiteren Nullstellen, da dann die Gleichung $k t_E^2 = 60$ keine reelle Lösung besitzt.

Weil neben $a_k'(0) = 0$ auch $a_k''(0) = 0$ gilt, kann noch keine Aussage über das Vorliegen einer Extremstelle an der Stelle 0 gemacht werden.

Wegen $a_k''\left(\sqrt{\frac{60}{k}}\right) < 0$ ist $\sqrt{\frac{60}{k}}$ lokale Maximalstelle für $k > 0$. Der maximale Absatz wird also nach $\sqrt{\frac{60}{k}}$ Monaten erreicht und beträgt $\frac{480}{k} \cdot \sqrt{\frac{60}{k}}$ ME.

Für $k = 1$ wird der maximale Absatz ca. am 24. August erreicht und beträgt rund 3718 ME je Monat.

$a_k(t) = -0{,}2\,k\,t^5 + 20\,t^3;\ a_k'(t) = -k\,t^4 + 60\,t^2$

$a_k'(t_E) = 0 \Leftrightarrow -k\,t_E^4 + 60\,t_E^2 = 0$

$\Leftrightarrow -t_E^2 \cdot (k\,t_E^2 - 60) = 0$

$\Rightarrow t_{E_1} = 0$ ▸ zweifache Nullstelle von a_k'

$k\,t_E^2 - 60 = 0 \Leftrightarrow k\,t_E^2 = 60$

$\Rightarrow t_{E_2} = -\sqrt{\frac{60}{k}}\ (< 0);\ t_{E_3} = \sqrt{\frac{60}{k}}$ ▸ $k > 0$

$a_k''(t) = -4\,k\,t^3 + 120\,t = -4\,t \cdot (k\,t^2 - 30)$

$a_k''(0) = 0$

▸ noch keine Aussage über lokale Extremstelle möglich

$a_k''\left(\sqrt{\frac{60}{k}}\right) = -4\sqrt{\frac{60}{k}} \cdot \left(k \cdot \frac{60}{k} - 30\right)$ ▸ $k > 0$

$= -120\sqrt{\frac{60}{k}}\ (< 0)$ ▸ lokale Maximalstelle

$a_k\left(\sqrt{\frac{60}{k}}\right) = \frac{480}{k} \cdot \sqrt{\frac{60}{k}} \Rightarrow \boldsymbol{H\left(\sqrt{\frac{60}{k}} \,\middle|\, \frac{480}{k} \cdot \sqrt{\frac{60}{k}}\right)}$

Für $k = 1$: $\boldsymbol{a_{max}\ (7{,}75\,|\,3718{,}06)}$

Maximaler Absatzzuwachs bzw. -rückgang in Abhängigkeit von k:

An den Wendestellen von a_k steigt oder fällt der Absatz maximal. Die Lösungen der Gleichungen $a_k''(t_W) = 0$ ergeben als mögliche Wendestellen $t_{W_1} = 0$, $t_{W_2} = -\sqrt{\frac{30}{k}}$ und $t_{W_3} = \sqrt{\frac{30}{k}}$ für $k > 0$, wobei $-\sqrt{\frac{30}{k}}$ als negativer Wert ökonomisch nicht sinnvoll ist.

▸ Für $k < 0$ gibt es keine weiteren Nullstellen, da dann die Gleichung $k t_W^2 = 30$ keine reelle Lösung besitzt.

An der Stelle 0 besitzt die Funktionenschar a_k eine Wendestelle mit Rechts-Links-Krümmungswechsel. Da zusätzlich $a_k'(0) = 0$ gilt, ist 0 eine Wendestelle mit waagerechter Tangente. Daher ist kein Absatzzuwachs bzw. Absatzrückgang zum Zeitpunkt des Absatzbeginns vorhanden.

Wegen $a_k'''\left(\sqrt{\frac{30}{k}}\right) < 0$ ist $\sqrt{\frac{30}{k}}$ Wendestelle mit Links-Rechts-Krümmungswechsel für $k > 0$; somit ist nach $\sqrt{\frac{30}{k}}$ Monaten der Absatzzuwachs maximal und beträgt $\frac{900}{k}$ ME pro Monat.

Für $k = 1$ ist der maximale Absatzzuwachs ungefähr am 15. Juni erreicht und beträgt 900 ME je Monat.

$a_k''(t) = -4\,k\,t^3 + 120\,t$

$a_k'''(t) = -12\,k\,t^2 + 120$

$a_k''(t) = 0 \Leftrightarrow -4\,k\,t_W^3 + 120\,t_W = 0$

$\Leftrightarrow -4\,t_W \cdot (k\,t_W^2 - 30) = 0$

$\Rightarrow t_{W_1} = 0$

$k\,t_W^2 - 30 = 0 \Leftrightarrow k\,t_W^2 = 30$

$\Rightarrow t_{W_2} = -\sqrt{\frac{30}{k}}\ (< 0);\ t_{W_3} = \sqrt{\frac{30}{k}}$ ▸ $k > 0$

$a_k'''(0) = 120\ (> 0)$ ▸ Wendestelle mit RL-KW

$a_k'(0) = 0$ ▸ Absatzzuwachs oder -rückgang nicht vorhanden

$a_k'''\left(\sqrt{\frac{30}{k}}\right) = -240\ (< 0)$ ▸ Wendestelle mit LR-KW, $k > 0$

$a_k'\left(\sqrt{\frac{30}{k}}\right) = \frac{900}{k}$

Für $k = 1$: $a_1'(\sqrt{30}) = \mathbf{900}$

Zu b) Setzt man das Absatzmaximum gleich 1000 ME, so erhält man $k = 2{,}4$ und demzufolge die Zeitpunkte Ende Mai bzw. ungefähr den 14. Juli für den maximalen Absatz bzw. für das Absatzende.

$1000 = \frac{480}{k} \cdot \sqrt{\frac{60}{k}} \Leftrightarrow k^3 = \frac{60 \cdot 480^2}{1000^2} \Rightarrow \mathbf{k = 2{,}4}$

Zeitpunkt des maximalen Absatzes für $k = 2{,}4$:

$t_E = \sqrt{\frac{60}{2{,}4}} = \mathbf{5}$ ▶ Ende Mai

Zeitpunkt des Absatzendes für $k = 2{,}4$:

$t_N = 10 \cdot \sqrt{\frac{1}{2{,}4}} \approx \mathbf{6{,}45}$ ▶ ca. 14. Juli

Zu c) Für $k > 0$ sind die lokalen Extremstellen der Funktionenschar a_k jeweils Lösungen der Gleichungen $k t^2 = 60$ bzw. $k = \frac{60}{t^2}$ mit $t \neq 0$.

Funktionsterm aller Absatzmaxima:

$t^2 = \frac{60}{k} \Leftrightarrow k = \frac{60}{t^2}$ ▶ $t \neq 0, k > 0$

Setzt man daher $\frac{60}{t^2}$ für k im Funktionsterm $a_k(t)$, so erhält man eine Funktion f_E mit $f_E(t) = 8t^3$, deren Graph G_{f_E} aus allen lokalen Extrempunkten der Graphen von a_k besteht.
G_{f_E} heißt **Ortskurve aller Extrempunkte** der Funktionen a_k.

Setzen von $\frac{60}{t^2}$ für a im Funktionsterm $a_k(t)$:

$f_E(t) = -0{,}2 \cdot \frac{60}{t^2} \cdot t^5 + 20t^3 = -12t^3 + 20t^3 = \mathbf{8t^3}$

Für $k > 0$ sind die Wendestellen der Funktionenschar a_k jeweils Lösungen der Gleichungen $k t^2 = 30$ bzw. $k = \frac{30}{t^2}$ mit $t \neq 0$.

Funktionsterm aller Absatzzuwachsmaxima:

$t^2 = \frac{30}{k} \Leftrightarrow k = \frac{30}{t^2}$ ▶ $t \neq 0, k > 0$

Setzt man daher $\frac{30}{t^2}$ für k im Funktionsterm $a_k(t)$, so erhält man eine Funktion f_W mit $f_W(t) = 14t^3$, deren Graph G_{f_W} aus allen Wendepunkten der Graphen von a_k besteht.
G_{f_W} heißt **Ortskurve aller Wendepunkte** der Funktionen a_k.

Setzen von $\frac{30}{t^2}$ für a im Funktionsterm $a_k(t)$:

$f_W(t) = -0{,}2 \cdot \frac{30}{t^2} \cdot t^5 + 20t^3 = -6t^3 + 20t^3 = \mathbf{14t^3}$

Mit einem CAS können die Gleichungen mit dem Befehl solve nach a umgestellt werden. Das Ergebnis $k = \frac{30}{t^2}$ kann dann für den Parameter k in $a_k(t)$ eingesetzt werden.

Die Zeichnung verdeutlicht, dass die Ortskurven G_{f_E} und G_{f_W} aller Extrem- bzw. Wendepunkte die Graphen G_{a_k} für $k = 1$, $k = 2{,}4$ und $k = 4$ in ihren Extrem- bzw. Wendepunkten schneiden.

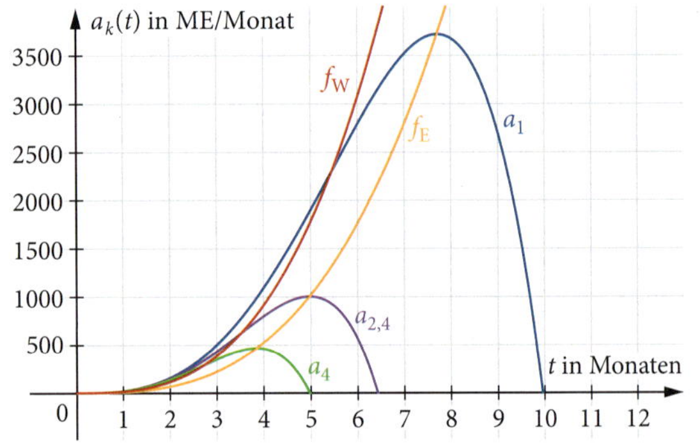

1. Untersuchen Sie die Graphen der reellen Funktionenschar f_a mit $f_a(x) = 0{,}25x^4 + ax^2$ für $a \neq 0$ in Bezug auf Achsenschnittpunkte sowie Extrem- und Wendepunkte.
Bestimmen Sie die Wendetangenten sowie die Ortskurven der Extrem- und Wendepunkte.
Zeichnen Sie die Graphen von f_a für $a = -2$ und $a = 1$ sowie beide Ortskurven.

2. Die Graphen einer Schar ganzrationaler Funktionen 3. Grades haben in $\left(4a \,\middle|\, -\frac{32}{3}a^3\right)$ ihre Minima und in $\left(2a \,\middle|\, -\frac{16}{3}a^3\right)$ ihre Wendepunkte. Ermitteln Sie die Ortskurve aller Minima und die Ortskurve aller Wendepunkte.
OHi Mi

Funktionenscharen von Kostenfunktionen

2

Die Kosten für das Kinderfahrrad beschreibt die Fly Bike Werke GmbH durch eine ertragsgesetzliche Kostenfunktionenschar K_w mit $K_w(x) = 10\,wx^3 - 60\,x^2 + 250\,x + 4000;\ w > 0$. Dabei steht x für die Menge in Stück sowie $K_w(x)$ für die Kosten in €.

a) Untersuchen Sie, für welche Zahlen anstelle von w ein ertragsgesetzlicher Kostenverlauf vorliegt.

b) Bestimmen Sie in Abhängigkeit von w das Grenzkostenminimum sowie die Ortskurve G_{f_E} der Grenzkostenminima und zeichnen Sie die Graphen von K'_1, $K'_{0,75}$, $K'_{0,5}$, $K'_{0,4}$ und f_E.
Begründen Sie, warum $K'_{0,4}$ keine Grenzkostenfunktion einer ertragsgesetzlichen Kostenfunktion ist.

c) Das Grenzkostenminimum soll bei einer Ausbringungsmenge von 0,8 ME erreicht werden. Ermitteln Sie die zugehörige Kostenfunktion.

Zu a) Eine ertragsgesetzliche Kostenfunktion dritten Grades muss positive Fixkosten haben und in $D_{ök}$ streng monoton steigen.

$K_w(x) = 10\,wx^3 - 60\,x^2 + 250\,x + 4000$
$K_w(0) = 4000\ (> 0)$ ▸ Fixkosten 4000 €

Für $w > 0{,}48$ ist die Diskriminante $\frac{4}{w^2} - \frac{25}{3w}$ kleiner als null. Somit existiert für $w > 0{,}48$ keine reelle Lösung von $K'_w(x) = 0$ und damit kein lokaler Extremwert von K_w. Das heißt, K_w ist in diesem Fall streng monoton.

$K'_w(x) = 30\,wx^2 - 120\,x + 250$
$K'_w(x) = 0 \Leftrightarrow 30\,wx^2 - 120\,x + 250 = 0$
$\Leftrightarrow x^2 - \frac{4}{w}x + \frac{25}{3w} = 0 \Rightarrow x = \frac{2}{w} \pm \sqrt{\frac{4}{w^2} - \frac{25}{3w}}$
$\frac{4}{w^2} - \frac{25}{3w} < 0 \Leftrightarrow 12\,w < 25\,w^2 \Rightarrow \mathbf{w > 0{,}48}$
Für $w > 0{,}48$ existiert keine reelle Lösung.

Die Punktprobe $K'_w(1) > 0$ zeigt, dass K_w streng monoton steigend ist (für $w > 0{,}48$).

$K'_w(1) = 30\,w + 130\ (> 0 \text{ für } w > 0{,}48)$
$\Rightarrow K_w$ ist streng monoton steigend in $D_{ök}$. ▸ $w > 0{,}48$

Zu b) Die Lösung der Gleichung $K''_w(x_E) = 0$ liefert die mögliche Grenzkostenminimalstelle $\frac{2}{w}$, die wegen $w > 0{,}48$ tatsächliche lokale Minimalstelle von K'_w ist.

$K''_w(x) = 60\,wx - 120;\ K'''_w(x) = 60\,w$ ▸ $w > 0{,}48$
$K''_w(x_E) = 0 \Leftrightarrow 60\,wx_E - 120 = 0 \Leftrightarrow \mathbf{x_E = \frac{2}{w}}$
$K'''_w\left(\frac{2}{w}\right) = 60\,w\ (> 0 \text{ für } w > 0{,}48)$ ▸ lokale Minimalstelle

Durch Setzen von $\frac{2}{x}$ für w in $K'_w(x)$ erhalten wir den Funktionsterm $f_E(x) = -60\,x + 250$ der Ortskurve aller Grenzkostenminima in Abhängigkeit von w.

Ortskurve der Grenzkostenminima:
$x = \frac{2}{w} \Leftrightarrow w = \frac{2}{x}$ ▸ Setzen von $\frac{2}{x}$ für w in $K'_w(x)$
$\Rightarrow f_E(x) = 30 \cdot \frac{2}{x} \cdot x^2 - 120\,x + 250 = \mathbf{-60\,x + 250}$

Die Zeichnung zeigt, dass sämtliche Grenzkostenminima auf dem Graphen von f_E liegen.

Außerdem sehen wir, dass der Graph von $K'_{0,4}$ keine Grenzkostenfunktion einer ertragsgesetzlichen Kostenfunktion sein kann, da er auch im negativen Bereich verläuft und $K_{0,4}$ in diesem Intervall streng monoton fallend wäre.

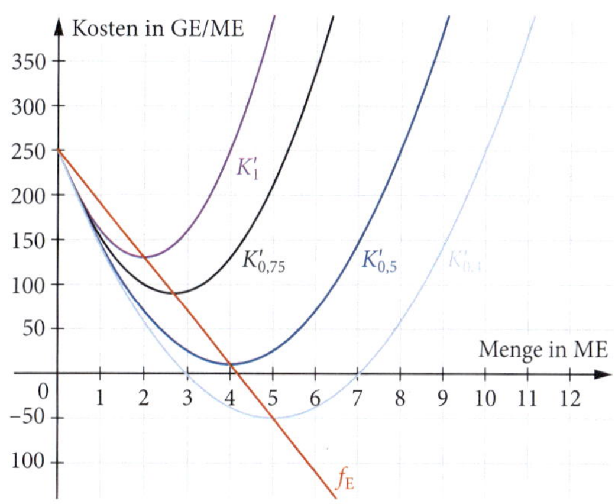

Zu c) Durch Setzen von $x = 0{,}8$ in $w = \frac{2}{x}$ erhalten wir die zugehörige Kostenfunktion $K_{2,5}$.

$x = 0{,}8$ und $w = \frac{2}{x} \Rightarrow w = \frac{2}{x} = \mathbf{2{,}5}$
$\Rightarrow K_{2,5}(x) = 25\,x^3 - 60\,x^2 + 250\,x + 4000$

Bestimmen Sie für die Kostenfunktionenschar K_w mit $K_w(x) = 10\,wx^3 - 60\,x^2 + 250\,x + 4000;\ x > 0,\ w > 0$, aus Beispiel 2 in Abhängigkeit von w das Betriebsminimum und die Ortskurve G_{f_E} der Betriebsminima sowie das Betriebsoptimum für $w = 1{,}5$.

1

3 Funktionenscharen eines Angebotsmonopolisten

Die Fly Bike Werke GmbH ist Alleinanbieter eines modernen ultraleichten Elektrokinderfahrrads mit revolutionärer Klapptechnik und bietet das Fahrrad auf dem Markt gemäß seiner Preis-Absatz-Funktionenschar p_{N_w} mit $p_{N_w}(x) = -550\,wx + 3300$ an, wobei $w > 0$ vom Einsatz der Werbemittel abhängt.
Dabei steht x für die Menge in Stück sowie $p_{N_w}(x)$ für den Preis in €.

a) Ermitteln Sie in Abhängigkeit von w ($w > 0$) den Höchstpreis, die Sättigungsmenge und den ökonomischen Definitionsbereich.

b) Die Angebotsfunktion lautet p_A mit $p_A(x) = 225x + 1300$. Berechnen Sie abhängig von w ($w > 0$) das Marktgleichgewicht und das Erlösmaximum. Zeichnen Sie die Graphen von $p_{N_{0,5}}$, p_A und $E_{0,5}$ ($w = 0,5$).

c) Bestimmen Sie die Zahl für w, wenn die erlösmaximale Ausbringungsmenge bei 10 Stück liegt. Ermitteln Sie die Ortskurve der Erlösmaxima und zeichnen Sie sie zusammen mit den Graphen von $E_{0,3}$ und E_1 in die vorhandene Zeichnung ein. Interpretieren Sie die Zeichnung.

d) Untersuchen Sie, für welche Zahl anstelle von $w > 0$ bei einem Preis von 1975 € ein Nachfrageüberschuss von 4 Stück existiert. Bestimmen Sie den zugehörigen ökonomischen Definitionsbereich.

Zu a) Der Höchstpreis von 3300 € entsteht bei einer Nachfragemenge von 0 Fahrrädern und ist hier unabhängig von w.
Die Sättigungsmenge $\frac{6}{w}$ Fahrräder ist erreicht, wenn der Preis des Produkts 0 € beträgt und kein weiteres Produkt mehr abgesetzt werden kann. Sie ist hier abhängig von w ($w > 0$) und bildet die Grenze des ökonomischen Definitionsbereichs.
Je nach Werbeeinsatz lässt sich somit die Sättigungsmenge verändern.

Höchstpreis:
$p_{N_w}(0) = \mathbf{3300}$

Sättigungsmenge, ökonomischer Definitionsbereich:

$p_{N_w}(x) = 0 \Leftrightarrow -550\,wx + 3300 = 0$ ▸ $w > 0$

$\Leftrightarrow x = \frac{6}{w}$ ▸ z. B. $x = 12$ für $w = 0,5$

$\Rightarrow D_{ök} = \left[0; \frac{6}{w}\right]; w > 0$

```
solve(-550·w·x+3300=0,x)          x=6/w
```

Zu b) Das Marktgleichgewicht entspricht dem Schnittpunkt der Graphen von p_{N_w} und p_A. In diesem Modell lässt sich das Marktgleichgewicht über den Werbeeinsatz steuern.
Für $w = 0,5$ beträgt die Gleichgewichtsmenge 4 Stück und der Gleichgewichtspreis 2200 €.

▸ TI Mit dem Bedingungsstrich | (ctrl-=) kann für den Parameter w ein Wert gesetzt werden.

Marktgleichgewicht:

$p_{N_w}(x) = p_A(x)$

$-550\,wx + 3300 = 225x + 1300 \quad | -225x; -3300$

$(-550\,w - 225)\cdot x = -2000 \quad | :(-(550\,w + 225))$

$x = \frac{2000}{550\,w + 225}$ ▸ Gleichgewichtsmenge

$p_A\left(\frac{2000}{550\,w + 225}\right) = \frac{450\,000}{550\,w + 225} + 1300$ ▸ Gleichgewichtspreis

$\boldsymbol{MGG\,(4\,|\,2200)}$ ▸ $w = 0,5$

```
pa(x):=225·x+1300                  Fertig
solve(-550·w·x+3300=pa(x),x)       x=80/(22·w+9)
pa(80/(22·w+9))|w=0.5              2200.
```

Das Erlösmaximum liegt bei $\frac{3}{w}$ Stück und ist abhängig von w. Auch das Erlösmaximum lässt sich somit je nach Werbeeinsatz verändern.
Für $w = 0,5$ ist der Erlös bei 6 Stück maximal und beträgt 9900 €.

Erlösmaximum:

$E_w(x) = p_{N_w}(x)\cdot x = (-550\,wx + 3300)\cdot x$ ▸ $w > 0$

$= -550\,wx^2 + 3300x$

$E'_w(x) = -1100\,wx + 3300$; $E''_w(x) = -1100\,w$

$E'_w(x_E) = 0 \Leftrightarrow -1100\,wx_E + 3300 = 0 \Leftrightarrow x_E = \frac{3}{w}$

$E''_w\left(\frac{3}{w}\right) = -1100\,w\;(< 0)$ ▸ lokale Maximalstelle

$E_w\left(\frac{3}{w}\right) = \frac{4950}{w}$

$\boldsymbol{E_{max}\,(6\,|\,9900)}$ ▸ $w = 0,5$

Aus der Skizze lassen sich die für $w = 0{,}5$ berechneten Punkte ablesen:
Sättigungsmenge 12 Stück, Höchstpreis 3300 €, $MGG(4|2200)$ und $E_{max}(6|9900)$.

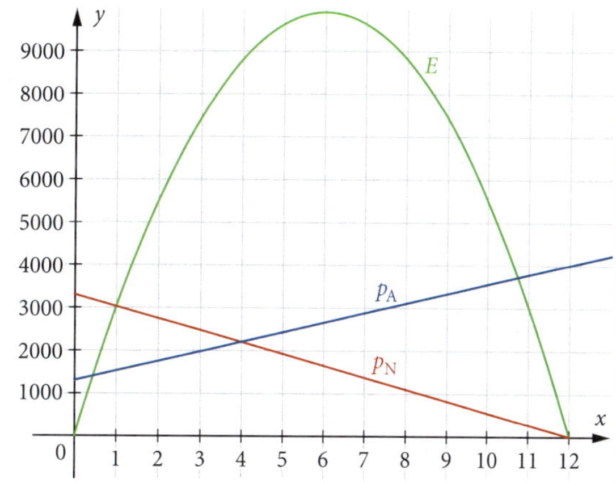

Zu c) Bei Setzen von 10 für x erhält man $w = 0{,}3$ und in Abhängigkeit von $w = 0{,}3$ ein Erlösmaximum von 16 500 €.
Für $w > 0$ sind die lokalen Extremstellen der Funktionenschar E_w jeweils Lösungen der Gleichungen $x = \frac{3}{w}$ bzw. $w = \frac{3}{x}$ mit $x \neq 0$.

Setzt man daher $\frac{3}{x}$ für w im Funktionsterm $E_w(x)$, so erhält man eine Funktion f_E, deren Graph G_{f_E} aus allen lokalen Extrempunkten der Graphen von E_w besteht und **Ortskurve aller Erlösmaxima** heißt.

$x = \frac{3}{w} \Rightarrow 10 = \frac{3}{w} \Leftrightarrow \mathbf{w = 0{,}3}$

$\Rightarrow E_{0,3}(10) = 16\,500 \Rightarrow \mathbf{E_{max}(10|16\,500)}$

$x = \frac{3}{w} \Leftrightarrow w = \frac{3}{x}$

$\Rightarrow f_E(x) = -550 \cdot \frac{3}{x} \cdot x^2 + 3300x = \mathbf{1650x}$

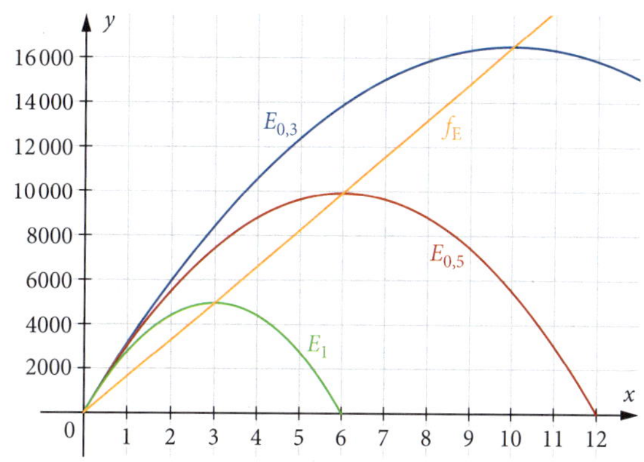

Zu d) Die angebotene Menge bei einem Preis von 1975 € ist 3 Stück. Da bei diesem Preis ein Nachfrageüberschuss von 4 Stück existiert, muss die nachgefragte Menge 7 Stück betragen. Für den Werbefaktor w ergibt sich dann ein Wert von ca. 0,344.

$p_A(x) = 1975 \Leftrightarrow 225x + 1300 = 1975$ ▸ $p = 1975$

$\Leftrightarrow 225x = 675 \Leftrightarrow x = 3$

▸ Nachfrageüberschuss 4 Stück $\Rightarrow x_{Nachfrage} = 7$

$p_{N_w}(7) = 1975 \Leftrightarrow -550 \cdot w \cdot 7 + 3300 = 1975$

$\Leftrightarrow -3850w = -1325$

$\Rightarrow w = \frac{53}{154} \approx \mathbf{0{,}344}$

Den ökonomischen Definitionsbereich berechnen wir durch die Nullstellen der Nachfragefunktion $p_{N_{\frac{53}{154}}}$. Er umfasst das Intervall von 0 bis 17 Stück.

$p_{N_{\frac{53}{154}}}(x) = 0 \Leftrightarrow -550 \cdot \frac{53}{154} \cdot x + 3300 = 0$

$\Rightarrow \mathbf{x \approx 17{,}43}$ ▸ Sättigungsmenge 17 Stück

$\Rightarrow \mathbf{D_{ök} = [0; 17]}$

Auf dem Markt sind für ein Produkt p_A mit $p_A(x) = -0{,}2x^2 + 2x + 5$ und p_{N_c} mit $p_{N_c}(x) = \frac{20}{x + 0{,}2} + c$ $(c > 0)$ gegeben.

a) Benennen und interpretieren Sie den ökonomischen Definitions- und Wertebereich für $c > 0$.

b) Das Marktgleichgewicht soll nun bei 3 ME erreicht werden. Ermitteln Sie die entsprechende Zahl für c und zeichnen Sie die Graphen von p_A und p_{N_c}.

c) Bestimmen Sie in Abhängigkeit von c die Art und Höhe des Überschusses beim Preis von 9 GE/ME.

1

4 Funktionenscharen einer Gewinnfunktion

Die Kosten für das Kinderfahrrad beschreiben die Fly Bike Werke durch eine ertragsgesetzliche Kostenfunktionenschar K_w mit $K_w(x) = 10\,wx^3 - 60\,x^2 + 250\,x + 4000$, die Erlöse durch eine Erlösfunktionenschar E_w mit $E_w(x) = -550\,wx^2 + 3300\,x$. Dabei steht x für die Menge in Stück, $K_w(x)$ und $E_w(x)$ für die Kosten bzw. Erlöse in €.

a) Bestimmen Sie die Gewinnzone für $w = 0{,}5$.

b) Ermitteln Sie das Gewinnmaximum bei $w = 0{,}5$ und die Ortskurve G_{f_E} der Gewinnmaxima und zeichnen Sie die Graphen von G_1, $G_{0,7}$, $G_{0,5}$ und f_E.

c) Das Unternehmen rechnet mit einem Gewinnmaximum von 4300 GE. Berechnen Sie, für welche Zahl anstelle von w ($w > 0{,}48$) dieses Maximum erreicht wird.

Zu a) Wir bestimmen die Gewinnfunktion $G_w(x)$ und berechnen die Nullstellen für $w = 0{,}5$.
Die Gewinnschwelle liegt bei 1,47 ME und die Gewinngrenze bei 10 ME. ▸ CAS

$G_w(x) = E_w(x) - K_w(x)$
$= -550\,wx^2 + 3300\,x - (10\,wx^3 - 60\,x^2 + 250\,x + 4000)$
$= -10\,wx^3 + (60 - 550\,w)\cdot x^2 + 3050\,x - 4000$
$G_{0,5}(x) = 0 \Rightarrow x_1 \approx -54{,}47;\ x_2 \approx 1{,}47;\ x_3 = 10$ ▸ $w = 0{,}5$

$$\text{solve}(gw(x)=0,x)|w=0.5 \qquad x=-54.4687 \text{ or } x=1.46873 \text{ or } x=10.$$

Zu b) Wir lösen $G'_w(x) = 0$ und überprüfen die hinreichende Bedingung. Für $w = 0{,}5$ ist das Gewinnmaximum $\mathbf{G_{max}}$ **(5,88 | 5484,02)**.

$$gw\left(\frac{\sqrt{3025\cdot w^2+255\cdot w+36}-55\cdot w+6}{3\cdot w}\right)|w=0.5 \qquad 5484.02$$

$$\frac{\sqrt{3025\cdot w^2+255\cdot w+36}-55\cdot w+6}{3\cdot w}|w=0.5 \qquad 5.88492$$

$G'_w(x) = -30\,wx^2 + (120 - 1100\,w)\cdot x + 3050$ (▸ dgw (x))
$G''_w(x) = -60\,wx + 120 - 1100\,w$ (▸ d2gw (x))

$$\text{solve}(dgw(x)=0,x) \qquad x=\frac{\sqrt{3025\cdot w^2+255\cdot w+36}-55\cdot w+6}{3\cdot w} \text{ or } x=\frac{-(}{}$$

$$d2gw\left(\frac{\sqrt{3025\cdot w^2+255\cdot w+36}-55\cdot w+6}{3\cdot w}\right) \qquad -20\cdot\sqrt{3025\cdot w^2+255\cdot w+36}$$

< 0 ▸ HP

Für die Ortskurve der Gewinnmaxima stellen wir das Ergebnis von $G'_w(x) = 0$ nach w um und setzen den so erhaltenen Term $\frac{12x+305}{x\cdot(3x+110)}$ für w in $G_w(x)$ ein.
Wir erhalten die Ortskurve der Gewinnmaxima $f_E(x) = 20\,x^2 + 1300\,x + 4250 - \frac{907\,500}{3x+110}$.

Ortskurve der Gewinnmaxima:

1.1 Ortskurve RAD

$$\text{solve}\left(x=\frac{\sqrt{3025\cdot w^2+255\cdot w+36}-55\cdot w+6}{3\cdot w}, w\right) \qquad w=\frac{12\cdot x+305}{x\cdot(3\cdot x+110)}$$

$$gw(x)|w=\frac{12\cdot x+305}{x\cdot(3\cdot x+110)} \qquad \frac{-907500}{3\cdot x+110}+20\cdot x^2+1300\cdot x+4250$$

Graphen von G_1, $G_{0,7}$, $G_{0,5}$ und f_E:

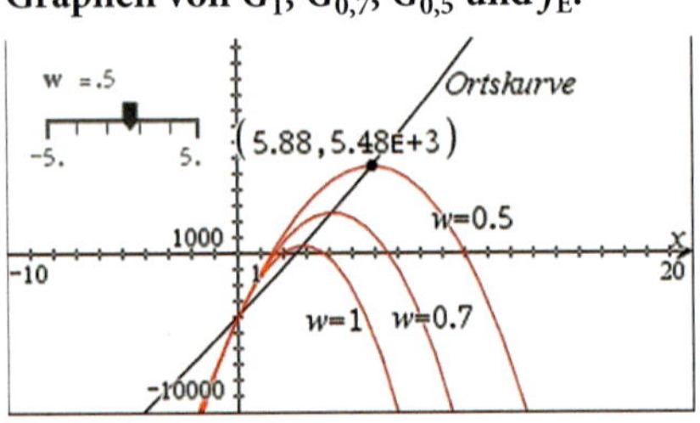

Zu c) Die Ortskurve der Gewinnmaxima beschreibt alle Gewinnmaxima der Funktionenschar. Wir suchen den Wert, bei dem $f_E(x) = 4300$ ist. Daraus kann $\boldsymbol{w \approx 0{,}56}$ bestimmt werden.

$$\text{solve}(fe(x)=4300,x) \qquad x=5.18484$$

$$w=\frac{12\cdot x+305}{x\cdot(3\cdot x+110)}|x=5.1848354789304 \qquad w=0.564101$$

Die **Losgröße** ist die in einem zusammenhängenden Fertigungsgang ohne Umrüstung der Fertigungsanlagen erstellte Menge, die innerhalb eines bestimmten Zeitraums auch abgesetzt werden kann. **Rüstkosten** entstehen durch Umbauarbeiten an Maschinen, um diese auf die Erfordernisse des neuen Loses einzustellen. **Lagerkosten** entstehen durch die Zwischenlagerung der Produktionserzeugnisse zwischen deren Fertigung und Absatz. Sie sind abhängig von der Losgröße. Geht man davon aus, dass der Absatz während einer Rechnungsperiode gleichmäßig erfolgt, dann ist es sinnvoll, den **durchschnittlichen Lagerbestand** als eine **halbe Losgröße** zu sehen.

Funktionenscharen zur optimalen Losgröße

5

Die Fly Bike Werke GmbH rechnet für das kommende Jahr mit einer Produktion und einem Absatz von mehreren tausend Fahrradschlössern, die möglichst kostengünstig produziert und gelagert werden sollen. Der Produktionsleiter muss von Rüstkosten in Höhe von 5000 € pro Loswechsel und von 10 € Lagerkosten pro gelagertem Schloss ausgehen.

a) Ermitteln Sie die kostengünstigste und damit optimale Anzahl der Loswechsel in Abhängigkeit von den benötigten Fahrradschlössern.

b) Die Unternehmensleitung hat festgestellt, dass 8 Loswechsel am kostengünstigsten sind. Berechnen Sie die Zahl der produzierten und abgesetzten Fahrradschlösser und zeichnen Sie den Graphen von K_G.

Zu a) Die gesamten Kosten K_{G_a} setzen sich zusammen aus den Rüstkosten K_R und den von a ($a > 0$) abhängigen Lagerkosten K_{L_a}.

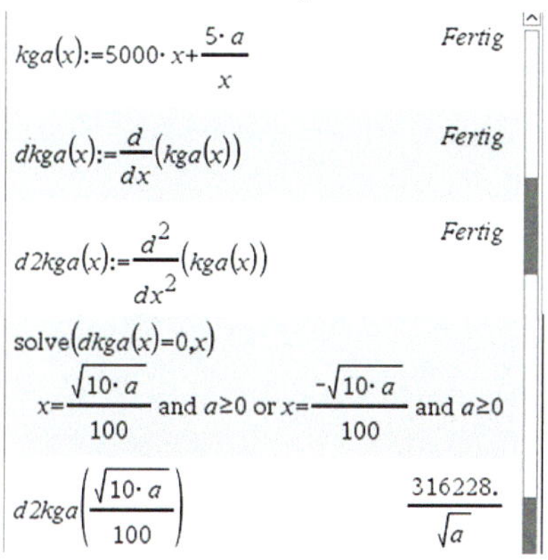

▶ Anzahl Fahrradschlösser a; Anzahl Loswechsel x; Losgröße $\frac{a}{x}$

$$K_{G_a}(x) = K_R(x) + K_{L_a}(x)$$

$$= 5000\,x + \frac{\frac{a}{x}}{2}\cdot 10$$ ▶ Durchschnittlicher Lagerbestand $\frac{\frac{a}{x}}{2}$

$$= 5000\,x + \frac{5a}{x} = 5000\,x + 5\,a\,x^{-1}$$

$$K'_{G_a}(x) = 5000 + (-1)\cdot 5\,a\,x^{-2}$$

$$= 5000 - \frac{5a}{x^2}$$ ▶ Potenzregel

$$K''_{G_a}(x) = (-1)\cdot(-2)\cdot 5\,a\,x^{-3} = \frac{10a}{x^3}$$

$$K'_{G_a}(x_E) = 0 \;\Leftrightarrow\; 5000 - \frac{5a}{x_E^2} = 0 \;\Leftrightarrow\; x_E^2 = \frac{a}{1000}$$

$$\Rightarrow\; x_{E_1} = -\frac{\sqrt{10a}}{100}\ (< 0);\; x_{E_2} = \frac{\sqrt{10a}}{100}$$

$$K''_{G_a}\left(\frac{\sqrt{10a}}{100}\right) = \frac{10a}{0{,}0001\,a\cdot\sqrt{0{,}1\,a}} = \frac{10\,000}{\sqrt{0{,}1\,a}}\ (> 0)$$

▶ lokale Minimalstelle; $\frac{\sqrt{10a}}{100}$ optimale Anzahl Loswechsel

Zu b) Durch Setzen von 8 für x in der Gleichung $K'_{G_a}(x) = 0$ erhalten wir mit 64 000 Stück die Anzahl der benötigten Fahrradschlösser und mit 8000 Stück die optimale Losgröße.

$8^2 = \frac{a}{1000} \;\Leftrightarrow\; a = \mathbf{64\,000}$ ▶ Anzahl Fahrradschlösser

$\Rightarrow$ Optimale Losgröße: $\frac{64\,000}{8} = \mathbf{8000}$

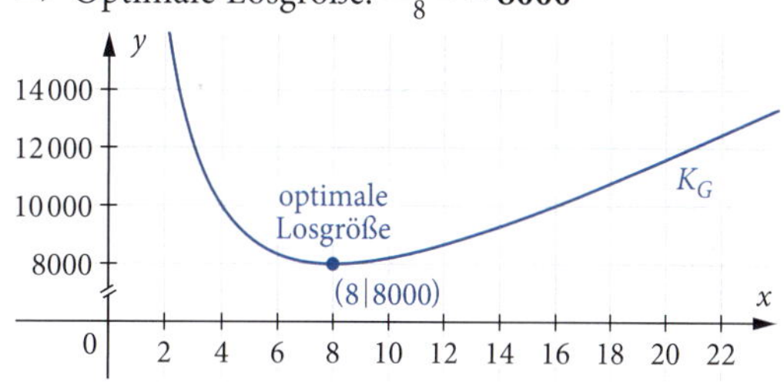

Ein Spielzeughandel benötigt MP3-Player zum Bezugspreis von 35 € je Stück. Er rechnet mit Lagerkosten von 20 %, berechnet vom Wert des durchschnittlichen Lagerbestands, und mit Bestellkosten von 700 € pro Bestellung.

a) Berechnen Sie die optimale Anzahl der Bestellungen in Abhängigkeit der benötigten MP3-Player.

b) Berechnen Sie die optimale Bestellmenge der MP3-Player unter der Voraussetzung, dass 6 Bestellungen am kostengünstigsten sind.

1

6 Funktionenscharen zur Minimalkostenkombination

Die Fly Bike Werke GmbH produziert 20 Elektrokinderräder u.a mit den Produktionsfaktoren „Mensch" (Faktor x) und „Maschine" (Faktor y) gemäß der Isoquantenfunktionenschar $I_{b,c}$ mit $I_{b,c}(x) = \frac{4}{x-b} + c$; $D_{I_{b,c}} = \,]b; 12]$, wobei $b, c \geq 0$ unterschiedlich Einfluss auf die Leistungsfähigkeit beider Produktionsfaktoren nehmen. Die Fly Bike Werke GmbH kann maximal 12 Mitarbeiter einsetzen.

a) Die Fly Bike Werke GmbH möchte zur Produktion von 20 Fahrrädern 5 ME des Faktors x und 9 ME des Faktors y oder 11 ME des Faktors x und 7,5 ME des Faktors y einsetzen. Berechnen Sie, für welche beiden positiven Zahlen anstelle von b und c im Funktionsterm von $I_{b,c}$ das möglich ist.

b) Die beiden Einsatzfaktoren kosten je 10 GE pro ME, zur Produktion stehen insgesamt 160 GE zur Verfügung. Bestimmen Sie die positiven Zahlen für d und e im Term der Isokostenfunktion I_K mit $I_K(x) = -dx + e$ und untersuchen Sie mögliche ganzzahlige Kombinationen der Produktionsfaktoren zur Herstellung von 20 Fahrrädern (20 ME) auf der Basis der Isoquantenfunktion $I_{3,7}$ mit $I_{3,7}(x) = \frac{4}{x-3} + 7$.

c) Zeichnen Sie die Graphen der Isoquantenfunktion und der Isokostenfunktion aus Teil b) und beschreiben Sie den Verlauf des Graphen von $I_{3,7}$ ($G_{I_{3,7}}$) in Bezug auf den unterschiedlichen Einsatz der Produktionsfaktoren x und y sowie in Abhängigkeit der Parameter b und c.

d) Die insgesamt zur Verfügung stehenden 160 GE sollen zu einer Produktionssteigerung führen, indem eine größere Minimalkostenkombination gesucht wird. Ermitteln Sie die maximal mögliche Kombination der Produktionsfaktoren, indem Sie weiterhin von je 10 GE pro ME Kosten bei beiden Einsatzfaktoren und einer Isoquantenfunktionenschar vom Typ I_a mit $I_a(x) = \frac{a}{x-3} + 7$ ausgehen.

e) Zur Produktion steht nur noch ein Betrag von 97,5 GE zur Verfügung, mit dessen Hilfe 20 Fahrräder auf der Basis der Isoquantenfunktion $I_{3,7}$ mit $I_{3,7}(x) = \frac{4}{x-3} + 7$ hergestellt werden sollen. Weniger kostenintensive Hilfsarbeitskräfte werden zur Herstellung der Räder eingesetzt. Berechnen Sie die neuen Kosten des Faktors x, wenn die Minimalkostenkombination mit dem Einsatz von 7 Hilfsarbeitskräften (Faktor x) erreicht wird und der Einsatz der Maschinen (Faktor y) weiterhin 10 GE je ME kosten soll.

Zu a) Z.B. mithilfe des Gleichsetzungsverfahrens oder von GTR/CAS berechnet man $b = 3$ und $c = 7$, sodass die Produktionsfaktorenkombinationen $(5|9)$ und $(11|7{,}5)$ möglich sind.

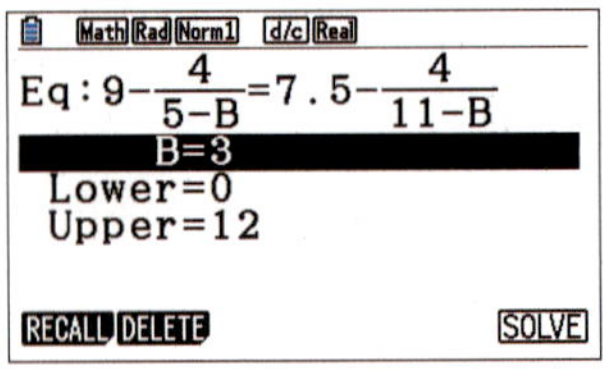

► CA Mit der Anwendung Gleichung (MENU, A) kann mit dem SOLVER (F3) eine allgemeine Gleichung gelöst werden. Abhängig von den angegebenen Grenzen wird immer nur eine Lösung berechnet.

$\frac{4}{5-b} + c = 9 \Leftrightarrow c = 9 - \frac{4}{5-b}$

$\frac{4}{11-b} + c = 7{,}5 \Leftrightarrow c = 7{,}5 - \frac{4}{11-b}$

$\Rightarrow 9 - \frac{4}{5-b} = 7{,}5 - \frac{4}{11-b}$

$\Leftrightarrow 1{,}5 = \frac{4}{5-b} - \frac{4}{11-b} \Leftrightarrow 1{,}5 = \frac{4\cdot(11-b) - 4\cdot(5-b)}{b^2 - 16b + 55}$

$\Leftrightarrow 1{,}5b^2 - 24b + 82{,}5 = 24 \Leftrightarrow b^2 - 16b + 39 = 0$

$\Rightarrow \mathbf{b = 3}$ oder $b = 13$ ($\notin D_{I_{b,c}}$)

$\Rightarrow \mathbf{c = 7} \Rightarrow I_{3,7}(x) = \frac{4}{x-3} + 7$

Zu b) Die Umstellung der Kostenberechnung nach y ergibt $d = 1$ und $e = 16$.

$10x + 10y = 160 \Leftrightarrow y = -\frac{10}{10}x + \frac{160}{10} = \mathbf{-x + 16}$

$\Rightarrow \mathbf{d = 1}$ und $\mathbf{e = 16}$

Die ganzzahligen Produktionsfaktorenkombinationen zwischen den x-Werten 3,76 und 8,24 sind (4 (ME von x) | 11 (ME von y)), $(5|9)$ sowie $(7|8)$ und führen zu geringeren Gesamtkosten als 160 GE.

► $I_{3,7}(6) = 8\frac{1}{3}$ ($\notin \mathbb{N}$); $I_{3,7}(8) = 7{,}8$ ($\notin \mathbb{N}$)

$I_{3,7}(x) = I_K(x) \Leftrightarrow \frac{4}{x-3} + 7 = -x + 16$

$\Leftrightarrow 7x - 17 = -x^2 + 19x - 48 \Leftrightarrow x^2 - 12x + 31 = 0$

$\Rightarrow x_1 = \mathbf{3{,}76}$ und $x_2 = \mathbf{8{,}24}$ ► ganzzahlige Kombinationen

$\Rightarrow I_{3,7}(4) = 11$; $\mathbf{(4|11)}$; $10\cdot4 + 10\cdot11 = 150$ (< 160)

$I_{3,7}(5) = 9$; $\mathbf{(5|9)}$; $10\cdot5 + 10\cdot9 = 140$ (< 160)

$I_{3,7}(7) = 8$; $\mathbf{(7|8)}$; $10\cdot7 + 10\cdot8 = 150$ (< 160)

Zu c) Die beiden Produktionsfaktoren „Mensch“ (Faktor x) und „Maschine“ (Faktor y) können sich in einem ökonomisch sinnvollen Rahmen gegenseitig substituieren (ersetzen). Dabei kann man der Zeichnung entnehmen, dass eine Vergrößerung des einen Faktors jeweils eine Verringerung des anderen Faktors zur Folge hat.

Je größer die Zahlen für b und c im Funktionsterm $I_{b,c}(x) = \frac{4}{x-b} + c$ $(b, c \geq 0)$, desto weiter entfernt vom Koordinatenursprung verläuft der Graph von $I_{b,c}$ und desto größer ist die Produktionsmenge, die jedoch aus $G_{I_{b,c}}$ nie ablesbar ist.

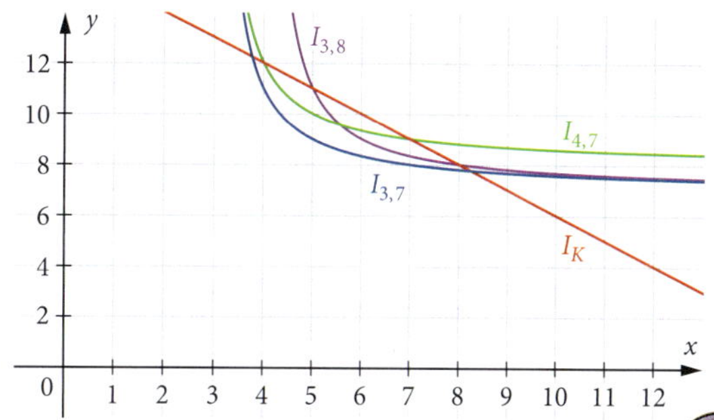

Bei vielen GTR/CAS können auch mehrere Parameter variiert werden.

Zu d) Gesucht ist hier der einzige Schnittpunkt bzw. Berührpunkt der Graphen von I_a und I_K.

Die Minimalkostenkombination von 6 ME (Faktor x) und 10 ME (Faktor y) führt bei gleich bleibenden Kosten von 160 GE zu einer größeren Produktion, da G_{I_9} mit $I_9(x) = \frac{9}{x-3} + 7$ weiter vom Koordinatenursprung entfernt ist als $G_{I_{3,7}}$ mit $I_{3,7}(x) = \frac{4}{x-3} + 7$.

$I_a(x) = I_K(x)$

$\Leftrightarrow \frac{a}{x-3} + 7 = -x + 16 \Leftrightarrow \frac{a}{x-3} = -x + 9$

$\Leftrightarrow a = -x^2 + 12x - 27 \Leftrightarrow x^2 - 12x + 27 + a = 0$

$\Rightarrow x_{1,2} = 6 \pm \sqrt{36 - (27 + a)}$ ▸ eine Lösung für $a = 9$

$\Rightarrow x = 6$ (für $a = 9$)

$\Rightarrow I_9(6) = \frac{9}{6-3} + 7 = 10 \Rightarrow$ ***MKK*(6|10)** ▸ $a = 9$

$\Rightarrow K = 10 \cdot 6 + 10 \cdot 10 = \mathbf{160}$

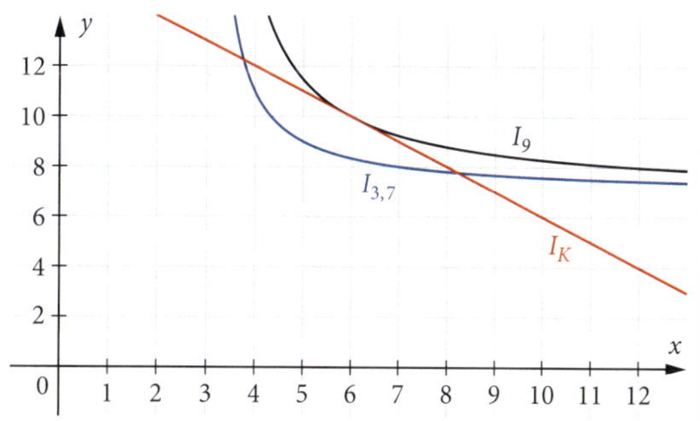

Zu e) Gesucht ist die Grenzrate der Substitution oder der Wert der Steigung am Berührpunkt der Graphen von I_{K_k} und $I_{3,7}$, an dem beide Graphen dieselbe Steigung aufweisen.

Für k und somit für die Kosten des Faktors x ergibt sich 2,5.
Bei Kosten von 2,5 GE pro ME für den Einsatz des Faktors x und 10 GE pro ME für den Einsatz des Faktors y werden die Gesamtkosten von 97,5 GE bei einer Minimalkostenkombination von 7 ME des Faktors x und 8 ME des Faktors y nicht überschritten.

$I_{K_k}(x) = -\frac{k}{10}x + \frac{97{,}5}{10} = -\frac{k}{10}x + 9{,}75 \Rightarrow I'_{K_k}(x) = -\frac{k}{10}$

$I_{3,7}(x) = \frac{4}{x-3} + 7 \Rightarrow I'_{3,7}(x) = \frac{-4}{(x-3)^2}$ ▸ $x = 7$

$I'_{K_k}(7) = I'_{3,7}(7) \Leftrightarrow -\frac{k}{10} = \frac{-4}{(7-3)^2}$

$\Leftrightarrow k = 10 \cdot \frac{4}{16} = \mathbf{2{,}5}$ ▸ Kosten Faktor x

$I_{3,7}(7) = 8 \Rightarrow$ ***MKK*(7|8)**

$K = 2{,}5 \cdot 7 + 10 \cdot 8 = \mathbf{97{,}5}$

Gegeben ist I_a mit $I_a(x) = \frac{a}{x-1} + 3$; die Einheiten der Faktoren x bzw. y kosten 20 € bzw. 10 €.

a) Bestimmen Sie D_I sowie W_I und Funktionsgleichungen $y = mx + n$ der Isokostenkurvenschar $I_{K,n}$.

b) Ermitteln Sie die Minimalkostenkombination und geben Sie den für die Realisierung der Minimalkostenkombination erforderlichen Geldbetrag jeweils in Abhängigkeit von a an.

c) Ermitteln Sie für $a = 9$ die Minimalkostenkombination und die Funktionsgleichung der Isokostenkurve.

Vermischte Übungen zu 1.2

1. Geben Sie zu den abgebildeten Graphenscharen die Gleichungen an, wobei $a \in \{-2; -1; 0; 1; 2\}$ ist, und überprüfen Sie das Ergebnis mit Ihrem GTR/CAS.

a)

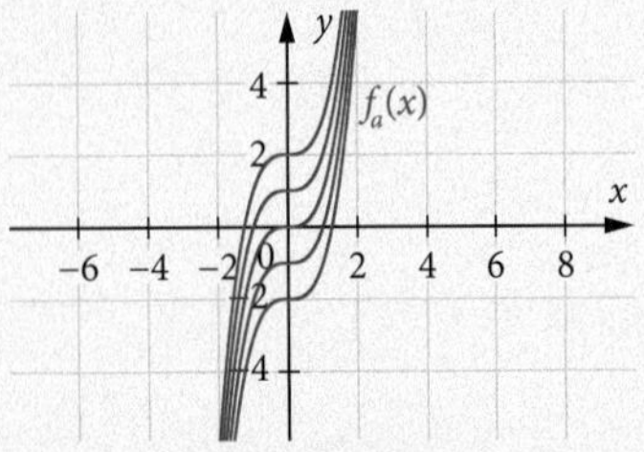

b)

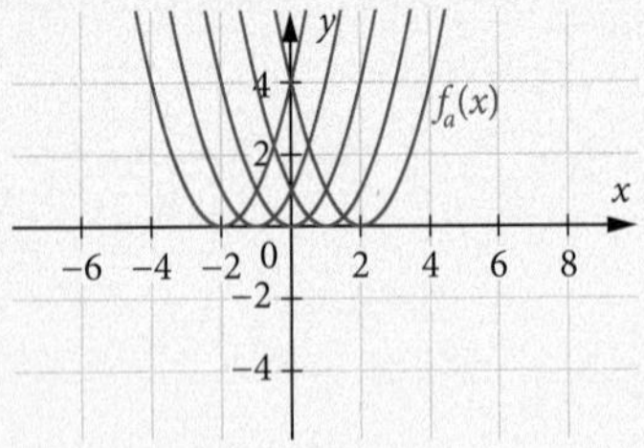

c)

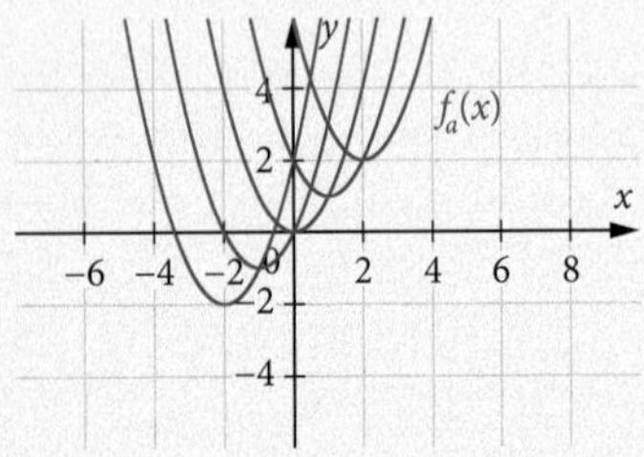

2. Untersuchen Sie die Graphen der folgenden reellen Funktionenscharen für $a \neq 0$ in Bezug auf ihr Symmetrie- und Grenzwertverhalten für $x \to \pm\infty$ sowie ihre Achsenschnittpunkte, Extremstellen und Wendepunkte. Ermitteln Sie die Ortskurven der Extrem- und Wendepunkte.
Bestimmen Sie jeweils die Gleichungen der Wendetangenten für $a \neq 0$ und zeichnen Sie G_{f_a} jeweils für die angegebenen Werte von a.

a) $f_a(x) = 0{,}25x^3 + 5ax^2 + 25x$; $a = -0{,}5$; $a = 2$

b) $f_a(x) = -0{,}5x^3 + ax^2 - 18x$; $a = 2$; $a = 9$

c) $f_a(x) = \frac{1}{2a}x^4 - \frac{3}{a}x^2 + a$; $a = 2$

d) $f_a(x) = x^6 - ax^3 + 4$; $a = 8$

3. Gegeben ist die Funktionenschar f_a mit $f_a(x) = 0{,}2x^3 - 4{,}8ax + 1$ mit $a \in \mathbb{R}$.
Bestimmen Sie die Zahl für a so, dass f_a an den Stellen -2 und 2 jeweils eine Extremstelle besitzt.

4. Gestalten Sie für die Planungschefin den Botenweg im Gebäudeplan von S. 45.

a) Übertragen Sie den Plan in ein Koordinatensystem, sodass der südwestliche Eckpunkt des Gebäudes im Koordinatenursprung liegt.

b) Jutzi Semrühl wünscht sich einen Weg, der dem Graphen einer ganzrationalen Funktion dritten Grades entspricht und von einer Linkskurve in eine Rechtskurve übergeht. Für den Wendepunkt erscheint ihr die Infostelle am besten geeignet. Ermitteln Sie die Gleichung der Funktion.

c) Herr Schürschas möchte lieber einen Weg haben, der von einer Rechtskurve in eine Linkskurve wechselt. Außerdem sollte der Wendepunkt mit einem Abstand von 6,5 m von der Westbegrenzung näher an der Minicafeteria liegen. Bestimmen Sie auch für diesen Vorschlag die Funktionsgleichung und zeichnen Sie den Graphen.

d) Frau Ottönder interessiert vor allem die Frage, ob es tatsächlich unendlich viele Möglichkeiten der Erstellung einer Funktion vom Typ $f(x) = ax^3 + bx^2 + cx + d$ gibt und wie man sie gegebenenfalls bestimmen kann. Bei ihrer Rechnung will sie nur die beiden Eingänge und die Minicafeteria als Vorgaben verwenden.

d_1) Bestimmen Sie die Koeffizienten, soweit erforderlich in Abhängigkeit von a, und bestätigen Sie, dass man damit die Funktionenschar f_a mit $f_a(x) = ax^3 + (0{,}025 - 22a) \cdot x^2 + (96a - 0{,}15) \cdot x + 4$ erhält. Erläutern Sie, warum das Ergebnis nicht eine einzelne Funktion sein kann.

d_2) Zeigen Sie, dass auch die Funktionen aus den Aufgabenteilen b) und c) Funktionen dieser Schar darstellen.

d_3) Geben Sie an, welche Funktionen der Schar als Lösungen für den geplanten Botenweg infrage kommen. Aktivieren Sie hierfür im CAS den Schieberegler und geben Sie dann die Gleichung der Funktionenschar ein. Legen Sie mithilfe der Animation einen passenden Bereich für den Parameter a fest.

5. Diskutieren Sie die Funktionenschar f_a mit $f_a(x) = x^3 + 2ax^2 + 8x$; $a \in \mathbb{R}$ in Bezug auf Grenzwerte für $x \to \pm\infty$, Achsenschnittpunkte, Extremstellen und Wendepunkte und zeichnen Sie G_{f_3} und G_{f_1} im Intervall $[-5; 1]$. Bestimmen Sie die Ortskurven der Extrem- und Wendepunkte.

6. Gegeben ist die Funktionenschar f_a mit $f_a(x) = ax^2 - 4a$ mit $a \neq 0$.
   a) Bestimmen Sie die Funktionsterme $t_a(x)$ der Funktionen t_a, deren Graphen Tangenten an G_{f_a} im Punkt $P(2|0)$ sind.
   b) Bestimmen Sie die Funktionsterme $n_a(x)$ der Funktionen n_a, deren Graphen senkrecht zu G_{t_a} durch den Punkt $P(2|0)$ verlaufen.
   c) Zeichnen Sie G_{f_a}, G_{t_a} und G_{n_a} für $a = 0{,}5$.

7. Eine Unternehmerin produziert ein neuartiges Speichermedium und hat ein Monopol darauf. Die Gesamtkosten betragen 3500 GE bei einer Produktion von 20 ME und 3550 GE bei einer Ausbringungsmenge von 30 ME. Sie erreicht ihr Betriebsminimum bei einer Produktion von 40 ME und kommt auf Grenzkosten von 10 GE bei einer Ausbringungsmenge von 20 ME.
   a) Bestimmen Sie den Term der Gesamtkostenfunktion dritten Grades und begründen Sie, warum Ihre Lösung eindeutig ist.
   b) Für die weiteren Rechnungen ist der Kostenverlauf des Betriebs bei der Produktion von x ME durch die Funktion $K(x) = 0{,}05x^3 - 4x^2 + ax + 2500$; $x \in [0;\,100]$ beschrieben. Dabei gibt $a > 0$ die Abhängigkeit vom Weltmarktpreis an.
      b_1) Bestimmen Sie, für welche reellen Zahlen anstelle von a die Kostenfunktion ertragsgesetzlich ist, und begründen Sie, warum die Kostenfunktion für alle anderen Zahlen anstelle von a keinen ertragsgesetzlichen Verlauf hat.
      b_2) Berechnen Sie, ab welcher Produktionsmenge der Kostenverlauf progressiv ist, und interpretieren Sie die Bedeutung dieser Ausbringungsmenge im Hinblick auf die Grenzkosten.
      b_3) Ermitteln Sie das Betriebsminimum und zeigen Sie seine Unabhängigkeit von a.
   Bestimmen Sie für $a = 110$ die kurzfristige Preisuntergrenze.
   c) Im Folgenden gilt $a = 110$. Die Monopolistin hat die Preis-Absatz-Funktion $p_N(x) = -1{,}25x + 200$ ermittelt.
      c_1) Bestätigen Sie rechnerisch den Funktionsterm $G(x) = -0{,}05x^3 + 2{,}75x^2 + 90x - 2500$ der Gewinnfunktion.
      c_2) Zeigen Sie, dass die Gewinnschwelle bei 20 ME liegt, und geben Sie die Gewinnzone an.
      c_3) Berechnen Sie den Cournot'schen Punkt und erklären Sie seine Bedeutung.

8. Gegeben sind die reellen Kostenfunktionen K_a mit $K_a(x) = 2x^3 - ax^2 + 86x + 144$ und $a > 0$; $x \in [0;\,12]$.
   a) Untersuchen Sie, für welche Zahlen anstelle von a die Kostenfunktion in ihrem gesamten Definitionsbereich streng monoton steigt.
   b) Ermitteln Sie, für welche Zahlen anstelle von a die Stückkostenfunktion bei einer Ausbringungsmenge von 6 ME ihr Minimum hat.
   c) Berechnen Sie, für welche Zahlen anstelle von a die variablen Stückkosten 28 GE bei einer Ausbringungsmenge von 5 ME betragen.
   d) Bestimmen Sie die Gewinnzone für $a = 20$, wenn der Verkaufspreis 74 GE beträgt.
   e) Bestimmen Sie die Gewinnmaxima in Abhängigkeit von $a > 0$ und für $E(x) = 74x$.

9. Die JoRoVo GmbH braut im Vinschgau ein lokales Bier und will aus Kostengründen seinen Naturhopfen geschmacksneutral teilweise durch Hopfenpulver in untenstehenden Mengenkombinationen ersetzen, mit denen sie jeweils 100 ME produzieren kann.
   Das Hopfenpulver kostet 2 GE je ME, der Hopfen 3 GE je ME, es sind d GE für beide Produkte eingeplant.

Hopfenpulver (x) in ME	3	4	7
Hopfen (y) in ME	18	14	10

   a) Ermitteln Sie die Isoquantenfunktion I vom Typ $I(x) = \frac{a}{x-b} + c$; $a, b, c > 0$ sowie ihren ökonomischen Definitions- und Wertebereich.
   b) Bestimmen Sie sowohl die Mengenkombinationen, die bei Kosten von insgesamt 72 GE möglich sind, als auch die minimale Mengenkombination zur Herstellung von 100 ME sowie die zugehörigen minimalen Kosten.
   c) Zeichnen Sie die Graphen der Isoquantenfunktion I sowie der Isokostenfunktion I_k und markieren Sie die minimale Mengenkombination.
   d) Die Kosten sollen von 72 GE auf 36 GE reduziert werden. Unter dem Sparzwang soll das Mengenverhältnis vom Hopfenpulver zum Hopfen zukünftig 3 : 7 betragen.
   Berechnen Sie die Mengenkombination, die unter diesen Voraussetzungen möglich ist, sowie die Zahl e mit $e > 0$ in der von der JoRoVo GmbH ermittelten Isoquante I_1 mit $I_1(x) = \frac{e}{x-1} + \frac{10}{3}$ und vergleichen Sie das Ergebnis mit I.

1

10. Die JoRoVo GmbH aus dem Vinschgau vertreibt auch Sommersporttrikots. Im laufenden Jahr lässt sich ihr Absatz durch die Funktion a_k mit $a_k(t) = \frac{1}{9}t^3 - \frac{7}{3}t^2 + kt - 27$; $k > 0$ beschreiben. Dabei steht t für Monate und $a_k(t)$ für den Absatz in ME (1 ME = 100 000 Stück).

a) Berechnen Sie die Absatzzone für $k = 15$ und interpretieren Sie Ihr Ergebnis.

b) Ermitteln Sie den Zeitpunkt und die Höhe des Absatzmaximums in Abhängigkeit von k.

c) Berechnen Sie die Ortskurve G_{f_E} der Absatzmaxima und zeichnen Sie die Graphen von f_E und a_{15} in ein Koordinatensystem.

d) Die JoRoVo GmbH rechnet jetzt mit einem maximalen Absatz von 340 000 Stück je Monat. Ermitteln Sie, für welche Zahl anstelle von k dieser Absatz erreicht wird.

e) Bestimmen Sie die Zeitpunkte und Mengen je Monat des maximalen Absatzzuwachses und -rückgangs und zeigen Sie, dass die Zeitpunkte unabhängig von k sind.

11. Die JoRoVo GmbH produziert ein Getränk mit neuartiger Geschmacksmischung in Monopolstellung. Zur Markteinführung gilt die Preis-Absatz-Funktion p_{N_a} mit $p_{N_a}(x) = \frac{5000 - 250x}{x + a}$ für $a > 0$, die Angebotsfunktion p_A mit $p_A(x) = 5x + 50$ und die Kostenfunktion K mit $K(x) = 0{,}1x^3 - 4{,}5x^2 + 67{,}5x + 412{,}5$.

a) Berechnen Sie sowohl in Abhängigkeit von a als auch für $a = 15$ den ökonomischen Definitionsbereich, den Höchstpreis, die Sättigungsmenge und das Marktgleichgewicht.

b) Ermitteln Sie für $a = 15$ die Erlöszone, in der der Erlös mindestens 1000 GE je ME beträgt.

c) Die Erlösfunktion gilt für $a = 15$, die Kostenfunktion variiert aufgrund von Materialpreisänderungen, die durch $b \in [0; 100]$ ausgedrückt werden:
$K(x) = 0{,}1x^3 - 4{,}5x^2 + (67{,}5 + b) \cdot x + 412{,}5$.
Vergleichen Sie die Gewinnsituationen für $b = 50$ und $b = 100$, indem Sie für beide Parameter die Gewinnzone und das Gewinnmaximum bestimmen.

12. Die JoRoVo GmbH aus dem Vinschgau als Ableger der JoRo GmbH stellt Sportartikel her und geht von der Kostenfunktionenschar K_a mit $K_a(x) = x^3 - ax^2 + 50x + 800$ aus, wobei a die Schwankungen der Weltmarktpreise für Textilien angibt ($x > 0$, $a > 0$).

a) Ermitteln Sie, für welches a die Funktionen K_a einen ertragsgesetzlichen Verlauf haben.

b) Bestimmen Sie in Abhängigkeit von a das Grenzkostenminimum, beziffern Sie die minimale Kostensteigerung für $a = 12$ und äußern Sie sich zu der ökonomischen Bedeutung.
Ermitteln Sie die Ortskurve der Grenzkostenminima.

c) Das Grenzkostenminimum soll jetzt bei einer Ausbringungsmenge von 3 ME erreicht werden. Ändern Sie die Kostenfunktion K_a entsprechend ab.

d) Berechnen Sie in Abhängigkeit von a das Betriebsminimum sowie für $a = 12$ die kurzfristige Preisuntergrenze und äußern Sie sich zu deren ökonomischer Bedeutung. Bestimmen Sie die Ortskurve der Grenzkostenminima.

e) Ermitteln Sie für $a = 12$ das Betriebsoptimum sowie die langfristige Preisuntergrenze und erläutern Sie, warum das Produkt langfristig zu diesem Preis angeboten werden kann.

f) Das Betriebsoptimum soll jetzt bei einer Ausbringungsmenge von 8 ME erreicht werden. Zeigen Sie, für welche positiven Zahlen anstelle von a das möglich ist.

g) Erläutern Sie rechnerisch, wie sich die Fixkosten ändern müssen, wenn das Betriebsoptimum für $a = 12$ bei einer Produktionsmenge von 9 ME erreicht werden soll.

h) Die JoRoVo GmbH hat in ihrem Absatzgebiet eine gewisse Monopolstellung und sieht sich mit einer Preis-Absatz-Funktion p_N vom Typ $p_N(x) = -mx + n$ konfrontiert ($m, n > 0$). Sie geht von einem Höchstpreis von 660 GE/ME und einer Sättigungsmenge von 12 ME aus.
Berechnen Sie die Preis-Absatz-Funktion und die zugehörige Erlösfunktion.

i) Berechnen Sie die Gewinnzone für $a = 12$.

j) Die Gewinnschwelle soll schon bei 1 ME erreicht werden. Erläutern Sie, wie die Zahl für a verändert werden muss.

k) Ermitteln Sie den Cournot'schen Punkt für $a = 12$.

l) In einer neuen Rechnungsperiode plant der Sportartikelhersteller mit der Preis-Absatz-Funktion p_{N_a} mit $p_{N_a}(x) = -a^2x^2 + 98$ und der Kostenfunktion K_a mit $K_a(x) = a^2x^3 - 6ax^2 + 50x + 800$.

l_1) Ermitteln Sie die Ortskurve der Gewinnmaxima.

l_2) Das Unternehmen rechnet mit einem Gewinnmaximum von 982 GE je ME. Berechnen Sie, für welches positive a dieses Maximum erreicht wird.

Ich kann …

… mithilfe der Gleichung einer Funktionenschar die **Gleichungen einzelner Scharfunktionen** angeben.

▶ Test-Aufgaben 1, 2, 3, 4

Gegeben: $f_a(x) = (x - a)^2 - a;\ a \in \mathbb{R}$

$a = 3$: $f_3(x) = (x - 3)^2 - 3$

$a = -5$: $f_{-5}(x) = (x + 5)^2 + 5$

Der Parameter a kann alle zugelassenen Zahlenwerte annehmen. Auf Einschränkungen für a in der Aufgabenstellung achten.

… die **Funktionsgleichungen** von gezeichneten Graphen einer Funktionenschar angeben.

▶ Test-Aufgabe 1

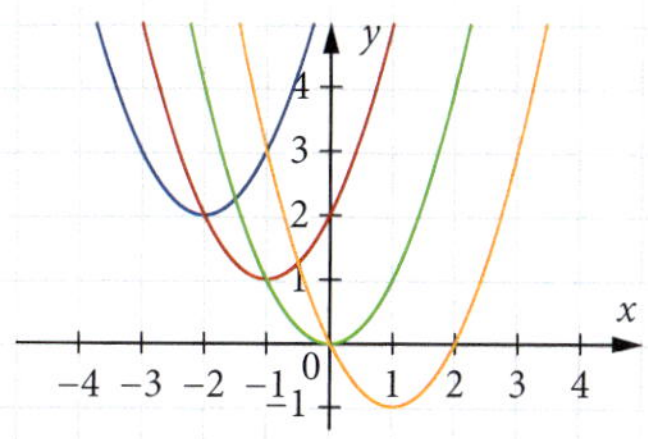

$f_{-2}(x) = (x + 2)^2 + 2$

$f_1(x) = (x - 1)^2 - 1$

Anhand des Funktionsterms prüfen, wo bzw. wie sich a auf die Graphen auswirkt. Daran den Wert für a ablesen und in den allgemeinen Funktionsterm einsetzen. Die Funktion passend indizieren.

… **charakteristische Punkte**, z. B. die x-Achsenschnittpunkte von Graphenscharen, bestimmen und gegebenenfalls eine Fallunterscheidung durchführen.

▶ Test-Aufgaben 2, 3, 4

$(x_N - a)^2 - a = 0 \Leftrightarrow (x_N - a)^2 = a$

Fall 1: $a < 0$ $\Rightarrow$ keine reelle Lösung

$\Rightarrow$ keine x-Achsenschnittpunkte

Fall 2: $a = 0$

$x_N^2 = 0 \Leftrightarrow x_N = 0$ (doppelte Lösung)

$\Rightarrow$ Berührpunkt $N(0|0)$

Fall 3: $a > 0$

$x_N - a = -\sqrt{a}$ oder $x_N - a = \sqrt{a}$

$\Leftrightarrow x_N = a - \sqrt{a}$ oder $x_N = a + \sqrt{a}$

$\Rightarrow N_1(a - \sqrt{a}|0);\ N_2(a + \sqrt{a}|0)$

Bedingung für Nullstellen: $f_a(x_N) = 0$

Die Gleichung mit allgemeinem a lösen, dabei a wie eine Zahl behandeln.

Bei Wurzeltermen und auch bei Termen mit a im Nenner ggf. Fallunterscheidung vornehmen. Dabei nur die für a zugelassenen Werte betrachten.

… die **Extrempunkte** und deren **Ortskurve** für die Graphen einer Funktionenschar bestimmen.

▶ Test-Aufgaben 2, 3

Gegeben:

$f_a(x) = -\frac{1}{a}x^2 + x;\ a > 0$

$f_a'(x) = -\frac{2}{a}x + 1;\ f_a''(x) = -\frac{2}{a}$

$f_a'(x_E) = 0 \Leftrightarrow -\frac{2}{a}x_E + 1 = 0 \Leftrightarrow x_E = \frac{a}{2}$

$f_a'\left(\frac{a}{2}\right) = 0$ und $f_a''\left(\frac{a}{2}\right) = -\frac{2}{a} \Rightarrow$ lok. Max.

$f_a\left(\frac{a}{2}\right) = \frac{a}{4} \Rightarrow H\left(\frac{a}{2}\middle|\frac{a}{4}\right)$

Beim Ableiten a wie eine Zahl behandeln.

Ortskurve der Hochpunkte:

$x = \frac{a}{2} \Leftrightarrow a = 2x$

$f_E(x) = -\frac{1}{2x}x^2 + x = -\frac{1}{2}x + x = \frac{x}{2}$

Zur Bestimmung der Ortskurve den x-Wert nach a auflösen und den Term für a in die Funktionsgleichung $f_a(x)$ einsetzen.

Test zu 1.2

1. Geben Sie jeweils eine Funktionenschar an, zu der die angegebenen Funktionen gehören könnten.

a)	$f(x) = 3x + \frac{1}{3}$	$g(x) = 4x + \frac{1}{4}$	$h(x) = 0{,}25x + 4$	$k(x) = -7{,}5x - \frac{2}{15}$
b)	$f(x) = x^2 - 4x + 4$	$g(x) = x^2 + 8x + 16$	$h(x) = x^2 - x + 0{,}25$	$k(x) = x^2 + 11x + 30{,}25$
c)	$f(x) = -x^2 + 3x - 2$	$g(x) = -x^2 - 2x + 3$	$h(x) = -x^2 + 1$	$k(x) = -x^2 + x$
d)	$f(x) = \frac{1}{9}x^3 - 9x$	$g(x) = \frac{1}{25}x^3 - 15x$	$h(x) = 4x^3 - 1{,}5x$	$k(x) = x^3 - 3x$

2. Betrachten Sie die Funktionenschar f_a mit $f_a(x) = \frac{1}{9}x^2(x - a)$.

a) Beschreiben Sie das Verhalten der Graphen der Schar für $x \to \pm\infty$.

b) Geben Sie, gegebenenfalls in Abhängigkeit von a, die Nullstellen der Funktionenschar an.

c) Bestimmen Sie die Extrempunkte der Graphenschar. Ermitteln Sie die Gleichung des Graphen, auf dem die Extrempunkte liegen.

d) Ermitteln Sie in Abhängigkeit von a die Wendepunkte und auch die Gleichung für die Ortskurve der Wendepunkte. Stellen Sie für allgemeines a die Gleichung der Wendetangente auf.

3. Der Hersteller einer Spezialkamera ist Monopolist und hat Produktionskosten gemäß der reellen Funktion K_w mit $K_w(x) = 0{,}2x^3 - wx^2 + 3x + 6{,}4$. Dabei ist $w > 0$ ein werbeabhängiger Parameter.
Die Preispolitik des Monopolisten erfolgt auf der Grundlage der linearen Preis-Absatz-Funktion p_N mit $p_N(x) = -1{,}4x + 9{,}8$.

a) Bestimmen Sie den ökonomischen Definitionsbereich $D_{ök}$.

b) Ermitteln Sie in Abhängigkeit von w das Betriebsminimum und die kurzfristige Preisuntergrenze KPU. Äußern Sie sich zu deren ökonomischer Bedeutung und bestimmen Sie die Ortskurve der Betriebsminima.

c) Der Betrieb hat für $w = 1{,}2$ sein Betriebsoptimum bei einer Ausbringungsmenge von 4 ME, soll aber in Zukunft erst bei einer Produktion von 5 ME das Stückkostenminimum erreichen. Berechnen Sie, bei welchem Werbefaktor w das sein wird.

d) Erläutern Sie rechnerisch die notwendige Änderung der Fixkosten, wenn das Betriebsoptimum für $w = 1{,}2$ bei 5 ME erreicht werden soll.

e) Begründen Sie rechnerisch, dass die Gewinnzone für $w = 13{,}5$ schon bei 0,5 ME erreicht werden kann.

f) Berechnen Sie die Nachfrageelastizität e_N, erläutern Sie die jeweilige Nachfrageelastizität bei Preisen von 10 GE, 8 GE bzw. 4 GE pro Monat und interpretieren Sie die einzelnen Elastizitätsintervalle.

g) Bestimmen Sie die Menge, bei der eine 2-prozentige Preiserhöhung zu einer 3-prozentigen Mengenänderung führt.

4. Das Designerbüro „pot & partners“ hat sich auf die Entwicklung von Haushaltswaren mit extravaganter Formgebung spezialisiert. Herr Maar arbeitet an einem Entwurf für eine Kuchenabdeckhaube mit parabelförmigem Längsschnitt. Sie ist für runde Kuchen mit einem Durchmesser bis zu 40 cm und einer Höhe bis zu 15 cm gedacht. Herr Maar hat herausgefunden, dass man den Längsschnitt der Haube durch die Graphen der Funktionenschar f_a mit der Gleichung $f_a(x) = ax^2 + 15 - 400a$ modellieren kann ($a < 0$).

a) Prüfen Sie die Modellierung zeichnerisch und rechnerisch.

b) Bestimmen Sie a so, dass die Haube an der höchsten Stelle 20 cm hoch ist. Berechnen Sie, welchen Durchmesser sie dann hat.

c) Bestimmen Sie den Parameter a so, dass die Haube einen Durchmesser von 50 cm hat. Berechnen Sie, wie hoch sie dann an der höchsten Stelle ist.

d) Wie schätzen Sie die Vermarktungsmöglichkeiten der beiden in b) und c) bestimmten Modelle ein? Machen Sie gegebenenfalls einen Verbesserungsvorschlag.

2 Von der Änderung zum Bestand – Integralrechnung

2.1 Der Hauptsatz der Differenzial- und Integralrechnung

Bei der Fly Bike Werke GmbH ist Frau Lotto Auszubildende im kaufmännischen Bereich. Sie wechselt alle drei Monate die Abteilung, um die verschiedenen Geschäftsbereiche kennenzulernen.
In der Abteilung Controlling ist Herr Steffens ihr zuständiger Ausbilder. Einen wesentlichen Bereich des Controllings bildet die Kostenrechnung.

Herr Steffens bekommt aus der Abteilung Arbeitsplanung die Information, dass für das Kinderfahrradmodell *Twist* die Arbeitsabläufe neu organisiert wurden. Er erläutert Frau Lotto, dass dies zu einer neuen Kostenstruktur führt.
Herr Steffens gibt Frau Lotto die Information über die neue Grenzkostenfunktion:
$K'(x) = 0{,}0009\,x^2 - 0{,}008\,x + 0{,}04$.
Hierbei stellt x die Anzahl der produzierten Räder dar und $K'(x)$ die Grenzkosten, gemessen in 1000 € pro ME.
Herr Steffens bittet Frau Lotto, zur Übung die zugehörige Kostenfunktion zu ermitteln. Die Fixkosten für das Modell Kinder *Twist* betragen 1000 € bzw. eine GE.
Frau Lotto findet in ihren Unterlagen folgende Notizen zur Definition der Grenzkostenfunktion:

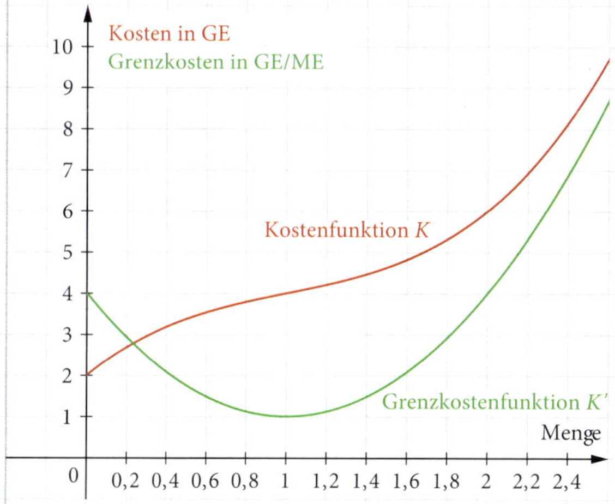

Die Grenzkostenfunktion K' gibt in der Praxis den Kostenzuwachs an, der entsteht, wenn eine Einheit des Produkts zusätzlich hergestellt wird. K' ist mathematisch die lokale Änderungsrate der Kostenfunktion K.

▶ Aufgabe 5 auf Seite 79

Kompetenzen

- Flächen schätzen und berechnen
- Stammfunktionen ermitteln
- Integrationsregeln anwenden

Anwendungen

- Gesamterlös berechnen
- Gesamtkosten berechnen

2

2.1 Der Hauptsatz der Differenzial- und Integralrechnung

In der Differenzialrechnung haben wir Ableitungen bestimmt und damit das Änderungsverhalten von Funktionen beschrieben (z.B. Ermittlung von Grenzkosten an einer Stelle).
Die Integralrechnung kehrt die Vorgehensweise um: Mit ihr können wir z.B. von den Grenzkosten auf die Kosten schließen. Mithilfe der Integralrechnung können wir aber auch Flächeninhalte ermitteln, die durch krummlinige Graphen begrenzt sind.

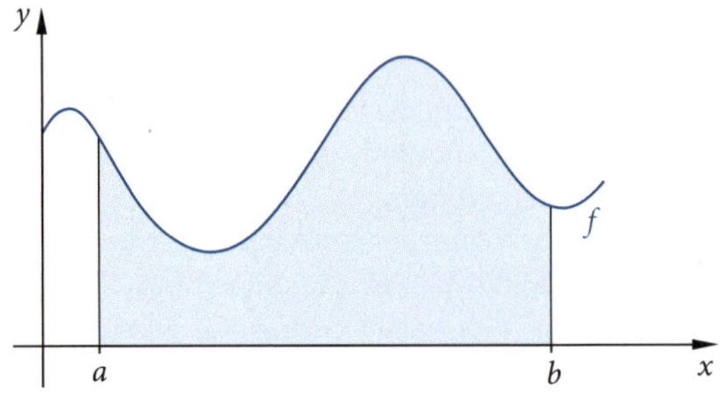

2.1.1 Die Fläche unter einem Graphen – Flächeninhaltsfunktion

1 Erlös als Fläche

Die JoRo GmbH plant die Markteinführung eines neuen Netzwerkspeichersystems „all my cloud". Nach umfangreichen Marktanalysen und der Einschätzung der eigenen Produktionskapazitäten kommt die Unternehmensleitung zu dem Ergebnis, dass für das Produkt ein über die Jahre gleichbleibender Erlös E von 1000 GE pro Jahr erwartet werden kann.

Stellen Sie den Erlös des Produkts grafisch in Abhängigkeit von der Zeit t (t in Jahren) dar. Berechnen Sie den gesamten Erlös bis zum 10. Jahr, bis zum 3. Jahr, vom 3. bis zum 10. Jahr, allgemein bis zum Zeitpunkt b und zwischen den Zeitpunkten a und b.

Der Erlös E beträgt konstant 1000 GE pro Jahr, also $E(t) = 1000$. Der Graph ist somit eine Parallele zur Zeitachse t.

Da der Erlös pro Jahr 1000 GE beträgt, ergibt sich nach 10 Jahren ein Gesamterlös E_{gesamt} von 10 000 GE. Der Gesamterlös entspricht dem **Flächeninhalt** der blauen Rechteckfläche.

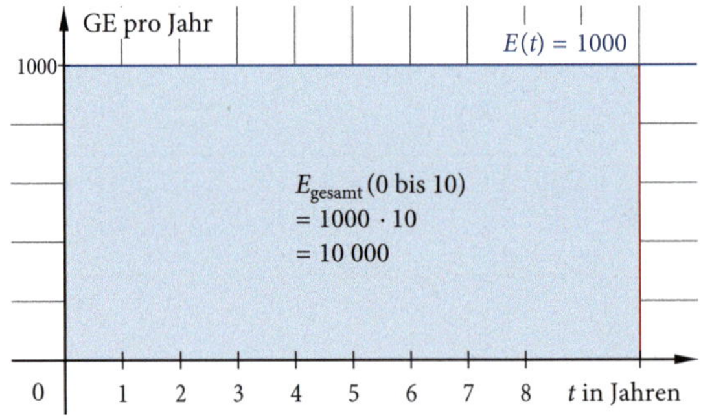

Der Gesamterlös bis zum 3. Jahr beträgt 3000 GE. Er entspricht dem Flächeninhalt des hellblau unterlegten Rechtecks mit den Seitenlängen 3 auf der Zeitachse und 1000 auf der Erlösachse.

Der Gesamterlös zwischen dem 3. und 10. Jahr beträgt 7000 GE. Er entspricht dem Flächeninhalt des grün unterlegten Rechtecks und lässt sich als Differenz der beiden zuvor bestimmten Flächeninhalte berechnen.

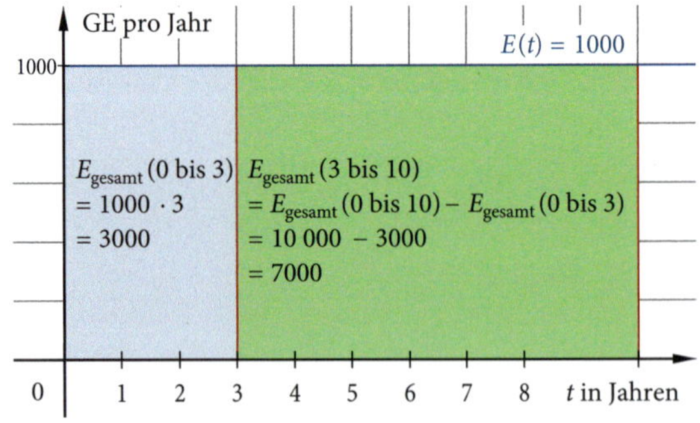

Allgemein ist der Gesamterlös bis zum Zeitpunkt b gleich dem Inhalt der Fläche mit den Seitenlängen b auf der Zeitachse und 1000 auf der Erlösachse.
Es gilt: $E_{gesamt}(0 \text{ bis } b) = 1000 \cdot b$.

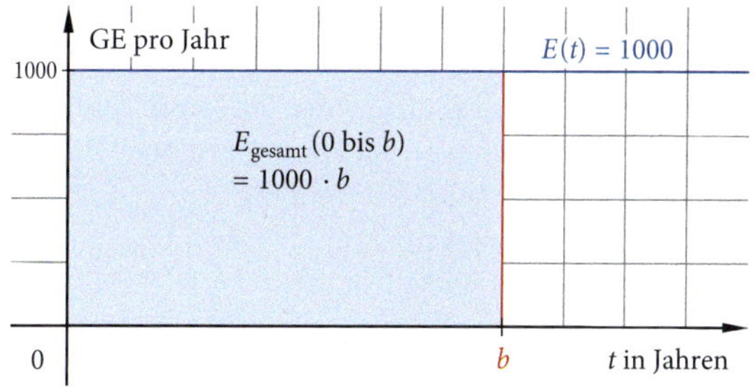

Demzufolge ist der Gesamterlös zwischen den Zeitpunkten a und b gleich dem Flächeninhalt des Rechtecks mit den Seitenlängen $b - a$ auf der Zeitachse und 1000 auf der Erlösachse. Es gilt:

$$E_{gesamt}(a \text{ bis } b) = E_{gesamt}(0 \text{ bis } b) - E_{gesamt}(0 \text{ bis } a) = 1000 \cdot b - 1000 \cdot a = 1000\,(b - a)$$

Allgemein lässt sich der Gesamterlös als Flächeninhalt der jeweiligen Rechteckfläche interpretieren, die zwischen dem Graphen des konstanten Erlöses 1000 GE pro Jahr und den jeweiligen Zeitpunkten auf der Zeitachse t liegt.

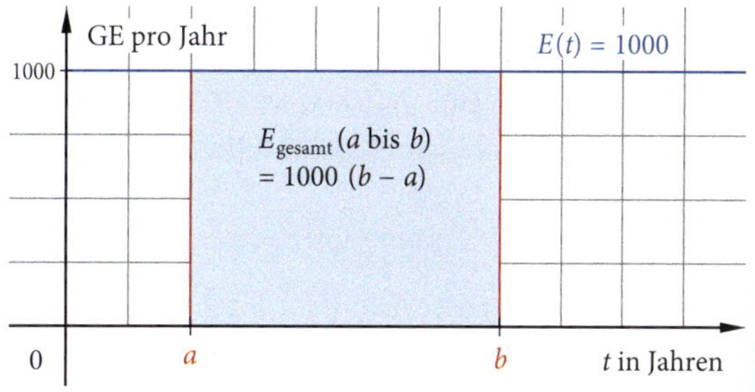

Erlös als Fläche

Die JoRo GmbH plant die Markteinführung eines weiteren Netzwerkspeichersystems „be professional". Man rechnet damit, dass sich der Erlös E für dieses Produkt im Laufe der Zeit erhöhen wird, da die erwartete Steigerung der Nachfrage einen höheren Preis zulässt. Man geht von einer Erlösfunktion mit $E(t) = 1000 \cdot t$ (t in Jahren) aus.
Stellen Sie den Jahreserlös des Produkts grafisch in Abhängigkeit von der Zeit t (t in Jahren) dar.
Berechnen Sie allgemein den gesamten Erlös bis zum Zeitpunkt b und zwischen den Zeitpunkten a und b.

Der Gesamterlös bis zum Zeitpunkt b entspricht dem Flächeninhalt des blau unterlegten Dreiecks mit der Grundseite b und der Höhe $E(b) = 1000 \cdot b$.

Es gilt: $E_{gesamt}(0 \text{ bis } b) = \frac{1}{2} \cdot b \cdot 1000 \cdot b = 500\,b^2$.

▶ Für die Fläche eines Dreiecks mit der Grundseite g und der Höhe h_g gilt: $A = \frac{1}{2} \cdot g \cdot h_g$.

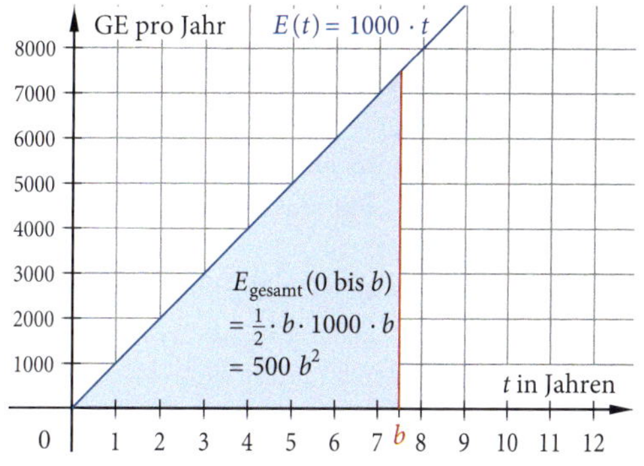

Der Gesamterlös zwischen den beiden Zeitpunkten a und b entspricht dem Flächeninhalt des blau unterlegten Trapezes.
Er ergibt sich als Differenz der Fläche des Dreiecks mit der Grundseite von 0 bis b und des Dreiecks mit der Grundseite von 0 bis a.

Es gilt:

$$E_{gesamt}(a \text{ bis } b) = \frac{1}{2} \cdot b \cdot 1000 \cdot b - \frac{1}{2} \cdot a \cdot 1000 \cdot a = 500\,(b^2 - a^2)$$

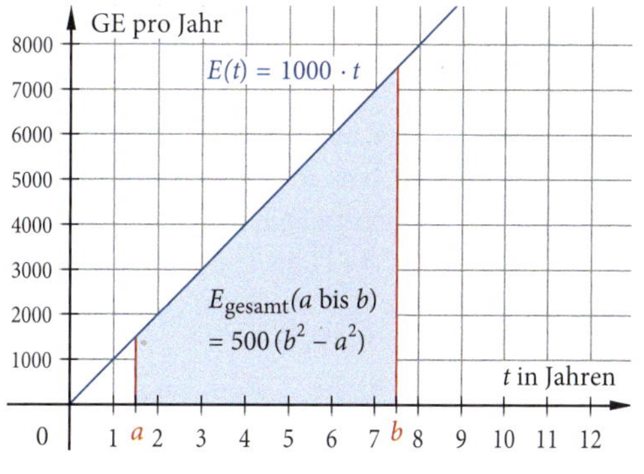

Offensichtlich entspricht der Gesamterlös immer dem Inhalt der Fläche zwischen der t-Achse und dem Graphen der jeweiligen Erlösfunktion über den entsprechenden Zeitintervallen: Beim konstanten Erlös handelt es sich um Rechteckflächen, beim linear steigenden Erlös um Dreiecke bzw. Trapeze. Im Folgenden soll der Gesamterlös ermittelt werden, wenn der Erlös weder konstant ist noch linear steigt, wenn also die Fläche zwischen dem Graphen der Erlösfunktion und der t-Achse krummlinig begrenzt wird und somit nicht mehr mit elementargeometrischen Kenntnissen berechnet werden kann.

3 Unter- und Obersumme

Die JoRo GmbH übernimmt von einer insolventen Firma die Produktion einer am Markt erfolgreichen Grafikkarte. Die Erlöse betragen zum Übernahmezeitpunkt ($t = 0$) 9375 GE pro Jahr. Die Erlöse steigen dann weiter progressiv bis zum 5. Jahr und sind im 10. Jahr am höchsten. Nach 15 Jahren ist der Markt gesättigt. Die Prognose für den Erlös pro Jahr beschreibt die Marketingabteilung durch die Funktion E mit $E(t) = -5t^4 + 750t^2 + 5000t + 9375$; $t \in [0; 15]$.
Ermitteln Sie den Gesamterlös in den ersten 8 Jahren näherungsweise.

Der Gesamterlös entspricht dem Flächeninhalt der Fläche zwischen dem Graphen von E und der t-Achse im Intervall $[0; 8]$.
Zur näherungsweisen Ermittlung der Fläche verwenden wir Rechtecke.
Die Breite der Rechtecke ergibt sich aus der Zerlegung des Intervalls $[0; 8]$ in Teilintervalle.
Je kleiner die Unterteilung ist, desto genauer können wir den Flächeninhalt bestimmen.

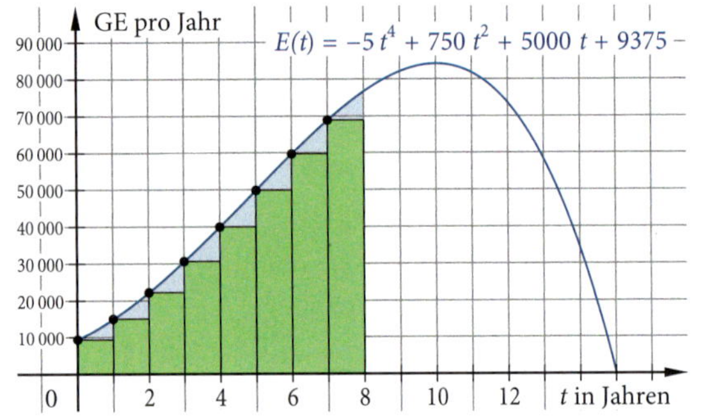

1. Näherung: 8 Rechtecke
Zunächst wählen wir 8 Teilintervalle. Damit ergibt sich für jedes Rechteck eine Breite von $\frac{8}{8} = 1$.
Die Höhen der Rechtecke sind die Funktionswerte der Erlösfunktion:
Für das 1. Rechteck ist die Höhe gleich $E(0)$, für das 2. Rechteck $E(1)$ usw. Für das 8. Rechteck ist die Höhe gleich $E(7)$.
Die Summe U_8 aller 8 Rechteckflächen ergibt eine erste – sehr grobe – Näherung für die gesuchte Fläche. Die gesuchte Fläche ist tatsächlich aber größer als die Summe der Rechteckflächen, da diese alle unterhalb der Erlöskurve liegen.
Die eben berechnete Summe nennt man deshalb auch **Untersumme**.

Untersumme:

$$U_8 = \frac{8}{8} \cdot E(0) + \frac{8}{8} \cdot E(1) + \ldots + \frac{8}{8} \cdot E(7) = 1 \cdot \sum_{i=0}^{7} E(i)$$
$$= 9375 + 15\,120 + 22\,295 + 30\,720 + 40\,095 + 50\,000 + 59\,895 + 69\,120 = \mathbf{296\,620}$$

Eine andere, allerdings auch sehr grobe Näherung erreichen wir dadurch, dass wir bei derselben Rechteckbreite die Höhe anders wählen:
Für das 1. Rechteck ist die Höhe gleich $E(1)$, für das 2. Rechteck $E(2)$ usw. Für das 8. Rechteck ist die Höhe gleich $E(8)$.
Die **Obersumme** O_8 dieser 8 Rechteckflächen ist dann größer als die gesuchte Fläche.

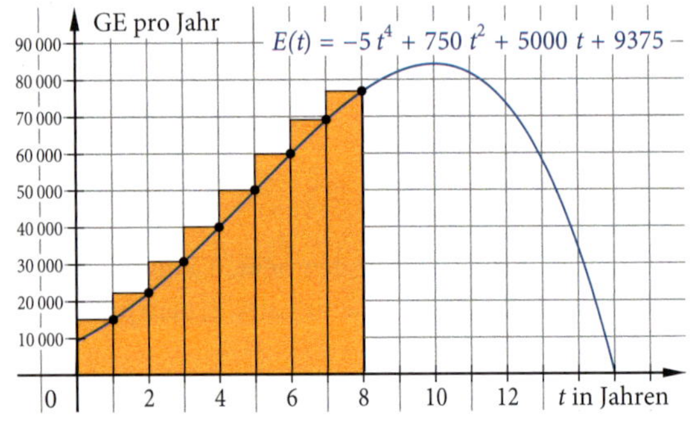

Obersumme:

$$O_8 = \frac{8}{8} \cdot E(1) + \frac{8}{8} \cdot E(2) + \ldots + \frac{8}{8} \cdot E(8) = 1 \cdot \sum_{i=1}^{8} E(i)$$
$$= 15\,120 + 22\,295 + 30\,720 + 40\,095 + 50\,000 + 59\,895 + 69\,120 + 76\,895$$
$$= \mathbf{364\,140}$$

Der Gesamterlös in den ersten 8 Jahren liegt zwischen 296 620 und 364 140 GE.

Die Differenz zwischen der Obersumme O_8 und der Untersumme U_8 ist ein Maß für die Ungenauigkeit. Sie beträgt hier 67 520 GE.

$O_8 - U_8 = 364\,140 - 296\,620 = \mathbf{67\,520}$

2. Näherung: 16 Rechtecke
Für eine genauere Bestimmung des Gesamterlöses wählen wir nun 16 Rechtecke bzw. Teilintervalle. Damit ergibt sich für jedes Rechteck eine Breite von $\frac{8}{16} = 0{,}5$.

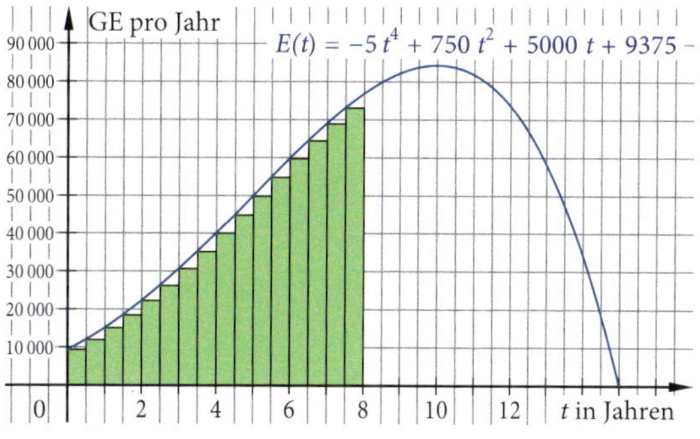

Wir bilden wieder die Unter- und Obersumme.

Untersumme:

$$U_{16} = \frac{8}{16} \cdot E(0) + \frac{8}{16} \cdot E(0{,}5) + \frac{8}{16} \cdot E(1) + \ldots$$
$$\ldots + \frac{8}{16} \cdot E(7{,}5)$$
$$= \frac{8}{16} \cdot \sum_{i=0}^{15} E\left(\frac{i}{2}\right) = 0{,}5 \cdot \sum_{i=0}^{15} E\left(\frac{i}{2}\right)$$
$$= \mathbf{313\,388{,}75}$$

Bei einer Unterteilung in 16 Rechtecke ergibt sich eine Untersumme von 313 388,75 GE.

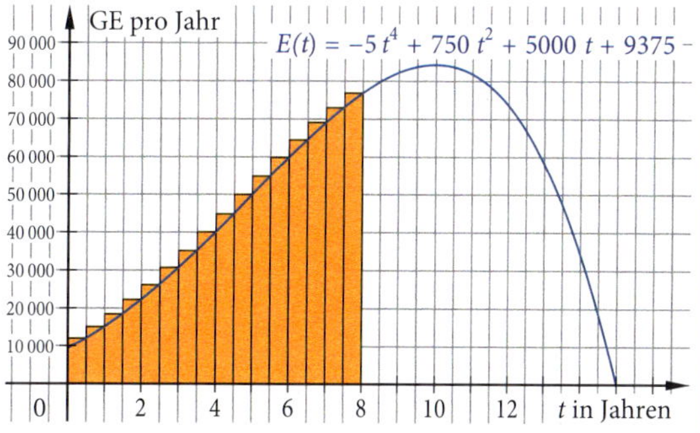

Die Obersumme beträgt bei 16 Rechtecken 347 148,75 GE.

Obersumme:

$$O_{16} = \frac{8}{16} \cdot E(0{,}5) + \frac{8}{16} \cdot E(1) + \frac{8}{16} \cdot E(1{,}5) + \ldots$$
$$\ldots + \frac{8}{16} \cdot E(8)$$
$$= \frac{8}{16} \cdot \sum_{i=1}^{16} E\left(\frac{i}{2}\right) = 0{,}5 \cdot \sum_{i=1}^{16} E\left(\frac{i}{2}\right)$$
$$= \mathbf{347\,148{,}75}$$

Der Gesamterlös in den ersten 8 Jahren liegt zwischen 313 388,75 und 347 148,75 GE.

Die Differenz zwischen der Obersumme O_{16} und der Untersumme U_{16} beträgt nun nur noch 33 760 GE.

$O_{16} - U_{16} = 347\,148{,}75 - 313\,388{,}75 = \mathbf{33\,760}$

2

Unterteilen wir das Intervall immer feiner, wird also die Anzahl n der Rechtecke immer größer, nähern wir uns dem tatsächlichen Flächeninhalt immer besser an. Wir nutzen dazu GTR/CAS.
Wir erkennen, dass der Gesamterlös in den ersten 8 Jahren bei $n = 8192$ Unterteilungen zwischen 330 199 und 330 265 GE liegt. Die Differenz als Maß für die Genauigkeit beträgt nur noch rund 66 Einheiten.

▸ TI Die Ober- und Untersummen können wir als Funktion definieren und in der Anwendung List & Spreadsheet verwenden.

$$o(b,n) := \frac{b}{n} \cdot \sum_{i=1}^{n} \left(e\left(\frac{i \cdot b}{n} \right) \right)$$

Fertig

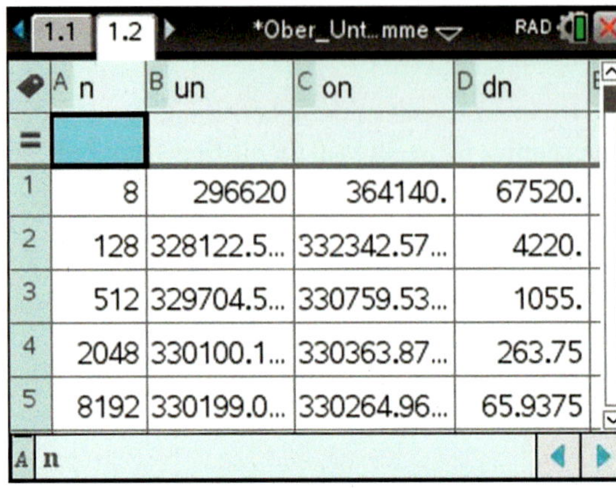

	A n	B un	C on	D dn
=				
1	8	296620	364140.	67520.
2	128	328122.5...	332342.57...	4220.
3	512	329704.5...	330759.53...	1055.
4	2048	330100.1...	330363.87...	263.75
5	8192	330199.0...	330264.96...	65.9375

A n

Berechnen Sie den Gesamterlös für Beispiel 3 in den ersten 5 Jahren näherungsweise mithilfe von a) 5 und b) 10 Rechtecken.

4 Flächeninhaltsfunktion

Gegeben ist die Funktion f mit $f(x) = x^2$.

Ermitteln Sie den Flächeninhalt zwischen dem Graphen von f und der x-Achse über dem Intervall $[0; b]$.

Wir ermitteln den gesuchten Flächeninhalt mithilfe der Unter- und Obersumme.
Dazu teilen wir das Intervall $[0; b]$ in n Teilintervalle der Breite $\frac{b}{n}$.

Bei der Obersumme beträgt die Höhe des i-ten Rechtecks $f\left(i \cdot \frac{b}{n}\right) = \left(i \cdot \frac{b}{n}\right)^2$; $i = 1, 2, 3, \ldots n$.
Um die Obersumme O_n zu berechnen, benutzen wir die Formel für die Summe der ersten n Quadratzahlen:
$1 + 2^2 + 3^2 + \ldots + n^2 = \frac{n(n+1)(2n+1)}{6}$.

Wir erhalten: $O_n = \frac{b^3}{3} + \frac{b^3}{2n} + \frac{b^3}{6n^2}$.

Nun führen wir den Grenzübergang $n \to \infty$ durch und erhalten $\frac{b^3}{3}$.

Die Untersumme U_n unterscheidet sich von der Obersumme O_n nur um den Flächeninhalt zweier Rechtecke: Hinzu kommt das erste Rechteck, das hier jedoch den Flächeninhalt 0 hat. Dagegen „fehlt“ das letzte Rechteck mit der Höhe $f(b)$.
Beim Grenzübergang $n \to \infty$ erhalten wir ebenfalls $\frac{b^3}{3}$.
Somit haben wir die gesuchte Fläche exakt bestimmt: $A = \frac{1}{3} b^3$.

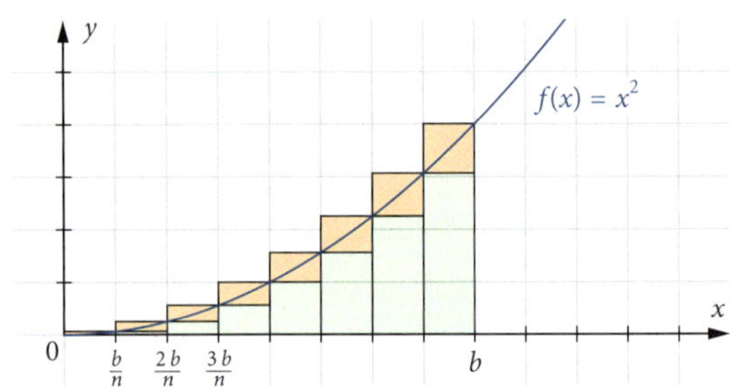

Obersumme:

$$\begin{aligned} O_n &= \tfrac{b}{n} \cdot f\left(\tfrac{b}{n}\right) + \tfrac{b}{n} \cdot f\left(\tfrac{2b}{n}\right) + \tfrac{b}{n} \cdot f\left(\tfrac{3b}{n}\right) + \ldots + \tfrac{b}{n} \cdot f\left(\tfrac{nb}{n}\right) \\ &= \tfrac{b}{n} \cdot \left(\tfrac{b}{n}\right)^2 + \tfrac{b}{n} \cdot \left(\tfrac{2b}{n}\right)^2 + \tfrac{b}{n} \cdot \left(\tfrac{3b}{n}\right)^2 + \ldots + \tfrac{b}{n} \cdot \left(\tfrac{nb}{n}\right)^2 \\ &= \frac{b}{n} \cdot \frac{b^2}{n^2} \cdot (1 + 2^2 + 3^2 + \ldots + n^2) \\ &= \frac{b^3}{n^3} \cdot \frac{n(n+1)(2n+1)}{6} = \frac{b^3}{n^3} \cdot \frac{2n^3 + 3n^2 + n}{6} \\ &= \frac{b^3}{3} + \frac{b^3}{2n} + \frac{b^3}{6n^2} \end{aligned}$$

$$\lim_{n \to \infty} O_n = \lim_{n \to \infty} \left(\frac{b^3}{3} + \frac{b^3}{2n} + \frac{b^3}{6n^2} \right) = \frac{b^3}{3}$$

Untersumme:

$$\begin{aligned} U_n &= O_n + \tfrac{b}{n} f(0) - \tfrac{b}{n} f(b) = \frac{b^3}{3} + \frac{b^3}{2n} + \frac{b^3}{6n^2} + 0 - \frac{b^3}{n} \\ &= \frac{b^3}{3} + \frac{b^3}{2n} + \frac{b^3}{6n^2} - \frac{b^3}{n} \end{aligned}$$

$$\lim_{n \to \infty} U_n = \lim_{n \to \infty} \left(\frac{b^3}{3} + \frac{b^3}{2n} + \frac{b^3}{6n^2} - \frac{b^3}{n} \right) = \frac{b^3}{3}$$

$$\lim_{n \to \infty} U_n = \lim_{n \to \infty} O_n = \tfrac{1}{3} \boldsymbol{b^3}$$

Der Flächeninhalt zwischen dem Graphen von f und der x-Achse im Intervall $[0;\, b]$ beträgt $\frac{1}{3}b^3$.
Der Term $\frac{1}{3}b^3$ gibt den Flächeninhalt in Abhängigkeit der Intervallgrenze b an: $A(b) = \frac{1}{3}b^3$.
$A(x) = \frac{1}{3}\,x^3$ ist damit Gleichung einer Funktion A, die den Flächeninhalt zwischen dem Graphen von f und der x-Achse im Intervall $[0;\, x]$ angibt. Wir nennen diese Funktion **Flächeninhaltsfunktion**.

Der Hauptsatz für Flächeninhaltsfunktionen

Lassen wir in den Beispielen 1 und 2 den Anwendungsbezug außer Acht und konzentrieren uns auf die Flächenberechnung, erhalten wir folgende Flächeninhaltsfunktionen A:

Konstante Funktion:	$f(x) = 1000$	$\Rightarrow A(x) = 1000 \cdot x$	▶ Beispiel 1; S. 62
Lineare Funktion:	$f(x) = 1000\,x$	$\Rightarrow A(x) = 500\,x^2$	▶ Beispiel 2; S. 63
Quadratische Funktion:	$f(x) = x^2$	$\Rightarrow A(x) = \frac{1}{3}\,x^3$	▶ Beispiel 4; S. 66

Vergleicht man jeweils die Terme der Funktionen f und A, fällt auf, dass f die Ableitung der zugehörigen Flächeninhaltsfunktion A ist: $A'(x) = f(x)$.
Dies ist ein bedeutender Zusammenhang, der die Bestimmung von Flächeninhaltsfunktionen deutlich erleichtert. Im folgenden Abschnitt erarbeiten wir, wie die Funktion A aus der gegebenen Funktion f ohne die komplizierte Berechnung von Ober- und Untersummen bestimmt werden kann.

Hauptsatz für Flächeninhaltsfunktionen – Beweis

5

Ist A die zu einer stetigen, nichtnegativen Funktion f zugehörige Flächeninhaltsfunktion, dann gilt: $A'(x) = f(x)$. Beweisen Sie diese Aussage.

Wir bestimmen $A'(x)$ mithilfe des Differenzialquotienten: $\lim\limits_{h \to 0} \frac{A(x+h) - A(x)}{h}$.

Der Term $A(x+h) - A(x)$ entspricht anschaulich dem Flächeninhalt der blau markierten Fläche im Intervall $[x;\, x+h]$.

Da die Funktion f stetig ist, besitzt sie im Intervall $[x;\, x+h]$ ein Minumum und ein Maximum.

Bezeichnet M das Maximum und m das Minimum der Funktion f auf dem Intervall $[x;\, x+h]$, so ist der gesuchte Flächeninhalt offensichtlich größer als derjenige des kleinen grünen Rechtecks mit der Breite h und der Höhe m und kleiner als der Flächeninhalt des roten Rechtecks mit derselben Breite h und der Höhe M.
Wir können also für $A(x+h) - A(x)$ eine Abschätzung vornehmen.

Lassen wir h gegen 0 gehen, wird das Intervall immer kleiner. Minimum und Maximum nähern sich immer mehr an und fallen schließlich mit $f(x)$ zusammen.

Die Einschachtelung ergibt: $A'(x) = f(x)$.

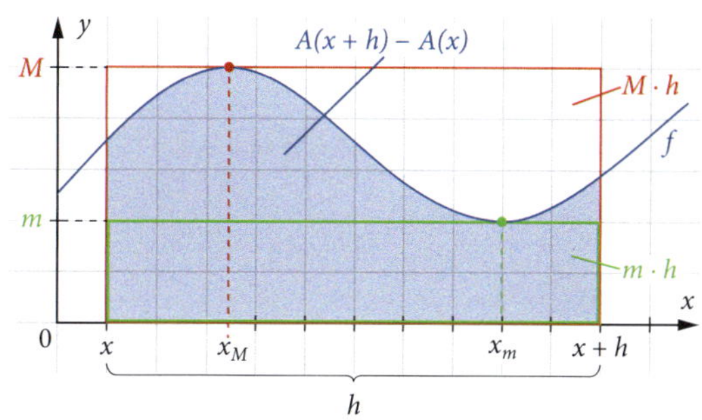

Anschaulich kann man sagen: Eine Funktion ist stetig, wenn man sie mit einem Stift ohne abzusetzen zeichnen kann. Im Folgenden betrachten wir auch nur stetige Funktionen.

$$
\begin{array}{ccccc}
m \cdot h & \le & A(x+h) - A(x) & \le & M \cdot h \qquad |:h \\
m & \le & \frac{A(x+h) - A(x)}{h} & \le & M \\
\downarrow & & \downarrow & & \downarrow \quad \text{für } h \to 0 \\
f(x) & \le & A'(x) & \le & f(x)
\end{array}
$$

$\Rightarrow A'(x) = f(x)$

Der Inhalt der Fläche, die zwischen dem Graphen einer Funktion f und der x-Achse liegt, können wir also mithilfe einer neuen Funktion ermitteln, deren Ableitungsfunktion gleich der ursprünglichen Funktion f ist. Wir müssen künftig zur Flächenberechnung zu f eine Funktion konstruieren, deren Ableitung wieder f ergibt.

- Die **Flächeninhaltsfunktion** A gibt den Flächeninhalt zwischen dem Graphen einer Funktion f und der x-Achse über dem Intervall $[0; x]$ an.
- Die Flächeninhaltsfunktion kann mithilfe von Ober- und Untersummen und ihrer Grenzwerte bestimmt werden.
- **Hauptsatz für Flächeninhaltsfunktionen:** Ist A die zu einer stetigen, nichtnegativen Funktion f zugehörige Flächeninhaltsfunktion, dann gilt: $\boldsymbol{A'(x) = f(x)}$.

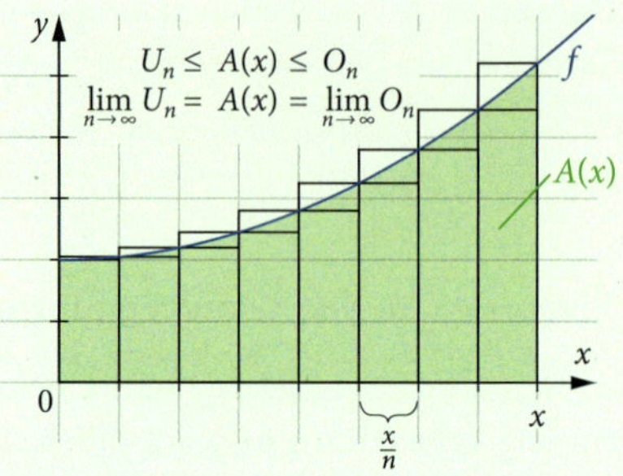

Berechnen Sie für die Funktion f mit $f(x) = x^2 + 2$ den Flächeninhalt zwischen dem Graphen von f und der x-Achse über dem Intervall a) $[0; 3]$ und b) $[0; b]$ mithilfe von Ober- und Untersummen.
Geben Sie den Term der zu f gehörigen Flächeninhaltsfunktion A an.

Übungen zu 2.1.1

1. Berechnen Sie mithilfe der Grenzwerte der Ober- und Untersumme den Inhalt der Fläche, die vom Graphen von f und der x-Achse im Intervall $[0; 4]$ eingeschlossen wird.
oHi Mi

a) $f(x) = -x^2 + 4x$ b) $f(x) = -0{,}5x^2 + x + 4$ c) $f(x) = x^3 - 8x^2 + 16x$

Hinweis: Nutzen Sie die Formeln: $\sum\limits_{i=1}^{n} i = \frac{n\cdot(n+1)}{2}$; $\sum\limits_{i=1}^{n} i^2 = \frac{n\cdot(n+1)\cdot(2n+1)}{6}$; $\sum\limits_{i=1}^{n} i^3 = \frac{n^2\cdot(n+1)^2}{4}$

2. Gegeben ist die Erlösfunktion E mit $E(t) = -5t^4 + 750t^2 + 5000t + 9375$; $E(t)$ in GE und $t \in [0; 15]$ in Jahren.
▶ Beispiel 3, S. 64
Berechnen Sie mithilfe der Grenzwerte der Ober- und Untersumme den Gesamterlös in den ersten 8 Jahren.

Hinweis: Nutzen Sie u. a. die Formel: $\sum\limits_{i=1}^{n} i^4 = \frac{n\cdot(n+1)\cdot(2n+1)\cdot(3n^2+3n-1)}{30}$

3. Begründen Sie, warum sich die Funktion g als Flächeninhaltsfunktion zur Funktion f eignen könnte bzw. nicht eignen kann.
oHi Mi

a) $f(x) = x$ $g(x) = 0{,}5x^2 + 2$
b) $f(x) = 6x + 2$ $g(x) = 3x^2 + 2x$
c) $f(x) = 4x^3$ $g(x) = x^4$
d) $f(x) = 3{,}75x^2 - x$ $g(x) = 1{,}25x^3 - x^2 - 6$
e) $f(x) = -2x^3 + x^2$ $g(x) = -0{,}5x^4 + x^3 - 8$
f) $f(x) = 3x^4 - 5x^3$ $g(x) = 0{,}6x^5 - 1{,}25x^4$

4. Stellen Sie eine Vermutung auf, wie die Flächeninhaltsfunktion A zur Funktion f lauten könnte.
oHi Mi

a) $f(x) = 5$
b) $f(x) = 2x$
c) $f(x) = 2x + 5$
d) $f(x) = 3x^2$
e) $f(x) = x^2 + 1000x + 1000$
f) $f(x) = x^4$

5. Die Grafik zeigt ein Trapez, das im Koordinatensystem durch die Graphen von f mit $f(x) = 4x + 5$ und g mit $g(x) = x + 3$ berandet wird.
oHi Mi

a) Berechnen Sie den Inhalt der blauen Fläche mithilfe der Formel für Trapezflächen.
b) $A(x) = 1{,}5x^2 + 2x$ ist die Flächeninhaltsfunktion zu der Fläche des Trapezes.
Vergleichen Sie $A(x)$ mit Ihrem Ergebnis aus a).
Stellen Sie eine Vermutung auf, wie A mit den Funktionen f und g zusammenhängt.

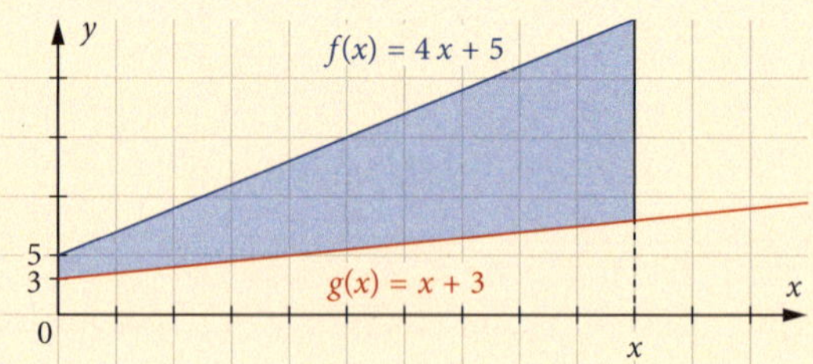

2.1.2 Stammfunktionen und unbestimmte Integrale

Im vorangegangenen Abschnitt haben wir Flächeninhalte zwischen Funktionsgraphen und der x-Achse bestimmt. Allgemein gibt die Flächeninhaltsfunktion A den Flächeninhalt zwischen dem Graphen einer nichtnegativen Funktion f und der x-Achse über dem Intervall $[0; x]$ an. Anhand von Beispielen fanden wir zwischen A und f den Zusammenhang: $A'(x) = f(x)$.

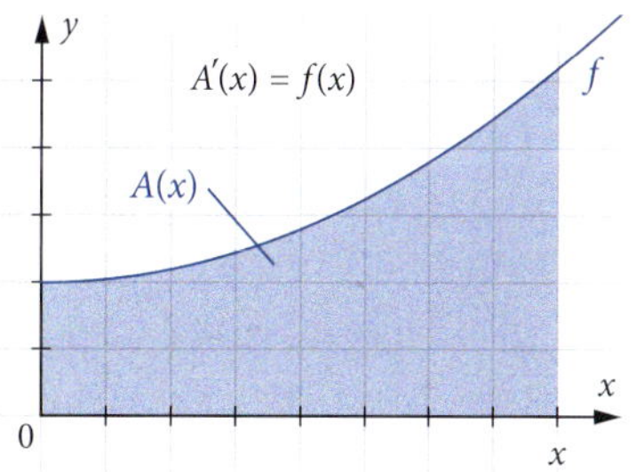

Allgemein nennt man eine differenzierbare Funktion F, für die gilt $F'(x) = f(x)$, **Stammfunktion** von f.
Die Flächeninhaltsfunktion A ist also eine Stammfunktion von f.

Stammfunktion ermitteln

6

In Finns Hefter ist eine Ecke abgerissen. Man erkennt nur noch das Ergebnis einer Ableitung.
Versuchen Sie den Term der Ausgangsfunktion zu rekonstruieren.

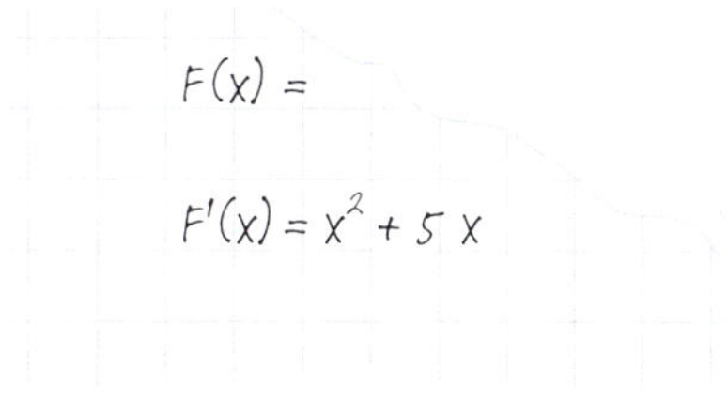

Die gegebene Funktion $f(x) = x^2 + 5x$ ist durch Ableiten der gesuchten Funktion F entstanden. Wir suchen also eine Stammfunktion von f. Diese kann man durch den umgekehrten Prozess, umgangssprachlich auch **„Aufleiten"** ermitteln:

Da wir beim Ableiten summandenweise vorgehen können, tun wir das auch hier.
Wird beim Ableiten der Exponent um 1 verringert und der Funktionsterm mit dem Exponenten multipliziert, so müssen wir beim Aufleiten den Exponenten um 1 erhöhen und den Funktionsterm mit dem Kehrwert des erhöhten Exponenten multiplizieren.
Konstante Faktoren bleiben beim Ableiten erhalten, also können wir sie auch beim Aufleiten übernehmen.
Wir erhalten $F(x) = \frac{1}{3}x^3 + \frac{5}{2}x^2$.

$f(x) = x^2 + 5x$

$x^2 \rightarrow \frac{1}{3}x^3$, denn $\left(\frac{1}{3}x^3\right)' = x^2$

$5x \rightarrow 5 \cdot \frac{1}{2}x^2 = \frac{5}{2}x^2$, denn $\left(\frac{5}{2}x^2\right)' = 5x$

▶ Multiplikation mit dem erhöhten Kehrwert des Exponenten entspricht der Division durch den erhöhten Exponenten.

$F(x) = \frac{1}{3}x^3 + \frac{5}{2}x^2$, denn $F'(x) = x^2 + 5x = f(x)$

Wichtig: Da beim Ableiten Konstanten wegfallen, gibt es noch weitere Funktionen F, deren Ableitung f ist.
Allgemein kann man eine beliebige Konstante c addieren und erhält mit der Funktionenschar
$F(x) = \frac{1}{3}x^3 + \frac{5}{2}\,x^2 + c$ eine Menge von Stammfunktionen.

$F(x) = \frac{1}{3}x^3 + \frac{5}{2}x^2 + 1$, denn $F'(x) = f(x)$

$F(x) = \frac{1}{3}x^3 + \frac{5}{2}x^2 + 2$, denn $F'(x) = f(x)$

…

$\boldsymbol{F(x) = \frac{1}{3}x^3 + \frac{5}{2}x^2 + c}$; $c \in \mathbb{R}$

▶ Menge aller Stammfunktionen von f

Alle Stammfunktionen von einer Funktion f werden auch als **unbestimmtes Integral von f** bezeichnet.

Zur symbolischen Darstellung verwendet man das Integralzeichen $\int$. ▶ stilisiertes **S** von **S**umme

Das Ergebnis des Aufleitens ist aufgrund der Konstanten c, die auch **Integrationskonstante** genannt wird, nicht eindeutig. Dies wird auch durch das Adjektiv „unbestimmt" deutlich.

Unbestimmtes Integral:

Integrationsvariable ↓

$$\int \underbrace{(x^2 + 5x)}_{\text{Integrand}}\,dx = \frac{1}{3}x^3 + \frac{5}{2}x^2 + c$$

Integrand — Integrationskonstante (c)

Statt „Aufleiten" benutzt man für die Umkehrung des Ableitens bzw. Differenzierens den Begriff **Integration**.

Im folgenden Beispiel wollen wir zeigen, dass sich die Stammfunktionen zu einer Funktion f auch tatsächlich nur durch eine Konstante unterscheiden.

7 Unterscheidung von Stammfunktionen

Zeigen Sie allgemein, dass sich zwei verschiedene Stammfunktionen F_1 und F_2 von derselben Funktion f nur um eine additive Konstante unterscheiden.

Aus der Differenzialrechnung wissen wir, dass die Ableitung der Differenz von zwei Funktionen gleich der Differenz der Ableitung jeder einzelnen Funktion ist.
Wir wenden den Satz hier umgekehrt an und schließen aus $(F_1 - F_2)'(x) = 0$, dass die Funktion $F_1 - F_2$ eine Konstantenfunktion sein muss, weil nur die Ableitungen von Konstantenfunktionen an jeder Stelle null sind.
Also unterscheiden sich F_1 und F_2 nur durch eine Konstante c.

$F_1'(x) = f(x)$ ► F_1 ist Stammfunktion von f
$F_2'(x) = f(x)$ ► F_2 ist Stammfunktion von f

$$F_1'(x) - F_2'(x) = f(x) - f(x) = 0$$
$$F_1'(x) - F_2'(x) = (F_1(x) - F_2(x))' = (F_1 - F_2)'(x)$$

$$\Rightarrow (F_1 - F_2)'(x) = 0$$
$$\Rightarrow (F_1 - F_2)(x) = c;\ c \in \mathbb{R}$$
$$\Rightarrow F_1(x) - F_2(x) = c$$
$$\Rightarrow F_1(x) = F_2(x) + c$$

8 Flächeninhaltsfunktion als spezielle Stammfunktion

Argumentieren Sie, warum die Flächeninhaltsfunktion A zu einer Funktion f die Stammfunktion von f mit der Konstanten $c = 0$ ist.

Die Flächeninhaltsfunktion A gibt den Flächeninhalt zwischen dem Graphen von f und der x-Achse über dem Intervall $[0; x]$ an. Über dem Intervall $[0; 0]$ gibt es keine Fläche. Also muss gelten: $A(0) = 0$. Demzufolge kann A keinen konstanten Summanden enthalten.

- F ist eine **Stammfunktion** der Funktion f, wenn die Ableitung von F genau f ergibt: $F'(x) = f(x)$.
- Die Stammfunktionen zu einer Funktion f unterscheiden sich untereinander jeweils nur durch eine additive Konstante, die Integrationskonstante.
- Mit dem **unbestimmten Integral** von f, also mit $\int f(x)\,dx$, werden alle Stammfunktionen von f erfasst.
- Die Flächeninhaltsfunktion A ist eine spezielle Stammfunktion von f, deren Integrationskonstante null ist.

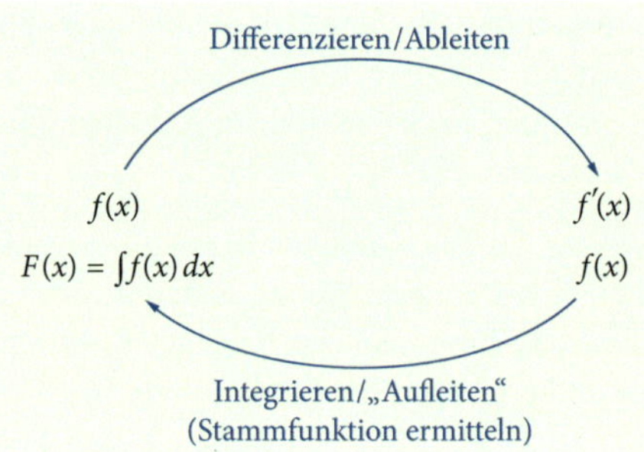

1. Ordnen Sie die Funktionen f ihren Stammfunktionen F zu.

a) $F(x) = 4x - 8$
b) $F(x) = 4x + 8$
c) $F(x) = 4x^2$
d) $F(x) = x^3 + 2x^2 - 6x - 6$
e) $F(x) = \frac{1}{3}x^3 + 0{,}5x^2 - 6x + 6$

1) $f(x) = 4x$
2) $f(x) = 4$
3) $f(x) = 8x$
4) $f(x) = x^2 + x - 6$
5) $f(x) = 3x^2 + 4x - 6$

2. Bestimmen Sie das unbestimmte Integral von f.

a) $f(x) = x^2 + 2$
b) $f(x) = 2x^2 + 2$
c) $f(x) = x + 1$
d) $f(x) = 5x - 3$

Integrationsregeln

Beispiel 6 zeigt, dass wir Stammfunktionen bzw. unbestimmte Integrale bilden können, indem wir die Ableitungsregeln umgekehrt anwenden. Entsprechend kann man auch Regeln für das „Aufleiten" bzw. Integrieren aufstellen.

Integrationsregeln aus Differenziationsregeln

9

Leiten Sie aus den bekannten Differenziationsregeln entsprechende Integrationsregeln ab.

Differenziation	**Integration**
Potenzregeln ($n \in \mathbb{N}, n \neq 0$)	
Ganzrationale Funktionen	
$(x^n)' = n \cdot x^{n-1}$	$\int x^n\,dx = \frac{1}{n+1} \cdot x^{n+1} + c$
z. B. $(x^3)' = 3 \cdot x^2$	z. B. $\int x^3\,dx = \frac{1}{3+1} x^{3+1} + c = \frac{1}{4} x^4 + c$
Gebrochen-rationale Funktionen ($n > 1, x \neq 0$)	
$\left(\frac{1}{x^n}\right)' = (x^{-n})' = -n \cdot x^{-n-1} = -n \cdot \frac{1}{x^{n+1}}$	$\int \frac{1}{x^n}\,dx = \int x^{-n}\,dx = \frac{1}{-n+1} \cdot x^{-n+1} + c = -\frac{1}{n-1} \cdot \frac{1}{x^{n-1}} + c$
z. B. $\left(\frac{1}{x^3}\right)' = (x^{-3})' = -3 \cdot x^{-4} = -3 \cdot \frac{1}{x^4}$	z. B. $\int \frac{1}{x^3}\,dx = \int x^{-3}\,dx = \frac{1}{-2} \cdot x^{-2} + c = -\frac{1}{2x^2} + c$
Wurzelfunktionen ($n > 1, x \geq 0$)	
$(\sqrt[n]{x})' = \left(x^{\frac{1}{n}}\right)' = \frac{1}{n} \cdot x^{\frac{1}{n}-1}$	$\int \sqrt[n]{x}\,dx = \int x^{\frac{1}{n}}\,dx = \frac{1}{\frac{1}{n}+1} \cdot x^{\frac{1}{n}+1} + c = \frac{n}{n+1} \cdot \sqrt[n]{x^{n+1}} + c$
z. B. $(\sqrt{x})' = (\sqrt[2]{x})' = x^{\frac{1}{2}} = \frac{1}{2} x^{-\frac{1}{2}}$	z. B. $\int \sqrt{x}\,dx = \int x^{\frac{1}{2}}\,dx = \frac{2}{3} \cdot x^{\frac{3}{2}} + c = \frac{2}{3} \cdot \sqrt[2]{x^3} + c$
Faktorregel ($k \in \mathbb{R}$)	
$(k \cdot f(x))' = k \cdot f'(x)$	$\int k \cdot f(x)\,dx = k \cdot \int f(x)\,dx$
z. B. $(2x^3)' = 2 \cdot (x^3)' = 2 \cdot 3x^2 = 6x^2$	z. B. $\int 2x^3\,dx = 2 \cdot \int x^3\,dx = 2 \cdot \frac{1}{4} x^4 + c = \frac{1}{2} x^4 + c$
Summenregel	
$(f(x) + g(x))' = f'(x) + g'(x)$	$\int (f(x) + g(x))\,dx = \int f(x)\,dx + \int g(x)\,dx$
z. B. $(2x^3 + 5x)' = (2x^3)' + (5x)' = 6x^2 + 5$	z. B. $\int (2x^3 + 5x)\,dx = \int 2x^3\,dx + \int 5x\,dx = \frac{1}{2} x^4 + \frac{5}{2} x^2 + c$

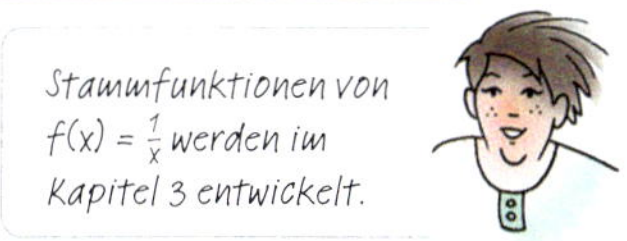

Unbestimmtes Integral ermitteln

10

Ermitteln Sie das unbestimmte Integral $\int \left(x^5 + 3x^2 - \frac{4}{x^2} + 8\right) dx$.

Wir zerlegen den Funktionsterm in seine Summanden und ermitteln die Stammfunktion gliedweise.

Als Probe leiten wir $F(x)$ ab und erhalten erwartungsgemäß $f(x)$.

Das unbestimmte Integral gibt alle Stammfunktionen an. Wir müssen also zu der ermittelten Stammfunktion F noch die Integrationskonstante c addieren:

$$\int \left(x^5 + 3x^2 - \frac{4}{x^2} + 8\right) dx = \frac{1}{6} x^6 + x^3 + \frac{4}{x} + 8x + c$$

$f(x) = x^5 + 3x^2 - \frac{4}{x^2} + 8$

$x^5 \rightarrow \frac{1}{5+1} \cdot x^{5+1} = \frac{1}{6} x^6$

$3x^2 \rightarrow 3 \cdot \frac{1}{2+1} \cdot x^{2+1} = 3 \cdot \frac{1}{3} x^3 = x^3$

$-\frac{4}{x^2} \rightarrow -4 \cdot \frac{1}{-2+1} \cdot x^{-2+1} = 4 \cdot x^{-1} = \frac{4}{x}$

$8 = 8 \cdot x^0 \rightarrow 8 \cdot \frac{1}{0+1} \cdot x^{0+1} = 8 \cdot \frac{1}{1} x = 8x$

$\Rightarrow F(x) = \frac{1}{6} x^6 + x^3 + \frac{4}{x} + 8x$

Probe: $F'(x) = x^5 + 3x^2 - \frac{4}{x^2} + 8 = f(x)$

11 Stammfunktionen von cos (x)

Entwickeln Sie die Stammfunktionen der Kosinusfunktion, indem Sie Ihre Kenntnis über die Ableitung der Sinusfunktion anwenden.

Allgemein gilt, dass F eine Stammfunktion der Funktion f ist, wenn die Ableitung von F genau f ergibt: $F'(x) = f(x)$.

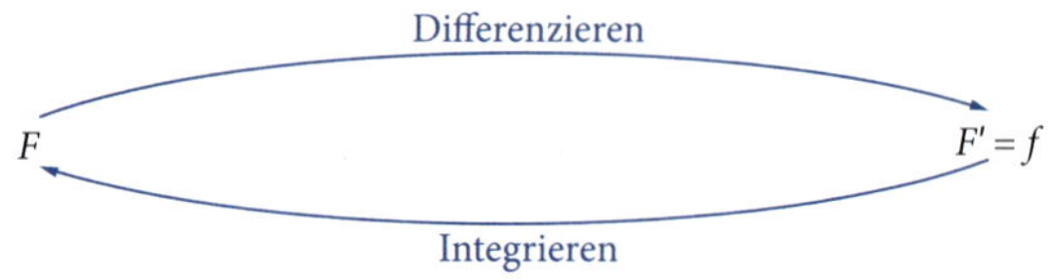

Von der Funktion f mit $f(x) = \cos(x)$ wissen wir, dass sie die Ableitungsfunktion g' der Funktion $g(x) = \sin(x)$ ist: $g'(x) = \cos(x)$. Also ist g eine Stammfunktion F der Funktion $f(x) = \cos(x)$: $F(x) = \sin(x)$ und es gilt: $\int \cos(x)\,dx = \sin(x) + c$.

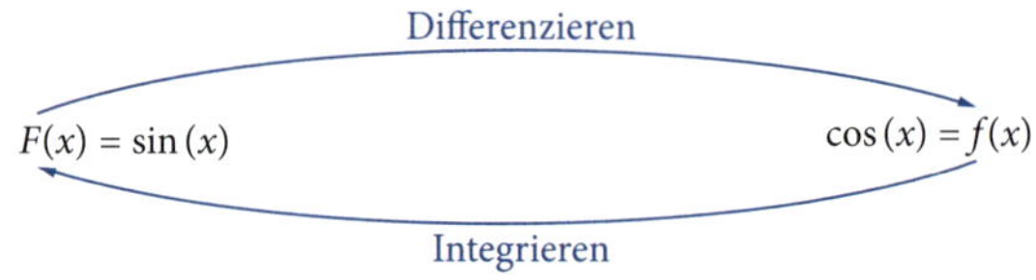

$F(x) = \sin(x) \;\Rightarrow\; F'(x) = f(x) = \cos(x)$

12 Stammfunktionen von sin (x)

Entwickeln Sie in analoger Weise zu Beispiel 11 die Stammfunktionen der Sinusfunktion.

Die Ableitung der Funktion g mit $g(x) = \cos(x)$ ist die Funktion g' mit $g'(x) = -\sin(x)$.

Dann ist die Funktion F mit $F(x) = -\cos(x)$ eine Stammfunktion der Funktion f mit $f(x) = \sin(x)$ und mit $\int \sin(x)\,dx = -\cos(x) + c$ haben wir alle Stammfunktionen von f erfasst.

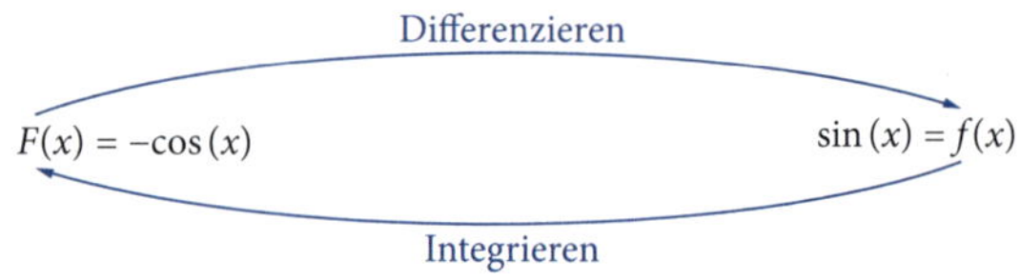

$F(x) = -\cos(x) \;\Rightarrow\; F'(x) = -(-\sin(x)) = \sin(x)$

- Potenzfunktionen werden integriert, indem ihr Exponent um 1 erhöht und diese neue Potenz durch ihren neuen Exponenten dividiert wird.
- Die Funktion F mit $F(x) = \sin(x)$ ist eine Stammfunktion der Funktion f mit $f(x) = \cos(x)$.
- Die Funktion F mit $F(x) = -\cos(x)$ ist eine Stammfunktion der Funktion f mit $f(x) = \sin(x)$.
- Ein konstanter Faktor, mit dem eine Funktion multipliziert wird, bleibt als Faktor der Stammfunktionen erhalten.
- Eine Summe von Funktionen wird integriert, indem jeder Summand einzeln integriert wird.

Ermitteln Sie das unbestimmte Integral (die Menge aller Stammfunktionen) zur Funktion f mit $f(x) = -5x^3 + \frac{3}{x^4} + \sin(x)$.

Übungen zu 2.1.2

1. Ermitteln Sie das unbestimmte Integral zur Funktion f.

a) $f(x) = 3x$
b) $f(x) = 2x + 5$
c) $f(x) = -0{,}5x^2$
d) $f(x) = 4x^3 + 2x^2 + x$
e) $f(x) = \frac{4}{x^2}$
f) $f(x) = -\frac{1}{2x^3}$

2. Geben Sie jeweils eine Stammfunktion von f an.

a) $f(x) = -4\sin(x)$
b) $f(x) = 2\cos(x)$
c) $f(x) = 2\cos(x) - \sin(x)$
d) $f(x) = \frac{\sin(x)}{3}$
e) $f(x) = 1{,}5 \cdot \sqrt{x}$
f) $f(x) = 2\sqrt[3]{x}$
g) $f(x) = -0{,}5 \cdot \sqrt[4]{x}$
h) $f(x) = \sqrt{x^3} - \sqrt[3]{x^2}$

2.1.3 Das bestimmte Integral

Unser Ausgangspunkt war die Berechnung von Flächeninhalten unter Funktionsgraphen.
Im Folgenden zeigen wir, wie man den Flächeninhalt zwischen dem Graphen einer Funktion f und der x-Achse mithilfe einer beliebigen Stammfunktion F ermitteln kann.

Flächenberechnung mithilfe einer beliebigen Stammfunktion

13

F ist eine beliebige Stammfunktion einer nichtnegativen Funktion f. Geben Sie den Flächeninhalt zwischen dem Graphen von f und der x-Achse **a)** über dem Intervall $[0; b]$ und **b)** über dem Intervall $[a; b]$ mithilfe von F an.

Zu a) Den Flächeninhalt zwischen dem Graphen von f und der x-Achse über dem Intervall $[0; x]$ kann man mithilfe der Flächeninhaltsfunktion A von f angeben. Wir gehen davon aus, dass A eine Stammfunktion von f ist. Die Stammfunktionen von f unterscheiden sich nur durch einen konstanten Summanden c.
Es gilt also $A(x) = F(x) + c$. Anschaulich heißt dies, dass der Graph der Stammfunktion F im Vergleich zum Graphen von A entlang der y-Achse verschoben ist.
Da $A(0) = 0$ gilt, also $A(0) = F(0) + c = 0$, folgt $c = -F(0)$.
Insgesamt erhalten wir: $A(x) = F(x) - F(0)$.
Den Flächeninhalt über dem Intervall $[0; x]$ kann man also auch mithilfe einer beliebigen Stammfunktion F ermitteln.

$A(x) = F(x) + c$ ▸ $A(0) = 0$
$A(0) = F(0) + c = 0 \Rightarrow c = -F(0)$
$\Rightarrow \mathbf{A(x) = F(x) - F(0)}$

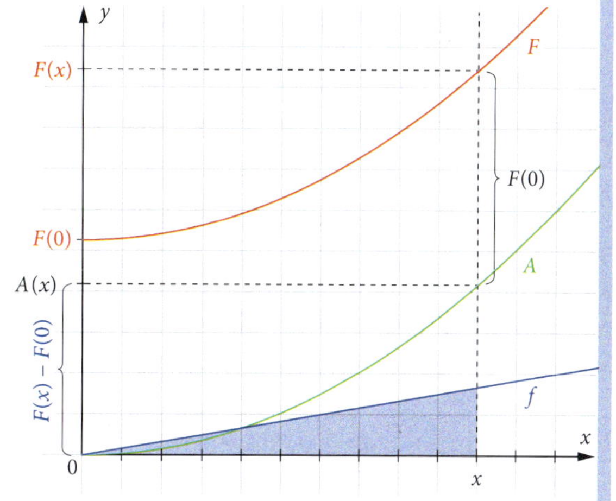

Zu b) Den Flächeninhalt über dem Intervall $[a; b]$ kann man als Differenz der Flächeninhalte über $[0; b]$ und $[0; a]$ berechnen. Wir verwenden unsere Erkenntnisse aus a) und erhalten: $A = F(b) - F(a)$.
Für die Differenz $F(b) - F(a)$ wird auch die Schreibweise $[F(x)]_a^b$ verwendet: $\mathbf{A = F(b) - F(a) = [F(x)]_a^b}$.

$A = A(b) - A(a)$
$\quad = F(b) - F(0) - (F(a) - F(0))$
$\quad = F(b) - F(a)$

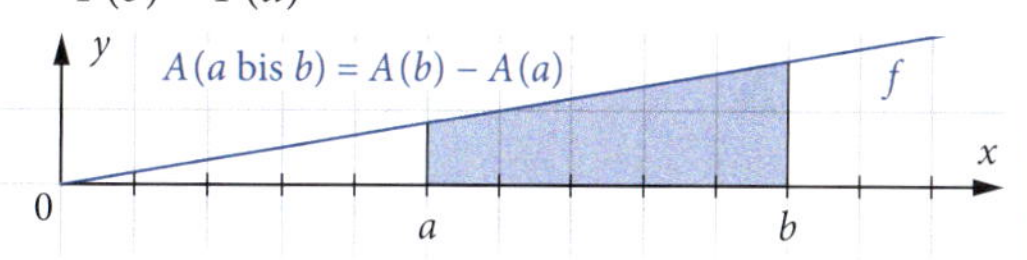

Inhalt einer Fläche oberhalb der x-Achse

14

Der Graph der Funktion f mit $f(x) = -0{,}4x^3 + 3{,}6x^2$ verläuft im Intervall $[0; 9]$ vollständig oberhalb der x-Achse. Berechnen Sie den Inhalt der Fläche im Intervall **a)** $[0; 9]$ und **b)** $[3; 7]$.

Den Inhalt der Flächen berechnen wir, indem wir die Differenzen aus dem Wert der Stammfunktion an den oberen Grenzen und dem Wert der Stammfunktion an den unteren Grenzen bilden:
a) $A = 218{,}7$ FE **b)** $A = 147{,}2$ FE

$F(x) = -\frac{0{,}4}{4}x^4 + \frac{3{,}6}{3}x^3 = -0{,}1x^4 + 1{,}2x^3$

a) $A = F(9) - F(0) = 218{,}7 - 0 = \mathbf{218{,}7}$

b) $A = F(7) - F(3) = 171{,}5 - 24{,}3 = \mathbf{147,\ 2}$

Berechnen Sie den Inhalt der Fläche, die der Graph von f mit $f(x) = \frac{4}{x^3}$ im Intervall $[0{,}25; 4]$ mit der x-Achse einschließt.

Bisher wurden nur Inhalte von Flächen berechnet, die oberhalb der x-Achse liegen.
Im Folgenden sollen nun auch Inhalte von Flächen bestimmt werden, die ganz oder teilweise unterhalb der x-Achse liegen.

15 Positiv und negativ orientierte Flächen

Berechnen Sie den Inhalt der Fläche, die zwischen dem Graphen der Funktion f mit $f(x) = -x^3 + 4x$ und der x-Achse über dem Intervall $[-2; 2]$ eingeschlossen ist.

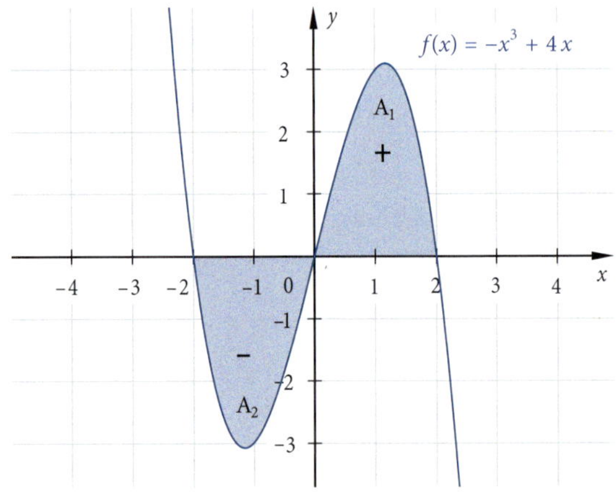

Wir müssen den Inhalt der markierten Fläche berechnen.
Dazu ermitteln wir zunächst eine Stammfunktion F von f: $F(x) = -\frac{1}{4}x^4 + 2x^2$.

$$f(x) = -x^3 + 4x$$

$$F(x) = -\frac{1}{4}x^4 + 2x^2$$

Wenden wir die bekannte Methode $F(2) - F(-2)$ an, erhalten wir 0 für den Flächeninhalt. Dieses Ergebnis kann nicht stimmen.

$$F(2) - F(-2) = [F(x)]_{-2}^{2} = \left[-\frac{1}{4}x^4 + 2x^2\right]_{-2}^{2} = -4 + 8 - (-4 + 8) = 0$$

Deshalb berechnen wir zunächst den Flächeninhalt A_1 über dem Intervall $[0; 2]$ und erhalten 4 Flächeneinheiten.

$$F(2) - F(0) = [F(x)]_0^2 = \left[-\frac{1}{4}x^4 + 2x^2\right]_0^2 = -4 + 8 - (-0 + 0) = 4$$

$$A_1 = F(2) - F(0) = \mathbf{4}$$

Da der Graph von f punktsymmetrisch ist, sollte auch der über dem Intervall $[-2; 0]$ eingeschlossene Flächeninhalt A_2 4 FE betragen.

$$F(0) - F(-2) = [F(x)]_{-2}^{0} = \left[-\frac{1}{4}x^4 + 2x^2\right]_{-2}^{0} = -0 + 0 - (-4 + 8) = -4$$

Die formale Berechnung liefert jedoch -4 als Ergebnis. Da der Flächeninhalt positiv sein muss, wird bei negativen Werten der Betrag verwendet.

$$A_2 = |F(0) - F(-2)| = |-4| = \mathbf{4}$$

Insgesamt erhalten wir $A = 8$ FE.

$$A = A_1 + A_2 = |F(2) - F(0)| + |F(0) - F(-2)| = 4 + 4 = \mathbf{8}$$

Flächen, die oberhalb der x-Achse liegen, nennt man **positiv orientiert** und Flächen unterhalb der x-Achse **negativ orientiert**.

Gegeben ist die Gewinnfunktion g mit $g(t) = -t^3 + 30t^2 + 100t - 3000$ für $t \in [0; 34]$; t in Monaten, g in GE/Monat. Skizzieren Sie den Graphen von g und interpretieren Sie die Flächen zwischen dem Graphen von g und der x-Achse.

Verläuft der Graph einer Funktion im Intervall $[a; b]$ sowohl im positiven als auch im negativen Bereich der y-Achse, müssen wir für die Bestimmung des zwischen dem Graphen und der x-Achse eingeschlossenen Flächeninhalts zunächst die Nullstellen bestimmen. Anschließend berechnen wir die Flächeninhalte einzeln. Dabei ist zu beachten, dass man bei negativ orientierten Flächen den Betrag verwendet.

▸ weitere Anwendungen in Kapitel 2.2 ab S. 83

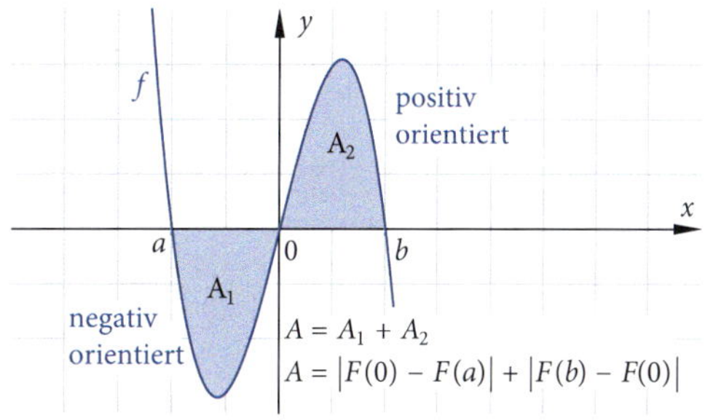

In bestimmten Anwendungen der Mathematik interessiert nicht nur der Inhalt von Flächen, die zwischen dem Graphen einer Funktion und der x-Achse eingeschlossen werden, sondern auch deren Bilanz. Im Beispiel 17 betrug die Flächeninhaltsbilanz 0. Allgemein gilt:
Ist F eine Stammfunktion der Funktion f, gibt die Differenz $F(b) - F(a)$ die **Flächeninhaltsbilanz** der zwischen dem Graphen von f und der x-Achse über dem Intervall $[a; b]$ eingeschlossenen Fläche an.

$F(b) - F(a)$ steht auch für das **bestimmte Integral** der Funktion f zwischen den Grenzen a und b.
Verwendet man die Integralschreibweise, dann gilt:
$\int_a^b f(x)\,dx = [F(x)]_a^b = F(b) - F(a)$.

Bestimmtes Integral:

obere Grenze ⟶ 2; untere Grenze ⟶ −2; Integrationsvariable ↓ x; Integrand: $(-x^3 + 4x)$

$$\int_{-2}^{2} (-x^3 + 4x)\,dx = 0$$

▸ Die Notation $\int_a^b f(x)\,dx$ stammt von dem deutschen Mathematiker *Leibniz* und beinhaltet noch Elemente, die daran erinnern, dass das Integral zunächst durch Aufsummierung der Flächeninhalte immer schmaler werdender Rechtecke gewonnen wurde. Das Integralzeichen $\int$ ist ein stilisiertes „S“ wie „Summe“, und das sogenannte Differenzial dx die gewissermaßen „unendlich kleine“ Version der Rechteckbreiten. Das Zeichen für die Integrationsvariable kann geändert werden. Statt x kann z.B. auch t verwendet werden: $\int_a^b f(x)\,dx = \int_a^b f(t)\,dt$.

- $\int_a^b f(x)\,dx$ heißt **bestimmtes Integral** von f im Intervall $[a; b]$.
- Ist f eine Funktion, deren Graph oberhalb der x-Achse verläuft, dann gibt das bestimmte Integral den Flächeninhalt zwischen G_f und der x-Achse über dem Intervall $[a; b]$ an.
- Ist f eine Funktion mit wechselndem Vorzeichen im Intervall $[a; b]$, dann gibt das bestimmte Integral die **Flächeninhaltsbilanz** über dem Intervall $[a; b]$ an.
- **Hauptsatz der Differenzial- und Integralrechnung:**
  Ist die Funktion f im Intervall $[a; b]$ definiert und F eine Stammfunktion von f, dann gilt:
  $\int_a^b f(x)\,dx = F(b) - F(a)$.

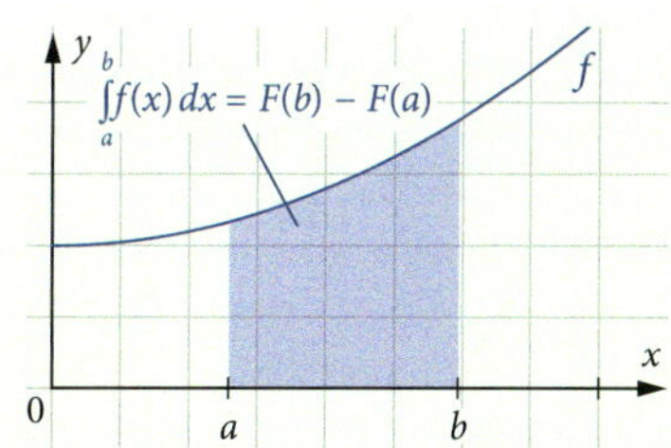

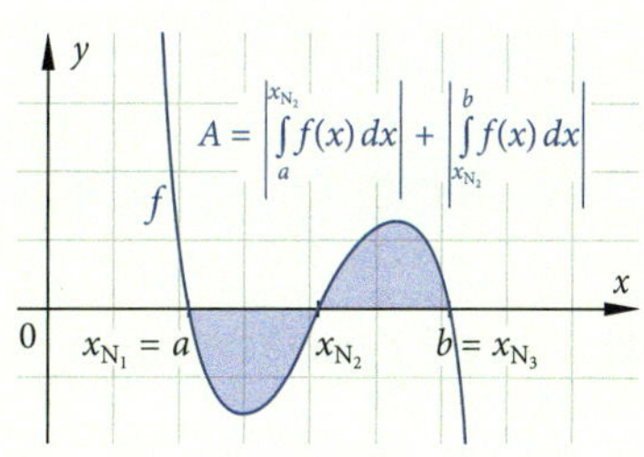

Vergleichen und deuten Sie $\int_{-5}^{-2} (x^3 + 6x^2 + 3x - 10)\,dx + \int_{-2}^{1} (x^3 + 6x^2 + 3x - 10)\,dx$ mit

$\int_{-5}^{-2} (x^3 + 6x^2 + 3x - 10)\,dx + \left|\int_{-2}^{1} (x^3 + 6x^2 + 3x - 10)\,dx\right|$.

Integralfunktion

Wir können beim bestimmten Integral $\int_a^b f(x)\,dx$ die obere Integrationsgrenze auch als Funktionsvariable x auffassen.

Dadurch erhalten wir die **Integralfunktion** $I_a(x) = \int_a^x f(t)\,dt$. Um Dopplungen zu vermeiden, verwenden wir als Integrationsvariable dann t statt x.

Für nichtnegative Funktionen gibt die Integralfunktion also den vom Graphen und der x-Achse eingeschlossenen Flächeninhalt über dem Intervall $[a; x]$ an.

16 Integralfunktion

Gegeben ist die Funktion f mit $f(t) = t^2 + 3t$.

a) Geben Sie die Integralfunktion zur unteren Grenze $a = 1$ an.

b) Zeigen Sie, dass die bei a) bestimmte Integralfunktion eine Stammfunktion von f ist.

c) Zeigen Sie allgemein, dass jede Integralfunktion $I_a(x) = \int_a^x f(t)\,dt$ einer Funktion f auch eine Stammfunktion von f ist.

Zu a) Die Integralfunktion ist definiert durch $I_a(x) = \int_a^x f(t)\,dt$. Nach dem Hauptsatz der Differenzial- und Integralrechnung gilt: $\int_a^x f(t)\,dt = F(x) - F(a)$. Für a setzen wir 1.

Um die Beziehung $\int_1^x f(t)\,dt = F(x) - F(1)$ nutzen zu können, ermitteln wir eine Stammfunktion F von f.

$$f(t) = t^2 + 3t$$

$$F(t) = \tfrac{1}{3}t^3 + \tfrac{3}{2}t^2$$

$$\boldsymbol{I_1(x)} = \int_1^x f(t)\,dt = F(x) - F(1)$$

$$= \boldsymbol{\tfrac{1}{3}x^3 + \tfrac{3}{2}x^2 - \tfrac{11}{6}}$$

Zu b) Wir bilden die Ableitung von I_1 und erhalten tatsächlich wieder f.

$$I_1(x) = \tfrac{1}{3}x^3 + \tfrac{3}{2}x^2 - \tfrac{11}{6}$$

$$\Rightarrow \boldsymbol{I_1'(x) = x^2 + 3x = f(x)}$$

Zu c) Die Ableitung der Integralfunktion ist gleich der Ableitung einer Stammfunktion F und damit gleich der Funktion f.
Also ist die Integralfunktion auch eine Stammfunktion von f.

$$I_a(x) = \int_a^x f(t)\,dt = F(x) - F(a)$$

$$\Rightarrow I_a'(x) = F'(x) - 0 = f(x)$$

$$\Rightarrow I_a'(x) = f(x)$$

Beispiel 16 zeigt:
Bildet man zu einer Funktion f erst die Integralfunktion und differenziert diese dann, so erhält man wieder die ursprüngliche Funktion.
In diesem Sinne sagt man auch: **Die Differenziation ist die Umkehrung der Integration.**
Umgekehrt gilt auch: **Die Integration ist die Umkehrung der Differenziation.**

Unter der **Integralfunktion** einer zwischen den Grenzen a und b definierten Funktion f versteht man die Funktion
$I_a(x) = \int_a^x f(t)\,dt.$

oHi Mi Erläutern Sie die Begriffe Flächeninhaltsfunktion, Stammfunktion, Integralfunktion, bestimmtes und unbestimmtes Integral, indem Sie sie gegeneinander abgrenzen.

2

Rechenregeln für bestimmte Integrale

Die folgenden Regeln vereinfachen oft die Integration.

Faktorregel:

$$\int_a^b k \cdot f(x)\,dx = k \cdot \int_a^b f(x)\,dx;\ k \in \mathbb{R}$$

Beispiel:

$$\int_2^4 12x^3\,dx = 12 \cdot \int_2^4 x^3\,dx = 12 \cdot \left[\tfrac{1}{4}x^4\right]_2^4$$
$$= 3 \cdot \left[x^4\right]_2^4 = 3 \cdot (256 - 16) = \mathbf{720}$$

▶ Durch das Herausziehen des konstanten Faktors 12 wird die Berechnung des Integrals vereinfacht.

Summenregel:

$$\int_a^b (f(x) + g(x))\,dx = \int_a^b f(x)\,dx + \int_a^b g(x)\,dx$$

Beispiel:

$$\int_1^3 (3x^2 + 4x^3)\,dx = \int_1^3 3x^2\,dx + \int_1^3 4x^3\,dx$$
$$= \left[x^3\right]_1^3 + \left[x^4\right]_1^3 = (27 - 1) + (81 - 1) = \mathbf{106}$$

Intervalladditivität:

$$\int_a^c f(x)\,dx = \int_a^b f(x)\,dx + \int_b^c f(x)\,dx$$

Beispiel:

$$\int_{-1}^2 6x^2\,dx + \int_2^4 6x^2\,dx = \left[2x^3\right]_{-1}^2 + \left[2x^3\right]_2^4$$
$$= 16 - (-2) + 128 - 16 = \mathbf{130}$$
$$\int_{-1}^4 6x^2\,dx = \left[2x^3\right]_{-1}^4 = 128 - (-2) = \mathbf{130}$$

Vertauschen der Integrationsgrenzen:

$$\int_a^b f(x)\,dx = -\int_b^a f(x)\,dx$$

▶ Manchmal ist es für die Berechnung eines Integrals sinnvoll, vom entgegengesetzten Integranden mit vertauschten Integrationsgrenzen auszugehen.

Beispiel:

$$\int_1^3 -9x^2\,dx = \left[-3x^3\right]_1^3 = -81 - (-3) = \mathbf{-78}$$

$$\int_1^3 -9x^2\,dx = -\int_3^1 -9x^2\,dx = \int_3^1 9x^2\,dx$$
$$= \left[3x^3\right]_3^1 = 3 - 81 = \mathbf{-78}$$

Beweis der Faktorregel für bestimmte Integrale

17

Beweisen Sie: Für jede reelle Zahl k gilt: $\int_a^b k \cdot f(x)\,dx = k \cdot \int_a^b f(x)\,dx$.

Wir wenden den Hauptsatz der Differenzial- und Integralrechnung zwei Mal an – vor und nach dem Ausklammern von k:

$\int_a^b f(x)\,dx = F(b) - F(a)$.

$$\int_a^b k \cdot f(x)\,dx = k \cdot F(b) - k \cdot F(a)$$
$$= k \cdot (F(b) - F(a))$$
$$= k \cdot \int_a^b f(x)\,dx$$

oHi Mi Sind die folgenden Aussagen wahr oder falsch? Begründen Sie.

a) $\int_{-4}^8 (x^3 - x + 4)\,dx = \int_{-4}^8 x^3\,dx - \int_{-4}^8 x\,dx + \int_{-4}^8 4\,dx$

b) $\int_{-4}^8 (x^3 - x + 4)\,dx = \int_{-4}^8 x^3\,dx + \int_8^{-4} x\,dx + \int_{-4}^8 4\,dx$

c) $\int_{-4}^8 (x^3 - x + 4)\,dx = \int_{-4}^{-2} (x^3 - x + 4)\,dx + \int_{-2}^8 (x^3 - x + 4)\,dx$

d) $\int_{-4}^8 (x^3 - x + 4)\,dx = \left|\int_{-4}^{-2} (x^3 - x + 4)\,dx\right| + \left|\int_{-2}^8 (x^3 - x + 4)\,dx\right|$

Übungen zu 2.1.3

1. Bilden Sie jeweils zwei Stammfunktionen zur Funktion f.

a) $f(x) = -5$

b) $f(x) = 2x - 5$

c) $f(x) = 2x^2 - 5x + 3$

d) $f(x) = 6x^5 - 2x^3 + x$

e) $f(x) = \frac{2}{3x^2}$

f) $f(x) = -\frac{2}{x^3}$

g) $f(x) = \frac{8}{3}x^3 + \frac{3}{x^4}$

h) $f(x) = \frac{2}{x^5}$

i) $f(x) = 10x^2 + \frac{10}{x^2}$

j) $f(x) = 0{,}5x^4 - 0{,}1\frac{2}{3x^4}$

k) $f(x) = \frac{\pi}{2}\sin(x)$

l) $f(x) = \frac{\cos(x)}{2\pi}$

m) $f(x) = 3\sin(x) - 0{,}5\cos(x)$

n) $f(x) = \frac{3}{2}x^5 + 3\sqrt{x^3}$

2. Berechnen Sie den Inhalt der Fläche, die von G_f und der x-Achse im Intervall $[a; b]$ eingeschlossen wird.

a) $f(x) = -0{,}5x^2 + 8;\ a = -3;\ b = 2$

b) $f(x) = 0{,}5x^2 - 8;\ a = 0;\ b = 3$

3. Berechnen Sie aus Beispiel 3 von S. 64 den Gesamterlös der JoRo GmbH

a) in den ersten 8 Jahren und

b) bis zur Marktsättigung nach 15 Jahren.

4. Berechnen Sie den Inhalt der Fläche, die von G_f und der x-Achse im Intervall $[a; b]$ eingeschlossen wird. Überlegen Sie dabei, in welchen Intervallen jeweils die Intervalladditivität bei der Berechnung des Flächeninhalts genutzt werden kann.
Berechnen Sie zum Vergleich auch das Integral für das gesamte Intervall $[a; b]$.

a) $f(x) = x^3 + 3x^2 - 13x - 15;\ [-4; 3]$

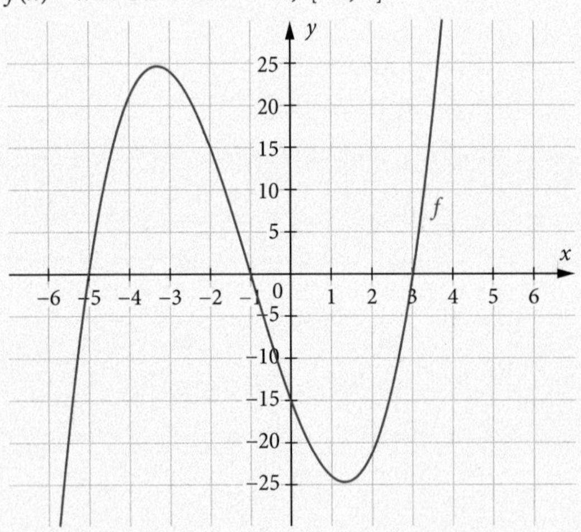

b) $f(x) = 0{,}25x^4 - 5x^2 + 16;\ [-3; 3{,}5]$

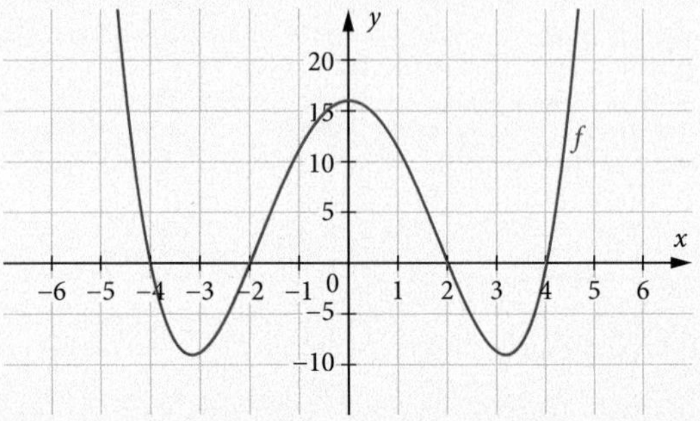

c) $f(x) = -0{,}5x^4 + 10x^2 - 4x - 10;\ [-4; 4]$

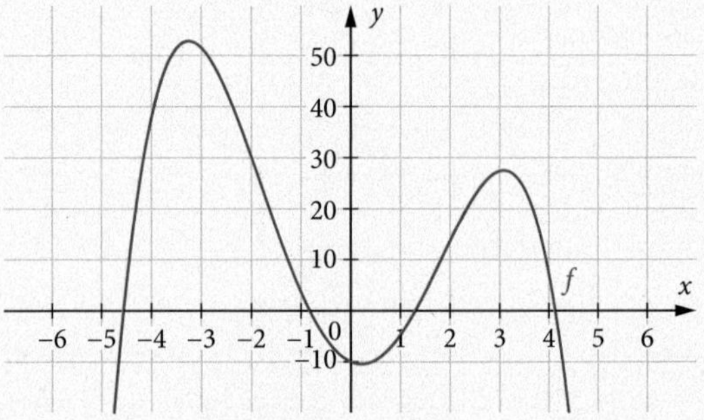

5. Berechnen Sie das bestimmte Integral $\int_{-2}^{2} f(x)\,dx$ zur jeweils gegebenen Funktion f.

a) $f(x) = x + 2$

b) $f(x) = 4x^2 + 1$

c) $f(x) = 8x^3 - 4x$

d) $f(x) = 5x^4 - 2x^3 + 4x^2 - 3x + 9$

6. Berechnen Sie die Integrale, indem Sie die Intervalladditivität ausnutzen.

a) $\int_{-3}^{4} (2x^3 - 3x^2 - 7)\,dx + \int_{4}^{5} (2x^3 - 3x^2 - 7)\,dx$

b) $\int_{-4}^{-2} (-2x^3 - 6x^2 + 30)\,dx + \int_{-2}^{2} (-2x^3 - 6x^2 + 30)\,dx$

c) $\int_{0{,}5}^{2} \left(-\frac{1}{x^2} + \frac{2}{x^3}\right) dx + \int_{2}^{4} \left(-\frac{1}{x^2} + \frac{2}{3x^3}\right) dx$

7. Bilden Sie zu den Funktionen aus Übung 1 jeweils die Integralfunktion mit 1 als unterer Integrationsgrenze.

8. Berechnen Sie das bestimmte Integral zu den Funktionen aus Übung 1 mit der unteren Grenze 1 und der oberen Grenze 8.

Vermischte Übungen zu 2.1

1. Gegeben ist die Parabel mit der Funktionsgleichung $f(x) = x^2 - 2x + 3$.

a) Schätzen Sie die Maßzahl der Fläche zwischen der Parabel und der x-Achse im Intervall $[0; 4]$ ab, indem Sie die Rechteckobersummen O_8 und die Rechteckuntersummen U_8 berechnen.

b) Ermitteln Sie die Maßzahl für den Flächeninhalt mithilfe des GTR/CAS.

c) Vergleichen Sie Ihre Ergebnisse aus a) und b) miteinander.

2. Prüfen Sie, ob F eine Stammfunktion zu der gegebenen Funktion f ist.

a) $F(x) = x^4 - 3x^3 + 5x - 5;\ f(x) = 4x^3 - 6x^2 - 5$

b) $F(x) = 0{,}2x^5 + 3x^2 - 4x;\ f(x) = x^4 + 6x - 4$

c) $F(x) = \frac{4}{3x^3} - \frac{1}{3}x^{-3};\ f(x) = -\frac{3}{x^{-4}}$

d) $F(x) = 12x^{-4} + \frac{2}{3}x^{-3};\ f(x) = \frac{48}{x^5} - \frac{2}{x^4}$

e) $F(x) = -\sin(x);\ f(x) = \cos(x)$

f) $F(x) = \frac{2}{5}\cos(x);\ f(x) = -0{,}4\sin(x)$

g) $F(x) = 2x^3 + \frac{2}{x^3};\ f(x) = 6x^2 - \frac{6}{x^2}$

3. Erläutern Sie: „Eine Funktion kann höchstens eine Ableitung, aber viele ‚Aufleitungen' besitzen."

4. In den folgenden Abbildungen sind die Graphen von jeweils zwei Funktionen gezeichnet.
Entscheiden Sie begründet, welcher Graph zu f gehört und welcher zur Stammfunktion F von f.

a)

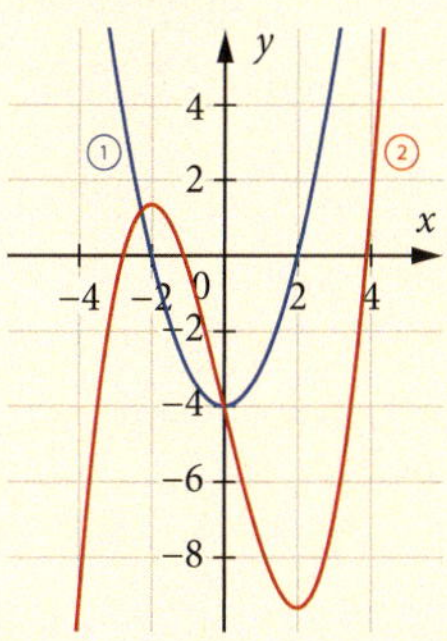

c)

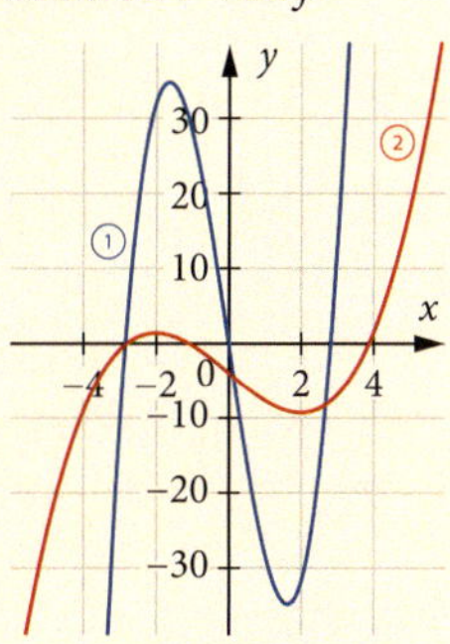

b)

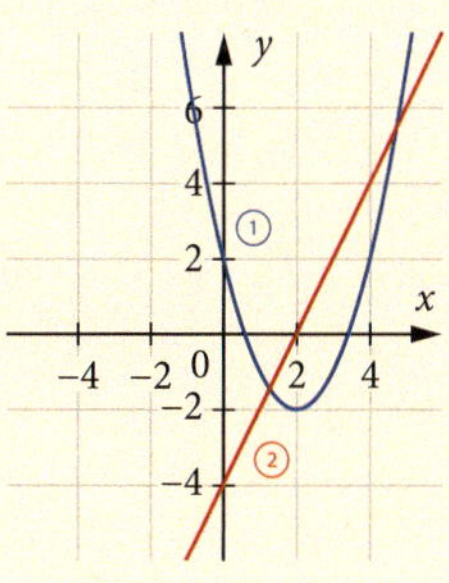

d)

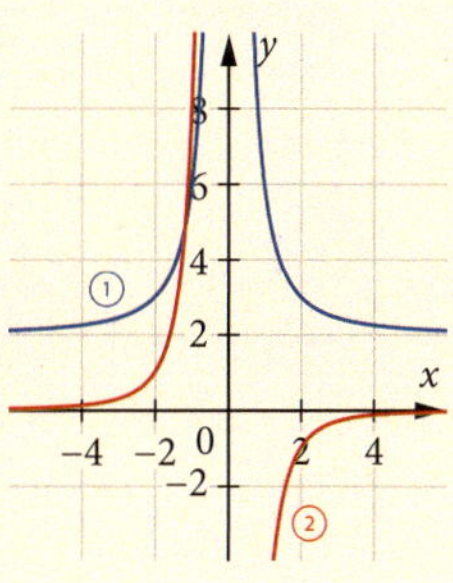

5. Bestimmen Sie die Kostenfunktion zu der Grenzkostenfunktion aus dem Eingangsbeispiel (S. 61).

6. Berechnen Sie den Inhalt der Fläche, die der Graph der Funktion f mit $f(x) = 0{,}6x^2 + 3{,}6x + 3$ mit der x-Achse einschließt. Zeichnen Sie den Graphen und schraffieren Sie die Fläche.

7. Berechnen Sie die Maßzahl der blaugetönten Fläche zwischen der Parabel und der x-Achse.

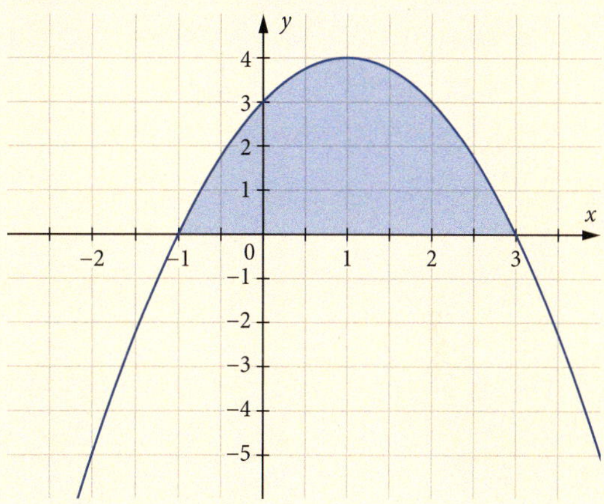

8. Zeichnen Sie den Graphen der Funktion f mit $f(x) = x^3 - 3x^2 - 13x + 15$.

a) Berechnen Sie den Inhalt der Fläche, die der Graph der Funktion f oberhalb der x-Achse mit der x-Achse einschließt.

b) Berechnen Sie den Inhalt der Fläche, die der Graph der Funktion f unterhalb der x-Achse mit der x-Achse einschließt.

c) Berechnen Sie das bestimmte Integral über der Funktion f im Intervall von der ersten bis zur dritten Nullstelle von f. Vergleichen Sie das Integral mit dem von G_f und der x-Achse eingeschlossenen Flächeninhalt.

9. Kennzeichnen und berechnen Sie die Fläche, deren Maßzahl durch das bestimmte Integral ermittelt wird.

a) $\int_{-1}^{3} (x^3 - 1{,}5x^2 - 6x)\,dx$

b) $\int_{1}^{4} \frac{2}{x^2}\,dx$

c) $\int_{-4}^{-1} \frac{2}{x^2}\,dx$

d) $\int_{0}^{\pi} \sin(x)\,dx$

e) $\int_{0}^{\pi} \cos(x)\,dx$

f) $\int_{1}^{8} \sqrt[3]{x^5}\,dx$

10. Berechnen Sie den Inhalt der Fläche, die zwischen dem Graphen und der x-Achse liegt.

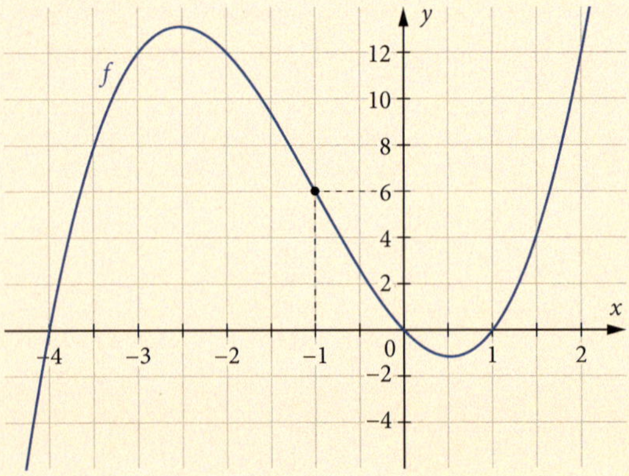

11. Berechnen Sie die bestimmten Integrale.

a) $\int_{-2}^{4} (2x^4 - 3x^2 + 5)\,dx$

b) $\int_{0}^{6} (-4x^3 - 0{,}6x^2 + 5x)\,dx$

c) $\int_{-4}^{4} (0{,}5x^4 - 5x^2 + 4{,}5)\,dx$

d) $\int_{-3}^{3} \left(\frac{4}{5}x^3 - 7\frac{1}{5}x\right)dx$

e) $\int_{1}^{4} \frac{5}{x^3}\,dx$

f) $\int_{-3}^{-0{,}5} \left(-\frac{1}{2x^3}\right)dx$

g) $\int_{1}^{4} \left(2x^3 - \frac{3}{x^2}\right)dx$

h) $\int_{-\pi}^{\frac{3}{2}\pi} (\cos(x) - 4\sin(x))\,dx$

i) $\int_{0}^{\pi} \frac{\sin(x)}{5}\,dx$

j) $\int_{0}^{1} (x^2 + 0{,}5\sin(x))\,dx$

k) $\int_{\frac{\pi}{2}}^{2\pi} (2x^{-2} + 3\cos(x))\,dx$

l) $\int_{-\frac{\pi}{2}}^{2\pi} \cos(x)\,dx$

m) $\int_{0}^{3} 4 \cdot \sqrt{x^3}\,dx$

n) $\int_{1}^{3} -9 \cdot \sqrt[4]{x^5}\,dx$

o) $\int_{1}^{4} -0{,}3 \cdot \sqrt{x}\,dx$

p) $\int_{1}^{4} 2\sqrt[3]{x^4}\,dx$

12. Ermitteln Sie die obere Grenze x in der Gleichung.

a) $\int_{2}^{x} (4t^3 - 12t^2 - 8t + 16)\,dt = 105$

b) $\int_{-2}^{x} 5\,dt = 10$

c) $\int_{-2}^{x} (2t + 2)\,dt = 15$

d) $\int_{-2}^{x} (6t^2 - 4)\,dt = 16$

e) $\int_{3}^{x} \left(\frac{2}{t^2} + \frac{t^2}{2}\right)dt = 31\frac{5}{6}$

f) $\int_{1}^{x} \left(t - \frac{1}{2\sqrt{t}} + 4\right)dt = 18{,}5$

13. Ermitteln Sie die untere Grenze x in der Gleichung.

a) $\int_{x}^{-2} 3t^2\,dt = 208$

b) $\int_{x}^{4} \frac{4}{3t^3}\,dt = 0{,}125$

c) $\int_{x}^{2} (2t^3 + 3t^2 - 4)\,dt = 10{,}5$

d) $\int_{x}^{-1} \left(\frac{2}{t^2} - \frac{4}{t^3}\right)dt = 2{,}5$

e) $\int_{x}^{\pi} \cos(t)\,dt = -1$

f) $\int_{x}^{4} 5\sqrt[3]{t^2}\,dt \approx 30{,}24$

14. Ermitteln Sie aus den beiden Gleichungen die Parameter a und b.

a) $\int_{-2}^{2} (at^3 + 6t^2 + b)\,dt = 0$

b) $\int_{0}^{4} (at^3 + 6t^2 + b)\,dt = 224$

15. Anlässlich der Fußballweltmeisterschaft der Frauen bringt ein Textilhersteller T-Shirts auf den Markt, die mit Motiven aus dem Fußball bedruckt sind.

Der Verkauf soll auf 2 Jahre beschränkt werden. Die Geschäftsführung erwartet eine Absatzentwicklung gemäß der Funktion a mit $a(t) = 2t^3 - 32t^2 + 128t$ (t in Vierteljahren, $a(t)$ in 1000 Stück pro Vierteljahr).

a) Zeichnen Sie den Graphen von a.

b) Berechnen Sie den gesamten Absatz der 2 Jahre.

c) Berechnen Sie den Absatz bis zu dem Zeitpunkt, in dem der Absatz pro Vierteljahr am größten ist.

d) Berechnen Sie den Absatz im gesamten letzten Vierteljahr.

Ich kann …

… die Begriffe **Stammfunktion** und **unbestimmtes Integral** erläutern und unterscheiden.
▸ Test-Aufgaben 1, 2

Funktion:
$f(x) = 4x^2 - 4x + 16$
Stammfunktion:
$F(x) = \frac{4}{3}x^3 - 2x^2 + 16x$
Unbestimmtes Integral:
$\int (4x^2 - 4x + 16)\,dx$
$= \frac{4}{3}x^3 - 2x^2 + 16x + c$

Stammfunktion: F ist Stammfunktion von f, falls $F'(x) = f(x)$ gilt.
Unbestimmtes Integral:
Das unbestimmte Integral zu einer Funktion f ist die Menge aller Stammfunktionen von f: $\int f(x)\,dx = F(x) + c;\ c \in \mathbb{R}$.
c heißt Integrationskonstante.

… **Stammfunktionen** bilden.
▸ Test-Aufgaben 2 – 7

$f(x) = 4x^2 - 4x + 16$
$\Rightarrow\ F(x) = \frac{4}{3}x^3 - 2x^2 + 16x$
$f(x) = \frac{1}{x^2}\ \Rightarrow\ F(x) = -\frac{1}{x}$
$f(x) = \sin(x)\ \Rightarrow\ F(x) = -\cos(x)$
$f(x) = \cos(x)\ \Rightarrow\ F(x) = \sin(x)$

Integrationsregeln:
Potenzregeln: $\int x^n\,dx = \frac{1}{n+1}x^{n+1} + c$
$\int \frac{1}{x^n}\,dx = -\frac{1}{n-1}x^{n-1} + c;\ n > 1$
Faktorregel: $\int k \cdot f(x)\,dx = k \cdot \int f(x)\,dx$
Summenregel: $\int (f(x) + g(x))\,dx$
$= \int f(x)\,dx + \int g(x)\,dx$

… den **Hauptsatz der Differenzial- und Integralrechnung** anwenden.
▸ Test-Aufgaben 3 – 7

$f(x) = -x^3 + 4x;\ F(x) = -\frac{1}{4}x^4 + 2x^2$

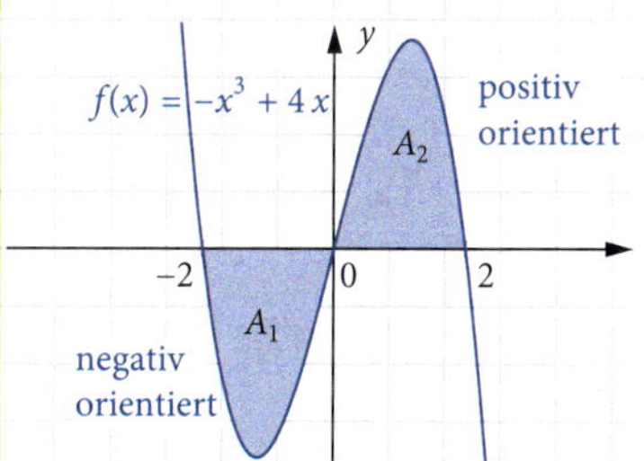

$\int_{-2}^{2} f(x)\,dx = F(2) - F(-2) = 4 - 4 = 0$
▸ Flächeninhaltsbilanz

$A_2 = \int_0^2 f(x)\,dx = F(2) - F(0)$
$= 4 - 0 = 4$
▸ Flächeninhalt zwischen G_f und der x-Achse im Intervall $[0; 2]$

Ist F eine Stammfunktion von f, dann gilt:
$\int_a^b f(x)\,dx = F(b) - F(a)$.

$\int_a^b f(x)\,dx$ heißt bestimmtes Integral und gibt anschaulich die Flächenbilanz der zwischen dem Graphen von f und der x-Achse über dem Intervall $[a; b]$ eingeschlossenen Fläche an.

Ist f im Intervall $[a; b]$ nichtnegativ, so entspricht $\int_a^b f(x)\,dx = F(b) - F(a)$ dem eingeschlossenen Flächeninhalt.

… zwischen **positiv- und negativ orientierten Flächen** unterscheiden.
▸ Test-Aufgabe 5

$A = A_1 + A_2$
$A = \left|\int_{-2}^{0} f(x)\,dx\right| + \int_0^2 f(x)\,dx$
$= |F(0) - F(-2)| + F(2) - F(0) = 8$

Positiv orientierte Flächen liegen oberhalb der x-Achse, negativ orientierte Flächen unterhalb der x-Achse.
Ihre Maßzahlen müssen unabhängig voneinander berechnet werden.

… die **Rechenregeln für bestimmte Integrale** anwenden.
▸ Test-Aufgaben 3 – 7

$\int_{-2}^{3} 6x\,dx = 6\int_{-2}^{3} x\,dx$

$\int_2^5 (x^2 + x)\,dx = \int_2^5 x^2\,dx + \int_2^5 x\,dx$

$\int_1^4 \frac{6}{x^2}\,dx = \int_1^3 \frac{6}{x^2}\,dx + \int_3^4 \frac{6}{x^2}\,dx$

$\int_1^0 \sin(x)\,dx = -\int_0^1 \sin(x)\,dx$

Faktorregel: $\int_a^b k \cdot f(x)\,dx = k \cdot \int_a^b f(x)\,dx$
Summenregel:
$\int_a^b (f(x) + g(x))\,dx = \int_a^b f(x)\,dx + \int_a^b g(x)\,dx$
Intervalladditivität:
$\int_a^c f(x)\,dx = \int_a^b f(x)\,dx + \int_b^c f(x)\,dx$
Vertauschen der Integrationsgrenzen:
$\int_a^b f(x)\,dx = -\int_b^a f(x)\,dx$

2

Test zu 2.1

1. Entscheiden Sie begründet, ob F eine Stammfunktion von f ist. Bilden Sie im positiven Falle $F(b) - F(a)$, wobei a die erste und b die zweite Nullstelle von f ist. Stellen Sie Ihr Ergebnis grafisch dar.

a) $F(x) = \frac{1}{3}x^3 + x^2 - 8x + 4;\ f(x) = x^2 + 2x - 8$

b) $F(x) = -2x^3 + 9x^2 + x;\ f(x) = 6x^2 - 18x$

c) $F(x) = 0{,}1x^3 - 1{,}05x^2 + 3x - 121;\ f(x) = 0{,}3x^2 - 2{,}1x + 3$

oHi Mi **2.** Ermitteln Sie die unbestimmten Integrale.

a) $\int (x^3 + 4x - 2)\,dx$ b) $\int \left(\frac{4}{x^3} + x\right)dx$ c) $\int (-\cos(x))\,dx$ ↗ d) $\int 0{,}5\sqrt{x^3}\,dx$

3. Berechnen Sie die bestimmten Integrale. Interpretieren Sie die Ergebnisse bei b) und c) geometrisch.

a) $\int_2^6 (2x^3 - 6x^2 + 3x - 4)\,dx$

b) $\int_0^4 8\,dx$

c) $\int_{-3}^3 (-x^3 + 9x)\,dx$

d) $\int_{-3}^1 (x^3 + 3x^2 + 3x + 1)\,dx$

e) $\int_{-4}^{-2} (-2x^{-2})\,dx$

f) $\int_2^3 \frac{2}{x^3}\,dx + \int_3^4 \frac{2}{x^3}\,dx$

g) $\int_1^2 (x^2 + x^{-2})\,dx$

h) $\int_{0,5}^2 \frac{4}{x^3}\,dx + \int_2^3 \frac{4}{x^3}\,dx$

i) $\int_{-2}^2 (x^2 - \cos(x))\,dx$

j) $\int_0^\pi (2x + \sin(x))\,dx$

↗ k) $\int_0^4 \sqrt[4]{x}\,dx$

↗ l) $\int_8^{27} 3\sqrt[3]{x^2}\,dx$

↗ **4.** Bestimmen Sie die Zahl anstelle von x, sodass $\int_{-2}^x (0{,}5t^3 - 6t^2 + 4t - 1)\,dt = -56{,}875$ gilt.

5. Berechnen Sie die Fläche, die der Graph von f mit $f(x) = x^3 - 4x^2 - 7x + 10$ mit der x-Achse einschließt.

6. Die JoRo GmbH möchte die Kosten, die ihr bei der Produktion eines USB-Sticks der neuen Generation entstehen, mathematisch in den Griff bekommen.
Im Laufe der Zeit konnte beobachtet werden, dass bei der Produktion von 2 ME zusätzliche Kosten von 1 GE pro ME entstanden, bei der Produktion von 4 ME zusätzliche Kosten von 2 GE pro ME; wenn 6 ME produziert wurden, dann entstanden sogar zusätzliche Kosten von 9 GE pro ME.
Der Betriebsleiter versucht, die Grenzkosten durch eine Funktion 2. Grades zu erfassen, um dann die variablen Kosten ermitteln zu können.
Helfen Sie ihm.

7. Ein renommierter Schulbuchverlag bringt ein neues Mathematiklehrbuch für das Berufliche Gymnasium auf den Markt. Die Marketingabteilung geht davon aus, dass sich der Absatz durch die Funktion a mit $a(t) = -\frac{1}{3}t^3 + 2t^2$ (t in Jahren, $a(t)$ in 1000 Stück pro Jahr) beschreiben lässt.

a) Berechnen Sie den gesamten Absatz bis zu dem Zeitpunkt, an dem der Absatz anfängt, progressiv zu steigen.

b) Berechnen Sie den gesamten Absatz bis zu dem Zeitpunkt, an dem der Absatz am höchsten ist.

c) Ermitteln Sie den Absatz, der insgesamt erwartet wird.

2 Von der Änderung zum Bestand – Integralrechnung

2.2 Anwendungen der Integralrechnung

Der Geschäftsführer der Fly Bike Werke, Herr Peters, ist durch einen aktuellen Zeitungsartikel auf Sicherheitsprobleme bei Fahrradanhängern für Kinder aufmerksam geworden.
Er befürchtet, dass der Absatz dieser Fahrradanhänger rückläufig sein könnte. In der nächsten Abteilungsleitersitzung möchte Herr Peters über die aktuelle Absatzentwicklung des Modells *Kids*, zurzeit im Angebot für 449 €, informiert werden.
Herr Gerland, der Leiter des Vertriebsbereichs, erhält den Auftrag, die notwendigen Informationen zusammenzustellen.

In der Marketingabteilung liegen folgende Daten des Fahrradanhängers *Kids* in Tabellen- und Diagrammform vor:

Absatzzahlen

Verkaufsmonat	Stückzahl
1	33
5	45
14	44
20	48
32	52
40	65

Absatzentwicklung

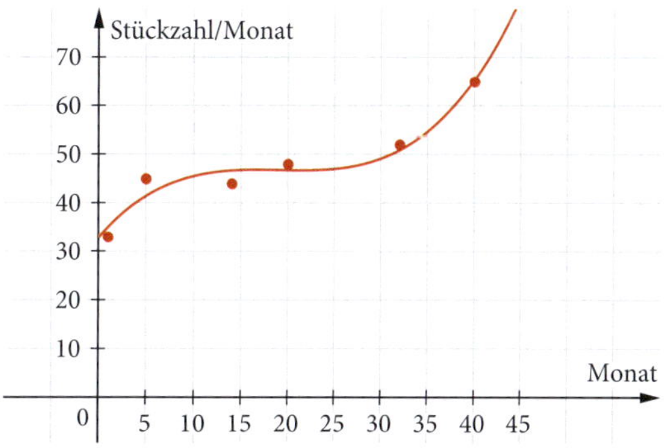

Für die Beurteilung der Absatzentwicklung modelliert Herr Gerland die Daten durch eine ganzrationale Funktion 3. Grades:
$a(t) = 0{,}0021\,t^3 - 0{,}12\,t^2 + 2{,}25\,t + 33.$
Dabei gibt t die Zeit in Monaten und $a(t)$ den Stückabsatz im Monat t an.
Für die Abteilungsleitersitzung möchte Herr Gerland den Gesamtabsatz in dem Beobachtungszeitraum der 40 Monate, den durchschnittlichen Absatz pro Monat und den Gesamterlös während dieser Zeit ermitteln.

▶ Aufgabe 6 auf Seite 105

Kompetenzen

- Flächeninhalte ermitteln
- Rotationsvolumen berechnen
- Allgemein aus ökonomischen Größen im Zeitablauf die Gesamtgröße in einem Zeitintervall ermitteln

Anwendungen

- Von Grenzkosten auf Kosten schließen
- Von Grenzerlösen auf Erlöse schließen
- Gesamtabsatz aus momentanem Absatz berechnen
- Konsumenten- und Produzentenrente ermitteln

2.2 Anwendungen der Integralrechnung

2.2.1 Flächenberechnungen

Flächen zwischen einem Funktionsgraphen und der x-Achse

2

1 Fläche zwischen Funktionsgraph und x-Achse

Bestimmen Sie den Inhalt der zwischen der x-Achse und dem Graphen von f mit $f(x) = \frac{1}{4}x^4 - \frac{5}{4}x^2 + 1$ im Intervall $[0{,}5; 2{,}5]$ eingeschlossenen Fläche.

GTR CAS

Der Graph von f verläuft sowohl oberhalb als auch unterhalb der x-Achse.
-2, -1, 1 und 2 sind die Nullstellen von f.

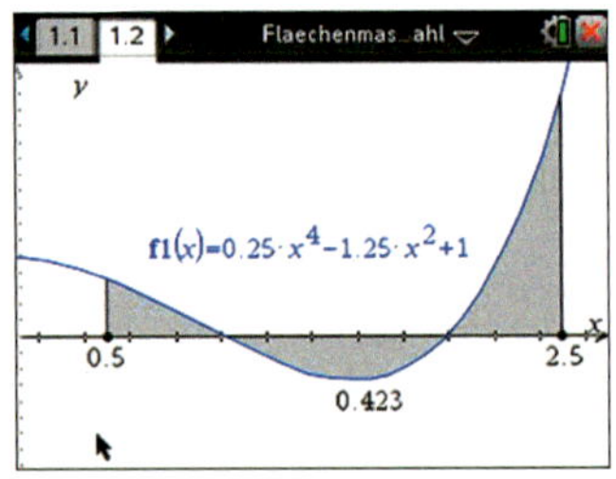

Im gegebenen Intervall $[0{,}5; 2{,}5]$ liegen die zwei Nullstellen 1 und 2.
Die vom Graphen von f und von der x-Achse eingeschlossene Fläche besteht also aus drei Teilflächen.
Da diese sowohl negativ als auch positiv orientiert sind, müssen wir deren Flächeninhalte einzeln ermitteln und addieren.
Wir berechnen also die bestimmten Integrale in den Grenzen 0,5 bis 1, 1 bis 2 sowie 2 bis 2,5 und addieren deren Absolutbeträge. Wir erhalten 1,15625 FE.

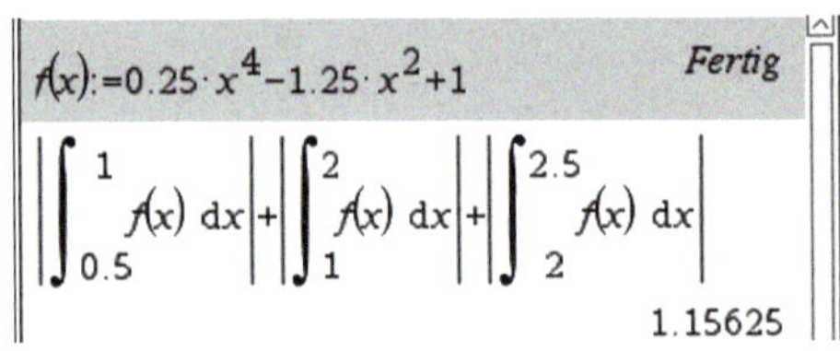

▶ TI Der Wert des Integrals zwischen 0.5 und 2.5 kann mit menu, Graph analysieren, Integral bestimmt werden. Bei der Taste zu den mathematischen Vorlagen ist auch das bestimmte Integral zu finden.

2 Uneigentliches Integral

Berechnen Sie den Inhalt der Fläche, die zwischen dem Graphen der Funktion f mit $f(x) = \frac{1}{x^2}$ und der x-Achse im Intervall $[1; \infty[$ liegt.

GTR CAS

Die Funktion f besitzt keine Nullstelle, G_f verläuft oberhalb der x-Achse. Das bestimmte Integral über dem Intervall $[1; \infty[$ entspricht somit dem gesuchten Flächeninhalt.
Das Intervall ist aber nicht geschlossen; es gibt keine feste obere Integrationsgrenze.

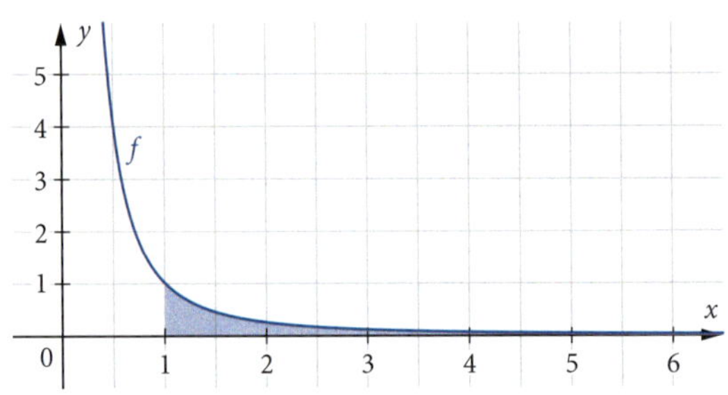

Wir behelfen uns damit, dass wir die obere Grenze mit b bezeichnen und b dann gegen ∞ laufen lassen. Der Grenzwert der Stammfunktion an der oberen Grenze ist null, das Integral insgesamt besitzt den Wert 1.
Man nennt dieses Integral **uneigentliches Integral** und schreibt dafür auch $\int_1^\infty f(x)\,dx$.

$$A = \lim_{b \to \infty} \int_1^b \frac{1}{x^2}\,dx = \lim_{b \to \infty} \left[-\frac{1}{x}\right]_1^b$$
$$= \lim_{b \to \infty} \left[\left(-\frac{1}{b}\right) - \left(-\frac{1}{1}\right)\right]$$
$$= -0 + 1 = \mathbf{1}$$

Berechnung der **Fläche zwischen dem Graphen einer Funktion *f* und der *x*-Achse** über dem Intervall $[a; b]$:

1. Die Nullstellen von *f* im Intervall $[a; b]$ bestimmen.

2. Die Flächeninhalte der Teilflächen ermitteln. Ist beispielsweise x_N die einzige Nullstelle im Intervall $[a; b]$, so berechnet man:

$$A_1 = \left|\int_a^{x_N} f(x)\,dx\right| \quad \text{und} \quad A_2 = \left|\int_{x_N}^{b} f(x)\,dx\right|.$$

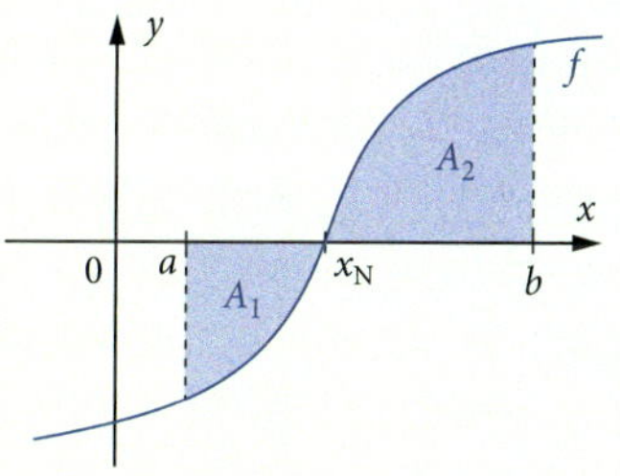

3. Der Inhalt der Gesamtfläche ergibt sich durch Addition der Teilflächeninhalte: $A = A_1 + A_2$.

Als **uneigentliches Integral** bezeichnet man ein bestimmtes Integral, bei dem das Integrationsintervall nicht geschlossen ist, z.B. $\int_a^{\infty} f(x)\,dx = \lim\limits_{b \to \infty} \int_a^{b} f(x)\,dx$.

1. Bestimmen Sie die Fläche zwischen der *x*-Achse und dem Graphen von *f* über dem Intervall.

a) $f(x) = -x^2 + 4$; $[0; 3]$ b) $f(x) = 0{,}5x^2 + 2x$; $[-2; 3]$ c) $f(x) = -x^3 + 6x^2 - 5x$; $[-1; 4]$

2. Ermitteln Sie das uneigentliche Integral.

a) $\int_3^{\infty} \frac{8}{x^3}\,dx$ b) $\int_{-\infty}^{-2} -\frac{30}{x^4}\,dx$

Flächen zwischen zwei Funktionsgraphen

Fläche zwischen zwei Funktionsgraphen

Die Graphen der Funktionen *f* mit $f(x) = -\frac{1}{2}x^2 + \frac{9}{2}x - 5$ und *g* mit $g(x) = \frac{1}{2}x + 1$ schließen eine Fläche ein. Berechnen Sie deren Flächeninhalt.

Wir berechnen die Stammfunktionen *F* und *G* zu *f* und *g*.

$f(x) = -\frac{1}{2}x^2 + \frac{9}{2}x - 5 \quad \Rightarrow F(x) = -\frac{1}{6}x^3 + \frac{9}{4}x^2 - 5x$

$g(x) = \frac{1}{2}x + 1 \quad \Rightarrow G(x) = \frac{1}{4}x^2 + x$

Die Abbildung zeigt die zwischen den Graphen eingeschlossene Fläche.

Das Intervall, über dem diese Fläche liegt, wird durch die Schnittstellen 2 und 6 der beiden Graphen begrenzt.

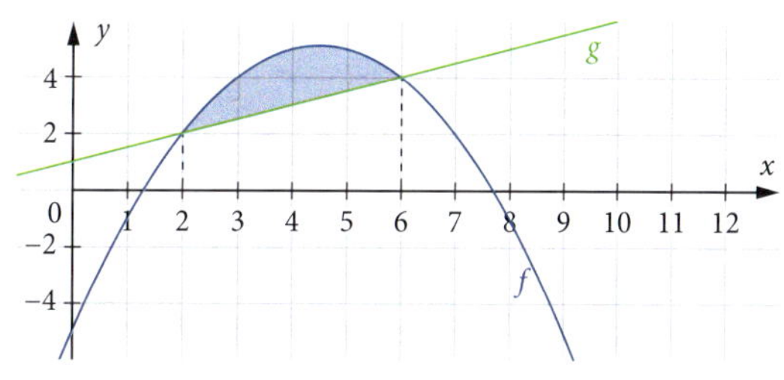

Der gesuchte Flächeninhalt ist die Differenz der Inhalte der unter dem Graphen von *f* und unter dem Graphen von *g* liegenden Flächen über dem Intervall $[2; 6]$: $A = A_1 - A_2$.

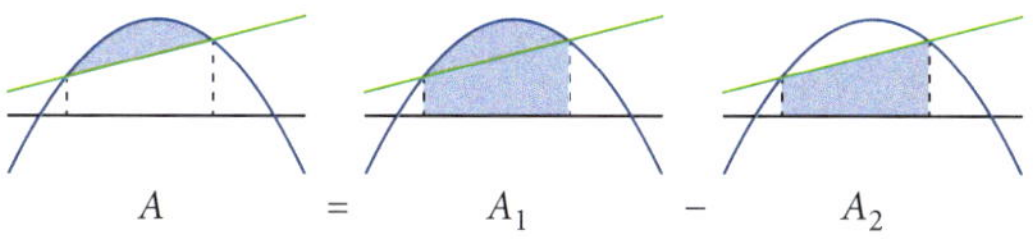

$A = A_1 - A_2$

$A_1 = \int_2^6 f(x)\,dx = \int_2^6 \left(-\frac{1}{2}x^2 + \frac{9}{2}x - 5\right)dx$

$= \left[-\frac{1}{6}x^3 + \frac{9}{4}x^2 - 5x\right]_2^6 = 15 - \left(-\frac{7}{3}\right) = \frac{52}{3}$

$A_2 = \int_2^6 g(x)\,dx = \int_2^6 \left(\frac{1}{2}x + 1\right)dx$

$= \left[\frac{1}{4}x^2 + x\right]_2^6 = 15 - 3 = 12$

$\Rightarrow A = A_1 - A_2 = \frac{52}{3} - 12 = \mathbf{\frac{16}{3}}$

Fassen wir die Rechnung zusammen, reduziert sich der Aufwand:
Es genügt, das bestimmte Integral über der Differenzfunktion $d = f - g$ zu bestimmen:

$d(x) = f(x) - g(x) = -\frac{1}{2}x^2 + 4x - 6$ mit der Stammfunktion:

$D(x) = -\frac{1}{6}x^3 + 2x^2 - 6x.$

$$A = A_1 - A_2 = \int_2^6 f(x)\,dx - \int_2^6 g(x)\,dx$$

▶ Summenregel für bestimmte Integrale

$$= \int_2^6 (f(x) - g(x))\,dx$$

$$= \int_2^6 \left(\left(-\tfrac{1}{2}x^2 + \tfrac{9}{2}x - 5\right) - \left(\tfrac{1}{2}x + 1\right)\right)dx$$

$$= \int_2^6 \underbrace{\left(-\tfrac{1}{2}x^2 + 4x - 6\right)}_{d(x)}dx = \left[-\tfrac{1}{6}x^3 + 2x^2 - 6x\right]_2^6$$

$$= 0 - \left(-\tfrac{16}{3}\right) = \mathbf{\tfrac{16}{3}}$$

Wir erhalten dasselbe Ergebnis:
Der Inhalt der Fläche beträgt $\frac{16}{3}$ FE.

dx steht für das Differenzial und d(x) für den Funktionsterm der Differenzfunktion.

Auch die nebenstehende Abbildung verdeutlicht, dass der gesuchte Flächeninhalt genau dem der zwischen dem Graphen von d und der x-Achse eingeschlossenen Fläche entspricht:
- Die Grenzen sind gleich: Die Nullstellen von d entsprechen genau den Schnittstellen der Graphen der Funktionen f und g.
- Die Flächen haben an jeder Stelle die gleiche „Höhe".

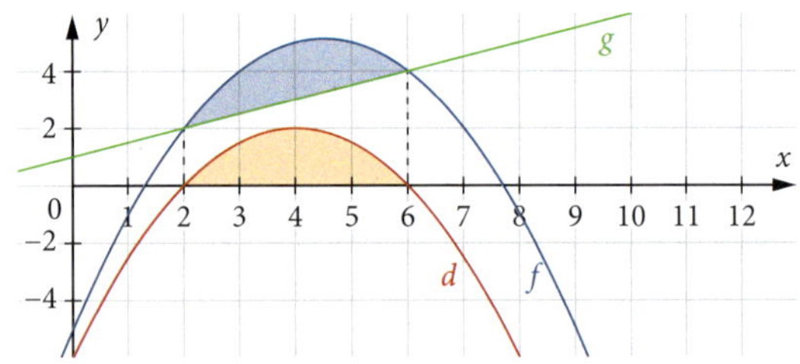

Auch mit der Differenzfunktion $d^* = g - f$ können wir den eingeschlossenen Flächeninhalt bestimmen. Dabei ist aber zu beachten, dass G_{d^*} im Intervall $[2; 6]$ unterhalb der x-Achse verläuft, weil G_f dort über G_g liegt. In diesem Fall müssen wir also den Betrag des bestimmten Integrals verwenden.

$$d^*(x) = g(x) - f(x) = \tfrac{1}{2}x^2 - 4x + 6$$

$$D^*(x) = \tfrac{1}{6}x^3 - 2x^2 + 6x$$

$$A = \left|\int_2^6 \left(\tfrac{1}{2}x^2 - 4x + 6\right)dx\right|$$

$$= \left|\left[\tfrac{1}{6}x^3 - 2x^2 + 6x\right]_2^6\right|$$

$$= \left|0 - \tfrac{16}{3}\right| = \tfrac{16}{3}$$

Allgemein spielt es auch keine Rolle, ob die eingeschlossene Fläche oberhalb, unterhalb oder teilweise oberhalb und teilweise unterhalb der x-Achse liegt.

▶ Man denkt sich die beiden Funktionen g und f dann einfach nach oben verschoben (Addition des Funktionsterms mit einer Konstanten). Durch die Verschiebung ändert sich der Flächeninhalt nicht, da die addierte Konstante bei der Differenzbildung wieder entfällt.

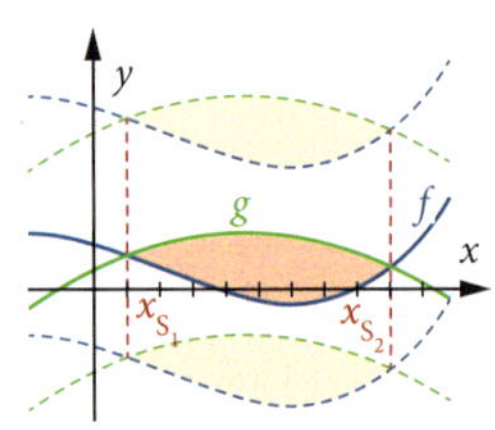

4 Fläche zwischen zwei Funktionsgraphen

GTR CAS

Zeichnen Sie die Fläche, die von den beiden Funktionen f und g mit den Gleichungen $f(x) = -x^2 + 4x + 10$ und $g(x) = x^2 - 6x + 4{,}5$ eingeschlossen wird. Berechnen Sie ihren Inhalt.

Der Zeichnung können wir entnehmen, dass die eingeschlossene grau dargestellte Fläche zum Teil oberhalb und zum Teil unterhalb der x-Achse verläuft. Vom linken bis zum rechten Schnittpunkt der beiden Graphen liegt G_f oberhalb von G_g.

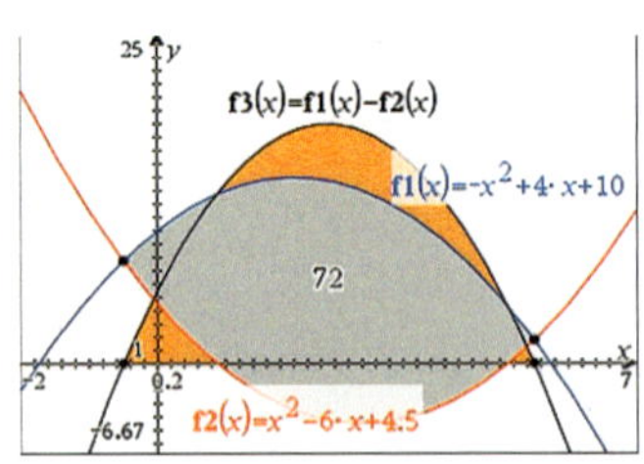

Wir bilden die Differenzfunktion $d(x)$ und ermitteln ihre Nullstellen, die gleichzeitig die Schnittstellen zwischen den beiden Graphen sind.

$$\begin{aligned} d(x) &= f(x) - g(x) \\ &= (-x^2 + 4x + 10) - (x^2 - 6x + 4{,}5) \\ &= -2x^2 + 10x + 5{,}5 \end{aligned}$$

Mit $[-0{,}5;\ 5{,}5]$ kennen wir das Intervall, über dem wir integrieren müssen.

$$d(x_N) = 0 \Leftrightarrow -2x_N^2 + 10x_N + 5{,}5 = 0$$
$$x_{N_1} = -0{,}5;\ x_{N_2} = 5{,}5$$

Wir bilden die Stammfunktion D der Differenzfunktion d und ziehen von dem Wert der Stammfunktion an der oberen Grenze den Wert der Stammfunktion an der unteren Grenze ab.
Die Maßzahl für die Fläche ist dann 72.

$$\begin{aligned} A &= \int_{-0{,}5}^{5{,}5} d(x)\,dx = \int_{-0{,}5}^{5{,}5} (-2x^2 + 10x + 5{,}5)\,dx \\ &= \left[-\tfrac{2}{3}x^3 + 5x^2 + 5{,}5x\right]_{-0{,}5}^{5{,}5} = 70{,}58\overline{3} - (-1{,}41\overline{6}) \\ &= \mathbf{72} \end{aligned}$$

▸ Betragsstriche müssen nicht gesetzt werden, weil in $[-0{,}5;\ 5{,}5]$ G_f oberhalb von G_g liegt.

Bestimmen Sie die Größe der Fläche, die von den Graphen der gegebenen Funktionen f und g umschlossen wird. Zeichnen Sie die Graphen und markieren Sie die Fläche.

a) $f(x) = x^2 - 6x + 5;\ g(x) = x - 1$ b) $f(x) = x^2 - 4;\ g(x) = -0{,}5x^2 + 3x + 0{,}5$

Haben die Graphen zweier Funktionen mehr als zwei Schnittstellen, ergeben sich mehrere Teilflächen, deren Flächeninhalte einzeln berechnet werden müssen.

Mehrere Teilflächen zwischen zwei Graphen

5

Berechnen Sie den Flächeninhalt, den die Graphen der Funktionen f mit $f(x) = 0{,}5x^3 - x^2 - 2{,}5x + 6$ und g mit $g(x) = -1{,}5x^3 + 3x^2 + 7{,}5x - 6$ im Intervall $[-2;\ 3]$ einschließen.

Wie die Abbildung zeigt, schließen die Graphen G_f und G_g zwei Teilflächen ein. Um die Flächeninhalte dieser beiden Teilflächen berechnen zu können, benötigen wir deren Grenzen. Diese sind die Schnittstellen von G_f und G_g bzw. die Nullstellen der Differenzfunktion $d = f - g$.

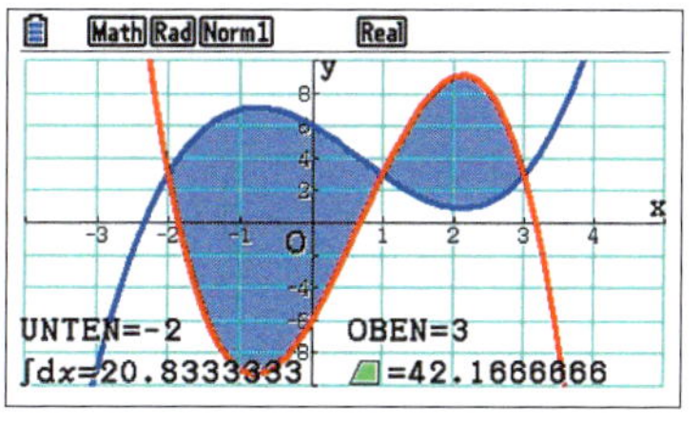

▸ CA In der Anwendung Graph kann das Integral sowie die eingeschlossene Fläche mit dem Befehl G-SOLVE (F5), $\int dx$ (F3), INTSECT (F3) bestimmt werden.

Wir bilden die Differenzfunktion d und ermitteln deren Nullstellen.

$$d(x) = f(x) - g(x) = 2x^3 - 4x^2 - 10x + 12$$
$$d(x_N) = 0 \Leftrightarrow 2x_N^3 - 4x_N^2 - 10x_N + 12 = 0$$
$$x_{N_1} = -2;\ x_{N_2} = 1;\ x_{N_3} = 3$$

Der Flächeninhalt der gesamten eingeschlossenen Fläche ergibt sich als Summe der beiden Teilflächeninhalte A_1 und A_2.
Zu berechnen ist also:

$$A = A_1 + A_2 = \left|\int_{-2}^{1} d(x)\,dx\right| + \left|\int_{1}^{3} d(x)\,dx\right|$$

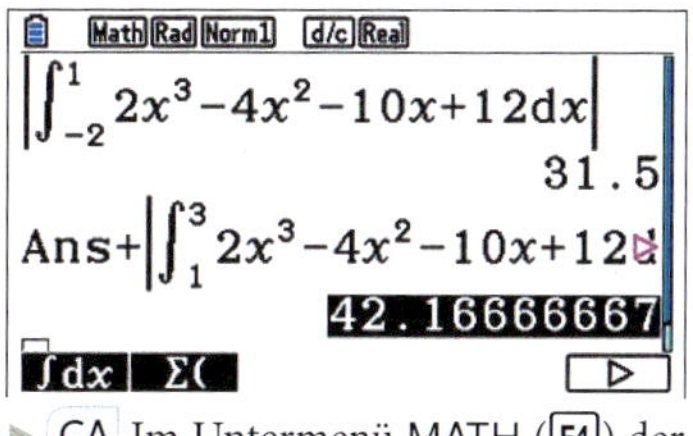

▸ CA Im Untermenü MATH (F4) der Anwendung Run-Matrix (1) finden Sie die benötigten Befehle Abs (F3) und auf der zweiten Seite $\int dx$ (F1).

Die Graphen von f und g schließen eine ungefähr 42,17 Flächeneinheiten große Fläche ein.

Berechnung der **Fläche zwischen den Graphen zweier Funktionen** f und g:

1. Die Differenzfunktion $d = f - g$ bestimmen.
2. Die Nullstellen von d bestimmen.
   ▶ Die Nullstellen von d entsprechen den Schnittstellen von G_f und G_g.
3. Die Fläche bzw. Teilflächen zwischen dem Graphen von d und der x-Achse bestimmen:
   - Gibt es z.B. zwei Nullstellen (Schnittstellen) x_{N_1} und x_{N_2}, so gilt: $A = \left|\int_{x_{N_1}}^{x_{N_2}} d(x)\,dx\right|$.
   - Gibt es z.B. drei Nullstellen (Schnittstellen) x_{N_1}, x_{N_2} und x_{N_3}, so gilt: $A = \left|\int_{x_{N_1}}^{x_{N_2}} d(x)\,dx\right| + \left|\int_{x_{N_2}}^{x_{N_3}} d(x)\,dx\right|$.

Bestimmen Sie die Größe der Fläche, die von den Graphen von f und g umschlossen wird.

a) $f(x) = 0{,}2x^3 - 0{,}4x^2 - 3x;\ g(x) = 1{,}8x$
b) $f(x) = 0{,}1x^3;\ g(x) = 0{,}2x^2 + 0{,}8x$
c) $f(x) = 0{,}1x^3 - 1{,}2x - 0{,}6;\ g(x) = 0{,}1x + 0{,}6$
d) $f(x) = -0{,}25x^4 + 1{,}5x^3 - x^2 - 6x + 8;\ g(x) = 2$

Übungen zu 2.2.1

1. Berechnen Sie den Inhalt der von dem Graphen der gegebenen Funktion f und der x-Achse eingeschlossenen Fläche.

a) $f(x) = x^2 + 3x - 10$
b) $f(x) = x^2 - 2{,}5x + 1{,}5$
c) $f(x) = -x^2 + 5x + 14$
d) $f(x) = 0{,}5x^3 - 4x^2 + 8x$
e) $f(x) = x^3 - 2x^2 - 3x$
f) $f(x) = -0{,}2x^3 - x^2 + 0{,}2x + 1$
g) $f(x) = -0{,}25x^3 + 1{,}5x^2 + x - 6$
h) $f(x) = 0{,}25x^4 - 3{,}25x^2 + 9$
i) $f(x) = \frac{1}{48}x^4 - x^2 + 9$

2. Berechnen Sie den Flächeninhalt der zwischen den Graphen von f und g eingeschlossenen Fläche.

a) $f(x) = x^2 - 6x + 5$ und $g(x) = 2{,}5x - 10$
b) $f(x) = x^2 - 4$ und $g(x) = -x^2 + 14$
c) $f(x) = (x-2)^2$ und $g(x) = -(x-2)^2 + 8$
d) $f(x) = 0{,}1x^3$ und $g(x) = -x^2 + 1{,}1$
e) $f(x) = -3x^2 + 48$ und $g(x) = \frac{x^4 - 17x^2 + 16}{x^2}$

3. Berechnen Sie den Inhalt der ins Unendliche reichenden blauen Fläche A, falls A endlich ist.

a)
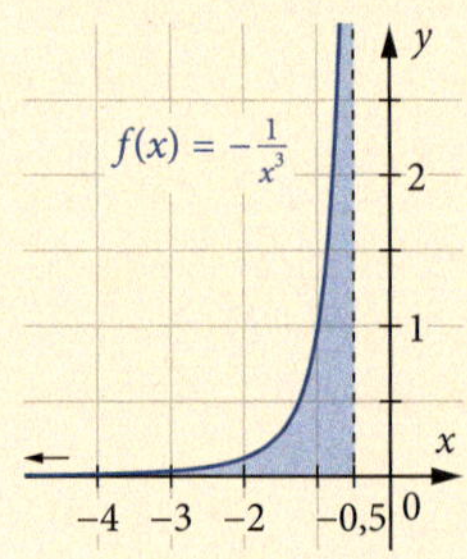

c)
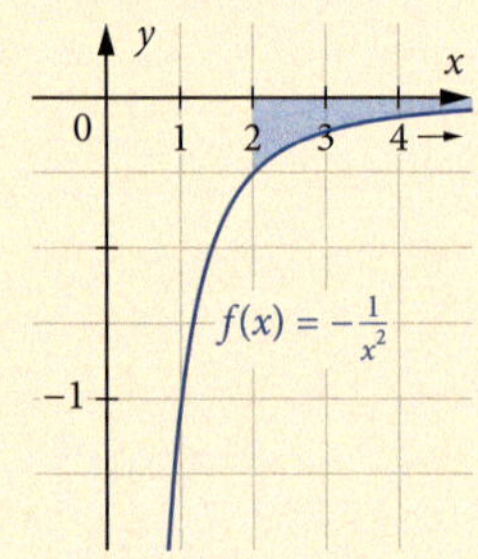

b)
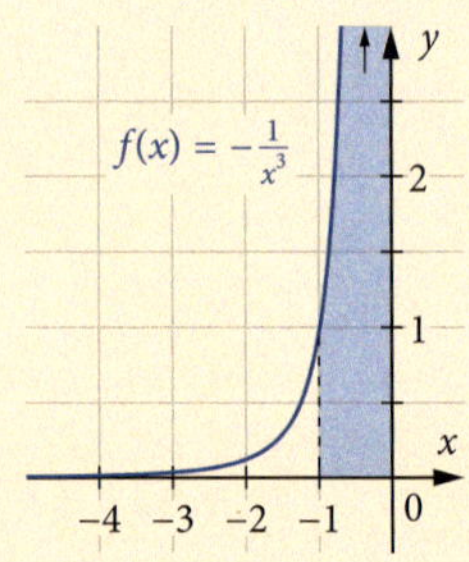

d)
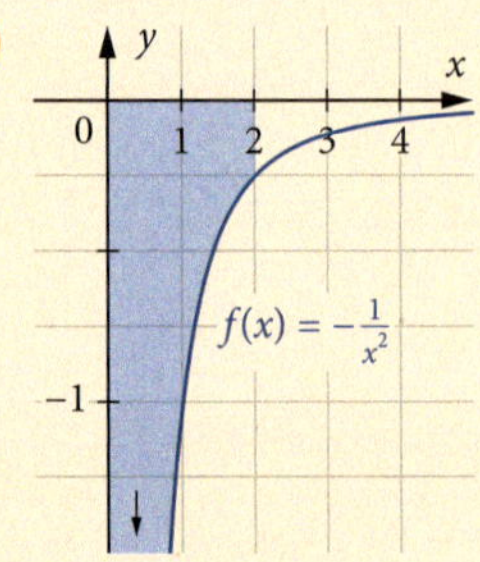

4. Berechnen Sie jeweils die Maßzahl des Inhalts der eingefärbten Fläche. Die Integrationsgrenzen können aus den Zeichnungen abgelesen werden.

a)
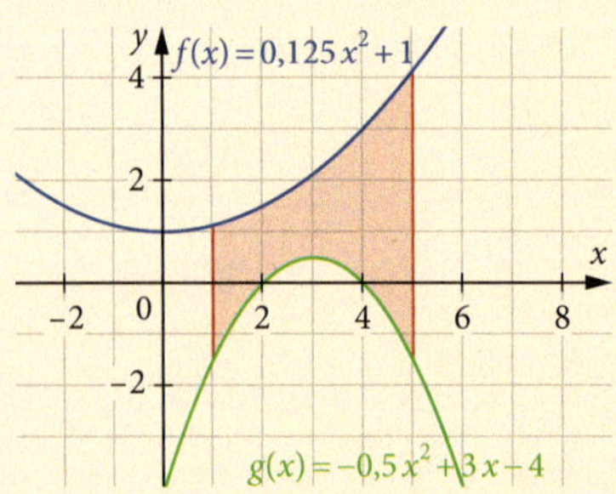

b)
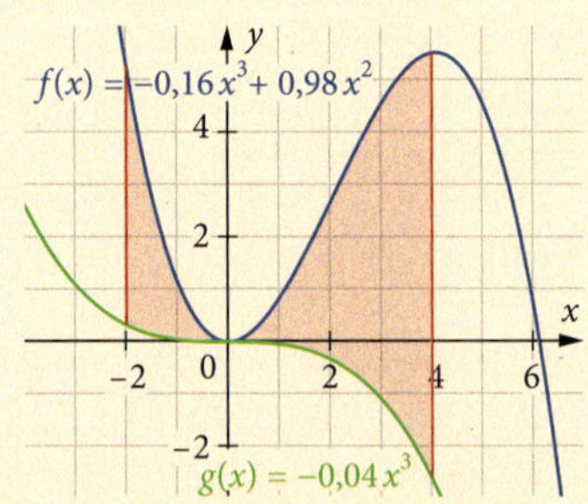

5. Die Humboldt-Universität forscht in Berlin und Brandenburg zu stressbedingten Wachstumsstörungen bei Alleebäumen. Sowohl der Klimawandel mit unterschiedlichen Wässerungsbedingungen als auch die Abgase aus dem Straßenverkehr verändern die Zuwachsraten pro Jahr bei jungen Bäumen.

Die Forscher vermuten, dass die Funktion f mit $f(t) = 0{,}1\,t^3 - 3\,t^2 + 22{,}5\,t$ den Höhenzuwachs $f(t)$ in cm in Abhängigkeit von der Zeit t (in Jahren) für junge Ahornbäume für die ersten sechs Jahre beschreibt.

Als Stressbedingung werden die Bäume bestimmten Abgasen ausgesetzt.

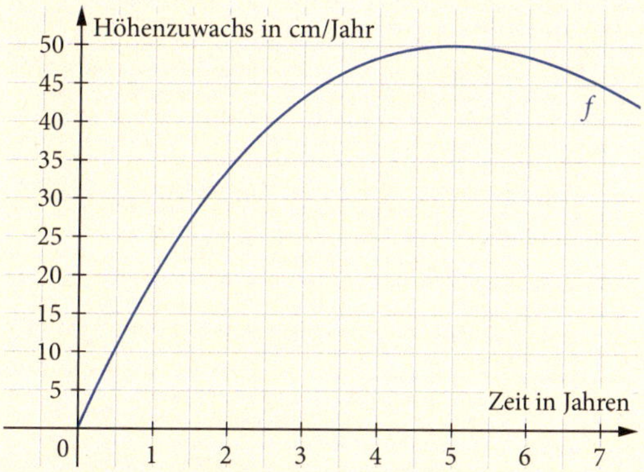

a) Berechnen Sie $f(2)$ und interpretieren Sie diesen Funktionswert im Sachzusammenhang.

b) Erläutern Sie die Bedeutung des Hochpunkts $H(5\,|\,50)$ der Funktion f für die angegebene Sachsituation.

c) Zeigen und erläutern Sie, dass der folgende Term $F(t) = 0{,}025\,t^4 - t^3 + 11{,}25\,t^2 + 20$ die Höhe des Baumes in cm im Jahr t nach der Pflanzung beschreibt. Ermitteln Sie die Höhe des Baumes bei seiner Pflanzung.

d) In einer Untersuchungsallee werden Ahornbäume gepflanzt. Berechnen Sie die voraussichtliche Höhe der Bäume nach 6 Jahren, wenn die vermutete Zuwachsrate zutrifft.

6. Der Querschnitt eines Wassergrabens kann durch die Parabel mit der Gleichung $f(x) = 1{,}125\,x^2 - 0{,}72$ dargestellt werden. Vor einer Brücke soll ein Gitter eingelassen werden, das verhindern soll, dass sperrige Gegenstände unter die Brücke gespült werden und dort stecken bleiben. Der Brückenbogen ist ebenfalls parabelförmig und entspricht dem Graphen zu $g(x) = -0{,}75\,x^2 + 48$.

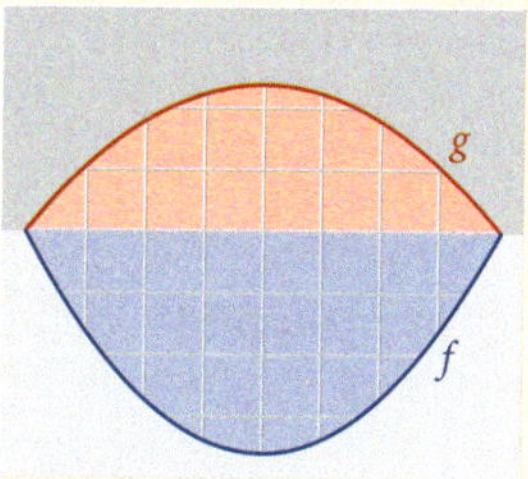

Das Gitter soll bis unter den Brückenbogen reichen. Ermitteln Sie, welchen Flächeninhalt das Gitter mindestens haben muss, wenn es den gesamten Durchlass verschließen soll.

7. Bauer Schulte gehört ein kleines Grundstück, das im Norden durch einen Bachlauf und im Süden durch eine Bundesstraße begrenzt wird, die geradlinig in west-östlicher Richtung verläuft.

Der Bachlauf kann etwa durch den Graphen der Funktion f mit $f(x) = \frac{18}{x^2} + 40$ dargestellt werden (Angaben in m).

Die Grundstückgrenzen im Westen und im Osten verlaufen senkrecht zur Bundesstraße. Im Westen ist die Grenze genau 112 m, im Osten genau 40,045 m lang.

Die Bundesstraße soll zur Bundesautobahn ausgebaut werden. Dazu wird ein 20 m breiter Streifen von diesem Grundstück benötigt. Herr Schulte wäre bereit, den für den Straßenbau benötigten Grundstücksteil zu verkaufen, wenn durch den Verkauf sein Grundstück noch mindestens die Hälfte der ursprünglichen Fläche hätte.

Ermitteln Sie, ob es unter dieser Bedingung zu einem Verkauf kommen könnte.

8. Gegeben sind die zwei Funktionen f und g mit $f(x) = -0{,}25\,x^3 + x^2$ und $g(x) = -0{,}25\,x^3 + x^2 + 1$ sowie die Funktion h mit $h(x) = -0{,}25\,x^3 + x^2 + 3$.
Gesucht ist die Fläche, die von der x-Achse und dem Graphen von f, g bzw. h jeweils über dem Intervall $[0; 4]$ umschlossen wird.

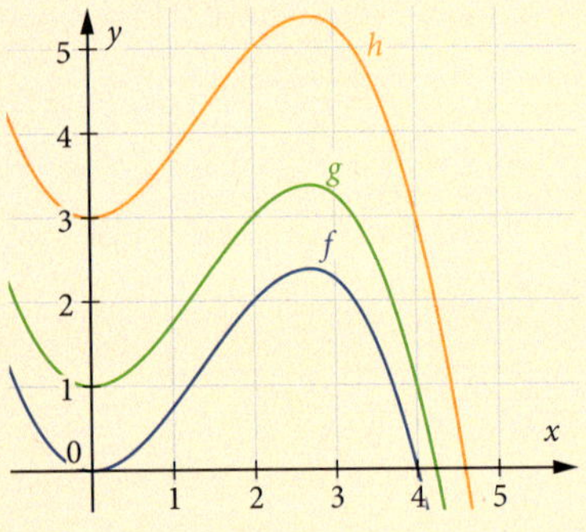

a) Begründen Sie anhand der Abbildung, um welchen Betrag sich die Maßzahlen unterscheiden.
b) Berechnen Sie die Größe der drei Flächen und vergleichen Sie die Ergebnisse.

9. Direkt hinter der Brücke vom schwedischen Festland auf die Insel Öland gibt es ein Wasserparadies, in dem man auf einer Rutsche wie auf einer Skischanze in die Ostsee brettern kann.

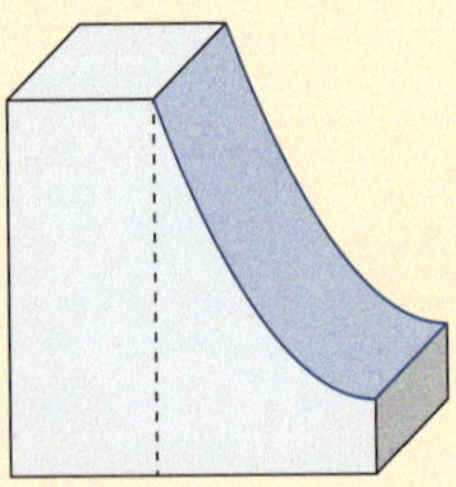

Der Aufstiegsturm für die Rutsche ist eine Rechtecksäule von fünf Metern Höhe und mit einer quadratischen Grundfläche von zwei Metern Seitenlänge.
Die Rutsche fällt parabelförmig wie der Graph der Funktion f mit $f(x) = \frac{4}{9}x^2 - \frac{8}{3}x + 5$ und endet einen Meter über der Wasseroberfläche.
Für den Anstrich des Turms will ein Unternehmen einen Kostenvoranschlag machen. Dazu muss die zu streichende Fläche berechnet werden. Gesucht sind also die Inhalte der drei Seitenflächen und der oberen Grundfläche des Turms sowie die drei senkrechten Seiten der Rutsche.
Ermitteln Sie die gesamte Anstrichfläche.

10. Eine Gärtnerei hat aufgrund eines Unwetters einen Schaden an der Rückwand ihres tunnelförmigen Gewächshauses und muss die Fläche wieder verkleiden. Zu diesem Zweck soll ausgerechnet werden, wie groß die Fläche der Rückwand ist. Der parabelförmige Rand der Rückwand verläuft wie der Graph der Funktion f mit $f(x) = -0{,}5\,(x-2)^2 + 2$; der Boden kann beschrieben werden durch die Gleichung $y = 0$.

11. Im Zuge einer Gartengestaltung soll u.a. ein Teich angelegt werden, der das unten stehende Aussehen hat: Die gekrümmten Ränder können durch die Parabeln f_1 und f_2 mit $f_1 = -0{,}5\,(x-2)^2 + 2$ und $f_2 = 0{,}5\,(x-2)^2 - 2$ wiedergegeben werden, an die sich an den Stellen $x = 1$ und $x = 3$ Geraden anschließen, wobei der Anschluss mit derselben Steigung erfolgt, die dort auch die Parabeln haben.

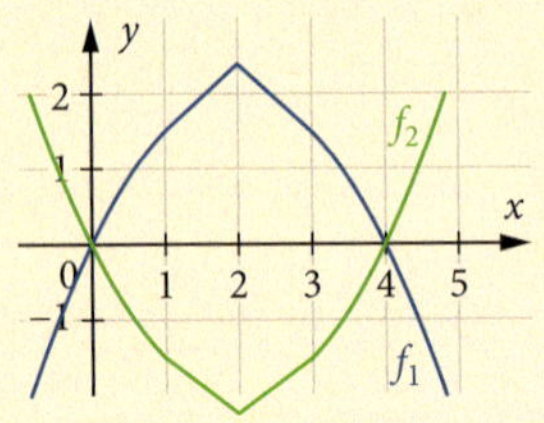

Ermitteln Sie die Teichoberfläche.

12. Die Graphen der beiden Funktionen f und g mit $f(x) = 2x^3 + 6x^2 - 10x - 15$ und $g(x) = -x^3 - 6x^2 + 11x + 15$ umschließen zwei Flächen wie auf der Zeichnung dargestellt.

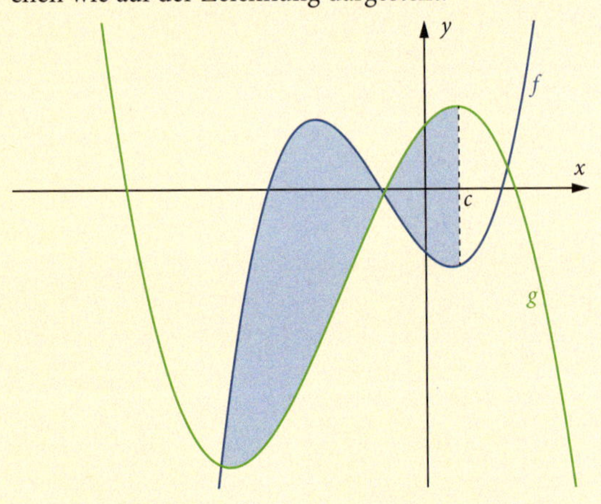

Ermitteln Sie den Wert für c, damit der Inhalt der markierten Fläche
a) 176,25 FE und
b) 212 FE beträgt.

2.2.2 Volumenberechnungen

Im täglichen Leben begegnet man häufig geometrischen Körpern, z.B. Zylindern (Konservenbüchsen) oder Kegeln (Eistüten).
Die Integralrechnung ermöglicht nun nicht nur die Flächenberechnung, sondern auch die Berechnung von Rauminhalten, also der Volumina solcher Körper. Dabei stellen wir uns die Körper als Rotationskörper vor, die z.B. durch Drehung einer Fläche um die x-Achse entstehen.

Zylinder als Rotationskörper

6

Gegeben ist die Funktion f mit $f(x) = 3$.
Bestimmen Sie das Volumen des Zylinders, der entsteht, wenn man die Fläche zwischen dem Graphen von f und der x-Achse über dem Intervall $[0; 6]$ um die x-Achse rotieren lässt.

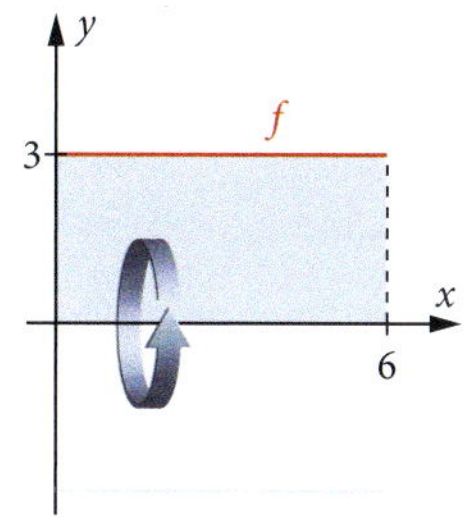

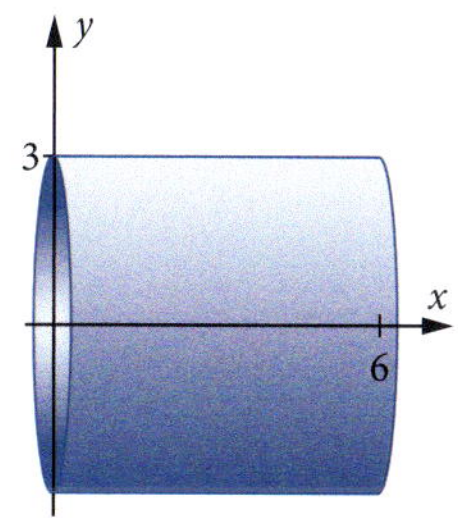

Wir erhalten einen Zylinder mit dem Radius 3 (LE) und der Höhe 6 (LE).
Mithilfe der Formel $V_Z = \pi \cdot r^2 \cdot h$ bestimmen wir das Volumen des Zylinders.
Es beträgt ca. 169,65 Volumeneinheiten (VE).

$V_Z = \pi \cdot r^2 \cdot h$ ▸ $r = f(x)$
$= \pi \cdot 3^2 \cdot 6$
$\approx$ **169,65** (VE)

Die Höhe h entspricht x, der Radius r entspricht $f(x)$.

Kegel als Rotationskörper

7

Gegeben ist die Funktion f mit $f(x) = 0{,}5\,x$.
Bestimmen Sie das Volumen des Kegels, der entsteht, wenn man die Fläche zwischen dem Graphen von f und der x-Achse über dem Intervall $[0; 4]$ um die x-Achse rotieren lässt.

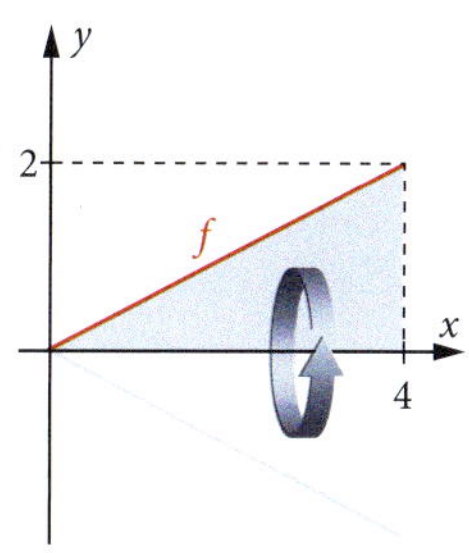

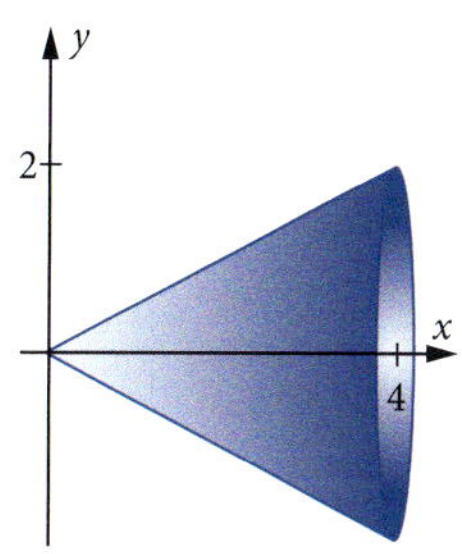

Der Kegel hat einen Grundkreis mit dem Radius 2 (LE) und die Höhe 4 (LE).
Mithilfe der Formel $V_K = \frac{1}{3} \cdot \pi \cdot r^2 \cdot h$ bestimmen wir das Volumen des Kegels. Es beträgt ca. 16,76 Volumeneinheiten (VE).

$V_K = \frac{1}{3} \cdot \pi \cdot r^2 \cdot h$ ▸ $r = f(4)$
$= \frac{1}{3} \cdot \pi \cdot 2^2 \cdot 4$
$\approx$ **16,76** (VE)

In den Beispielen 6 und 7 konnten wir die Volumina mit bekannten Formeln berechnen. Viele Rotationskörper weisen jedoch komplexere geometrische Formen auf. Ähnlich wie bei der Flächenberechnung können wir mithilfe der Integralrechnung auch das Volumen solcher komplexeren Körper berechnen.

8 Herleitung einer Volumenformel für Rotationskörper (um die x-Achse)

Lässt man die Fläche zwischen dem Graphen einer Funktion f und der x-Achse über dem Intervall $[a; b]$ rotieren, entsteht ein Rotationskörper.
Entwickeln Sie eine Formel für das Volumen dieses Rotationskörpers.

Ähnlich wie bei der Berechnung des Flächeninhalts der zwischen dem Graphen einer Funktion f und der x-Achse gelegenen Fläche, nähern wir das Volumen des Rotationskörpers zunächst an. Zum besseren Verständnis stellen wir die näherungsweise Flächen- der Volumenberechnung gegenüber. In beiden Fällen unterteilen wir das Intervall $[a; b]$ in n Teilintervalle der Länge Δx.

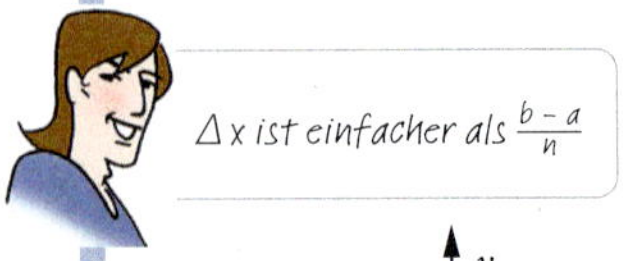

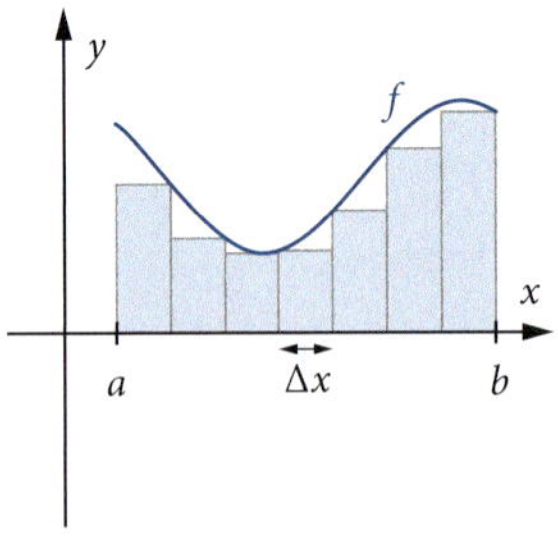

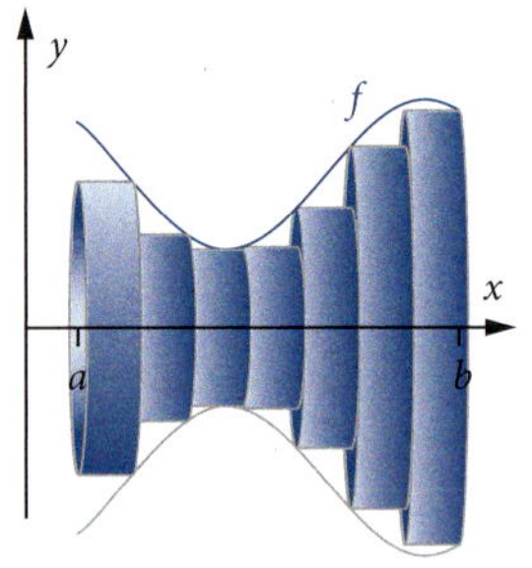

Die eingeschlossene Fläche können wir durch n Rechtecke abschätzen, die alle die Breite Δx besitzen. Die Höhe des i-ten Rechtecks entspricht dem Funktionswert $f(x_i)$ an der entsprechenden Stelle x_i.

Der Flächeninhalt des i-ten Rechtecks beträgt:
$A_i = \text{Höhe} \cdot \text{Breite} = f(x_i) \cdot \Delta x$

Insgesamt erhalten wir als Annäherung:

$$A \approx \sum_{i=1}^{n} f(x_i) \cdot \Delta x$$

Lassen wir die Anzahl n der Rechtecke gegen unendlich gehen, so strebt die Summe gegen das bestimmte Integral von $f(x)$ in den Grenzen von a bis b.

Für den Flächeninhalt gilt also:

$$A = \int_a^b f(x)\,dx.$$

Das Volumen können wir mithilfe von n Zylindern abschätzen, die alle die Höhe Δx besitzen. Der Radius des i-ten Zylinders entspricht dem Funktionswert $f(x_i)$ an der entsprechenden Stelle x_i.

Das Volumen der i-ten Zylinderscheibe beträgt:
$V_i = \pi \cdot r^2 \cdot h = \pi \cdot [f(x_i)]^2 \cdot \Delta x$

Insgesamt erhalten wir als Annäherung:

$$V \approx \sum_{i=1}^{n} \pi \cdot [f(x_i)]^2 \cdot \Delta x = \pi \cdot \sum_{i=1}^{n} [f(x_i)]^2 \cdot \Delta x$$

Lassen wir die Anzahl n der Zylinderscheiben gegen unendlich gehen, so strebt die Summe gegen das bestimmte Integral von $\pi \cdot [f(x)]^2$ in den Grenzen von a bis b. Für das Rotationsvolumen gilt somit:

$$V = \pi \cdot \int_a^b [f(x)]^2\,dx.$$

9 Anwendung der Volumenformel – Kegel

Berechnen Sie das Volumen des Kegels aus Beispiel 7 mithilfe der Volumenformel.

Wir quadrieren den Funktionsterm von f.
Anschließend ermitteln wir das bestimmte Integral für f^2 und multiplizieren den Wert mit π.
Das Ergebnis bestätigt das in Beispiel 7 berechnete Volumen.

$$V = \pi \cdot \int_a^b [f(x)]^2\,dx \qquad \blacktriangleright f(x) = \tfrac{1}{2}x;\ I = [0; 4]$$

$$= \pi \cdot \int_0^4 \left[\tfrac{1}{2}x\right]^2 dx = \pi \cdot \int_0^4 \tfrac{1}{4}x^2\,dx$$

$$= \pi \cdot \left[\tfrac{1}{12}x^3\right]_0^4 = \pi \cdot \tfrac{1}{12}(64 - 0) \approx \mathbf{16{,}76}$$

Anwendung der Volumenformel – Rotationskörper

10

Berechnen Sie das Volumen des Rotationskörpers, der durch Rotation der zwischen dem Graphen der reellen Funktion f mit $f(x) = x^3 - x^2 - 2x$ und der x-Achse eingeschlossenen Fläche entsteht.

Zunächst ermitteln wir die Nullstellen von f, indem wir die Gleichung $x^3 - x^2 - 2x = 0$ durch Ausklammern von x und dann mithilfe der p-q-Formel lösen.

$f(x_N) = 0$
$\Leftrightarrow x_N^3 - x_N^2 - 2x_N = 0$ ▸ x_N ausklammern
$\Leftrightarrow x_N(x_N^2 - x_N - 2) = 0$ ▸ Satz vom Nullprodukt
$\Leftrightarrow x_N = 0$ oder $x_N^2 - x_N - 2 = 0$
$\Rightarrow x_{N_1} = 0$
$x_N^2 - x_N - 2 = 0$ ▸ p-q-Formel
$x_{N_{2,3}} = -\left(-\frac{1}{2}\right) \pm \sqrt{\left(-\frac{1}{2}\right)^2 - (-2)}$
$\Rightarrow x_{N_2} = -1;\ x_{N_3} = 2$

Wir erhalten die drei Nullstellen −1, 0 und 2.

Der Rotationskörper liegt also über dem Intervall [−1; 2].

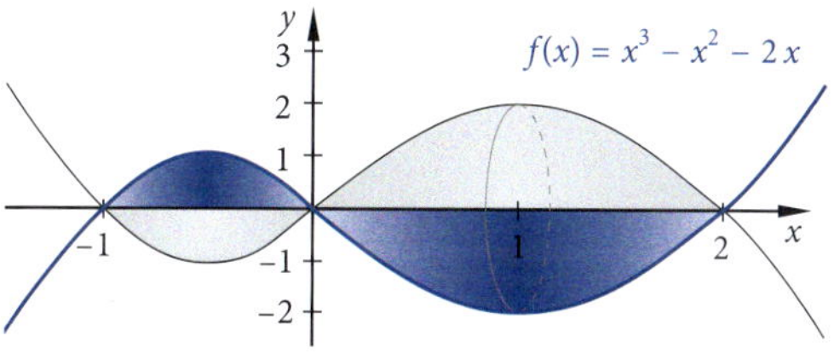

Wir berechnen das Volumen mithilfe der Formel $V = \pi \cdot \int_a^b [f(x)]^2\,dx$.

Dafür quadrieren wir zunächst den Term von f und ermitteln eine Stammfunktion F zu f^2.

$f(x) = x^3 - x^2 - 2x$
$[f(x)]^2 = (x^3 - x^2 - 2x)^2 = x^6 - 2x^5 - 3x^4 + 4x^3 + 4x^2$
$F(x) = \frac{1}{7}x^7 - \frac{1}{3}x^6 - \frac{3}{5}x^5 + x^4 + \frac{4}{3}x^3$
▸ Stammfunktion zu f^2

$V = \pi \cdot \int_a^b [f(x)]^2\,dx = \pi \cdot [F(x)]_a^b$
$= \pi \cdot \left[\frac{1}{7}x^7 - \frac{1}{3}x^6 - \frac{3}{5}x^5 + x^4 + \frac{4}{3}x^3\right]_{-1}^{2}$
$= \pi \cdot \left(\frac{464}{105} - \left(-\frac{22}{105}\right)\right) \approx$ **14,54**

Das Volumen des Rotationskörpers beträgt ca. 14,54 Volumeneinheiten.

Mit dem GTR/CAS kann das Volumen V des Rotationskörpers direkt berechnet werden. Zuerst müssen wir aber die Grenzen des Integrals a, b bestimmen und dafür die Nullstellen der Funktion $f(x)$ berechnen.

$\pi \times \int_{-1}^{2} (x^3 - x^2 - 2x)^2\,dx$
$\frac{162}{35}\pi$

Wird die Fläche unter dem Graphen einer Funktion f über einem Intervall $[a; b]$ um die **x-Achse** gedreht, so entsteht ein **Rotationskörper** mit dem Volumen $V = \pi \cdot \int_a^b [f(x)]^2\,dx$.

Berechnen Sie das Rotationsvolumen, das bei einer Rotation der Fläche zwischen dem Graphen von f und der x-Achse über dem Intervall [0; 4] entsteht.
a) $f(x) = \sqrt{x}$
b) $f(x) = \sqrt{x} + 1$

Ähnlich wie bei der Rotation um die x-Achse, können wir das Volumen eines Körpers ermitteln, der dadurch entsteht, dass der Graph einer Funktion um die y-Achse rotiert.

Dabei liegt der Radius in Richtung der x-Achse und die Höhe in Richtung der y-Achse. Entsprechend müssen wir in Richtung der y-Achse integrieren.
Analog zur Rotation um die x-Achse berechnen wir die Maßzahl für das Volumen mit der Formel

$$V = \pi \cdot \int_{y=a}^{y=b} [x(y)]^2\, dy.$$

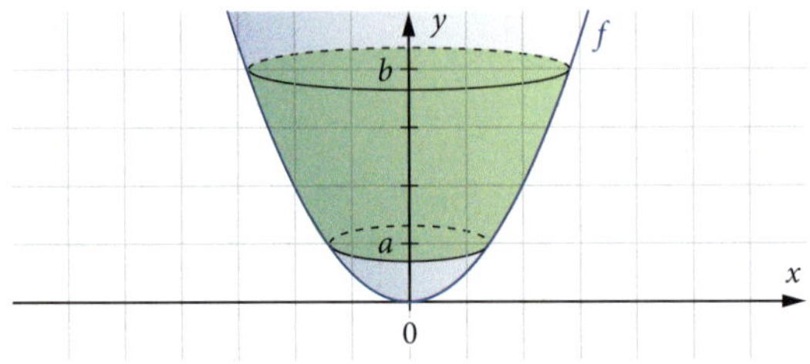

11 Rotation um die y-Achse

Berechnen Sie das Volumen des Rotationskörpers, der entsteht, wenn der rechte Ast der Normalparabel mit dem Scheitelpunkt $(0|2)$ bis zur Höhe $y = 9$ um die y-Achse rotiert.

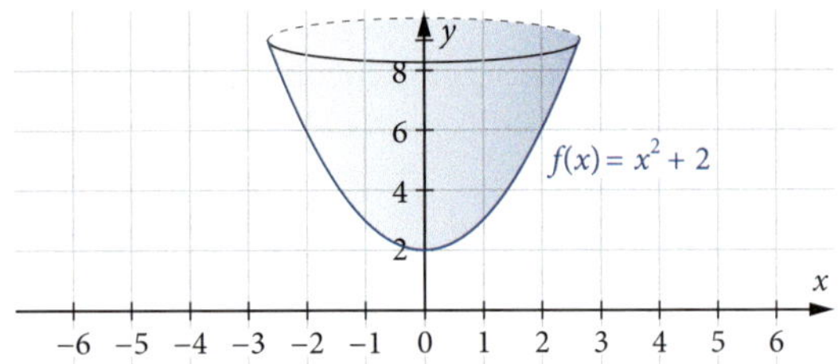

Die Normalparabel mit dem Scheitelpunkt $(0|2)$ hat die Gleichung $f(x) = x^2 + 2$. Wir betrachten nur den rechten Ast: $x \geq 0$. Für die Integration benötigen wir x bzw. x^2 in Abhängigkeit von y.
Deshalb lösen wir die Parabelgleichung nach x bzw. x^2 auf und erhalten $x^2 = y - 2$.
Eine Stammfunktion bei Integration über y ist dann $\overline{F}(y) = \frac{1}{2}y^2 - 2y$.

$f(x) = x^2 + 2$ bzw. $y = x^2 + 2$ mit $x \geq 0$

$\Rightarrow\ x = \sqrt{y-2}$ ▸ Umkehrfunktion $\overline{f}(y) = x(y)$

$\Rightarrow\ x^2 = y - 2$

$\overline{F}(y) = \frac{1}{2}y^2 - 2y$ ▸ Stammfunktion von $\overline{f}^2$

Die untere Integrationsgrenze ist bei der nach oben geöffneten Parabel die y-Koordinate des Scheitelpunkts; die obere Integrationsgrenze ist die im Aufgabentext gegebene Höhe 9.
Das Volumen des Rotationskörpers beträgt ca. 77 Volumeneinheiten.

$$V = \pi\int_2^9 [x(y)]^2\, dy = \pi\int_2^9 (y-2)\, dy$$
$$= \pi \cdot \left[\tfrac{1}{2}y^2 - 2y\right]_2^9 = \tfrac{49}{2}\pi \approx \mathbf{77}$$

Ist f eine im Intervall $[a;\, b]$ definierte Funktion mit der Umkehrfunktion $\overline{f}$, dann erzeugt die Fläche zwischen G_f und der **y-Achse** einen **Rotationskörper**, für dessen Volumen gilt:

$$V = \pi \cdot \int_{f(a)}^{f(b)} \left[\overline{f}(y)\right]^2 dy.$$

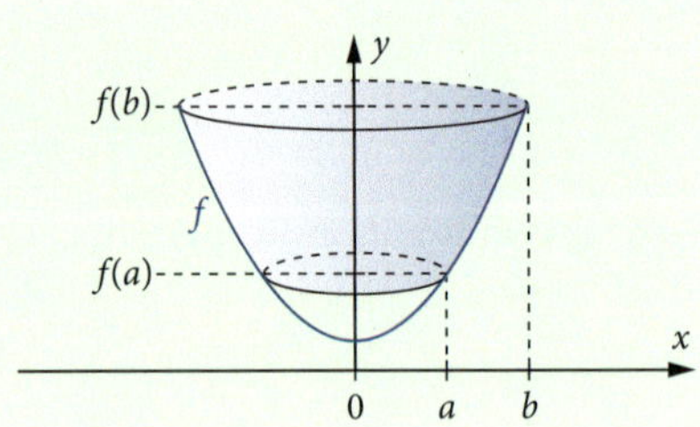

Berechnen Sie das Volumen des Körpers, der entsteht, wenn die Parabel mit der Gleichung $f(x) = x^2 - 3$ im Intervall $-3 \leq y \leq 2$ um die y-Achse rotiert.

Übungen zu 2.2.2

1. Ermitteln Sie das Volumen des Körpers, der durch Rotation der von dem Graphen von f und der x-Achse eingeschlossenen Fläche entsteht. Berechnen Sie dazu zunächst die Nullstellen von f.

a) $f(x) = x^2 - 4$

b) $f(x) = 0{,}5x^3 - 2x^2$

c) $f(x) = -0{,}5x^3 + x^2 + 1{,}5x$

d) $f(x) = 0{,}5x^3 + 4x^2 - 0{,}5x - 4$

2. Ermitteln Sie das Volumen des Körpers, der durch Rotation der von dem Graphen von f und der x-Achse über dem Intervall $[a; b]$ eingeschlossenen Fläche um die x-Achse entsteht.

a) $f(x) = -6\sqrt{x}$; $a = 0$; $b = 9$

b) $f(x) = \frac{1}{x^2}$; $a = -2$; $b = -0{,}25$

c) $f(x) = \frac{1}{\sqrt{x}}$; $a = 1$; $b = 9$

d) $f(x) = -2x^2 + 4x - \frac{4}{x^2}$; $a = 1$; $b = 2$

e) $f(x) = \frac{1}{x^2} + \sqrt{x}$; $a = 0{,}5$; $b = 5$

3. Berechnen Sie das Volumen des Körpers, der entsteht, wenn die durch die Gleichung gegebene Parabel um die y-Achse rotiert. Dabei soll jeder Rotationskörper vom Scheitelpunkt aus eine senkrechte Ausdehnung von 6 Einheiten haben.

a) $y = 0{,}5x^2 + 3$

b) $y = -2x^2 + 1$

c) $y = -0{,}3x^2 - 3$

d) $y = 2x^2 - 4$

e) $y = x^2$

4. Ermitteln Sie das Volumen des Körpers, der durch Rotation der von den Graphen von f und g eingeschlossenen Fläche um die x-Achse entsteht.

a) $f(x) = x^2 + 4x$; $g(x) = 2x^2 - 4x + 12$

b) $f(x) = x^3 + 3x^2 - 4x - 10$; $g(x) = -x^2 + 6$

5. Leiten Sie das Volumen einer Kugel mit dem Radius r her, indem Sie einen Halbkreis

a) um die x-Achse,

b) um die y-Achse rotieren lassen.

6. Berechnen Sie durch Integration das Volumen eines Kegelstumpfs, der einen Grundkreis mit einem Radius von 2 m und einen oberen Kreis mit einem Radius von 1 m hat.

7. Lässt man die Fläche zwischen der Funktion f mit $f(x) = \frac{1}{9}x^2 - c$; $c > 0$ und der x-Achse um die y-Achse rotieren, dann entsteht ein Körper in der Form einer Schale. Berechnen Sie den Wert für c so, dass das Volumen der Schale 162π VE beträgt.

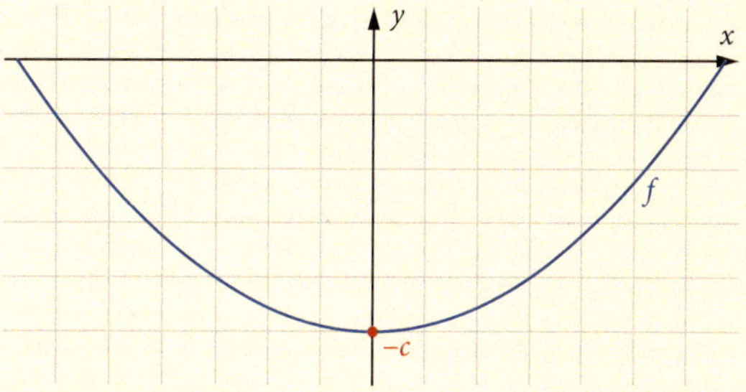

8. Bestimmen Sie das Volumen einer Düse, deren Mantellinie durch die Funktion f mit $f(x) = 0{,}125x^2 + 2$; $D_f = [0; 3]$ wiedergegeben ist.

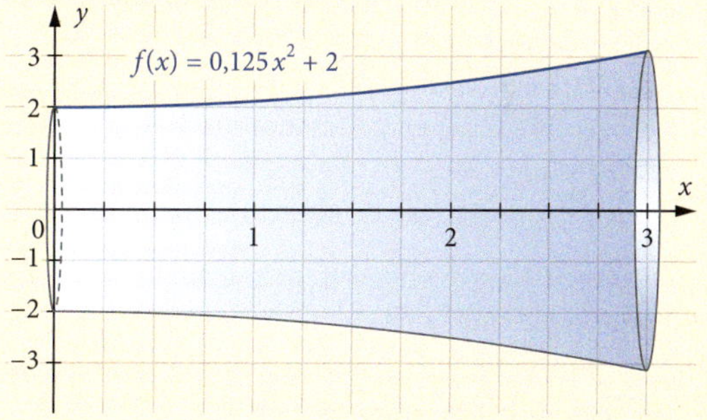

9. Bestimmen Sie das Volumen eines Kühlturms mit der Form eines einschaligen Hyperboloids, dessen Mantellinie durch den Graphen von y mit $y^2 = \frac{121}{9}(x^2 - 81)$ wiedergegeben wird.

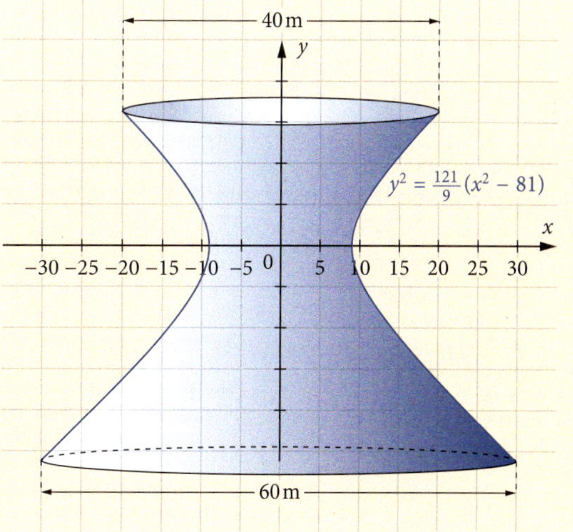

2.2.3 Anwendungen in der Ökonomie

In den Wirtschaftswissenschaften wird die Integralrechnung als mathematisches Handwerkszeug u. a. bei der Ermittlung der Konsumenten- und Produzentenrente verwendet, beim Schluss von Änderungsraten einer wirtschaftlichen Größe (z.B. Grenzkosten) auf die Gesamtgröße (z.B. Kosten) und bei der Berechnung einer Größe nach Ablauf einer bestimmten Zeit, wenn die Entwicklung während dieser Zeit bekannt ist.

Konsumenten- und Produzentenrente

12 Individuelle Konsumentenrente

Herr Adam (A), Frau Braun (B) und Frau Celik (C) möchten auf dem Wochenmarkt je eine Schale Erdbeeren erwerben. Herr Adam ist bereit, dafür bis zu 6 € zu bezahlen, Frau Braun höchstens 5 € und Frau Celik höchstens 4 €.
Alle drei freuen sich, dass der Marktpreis p_G lediglich 3 € beträgt. Damit kommt Herr Adam 3 € günstiger weg, als er bereit gewesen wäre zu zahlen. Diesen Betrag nennt man die **individuelle Konsumentenrente** von Herrn Adam. Sie ist zwar nur fiktiv, aber Herr Adam könnte ja den Betrag von 3 € für einen anderen Kauf ausgeben.
Da Frau Braun bereit gewesen wäre, 5 € für die Schale Erdbeeren auszugeben, beträgt ihre individuelle Konsumentenrente 2 € (= 5 € − 3 €). Und selbst Frau Celik erzielt noch eine individuelle Konsumentenrente von 1 € (= 4 € − 3 €).
Veranschaulichen Sie den beschriebenen Sachverhalt in einer Grafik.

In einem Koordinatensystem tragen wir die Zahlungsbereitschaft der drei Personen mit p_{ZA}, p_{ZB} und p_{ZC} sowie den Marktpreis mit p_G gegen die nachgefragte bzw. verkaufte Menge x ab.

▸ x = Anzahl Schalen

▸ Da sowohl die Preise, die die Kunden zu zahlen bereit sind, als auch der Marktpreis unabhängig von der Anzahl der gekauften Schalen sind, verlaufen alle vier Graphen parallel zur x-Achse.

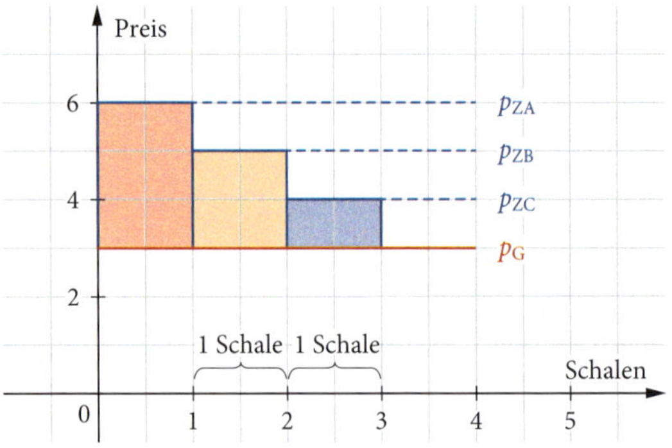

Dann entspricht der Inhalt der Rechteckflächen zwischen dem Marktpreis und dem Preis, den die Personen für eine Schale höchstens bereit gewesen wären zu zahlen, jeweils den individuellen Konsumentenrenten.

KR_A = 1 Schale · (6 €/Schale − 3 €/Schale) = **3 €**
▸ rotes Rechteck

KR_B = 1 Schale · (5 €/Schale − 3 €/Schale) = **2 €**
▸ oranges Rechteck

KR_C = 1 Schale · (4 €/Schale − 3 €/Schale) = **1 €**
▸ blaues Rechteck

Die gesamte Konsumentenrente KR aller drei Personen ist die Summe aus den Inhalten aller drei Rechteckflächen. Wenn jede Person eine Schale kauft, beträgt die gesamte Konsumentenrente 6 €.

KR = 3 € + 2 € + 1 € = **6 €**

Geht man von der individuellen (mikroökonomischen) zur volkswirtschaftlichen (makroökonomischen) Betrachtung über, dann werden alle individuellen Nachfragen nach Erdbeeren zusammengefasst. Diese zusammengefasste (aggregierte) Nachfrage kann dann durch die Nachfragefunktion p_N wiedergegeben werden. Das auf der Anbieterseite zusammengefasste Angebot wird durch die Angebotsfunktion p_A beschrieben.
Entspricht die Menge des Angebots genau der Nachfragemenge, so herrscht **Marktgleichgewicht**. Der Preis im Marktgleichgewicht, also der **Gleichgewichtspreis** p_G, liegt im Schnittpunkt der Graphen der Angebotsfunktion p_A und der Nachfragefunktion p_N.

Konsumentenrente

13

Die gesamte Nachfrage in einer Volkswirtschaft nach Erdbeeren wird wiedergegeben durch die lineare Nachfragefunktion p_N mit $p_N(x) = -x + 9$. Das gesamte Angebot wird durch die lineare Angebotsfunktion p_A mit $p_A(x) = \frac{1}{3}x + 1$ beschrieben. In beiden Funktionsgleichungen steht x für Mengeneinheiten von Erdbeerschalen und p für den Preis in GE pro ME.
Berechnen Sie die Konsumentenrente.

Im Schnittpunkt der Graphen der Nachfragefunktion p_N und der Angebotsfunktion p_A liegt das Marktgleichgewicht.

Zur Berechnung setzen wir die Terme der beiden Funktionen gleich und erhalten die Gleichgewichtsmenge $x_G = 6$ ME. Setzen wir diesen Wert in eine der beiden Funktionen ein, ergibt sich der zugehörige Gleichgewichtspreis p_G in Höhe von 3 GE pro ME.

Marktgleichgewicht:

$p_N(x_G) = p_A(x_G)$

$\Leftrightarrow \quad -x_G + 9 = \frac{1}{3}x_G + 1$

$\Leftrightarrow \quad x_G = \mathbf{6}$

$\Rightarrow \quad p_G = p_N(6) = p_A(6) = \mathbf{3}$

Die **Konsumentenrente** *KR* ist dann der Inhalt der Fläche, die vom Graphen von p_N, der Parallelen durch den Gleichgewichtspreis p_G und der y-Achse eingeschlossen wird.
▸ blaue Fläche

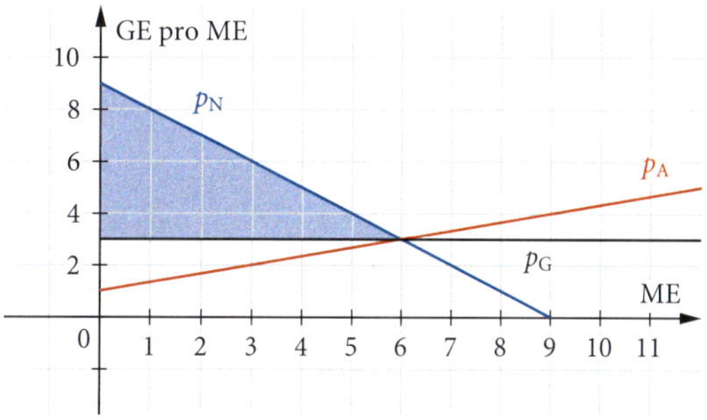

Den Flächeninhalt kann man mithilfe des bestimmten Integrals der Differenzfunktion $p_N - p_G$ in den Grenzen 0 bis 6 berechnen.

$$KR = \int_0^{x_G} (p_N(x) - p_G)\,dx$$

$$= \int_0^6 (-x + 9 - 3)\,dx = \int_0^6 (-x + 6)\,dx$$

$$= \left[-0{,}5\,x^2 + 6\,x\right]_0^6$$

$$= \mathbf{18}$$

Die Konsumentenrente beträgt 18 GE.

1. Ermitteln Sie zur Nachfragefunktion p_N mit $p_N(x) = -0{,}5\,x + 40$ und Angebotsfunktion p_A mit $p_A(x) = 0{,}2\,x + 5$ die Konsumentenrente.

2. Am 28. Juli wurden auf einem Schlachthof in Niedersachsen 3 Tonnen Rinderfilet zu einem Preis von 17,50 € pro kg angeboten und nachgefragt. Die Angebotskurve der Verkäufer konnte durch die Funktion p_A mit $p_A(x) = a\,x^2 + x + 10$ und die Nachfragekurve der Käufer durch die Funktion p_N mit $p_N(x) = -0{,}5\,(x + 2)^2 + c$ angenähert werden. Ermitteln Sie die Konsumentenrente auf diesem Markt.

Der Konsumentenrente steht auf der Anbieterseite die **Produzentenrente** gegenüber. Darunter versteht man die Differenz zwischen dem Gleichgewichtspreis p_G und dem Preis, zu dem die Anbieter aufgrund ihrer günstigen Kostenstruktur noch bereit wären, ein Gut herzustellen und anzubieten.
Analog zur Konsumentenrente entspricht die Produzentenrente dem Inhalt der Fläche, die zwischen der Parallelen durch den Gleichgewichtspreis und der Angebotskurve liegt.

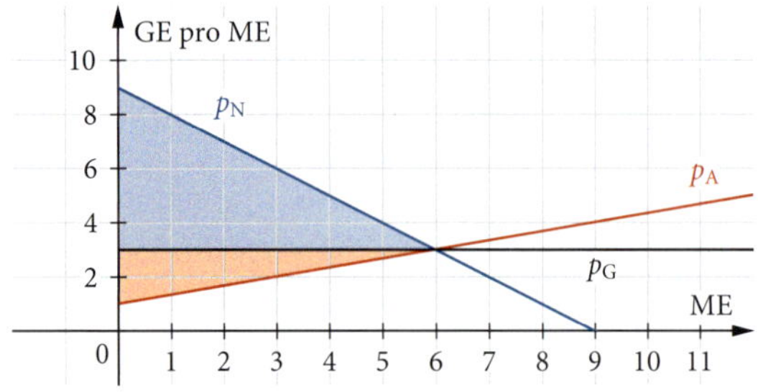

▸ blaue Fläche = Konsumentenrente
▸ rote Fläche = Produzentenrente

(14) Produzentenrente

Die Nachfrage nach einem Gut wird durch die Funktion p_N mit $p_N(x) = -\frac{1}{2}x^2 - x + 19$ wiedergegeben, das Angebot durch die Funktion p_A mit $p_A(x) = \frac{1}{8}x^2 + \frac{1}{2}x + 3$. ▸ x in ME, p in GE pro ME
Berechnen Sie die Produzentenrente PR.

Wir zeichnen die Graphen der beiden Funktionen nur in den 1. Quadranten des Koordinatensystems, weil negative Preise und negative Mengen wirtschaftlich nicht sinnvoll sind.

Die Graphen beider Funktionen sind Parabeln, die sich in dem Punkt schneiden, in dem der Markt im Gleichgewicht ist, also im Punkt $(x_G | p_G)$.

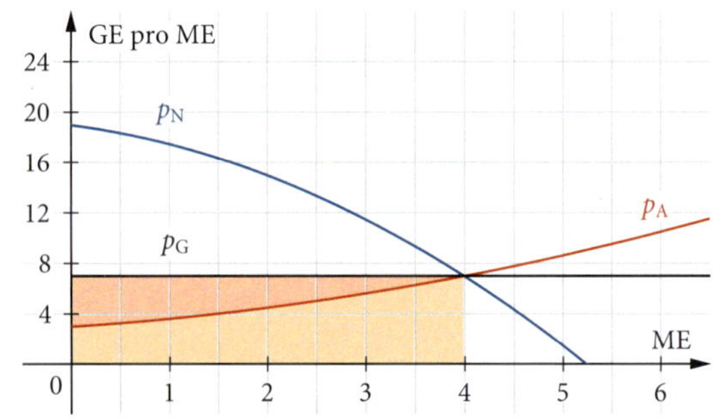

Wir berechnen zuerst die Koordinaten des Schnittpunkts der Graphen von p_N und p_A, um die Gleichgewichtsmenge x_G und den Gleichgewichtspreis p_G zu erhalten.
Im Punkt $(4|7)$, also bei einer Menge von 4 ME und einem Preis von 7 GE pro ME, liegt das Marktgleichgewicht.

$p_N(x_G) = p_A(x_G)$

$\Leftrightarrow\ -\frac{1}{2}x_G^2 - x_G + 19 = \frac{1}{8}x_G^2 + \frac{1}{2}x_G + 3$

$\Leftrightarrow\ x_G^2 + \frac{12}{5}x_G - \frac{128}{5} = 0$

$\Rightarrow\ x_G = 4$ ▸ Die zweite Lösung $x = -\frac{32}{5}$ ist wirtschaftlich nicht sinnvoll.

$\Rightarrow\ p_G = p_N(4) = p_A(4) = 7$

Die Fläche, die von der y-Achse, der Parallelen durch den Gleichgewichtspreis und der Angebotskurve begrenzt wird, stellt die **Produzentenrente** PR dar. ▸ rote Fläche

Wir müssen also den Inhalt der Fläche bestimmen, die zwischen den beiden Graphen im Intervall $[0; 4]$ liegt.
Dazu ermitteln wir die Differenzfunktion $d = p_G - p_A$ und deren Stammfunktion D:

$d(x) = -\frac{1}{8}x^2 - \frac{1}{2}x + 4$; $D(x) = -\frac{1}{24}x^3 - \frac{1}{4}x^2 + 4x$.

$$\begin{aligned}PR &= \int_0^{x_G} (p_G - p_A(x))\,dx \\ &= \int_0^4 \left(7 - \left(\tfrac{1}{8}x^2 + \tfrac{1}{2}x + 3\right)\right)dx \\ &= \int_0^4 \left(-\tfrac{1}{8}x^2 - \tfrac{1}{2}x + 4\right)dx \\ &= \left[-\tfrac{1}{24}x^3 - \tfrac{1}{4}x^2 + 4x\right]_0^4 \\ &= \mathbf{9\tfrac{1}{3}}\end{aligned}$$

Die Produzentenrente beträgt ungefähr 9,3 GE.

- Zur Berechnung der **Konsumentenrente** und der **Produzentenrente** muss der Punkt $(x_G|p_G)$ ermittelt werden, in dem Marktgleichgewicht herrscht. Er entspricht dem Schnittpunkt der Nachfragekurve p_N mit der Angebotskurve p_A. Dort gilt: $p_N(x_G) = p_A(x_G) = p_G$.
- Die **Konsumentenrente** *KR* ist der Inhalt der Fläche, die vom Graphen der Nachfragefunktion p_N und der Parallelen durch den Gleichgewichtspreis p_G im Intervall $[0; x_G]$ eingeschlossen wird:
  $KR = \int_0^{x_G} (p_N(x) - p_G)\,dx.$
- Die **Produzentenrente** *PR* ist der Inhalt der Fläche, die von der Parallelen durch den Gleichgewichtspreis p_G und dem Graphen der Angebotsfunktion p_A im Intervall $[0; x_G]$ eingeschlossen wird:
  $PR = \int_0^{x_G} (p_G - p_A(x))\,dx.$

Berechnen Sie sowohl die Konsumentenrente *KR* als auch die Produzentenrente *PR*, wenn die Nachfrage der Funktion p_N mit $p_N(x) = -x + 9$ folgt und das Angebot der Funktion p_A mit $p_A(x) = \frac{1}{3}x + 1$.

Rekonstruktion von Beständen

Es kommt häufig vor, dass bei Prozessen nur die Änderungsrate f' einer Größe bzw. eines Bestands bekannt ist. Die Größe bzw. der Bestand f selbst ist unbekannt. Man kann f aber aus f' rekonstruieren, falls ein einzelner Funktionswert bekannt ist.

Von den Grenzkosten zu den Gesamtkosten

15

Die JoRo GmbH hat über einen langen Zeitraum die Veränderung ihrer Kosten in Abhängigkeit von der hergestellten Menge erfasst und geht davon aus, sie durch die Funktion $K'(x) = 3x^2 - 240x + 5000$ wiedergeben zu können. Die Fixkosten betragen 80 000 GE.
Berechnen Sie die Gesamtkosten in Abhängigkeit von der produzierten Menge.

Die Gesamtkostenfunktion ist diejenige Stammfunktion der Grenzkostenfunktion, die aufgrund der Fixkosten die y-Achse im Punkt $(0\|80\,000)$ schneidet.	$K'(x) = 3x^2 - 240x + 5000$ $K(x) = x^3 - 120x^2 + 5000x + c$ $K(0) = 80\,000 \Rightarrow c = 80\,000$
Wir erhalten $K(x) = x^3 - 120x^2 + 5000x + 80\,000$.	$K(x) = x^3 - 120x^2 + 5000x + 80\,000$

Von der Funktion f, die das Änderungsverhalten oder die Änderungsrate einer Größe beschreibt, erhält man die Funktion, die die Größe selbst wiedergibt, indem man eine Stammfunktion F von f bildet. In der Regel wird dann durch eine zusätzliche Eigenschaft von F eine spezielle Stammfunktion bestimmt.

1. Für das Absatzänderungsverhalten eines Jungunternehmens gilt $a'(t) = -\frac{1}{400}t + 1$; $t \in [0; 360]$, t in Tagen, a' in 1000 Stück pro Tag. Bestimmen Sie eine Funktion, die den Absatz an den einzelnen Tagen wiedergibt, unter der Voraussetzung, dass der Absatz zum Jahresbeginn ($t = 0$) gestartet wird.

2. Die Veranstalter eines Stadtteilfestes registrieren um 9:00 Uhr 1000 Besucher. Der Zustrom an Besuchern nimmt von diesem Zeitpunkt an stündlich zu. Die Zunahme kann modelliert werden durch die Funktion f mit $f(t) = 90(t-9)^2$. Dabei steht t für die Uhrzeit in Stunden und $f(t)$ für die Anzahl der momentan ankommenden Besucher. Ermitteln Sie die Anzahl der Teilnehmer an dem Stadtteilfest um 16:00 Uhr, wenn davon ausgegangen werden kann, dass keiner bis dahin das Fest verlassen hat.

2

Wirtschaftliche Gesamtgrößen über einem Zeitintervall

Bei der Einführung in die Integralrechnung haben wir den Gesamterlös über einen Zeitraum ermittelt, indem wir den Flächeninhalt unter dem Graphen der Erlösfunktion im entsprechenden Zeitintervall berechnet haben. Allgemein kann man die Gesamtheit einer zeitabhängigen Größe mithilfe des bestimmten Integrals ermitteln.

16 Umsatz

Die JoRo GmbH beabsichtigt, einen Modeartikel auf den Markt zu bringen. Nach umfangreichen Marktanalysen glaubt man, für die ersten 660 Tage den täglichen Umsatz u (in € pro Tag) in Abhängigkeit von der Zeit t (in Tagen) durch eine Funktion mit der Gleichung $u(t) = 0{,}000291\,t^3 - 0{,}400148\,t^2 + 141{,}767745\,t$; $D_u = [0;\, 660]$ erfassen zu können.

a) Ermitteln Sie den maximalen Tagesumsatz.
b) Bestimmen Sie die Höhe des maximalen Umsatzrückgangs pro Tag.
c) Berechnen Sie den Gesamtumsatz jeweils in den ersten drei Halbjahren.
d) Ermitteln Sie den mittleren täglichen Umsatz über die drei Halbjahre und vergleichen Sie ihn mit dem entsprechenden arithmetischen Mittel über diese 540 Tage.
e) Veranschaulichen Sie den Sachverhalt grafisch.

Zu a) Der maximale Umsatz pro Tag liegt an der Stelle t_E, an der $u'(t_E) = 0$ und $u''(t_E) < 0$ gilt.

Nach 240 Tagen ist der höchste Tagesumsatz mit 14 999 € erreicht.

$u'(t) = 0{,}000873\,t^2 - 0{,}800296\,t + 141{,}767745$
$u''(t) = 0{,}001746\,t - 0{,}800296$; $u'''(t) = 0{,}001746$

$u'(t_E) = 0 \;\Rightarrow\; t_{E_1} \approx \mathbf{240}$; $t_{E_2} \approx 677\ (\notin D_u)$
$u''(240) \approx -0{,}38 < 0$ ▸ lokale Maximalstelle
$u(240) \approx \mathbf{14\,999}$

Zu b) Der Zeitpunkt des größten Umsatzrückgangs pro Tag ist die Wendestelle mit Wechsel von Rechts- in Linkskrümmung.
Nach 458 Tagen ist der Tag mit dem größten Rückgang des Tagesumsatzes erreicht; er beträgt ca. 42 €.

$u''(t_W) = 0 \;\Rightarrow\; t_W \approx \mathbf{458}$
$u'''(458) > 0$

$u'(458) = \mathbf{-41{,}5}$

Zu c) Der Gesamtumsatz U in einem Halbjahr wird durch das Integral über $u(t)$ im jeweiligen Intervall ermittelt. Zur einfacheren Berechnung der Umsätze im 2. und 3. Halbjahr integrieren wir für alle drei Umsätze von $t = 0$ aus bis zum jeweiligen Halbjahresende und ziehen die Gesamtumsätze der vorherigen Halbjahre ab. Der Gesamtumsatz betrug 1 595 120 € im 1. Halbjahr, 2 590 249 € im 2. und 1 667 373 € im 3. Halbjahr.

$$U_1 = \int_0^{180} u(t)\,dt$$
$$= \left[0{,}00007275\,t^4 - 0{,}13338267\,t^3 + 70{,}8838725\,t^2\right]_0^{180}$$
$$\approx 1\,595\,120$$

$$U_2 = \int_0^{360} u(t)\,dt - 1\,595\,120 \approx 2\,590\,249$$

$$U_3 = \int_0^{540} u(t)\,dt - (1\,595\,120 + 2\,590\,249) \approx 1\,667\,373$$

Zu d) Den mittleren Tagesumsatz U_m über die 3 Halbjahre berechnen wir, indem wir den Gesamtumsatz in den 3 Halbjahren durch die Anzahl der Tage (540) dividieren. Er beträgt 10 838 €.
Das arithmetische Mittel u_{aM} ist die durch 2 dividierte Summe aus den Tagesumsätzen zu den Zeitpunkten $t = 0$ und $t = 540$. Es beträgt 2847 €. Das arithmetische Mittel lässt die hohen Tagesumsätze innerhalb der 3 Halbjahre unberücksichtigt; der mittlere Tagesumsatz spiegelt die tatsächlichen Umsätze besser wider.

$$U_m = \frac{1}{540}\int_0^{540} u(t)\,dt = \frac{1\,595\,120 + 2\,590\,249 + 1\,667\,373}{540}$$
$$\approx \mathbf{10\,838}$$

$$U_{aM} = \frac{u(0) + u(540)}{2} \approx \frac{0 + 5694}{2} = \mathbf{2847}$$

Zu e) An dem Graphen von u sehen wir, dass der höchste Tagesumsatz am 240. Tag und der größte Umsatzrückgang etwa am 458. Tag vorliegen.

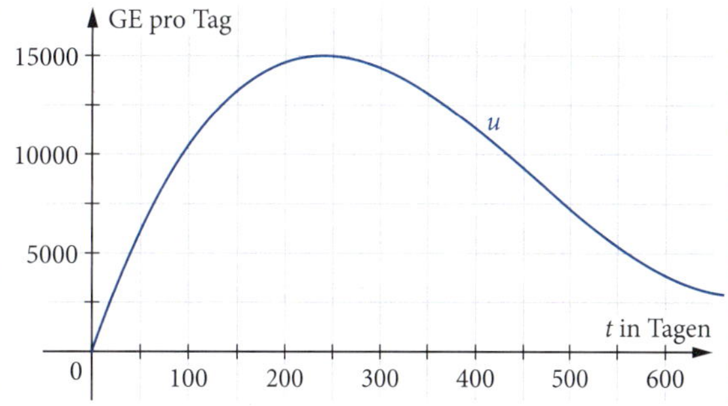

Absatz

17

Das Unternehmen Bergfreunde GmbH aus der Eifel beabsichtigt leichte Wanderartikel auf den Markt zu bringen. Nach umfangreichen Marktanalysen und nach Auswertung des Absatzes der letzten Wandersaison hat das Unternehmen ein Absatzänderungsverhalten (in 1000 Stück) in Abhängigkeit von der Zeit t (in Monaten) gemäß der Funktion a' mit der Gleichung $a'(t) = -1{,}5\,t^2 + 12\,t - 10;\ D_{a'} = [2;\ 10]$ feststellen können.

Die Änderungsrate einer Größe wird auch durch die Ableitung beschrieben. Deshalb bezeichnen wir die Änderung des Absatzes mit a'.

a) Bestimmen Sie den maximalen Absatz. Wann wird dieser ungefähr erzielt?

b) Untersuchen Sie, zu welchem Zeitpunkt der Absatz am stärksten wächst, und beziffern Sie diesen Zuwachs.

▸ Hinweis: $a(2) = 0$

c) Berechnen Sie den gesamten Absatzzeitraum. Zeichnen Sie die Graphen der Absatzänderungsfunktion a' sowie der Absatzfunktion a in ein Koordinatensystem und beschreiben Sie die Graphenverläufe unter ökonomischen Gesichtspunkten.

d) Ermitteln Sie, wie viele Produkte im gesamten Absatzzeitraum abgesetzt werden können.

Zu a) Gesucht ist der maximale Absatz, also eine Nullstelle der 1. Ableitung der Absatzfunktion.

Diese 1. Ableitung ist gerade die gegebene Absatzänderungsfunktion.

$a'(t_E) = 0$

$\Leftrightarrow\ -1{,}5\,t_E^2 + 12\,t_E - 10 = 0$

$\Rightarrow\ t_{E_1} \approx 0{,}94\ (\notin D_{a'})$ und $t_{E_2} \approx \mathbf{7{,}06}$

▸ 7,06 ist Nullstelle von a'

Mithilfe der zweiten Ableitung a'' wird die Nullstelle 7,06 von a' als Maximalstelle von a bestätigt.

$a'(t) = -1{,}5\,t^2 + 12\,t - 10$

$a''(t) = -3\,t + 12$

$a''(7{,}06) = -9{,}18\ (< 0)$

▸ 7,06 ist lokale Maximalstelle von a

Der maximale Absatz zu Beginn des Monats August ist der Funktionswert der Absatzfunktion a an der Stelle 7,06. Die Absatzfunktion a ist eine Stammfunktion der Absatzänderungsfunktion a', für die gilt $a(2) = 0$. Der maximale Absatz wird Anfang August erreicht und beträgt ca. 52 514 Stück pro Monat.

$a(t) = \int a'(t)\,dt = -0{,}5\,t^3 + 6\,t^2 - 10\mathrm{t} + c$

$a(2) = -0{,}5 \cdot 2^3 + 6 \cdot 2^2 - 10 \cdot 2 + c = 0 + c$

▸ $a(2) = 0\ \Rightarrow\ c = 0$

$\Rightarrow\ a(t) = -0{,}5\,t^3 + 6\,t^2 - 10\,t$

$a(7{,}06) \approx \mathbf{52{,}514}$

▸ Absatzmaximum 52 514 Stück pro Monat

Zu b) Gesucht ist das Maximum der Absatzänderungsfunktion a' oder anders gesagt der Wendepunkt der Absatzfunktion a. Wir bestimmen also die Lösung der Gleichung $a''(t_W) = 0$.

$a''(t_W) = 0$

$\Leftrightarrow\ -3\,t_W + 12 = 0$

$\Leftrightarrow\ t_W = \mathbf{4}$

Mit der dritten Ableitung $a'''(t_W)$ wird die Maximalstelle 4 bestätigt.

$a''(t) = -3\,t + 12$

$a'''(t) = -3\ (< 0)$

▸ 4 ist lokale Maximalstelle von a' bzw. Wendestelle von a

- Der maximale Absatzzuwachs wird Ende April erreicht. Der Monatsabsatz wächst um 14 000 Stück pro Monat.

$a'(4) = \mathbf{14}$

▶ Ende April 14 000 Stück Absatzzuwachs je Monat

a steht für den Absatz pro Monat (Monatsabsatz), hat also die Einheit Stück/Monat.
a' steht dafür, wie sich pro Monat der Monatsabsatz verändert, a' hat also die Einheit Stück/Monat².

Zu c) Der Zeitraum der gesamten Absatzzone wird bestimmt durch die Nullstellen der Absatzfunktion a. Wir können bestätigen, dass der Absatz Anfang März beginnt und Ende Oktober endet.

$a(t_N) = 0$

$\Leftrightarrow\ -0{,}5\,t_N^3 + 6\,t_N^2 - 10\,t_N = 0$

$\Rightarrow\ t_{N_1} = 0\ (\notin D_a),\ t_{N_2} = \mathbf{2}$ und $t_{N_3} = \mathbf{10}$

Der Absatz beginnt Ende Februar (Nullstelle von a) und steigt an bis zum Absatzmaximum Anfang August (Maximum von a, Nullstelle von a').
Der stärkste Absatzanstieg ist Ende April/Anfang Mai zu verzeichnen (Maximum von a', Wendepunkt von a).

Anhand des Graphen von a' erkennt man, dass der Absatz a zunächst progressiv von Anfang März bis Ende April/Anfang Mai (Maximum von a') und dann degressiv von Anfang Mai bis Anfang August steigt (Nullstelle von a').

Der Absatz pro Monat steigt so lange, wie $G_{a'}$ im positiven Bereich verläuft.
Ab Anfang August fällt der Absatz pro Monat progressiv bis zum Absatzende zum Schluss des Monats Oktober (Nullstelle von a).

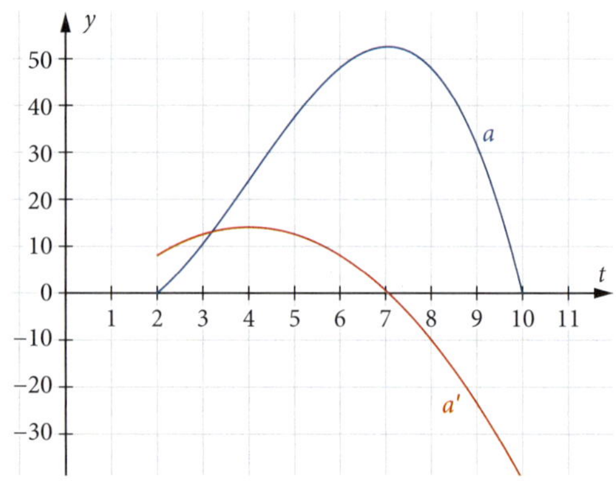

Zu d) Der Gesamtabsatz A zwischen Anfang März und Ende Oktober wird durch das Integral über $a(t)$ im Intervall $[2;\,10]$ ermittelt.
Der Gesamtabsatz in diesem Zeitraum beträgt 256 000 Stück.

$$A = \int_2^{10} a(t)\,dt = \int_2^{10} \left(-0{,}5\,t^3 + 6\,t^2 - 10\,t\right) dt$$

$$= \left[-0{,}125\,t^4 + 2\,t^3 - 5\,t^2\right]_2^{10} = 250 - (-6)$$

$$= \mathbf{256}$$

▶ 256 000 Stück Gesamtabsatz

Ist mit f eine Funktion in Abhängigkeit von der Zeit t gegeben, die zu jedem Zeitpunkt t_0 eine (positive) Größe wiedergibt, dann lässt sich die Gesamtheit dieser Größe in einem Zeitintervall berechnen, indem man die Maßzahl der Fläche zwischen der t-Achse und G_f in diesem Intervall ermittelt.

Der Absatz eines Unternehmens lässt sich in Abhängigkeit von der Zeit t (t in Tagen) beschreiben durch die Funktion a (a in ME) mit $a(t) = 0{,}00025\,t^3 - 0{,}6\,t^2 + 185\,t + 4500$.

a) Ermitteln Sie den gesamten Absatz
   a_1) in den ersten 100 Tagen, a_2) in den ersten 300 Tagen.
b) Ermitteln Sie den maximal erreichbaren Absatz.

Übungen zu 2.2.3

1. Gegeben ist die Nachfragefunktion p_N mit $p_N(x) = 16 - 0{,}25x^2$ und die Angebotsfunktion p_A mit $p_A(x) = 2x + 4$.

a) Zeichnen Sie die beiden Funktionsgraphen.

b) Berechnen Sie den Gleichgewichtspreis und die Gleichgewichtsmenge.

c) Ermitteln Sie sowohl die Konsumenten- als auch die Produzentenrente.

2. Auf dem Markt eines Produkts richtet sich die Nachfrage nach der Funktion p_N mit $p_N(x) = 0{,}5 \cdot (36 - x^2)$ und das Angebot nach der Funktion p_A mit $p_A(x) = 0{,}5x^2 + 2$.

a) Bestimmen Sie $D_{ök}$ und stellen Sie die Marktverhältnisse in einem Koordinatensystem dar.

b) Berechnen Sie den Gleichgewichtspreis.

c) Ermitteln Sie sowohl die Konsumenten- als auch die Produzentenrente.

3. Die Grenzkostenfunktion K' ist durch die Gleichung $K'(x) = 1{,}2x^2 - 4{,}8x + 3{,}6$ gegeben. Bei einer Produktion von 10 ME entstehen Gesamtkosten in Höhe von 1540 €.
Bestimmen Sie den Term der Gesamtkostenfunktion K, die Fixkosten und den Term der Durchschnittskostenfunktion k.

4. Für einen Angebotsmonopolisten sind dessen Grenzerlösfunktion E' und die Grenzkostenfunktion K' bekannt:
$E'(x) = -70x + 3500$ und
$K'(x) = 0{,}75x^2 - 60x + 1250$.

a) Ermitteln Sie die Erlös- und die Kostenfunktion des Angebotsmonopolisten. Gehen Sie dabei von 20 000 GE für die Fixkosten aus.

b) Bestimmen Sie die zugehörige Gewinnfunktion und Preis-Absatz-Funktion sowie den ökonomischen Definitionsbereich $D_{ök}$.

c) Bestätigen Sie, dass der Betrieb seine Gewinngrenze bei 80 ME erreicht, und bestimmen Sie die Gewinnschwelle.

d) Bestimmen Sie den Cournot'schen Punkt und erläutern Sie dessen Bedeutung.

e) Erläutern Sie die Zusammenhänge anschaulich anhand der entsprechenden Graphen.

f) Untersuchen Sie das Grenzkostenminimum, das Betriebsminimum und das Betriebsoptimum.

5. Die JoRo GmbH glaubt, mit einem von ihr entwickelten neuen Joystick einen Gewinn machen zu können, der für die kommenden Jahre durch die Funktion G mit $G(t) = -3t^3 + 180t^2 + 50t - 3000$; $t \in [0; 36]$ beschrieben wird. Dabei wird t in Vierteljahren und G in GE angegeben.

a) Berechnen Sie die Höhe des gesamten Anlaufverlusts.

b) Ermitteln Sie, mit welchem Gewinn die JoRo GmbH insgesamt rechnen kann.

6. Die Marketingabteilung des Unternehmens Handygut hat vor der Markteinführung eines neuen Produkts den Produktlebenszyklus durch die Erlösfunktion E mit $E(x) = -0{,}01x^3 + 0{,}14x^2 + 0{,}28x + 1{,}92$ prognostiziert. Der Graph zeigt den möglichen Verlauf des Erlöses in GE in Abhängigkeit von der Zeit x in Monaten.

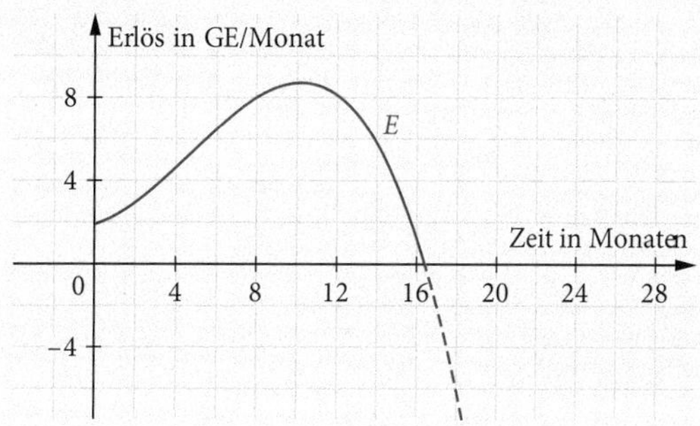

Bereiten Sie einen Vortrag für die nächste Vorstandssitzung vor, in dem die einzelnen Phasen des Lebenszyklus des Produkts erläutert werden.
Beurteilen Sie den möglichen Gesamterlös des neuen Produkts in den ersten sechs Monaten.

a) Ermitteln Sie die Höhe des erwarteten Erlöses unmittelbar nach der Markteinführung.

b) Berechnen Sie den Zeitpunkt, zu dem der maximale Erlös erzielt wird, und geben Sie die Höhe des maximalen Erlöses an.

c) Ermitteln Sie den Flächeninhalt, den der Graph von E mit der x-Achse für $x \in [0; 6]$ einschließt, und interpretieren Sie die Bedeutung des Ergebnisses im Sachzusammenhang.

7. Ein Pharmaunternehmen hat die Auswirkungen von Cloud-Computing für die nächsten 15 Jahre untersuchen lassen. Die wirtschaftliche Situation kann durch Kostenersparnisse im Bereich Energieverbrauch sowie Hardware- und Personalkosten verbessert werden. Für die zukünftige Entwicklung hat das Management eine Funktion erarbeitet, die die Kostenersparnis (in Tsd. €) im Zeitablauf t (in 10 Monaten) darstellt: $k(t) = 0{,}04t^3 - 0{,}15t^2 + 0{,}6t + 1$.

Beurteilen Sie die mögliche Gesamtkostenersparnis für die ersten 60 Monate.

a) Zeichnen Sie den Graphen der Funktion k für die ersten 60 Monate in ein geeignetes Koordinatensystem.

b) Die Fläche zwischen dem Funktionsgraphen und der t-Achse ist ein Maß für die Gesamtkostenersparnis. Ermitteln Sie den Flächeninhalt für die ersten 60 Monate näherungsweise mithilfe der Untersumme.

c) Bestimmen Sie eine Stammfunktion zu $k(t)$ und berechnen Sie die Gesamtkosteneinsparung in den ersten 60 Monaten. Vergleichen Sie den Wert mit Ihrem Ergebnis aus b).

8. Die Vermögensverteilung in einer Volkswirtschaft kann durch die Lorenzkurve, entwickelt von dem Ökonomen und Statistiker Max Otto Lorenz (1876 - 1959), veranschaulicht werden.

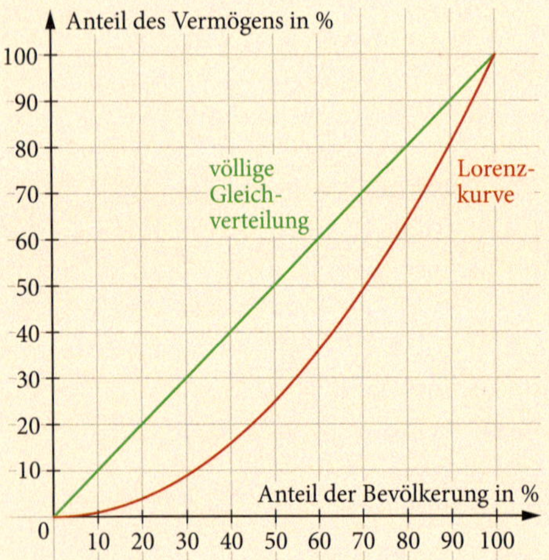

Dazu trägt man den kumulativen Anteil des Vermögens (in Prozent) in der Volkswirtschaft ab gegen den kumulativen Anteil ihrer Bevölkerung (in Prozent).

Eine völlig gleichmäßige Verteilung läge genau dann vor, wenn sich die Lorenzkurve mit der 1. Winkelhalbierenden deckte. Dann hätten x % der Bevölkerung auch x % der Vermögenswerte, also jeder gleich viel.

Eine maximal ungleichmäßige Verteilung läge vor, wenn 1 Person 100 % des Vermögens hielte. Die Lorenzkurve wäre dann deckungsgleich mit der x-Achse, lediglich für $x = 100\,\%$ gälte $y = 100\,\%$.

a) In einem Land der EU lässt sich die Lorenzkurve durch die Funktion f mit $f(x) = x^7$ annähernd beschreiben.

a_1) Veranschaulichen Sie die Lorenzkurve zusammen mit der Kurve für die völlig gleichmäßige Verteilung.

a_2) Berechnen Sie den prozentualen Anteil am Gesamtvermögen der ersten 20 % (50 %, 80 %) der Bevölkerung.

a_3) Berechnen Sie den prozentualen Anteil sowohl der 10 % als auch der 5 % Reichsten.

b) Der Gini-Koeffizient oder Gini-Index, benannt nach dem italienischen Statistiker Corrado Gini (1884 – 1965), dient als Maß zur Darstellung und zum Vergleich der Vermögensverteilung einzelner Länder. Er setzt die von der 1. Winkelhalbierenden und der Lorenzkurve eingeschlossene Fläche ins Verhältnis zu der gesamten Fläche zwischen der Winkelhalbierenden und der x-Achse und wird in Prozent ausgedrückt.

b_1) Berechnen Sie den Gini-Koeffizienten für die völlige Gleichverteilung und für die maximale Ungleichverteilung.

b_2) Berechnen Sie den Gini-Koeffizienten für das EU-Land unter a).

b_3) Vergleichen Sie den Gini-Koeffizienten für Deutschland im Jahr 2016 in Höhe von 78,9 % mit den Gini-Koeffizienten der Länder Belgien (64,1 %), USA (86,2 %) und Russland (92,3 %) desselben Jahres.

b_4) Im Jahr 2000 betrug der Gini-Koeffizient in Deutschland 66,7 %. Interpretieren Sie seine Entwicklung von 2000 nach 2016.

Vermischte Übungen zu 2.2

1. Gegeben ist die Funktion f mit $f(x) = -\frac{1}{3}x^3 + 2x^2 - \frac{5}{3}x$.

a) Bestimmen Sie die Nullstellen der Funktion f und zeichnen Sie G_f.

b) Berechnen Sie den Inhalt der vom Graphen der Funktion f und der x-Achse begrenzten Fläche.

2. Gegeben sind die Funktionen f mit $f(x) = -0{,}8x^2 + 3$ und g mit $g(x) = 0{,}2x^4 + 2$.

a) Berechnen Sie den Inhalt der Fläche, die die Graphen der Funktionen miteinander einschließen.

b) Prüfen Sie, in welchem Verhältnis G_g die Fläche teilt, die G_f mit der x-Achse über dem Intervall $[-1; 1]$ einschließt.

3. Gegeben ist die Funktionenschar f_a. Ermitteln Sie a, sodass die Funktionen f_a bei -3 eine Nullstelle haben. Berechnen Sie anschließend den Inhalt der Fläche, die der Graph von f_a mit der x-Achse einschließt.

a) $f_a(x) = x^2 + ax - 3;\ a \in \mathbb{R}$

b) $f_a(x) = ax^2 + 3{,}5x + 6;\ a \in \mathbb{R}$

4. Die Funktion f ist definiert durch die Gleichung $f(x) = -0{,}5x^4 + 2x^3$.

a) Ermitteln Sie den Inhalt der Fläche, die der Graph von f mit dem Graphen der zugehörigen Ableitungsfunktion f' für $x \geq 0$ einschließt.

b) Prüfen Sie, in welchem Verhältnis $G_{f'}$ die Fläche teilt, die G_f mit der x-Achse über dem Intervall $[0; 2]$ einschließt.

5. Ermitteln Sie die Hoch- und Tiefpunkte der Funktion f mit $f(x) = \frac{1}{4}x^3 - \frac{3}{4}x^2 + 3$ und skizzieren Sie den Graphen von f in ein Koordinatensystem. Eine zur y-Achse parallele Gerade durch den Tiefpunkt von f schließt mit den Koordinatenachsen und dem Graphen von f eine Fläche ein.
Berechnen Sie deren Flächeninhalt.

6. Unterstützen Sie Herrn Gerland und ermitteln Sie für die auf S. 83 geschilderte Situation den Gesamtabsatz, den durchschnittlichen Absatz pro Monat und den Gesamterlös.

7. Der Graph der Funktion f mit $f(x) = x^2 - \frac{1}{6}x^3$ und die x-Achse begrenzen im 1. Quadranten eine Fläche.

a) Skizzieren Sie den Graphen von f und berechnen Sie den Inhalt der Fläche.

b) Ein zur y-Achse paralleler Streifen mit der Breite 1 soll so gelegt werden, dass er aus der Fläche ein Flächenstück größten Inhalts ausschneidet.
Berechnen Sie die Integrationsgrenzen a und b.

c) Es sei $a = 2$. Bestimmen Sie die obere Integrationsgrenze b so, dass die herausgeschnittene Fläche $\frac{26}{3}$ FE misst.

8. Gegeben sind die reellen Funktionen f_a mit $f_a(x) = 0{,}25x^3 - 3a^2x + 4a;\ a \in \mathbb{R}$. Die Graphen von f_a begrenzen mit den beiden Koordinatenachsen und der Parallelen zur y-Achse durch den jeweiligen Tiefpunkt von G_{f_a} jeweils eine Fläche.

a) Bestimmen Sie den Inhalt der Fläche in Abhängigkeit von a.

b) Bestimmen Sie a, sodass der Flächeninhalt maximal ist.

9. Gegeben ist die Funktionenschar f_a mit $f_a(x) = a - \frac{1}{9} \cdot (a-3)x^2;\ a \in \mathbb{R}$.

a) Ermitteln Sie in Abhängigkeit von a den Inhalt der Fläche, die die Graphen von f_a mit der x-Achse einschließen.

b) Untersuchen Sie, für welche Zahl anstelle von $a > 3$ die Fläche minimal ist.

10. Gegeben ist die Funktion f mit $f(x) = ax^2 + \frac{b}{x^2} + c$.

a) Bestimmen Sie die Zahlen für $a, b, c \in \mathbb{R}$ so, dass der Graph der Funktion f durch den Punkt $A(1|0)$ geht und im Punkt $B(2|-9)$ eine waagerechte Tangente besitzt.

b) Berechnen Sie den Inhalt der Fläche, die von G_f und der x-Achse eingeschlossen wird.

11. Gegeben ist die Funktion f mit $f(x) = ax + \frac{b}{x^2} + c$.

a) Bestimmen Sie die Zahlen für $a, b, c \in \mathbb{R}$ so, dass der Graph der Funktion f durch den Punkt $A(2|0)$ geht und im Punkt $B(-1|0)$ die Steigung 2,25 besitzt.

b) Berechnen Sie den Inhalt der Fläche, die von G_f und der x-Achse über dem Intervall $[-4; -1]$ eingeschlossen wird.

12. Ein Berufliches Gymnasium bezieht ein neues Schulgebäude außerhalb des Stadtkerns auf einem Gelände, das an einem See liegt. Das Ufer kann durch die Graphen der Funktionen f und g mit
$f(x) = -0{,}1x^3 + x^2 - 2{,}7x + 1{,}8$ und
$g(x) = -0{,}1x^3 + 1{,}2x^2 - 3{,}6x$ beschrieben werden. Die Zugangsstraße verläuft dann entlang der negativen y-Achse, der Fußweg zur Schule teilweise über Brücken entlang der x-Achse (1 Einheit auf den Achsen entspricht 100 m). Der Schulbus hält an den Punkten $(0|0)$ und $(0|-5)$.

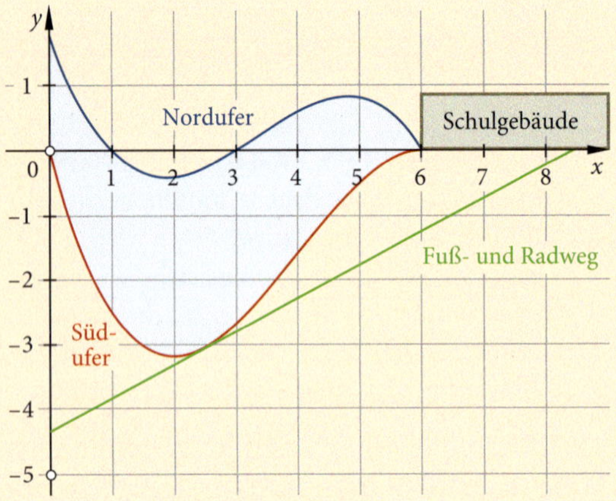

a) Ordnen Sie die beiden Funktionen f und g begründet dem Nord- bzw. Südufer zu.
b) Berechnen Sie, wie lang die beiden Brücken und der Fußweg zur Schule sind.
c) Wie weit ist das Nordufer von der am Schulgebäude gelegenen Brücke maximal entfernt?
d) An der Stelle, an der die beiden Ufer in nördlicher Richtung am weitesten voneinander entfernt sind, soll eine „Zugfähre" gebaut werden, um einen zusätzlichen Seeübergang zu schaffen.
Ermitteln Sie die gesuchte Stelle und die zugehörige maximale Entfernung.
e) Um den Schülern eine weitere Zugangsmöglichkeit zu bieten, soll ein geradliniger Fuß- und Radweg von der Zugangsstraße in der Nähe der Haltestelle $(0|-5)$ am Südufer vorbei bis zum Schulgebäude führen. Der Weg soll das Südufer im Punkt $(2{,}5|g(2{,}5))$ berühren.
Ermitteln Sie den Funktionsterm dieser Geraden. Berechnen Sie die Länge dieses Fuß- und Radwegs. An welchen Punkten gelangt man von der Zugangsstraße bzw. vom Fußweg auf diesen Weg?
f) Bestimmen Sie die Größe der Seefläche.

13. Der Scheunenwirt möchte das Eingangstor zu seiner Gaststätte mit einem neuen Farbanstrich versehen. Das Tor ist symmetrisch zu seiner Mittelachse und hat am Boden eine Breite von 4 m. Weiterhin hat es zwei senkrechte Pfosten mit einer Höhe von 2 m und einen parabelförmigen Aufsatz, der die Höhe der Tür auf 4 m erweitert.
Berechnen Sie, wie viele Quadratmeter für den Anstrich kalkuliert werden müssen.

14. Der Landwirt Heinrich Bauer besitzt unter anderem ein Stück Land, das westlich von einer Straße (y-Achse) und südlich von einem Graben (x-Achse) begrenzt wird.
Der Verlauf der nördlichen und östlichen Grenze kann durch den Graphen der Funktion f mit $f(x) = -\frac{1}{45}x^2 + \frac{4}{3}x + 20$ beschrieben werden. H. Bauer ist bereit, dieses Stückchen Land an einen Bauinteressenten für 200 € pro m² abzugeben.
Untersuchen Sie, mit welchem Betrag er rechnen kann, wenn der Interessent den Kaufpreis akzeptiert.

15. Die Kindertageseinrichtung „Zwergenland" bekommt einen neuen Sandkasten. Die Grube ist bereits 60 cm tief ausgehoben und hat einen schönen geschwungenen Randverlauf.

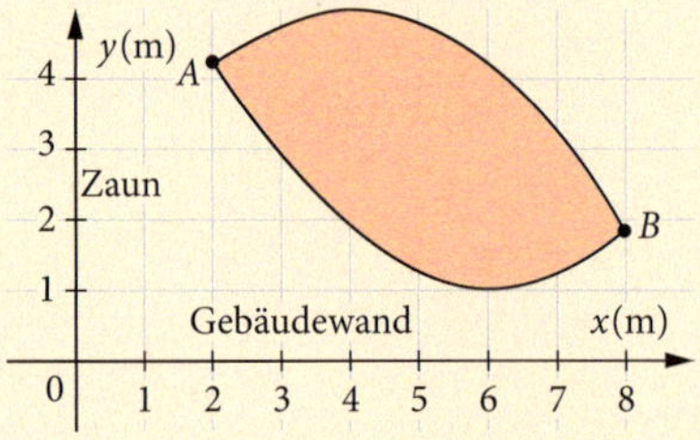

Jetzt muss noch der Sand bestellt werden.
Die Lieferung erfolgt nur in ganzen Kubikmetern gestaffelt. Zur Abschätzung, wie viel Sand benötigt wird, wurde die Grube vermessen: Von der Wand des Kita-Gebäudes hat die Grube einen Mindestabstand von 1 m, der größte Abstand des hinteren Bogens von der Gebäudewand beträgt 5 m. Die beiden Endpunkte A und B der Randlinien sind mit Pflöcken markiert. Pflock A hat einen Abstand von 2 m vom Zaun und von 4,2 m vom Gebäude, bei Pflock B sind es 8 m und 1,8 m.
Ermitteln Sie, wie viel Sand für die Grube bestellt werden muss.

16. Im Intervall I rotiert der Graph der Funktion f um die x-Achse. Berechnen Sie das Volumen des entstehenden Körpers.

a) $f(x) = 2x - 3;$ $I = [2; 5]$
b) $f(x) = x^2 + 2;$ $I = [-1; 3]$
c) $f(x) = 3x^2 - x;$ $I = [1; 6]$
d) $f(x) = 2x^2 + x - 2;$ $I = [1; 2]$

17. Gegeben ist die ganzrationale Funktion f mit $f(x) = -2x^3 + 4x^2$.

a) Berechnen Sie die Nullstellen der Funktion f.
b) Ermitteln Sie die Hoch- und Tiefpunkte.
c) Zeichnen Sie den Funktionsgraphen in ein Koordinatensystem.
d) Berechnen Sie die Fläche, die der Funktionsgraph mit der x-Achse komplett einschließt.
e) Die Fläche aus d) rotiert um die x-Achse. Weisen Sie nach, dass das Rotationsvolumen $4{,}88\,\pi$ VE beträgt.

18. Gegeben sind die Ableitungsterme $f_a'(x) = 3x^2 - a$ und $g_a'(x) = \frac{1}{a}$ mit $a \in \mathbb{R}, a > 0$.

a) Ermitteln Sie die Stammfunktionen f_a und g_a, für die gilt: $f_a(1) = 1 - a$ bzw. $g_a(2) = \frac{2}{a}$.
b) Bestimmen Sie das Volumen des Körpers, der durch Rotation des Graphen von f_3 $(a = 3)$ um die positive x-Achse zwischen den beiden Nullstellen von f_3 entsteht.

19. Gegeben ist die Funktionenschar f_a mit

$$f_a(x) = \frac{a(x^2 - 2x)}{(a+2)^2};\ a \in \mathbb{R}, a > 0.$$

Die Graphen von f_a schließen mit der x-Achse eine Fläche ein. Durch Rotation der Fläche um die x-Achse entsteht ein Körper. Bestimmen Sie a so, dass das Volumen des Körpers maximal wird, und geben Sie das maximale Volumen an.

20. Eine Brauerei hat von einem Designer ein Bierglas in der nachstehenden Form mit einer inneren Höhe von 12 cm entwerfen lassen. Der Verlauf der Innenwand lässt sich bei geeigneter Darstellung im Koordinatensystem durch die Funktion f mit der Gleichung $f(x) = 0{,}02x^2 - 0{,}25x + 3{,}2;\ x \geq 0$ beschreiben.

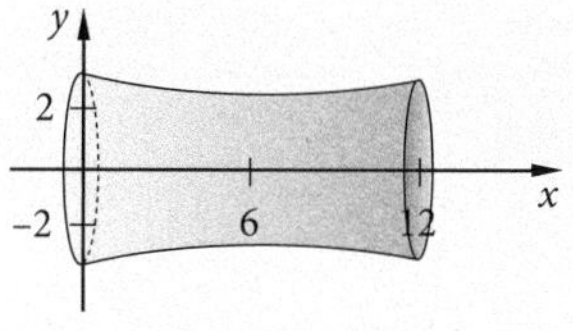

a) Bestimmen Sie das Fassungsvermögen des Glases.
b) Der Designer nimmt an, dass der Eichstrich für 0,2 ℓ in einer Höhe von ca. 10 cm anzubringen ist. Berechnen Sie die exakte Höhe des Eichstrichs.
c) Zu der abgebildeten Form gibt es auch passende 16 cm hohe 0,5-ℓ-Gläser. Diese haben am Fuß einen Innendurchmesser von 10 cm. In einer Höhe von 4 cm und am oberen Rand betragen die Innendurchmesser jeweils 8 cm. Der Verlauf der Innenwand dieses Glases kann durch eine ganzrationale Funktion g zweiten Grades beschrieben werden. Bestimmen Sie den Funktionsterm von g.
d) Der Hersteller der Gläser hat für das laufende Jahr mit der Brauerei einen Preis in Höhe von 29 GE je ME der zu liefernden Gläserpaletten vereinbart. Seine Gewinnsituation wird durch die Funktion $G(x) = -0{,}01x^3 + x^2 - 7x - 720$ wiedergegeben. Beim Verkauf von 80 ME decken die Erlöse genau die Kosten.
d_1) Bestimmen Sie die Gewinnzone.
d_2) Das Betriebsminimum des Gläserherstellers liegt bei einer Produktion von 50 ME. Berechnen Sie das Betriebsoptimum.

21. Auf einem Volksfest wird ein Luftballon mit Gas gefüllt. Mathematisch modelliert entsteht der Ballon bei Rotation des Graphen der Funktion f mit $f(x) = -\frac{1}{10}(x^3 - 2x^2 - 4x - 2)$ um die x-Achse auf dem Intervall $[0; 3{,}4]$. ▸ 1 LE = 10 cm

a) Berechnen Sie den größten Durchmesser des Ballons.
b) Ermitteln Sie das Volumen.

22. Die Marktanalyse für ein Gut ergibt, dass die Nachfrage nach diesem Gut von 1 ME auf 5 ME steigt, wenn der Preis für dieses Gut von 21 € pro ME auf 13 € pro ME sinkt. Bei einem Preis von 6 € wird nur 1 ME, bei einem Preis von 22 € werden 5 ME angeboten.

a) Bestimmen Sie die Funktionsterme der Nachfrage- und Angebotsfunktion, wenn beide vom Typ $p(x) = ax^2 + b$ sind.
b) Berechnen Sie die Gleichgewichtsmenge und den Gleichgewichtspreis.
c) Ermitteln Sie die Konsumenten- und Produzentenrente.
d) Bestimmen Sie den Funktionsterm für die Nachfrageelastizität $e_N(x)$. ▸ S. 33
e) Berechnen Sie die Elastizität bei der Nachfragemenge 3 ME.

23. Gegeben sind die Nachfragefunktion p_N mit $p_N(x) = 16 - 0{,}25x^2$ und die Angebotsfunktion p_A mit $p_A(x) = 0{,}2 \cdot (x + 1)^2 + 7$. Das Unternehmen bietet in ausgewählten Fachmärkten für die Kunden, die bereit sind, mehr als den Gleichgewichtspreis zu zahlen, sein Produkt zum Preis von 15 GE an. Dadurch entstehen zwei Teilmärkte:

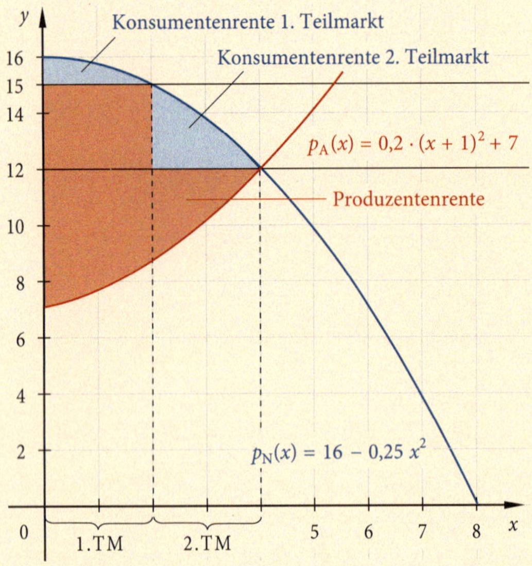

Ermitteln Sie die Konsumentenrente auf den beiden Teilmärkten, die gesamte Konsumentenrente und die gesamte Produzentenrente.

24. Nach der Renovierung eines Feuerlöschteichs soll dieser wieder befüllt werden. Der Wasserzufluss wird über die Fließgeschwindigkeit geregelt, die in Litern pro Stunde gemessen wird. Die Fließgeschwindigkeit wird durch eine ganzrationale Funktion 3. Grades beschrieben, die im Koordinatenursprung beginnt und nach 9 Stunden mit 8748 Liter/Stunde den höchsten Wert erreicht; nach 27 Stunden ist die Fließgeschwindigkeit auf 0 gesunken. Der Löschteich fasst 132 192 Liter. Berechnen Sie, in wie vielen Stunden er vollgelaufen ist.

25. Für eine neue Sektmarke „Prickel" wurde eine Marktanalyse durchgeführt, die zu einer Nachfragefunktion $p_N(x) = -0{,}25x^2 + 40$ und einer Angebotsfunktion $p_A(x) = 0{,}025\,(x + 10)^2 + 5$ geführt hat.
Berechnen Sie die Produzenten- und Konsumentenrente. Veranschaulichen Sie den Sachverhalt grafisch.

26. Das Unternehmen Embawitt hat ein neues Produkt entwickelt, das ab 1. Juli 2019 verkauft wird. Der Produktlebenszyklus kann durch die Funktion v mit $v(t) = -84\,000\,t^2 + 840\,000\,t + 2\,800\,000$ beschrieben werden; dabei gibt t den Zeitpunkt in Jahren an und v die Veränderung des Absatzes in Stück pro Jahr.

a) Ermitteln Sie, nach wie vielen Jahren die Zunahme des Absatzes am größten ist.

b) Berechnen Sie, nach wie vielen Jahren der höchste Absatz erreicht wird. Geben Sie diesen maximalen Absatz an.

c) Ermitteln Sie, wie viele Jahre das Produkt verkauft werden kann.

d) Berechnen Sie, wie viele Produkte innerhalb des gesamten Produktlebens verkauft werden.

27. Ein gemeinnütziger Wohlfahrtsverein glaubt, ab der 47. Kalenderwoche den Zufluss von Spenden durch die Funktion S mit

$$S(t) = \begin{cases} \frac{3250}{9}t^3 - 6500\,t^2 + 29250\,t + 6000 & \text{für } t \in [0;\,9] \\ 6000 & \text{für } t \in\,]9;\,14] \end{cases}$$

annähern zu können. Dabei gibt t die Anzahl der Wochen nach dem Ende der 46. Kalenderwoche und $S(t)$ die Höhe der Spenden zum Zeitpunkt t in GE wieder.

a) Zeichnen Sie den Graphen der Funktion S.

b) Berechnen Sie, in welchem Zeitintervall das Spendenaufkommen steigt, in welchem es fällt.

c) Ermitteln Sie, mit welcher wöchentlichen Spendenhöhe der Verein rechnen kann.

d) Ermitteln Sie das mittlere Spendenaufkommen vom Anfang der 47. bis zum Ende der 3. Kalenderwoche des nächsten Jahres.

28. Die JoRo GmbH entwickelt eine neue Superkamera, deren Absatz durch die Funktion a mit

$$a(t) = \begin{cases} 0 & \text{für } t \in [0;\,t_{AS}] \\ 0{,}0025\,t^3 - 0{,}2625\,t^2 + 8{,}4375\,t - 35{,}9375 & \\ & \text{für } t \in [t_{AS};\,t_{AG}] \end{cases}$$

prognostiziert wird, wobei t die Zeit in Monaten und $a(t)$ den Absatz in 500 Stück pro Monat angibt. Die Zeit bis zur Absatzschwelle t_{AS}, in der noch kein Absatz erfolgt, wird zur Entwicklung und Forschung genutzt.
Berechnen Sie den Gesamtabsatz im Absatzzyklus zwischen der Absatzschwelle t_{AS} und dem Zeitpunkt t_{AG} des größten Absatzrückgangs.

Ich kann ...

... den **Inhalt von Flächen** berechnen, **die zwischen G_f und der x-Achse** liegen.
▶ Test-Aufgabe 1, 3

$f(x) = x^3 - 4x$
$F(x) = \frac{1}{4}x^4 - 2x^2$

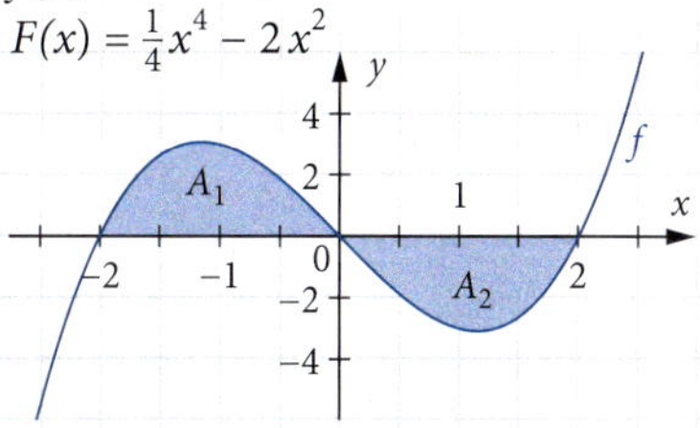

1. Nullstellen: $f(x_N) = 0$
$\Leftrightarrow\ x_{N_1} = -2;\ x_{N_2} = 0;\ x_{N_3} = 2$
2. $A_1 = \int\limits_{-2}^{0} f(x)\,dx = \left[\frac{1}{4}x^4 - 2x^2\right]_{-2}^{0} = 4$
$A_2 = \left|\int\limits_{0}^{2} f(x)\,dx\right| = \left|\left[\frac{1}{4}x^4 - 2x^2\right]_0^2\right| = 4$
3. $A = A_1 + A_2 = 8$ (FE)

Bei der Berechnung der Flächen muss berücksichtigt werden, ob die Flächen positiv oder negativ orientiert sind, da das bestimmte Integral nur die Flächenbilanz angibt.

1. Nullstellen der Funktion berechnen (→ Integrationsgrenzen).
2. Die Flächeninhalte der Teilflächen mithilfe des bestimmten Integrals ermitteln. Bei negativ orientierten Flächen muss der Betrag des Integrals berechnet werden.
   ▶ Wenn möglich Symmetrie nutzen: Im Beispiel gilt aufgrund der Punktsymmetrie $A_1 = A_2$. Man kann sich also die Berechnung von A_2 sparen.
3. Teilflächeninhalte addieren.

... den Inhalt von **Flächen** berechnen, die **zwischen den Graphen von zwei Funktionen** liegen.
▶ Test-Aufgabe 2

$f(x) = 2x^2 - 2x + 1$ und
$g(x) = x^2 - 2x + 5$

1. $d(x) = f(x) - g(x) = x^2 - 4$
mit $D(x) = \frac{1}{3}x^3 - 4x$
2. $d(x_N) = 0 \ \Leftrightarrow\ f(x_N) = g(x_N)$
$\Leftrightarrow\ x_{N_1} = -2;\ x_{N_2} = 2$
3. $A = \left|\int\limits_{-2}^{2} d(x)\,dx\right| = \left|\left[\frac{1}{3}x^3 - 4x\right]_{-2}^{2}\right| = \frac{32}{3}$

1. Die Differenzfunktion $d = f - g$ bestimmen.
2. Die Nullstellen von d bestimmen.
   ▶ Die Nullstellen von d entsprechen den Schnittstellen von G_f und G_g (→ Integrationsgrenzen).
3. Den Flächeninhalt bzw. die Teilflächeninhalte zwischen dem Graphen von d und der x-Achse bestimmen.

... aufgrund des Änderungsverhaltens einer Größe auf die **Größe** selbst **schließen**.
▶ Test-Aufgabe 4, 6

Die Grenzkosten betragen $K'(x) = 6x^2 - 24x + 30$ und die Fixkosten 112 GE.
$\Rightarrow\ K(x) = 2x^3 - 12x^2 + 30x + 112$

Aus den Änderungen einer Größe lässt sich durch Bilden der Stammfunktion auf die Größe selbst schließen. Die Integrationskonstante ergibt sich durch eine zusätzliche Eigenschaft.

... die **Konsumentenrente** (KR) und die **Produzentenrente** (PR) berechnen.
▶ Test-Aufgabe 5

Nachfragefunktion $p_N(x) = -x + 9$
Angebotsfunktion $p_A(x) = \frac{1}{3}x + 1$
$p_N(x) = p_A(x)$ liefert die Gleichgewichtsmenge $x_G = 6$ und den Marktgleichgewichtspreis $p_G = 3$.

$KR = \int\limits_{0}^{x_G} (p_N(x) - p_G)\,dx = 18$

$PR = \int\limits_{0}^{x_G} (p_G - p_A(x))\,dx = 6$

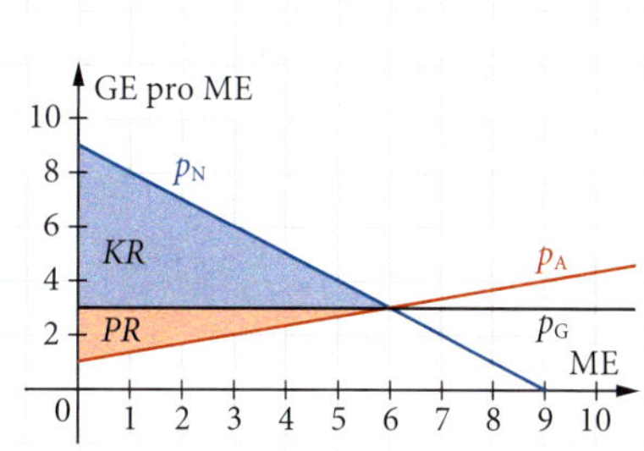

... aus der Entwicklung einer Größe im Zeitablauf auf die **Gesamtheit der Größe** im Zeitintervall schließen.
▶ Test-Aufgabe 6

Absatz eines Produkts:
$a(t) = \frac{3}{8}t^4 - 65t^3 + 1014t^2 + 210\,912\,t$;
a in ME, t in Tagen
Gesamter Absatz vom 0. bis 40. Tag:
$\int\limits_{0}^{40} a(t)\,dt = \left[0{,}075\,t^5 - 16{,}25\,t^4 + 338\,t^3 + 105\,456\,t^2\right]_0^{40} = 156\,441\,600$

Wird z.B. der Absatz a eines Produkts an fortlaufenden Tagen eines Jahres, also in Abhängigkeit von der Zeit t angegeben, dann kann man durch Integration den gesamten Absatz innerhalb eines bestimmten Zeitintervalls berechnen.

Test zu 2.2

1. Berechnen Sie den Inhalt der Fläche, die vom Graphen der Funktion f mit $f(x) = x^3 + 2x^2 - 5x - 6$ und der x-Achse eingeschlossen wird.

2. Berechnen Sie den Inhalt der Fläche, die vom Graphen der Funktion f mit $f(x) = 2x^3 - 2x^2 - 2x + 8$ und dem Graphen der Funktion g mit $g(x) = x^3 + 2x^2 + 2x - 8$ eingeschlossen wird.

3. Die Landschaftsgärtnerei Pfeifer wirbt mit dem Slogan „Sie zahlen nur, was wir wirklich verbrauchen". Familie Kalweit möchte eine Terrasse mit Eichenholz-Terrassendielen anlegen lassen. Sie reicht der Gärtnerei eine Planskizze ein und bittet um einen Kostenvoranschlag, in dem die Materialkosten (ohne Unterkonstruktion) gesondert aufgelistet werden.

a) Prüfen Sie, ob die Umrandung der Terrasse durch den Graphen der Funktion f mit $f(x) = -\frac{1}{36}x^4 + \frac{2}{9}x^2 + \frac{32}{9}$ modelliert werden kann.

b) Ermitteln Sie die Materialkosten, wenn der Preis pro Diele ($25 \times 140 \times 4000$ mm) 31,60 € beträgt. ▶ 7,90 $\frac{€}{\text{lfm}}$

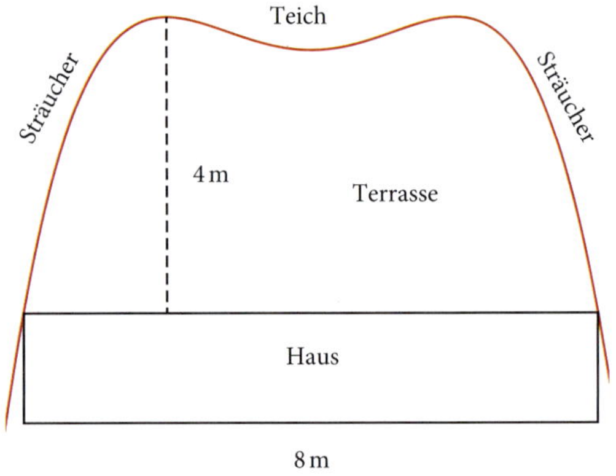

4. Berechnen Sie die gewinnmaximale Absatzmenge, wenn folgende Informationen bekannt sind:
- Grenzkostenfunktion: $K'(x) = x^2 - 2x + 1$
- fixe Kosten: 3 ME
- Grenzerlösfunktion: $E'(x) = 8 - 2x$

Untersuchen Sie, welcher Gewinn bei maximaler Absatzmenge erzielt wird und welcher Preis unter diesen Voraussetzungen gilt.

5. Gegeben sind die Preis-Absatz-Funktion p_N mit $p_N(x) = 0{,}0025 \cdot (200 - x)^2 - 16$ und die Angebotsfunktion p_A mit $p_A(x) = 0{,}02x^2 + 16$; $x \in [0; 120]$.

a) Zeichnen Sie die Graphen beider Funktionen.

b) Bestimmen Sie rechnerisch die Gleichgewichtsmenge und den Gleichgewichtspreis.

c) Berechnen Sie die Konsumenten- und Produzentenrente.

6. Ein Unternehmen möchte ein neues Produkt auf den Markt bringen. Es geht davon aus, dass seine Verkaufschancen durch eine Funktion a wiedergegeben werden können mit $a(t) = -t^3 + 6t^2$.
Dabei zählt t jeweils die Anzahl der Jahreshälften und $a(t)$ steht für die verkauften Mengeneinheiten (1 ME = 1000 Stück) zum Zeitpunkt t.
Das Unternehmen bezieht von seinem Lieferer 93 750 Stück.

a) Ermitteln Sie den Gesamtabsatz bis zu dem Zeitpunkt, in dem der halbjährliche Absatz am größten ist.

b) Ermitteln Sie den Gesamtabsatz bis zu dem Zeitpunkt, in dem der halbjährliche Absatz nicht mehr progressiv steigt.

c) Berechnen Sie den Zeitpunkt, in dem die gelieferte Menge verkauft sein wird.

d) Ermitteln Sie die Anzahl der Produkte, die insgesamt hätten verkauft werden können.

3 Exponentialfunktionen und Wachstumsmodelle

3.1 Ableitung von Exponentialfunktionen

Die Fly Bike Werke GmbH vertreibt seit einiger Zeit auch E-Bikes (bzw. Pedelecs). Leider gab es bei dem neuen Modell immer öfter Beschwerden von Kunden, dass der Motor sich nicht wie erwartet verhält. Die Geschäftsleitung entschließt sich daher, einige E-Bikes im Testlabor zu untersuchen.

Die E-Bikes durchlaufen dabei ein fest vorgegebenes mathematisch beschriebenes Testszenario. Die gemessenen Ergebnisse werden anschließend mit den theoretisch zu erwartenden Werten verglichen, um Abweichungen zu bestimmen. Die zu erwartende Geschwindigkeitskurve kann mathematisch exakt durch die Exponentialfunktion $v(t) = 0{,}1 \cdot t^2 \cdot 2^{-0{,}12 \cdot t}$ beschrieben werden. Dabei gibt v die Geschwindigkeit in $\frac{\text{m}}{\text{s}}$ und t die Zeit in Sekunden an.

Für ein angenehmes Fahrverhalten des E-Bikes ist neben der Geschwindigkeit auch das Beschleunigungsverhalten des Motors entscheidend. So darf beispielsweise der Motor zu keiner Zeit ruckartig beschleunigen oder die Beschleunigung zu lange verzögern. Deshalb wird auf dem Prüfstand neben der Geschwindigkeit auch die Beschleunigung des Fahrrades gemessen.

Damit auch diese gemessenen Werte mit den theoretisch zu erwartenden Werten verglichen werden können, wird die mathematische Kurve der Beschleunigung benötigt.

Frau Vera aus der Entwicklungsabteilung meint, dass sich die Beschleunigungskurve aus der Geschwindigkeitskurve v herleiten lässt.

▸ Aufgabe 11 auf Seite 125

Kompetenzen

- Eigenschaften der natürlichen Exponentialfunktion untersuchen
- Exponentialfunktionen aufstellen
- Exponentialfunktionen ableiten
- Verknüpfte und verkettete Funktionen untersuchen
- Produkt- und Kettenregel anwenden
- Einfache Exponentialgleichungen lösen

Anwendungen

- Wachstums- und Zerfallsgeschwindigkeit ermitteln
- Unterjährige und stetige Verzinsung
- Medikamentendosierung
- Bevölkerungsentwicklung
- Degressive Abschreibung

3.1 Ableitung von Exponentialfunktionen

3.1.1 Ableitung der natürlichen Exponentialfunktion

In der Jahrgangsstufe 11 haben wir mithilfe von **Exponentialfunktionen** Wachstums- und Zerfallsprozesse beschrieben, z.B. die Vermehrung von Bakterien. Bei diesen Prozessen gibt die Steigung des Graphen der beschreibenden Exponentialfunktion die *Wachstumsgeschwindigkeit* an. ▸ lokale Änderungsrate

1 Ableitung einer Exponentialfunktion und Wachstumsgeschwindigkeit

In einer Petrischale verdoppelt bzw. verdreifacht sich die Anzahl von bestimmten Bakterienarten unter geeigneten Bedingungen stündlich. Berechnen Sie, mit welcher Geschwindigkeit die Bakterienarten jeweils zu Beginn der Beobachtung, nach einer Stunde bzw. nach zwei Stunden wachsen.

Die 1. Ableitung eines Wachstumsprozesses gibt Auskunft über die Wachstumsgeschwindigkeit. Da wir noch keine Ableitungsregeln für Exponentialfunktionen kennen, bestimmen wir f' mithilfe des Differenzialquotienten $\lim\limits_{h \to 0} \frac{f(t+h)-f(t)}{h}$.

Durch Anwendung der Potenzgesetze gelingt es uns, 2^t auszuklammern, sodass schließlich der Grenzwert $\lim\limits_{h \to 0} \frac{2^h-1}{h}$ auftritt.

Analog bilden wir $g'(t)$ für die Funktion $g(t) = 3^t$, indem wir die Basis 2 durch 3 ersetzen. Hier muss der Grenzwert $\lim\limits_{h \to 0} \frac{3^h-1}{h}$ gebildet werden.

Wir können die Grenzwerte jeweils nur näherungsweise mithilfe eines Taschenrechners berechnen, indem wir Werte für h einsetzen, die wir „gegen null laufen“ lassen.

Verdoppelung der Bakterien: $f(t) = 2^t$

$$f'(t) = \lim_{h \to 0} \frac{f(t+h)-f(t)}{h} = \lim_{h \to 0} \frac{2^{t+h}-2^t}{h}$$
$$= \lim_{h \to 0} \frac{2^t \cdot 2^h - 2^t}{h} = \lim_{h \to 0} \frac{2^t \cdot (2^h-1)}{h}$$
$$= \lim_{h \to 0} \left(\frac{2^h-1}{h} \cdot 2^t\right)$$
$$= \left(\lim_{h \to 0} \frac{2^h-1}{h}\right) \cdot 2^t$$

Verdreifachung der Bakterien: $g(t) = 3^t$

$$g'(t) = \lim_{h \to 0} \frac{3^h-1}{h} \cdot 3^t$$

1	h	0.1	0.01	0.001	0.0001
2	(2^h−1)/h..	0.7177	0.6956	0.6934	0.6932
3	(3^h−1)/h..	1.161	1.105	1.099	1.099
4					

B2 $=\frac{2^{b1}-1}{b1}$

▸ TI Anwendung Lists & Spreadsheet.

$f(t) = 2^t \Rightarrow f'(t) \approx 0{,}693 \cdot 2^t = 0{,}693 \cdot f(t)$ ▸ $c \approx 0{,}693$

$g(t) = 3^t \Rightarrow g'(t) \approx 1{,}099 \cdot 3^t = 1{,}099 \cdot g(t)$ ▸ $c \approx 1{,}099$

Wir erkennen insgesamt:
Die Ableitung einer Exponentialfunktion ist wieder eine Exponentialfunktion mit derselben Basis. Die Funktionen f und f' sind proportional zueinander, genauso wie die Funktionen g und g'.
Der jeweilige Proportionalitätsfaktor c beträgt 0,693 bei f mit der Basis 2 und 1,099 bei g mit der Basis 3 und wird durch Grenzwertbildung des Differenzenquotienten für h gegen 0 ermittelt.
Für $t = 0$, $t = 1$ und $t = 2$ erhalten wir mithilfe von f' bzw. g' die gesuchten Wachstumsgeschwindigkeiten bei einer stündlichen Verdoppelung bzw. Verdreifachung der Bakterienarten.

Allgemein:
$(a^t)' = c \cdot a^t$ mit
$c = \lim\limits_{h \to 0} \frac{a^h-1}{h}$

Der Faktor c entspricht der Steigung der Tangente im Schnittpunkt des Graphen mit der y-Achse.

$f'(0) \approx 0{,}693 \cdot f(0) = 0{,}693 \cdot 2^0 = 0{,}693$
$f'(1) \approx 0{,}693 \cdot f(1) = 0{,}693 \cdot 2^1 = 1{,}386$
$f'(2) \approx 0{,}693 \cdot f(2) = 0{,}693 \cdot 2^2 = 2{,}772$
$g'(0) \approx 1{,}099 \cdot g(0) = 1{,}099 \cdot 3^0 = 1{,}099$
$g'(1) \approx 1{,}099 \cdot g(1) = 1{,}099 \cdot 3^1 = 3{,}297$
$g'(2) \approx 1{,}099 \cdot g(2) = 1{,}099 \cdot 3^2 = 9{,}891$

Die **Ableitung einer Exponentialfunktion** $f(x) = a^x$ ist wiederum eine Exponentialfunktion mit der gleichen Basis a. Es gilt: $f'(x) = c \cdot f(x)$. Dabei ist c der Proportionalitätsfaktor, der nur von der Basis a abhängt.

Im Beispiel erkennt man, dass $c = 0{,}693$ für die Basis $a = 2$ und $c = 1{,}099$ für $a = 3$ gilt. Daraus lässt sich folgern, dass es eine Basis a mit $2 < a < 3$ geben muss, für die $c = 1$ ist und für die gelten muss:
$(a^t)' = a^t$.

Die natürliche Exponentialfunktion

2

Ermitteln Sie die Basis a, für die in der Gleichung $(a^t)' = c \cdot a^t$ der Faktor $c = 1$ ist.

Gesucht ist die Basis a, für die $(a^t)' = a^t$ gilt.

Zur Grenzwertbildung lösen wir die Gleichung $\lim\limits_{h \to 0} \frac{a^h - 1}{h} = 1$ nach a auf und lassen dann wieder „h gegen null laufen".

$(a^t)' = \lim\limits_{h \to 0} \left(\frac{a^h - 1}{h} \cdot a^t\right) = c \cdot a^t$ ► $c = 1$

$\lim\limits_{h \to 0} \frac{a^h - 1}{h} = 1 \quad \Rightarrow \frac{a^h - 1}{h} \approx 1$ für $h \to 0$

$\Leftrightarrow \; a^h = h + 1 \; \Leftrightarrow \; a = \sqrt[h]{h + 1}$

1	h	0.1	0.001	0.00001	1.E-7
2	$\sqrt[h]{h+1}$	2.59374	2.71692	2.71827	2.71828

► TI Kopierfunktion zu finden unter doc▾, Bearbeiten.

Wir erhalten als Grenzwert die **Euler'sche Zahl e**, die wie auch π eine nicht-periodische, unendliche und damit irrationale Zahl ist und sich nur näherungsweise bestimmen lässt.
Die Exponentialfunktion zur Basis e stimmt mit ihrer Ableitung überein. Sie wird auch **natürliche Exponentialfunktion** oder **e-Funktion** genannt.

Die e-Funktion ist die einzige Funktion, bei der die Ableitung und die Ausgangsfunktion identisch sind.

$a \approx$ **2,71828… = e**

► e ist nach dem Schweizer Mathematiker Leonhard Euler (1707–1783) benannt.
Bereits 1748 bestimmte er e auf 23 Nachkommastellen genau.

$f(x) = e^x$
$f'(x) = 1 \cdot e^x = e^x$

- Die Basis a, für die die Exponentialfunktion f mit $f(x) = a^x$ mit ihrer Ableitungsfunktion f' übereinstimmt, heißt **Euler'sche Zahl** e. Es ist $e \approx 2{,}71828$.
- Die zugehörige Exponentialfunktion f mit $f(x) = e^x$ heißt **natürliche Exponentialfunktion**.
- Für $f(x) = e^x$ gilt: $f'(x) = e^x$.

1. Ermitteln Sie wie in Beispiel 1 näherungsweise die erste Ableitung von f.
a) $f(x) = 4^x$ b) $f(x) = \left(\frac{1}{2}\right)^x$

oHi Mi 2. Bestimmen Sie die Ableitungen der folgenden Funktionen.
a) $f(x) = 3 + e^x$ b) $f(x) = 2 \cdot e^x$ c) $f(x) = 2x + e^x$ d) $f(x) = -5x + 4 \cdot e^x$ e) $f(x) = 3 \cdot e^x$

Übungen zu 3.1.1

1. Skizzieren Sie die Graphen der Funktionen f, g, h und j mit
$f(x) = e^x$, $g(x) = e^x + 2$, $h(x) = -e^x$, $j(x) = e^{x-1}$
Beschreiben Sie, wie die Graphen von g, h und j aus dem Graphen der natürlichen Exponentialfunktion f hervorgehen.

oHi Mi 2. Bestimmen Sie die Ableitungen der folgenden Funktionen.
a) $f(x) = -5x^2 + e^x$ b) $f(x) = 2e^x + 1$ c) $f(x) = 3e^x - 1 - e^x$ d) $f(x) = 1{,}5 \cdot e^x$

3.1.2 Exkurs: Stetige Verzinsung

In der Geld- und Finanzwirtschaft geht man häufig von Zinsperioden aus, die kürzer als ein Jahr sind, also von mehreren Zinsperioden pro Jahr. Man spricht dann von **unterjähriger Verzinsung**.

3 Unterjährige Verzinsung

Eine Betriebswirtin legt zu Jahresbeginn einen Betrag von 10 000 € an, der zu 2 % jährlich verzinst wird.

a) Berechnen Sie das Kapital nach einem Jahr und nach 5 Jahren bei jährlicher Verzinsung.
b) Berechnen Sie das Kapital nach einem Jahr bei vierteljährlicher Verzinsung.
c) Ermitteln Sie den effektiven Zinssatz.
d) Berechnen Sie das Kapital nach 5 Jahren bei vierteljährlicher Verzinsung.

Zu a) Bei jährlicher Verzinsung sind die Zinsen nach einem Jahr fällig und können im nächsten Jahr sofort wieder zu 2 % angelegt werden.
Bei jährlicher Verzinsung ist ein Anfangskapital von 10 000 € nach einem Jahr auf 10 200 € und nach fünf Jahren auf 11 040,81 € angewachsen.

$K_0 = 10\,000$ ▸ Anfangskapital
$p\,\% = 2\,\%$ ▸ Jahreszinssatz
$q = 1 + p\,\%$ ▸ Zinsfaktor
$K_n = K_0 \cdot q^n$ ▸ Zinseszinsformel

$$K_1 = K_0 \cdot q^n = 10\,000 \cdot (1+0{,}02)^1 = 10\,000 \cdot 1{,}02^1 = \mathbf{10\,200}$$
$$K_5 = K_0 \cdot q^5 = 10\,000 \cdot (1+0{,}02)^5 = 10\,000 \cdot 1{,}02^5 \approx \mathbf{11\,040{,}81}$$

Zu b) Bei vierteljährlicher Verzinsung sind die Zinsen jeweils nach einem Vierteljahr fällig und können sofort wieder zu 2 % angelegt werden. Bezeichnet dabei m die Anzahl der Zinsperioden pro Jahr, dann ist $\frac{p\,\%}{m}$ der **periodenbezogene Zinssatz** $i\,\%$ im Unterschied zum **nominalen Zinssatz** $p\,\% = 2\,\%$.
Bei vierteljährlicher Verzinsung ist $m = 4$ und somit $i\,\% = \frac{2\,\%}{4} = 0{,}5\,\%$.
Bei vierteljährlicher Verzinsung ist das Kapital nach einem Jahr auf 10 201,51 € angewachsen und somit um 1,51 € größer als bei jährlicher Verzinsung.

$K_0 = 10\,000$ ▸ Anfangskapital
$p\,\% = 2\,\%$ ▸ Jahreszinssatz, nominaler Zinssatz
$i\,\% = \frac{p\,\%}{m} = \frac{2\,\%}{4} = 0{,}5\,\%$ ▸ periodenbezogener Zinssatz, m Zinsperioden pro Jahr

$K_{1.Q} = K_0 \cdot \left(1 + \frac{p\,\%}{m}\right)^1$ ▸ $\frac{p\,\%}{m} = \frac{2\,\%}{4}$
$= 10\,000 \cdot (1+0{,}005)^1$ ▸ $0{,}005 = 0{,}5\,\% = \frac{2\,\%}{4}$
$= 10\,050$ ▸ Kapital nach 1 Vierteljahr
$K_{2.Q} = 10\,050 \cdot (1+0{,}005)^1 = 10\,000 \cdot 1{,}005^2$
$= 10\,100{,}25$ ▸ Kapital nach 2 Vierteljahren
$K_{3.Q} = 10\,100{,}25 \cdot (1+0{,}005)^1 = 10\,000 \cdot 1{,}005^3$
$\approx 10\,150{,}75$ ▸ Kapital nach 3 Vierteljahren
$K_{4.Q} = 10\,150{,}75 \cdot (1+0{,}005)^1 = 10\,000 \cdot 1{,}005^4$
$\approx \mathbf{10\,201{,}51}$ ▸ Kapital nach 4 Vierteljahren = 1 Jahr

Zu c) Denselben Betrag erhielte man innerhalb einer einjährigen Zinsperiode, wenn der Zinssatz 2,0151 % betrüge. Diesen Zinssatz nennt man **effektiven Zinssatz** im Unterschied zum nominalen Zinssatz von 2 %.

$10\,000 \cdot (1 + p_{\text{eff}}\,\%) = 10\,201{,}51$ ▸ $p_{\text{eff}}\,\%$ effektiver Zinssatz
$1 + p_{\text{eff}}\,\% = 1{,}020151$
$p_{\text{eff}}\,\% = 0{,}020151$
$= \mathbf{2{,}0151\,\%}$ ▸ effektiver Zinssatz
$p\,\% = \mathbf{2\,\%}$ ▸ nominaler Zinssatz

Zu d) Das bei vierteljährlicher Verzinsung nach einem Jahr auf $K_{4.Q,1} = 10\,201{,}51$ € angewachsene Kapital erreicht nach fünf Jahren den Betrag $K_{4.Q,5} = 11\,048{,}96$ €.
Denselben Betrag erhält man mithilfe des effektiven Zinssatzes von 2,0151 % und der Zinseszinsformel $K_n = K_0 \cdot (1 + p_{\text{eff}}\,\%)^n$.

$K_{4.Q,5} = 10\,000 \cdot (1 + i\,\%)^{4 \cdot 5}$
$= 10\,000 \cdot \left(1 + \frac{2\,\%}{4}\right)^{4 \cdot 5}$ ▸ $\frac{2\,\%}{4} = 0{,}5\,\% = 0{,}005$
$= 10\,000 \cdot (1 + 0{,}005)^{20} = 10\,000 \cdot 1{,}005^{20}$
$\approx \mathbf{11\,048{,}96}$ ▸ Kapital nach 5 Jahren

$K_5 = 10\,000 \cdot (1 + p_{\text{eff}}\,\%)^5$
$= 10\,000 \cdot (1 + 0{,}020151)^5$
$= 10\,000 \cdot 1{,}020151^5$
$\approx \mathbf{11\,048{,}98}$

- Man spricht von **unterjähriger Verzinsung**, wenn die Zinsen früher als nach einem Jahr dem Kapital zugeschlagen werden.
- Der Zeitraum, für den die Zinsen zugeschlagen werden, heißt **Zinsperiode**.
- Bei unterjähriger Verzinsung heißt der Jahreszinssatz **nominaler Zinssatz**.
- Steht m für die Anzahl der Zinsperioden pro Jahr und $p\,\%$ für den nominalen Zinssatz, so beträgt der **periodenbezogene Zinssatz** $i\,\% = \frac{p\,\%}{m}$.
- Der Zinssatz $p_{\text{eff}}\,\%$ heißt **effektiver Zinssatz**, wenn sich bei unterjähriger Verzinsung von K_0 mit $i\,\% = \frac{p\,\%}{m}$ und bei jährlicher Verzinsung von K_0 mit $p_{\text{eff}}\,\%$ dasselbe Endkapital K_m ergibt.
- Der effektive Zinssatz lässt sich mit der Formel $p_{\text{eff}}\,\% = (1 + i\,\%)^m - 1$ berechnen.
- $K_{m,n}$ bezeichnet das Kapital, das nach n Jahren bei einem Jahreszins von $p\,\%$ und m jährlichen Zinsperioden aus dem Anfangskapital K_0 entstanden ist. Es gilt: $K_{m,n} = K_0 \cdot (1 + i\,\%)^{m \cdot n}$.

Die Idee der unterjährigen Verzinsung kann auch fortgeschrieben werden. Man erhöht die Anzahl der Zinsperioden pro Jahr beliebig. Im Grenzfall bedeutet dies, dass es unendlich viele Zinsperioden pro Jahr gibt und somit das Kapital ständig verzinst wird. Man spricht auch von der **stetigen Verzinsung**.

Stetige Verzinsung

4

Untersuchen Sie, welchen zusätzlichen Gewinn eine Bank erwirtschaftet, wenn sie zehn Jahre lang ein Kapital von 20 000 € zu einem Zinssatz von 8 % anstatt stetig nur jährlich verzinst.

Bei stetiger Verzinsung eines Anfangskapitals K_0 für n Jahre gibt der Grenzwert $\lim\limits_{m \to \infty} K_{m,n}$ das Endkapital an.

Mithilfe von $e = \lim\limits_{h \to 0} (1 + h)^{\frac{1}{h}}$ kann dieser Grenzwert zu $K_0 \cdot e^{\frac{p}{100} \cdot n}$ berechnet werden (vgl. Beispiel 2).

$$\lim_{m \to \infty} K_{m,n} = \lim_{m \to \infty} \left[K_0 \cdot \left(1 + \frac{p}{100 \cdot m}\right)^{m \cdot n}\right]$$

$$= K_0 \cdot \lim_{m \to \infty} \left[\left(1 + \frac{p}{100 \cdot m}\right)^{m \cdot n}\right] \quad \blacktriangleright\ h = \frac{p}{100 \cdot m}$$

$$= K_0 \cdot \lim_{h \to 0} \left[(1 + h)^{\frac{p}{100} \cdot \frac{1}{h}}\right]^n \quad \blacktriangleright\ m = \frac{p}{100 \cdot h}$$

$$= K_0 \cdot \lim_{h \to 0} \left[(1 + h)^{\frac{1}{h}}\right]^{\frac{p}{100} \cdot n} \quad \blacktriangleright\ \text{Beispiel 2}$$

$$= K_0 \cdot e^{\frac{p}{100} \cdot n} \quad \blacktriangleright\ K_0 = 20\,000;\ p = 8;\ n = 10$$

Das Kapital wird $n = 10$ Jahre lang mit $p\,\% = 8\,\%$ verzinst.
Bei jährlicher anstatt stetiger Verzinsung macht die Bank einen zusätzlichen Gewinn von 1332,32 €.

$$\Rightarrow \lim_{m \to \infty} K_{m,10} = 20\,000 \cdot e^{\frac{8}{100} \cdot 10} \approx \mathbf{44\,510{,}82}$$

$$K_{1,10} = 20\,000 \cdot 1{,}08^{10} \approx \mathbf{43\,178{,}50}$$

$$44\,510{,}82 - 43\,178{,}50 = \mathbf{1332{,}32}$$

Die Berechnung des Grenzwertes $\lim\limits_{m \to \infty} K_{m,10}$ mit dem CAS bestätigt das Ergebnis.

$$\lim_{m \to \infty} \left(20000 \cdot \left(1 + \frac{8}{100 \cdot m}\right)^{m \cdot 10}\right)$$

44510.8185699

Übungen zu 3.1.2

Ein Kreditvermittler wirbt mit dem „überaus günstigen" Zinssatz von 12 % p. a. In den allgemeinen Geschäftsbedingungen (AGB) heißt es dann allerdings: „Die Zinsen werden am Ende jedes Monats der Darlehensschuld zugeschlagen." Ein Student erhält ein Darlehen von 5000 €.

a) Berechnen Sie die Darlehensschuld nach einem Jahr und nach sechs Jahren.

b) Bestimmen Sie den effektiven Zinssatz.

3.1.3 Produktregel

Die Ableitungen ganzrationaler Funktionen und der natürlichen Exponentialfunktion können wir bestimmen. Bei Anwendungen tauchen aber auch häufig Produkte von Funktionen auf, wie zum Beispiel $f(x) = x \cdot e^x$. Die Ableitung eines Produkts $f(x) = u(x) \cdot v(x)$ zweier reeller Funktionen $u(x)$ und $v(x)$ ist aber **nicht** gleich dem Produkt $u'(x) \cdot v'(x)$, wie das folgende Beispiel zeigt.

5 Produkte von Funktionen lassen sich nicht faktorweise ableiten

Berechnen Sie die Ableitung der Funktion f mit $f(x) = x^8 = x^5 \cdot x^3$ und vergleichen Sie das Ergebnis mit dem Produkt der Ableitungen der Funktionen $u(x) = x^5$ und $v(x) = x^3$.

Für die Ableitung der Funktion f erhält man mit der Potenzregel: $f'(x) = 8 \cdot x^7$.
Ebenfalls mit der Potenzregel berechnen wir $u'(x) = 5 \cdot x^4$ und $v'(x) = 3 \cdot x^2$.

Für das Produkt $u'(x) \cdot v'(x)$ gilt dann:
$u'(x) \cdot v'(x) = 5 \cdot x^4 \cdot 3 \cdot x^2 = 15 \cdot x^6$ $(\neq f'(x) = 8 \cdot x^7)$

$f(x) = x^8 \;\Rightarrow\; f'(x) = 8 \cdot x^7$

$u(x) = x^5 \;\Rightarrow\; u'(x) = 5 \cdot x^4$
$v(x) = x^3 \;\Rightarrow\; v'(x) = 3 \cdot x^2$

$u'(x) \cdot v'(x) = 5 \cdot x^4 \cdot 3 \cdot x^2 = 15 \cdot x^6$
$\Rightarrow\; u'(x) \cdot v'(x) \neq f'(x)$

Die Ableitung der Produktfunktion ist also *nicht* gleich dem Produkt der Ableitungen der Faktoren.

Man kann eine allgemeine Formel für die Ableitung einer Produktfunktion $f = u \cdot v$ herleiten, indem man den Differenzenquotienten von f geschickt so umformt, dass darin die Differenzenquotienten von u und v „sichtbar" werden. Der Trick besteht darin, den neutralen Term $u(x_0) \cdot v(x_0+h) - u(x_0) \cdot v(x_0+h)$ $(= 0)$ zum Differenzenquotienten von f zu addieren:

$$m_S = \frac{f(x_0+h) - f(x_0)}{h}$$ ▶ Differenzenquotient für f mit $f(x) = u(x) \cdot v(x)$; u, v differenzierbar

$$= \frac{u(x_0+h) \cdot v(x_0+h) - u(x_0) \cdot v(x_0)}{h}$$ ▶ Ergänzung von $u(x_0) \cdot v(x_0+h) - u(x_0) \cdot v(x_0+h) = 0$ im Zähler

$$= \frac{u(x_0+h) \cdot v(x_0+h) - u(x_0) \cdot v(x_0) + u(x_0) \cdot v(x_0+h) - u(x_0) \cdot v(x_0+h)}{h}$$ ▶ Vertauschen des 2. und 4. Summanden im Zähler

$$= \frac{u(x_0+h) \cdot v(x_0+h) - u(x_0) \cdot v(x_0+h) + u(x_0) \cdot v(x_0+h) - u(x_0) \cdot v(x_0)}{h}$$ ▶ Ausklammern von $v(x_0+h)$ und $u(x_0)$

$$= \frac{[u(x_0+h) - u(x_0)] \cdot v(x_0+h) + u(x_0) \cdot [v(x_0+h) - v(x_0)]}{h}$$

$$= \frac{u(x_0+h) - u(x_0)}{h} \cdot v(x_0+h) + u(x_0) \cdot \frac{v(x_0+h) - v(x_0)}{h}$$

Führt man nun den Grenzübergang $\lim\limits_{h \to 0}$ durch, dann erhält man:

$$f'(x_0) = \lim_{h \to 0} m_S = \lim_{h \to 0} \left(\frac{u(x_0+h) - u(x_0)}{h} \cdot v(x_0+h) + u(x_0) \cdot \frac{v(x_0+h) - v(x_0)}{h} \right)$$

$$= \lim_{h \to 0} \left(\frac{u(x_0+h) - u(x_0)}{h} \cdot v(x_0+h) \right) + \lim_{h \to 0} \left(u(x_0) \cdot \frac{v(x_0+h) - v(x_0)}{h} \right)$$

$$= \lim_{h \to 0} \frac{u(x_0+h) - u(x_0)}{h} \cdot \lim_{h \to 0} v(x_0+h) + \lim_{h \to 0} u(x_0) \cdot \lim_{h \to 0} \frac{v(x_0+h) - v(x_0)}{h}$$ ▶ Stetigkeit von v

$$= \lim_{h \to 0} \frac{u(x_0+h) - u(x_0)}{h} \cdot v(x_0) + u(x_0) \cdot \lim_{h \to 0} \frac{v(x_0+h) - v(x_0)}{h}$$ ▶ u, v differenzierbar

$$= u'(x_0) \cdot v(x_0) + u(x_0) \cdot v'(x_0)$$ ▶ Ableitung = Grenzwert des Differenzenquotienten

In der letzten Zeile steht die neu gewonnene **Produktregel**.

Überprüfung der Produktregel

6

Überprüfen Sie die Produktregel am Beispiel der Funktion f mit $f(x) = x^5 \cdot x^3$.

Wendet man die Produktregel auf die Funktion f mit $f(x) = x^8$ aus Beispiel 5 an, so erhält man das gleiche Ergebnis $f'(x) = 8 \cdot x^7$ wie mit der Potenzregel.

Potenzregel: $f(x) = x^8 \Rightarrow f'(x) = 8 \cdot x^7$

Produktregel:

▸ $u(x) = x^5 \Rightarrow u'(x) = 5 \cdot x^4$

▸ $v(x) = x^3 \Rightarrow v'(x) = 3 \cdot x^2$

$$\Rightarrow f'(x) = u'(x) \cdot v(x) + u(x) \cdot v'(x) = 5x^4 \cdot x^3 + x^5 \cdot 3x^2 = 5x^7 + 3x^7 = 8x^7$$

Anwendung der Produktregel

7

Leiten Sie die Funktion $f(x) = \frac{x^3 + 2x + 2}{x}$; $x \neq 0$ mithilfe der Produktregel ab.

Die Funktion f lässt sich als Produkt in der Form $f(x) = \frac{1}{x} \cdot (x^3 + 2x + 2)$ schreiben.

Die beiden Faktoren lassen sich mithilfe der Summen- und Potenzregel ableiten. Die Produktregel liefert dann die Ableitung für f:

$f'(x) = \frac{2x^3 - 2}{x^2}$.

$f(x) = u(x) \cdot v(x)$

▸ $u(x) = x^{-1} = \frac{1}{x} \Rightarrow u'(x) = -x^{-2} = -\frac{1}{x^2}$

▸ $v(x) = x^3 + 2x + 2 \Rightarrow v'(x) = 3x^2 + 2$

$$\begin{aligned} f'(x) &= u'(x) \cdot v(x) + u(x) \cdot v'(x) \quad \text{▸ Produktregel} \\ &= -\frac{1}{x^2} \cdot (x^3 + 2x + 2) + \frac{1}{x} \cdot (3x^2 + 2) \\ &= \frac{1}{x^2} \cdot (-x^3 - 2x - 2) + \frac{x}{x^2} \cdot (3x^2 + 2) \\ &= \frac{-x^3 - 2x - 2 + 3x^3 + 2x}{x^2} = \frac{2x^3 - 2}{x^2} \end{aligned}$$

Mit dem CAS kann die berechnete Ableitung bestätigt werden.

▸ TI Der Befehl zur Ableitung ist in den mathematischen Vorlagen [Symbol] zu finden.

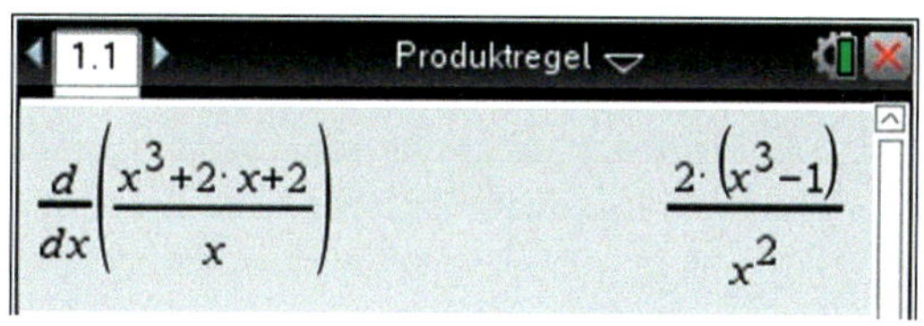

Produktregel
Sind zwei reelle Funktionen u und v in ihrem gemeinsamen Definitionsbereich differenzierbar, so ist dort auch die Produktfunktion $f(x) = u(x) \cdot v(x)$ differenzierbar und es gilt:
$f'(x) = u'(x) \cdot v(x) + u(x) \cdot v'(x)$.

Bestimmen Sie die Ableitung von $f(x) = (x^2 - 3x) \cdot \sqrt{x}$ durch Anwendung der Produktregel und überprüfen Sie das Ergebnis mit Ihrem GTR/CAS.

Übungen zu 3.1.3

oHi Mi Bilden Sie die erste Ableitung folgender reeller Funktionen mithilfe der Produktregel.

a) $f(x) = -x^2 \cdot x^5$
b) $f(x) = \frac{x^3 - x + 1}{x}$
c) $f(x) = (x^2 + 1)(x - 4x^2)$
d) $f(x) = (x^2 - 9)^2$
e) $f(x) = (2x^2 + 5x - 9)^2$
f) $f(x) = 3x^3 + 2x \cdot e^x$
g) $f(x) = (7x^5 - 9x^4)(2x + e^x)$
h) $f(x) = (2x^2 + 5x) \cdot e^x$
i) $f(x) = (3x^3 + 1) \cdot e^x$

3

3.1.4 Verkettung von Funktionen und Kettenregel

Bei vielen praktischen Problemen können die gesuchten Größen nicht in einem Schritt berechnet werden. Stattdessen benötigt man zuerst ein **Zwischenergebnis** aus einem *ersten* Rechenschritt, um dann in einem *zweiten* Schritt zu dem gewünschten Ergebnis zu kommen. Dies kann man durch **verkettete Funktionen** darstellen.

8 Verkettete Funktionen

Ein Gartenbaubetrieb möchte in seinem Katalog die Preise für die Randbepflanzung von Gartenteichen in Abhängigkeit von der Teichfläche angeben. Die Bepflanzung kostet 50 € pro laufendem Meter. In der Berechnung kann angenommen werden, dass ein durchschnittlicher Teich annähernd kreisförmig ist.
Ermitteln Sie die Kostenfunktion K der Randbepflanzung in Abhängigkeit der Teichfläche A.

Die Kosten der Randbepflanzung betragen 50 € pro laufendem Meter x. Da die Randbepflanzung um den gesamten Teich gezogen werden soll, ist der Preis einer Bepflanzung vom Umfang des Teiches abhängig. Aus der gegebenen Fläche A des Teiches kann der Radius r des Teiches bestimmt werden und damit dessen Umfang.

Diese beiden Teilschritte können zu einer **verketteten Funktion** zusammengesetzt werden, wobei zuerst der Umfang des Teiches berechnet wird und darauf die Kostenfunktion angewendet wird. Wir erhalten die gesuchten Kosten in Abhängigkeit der Teichfläche A.

1. Schritt: Kosten in Abhängigkeit vom Umfang eines durchschnittlichen Teiches ermitteln.

$K(x) = 50 \cdot x$ ▸ x = Umfang des Teiches

2. Schritt: Umfang x des Teiches berechnen.

$x = 2\pi \cdot r$ ▸ r = Radius des Teiches

$A = \pi \cdot r^2 \Leftrightarrow r = \sqrt{\frac{A}{\pi}}$

$\Rightarrow x = 2\pi \cdot \sqrt{\frac{A}{\pi}} = 2 \cdot \sqrt{A \cdot \pi}$

Verkettete Funktion:

$$K(A) = 50 \cdot \underbrace{\left(2 \cdot \sqrt{A \cdot \pi}\right)}_{x} = 100 \cdot \sqrt{A \cdot \pi}$$

Den Umfang x des Teiches in Abhängigkeit der Teichfläche A kann man auch als Funktion $x(A)$ auffassen, also $x(A) = 2 \cdot \sqrt{A \cdot \pi}$. Darauf wenden wir die Kostenfunktion $K(x) = 50 \cdot x$ an. Insgesamt erhalten wir die Verkettung $K(x(A)) = 50 \cdot 2 \cdot \sqrt{A \cdot \pi}$, wobei man x die innere Funktion (häufig mit i bezeichnet) und K die äußere Funktion (häufig mit a bezeichnet) nennt.

Wendet man zwei Funktionen i und a nacheinander an, sodass zuerst i und auf das Ergebnis dann a angewendet wird, so schreibt man für die neue Funktion $a(i(x))$ und nennt sie eine **Verkettung** der Funktionen i und a. Man nennt die zuerst ausgeführte Funktion i die **innere Funktion** und a die **äußere Funktion**. Da die Funktion a nur diejenigen Funktionswerte der Funktion i weiter verarbeiten kann, die in ihrem Definitionsbereich D_a liegen, lautet der Definitionsbereich von $a(i(x))$:
$D_{a(i(x))} = \{x \in D_i \mid i(x) \in D_a\}$. Die Verkettung zweier Funktionen ist im Allgemeinen **nicht kommutativ**.

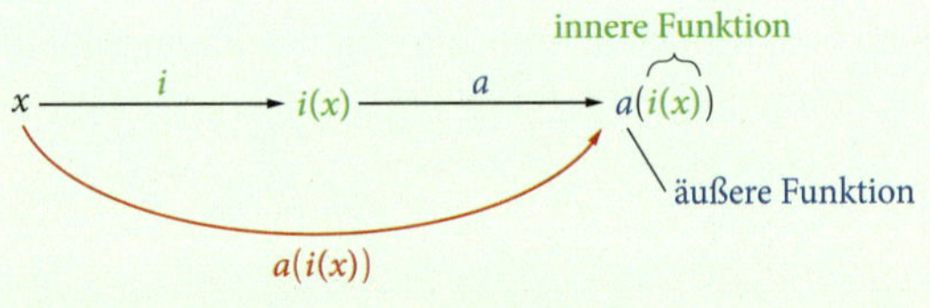

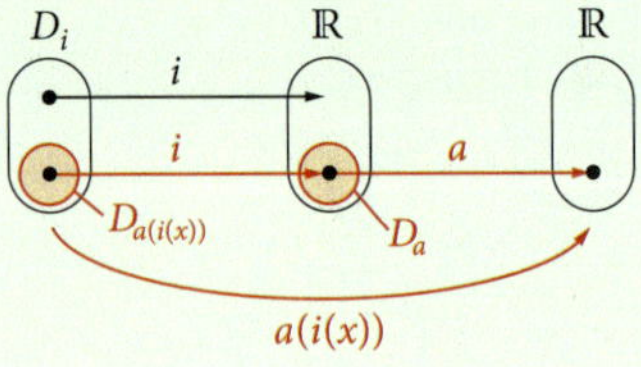

Bestimmen Sie aus den Funktionen f und g die Verkettungen $f(g(x))$ und $g(f(x))$ einschließlich der Definitionsbereiche der jeweiligen Verkettungen.

a) $f(x) = x^2 + 5;\ D_f = \mathbb{R}$
$g(x) = 3x + 1;\ D_g = \mathbb{R}$

b) $f(x) = x^2 - 3x - 4;\ D_f = \mathbb{R}$
$g(x) = 2x^3 + 5;\ D_g = \mathbb{R}$

c) $f(x) = \sqrt{x};\ D_f = \mathbb{R}_0$
$g(x) = x^2;\ D_g = \mathbb{R}$

Mit den bisherigen Methoden ist es möglich, ganzrationale Funktionen sowie Wurzelfunktionen abzuleiten. Die Regeln reichen aber noch nicht aus, um Funktionen abzuleiten, in denen mehrere dieser Funktionstypen vermischt vorkommen, wie etwa bei der Funktion f mit $f(x) = e^{3x+1}$.
In diesem Fall handelt es sich um eine **verkettete Funktion**: $f(x) = a(i(x))$ mit $i(x) = 3x + 1$ und $a(x) = e^x$.

Da sich die innere Funktion i genauso wie die äußere Funktion a mithilfe der bisher erarbeiteten Regeln ableiten lässt, ist es naheliegend, nach einer Ableitungsregel für verkettete Funktionen zu suchen.

Herleitung der Kettenregel

9

Um eine allgemeine Regel für die Ableitung einer verketteten Funktion $f(x) = a(i(x))$ herzuleiten, erweitert man den Differenzenquotienten mit $i(x) - i(x_0)$ und drückt ihn mithilfe der inneren und äußeren Funktionen aus.

$$\frac{f(x) - f(x_0)}{x - x_0}$$

▸ Differenzenquotient von f mit $f(x) = a(i(x))$

$$= \frac{a(i(x)) - a(i(x_0))}{x - x_0}$$

$$= \frac{a(i(x)) - a(i(x_0))}{x - x_0} \cdot \frac{i(x) - i(x_0)}{i(x) - i(x_0)}$$

▸ $\frac{i(x) - i(x_0)}{i(x) - i(x_0)} = 1$

$$= \frac{a(i(x)) - a(i(x_0))}{i(x) - i(x_0)} \cdot \frac{i(x) - i(x_0)}{x - x_0}$$

Mit der Grenzwertbildung für $x \to x_0$ erhält man die Ableitung $f'(x_0) = a'(i(x_0)) \cdot i'(x_0)$.

Daraus folgt:

$$f'(x_0) = \lim_{x \to x_0} \left(\frac{a(i(x)) - a(i(x_0))}{i(x) - i(x_0)} \cdot \frac{i(x) - i(x_0)}{x - x_0} \right)$$
$$= a'(i(x_0)) \cdot i'(x_0)$$

Kettenregel
Sind die Funktionen i an einer Stelle $x_0 \in D_i$ und a an der Stelle $i(x_0) \in D_a$ differenzierbar, dann ist auch die Verkettung $f(x) = a(i(x))$ an dieser Stelle differenzierbar und es gilt:
$f'(x_0) = (a(i(x_0))' = a'(i(x_0)) \cdot i'(x_0)$.

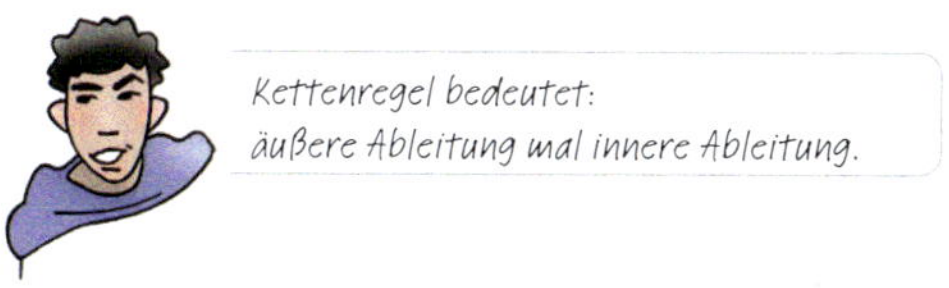

Anmerkung: Bei der Kettenregel muss man beachten, dass der Ableitungsstrich jeweils die Ableitung nach dem angegebenen Argument bezeichnet. Im Ausdruck $a'(i(x))$ der äußeren Ableitung wird also a nach $i(x)$ abgeleitet und nicht etwa nach x.

Überprüfung der Kettenregel

10

Berechnen Sie die Ableitung der reellen Funktion $f(x) = (3x^4 + 2x)^2$ mithilfe der Kettenregel. Überprüfen Sie anschließend das Ergebnis, indem Sie den Term von f ausmultiplizieren und die Ableitung durch Anwendung von Summen- und Potenzregel ermitteln.

Die innere Funktion ist $i(x) = 3x^4 + 2x$ und die äußere $a(x) = x^2$. Mit der Kettenregel folgt damit $f'(x) = 72x^7 + 60x^4 + 8x$.

$f(x) = (3x^4 + 2x)^2$

▸ $i(x) = 3x^4 + 2x \Rightarrow i'(x) = 12x^3 + 2$

▸ $a(i(x)) = (i(x))^2 \Rightarrow a'(i(x)) = 2\,i(x) = 2 \cdot (3x^4 + 2x)$

$f'(x) = a'(i(x)) \cdot i'(x)$
$f'(x) = 2 \cdot (3x^4 + 2x) \cdot (12x^3 + 2)$
$= 72x^7 + 60x^4 + 8x$

Leiten wir den ausmultiplizierten Funktionsterm von f mit der Potenz- und Summenregel ab, so erhalten wir dasselbe Ergebnis.

$f(x) = (3x^4 + 2x)^2 = 9x^8 + 12x^5 + 4x^2$
$f'(x) = 72x^7 + 60x^4 + 8x$

Bei der Funktion f aus Beispiel 10 hätte man die Ableitung zur Not auch ohne Anwendung der Kettenregel finden können, da f eine ganzrationale Funktion ist. Bei der Funktion im nächsten Beispiel gibt es dagegen keine Alternative zur Anwendung der Kettenregel.

11 Anwendung der Kettenregel

Ermitteln Sie die Ableitung der Funktion f mit $f(x) = e^{3x+1}$ mithilfe der Kettenregel.

Die innere Funktion ist $i(x) = 3x + 1$; die äußere Funktion ist $a(x) = e^x$.

$i(x) = 3x + 1 \Rightarrow i'(x) = 3$ ► $i'(x)$ innere Ableitung

$a(i(x)) = e^{i(x)} \Rightarrow a'(i(x)) = e^{i(x)} = e^{3x+1}$ ► $a'(i(x))$ äußere Ableitung

Damit erhalten wir mithilfe der Kettenregel die Ableitung $f'(x) = 3 \cdot e^{3x+1}$.

$$f'(x) = a'(i(x)) \cdot i'(x) = e^{3x+1} \cdot 3 = 3 \cdot e^{3x+1}$$

oHi Mi Berechnen Sie jeweils die erste Ableitung.

a) $f(x) = e^{2x-1}$ b) $f(x) = (x^3 + 2x)^4$ c) $f(x) = (0{,}5x^2 - 2x) \cdot e^{-5x}$

12 Ableiten eines Quotienten

Während des Genehmigungsprozesses eines neuen Medikaments wurde das mathematische Modell $f(t) = \frac{10t^2}{1+e^t}$ entwickelt, welches die Konzentration des Medikaments im Blut in $\frac{mg}{\ell}$ in Abhängigkeit der Zeit $t \geq 0$ in Stunden annähernd beschreibt. Bestätigen Sie die Aussage des Herstellers, dass nach 3 Stunden die Konzentration des Medikaments bereits wieder abnimmt.

Da es sich bei der Funktion f um eine gebrochen-rationale Funktion handelt, untersuchen wir zuerst den Definitionsbereich der Funktion. Der Nenner darf dabei nicht 0 werden, was hier ausgeschlossen werden kann. Somit ist der Definitionsbereich $D_f = \mathbb{R}^+$.

$1 + e^t \neq 0$, da $e^t > 0$ für alle $t \in \mathbb{R}$
$\Rightarrow$ Der Definitionsbereich von f muss nicht weiter eingeschränkt werden.

Zur Bestimmung der Abbaugeschwindigkeit ermitteln wir die Ableitung der Funktion f. Dabei lässt sich f als Produkt in der Form $f(t) = 10t^2 \cdot (1 + e^t)^{-1}$ schreiben.

Diese Form der Funktion kann mit einer Kombination der bekannten Produkt- und Kettenregel abgeleitet werden. Wir erhalten $f'(t) = \frac{20t \cdot (1+e^t) - 10t^2 \cdot e^t}{(1+e^t)^2}$. Da die Ableitung der Funktion f die Änderung der Konzentration des Medikaments im Blut beschreibt, kann mit $f'(3) = -1{,}22$ die Aussage des Herstellers bestätigt werden.

$f(t) = \frac{10t^2}{1+e^t}$ ► $\frac{1}{x} = x^{-1}$

$\quad = 10t^2 \cdot (1 + e^t)^{-1}$

$f(t) = u(t) \cdot v(t)$

► $u(t) = 10t^2 \Rightarrow u'(t) = 20t$

► $v(t) = (1 + e^t)^{-1}$ ► Kettenregel

$\Rightarrow v'(t) = -1 \cdot (1 + e^t)^{-2} \cdot e^t = \frac{-e^t}{(1+e^t)^2}$

$f'(t) = u'(t) \cdot v(t) + u(t) \cdot v'(t)$ ► Produktregel

$\quad = 20t \cdot (1 + e^t)^{-1} + 10t^2 \cdot \frac{-e^t}{(1+e^t)^2}$

$\quad = \frac{20t}{1+e^t} - \frac{10t^2 \cdot e^t}{(1+e^t)^2} = \frac{20t \cdot (1+e^t) - 10t^2 \cdot e^t}{(1+e^t)^2}$

oHi Mi Ermitteln Sie jeweils die erste Ableitung der Funktionen und ihren Definitionsbereich.

a) $f(x) = \frac{4x-2}{x+3}$ b) $f(x) = \frac{e^{2x}}{1-x}$ c) $f(x) = \frac{1}{e^x}$ d) $f(x) = \frac{x^2+x}{1+e^{2x}}$

Ü

Übungen zu 3.1.4

1. Bestimmen Sie aus den Funktionen f und g die Verkettungen $f(g(x))$ und $g(f(x))$ einschließlich der Definitionsbereiche der jeweiligen Verkettungen.

a) $f(x) = \sqrt{x+1}$; $D_f = [-1; \infty[$ und $g(x) = x^2 + 1$; $D_g = \mathbb{R}$
b) $f(x) = -2x + 8$; $D_f = \mathbb{R}$ und $g(x) = \sqrt{x^2 - 4}$; $D_g =]-\infty; -2] \cup [2; \infty[$
c) $f(x) = x^2 - 3$; $D_f = \mathbb{R}$ und $g(x) = \sqrt{-x+3}$; $D_g =]-\infty; 3]$
d) $f(x) = x^2$; $D_f = \mathbb{R}$ und $g(x) = \sqrt{1-x}$; $D_g =]-\infty; 1]$

2. Bestimmen Sie aus den Funktionen f, g und h die Verkettungen $f(g(h(x)))$ und $h(g(f(x)))$ einschließlich der Definitionsbereiche der jeweiligen Verkettungen.

a) $f(x) = 2x^2 + 5$; $D_f = \mathbb{R}$ und $g(x) = -x + 1$; $D_g = \mathbb{R}$ und $h(x) = x^3 - 2$; $D_h = \mathbb{R}$
b) $f(x) = x^2 - 4x - 5$; $D_f = \mathbb{R}$ und $g(x) = -x$; $D_g = \mathbb{R}$ und $h(x) = \sqrt{x}$; $D_h = [0; \infty[$
c) $f(x) = 2x^2 - x$; $D_f = \mathbb{R}$ und $g(x) = \sqrt{-x}$; $D_g =]-\infty; 0]$ und $h(x) = x^3$; $D_h = \mathbb{R}$
d) $f(x) = x^2 + 9$; $D_f = \mathbb{R}$ und $g(x) = 4 + \sqrt{x}$; $D_g = [0; \infty[$ und $h(x) = x^5$; $D(h) = \mathbb{R}$

3. Bestimmen Sie für die Funktion h eine Verkettung der Form $f(g(x))$.

a) $h(x) = x^2 + 1$; $D_h = \mathbb{R}$
b) $h(x) = (x+3)^2$; $D_h = \mathbb{R}$
c) $h(x) = \sqrt{x+1}$; $D_h = [-1; \infty[$
d) $h(x) = \sqrt{-x^2 + 16}$; $D_h = [-4; 4]$
e) $h(x) = \log(x+3)$; $D_h =]-3; \infty[$
f) $h(x) = a^{x+6}$; $D_h = \mathbb{R}$; $a > 0$

4. Ermitteln Sie für die Funktion g eine Verkettung der Form $f_1(f_2(f_3(x)))$.

a) $g(x) = \sqrt{x^2 + 1}$; $D_g = \mathbb{R}$
b) $g(x) = (x^3 - 7)^2$; $D_g = \mathbb{R}$
c) $g(x) = \log(x^2 + 4)$; $D_g = \mathbb{R}$
d) $g(x) = \frac{1}{(x-8)^2}$; $D_g = \mathbb{R}\setminus\{8\}$

5. Bestimmen sie die zweite Ableitung der Funktionen in ihren maximalen Definitionsbereichen.

a) $f(x) = (2x^2 - 4)^3$
b) $f(x) = (x^2 - 3x + 2)^4$
c) $f(x) = (3x^3 - 4x)^3$
d) $f(x) = e^{-0,5x}$
e) $f(x) = e^{-5x+2}$
f) $f(x) = e^{\frac{1}{2}x+3}$

6. Bestimmen Sie die erste Ableitung der Funktionen in ihren maximalen Definitionsbereichen.

a) $f(x) = e^{-x^2+2x}$
b) $f(x) = e^{-\frac{x^2}{6}}$
c) $f(x) = 6x \cdot e^{0,1x^2-2}$
d) $f(x) = (x^2 - 3x) \cdot e^{0,5x^3}$
e) $f(x) = 20 \cdot (x^3 - 5) \cdot e^{x^2-2x}$
f) $f(x) = \frac{x \cdot e^{-x}}{x^2}$

7. Die Vorgehensweise der Ableitung eines Quotienten (▶ Beispiel 12) kann verallgemeinert und durch die **Quotientenregel** beschrieben werden.
Diese Regel stellt dar, wie eine Funktion der Form $f(x) = \frac{u(x)}{v(x)}$ abgeleitet werden kann.

Quotientenregel:
Sind zwei Funktionen u und v in ihrem gemeinsamen Definitionsbereich differenzierbar und gilt $v(x) \neq 0$, so ist dort auch die Funktion $f(x) = \frac{u(x)}{v(x)}$ differenzierbar und es gilt:

$$f'(x) = \frac{u'(x) \cdot v(x) - u(x) \cdot v'(x)}{[v(x)]^2}.$$

Wenden Sie die Quotientenregel an und bilden Sie jeweils die erste Ableitung der Funktionen. Berücksichtigen Sie dabei den maximalen Definitionsbereich.

a) $f(x) = \frac{x^2 + 2}{x - 3}$
b) $f(x) = \frac{-3x^3 + 2x - 4}{x^2 - 4}$
c) $f(x) = \frac{e^x}{x^2 + 2}$
d) $f(x) = \frac{x^2}{\sqrt{x+2}}$
e) $f(x) = \frac{e^{x^2}}{2x^2 - 4x}$
f) $f(x) = \frac{e^{0,2x+3}}{2 - e^{-9x}}$

3

3.1.5 Ableitung beliebiger Exponentialfunktionen

Beliebige Exponentialfunktionen kann man mithilfe des Logarithmus ableiten. Deshalb wiederholen wir hier den Logarithmus und die Logarithmengesetze.
Für alle $y > 0$ hat die Gleichung $y = e^x$ die Lösung $x = \log_e y$. Dieser Logarithmus zur Basis e heißt natürlicher Logarithmus und wird mit $x = \ln y$ bezeichnet. Zugunsten der Übersichtlichkeit setzen wir hier Klammern: $x = \ln(y)$.
Grundlage für das Rechnen mit Logarithmen sind die nachstehenden Logarithmengesetze.
($u, v \in \mathbb{R}^+; n \in \mathbb{R}^+$)

1. Ein Produkt $u \cdot v$ wird logarithmiert, indem man die Logarithmen der Faktoren addiert. $\ln(u \cdot v) = \ln(u) + \ln(v)$
2. Ein Bruch $\frac{u}{v}$ wird logarithmiert, indem man vom Logarithmus des Zählers den Logarithmus des Nenners subtrahiert. $\ln\left(\frac{u}{v}\right) = \ln(u) - \ln(v)$
3. Eine Potenz u^n wird logarithmiert, indem man den Logarithmus der Potenzbasis mit dem Exponenten multipliziert. $\ln(u^n) = n \cdot \ln(u)$

13 Anwendungen der Logarithmengesetze

Zeigen Sie mithilfe der Rechengesetze: $\ln\left(\frac{x+2}{5x-5}\right) + \ln(5) = -\ln\left(\frac{x-1}{5x+10}\right) - \ln(5)$

Wir gehen folgendermaßen vor:
- Nenner faktorisieren
- Terme sortieren und 1. Rechengesetz anwenden
- Terme kürzen und zusammenfassen
- Bruch als Potenz schreiben und 3. Rechengesetz anwenden

$$\ln\left(\frac{x+2}{5x-5}\right) + \ln(5) = -\ln\left(\frac{x-1}{5x+10}\right) - \ln(5)$$
$$\Leftrightarrow \ln\left(\frac{x+2}{5(x-1)}\right) + \ln(5) = -\ln\left(\frac{x-1}{5(x+2)}\right) - \ln(5)$$
$$\Leftrightarrow \ln\left(\frac{x+2}{5(x-1)}\right) + \ln\left(\frac{x-1}{5(x+2)}\right) = -\ln(5) - \ln(5)$$
$$\Leftrightarrow \ln\left(\frac{x+2}{5(x-1)} \cdot \frac{x-1}{5(x+2)}\right) = -\ln(5) - \ln(5)$$
$$\Leftrightarrow \ln\left(\frac{1}{5^2}\right) = -2\ln(5)$$
$$\Leftrightarrow \ln(5^{-2}) = \ln(5^{-2})$$ ▸ wahre Aussage

14 Darstellung einer beliebigen Exponentialfunktion als e-Funktion

Wandeln Sie die Funktion f mit der Gleichung $f(x) = 2^x$ in eine äquivalente e-Funktion um.

Wegen $x = \ln(y)$ als Folge der Umkehrung $y = e^x$ gilt $y = e^{\ln(y)}$. Wir setzen für $y = 2^x$ ein. Wenden wir das Logarithmengesetz $\ln(u^n) = n \cdot \ln(u)$ an, erhalten wir $2^x = e^{\ln(2) \cdot x}$, also $f(x) = 2^x = e^{\ln(2) \cdot x}$.

$$y = e^{\ln(y)}$$ ▸ $y = 2^x$
$$\Rightarrow 2^x = e^{\ln(2^x)}$$ ▸ $\ln(u^n) = n \cdot \ln(u)$
$$\Rightarrow 2^x = e^{\ln(2) \cdot x}$$

Auf diese Weise kann jede Exponentialfunktion als e-Funktion geschrieben werden. Darauf aufbauend kann die Ableitung beliebiger Exponentialfunktionen entwickelt werden.

15 Ableitung beliebiger Exponentialfunktionen

Leiten Sie die Funktion f mit der Gleichung $f(x) = 2^x$ mithilfe des natürlichen Logarithmus ab.

$f(x) = 2^x$ können wir als e-Funktion darstellen (▸ Beispiel 14). Diese Form können wir mithilfe der Kettenregel ableiten.
Mit $f'(x) \approx 0{,}693 \cdot 2^x$ erhalten wir genau dieselbe Ableitung von $f(x) = 2^x$ wie in Beispiel 1. ▸ Seite 112

$$f(x) = 2^x = e^{\ln(2) \cdot x}$$ ▸ Kettenregel
$$f'(x) = e^{\ln(2) \cdot x} \cdot \ln(2)$$ ▸ $e^{\ln(2) \cdot x} = 2^x$
$$= \ln(2) \cdot 2^x$$ ▸ $\ln(2) \approx 0{,}693$
$$\approx 0{,}693 \cdot 2^x$$

Auf Seite 112 haben wir festgestellt, dass für Exponentialfunktionen vom Typ $f(x) = a^x$ gilt: $f'(x) = c \cdot a^x$, wobei der Proportionalitätsfaktor c von der Basis a abhängt. Nun erkennen wir genauer: $c = \ln(a)$.

- Der Exponent x in der Gleichung $e^x = y$ heißt **natürlicher Logarithmus** von y, kurz $x = \ln(y)$.
- Jede Exponentialfunktion kann als e-Funktion geschrieben werden. Es gilt: $f(x) = a^x = e^{\ln(a) \cdot x}$.
- Für die Ableitung der allgemeinen Exponentialfunktion gilt dann: $f'(x) = \ln(a) \cdot e^{\ln(a) \cdot x} = \ln(a) \cdot a^x$.

Schreiben Sie f als e-Funktion und bilden Sie jeweils die erste Ableitung.
a) $f(x) = 3^x$ b) $f(x) = 20 \cdot 5^x$ c) $f(x) = -2 \cdot 1{,}2^x$ d) $f(x) = 2^{3x}$

Übungen zu 3.1.5

1. Berechnen Sie unter Nutzung der Logarithmengesetze.
a) $\log_2(8)$
b) $\ln\left(\frac{1}{e^5}\right)$
c) $\log_{10}(10\,000)$
d) $\log_{10}(0{,}001)$
e) $\log_{10}\left(\frac{100}{0{,}1}\right)$
f) $\log_3(27 \cdot 9)$
g) $\ln(e^8 \cdot e^{-2})$
h) $\log_2(128 \cdot 32)$

2. Zeigen Sie mithilfe der Rechengesetze:
a) $\log_2\left(\frac{x+5}{5-x}\right) = -\log_2\left(\frac{5-x}{5+x}\right)$
b) $\log(100x + 200) - 2 = \log\left(\frac{x+2}{100}\right) + 2$
c) $\ln\left(\frac{5x}{3x+3}\right) + \ln(3) = -\ln\left(\frac{x+1}{15x}\right) - \ln(3)$

3. Bilden Sie die erste Ableitung der Exponentialfunktionen.
a) $f(x) = 5 \cdot 2^{-x^2}$
b) $f(x) = -0{,}1^{\frac{1}{3}x+2}$
c) $f(x) = 2^{\frac{x}{2}} - 3^{x^2}$
d) $f(x) = -2 \cdot e^x + 2^{-x}$
e) $f(x) = x \cdot 10^{3x}$
f) $f(x) = x^2 + 10^{-x} - 8x$
g) $f(x) = a \cdot e^{-b \cdot x}$
h) $f(x) = b^{2x^2}$
i) $f(x) = \frac{1}{1 + e^{-x}}$

4. Das Bevölkerungswachstum der indischen Bevölkerung kann basierend auf den Zahlen aus dem Jahre 2012 mit der Funktion f mit $f(t) = 1{,}22 \cdot 1{,}019^t$ beschrieben werden. $f(t)$ gibt die Bevölkerung in Milliarden Menschen an und t beschreibt die Zeit in Jahren.
a) Geben Sie das jährliche Bevölkerungswachstum an.
b) Bestimmen Sie die Ableitung $f'(t)$ und berechnen Sie die Steigung zu den Zeitpunkten $t = 1$ und $t = 10$.
c) Vergleichen und interpretieren Sie die Ergebnisse der Teilaufgaben a) und b).

5. Ein Fertigungsroboter in der Autoindustrie wird jährlich mit 20 % degressiv abgeschrieben. Der Anschaffungspreis lag bei 120 000 €.

a) Geben Sie eine Funktion an, die den Restwert des Fertigungsroboters nach t Jahren bestimmt.
b) Bestimmen Sie die Ableitung der Funktion und die Steigung nach 2 Jahren.
c) Interpretieren Sie das Ergebnis im Sachkontext.

6. Die Funktion a mit $a(t) = 3 - 3e^{-0{,}41t} + 3e^{-2t}$ beschreibt die typische Absatzkurve eines Textilgeschäfts im Jahresverlauf, wobei t für die Zeit in Monaten und $a(t)$ für den Absatz in ME pro Monat steht.
a) Erstellen Sie mit Ihrem GTR/CAS eine Skizze der Absatzkurve und bestätigen Sie anhand des Graphen G_a, dass es sich bei a um eine Absatzkurve eines Textilgeschäfts handeln kann.
b) Bestimmen Sie für die Geschäftsleitung die Zu- oder Abnahme des Absatzes im Januar ($t = 1$) und Juni ($t = 6$).

3.1.6 Die Logarithmusfunktion ln als Stammfunktion von $\frac{1}{x}$

Die Funktion mit der Gleichung $f(x) = \ln(x)$ und $D_f = \mathbb{R}^+$ heißt **natürliche Logarithmusfunktion**.

16 Ableitung der natürlichen Logarithmusfunktion

Bilden Sie die Ableitung der natürlichen Logarithmusfunktion f mit $f(x) = \ln(x)$; $x > 0$.

Wir setzen für $f(x) = y$ und ersetzen x durch e^y.

Die entstandene Gleichung leiten wir nach y ab. Dabei wenden wir auf der rechten Seite die Kettenregel an.
Die abgeleitete Gleichung stellen wir nach $\ln'(e^y)$ um und ersetzen wieder e^y durch x.

Die Ableitung $\ln'(x) = \frac{1}{x}$ ist genau wie die Funktion $\ln(x)$ für $x > 0$ definiert.

$f(x) = \ln(x) \Rightarrow y = \ln(x)$ ► $y = \ln(x) \Leftrightarrow e^y = x$

$y = \ln(e^y)$ ► Ableiten nach y

$y' = 1$

$(\ln(e^y))' = \ln'(e^y) \cdot e^y$ ► Kettenregel

$\Rightarrow \quad 1 = \ln'(e^y) \cdot e^y$

$\Leftrightarrow \quad \ln'(e^y) = \frac{1}{e^y}$ ► $e^y = x$

$\Leftrightarrow \quad \ln'(x) = \frac{1}{x}$

Also: $f'(x) = \frac{1}{x}$ mit $x > 0$

Wenn ich nach y ableiten soll, stelle ich mir statt y ein x vor und wende die Ableitungsregeln wie gewohnt an.

Es gilt: $(\ln(x))' = \frac{1}{x}$ und umgekehrt $\int \frac{1}{x}\,dx = \ln(x) + c$ für $x > 0$ und $c \in \mathbb{R}$.

Es gilt auch:
$\int \frac{1}{x}dx = \ln|x| + c$ für $x \neq 0$

Bilden Sie jeweils die erste Ableitung.

a) $f(x) = 2 \cdot \ln(x)$ b) $f(x) = \ln(2x)$ c) $f(x) = a \cdot \ln(b \cdot x^2)$ d) $f(x) = \ln(-x)$

17 Überprüfung des Integrals mit dem GTR/CAS

Berechnen Sie den Inhalt der Fläche unterhalb der Kurve von f mit $f(x) = \frac{50}{x}$; $D_f = \mathbb{R}\backslash\{0\}$; zwischen $x = 1$ und $x = 5$ und überprüfen Sie das Ergebnis mit Ihrem GTR/CAS.

Wir wenden die Gesetzmäßigkeit $\int \frac{1}{x}\,dx = \ln|x| + c$; $c \in \mathbb{R}$ an und erhalten die Stammfunktion $F(x)$.

Damit kann das bestimmte Integral mit der unteren Grenze $x = 1$ und der oberen Grenze $x = 5$ berechnet werden.

Mit dem GTR/CAS kann das bestimmte Integral numerisch berechnet und dabei das Ergebnis 80,47 bestätigt werden.

$f(x) = \frac{50}{x}$; $x \neq 0$

$F(x) = \int \frac{50}{x}\,dx = 50 \cdot \int \frac{1}{x}\,dx = 50 \cdot \ln|x| + c$

$\int_1^5 \frac{50}{x}\,dx = F(5) - F(1)$

$= 50 \cdot \ln(5) - 50 \cdot \ln(1) = 50 \cdot \ln(5) \approx 80{,}47$

$\int_1^5 50 \div x\,dx$

80.47189562

Solve | d/dx | d²/dx² | ∫dx | SolveN | ▷

Übungen zu 3.1.6

1. Geben Sie den maximalen Definitionsbereich der Funktionen an und bilden Sie die erste Ableitung.

a) $f(x) = 5 \cdot \ln\left(\frac{x}{2}\right)$ b) $f(x) = x \cdot \ln(x)$ c) $f(x) = \frac{x}{\ln(x^2)}$ d) $f(x) = 4x + \ln(0{,}1\,x)$

2. Bestimmen Sie die Stammfunktion der folgenden Integrale, berechnen Sie das bestimmte Integral und überprüfen Sie Ihre Ergebnisse mit Ihrem GTR/CAS.

a) $\int_1^5 \frac{8}{x}dx$ b) $\int_{-2}^{-1} \frac{1}{2x}dx$ c) $\int_0^{10} \frac{2}{x+1}dx$ d) $\int_1^2 \frac{8}{x}dx$

Vermischte Übungen zu 3.1

1. Bestimmen Sie jeweils die 1. und 2. Ableitung der reellen Funktionen.
oHi Mi
a) $f(x) = (2x^2 + 5x - 3)\,e^x$
b) $f(x) = \left(-\frac{3}{5}x^3 + \frac{1}{2}x^2\right)e^x$
c) $f(x) = \left(\frac{3}{2}x - 3\right)e^x + (x^2 - x)\,e^x$

2. Gegeben sind die reellen Funktionen f mit $f(x) = -x^2$, g mit $g(x) = 0{,}5x + 3$ und h mit $h(x) = 2\,e^x$.
oHi Mi
Bilden Sie mit je zwei dieser Funktionen alle möglichen Produktfunktionen und leiten Sie diese ab.

3. Bilden Sie jeweils die Verkettungen $a(i(x))$ und $i(a(x))$ für folgende Funktionen i und a.
oHi Mi
a) $i(x) = -x^2 + x,\ a(x) = 3x + 1$
b) $i(x) = 3x + 2,\ a(x) = x^2 + x$
c) $i(x) = e^x,\ a(x) = x^2$
d) $i(x) = x^2 + 2,\ a(x) = e^x$

4. Zerlegen Sie die Funktion f in eine innere Funktion i und eine äußere Funktion a.
oHi Mi
a) $f(x) = 2(x - 9)$
b) $f(x) = (-4x)^3$
c) $f(x) = 0{,}25x^4 - 1$
d) $f(x) = 0{,}25(x - 1)^4$
e) $f(x) = \sqrt{x - 2}$
f) $f(x) = e^{2x}$
g) $f(x) = 2\,e^x$
h) $f(x) = e^{x^2}$

5. Überlegen Sie sich zwei Funktionen f und g, deren Verknüpfung $f(g(x)) = g(f(x))$ ist.
oHi Mi

6. Leiten Sie die folgenden Funktionen mithilfe der Kettenregel ab. Überprüfen Sie, soweit möglich, das Ergebnis durch die Anwendung anderer Ableitungsregeln.
a) $f(x) = (2x - 5)^2$
b) $f(x) = 4(3 - 2x)^2$
c) $f(x) = -(0{,}5x + 1)^2$
d) $f(x) = \frac{1}{3}(1 + 2x)^3$
e) $f(x) = 0{,}75(x + 2)^4$
f) $f(x) = (x - 2)^3$

7. Bestimmen Sie den Wert des Parameters $a \in \mathbb{R}$, wenn f und f' bekannt sind.
a) $f(x) = 2\,e^{ax}$ und $f'(x) = -4\,e^{ax}$
b) $f(x) = -e^{ax}$ und $f'(x) = e^{ax}$

8. Bestimmen Sie die ersten zwei Ableitungen, indem Sie die Ketten- und Produktregel anwenden.
oHi Mi
a) $f(x) = x^2\,e^{3x}$
b) $f(x) = (x^2 - 2)\,e^{0{,}5x}$
c) $f(x) = x \cdot 2^{5x}$
d) $f(x) = (x + 5) \cdot 10^{x-1}$
e) $f(x) = x - 5x\,e^{1-2x}$
f) $f(x) = e^{-x}(x - 2)$
g) $f(x) = 0{,}1^{-x} \cdot x + 2$

9. Bestimmen Sie die erste Ableitung der folgenden Exponentialfunktionen.
oHi Mi
a) $f(x) = -2^x$
b) $f(x) = 0{,}2^{x+1}$
c) $f(x) = 5 + 10^x$
d) $f(x) = 12{,}03^{-x}$

10. Entscheiden Sie, ob folgende Aussagen wahr oder falsch sind.
oHi Mi
a) Die Ableitung von $f(x) = e^{x-5}$ ist $f'(x) = e^x$.
b) $f(x) = r(x) \cdot q(x)$ leitet man mit der Produktregel ab zu: $f'(x) = r'(x) \cdot q'(x)$.
c) Die Ableitung von $f(x) = 2\,e^x$ ist $f'(x) = 2\,e^x$.
d) Die Ableitung von $f(x) = x + e^x$ ist $f'(x) = e^x$.
e) $f(x) = r(x) + q(x)$ leitet man mit der Summenregel ab zu: $f'(x) = r'(x) + q'(x)$.
f) $f(x) = -x^2\,e^x \Rightarrow f'(x) = -2x\,e^x - x^2\,e^x$

11. Betrachten Sie erneut die Situation auf Seite 111.
a) Bestätigen Sie die Aussage von Frau Vera, dass sich die Beschleunigungskurve aus der Geschwindigkeitskurve v herleiten lässt.
b) Bestimmen Sie die Funktion der Beschleunigung und stellen Sie diese mit Ihrem GTR/CAS dar.
c) Unterstützen Sie Frau Vera, indem Sie anhand des Graphen der Beschleunigungsfunktion beurteilen, ob die Funktion den Erwartungen entspricht.

12. Gegeben ist $f(x) = \frac{1}{24}e^{3x+12}$. Zeigen Sie, dass der Funktionsgraph von f an der Stelle $x = \ln(2) - 4$ die Steigung 1 hat.

13. In Aufgabe 7 auf Seite 121 wurde die Quotientenregel vorgestellt. Beweisen Sie die Quotientenregel für eine beliebige Funktion vom Typ $f(x) = \frac{u(x)}{v(x)}$, indem Sie die Berechnung der Ableitung auf die Ketten- und Produktregel zurückführen.
Tipp: Die Funktion $f(x) = \frac{u(x)}{v(x)}$ kann als Produkt $f(x) = u(x) \cdot v(x)^{-1}$ dargestellt werden.

14. Ermitteln Sie die 1. Ableitung der gebrochenrationalen Funktionen in ihrem maximalen Definitionsbereich.
oHi Mi
a) $f(x) = \frac{x + 7}{x^2}$
b) $f(x) = \frac{x^2 + 4x - 2}{x + 3}$
c) $f(x) = \frac{x^2 + 6x}{x^2 + 3}$
d) $f(x) = \frac{x^2 + 4x - 2}{x^2 + 4}$
e) $f(x) = \frac{x^4 - 10x^2 + 9}{x^2}$
f) $f(x) = \frac{x^2 + 8}{x^3 + 1}$

15. Bestimmen Sie die Wachstumsgeschwindigkeit der folgenden Funktionen an den Stellen $x_0 = -1$, $x_1 = 1$ und $x_2 = 10$.

a) $f(x) = e^{4x}$
b) $f(x) = 3\,e^{-x}$
c) $f(x) = e^{5-x}$
d) $f(x) = -e^{0,5x+1}$
e) $f(x) = -1{,}5\,e^{1-2x}$
f) $f(x) = e^{3-x^2}$
g) $f(x) = (-2x-3)\,e^{x^2+1}$
h) $f(x) = (x-3)^2\,e^{-0,25x}$
i) $f(x) = -0{,}5\,x\,e^{x^2-3x+6}$
j) $f(x) = x^2 e^x - 2x e^x$

16. Bestimmen Sie die Ableitung der Funktionen.

a) $f(x) = \ln(x)$
b) $f(x) = x \cdot \ln(-x)$
c) $f(x) = (x^2 - 3x + 4) \cdot \ln(3x^2 + 5)$
d) $f(x) = \ln(x-3)$
e) $f(x) = \ln(x^2 - 4x + 6)$

17. Vereinfachen Sie die Berechnung mit den Logarithmengesetzen und leiten Sie anschließend die Funktionen ab.

a) $f(x) = \ln(x^3)$
b) $f(x) = \ln\left(-2x^2 \cdot e^{-0,4x}\right)$
c) $f(x) = \ln\left(\frac{x+2}{x \cdot e^{-0,4x}}\right)$

18. Ermitteln Sie die Stammfunktionen der folgenden Funktionen.

a) $f(x) = x + \frac{5}{x}$
b) $f(x) = \frac{a}{bx}$
c) $f(x) = -\frac{5}{x^2}$

19. Ihr Unternehmen vergibt einen Auftrag für ein Ersatzteil einer Maschine an ein metallverarbeitendes Unternehmen. Das Ersatzteil kann durch die Funktion $f(x) = \frac{1}{x}$ im Intervall $[0{,}5;\, 5]$ beschrieben werden (siehe Skizze).

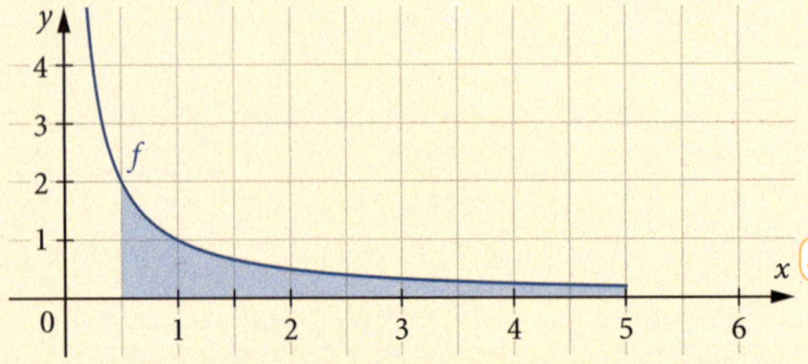

a) Bestimmen Sie den Materialbedarf des Ersatzteils.
b) Für die Funktionalität der Maschine ist die Länge des Ersatzteils nicht entscheidend, weshalb die Maße des Ersatzteils so verändert werden sollen, dass die Fläche auf 2 FE reduziert werden kann. Bestimmen Sie den neuen Bereich $[a;\, 5]$, der von der Grundform $f(x) = \frac{1}{x}$ betrachtet werden soll.

20. Das weltweite Bevölkerungswachstum ab 1950 lässt sich durch die Funktion $f(t) = 2635{,}2\,e^{0,0162t}$ beschreiben. Dabei gibt f die Weltbevölkerung in Millionen an und t beschreibt die Jahre seit 1950.

a) Bestimmen Sie das Bevölkerungswachstum zum heutigen Zeitpunkt. Betrachten Sie bei Ihrer Rechnung das aktuelle Jahr und den Monat.
b) Begründen Sie, dass das Bevölkerungswachstum im Jahr 2020 höher als das Bevölkerungswachstum im Jahr 1950 ist. Überprüfen Sie rechnerisch, ob dies durch das mathematische Modell $f(t)$ abgebildet wird.
c) Bilden Sie eine Funktion, die die Änderung der Wachstumsgeschwindigkeit beschreibt, und erklären Sie, ob die Wachstumsgeschwindigkeit mit den Jahren ab- oder zunimmt.

21. Ein Bekannter hat 4000 € mit einem nominalen Zinssatz von 4,2 % angelegt. Bestimmen Sie, wie lange dieser Bekannte warten muss, bis das Kapital auf 5000 € bei einer stetigen Verzinsung angewachsen ist.

22. Eine Bank wirbt mit einem nominalen Jahreszinssatz bei einem Girokonto von 1 %. Ermitteln Sie den effektiven Jahreszinssatz, falls die Verzinsung einmal im Quartal, monatlich, täglich oder stetig erfolgt.

23. Bei einem Autokauf auf Kredit erhalten Sie ein Angebot mit einem effektiven Zinssatz von 4,5 %. Damit Sie das Angebot mit dem Angebot Ihrer Bank vergleich können, müssen Sie den nominalen Zinssatz bestimmen. Die Zinsen werden monatlich verrechnet.

24. Frau Sievers erhält die folgenden drei Angebote für die Geldanlage:
Angebot 1: Effektiver Zinssatz $p_{\text{eff}}\% = 2\%$ bei einer monatlichen Verzinsung
Angebot 2: Nominaler Jahreszinssatz $p\% = 1{,}99\%$ bei einem monatlichen Zinszuschlag
Angebot 3: Nominaler Jahreszinssatz $p\% = 1{,}98\%$ bei einer stetigen Verzinsung.
Ermitteln Sie, welches Angebot Sie Frau Sievers empfehlen würden.

Ich kann …

… die **Ableitung der (natürlichen) Exponentialfunktion** bilden. ▶ Test-Aufgaben 1, 2	$f(x) = e^x \Rightarrow f'(x) = e^x$ $f(x) = a^x;\ a > 0;\ a \neq 1$ $\Rightarrow f'(x) = \ln(a) \cdot a^x$	Die Ableitung der natürlichen Exponentialfunktion e^x ist wieder e^x. Die Ableitung einer beliebigen Exponentialfunktion a^x ist wieder a^x, jedoch multipliziert mit dem Koeffizienten $\ln(a)$.
… die **Produktregel anwenden**. ▶ Test-Aufgabe 1	$f(x) = e^x \cdot (3x - 5)$ ▶ $u(x) = e^x \Rightarrow u'(x) = e^x$ ▶ $v(x) = 3x - 5 \Rightarrow v'(x) = 3$ $f'(x) = e^x \cdot (3x - 5) + e^x \cdot 3$ $= e^x \cdot (3x - 2)$	$f(x) = u(x) \cdot v(x)$ $\Rightarrow f'(x) = u'(x) \cdot v(x) + u(x) \cdot v'(x)$
… **innere** und **äußere Funktionen** bei verketteten Funktionen erkennen. ▶ Test-Aufgabe 2	$f(x) = \sqrt{x^2 - 4}$ Äußere Funktion: $a(x) = \sqrt{x}$ Innere Funktion: $i(x) = x^2 - 4$	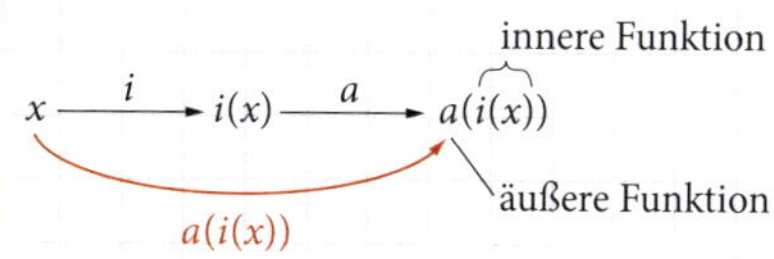
… die **Kettenregel anwenden**. ▶ Test-Aufgabe 2	$f(x) = e^{-x^2 + 3x}$ ▶ $a(x) = e^x \Rightarrow a'(x) = e^x$ ▶ $i(x) = -x^2 + 3x \Rightarrow i'(x) = -2x + 3$ $\Rightarrow f'(x) = e^{-x^2 + 3x} \cdot (-2x + 3)$	$f(x) = a(i(x))$ $\Rightarrow f'(x) = a'(i(x)) \cdot i'(x)$
… die **Logarithmengesetze** anwenden. ▶ Test-Aufgaben 1, 2	$f(x) = \ln\left(x^3 \cdot e^{-x+2}\right)$ $= \ln(x^3) + \ln\left(e^{-x+2}\right)$ $= 3 \cdot \ln(x) + (-x + 2)$ $= 2 - x + 3 \cdot \ln(x)$	$\ln(u \cdot v) = \ln(u) + \ln(v)$ $\ln\left(\frac{u}{v}\right) = \ln(u) - \ln(v)$ $\ln(u^n) = n \cdot \ln(u)$
… ↗ die **Ableitung der natürlichen Logarithmusfunktion** bilden.	$f(x) = \ln(x);\ x > 0$ $\Rightarrow f'(x) = \frac{1}{x}$	Die Ableitung von $\ln(x)$ ist der Kehrwert des Arguments x.
… ↗ die **Stammfunktion von $\frac{1}{x}$** bestimmen. ▶ Test-Aufgabe 3	$F(x) = \int \frac{6}{x}\,dx = 6 \cdot \ln(x) + c;\ c \in \mathbb{R}$ $\int_1^3 \frac{6}{x}\,dx = F(3) - F(1)$ $= 6 \cdot \ln(3) - 6 \cdot \ln(1)$ $= 6 \cdot \ln(3) \approx 6{,}59$	$\int \frac{1}{x}\,dx = \ln(x) + c$ für $x > 0$ und $c \in \mathbb{R}$
… ↗ **unterjährige** und **stetige Verzinsung** berechnen. ▶ Test-Aufgabe 4	Kapital $K_0 = 5000$ €; nominaler Zinssatz $p\,\% = 3\,\%$; Kapital nach 5 Jahren bei: – Verzinsung alle halbe Jahre: $K_{2,5} = 5000 \cdot \left(1 + \frac{3}{100 \cdot 2}\right)^{2 \cdot 5} \approx 5802{,}70$ € – stetiger Verzinsung: $\lim\limits_{m \to \infty} K_{m,5} = 5000 \cdot e^{\frac{3}{100} \cdot 5} \approx 5809{,}17$ €	$K_{m,n}$ bezeichnet das Kapital, das nach n Jahren bei einem nominalen Zinssatz von $p\,\%$ und m jährlichen Zinsperioden aus dem Anfangskapital K_0 entstanden ist. Es gilt: $K_{m,n} = K_0 \cdot \left(1 + \frac{p\,\%}{m}\right)^{m \cdot n}$. Bei der stetigen Verzinsung werden unendlich viele Zinsperioden angenommen. Es gilt: $\lim\limits_{m \to \infty} K_{m,n} = K_0 \cdot e^{p\,\% \cdot n}$.

3

Test zu 3.1

1. Der Gewinn eines Herstellers von Speziallinsen für Kameraeinheiten von Smartphones verläuft innerhalb von 2 Jahren gemäß der Gewinnfunktion g mit $g(t) = (2t - 0{,}1) \cdot e^{-0{,}1t} - 1$. $t \geq 0$ beschreibt dabei den Zeitverlauf in Monaten und $g(t)$ gibt den Gewinn des Unternehmens für diese Produktgruppe in 1000 € an.

a) Skizzieren Sie den Verlauf der Gewinnfunktion und des Graphen der Funktion, die das Wachstum des Gewinns beschreibt.

b) Bestimmen Sie rechnerisch $g'(t)$ und begründen Sie, welche Bedeutung diese Funktion für den Hersteller der Speziallinsen hat.

c) Bestimmen Sie das Gewinnwachstum zum Zeitpunkt $t = 2$ und nach einem Jahr.

2. Der Maschinenbaubetrieb „MaschBau" produziert Bauteile für die Automobilbranche. In den nächsten Monaten soll ein neues Bauteil eingeführt werden, worauf sich MaschBau derzeit vorbereitet. Zu Beginn der Serienfertigung können noch sehr viele Fehler auftreten, die zu einem höheren Ausschuss an Bauteilen – also defekten Bauteilen – führen können. Durch Optimierungen in der Fertigung können viele Fehlerquellen in den ersten Wochen der Produktion beseitigt werden, wodurch die Fehlerquote – also der Anteil defekter Bauteile an den produzierten Bauteilen – schnell reduziert werden kann. Gleichzeitig steigt aber auch die Anzahl der Bauteile, die pro Tag produziert werden können. Gerade zu Beginn wird bei einem neuen Bauteil nicht die volle Fertigungskapazität erreicht.
Aufgrund von Erfahrungswerten ist in Abhängigkeit der Zeit t mit der Anzahl $f(t) = \ln\left(8 - 6 \cdot e^{-0{,}3 \cdot t}\right)$ an defekten Bauteilen zu rechnen. Dabei gibt f die Anzahl defekter Bauteile in 1000 Stück an. Die Zeit t wird in Wochen beschrieben.

a) Bei der Anzahl der defekten Bauteile spielen somit zwei Faktoren eine Rolle:
1. Die Anzahl der produzierten Bauteile nimmt in den ersten Wochen der Serienfertigung zu;
2. durch Optimierungen der Fertigungsprozesse sinkt die Fehlerquote mit der Zeit.
Beschreiben Sie, wie sich die gegenläufigen Prozesse in der Funktion f niederschlagen.

b) Bestimmen Sie auf der Grundlage Ihres Ergebnisses der vorhergehenden Teilaufgabe die Fehlerquote zu Beginn ($t = 0$) der Produktion des Bauteils und nach 15 Wochen.

c) Nach 20 Wochen seit dem Start der Produktion findet eine Strategiesitzung beim Kunden statt. Die Geschäftsleitung von MaschBau behauptet, dass die Anzahl der defekten Bauteile kaum mehr zunimmt, obwohl die Produktion weiterhin gesteigert werden kann. Bestätigen oder widerlegen Sie dies rechnerisch.

↗ **3.** Bei einer anderen Serienfertigung des Maschinenbaubetriebs „MaschBau" (▶ Aufgabe 2) kann der Ausschuss der produzierten Bauteile durch die Funktion f mit $f(t) = \frac{100}{t}$ beschrieben werden. Dabei beschreibt $t > 1$ die Zeit in Wochen ab der ersten Woche und f gibt die Anzahl defekter Bauteile in 100 Stück an.

a) Bestimmen Sie den gesamten Ausschuss im Zeitraum ab der ersten bis zur zehnten Woche.

b) Ermitteln Sie, mit welchem Ausschuss durchschnittlich pro Woche ab der 5. Woche bis zur 20. Woche zu rechnen ist.

↗ **4.** Ein Investor vergibt einem Start-up einen Kredit von 15 000 € mit einem jährlichen nominalen Zinssatz von 2,5 % über einen Zeitraum von 3 Jahren. Dieser Kredit soll als Anschubfinanzierung verstanden werden, weshalb er in den ersten drei Jahren auch nicht getilgt werden muss. Einzig die Zinsen müssen in dieser Zeit bezahlt werden.

a) Bestimmen Sie die Zinsen, die insgesamt für den Kredit innerhalb der ersten 3 Jahre zu bezahlen sind.

b) Bestimmen Sie die Zinsen, die bei einer stetigen Verzinsung des Kredits anfallen würden.

c) Die Zinsen werden von der Bank des Investors monatlich abgerechnet, d. h., der Kreditnehmer muss monatlich die Zinsen für den Kredit bezahlen. Bestimmen Sie den effektiven Zinssatz des Kredits.

d) Diskutieren Sie, weshalb im Bankgeschäft die Kredite nicht kontinuierlich abgerechnet werden.

3 Exponentialfunktionen und Wachstumsmodelle

3.2 Anwendungen von Exponentialfunktionen

Im Rahmen einer auf drei Monate beschränkten Marketingmaßnahme hat die Fly Bike Werke GmbH den Erfolg des Verkaufs von Fahrradcomputern ausgetestet. Es handelte sich um ein White-Label-Produkt, das Fly Bike unter dem eigenen Markennamen verkauft hat. Das Produkt wurde von den Kunden gut angenommen, weshalb die Geschäftsführung überlegt, den Nachfolger des Fahrradcomputers dauerhaft in das Portfolio der Fly Bike Werke aufzunehmen.

Aufgrund der Erfahrungswerte der Marketingmaßnahme und einer weiterreichenden Marktanalyse rechnet das Unternehmen für die nächsten beiden Jahre mit einem Absatz entsprechend der Funktion a mit $a(t) = t \cdot e^{-0,1\,t}$. Der Absatz a wird dabei in 100 Stück pro Monat angegeben und die Zeit t beschreibt die Monate seit der Markteinführung.

Als Entscheidungsgrundlage für die Geschäftsführung soll Frau Roth von der Marketingabteilung die Absatzfunktion $a(t)$ untersuchen und einige markante Aussagen daraus ableiten.

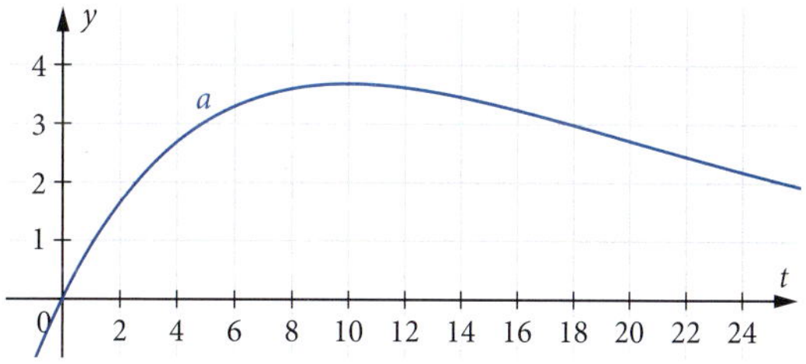

Für die Preisverhandlungen mit dem White-Label-Hersteller des Fahrradcomputers ist entscheidend, wie viele Fahrradcomputer insgesamt innerhalb von zwei Jahren und durchschnittlich pro Monat (über zwei Jahre) abgesetzt werden können.

In der nächsten Strategiesitzung soll Frau Roth die Ergebnisse der Untersuchung der Absatzfunktion vorstellen.

▶ Aufgabe 9 auf Seite 155

Kompetenzen

- Exponentialfunktionen untersuchen
- Verknüpfte und verkettete Exponentialfunktionen integrieren
- Einfache Exponentialgleichungen lösen
- Funktionenscharen untersuchen
- Parameter zur Angleichung an Daten ermitteln
- Asymptotisches Verhalten beschreiben
- Wachstumsmodelle mithilfe der zugehörigen Differenzialgleichung beschreiben

Anwendungen

- Produktlebenszyklus
- Absatz-, Gewinn-, Kostenentwicklung
- Medikamentendosierung
- Kapital-, Umsatz-, Bevölkerungsentwicklung

3

3.2 Anwendungen von Exponentialfunktionen

3.2.1 Untersuchung von Exponentialfunktionen mit Anwendungen

1 Untersuchung einer natürlichen Exponentialfunktion

Diskutieren Sie die reelle Funktion f mit $f(x) = (x^2 - 1) \cdot e^{-x}$ und ihren Graphen in Bezug auf Symmetrie- und Grenzwertverhalten sowie in Bezug auf Achsenschnitt-, Extrem- und Wendepunkte und zeichnen Sie G_f im Intervall $[-1{,}5; 4]$.

Symmetrieeigenschaften
Der Graph von f ist weder achsensymmetrisch zur y-Achse noch punktsymmetrisch zum Koordinatenursprung $(0|0)$.

Überprüfung z. B. an der Teststelle $x_0 = 2$:
$f(2) = 3\,e^{-2}$ und $f(-2) = 3\,e^{2}$ ▸ $f(2) \neq f(-2)$
$f(2) = 3\,e^{-2}$ und $-f(-2) = -3\,e^{2}$ ▸ $f(2) \neq -f(-2)$

Verhalten für $x \to \pm\infty$
Während $\lim\limits_{x \to -\infty} f(x) = \infty$ noch sofort erkennbar ist, ist der Grenzwert für $x \to \infty$ ein sogenannter **unbestimmter Ausdruck**, weil man ihn weder als ∞ noch als 0 interpretieren kann.

$$\lim_{x \to -\infty} f(x) = \lim_{x \to -\infty} (x^2 - 1) \cdot e^{-x} = \lim_{x \to -\infty} (x^2 - 1) \cdot \lim_{x \to -\infty} e^{-x} = \infty \cdot \infty = \infty$$

$$\lim_{x \to \infty} f(x) = \lim_{x \to \infty} (x^2 - 1) \cdot e^{-x} = \lim_{x \to \infty} (x^2 - 1) \cdot \lim_{x \to \infty} e^{-x} = \infty \cdot 0^+$$ ▸ unbestimmter Ausdruck

Schreibt man für $(x^2 - 1) \cdot e^{-x}$ aber $\frac{x^2 - 1}{e^x}$, so erhält man $\lim\limits_{x \to \infty} \frac{x^2 - 1}{e^x} = 0^+$, da die e-Funktion stärker wächst als jede Potenzfunktion.

$$\lim_{x \to \infty} f(x) = \lim_{x \to \infty} (x^2 - 1) \cdot e^{-x} = \lim_{x \to \infty} \frac{(x^2 - 1)}{e^x} = 0^+$$ ▸ $e^x > 0$

Das „+"-Zeichen im Grenzwert 0^+ zeigt, dass sich G_f von oben der x-Achse nähert.

Achsenschnittpunkte
$S_y(0|-1)$ wird durch $f(0) = -1$ bestimmt.

$f(0) = -1 \Rightarrow$ **$S_y(0|-1)$** ▸ Schnittpunkt mit der y-Achse

Die Nullstellen -1 und 1 von f sind die Nullstellen der Polynomfunktion $x^2 - 1$.

$f(x_N) = 0 \Leftrightarrow x_N^2 - 1 = 0$
Lösung: $x_{N_1} = -1$ und $x_{N_2} = 1$ ▸ Nullstellen

Lokale Extrempunkte
Die Nullstellen der ersten Ableitung f' sind die möglichen lokalen Extremstellen von f.
Die erste Ableitung $f'(x)$ wird mithilfe der Produkt- und Kettenregel ermittelt.

$f(x) = (x^2 - 1) \cdot e^{-x} = u(x) \cdot v(x)$
▸ $u(x) = x^2 - 1 \Rightarrow u'(x) = 2x$
▸ $v(x) = e^{-x} \Rightarrow v'(x) = -e^{-x}$

$$\Rightarrow f'(x) = u'(x) \cdot v(x) + u(x) \cdot v'(x) = 2x \cdot e^{-x} + (x^2 - 1) \cdot (-e^{-x}) = (x^2 - 2x - 1) \cdot (-e^{-x})$$

Die Nullstellen von f' sind die Nullstellen der Polynomfunktion $x^2 - 2x - 1$.

$f'(x_E) = 0 \Leftrightarrow x_E^2 - 2x_E - 1 = 0$
Lösung: $x_{E_1} = \mathbf{1 - \sqrt{2}} \approx -0{,}41$ und
$x_{E_2} = \mathbf{1 + \sqrt{2}} \approx 2{,}41$

Die zweite Ableitung wird wieder mithilfe der Produkt- und Kettenregel bestimmt.

▸ Hinreichendes Kriterium für die Existenz von Extremstellen

$f'(x) = (x^2 - 2x - 1) \cdot (-e^{-x}) = u_1(x) \cdot v_1(x)$
▸ $u_1(x) = x^2 - 2x - 1 \Rightarrow u_1'(x) = 2x - 2$
▸ $v_1(x) = -e^{-x} \Rightarrow v_1'(x) = e^{-x}$

$$\Rightarrow f''(x) = u_1'(x) \cdot v_1(x) + u_1(x) \cdot v_1'(x) = (2x - 2) \cdot (-e^{-x}) + (x^2 - 2x - 1) \cdot e^{-x} = (x^2 - 4x + 1) \cdot e^{-x}$$

Die jeweiligen Vorzeichen von $f''(1-\sqrt{2})$ und $f''(1+\sqrt{2})$ liefern weitere Aussagen über die Art der lokalen Extremstellen. Hier liegen sowohl ein lokaler Tiefpunkt $T(-0{,}41\,|\,-1{,}25)$ als auch ein lokaler Hochpunkt $H(2{,}41\,|\,0{,}43)$ von G_f vor.
Da $\lim\limits_{x\to-\infty} f(x) = \infty$ und $\lim\limits_{x\to\infty} f(x) = 0$, ist der Tiefpunkt sogar **absoluter Tiefpunkt** von G_f.

$f''(1-\sqrt{2}) = 2\sqrt{2}\cdot e^{-1+\sqrt{2}}\ (>0)$
▶ Extremstelle mit Linkskrümmung
$f(1-\sqrt{2}) = (2-2\sqrt{2})\cdot e^{-1+\sqrt{2}} \Rightarrow \boldsymbol{T(-0{,}41\,|\,-1{,}25)}$

$f''(1+\sqrt{2}) = -2\sqrt{2}\cdot e^{-1-\sqrt{2}}\ (<0)$
▶ Extremstelle mit Rechtskrümmung
$f(1+\sqrt{2}) = (2+2\sqrt{2})\cdot e^{-1-\sqrt{2}} \Rightarrow \boldsymbol{H(2{,}41\,|\,0{,}43)}$

Wendepunkte
Die Nullstellen von f'' sind die Nullstellen der Polynomfunktion x^2-4x+1.

$f''(x_W) = 0 \Leftrightarrow x_W^2 - 4x_W + 1 = 0$
Lösung: $x_{W_1} = \mathbf{2-\sqrt{3}} \approx 0{,}27$ und
$x_{W_2} = \mathbf{2+\sqrt{3}} \approx 3{,}73$

Die dritte Ableitung wird wieder mithilfe der Produkt- und Kettenregel bestimmt.
▶ Hinreichendes Kriterium für die Existenz von Wendestellen

$f''(x) = (x^2-4x+1)\cdot e^{-x} = u_2(x)\cdot v_2(x)$
▶ $u_2(x) = x^2-4x+1 \Rightarrow u_2'(x) = 2x-4$
▶ $v_2(x) = e^{-x} \Rightarrow v_2'(x) = -e^{-x}$
$\Rightarrow f'''(x) = u_2'(x)\cdot v_2(x) + u_2(x)\cdot v_2'(x)$
$= (2x-4)\cdot e^{-x} + (x^2-4x+1)\cdot(-e^{-x})$
$= (x^2-6x+5)\cdot(-e^{-x})$

Die jeweiligen Vorzeichen von $f'''(2-\sqrt{3})$ und $f'''(2+\sqrt{3})$ liefern weitere Aussagen über die Art der Wendestellen. Hier liegen ein Wendepunkt $W_1(0{,}27\,|\,-0{,}71)$ mit einem Links-Rechts- und ein Wendepunkt $W_2(3{,}73\,|\,0{,}31)$ mit einem Rechts-Links-Krümmungswechsel von G_f vor.

$f'''(2-\sqrt{3}) = 2\sqrt{3}\cdot\left(-e^{-2+\sqrt{3}}\right)\ (<0)$
▶ Wendestelle mit LR-Krümmungswechsel
$f(2-\sqrt{3}) = (6-4\sqrt{3})\cdot e^{-2+\sqrt{3}}$
$\Rightarrow \boldsymbol{W_1(0{,}27\,|\,-0{,}71)}$
$f'''(2+\sqrt{3}) = -2\sqrt{3}\cdot\left(-e^{-2-\sqrt{3}}\right)\ (>0)$
▶ Wendestelle mit RL-Krümmungswechsel
$f(2+\sqrt{3}) = (6+4\sqrt{3})\cdot e^{-2-\sqrt{3}}$
$\Rightarrow \boldsymbol{W_2(3{,}73\,|\,0{,}31)}$

Graph der Funktion
Mit dem GTR/CAS können wir den Graphen von f darstellen und einige berechnete Punkte überprüfen.

TI Die Befehle zur Analyse von G_f sind unter menu, Graph analysieren zu finden:

Nullstellen	Nullstelle	$P_{N_1}(-1\,|\,0)$, $P_{N_2}(1\,|\,0)$
Tiefpunkt	Minimum	$T(-0{,}41\,|\,-1{,}25)$
Hochpunkt	Maximum	$H(2{,}41\,|\,0{,}43)$

▶ TI -CAS: Beim CAS steht zusätzlich der Befehl Wendepunkt zur Bestimmung der Wendepunkte zur Verfügung.

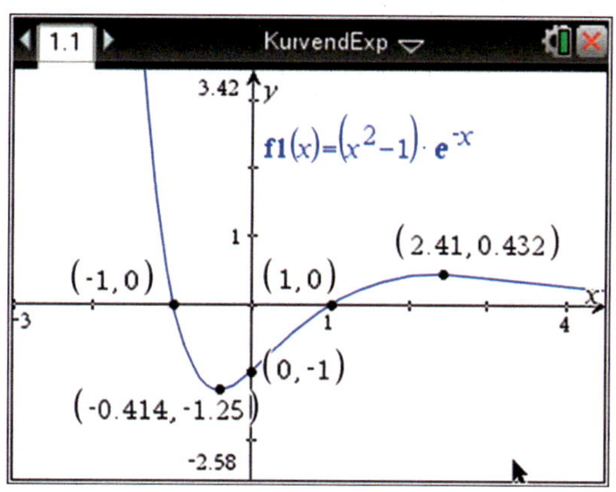

▶ TI Der Schnittpunkt mit der y-Achse $S_y(0\,|\,-1)$ kann über menu, Spur, Grafikspur ermittelt werden.

Diskutieren Sie die reelle Funktion $f(x) = (-2x-2)\cdot e^{-0{,}5x}$ in Bezug auf Grenzwert- und Symmetrieverhalten sowie Achsenschnitt-, Extrem- und Wendepunkte.
Zeichnen Sie den Graphen von f im Intervall $[-2;\,8]$.

3

2 Untersuchung eines mathematischen Modells

Während des Genehmigungsprozesses eines neuen Medikaments wurde das mathematische Modell $f_{a,b}$ mit $f_{a,b}(t) = a \cdot t \cdot e^{-bt}$ entwickelt, welches die Konzentration des Medikaments im Blut des Patienten in $\frac{mg}{\ell}$ in Abhängigkeit der Zeit t in Stunden seit der Einnahme annähernd beschreibt. Die Parameter $a > 0$ und $b > 0$ sind abhängig von den individuellen Eigenschaften des Patienten wie beispielsweise dem Körpergewicht. Bei einer Testreihe wurden für einen konkreten Patienten nach einer Stunde eine Konzentration von $8{,}781\,\frac{mg}{\ell}$ und nach drei Stunden eine Konzentration von $7{,}934\,\frac{mg}{\ell}$ ermittelt. Untersuchen Sie das mathematische Modell zur Beschreibung der Konzentration des Medikaments im Blut anhand der Werte des Patienten und diskutieren Sie dabei auch, ob es sich um ein geeignetes Modell handelt.

Die Messwerte der Medikamentenkonzentration eines Patienten sind vorhanden. Diese Messwerte können verwendet werden, um das mathematische Modell $f_{a,b}$ an den Patienten anzupassen. Dazu lösen wir ein Gleichungssystem mit zwei Gleichungen und den zwei Unbekannten a und b und erhalten für den Parameter a etwa 16 und für b rund 0,6.

(I) $f_{a,b}(1) = 8{,}781 \Leftrightarrow a \cdot 1 \cdot e^{-b \cdot 1} = 8{,}781$
(II) $f_{a,b}(3) = 7{,}934 \Leftrightarrow a \cdot 3 \cdot e^{-b \cdot 3} = 7{,}934$

Umstellen beider Gleichungen nach a:
(I) $a = 8{,}781 \cdot e^{b}$
(II) $a = 2{,}645 \cdot e^{3b}$

▶ $\frac{1}{e^{-x}} = e^{x}$

Gleichsetzen beider Gleichungen und nach b auflösen:

$8{,}781 \cdot e^{b} = 2{,}645 \cdot e^{3b}$ $\quad | :e^{b} \quad | :2{,}645$
$3{,}320 = e^{2b}$ $\quad | \ln \quad | :2$
$b = \frac{\ln(3{,}320)}{2} \approx \mathbf{0{,}6}$

Somit: $a = 8{,}781 \cdot e^{0{,}6} \approx \mathbf{16}$

Mit einem CAS können auch nichtlineare Gleichungssysteme gelöst werden.

```
f_ab(t):=a·t·e^(-b·t)                                Fertig
solve({f_ab(1)=8.781, f_ab(3)=7.934},a,b)
                              a=16.0004 and b=0.600023
```

Die Konzentration des Medikaments im Blut des zu behandelnden Patienten kann somit eindeutig durch $f(t) = 16t \cdot e^{-0{,}6t}$ beschrieben werden.

Untersuchung des mathematischen Modells zur Konzentration des Medikaments im Blut:

Verhalten für $t \to +\infty$

Das Medikament sollte im Laufe der Zeit vom Körper abgebaut werden und sich einer Konzentration von $0\,\frac{mg}{\ell}$ annähern. Eine Berechnung bestätigt dieses Verhalten.

$\lim\limits_{t \to \infty} 16t \cdot e^{-0{,}6t} = \lim\limits_{t \to \infty} \frac{16t}{e^{0{,}6t}} = 0^{+}$

▶ Die e-Funktion wächst schneller als jede Potenzfunktion.

```
f(t):=f_ab(t)|a=16 and b=0.6                         Fertig
lim (f(t))                                               0.
t→∞
```

▶ TI Mit dem CAS kann der Grenzwert auch direkt ermittelt werden.

Eine Betrachtung des Verhaltens der Funktion f für $t \to -\infty$ ist wegen $t \geq 0$ inhaltlich nicht sinnvoll.

Achsenschnittpunkte

Zum Zeitpunkt $t = 0$ der Einnahme erwarten wir von einem geeigneten Modell, dass die Konzentration des Medikaments bei $0\,\frac{mg}{\ell}$ liegt, was durch $S_y(0|0)$ bestätigt werden kann. Anschließend sollte die Funktion für $t > 0$ nur positive y-Werte annehmen und daher auch keine weiteren Nullstellen aufweisen. Beide Voraussetzungen können nachgewiesen werden.

$f(0) = 0 \Rightarrow S_y(0|0)$

▶ Schnittpunkt mit der y-Achse und eine Nullstelle

$f(t_N) = 0 \Leftrightarrow 16t_N = 0$
$t_N = 0$ ist die einzige Nullstelle.

```
solve(f(t)=0,t)                                          t=0.
```

$f(1) = 8{,}781 > 0$

▶ Da für $t > 0$ keine weitere Nullstelle existiert, kann der Funktionswert nicht mehr negativ werden.

Lokale Extrempunkte
Die Konzentration des Medikaments im Blut sollte bei einer einmaligen Einnahme nur einen Hochpunkt erreichen.
Die Extremstellen werden wie üblich über die Nullstellen der ersten Ableitung f' bestimmt und das Ergebnis mit der zweiten Ableitung überprüft.

Die erste und zweite Ableitung von f berechnen wir mithilfe der Produkt- und Kettenregel.

Nach etwa 1,667 Stunden (= 100 Minuten) erhalten wir den einzigen Hochpunkt mit einer Medikamentenkonzentration von 9,81 mg pro ℓ Blut.

Wegen $f(0) = 0$ und $\lim\limits_{t \to \infty} f(t) = 0$ handelt es sich um den absoluten Hochpunkt von G_f.

$$f'(t) = 16 \cdot e^{-0{,}6t} + 16t \cdot e^{-0{,}6t} \cdot (-0{,}6)$$
$$= (-9{,}6t + 16) \cdot e^{-0{,}6t}$$
$$f''(t) = (5{,}76t - 19{,}2) \cdot e^{-0{,}6t}$$
$$f'(t_E) = 0 \Leftrightarrow -9{,}6t_E + 16 = 0$$

Lösung: $t_E \approx 1{,}667$
$f''(t_E) \approx -3{,}53 \ (< 0)$ ▸ Extremstelle mit Rechtskrümmung
$f(1{,}667) \approx 9{,}81$
$\boldsymbol{H(1{,}667 \mid 9{,}81)}$

$df(t) := \frac{d}{dt}(f(t))$	*Fertig*
$d2f(t) := \frac{d^2}{dt^2}(f(t))$	*Fertig*
solve(df(t)=0,t)	t=1.66667
d2f(1.667)	-3.53023
f(1.667)	9.81012

Wendepunkte
Bei einem geeigneten Modell wird zumindest ein Wendepunkt – die Stelle mit der größten Abnahme der Konzentration – erwartet.

Die Wendestellen werden wie üblich über die Nullstellen der zweiten Ableitung f'' bestimmt und das Ergebnis mit der dritten Ableitung überprüft.

Nach 3 Stunden und 20 Minuten kann laut Modell die stärkste Abnahme der Medikamentenkonzentration von $f'(3{,}33) \approx -2{,}16 \frac{\text{mg}}{\ell \cdot \text{h}}$ beobachtet werden.

$$f'''(t) = (-3{,}456t + 17{,}28) \cdot e^{-0{,}6t}$$
$$f''(t_W) = 0 \Leftrightarrow 5{,}76t_W - 19{,}2 = 0$$

Lösung: $t_W \approx 3{,}333$
$f'''(t_W) \approx 0{,}780 \ (> 0)$ ▸ Wendestelle mit RL-Krümmungswechsel
$f(3{,}333) \approx 7{,}219$
$\boldsymbol{W(3{,}33 \mid 7{,}22)}$

$d3f(t) := \frac{d^3}{dt^3}(f(t))$	*Fertig*
solve(d2f(t)=0,t)	t=3.33333
d3f(3.333)	0.779843
f(3.333)	7.2186

Graph der Funktion
Mit dem GTR/CAS können wir den Graphen von f darstellen.

Die Untersuchungen von $f_{a,b}$ an einem Patienten haben ergeben, dass es sich bei $f_{a,b}(t) = a\,t \cdot e^{-b\,t}$ um ein geeignetes mathematisches Modell zur Beschreibung einer Medikamentenkonzentration im Blut handelt.

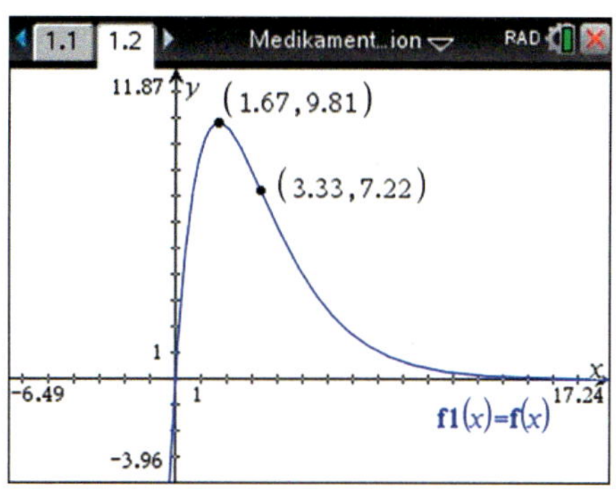

Bei einem anderen Patienten wurde die Medikamentenkonzentration nach 30 Minuten und nach 3 Stunden gemessen. Bei der ersten Messung wurde ein Wert von $7 \frac{\text{mg}}{\ell}$ und bei der zweiten Messung ein Wert von $8 \frac{\text{mg}}{\ell}$ festgestellt. Passen Sie das mathematische Modell aus dem Beispiel 2 auf diesen Patienten an.

Bei der Modellierung mathematischer Prozesse sind oftmals keine Messwerte, sondern Experteneinschätzungen vorhanden. Diese können benutzt werden, um damit mathematische Modelle anzupassen.

3 Funktionsanpassung zur Modellierung des Besucherstroms

In Hannover soll ein neues Einkaufszentrum eröffnet werden. Zur Dimensionierung der Fluchtwege soll bereits bei der Planung der Besucherstrom am Samstag untersucht werden. Experten schätzen, dass um 13 Uhr mit einer maximalen Personenanzahl im Gebäude von etwa 7000 zu rechnen ist. Das mathematische Modell $f_{a,b}(t) = a\,t^2 \cdot e^{-bt}$ wird zur Modellierung von Besucherströmen vorgeschlagen, wobei t die Zeit in Stunden angibt und $t = 0$ die Öffnungszeit beschreibt.

Passen Sie die Funktion $f_{a,b}$ so an, dass sie den Besucherstrom an einem Samstag im Einkaufszentrum modelliert. Am Samstag soll das Einkaufszentrum um 9:00 Uhr öffnen.

Aus der Beschreibung der Analysten ergeben sich zwei mathematische Bedingungen.

(I) $f_{a,b}(4) = 7000$
(II) $f'_{a,b}(4) = 0$

▸ Um 13:00 Uhr ist das Einkaufszentrum seit 4 Stunden geöffnet.

Die erste Ableitung der Funktion können wir mit der Produkt- und der Kettenregel herleiten.

$$f'_{a,b}(t) = 2\,a\,t \cdot e^{-bt} + a\,t^2 \cdot e^{-bt} \cdot (-b)$$
$$= (-a\,b\,t^2 + 2\,a\,t) \cdot e^{-bt}$$

Wir erhalten somit ein Gleichungssystem und können daraus die Werte für die beiden Parameter a und b bestimmen.

Da e^{-4b} nicht 0 werden kann, können wir die zweite Gleichung vereinfachen und nach dem Parameter b auflösen.

(I) $16\,a \cdot e^{-4b} = 7000$
(II) $(-16\,a\,b + 8\,a) \cdot e^{-4b} = 0$
$\Leftrightarrow\; -16\,a\,b + 8\,a = 0$
$\Rightarrow\; b = \frac{-8\,a}{-16\,a} = \frac{1}{2}$

Es handelt sich um kein lineares Gleichungssystem.

Durch Einsetzen von $b = \frac{1}{2}$ in die erste Gleichung kann der Wert des Parameters a bestimmt werden. Wir erhalten die Funktion zur Modellierung des Besucherstromes $f(t) = 3232{,}71\,t^2 \cdot e^{-\frac{t}{2}}$.

Einsetzen von b in (I) ergibt:
$16\,a \cdot e^{-2} = 7000$
$\Rightarrow\; a = \frac{7000}{16} \cdot e^2 \approx$ **3232,71**

Der Absatz eines Produkts soll über dem Produktlebenszyklus untersucht werden. Externe Analysten schätzen, dass nach etwa 18 Monaten der maximale Absatz von 475 Stück pro Monat erreicht wird. Bestimmen Sie die Funktion zur Modellierung des Absatzes des Produkts unter der Annahme, dass der Absatz im Produktlebenszyklus mit einer Funktion der Form $a_{k,m}(\mathrm{t}) = k\,t^2 \cdot e^{-mt}$ modelliert werden kann.

4 Untersuchen von alternativen Modellen

Die JoRo GmbH plant eine neue smarte Küchenmaschine einzuführen, deren Erfolg vorab durch die Modellierung des Gewinns im gesamten Produktlebenszyklus untersucht werden soll. Externe Analysten kommen zu den folgenden Einschätzungen. Die Gewinnzone wird nach 4 Monaten erreicht (**Break-Even-Point**). Dem schließt sich die Wachstumsphase an und nach etwa 12 Monaten ist das größte Wachstum zu beobachten. Nach zusätzlichen 6 Monaten wird der höchste Gewinn von rund 250 000 € erreicht sein. Das Produkt kommt in eine sehr kurze Reifephase.

Die Analysten schlagen zur Modellierung des Gewinns im Produktlebenszyklus eine ganzrationale Funktion dritten Grades g_1 oder alternativ eine zusammengesetzte Exponentialfunktion g_2 mit $g_2(t) = (a \cdot t^2 + b \cdot t + c) \cdot e^{d \cdot t}$ vor. Entscheiden Sie, welche Funktion besser zur Modellierung des Gewinns der smarten Küchenmaschine geeignet ist (1 GE = 1000 €).

Modellierung des Produktlebenszyklus durch eine ganzrationale Funktion g_1 dritten Grades.
Aus der Beschreibung der Analysten ergeben sich vier mathematische Bedingungen.

Wir lösen das lineare Gleichungssystem und erhalten die ganzrationale Funktion
$g_1(t) = -0{,}32\,t^3 + 11{,}48\,t^2 - 103{,}3\,t + 250$, welche alle vorgegebenen Bedingungen erfüllt.

$g_1(t) = a \cdot t^3 + b \cdot t^2 + c \cdot t + d$
Eigenschaften, die $g_1(t)$ erfüllen muss:
(I) $g_1(4) = 0 \quad \Rightarrow 64a + 16b + 4c + d = 0$
(II) $g_1''(12) = 0 \quad \Rightarrow 72a + 2b = 0$
(III) $g_1'(18) = 0 \quad \Rightarrow 972a + 36b + c = 0$
(IV) $g_1(18) = 250 \Rightarrow 5832a + 324b + 18c + d = 250$

$a_n X + b_n Y + c_n Z + d_n T = e_n$

	a	b	c	d
1	64	16	4	1
2	72	2	0	0
3	972	36	1	0
4	5832	324	18	1

$a_n X + b_n Y +$

X	-0.318
Y	11.479
Z	-103.3
T	250

▶ CA Gleichung (MENU, A), SIMUL (F1)

Modellierung des Produktlebenszyklus durch eine zusammengesetzte Exponentialfunktion g_2.
Für g_2 gelten die gleichen vier mathematischen Bedingungen wie für g_1. Dieses nichtlineare Gleichungssystem kann von Hand (▶ Beispiel 3) oder mit dem CAS gelöst werden.

Wir erhalten die Funktion
$g_2(t) = (-0{,}41\,t^2 + 11{,}29\,t - 38{,}54) \cdot e^{0{,}116 \cdot t}$.

$g_2(t) = (a \cdot t^2 + b \cdot t + c) \cdot e^{d \cdot t}$
Eigenschaften, die $g_2(t)$ erfüllen muss:
(I) $g_2(4) = 0$ (II) $g_2''(12) = 0$
(III) $g_2'(18) = 0$ (IV) $g_2(18) = 250$

Lösen des Gleichungssystems mit dem CAS ergibt:
$a = -0{,}41$; $b = 11{,}29$; $c = -38{,}54$; $d = 0{,}116$

Von besonderem Interesse für die JoRo GmbH ist der Zeitraum, in dem das Produkt Gewinn generiert.
Die Betrachtung der Gewinnzone bei der ganzrationalen Funktion g_1 führt zu einem unterwarteten Ergebnis. Kurz nach dem Erreichen der rechnerisch ermittelten Gewinnzone nach 4 Monaten ist der Gewinn nach etwas mehr als 8 Monaten wieder bei 0. In diesem Bereich ist der Gewinn zudem negativ, es liegt also im Intervall [4; 8,25] gar keine Gewinnzone vor. Die Graphen beider Gewinnfunktionen veranschaulichen dies.

Gewinnzone
$g_1(t_N) = 0 \Rightarrow t_{N_1} = 4$; $t_{N_2} \approx 8{,}25$; $t_{N_3} \approx 23{,}75$
$g_2(t_N) = 0 \Rightarrow t_{N_1} = 4$; $t_{N_2} \approx 23{,}33$

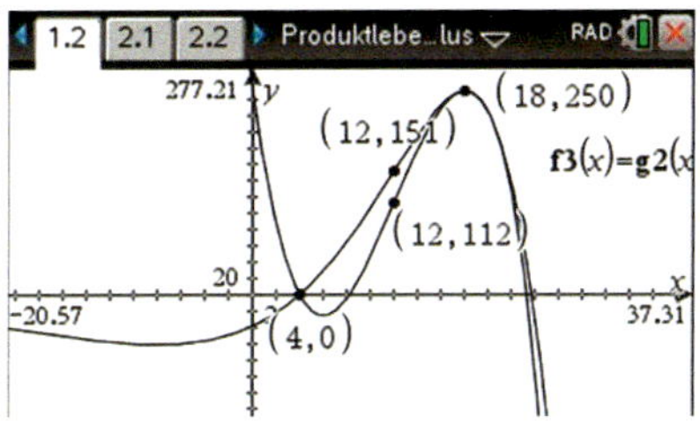

Zur Modellierung des Gewinns im gesamten Produktlebenszyklus der smarten Küchenmaschine ist die Funktion g_2 besser geeignet.

1. Die Analysten korrigieren leicht ihre Angaben aus Beispiel 4. Die Gewinnzone wird vermutlich etwas später nach 6 Monaten erreicht. Modellieren Sie nun unter dieser Voraussetzung den Gewinn im Verlauf des Produktlebenszyklus mit einer ganzrationalen Funktion und einer zusammengesetzten Exponentialfunktion. Vergleichen Sie beide Lösungen.

2. Gegeben ist die Funktion $f_{a,b}$ mit $f_{a,b}(t) = a\,t \cdot e^{-bt}$ aus Beispiel 2.
a) Beurteilen Sie, ob man mithilfe von $f_{a,b}$ auch die Besucherzahlen auf einem Festival modellieren kann. Machen Sie dazu geeignete Annahmen hinsichtlich der Besucherzahlen im Verlauf der Zeit und stellen Sie ein Modell auf, das Sie dann überprüfen..
b) Nennen Sie weitere Beispiele, die durch eine Funktion $f_{a,b}$ mit $f_{a,b}(t) = a\,t \cdot e^{-bt}$ modelliert werden können.

Übungen zu 3.2.1

1. Diskutieren Sie die Graphen der Exponentialfunktionen in Bezug auf Symmetrie- und Grenzwertverhalten sowie in Bezug auf Achsenschnitt-, Extrem- und Wendepunkte. Zeichnen Sie jeweils G_f.

a) $f(x) = (x+1) \cdot e^{-x}$

b) $f(x) = -3x^2 \cdot e^{2x+4}$

c) $f(x) = (x^2 - 1) \cdot e^{-x^2}$

d) $f(x) = 4x e^{-\frac{x^2}{6}}$

e) $f(x) = (x^2 - 2x) \cdot e^{-x}$

f) $f(x) = e^{-x} \cdot (1 - e^{-x})$

g) $f(x) = (e^x - 1)^2$

h) $f(x) = e^{-x^2}$

i) $f(x) = (2x^2 - 6x - 8) \cdot e^{-2x}$

2. Bestimmen Sie für die Exponentialfunktionen f_1 und f_2 die Parameter a und b so, dass die vorgegebenen Bedingungen erfüllt werden.

oHi Mi

a) $f_1(x) = 2a \cdot x \cdot e^{-bx}$; $\quad f_1(1) = 2$; $\quad f_1(2) = 8$

b) $f_2(x) = (ax^2 + bx) \cdot e^x$; $\quad f_2(1) = 0$; $\quad f_2(-1) = 1$

3. Die Küchenmöbelfirma „KüMö" hat die Absatzfunktion a mit $a(t) = (t + 7{,}5)\,e^{-0{,}1t} + 7{,}5$ und $t > 0$ (t in Wochen und $a(t)$ in ME).

a) Bestimmen Sie die Zeitpunkte des maximalen Absatzes und des größten Absatzrückgangs.

b) Untersuchen Sie die langfristige Absatzentwicklung von KüMö.

c) Bestimmen Sie die Funktionswerte $a(5)$ und $a'(5)$ und interpretieren Sie die Zahlen im Sachzusammenhang.

4. Der Gewinn eines Unternehmens wird durch die Funktion g mit $g(t) = 6 \cdot e^{0{,}3t - 0{,}05t^2} - 3$ beschrieben, wobei t für die Zeit in Monaten steht und $g(t)$ für den Gewinn in 1000 € pro Monat.

a) Ermitteln Sie die Gewinnzone.

b) Berechnen Sie den Monat, in dem das Gewinnmaximum erreicht wird, und ermitteln Sie den maximalen Gewinn pro Monat.

c) Bestimmen Sie den Monat des maximalen Gewinnrückgangs und beziffern Sie den Rückgang pro Monat zu diesem Zeitpunkt.

d) Untersuchen Sie die langfristige Gewinnentwicklung und ermitteln Sie den Zeitpunkt des erstmaligen Verlusts.

5. Durch die Funktion $f(t) = 40t \cdot e^{-0{,}5t}$; $t \geq 0$ wird die Konzentration eines Medikaments im Blut eines Patienten beschrieben.

► t in Stunden seit der Einnahme und $f(t)$ in $\frac{\text{mg}}{\ell}$

a) Skizzieren Sie den zeitlichen Verlauf der Konzentration. Berechnen Sie den Zeitpunkt, an dem die Konzentration ihren höchsten Wert erreicht. Wie groß ist dieser Wert?

b) Ermitteln Sie den Zeitpunkt, an dem das Medikament am stärksten abgebaut wird.

c) Berechnen Sie die momentane Änderungsrate der Konzentration nach 4 Stunden.

d) Ab diesem Zeitpunkt wird die Konzentration des Medikaments näherungsweise durch die Tangente an G_f an der Stelle $t = 4$ beschrieben. Bestimmen Sie den Funktionsterm der Tangente und den Zeitpunkt, an dem das Medikament vollständig abgebaut ist.

e) Das Medikament wird nun in seiner Zusammensetzung verändert. Seine Konzentration im Blut wird durch die Funktion $g(t) = at \cdot e^{-bt}$ mit $a > 0$ und $b > 0$ beschrieben. Dabei wird t in Stunden seit der Einnahme und $g(t)$ in $\frac{\text{mg}}{\ell}$ gemessen. Bestimmen Sie die Konstanten a und b so, dass die Konzentration 4 Stunden nach der Einnahme ihren größten Wert mit $20\,\frac{\text{mg}}{\ell}$ erreicht.

6. Die Bergiselschanze ist eine Skisprungschanze auf dem Bergisel in Innsbruck (Österreich). Der Anlauf der Schanze hat zu Beginn eine Höhe von 50 Metern und die Absprungkante ist etwa 3 Meter hoch und wird nach etwa 91 Metern erreicht. Skisprungschanzen sind immer recht ähnlich aufgebaut und der Anlauf kann näherungsweise durch eine Exponentialfunktion der Form $f(x) = a \cdot e^{-b \cdot x}$ beschrieben werden.

a) Bestimmen Sie für die Bergiselschanze die Parameter a und b der Funktion f.

b) Skispringen benötigt sehr viel Mut. Bestimmen Sie anhand des mathematischen Modells $f(x)$ die maximale Steigung der Schanze.

c) Direkt nach dem Absprung fliegt der Skispringer für kurze Zeit entlang der Tangente an den Graphen von f. Bestimmen Sie die Gleichung dieser Tangente.

d) Anhand der gegebenen Informationen zur Bergiselschanze könnte diese auch durch eine quadratische Funktion der Form $f_2(x) = ax^2 + c$ beschrieben werden. Begründen Sie, weshalb f_2 kein sinnvolles mathematisches Modell einer Skisprungschanze ist.

7. Leider ist die exakte Funktionsgleichung des folgenden Graphen nicht mehr bekannt, Sie wissen aber, dass die Funktion die Form $f(x) = (ax^2 + bx + c) \cdot e^{dx}$ hat. Bestimmen Sie anhand des dargestellten Graphen die Funktionsgleichung von f.

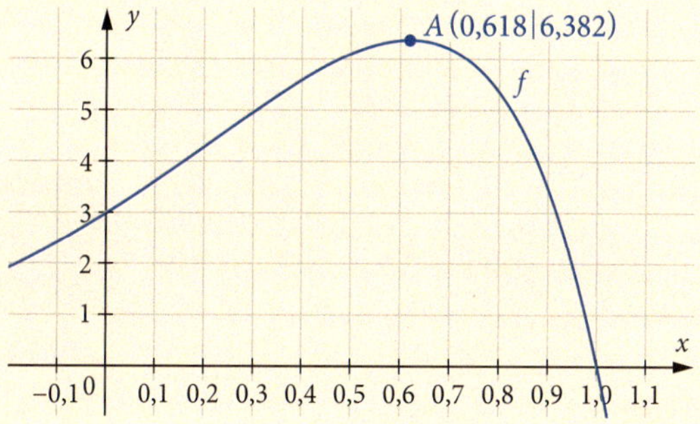

8. Das Kyoto-Protokoll schreibt den verbindlichen Abbau des Ausstoßes von Treibhausgasen vor. Als Grundlage für zu treffende Entscheidungen geht die Regierung eines Landes von folgenden beiden extremen Szenarien aus:

Szenario A: $A(t) = k(t^2 - 100)\,e^{m \cdot t} + 15$; $k, m, t \in \mathbb{R}$; $t \geq 0$

Szenario B: $B(t) = (0{,}055\,t^2 - 5)\,e^{-0{,}0375\,t} + 15$; $t \in \mathbb{R}$; $t \geq 0$

Dabei geben $A(t)$ bzw. $B(t)$ die (geschätzten bzw. erwarteten) CO_2-Emissionen in Milliarden Tonnen an und t die Anzahl an Jahren, wobei $t = 0$ für das Basisjahr 1970 steht.

a) Bestimmen Sie die Werte der Parameter k und m in $A(t)$, wenn der CO_2-Ausstoß zu Beginn 10 Milliarden Tonnen und im Jahr 2009 ca. 35 Milliarden Tonnen beträgt. Runden Sie die Ergebnisse gegebenenfalls auf 4 Nachkommastellen.

b) Zeigen Sie durch geeignete Untersuchungen (Dauer des Emissionsanstieges, maximaler Ausstoß), dass das Szenario B das optimistischere ist.

c) Der Unterschied in den Prognosen des CO_2-Ausstoßes zwischen den beiden Szenarien ist im Jahr 2064 am größten (Nachweis nicht erforderlich). Berechnen Sie die größte absolute Abweichung sowie die prozentuale Abweichung und diskutieren Sie, ob die prozentuale Abweichung zu diesem Zeitpunkt auch zwingend die maximale ist.

d) Bestimmen Sie $A'(100)$, $A(100)$, $B'(100)$ und $B(100)$. Vergleichen und interpretieren Sie die Werte im Sachzusammenhang und bezogen auf die bisherigen Erkenntnisse. Verwenden Sie die Werte auch, um Ihre Entscheidung aus Teilaufgabe c) zu überprüfen.

9. Hopfen wächst beeindruckend schnell. Mathematisch kann das Wachstum des echten Hopfens bei guten Bedingungen annähernd durch die Exponentialfunktion f mit $f(t) = \frac{7}{1 + 45 \cdot e^{-0{,}4t}}$ beschrieben werden.

Die Funktion f gibt dabei die Höhe der Hopfenpflanze in Metern nach t Wochen an. Sie untersuchen die Wachstumsfunktion f, um nähere Informationen zur Hopfenpflanze zu erhalten.

a) Bestimmen Sie die Höhe der Pflanze zu Beginn der Wachstumsperiode.

b) Bei einer Brauereibesichtigung erfahren Sie, dass echter Hopfen maximal etwa 7 Meter hoch wird. Bestätigen Sie dies anhand der Wachstumsfunktion f.

c) Die Wachstumsperiode einer Pflanze soll als abgeschlossen gelten, sobald die Pflanze 98 % ihrer maximalen Höhe erreicht hat. Bestimmen Sie anhand der Wachstumsfunktion f, wie lange die Wachstumsperiode bei Hopfenpflanzen andauert.

d) Besonders interessiert Sie, wie schnell die Hopfenpflanze maximal pro Tag wächst. Ermitteln Sie die maximale Wachstumsgeschwindigkeit und kommentieren Sie die Behauptung, dass man Hopfen beim Wachsen buchstäblich zuschauen kann.

10. Die Kosten eines Unternehmens werden durch die Funktion K_a mit $K_a(t) = 5 - 4e^{-at}$ beschrieben, wobei t für die Zeit in Tagen und K für die Kosten in GE pro Tag steht (1 GE ≙ 10 000 €).

a) Bestimmen Sie a im Funktionsterm von $K_a(t)$, wenn Sie davon ausgehen können, dass dem Unternehmen am 21. Tag Kosten von 3,6 GE entstehen.

b) Ermitteln Sie die Fixkosten.

c) Begründen Sie, welchen Kosten pro Tag sich der Betrieb langfristig nähert.

d) Berechnen Sie die Dauer, bis 80 % der maximalen Kosten erreicht sind.

3

3.2.2 Funktionenscharen mit Anwendungen

5 Gewinnsituation mit Parametern

Die Gewinnsituation eines deutschen chemischen Unternehmens der Kosmetikbranche ist durch die Gewinnfunktion G_a mit der Gleichung $G_a(x) = (ax - 2) \cdot e^{-0{,}5x}$; $x \geq 0$; $a > 0$ gegeben, wobei a ein erlösabhängiger Parameter ist.
Die Controllingabteilung des Unternehmens soll die Gewinnsituation des Unternehmens analysieren.
Führen Sie folgende Schritte im Rahmen dieser Analyse durch:

a) Berechnen Sie die Fixkosten des Unternehmens und erläutern Sie Ihre Überlegungen in Bezug auf die Gewinnfunktion.
b) Ermitteln Sie in Abhängigkeit von a die Gewinnschwelle sowie das Gewinnmaximum und leiten Sie die Ortskurve der Gewinnmaxima her.
c) Zeichnen Sie die Graphen von G_a für $a = 1$ und $a = 4$ sowie die Ortskurve der Gewinnmaxima in einem geeigneten Intervall und beurteilen Sie den Einfluss des erlösabhängigen Faktors a.
d) Erläutern Sie, wie sich der Gewinn für sehr große Produktionsmengen entwickelt.
e) Bestimmen Sie die Produktionsmengen, bei denen der Gewinn am stärksten steigt bzw. fällt, und erläutern Sie für den Unternehmensvorstand den Gewinnverlauf, indem Sie angeben, für welche Produktionsmengen der Gewinn steigt und progressiv bzw. degressiv fällt (für $x \geq 2$).

Zu a) Da bei einer Produktion von 0 ME der Erlös 0 GE beträgt, entsprechen die Fixkosten (2 GE) dem negativen Gewinn beim Verkauf von 0 ME.

$K = E - G$ ▸ Kosten = Erlös − Gewinn
$K(0) = E(0) - G(0)$ ▸ $G(0) = -2$
$= 0 - (-2) = 2$ ▸ $G(0)$ ist parameterunabhängig.

Zu b) Die **Gewinnschwelle** ist eine Nullstelle von $G_a(x)$.

$G_a(x_N) = (ax_N - 2) \cdot e^{-0{,}5x_N} = 0 \Rightarrow x_N = \frac{2}{a}$ ▸ $a > 0$

Zur Bestätigung, dass $\frac{2}{a}$ die Gewinnschwelle ist, müssen die Graphen von G_a dort streng monoton steigend sein, was mithilfe von $G_a'\left(\frac{2}{a}\right) > 0$ gezeigt wird.

$G_a'(x) = a \cdot e^{-0{,}5x} + (ax - 2) \cdot (-0{,}5)\, e^{-0{,}5x}$
$= e^{-0{,}5x} \cdot (-0{,}5ax + a + 1)$ ▸ Produkt- und Kettenregel

$G_a'\left(\frac{2}{a}\right) = a \cdot e^{-\frac{1}{a}} > 0$ für $a > 0$
$\Rightarrow G_a(x)$ ist streng monoton steigend.
Also ist $x_N = \frac{2}{a}$ Gewinnschwelle.

Die möglichen **gewinnmaximalen Ausbringungsmengen** sind die Nullstellen von $G_a'(x)$.

$G_a'(x_E) = 0 \Leftrightarrow e^{-0{,}5x_E} \cdot (-0{,}5ax_E + a + 1) = 0$
$\Rightarrow x_E = 2 + \frac{2}{a}$ ▸ $a > 0$

Die Berechnung von $G_a''(x)$ bestätigt, dass die ermittelten Nullstellen $2 + \frac{2}{a}$ von $G_a'(x)$ lokale Maximalstellen sind.

$G_a''(x) = (-0{,}5)\, e^{-0{,}5x} \cdot (-0{,}5ax + a + 1)$
$+ e^{-0{,}5x} \cdot (-0{,}5a)$
$= e^{-0{,}5x} \cdot (0{,}25ax - a - 0{,}5)$

$\Rightarrow G_a''\left(2 + \frac{2}{a}\right) = -0{,}5a \cdot e^{-\frac{a+1}{a}} < 0$ für $a > 0$

$\Rightarrow x_E = 2 + \frac{2}{a}$ ist lokale Maximalstelle.

$G_a\left(2 + \frac{2}{a}\right) = 2a\, e^{-\frac{a+1}{a}}$

$\Rightarrow G_{max}\left(2 + \frac{2}{a} \,\middle|\, 2a\, e^{-\frac{a+1}{a}}\right)$

Mit steigendem Erlös (für a) wachsen auch die Gewinne und die Gewinnmaxima werden bei kleineren Ausbringungsmengen erreicht.

Zur Berechnung der Ortskurve der Gewinnmaxima stellt man die x-Koordinate des gewinnmaximalen Punkts nach a um und setzt $\frac{2}{x-2}$ für a in $G_a(x)$.

$$x = 2 + \frac{2}{a} \Leftrightarrow a = \frac{2}{x-2}$$ ▶ Setzen für a in G_a

$$\Rightarrow G_E(x) = \left(\frac{2}{x-2} \cdot x - 2\right) e^{-0,5x}$$

$$= \frac{4}{x-2} \cdot e^{-0,5x}$$ ▶ Ortskurve der Gewinnmaxima

Zu c) Der Ausschnitt zeigt die Graphen von G_1 und G_4 sowie die Ortskurve G_E der Gewinnmaxima.
Die Grafik bestätigt, dass mit steigendem Wert (für a) die Gewinne steigen und die Gewinnmaxima bei kleineren Ausbringungsmengen erreicht werden.

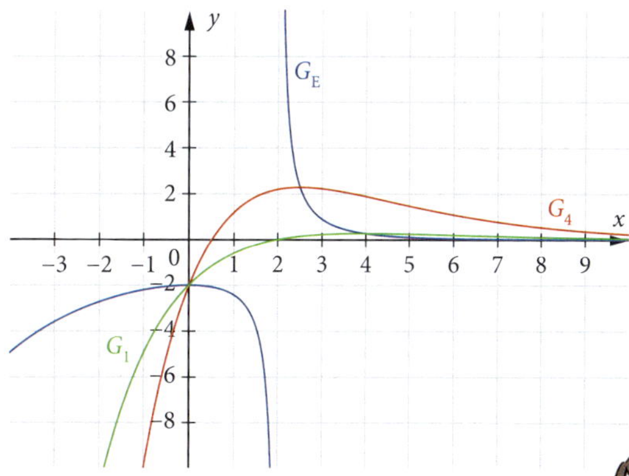

Zu d) Für sehr große Produktionsmengen entwickelt sich der Gewinn gegen null; die Asymptote ist also die x-Achse.

$$\lim_{x \to \infty} G_a(x) = \lim_{x \to \infty} (ax - 2) \cdot e^{-0,5x}$$

$$= \lim_{x \to \infty} \frac{ax-2}{e^{0,5x}} = 0^+$$ ▶ $a > 0$

Zu e) Die Stellen, an denen die Graphen von G_a am stärksten steigen bzw. fallen, sind die Wendestellen von G_a.

$$G_a''(x_W) = 0 \Leftrightarrow e^{-0,5x_W} \cdot (0,25\,a\,x_W - a - 0,5) = 0$$

$$\Rightarrow 0,25\,a\,x_W - a - 0,5 = 0$$

$$\Rightarrow x_W = 4 + \frac{2}{a}$$ ▶ $a > 0$

Die Berechnung von $G_a'''(x)$ bestätigt, dass die ermittelten Nullstellen $4 + \frac{2}{a}$ von $G_a''(x)$ Wendestellen sind. An den Stellen $x_W = 4 + \frac{2}{a}$ fällt der Gewinn am stärksten, da G_a dort Wendestellen mit einem Rechts-Links-Krümmungswechsel hat.

$$G_a'''(x) = (-0,5)\, e^{-0,5x} \cdot (0,25\,a\,x - a - 0,5)$$

$$+ e^{-0,5x} \cdot 0,25\,a$$

$$= e^{-0,5x} \cdot (-0,125\,a\,x + 0,75\,a + 0,25)$$

$$\Rightarrow G_a'''\left(4 + \frac{2}{a}\right) = 0,25\,a \cdot e^{-2-\frac{1}{a}} > 0 \text{ für } a > 0$$

$$\Rightarrow x_W = 4 + \frac{2}{a} \text{ ist Wendestelle mit RL-KW.}$$

▶ Für $a = 1$ ist $x_W = 6$, für $a = 4$ ist $x_W = 4,5$.

Da keine weitere Wendestelle existiert, verlaufen die Graphen von G_a links von den Gewinnmaxima **rechtsgekrümmt**, sie **steigen** dort also **degressiv**.

Das wiederum bedeutet, dass die stärkste Gewinnsteigerung zu Beginn der Gewinnzone bei einer Produktionsmenge von $\frac{2}{a}$ ME erfolgt.
Nach Erreichen der Gewinnmaxima bei den Produktionsmengen $2 + \frac{2}{a}$ fallen die Gewinne bis zu den Produktionsmengen $4 + \frac{2}{a}$ progressiv, danach fallen sie degressiv.

$I_1 = \left[\frac{2}{a}; 2 + \frac{2}{a}\right[$: In I_1 steigen die Graphen von G_a streng monoton und verlaufen rechtsgekrümmt.
$I_2 = \left]2 + \frac{2}{a}; 4 + \frac{2}{a}\right[$: In I_2 fallen die Graphen von G_a streng monoton und bleiben rechtsgekrümmt.
$I_3 = \left]4 + \frac{2}{a}; \infty\right[$: In I_3 fallen die Graphen von G_a streng monoton und verlaufen linksgekrümmt.

Untersuchen Sie die Schar von Funktionen f_a mit $f_a(x) = \frac{4e^x}{(e^x + a)^2}$ und $a > 0$ auf Extrempunkte, Wendepunkte und asymptotisches Verhalten und ermitteln Sie die Ortskurven der Extrempunkte und der Wendepunkte.

6 Absatzverhalten mit Parameter

Die JoRo GmbH produziert Blu-ray-Player und interessiert sich für deren Absatzsituation.

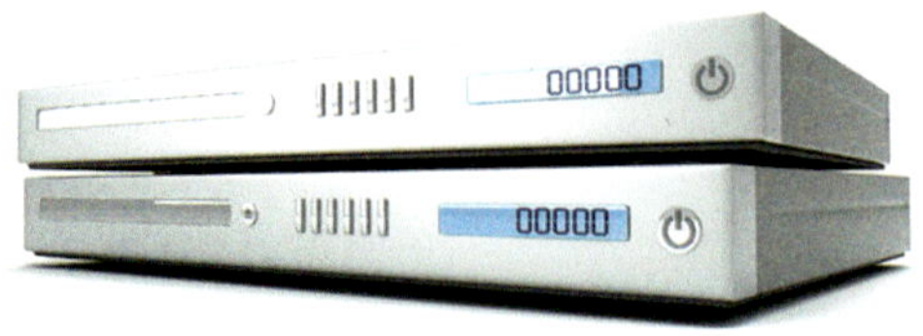

Die Marketingabteilung geht davon aus, dass sich allgemein das monatliche Absatzverhalten von Blu-ray-Playern durch die Funktion $a_{k,m}$ mit $a_{k,m}(t) = (t-3)\cdot e^{-0{,}1kt} + m$; $k, m > 0$; $t \geq 0$ darstellen lässt. Dabei gibt t die Zeit in Monaten an und $a_{k,m}$ die Absatzmenge in 1000 Stück je Monat (= 1 ME je Monat).

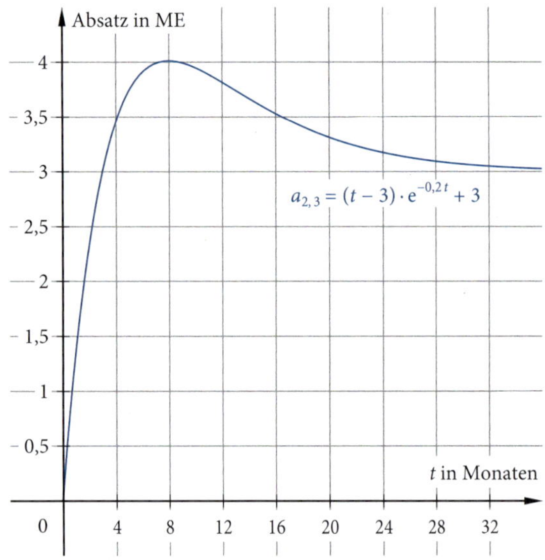

Tatsächlich beträgt der Absatz des Top-Modells „Super“ zu Beginn der Absatzperiode 0 ME und nach 2 Monaten 2,33 ME pro Monat.

a) Bestimmen Sie die reellen Zahlen für k und m für den Absatzverlauf des Blu-ray-Players „Super“. Geben Sie die Funktionsgleichung an, mit der sich das Absatzverhalten modellieren lässt.

b) Ermitteln Sie für $k = 2$ und $m = 3$ den Absatz nach 3 Jahren. Begründen Sie, dass sich der Absatz auch unabhängig von k langfristig einer Menge von 3000 Stück pro Monat nähert.

c) Berechnen Sie in Abhängigkeit von k den Zeitpunkt des maximalen Absatzes und bestimmen Sie ihn für $k = 2$ und $m = 3$.

d) Bewerten Sie die Aussage, dass der größte Absatzrückgang für $k = 2$ und $m = 3$ nach 13 Monaten festzustellen ist und dass er ungefähr 70 Stück pro Monat beträgt.

Zu a)

Setzt man zunächst die Koordinaten des Punktes (0 (Monate) | 0 (ME pro Monat)) und danach diejenigen von (2 | 2,33) für t bzw. $a_{k,m}(t)$ ein, so erhält man den Funktionsterm $a_{2,3}(t) = (t-3)\cdot e^{-0{,}2t} + 3$.

▸ Punkte $(t \mid a_{k,m}(t))$

$a_{k,m}(0) = (0-3)\cdot e^{-0{,}1k\cdot 0} + m = 0$ ▸ Punkt (0 | 0)

$\Leftrightarrow\ 0 = -3\cdot 1 + m = 0$

$\Leftrightarrow\ m = \mathbf{3}$

$a_{k,m}(2) = (2-3)\cdot e^{-0{,}1k\cdot 2} + 3 = 2{,}33$ ▸ Punkt (2 | 2,33), $m = 3$

$\Leftrightarrow\ -e^{-0{,}2k} = -0{,}67$

$\Leftrightarrow\ e^{-0{,}2k} = 0{,}67$

$\Leftrightarrow\ -0{,}2k = \ln 0{,}67$

$\Rightarrow\ k \approx \mathbf{2}$

Das Absatzverhalten des Blu-ray-Players „Super“ lässt sich durch $a_{2,3}(t) = (t-3)\cdot e^{-0{,}2t} + 3$; $t \geq 0$ modellieren.

$\Rightarrow\ a_{2,3}(t) = (t-3)\cdot e^{-0{,}2t} + 3$

Zu b)

Nach 3 Jahren bzw. 36 Monaten, d. h. $t = 36$, beträgt der Absatz 3025 Stück. ▸ 1 ME = 1000 Stück

$a_{2,3}(36) = (36-3)\cdot e^{-0{,}2\cdot 36} + 3 \approx \mathbf{3{,}025}$

Die Betrachtung der Funktionswerte von $a_{k,m}$ für „t gegen ∞" ergibt für $m = 3$, aber unabhängig von k den Grenzwert 3. Somit nähert sich der Absatz langfristig 3000 Stück im Monat.

$$\lim_{t \to \infty} a_{k,m}(t) = \lim_{t \to \infty} [(t-3) \cdot e^{-0{,}1kt} + 3]$$
$$= 0 + 3 = 3 \quad \blacktriangleright\ k > 0$$

Zu c)

Die Nullstellen der ersten Ableitung $a'_{k,m}$ sind die möglichen lokalen Extremstellen von $a_{k,m}$.

Die erste Ableitung und alle weiteren benötigten Ableitungen werden mithilfe der Produkt- und der Kettenregel ermittelt.

$$a'_{k,m}(t) = e^{-0{,}1kt} + (t-3) \cdot (-0{,}1k \cdot e^{-0{,}1kt})$$
$$= e^{-0{,}1kt} \cdot (1 - 0{,}1kt + 0{,}3k)$$

$$a''_{k,m}(t) = (-0{,}1k \cdot e^{-0{,}1kt}) \cdot (1 - 0{,}1kt + 0{,}3k) + e^{-0{,}1kt} \cdot (-0{,}1k)$$
$$= e^{-0{,}1kt} \cdot (-0{,}1k + 0{,}01k^2 t - 0{,}03k^2 - 0{,}1k)$$
$$= e^{-0{,}1kt} \cdot (-0{,}2k + 0{,}01k^2 t - 0{,}03k^2)$$

Bei $t_E = 3 + \frac{10}{k}$ liegt eine mögliche Extremstelle von $a_{k,m}(t)$ vor.

$$a'_{k,m}(t_E) = 0$$
$$\Leftrightarrow\ 1 - 0{,}1kt_E + 0{,}3k = 0 \quad \blacktriangleright\ e^{-0{,}1kt} \neq 0$$
$$\Rightarrow\ t_E = \mathbf{3 + \frac{10}{k}} \quad \blacktriangleright\ k > 0$$

Sie ist eine lokale Maximalstelle von $a_{k,m}$, da $a''_{k,m}(t_E)$ für alle $k > 0$ negativ ist. Nach $3 + \frac{10}{k}$ Monaten ist der Absatz für den Blu-ray-Player maximal.

$$a''_{k,m}\left(3 + \frac{10}{k}\right)$$
$$= e^{-0{,}3k-1} \cdot (-0{,}2k + 0{,}03k^2 + 0{,}1k - 0{,}03k^2)$$
$$= e^{-0{,}3k-1} \cdot (-0{,}1k) \qquad (< 0 \text{ für } k > 0\text{, RK})$$
$$\Rightarrow\ 3 + \frac{10}{k} \text{ ist lokale Maximalstelle.}$$

Für $k = 2$ und $m = 3$ wird der maximale Absatz nach 8 Monaten erreicht und beträgt 4009 Stück pro Monat.

$k = 2$: $t_E = 8$ und $A_2(8) \approx \mathbf{4{,}009}$
▸ 4,009 ME = 4009 Stück

Zu d)

Der Zeitpunkt des maximalen Absatzrückgangs entspricht der minimalen Steigung von $a'_{2,3}$. Der fragliche Zeitpunkt ist also Lösung der Gleichung $a''_{2,3} = 0$.
▸ Wendestelle von $a_{2,3}$

▸ $k = 2$ in $a''_{k,m}(t)$

$$a''_{2,3}(t) = e^{-0{,}2t} \cdot (-0{,}2 \cdot 2 + 0{,}01 \cdot 4 \cdot t - 0{,}03 \cdot 4)$$
$$a''_{2,3}(t) = e^{-0{,}2t} \cdot (0{,}04t - 0{,}52)$$
$$a'''_{2,3}(t) = \left(-0{,}2 \cdot e^{-0{,}2t}\right) \cdot (0{,}04t - 0{,}52) + e^{-0{,}2t} \cdot 0{,}04$$
$$= e^{-0{,}2t} \cdot (-0{,}008t + 0{,}104 + 0{,}04)$$
$$= e^{-0{,}2t} \cdot (-0{,}008t + 0{,}144)$$

Aufgrund von $a''_{2,3}(13) = 0$ und $a'''_{2,3}(13) > 0$ liegt bei $t_W = 13$ eine Wendestelle mit einem Rechts-Links-Krümmungswechsel vor: An dieser Stelle existiert das stärkste Gefälle. Nach 13 Monaten ist der Absatzrückgang am größten und beträgt 70 Stück im Monat. Die getroffene Aussage ist also richtig.

$$a''_{2,3}(t_W) = 0 \ \Leftrightarrow\ 0{,}04t_W - 0{,}52 = 0 \ \Rightarrow\ t_W = 13$$
$$a'''_{2,3}(13) = 0{,}04 \cdot e^{-2{,}6} \ (> 0)$$
$$\Rightarrow\ t_W = 13 \text{ ist Wendestelle von } a_{2,3} \text{ mit RL-KW}$$
$$a'_{2,3}(13) = e^{-2{,}6} \cdot (-2{,}6 + 1{,}6)$$
$$= -e^{-2{,}6} \approx \mathbf{-0{,}07} \quad \blacktriangleright\ 0{,}07 \text{ ME} = 70 \text{ Stück}$$

Die JoRo GmbH erzielt im Jahresverlauf Gewinne aus dem Verkauf von MP3-Playern gemäß der Funktion g_a mit $g_a(t) = (5t - 5) \cdot e^{-0{,}5at}$; $t \in [0; 12]$, wobei t den Zeitablauf in Monaten, a einen technischen Parameter und $g_a(t)$ den Gewinn in GE pro Monat darstellt. Die JoRo GmbH möchte die Gewinnsituation des Unternehmens analysieren.

a) Ermitteln Sie die Fixkosten des Unternehmens.
b) Bestimmen Sie den Zeitpunkt des Gewinnbeginns und begründen Sie rechnerisch, dass es sich um den Gewinnbeginn handelt.
c) Berechnen Sie in Abhängigkeit von a den gewinnmaximalen Zeitpunkt und für $a = 1$ den zugehörigen Gewinn zu diesem Zeitpunkt.
d) Berechnen Sie in Abhängigkeit von a den Zeitpunkt des stärksten Gewinnrückgangs und für $a = 1$ den zugehörigen Gewinnrückgang und den Gewinn zu diesem Zeitpunkt.

3

Übungen zu 3.2.2

1. Untersuchen Sie die Graphen der folgenden Funktionenscharen für $a \neq 0$ in Bezug auf ihr Grenzwertverhalten sowie ihre Achsenschnitt-, Extrem- und Wendepunkte und zeichnen Sie die Graphen für die angegebenen Zahlen anstelle von a.
   a) $f_a(x) = (x + a) \cdot e^{a-x}$; $a = 1$
   b) $f_a(x) = (x^2 - a^2) \cdot e^{-x}$; $a = 1$
   c) $f_a(x) = 4x \cdot e^{-ax^2}$; $a = -1$
   d) $f_a(x) = ax \cdot e^{-x}$; $a = 2$

2. Gegeben ist die reelle Funktionenschar f_a mit $f_a(x) = 4x \cdot e^{-ax}$ mit $a \neq 0$.
   a) Diskutieren Sie die Schar in Bezug auf Grenzwert- und Symmetrieverhalten sowie Achsenschnitt-, Extrem- und Wendepunkte.
   b) Ermitteln sie die Funktionsterme der Tangenten t_a an G_{f_a} im Punkt $P(2|f_a(2))$.
   c) Bestimmen Sie die Ortskurven der Extrema und Wendepunkte.
   d) Untersuchen Sie, an welchen Stellen die Wendetangenten t_{W_a} an den im I. Quadranten liegenden Wendepunkt die x-Achse schneiden.
   e) Zeichnen Sie den Graphen von f_a für $a = 0{,}5$ im Intervall $[-1; 10]$.

3. Gegeben ist die Funktionenschar f_a mit $f_a(x) = a \cdot \ln(x) \cdot (a - \ln(x))$ mit $a > 0$.
   a) Diskutieren Sie die Schar in ihrem maximalen Definitionsbereich in Bezug auf Grenzwertverhalten sowie Achsenschnitt-, Extrem- und Wendepunkte.
   b) Ermitteln Sie die Ortskurven der Extrem- und Wendepunkte von G_{f_a}.
   c) Bestimmen Sie $a > 0$ so, dass der Wendepunkt von G_{f_a} auf der x-Achse liegt.
   d) Skizzieren Sie den Graphen von f_2 im Intervall $[0; 12]$.

4. Gegeben ist die Funktionenschar f_a mit $f_a(x) = -0{,}5\,ax \cdot e^{-0{,}25x}$ mit $a \neq 0$.
   a) Diskutieren Sie die Schar in Bezug auf Grenzwertverhalten sowie Achsenschnitt-, Extrem- und Wendepunkte.
   b) Ermitteln Sie die Ortskurve der Extrempunkte von G_{f_a}.
   c) Zeichnen Sie den Graphen von f_4 im Intervall $[-2; 12]$.

5. Gegeben ist die Funktionenschar f_a mit $f_a(x) = 4a(x-1) \cdot e^{-0{,}5x^2+x}$ mit $a \neq 0$.
   a) Diskutieren Sie die Schar in Bezug auf Grenzwert- und Symmetrieverhalten sowie Achsenschnitt-, Extrem- und Wendepunkte und zeichnen Sie den Graphen von f_1 im Intervall $[-3; 5]$.
   b) Es ist $g(x) = 4x \cdot e^{-0{,}5x^2}$ eine weitere Funktion. Zwischen G_g und der x-Achse soll im I. Quadranten ein rechtwinkliges Dreieck wie untenstehend einbeschrieben werden. Berechnen Sie die Seitenlängen und das Maß der Fläche des Dreiecks, wenn sein Flächeninhalt maximal sein soll.

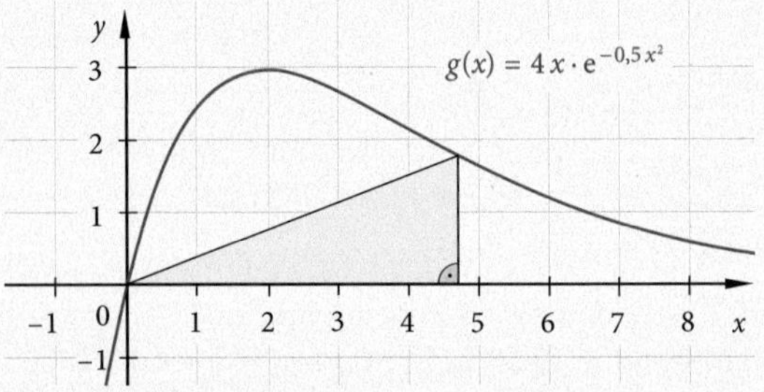

6. Ein Start-up-Unternehmen der IT-Branche leidet unter der Wirtschaftskrise, zu Beginn des Jahres ist der Absatz total eingebrochen. Um zukünftig besser reagieren zu können, betreibt das Unternehmen Marktforschungen, aus deren Prognosen sich die betrieblichen Kosten- und Erlösfunktionen für die folgenden 6 Jahre ableiten lassen:
   $K(t) = 3 - t^2 \cdot e^{-t}$ und $E_a(t) = 6t \cdot e^{-0{,}1at^2}$, $t \in [0; 6]$,
   wobei $K(t)$ bzw. $E_a(t)$ die Kosten bzw. den Erlös in GE in t Jahren darstellen. 1 GE $\triangleq$ 100 000 €, $t = 0$ markiert den Beginn des aktuellen Jahres, $a > 0$ ist eine vom Geschäftsklima abhängige Größe.
   a) Bestimmen Sie die Kosten und den Erlös des Unternehmens im Januar des aktuellen Jahres sowie nach dem 6. Jahr.
   Zeichnen Sie G_K und G_{E_1} und interpretieren Sie die ökonomische Situation.
   b) Ermitteln Sie die Zeitpunkte der minimalen Kosten und des maximalen Erlöses.
   Erörtern Sie den Einfluss von a auf die Erlösentwicklung.
   c) Berechnen Sie, zu welchen Zeitpunkten die Kosten bzw. Erlöse am stärksten steigen bzw. fallen.
   d) Äußern Sie sich zum Einfluss von a auf den Gewinnverlauf.

3.2.3 Integration verknüpfter und verketteter Exponentialfunktionen

Integration von Exponentialfunktionen zur Basis e

7

Bestimmen Sie das unbestimmte Integral von f mit $f(x) = e^x$ und g mit $g(x) = e^{3x}$.

Die Ableitung der natürlichen Exponentialfunktion f ist wieder die natürliche Exponentialfunktion.

$f(x) = e^x \Rightarrow f'(x) = e^x$ ▶ Seite 113

Dadurch ergibt sich sofort das unbestimmte Integral der natürlichen Exponentialfunktion.

$f'(x) = e^x \Rightarrow \int e^x\,dx = e^x + c;\ c \in \mathbb{R}$

Mit diesem Wissen betrachten wir die Funktion g. Wir vermuten, dass die Hilfsfunktion H mit $H(x) = e^{3x}$ eine Stammfunktion von g ist.
Zur Probe bilden wir die Ableitung von H mithilfe der Kettenregel. ▶ Seite 119
Wir stellen fest, dass die Ableitung H aufgrund des Faktors 3 nicht mit g übereinstimmt.

$H(x) = e^{3x}$

$H'(x) = \underbrace{e^{3x}} \cdot \underbrace{3} = 3e^{3x} \neq g(x)$

„äußere Ableitung · innere Ableitung“

Um den Faktor 3 im Funktionsterm von H' zu eliminieren, multiplizieren wir den Funktionsterm H mit dem Kehrwert $\frac{1}{3}$. Die resultierende Funktion G ist eine Stammfunktion von g.

$G(x) = \frac{1}{3}e^{3x}$

$G'(x) = \frac{1}{3}e^{3x} \cdot 3 = e^{3x} = g(x)$

$\Rightarrow \int e^{3x}\,dx = \frac{1}{3}e^{3x} + c;\ c \in \mathbb{R}$

Integration der allgemeinen Exponentialfunktion zur Basis e

8

Geben Sie das unbestimmte Integral von f mit $f(x) = e^{mx+n}$ und $m, n \in \mathbb{R}$ $(m \neq 0)$ an.

Wir bestimmen zunächst mithilfe der Kettenregel die Ableitung von f.

$f(x) = e^{mx+n}$

Multiplizieren wir $f'(x)$ mit $\frac{1}{m}$, so erhalten wir auf der rechten Seite der Gleichung wieder e^{mx+n}, also den Funktionsterm von f.

$f'(x) = m \cdot e^{mx+n} \quad \mid \cdot \frac{1}{m}$

$\Rightarrow \frac{1}{m} \cdot f'(x) = e^{mx+n}$

Wir integrieren auf beiden Seiten. Anschließend wenden wir die Faktorregel an und nutzen die Tatsache aus, dass die Funktion f eine Stammfunktion von f' ist.

$\Rightarrow \frac{1}{m} \cdot f'(x) = f(x) \quad \mid \int$ ▶ integrieren

$\int f(x)\,dx = \int \frac{1}{m} \cdot f'(x)\,dx$ ▶ Faktorregel

$= \frac{1}{m}\int f'(x)\,dx$

$= \frac{1}{m} \cdot f(x) + c$

$\Rightarrow \int e^{mx+n}\,dx = \frac{1}{m} \cdot e^{mx+n} + c;\ c \in \mathbb{R}$

- Für die natürliche Exponentialfunktion f mit $f(x) = e^x$ gilt: $\int e^x\,dx = e^x + c;\ c \in \mathbb{R}$.
- Für die Funktion f mit $f(x) = e^{mx+n}$ gilt: $\int e^{mx+n}\,dx = \frac{1}{m}e^{mx+n} + c;\ c \in \mathbb{R};\ m \neq 0$.

Geben Sie eine integralfreie Darstellung an.

a) $\int e^{2x}\,dx$
b) $\int 5e^{5x}\,dx$
c) $\int \frac{1}{7}e^{4x}\,dx$
d) $\int 3e^{3x+1}\,dx$
e) $-0{,}5\int e^{-0{,}5x+8}\,dx$
f) $\int (e^{7x-1} + x^2)\,dx$

9 Berechnung der Summe eines Geldflusses

Für die langfristige Finanzierung der Digitalisierung von Schulen legt die Landesregierung ein neues Programm über 10 Jahre auf. Zu Beginn soll ein Berufliches Gymnasium eine Einmalzahlung von 50 000 Euro erhalten. Zusätzlich erhält es für laufende Ausgaben (z. B. Lizenzgebühren) einen monatlichen Betrag von anfangs 500 Euro. Dieser Betrag steigt monatlich um 0,5 %. Der Schulleiter möchte eine grafische Darstellung des Geldflusses sowie die Information, wie viel Geld er im ersten Jahr und über die gesamte Laufzeit erwarten kann.

Der monatliche Geldfluss kann durch eine Zinseszins-Funktion $f(t)$ beschrieben werden, wobei f den Geldfluss in Euro und t die Zeit in Monaten darstellt.

$$f(t) = 500 \cdot 1{,}005^t$$
$$= 500 \cdot e^{t \cdot \ln(1{,}005)}$$

▶ Seite 122

Diesen Geldfluss stellen wir als Graphen G_f mit dem GTR/CAS anschaulich dar.

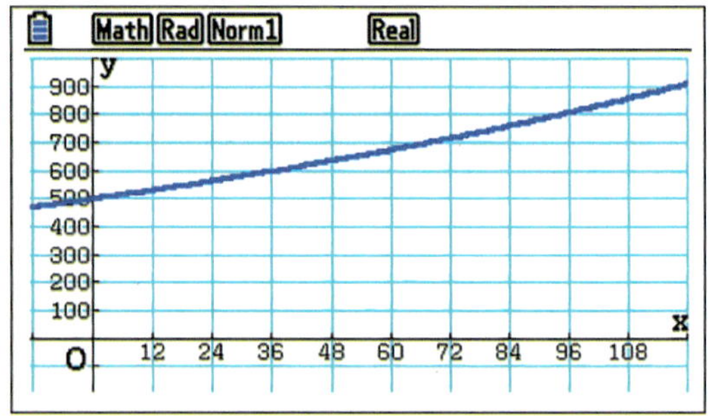

Die summierten monatlichen Geldflüsse berechnen wir durch das Integral der Funktion f. Im ersten Schritt bestimmen wir daher das unbestimmte Integral $F(t)$.

$$F(t) = \int f(t)\,dt = \int \left(500 \cdot e^{t \cdot \ln(1{,}005)}\right) dt$$
$$= 500 \int e^{t \cdot \ln(1{,}005)}\,dt$$
$$= 500 \cdot \frac{1}{\ln(1{,}005)} \cdot e^{t \cdot \ln(1{,}005)} + c;\ c \in \mathbb{R}$$

Im ersten Jahr kann der Schulleiter über die Einmalzahlung von 50 000 € und zusätzlich über die Summe der monatlichen Zahlungen verfügen, die wir durch das bestimmte Integral der Funktion f von $t = 0$ bis $t = 12$ berechnen.

$$G_1 = 50\,000 + \int_0^{12} f(t)\,dt$$
$$= 50\,000 + \left(500 \cdot \frac{1}{\ln(1{,}005)} \cdot e^{12 \cdot \ln(1{,}005)} - 500 \cdot \frac{1}{\ln(1{,}005)} \cdot e^{0 \cdot \ln(1{,}005)}\right)$$
$$\approx 50\,000 + 6183{,}19 = \mathbf{56\,183{,}19}$$

Analog erhalten wir einen gesamten Geldfluss von 132 144,35 € während der Laufzeit von 10 Jahren des Programms zur Digitalisierung von Schulen.

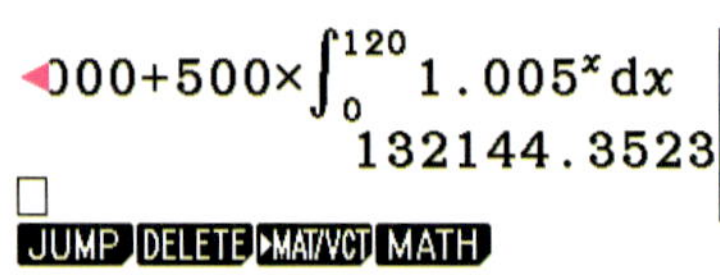

▶ CA Das bestimmte Integral ist im Menüpunkt MATH ([F4]) zu finden.

1. Die Beschleunigungsphase eines Motorrades wird durch die Funktion v mit $v(t) = 50 - 50 \cdot e^{-0{,}25\,t}$ modelliert. v gibt dabei die Geschwindigkeit des Motorrades in $\frac{m}{s}$ nach t Sekunden an. Bestimmen Sie die insgesamt vom Motorrad zurückgelegte Strecke nach 3 Sekunden.

2. Die Kosten k und Erlöse e eines Start-up-Unternehmens der IT-Branche können in den ersten 6 Jahren folgendermaßen dargestellt werden:
$k(t) = 3 - t^2 \cdot e^{-t}$ und $e(t) = 6t \cdot e^{-0{,}1\,t^2}$ mit $t \in [0;\,6]$ in Jahren und k bzw. e in GE (1 GE ≙ 100 000 €).

a) Bestimmen Sie die Gesamtkosten und Gesamterlöse des Unternehmens in den 6 Jahren.

b) Bestimmen Sie die Gewinnzone und den Gesamtgewinn in diesem Zeitraum.

Berechnung des gesamten und durchschnittlichen Gewinns im Verlauf eines Produktlebenszyklus (10)

Im Beispiel 4 (▸ Seite 134) wurde für das neu einzuführende Produkt einer smarten Küchenmaschine die Gewinnfunktion $g_2(t) = (-0{,}41\,t^2 + 11{,}29\,t - 38{,}54) \cdot e^{0{,}116 \cdot t}$ entwickelt, welche den erwarteten Gewinn in 1000 € abhängig von der Zeit t in Monaten im Verlauf des Lebenszyklus wiedergibt. Ermitteln Sie den gesamten Gewinn und den durchschnittlichen monatlichen Gewinn von der Produkteinführung zum Zeitpunkt $t = 0$ bis zu dem Zeitpunkt, an dem das Produkt vom Markt genommen wird. Nehmen Sie an, dass dies mit dem Ende der Gewinnzone zusammenfällt.

Die Gewinnzone wurde im Beispiel 4 bereits ermittelt. Das Lebensende des Produkts ist somit nach etwa zwei Jahren erreicht.

$g_2(t_N) = 0 \;\Rightarrow\; t_{N_1} = 4;\; t_{N_2} \approx 23{,}33$

Der gesamte Gewinn – also die Summe aller einzelnen Gewinne – kann durch das bestimmte Integral der Gewinnfunktion g_2 von $t_1 = 0$ bis $t_2 = 23{,}33$ berechnet werden. Wir verwenden den GTR oder CAS und erhalten einen gesamten Gewinn von rund 2,8 Millionen Euro.

Berechnung mit dem GTR oder CAS:

```
g_2(t):=(-0.41·t^2+11.29·t-38.54)·e^(0.116·t)
                                        Fertig
∫[0, 23.33] g_2(t) dt                 2774.349
```

Alternativ kann das unbestimmte Integral algebraisch bestimmt werden, was händisch aufwendig durchgeführt werden muss. Mit dem CAS erhalten wir das Ergebnis für die Funktion des Gesamtgewinns G mit

```
∫g_2(t) dt
(-3.534·t^2+158.267·t-1696.612)·(1.123)^t
```

▸ TI Beachten Sie $e^{0{,}116} \approx 1{,}123$.

$G(t) = \int g_2(t)\,dt$
$\quad = (-3{,}53t^2 + 158{,}27\,t - 1696{,}61) \cdot e^{0{,}116\,t} + c$

Die algebraische Lösung bestätigt die bereits – auch mit einem GTR berechenbare – numerische Lösung.

Gesamtgewinn im betrachteten Zeitraum:
$G(23{,}33) - G(0) \approx 2774{,}35$

Den durchschnittlichen Gewinn pro Monat von rund 119 000 € erhalten wir, indem wie den gesamten Gewinn durch die Anzahl an Monaten teilen.

Durchschnittlicher Gewinn:
$\frac{2774{,}35}{23{,}33 - 0} \approx 118{,}92$

1. Überprüfen Sie händisch, dass gilt: $\int g_2(t)\,dt = (-3{,}53t^2 + 158{,}27\,t - 1696{,}61) \cdot e^{0{,}116\,t} + c$ (▸ Beispiel 10).

2. Die Konzentration eines Medikaments im Blut eines zu behandelnden Patienten in Abhängigkeit von der Zeit t in Stunden seit der Einnahme kann eindeutig durch die Funktion f mit $f(t) = 16\,t \cdot e^{-0{,}6\,t}$ beschrieben werden (▸ Beispiel 2).

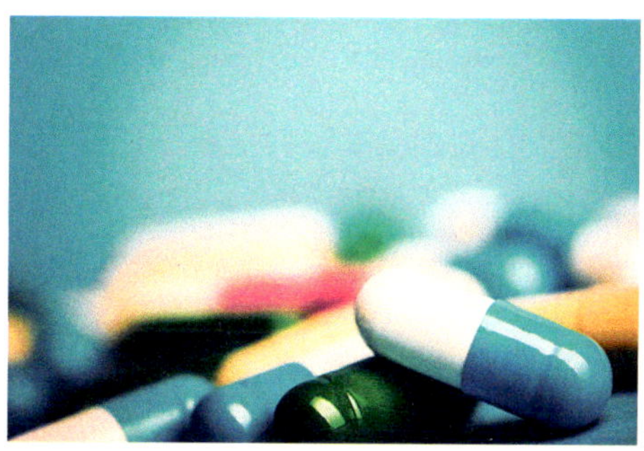

a) Bestimmen Sie die Medikamentendosis, die der Patient die ersten 10 Stunden aufnimmt.

b) Bestimmen Sie die durchschnittliche Konzentration des Medikaments im Blut des Patienten innerhalb der ersten 5 Stunden seit der Einnahme.

c) Bestimmen Sie die durchschnittliche Konzentration des Medikaments im Blut des Patienten im Zeitraum von einer bis drei Stunden nach der Einnahme.

3

Übungen zu 3.2.3

1. Prüfen Sie, ob F eine Stammfunktion zu der gegebenen Funktion f ist.
oHi Mi
a) $F(x) = e^x + 2x - 10$; $f(x) = e^x + 2$
b) $F(x) = xe^x$; $f(x) = (x+1)e^x$
c) $F(x) = 4e^{-2x}$; $f(x) = 8e^{-2x}$
d) $F(x) = 4xe^{-0,5x}$; $f(x) = (4-2x)e^{-0,5x}$
e) $F(x) = 3xe^{-x^2} + 4x$; $f(x) = (3-6x^2)\cdot e^{-x^2} + 4$

2. Berechnen Sie die Fläche, deren Maßzahl durch das bestimmte Integral ermittelt wird.
a) $\int_{-0,5}^{1} (e^{-x} + 4)\,dx$
c) $\int_{-1}^{1} (-3e^{-2x})\,dx$
b) $\left|\int_{-1,5}^{0} (2x - 4\cdot e^{2x})\,dx\right|$
d) $\int_{0}^{10} \frac{8}{e^{4x}}\,dx$

3. Der Landwirt H. Bauer besitzt u. a. ein Stück Land, das westlich von einer Straße (y-Achse) und südlich von einem Graben (x-Achse) begrenzt wird. Der Verlauf der nördlichen Grenze kann durch den Graphen der Funktion f mit $f(x) = -e^{0,1x} + e^3$ beschrieben werden. H. Bauer ist bereit, dieses Stückchen Land an einen Bauinteressenten für 200 € pro m^2 abzugeben.
Untersuchen Sie, mit welchem Betrag er rechnen kann, wenn der Interessent den Kaufpreis akzeptiert.

4. Für eine neue Sektmarke „Prickel" wurde eine Marktanalyse durchgeführt, die zu einer Nachfragefunktion $p_N(x) = 10\cdot e^{-0,1x} + e^2$ und einer Angebotsfunktion $p_A(x) = e^{0,2x} + 10\cdot e^{-1}$ geführt hat. Unter diesen Bedingungen würde sich das Marktgleichgewicht bei $x = 10$ ME einstellen. Berechnen Sie die Produzenten- und Konsumentenrente. ▸ Produzenten- und Konsumentenrente siehe Kapitel 2, Seite 96.

5. Berechnen Sie den Inhalt der Fläche, die der Graph der Funktion f mit $f(x) = 0,6x^2 + 3,6x + 3$ mit der x-Achse einschließt. Zeichnen Sie den Graphen und schraffieren Sie die Fläche.

6. Ein gemeinnütziger Wohlfahrtsverein glaubt, ab der 47. Kalenderwoche den Zufluss von Spenden durch die Funktion s mit der Gleichung $s(t) = 1000\cdot(20t\cdot e^{-0,05t^2} + 7)$ annähern zu können. Dabei gibt t die Anzahl der Wochen nach dem Ende der 46. Kalenderwoche und $s(t)$ die Höhe der Spenden zum Zeitpunkt t in GE wieder.
a) Zeichnen Sie den Graphen der Funktion s.
b) Berechnen Sie, in welchem Zeitintervall das Spendenaufkommen steigt, in welchem es fällt.
c) Ermitteln Sie, mit welcher wöchentlichen Spendenhöhe der Verein rechnen kann.
d) Ermitteln Sie das gesamte Spendenaufkommen vom Anfang der 47. bis zum Ende der 4. Kalenderwoche des nächsten Jahres.
▸ Ein Jahr hat 52 Kalenderwochen.
e) Erläutern Sie, warum das Gesamtaufkommen langfristig über alle Grenzen wächst.

7. Die JoRo GmbH entwickelt eine neue Superkamera, deren Absatz durch die Funktion a mit

$$a(t) = \begin{cases} 0 & \text{für } t \in [0;\, t_{AS}] \\ (t^2 - 2t)\cdot e^{1-0,2t} & \text{für } t \in [t_{AS};\, t_{AG}] \end{cases}$$

prognostiziert wird, wobei t die Zeit in Monaten und $a(t)$ den Absatz in 500 Stück pro Monat angibt. Die Zeit bis zur Absatzschwelle t_{AS}, in der noch kein Absatz erfolgt, wird zur Entwicklung und Forschung genutzt.
a) Berechnen Sie den Gesamtabsatz im Absatzzyklus zwischen der Absatzschwelle t_{AS} und dem Zeitpunkt t_{AG} des größten Absatzrückgangs.
b) Bestimmen Sie den durchschnittlichen Absatz im Intervall $[t_{AS};\, t_{AG}]$.

8. Die Geschwindigkeit eines Sportwagens kann durch die Funktionsgleichung $v(t) = -20e^{-t} + 20$; $0 \leq t \leq 5$ beschrieben werden. Die Zeit t wird dabei in Sekunden beschrieben und $v(t)$ gibt die Geschwindigkeit des Fahrzeugs in Meter pro Sekunde zum Zeitpunkt t an.
a) Ermitteln Sie den Weg, den der Sportwagen in den ersten 5 Sekunden zurückgelegt hat.
b) Ermitteln Sie die durchschnittliche Geschwindigkeit des Sportwagens innerhalb der ersten 5 Sekunden.

9. Gegeben ist die Funktion f mit $f(x) = (ax^2 + bx + c)e^x$; $a, b, c \in \mathbb{R}$.
a) Bestimmen Sie a, b und c so, dass G_f die x-Achse an den Stellen 0 und 2 schneidet. Außerdem soll G_f mit der x-Achse zwischen den Nullstellen eine Fläche mit der Maßzahl 4 einschließen.
b) Untersuchen Sie, ob die ins Unendliche reichende Fläche zwischen G_f und der negativen x-Achse eine endliche Maßzahl besitzt.

3.2.4 Wachstumsmodelle

Unbegrenztes Wachstum

11

Die Kapitalentwicklung des JoRo-Fonds wird durch die Funktion $K(t) = 5000 \cdot 1{,}2^t$ beschrieben (t in Jahren, K in €, Anfangskapital 5000 €).

Zeigen Sie, dass K streng monoton sowie progressiv steigt. Zeigen Sie zudem, dass K keinen Grenzwert für $t \to \infty$ besitzt.

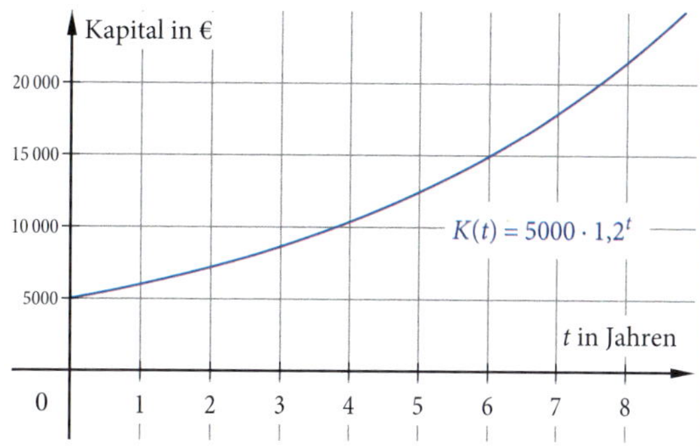

Wegen $K'(t) > 0$ für alle $t \geq 0$ hat K keine Extremwerte und überall eine positive Steigung.
K steigt also überall streng monoton.

$K'(t) = 5000 \cdot (\ln 1{,}2) \cdot 1{,}2^t \approx 911{,}61 \cdot 1{,}2^t$
$\Rightarrow$ $K'(t) > 0$ für alle $t \geq 0$
$\Rightarrow$ K steigt streng monoton für alle $t \geq 0$.

Wegen $K''(t) > 0$ hat K keine Wendestellen. Der Graph von K ist überall linksgekrümmt.
Es liegt also progressives Kapitalwachstum vor: Das Kapital steigt immer schneller.
Die Funktion K steigt ohne Grenzen; sie besitzt keinen Grenzwert für $t \to \infty$.

$K''(t) = 5000 \cdot (\ln 1{,}2)^2 \cdot 1{,}2^t \approx 166{,}21 \cdot 1{,}2^t$
$\Rightarrow$ $K''(t) > 0$ für alle $t \geq 0$
$\Rightarrow$ Graph von K ist linksgekrümmt für alle $t \geq 0$.

$$g = \lim_{t \to \infty} K(t) = \lim_{t \to \infty} (5000 \cdot 1{,}2^t) = \infty$$

Das unbegrenzte Wachstum kann auch allgemein in der Form $f(x) = f(0) \cdot e^{kx}$; $k > 0$ geschrieben werden.
Die Kapitelentwicklung kann daher auch in der Form $K(t) = 5000 \cdot e^{0{,}182 \cdot t}$ dargestellt werden.

$$f(x) = f(0) \cdot b^x = f(0) \cdot e^{\ln(b^x)} = f(0) \cdot e^{\ln(b) \cdot x}$$

▶ Logarithmengesetze S. 122

$K(t) = 5000 \cdot 1{,}2^t$
$f(0) = 5000$ ▶ Startwert
$a = \ln(1{,}2) \approx 0{,}182$

Radioaktiver Zerfall

12

Das Element Cäsium 137 ist ein radioaktives Spaltprodukt, welches bei Störfällen in Atomkraftwerken wie in Fukushima oder Tschernobyl in die Umwelt gelangen kann und auch nach Jahren noch im Boden gemessen werden kann. Der Grund dafür ist die relativ lange Halbwertszeit von etwa 30 Jahren. Der radioaktive Zerfall kann allgemein durch die Zerfallsfunktion $f(t) = f(0) \cdot e^{kt}$ mit $k < 0$ beschrieben werden, wobei $f(t)$ die Menge des radioaktiven Elements nach der Zeit t beschreibt. Stellen Sie die Zerfallsfunktion für das Element Cäsium 137 auf und bestimmen Sie die Dauer in Jahren, bis 90 % des Elements zerfallen sind.

Die Halbwertszeit beschreibt die Dauer, bis 50 % eines radioaktiven Elements zerfallen sind. $f(0)$ ist der Anfangswert, der bei Cäsium 137 nach 30 Jahren auf die Hälfte reduziert wird. Aus dieser Information bestimmen wir den Parameter k der Zerfallsfunktion und erhalten für Cäsium 137 $f(t) = f(0) \cdot e^{-0{,}023t}$.

$f(t) = f(0) \cdot e^{kt}$
$f(30) = f(0) \cdot 0{,}5 \Rightarrow f(0) \cdot e^{30k} = f(0) \cdot 0{,}5 \quad | :f(0)$
$\Rightarrow e^{30k} = 0{,}5 \Rightarrow k = \frac{\ln(0{,}5)}{30} \approx -0{,}023$

Nach etwa 100 Jahren sind 90 % des radioaktiven Elements Cäsium 137 zerfallen.

90 % zerfallen bedeutet, dass noch 10 % der ursprünglichen Menge $f(0)$ vorhanden sind.
Somit:
$f(t) = 0{,}1 \cdot f(0) \Rightarrow t \approx 100{,}11$

Bei Störfällen gelangen auch radioaktive Spaltprodukte mit einer kürzeren Halbwertszeit in die Umwelt. Beispielsweise Iod 131 mit einer Halbwertszeit von etwa 8 Tagen. Stellen Sie für Iod 131 die Zerfallsfunktion auf und bestimmen Sie, welcher Anteil der ursprünglichen Menge nach 4 Tagen zerfallen ist.

13 Begrenztes Wachstum

Die Temperaturentwicklung eines 6 °C kalten Getränks in einer 33 °C warmen Umgebung im Schatten am Mittelmeer wird durch die Funktion f mit $f(t) = 33 - 27 \cdot 0{,}9^t$ beschrieben (t in min, f in °C).

a) Zeigen Sie, dass f streng monoton sowie degressiv steigt. Zeigen Sie zudem, dass f für $t \to \infty$ den Grenzwert $g = 33$ besitzt.
b) Bringen Sie die Wachstumsfunktion f des Beispiels in die allgemeine Form des begrenzten Wachstums $f(t) = g - (g - f(0)) \cdot e^{-kt}$; $k > 0$.

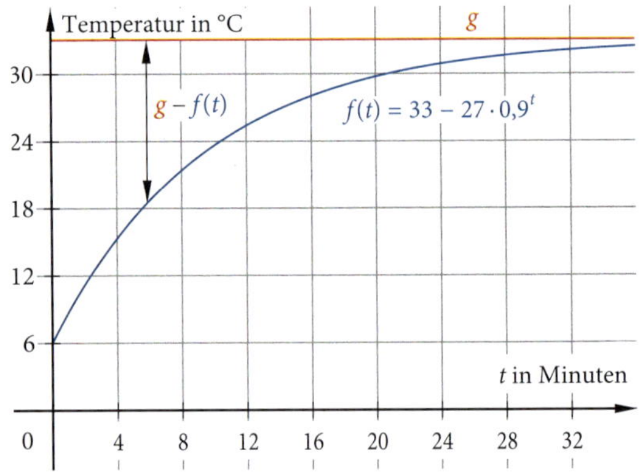

Zu a) Wegen $f'(t) > 0$ für alle $t \geq 0$ hat f keine Extremwerte. Also steigt f überall streng monoton.

$f'(t) = -27 \cdot (\ln 0{,}9) \cdot 0{,}9^t \approx 2{,}84 \cdot 0{,}9^t$
$\Rightarrow f'(t) > 0$ für alle $t \geq 0$
$\Rightarrow f$ steigt streng monoton für alle $t \geq 0$.

Wegen $f''(t) < 0$ für alle $t \geq 0$ hat f keine Wendestellen. Der Graph ist rechtsgekrümmt.
Die Temperatur steigt somit degressiv an: Sie erhöht sich immer langsamer.

$f''(t) = -27 \cdot (\ln 0{,}9)^2 \cdot 0{,}9^t \approx -0{,}3 \cdot 0{,}9^t$
$\Rightarrow f''(t) < 0$ für alle $t \geq 0$
$\Rightarrow$ Graph von f ist rechtsgekrümmt für alle $t \geq 0$.

Die Funktion f besitzt für $t \to \infty$ den Grenzwert 33. Die Temperatur des Getränks kann nicht über die Umgebungstemperatur steigen.

$g = \lim\limits_{t \to \infty} f(t) = \lim\limits_{t \to \infty} (33 - 27 \cdot 0{,}9^t) = 33 - 0 = \mathbf{33}$

Zu b) In der allgemeinen Form des begrenzten Wachstums kann die Temperaturentwicklung auch in der Form $f(t) = 33 - (33 - 6) \cdot e^{-0{,}105 \cdot t}$ dargestellt werden.

$f(t) = 33 - 27 \cdot 0{,}9^t$
$g = 33$ ▶ Grenzwert; $f(0) = 6$ ▶ Startwert
$-k = \ln(0{,}9) \Rightarrow k \approx 0{,}105$

1. Die Anzahl der verkauften E-Scooter nimmt in Deutschland stetig zu und es wird angenommen, dass der Verkauf durch die Funktion f mit $f(t) = 10 - 9{,}9 \cdot e^{-0{,}22t}$ annähernd beschrieben werden kann. Die Funktion f gibt dabei die verkauften E-Scooter in Millionen an.
   a) Bestimmen Sie die maximale Anzahl an E-Scootern, die vermutlich an pozentielle Kunden verkauft werden können.
   b) Ermitteln Sie, nach wie vielen Jahren der Markt vermutlich zu 50 % gesättigt sein wird.

2. Die Anzahl der Mobilfunkanschlüsse in Deutschland ist in den letzten Jahren stark gestiegen, mittlerweile können aber Anzeichen einer Sättigung des Marktes festgestellt werden. Aus einer Statistik konnten Sie ablesen, dass im Jahr 2000 etwa 48,25 Millionen Anschlüsse vorhanden waren. Im Jahr 2010 waren es bereits 108,9 Millionen Anschlüsse und im Jahr 2018 135 Millionen Anschlüsse. Stellen Sie eine Funktion f auf, die das Wachstum der Anzahl der Mobilfunkanschlüsse seit dem Jahr 2000 (▶ Startwert, $t = 0$) beschreibt, und geben Sie an, mit wie vielen Anschlüssen maximal zu rechnen ist.

Begrenzte Abnahme

14

Eine Tasse Tee mit einer Anfangstemperatur von 80 °C wird nicht getrunken und kühlt langsam auf eine Raumtemperatur von 20 °C ab. Beschreiben Sie den Temperaturverlauf durch eine Funktion unter der Annahme, dass sich der Tee in der ersten Minute um 9 % abkühlt, und stellen Sie die Funktion durch einen Graphen dar.

Die Temperatur des Tees wird in einem exponentiellen Verlauf von 80 °C auf 20 °C abnehmen. D. h., die Temperatur sinkt um 60 °C und der Temperaturverlauf erinnert an ein umgedrehtes begrenztes Wachstum (▸ Beispiel 13). Daraus lässt sich die Funktion T_k entwickeln.

Umgebungstemperatur: $g = 20\,°C$
Temperatur zum Zeitpunkt $t = 0$: $T_k(0) = 80\,°C$
Somit wird der Temperaturverlauf der folgenden exponentiellen Funktion folgen:
$T_k(t) = 20 - (20 - 80) \cdot e^{-kt}$ mit $k > 0$
▸ begrenztes Wachstum aus Beispiel 13

Diese erfüllt die Vorgaben zum Startzeitpunkt und die langfristige Annäherung an die Umgebungstemperatur.

$$T_k(0) = 20 + 60 \cdot e^{-k \cdot 0} = 80$$
$$\lim_{t \to \infty} T_k(t) = \lim_{t \to \infty} \left(20 - (20 - 80) \cdot e^{-kt}\right)$$
$$= 20 + 60 \cdot \lim_{t \to \infty} e^{-kt} = 20 + 60 \cdot 0 = 20 \quad ▸\ k > 0$$

In der ersten Minute kühlt der Tee auf $80 \cdot 0{,}91 = 72{,}8\,°C$ ab. Daraus ermitteln wir den Parameter $k \approx 0{,}128$ der begrenzten Abnahme.

$$T_k(1) = 72{,}8 \;\Rightarrow\; e^{-k \cdot 1} = \frac{72{,}8 - 20}{60} \;\Rightarrow\; k = -\ln(0{,}88)$$

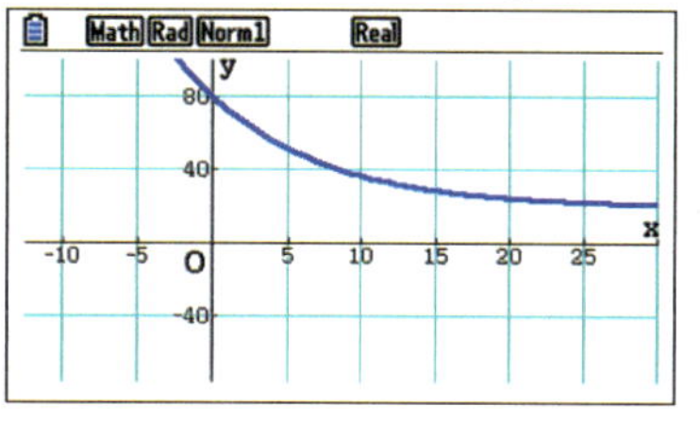

Der Graph verdeutlicht, dass die Funktion $T(t) = 20 + 60 \cdot e^{-0{,}128 \cdot t}$ zur Modellierung der begrenzten Temperaturabnahme geeignet ist.

Untersuchung des Gefrierverhaltens

15

In einem Experiment werden 200 ml Wasser eingefroren und es wird dabei alle 5 Minuten die Temperatur des Wassers gemessen. Die folgenden Messwerte konnten notiert werden:

Zeitpunkt t [min]	0	5	10	15	20	25	30	35	40	45
Temperatur T [°C]	72	58	46	33	29	21	19	12	10	9

Beschreiben Sie den Temperaturverlauf bis zum Gefrierpunkt $g = 0$ durch eine geeignete Funktion und bestimmen Sie den Zeitpunkt, an dem die Wassertemperatur 0,1 °C unterschreitet.

Mit dem GTR oder CAS können die Messpunkte dargestellt werden.
Die Darstellung veranschaulicht einen **begrenzten Abnahmeprozess** $f(x) = g - (g - f(0)) \cdot e^{-kx}$; $k > 0$, wobei sich die Wassertemperatur dem Gefrierpunkt $g = 0\,°C$ annähert. Der Temperaturverlauf kann somit annähernd durch $T(t) = T(0) \cdot e^{-k \cdot t}$ beschrieben werden.
Eine exponentielle Regression der Messwerte mit einem GTR oder CAS liefert die Funktion $T(t) = 72{,}5 \cdot 0{,}95^t$, die in die übliche Form $T(t) = 72{,}5 \cdot e^{-0{,}0513t}$ überführt werden kann.

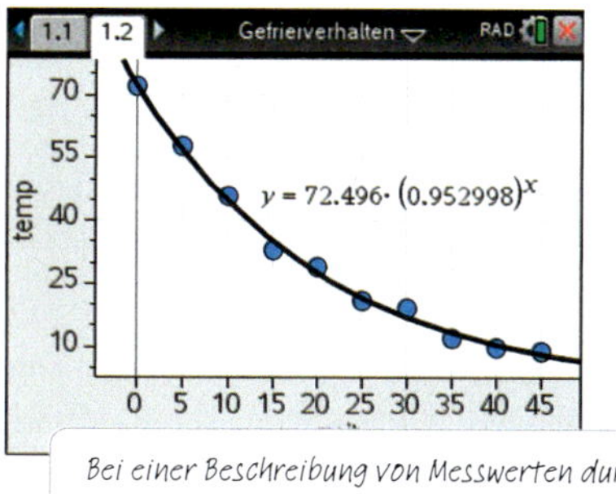

Bei einer Beschreibung von Messwerten durch eine Funktion bietet sich die Methode der Regression an, da Messwerte oft ungenau sind und daher nicht exakt durch eine Funktion beschrieben werden müssen.

$$T(t) = 72{,}5 \cdot 0{,}95^t = 72{,}5 \cdot e^{\ln(0{,}95) \cdot t}$$
$$\approx 72{,}5 \cdot e^{-0{,}0513 \cdot t}$$
$$T(t) = 0{,}1 \;\Rightarrow\; t \approx 128{,}40$$

Nach etwa 128 Minuten sind die 200 ml Wasser nahezu eingefroren.

3

16 Vergleich der Modelle des unbegrenzten und des begrenzten Wachstums

In den Beispiel 11 und 13 wurden das unbegrenzte und das begrenzte Wachstum vorgestellt. Vergleichen Sie die beiden Wachstumsmodelle mit Blick auf die Wachstumsgeschwindigkeit.

Unbegrenztes Wachstum: (▶ Beispiel 11)
Die Kapitalentwicklung des JoRo-Fonds wird durch die Funktion $K(t) = 5000 \cdot 1{,}2^t$ beschrieben.

Die Wachstumsgeschwindigkeit K' ist somit:

$K'(t) = 5000 \cdot (\ln 1{,}2) \cdot 1{,}2^t$
$= (\ln 1{,}2) \cdot 5000 \cdot 1{,}2^t$ ▶ $K(t) = 5000 \cdot 1{,}2^t$
$= k \cdot K(t)$ ▶ Proportionalitätsfaktor $k = \ln 1{,}2$

Die Wachstumsgeschwindigkeit K' ist proportional zu K mit dem **Proportionalitätsfaktor** $k = \ln 1{,}2$.

Begrenztes Wachstum: (▶ Beispiel 13)
Die Temperaturentwicklung eines 6 °C kalten Getränks in einer 33 °C warmen Umgebung wird durch die Funktion f mit $f(t) = 33 - 27 \cdot 0{,}9^t$ beschrieben.

Die Wachstumsgeschwindigkeit $f'(t)$ ist somit:

$f'(t) = -27 \cdot (\ln 0{,}9) \cdot 0{,}9^t = (-\ln 0{,}9) \cdot 27 \cdot 0{,}9^t$
$= (-\ln 0{,}9) \cdot (33 - (33 - 27 \cdot 0{,}9^t))$
$= (-\ln 0{,}9) \cdot (g - f(t))$
$= k \cdot (g - f(t))$ ▶ Proportionalitätsfaktor $k = -\ln 0{,}9$

Beim begrenzten Wachstum ist die Änderungsrate somit proportional zum **Sättigungsmanko**.
Dieses ist die Differenz aus dem Grenzwert g und der Isttemperatur $f(t)$. Der **Proportionalitätsfaktor** ist hier: $k = -\ln 0{,}9$.

Wir beobachten, dass bei beiden Wachstumsmodellen die Wachstumsgeschwindigkeit $f'(x)$ vom Bestand $f(x)$ abhängt. Beim unbegrenzten Wachstum erhalten wir $f'(x) = k \cdot f(x)$ und beim begrenzten Wachstum $f'(x) = k \cdot (g - f(x))$. Es handelt sich dabei um **Differenzialgleichungen**.

Eine **Differenzialgleichung** (DGL) ist eine Gleichung, in der sowohl die Funktion $f(x)$ als auch die erste Ableitung $f'(x)$ oder eine höhere Ableitung vorkommen.

17 Differenzialgleichung

Finden Sie eine Funktion f, die die Differenzialgleichung $f'(x) = f(x)$ erfüllt.

Wir suchen eine Funktion, deren Ableitung wieder die Funktion ist. Aus dem Kapitel 3.1 kennen wir $f(x) = e^x$, die diese Eigenschaft erfüllt.

$f(x) = e^x$
$f'(x) = e^x$
Somit ist die Differenzialgleichung $f'(x) = f(x)$ erfüllt.

18 Überprüfung der Differenzialgleichung des unbegrenzten Wachstums

Überprüfen Sie die Differenzialgleichung für das unbegrenzte Wachstum $f'(t) = k \cdot f(t)$ anhand des radioaktiven Zerfalls (▶ Beispiel 12).

Der radioaktive Zerfall des Elements Cäsium 137 wird durch $f(t) = f(0) \cdot e^{-0{,}023\,t}$ beschrieben. Die DGL des unbegrenzten Wachstums $f'(t) = k \cdot f(t)$ ist mit dem Proportionalitätsfaktor $k = -0{,}023$ erfüllt.

$f(t) = f(0) \cdot e^{-0{,}023\,t}$
$f'(t) = f(0) \cdot e^{-0{,}023\,t} \cdot (-0{,}023)$
$= -0{,}023 \cdot f(0) \cdot e^{-0{,}023\,t}$
$= -0{,}023 \cdot f(t)$

1. Zeigen Sie, dass 2^x nicht die Differenzialgleichung $f'(x) = f(x)$ erfüllt.
2. Überprüfen Sie die Differenzialgleichung des begrenzten Wachstums $f'(x) = k \cdot (g - f(x))$ anhand eines Beispiels der begrenzten Abnahme (▶ Beispiel 14).

Logistisches Wachstum

19

Der Umsatz eines Produkts der JoRo GmbH kann durch die Funktion mit der Gleichung $u(t) = \frac{10}{1 + 41\,e^{-t}}$ für $t \geq 0$ (t in Monaten, u in Mio. €) wiedergegeben werden.
Zeigen Sie, dass u streng monoton steigt und den Grenzwert $g = 10$ besitzt. Berechnen Sie den Zeitpunkt des stärksten Umsatzanstiegs. Beschreiben Sie die Proportionalität zwischen $u'(t)$ und dem Produkt aus Sättigungsmanko $(g - u(t))$ und $u(t)$.

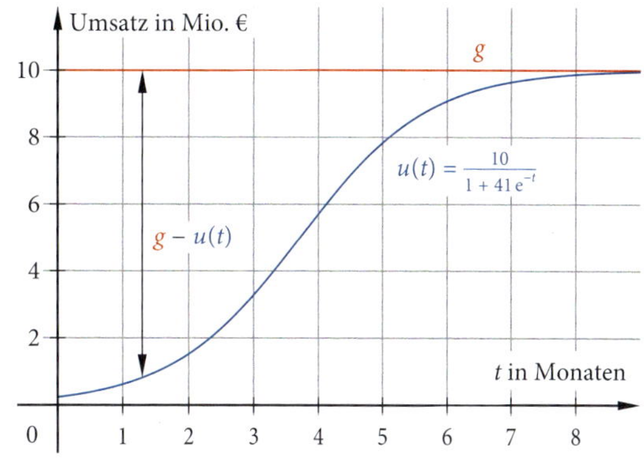

Wegen $u'(t) > 0$ für alle $t \geq 0$ hat u keine Extremwerte und steigt streng monoton.

$u'(t) = \frac{410\,e^{-t}}{(1 + 41\,e^{-t})^2}$; $u''(t) = \frac{410\,e^{-t} \cdot (41\,e^{-t} - 1)}{(1 + 41\,e^{-t})^3}$

$\Rightarrow$ $u'(t) > 0$ für alle $t \geq 0$

$\Rightarrow$ u steigt streng monoton für alle $t \geq 0$.

Beim Wechsel vom progressiven zum degressiven Umsatzanstieg hat der Graph von u einen Wendepunkt mit einem Links-Rechts-Krümmungswechsel (LR-KW).
Der Graph der Umsatzfunktion steigt zunächst progressiv an, das Wachstum nimmt also zu. Nach 3,71 Monaten und einem Umsatz von 5 Mio. € steigt der Umsatz nur noch degressiv an, die Wachstumsraten gehen somit zurück.
Also ist nach 3,71 Monaten mit 2,5 Mio. € pro Monat der stärkste Umsatzanstieg erreicht.

$u''(t_W) = 0 \Leftrightarrow 41\,e^{-t_W} - 1 = 0 \Leftrightarrow e^{-t_W} = \frac{1}{41}$

$\Leftrightarrow e^{t_W} = 41 \Rightarrow t_W = \ln(41) \approx \mathbf{3{,}71}$

$u''(3{,}7) \approx 0{,}02$ und $u''(3{,}8) \approx -0{,}11$

$\Rightarrow$ G_u hat an der Stelle 3,71 einen LR-KW

$u(3{,}71) = 5 \Rightarrow \mathbf{W(3{,}71\,|\,5)}$ mit LR-KW

▸ G_u steigt zunächst progressiv, dann degressiv

$u'(3{,}71) = 2{,}5$ ▸ Stärkster Umsatzanstieg

Der Umsatz strebt für $t \to \infty$ gegen 10 Mio. €.

$g = \lim\limits_{t \to \infty} u(t) = \lim\limits_{t \to \infty} \frac{10}{1 + 41\,e^{-t}} = \frac{10}{1 + 0} = \mathbf{10}$

Beim **logistischen Wachstum** ist die Änderungsrate proportional zum Produkt aus **Sättigungsmanko** $(g - u(t))$ und Bestand $u(t)$.
Der **Proportionalitätsfaktor** ist hier $k = 0{,}1$.

Man kann $u'(t) = k \cdot (g - u(t)) \cdot u(t)$ auch in der Form $\frac{u'(t)}{u(t)} = k \cdot (g - u(t))$ schreiben. Dann erkennt man, dass die relative Änderung $\frac{u'(t)}{u(t)}$ proportional zum Sättigungsmanko $(g - u(t))$ ist.

$$u'(t) = \frac{410\,e^{-t}}{(1 + 41\,e^{-t})^2} = \frac{10}{1 + 41e^{t}} \cdot \frac{41\,e^{-t}}{1 + 41\,e^{-t}}$$

$$= \frac{10}{1 + 41\,e^{-t}} \cdot \frac{1 + 41\,e^{-t} - 1}{1 + 41\,e^{-t}}$$

$$= \frac{10}{1 + 41\,e^{-t}} \cdot \left(1 - \frac{1}{1 + 41\,e^{-t}}\right)$$

$$= \frac{10}{1 + 41\,e^{-t}} \cdot \left(10 - \frac{10}{1 + 41\,e^{-t}}\right) \cdot 0{,}1$$

$$= k \cdot (g - u(t)) \cdot u(t)$$ ▸ Proportionalitätsfaktor $k = 0{,}1$

$$\frac{u'(t)}{u(t)} = k \cdot (g - u(t))$$ ▸ Differenzialgleichung

Ein Motorrad wird nach der Ortsdurchfahrt (50 km/h) auf 100 km/h beschleunigt. Der Verlauf der Geschwindigkeit folgt einem logistischen Wachstum der Form $v(t) = \frac{g \cdot v(0)}{v(0) + (g - v(0)) \cdot e^{-kgt}}$; $k > 0$.
Geben Sie die Funktion v der Geschwindigkeit des Motorrades in Abhängigkeit der Zeit t in Sekunden an. Nehmen Sie an, dass für dieses Motorrad $k = 0{,}01$ gilt.

Im Allgemeinen nennt man bei Wachstumsprozessen den Funktionswert $f(x)$ den **Bestand** und gibt die Funktionsgleichung mit der Basis e an **(exponentielles Wachstum)**. Bei den folgenden Wachstumsarten sind auch die zugehörigen Differenzialgleichungen (DGL) dargestellt:

Unbegrenztes Wachstum
$f(x) = f(0) \cdot e^{kx}$; $k \neq 0$
Beim unbegrenzten Wachstum entwickeln sich die Werte für $f'(x)$ und $f(x)$ proportional mit dem Proportionalitätsfaktor k.
DGL: $f'(x) = k \cdot f(x)$

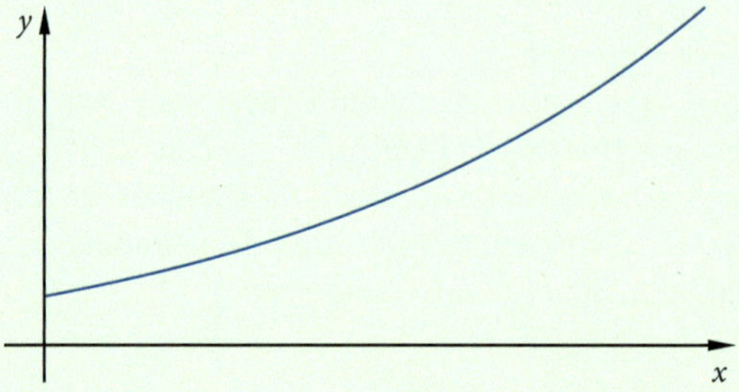

Begrenztes oder beschränktes Wachstum
$f(x) = g - (g - f(0)) \cdot e^{-kx}$; $k > 0$;
$g - f(0) > 0$ ► Wachstum
Beim begrenzten Wachstum ist die Änderungsrate proportional zum Sättigungsmanko (Differenz aus Grenzwert und Bestand).
Der Proportionalitätsfaktor ist k.
DGL: $f'(x) = k \cdot (g - f(x))$ ► $g = \lim_{x \to \infty} f(x)$

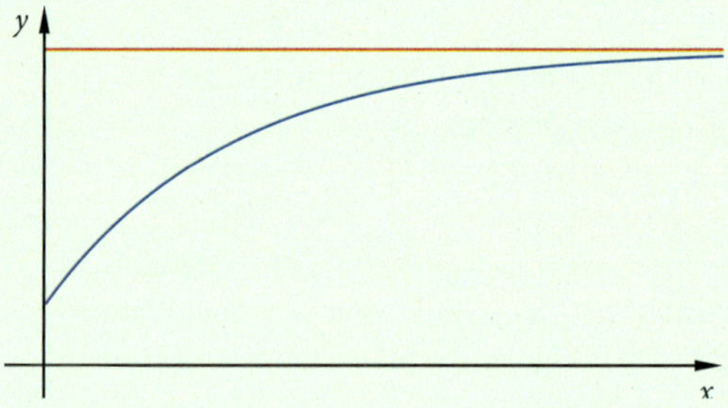

Begrenzte oder beschränkte Abnahme
$f(x) = g - (g - f(0)) \cdot e^{-kx}$; $k > 0$;
$g - f(0) < 0$ ► Abnahme
Bei der begrenzten Abnahme ist die Änderungsrate proportional zum Sättigungsmanko (Differenz aus Grenzwert und Bestand).
Der Proportionalitätsfaktor ist k.
DGL: $f'(x) = k \cdot (g - f(x))$ ► $g = \lim_{x \to \infty} f(x)$

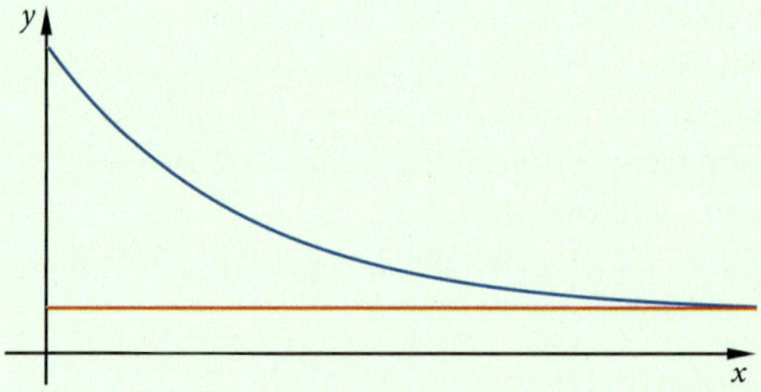

Logistisches Wachstum
$f(x) = \frac{g \cdot f(0)}{f(0) + (g - f(0)) \cdot e^{-kgx}}$; $k > 0$
Beim logistischen Wachstum ist die Änderungsrate proportional zum Produkt aus Sättigungsmanko und Bestand. Der Proportionalitätsfaktor ist k.
DGL: $f'(x) = k \cdot f(x) \cdot (g - f(x))$ ► $g = \lim_{x \to \infty} f(x)$

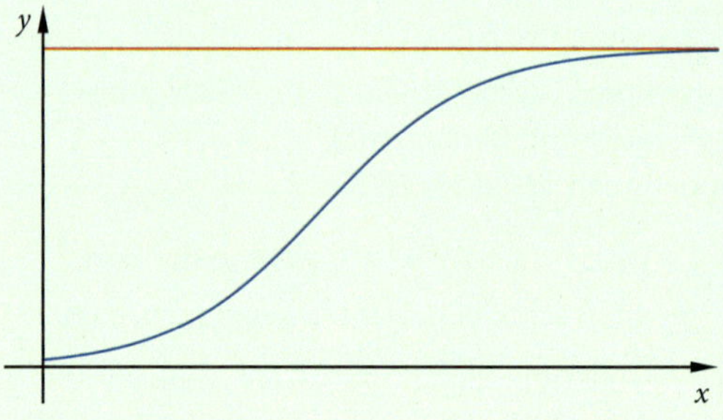

Übungen zu 3.2.4

1. Bakterien sind einzellige Lebewesen, die häufig als Krankheitserreger auftreten. Bakterien vermehren sich durch Zellteilung; bei günstigen Voraussetzungen teilt sich eine Bakterienzelle im Durchschnitt dreimal pro Stunde.
   a) Errechnen Sie, wie viele Bakterien sich im Laufe eines Tages aus einer Bakterie entwickeln.
   b) Bei einem bakteriologischen Versuch werden 400 Bakterien zum Zeitpunkt t_1 und 26 214 400 Bakterien zum Zeitpunkt t_2 gezählt. Geben Sie an, wie viele aufeinanderfolgende Teilungen in der Zwischenzeit stattgefunden haben.

2. In einer 19 °C warmen Wohnung findet eine Party statt. Unter der Annahme, dass sich die Temperatur einer Flüssigkeit der Umgebungstemperatur nach einer gewissen Zeit anpasst, wird der Temperaturverlauf eines gekühlten Getränks durch die Funktion f mit $f(t) = 19 - c \cdot e^{k \cdot t}$ ($t > 0$ in Minuten) beschrieben.

a) Erklären Sie, warum für die Beschreibung dieses Prozesses $c > 0$ gelten muss.

b) Die Temperatur eines Getränks, das dem Kühlschrank entnommen wurde, beträgt nach 7 Minuten ca. 12 °C und 13 Minuten später bereits ca. 17 °C. Bestimmen Sie c und k.

c) Bestimmen Sie die Kühlschranktemperatur.

d) Zeichnen Sie den Graphen der in b) ermittelten Funktion und geben Sie die Asymptote an.

e) Welche Temperatur hat das Getränk nach einer halben Stunde?

f) Berechnen Sie $f'(20)$ und interpretieren Sie das Ergebnis im Sachzusammenhang.

3. Für die Qualität eines Sees ist neben anderen Faktoren auch die Konzentration des im Wasser gelösten Sauerstoffs sehr wichtig. Sinkt die Konzentration des Sauerstoffs (O_2) im Wasser unter $4 \frac{\text{mg}}{\ell}$, wird dies für darin lebende Fische kritisch und es kann ein Fischsterben einsetzen. In sehr heißen Sommern kann dieser Bereich erreicht werden, weshalb die Konzentration des gelösten Sauerstoffs regelmäßig gemessen wird. Eine Messreihe ergibt die folgenden Werte:

Datum	01.08.	03.08.	04.08.	06.08.	08.08.
O_2-Konzentration in $\frac{\text{mg}}{\ell}$	9,1	7,5	6,8	6,0	5,5

a) Ermitteln Sie eine Funktion der Form $f(t) = f(0) \cdot e^{kt}$; $k < 0$, die die Abnahme der Konzentration des Sauerstoffs im Wasser beschreibt. Die Zeit t soll dabei die Tage seit Messbeginn (seit dem 01.08.) beschreiben.

b) Ermitteln Sie das Datum, an dem die Konzentrationswerte aufgrund des ermittelten Modells $f(t)$ in den für Fische kritischen Bereich kommen und daher sofort Gegenmaßnahmen ergriffen werden müssen.

4. An einer Schule mit 780 Schülern setzen zwei Schüler das Gerücht in die Welt, dass der Schulleiter die Schule zum Ende des Schuljahres verlassen würde. Jeder Schüler kann innerhalb einer Minute zwei weitere Schüler informieren. Wie lange dauert es, bis alle Schüler das Gerücht kennen?

5. Eine Hochschule richtet einen neuen Studiengang im Bereich Pflege und Gesundheit ein. Für das erste Semester stehen bis zu 90 Studienplätze zur Verfügung. Zu Beginn des Wintersemesters 2019/20 schrieben sich 25 Personen ein. Ein Jahr später beginnen 38 Personen ihr Studium in diesem Studiengang.

a) Geben Sie die Wachstumsfunktion f mit $f(x) = g - (g - f(0)) \cdot e^{-kx}$; $k > 0$ für die Studierendenzahlen dieses Studiengangs an. Dabei ist x die Zeit in Jahren seit Beginn des Wintersemesters 2019/20 und $f(x)$ die Anzahl der Studierenden.

b) Berechnen Sie die Anzahl der Studierenden in diesem Studiengang zu Beginn des Wintersemesters 2025/26.

6. Die logistische Populationskurve beschreibt annähernd die Besiedlung eines geeigneten Lebensraumes durch eine Population eines Lebewesens. Unter natürlichen Verhältnissen ist die Ausbreitung durch die Umweltbedingungen begrenzt und die anfänglich stark wachsende Populationsgröße nähert sich mit der Zeit der Kapazitätsgrenze an. Beispielsweise soll in einem Labor die Ausbreitung eines Bakteriums in einer genau definierten Nährlösung untersucht werden. Zu Beginn werden 10 Bakterien eingesetzt, deren Bestand anfangs exponentiell wächst. In der ersten Stunde haben sich die Bakterien bereits verdoppelt. Die Nährlösung ist so festgelegt, dass maximal 5 Millionen Bakterien entstehen.

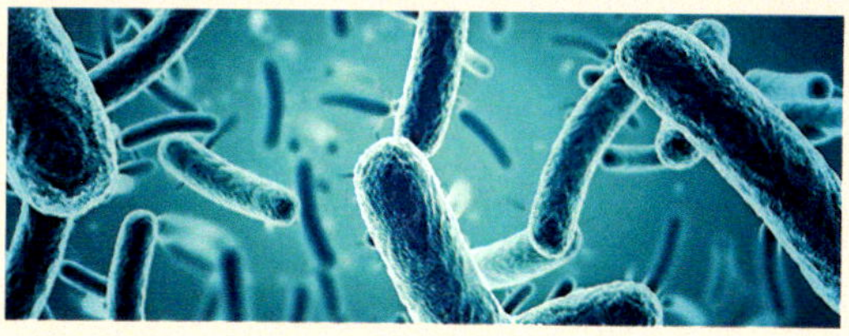

a) Skizzieren Sie den Graphen der Populationskurve der Bakterien in der Nährlösung in Abhängigkeit der Zeit t in Stunden.

b) Bestimmen Sie die Gleichung, die die Populationskurve beschreibt. Nehmen Sie dabei an, dass die Vermehrung der Bakterien einem logistischen Wachstum folgt.

c) Bestimmen Sie die Wachstumsgeschwindigkeit der Bakterienpopulation zum Startzeitpunkt, nach 19 Stunden und nach einem Tag.

d) Geben Sie die Differenzialgleichung an, die die Populationskurve beschreibt.

3

7. Beweisen Sie allgemein die folgenden Behauptungen.

Unbegrenztes Wachstum beschrieben durch das Wachstumsmodell $f(x) = f(0) \cdot e^{kx}$; $k \neq 0$

Behauptung 1:
Das unbegrenzte Wachstum kann durch die DGL $f'(x) = k \cdot f(x)$ mit dem Proportionalitätsfaktor k beschrieben werden.

Behauptung 2:
Ist der Proportionalitätsfaktor k der DGL $f'(x) = k \cdot f(x)$ positiv, so handelt es sich um eine exponentielle Zunahme, ist $k < 0$, so beschreibt das Modell eine exponentielle Abnahme.

Begrenztes Wachstum beschrieben durch das Wachstumsmodell $f(x) = g - (g - f(0)) \cdot e^{-kx}$; $k \neq 0$

Behauptung 1:
Das begrenzte Wachstum kann durch die DGL $f'(x) = k \cdot (g - f(x))$ mit dem Proportionalitätsfaktor k beschrieben werden.

Behauptung 2:
Ist der Proportionalitätsfaktor k der DGL $f'(x) = k \cdot (g - f(x))$ positiv, so handelt es sich um ein beschränktes Wachstum, ist $k < 0$, so beschreibt das Modell eine beschränkte Abnahme.

8. Bei der Betrachtung der Differenzialgleichungen (DGL) der Wachstumsmodelle (▶ Seite 152) stellen Sie fest, dass diese sehr gut logisch zu erklären sind. Erklären und begründen Sie die DGL der Wachstumsmodelle.

Vermische Übungen zu 3.2

1. Diskutieren Sie den Graphen der reellen Funktion f mit $f(x) = (-x^2 + 4x) \cdot e^{-x+1}$ im gesamten Definitionsbereich in Bezug auf die Achsenschnittpunkte, Extrem- und Wendepunkte. Bilden Sie die Grenzwerte für $x \to \pm\infty$ und zeichnen Sie G_f im Intervall $[-0{,}5; 7]$.

2. Die Funktion a mit $a(t) = 3 - 3e^{-0{,}41t} + 3e^{-2t}$ beschreibt die typische Absatzkurve eines Textilgeschäfts im Jahresverlauf, wobei t für die Zeit in Monaten und $a(t)$ für den Absatz in ME pro Monat steht.
   a) Begründen Sie rechnerisch, zu welchen Zeitpunkten der maximale Absatz und wann der minimale Absatz pro Monat erreicht wird. Interpretieren Sie den Absatzverlauf.
   b) Ermitteln Sie den Zeitpunkt des maximalen Absatzanstiegs und beziffern Sie ihn.
   c) Der maximale Gewinn beträgt 10 000 € und wird bei einem Absatz von 2,8 ME pro Monat erreicht. Berechnen Sie die Zeitpunkte, an denen dieser Gewinn erreicht wird.
   d) Bilden Sie die Stammfunktion der Absatzfunktion a und interpretieren Sie die Stammfunktion im Aufgabenkontext.
   e) Berechnen Sie den gesamten Absatz des Textilgeschäfts innerhalb eines Jahres.
   f) Bestimmen Sie den durchschnittlichen Absatz pro Monat innerhalb eines Jahres.

3. Bestimmen Sie a, b und c im Term $f(x) = (ax^2 + bx + c) \cdot e^{-x}$ der Funktion f so, dass G_f an der Stelle 2 einen Hochpunkt hat und die x-Achse im Koordinatenursprung berührt.

4. Sei f mit $f(x) = (ax^2 + bx + c) \cdot e^{0{,}5x}$ eine reelle Funktion, deren Graph die x-Achse an der Stelle -1 schneidet sowie an der Stelle 0 die Steigung -2 hat. Es gilt: $f''(0) = 0{,}5$. Bestimmen Sie $f(x)$.

5. Untersuchen Sie den Graphen der Funktion f in ihrem maximalen Definitionsbereich in Bezug auf Grenzwertverhalten sowie Achsenschnitt-, Extrem- und Wendepunkte. Zeichnen Sie G_f. Berechnen Sie das Integral über dem angegebenen Intervall.
   a) $f(x) = e^x + 2x - 3$; $I = [0; 1]$
   b) $f(x) = e^{2x} - x - 2$; $I_1 = [-2; -1]$; $I_2 = [0; 1]$

6. Gegeben ist die reelle Funktionenschar f_a mit $f_a(x) = (a - e^x)^2 + e^x$ mit $a \neq 0$.
   a) Diskutieren Sie die Schar in Bezug auf Extrem- und Wendepunkte.
   b) Ermitteln Sie die Ortskurven der Extrem- und Wendepunkte von G_{f_a}.
   c) Diskutieren Sie die reelle Funktion f_2 mit $f_2(x) = (2 - e^x)^2 + e^x$ in Bezug auf Grenzwertverhalten sowie Achsenschnitt-, Extrem- und Wendepunkte und zeichnen Sie G_{f_2} im Intervall $[-5; 1]$. Von welcher Seite nähert sich der Graph seiner Asymptote?

7. Der Gewinn eines Unternehmens wird durch die Funktion g_a mit $g_a(t) = 6 \cdot e^{at-0{,}05t^2} - 3$ beschrieben, wobei t für die Zeit in Monaten steht und $g_a(t)$ für den Gewinn in 1000 € pro Monat.

a) Ermitteln Sie die Gewinnzone in Abhängigkeit von $a > 0$.

b) Berechnen Sie in Abhängigkeit von a den Monat, in dem das Gewinnmaximum erreicht wird, und untersuchen Sie die Behauptung des Unternehmens, dass dies für $a = 0{,}3$ im Mai der Fall ist. Ermitteln Sie den maximalen Gewinn pro Monat.

c) Bestimmen Sie in Abhängigkeit von a den Monat des maximalen Gewinnrückgangs und beziffern Sie den Rückgang pro Monat zu diesem Zeitpunkt für $a = 0{,}3$.

d) Untersuchen Sie die langfristige Gewinnentwicklung und ermitteln Sie den Zeitpunkt des erstmaligen Verlusts.

e) Bestimmen Sie den gesamten Gewinn in Abhängigkeit von a, den das Unternehmen innerhalb eines Jahres erzielen kann.

8. Die Marketingabteilung der KloVo GmbH hat zum Jahresbeginn einen Absatz von 9 ME ermittelt und geht im Jahresverlauf von der Absatzfunktion a_k mit $a_k(t) = (t+7)\,e^{-0{,}1kt} + 2$; $t \geq 0$ aus, wobei $a_k(t)$ den Absatz in ME pro Monat (1 ME ≙ 1000 Stück) und t die Zeit in Monaten angibt.

a) Bestimmen Sie die reelle Zahl für k, wenn im August 8,74 ME abgesetzt werden, und bestätigen Sie den Funktionsterm $a_1(t) = (t+7)\,e^{-0{,}1t+2}$.

b) Die Geschäftsleitung gibt vor, dass das Jahresziel bei einem Gesamtabsatz von 650 ME liegen soll. Bestimmen Sie den Parameter k, damit dieses Ziel erreicht werden kann.

9. Betrachten Sie erneut die Einstiegssituation auf Seite 129. Unterstützen Sie Frau Roth bei der Untersuchung der Absatzfunktion.

a) Bestimmen Sie den Zeitpunkt, zu dem der Absatz $a(t)$ maximal wird.

b) Untersuchen Sie auch die Zeitpunkte, an denen der Absatz am stärksten zunimmt bzw. abnimmt.

c) Ermitteln Sie den gesamten Absatz innerhalb der ersten beiden Jahre seit der Markteinführung des Fahrradcomputers.

d) Berechnen Sie den durchschnittlichen Absatz pro Monat der Fahrradcomputer während der ersten beiden Jahre seit der Markteinführung.

10. Der Absatz in einem Textilunternehmen für Frühlingsmode verläuft gemäß der Absatzfunktion $a(t) = (15t - 30) \cdot e^{-0{,}5t}$; $t \in [2; 12]$, wobei t den Zeitablauf in Monaten und $a(t)$ den Absatz in ME pro Monat darstellt. Das Unternehmen möchte die Absatzsituation analysieren.

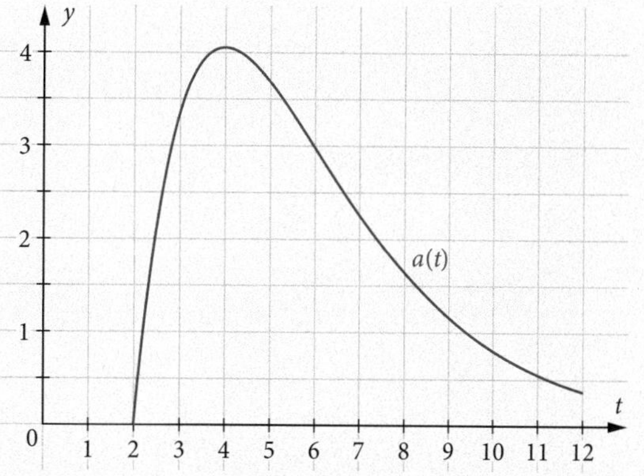

Führen Sie folgende Schritte im Rahmen dieser Analyse durch.

a) Ermitteln Sie rechnerisch, zu welchem Zeitpunkt im Jahr der Absatz beginnt. Äußern Sie sich zu der Frage, ob dieser Zeitpunkt realistisch ist.
Begründen Sie rechnerisch, dass es sich um den Absatzbeginn handelt.

b) Berechnen Sie den absatzmaximalen Zeitpunkt und den zugehörigen Absatz.

c) Bestimmen Sie jeweils den Zeitpunkt, an dem der Absatz am stärksten steigt bzw. am stärksten fällt (für $t \geq 2$).
Berechnen Sie sowohl den stärksten Absatzrückgang als auch den Absatz zu diesem Zeitpunkt.

d) Erläutern Sie rechnerisch, wie sich der Absatz zum Jahresende hin entwickelt.

e) Beschreiben Sie für den Vorstand den Absatzverlauf. Geben Sie in diesem Zusammenhang an, in welchen Zeitintervallen der Absatz steigt und in welchen Intervallen er progressiv fällt bzw. degressiv fällt (für $t \geq 2$).

f) Zeigen Sie, dass der Absatz im November auf 0 ME pro Monat gesunken wäre, wenn er vom Zeitpunkt des größten Absatzrückgangs mit gleichbleibender Geschwindigkeit einbrechen würde. Geben Sie dazu zunächst die Gleichung der Wendetangente an.

g) Bestimmen Sie den gesamten Absatz, der im ersten Jahr erzielt werden kann.

h) Bestimmen Sie den durchschnittlichen Absatz pro Monat innerhalb eines Jahres.

11. In einem Chemiewerk entstanden durch technische Fehler innerhalb eines Jahres zwei sehr ähnliche Unfälle. Durch ein Leck in der Zuleitung kam es jeweils zur Freisetzung eines umweltschädlichen Gases. Die Betriebsfeuerwehr des Unternehmens hat bei den beiden Unfällen jeweils anders reagiert.

In der angrenzenden Messstation wurden für die beiden Unglücke A und B die Messergebnisse genau ausgewertet. Die Untersuchungen haben ergeben, dass die Funktionen

a mit $a(t) = 3{,}5\,t\,e^{-0{,}065\,t^2 + 0{,}5}$ und

b mit $b(t) = 2{,}75\,t^2\,e^{-0{,}56\,t + 0{,}25}$

sehr gut die jeweilige Konzentration des Gases in der Luft beschreiben, wobei $t \in \mathbb{R}$; $t \geq 0$ die Zeit in Minuten angibt und $a(t)$ bzw. $b(t)$ die Konzentration des Gases in mg pro m^3 Luft.

a) Im Auftrag des Umweltamtes soll berechnet werden, ob die höchste erreichte Konzentration in der Luft den Grenzwert von $10\,\frac{mg}{m^3}$ überschritten hat.

b) Bestimmen Sie die Gesamtbelastung, der die umliegende Bevölkerung je Ereignis ausgesetzt war.

12. Unter günstigen Lebensbedingungen vermehren sich Fruchtfliegen um 28 % pro Tag. In einem Labor wird eine Population von 25 Fruchtfliegen zur Vermehrung in ein Terrarium gegeben.

a) Bestimmen Sie, wie viele Fruchtfliegen nach einer Woche vorhanden sind.

b) Geben Sie an, wie lange es dauert, bis sich die Zahl der Fliegen verhundertfacht hat.

c) Bestimmen Sie die durchschnittliche Anzahl der Fruchtfliegen während der ersten und der zweiten Woche.

13. Laut einer Umfrage leben in einer Kleinstadt etwa 5000 Katzen als Haustiere, von denen 300 das Halsband „Track the Cat" tragen, das die Ortung der Tiere via GPS ermöglicht. Der Hersteller des Halsbands startet eine groß angelegte Werbeaktion, um die Verbreitung der Halsbänder zu erhöhen. Bereits eine Woche nach Beginn der Werbeaktion konnte das Halsband in der Stadt weitere 350-mal verkauft werden.

a) Modellieren Sie den Sachverhalt mit einer Funktion für beschränktes Wachstum. Dabei soll x die Anzahl der Wochen angeben, die seit Beginn der Werbeaktion vergangen sind, und $f(x)$ die Anzahl der Katzen in der Kleinstadt, die zu diesem Zeitpunkt ein Halsband „Track the Cat" tragen.

b) Wie viele Katzen sind drei Wochen nach Beginn der Werbeaktion mit „Track the Cat" versehen?

c) Ermitteln Sie den Zeitpunkt, zu dem die Hälfte aller Katzen dieser Stadt „Track the Cat" trägt.

↗ d) Die Marketingabteilung der Firma möchte das Halsband „Track the Cat" so lange bewerben, bis ca. 65 % aller Katzen der Stadt mit einem solchen Halsband versehen sind. Berechnen Sie die Anzahl der dafür benötigten Werbewochen.

↗ e) Geben Sie die Differenzialgleichung an, die den Wachstumsprozess beschreibt.

↗ **14.** Ein Agrarwissenschaftler hat das Wachstum eines Weißkohls einer bestimmten Region mit folgender Funktionsgleichung modelliert:

$$f(x) = \frac{2500}{1 + 24\,e^{-0{,}05\,x}}$$

Dabei ist x die Zeit in Tagen und $f(x)$ das Gewicht des Kohls in Gramm.

a) Ermitteln Sie das Gewicht des Kohls zu Beobachtungsbeginn.

b) Ermitteln Sie das maximal erreichbare Gewicht des Kohls.

c) Berechnen Sie, wie schwer der Kohl nach einem Monat ist.

d) Ermitteln Sie den Zeitpunkt, zu dem der Kohl 90 % des maximalen Gewichts erreicht hat.

e) Zeichnen Sie den Graphen von f mit GTR/CAS. Ermitteln Sie nun grafisch den Zeitpunkt, zu dem die Wachstumsgeschwindigkeit maximal ist. Geben Sie diese maximale Geschwindigkeit an.

Ich kann ...

... **Exponentialfunktionen untersuchen.** ▶ Test-Aufgaben 1, 2	$f(x) = (x+1) \cdot e^{-x}$ Symmetrie: $f(-1) \neq f(1); f(-1) \neq -f(1)$ Verhalten für $x \to \pm\infty$: $\lim\limits_{x \to -\infty} f(x) = -\infty$ $\lim\limits_{x \to \infty} f(x) = 0$ Achsenschnittpunkte: $N(-1 \mid 0); S_y(0 \mid 1)$ lokaler Hochpunkt: $H(0 \mid 1)$ Wendepunkt: $W\left(1 \mid \frac{2}{e}\right)$	Zu untersuchen ist: • die Symmetrieeigenschaft, • das Verhalten für $x \to \pm\infty$, • die Achsenschnittpunkte, • die notwendige und die hinreichende Bedingung der lokalen Extrempunkte und • die notwendige und hinreichende Bedingung der Wendepunkte.
... aus gegebenen **Eigenschaften einer Exponentialfunktion** den **Funktionsterm** ermitteln. ▶ Test-Aufgaben 3, 4	$f(x) = a \cdot e^{-2x}; a \in \mathbb{R}$ Eigenschaft: $f(1) = 10$ $a \cdot e^{-2 \cdot 1} = 10$ $\Rightarrow a = 10 \cdot e^2 \approx 73{,}89$ $\Rightarrow f(x) = 73{,}89 \cdot e^{-2x}$	1. Die gegebenen Eigenschaften in Gleichungen übersetzen. 2. Gleichung oder ein Gleichungssystem lösen. 3. Funktionsgleichung angeben.
... **Stammfunktionen** von e-Funktionen bilden. ▶ Test-Aufgabe 1	$f(x) = e^{2x} \Rightarrow F(x) = \frac{1}{2} e^{2x}$	$\int e^x \, dx = e^x + c$ $\int e^{mx+n} \, dx = \frac{1}{m} e^{mx+n} + c$
... aus der Entwicklung einer Größe im Zeitablauf auf die **Gesamtheit der Größe** im Zeitintervall schließen. ▶ Test-Aufgabe 2	Absatz eines Produkts: $a(t) = (1-t) \cdot e^{2-t} + 10;$ a in ME, t in Tagen Gesamter Absatz vom 0. bis 4. Tag: $\int_0^4 a(t)\,dt = \left[t \cdot e^{2-t} + 10t\right]_0^4 \approx 40{,}54$	Wird z.B. der Absatz a eines Produkts an fortlaufenden Tagen eines Jahres, also in Abhängigkeit von der Zeit t angegeben, dann kann man durch Integration den gesamten Absatz innerhalb eines bestimmten Zeitintervalls berechnen.
... **unbegrenztes Wachstum** modellieren und untersuchen. ▶ Test-Aufgabe 3	Das Bruttoinlandsprodukt von 1,1 Milliarden Euro wächst jedes Jahr um 4 %. $f(x) = 1{,}1 \cdot 1{,}04^x = 1{,}1\, e^{\ln(1{,}04) \cdot x}$ (1 GE = 1 Milliarde Euro)	$f(x) = f(0) \cdot e^{kx}; k \neq 0$ DGL: $f'(x) = k \cdot f(x)$
... **begrenztes Wachstum** modellieren und untersuchen. ▶ Test-Aufgabe 3	Die Produktion eines Produkts kann im ersten Quartal von 20 ME auf 40 ME gesteigert werden, nähert sich aber der Produktionsgrenze von 50 ME an. $f(x) = 50 - (50-20) \cdot e^{-kx}$ $f(1) = 40 \Rightarrow k = \ln(3)$	$f(x) = g - (g - f(0)) \cdot e^{-kx}; k > 0$ DGL: $f'(x) = k \cdot (g - f(x))$
... **logistisches Wachstum** modellieren und untersuchen. ▶ Test-Aufgabe 4	Die Besucherzahlen eines ausverkauften Konzerts folgen der Funktion $f(x) = \frac{1000}{1 + 1000\, e^{-x}}$.	$f(x) = \frac{g \cdot f(0)}{f(0) + (g - f(0)) \cdot e^{-kgx}}$ DGL: $f'(x) = k \cdot f(x) \cdot (g - f(x))$

Test zu 3.2

1. Der Gewinn eines Elektronikunternehmens verläuft innerhalb von 2 Jahren gemäß der Gewinnfunktion g mit $g(t) = (1{,}8\,t - 0{,}5) \cdot e^{-0{,}1\,t} - 4$; $t \in [0; 24]$, wobei t den Zeitablauf in Monaten und $g(t)$ den Gewinn in GE pro Monat darstellt (1 GE ≙ 10 000 €). Analysieren Sie die Gewinnsituation des Unternehmens.

a) Ermitteln Sie, zu welchem Zeitpunkt im Jahr das Unternehmen erstmals Gewinn erzielt, und begründen Sie rechnerisch, dass es sich um den Gewinnbeginn handelt.

b) Bewerten Sie die Aussage der Geschäftsführung, dass langfristig monatlich mit einem Verlust von 40 000 € zu rechnen ist.

c) Berechnen Sie den gewinnmaximalen Zeitpunkt und den zugehörigen Gewinn.

d) Erläutern Sie, warum die Unternehmensleitung den stärksten Gewinnrückgang nach ca. 20,28 Monaten erwartet. Beziffern Sie den Gewinnrückgang pro Monat.

e) Berichten Sie dem Vorstand aufgrund Ihrer Berechnungen über den Gewinnverlauf in den zwei Jahren und äußern Sie sich auch zu den einzelnen Phasen in Bezug auf deren degressiven bzw. progressiven Verlauf.

f) Bestimmen Sie die Stammfunktion G, zeichnen Sie den Graphen von G und interpretieren Sie die Bedeutung der Stammfunktion im Kontext der Aufgabe.

2. Die JoRo GmbH vertreibt ihre Mikrochips in Konkurrenz zu anderen Unternehmen und stellt fest, dass der Absatz der Chips gemäß der Absatzfunktion a mit $a(t) = 20 \cdot e^{-0{,}01\,t^2 + 0{,}1\,t}$; $D_a = [0; 24]$ verläuft.
Dabei gibt t die Monate und $a(t)$ den Absatz in 10 000 Stück pro Monat innerhalb der ersten zwei Jahre wieder.

a) Zeichnen Sie den Graphen von a.

b) Die JoRo GmbH möchte den Anfangsbestand in Höhe des prognostizierten Absatzes zu Beginn der Absatzperiode einlagern. Beraten Sie das Unternehmen.

c) Ermitteln Sie den Zeitpunkt des maximalen Absatzes und den maximalen Absatz.

d) Der Bedarf der Chips für ein halbes Jahr soll produziert und eingelagert werden. Beraten Sie das Unternehmen.

e) Ermitteln Sie den durchschnittlichen Absatz pro Monat während eines gesamten Jahres.

3. In der Informatik ist das sogenannte mooresche Gesetz bekannt. Es beschreibt, dass sich die Komplexität von integrierten Schaltkreisen (z. B. CPU eines Computers) regelmäßig verdoppelt. Die folgende Tabelle beinhaltet die Anzahl an verbauten Transistoren bei einigen wichtigen historischen CPUs.

CPU-Typ	8086	386	486	Pentium	Pentium 4	Core Duo	Core i7
Jahr der Veröffentlichung	1978	1985	1989	1993	2000	2006	2008
Anzahl der Transistoren	29 000	275 000	1,2 Mio.	3,1 Mio.	42 Mio.	151,6 Mio.	731 Mio.

a) Beschreiben Sie das Wachstum der Anzahl an verbauten Transistoren in einer CPU durch eine geeignete Funktion f und überprüfen Sie anhand dieser Funktion das mooresche Gesetz.

b) Recherchieren Sie die Anzahl der Transistoren, die in einer aktuellen CPU verbaut sind, und vergleichen Sie diese Anzahl mit der aus dem Aufgabenteil a) erwarteten Anzahl.

c) Beim mooreschen „Gesetz" handelt es sich im mathematischen Sinne um keine Gesetzmäßigkeit. Argumentieren Sie, weshalb das durch Moore suggerierte Wachstum nicht beliebig andauern kann, und beschreiben Sie, welches Wachstumsmodell besser geeignet ist, um die Anzahl der in einer CPU verbauten Transistoren zu beschreiben.

4. Frau Müller setzt eine 25 cm hohe Pflanze in ihren Garten. Die Sättigungsgrenze des Pflanzenwachstums beträgt 1,80 m. Diese Grenze wird nach 10 Wochen mit 1,79 m fast erreicht.

a) Entwickeln Sie die Funktionsgleichung des logistischen Wachstums.

b) Ermitteln Sie die Höhe der Pflanze nach 4 Wochen.

c) Berechnen Sie den Zeitpunkt, zu dem die Pflanze 91 % ihrer maximalen Höhe erreicht hat.

4 Mehrstufige Prozesse – Matrizenrechnung

4.1 Matrizen und Matrizenverknüpfungen

Die Fly Bike Werke GmbH hat entschieden, für die Produktion des Fahrrads *Mountain Unlimited* ein neues Montageband zu errichten. In der Umbauphase sollen die *Unlimited*-Räder auf dem Band des Modells *Constitution* hergestellt werden.
Herr Glaner ist für die Arbeitsvorbereitung zuständig. Er bekommt den Auftrag, die Materialien für die Produktionstage während der Bauphase für das gemischte Montageband zu planen.
Einige Einzelteile werden für beide Modelle benötigt, während andere ausschließlich für ein Modell verwendet werden.

Herr Glaner hat ein Diagramm erstellt, welches den Bedarf der Einzelteile für je ein Fahrrad darstellt. Zur Vereinfachung der Situation legt er der Geschäftsführung nur einen Ausschnitt des Diagramms vor.

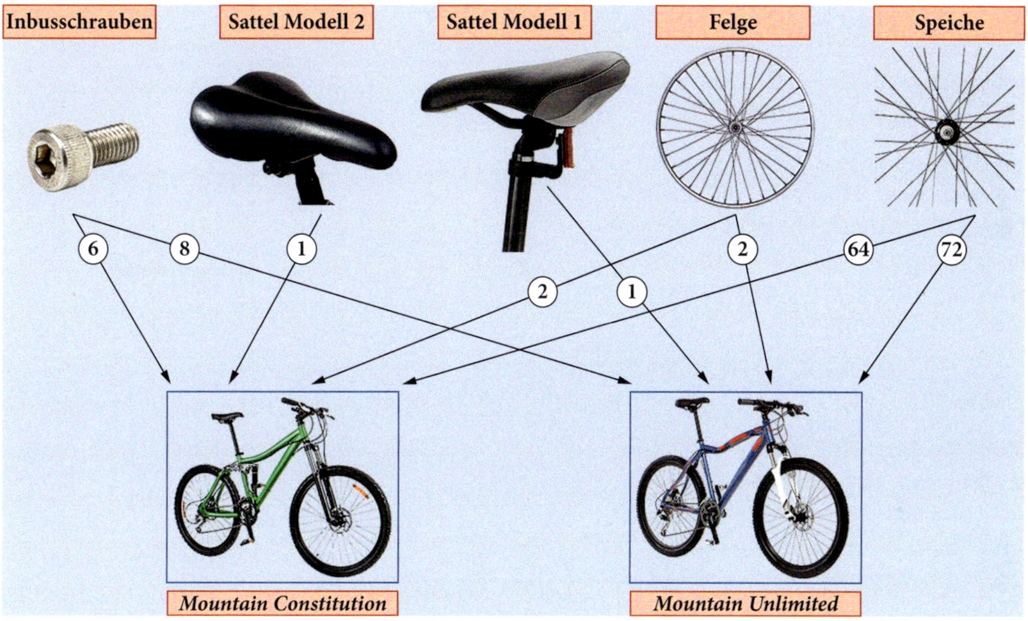

Vor dem ersten Produktionstag der Umbauphase stellt der Auszubildende Herr Schumacher die Einzelteile für 15 Räder des Modells *Unlimited* und 25 Räder des Modells *Constitution* zusammen.
Herr Schumacher benötigt dafür eine schnelle und übersichtliche Rechenmethode, damit er für beliebige Fahrradmengen die Menge der nötigen Einzelteile berechnen kann.

▸ Aufgabe 5 auf Seite 175

Kompetenzen

- Aus Listen und Verflechtungsdiagrammen Matrizen erstellen
- Eigenschaften einer Matrix benennen
- Voraussetzungen für Matrizenverknüpfungen erläutern
- Matrizen miteinander verknüpfen

Anwendungen

- Vorgänge und Prozesse mithilfe von Gozintographen und Matrizen interpretieren und veranschaulichen
- Stücklisten mithilfe der Matrizenrechnung verarbeiten

4.1 Matrizen und Matrizenverknüpfungen

4.1.1 Darstellung und Arten von Matrizen

Unter einer **Matrix** (Plural: **Matrizen**) versteht man ein Schema von Zahlen bzw. Platzhaltern, die in **Zeilen** und **Spalten** angeordnet sind.
Die Anzahl der Zeilen und die Anzahl der Spalten bestimmen das **Format** der Matrix. Enthält eine Matrix z.B. 5 Zeilen und 3 Spalten, so spricht man von einer **5 × 3-Matrix** (gelesen: 5 kreuz 3 Matrix) oder von einer Matrix mit dem Format 5 × 3.
Die Zahlen bzw. deren Platzhalter innerhalb der Matrix heißen **Elemente** der Matrix.

$$\begin{pmatrix} 1 & 2 & 4 \\ 4 & 5 & 2 \\ 6 & 3 & 1 \\ 8 & 0 & 1 \\ 7 & 3 & 0 \end{pmatrix}$$

1 Transportmatrix

Ein Unternehmen betreibt vier Steinbrüche S_1, S_2, S_3 und S_4 sowie drei Betonwerke B_1, B_2 und B_3.

In den Betonwerken wird der Kies aus den Steinbrüchen zu Beton verarbeitet. Für den Monat Januar sind die Transporte von den Steinbrüchen zu den Betonwerken in einer Tabelle zusammengefasst.
▸ Angaben in Tonnen

von \ nach	B_1	B_2	B_3
S_1	100	200	50
S_2	150	150	200
S_3	0	200	250
S_4	150	0	0

▸ Von S_3 werden 200 t Kies nach B_2 transportiert.

Betrachten wir in dieser Tabelle nur den Zahlenblock und fassen diesen durch eine runde Klammer zusammen, so erhalten wir eine Matrix. In diesem Beispiel handelt es sich um eine **Transportmatrix**, die wir deshalb mit ***T*** bezeichnen.

$$T = \begin{pmatrix} 100 & 200 & 50 \\ 150 & 150 & 200 \\ 0 & 200 & 250 \\ 150 & 0 & 0 \end{pmatrix}$$ ▸ Transportmatrix

2 Kostenmatrix

In einer Tabelle werden die Transportkosten zusammengefasst, die beim Transport von den Steinbrüchen zu den Betonwerken anfallen. Die Werte geben den Preis in € pro Tonne Kies an.
Erstellen Sie aus den Zahlen der Tabelle eine Matrix.

von \ nach	B_1	B_2	B_3
S_1	0,50	0,30	0,80
S_2	0,50	0,50	0,45
S_3	1,00	0,65	0,55
S_4	0,25	0,80	0,90

Die Zusammenfassung des Zahlenblocks durch eine runde Klammer ergibt die gesuchte **Kostenmatrix *K***.

$$K = \begin{pmatrix} 0{,}50 & 0{,}30 & 0{,}80 \\ 0{,}50 & 0{,}50 & 0{,}45 \\ 1{,}00 & 0{,}65 & 0{,}55 \\ 0{,}25 & 0{,}80 & 0{,}90 \end{pmatrix}$$ ▸ Kostenmatrix

3 Produktionsmatrix

Ein Unternehmen stellt zwei Endprodukte E_1 und E_2 her. Aus den Rohstoffen R_1 und R_2 werden die Zwischenprodukte Z_1, Z_2 und Z_3 gewonnen; aus diesen wiederum die beiden Endprodukte E_1, E_2. Die benötigten Mengen sind in den beiden Stücklisten auf der nächsten Seite zusammengefasst.
Erstellen Sie eine Matrix ***RZ***, aus der die Verwendung der einzelnen Rohstoffe in den Zwischenprodukten hervorgeht, sowie eine zweite Matrix ***ZE***, die die Verwendung der Zwischenprodukte in den Endprodukten angibt.
Solche Matrizen heißen **Produktionsmatrizen**.

Die erste Stückliste gibt an, wie viele ME der Rohstoffe (R_1 und R_2) für die Herstellung einer ME des jeweiligen Zwischenprodukts (Z_1 bis Z_3) notwendig sind. Zur Herstellung von 1 ME von Z_1 werden z.B. 2 ME des Rohstoffs R_1 und 3 ME des Rohstoffs R_2 benötigt.

1. Stückliste	Z_1	Z_2	Z_3
R_1	2	3	4
R_2	3	1	2

$RZ = \begin{pmatrix} 2 & 3 & 4 \\ 3 & 1 & 2 \end{pmatrix}$ ▸ Produktionsmatrix für die Zwischenprodukte

Die zweite Stückliste gibt an, wie viele ME der Zwischenprodukte (Z_1 bis Z_3) jeweils für die Herstellung einer ME der Endprodukte (E_1 und E_2) benötigt werden. Zur Herstellung von 1 ME von E_1 werden z.B. 2 ME von Z_1 und jeweils 1 ME von Z_2 und Z_3 benötigt.

2. Stückliste	E_1	E_2
Z_1	2	1
Z_2	1	2
Z_3	1	3

$ZE = \begin{pmatrix} 2 & 1 \\ 1 & 2 \\ 1 & 3 \end{pmatrix}$ ▸ Produktionsmatrix für die Endprodukte

Wollen wir Elemente einer Matrix $\boldsymbol{A}$ herausgreifen, müssen wir angeben, in welcher Zeile und in welcher Spalte sie stehen. Dazu wird jedes Element mit einem **Doppelindex** versehen. Der erste Index gibt an, in welcher Zeile, der zweite Index, in welcher Spalte das Element steht.

$$\boldsymbol{A} = \begin{pmatrix} a_{11} & a_{12} & a_{13} \\ a_{21} & a_{22} & a_{23} \\ a_{31} & a_{32} & a_{33} \\ a_{41} & a_{42} & a_{43} \\ a_{51} & a_{52} & a_{53} \end{pmatrix}$$

▸ typische Darstellung einer 5×3-Matrix

Aktienkurse

Die Aktienkurse der Unternehmen AAG, BAG und CAG sind für den Zeitraum einer Woche bezogen auf die Geldeinheit € in einer Tabelle angegeben.
Fassen Sie die Tabelle in einer Matrix zusammen. Geben Sie den Wert des Elements an, das in der 4. Zeile und 2. Spalte steht.

Das gesuchte Element aus der 4. Zeile und 2. Spalte bezeichnen wir mit a_{42}. Dann gilt $a_{42} = 1040$.

Der erste Index gibt die Zeile an, der zweite die Spalte.

	AAG	BAG	CAG
Mo	128	1035	398
Di	128	1030	400
Mi	131	1036	400
Do	136	1040	402
Fr	140	1050	450

▸ Tabelle

$$\begin{pmatrix} 128 & 1035 & 398 \\ 128 & 1030 & 400 \\ 131 & 1036 & 400 \\ 136 & 1040 & 402 \\ 140 & 1050 & 450 \end{pmatrix}$$

▸ Matrix

- Eine **Matrix** ist eine rechteckige Anordnung von Zahlen oder ihren Platzhaltern.
- Eine Matrix mit n Zeilen und m Spalten heißt $n \times m$-Matrix. Man bezeichnet $n \times m$ auch als das **Format** der Matrix. Eine $n \times m$-Matrix besteht aus $n \cdot m$ Elementen.

Matrizen werden mit großen Buchstaben bezeichnet, z.B. $\boldsymbol{A}$ oder $\boldsymbol{RZ}$. Anstatt $\boldsymbol{A}$ oder $\boldsymbol{RZ}$ schreibt man aber auch M_A oder M_{RZ}.

oHi Mi Die Nachbarskinder Anna, Benny und Charlotte sind von ihren Eltern gebeten worden, einige Lebensmittel einzukaufen. Anna soll 1 Liter Apfelsaft, $\frac{1}{2}$ kg Erdbeeren, 5 Kiwis und 5 Brötchen kaufen, Benny 2 Liter Apfelsaft, 1 kg Erdbeeren und 8 Brötchen sowie Charlotte 1 Liter Apfelsaft und 8 Kiwis.
Stellen Sie die Einkäufe der drei Kinder in einer geeigneten Matrix dar.

5 Einheitsmatrix

Konstruieren Sie eine 4×4-Matrix $\boldsymbol{E}$, für deren Elemente gilt: $a_{ij} = \begin{cases} 1 \text{ für } i = j \\ 0 \text{ für } i \neq j \end{cases}$, $i, j = 1; 2; 3; 4$.

Die gesuchte Matrix besteht aus 4 Zeilen und 4 Spalten. Sie ist also eine **quadratische Matrix**. Die Elemente der Diagonalen von oben links nach unten rechts haben alle den Wert 1:
$a_{11} = a_{22} = a_{33} = a_{44} = 1$.
Diese Diagonale einer quadratischen Matrix heißt **Hauptdiagonale**.
Alle Werte, die nicht auf der Hauptdiagonalen liegen, haben den Wert 0.

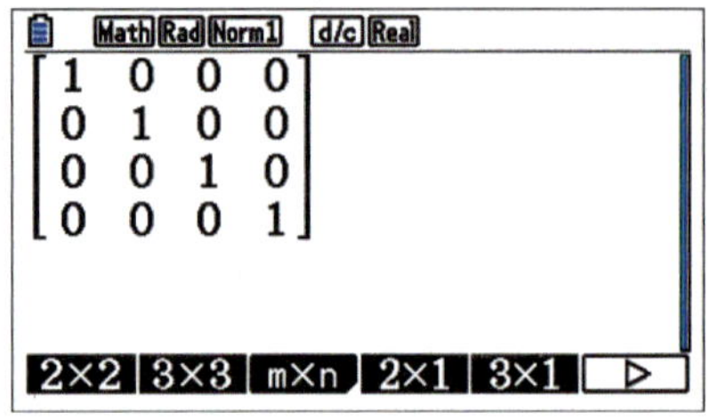

▸ CA In der Anwendung Run-Matrix (MENU, 1) die Matrixschablone im Untermenü MATH (F4), MAT/VCT (F1) aufrufen.

Eine quadratische Matrix wie in Beispiel 5, deren Elemente auf der Hauptdiagonalen den Wert 1 und sonst den Wert 0 haben, nennt man eine **Einheitsmatrix**.

Eine Matrix mit nur einer Spalte nennt man auch einen **Spaltenvektor**. Spaltenvektoren bezeichnet man mit kleinen lateinischen Buchstaben und einem Pfeil.

$\vec{a} = \begin{pmatrix} 1 \\ 0 \\ 2 \end{pmatrix}$ ▸ Spaltenvektor

In Analogie dazu heißt eine Matrix, die aus nur einer Zeile besteht, auch **Zeilenvektor** und wird ebenfalls mit einem kleinen lateinischen Buchstaben und einem Pfeil bezeichnet.

$\vec{b} = (-1 \;\; 2 \;\; 0)$ ▸ Zeilenvektor

Ein Zeilenvektor entsteht durch **Transponieren** eines Spaltenvektors und als Kennzeichnung dafür wird das Symbol T eingefügt. Dieses lassen wir aber der Übersichtlichkeit halber zunächst weg, wenn klar ist, dass es sich um einen Zeilenvektor handelt.

$\begin{pmatrix} -1 \\ 2 \\ 0 \end{pmatrix}^T = (-1 \;\; 2 \;\; 0)$

▸ T steht für transponiert

Spalten- und Zeilenvektoren indizieren wir nur einfach. Beispielsweise schreiben wir den Zeilenvektor $(b_{11}\; b_{12}\; b_{13})$ in der Form $(b_1\; b_2\; b_3)$.

$\vec{a} = \begin{pmatrix} a_1 \\ a_2 \\ a_3 \end{pmatrix}$ und $\vec{b} = (b_1 \;\; b_2 \;\; b_3)$

Sind alle Elemente eines Spaltenvektors bzw. eines Zeilenvektors gleich null, bezeichnet man ihn auch als **Nullvektor**.

$\begin{pmatrix} 0 \\ 0 \end{pmatrix}$ ▸ zweizeiliger Nullvektor

$(0 \;\; 0 \;\; 0 \;\; 0)$ ▸ vierspaltiger Nullvektor

- Eine $n \times n$-Matrix heißt **quadratische Matrix**. Die Anzahl ihrer Zeilen und Spalten ist identisch.
- Die Elemente $a_{11}, a_{22}, \ldots, a_{nn}$ einer quadratischen Matrix bilden die **Hauptdiagonale**.

$$\begin{pmatrix} a_{11} & a_{12} & \cdots & a_{1n} \\ a_{21} & a_{22} & \cdots & a_{2n} \\ \vdots & \vdots & \ddots & \vdots \\ a_{n1} & a_{n2} & \cdots & a_{nn} \end{pmatrix}$$

- Eine quadratische Matrix, deren Elemente auf der Hauptdiagonalen den Wert 1 und sonst den Wert 0 haben, heißt **Einheitsmatrix**.
- Eine Matrix, die nur aus einer Spalte besteht, heißt **Spaltenvektor**: $\begin{pmatrix} x_1 \\ \vdots \\ x_n \end{pmatrix}$.
- Eine Matrix, die nur aus einer Zeile besteht, heißt **Zeilenvektor**: $(x_1 \; \ldots \; x_n)$.

Eine Matrix $\boldsymbol{A}$ ist gegeben durch $\boldsymbol{A} = \begin{pmatrix} 3 & 4 & 7 & -2 & 0 \\ 5 & 0 & -3 & 4 & 2 \\ 8 & 0{,}5 & 7 & 8 & 1 \\ 1 & 1 & 1 & 1 & 0 \\ 0 & -4 & \frac{2}{3} & 0 & 1 \\ 0 & 2 & 0 & 3 & 1 \end{pmatrix}$.

a) Bestimmen Sie das Format der Matrix $\boldsymbol{A}$.
b) Geben Sie die Werte der Elemente a_{21}, a_{12}, a_{35}, a_{45}, a_{33} an.
c) Geben Sie den Zeilenvektor der zweiten Zeile an.
d) Geben Sie den Spaltenvektor der dritten Spalte an.

Verflechtungsdiagramm, Gozintograph

6

In einem Betrieb werden fünf verschiedene Bauteile B_1, B_2, B_3, B_4 und B_5 produziert. Jedes Bauteil besteht aus unterschiedlich vielen Einzelteilen der Typen E_1, E_2, E_3 und E_4. Das untenstehende **Verflechtungsdiagramm** bzw. der **Gozintograph** gibt an, wie viele Einzelteile für je ein Bauteil benötigt werden.
Stellen Sie eine Matrix mit folgenden Eigenschaften auf:

- Die 1. Spalte der Matrix enthält die Anzahlen der Einzelteile E_1 bis E_4, die zur Produktion eines Bauteils B_1 benötigt werden.
- Die 2. Spalte enthält die Einzelteile, die für ein Bauteil B_2 benötigt werden.
- Entsprechend stehen die restlichen drei Spalten für die Bauteile B_3, B_4, B_5.

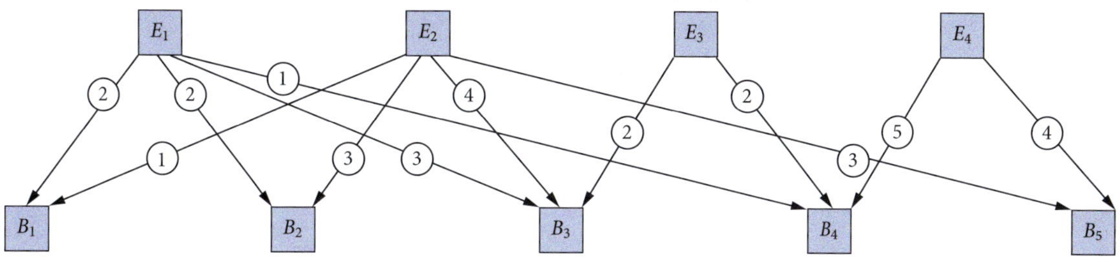

▶ Beispiel: 1 Bauteil B_2 setzt sich aus 2 Einzelteilen E_1 und 3 Einzelteilen E_2 zusammen.

Wir können das Verflechtungsdiagramm zunächst in eine Stückliste in Form einer Tabelle umsetzen. Anschließend erstellen wir die Matrix $\boldsymbol{EB}$:

$$\boldsymbol{EB} = \begin{pmatrix} 2 & 2 & 3 & 1 & 0 \\ 1 & 3 & 4 & 0 & 3 \\ 0 & 0 & 2 & 2 & 0 \\ 0 & 0 & 0 & 5 & 4 \end{pmatrix}$$

	B_1	B_2	B_3	B_4	B_5
E_1	2	2	3	1	0
E_2	1	3	4	0	3
E_3	0	0	2	2	0
E_4	0	0	0	5	4

1. oHi Mi In einer Möbeltischlerei werden aus 2 verschiedenen Armlehnen und 2 unterschiedlichen Beinlängen insgesamt 4 verschiedene Stühle gefertigt.
Erstellen Sie ein Verflechtungsdiagramm, eine Stückliste und die entsprechende Verflechtungsmatrix.

2. oHi Mi In einem Unternehmen, das Tee versendet, werden vier verschiedene Teemischungen aus drei reinen Teesorten gemischt. Die Mischungsverhältnisse für jeweils eine Tonne Tee können der nebenstehenden Verflechtungsmatrix entnommen werden. ▶ Angaben in Kilogramm pro Tonne
Stellen Sie die Mischungsverhältnisse in einer Tabelle dar und zeichnen Sie das zugehörige Verflechtungsdiagramm.

$$\boldsymbol{M} = \begin{pmatrix} 200 & 350 & 450 & 500 \\ 200 & 250 & 150 & 200 \\ 600 & 400 & 400 & 300 \end{pmatrix}$$

Übungen zu 4.1.1

1. $A = \begin{pmatrix} 3 & 7 & -5 & -16 \\ 0 & 4 & 3 & \sqrt{2} \\ 6 & 0{,}5 & 0 & -0{,}3 \end{pmatrix}$

a) Bestimmen Sie das Format der Matrix $\boldsymbol{A}$.

b) Geben Sie die Zahlenwerte der Elemente a_{12}, a_{34}, a_{24}, a_{32}, a_{21}, a_{33} an.

2. $A = \begin{pmatrix} 6 & 3 & 5 & 4 \\ 7 & -7 & 0 & 8 \\ 4 & -5 & 6 & 1 \\ 0 & 0 & 3 & -0{,}5 \end{pmatrix}$

a) Bestimmen Sie das Format der Matrix $\boldsymbol{A}$.

b) Geben Sie die einzelnen Werte der Elemente in der Hauptdiagonalen an.

3. Erstellen Sie eine 4×4-Matrix, für deren Elemente gilt:

a) $a_{ij} = \begin{cases} 1 & \text{für } i \leq j \\ 0 & \text{für } i > j \end{cases}$

b) $a_{ij} = i \cdot j$

c) $a_{ij} = \begin{cases} i & \text{für } i < j \\ 0 & \text{für } i = j \\ j & \text{für } i > j \end{cases}$

d) $a_{ij} = |i - j| \cdot (-1)^i$

4. In Taschenkalendern sind häufig Tabellen mit den Entfernungen (Luftlinie) zwischen einzelnen Hauptstädten abgedruckt.

Berlin nach	km
Rom	1190
Madrid	1800
Warschau	520
Ankara	2040

Rom nach	km
Madrid	1250
Warschau	1320
Ankara	1720

Madrid nach	km
Warschau	2210
Ankara	2970

Warschau nach	km
Ankara	1640

a) Erstellen Sie anhand der vier gegebenen Tabellen eine Entfernungsmatrix, die die Entfernungen der einzelnen Hauptstädte zueinander angibt.

b) Geben Sie das Format der Matrix an.

c) Geben Sie die Elemente der Hauptdiagonalen an und begründen Sie die Elemente im Sachkontext.

5. In einem Produktionsprozess werden aus den Rohstoffen R_1 bis R_4 die Zwischenprodukte Z_1 bis Z_3 gefertigt. Das Verflechtungsdiagramm gibt die jeweilige Rohstoffverwendung für die Produktion eines Zwischenprodukts an.

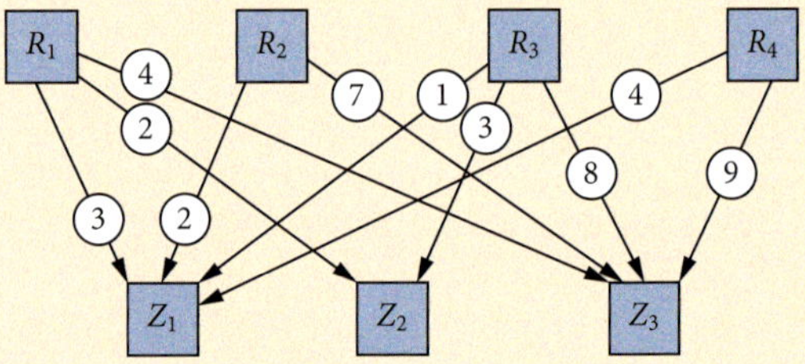

Vervollständigen Sie die untenstehende Produktionsmatrix $\boldsymbol{A}$, indem Sie für die angegebenen Buchstaben a bis e die entsprechenden Zahlenwerte aus dem Diagramm ablesen. Geben Sie auch an, was die einzelnen Spalten- bzw. Zeileneinträge inhaltlich aussagen.

$A = \begin{pmatrix} 2 & 2 & c \\ a & 0 & 7 \\ 1 & 3 & d \\ 4 & b & e \end{pmatrix}$ ▸ Produktionsmatrix

6. Das Unternehmen Compelec benötigt zur Fertigung seiner Mikroprozessoren M_1 und M_2 die Einzelteile E_1, E_2 und E_3. Die pro Mikroprozessor benötigten Einzelteile ergeben sich aus dem nachstehenden Verflechtungsdiagramm.

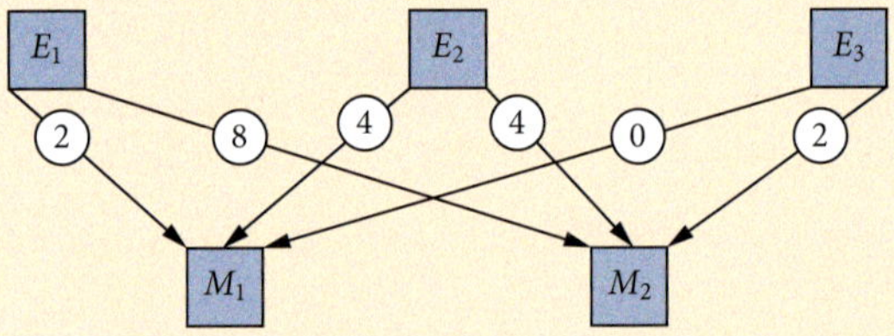

Aus den zwei Mikroprozessoren werden schließlich die Geräte G_1 und G_2 gemäß dem folgenden Verflechtungsdiagramm hergestellt.

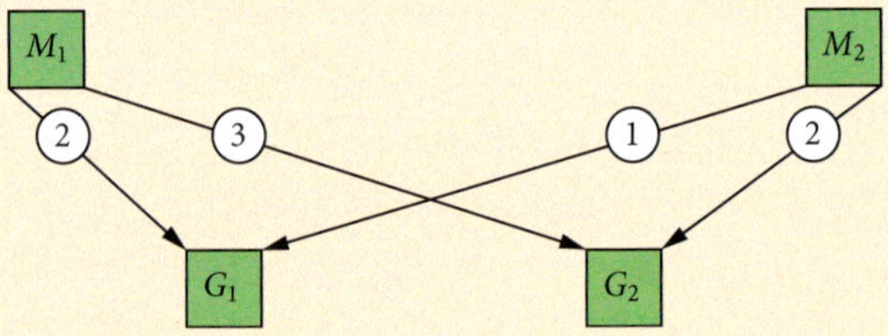

a) Entwickeln Sie aus dem ersten Verflechtungsdiagramm die Produktionsmatrix für die Mikroprozessoren.

b) Erstellen Sie eine zweite Produktionsmatrix, die die Verwendung der Mikroprozessoren in den Endprodukten G_1 und G_2 angibt.

4.1.2 Matrizenverknüpfungen

Addition, Subtraktion und Skalarmultiplikation

Matrizen können durch Addition, Subtraktion und Multiplikation miteinander verknüpft werden. Für diese Verknüpfungen gelten spezielle Regeln.

Addition von Matrizen

7

Die Transportmatrix $\boldsymbol{A}$ gibt die von den Steinbrüchen S_1, S_2, S_3, S_4 zu den Betonwerken B_1, B_2, B_3 transportierten Tonnen Kies für den Monat Januar wieder. Die Transportmatrix $\boldsymbol{B}$ enthält die Mengen für Februar.

$$\boldsymbol{A} = \begin{pmatrix} 100 & 200 & 50 \\ 150 & 150 & 200 \\ 0 & 200 & 250 \\ 150 & 0 & 0 \end{pmatrix}; \quad \boldsymbol{B} = \begin{pmatrix} 150 & 200 & 150 \\ 100 & 200 & 150 \\ 50 & 100 & 200 \\ 100 & 100 & 0 \end{pmatrix}$$

Berechnen Sie die Gesamtmengen, die in beiden Monaten von den einzelnen Steinbrüchen zu den einzelnen Betonwerken transportiert werden. Stellen Sie diese Mengen in einer neuen Matrix $\boldsymbol{C}$ dar.

Addieren wir zu einem Element der Matrix $\boldsymbol{A}$ dasjenige Element, das in der Matrix $\boldsymbol{B}$ an der gleichen Position steht, so erhalten wir das entsprechende Element der gesuchten Matrix $\boldsymbol{C}$.
Wir addieren also „positionsgleiche" Elemente und schreiben dafür

$\boldsymbol{A} + \boldsymbol{B} = \boldsymbol{C}$ mit $a_{ij} + b_{ij} = c_{ij}$

für alle $i \in \{1; 2; 3; 4\}$ und $j \in \{1; 2; 3\}$.

$$\boldsymbol{A} + \boldsymbol{B} = \begin{pmatrix} 100 & 200 & 50 \\ 150 & 150 & 200 \\ 0 & 200 & 250 \\ 150 & 0 & 0 \end{pmatrix} + \begin{pmatrix} 150 & 200 & 150 \\ 100 & 200 & 150 \\ 50 & 100 & 200 \\ 100 & 100 & 0 \end{pmatrix}$$

$$= \begin{pmatrix} 100 + 150 & 200 + 200 & 50 + 150 \\ 150 + 100 & 150 + 200 & 200 + 150 \\ 0 + 50 & 200 + 100 & 250 + 200 \\ 150 + 100 & 0 + 100 & 0 + 0 \end{pmatrix}$$

$$= \begin{pmatrix} 250 & 400 & 200 \\ 250 & 350 & 350 \\ 50 & 300 & 450 \\ 250 & 100 & 0 \end{pmatrix} = \boldsymbol{C}$$

▸ Transportmatrix für Januar und Februar

Subtraktion von Matrizen

8

Ermitteln Sie für jeden der 12 Transportwege aus Beispiel 1, wie viele Tonnen Kies im Februar mehr bzw. weniger als im Vormonat geliefert wurden.

Beispielsweise wurden im Februar 150 Tonnen Kies von S_1 nach B_3 transportiert. Im Januar waren es auf derselben Strecke lediglich 50 Tonnen. An der Differenz 150 − 50 = 100 können wir erkennen, dass im Februar 100 Tonnen mehr geliefert wurden.
Entsprechend verfahren wir mit den anderen Werten beider Matrizen. Die Subtraktion der Matrizen $\boldsymbol{B}$ und $\boldsymbol{A}$ ist also definiert als

$\boldsymbol{B} - \boldsymbol{A} = \boldsymbol{D}$ mit $b_{ij} - a_{ij} = d_{ij}$

für alle $i \in \{1; 2; 3; 4\}$ und $j \in \{1; 2; 3\}$.

$$\boldsymbol{B} - \boldsymbol{A} = \begin{pmatrix} 150 & 200 & 150 \\ 100 & 200 & 150 \\ 50 & 100 & 200 \\ 100 & 100 & 0 \end{pmatrix} - \begin{pmatrix} 100 & 200 & 50 \\ 150 & 150 & 200 \\ 0 & 200 & 250 \\ 150 & 0 & 0 \end{pmatrix}$$

$$= \begin{pmatrix} 50 & 0 & 100 \\ -50 & 50 & -50 \\ 50 & -100 & -50 \\ -50 & 100 & 0 \end{pmatrix} = \boldsymbol{D}$$

▸ Transportdifferenz zwischen Februar und Januar

▸ Ein negativer Wert in $\boldsymbol{D}$ gibt an, wie viele Tonnen im Februar weniger geliefert wurden als im Januar.

Da nur „positionsgleiche" Elemente addiert bzw. subtrahiert werden, muss das Format der Matrix $\boldsymbol{A}$ mit dem Format der Matrix $\boldsymbol{B}$ übereinstimmen. Die aus der Addition bzw. Subtraktion hervorgehende Matrix $\boldsymbol{C}$ bzw. $\boldsymbol{D}$ ist dann ebenfalls vom gleichen Format.

9 Skalarmultiplikation

Das Betonunternehmen rechnet damit, dass sich alle Kosten für den Transport von den Steinbrüchen zu den Betonwerken innerhalb der nächsten 5 Jahre verdoppeln werden.
Stellen Sie aus der Matrix $\boldsymbol{K}$ die Kostenmatrix $\boldsymbol{K^*}$ auf, welche die Kosten in 5 Jahren angibt.

$$\boldsymbol{K} = \begin{pmatrix} 0{,}50 & 0{,}30 & 0{,}80 \\ 0{,}50 & 0{,}50 & 0{,}45 \\ 1{,}00 & 0{,}65 & 0{,}55 \\ 0{,}25 & 0{,}80 & 0{,}90 \end{pmatrix}$$ ▸ Kostenmatrix

Da sich alle Kosten verdoppeln, müssen wir jedes Element von $\boldsymbol{K}$ mit 2 multiplizieren, um die neue Kostenmatrix $\boldsymbol{K^*}$ zu erhalten.

$$\boldsymbol{K^*} = \begin{pmatrix} 2\cdot 0{,}50 & 2\cdot 0{,}30 & 2\cdot 0{,}80 \\ 2\cdot 0{,}50 & 2\cdot 0{,}50 & 2\cdot 0{,}45 \\ 2\cdot 1{,}00 & 2\cdot 0{,}65 & 2\cdot 0{,}55 \\ 2\cdot 0{,}25 & 2\cdot 0{,}80 & 2\cdot 0{,}90 \end{pmatrix} = \begin{pmatrix} 1{,}00 & 0{,}60 & 1{,}60 \\ 1{,}00 & 1{,}00 & 0{,}90 \\ 2{,}00 & 1{,}30 & 1{,}10 \\ 0{,}50 & 1{,}60 & 1{,}80 \end{pmatrix}$$ ▸ neue Kostenmatrix

Man sagt: $\boldsymbol{K}$ wurde mit der reellen Zahl 2 multipliziert. Diese Rechenoperation nennt man **Skalarmultiplikation**.

$\boldsymbol{K^*} = 2 \cdot \boldsymbol{K}$

So verdoppeln sich beispielsweise die Kosten für den Transport von S_4 nach B_2 von 0,80 € auf 1,60 € pro Tonne.

- Matrizen, die das gleiche Format haben, werden **addiert** bzw. **subtrahiert**, indem man ihre Elemente, die die gleiche Position innerhalb der einzelnen Matrizen haben, addiert bzw. subtrahiert.

$$\boldsymbol{A} \pm \boldsymbol{B} = \begin{pmatrix} a_{11} & a_{12} & \cdots & a_{1m} \\ a_{21} & a_{22} & \cdots & a_{2m} \\ \vdots & \vdots & \ddots & \vdots \\ a_{n1} & a_{n2} & \cdots & a_{nm} \end{pmatrix} \pm \begin{pmatrix} b_{11} & b_{12} & \cdots & b_{1m} \\ b_{21} & b_{22} & \cdots & b_{2m} \\ \vdots & \vdots & \ddots & \vdots \\ b_{n1} & b_{n2} & \cdots & b_{nm} \end{pmatrix} = \begin{pmatrix} a_{11}\pm b_{11} & a_{12}\pm b_{12} & \cdots & a_{1m}\pm b_{1m} \\ a_{21}\pm b_{21} & a_{22}\pm b_{22} & \cdots & a_{2m}\pm b_{2m} \\ \vdots & \vdots & \ddots & \vdots \\ a_{n1}\pm b_{n1} & a_{n2}\pm b_{n2} & \cdots & a_{nm}\pm b_{nm} \end{pmatrix} = \boldsymbol{C}$$

- Eine Matrix $\boldsymbol{A}$ wird mit einer reellen Zahl s multipliziert (**Skalarmultiplikation**), indem man jedes Element von $\boldsymbol{A}$ mit s multipliziert.

$$s \cdot \boldsymbol{A} = s \cdot \begin{pmatrix} a_{11} & a_{12} & \cdots & a_{1m} \\ a_{21} & a_{22} & \cdots & a_{2m} \\ \vdots & \vdots & \ddots & \vdots \\ a_{n1} & a_{n2} & \cdots & a_{nm} \end{pmatrix} = \begin{pmatrix} s\cdot a_{11} & s\cdot a_{12} & \cdots & s\cdot a_{1m} \\ s\cdot a_{21} & s\cdot a_{22} & \cdots & s\cdot a_{2m} \\ \vdots & \vdots & \ddots & \vdots \\ s\cdot a_{n1} & s\cdot a_{n2} & \cdots & s\cdot a_{nm} \end{pmatrix}$$

oHi Mi **1.** Gegeben sind die beiden Matrizen $\boldsymbol{A} = \begin{pmatrix} 2 & 0 & -1 \\ -3 & 4 & 5 \end{pmatrix}$ und $\boldsymbol{B} = \begin{pmatrix} 0 & -4 & 2 \\ 1 & 3 & 1 \end{pmatrix}$.

a) Addieren Sie die beiden Matrizen.
b) Bilden Sie die Differenz $\boldsymbol{A} - \boldsymbol{B}$.
c) Multiplizieren Sie $\boldsymbol{A}$ mit –2.

oHi Mi **2.** Gegeben sind die Kostenmatrizen

$$\boldsymbol{K_1} = \begin{pmatrix} 6 & 13 & 21{,}60 & 15 \\ 8 & 16 & 33{,}90 & 12{,}50 \\ 11{,}50 & 12{,}40 & 25 & 10 \end{pmatrix} \text{ und } \boldsymbol{K_2} = \begin{pmatrix} 3 & 1{,}50 & 2 & 8{,}42 \\ 2{,}96 & 4 & 0{,}60 & 6 \\ 5 & 9{,}90 & 3 & 7 \end{pmatrix}$$

Berechnen Sie:

a) $3 \cdot \boldsymbol{K_1}$ b) $0{,}2 \cdot \boldsymbol{K_1} + 4 \cdot \boldsymbol{K_2}$ c) $3 \cdot \boldsymbol{K_1} - 0{,}1 \cdot \boldsymbol{K_2}$
d) Ermitteln Sie die Kostenmatrizen für $\boldsymbol{K_1}$, wenn die Preise halbiert, verdoppelt oder um 20 % gesenkt bzw. erhöht werden.
e) Überprüfen Sie Ihre Lösungen mit dem GTR/CAS.

Multiplikation von Matrizen

Zeilenvektor mal Spaltenvektor

10

Ein Aktienanleger kauft an einem Tag 30 AAG-, 50 BAG- und 20 CAG-Aktien. Der Kurs einer AAG-Aktie beträgt 136 €, einer BAG-Aktie 1040 € und einer CAG-Aktie 402 €.
Berechnen Sie den Preis, den der Käufer für alle Aktien zu zahlen hat.

Wir können den Gesamtpreis berechnen, indem wir die Aktienkurse mit den zugehörigen Stückzahlen multiplizieren.

$136\,€ \cdot 30 + 1040\,€ \cdot 50 + 402\,€ \cdot 20 = 64\,120\,€$

Alternativ können wir die Aktienkurse zu einem Zeilenvektor ordnen und die Anzahl der gekauften Aktien zu einem Spaltenvektor.

Aktienkurse: $\begin{pmatrix} 136 & 1040 & 402 \end{pmatrix}$

Anzahl gekaufter Aktien: $\begin{pmatrix} 30 \\ 50 \\ 20 \end{pmatrix}$

Dann lässt sich eine Multiplikation von Zeilen- und Spaltenvektor folgendermaßen erklären:
Wir multiplizieren das i-te Zeilenelement mit dem i-ten Spaltenelement ($i \in \{1; 2; 3\}$) und addieren die so entstandenen Produkte.
Das Ergebnis ist eine 1×1-Matrix. Diese Zahl gibt den Kaufpreis für alle Aktien wieder: 64 120 €.
Das Produkt aus einem Zeilenvektor und einem Spaltenvektor ist die einfachste Form einer Matrizenmultiplikation. Das Ergebnis ist eine Zahl.

$\begin{pmatrix} 136 & 1040 & 402 \end{pmatrix} \cdot \begin{pmatrix} 30 \\ 50 \\ 20 \end{pmatrix}$

$= (136 \cdot 30 + 1040 \cdot 50 + 402 \cdot 20)$

$= (4080 + 52\,000 + 8040)$

$= (64\,120)$ ▶ 1×1-Matrix

$= \mathbf{64\,120}$ ▶ Zahl

▶ Man lässt bei einer 1×1-Matrix die Klammern weg.

Bei der Multiplikation eines Zeilenvektors mit einem Spaltenvektor muss die Anzahl der Zeilenelemente gleich der Anzahl der Spaltenelemente sein.

Matrix mal Spaltenvektor

11

Ein Aktienspekulant kauft am Donnerstag und Freitag derselben Woche jeweils 30 AAG-, 50 BAG- und 20 CAG-Aktien. Die Kurse sind der nebenstehenden Tabelle zu entnehmen.
Berechnen Sie den Gesamtkaufpreis an den jeweiligen Tagen.

Tag \ Aktie	AAG	BAG	CAG
Donnerstag	136	1040	402
Freitag	140	1050	450

▶ Aktienkurse bezogen auf die Geldeinheit €

Am Donnerstag beträgt der Gesamtpreis aller Aktien 64 120 €, am Freitag 65 700 €.

Donnerstag: 64 120 € ▶ Beispiel 10
Freitag: 65 700 € ▶ $140\,€ \cdot 30 + 1050\,€ \cdot 50 + 450\,€ \cdot 20$

Alternativ bilden wir aus den Aktienkursen eine 2×3-Matrix. Die gekauften Mengen fassen wir in einem 3-zeiligen Spaltenvektor zusammen.
Wir multiplizieren die Matrix mit dem Spaltenvektor, indem wir jeweils die Zeilenvektoren der Matrix mit dem Spaltenvektor multiplizieren.
Die resultierenden Werte schreiben wir untereinander in einen 2-zeiligen Spaltenvektor. Das erste Element gibt den Gesamtpreis aller Aktien am Donnerstag an, das zweite Element den Gesamtpreis am Freitag.

Aktienkurse: $\begin{pmatrix} 136 & 1040 & 402 \\ 140 & 1050 & 450 \end{pmatrix}$

Anzahl gekaufter Aktien: $\begin{pmatrix} 30 \\ 50 \\ 20 \end{pmatrix}$

$\begin{pmatrix} 136 & 1040 & 402 \\ 140 & 1050 & 450 \end{pmatrix} \cdot \begin{pmatrix} 30 \\ 50 \\ 20 \end{pmatrix}$

$= \begin{pmatrix} 136 \cdot 30 + 1040 \cdot 50 + 402 \cdot 20 \\ 140 \cdot 30 + 1050 \cdot 50 + 450 \cdot 20 \end{pmatrix}$

$= \begin{pmatrix} 64\,120 \\ 65\,700 \end{pmatrix}$ ▶ 2-zeiliger Spaltenvektor

Salopp ausgedrückt haben wir in den Beispielen 10 und 11 jeweils Zeilen mit Spalten multipliziert.

In Beispiel 10 haben wir eine Zeile mit einer Spalte multipliziert. Das Ergebnis ist eine reelle Zahl, die wir als eine Matrix mit einer Zeile und einer Spalte auffassen können. ▶ Format 1 × 1

$$\underbrace{(\text{Preis} \times \text{Aktie})}_{1\times 3} \cdot \underbrace{(\text{Aktie} \times \text{Anzahl})}_{3\times 1} = \underbrace{(\text{Preis} \times \text{Anzahl})}_{1\times 1}$$

In Beispiel 11 haben wir zwei Zeilen jeweils mit einer Spalte multipliziert. Das Ergebnis ist ein Spaltenvektor, den wir als eine Matrix mit zwei Zeilen und einer Spalte auffassen können. ▶ Format 2 × 1

$$\underbrace{(\text{Tag} \times \text{Aktie})}_{2\times 3} \cdot \underbrace{(\text{Aktie} \times \text{Preis})}_{3\times 1} = \underbrace{(\text{Tag} \times \text{Preis})}_{2\times 1}$$

- Die Multiplikation eines Zeilenvektors und eines Spaltenvektors ist die einfachste Form der **Matrizenmultiplikation**. Sie ist folgendermaßen erklärt:

$$\vec{a} \cdot \vec{b} = (a_1 \; a_2 \; \dots \; a_n) \cdot \begin{pmatrix} b_1 \\ b_2 \\ \vdots \\ b_n \end{pmatrix} = a_1 \cdot b_1 + a_2 \cdot b_2 + \dots + a_n \cdot b_n.$$

  Beide Vektoren müssen gleich viele Elemente haben. Das Ergebnis ist eine Zahl.

- Das **Produkt einer Matrix und eines Spaltenvektors** wird gebildet, indem jede Zeile der Matrix mit dem Spaltenvektor multipliziert wird. Das Ergebnis ist ein Spaltenvektor, der so viele Elemente hat, wie die Matrix Zeilen besitzt.

$$\boldsymbol{A} \cdot \vec{b} = \begin{pmatrix} a_{11} & a_{12} & \cdots & a_{1m} \\ a_{21} & a_{22} & \cdots & a_{2m} \\ \vdots & \vdots & \ddots & \vdots \\ a_{n1} & a_{n2} & \cdots & a_{nm} \end{pmatrix} \cdot \begin{pmatrix} b_1 \\ b_2 \\ \vdots \\ b_m \end{pmatrix} = \begin{pmatrix} a_{11} \cdot b_1 + a_{12} \cdot b_2 + \dots + a_{1m} \cdot b_m \\ a_{21} \cdot b_1 + a_{22} \cdot b_2 + \dots + a_{2m} \cdot b_m \\ \vdots \\ a_{n1} \cdot b_1 + a_{n2} \cdot b_2 + \dots + a_{nm} \cdot b_m \end{pmatrix}$$

  ▶ Matrizenprodukt 1. Zeile mit $\vec{b}$
  ▶ Matrizenprodukt 2. Zeile mit $\vec{b}$
  ▶ Matrizenprodukt n-te Zeile mit $\vec{b}$

oHi Mi

1. Gegeben sind die folgenden Vektoren und Matrizen:

$$\vec{a} = (1 \;\; 2 \;\; -2 \;\; 0); \; \vec{b} = \begin{pmatrix} 2 \\ 0 \\ -1 \\ 4 \end{pmatrix}; \; \boldsymbol{A} = \begin{pmatrix} 1 & 0 & 3 & 4 \\ 1 & -1 & 1 & 0 \\ 2 & 3 & -1 & -2 \end{pmatrix}; \; \boldsymbol{B} = \begin{pmatrix} 0 & 1 \\ 2 & 0 \\ -1 & 2 \\ 2 & -2 \end{pmatrix}$$

Bilden Sie die folgenden Produkte:

a) $\vec{a} \cdot \vec{b}$ b) $A \cdot \vec{b}$ c) $\vec{a} \cdot B$

2. In einem Unternehmen, das Tee versendet, werden vier verschiedene Teemischungen aus drei reinen Teesorten gemischt. Aus nachstehender Tabelle können die Mischungsverhältnisse für jeweils eine Tonne Teemischung entnommen werden. ▶ Angaben in kg je Tonne

	M_1	M_2	M_3	M_4
T_1	200	350	450	500
T_2	200	250	150	200
T_3	600	400	400	300

Das Unternehmen plant, den Vorrat an Teemischungen mit 27 t Tee von Mischung M_1, 14 t von M_2, 29 t von M_3 und 18 t von M_4 aufzustocken.
Geben Sie die Mengenangaben der reinen Teesorten an, die das Unternehmen bestellen muss.

Matrizenmultiplikation: Matrix mal Matrix

12

GTR CAS

Ein Börsenmakler kauft an zwei verschiedenen Tagen für vier Kunden AAG-, BAG- und CAG-Aktien. Kurse (in €) und Kauforder (in Stück) sind den beiden folgenden Tabellen zu entnehmen.

Aktie / Tag	AAG	BAG	CAG
Donnerstag	136	1040	402
Freitag	140	1050	450

Kunde / Aktie	1. K	2. K	3. K	4. K
AAG	30	60	15	10
BAG	50	70	0	30
CAG	20	0	25	30

Ermitteln Sie, welchen Betrag jeder Kunde am jeweiligen Tag zu zahlen hat.

Wir stellen die Aktienkurse als Matrix $\boldsymbol{K}$ dar, sodass die Spalten die Stückpreise der einzelnen Aktien an den verschiedenen Tagen darstellen.

AAG BAG CAG

$$K = \begin{pmatrix} 136 & 1040 & 402 \\ 140 & 1050 & 450 \end{pmatrix} \begin{matrix} \text{Donnerstag} \\ \text{Freitag} \end{matrix}$$

Die Kauforder der vier Kunden fassen wir in der Matrix $\boldsymbol{A}$ zusammen. Der 1. Spaltenvektor von $\boldsymbol{A}$ entspricht dann den Anzahlen der einzelnen Aktien, die der 1. Kunde ordert. Die 2. Spalte steht für den 2. Kunden usw.

1. K. 2. K. 3. K. 4. K.

$$A = \begin{pmatrix} 30 & 60 & 15 & 10 \\ 50 & 70 & 0 & 30 \\ 20 & 0 & 25 & 30 \end{pmatrix} \begin{matrix} \text{AAG} \\ \text{BAG} \\ \text{CAG} \end{matrix}$$

Die Multiplikation des 1. Zeilenvektors von $\boldsymbol{K}$ (Donnerstag) mit dem 1. Spaltenvektor von $\boldsymbol{A}$ (1. Kunde) ergibt den Kaufpreis, den der 1. Kunde für seine Käufe am Donnerstag zu zahlen hat. ▸ Beispiel 10, Seite 167

$$\begin{pmatrix} 136 & 1040 & 402 \end{pmatrix} \cdot \begin{pmatrix} 30 \\ 50 \\ 20 \end{pmatrix}$$

$$= 136 \cdot 30 + 1040 \cdot 50 + 402 \cdot 20$$

$$= 4080 + 52\,000 + 8040$$

$$= \mathbf{64\,120}$$

▸ Kaufpreis der Aktien am Donnerstag für den 1. Kunden

Wir können eine Rechenoperation **Matrizenmultiplikation** folgendermaßen erklären:

Multiplizieren wir nacheinander alle Zeilenvektoren der Matrix $\boldsymbol{K}$ mit allen Spaltenvektoren der Matrix $\boldsymbol{A}$, dann erhalten wir eine Matrix, die die gesuchten Beträge (in €) für jeden Kunden an den beiden Tagen enthält.

$$K \cdot A = \begin{pmatrix} 136 & 1040 & 402 \\ 140 & 1050 & 450 \end{pmatrix} \cdot \begin{pmatrix} 30 & 60 & 15 & 10 \\ 50 & 70 & 0 & 30 \\ 20 & 0 & 25 & 30 \end{pmatrix}$$

$$(136 \cdot 30 + 1040 \cdot 50 + 402 \cdot 20 \quad 136 \cdot 60 + 1040 \cdot 70 + 402 \cdot 0 \quad 136 \cdot 15 + 1040 \cdot 0 + 402 \cdot 25 \quad 136 \cdot 10 + 1040 \cdot 30 + 402 \cdot 30)$$

▸ 1. Zeile der Produktmatrix

$$(140 \cdot 30 + 1050 \cdot 50 + 450 \cdot 20 \quad 140 \cdot 60 + 1050 \cdot 70 + 450 \cdot 0 \quad 140 \cdot 15 + 1050 \cdot 0 + 450 \cdot 25 \quad 140 \cdot 10 + 1050 \cdot 30 + 450 \cdot 30)$$

▸ 2. Zeile der Produktmatrix

Abschließend übertragen wir die berechneten Kaufbeträge in eine Tabelle:

Kunde / Tag	1. K	2. K	3. K	4. K
Donnerstag	64 120	80 960	12 090	44 620
Freitag	65 700	81 900	13 350	46 400

1. *K.* 2. *K.* 3. *K.* 4. *K.*

$$K \cdot A = \begin{pmatrix} 64\,120 & 80\,960 & 12\,090 & 44\,620 \\ 65\,700 & 81\,900 & 13\,350 & 46\,400 \end{pmatrix} \begin{matrix} \text{Donnerstag} \\ \text{Freitag} \end{matrix}$$

▸ Die Produktmatrix enthält die Kaufbeträge jedes Kunden an den verschiedenen Tagen. Die zusätzlichen Beschriftungen der Matrix helfen, den Überblick zu behalten.

Da Vektoren einzeilige bzw. einspaltige Matrizen sind, haben wir bereits in den Beispielen 10 und 11 (unbewusst) die Matrizenmultiplikation angewendet.

Wie wir gesehen haben, können zwei Matrizen nur dann miteinander multipliziert werden, wenn die Spaltenanzahl der ersten Matrix mit der Zeilenanzahl der zweiten Matrix übereinstimmt.

Die Ergebnismatrix hat dann genauso viele Zeilen wie die linke Matrix und genauso viele Spalten wie die rechte Matrix.

$$\underbrace{\boldsymbol{A}}_{n\times r} \cdot \underbrace{\boldsymbol{B}}_{r\times m} = \underbrace{\boldsymbol{C}}_{n\times m}$$

▸ $\boldsymbol{C}$ hat genauso viele Zeilen wie $\boldsymbol{A}$ und genauso viele Spalten wie $\boldsymbol{B}$.

13 Matrizenmultiplikation

Multiplizieren Sie die Matrizen $\boldsymbol{A} = \begin{pmatrix} 3 & -4 & 1 \\ -2 & 6 & 3 \\ 5 & 8 & 7 \end{pmatrix}$ und $\boldsymbol{B} = \begin{pmatrix} 7 & 1 \\ 3 & 2 \\ 0 & 1 \end{pmatrix}$.

Die Matrix $\boldsymbol{A}$ ist eine 3×3-Matrix, die Matrix $\boldsymbol{B}$ eine 3×2-Matrix. Das Ergebnis wird also eine 3×2-Matrix sein.

$$\underbrace{\boldsymbol{A}}_{3\times 3} \cdot \underbrace{\boldsymbol{B}}_{3\times 2} = \underbrace{\boldsymbol{C}}_{3\times 2}$$

$$\boldsymbol{A}\cdot\boldsymbol{B} = \begin{pmatrix} 3 & -4 & 1 \\ -2 & 6 & 3 \\ 5 & 8 & 7 \end{pmatrix} \cdot \begin{pmatrix} 7 & 1 \\ 3 & 2 \\ 0 & 1 \end{pmatrix}$$

Eine optische Hilfe für das Ausmultiplizieren der beiden Matrizen bietet das **Falk-Schema**, in dem die Matrizen in der Höhe versetzt nebeneinander geschrieben werden.
Rechts neben der linken Matrix A und unterhalb der rechten Matrix B steht dann die Ergebnismatrix.

Zeile			Spalte	1	2
				7	1
				3	2
				0	1
1	3	−4	1	9	−4
2	−2	6	3	4	13
3	5	8	7	59	28

$(3\cdot 7 + (-4)\cdot 3 + 1\cdot 0 \qquad 3\cdot 1 + (-4)\cdot 2 + 1\cdot 1)$

▸ 1. Zeilenvektor von $\boldsymbol{C}$

Zur Berechnung der Zeilen der Produktmatrix gehen wir vor wie in Beispiel 12.
Zunächst multiplizieren wir z.B. den ersten Zeilenvektor von $\boldsymbol{A}$ nacheinander mit den beiden Spaltenvektoren von $\boldsymbol{B}$.
Diese Rechnung wiederholen wir für den zweiten und dritten Zeilenvektor von $\boldsymbol{A}$.

Schneller geht die Matrizenmultiplikation mit dem GTR/CAS. Die Matrizen $\boldsymbol{A}$ und $\boldsymbol{B}$ werden definiert und miteinander multipliziert. Matrizen können in Variablen abgespeichert werden. Die Matrizenmultiplikation wird wie eine gewöhnliche Multiplikation von Zahlen eingegeben.
Wir erhalten die 3×2-Produktmatrix $\boldsymbol{C}$.

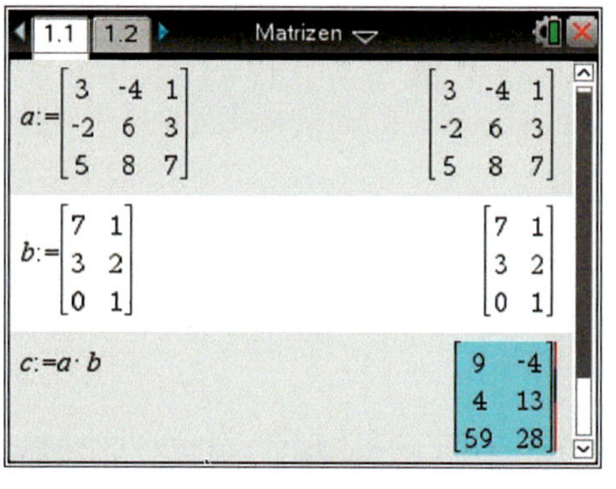

- Das **Produkt** $\boldsymbol{A}\cdot\boldsymbol{B}$ einer $n\times r$-Matrix $\boldsymbol{A}$ und einer $r\times m$-Matrix $\boldsymbol{B}$ erhält man, indem man jeden Zeilenvektor von $\boldsymbol{A}$ mit jedem Spaltenvektor von $\boldsymbol{B}$ multipliziert. Das Ergebnis ist eine $n\times m$-Matrix $\boldsymbol{C}$ mit den Elementen $c_{st}(s = 1, \ldots, n;\ t = 1, \ldots, m)$: $c_{st} = \sum_{i=1}^{r} a_{si}\cdot b_{it}$.
- Das Produkt $\boldsymbol{A}\cdot\boldsymbol{B}$ existiert nur dann, wenn die Spaltenanzahl von $\boldsymbol{A}$ mit der Zeilenanzahl von $\boldsymbol{B}$ übereinstimmt.
- Beim handschriftlichen Ausmultiplizieren hilft das **Falk-Schema**.

1. Gegeben sind die Matrizen $A = \begin{pmatrix} 3 & -4 & 1 \\ -2 & 6 & 3 \end{pmatrix}$, $B = \begin{pmatrix} 7 & 1 \\ 3 & 2 \\ 0 & 1 \end{pmatrix}$ und $C = \begin{pmatrix} 1 & -2 & -3 \\ 0 & 2 & 1 \\ 5 & 7 & -4 \end{pmatrix}$.

oHi Mi

Prüfen Sie, welche der Produkte $A \cdot B$, $B \cdot A$, $A \cdot C$, $C \cdot A$, $B \cdot C$ und $C \cdot B$ gebildet werden können, und berechnen Sie diese. Überprüfen und interpretieren Sie die Ergebnisse mit dem GTR/CAS.

2. Wieder gehen Anna, Benny und Charlotte für ihre Eltern einkaufen. Anna kauft 2 Liter Apfelsaft, $\frac{1}{2}$ kg Erdbeeren, 5 Kiwis und 5 Brötchen, Benny 4 Liter Apfelsaft, 1 kg Erdbeeren und 8 Brötchen sowie Charlotte 1 Liter Apfelsaft, 10 Kiwis und 4 Brötchen. 1 Liter Apfelsaft kostet 1,20 €, $\frac{1}{2}$ kg Erdbeeren 2,40 €, 1 Kiwi 0,30 € und 1 Brötchen 0,25 €.

oHi Mi

a) Bestimmen Sie mithilfe einer geeigneten Matrizenrechnung, welche Mengen die Kinder insgesamt von jedem Produkt kaufen.

b) Berechnen Sie unter Verwendung der Matrizenrechnung, wie viele Euro jedes Kind zahlen muss und wie hoch der gesamte Kaufpreis ist.

4

Gesamtproduktionsmatrix mit Zwischenprodukten

14

Die Leitung des Unternehmens aus Beispiel 3 (Seite 160) interessiert sich für den direkten Zusammenhang zwischen Rohstoffen und Endprodukten.
Berechnen Sie, wie viele ME der Rohstoffe R_1 und R_2 jeweils benötigt werden, um je 1 ME der Endprodukte E_1 und E_2 produzieren zu können.

Wir konzentrieren uns zunächst nur auf die Mengeneinheiten von R_1, die benötigt werden, um 1 Mengeneinheit von E_1 herzustellen:

- Für die Produktion von jeweils 1 ME der Zwischenprodukte Z_1, Z_2, Z_3 werden 2 ME, 3 ME bzw. 4 ME vom Rohstoff R_1 benötigt. Die benötigten Mengen von R_2 lassen wir an dieser Stelle unberücksichtigt.

1. Stückliste	Z_1	Z_2	Z_3
R_1	2	3	4
R_2	3	1	2

▶ Benötigte ME der Rohstoffe für die Produktion von je 1 ME der Zwischenprodukte

- Von den Zwischenprodukten wiederum sind 2 ME von Z_1, 1 ME von Z_2 und 1 ME von Z_3 notwendig, um 1 ME des Endprodukts E_1 herzustellen.

2. Stückliste	E_1	E_2
Z_1	2	1
Z_2	1	2
Z_3	1	3

▶ Benötigte ME der Zwischenprodukte für die Produktion von je 1 ME der Endprodukte

Aus diesen Beobachtungen ergibt sich für die Herstellung von 1 ME von E_1 ein Gesamtbedarf von $2 \cdot 2 + 3 \cdot 1 + 4 \cdot 1 = 11$ ME des Rohstoffs R_1.

Diese Rechnung findet sich wieder in der **Matrizenmultiplikation** der zu den Stücklisten gehörenden Matrizen RZ und ZE.
Die Stückliste, die angibt, wie viele Rohstoffe jeweils für die Produktion von je 1 ME von E_1 und E_2 gebraucht werden, ist also:

	E_1	E_2
R_1	11	20
R_2	9	11

▶ Benötigte ME der Rohstoffe für die Produktion von je 1 ME der Endprodukte

$RZ = \begin{pmatrix} 2 & 3 & 4 \\ 3 & 1 & 2 \end{pmatrix}$ ▶ Rohstoff-Zwischenprodukt-Matrix

$ZE = \begin{pmatrix} 2 & 1 \\ 1 & 2 \\ 1 & 3 \end{pmatrix}$ ▶ Zwischenprodukt-Endprodukt-Matrix

$$RZ \cdot ZE = \begin{pmatrix} 2 & 3 & 4 \\ 3 & 1 & 2 \end{pmatrix} \cdot \begin{pmatrix} 2 & 1 \\ 1 & 2 \\ 1 & 3 \end{pmatrix}$$

$$= \begin{pmatrix} 2 \cdot 2 + 3 \cdot 1 + 4 \cdot 1 & 2 \cdot 1 + 3 \cdot 2 + 4 \cdot 3 \\ 3 \cdot 2 + 1 \cdot 1 + 2 \cdot 1 & 3 \cdot 1 + 1 \cdot 2 + 2 \cdot 3 \end{pmatrix}$$

$$= \begin{pmatrix} 11 & 20 \\ 9 & 11 \end{pmatrix} = RE$$

▶ Rohstoff-Endprodukt-Matrix (Gesamtproduktionsmatrix)

4

15 Produktions- und Rohstoffvektor

Ermitteln Sie auf der Grundlage der Stückliste aus Beispiel 14 die Gesamtzahl der ME an Rohstoffen R_1 und R_2, die notwendig sind, um 10 ME von E_1 und 30 ME von E_2 zu produzieren.

Die der Matrix ***RE*** entsprechende Stückliste gibt an, wie viele ME der Rohstoffe R_1 und R_2 jeweils für die Produktion von je 1 ME der Endprodukte E_1 und E_2 benötigt werden.

$$\boldsymbol{RE} = \begin{pmatrix} 11 & 20 \\ 9 & 11 \end{pmatrix}$$ ▸ Rohstoff-Endprodukt-Matrix

In den Spaltenvektor $\vec{p}$ schreiben wir die zu produzierende Anzahl der beiden Endprodukte.

$$\vec{p} = \begin{pmatrix} 10 \\ 30 \end{pmatrix}$$ ▸ Produktionsvektor (Zu produzieren sind 10 ME von E_1 und 30 ME von E_2.)

Wir multiplizieren die Matrix ***RE*** mit dem Spaltenvektor $\vec{p}$ und erhalten so einen Spaltenvektor, dessen Elemente die benötigten ME beider Rohstoffe darstellen: Von R_1 sind 710 ME und von R_2 sind 420 ME nötig, um 10 ME von E_1 und 30 ME von E_2 produzieren zu können.

$$\boldsymbol{RE} \cdot \vec{p} = \begin{pmatrix} 11 & 20 \\ 9 & 11 \end{pmatrix} \cdot \begin{pmatrix} 10 \\ 30 \end{pmatrix} = \begin{pmatrix} 11 \cdot 10 + 20 \cdot 30 \\ 9 \cdot 10 + 11 \cdot 30 \end{pmatrix}$$

$$= \begin{pmatrix} 710 \\ 420 \end{pmatrix}$$ ▸ Rohstoffvektor

oHi Mi In einem Betrieb liegen die beiden Stücklisten vor (Angaben in ME):

	Z_1	Z_2	Z_3	Z_4
R_1	0	1	2	2
R_2	4	0	2	2
R_3	2	2	1	2
R_4	1	3	5	0

	E_1	E_2	E_3
Z_1	3	2	3
Z_2	2	2	4
Z_3	0	1	1
Z_4	1	3	1

a) Berechnen Sie, wie viele Rohstoffe (R_1, R_2, R_3, R_4) jeweils für eine ME der Endprodukte (E_1, E_2, E_3) benötigt werden.

b) Ermitteln Sie, wie viele ME der einzelnen Rohstoffe für die Produktion von 10 ME von E_1, 20 ME von E_2 und 15 ME von E_3 bereitgestellt werden müssen.

16 Matrizenmultiplikation ist nicht kommutativ

Bilden Sie die Matrizenprodukte $\boldsymbol{A} \cdot \boldsymbol{B}$ und $\boldsymbol{B} \cdot \boldsymbol{A}$ für $\boldsymbol{A} = \begin{pmatrix} 4 & -2 & 5 \\ 2 & 6 & 0 \\ 3 & 3 & 3 \end{pmatrix}$ und $\boldsymbol{B} = \begin{pmatrix} 1 & 0 & 0 \\ 0 & 2 & -3 \\ 6 & -6 & 2 \end{pmatrix}$.

Da die Matrizen ***A*** und ***B*** quadratisch sind (3×3), können wir sowohl das Produkt $\boldsymbol{A} \cdot \boldsymbol{B}$ als auch das Produkt $\boldsymbol{B} \cdot \boldsymbol{A}$ bilden.

Die Ergebnismatrizen sind zwar in beiden Fällen ebenfalls vom Format 3×3, ihre Elemente aber verschieden.

$$\boldsymbol{A} \cdot \boldsymbol{B} = \begin{pmatrix} 4 & -2 & 5 \\ 2 & 6 & 0 \\ 3 & 3 & 3 \end{pmatrix} \cdot \begin{pmatrix} 1 & 0 & 0 \\ 0 & 2 & -3 \\ 6 & -6 & 2 \end{pmatrix} = \begin{pmatrix} 34 & -34 & 16 \\ 2 & 12 & -18 \\ 21 & -12 & -3 \end{pmatrix}$$

Zwei Matrizen vom selben Format heißen **gleich**, wenn sie in allen einander entsprechenden Elementen übereinstimmen.

$$\boldsymbol{B} \cdot \boldsymbol{A} = \begin{pmatrix} 1 & 0 & 0 \\ 0 & 2 & -3 \\ 6 & -6 & 2 \end{pmatrix} \cdot \begin{pmatrix} 4 & -2 & 5 \\ 2 & 6 & 0 \\ 3 & 3 & 3 \end{pmatrix} = \begin{pmatrix} 4 & -2 & 5 \\ -5 & 3 & -9 \\ 18 & -42 & 36 \end{pmatrix}$$

Im Beispiel sind die beiden Produktmatrizen $\boldsymbol{A} \cdot \boldsymbol{B}$ und $\boldsymbol{B} \cdot \boldsymbol{A}$ nicht gleich. Daran erkennen wir, dass die Matrizenmultiplikation **nicht kommutativ** ist. Das heißt, in der Regel gilt $\boldsymbol{A} \cdot \boldsymbol{B} \neq \boldsymbol{B} \cdot \boldsymbol{A}$. Eine Ausnahme bildet die Multiplikation einer quadratischen Matrix mit der Einheitsmatrix. ▸ Beispiel 17

$$\boldsymbol{A} \cdot \boldsymbol{B} \neq \boldsymbol{B} \cdot \boldsymbol{A}$$

Neutrales Element

17

Multiplizieren Sie die Matrix $\boldsymbol{A} = \begin{pmatrix} 4 & 1 \\ 2 & 3 \end{pmatrix}$ mit einer geeigneten Einheitsmatrix $\boldsymbol{E}$ jeweils von links und von rechts. Interpretieren Sie das Ergebnis.

Um $\boldsymbol{A}$ von links mit $\boldsymbol{E}$ multiplizieren zu können, muss $\boldsymbol{E}$ so viele Spalten besitzen, wie $\boldsymbol{A}$ Zeilen hat, also zwei. Da Einheitsmatrizen quadratisch sind, besitzt $\boldsymbol{E}$ somit auch zwei Zeilen. Das Ergebnis der Multiplikation $\boldsymbol{E} \cdot \boldsymbol{A}$ ist wieder die Matrix $\boldsymbol{A}$.
Die Multiplikation von $\boldsymbol{A}$ von rechts mit einer Einheitsmatrix $\boldsymbol{E}$ erfordert, dass die Spaltenanzahl von $\boldsymbol{A}$ mit der Zeilenanzahl von $\boldsymbol{E}$ übereinstimmt. Auch in diesem Fall muss $\boldsymbol{E}$ die Einheitsmatrix vom Format 2×2 sein. Das Ergebnis der Multiplikation $\boldsymbol{A} \cdot \boldsymbol{E}$ ist wiederum die Matrix $\boldsymbol{A}$ selbst.
Es gilt somit $\boldsymbol{A} \cdot \boldsymbol{E} = \boldsymbol{E} \cdot \boldsymbol{A}$. Das heißt, die Multiplikation von $\boldsymbol{A}$ und $\boldsymbol{E}$ ist **kommutativ**.

$$\boldsymbol{E} \cdot \boldsymbol{A} = \begin{pmatrix} 1 & 0 \\ 0 & 1 \end{pmatrix} \cdot \begin{pmatrix} 4 & 1 \\ 2 & 3 \end{pmatrix} = \begin{pmatrix} 1 \cdot 4 + 0 \cdot 2 & 1 \cdot 1 + 0 \cdot 3 \\ 0 \cdot 4 + 1 \cdot 2 & 0 \cdot 1 + 1 \cdot 3 \end{pmatrix} = \begin{pmatrix} 4 & 1 \\ 2 & 3 \end{pmatrix} = \boldsymbol{A}$$

$$\boldsymbol{A} \cdot \boldsymbol{E} = \begin{pmatrix} 4 & 1 \\ 2 & 3 \end{pmatrix} \cdot \begin{pmatrix} 1 & 0 \\ 0 & 1 \end{pmatrix} = \begin{pmatrix} 4 \cdot 1 + 1 \cdot 0 & 4 \cdot 0 + 1 \cdot 1 \\ 2 \cdot 1 + 3 \cdot 0 & 2 \cdot 0 + 3 \cdot 1 \end{pmatrix} = \begin{pmatrix} 4 & 1 \\ 2 & 3 \end{pmatrix} = \boldsymbol{A}$$

Beispiel 17 zeigt eine besondere Eigenschaft von Einheitsmatrizen: Bei der Multiplikation einer Matrix $\boldsymbol{A}$ mit einer passenden Einheitsmatrix bleibt die Matrix $\boldsymbol{A}$ erhalten. Daher bezeichnet man eine Einheitsmatrix auch als das **neutrale Element der Matrizenmultiplikation**.

- Die Matrizenmultiplikation ist im Allgemeinen **nicht kommutativ**, d. h., in der Regel gilt $\boldsymbol{A} \cdot \boldsymbol{B} \neq \boldsymbol{B} \cdot \boldsymbol{A}$.
- Für die Multiplikation einer quadratischen Matrix $\boldsymbol{A}$ mit der **Einheitsmatrix** $\boldsymbol{E}$ ist die Produktbildung $\boldsymbol{E} \cdot \boldsymbol{A}$ und $\boldsymbol{A} \cdot \boldsymbol{E}$ kommutativ und es gilt: $\boldsymbol{E} \cdot \boldsymbol{A} = \boldsymbol{A}$ und $\boldsymbol{A} \cdot \boldsymbol{E} = \boldsymbol{A}$.

Übungen zu 4.1.2

1. Addieren Sie die Matrizen $\boldsymbol{A}$ und $\boldsymbol{B}$.

oHi Mi

a) $\boldsymbol{A} = \begin{pmatrix} 4 & 3 & 7 & 1 \\ 0 & 4 & 2 & 5 \\ 0 & 3 & 6 & -1 \end{pmatrix}$; $\boldsymbol{B} = \begin{pmatrix} -5 & -2 & 0 & 3{,}1 \\ 4{,}5 & 3 & -2 & 0{,}5 \\ 7 & 0 & 0 & 3 \end{pmatrix}$

b) $\boldsymbol{A} = \begin{pmatrix} a_{11} & a_{12} \\ a_{21} & a_{22} \\ a_{31} & a_{32} \end{pmatrix}$; $\boldsymbol{B} = \begin{pmatrix} b_{11} & b_{12} \\ b_{21} & b_{22} \\ b_{31} & b_{32} \end{pmatrix}$

2. Entscheiden Sie, welche der vier Matrizen addiert werden können, und bilden Sie aus diesen dann eine Summe.

oHi Mi

$\boldsymbol{A} = \begin{pmatrix} 1 & 0 & 5 & 0 \\ 2 & 4 & 1 & -6 \\ -3 & 0{,}5 & 0 & 4 \end{pmatrix}$; $\boldsymbol{B} = \begin{pmatrix} 12 & 21 & 7 & -2 \\ 3 & -3 & 5 & 3 \\ -6 & 1{,}5 & 0 & 1 \end{pmatrix}$;

$\boldsymbol{C} = \begin{pmatrix} -5 & -1 & 2 \\ 2 & 3 & 0 \\ 2 & -3 & 5 \end{pmatrix}$; $\boldsymbol{D} = \begin{pmatrix} 2 & 6 & 8 & 3 \\ 2 & 1 & -5 & 4 \\ 1 & -2 & 0 & 0 \end{pmatrix}$

3. Subtrahieren Sie die Matrix $\boldsymbol{B}$ von der Matrix $\boldsymbol{A}$.

oHi Mi

$\boldsymbol{A} = \begin{pmatrix} 4 & 3 \\ -2 & 0 \end{pmatrix}$; $\boldsymbol{B} = \begin{pmatrix} -2 & 3 \\ -1 & 2 \end{pmatrix}$

4. Der Elektrohändler Pluto hat in Hannover Filialen in den Stadtteilen Ahlem (A) und Bothfeld (B) und in der City (C). Die Absätze von Kühlschränken (KS), Gefrierschränken (GS), Gefriertruhen (GT) und Kombigeräten (KG) im 1. und 2. Halbjahr sind in folgenden Tabellen aufgelistet.

oHi Mi

1. Halbjahr	KS	GS	GT	KG
A	55	36	12	23
B	32	18	8	12
C	103	42	27	35

2. Halbjahr	KS	GS	GT	KG
A	65	26	11	20
B	32	22	10	9
C	82	38	21	28

Ermitteln Sie den Jahresabsatz jeder Filiale für die vier Produkte durch eine Matrizenverknüpfung.

5. Multiplizieren Sie die Matrix

$$A = \begin{pmatrix} -6 & 0 & 3 & 6 \\ 4 & 0 & 0 & 6 \\ 7 & -2 & -8 & 1 \end{pmatrix}$$

mit a) 4, b) −0,5, c) $s \in \mathbb{R}$.

6. Das Sonnenstudio Brownies erzielte in seinen Filialen in Alfeld (A), Braunschweig (B) und Celle (C) im 1. Halbjahr des letzten Jahres Umsätze gemäß der nachstehenden Tabelle.

▸ Angaben in €

	Jan	Feb	Mär	Apr	Mai	Jun
A	4120	4275	4215	3250	4290	2370
B	6620	6460	5835	6030	4995	4780
C	5260	5425	5035	4960	5895	5210

Aufgrund einer Werbekampagne im regionalen Rundfunk stiegen die Umsätze des Sonnenstudios im 1. Halbjahr diesen Jahres um jeweils 10 % gegenüber den Monaten des Vorjahres.

Berechnen Sie mithilfe einer geeigneten Matrizenverknüpfung die Umsätze in den ersten 6 Monaten diesen Jahres.

7. Bilden Sie, soweit möglich, die Matrizenprodukte $A \cdot B$ und $B \cdot A$ und überprüfen Sie die Ergebnisse mit dem GTR/CAS.

a) $A = \begin{pmatrix} 6 \\ -2 \\ 0 \end{pmatrix}$; $B = \begin{pmatrix} 4 & -3 & 1 \end{pmatrix}$

b) $A = \begin{pmatrix} 1 & 2 \\ 4 & 5 \\ 6 & -2 \end{pmatrix}$; $B = \begin{pmatrix} 6 & 3 & -4 \\ 7 & 1 & 1 \\ 0 & 3 & 5 \\ 8 & -2 & -3 \end{pmatrix}$

c) $A = \begin{pmatrix} 6 & -2 & 4 \\ 3 & 1 & -1 \\ 0 & 2 & 10 \end{pmatrix}$; $B = \begin{pmatrix} 0{,}5 & 1{,}25 & 4 \\ 3 & -1{,}5 & 0 \\ 7 & 0 & -4 \end{pmatrix}$

d) $A = \begin{pmatrix} 6 & 4 & 2 \\ 3 & 2 & 1 \end{pmatrix}$; $B = \begin{pmatrix} 1 & -2 \\ 1 & 0 \\ 0 & 1 \end{pmatrix}$

e) $A = \begin{pmatrix} 1 & 0 & 0 \\ \frac{1}{4} & \frac{1}{3} & 0 \\ 0 & \frac{1}{3} & \frac{2}{5} \end{pmatrix}$; $B = \begin{pmatrix} 4 & -2 & 8 \\ -3 & 1{,}5 & -6 \\ 2{,}5 & -1{,}25 & 5 \end{pmatrix}$

f) $A = \begin{pmatrix} 1 & 3 & 2 \\ 2 & 4 & 6 \\ -1 & 7 & -11 \end{pmatrix}$; $B = \begin{pmatrix} 43 & -23{,}5 & -5 \\ -8 & 4{,}5 & 1 \\ -9 & 5 & 1 \end{pmatrix}$

8. Bilden Sie $A \cdot B + C$ mit

$A = \begin{pmatrix} 6 & 3 & -1 \\ 4 & 7 & 5 \end{pmatrix}$; $B = \begin{pmatrix} 2 & 0 & 5 & 2 \\ 4 & 3 & 4 & 1 \\ 0 & 1 & 0 & -4 \end{pmatrix}$;

$C = \begin{pmatrix} 0 & 5 & 3 & 4 \\ 1 & 1 & -6 & 8 \end{pmatrix}$.

9. Zeigen Sie das Kommutativgesetz der Matrizenaddition, das heißt die Gültigkeit der Gleichung $A + B = B + A$, für

a) die Matrizen

$A = \begin{pmatrix} 2 & 0 & 3 \\ 5 & 2 & -2 \\ 0 & 0 & 2 \\ -6 & 3 & -5 \end{pmatrix}$; $B = \begin{pmatrix} 0 & -3 & -3 \\ 3 & 0 & 2 \\ -5 & 8 & 1 \\ 1 & 2 & 4 \end{pmatrix}$

b) zwei beliebige Matrizen A und B vom Format 2×3.

10. Zeigen Sie anhand der Matrizen A und B, dass die Matrizenmultiplikation nicht kommutativ ist.

$A = \begin{pmatrix} 2 & 3 & 0 \\ 1 & -2 & 1 \\ 0 & 4 & 3 \end{pmatrix}$; $B = \begin{pmatrix} 4 & 1 & 2 \\ 0 & 3 & 2 \\ -3 & 5 & -3 \end{pmatrix}$

11. Zeigen Sie am Beispiel der Matrizen A, B und C, dass für die Matrizenmultiplikation das **Assoziativgesetz** $(A \cdot B) \cdot C = A \cdot (B \cdot C)$ gilt, indem Sie jeweils zuerst das Produkt in den Klammern berechnen.

$A = \begin{pmatrix} 4 & 2 & 1 \\ 6 & 3 & 0 \end{pmatrix}$; $B = \begin{pmatrix} 5 & 8 & 6 & -5 \\ 1 & 0 & 3 & 0 \\ -2 & 2 & 1 & 0 \end{pmatrix}$; $C = \begin{pmatrix} 6 \\ -4 \\ 3 \\ 1 \end{pmatrix}$

12. Eine Kleinstadt im Harz stellt der Bevölkerung am Bahnhof (B), am Rathaus (R) und am Rand der Fußgängerzone (F) insgesamt 500 Fahrräder zur Verfügung. Die Räder müssen am Tag der Ausleihe spätestens bis 22:00 Uhr wieder an einem der drei Standorte abgestellt werden.

Nach einem Monat stellt man fest, dass viele Räder täglich ihren Standort wechseln, und zwar immer nach demselben Schema:

- Von den am Bahnhof entliehenen Rädern werden 5 % am Rathaus und 25 % an der Fußgängerzone zurückgestellt.
- Von den am Rathaus entliehenen Rädern werden 30 % am Bahnhof und 20 % an der Fußgängerzone zurückgestellt.
- Von den an der Fußgängerzone entliehenen Rädern werden jeweils 10 % am Rathaus und am Bahnhof zurückgestellt.

a) Bilden Sie aus diesen Angaben eine 3×3-Matrix, in deren Spalten die prozentualen Veränderungen an den drei Standorten stehen.

▸ Die Spaltensumme muss immer 1 bzw. 100 % ergeben.

b) Am 23. Juli standen am Anfang des Tages 180 Räder am Standort B, 120 am Standort R und 200 am Standort F. Ermitteln Sie die Verteilung der Räder am nächsten Morgen.

Vermischte Übungen zu 4.1

1. Eine Schülergruppe hat den Auftrag, für eine Klassenfahrt in die Lüneburger Heide die Verpflegung für den 1. Tag einzukaufen:
3 Flaschen Ketchup, 3 Gläser Senf, 100 Würstchen, 100 Brötchen, 30 Liter Limonade. Die Preise der Waren pro Stück bzw. pro Liter lauten:
2,10 €; 0,35 €; 0,90 €; 0,20 €; 0,75 €.

a) Ordnen Sie die Einzelpreise zu einem Zeilenvektor und die Mengen zu einem Spaltenvektor.

b) Bilden Sie das Matrizenprodukt und interpretieren Sie es.

2. Antes, Braun und Ciftci sind Kioskbetreiber. Sie haben bisher Cola, Limo und Bier über denselben Getränkelieferanten bezogen. Cola kostete sie im Einkauf bisher 0,40 € pro Flasche, Limo 0,25 € pro Flasche und Bier 0,30 € pro Flasche. Erfahrungsgemäß kauft Antes pro Monat von jeder Getränkesorte durchschnittlich 250 Flaschen, Braun jeweils 300 Flaschen Cola und Bier und 200 Flaschen Limo. Ciftci bestellt im Durchschnitt 270 Flaschen Cola, 240 Flaschen Limo und 500 Flaschen Bier pro Monat.
Es besteht nun die Möglichkeit für einen Wechsel zu einem neuen Lieferanten, der den drei Kioskbetreibern die Flasche Cola zu 0,30 €, die Limo zu 0,20 € pro Flasche und eine Flasche Bier für 0,40 € anbietet.
Begründen Sie, warum es sich für Antes und Braun nicht lohnt, den Lieferanten zu wechseln, und warum Ciftci das Angebot des neuen Lieferanten annehmen sollte.

3. Koch, Ludwig, Menne, Naujokat und Olbrig sind Obsthändler auf den Wochenmärkten im Hannoveraner Stadtgebiet.
Sie kaufen ihren Tagesbedarf frühmorgens auf dem Großmarkt ein. Die Mengen sind der Tabelle zu entnehmen (in kg).
Die Einkaufspreise pro kg betragen für Äpfel 0,75 €, für Birnen 0,90 €, für Erdbeeren 1,10 € und für Kirschen 4,15 €.

	K	L	M	N	O
Äpfel	100	150	200	180	180
Birnen	80	100	100	90	100
Erdbeeren	500	300	280	260	320
Kirschen	20	25	22	30	100

a) Berechnen Sie mithilfe der Multiplikation von 2 Matrizen die Höhe des Rechnungsbetrags für jeden der 5 Einkäufer.

b) Die 5 Händler haben alle etwa 95 % ihrer Obstmengen verkaufen können, und zwar zu folgenden Preisen je kg: Äpfel 1,50 €; Birnen 1,75 €; Erdbeeren 2 €; Kirschen 7,40 €.
Berechnen Sie die Umsatzerlöse der Händler.

4. Für die 100-Jahr-Feier eines Großunternehmens sind an den 4 verschiedenen Produktionsstätten Festbankette geplant, zu denen je 3 Menüs zur Auswahl stehen sollen.
5 überregionale Cateringgesellschaften (CG) sind für die Lieferung der Menüs um Angebote gebeten worden (bezogen auf Euro).

	Menü 1	Menü 2	Menü 3
CG_1	34	31	38,5
CG_2	32,5	27	40
CG_3	33,5	28,5	40
CG_4	35	28	37
CG_5	33	30	35

Der überörtliche Festausschuss soll nun entscheiden, welche Cateringgesellschaft an welchen Ort liefern soll, damit die Gesamtkosten so gering wie möglich sind. Die örtlichen Festausschüsse gehen von folgenden Menü-Mengen aus:

	Dortmund	Dresden	Hannover	Karlsruhe
Menü 1	250	50	150	80
Menü 2	150	50	140	250
Menü 3	400	100	200	100

Ermitteln Sie durch Matrizenmultiplikation die Angebote der Lieferanten für die verschiedenen Veranstaltungsorte und entscheiden Sie, welcher Service an welchen Ort zu liefern hat.

5. Berechnen Sie für das Beispiel auf Seite 159 mithilfe einer Stückliste die benötigten Einzelteile.

6. Die Impex KG bezieht aus den USA von 2 verschiedenen Lieferanten die Produkte I, II und III. Die Handelsgesellschaft tätigt ihre Käufe auf Dollarbasis; die Kaufpreise werden für die Kalkulation des Verkaufspreises in Euro umgerechnet und sind in der Tabelle aufgelistet.

	I	II	III
Brubeck Inc.	10,30	412,10	110,80
American Globe	12,10	400,20	105,30

a) Durch einen Kursanstieg des Dollars sind alle €-Preise um 10 % gestiegen. Berechnen Sie die neuen €-Preise mittels Skalarmultiplikation.

b) Ermitteln Sie durch Matrizenmultiplikation den günstigsten Lieferanten, wenn die Impex KG folgende Mengen von einem einzigen Lieferanten beziehen will:
2400 Stück von I, 560 Stück von II und 1250 Stück von III.

7. Eine chemische Fabrik stellt aus sechs Rohstoffen R_1 bis R_6 vier verschiedene Grundsubstanzen G_1 bis G_4 und aus diesen Grundsubstanzen dann fünf verschiedene Fettcremes F_1 bis F_5 her.
In den Tabellen ist angegeben, wie viele ME der Rohstoffe für je 1 ME der Grundsubstanzen bzw. wie viele ME der Grundsubstanzen für je 1 ME der Fettcremes benötigt werden.

	G_1	G_2	G_3	G_4
R_1	18	0	24	25
R_2	12	75	0	135
R_3	130	60	72	0
R_4	45	30	0	60
R_5	0	15	18	23
R_6	0	28	32	67

	F_1	F_2	F_3	F_4	F_5
G_1	18	27	60	37	84
G_2	36	60	34	0	29
G_3	17	5	0	34	26
G_4	11	5	18	21	0

a) Ermitteln Sie, wie viele Rohstoffe jeweils für eine ME der verschiedenen Fettcremes notwendig sind.

b) Berechnen Sie den gesamten Rohstoffbedarf für die wöchentliche Produktion von 2000 ME von F_1, 3200 ME von F_2, 3000 ME von F_3, 7800 ME von F_4 und 11 500 ME von F_5.

8. Anlässlich einer Lieferantenanalyse wurden an 5 Lieferanten eines bestimmten Materials für 7 verschiedene Eigenschaften Punkte vergeben. Die Punkteskala reichte von 1 für „ungenügend" bis 10 für „sehr gut".

	Müller OHG	Maier KG	Winter AG	E. Hansis	Prima
Preishöhe	4	6	2	5	6
Preissicherheit	6	5	10	7	6
Zahlungsbedingungen	5	6	5	6	6
Qualität	6	6	10	7	8
Lieferzeit	8	8	6	4	2
Termintreue	7	5	5	7	10
Kundenservice	7	5	2	1	3

Für die Ermittlung des „besten" Lieferanten, der die meisten Punkte hat, werden die 7 Eigenschaften allerdings erst noch mit Faktoren gewichtet:
Preishöhe mit Faktor 4, Preissicherheit mit Faktor 4, Zahlungsbedingungen mit Faktor 3, Qualität mit Faktor 5, Lieferzeit mit Faktor 1, Termintreue mit Faktor 5, Kundenservice mit Faktor 2.
Ermitteln Sie den „besten" Lieferanten mithilfe einer Matrizenmultiplikation.

Ich kann ...

... eine **Tabelle** in eine **Matrix** **überführen**.

1	2	4	−3
8	1	0	2
0	6	3	4

$$\Rightarrow \boldsymbol{A} = \begin{pmatrix} 1 & 2 & 4 & -3 \\ 8 & 1 & 0 & 2 \\ 0 & 6 & 3 & 4 \end{pmatrix}$$

$$\boldsymbol{M} = \begin{pmatrix} a_{11} & a_{12} & \cdots & a_{1n} \\ a_{21} & a_{22} & \cdots & a_{2n} \\ \vdots & \vdots & \ddots & \vdots \\ a_{m1} & a_{m2} & \cdots & a_{mn} \end{pmatrix}$$

... das **Format** einer Matrix benennen und die **Position** eines Matrixelements angeben.
▶ Test-Aufgabe 1

Die Matrix $\boldsymbol{A}$ hat das Format 3×4.
Sie besteht aus 3 Zeilen und 4 Spalten.
$a_{32} = 6$

Die Matrix $\boldsymbol{M}$ besteht aus m Zeilen und n Spalten. Das Element a_{rs} steht in der Zeile r und Spalte s.

... eine **Stückliste** oder ein **Verflechtungsdiagramm** interpretieren und in eine Matrix überführen sowie umgekehrt.
▶ Test-Aufgaben 2, 4

	E_1	E_2	E_3
R_1	2	1	3
R_2	1	2	3

$$\Rightarrow \boldsymbol{RE} = \begin{pmatrix} 2 & 1 & 3 \\ 1 & 2 & 3 \end{pmatrix}$$

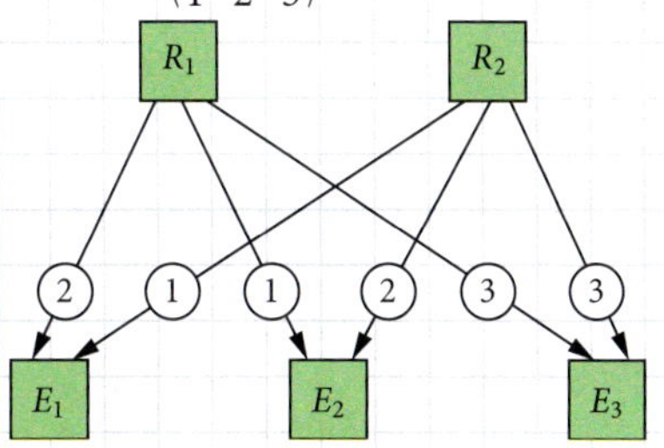

Eine Stückliste gibt an, wie viele ME der Rohstoffe (R_1, R_2) für je eine Einheit der Endprodukte (E_1, E_2, E_3) benötigt werden.
▶ Für die Herstellung von z. B. 1 ME von E_1 werden 2 ME von R_1 und 1 ME von R_2 benötigt.
Ein Verflechtungsdiagramm ist die Veranschaulichung einer Stückliste.

... Matrizen **addieren** und **subtrahieren**.
▶ Test-Aufgabe 3

$$\boldsymbol{A} = \begin{pmatrix} 1 & 2 & 4 \\ 0 & -3 & 8 \end{pmatrix}; \ \boldsymbol{B} = \begin{pmatrix} 4 & 1 & 3 \\ -6 & 2 & 1 \end{pmatrix}$$

$$\boldsymbol{A} + \boldsymbol{B} = \begin{pmatrix} 5 & 3 & 7 \\ -6 & -1 & 9 \end{pmatrix}$$

$$\boldsymbol{A} - \boldsymbol{B} = \begin{pmatrix} -3 & 1 & 1 \\ 6 & -5 & 7 \end{pmatrix}$$

Addition und Subtraktion von Matrizen setzen voraus, dass die Matrizen dasselbe Format haben.
Addiert bzw. subtrahiert wird, indem positionsgleiche Elemente addiert bzw. subtrahiert werden.

... Matrizen mit einer **reellen Zahl multiplizieren**.
▶ Test-Aufgabe 3

$$2 \cdot \begin{pmatrix} 1 & 2 & 4 \\ 0 & -3 & 8 \end{pmatrix} = \begin{pmatrix} 2 & 4 & 8 \\ 0 & -6 & 16 \end{pmatrix}$$

Jedes Matrixelement wird mit der reellen Zahl multipliziert.

... **zwei Matrizen** miteinander **multiplizieren**.
▶ Test-Aufgabe 4

$$\begin{pmatrix} 1 & 2 & 4 \\ 0 & -3 & 8 \end{pmatrix} \cdot \begin{pmatrix} 2 & 4 & -3 & 1 \\ 0 & 2 & 1 & 1 \\ 1 & -2 & 5 & 0 \end{pmatrix} = \begin{pmatrix} 6 & 0 & 19 & 3 \\ 8 & -22 & 37 & -3 \end{pmatrix}$$

Jeder Zeilenvektor der linken Matrix wird mit jedem Spaltenvektor der rechten Matrix multipliziert.

... die Voraussetzung für eine **Matrizenmultiplikation** nennen.

$$\underbrace{\boldsymbol{A}}_{3 \times 3} \cdot \underbrace{\boldsymbol{B}}_{3 \times 2} = \underbrace{\boldsymbol{C}}_{3 \times 2}$$

Die linke Matrix muss so viele Spalten haben wie die rechte Matrix Zeilen hat.

... bei einer **Güterproduktion** aus der Rohstoff-Zwischenprodukt-Matrix **RZ** und der Zwischenprodukt-Endprodukt-Matrix **ZE** die Rohstoff-Endprodukt-Matrix **RE** berechnen.
▶ Test-Aufgabe 4

$$\boldsymbol{RZ} \cdot \boldsymbol{ZE} = \boldsymbol{RE}$$

$$\begin{matrix} & Z_1 & Z_2 \\ R_1 \\ R_2 \\ R_3 \end{matrix}\begin{pmatrix} 2 & 2 \\ 4 & 1 \\ 0 & 3 \end{pmatrix} \cdot \begin{matrix} & E_1 & E_2 \\ Z_1 \\ Z_2 \end{matrix}\begin{pmatrix} 2 & 3 \\ 4 & 3 \end{pmatrix} = \begin{matrix} & E_1 & E_2 \\ R_1 \\ R_2 \\ R_3 \end{matrix}\begin{pmatrix} 12 & 12 \\ 12 & 15 \\ 12 & 9 \end{pmatrix}$$

RZ ist die Matrix der 1. Stückliste und **ZE** die Matrix der 2. Stückliste.
Die Matrix **RE** gibt an, wie viele ME der einzelnen Rohstoffe für die Produktion je einer ME der Endprodukte benötigt werden.

Test zu 4.1

1. Geben Sie das Format der Matrix $\boldsymbol{A}$ an und bestimmen Sie die Zahlenwerte für a_{12}, a_{21} und a_{43}.

$$\boldsymbol{A} = \begin{pmatrix} 2 & 4 & -7 \\ 8 & 0 & 3 \\ 12 & 1 & -4 \\ 0 & 5 & 10 \end{pmatrix}$$

2. In einem Großhandelsunternehmen werden aus Tüten mit vier unterschiedlichen Kekssorten K_1 bis K_4 drei verschiedene Gebinde G_1, G_2 und G_3 zusammengestellt.
G_1 enthält 3 Tüten mit K_1, 2 mit K_3 und 5 mit K_4.
In G_2 werden jeweils 3 Tüten mit K_1, K_2 und K_4 und eine Tüte mit K_3 gepackt. G_3 besteht aus jeweils 3 Tüten mit K_1 und K_3 und aus jeweils 2 Tüten mit K_2 und K_4.
Erstellen Sie aus diesen Angaben eine Stückliste und die zugehörige Matrix.

3. Von den vier Filialen einer Textilhandelskette in Alfeld, Braunschweig, Celle und Diepholz sind die Halbjahresumsätze für 2018 bekannt.
Im 1. Halbjahr wurden in Alfeld Waren im Wert von 8 Mio. €, in Braunschweig von 14 Mio. €, in Celle und in Diepholz von jeweils 11 Mio. € umgesetzt. Die Umsatzzahlen für das 2. Halbjahr betrugen in Alfeld 10 Mio. €, in Braunschweig 18 Mio. €, in Celle 13 Mio. € und in Diepholz 14 Mio. €.

a) Bilden Sie für jedes Halbjahr eine Matrix der Umsätze und berechnen Sie die Jahresumsätze der vier Filialen.

b) Die Geschäftsführung plant für das erste Halbjahr 2019 für jede Filiale einen Umsatz, der 10 % über den Umsätzen des ersten Halbjahres 2018 liegen soll. Berechnen Sie die Umsätze durch Skalarmultiplikation.

4. In einer Fabrik werden aus gläsernen Rohkugeln (R_1) und goldenen Streifen (R_2) drei Sorten von Weihnachtsbaumkugeln (Z_1, Z_2, Z_3) hergestellt. Diese werden in zwei unterschiedlich zusammengesetzten Schmucksets (E_1, E_2) verkauft.
Das Verflechtungsdiagramm gibt an, welcher Materialbedarf für die Weihnachtskugeln und die Schmucksets anfällt.

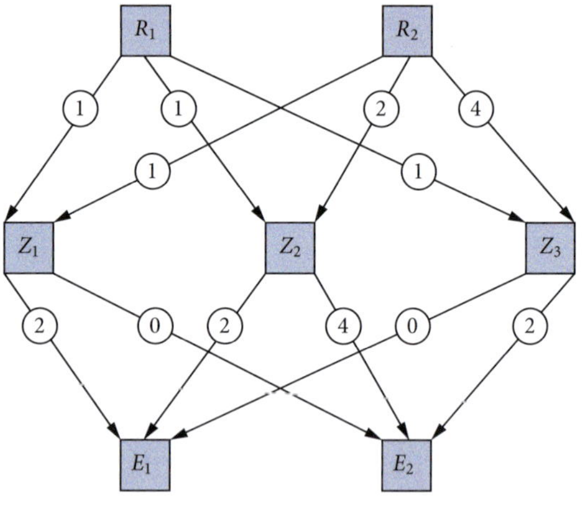

a) Stellen Sie den Materialbedarf für beide Produktionsstufen als Matrix dar.

b) Berechnen Sie den Bedarf an Rohkugeln und goldenen Streifen pro Schmuckset.

c) Die Fabrik möchte pro Woche 300 Schmucksets E_1 und 500 Schmucksets E_2 herstellen. Ermitteln Sie, wie viele Rohkugeln und goldene Streifen vorrätig sein müssen.

4 Mehrstufige Prozesse – Matrizenrechnung

4.2 Mehrstufige Produktion

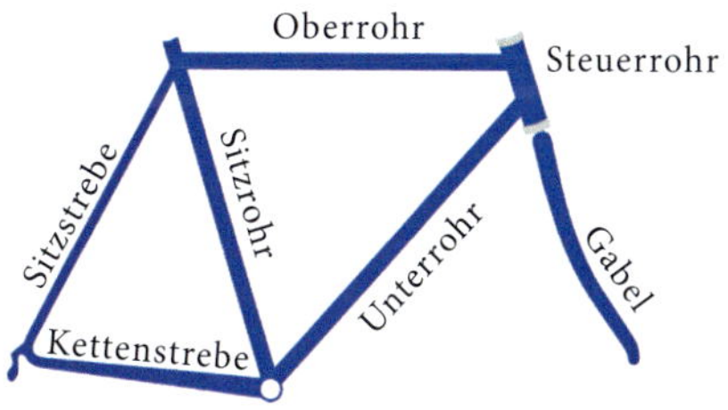

Die Fly Bike Werke GmbH stellt die Rahmen für die Fahrradmodelle *Renn Fast* und *City Surf* in ihrer Werkstatt selbst her. Als Rohstoffe dienen die Stahlrohre, die im Rohrlager mit verschiedenen Durchmessern vorrätig sind.
Das Steuerrohr und das Tretlagergehäuse benötigen die Rohrstärke R_1. Für die drei Hauptrahmenrohre (Ober-, Unter- und Sitzrohr) wird die Rohrstärke R_2 verwendet. Die jeweils zwei Sitz- und Kettenstreben werden aus der Rohrstärke R_3 gefertigt.
Allerdings ist das Oberrohr beim Modell *City Surf* eine Verstärkung des Unterrohres, da dieses Modell ein Damenfahrrad ist. Hier werden zusätzlich Stützrohre der Rohrstärke R_4 verwendet.

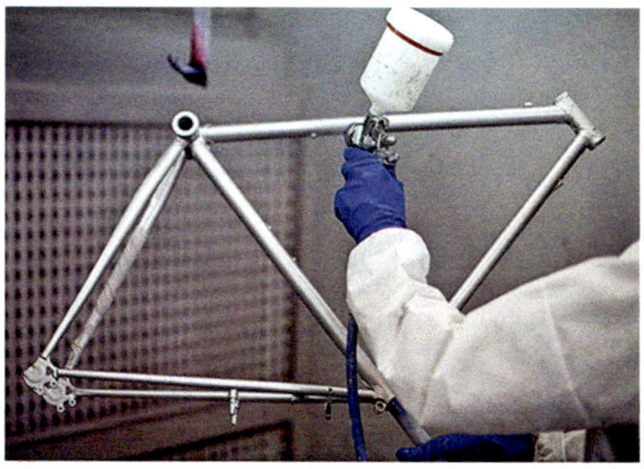

Im ersten Produktionsschritt werden die Rahmenrohre auf die benötigte Länge zugeschnitten, gefräst und gelötet. Die Roh-Rahmen für die beiden Modelle bilden die Zwischenprodukte Z_1 und Z_2.

Die Lackierung erfolgt im zweiten Produktionsschritt, wobei das Modell *Renn Fast* mit der aufwändigeren Technik pulverbeschichtet wird, während das Modell *City Surf* preisgünstiger mit Lack besprüht wird.

Die montagefertigen Rahmen der Modelle *Renn Fast* und *City Surf* bilden die Endprodukte E_1 und E_2.

Stücklisten:

	Z_1	Z_2
R_1	2	2
R_2	3	2
R_3	4	4
R_4	0	2

	E_1	E_2
Z_1	1	0
Z_2	0	1

Kosten der Stahlrohre (in € pro ME)	R_1	R_2	R_3	R_4
	3,50	4	4,30	4,50
Fertigungskosten der Roh-Rahmen (in € pro ME)			Z_1	Z_2
			30	35
Kosten für Lackierung der Rahmen (in € pro ME)			E_1	E_2
			18	12

Die Sachsenrad GmbH aus Dresden bestellt 50 Fahrräder des Modells *Renn Fast* und 30 Räder des Modells *City Surf*. In der detaillierten Rechnung sollen auch die Kosten für die lackierten Rahmen notiert werden.

▸ Aufgabe 3 auf Seite 188

Kompetenzen

- Realitätsbezogene Zusammenhänge mathematisch beschreiben
- Lösungsstrategien entwickeln

Anwendungen

Ermittlung von:

- Rohstoff- und Herstellungskosten
- Stück- und Gesamtdeckungsbeitrag
- Gewinn

4.2 Mehrstufige Produktion

Mithilfe der Matrizenrechnung lässt sich eine große Anzahl von Fragen beantworten, die im Zusammenhang mit innerbetrieblichen Verflechtungen auftreten. Insbesondere können durch Matrizenmultiplikationen einige Probleme gelöst werden, die sich aus mehrstufigen Produktionsprozessen ergeben.

4.2.1 Zweistufiger Produktionsprozess

1 Zweistufiger Produktionsprozess

Ein Unternehmen stellt in einem zweistufigen Produktionsprozess in der 1. Stufe aus den 3 Rohstoffen R_1, R_2 und R_3 die 4 Zwischenprodukte Z_1, Z_2, Z_3 und Z_4 her. Auf der 2. Stufe werden die 4 Zwischenprodukte zu den 2 Endprodukten E_1 und E_2 verarbeitet.

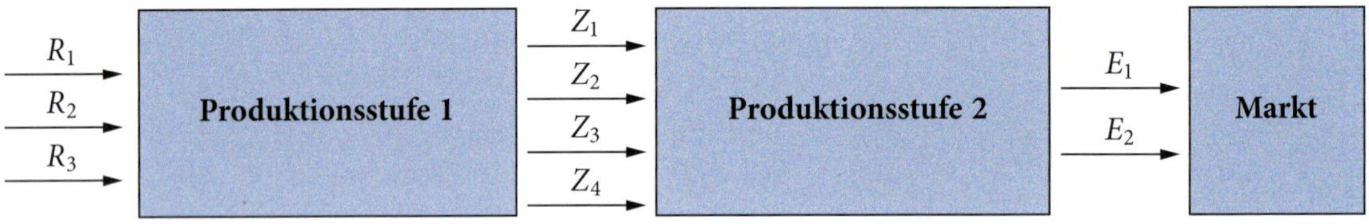

Die für die Produktion beider Stufen notwendigen Mengeneinheiten, die Rohstoffpreise sowie die Anzahl der bestellten Endprodukte eines Auftrags liegen dem Unternehmen vor:

1. Für jeweils 1 ME der Zwischenprodukte werden benötigt:
Z_1: 2 ME von R_1 und 3 ME von R_3; Z_2: 1 ME von R_1 und jeweils 4 ME von R_2 und R_3;
Z_3: 6 ME von R_2 und 1 ME von R_3; Z_4: jeweils 3 ME von R_1 und R_2 sowie 2 ME von R_3.

2. Die Produktion 1 ME von E_1 erfordert jeweils 2 ME von Z_1, Z_2 und Z_3; für 1 ME von E_2 werden 3 ME von Z_1, 6 ME von Z_2, 4 ME von Z_3 und 1 ME von Z_4 gebraucht.

3. Es liegt ein Auftrag über 25 ME von E_1 und 10 ME von E_2 vor.

Übertragen Sie die Textangaben in Tabellen und leiten Sie die entsprechenden Matrizen her.

Zu 1. Die Stückliste der 1. Produktionsstufe gibt an, wie viele Rohstoffe für je 1 ME der Zwischenprodukte notwendig sind. Die entsprechende Matrix hat das Format 3 × 4.

▶ Rohstoff-Zwischenprodukt-Matrix ***RZ***

	Z_1	Z_2	Z_3	Z_4
R_1	2	1	0	3
R_2	0	4	6	3
R_3	3	4	1	2

$$\boldsymbol{RZ} = \begin{pmatrix} 2 & 1 & 0 & 3 \\ 0 & 4 & 6 & 3 \\ 3 & 4 & 1 & 2 \end{pmatrix}$$

Zu 2. Die zweite Stückliste gibt an, wie viele Zwischenprodukte für je 1 ME der Endprodukte notwendig sind. Die aus der zweiten Stückliste hergeleitete Matrix hat das Format 4 × 2.

▶ Zwischenprodukt-Endprodukt-Matrix ***ZE***

	E_1	E_2
Z_1	2	3
Z_2	2	6
Z_3	2	4
Z_4	0	1

$$\boldsymbol{ZE} = \begin{pmatrix} 2 & 3 \\ 2 & 6 \\ 2 & 4 \\ 0 & 1 \end{pmatrix}$$

Zu 3. Die von Kunden bestellten Gesamtmengen von E_1 und E_2 können als Spaltenvektor mit 2 Elementen dargestellt werden.

▶ Produktionsvektor $\vec{p}$

	Bestellungen
E_1	25
E_2	10

$$\vec{p} = \begin{pmatrix} 25 \\ 10 \end{pmatrix}$$

Dritte Stückliste

2

Ermitteln Sie aus den Stücklisten von Beispiel 1, wie viele ME an Rohstoffen für je 1 ME der einzelnen Endprodukte erforderlich sind.

Die Multiplikation der Matrizen ***RZ*** und ***ZE*** in dieser Reihenfolge ergibt eine neue Matrix ***RE***, deren Elemente a_{ij} angeben, wie viele ME des Rohstoffs R_i für je 1 ME des Endprodukts E_j notwendig sind.
▸ Rohstoff-Endprodukt-Matrix ***RE***

Beispielsweise werden

$0 \cdot 2 + 4 \cdot 2 + 6 \cdot 2 + 3 \cdot 0 = 20$ ME

von R_2 benötigt, um 1 ME von E_1 herzustellen.

Die Elemente der Matrix ***RE*** werden in einer Tabelle – der dritten Stückliste – festgehalten.

$\boldsymbol{RE} = \boldsymbol{RZ} \cdot \boldsymbol{ZE}$ ▸ Matrizenmultiplikation

$$= \begin{pmatrix} 2 & 1 & 0 & 3 \\ 0 & 4 & 6 & 3 \\ 3 & 4 & 1 & 2 \end{pmatrix} \cdot \begin{pmatrix} 2 & 3 \\ 2 & 6 \\ 2 & 4 \\ 0 & 1 \end{pmatrix} = \begin{pmatrix} 6 & 15 \\ 20 & 51 \\ 16 & 39 \end{pmatrix}$$

	E_1	E_2
R_1	6	15
R_2	20	51
R_3	16	39

Bei der Matrizenmultiplikation muss die Spaltenanzahl der linken Matrix mit der Zeilenanzahl der rechten Matrix übereinstimmen.

Rohstoffbedarf

3

Ermitteln Sie für Beispiel 1, wie viele ME von den einzelnen Rohstoffen das Unternehmen benötigt, um den Auftrag erfüllen zu können.

Die in Beispiel 2 ermittelte Matrix ***RE*** gibt an, wie viele ME der Rohstoffe für je 1 ME der beiden Endprodukte erforderlich sind.
Multiplizieren wir diese Matrix von rechts mit dem Spaltenvektor $\vec{p}$ (▸ Produktionsvektor), so erhalten wir einen Spaltenvektor $\vec{r}$ (▸ Rohstoffvektor) mit den ME der für den Auftrag notwendigen Rohstoffe. Das Unternehmen benötigt 300 ME von R_1, 1010 ME von R_2 und 790 ME von R_3.

$\vec{r} = \boldsymbol{RE} \cdot \vec{p}$ ▸ Matrix-Vektor-Multiplikation

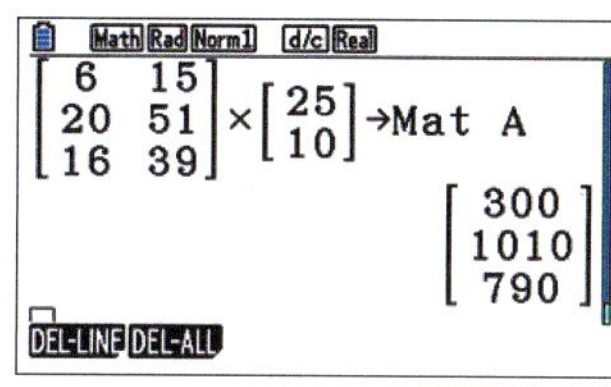

CA Die Ergebnismatrix kann mit der Taste ⊟ einer Matrizenvariablen (hier Mat A) zugewiesen werden.

1. oHiMi Ein Fertigprodukt wird aus 5 ME eines Zwischenprodukts Z_1 und 10 ME eines Zwischenprodukts Z_2 gefertigt. Für 1 ME von Z_1 benötigt man jeweils 2 ME der Rohstoffe R_1 und R_2 und für 1 ME von Z_2 4 ME von R_1 und 3 ME von R_2. Berechnen Sie, wie viele ME der Rohstoffe für 1 ME des Endprodukts benötigt werden.

2. oHiMi Die beiden Tabellen geben die erste und die zweite Stückliste einer zweistufigen Produktion wieder, in der aus Rohstoffen (R) und Zwischenprodukten (Z) die Endprodukte (E) gefertigt werden.

	Z_1	Z_2	Z_3
R_1	4	3	12
R_2	3	10	4
R_3	8	0	9
R_4	10	5	1

	E_1	E_2	E_3
Z_1	2	2	3
Z_2	4	5	0
Z_3	3	2	5

a) Erstellen Sie die dritte Stückliste, die den Bedarf an Rohstoffen für je ein Endprodukt wiedergibt.
b) Berechnen Sie den Rohstoffbedarf, wenn von E_1 100 ME, von E_2 80 ME und von E_3 150 ME produziert werden sollen.

Übungen zu 4.2.1

1. Das nebenstehende Verflechtungsdiagramm gibt die Produktion von Notizbüchern und Taschentuchboxen durch Leimung, Faser-, Füll- und Hilfsstoffe wieder. Bei der Produktion werden folgende Zwischenprodukte erzeugt: grafisches Papier, Karton und Tissue-Papier. Ein Kunde bestellt 30 Notizbücher und 50 Taschentuchboxen. Erstellen Sie die drei Stücklisten mit den zugehörigen Matrizen und berechnen Sie den gesamten Rohstoffbedarf.

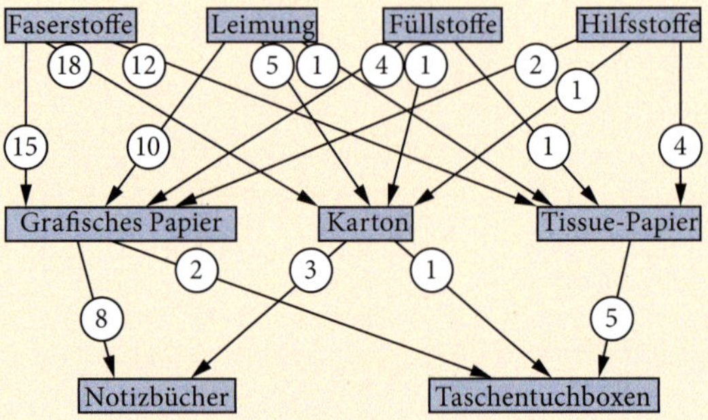

2. Der Leiter eines Betriebes mit zweistufiger Produktion hat die dritte Stückliste aufgestellt, die den Bedarf an Rohstoffen (in ME) für je ein Endprodukt wiedergibt:

	E_1	E_2	E_3	E_4	E_5	E_6	E_7	E_8
R_1	56	47	23	68	24	80	42	52
R_2	103	45	67	98	24	65	72	104
R_3	33	56	87	92	42	52	61	44
R_4	78	35	55	78	93	102	34	81
R_5	34	115	41	95	83	42	31	62

Von den Endprodukten werden jeweils 1000 ME hergestellt. Berechnen Sie den gesamten Rohstoffbedarf.

3. Ein Unternehmen stellt in einem zweistufigen Produktionsprozess in der 1. Stufe aus den 4 Rohstoffen R_1, R_2, R_3 und R_4 die drei Zwischenprodukte Z_1, Z_2 und Z_3 her. Auf der 2. Stufe werden die drei Zwischenprodukte zu drei Endprodukten E_1, E_2 und E_3 verarbeitet. Die für die Produktion notwendigen Mengeneinheiten, die Rohstoffpreise sowie die Anzahl der bestellten Endprodukte liegen dem Unternehmen vor:
Für jeweils eine Mengeneinheit der Zwischenprodukte werden benötigt:
- Z_1: 1 ME von R_1, 3 ME von R_2 und jeweils 2 ME von R_3 und R_4;
- Z_2: 2 ME von R_1 und 4 ME von R_4;
- Z_3: 3 ME von R_1, 2 ME von R_2, 4 ME von R_3 und 1 ME von R_4.

Für jeweils eine Mengeneinheit der Endprodukte werden benötigt:
- E_1: 1 ME von Z_1, 3 ME von Z_2 und 4 ME von Z_3;
- E_2: jeweils 2 ME aller Zwischenprodukte;
- E_3: 3 ME von Z_2 und 6 ME von Z_3.

a) Übertragen Sie die Textangaben in Tabellen und leiten Sie die entsprechenden Matrizen her.
b) Berechnen Sie die Anzahl der ME der einzelnen Rohstoffe für die Produktion je 1 ME der Endprodukte.
c) Berechnen Sie die benötigten Rohstoffe für 48 ME von E_1, 60 ME von E_2 und 115 ME von E_3.

4. Bei einem dreistufigen Produktionsprozess werden aus Rohstoffen Zwischenprodukte, aus den Zwischenprodukten Bauteile und aus den Bauteilen Endprodukte gemäß den drei Stücklisten hergestellt.

1. Stückliste

	Z_1	Z_2
R_1	2	4
R_2	4	1
R_3	5	3

2. Stückliste

	B_1	B_2	B_3
Z_1	12	10	10
Z_2	8	8	12

3. Stückliste

	E_1	E_2
B_1	3	5
B_2	5	6
B_3	2	3

Berechnen Sie, wie viele Bauteile und Zwischenprodukte hergestellt werden müssen und wie hoch der Rohstoffbedarf ist, wenn 200 ME von E_1 und 250 ME von E_2 produziert werden sollen.

4.2.2 Gewinnermittlung

Gewinnermittlung über Kosten und Erlöse

4

Ein Unternehmen stellt über zwei Produktionsstufen die beiden Endprodukte E_1 und E_2 her. In einer Rechnungsperiode werden 10 ME von E_1 und 30 ME von E_2 produziert und zu Preisen von 500 GE bzw. 400 GE verkauft. Die Fixkosten betragen 520 GE. Ermitteln Sie aus den obigen Angaben und den folgenden Tabellen den Gewinn in der Rechnungsperiode.

1. Stückliste
▸ Rohstoffe je 1 ME der Zwischenprodukte

	Z_1	Z_2	Z_3
R_1	2	3	4
R_2	3	1	2

2. Stückliste
▸ Zwischenprodukte je 1 ME der Endprodukte

	E_1	E_2
Z_1	2	1
Z_2	1	2
Z_3	1	3

Rohstoffpreise ▸ je 1 ME

	R_1	R_2
Preise	6	8

Herstellkosten ▸ je 1 ME

	Z_1	Z_2	Z_3	E_1	E_2
Kosten	5	7	4	12	20

Wir beginnen mit einer Analyse der vorkommenden Größen. Anschließend werden wir diese Größen in „umgekehrter Reihenfolge" rechnerisch ermitteln.

a) Der **Gewinn** G ist die Differenz aus Erlös E und Kosten K.

$$G = E - K$$

b) Der **Erlös** E setzt sich zusammen aus den Erlösen der beiden Endprodukte. Der Erlös eines Endprodukts ist das Produkt aus Verkaufspreis und verkaufter Menge.

$$E = \underbrace{\text{Preis} \cdot \text{Verkaufsmenge}}_{\text{bezogen auf } E_1} + \underbrace{\text{Preis} \cdot \text{Verkaufsmenge}}_{\text{bezogen auf } E_2}$$

c) Die **Gesamtkosten** K setzen sich zusammen aus den variablen Kosten K_v und den Fixkosten K_f.

$$K = K_v + K_f$$

d) Addieren wir das Produkt aus Stückkosten und produzierter Menge von E_1 und das Produkt aus Stückkosten und produzierter Menge von E_2, so erhalten wir die **gesamten variablen Kosten** K_v.

$$K_v = \underbrace{\text{Stückkosten} \cdot \text{Menge}}_{\text{bezogen auf } E_1} + \underbrace{\text{Stückkosten} \cdot \text{Menge}}_{\text{bezogen auf } E_2}$$

Fassen wir die variablen Stückkosten der beiden Endprodukte in einem Zeilenvektor $\vec{k}_v$ und die produzierten Mengen in einem Spaltenvektor $\vec{p}$ zusammen, so lassen sich die gesamten variablen Kosten auch als Matrizenprodukt schreiben.

$$K_v = \vec{k}_v \cdot \vec{p}$$ ▸ Matrizenprodukt

e) Die variablen **Stückkosten** eines Endprodukts sind die Kosten, die bei der Produktion von 1 ME anfallen. Sie setzen sich aus folgenden Kosten zusammen:

- Herstellkosten pro ME der Endprodukte
  ▸ Endprodukt-Fertigungskostenvektor $\vec{k}_E$
- Herstellkosten für die benötigten Zwischenprodukte pro ME der Zwischenprodukte
  ▸ Zwischenprodukt-Fertigungskostenvektor $\vec{k}_Z$
- Kosten für die benötigten Rohstoffe pro ME der Rohstoffe
  ▸ Rohstoffkostenvektor $\vec{k}_R$

$\vec{k}_E$: Herstellkosten der Endprodukte

$\vec{k}_Z$: Herstellkosten der Zwischenprodukte

$\vec{k}_R$: Rohstoffkosten

Um die variablen Stückkosten je ME der Endprodukte zu erhalten, müssen die Herstellkosten der Zwischenprodukte und die Rohstoffkosten je Mengeneinheit der Endprodukte ermittelt werden.

Die Herstellkosten der Endprodukte sind bereits je ME der Endprodukte angegeben.

Herstellkosten der Endprodukte je ME der Endprodukte: $\vec{k}_E = (12 \;\; 20)$

Um die Herstellkosten der Zwischenprodukte je ME der Endprodukte zu erhalten, multiplizieren wir die Matrix ***ZE*** der zweiten Stückliste von links mit dem Zeilenvektor $\vec{k}_Z$.

Herstellkosten der Zwischenprodukte je ME der Endprodukte:

$$\vec{k}_Z \cdot \boldsymbol{ZE} = (5 \;\; 7 \;\; 4) \cdot \begin{pmatrix} 2 & 1 \\ 1 & 2 \\ 1 & 3 \end{pmatrix} = (21 \;\; 31)$$

Um die Rohstoffkosten je ME der Endprodukte zu erhalten, benötigen wir die Matrix ***RE*** für die dritte Stückliste, in der steht, wie viele Rohstoffe pro ME der Endprodukte notwendig sind. Dazu multiplizieren wir die Matrix ***ZE*** der zweiten Stückliste von links mit der Matrix ***RZ*** der ersten Stückliste.

$$\boldsymbol{RE} = \boldsymbol{RZ} \cdot \boldsymbol{ZE} = \begin{pmatrix} 2 & 3 & 4 \\ 3 & 1 & 2 \end{pmatrix} \cdot \begin{pmatrix} 2 & 1 \\ 1 & 2 \\ 1 & 3 \end{pmatrix} = \begin{pmatrix} 11 & 20 \\ 9 & 11 \end{pmatrix}$$

▸ 3. Stückliste

Die Rohstoffkosten je ME der Endprodukte erhalten wir nun durch Multiplikation der Matrix ***RE*** der dritten Stückliste von links mit dem Zeilenvektor $\vec{k}_R$.

Rohstoffkosten je ME der Endprodukte:
$$\vec{k}_R \cdot \boldsymbol{RE} = (6 \;\; 8) \cdot \begin{pmatrix} 11 & 20 \\ 9 & 11 \end{pmatrix} = (138 \;\; 208)$$

e) Wir addieren nun die drei Arten von variablen Kosten zur Gesamtheit der variablen Kosten $\vec{k}_v$. Die Einträge von $\vec{k}_v$ stellen die Kosten dar, die bei der Produktion von 1 ME des entsprechenden Endprodukts anfallen, also die sogenannten **Stückkosten**.

$$\vec{k}_v = (12 \;\; 20) + (21 \;\; 31) + (138 \;\; 208) = (171 \;\; 259)$$

▸ Kosten je 1 ME der Endprodukte

d) Die variablen Kosten K_{var} für die Gesamtproduktion ergeben sich als Matrizenprodukt aus den Stückkosten der Endprodukte ($\vec{k}_v$) mit dem Spaltenvektor, der die Gesamtproduktion wiedergibt ($\vec{p}$).

$$K_v = \vec{k}_v \cdot \vec{p} = (171 \;\; 259) \cdot \begin{pmatrix} 10 \\ 30 \end{pmatrix} = 171 \cdot 10 + 259 \cdot 30 = 9480$$

▸ gesamte variable Kosten

c) Die Gesamtkosten K der Rechnungsperiode sind die Summe aus variablen und fixen Kosten.

$$K = K_v + K_f = 9480 + 520 = 10\,000$$ ▸ Kosten der Gesamtproduktion

b) Der Gesamterlös E ist das Matrizenprodukt aus den Verkaufspreisen (Zeilenvektor) und den verkauften Mengen (Spaltenvektor).

$$E = \vec{v} \cdot \vec{p} = (500 \;\; 400) \cdot \begin{pmatrix} 10 \\ 30 \end{pmatrix} = 500 \cdot 10 + 400 \cdot 30 = 17\,000$$ ▸ Erlös

a) Die Differenz aus Erlös und Kosten ist der gesuchte Gewinn G der Rechnungsperiode.
Er beträgt 7000 GE.

$$G = E - K = 17\,000 - 10\,000 = \mathbf{7000}$$ ▸ Gewinn

Eine zweite Möglichkeit der Gewinnermittlung besteht darin, zunächst den **Stückdeckungsbeitrag** zu ermitteln. Dabei handelt es sich um einen Zeilenvektor bestehend aus den Differenzen zwischen dem Verkaufspreis und den Stückkosten für jedes Endprodukt. Der Stückdeckungsbeitrag gibt somit an, wie viele Geldeinheiten eine Mengeneinheit jedes Produkts zur Deckung der Fixkosten beiträgt.

Gewinnermittlung über Deckungsbeiträge

5

Ermitteln Sie auf der Grundlage der Wert- und Mengenangaben aus Beispiel 4 zuerst den Stückdeckungsbeitrag und anschließend den Gewinn in der Rechnungsperiode.

Der **Stückdeckungsbeitrag** $\vec{d}$ ist die Differenz zwischen den Verkaufspreisen der Endprodukte $\vec{p}$ und ihren Stückkosten $\vec{k}_v$.

$$\vec{d} = \vec{p} - \vec{k}_v = (500 \quad 400) - (171 \quad 259) = (329 \quad 141)$$ ▸ Stückdeckungsbeitrag

Wir wissen nun, dass *eine* produzierte (und verkaufte) Mengeneinheit von E_1 genau 329 GE zur Deckung der Fixkosten beiträgt, und *eine* Mengeneinheit von E_2 genau 141 GE.
Als Nächstes berechnen wir, wie viele Geldeinheiten *alle* produzierten Mengeneinheiten aller Endprodukte zusammengenommen zur Fixkostendeckung beitragen. Dies ist der sogenannte **Gesamtdeckungsbeitrag**.

Der **Gesamtdeckungsbeitrag** D ist das Matrizenprodukt aus dem Stückdeckungsbeitrag $\vec{d}$ und dem Spaltenvektor $\vec{p}$ mit den produzierten Mengen der Endprodukte.

$$D = \vec{d} \cdot \vec{p} = (329 \quad 141) \cdot \begin{pmatrix} 10 \\ 30 \end{pmatrix}$$ ▸ Matrizenprodukt

$$= 329 \cdot 10 + 141 \cdot 30 = 7520$$ ▸ Gesamtdeckungsbeitrag

Ziehen wir vom Gesamtdeckungsbeitrag die Fixkosten ab, so erhalten wir den Gewinn G, der durch den Verkauf der Produkte erzielt wird.
Wie schon in Beispiel 4 ergibt sich ein Gewinn in Höhe von 7000 GE.

$$G = D - K_f = 7520 - 520 = \mathbf{7000}$$ ▸ Gewinn in der Rechnungsperiode

Ein Betrieb verarbeitet die Materialien M_1, M_2 und M_3 zu den Zwischenprodukten Z_1, Z_2 und Z_3 und diese Zwischenprodukte zu den Endprodukten E_1, E_2 und E_3. Die folgenden Stücklisten geben an, wie viele ME der einzelnen Materialien zu je einer ME eines Zwischenprodukts bzw. wie viele der einzelnen Zwischenprodukte für je 1 ME der Endprodukte benötigt werden.

	Z_1	Z_2	Z_3
M_1	1	4	3
M_2	2	2	4
M_3	2	2	2

	E_1	E_2	E_3
Z_1	2	3	4
Z_2	1	2	2
Z_3	2	1	2

- Die Verkaufspreise für die Endprodukte betragen jeweils 2000 GE pro ME.
- Die fixen Kosten belaufen sich auf 40 000 GE.
- Die Materialkosten für M_1, M_2, M_3 betragen 10 GE, 15 GE bzw. 20 GE pro ME.
- Die Fertigungskosten bei der Produktion der Zwischenprodukte betragen pro ME jeweils 80 GE für Z_1, 100 GE für Z_2 und 120 GE für Z_3.
- Die Fertigungskosten für die Endprodukte betragen pro ME der Endprodukte 410 GE bei E_1, 510 GE bei E_2 und 620 GE bei E_3.

a) In der letzten Rechnungsperiode wurden insgesamt 130 ME von E_1, 175 ME von E_2 und 150 ME von E_3 hergestellt und verkauft. Berechnen Sie den Gewinn.

b) Diskutieren Sie, ob man die Produktion von E_3 einstellen sollte.

Beim Rechnen mit Matrizen, die aus zweistufigen Produktionsprozessen hervorgehen, gibt es einige „Kniffe", die man beachten sollte.

1. Preise und Kosten sollten als Zeilenvektoren formuliert werden. Mit diesen Zeilenvektoren muss dann immer von links multipliziert werden.
2. Mengen sollten als Spaltenvektoren formuliert werden. Mit diesen Spaltenvektoren muss dann immer von rechts multipliziert werden.
3. Eine Beschriftung der Matrizen am linken und am oberen Rand (wie in einer Tabelle) erleichtert das Multiplizieren von zwei Matrizen. Das Produkt der beiden Matrizen ist dann immer eine Matrix, die am linken Rand den linken Rand der linken Matrix und am oberen Rand den oberen Rand der rechten Matrix besitzt. Daraus lässt sich leicht die Bedeutung der Matrixelemente ablesen.

$$\boldsymbol{RZ}\cdot\boldsymbol{ZE} = \begin{matrix} & Z_1 & Z_2 & Z_3 & Z_4 \\ R_1 & 2 & 1 & 0 & 3 \\ R_2 & 0 & 4 & 6 & 3 \\ R_3 & 3 & 4 & 1 & 2 \end{matrix} \cdot \begin{matrix} & E_1 & E_2 \\ Z_1 & 2 & 3 \\ Z_2 & 2 & 6 \\ Z_3 & 2 & 4 \\ Z_4 & 0 & 1 \end{matrix} = \begin{matrix} & E_1 & E_2 \\ R_1 & 6 & 15 \\ R_2 & 20 & 51 \\ R_3 & 16 & 39 \end{matrix} = \boldsymbol{RE}$$

▶ Die Informationen über die Zwischenprodukte, die in den Matrizen ***RZ*** und ***ZE*** stecken, gehen im Produkt ***RE*** verloren.

4. Umgekehrt lässt sich aber auch aus einer gesuchten Matrix darauf schließen, welche Matrizen miteinander multipliziert werden müssen.
Gesucht sind z.B. die Herstellkosten für die Zwischenprodukte je Endprodukt, also ein Zeilenvektor mit dem linken Rand „Herstellkosten Zwischenprodukte" und dem oberen Rand „Endprodukte":

$$\begin{matrix} & E_1 & E_2 \\ k_Z & (* & *). \end{matrix}$$

Daraus können wir schließen, dass die linke Matrix mit k_Z am linken Rand und die rechte Matrix mit E_1 und E_2 am oberen Rand beschriftet sein müssen. Außerdem muss die linke Matrix am oberen Rand dieselbe Beschriftung haben wie die rechte Matrix am linken Rand. Unter den Matrizen, die bei einer zweistufigen Produktion Verwendung finden, kommen daher nur folgende in Frage:

$$\vec{k}_Z\cdot\boldsymbol{ZE} = \begin{matrix} & Z_1 & Z_2 & Z_3 & Z_4 \\ k_Z & (* & * & * & *) \end{matrix} \cdot \begin{matrix} & E_1 & E_2 \\ Z_1 & * & * \\ Z_2 & * & * \\ Z_3 & * & * \\ Z_4 & * & * \end{matrix} = \begin{matrix} & E_1 & E_2 \\ k_Z & (* & *) \end{matrix}$$

▶ $\vec{k}_Z$ gibt die Herstellkosten je Zwischenprodukt wieder. Die zweite Stückliste ***ZE*** gibt an, wie viele ME der Zwischenprodukte für die Herstellung jeweils einer ME der Endprodukte benötigt werden.

1. oHi Mi Bei einer zweistufigen Produktion bezeichnet $\vec{k}_R$ den Zeilenvektor zu den Rohstoffpreisen, $\vec{v}_E$ den Zeilenvektor zu den Verkaufspreisen der Endprodukte, ***RZ*** die Matrix zur ersten Stückliste, ***ZE*** die Matrix zur zweiten Stückliste, $\vec{k}_Z$ den Zeilenvektor zu den Kosten der Herstellung der Zwischenprodukte, $\vec{k}_E$ den Zeilenvektor zu den Kosten der Herstellung der Endprodukte, $\vec{p}$ den Spaltenvektor zur Gesamtproduktion der Endprodukte.
Interpretieren Sie jeweils das Ergebnis der folgenden Multiplikationen:

a) $\boldsymbol{ZE}\cdot\vec{p}$ b) $\vec{k}_Z\cdot\boldsymbol{ZE}$ c) $\vec{k}_R\cdot\boldsymbol{RZ}\cdot\boldsymbol{ZE}$ d) $\vec{k}_Z\cdot\vec{p}$ e) $\vec{v}_E\cdot\vec{p}$ f) $\vec{k}_R\cdot\boldsymbol{RZ}$

2.

a) Begründen Sie, warum man nicht generell bei Kenntnis der Rohstoff-Zwischenprodukt-Matrix ***RZ*** und der Rohstoff-Endprodukt-Matrix ***RE*** auf die Zwischenprodukt-Endprodukt-Matrix schließen kann.

b) Zeigen Sie, dass mit $\boldsymbol{RZ} = \begin{pmatrix} 2 & 2 & 2 \\ 4 & 1 & 3 \\ 3 & 2 & 1 \end{pmatrix}$ und $\boldsymbol{RE} = \begin{pmatrix} 36 & 14 & 18 \\ 50 & 21 & 22 \\ 40 & 12 & 19 \end{pmatrix}$ die Elemente der Matrix ***ZE*** berechnet werden können.
Ermitteln Sie ***ZE***.

Übungen zu 4.2.2

1. Ein Unternehmen verkauft aus seinem Produktsortiment 53 ME zu 186 €, 49 ME zu 254 €, 212 ME zu 683 €, 120 ME zu 227 € und 28 ME zu 439 €.

a) Berechnen Sie den Verkaufserlös.

b) Berechnen Sie den Gewinn, wenn die gesamten variablen Kosten 143 544 € und die anrechenbaren Fixkosten 16 093 € betragen.

2. Ein Unternehmen fertigt drei verschiedene Bauteile (B_1, B_2, B_3) an, die Stückkosten von 1569 €, 1297 € bzw. 2003 € verursachen und zu Preisen von 1875 €, 1725 € bzw. 2483 € verkauft werden.

a) In einem Monat werden 200 Stück, 350 Stück bzw. 400 Stück hergestellt und verkauft. Berechnen Sie den gesamten Deckungsbeitrag.

b) Die Fixkosten betragen 153 000 €. Berechnen Sie den Monatsgewinn.

3. Zur Aufbesserung der Klassenkasse wollen Schülerinnen und Schüler auf einem Schulfest verschiedene Kuchen (K_1, K_2, K_3, K_4) verkaufen. Dazu werden aus den sechs Rohstoffen Mehl (R_1), Butter (R_2), Zucker (R_3), Milch (R_4), Puddingpulver (R_5) und Himbeeren (R_6) die drei Zwischenprodukte Teig (Z_1), Belag A (Z_2) und Belag B (Z_3) hergestellt und aus diesen schließlich die Kuchen.

Die erste Tabelle gibt den Rohstoffbedarf (in ME) pro Zwischenprodukt an. In der zweiten Tabelle sind die Zwischenprodukte (in ME) aufgelistet, die pro Kuchen benötigt werden.

	Z_1	Z_2	Z_3
R_1	2	0	0
R_2	1	0	0
R_3	1	1,5	1
R_4	1	0	0,5
R_5	0	0,5	0
R_6	0	1	3

	K_1	K_2	K_3	K_4
Z_1	2	2	2	2
Z_2	2	0	1	3
Z_3	2	4	1	0

Mehl, Butter, Zucker, Milch, Puddingpulver bzw. Himbeeren kosten 2, 6, 2, 3, 1 bzw. 4 GE.

Für die Herstellung der Zwischenprodukte und der Kuchen sind unterschiedliche Stromkosten (in GE pro ME) nötig, die in der nächsten Tabelle aufgelistet sind:

Z_1	Z_2	Z_3	K_1	K_2	K_3	K_4
0,5	0,1	0,1	1	1	0,75	0,6

Die Schülerinnen und Schüler planen, jeweils 10 ME von K_1 und K_2, 20 ME von K_3 und 5 ME von K_4 zu backen. Sie rechnen damit, jeden Kuchen für 100 GE verkaufen zu können.

a) Berechnen Sie für den Einkauf der Rohstoffe, wie viele ME der einzelnen Rohstoffe für jeweils eine ME der verschiedenen Kuchen notwendig sind.

b) Ermitteln Sie, wie viele ME der einzelnen Rohstoffe für den geplanten Kuchenverkauf schließlich eingekauft werden müssen.

c) Berechnen Sie die Höhe der Stromkosten, die die Herstellung der geplanten Kuchen verursacht.

d) Errechnen Sie die Höhe aller variablen Kosten.

e) Berechnen Sie den geplanten Verkaufserlös.

f) Ermitteln Sie den Gewinn, der in die Klassenkasse abgeführt werden kann.

4. Berechnen Sie mit den Daten aus Aufgabe 3 den Gewinn, indem Sie den Stückdeckungsbeitrag jedes einzelnen Kuchens ermitteln.

5. Ein Unternehmen stellt in einem Betrieb drei Produkte her. P_1 verursacht Stückkosten von 400 €, P_2 von 420 € und P_3 von 450 €. Die Produkte werden zu 500 €, 720 € bzw. 410 € verkauft.

a) Ermitteln Sie den Stückdeckungsbeitrag der drei Produkte.

b) Die kaufmännische Leitung des Unternehmens beabsichtigt, sich zu einer Konferenz zu treffen, um über die Zukunft von P_3 zu beraten.
Stellen Sie für diese Konferenz als Diskussionsgrundlage Argumente zusammen, die für und gegen eine weitere Produktion von P_3 sprechen.

Vermischte Übungen zu 4.2

1. In einem zweistufigen Betrieb sind die variablen Stückkosten für vier Endprodukte (E_1, E_2, E_3, E_4) bekannt: Die Rohstoffkosten pro Endprodukt betragen 135 €, 164 €, 109 € bzw. 183 €; die Herstellung der Zwischenprodukte verursacht Kosten pro Endprodukt von 44 €, 43 €, 65 € bzw. 98 €; für jedes Endprodukt fallen noch einmal 24 €, 17 €, 23 € bzw. 31 € an. Berechnen Sie die gesamten variablen Kosten für einen Auftrag über 140 Stück für E_1, 215 Stück für E_2, 174 Stück für E_3 und 88 Stück für E_4.

2. In einem zweistufigen Produktionsprozess werden zuerst aus den 4 Einzelteilen T_1, T_2, T_3 und T_4 die 3 Bauteile B_1, B_2 und B_3 und aus diesen dann die 3 Endprodukte E_1, E_2 und E_3 hergestellt.
Das Verflechtungsdiagramm gibt die Einsatzmengen je Bauteil bzw. je Endprodukt an:

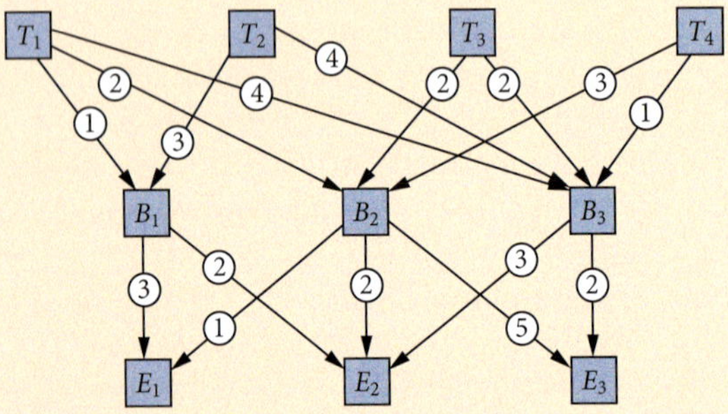

Die Kosten (in €) für die Einzelteile, die Herstellung der Bauteile und die Fertigung der Endprodukte können der folgenden Tabelle entnommen werden:

T_1	T_2	T_3	T_4	B_1	B_2	B_3	E_1	E_2	E_3
40	45	50	30	12	16	15	128	240	232

Die Verkaufspreise der Endprodukte betragen je Stück 1200 € für E_1 und je 3000 € für E_2 und E_3.

a) Stellen Sie die beiden Stücklisten auf.

b) Berechnen Sie die Kosten für die Einzelteile je Endprodukt und die Herstellungskosten der Bauteile je Endprodukt.

c) Berechnen Sie die Deckungsbeiträge je Endprodukt.

3. Ermitteln Sie die Kosten der lackierten Rahmen für die von der Sachsenrad GmbH bestellten Räder (Seite 179).

4. In einem Unternehmen werden aus drei Rohstoffen vier verschiedene Zwischenprodukte gefertigt, die selbst wieder der Herstellung von zwei verschiedenen Endprodukten dienen. Die 1. Tabelle gibt den Rohstoffbedarf (bezogen auf ME) für 1 ME der Zwischenprodukte und die 2. Tabelle den Bedarf an Zwischenprodukten für je 1 ME der Endprodukte an.

	Z_1	Z_2	Z_3	Z_4
R_1	3	3	6	7
R_2	4	0	2	5
R_3	5	8	1	0

	E_1	E_2
Z_1	5	6
Z_2	2	0
Z_3	0	5
Z_4	3	4

a) Berechnen Sie, wie viele Mengeneinheiten der verschiedenen Rohstoffe für die Herstellung je ME eines Endprodukts erforderlich sind.

b) Ermitteln Sie die gesamten Mengeneinheiten je Rohstoff, wenn 420 ME von E_1 und 750 ME von E_2 produziert werden.

c) Die Rohstoffpreise betragen 25 €, 51 € bzw. 37,50 € je ME. Bestimmen Sie die Rohstoffkosten der in b) genannten Gesamtproduktion.

5. Das Unternehmen Compelec braucht zur Fertigung seiner Mikroprozessoren M_1, M_2, M_3 und M_4 die Einzelteile E_1, E_2 und E_3. Die pro Mikroprozessor benötigten Einzelteile ergeben sich aus der nachstehenden Tabelle.

	M_1	M_2	M_3	M_4
E_1	2	8	6	4
E_2	4	4	0	8
E_3	0	2	4	4

Das Unternehmen stellt aus den Mikroprozessoren die Geräte G_1, G_2 und G_3 her. Die Anzahl der pro Gerät benötigten Mikroprozessoren ergibt sich aus der folgenden Tabelle.

	G_1	G_2	G_3
M_1	2	3	4
M_2	1	2	2
M_3	0	1	1
M_4	1	0	1

Die Preise pro Einzelteil betragen 0,25 GE für E_1, 2,40 GE für E_2 und 16,50 GE für E_3.
Compelec plant die Produktion von 100 Geräten G_1, 300 Geräten G_2 und 200 Geräten G_3.

Analysieren Sie die Einzelteilkosten der geplanten Produktion.

a) Berechnen Sie die Kosten der Einzelteile pro Gerät.
b) Bestimmen Sie, wie teuer die in der Gesamtproduktion verwendeten Einzelteile sind.

6. In einem dreistufigen Produktionsprozess werden aus 3 verschiedenen Rohstoffen R_1, R_2 und R_3 die 4 Einzelteile E_1, E_2, E_3 und E_4 hergestellt, aus denen 3 Halbfertigfabrikate H_1, H_2 und H_3 produziert werden.
Die Halbfertigfabrikate dienen selbst wieder der Produktion von 2 verschiedenen Endprodukten P_1 und P_2.
Die Tabellen geben an, wie viele Mengeneinheiten der benötigten Input-Güter in je 1 ME des Outputs eingehen.

	E_1	E_2	E_3	E_4
R_1	3	1	4	6
R_2	2	2	1	2
R_3	1	2	1	3

	H_1	H_2	H_3
E_1	3	1	1
E_2	4	1	4
E_3	0	2	3
E_4	2	3	0

	P_1	P_2
H_1	6	13
H_2	11	8
H_3	2	1

a) Bestimmen Sie, wie viele Rohstoffe für je ein Halbfertigfabrikat nötig sind.
b) Bestimmen Sie, wie viele Einzelteile für je ein Endprodukt nötig sind.
c) Ermitteln Sie, wie viele Rohstoffe in je ein Endprodukt eingehen.
d) Berechnen Sie die Rohstoffmengen für die Produktion von je 500 Stück von P_1 und P_2.
e) Die Rohstoffkosten betragen (je 1 ME) 4 € für R_1, 2,50 € für R_2 und 4,50 € für R_3. Bestimmen Sie die gesamten Rohstoffkosten.

7. Ein kleines Unternehmen fertigt 3 verschiedene Gehäusekästen, die in verschiedenen Kombinationen zu 5 verschiedenen Verkaufslosen verpackt werden. Die Teileverwendung für je 1 Gehäuse kann der 1. Tabelle, die Art der Zusammenstellung für den Verkauf der 2. Tabelle entnommen werden. Die 3. Tabelle gibt die Kosten der Teile pro Stück (in €) wieder.

	G_1	G_2	G_3
Seitenwand T_1	2	2	1
Vorder- und Rückwand T_2	2	1	2
Oberschale T_3	1	1	1
Unterschale T_4	1	1	1
Befestigungsecken T_5	8	6	6
Verstrebungen T_6	12	4	8
Scharniere T_7	4	4	2
Muttern T_8	48	40	20
Schrauben T_9	48	40	20
Nieten T_{10}	16	12	40

	L_1	L_2	L_3	L_4	L_5
G_1	1	1	2	4	2
G_2	1	2	2	0	0
G_3	1	1	2	2	4

T_1	T_2	T_3	T_4	T_5
6	1,50	2	2	0,20
T_6	T_7	T_8	T_9	T_{10}
3	0,60	0,65	0,30	0,25

a) Berechnen Sie, wie viele Teile jeweils für je eines der fünf Verkaufslose benötigt werden.
b) Ermitteln Sie die Teilekosten je Verkaufslos.

8. Die Frebek GmbH stellt in einem zweistufigen Produktionsprozess zuerst aus vier verschiedenfarbigen Garnen (G) drei unterschiedliche Stoffbahnen (S) her. Aus diesen Stoffen werden unter anderem vier Trikots (T) produziert.
Die untenstehenden Matrizen zeigen, wie viele ME der Garne zur Herstellung von 1 ME der Stoffe (***GS***) bzw. wie viele ME der Stoffe zur Herstellung je eines Trikots (***ST***) benötigt werden.

$$\boldsymbol{GS} = \begin{pmatrix} 2 & 4 & 0 \\ 3 & 1 & 2 \\ 0 & 3 & 3 \\ 3 & 1 & 2 \end{pmatrix}; \; \boldsymbol{ST} = \begin{pmatrix} 1 & 3 & 1 & 1 \\ 2 & 0 & 3 & 1 \\ 2 & 2 & 1 & 1 \end{pmatrix}$$

Die Kosten für Garn, die variablen Fertigungskosten für die Stoffbahnen und die variablen Fertigungskosten je Trikot sind den nachstehenden Tabellen zu entnehmen.

	G_1	G_2	G_3	G_4
GE je ME	2	0,5	1	1,5

	S_1	S_2	S_3
GE je ME	5	6	4

	T_1	T_2	T_3	T_4
GE je ME	22	18	26	20

Die Frebek GmbH verkauft die Trikots und die Stoffbahnen zu folgenden Preisen:

	S_1	S_2	S_3
GE je ME	50	60	50

	T_1	T_2	T_3	T_4
GE je ME	150	130	145	90

a) Berechnen Sie die Garnkosten und die variablen Fertigungskosten der Stoffbahnen für je eine ME der Trikots.

b) Ein Kunde erteilt einen Auftrag über 500 ME der Trikots T_1, 200 ME der Trikots T_2, 400 ME der Trikots T_3 und 100 ME der Trikots T_4. Außerdem bestellt er 100 ME der Stoffbahn S_1, 50 ME der Stoffbahn S_2 und 10 ME der Stoffbahn S_3. Die Fixkosten für diesen Auftrag betragen 45 000 GE.
Ermitteln Sie die Gesamtkosten und den Gesamtgewinn für diesen Auftrag.

9. Für eine zweistufige Produktion soll – bei vorgegebenem Auftragsvolumen – der Gewinn ermittelt werden.

a) Erläutern Sie einen möglichen Lösungsweg.

b) Geben Sie den Lösungsweg an, der mit möglichst wenigen Matrizenmultiplikationen auskommt.

10. In einem zweistufigen Produktionsprozess werden zunächst aus vier Fruchtgummisorten F_1, F_2, F_3 und F_4 drei verschieden bestückte Tütenmischungen T_1, T_2 und T_3 hergestellt. Das Verflechtungsdiagramm zeigt die Zusammensetzungen.

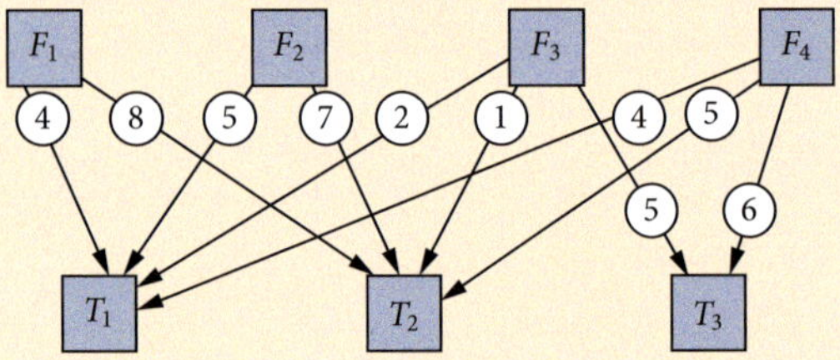

Jeweils 100 Tüten werden dann in einer Box verkauft. Der Hersteller bietet vier Boxen B_1, B_2, B_3 und B_4 in unterschiedlicher Zusammenstellung an:

	B_1	B_2	B_3	B_4
T_1	50	20	0	30
T_2	50	50	30	35
T_3	0	30	70	35

Die nächste Tabelle zeigt die Rohstoffkosten der Fruchtgummis für jeweils 1000 Stück sowie die Kosten für die Bestückung der Tüten für jeweils 100 Tüten. ▶ Angaben in GE

	F_1	F_2	F_3	F_4	T_1	T_2	T_3
Kosten	30	20	35	10	21	25	22

Die Herstellung einer Box kostet 5 GE.
Die Verkaufserlöse der Boxen betragen 140 GE, 150 GE, 180 GE bzw. 160 GE.

a) Stellen Sie mithilfe von zwei Matrizen den jeweiligen Materialeinsatz von Fruchtgummis bzw. Mischungsbeuteln in den Produktionsstufen dar.

b) Berechnen Sie mithilfe der Matrizenrechnung, wie viele Fruchtgummis F_1 bis F_4 jeweils für eine Box B_1 bis B_4 erforderlich sind.

c) Berechnen Sie die Rohstoffkosten je Box B_1 bis B_4.

d) Berechnen Sie die Kosten für die Bestückung der Tüten je Box.

e) Ermitteln Sie die Deckungsbeiträge je Box.

f) Bestimmen Sie den Gewinn bei einem Verkauf von jeweils 200 Boxen B_1 bis B_4, wenn die Fixkosten 13 000 GE betragen.

Ich kann …

… die **Rohstoffkosten** pro ME der Endprodukte berechnen. ▶ Test-Aufgabe 1	$\vec{k}_R \cdot \boldsymbol{RE}$ $(8\ \ 15\ \ 16) \cdot \begin{pmatrix} 8 & 6 \\ 13 & 11 \\ 5 & 5 \end{pmatrix} = (339\ \ 293)$	Der Zeilenvektor $\vec{k}_R$ enthält die Rohstoffkosten je ME der Rohstoffe. ***RE*** ist die Rohstoff-Endprodukt-Matrix.
… die **Herstellungskosten der Zwischenprodukte** pro ME der Endprodukte berechnen. ▶ Test-Aufgabe 1	$\vec{k}_Z \cdot \boldsymbol{ZE}$ $(5\ \ 6) \cdot \begin{pmatrix} 3 & 1 \\ 2 & 4 \end{pmatrix} = (27\ \ 29)$	Der Zeilenvektor $\vec{k}_Z$ enthält die Herstellungskosten je ME der Zwischenprodukte. ***ZE*** ist die Zwischenprodukt-Endprodukt-Matrix.
… die **gesamten variablen Kosten** $\vec{k}_v$ pro ME der Endprodukte berechnen. ▶ Test-Aufgabe 1	$\vec{k}_v = \vec{k}_R \cdot \boldsymbol{RE} + \vec{k}_Z \cdot \boldsymbol{ZE} + \vec{k}_E$ $\vec{k}_v = (339\ \ 293) + (27\ \ 29) + (100\ \ 200) = (466\ \ 522)$	Der Zeilenvektor $\vec{k}_E$ enthält die Herstellungskosten der Endprodukte. Die gesamten variablen Stückkosten je ME setzen sich zusammen aus den Rohstoffkosten, den Herstellungskosten der Zwischenprodukte und den Herstellungskosten der Endprodukte je ME.
… die **gesamten variablen Kosten** K_v für eine gegebene Produktion $\vec{p}$ berechnen. ▶ Test-Aufgabe 1	$K_v = \vec{k}_v \cdot \vec{p}$ $K_v = (466\ \ 522) \cdot \begin{pmatrix} 50 \\ 70 \end{pmatrix} = 59\,840$	Der Spaltenvektor $\vec{p}$ enthält die ME der zu produzierenden Endprodukte.
… den **Erlös** E für den gegebenen Absatz $\vec{p}$ berechnen. ▶ Test-Aufgabe 1	$E = \vec{v} \cdot \vec{p}$ $E = (800\ \ 600) \cdot \begin{pmatrix} 50 \\ 70 \end{pmatrix} = 82\,000$	Der Zeilenvektor $\vec{v}$ enthält die Verkaufspreise der Endprodukte. Erlös = Preis mal Menge
… den **Gewinn** G ermitteln. ▶ Test-Aufgabe 1	$G = E - K_v - K_f$ $G = 82\,000 - 59\,840 - 10\,000 = 12160$	Gewinn = Erlös minus Kosten
… den **Stückdeckungsbeitrag** $\vec{d}$ aus den Verkaufspreisen $\vec{v}$ und den variablen Stückkosten $\vec{k}_v$ berechnen. ▶ Test-Aufgabe 2	$\vec{d} = \vec{v} - \vec{k}_v$ $\vec{d} = (800\ \ 600) - (466\ \ 522) = (334\ \ 78)$	Der Stückdeckungsbeitrag ist die Differenz aus Verkaufspreis und variablen Stückkosten. Er gibt an, wie viele Geldeinheiten jedes Endprodukt zur Deckung der Fixkosten beiträgt.
… den **Gesamtdeckungsbeitrag** D berechnen. ▶ Test-Aufgabe 2	$D = \vec{d} \cdot \vec{p}$ $D = (334\ \ 78) \cdot \begin{pmatrix} 50 \\ 70 \end{pmatrix} = 22\,160$	Der Gesamtdeckungsbeitrag ist das Produkt aus den Stückdeckungsbeiträgen und der produzierten Gesamtmenge. Er gibt an, wie viele Geldeinheiten die Gesamtproduktion zur Deckung der Fixkosten beiträgt.
… den **Gewinn** G mithilfe des Gesamtdeckungsbeitrags berechnen. ▶ Test-Aufgabe 2	$G = D - K_f$ $G = 22\,160 - 10\,000 = 12\,160$	Vom Gesamtdeckungsbeitrag müssen die Fixkosten abgezogen werden, um den Gewinn zu erhalten.

Test zu 4.2

1. Ein Industrieunternehmen stellt aus vier Rohstoffen drei Zwischenprodukte her und in einer zweiten Produktionsstufe aus den Zwischenprodukten drei Fertigerzeugnisse. Die beiden Verflechtungsdiagramme zeigen den Teilefluss mit den Angaben der Mengeneinheiten (ME), die für je eine Mengeneinheit der nachgeordneten Produktionsstufe benötigt werden.

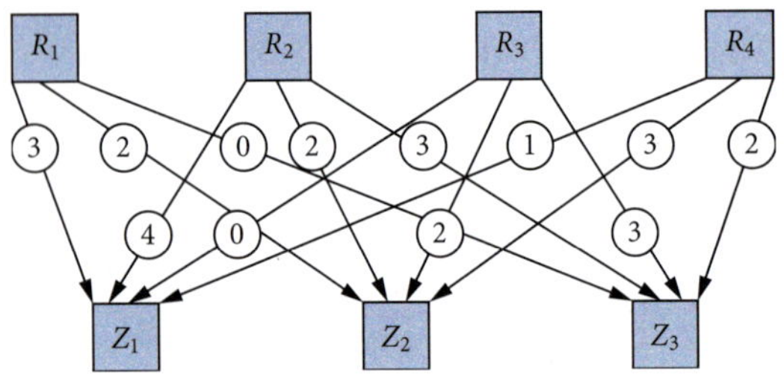

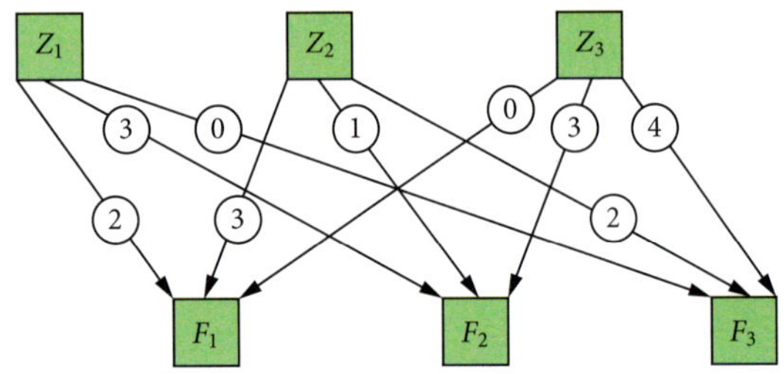

a) Bestimmen Sie, wie viele ME der Rohstoffe R_1, R_2, R_3 und R_4 jeweils für je eine ME der Fertigerzeugnisse F_1, F_2 und F_3 erforderlich sind.

b) Die Rohstoffkosten je ME betragen 3 € für R_1, 2 € für R_2, 4 € für R_3 und 2,50 € für R_4.
Berechnen Sie die Rohstoffkosten je Zwischenerzeugnis und je Fertigerzeugnis.

c) Untersuchen Sie, wie viele ME der Rohstoffe jeweils für eine Monatsproduktion von 800 ME von F_1, 750 ME von F_2 und 900 ME von F_3 benötigt werden.

d) Neben den Rohstoffkosten fallen monatlich 120 000 € fixe Kosten und folgende variable Produktionskosten (je ME) an: 6 € für Z_1, 7,50 € für Z_2, 5 € für Z_3, 25 € für F_1, 30 € für F_2 und 24 € für F_3.
Berechnen Sie die Gesamtkosten für die Monatsproduktion von c).

e) Ermitteln Sie den monatlichen Gewinn unter den Bedingungen von c) und d), wenn beim Verkauf von je einem Fertigerzeugnis F_1, F_2 und F_3 folgende Preise erzielt werden: 300 €, 240 € bzw. 320 €.

2. Ein pharmazeutischer Betrieb stellt die Grundsubstanzen G_1, G_2 und G_3 her. Dazu werden aus den Rohstoffen R_1, R_2 und R_3 auf der 1. Produktionsstufe die Zwischenprodukte Z_1, Z_2, Z_3 und Z_4 gefertigt, die dann auf der 2. Produktionsstufe zu den Grundsubstanzen weiterverarbeitet werden. Die beiden Stücklisten geben den Bedarf an Rohstoffen bzw. Zwischenprodukten wieder:

	Z_1	Z_2	Z_3	Z_4
R_1	0	2	4	2
R_2	4	2	2	6
R_3	6	4	8	0

▸ Angaben in ME pro ME

	G_1	G_2	G_3
Z_1	3	2	1
Z_2	2	2	1
Z_3	1	1	4
Z_4	2	1	2

Die Rohstoffkosten, die Herstellkosten der Zwischenprodukte auf der 1. Produktionsstufe sowie die Herstellkosten der Grundsubstanzen auf der 2. Produktionsstufe sind wie folgt: ▸ GE pro ME

	R_1	R_2	R_3	Z_1	Z_2	Z_3	Z_4	G_1	G_2	G_3
Kosten	2	1	3	1	2	3	4	10	11	14

Bei der Produktion entstehen fixe Kosten in Höhe von 4372 GE.

a) Ermitteln Sie die Matrix, die den Rohstoffbedarf für 1 ME jeder Grundsubstanz angibt.

b) Bestimmen Sie den Stückdeckungsbeitrag der Grundsubstanzen, wenn diese zu Preisen von 200 GE, 200 GE bzw. 260 GE verkauft werden.

c) Berechnen Sie den Gesamtdeckungsbeitrag und den Gewinn in einer Periode, in der 75 ME von G_1, 70 ME von G_2 und 60 ME von G_3 hergestellt werden.

4 Mehrstufige Prozesse – Matrizenrechnung

4.3 Lineare Gleichungssysteme

Die Fly Bike Werke GmbH produziert zwei Rennrad-Modelle: *Renn Fast* und *Renn Superfast*.
Marktanalysen haben gezeigt, dass die Nachfrage nach diesen Modellen steigt.

Die Tabelle gibt die Anzahl der Arbeitsstunden für Montage und Lackierung pro Modell an.

	Renn Fast	*Renn Superfast*
Montage	2,5	3,5
Lackierung	0,7	0,9

Auf der Abteilungsleitersitzung berichten Herr Work aus der Abteilung Arbeitsplanung und Frau Linden aus der Personalabteilung, dass die Arbeitsstunden für beide Rennrad-Modelle erhöht werden können. Für einen Zeitraum von 14 Arbeitstagen stehen für die Montage 500 Arbeitsstunden und für die Lackierung 134 Arbeitsstunden zur Verfügung.
Herr Steffens aus der Abteilung Controlling berechnet die Anzahl der Räder, die man unter diesen neuen Bedingungen produzieren könnte.

▸ Aufgabe 1 auf Seite 218

Kompetenzen

- Lineare Gleichungssysteme mithilfe des Gauß'schen Eliminationsverfahrens lösen
- Matrizenschreibweise nutzen
- Inverse Matrix berechnen

Anwendungen

- Produktionsmengen unter Berücksichtigung von Input-Beschränkungen planen
- Maschinenbelegungszeiten planen
- Stücklisten mithilfe der Inversen bei mehrstufigen Produktionsprozessen ermitteln

4.3 Lineare Gleichungssysteme

4.3.1 Darstellung linearer Gleichungssysteme mithilfe von Matrizen

Lineare Gleichungssysteme (kurz: LGS) lassen sich auf einfache Art als **Matrizengleichungen** schreiben und mithilfe des **Gauß'schen Eliminationsverfahrens** lösen.

1 Lineares Gleichungssystem in Matrixform

Schreiben Sie das nebenstehende Gleichungssystem als Matrizengleichung und lösen Sie es mithilfe des Gauß'schen Eliminationsverfahrens.

$$2x_1 + 4x_2 = 10$$
$$-x_1 + 2x_2 = 7$$

Wir ordnen die Koeffizienten vor x_1 und x_2 zur **Koeffizientenmatrix** $\boldsymbol{A}$ und die Variablen x_1 und x_2 zu einem Spaltenvektor $\vec{x}$ an.

$$\boldsymbol{A} = \begin{pmatrix} 2 & 4 \\ -1 & 2 \end{pmatrix}; \quad \vec{x} = \begin{pmatrix} x_1 \\ x_2 \end{pmatrix}$$

Dann entspricht die linke Seite des Gleichungssystems dem Matrizenprodukt $\boldsymbol{A} \cdot \vec{x}$.

$$\boldsymbol{A} \cdot \vec{x} = \begin{pmatrix} 2 & 4 \\ -1 & 2 \end{pmatrix} \cdot \begin{pmatrix} x_1 \\ x_2 \end{pmatrix} = \begin{pmatrix} 2x_1 + 4x_2 \\ -x_1 + 2x_2 \end{pmatrix}$$

Die rechte Seite des Gleichungssystems fassen wir zum Spaltenvektor $\vec{b}$ zusammen.

$$\vec{b} = \begin{pmatrix} 10 \\ 7 \end{pmatrix}$$

Dann lässt sich das Gleichungssystem als **Matrizengleichung** $\boldsymbol{A} \cdot \vec{x} = \vec{b}$ schreiben.

$$\boldsymbol{A} \cdot \vec{x} = \vec{b}$$
$$\Leftrightarrow \begin{pmatrix} 2 & 4 \\ -1 & 2 \end{pmatrix} \cdot \begin{pmatrix} x_1 \\ x_2 \end{pmatrix} = \begin{pmatrix} 10 \\ 7 \end{pmatrix}$$

Fügt man den Spaltenvektor $\vec{b}$ rechts an die Koeffizientenmatrix $\boldsymbol{A}$ als zusätzliche Spalte an, so erhält man die sogenannte **erweiterte Koeffizientenmatrix** $(\boldsymbol{A} \mid \vec{b})$.

$$(\boldsymbol{A} \mid \vec{b}) = \left(\begin{array}{cc|c} 2 & 4 & 10 \\ -1 & 2 & 7 \end{array}\right)$$ ▶ erweiterte Koeffizientenmatrix

Die Lösung des Gleichungssystems erhalten wir nun, indem wir die erweiterte Koeffizientenmatrix mithilfe des Gauß'schen Eliminationsverfahrens so umformen, dass die Koeffizientenmatrix zur Einheitsmatrix wird.

▶ Seite 162

▶ Während der Umformungen verzichten wir der besseren Übersicht wegen auf die runden Klammern.

$$\begin{array}{cc|cl} 2 & 4 & 10 & \mid :2 \;\text{(}+\text{ zur 2. Zeile)} \\ -1 & 2 & 7 & \\ \\ 1 & 2 & 5 & \\ 0 & 4 & 12 & \mid :4 \mid \cdot(-2) \;\text{(}+\text{ zur 1. Zeile)} \\ \\ 1 & 0 & -1 & \\ 0 & 1 & 3 & \end{array}$$

Die Lösung lässt sich nun leicht ablesen: $x_1 = -1$; $x_2 = 3$.
Die Lösungsmenge ist von der Gestalt $L = \left\{\begin{pmatrix} -1 \\ 3 \end{pmatrix}\right\}$.

$$\begin{pmatrix} 1 & 0 \\ 0 & 1 \end{pmatrix} \cdot \begin{pmatrix} x_1 \\ x_2 \end{pmatrix} = \begin{pmatrix} -1 \\ 3 \end{pmatrix}$$
$$\Rightarrow \boldsymbol{x_1 = -1} \text{ und } \boldsymbol{x_2 = 3}$$

Schreiben Sie das lineare Gleichungssystem als Matrizengleichung und lösen Sie es mithilfe des Gauß'schen Eliminationsverfahrens.

$$-5x_1 + 3x_2 = -30$$
$$4x_1 - 6x_2 = 42$$

Maschinenbelegung

2 GTR CAS

In einem Betrieb werden drei verschiedene Teile von drei Maschinen bearbeitet. Die Belegungszeiten pro Teil sind in der nebenstehenden Tabelle in Minuten angegeben.

▶ Das Problem der zeitlichen Reihenfolge der Maschinenbelegung soll außer Acht gelassen werden.

	T_1	T_2	T_3
M_1	2	8	6
M_2	4	6	1
M_3	7	0	2

Die für die Bearbeitung der Teile zur Verfügung stehenden Zeiten pro Monat betragen bei der 1. Maschine 9000 Minuten, bei der 2. Maschine 5200 Minuten und bei der 3. Maschine 5100 Minuten.

a) Stellen Sie ein lineares Gleichungssystem auf, dessen Lösung angibt, wie viele Teile bei Ausnutzung der zur Verfügung gestellten Zeit bearbeitet werden können.

b) Ermitteln Sie die Lösung des linearen Gleichungssystems, indem Sie das Gauß'sche Eliminationsverfahren so auf die zum linearen Gleichungssystem gehörenden Matrizen anwenden, dass die Lösungen sofort abgelesen werden können.

Zu a) Wir bezeichnen die Anzahl der Teile, die produziert werden können, mit x_1, x_2 und x_3.

$$\begin{aligned} 2x_1 + 8x_2 + 6x_3 &= 9000 \\ 4x_1 + 6x_2 + x_3 &= 5200 \\ 7x_1 + 2x_3 &= 5100 \end{aligned}$$

Zu b) Das Gleichungssystem wird in Matrizenschreibweise dargestellt. Dann wenden wir das Gauß'sche Eliminationsverfahren auf die erweiterte Koeffizientenmatrix an.

$$\begin{pmatrix} 2 & 8 & 6 \\ 4 & 6 & 1 \\ 7 & 0 & 2 \end{pmatrix} \cdot \begin{pmatrix} x_1 \\ x_2 \\ x_3 \end{pmatrix} = \begin{pmatrix} 9000 \\ 5200 \\ 5100 \end{pmatrix}$$

Wir teilen die 1. Zeile durch 2 und addieren dann ihr (−4)-Faches zur 2. Zeile und ihr (−7)-Faches zur 3. Zeile.

$$\begin{array}{ccc|l} 2 & 8 & 6 & 9000 \quad |:2\,|\cdot(-4)\,|\cdot(-7) \\ 4 & 6 & 1 & 5200 \quad \leftarrow + \\ 7 & 0 & 2 & 5100 \quad \leftarrow + \end{array}$$

Wir teilen die 2. Zeile durch −10 und addieren dann ihr (−4)-Faches zur 1. Zeile und ihr 28-Faches zur 3. Zeile.

$$\begin{array}{ccc|l} 1 & 4 & 3 & 4500 \quad \leftarrow + \\ 0 & -10 & -11 & -12\,800 \quad |:(-10)\,|\cdot(-4)\,|\cdot 28 \\ 0 & -28 & -19 & -26\,400 \quad \leftarrow + \end{array}$$

Wir teilen die 3. Zeile durch 11,8 und addieren dann ihr (−1,1)-Faches zur 2. Zeile und ihr 1,4-Faches zur 1. Zeile.

$$\begin{array}{ccc|l} 1 & 0 & -1{,}4 & -620 \quad \leftarrow + \\ 0 & 1 & 1{,}1 & 1280 \quad \leftarrow + \\ 0 & 0 & 11{,}8 & 9440 \quad |:11{,}8\,|\cdot(-1{,}1)\,|\cdot 1{,}4 \end{array}$$

$$\begin{array}{ccc|c} 1 & 0 & 0 & 500 \\ 0 & 1 & 0 & 400 \\ 0 & 0 & 1 & 800 \end{array}$$

Die Lösung kann jetzt abgelesen werden: Es können 500 Stück von T_1, 400 Stück von T_2 und 800 Stück von T_3 bearbeitet werden.

$$\left(\begin{array}{ccc|c} 1 & 0 & 0 & 500 \\ 0 & 1 & 0 & 400 \\ 0 & 0 & 1 & 800 \end{array}\right)$$

$\Rightarrow$ $\boldsymbol{x_1 = 500;\ x_2 = 400;\ x_3 = 800}$

Die Lösungsmenge ist $L = \left\{\begin{pmatrix} 500 \\ 400 \\ 800 \end{pmatrix}\right\}$.

Auch wenn man die Koeffizientenmatrix nicht von oben links nach unten rechts entwickelt, kann man zur Lösung kommen. Zum Beispiel:

$$\begin{pmatrix} 0 & 1 & 0 \\ 0 & 0 & 1 \\ 1 & 0 & 0 \end{pmatrix} \cdot \begin{pmatrix} x_1 \\ x_2 \\ x_3 \end{pmatrix} = \begin{pmatrix} 400 \\ 800 \\ 500 \end{pmatrix} \Rightarrow \boldsymbol{x_2 = 400;\ x_3 = 800;\ x_1 = 500}$$

Der GTR/CAS bestätigt unser Ergebnis.

linSolve $\left(\begin{cases} 2\cdot x1+8\cdot x2+6\cdot x3=9000 \\ 4\cdot x1+6\cdot x2+x3=5200 \\ 7\cdot x1+2\cdot x3=5100 \end{cases}, x1,x2,x3\right)$

$\{500,400,800\}$

▶ TI Mit dem Befehl linSolve können lineare Gleichungssysteme gelöst werden.

Das LGS aus Beispiel 2 heißt **inhomogen**, weil der Spaltenvektor $\vec{b}$ auf der rechten Seite der erweiterten Matrix Elemente besitzt, deren Werte von 0 verschieden sind.
Das LGS im folgenden Beispiel heißt **homogen**, weil der Spaltenvektor $\vec{b}$ auf der rechten Seite der Nullvektor ist.

3 Homogenes LGS

Lösen Sie das nebenstehende homogene lineare Gleichungssystem, indem Sie dabei das Gauß'sche Eliminationsverfahren anwenden.

$$\begin{aligned} 2x_1 + 8x_2 + 6x_3 &= 0 \\ 4x_1 + 6x_2 + x_3 &= 0 \\ 7x_1 + 2x_3 &= 0 \end{aligned}$$

Das LGS besitzt dieselbe Koeffizientenmatrix wie das LGS aus Beispiel 2. Die durchzuführenden Umformungsschritte nach dem Gauß'schen Eliminationsverfahren sind hier also dieselben wie dort. Die Umformungen ändern aber hier nicht den Spaltenvektor auf der rechten Seite, sodass er am Ende der Umformungen immer noch aus Elementen besteht, die alle den Wert 0 haben.

Die Lösung des LGS ist also der Nullvektor $\begin{pmatrix}0\\0\\0\end{pmatrix}$.

$$\left(\begin{array}{ccc|c} 2 & 8 & 6 & 0 \\ 4 & 6 & 1 & 0 \\ 7 & 0 & 2 & 0 \end{array}\right)$$

$$\left(\begin{array}{ccc|c} 1 & 0 & 0 & 0 \\ 0 & 1 & 0 & 0 \\ 0 & 0 & 1 & 0 \end{array}\right)$$

$$\Rightarrow \begin{pmatrix}1&0&0\\0&1&0\\0&0&1\end{pmatrix} \cdot \begin{pmatrix}x_1\\x_2\\x_3\end{pmatrix} = \begin{pmatrix}0\\0\\0\end{pmatrix}$$

$$\Rightarrow \boldsymbol{x_1 = 0;\ x_2 = 0;\ x_3 = 0}$$

▶ Interpretieren wir das LGS im Anwendungskontext von Beispiel 2, bedeutet die homogene Variante des LGS, dass keine Bearbeitungszeit zur Verfügung steht, was natürlich keinen Sinn ergibt. Allerdings ist dann sofort klar, dass auch keine Produkte produziert werden können.

Im GTR/CAS kann ein Gleichungssystem auch gelöst werden, indem die erweiterte Koeffizientenmatrix eingegeben und durch Matrizenoperationen umgeformt wird. Man erhält dieselbe Matrix wie bei der Anwendung des Gauß'schen Eliminationsverfahrens.

rref $\left(\begin{bmatrix} 2 & 8 & 6 & 0 \\ 4 & 6 & 1 & 0 \\ 7 & 0 & 2 & 0 \end{bmatrix}\right)$ $\begin{bmatrix} 1 & 0 & 0 & 0 \\ 0 & 1 & 0 & 0 \\ 0 & 0 & 1 & 0 \end{bmatrix}$

▶ TI Der Befehl rref ist im Menü auch unter Matrix und Vektor, Reduzierte Diagonalform zu finden.

- Ein LGS $\boldsymbol{A} \cdot \vec{x} = \vec{b}$ heißt **inhomogen**, wenn der Spaltenvektor $\vec{b}$ mindestens ein Element besitzt, dessen Wert von 0 verschieden ist.
- Ein LGS heißt **homogen**, wenn der Spaltenvektor $\vec{b}$ der Nullvektor ist.

Einstufige Produktion

4

Ein Betrieb stellt aus den Rohstoffen R_1, R_2, R_3 und R_4 die Produkte P_1, P_2, P_3 und P_4 her.
Die Mengeneinheiten an Rohstoffen, die für je eine Mengeneinheit eines Produkts benötigt werden, sind in der Stückliste zusammengefasst.

Im Rohstofflager liegen noch 5365 ME von R_1, 3840 ME von R_2, 2840 ME von R_3 und 3480 ME von R_4. Das Rohstofflager soll vollständig geräumt werden. Berechnen Sie, wie viele ME von den Produkten P_1, P_2, P_3 und P_4 daraus jeweils hergestellt werden können.

	P_1	P_2	P_3	P_4
R_1	3	6	2	1
R_2	2	2	2	3
R_3	4	1	2	0
R_4	2	0	4	3

Zunächst stellen wir ein lineares Gleichungssystem in Matrizenform auf, dessen Lösungsvektor $\vec{x}$ die gesuchten Produktionsmengen angibt.

$$\begin{pmatrix} 3 & 6 & 2 & 1 \\ 2 & 2 & 2 & 3 \\ 4 & 1 & 2 & 0 \\ 2 & 0 & 4 & 3 \end{pmatrix} \cdot \begin{pmatrix} x_1 \\ x_2 \\ x_3 \\ x_4 \end{pmatrix} = \begin{pmatrix} 5365 \\ 3840 \\ 2840 \\ 3480 \end{pmatrix}$$

$$A \cdot \vec{x} = \vec{b}$$

Das lineare Gleichungssystem lösen wir mithilfe des Gauß'schen Eliminationsverfahrens „per Hand" oder mit dem GTR/CAS.

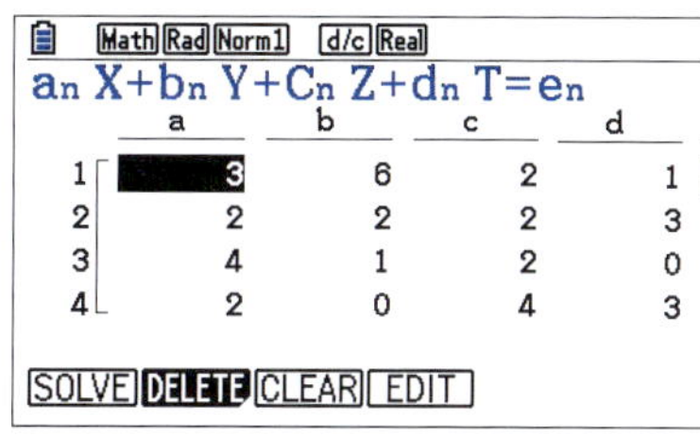

▸ CA Eingabe der Matrix als LGS in der Anwendung Gleichung (MENU, A) unter SIMUL (F1).

Der Betrieb kann noch 425 ME von P_1, 500 ME von P_2, 320 ME von P_3 und 450 ME von P_4 herstellen.

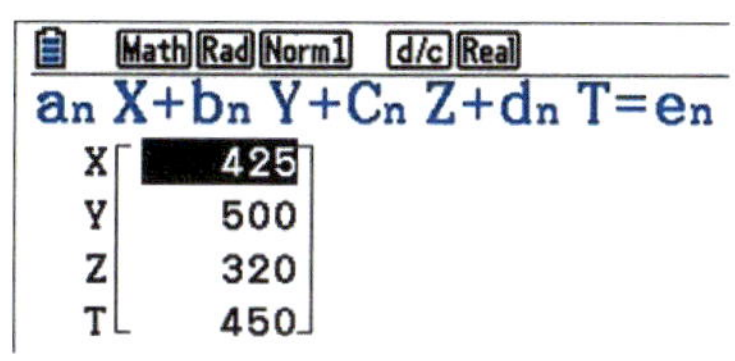

Zweistufige Produktion

5

In einem zweistufigen Produktionsprozess werden aus drei Rohstoffen R_1, R_2 und R_3 zuerst die drei Zwischenprodukte Z_1, Z_2 und Z_3 und aus diesen die drei Endprodukte E_1, E_2 und E_3 gemäß den folgenden Stücklisten hergestellt.

	Z_1	Z_2	Z_3
R_1	1	2	3
R_2	1	1	4
R_3	4	1	1

	E_1	E_2	E_3
Z_1	2	3	4
Z_2	3	2	0
Z_3	0	1	2

- Von den Rohstoffen liegen 700 ME, 665 ME bzw. 1115 ME auf Lager.
- Berechnen Sie, wie viele Endprodukte jeweils hergestellt werden können, wenn der Rohstoffvorrat komplett aufgebraucht werden soll.

Die Beziehung zwischen Rohstoffen und Endprodukten wird durch die Matrix $\boldsymbol{RE}$ beschrieben, die darüber Auskunft gibt, wie viele ME der Rohstoffe für je eine ME der Endprodukte benötigt werden. Wir erhalten $\boldsymbol{RE}$ als Produkt der beiden Matrizen $\boldsymbol{RZ}$ und $\boldsymbol{ZE}$.

Die Multiplikation von $\boldsymbol{RE}$ mit dem Spaltenvektor $\vec{x}$, der für die ME der Endprodukte steht, ergibt die für die Gesamtproduktion erforderlichen ME der Rohstoffe. Da uns aber die ME der Rohstoffe, nicht aber die der Endprodukte bekannt sind, müssen wir die Gleichung $\boldsymbol{RE} \cdot \vec{x} = \vec{r}$ lösen, in der $\vec{r}$ der Spaltenvektor der Rohstoffe ist.

Mit den Rohstoffvorräten können 25 ME von E_1, 20 ME von E_2 und 30 ME von E_3 produziert werden.

$$\boldsymbol{RZ} = \begin{pmatrix} 1 & 2 & 3 \\ 1 & 1 & 4 \\ 4 & 1 & 1 \end{pmatrix}, \quad \boldsymbol{ZE} = \begin{pmatrix} 2 & 3 & 4 \\ 3 & 2 & 0 \\ 0 & 1 & 2 \end{pmatrix}$$

$$\boldsymbol{RE} = \boldsymbol{RZ} \cdot \boldsymbol{ZE} = \begin{pmatrix} 8 & 10 & 10 \\ 5 & 9 & 12 \\ 11 & 15 & 18 \end{pmatrix}$$

$$\boldsymbol{RE} \cdot \vec{x} = \vec{r}$$

$$\begin{pmatrix} 8 & 10 & 10 \\ 5 & 9 & 12 \\ 11 & 15 & 18 \end{pmatrix} \cdot \begin{pmatrix} x_1 \\ x_2 \\ x_3 \end{pmatrix} = \begin{pmatrix} 700 \\ 665 \\ 1115 \end{pmatrix}$$

$$\text{rref}\left(\begin{bmatrix} 8 & 10 & 10 & 700 \\ 5 & 9 & 12 & 665 \\ 11 & 15 & 18 & 1115 \end{bmatrix}\right) \quad \begin{bmatrix} 1 & 0 & 0 & 25 \\ 0 & 1 & 0 & 20 \\ 0 & 0 & 1 & 30 \end{bmatrix}$$

▸ TI Der Befehl rref (menu, Matrix und Vektor, Reduzierte Diagonalform) transformiert eine erweiterte Koeffizientenmatrix in die Stufenform.

Ein lineares Gleichungssystem (LGS) der Form

$$\begin{aligned} a_{11}x_1 + a_{12}x_2 + \ldots + a_{1n}x_n &= b_1 \\ a_{21}x_1 + a_{22}x_2 + \ldots + a_{2n}x_n &= b_2 \\ &\vdots \\ a_{n1}x_1 + a_{n2}x_2 + \ldots + a_{nn}x_n &= b_n \end{aligned}$$

kann man als **Matrizengleichung**

$$\begin{pmatrix} a_{11} & a_{12} & \cdots & a_{1n} \\ a_{21} & a_{22} & \cdots & a_{2n} \\ \vdots & \vdots & \ddots & \vdots \\ a_{n1} & a_{n2} & \cdots & a_{nn} \end{pmatrix} \cdot \begin{pmatrix} x_1 \\ x_2 \\ \vdots \\ x_n \end{pmatrix} = \begin{pmatrix} b_1 \\ b_2 \\ \vdots \\ b_n \end{pmatrix}$$

oder kurz $\boldsymbol{A} \cdot \vec{x} = \vec{b}$ ausdrücken.

Zur Lösung kann man das Gauß'sche Eliminationsverfahren auf die um den Spaltenvektor $\vec{b}$ erweiterte Koeffizientenmatrix $\boldsymbol{A}$ anwenden, also auf die Matrix $(\boldsymbol{A}|\vec{b}) = \left(\begin{array}{cccc|c} a_{11} & a_{12} & \cdots & a_{1n} & b_1 \\ a_{21} & a_{22} & \cdots & a_{2n} & b_2 \\ \vdots & \vdots & \ddots & \vdots & \vdots \\ a_{n1} & a_{n2} & \cdots & a_{nn} & b_n \end{array}\right)$

Erhält man mit dem Gauß'schen Eliminationsverfahren aus $(\boldsymbol{A}|\vec{b})$ die erweiterte Koeffizientenmatrix $(\boldsymbol{E}|\vec{l})$ mit

$(\boldsymbol{E}|\vec{l}) = \left(\begin{array}{cccc|c} 1 & 0 & \cdots & 0 & l_1 \\ 0 & 1 & & \vdots & l_2 \\ \vdots & & \ddots & 0 & \vdots \\ 0 & 0 & \cdots & 1 & l_n \end{array}\right)$, so ist $\vec{l}$ der Lösungsvektor des LGS. Das heißt, es gilt: $x_1 = l_1$, $x_2 = l_2$, …, $x_n = l_n$.

In einem Betrieb werden drei Fertigteile F_1, F_2 und F_3 zu drei verschiedenen Produkten P_1, P_2 und P_3 gemäß der nebenstehenden Stückliste zusammenmontiert. Im Vorratslager liegen 4250 Stück von F_1, 2895 Stück von F_2 und 3335 Stück von F_3.

Berechnen Sie die Anzahl der herzustellenden Produkte, wenn die Lagerbestände möglichst aufgebraucht werden sollen.

	P_1	P_2	P_3
F_1	3	4	5
F_2	3	3	2
F_3	4	2	3

In den bisher verwendeten Beispielen für lineare Gleichungssysteme (LGS) handelte es sich stets um quadratische $n \times n$-Systeme mit quadratischen Koeffizientenmatrizen; die Lösung war stets eindeutig. Es gibt aber auch LGS, die nicht eindeutig lösbar sind und/oder keine quadratische Koeffizientenmatrix besitzen.

LGS mit unendlich vielen Lösungen

6

GTR CAS

Zeigen Sie, dass das LGS
$$\begin{aligned} 2x_1 + 2x_2 + 2x_3 &= 6 \\ 2x_1 + x_2 - x_3 &= 2 \\ 4x_1 + 3x_2 + x_3 &= 8 \end{aligned}$$
unendlich viele Lösungen hat.

Wir formen die erweiterte Koeffizientenmatrix nach dem Gauß'schen Eliminationsverfahren so lange um, bis alle Elemente unterhalb der Hauptdiagonalen 0 sind. Wir erhalten eine **obere Dreiecksmatrix**; sie hat **Stufenform**.

Fasst man die Elemente in einer Zeile einer Matrix als Zeilenvektor auf, dann ist die dritte Zeile der Nullvektor, da alle Elemente in der 3. Zeile 0 sind. Wegen des Nullvektors in der 3. Zeile können wir die Matrix $\boldsymbol{A}$ nicht weiter zur Einheitsmatrix umformen.

Addiert man die ersten beiden Zeilen der erweiterten Matrix, dann ergibt sich die 3. Zeile.

$$\boldsymbol{A} = \begin{pmatrix} 2 & 2 & 2 \\ 2 & 1 & -1 \\ 4 & 3 & 1 \end{pmatrix};\ \vec{b} = \begin{pmatrix} 6 \\ 2 \\ 8 \end{pmatrix}$$

$$\left(\begin{array}{ccc|c} 2 & 2 & 2 & 6 \\ 2 & 1 & -1 & 2 \\ 4 & 3 & 1 & 8 \end{array}\right) \quad |\cdot(-1) \text{ zu Zeile 2 } +;\ |\cdot(-2) \text{ zu Zeile 3 } +;\ |:2$$

$$\left(\begin{array}{ccc|c} 1 & 1 & 1 & 3 \\ 0 & -1 & -3 & -4 \\ 0 & -1 & -3 & -4 \end{array}\right) \quad \text{Zeile 2 zu Zeile 1 } +;\ |\cdot(-1) \text{ zu Zeile 3 } +$$

Matrix in Stufenform

$$\left(\begin{array}{ccc|c} 1 & 0 & -2 & -1 \\ 0 & 1 & 3 & 4 \\ 0 & 0 & 0 & 0 \end{array}\right)$$

▶ Nullvektor

Hauptdiagonale

Wir erhalten als Ergebnis der Umformungen ein LGS, das zwar dem ursprünglichen LGS äquivalent, aber auf zwei Gleichungen reduziert ist:

$$\begin{aligned} x_1 \quad - 2x_3 &= -1 \\ x_2 + 3x_3 &= 4 \end{aligned}$$

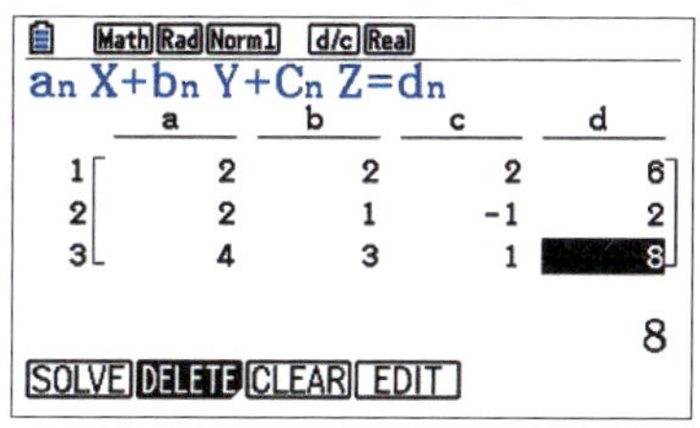

▶ CA Eingabe des linearen Gleichungssystems in der Anwendung Gleichung (MENU, A). Wahl des Untermenüs SIMUL (F1) mit 3 Unbekannten (F2).

Dieses System ist nicht eindeutig lösbar; z. B. sind die Werte für x_1 und x_2 davon abhängig, welche Werte für x_3 gesetzt werden:

$x_1 = -1 + 2x_3$

$x_2 = 4 - 3x_3$

Das Gleichungssystem besitzt daher unendlich viele Lösungen.

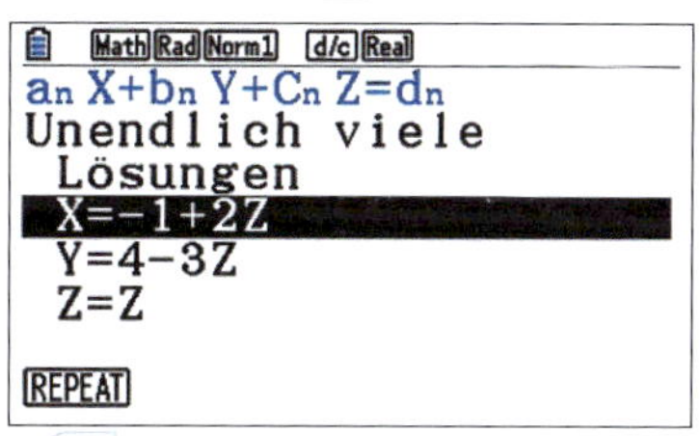

▶ CA Das Gleichungssystem hat unendlich viele Lösungen. Die Lösungsmenge wird in Abhängigkeit von Z (entspricht x_3) dargestellt.

In der Lösungsmenge führen wir für x_3 den Parameter t ein.

$$L = \left\{ \begin{pmatrix} -1 + 2t \\ 4 - 3t \\ t \end{pmatrix};\ t \in \mathbb{R} \right\}$$

Aus dem reduziertem LGS des Beispiels 6 erkennen wir, dass Gleichungssysteme, die mehr Variablen als Gleichungen besitzen, nicht eindeutig lösbar sein können.

4

7 Interpretation einer nicht eindeutigen Lösung eines LGS

In einem Betrieb werden 3 Materialien M_1, M_2 und M_3 zu den 3 Bauteilen B_1, B_2 und B_3 nach nebenstehender Stückliste verarbeitet.
Im Lager befinden sich noch 580 ME von M_1, 300 ME von M_2 und 440 ME von M_3.

	B_1	B_2	B_3
M_1	2	4	3
M_2	2	2	1
M_3	2	3	2

a) Ermitteln Sie, wie viele Bauteile hergestellt werden können, wenn die Lagervorräte vollständig aufgebraucht werden sollen.

b) Bestimmen Sie, wie viele Bauteile von B_1 und B_2 hergestellt werden konnten, wenn 80 ME von B_3 produziert wurden.

Zu a) Wir lösen das LGS $\begin{pmatrix} 2 & 4 & 3 \\ 2 & 2 & 1 \\ 2 & 3 & 2 \end{pmatrix} \cdot \vec{x} = \begin{pmatrix} 580 \\ 300 \\ 440 \end{pmatrix}$.

$$\left(\begin{array}{ccc|c} 2 & 4 & 3 & 580 \\ 2 & 2 & 1 & 300 \\ 2 & 3 & 2 & 440 \end{array}\right)$$

Nach der Umformung der Koeffizientenmatrix in Stufenform ergibt sich eine Nullzeile. Es gibt also unendlich viele Lösungen.

$$\left(\begin{array}{ccc|c} 1 & 0 & -0{,}5 & 10 \\ 0 & 1 & 1 & 140 \\ 0 & 0 & 0 & 0 \end{array}\right)$$

▸ $x_1 = 10 + 0{,}5x_3$
▸ $x_2 = 140 - x_3$

Da die Anzahl der gefertigten Bauteile jeweils eine ganze positive Zahl sein muss, muss für diese unendlich vielen Lösungen der Geltungsbereich für die Variable t eingeschränkt werden. Die Variable t darf nur für eine gerade natürliche Zahl kleiner oder gleich 140 stehen.

$$L = \left\{ \begin{pmatrix} 10 + 0{,}5t \\ 140 - t \\ t \end{pmatrix}; t \in \mathbb{N}; t \leq 140 \text{ und gerade} \right\}$$

Zu b) In diesem Fall muss $t = 80$ gelten.
50 ME konnten von B_1 und 60 ME von B_2 hergestellt werden.

$$L = \left\{ \begin{pmatrix} 10 + 0{,}5 \cdot 80 \\ 140 - 80 \\ 80 \end{pmatrix} \right\} = \left\{ \begin{pmatrix} 50 \\ 60 \\ 80 \end{pmatrix} \right\}$$

8 LGS ohne Lösung

GTR CAS

Zeigen Sie, dass das LGS
$$\begin{aligned} 2x_1 + 2x_2 + 2x_3 &= 6 \\ 2x_1 + x_2 - x_3 &= 2 \\ 4x_1 + 3x_2 + x_3 &= 10 \end{aligned}$$
keine Lösung besitzt.

Wir formen die erweiterte Koeffizientenmatrix mithilfe des Gauß'schen Eliminationsverfahrens um. Das Ergebnis ist eine Matrix, die für 3 Gleichungen steht:

$$\begin{aligned} x_1 \qquad - 2x_3 &= -1 \\ x_2 + 3x_3 &= 4 \\ 0x_3 &= 2 \end{aligned}$$

$$\left(\begin{array}{ccc|c} 2 & 2 & 2 & 6 \\ 2 & 1 & -1 & 2 \\ 4 & 3 & 1 & 10 \end{array}\right)$$

$$\left(\begin{array}{ccc|c} 1 & 0 & -2 & -1 \\ 0 & 1 & 3 & 4 \\ 0 & 0 & 0 & 2 \end{array}\right)$$

Die letzte Gleichung ist eine falsche Aussage. Das LGS enthält also einen Widerspruch; es gibt keine Lösung.

$L = \{\,\}$

Lösen Sie die Gleichungssysteme.

a) $$\begin{aligned} 2x_1 + x_2 + 2x_3 &= 7 \\ 5x_1 - 3x_2 - 8x_3 &= 2 \\ 2x_1 + 2x_2 - 2x_3 &= -22 \end{aligned}$$

b) $$\begin{aligned} x_1 - 2x_2 - x_3 + 5x_4 &= 7 \\ 3x_1 + 6x_2 + 2x_3 + 2x_4 &= 9 \\ -7x_1 + 3x_2 + 6x_3 - 5x_4 &= -2 \\ 15x_1 + 5x_2 - 4x_3 + 19x_4 &= 34 \end{aligned}$$

c) $$\begin{pmatrix} -2 & 4 & 2 & -10 \\ 1{,}5 & 3 & 1 & 1 \\ 14 & -6 & -12 & 10 \\ -14 & 18 & 17 & -23 \end{pmatrix} \cdot \vec{x} = \begin{pmatrix} -14 \\ 4{,}5 \\ 4 \\ 15 \end{pmatrix}$$

Sieht man sich die Lösungsmengen inhomogener linearer Gleichungssysteme an, dann kann man feststellen, dass sich die Lösungsmengen jeweils aus einer speziellen Lösung des LGS $\boldsymbol{A} \cdot \vec{x} = \vec{b}$ und der allgemeinen Lösung des zugehörigen homogenen Systems $\boldsymbol{A} \cdot \vec{x} = 0$ zusammensetzen.

Allgemeine Lösungsmenge eines LGS

9

$\boldsymbol{A} = \begin{pmatrix} 1 & 2 & -3 \\ 2 & -1 & -1 \\ -1 & 8 & -7 \end{pmatrix}$ ist die Koeffizientenmatrix des LGS $\boldsymbol{A} \cdot \vec{x} = \begin{pmatrix} 14 \\ 8 \\ 26 \end{pmatrix}$.

Zeigen Sie, dass die Gesamtheit der Lösungen des LGS als Summe aus einer speziellen Lösung dieses inhomogenen LGS und der allgemeinen Lösung des zugehörigen homogenen LGS $\boldsymbol{A} \cdot \vec{x} = 0$ dargestellt werden kann.

Die Umformungen der erweiterten Koeffizientenmatrix $(\boldsymbol{A} | \vec{b})$ nach dem Gauß'schen Eliminationsverfahren führen zu den Lösungen $\vec{x} = \begin{pmatrix} 6+t \\ 4+t \\ t \end{pmatrix}$; $t \in \mathbb{R}$.

Diese Lösungen lassen sich auch als $\vec{x} = \begin{pmatrix} 6 \\ 4 \\ 0 \end{pmatrix} + t \cdot \begin{pmatrix} 1 \\ 1 \\ 1 \end{pmatrix}$ schreiben.

▸ Parameterdarstellung

Dabei stellt $\begin{pmatrix} 6 \\ 4 \\ 0 \end{pmatrix}$ eine spezielle Lösung $\vec{x_0}$ $(t = 0)$ des inhomogenen LGS und $t \cdot \begin{pmatrix} 1 \\ 1 \\ 1 \end{pmatrix}$; $t \in \mathbb{R}$ die allgemeine Lösung $\vec{x_H}$ des homogenen LGS $\boldsymbol{A} \cdot \vec{x} = 0$ dar.

Also gilt: $\vec{x} = \vec{x_0} + \vec{x_H}$.

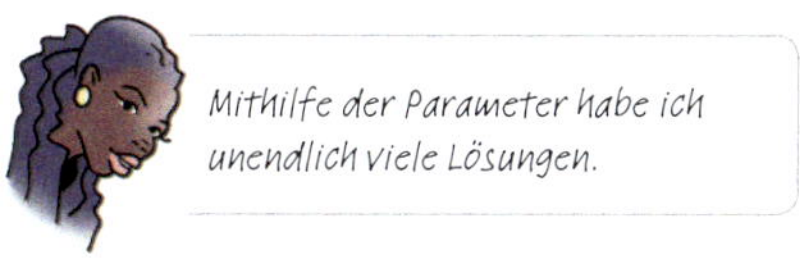

Inhomogenes System: $\boldsymbol{A} \cdot \vec{x} = \vec{b}$

$$\left(\begin{array}{ccc|c} 1 & 2 & -3 & 14 \\ 2 & -1 & -1 & 8 \\ -1 & 8 & -7 & 26 \end{array}\right) \quad |\cdot(-2) \text{ zur 2. Zeile } +; \text{ zur 3. Zeile } +$$

$$\left(\begin{array}{ccc|c} 1 & 2 & -3 & 14 \\ 0 & -5 & 5 & -20 \\ 0 & 10 & -10 & 40 \end{array}\right) \quad |\cdot 2 \text{ zur 3. Zeile } +; \; |:(-5) \; |\cdot(-2) \text{ zur 1. Zeile } +$$

$$\left(\begin{array}{ccc|c} 1 & 0 & -1 & 6 \\ 0 & 1 & -1 & 4 \\ 0 & 0 & 0 & 0 \end{array}\right)$$

▸ $x_1 = 6 + t$
▸ $x_2 = 4 + t$
▸ $x_3 = t \; (t \in \mathbb{R})$

$$\vec{x} = \begin{pmatrix} 6+t \\ 4+t \\ t \end{pmatrix} = \begin{pmatrix} 6 \\ 4 \\ 0 \end{pmatrix} + t \cdot \begin{pmatrix} 1 \\ 1 \\ 1 \end{pmatrix}; \; t \in \mathbb{R}$$

Homogenes System: $\boldsymbol{A} \cdot \vec{x} = 0$

$$\left(\begin{array}{ccc|c} 1 & 0 & -1 & 0 \\ 0 & 1 & -1 & 0 \\ 0 & 0 & 0 & 0 \end{array}\right)$$

▸ $x_1 = t$
▸ $x_2 = t$
▸ $x_3 = t \; (t \in \mathbb{R})$

$$\vec{x_H} = t \cdot \begin{pmatrix} 1 \\ 1 \\ 1 \end{pmatrix}; \; t \in \mathbb{R}; \; L_H = \left\{ t \cdot \begin{pmatrix} 1 \\ 1 \\ 1 \end{pmatrix}; \; t \in \mathbb{R} \right\}$$

Differenz von zwei speziellen Lösungen

10

Zeigen Sie am Beispiel des LGS aus Beispiel 9, dass die Differenz zweier verschiedener Lösungen des inhomogenen LGS $\boldsymbol{A} \cdot \vec{x} = \vec{b}$ eine Lösung des zugehörigen homogenen Systems $\boldsymbol{A} \cdot \vec{x} = 0$ ist.

Man erhält zwei verschiedene Lösungen x_{I1} und x_{I2} des inhomogenen Systems $\boldsymbol{A} \cdot \vec{x} = \vec{b}$, indem man in die allgemeine Lösung $\vec{x} = \begin{pmatrix} 6 \\ 4 \\ 0 \end{pmatrix} + t \cdot \begin{pmatrix} 1 \\ 1 \\ 1 \end{pmatrix}$; $t \in \mathbb{R}$ spezielle Werte für t setzt, z. B. 2 bzw. −3.

Ihre Differenz $x_{I1} - x_{I2}$ ist $5 \cdot \begin{pmatrix} 1 \\ 1 \\ 1 \end{pmatrix}$, also ein Element der Lösungsmenge L_H des zugehörigen homogenen LGS. ▸ 5 für t

$$\vec{x} = \begin{pmatrix} 6+t \\ 4+t \\ t \end{pmatrix}$$

$$t = 2: x_{I1} = \begin{pmatrix} 8 \\ 6 \\ 2 \end{pmatrix} \text{ und } t = -3: x_{I2} = \begin{pmatrix} 3 \\ 1 \\ -3 \end{pmatrix}$$

$$\Rightarrow x_{I1} - x_{I2} = \begin{pmatrix} 8 \\ 6 \\ 2 \end{pmatrix} - \begin{pmatrix} 3 \\ 1 \\ -3 \end{pmatrix} = \begin{pmatrix} 5 \\ 5 \\ 5 \end{pmatrix} = 5 \cdot \begin{pmatrix} 1 \\ 1 \\ 1 \end{pmatrix}$$

$$5 \cdot \begin{pmatrix} 1 \\ 1 \\ 1 \end{pmatrix} \in L_H$$ ▸ $t = 5$

Übungen zu 4.3.1

1. Ermitteln Sie die Lösungsmenge des linearen Gleichungssystems.

a)
$$\begin{aligned} 5x_1 - 10x_2 \phantom{{}+ 2x_3} &= 15 \\ 4x_1 - 6x_2 + 2x_3 &= 4 \\ x_1 + 3x_2 + 6x_3 &= -12 \end{aligned}$$

b)
$$\begin{aligned} x_1 - 2x_2 \phantom{{}+ 12x_3} &= 3 \\ -2x_1 + 3x_2 - x_3 &= -2 \\ 2x_1 + 6x_2 + 12x_3 &= 0 \end{aligned}$$

c)
$$\begin{aligned} -x_1 + \phantom{4x_2 +{}} 2x_3 &= -3 \\ x_1 + 4x_2 + 6x_3 &= -21 \\ 4x_1 - 6x_2 + 2x_3 &= 4 \end{aligned}$$

d)
$$\begin{aligned} 7x_1 - 14x_2 + 7x_3 &= 21 \\ x_1 - 10x_2 + 5x_3 &= 15 \\ -2x_1 + 4x_2 - 2x_3 &= -6 \end{aligned}$$

e)
$$\begin{aligned} 2x_1 - 3x_2 - 10x_3 &= 16 \\ 2x_1 + 2x_2 + 3x_3 &= 9 \\ -2x_1 - 5x_2 - 8x_3 &= -2 \end{aligned}$$

f)
$$\begin{aligned} x_1 + x_2 + 1{,}5x_3 &= 4{,}5 \\ -2x_1 + 3x_2 + 10x_3 &= -16 \\ 6x_1 + x_2 - 4x_3 &= 34 \end{aligned}$$

g)
$$\begin{aligned} 3x_1 + 12x_2 + 18x_3 &= -63 \\ -2x_1 + 3x_2 - x_3 &= 4 \\ 3x_1 \phantom{{}+ 3x_2} - 6x_3 &= 9 \end{aligned}$$

h)
$$\begin{aligned} 0{,}5x_1 - 2x_2 + 3x_3 &= 15 \\ 3x_1 + 10x_2 - 2x_3 &= -16 \\ 6x_1 + 9x_2 + 6x_3 &= 27 \end{aligned}$$

i)
$$\begin{aligned} x_1 + 5x_2 + 9x_3 &= 5 \\ 2x_1 + 6x_2 + 10x_3 &= 6 \\ 3x_1 + 7x_2 + 11x_3 &= 7 \\ 4x_1 + 8x_2 + 12x_3 &= 8 \end{aligned}$$

2. Ermitteln Sie die Lösungsmenge.

a)
$$\begin{pmatrix} 2 & 4 & 6 & 8 \\ 3 & -7 & 5 & 1 \\ -2 & -2 & 3 & 1 \\ 6 & 6 & -2 & 2 \end{pmatrix} \cdot \vec{x} = \begin{pmatrix} 32 \\ -5 \\ -3 \\ 22 \end{pmatrix}$$

b)
$$\begin{pmatrix} 1 & 2 & 3 & 8 \\ 9 & -7 & 5 & 1 \\ 0 & -2 & 3 & 1 \\ 6 & 6 & -2 & -6 \end{pmatrix} \cdot \vec{x} = \begin{pmatrix} 0 \\ 5 \\ 0 \\ 22 \end{pmatrix}$$

3. Eine Studentin der Elektrotechnik benötigt im Rahmen ihrer Abschlussarbeit für den Bau eines Industrieroboters 20 Chips des Typs C_1, 23 Chips des Typs C_2 und 11 Chips des Typs C_3.
In dem der Universität am nächsten gelegenen Elektronikfachgeschäft werden diese Chips in drei verschiedenen Packungseinheiten angeboten.
Paket 1 enthält je 2 Chips vom Typ C_1 und C_2; Paket 2 ist mit 4 Chips vom Typ C_1, 5 Chips vom Typ C_2 und 5 Chips vom Typ C_3 bestückt; im Paket 3 sind 6 Chips vom Typ C_1, 7 Chips vom Typ C_2 und 3 Chips vom Typ C_3.
Ermitteln Sie die Anzahl der Pakete, die von der Studentin gekauft werden sollten.

4. In einem Betrieb werden aus 3 verschiedenen Einzelteilen E_1, E_2 und E_3 die 3 Bauteile B_1, B_2 und B_3 nach untenstehender Stückliste hergestellt.

	B_1	B_2	B_3
E_1	2	3	4
E_2	4	2	1
E_3	2	0	1

Bestimmen Sie, wie viele Bauteile produziert werden müssen, wenn das Lager mit 1627 Stück von E_1, 1018 Stück von E_2 und 508 Stück von E_3 geräumt werden soll.

5. In einem Betrieb werden die 4 Produkte P_1, P_2, P_3 und P_4 auf 4 verschiedenen Maschinen M_1, M_2, M_3 und M_4 bearbeitet.
Die untenstehende Tabelle gibt an, wie viele Stunden wöchentlich für die Bearbeitung je eines Produkts notwendig sind.

	P_1	P_2	P_3	P_4
M_1	1,5	0,75	4,5	0
M_2	0	1,5	4,5	1,5
M_3	0	3	6	0
M_4	1,5	0	1,5	1,5

Berechnen Sie die Anzahl der Produkte, die jeweils wöchentlich gefertigt werden, wenn

a) alle Maschinen 60 Stunden,
b) M_1 30, M_2 90 und M_3 und M_4 je 60 Stunden,
c) M_1 und M_4 je 90 Stunden, M_2 75 und M_3 60 Stunden eingesetzt werden können.

6. In einem zweistufigen Produktionsprozess werden aus 3 Rohstoffen R_1, R_2 und R_3 zuerst die 3 Zwischenprodukte Z_1, Z_2 und Z_3 und aus diesen dann die 3 Endprodukte E_1, E_2 und E_3 gemäß den nachstehenden Stücklisten hergestellt.

	Z_1	Z_2	Z_3
R_1	6	7	0
R_2	4	2	1
R_3	3	3	8

	E_1	E_2	E_3
Z_1	3	2	2
Z_2	6	4	2
Z_3	1	2	8

Ermitteln Sie die Anzahl der Endprodukte, die aus 5560 ME von R_1, 2555 ME von R_2 und 5025 ME von R_3 hergestellt werden können.

7. In einem Betrieb eines Unternehmens werden u. a. aus den Rohstoffen R_1, R_2 und R_3 zwei Halbfabrikate H_1 und H_2 und aus diesen drei Endprodukte E_1, E_2 und E_3 hergestellt.

Das Verflechtungsdiagramm gibt an, wie viele ME der Rohstoffe für jeweils eine ME der Halbfabrikate bzw. wie viele ME der Halbfabrikate für je eine ME der Endprodukte benötigt werden.

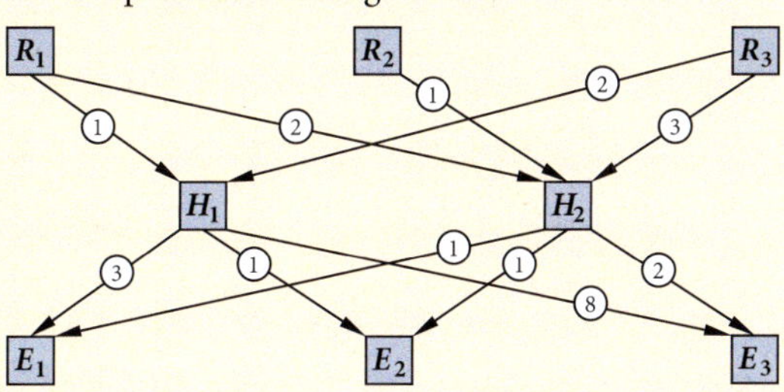

	H_1	H_2
R_1	1	2
R_2	0	1
R_3	2	3

	E_1	E_2	E_3
H_1	3	1	8
H_2	1	1	2

427 ME liegen noch von R_1 auf Lager, 91 ME von R_2 und 763 ME von R_3.

Da das Unternehmen die Herstellung dieser Endprodukte in einen ausländischen Betrieb verlagern will, sollen die Vorräte an Rohstoffen vor Ort aufgebraucht werden.

Ermitteln Sie, wie viele der Endprodukte jeweils noch produziert werden können.

8. In einem Unternehmen werden in einer zweistufigen Produktion aus drei verschiedenen Materialien M_1, M_2 und M_3 die drei Zwischenprodukte Z_1, Z_2 und Z_3 gefertigt. Aus den Zwischenprodukten werden dann die Endprodukte P_1, P_2 und P_3 hergestellt.

Die Anzahl der ME, die von den Materialien in die Zwischenprodukte, und die Anzahl der ME, die von den Zwischenprodukten in die Endprodukte eingehen, sind in den beiden Stücklisten aufgeführt.

	Z_1	Z_2	Z_3
M_1	2	8	6
M_2	4	2	2
M_3	2	2	4

	P_1	P_2	P_3
Z_1	2	3	4
Z_2	1	1	2
Z_3	2	2	3

Ermitteln Sie, wie viele ME der Endprodukte mit 13 970 ME von M_1, 10 990 ME von M_2 und 8220 ME von M_3 produziert werden können und wie viele ME der Zwischenprodukte dafür notwendig sind.

9. Die Fly Bike Werke GmbH bearbeitet die drei verschiedenen Rahmen R_1, R_2 und R_3 auf den Maschinen M_1, M_2 und M_3. Die Belegungszeiten (in Minuten) pro Rahmen und die Anzahl der Minuten, die die Maschinen wöchentlich zur Verfügung stehen, sind in der Tabelle angegeben:

	R_1	R_2	R_3	Gesamt
M_1	10	15	10	2400
M_2	10	10	10	1800
M_3	20	10	10	2000

Berechnen Sie die Anzahl der Rahmen, die jeweils in einer Woche hergestellt werden können.

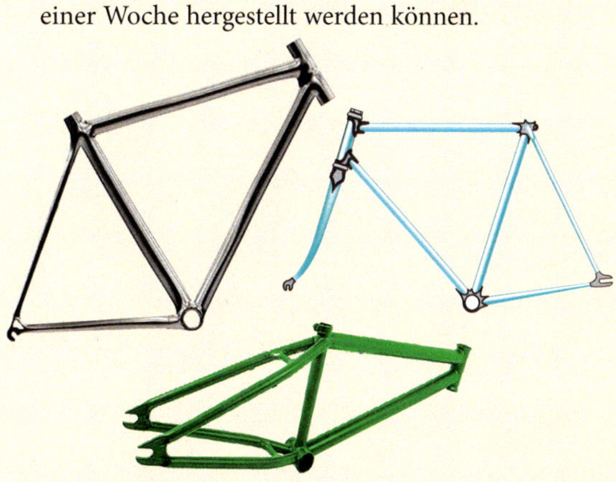

10. In einem zweistufigen Produktionsprozess werden auf der ersten Stufe aus den 3 Rohstoffen R_1, R_2 und R_3 die 4 Zwischenprodukte Z_1, Z_2, Z_3 und Z_4 hergestellt, aus denen dann schließlich auf der zweiten Produktionsstufe die 3 Endprodukte E_1, E_2 und E_3 gefertigt werden.
Außerdem gehen einige Rohstoffe noch zusätzlich direkt in die Endprodukte ein, wie das folgende Verflechtungsdiagramm zeigt.

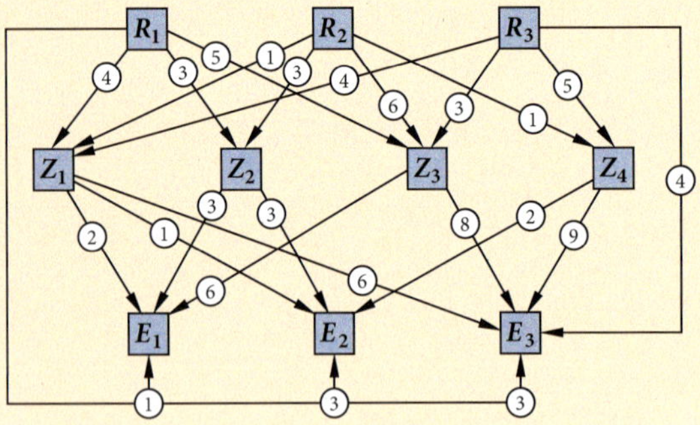

a) Berechnen Sie, wie viele ME der einzelnen Rohstoffe für je eine ME der einzelnen Endprodukte benötigt werden.

Für die weitere Bearbeitung der Teilaufgaben b), c) und d) gehen Sie von der nachstehenden Rohstoff-Endprodukt-Matrix ***RE*** aus.

$$\boldsymbol{RE} = \begin{pmatrix} 44 & 16 & 55 \\ 47 & 14 & 63 \\ 26 & 9 & 97 \end{pmatrix}$$

b) Es liegt ein Kundenauftrag über 120 ME von E_1, 200 ME von E_2 und 150 ME von E_3 vor.
Die Rohstoffkosten je ME betragen 5 GE für R_1, 3 GE für R_2 und 2 GE für R_3. Berechnen Sie die Materialkosten für diesen Auftrag.

c) Für die nächste Rechnungsperiode gelten folgende Rohstoffkosten.

Rohstoffe	R_1	R_2	R_3
GE/ME	6	2,5	4

Der Energie- und Arbeitseinsatz pro ME der Endprodukte steht in der folgenden Tabelle.

Endprodukte	E_1	E_2	E_3
Energie	5	4	6
Arbeit	7	10	12

Bestimmen Sie die Produktionskosten (Material-, Energie- und Arbeitskosten) je ME der einzelnen Endprodukte, wenn die Energiekosten 9,5 GE/ME und die Arbeitskosten 15 GE/ME betragen.

d) Beobachtungen auf dem Absatzmarkt haben ergeben, dass es sinnvoll ist, im Stückzahlenverhältnis $E_1 : E_2 : E_3 = 1 : 3 : 2$ zu produzieren. Von den Rohstoffen R_2 und R_3 sind jedoch nur 18 275 ME bzw. 18 525 ME erhältlich. Berechnen Sie, wie viele ME der Endprodukte unter diesen Bedingungen maximal produziert werden können.

11. Ein Betrieb verarbeitet die 3 Materialien M_1, M_2 und M_3 zu den 3 Zwischenprodukten Z_1, Z_2 und Z_3 und diese Zwischenprodukte zu den 3 Endprodukten E_1, E_2 und E_3.
Die folgenden Tabellen stellen Stücklisten dar.

	Z_1	Z_2	Z_3
M_1	1	4	3
M_2	2	2	4
M_3	1	2	2

	E_1	E_2	E_3
Z_1	2	3	4
Z_2	1	2	2
Z_3	2	1	2

a) Berechnen Sie die Materialkosten für je eine ME der 3 Endprodukte, wenn die Kosten der Materialien pro ME 10 GE für M_1, 15 GE für M_2 und 20 GE für M_3 betragen.

b) Die Fertigungskosten bei der Produktion der Zwischenprodukte pro ME betragen 80 GE für Z_1, 100 GE für Z_2 und 120 GE für Z_3.
Berechnen Sie für jedes der 3 Endprodukte die Kosten je ME, die durch die Fertigung der Zwischenprodukte entstehen.

c) Die Fertigungskosten bei der Produktion der Endprodukte pro ME betragen 410 GE bei E_1, 510 GE bei E_2 und 620 GE bei E_3.
Die Endprodukte können zu folgenden Preisen je ME verkauft werden: 1500 GE bei E_1, 2000 GE bei E_2 und 2500 GE bei E_3.
Berechnen Sie die Deckungsbeiträge je ME.

d) Der Betrieb erhält einen Auftrag über die Lieferung von 130 ME von E_1, 175 ME von E_2 und 150 ME von E_3. Ermitteln Sie den Gewinn, wenn die Fixkosten 123 000 GE betragen.

e) Bei der Erledigung eines anderen Auftrags wurden 4100 ME von M_1, 4500 ME von M_2 und 2700 ME von M_3 verarbeitet.
Bestimmen Sie die Anzahl der Endprodukte jeder Art, die in Auftrag gegeben wurden.

4.3.2 Kriterien für die Lösbarkeit linearer Gleichungssysteme

Lineare Gleichungssysteme können genau eine, unendlich viele oder gar keine Lösung haben. Die vorangegangenen Beispiele zeigen, dass die Lösbarkeit bzw. Anzahl der Lösungen eines LGS von der Anzahl der von null verschiedenen Zeilen in der umgeformten Matrix $\boldsymbol{A}$ bzw. in der erweiterten Matrix $(\boldsymbol{A}\,|\,\vec{b})$ abhängt.
Diese Anzahl bezeichnet man als den Rang der Matrix $\boldsymbol{A}$ bzw. als den Rang der erweiterten Matrix $(\boldsymbol{A}\,|\,\vec{b})$.

Allgemein wird unter dem **Rang einer Matrix $\boldsymbol{A}$** die Anzahl der vom Nullvektor verschiedenen Zeilenvektoren der Matrix in Stufenform verstanden, die aus $\boldsymbol{A}$ durch Umwandlung nach dem Gauß'schen Eliminationsverfahren entstanden ist. Entsprechendes gilt für die erweiterte Koeffizientenmatrix $(\boldsymbol{A}\,|\,\vec{b})$.
Man schreibt dafür kurz Rg $\boldsymbol{A}$ bzw. Rg $(\boldsymbol{A}\,|\,\vec{b})$.
Aus dieser Erklärung folgt: Der Rang einer Matrix $\boldsymbol{A}$ ist nie größer als der Rang der erweiterten Matrix $(\boldsymbol{A}\,|\,\vec{b})$, d. h., es gilt stets Rg $\boldsymbol{A} \leq$ Rg $(\boldsymbol{A}\,|\,\vec{b})$.

a) Geben Sie den Rg $\boldsymbol{A}$ und Rg $(\boldsymbol{A}\,|\,\vec{b})$ für die linearen Gleichungssysteme der Beispiele 1 bis 9 an.
b) Stellen Sie eine Vermutung auf, wann ein LGS keine, genau eine oder unendlich viele Lösungen hat.

Zur Aufklärung des Zusammenhangs zwischen der Lösbarkeit eines LGS bzw. einer Matrizengleichung $\boldsymbol{A} \cdot \vec{x} = \vec{b}$ und den Rängen von $\boldsymbol{A}$ und $(\boldsymbol{A}\,|\,\vec{b})$ dient das folgende Beispiel.

Rangbestimmung von Koeffizientenmatrizen

11

GTR CAS

Lösen Sie die linearen Gleichungssysteme. Geben Sie jeweils den Rang der Koeffizientenmatrix und erweiterten Koeffizientenmatrix an. Stellen Sie einen Zusammenhang zwischen der Anzahl der Lösungen und den Rängen von $\boldsymbol{A}$ und $(\boldsymbol{A}\,|\,\vec{b})$ sowie der Anzahl der Variablen her.

▸ Die Anzahl n der Variablen ist 3 in allen folgenden LGS ($n = 3$).

a)
$$\begin{aligned} x_1 + 3x_2 + x_3 &= 1 \\ 2x_1 + 8x_2 + 4x_3 &= 6 \\ 2x_2 + 4x_3 &= -2 \end{aligned}$$

b)
$$\begin{aligned} x_1 + 3x_2 + x_3 &= 1 \\ 2x_1 + 8x_2 + 4x_3 &= 6 \\ 2x_2 + 2x_3 &= 4 \end{aligned}$$

c)
$$\begin{aligned} x_1 + 3x_2 + x_3 &= 1 \\ 2x_1 + 8x_2 + 4x_3 &= 6 \\ 2x_2 + 2x_3 &= 5 \end{aligned}$$

d)
$$\begin{aligned} x_1 + 3x_2 + x_3 &= 0 \\ 2x_1 + 8x_2 + 4x_3 &= 0 \\ 2x_2 + 4x_3 &= 0 \end{aligned}$$

e)
$$\begin{aligned} x_1 - 2x_2 + 5x_3 &= 0 \\ 3x_1 - 6x_2 + 15x_3 &= 0 \\ -2x_1 + 4x_2 - 10x_3 &= 0 \end{aligned}$$

Zu a) Die Umformung der erweiterten Koeffizientenmatrix zeigt, dass die Koeffizientenmatrix und die erweiterte Koeffizientenmatrix denselben Rang besitzen. Dieser Rang stimmt mit der Anzahl der Variablen überein. Die Lösung ist **eindeutig**.

$$L = \left\{ \begin{pmatrix} -11 \\ 5 \\ -3 \end{pmatrix} \right\}$$

$$\left(\begin{array}{ccc|c} 1 & 3 & 1 & 1 \\ 2 & 8 & 4 & 6 \\ 0 & 2 & 4 & -2 \end{array}\right)$$

$$\left(\begin{array}{ccc|c} 1 & 0 & 0 & -11 \\ 0 & 1 & 0 & 5 \\ 0 & 0 & 1 & -3 \end{array}\right) \quad \begin{array}{l} \blacktriangleright\ x_1 = -11 \\ \blacktriangleright\ x_2 = 5 \\ \blacktriangleright\ x_3 = -3 \end{array}$$

Rg $\boldsymbol{A} = 3$, Rg $(\boldsymbol{A}\,|\,\vec{b}) = 3$, $n = 3$

Rg $\boldsymbol{A}$ = Rg $(\boldsymbol{A}\,|\,\vec{b}) = n$

Zu b) Nach der Umformung ist die letzte Zeile der erweiterten Koeffizientenmatrix vollständig mit 0 besetzt. Der Zeilenvektor ist der Nullvektor.

$$\left(\begin{array}{ccc|c} 1 & 3 & 1 & 1 \\ 2 & 8 & 4 & 6 \\ 0 & 2 & 2 & 4 \end{array}\right)$$

$$\left(\begin{array}{ccc|c} 1 & 0 & -2 & -5 \\ 0 & 1 & 1 & 2 \\ 0 & 0 & 0 & 0 \end{array}\right) \quad \begin{array}{l} \blacktriangleright\ x_1 = -5 + 2x_3 \\ \blacktriangleright\ x_2 = 2 - x_3 \\ \blacktriangleright\ \text{Nullvektor} \end{array}$$

Der Rang der Koeffizientenmatrix ist zwar auch so groß wie der Rang der erweiterten Matrix, aber kleiner als die Anzahl der Variablen. Es gibt **unendlich viele Lösungen**, da für x_3 jeder reelle Wert gesetzt werden kann.

$$L = \left\{ \begin{pmatrix} -5 + 2t \\ 2 - t \\ t \end{pmatrix}; t \in \mathbb{R} \right\} = \left\{ \begin{pmatrix} -5 \\ 2 \\ 0 \end{pmatrix} + t \begin{pmatrix} 2 \\ -1 \\ 1 \end{pmatrix}; t \in \mathbb{R} \right\}$$

Rg $\boldsymbol{A}$ = 2, Rg $(\boldsymbol{A}|\vec{b})$ = 2, n = 3

Rg $\boldsymbol{A}$ = Rg $(\boldsymbol{A}|\vec{\boldsymbol{b}})$ und Rg $\boldsymbol{A} < n$

Zu c) Die Koeffizientenmatrix $\boldsymbol{A}$ wird in die Stufenform transformiert. Nach den Umformungen beinhaltet die letzte Zeile die falsche Aussage: 0 = 1. Das LGS enthält also einen Widerspruch, der darauf beruht, dass der Rang der Koeffizientenmatrix kleiner ist als der Rang der erweiterten Matrix. Das LGS ist **nicht lösbar**, die Lösungsmenge daher leer.

$L = \{\,\}$

A	1	2	3	4
1	1	3	1	1
2	2	8	4	6
3	0	2	2	5

▸ CA Abspeichern der Koeffizientenmatrix $\boldsymbol{A}$ in der Anwendung Run-Matrix unter ▸ MAT/VCT (F3).

```
Rref Mat A
```

$$\begin{bmatrix} 1 & 0 & -2 & 0 \\ 0 & 1 & 1 & 0 \\ 0 & 0 & 0 & 1 \end{bmatrix}$$

▸ CA Im Optionsmenü OPTN, MAT/VCT (F2) den Befehl Rref (F5) wählen und auf die gespeicherte Matrix anwenden.

Rg $\boldsymbol{A}$ = 2, Rg $(\boldsymbol{A}|\vec{b})$ = 3, n = 3

Rg $\boldsymbol{A}$ < Rg $(\boldsymbol{A}|\vec{\boldsymbol{b}})$

Zu d) Der Rang der Koeffizientenmatrix und der Rang der erweiterten Koeffizientenmatrix sind gleich groß und stimmen mit der Anzahl der Variablen überein. Dieses homogene LGS besitzt eine **eindeutige Lösung**. Die Lösung ist der Nullvektor als Spaltenvektor.

$$L = \left\{ \begin{pmatrix} 0 \\ 0 \\ 0 \end{pmatrix} \right\}$$

Da der Nullvektor immer Lösung eines homogenen LGS ist, ist die Lösung eines homogenen LGS dann eindeutig, wenn der Nullvektor die einzige Lösung ist.

$$\left(\begin{array}{ccc|c} 1 & 3 & 1 & 0 \\ 2 & 8 & 4 & 0 \\ 0 & 2 & 4 & 0 \end{array}\right)$$

$$\left(\begin{array}{ccc|c} 1 & 0 & 0 & 0 \\ 0 & 1 & 0 & 0 \\ 0 & 0 & 1 & 0 \end{array}\right)$$

▸ $x_1 = 0$
▸ $x_2 = 0$
▸ $x_3 = 0$

Rg $\boldsymbol{A}$ = 3, Rg $(\boldsymbol{A}|\vec{b})$ = 3, n = 3

Rg $\boldsymbol{A}$ = Rg $(\boldsymbol{A}|\vec{\boldsymbol{b}}) = n$

Zu e) Der Rang der Koeffizientenmatrix ist zwar auch so groß wie der Rang der erweiterten Matrix, aber kleiner als die Anzahl der Variablen. Es gibt **unendlich viele Lösungen**.

$$L = \left\{ \begin{pmatrix} 2s - 5t \\ s \\ t \end{pmatrix}; s, t \in \mathbb{R} \right\}$$

$$= \left\{ s \cdot \begin{pmatrix} 2 \\ 1 \\ 0 \end{pmatrix} + t \cdot \begin{pmatrix} -5 \\ 0 \\ 1 \end{pmatrix}; s, t \in \mathbb{R} \right\}$$

Auch hier gehört der Nullvektor zur Lösungsmenge ($s = t = 0$).

$$\left(\begin{array}{ccc|c} 1 & -2 & 5 & 0 \\ 3 & -6 & 15 & 0 \\ -2 & 4 & -10 & 0 \end{array}\right)$$

$$\left(\begin{array}{ccc|c} 1 & -2 & 5 & 0 \\ 0 & 0 & 0 & 0 \\ 0 & 0 & 0 & 0 \end{array}\right)$$

▸ $x_1 = 2x_2 - 5x_3$
▸ Nullvektor
▸ Nullvektor

Rg $\boldsymbol{A}$ = 1, Rg $(\boldsymbol{A}|\vec{b})$ = 1, n = 3

Rg $\boldsymbol{A}$ = Rg $(\boldsymbol{A}|\vec{\boldsymbol{b}}) < n$

▸ Hier können sogar 2 Variablen frei gewählt werden: n – Rg $\boldsymbol{A}$ = 2.

Die Beispiele zeigen, dass eine Lösung nur dann möglich ist, wenn der Rang der Koeffizientenmatrix $\boldsymbol{A}$ genau so groß ist wie der Rang der erweiterten Koeffizientenmatrix $(\boldsymbol{A}|\vec{b})$, wenn also gilt: Rg $\boldsymbol{A}$ = Rg $(\boldsymbol{A}|\vec{b})$. Allerdings ist ein LGS nur dann eindeutig lösbar, wenn zusätzlich der Rang der Koeffizientenmatrix der Anzahl der Variablen des LGS entspricht, wenn also gilt: Rg $\boldsymbol{A} = n$.

- Der **Rang einer Matrix *A*** wird bestimmt durch die Anzahl der vom Nullvektor verschiedenen Zeilenvektoren in der Matrix in Stufenform, die sich aus $\boldsymbol{A}$ nach Anwendung des Gauß'schen Eliminationsverfahrens auf die Matrix $\boldsymbol{A}$ ergibt. Man schreibt: Rg $\boldsymbol{A}$.
- Die mögliche **Anzahl von Lösungen** eines LGS ist abhängig
  - vom Rang der Koeffizientenmatrix $\boldsymbol{A}$,
  - vom Rang der erweiterten Koeffizientenmatrix $(\boldsymbol{A} \mid \vec{b})$ und
  - von der Anzahl n der Variablen.

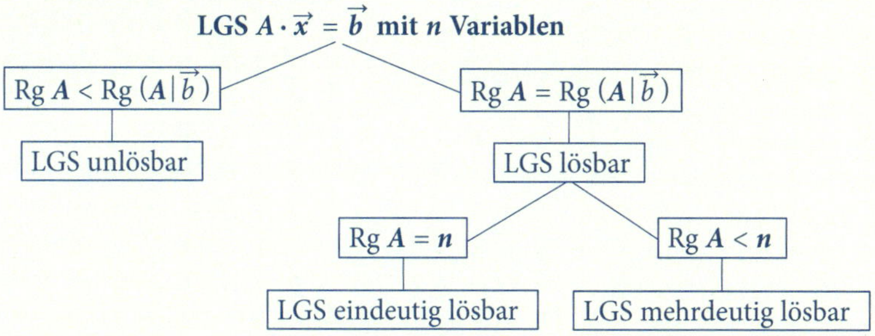

- Ein **homogenes** LGS mit n Variablen bzw. eine Matrizengleichung $\boldsymbol{A} \cdot \vec{x} = \vec{b}$ mit $\vec{b} = \begin{pmatrix} 0 \\ 0 \\ \vdots \\ 0 \end{pmatrix}$ besitzt stets die Lösung $\begin{pmatrix} x_1 \\ x_2 \\ \vdots \\ x_n \end{pmatrix} = \begin{pmatrix} 0 \\ 0 \\ \vdots \\ 0 \end{pmatrix}$. Diese ist genau dann die einzige Lösung, falls Rg $\boldsymbol{A} = n$ gilt.

Äußern Sie sich aufgrund des Rangs der Koeffizientenmatrix und der erweiterten Matrix zu der Lösbarkeit der LGS. Ermitteln Sie die Lösungsmenge.

a) $\begin{pmatrix} 1 & 0{,}5 & 1 \\ 2 & 1 & -1 \\ -2 & 1{,}5 & -2 \end{pmatrix} \cdot \begin{pmatrix} x_1 \\ x_2 \\ x_3 \end{pmatrix} = \begin{pmatrix} -6 \\ 18 \\ 22 \end{pmatrix}$

b) $\begin{pmatrix} 1 & -2 & 2 \\ 2 & -5 & 2 \\ -1 & 4 & 2 \end{pmatrix} \cdot \begin{pmatrix} x_1 \\ x_2 \\ x_3 \end{pmatrix} = \begin{pmatrix} -10 \\ 4 \\ -37 \end{pmatrix}$

c) $\begin{pmatrix} 1 & 1 & 1 \\ 2 & 1 & -1 \\ -8 & -6 & -2 \end{pmatrix} \cdot \begin{pmatrix} x_1 \\ x_2 \\ x_3 \end{pmatrix} = \begin{pmatrix} 2 \\ -2 \\ -4 \end{pmatrix}$

d) $\begin{aligned} x_1 - 3x_2 + 6x_3 &= 0 \\ 2x_1 + 4x_2 + 10x_3 &= 0 \\ 2x_1 + 24x_2 + 6x_3 &= 0 \end{aligned}$

e) $\begin{pmatrix} 2 & 4 & 3 \\ 6 & -2 & 5 \end{pmatrix} \cdot \begin{pmatrix} x_1 \\ x_2 \\ x_3 \end{pmatrix} = \begin{pmatrix} 3 \\ 25 \end{pmatrix}$

f) $\begin{pmatrix} 5 & 8 & -3 \\ 6 & -2 & -3 \\ 4 & 4 & 4 \\ 2 & 3 & 7 \end{pmatrix} \cdot \begin{pmatrix} x_1 \\ x_2 \\ x_3 \end{pmatrix} = \begin{pmatrix} 14 \\ -29 \\ 8 \\ 13 \end{pmatrix}$

In der linearen Algebra findet man oft lineare Gleichungssysteme, deren Lösungsmenge von der Wahl eines Parameters abhängt.

LGS mit Parameter 12

Ermitteln Sie, für welche reellen Zahlen anstelle von a das LGS ($n = 2$) eindeutig lösbar, mehrdeutig lösbar oder nicht lösbar ist.

$$\begin{aligned} x_1 + 2x_2 &= -1 \\ 2x_1 + ax_2 &= 2 - a \end{aligned}$$

Das LGS enthält den Parameter a, von dem die Lösungsmöglichkeiten abhängen.

$$\begin{array}{cc|c} \multicolumn{2}{c}{\boldsymbol{A}} & \vec{b} \\ 1 & 2 & -1 \\ 2 & a & 2-a \end{array} \quad \begin{array}{l} \mid \cdot(-2) \\ + \end{array}$$

$$\begin{array}{cc|c} 1 & 2 & -1 \\ 0 & a-4 & 4-a \end{array}$$

Die Umformung der erweiterten Koeffizientenmatrix zeigt, dass für $a = 4$ der zweite Zeilenvektor zum Nullvektor wird, während der 1. Zeilenvektor vom Nullvektor verschieden ist. In diesem Fall ist daher der Rang der Koeffizientenmatrix $\boldsymbol{A}$ und der Rang der erweiterten Koeffizientenmatrix $(\boldsymbol{A}|\vec{b})$ gleich 1.

Das LGS besitzt folglich unendlich viele Lösungen.

Für jede andere reelle Zahl außer 4 anstelle von a ist der Rang der Koeffizientenmatrix und der Rang der erweiterten Matrix gleich 2 und damit ist das LGS dann eindeutig lösbar.
Das LGS ist also immer lösbar.

$a = 4$:

$$\left(\begin{array}{cc|c} 1 & 2 & -1 \\ 0 & 0 & 0 \end{array}\right) \quad \begin{array}{l} \blacktriangleright x_1 = -1 - 2x_2 \\ \blacktriangleright x_2 = t \end{array}$$

$\operatorname{Rg} \boldsymbol{A} = 1$, $\operatorname{Rg}(\boldsymbol{A}|\vec{b}) = 1$, $n = 2$
$\operatorname{Rg} \boldsymbol{A} = \operatorname{Rg}(\boldsymbol{A}|\vec{b}) < n$

$\Rightarrow$ LGS hat unendlich viele Lösungen.

$$L = \left\{\begin{pmatrix} -1 - 2t \\ t \end{pmatrix}; t \in \mathbb{R}\right\} = \left\{\begin{pmatrix} -1 \\ 0 \end{pmatrix} + t \cdot \begin{pmatrix} -2 \\ 1 \end{pmatrix}; t \in \mathbb{R}\right\}$$

$a \neq 4$:

$$\left(\begin{array}{cc|c} 1 & 2 & -1 \\ 0 & a-4 & 4-a \end{array}\right) \quad |:(a-4)\,|\cdot(-2) \text{ (zur 1. Zeile addieren)}$$

$$\left(\begin{array}{cc|c} 1 & 0 & 1 \\ 0 & 1 & -1 \end{array}\right) \quad \begin{array}{l} \blacktriangleright x_1 = 1 \\ \blacktriangleright x_2 = -1 \end{array}$$

$\operatorname{Rg} \boldsymbol{A} = \operatorname{Rg}(\boldsymbol{A}|\vec{b}) = n = 2$

$\Rightarrow$ LGS ist eindeutig lösbar.

$$L = \left\{\begin{pmatrix} 1 \\ -1 \end{pmatrix}\right\}$$

13 LGS mit Parameter

Untersuchen Sie, für welche reellen Zahlen anstelle von a das LGS eindeutig lösbar, mehrdeutig lösbar oder unlösbar ist.

$$\begin{aligned} 2x_1 - 3x_2 - x_3 &= 2 + 0{,}5a \\ x_2 + (0{,}2a + 0{,}6)x_3 &= 0{,}1a + 0{,}8 \\ (-0{,}2a^2 + 0{,}2a + 0{,}4)x_3 &= -0{,}1a^2 + 0{,}1a + 0{,}2 \end{aligned}$$

Nachdem man die Terme, in denen der Parameter a vorkommt, in Linearfaktoren zerlegt hat, lässt sich sofort ablesen:

$$\left(\begin{array}{ccc|c} 2 & -3 & -1 & 2 + \frac{a}{2} \\ 0 & 1 & \frac{a+3}{5} & \frac{a+8}{10} \\ 0 & 0 & \frac{(a+1)\cdot(-a+2)}{5} & \frac{(a+1)\cdot(-a+2)}{10} \end{array}\right)$$

Setzt man 2 für a, dann ist der Rang der Koeffizientenmatrix $\boldsymbol{A}$ gleich dem Rang der erweiterten Koeffizientenmatrix $(\boldsymbol{A}|\vec{b})$, und es gilt:
$\operatorname{Rg} \boldsymbol{A} = \operatorname{Rg}(\boldsymbol{A}|\vec{b}) = 2$, $n = 3$. ▸ $\operatorname{Rg} \boldsymbol{A} < n$

Das LGS besitzt folglich unendlich viele Lösungen; für $a = 2$ ist es mehrdeutig lösbar.

$a = 2$:

$$\left(\begin{array}{ccc|c} 2 & -3 & -1 & 3 \\ 0 & 1 & 1 & 1 \\ 0 & 0 & 0 & 0 \end{array}\right) \quad \begin{array}{l} \blacktriangleright \operatorname{Rg} \boldsymbol{A} = 2,\ \operatorname{Rg}(\boldsymbol{A}|\vec{b}) = 2,\ n = 3 \\ \blacktriangleright \operatorname{Rg} \boldsymbol{A} < n \end{array}$$

$\Rightarrow$ LGS ist mehrdeutig lösbar.

Setzt man -1 für a, dann gilt:
$\operatorname{Rg} \boldsymbol{A} = 2$ und $\operatorname{Rg}(\boldsymbol{A}|\vec{b}) = 3$. ▸ $\operatorname{Rg} \boldsymbol{A} < \operatorname{Rg}(\boldsymbol{A}|\vec{b})$

Das LGS ist für $a = -1$ nicht lösbar, die Lösungsmenge daher leer.

$a = -1$:

$$\left(\begin{array}{ccc|c} 2 & -3 & -1 & \frac{3}{2} \\ 0 & 1 & \frac{2}{5} & \frac{7}{10} \\ 0 & 0 & 0 & 0 \end{array}\right) \quad \begin{array}{l} \blacktriangleright \operatorname{Rg} \boldsymbol{A} = 2,\ \operatorname{Rg}(\boldsymbol{A}|\vec{b}) = 3 \\ \blacktriangleright \operatorname{Rg} \boldsymbol{A} < \operatorname{Rg}(\boldsymbol{A}|\vec{b}) \end{array}$$

$\Rightarrow$ LGS ist unlösbar.

In allen anderen Fällen ($a \in \mathbb{R}\setminus\{-1; 2\}$) ist das LGS eindeutig lösbar.

$a \in \mathbb{R}\setminus\{-1; 2\}$:
$\Rightarrow$ LGS ist eindeutig lösbar.

LGS mit Parameter

14 GTR CAS

Untersuchen Sie, für welche reellen Zahlen anstelle von a das LGS ($n = 3$) eindeutig lösbar, mehrdeutig lösbar oder nicht lösbar ist.

$$\begin{aligned} 4x_1 - 6x_2 - 2x_3 &= a + 4 \\ -2x_1 + 8x_2 + (a+4)x_3 &= 2 \\ -2x_1 + (a+4)x_2 + (a+2)x_3 &= 0 \end{aligned}$$

Im CAS definieren wir die erweiterte Koeffizientenmatrix $(\boldsymbol{A}|\vec{b})$ und wenden darauf die Umformungen des Gauß'schen Eliminationsverfahrens an. Das CAS unterstützt uns dabei mit eingebauten Befehlen.

▶ TI mRowAdd(c,M,z_a,z_b) führt bei der Matrix M die Berechnung $c \cdot z_a + z_b$ durch und gibt die Ergebnismatrix aus. Dabei ist c ein Ausdruck und z_a, z_b geben an, welche Zeilen miteinander addiert werden.

1.1 LGSParameter

$$ab := \begin{bmatrix} 4 & -6 & -2 & a+4 \\ -2 & 8 & a+4 & 2 \\ -2 & a+4 & a+2 & 0 \end{bmatrix}$$

$$ab1 := \text{mRowAdd}\left(\frac{1}{2}, ab, 1, 2\right)$$

$$ab2 := \text{mRowAdd}\left(\frac{1}{2}, ab1, 1, 3\right) \quad \begin{bmatrix} 4 & -6 & -2 & a+4 \\ 0 & 5 & a+3 & \frac{a}{2}+4 \\ 0 & a+1 & a+1 & \frac{a+4}{2} \end{bmatrix}$$

Zur Stufenform fehlt nur noch, dass die zweite Zeile mit $-\frac{1}{5}(a + 1)$ multipliziert und zur dritten Zeile addiert wird. Dafür muss aber $a \neq -1$ vorausgesetzt werden.

Bei der Umformung darf eine Zeile nicht mit 0 multipliziert werden.

$a \neq -1$:

$$ab3 := \text{mRowAdd}\left(\frac{-1}{5} \cdot (a+1), ab2, 2, 3\right) \quad \begin{bmatrix} 4 & -6 & -2 & a+4 \\ 0 & 5 & a+3 & \frac{a}{2}+4 \\ 0 & 0 & \frac{-(a-2)\cdot(a+1)}{5} & \frac{-a^2}{10} - \frac{2\cdot a}{5} + \frac{6}{5} \end{bmatrix}$$

Um Angaben zur Lösbarkeit zu machen, untersuchen wir die 3. Zeile und erkennen, dass bei $a = 2$ der Rang der Koeffizientenmatrix $\boldsymbol{A}$ kleiner n wird ($\text{Rg}\,\boldsymbol{A} = 2 < 3$). Folglich sind für das LGS insgesamt drei Fälle zu unterscheiden: $a = -1$, $a = 2$ und $a \in \mathbb{R}\setminus\{-1; 2\}$.

Für die beiden Fälle $a = -1$ und $a = 2$ berechnen wir mit dem CAS die Matrix in Stufenform.

$a = -1$:

$$\text{rref}(ab)|a=-1 \quad \begin{bmatrix} 1 & 0 & \frac{1}{10} & 0 \\ 0 & 1 & \frac{2}{5} & 0 \\ 0 & 0 & 0 & 1 \end{bmatrix}$$

$a = 2$:

$$\text{rref}(ab)|a=2 \quad \begin{bmatrix} 1 & 0 & 1 & 3 \\ 0 & 1 & 1 & 1 \\ 0 & 0 & 0 & 0 \end{bmatrix}$$

$a \in \mathbb{R}\setminus\{-1; 2\}$: $\Rightarrow$ LGS ist eindeutig lösbar.

Fall 1: $a = -1$
$\text{Rg}\,\boldsymbol{A} = 2$, $\text{Rg}\,(\boldsymbol{A}|\vec{b}) = 3 \Rightarrow \text{Rg}\,\boldsymbol{A} < \text{Rg}\,(\boldsymbol{A}|\vec{b})$
$\Rightarrow$ keine Lösung

Fall 2: $a = 2$
$\text{Rg}\,\boldsymbol{A} = \text{Rg}\,(\boldsymbol{A}|\vec{b}) = 2$, $n = 3 \Rightarrow \text{Rg}\,\boldsymbol{A} < n$
$\Rightarrow$ unendlich viele Lösungen

Fall 3: ($a \in \mathbb{R}\setminus\{-1; 2\}$)
$\text{Rg}\,\boldsymbol{A} = \text{Rg}\,(\boldsymbol{A}|\vec{b}) = 3 = n$
$\Rightarrow$ eindeutige Lösung

Gegeben ist das nebenstehende LGS.

a) Untersuchen Sie, für welche Zahlen anstelle von $a \in \mathbb{R}$ das LGS keine Lösung, eine Lösung bzw. unendlich viele Lösungen hat.

b) Bestimmen Sie die Lösungsmenge des LGS für $a = -3$.

$$\begin{aligned} ax_1 - x_2 + 2x_3 &= 0 \\ 2x_1 + (2a+4)x_2 + (-2a+6)x_3 &= 8 \\ 3x_1 + 3x_2 + (3a-3)x_3 &= -6 \end{aligned}$$

Übungen zu 4.3.2

1. Entscheiden Sie aufgrund des Rangs der Koeffizientenmatrix und der erweiterten Koeffizientenmatrix, ob das LGS eine Lösung besitzt, und ermitteln Sie die Lösungsmenge.

a)
$$\begin{aligned} x_1 - 2x_2 + 4x_3 + 6x_4 &= 11 \\ 5x_2 + 5x_3 + 10x_4 &= 35 \\ -2x_1 + 3x_2 - 4x_4 &= -8 \\ 6x_1 - 3x_2 + 4x_3 + x_4 &= -1 \end{aligned}$$

b)
$$\begin{aligned} x_1 - 1{,}5x_2 + 2x_4 &= 4 \\ 0{,}5x_1 - x_2 + 2x_3 + 3x_4 &= 5{,}5 \\ -x_2 - x_3 - 2x_4 &= -7 \\ -2x_1 + 2x_2 + 8x_3 + 4x_4 &= 6 \end{aligned}$$

c)
$$\begin{aligned} 5x_1 - 2x_2 + 4x_3 + 3x_4 &= -1 \\ 12x_1 - 9x_2 + 12x_3 + 9x_4 &= 0 \\ -2x_1 - x_2 + 2x_3 &= 4 \\ -8x_1 + 4x_2 - 8x_3 - 6x_4 &= -2 \end{aligned}$$

d)
$$\begin{aligned} 2x_1 - 4x_2 + 8x_3 + 3x_4 &= -2 \\ 3x_2 + 3x_3 - 3x_4 &= 72 \\ 6x_1 + 4x_2 - 5x_3 + x_4 &= 44 \\ 8x_1 + x_2 + 4x_3 + 3x_4 &= 60 \end{aligned}$$

e)
$$\begin{aligned} 3x_1 + 8x_2 + 2x_3 - 4x_4 &= -2 \\ 3x_1 - 3x_2 - 3x_4 &= -72 \\ 2x_1 - 10x_2 + 12x_3 + 8x_4 &= 88 \\ 3x_1 + 4x_2 + 8x_3 + x_4 &= 66 \end{aligned}$$

f)
$$\begin{aligned} 2x_1 + x_2 - 2x_3 + 2x_4 &= 24 \\ 4x_1 - 3x_2 + 6x_3 &= 20 \\ 2x_1 + 6x_2 - 12x_3 + 6x_4 &= 52 \\ -16x_1 + 17x_2 - 34x_3 + 4x_4 &= -52 \end{aligned}$$

g)
$$\begin{aligned} x_1 - 2x_2 + 2x_3 &= 0 \\ 2x_1 - x_2 + 2x_3 &= 0 \\ -x_1 + 2x_2 - x_3 &= 0 \end{aligned}$$

h)
$$\begin{aligned} -2x_1 + 3x_2 - 4x_3 &= 0 \\ 4x_1 - 5x_2 - x_3 &= 0 \\ 8x_1 - 9x_2 - 11x_3 &= 0 \end{aligned}$$

i)
$$\begin{aligned} -3x_1 + 6x_2 - 3x_3 &= 0 \\ -2x_1 + 4x_2 - 4x_3 &= 0 \\ -x_1 + 2x_2 - 11x_3 &= 0 \end{aligned}$$

j)
$$\begin{aligned} x_1 + 4x_2 + 2x_3 - 5x_4 &= 0 \\ x_2 - x_4 &= 0 \\ x_1 + 2x_2 + x_3 - 3x_4 &= 0 \\ -2x_1 - 8x_2 - 4x_3 + 11x_4 &= 0 \end{aligned}$$

↗ 2. Ermitteln Sie, für welche reellen Zahlen anstelle von a die Matrizengleichung eindeutig lösbar, mehrdeutig lösbar oder unlösbar ist.

a) $\begin{pmatrix} 1 & 4 & 3 \\ 0 & 1 & 2 \\ 0 & 0 & a \end{pmatrix} \cdot \begin{pmatrix} x_1 \\ x_2 \\ x_3 \end{pmatrix} = \begin{pmatrix} 4 \\ -3 \\ a \end{pmatrix}$

b) $\begin{pmatrix} 1 & -2 & 1 \\ 0 & 1 & 3 \\ 0 & 0 & a\cdot(a-2) \end{pmatrix} \cdot \begin{pmatrix} x_1 \\ x_2 \\ x_3 \end{pmatrix} = \begin{pmatrix} -5 \\ 1 \\ a \end{pmatrix}$

c) $\begin{pmatrix} 1 & 2 & 3 \\ 2 & 5 & 2-a \\ 4 & 10 & 2-3a \end{pmatrix} \cdot \begin{pmatrix} x_1 \\ x_2 \\ x_3 \end{pmatrix} = \begin{pmatrix} 4 \\ 10 \\ 14 \end{pmatrix}$

d) $\begin{pmatrix} 1 & -1 & -2a \\ -2 & 4 & 6a^2 \\ 6 & 9 & -12a \end{pmatrix} \cdot \begin{pmatrix} x_1 \\ x_2 \\ x_3 \end{pmatrix} = \begin{pmatrix} -3 \\ -6 \\ 27 \end{pmatrix}$

e) $\begin{pmatrix} 2 & 2 & 2 \\ 2 & 1 & -1 \\ -4 & 3 & a \end{pmatrix} \cdot \begin{pmatrix} x_1 \\ x_2 \\ x_3 \end{pmatrix} = \begin{pmatrix} 0 \\ 0 \\ 0 \end{pmatrix}$

f) $\begin{pmatrix} 1 & 1 & a^2-2a \\ 1 & 2 & 0 \\ 4 & 5 & 4a^2-8a \end{pmatrix} \cdot \begin{pmatrix} x_1 \\ x_2 \\ x_3 \end{pmatrix} = \begin{pmatrix} a+5 \\ 8 \\ 3a+23 \end{pmatrix}$

↗ 3. Ermitteln Sie, für welche reellen Zahlen anstelle von a das LGS eindeutig lösbar, mehrdeutig lösbar oder unlösbar ist.

a)
$$\begin{aligned} 2x_1 + 2ax_2 &= 4 \\ (a+3)x_2 + x_3 &= 1 \\ a\cdot(a^2-4)x_3 &= a^2 - a - 2 \end{aligned}$$

b)
$$\begin{aligned} -2x_1 + 5x_2 - 3x_3 &= -3 \\ 6x_1 - 4x_2 + 2ax_3 &= 8 \\ -3x_1 - 9x_2 + 3x_3 &= -1 \end{aligned}$$

c)
$$\begin{aligned} 4x_1 - 2ax_2 + 14x_3 &= -2 \\ -12x_1 - 12x_2 + 34x_3 &= -26 \\ -3x_1 - 3x_2 - 15x_3 &= -18 \end{aligned}$$

d)
$$\begin{aligned} (a^2+2a-4)x_3 &= -3a^2 - 3a \\ x_1 - x_2 &= a \\ (-2a^2-2a)x_3 &= 6a^2 + 6a \\ -2x_2 - 2ax_3 &= 3a - 1 \end{aligned}$$

↗ 4. Gegeben ist die Matrix $A_a = \begin{pmatrix} 1 & 2a & 0 \\ -1 & a^2 & a \\ 4 & 16 & a \end{pmatrix}$; $a \in \mathbb{R}$ und der Vektor $\vec{b}_a = \begin{pmatrix} a \\ -a \\ 2a \end{pmatrix}$.

Untersuchen Sie, für welche Zahlen anstelle von a das LGS $A_a \cdot \vec{x} = \vec{b}_a$ keine Lösung, eine Lösung bzw. unendlich viele Lösungen hat.

5. Gegeben ist eine Matrix $\boldsymbol{A}_a$ vom Typ

$$\boldsymbol{A}_a = \begin{pmatrix} 4 & -6 & -2 \\ -2 & 8 & a+4 \\ -2 & a+4 & a+2 \end{pmatrix}.$$

a) Untersuchen Sie, für welche reellen Zahlen anstelle von a die Matrizengleichung $\boldsymbol{A}_a \cdot \begin{pmatrix} x_1 \\ x_2 \\ x_3 \end{pmatrix} = \begin{pmatrix} 0 \\ 0 \\ 0 \end{pmatrix}$ mehrdeutig lösbar ist.

b) Untersuchen Sie die Lösbarkeit von

$$\boldsymbol{A}_a \cdot \begin{pmatrix} x_1 \\ x_2 \\ x_3 \end{pmatrix} = \begin{pmatrix} a+4 \\ 2 \\ 0 \end{pmatrix}.$$

6. In einem Unternehmen, das Tee versendet, werden 4 verschiedene Teemischungen aus 3 reinen Teesorten gemischt.
Aus nachstehender Tabelle können die Mischungsverhältnisse für jeweils eine Tonne Teemischung entnommen werden (Angaben in kg je t).

	M_1	M_2	M_3	M_4
S_1	200	350	450	500
S_2	200	250	150	200
S_3	600	400	400	300

27 t Tee stehen von Sorte S_1, 14 t von S_2 und 29 t von S_3 zur Verfügung. Die gesamten Vorräte sollen für die Mischungen aufgebraucht werden.

a) Jede der Mischungen soll eine ganze Anzahl von Tonnen Tee ergeben.
Untersuchen Sie die Möglichkeiten, die es unter dieser Bedingung gibt.

b) Es soll so gemischt werden, dass die Menge M_1 zur Menge von M_2 im Verhältnis 3 : 4 steht. Ermitteln Sie die Mengen in den einzelnen Mischungen.

7. Ein Unternehmen verkaufte im ersten Vierteljahr von den 3 Produkten P_1, P_2 und P_3 unterschiedliche Stückzahlen gemäß nachfolgender Tabelle.

	P_1	P_2	P_3	Umsatz
Januar	10 000	20 000	30 000	560 000 €
Februar	20 000	15 000	15 000	455 000 €
März	10 000	32 500	52 500	892 500 €

a) Erläutern Sie, warum sich aus den Angaben in der Tabelle nicht eindeutig auf die Preise der Produkte schließen lässt.

b) Berechnen Sie die Verkaufspreise der Produkte P_1 und P_3, wenn P_2 für 5 € pro Stück verkauft wurde.

c) Untersuchen Sie – unabhängig von b) – den Preis von P_2.

8. In einem Betrieb der chemischen Industrie werden aus 4 verschiedenen Rohstoffen R_1, R_2, R_3 und R_4 u. a. die 4 Grundsubstanzen G_1, G_2, G_3 und G_4 hergestellt. Die nachstehende Stückliste gibt an, wie viele ME von jedem Rohstoff in 1 ME der jeweiligen Grundsubstanz eingehen. 700 ME stehen von R_1, 1100 ME von R_2, 1400 ME von R_3 und 1600 ME von R_4 zur Verfügung. Aus Gründen der Haltbarkeit sollen alle Mengen verarbeitet werden.

	G_1	G_2	G_3	G_4
R_1	1	2	1	3
R_2	0	4	4	3
R_3	1	0	7	6
R_4	1	3	6	6

a) Aus verpackungstechnischen Gründen muss die Substanz G_4 immer zu Gebinden zu 40 ME abgefüllt werden. Geben Sie alle Möglichkeiten an, die es gibt, die Grundsubstanzen herzustellen.

b) Prüfen Sie, ob die Grundsubstanzen im Mengenverhältnis 1 : 1 : 1 : 1 hergestellt werden können.

9. Ein Edelstahlwerk recycelt 4 verschiedene Stahlsorten mit Aluminium, Chrom und Titan.
In der untenstehenden Tabelle ist angegeben, wie hoch der Anteil der drei Elemente in den vier Stahlsorten ist und mit welchen Anteilen daraus eine neue Stahlsorte hergestellt werden soll.

	I	II	III	IV	neu
Chromgehalt	1 %	2 %	4 %	5 %	2,5 %
Titangehalt	4 %	2 %	4 %	2 %	2,5 %
Aluminiumgehalt	80 %	80 %	70 %	70 %	77,5 %

Ermitteln Sie, welchen Anteil die Stahlsorte IV an der neuen Legierung höchstens haben darf.

4.3.3 Die inverse Matrix

Beim Rechnen mit reellen Zahlen kann die lineare Gleichung $5 \cdot x = 10$ sofort durch Division mit 5 in die Gleichung $1 \cdot x = 2$ umgeformt werden. Eine solche Möglichkeit, auf direktem Weg die **Matrizengleichung** $\boldsymbol{A} \cdot \vec{x} = \vec{b}$ nach $\vec{x}$ aufzulösen, gibt es nicht, weil eine Matrizendivision nicht definiert ist.

In der Matrizenrechnung lässt sich die Gleichung $\boldsymbol{A} \cdot \vec{x} = \vec{b}$ nur durch Matrizenmultiplikation mit einer Matrix $\boldsymbol{A}^{-1}$ auflösen. Diese Matrix $\boldsymbol{A}^{-1}$ heißt die zu $\boldsymbol{A}$ **inverse Matrix** oder kurz **Inverse** und besitzt folgende Eigenschaft: $\boldsymbol{A}^{-1} \cdot \boldsymbol{A} = \boldsymbol{A} \cdot \boldsymbol{A}^{-1} = \boldsymbol{E}$. Die Matrix $\boldsymbol{E}$ ist dabei die Einheitsmatrix, deren Elemente auf der Diagonalen alle 1 und sonst 0 sind.
In der Matrizenrechnung lässt sich die Gleichung $\boldsymbol{A} \cdot \vec{x} = \vec{b}$ also durch Matrizenmultiplikation mit der zu $\boldsymbol{A}$ inversen Matrix $\boldsymbol{A}^{-1}$ auflösen.

Diese Multiplikation mit einer Inversen finden wir auch beim Rechnen mit reellen Zahlen, wenn wir statt durch 5 zu dividieren mit dem Kehrwert $\frac{1}{5}$ multiplizieren und uns erinnern, dass $\frac{1}{5} = 5^{-1}$ ist.

$$\begin{aligned} 5 \cdot x &= 10 \quad | \cdot 5^{-1} \\ 5^{-1} \cdot 5 \cdot x &= 5^{-1} \cdot 10 \\ \tfrac{5}{5} \cdot x &= \tfrac{10}{5} \\ x &= 2 \end{aligned}$$

(15) Multiplikation mit Inversen

Lösen Sie die Gleichungen $a \cdot x = b$ und $\boldsymbol{A} \cdot \vec{x} = \vec{b}$ jeweils durch Multiplikation mit den Inversen zu a bzw. zu $\boldsymbol{A}$ nach x bzw. nach $\vec{x}$ auf.

Rechnen mit reellen Zahlen

$$\begin{aligned} a \cdot x &= b \\ a^{-1} \cdot a \cdot x &= a^{-1} \cdot b \\ 1 \cdot x &= a^{-1} \cdot b \\ x &= \tfrac{1}{a} \cdot b \end{aligned}$$

Rechnen mit Matrizen

$$\begin{aligned} \boldsymbol{A} \cdot \vec{x} &= \vec{b} \\ \boldsymbol{A}^{-1} \cdot \boldsymbol{A} \cdot \vec{x} &= \boldsymbol{A}^{-1} \cdot \vec{b} \\ \boldsymbol{E} \cdot \vec{x} &= \boldsymbol{A}^{-1} \cdot \vec{b} \\ \vec{x} &= \boldsymbol{A}^{-1} \cdot \vec{b} \end{aligned}$$

Da sowohl die linksseitige als auch die rechtsseitige Multiplikation von $\boldsymbol{A}$ mit ihrer Inversen $\boldsymbol{A}^{-1}$ dieselbe Einheitsmatrix $\boldsymbol{E}$ ergibt ($\boldsymbol{A}^{-1} \cdot \boldsymbol{A} = \boldsymbol{A} \cdot \boldsymbol{A}^{-1} = \boldsymbol{E}$), muss $\boldsymbol{A}$ quadratisch sein.
Damit die Inverse zu einer quadratischen $n \times n$-Matrix $\boldsymbol{A}$ existiert, muss der Rang außerdem gleich n sein.

▸ Übungsaufgabe 4, S. 216

Im Beispiel 2 auf S. 195 haben wir die Koeffizientenmatrix $\boldsymbol{A}$ mithilfe des Gauß'schen Eliminationsverfahrens in die Einheitsmatrix $\boldsymbol{E}$ transformiert. Die Gesamtheit aller Transformationen entspricht damit der Multiplikation der Matrix $\boldsymbol{A}$ mit ihrer Inversen $\boldsymbol{A}^{-1}$: $\boldsymbol{A}^{-1} \cdot \boldsymbol{A} = \boldsymbol{E}$.
Wenden wir die Gesamtheit der Transformationen auf die Einheitsmatrix $\boldsymbol{E}$ an, dann erhalten wir die inverse Matrix $\boldsymbol{A}^{-1}$: $\boldsymbol{A}^{-1} \cdot \boldsymbol{E} = \boldsymbol{A}^{-1}$.

Um die Inverse einer Matrix $\boldsymbol{A}$ zu erhalten, müssen wir also dieselben Rechenschritte an der Matrix $\boldsymbol{E}$ vornehmen, die wir an der Matrix $\boldsymbol{A}$ vorgenommen haben.

von $\boldsymbol{A} \cdot \vec{x} = \vec{b}$ → nach $\boldsymbol{E} \cdot \vec{x} = \vec{l}$, $\vec{x} = \vec{l}$

Gauß'sches Eliminationsverfahren

von $\boldsymbol{E} \cdot \boldsymbol{A} \cdot \vec{x} = \vec{b}$ → nach $\boldsymbol{A}^{-1} \cdot \boldsymbol{A} \cdot \vec{x} = \vec{l}$, $\vec{x} = \vec{l}$

Konstruktion der Inversen

16

GTR CAS

a) Konstruieren Sie mithilfe des Gauß'schen Eliminationsverfahrens die Inverse zur Matrix $\boldsymbol{A} = \begin{pmatrix} 2 & 4 \\ -1 & 2 \end{pmatrix}$.
b) Lösen Sie mithilfe der Inversen die Matrizengleichung $\boldsymbol{A} \cdot \vec{x} = \begin{pmatrix} 10 \\ 7 \end{pmatrix}$.

Zu a) Wir wenden das Gauß'sche Eliminationsverfahren sowohl auf die Koeffizientenmatrix (s. Beispiel 1), als auch auf die Einheitsmatrix an. Ziel ist es, die Koeffizientmatrix $\boldsymbol{A}$ in die Einheitsmatrix zu transformieren. Dann erhält man an der Stelle der Einheitsmatrix rechts die zu $\boldsymbol{A}$ inverse Matrix:

$\boldsymbol{A}^{-1} = \begin{pmatrix} 0{,}25 & -0{,}5 \\ 0{,}125 & 0{,}25 \end{pmatrix}$

$$\begin{array}{cc|cc l}
\multicolumn{2}{c}{\boldsymbol{A}} & \multicolumn{2}{c}{\boldsymbol{E}} & \\
2 & 4 & 1 & 0 & |:2 \\
-1 & 2 & 0 & 1 & \leftarrow + \\
\hline
1 & 2 & 0{,}5 & 0 & \leftarrow + \\
0 & 4 & 0{,}5 & 1 & |:4 \;|\cdot(-2) \\
\hline
1 & 0 & 0{,}25 & -0{,}5 & \\
0 & 1 & 0{,}125 & 0{,}25 & \\
\multicolumn{2}{c}{\boldsymbol{E}} & \multicolumn{2}{c}{\boldsymbol{A}^{-1}} &
\end{array}$$

Zu b) Wir können die Gleichung lösen, indem wir den Spaltenvektor der rechten Seite von links mit der Inversen multiplizieren.

$L = \left\{ \begin{pmatrix} -1 \\ 3 \end{pmatrix} \right\}$

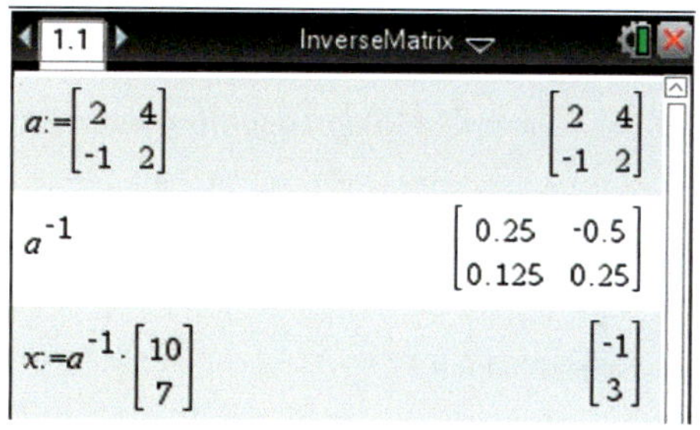

$\vec{x} = \begin{pmatrix} 0{,}25 & -0{,}5 \\ 0{,}125 & 0{,}25 \end{pmatrix} \cdot \begin{pmatrix} 10 \\ 7 \end{pmatrix} = \begin{pmatrix} -1 \\ 3 \end{pmatrix}$

$x_1 = -1;\ x_2 = 3$

- Ist eine Matrix $\boldsymbol{A}$ quadratisch ($n \times n$) und hat den Rang n, dann existiert eine zu $\boldsymbol{A}$ inverse Matrix $\boldsymbol{A}^{-1}$, für die gilt: $\boldsymbol{A}^{-1} \cdot \boldsymbol{A} = \boldsymbol{A} \cdot \boldsymbol{A}^{-1} = \boldsymbol{E}$.
- Die Inverse $\boldsymbol{A}^{-1}$ berechnet man, indem man dieselben „Transformationen“, die $\boldsymbol{A}$ in $\boldsymbol{E}$ überführen, auf die Matrix $\boldsymbol{E}$ anwendet. $\left(\begin{array}{c|c} A & E \\ E & A^{-1} \end{array}\right)$
- Ist das LGS $\boldsymbol{A} \cdot \vec{x} = \vec{b}$ gegeben und existiert die Inverse $\boldsymbol{A}^{-1}$, dann lässt sich die Lösung **eindeutig** ermitteln: $\vec{x} = \boldsymbol{A}^{-1} \cdot \vec{b}$.

Wenn wir nur eine einzelne Matrizengleichung zu lösen haben, dann ist es relativ aufwändig, die Einheitsmatrix in die Inverse zu transformieren.
Sollen aber mehrere lineare Gleichungssysteme mit derselben Koeffizientenmatrix gelöst werden, dann kann es durchaus sinnvoll sein, die Lösungen mithilfe der Inversen zu berechnen.

Lösen Sie die linearen Gleichungssysteme $\boldsymbol{A} \cdot \vec{x} = \vec{b}$, indem Sie die Inverse $\boldsymbol{A}^{-1}$ berechnen.

$$\boldsymbol{A} = \begin{pmatrix} 1 & 0 & 2 & 1 \\ 2 & 1 & 0 & 1 \\ 1 & -2 & -1 & 0 \\ 2 & 0 & 0 & 1 \end{pmatrix}$$

a) $\vec{b} = \begin{pmatrix} 3 \\ 0 \\ 4 \\ -2 \end{pmatrix}$ b) $\vec{b} = \begin{pmatrix} 3 \\ 1 \\ 4 \\ -2 \end{pmatrix}$

4

17 Anwendung der Inversen

In einem Betrieb werden aus den 3 Materialien M_1, M_2 und M_3 die 3 Produkte P_1, P_2 und P_3 gemäß nebenstehender Stückliste hergestellt.

	P_1	P_2	P_3
M_1	2	2	2
M_2	0	2	2
M_3	8	4	8

Wegen eines Programmabsturzes in der EDV-Anlage können die wöchentlichen Produktionsmengen vom vergangenen Monat nur noch über den Materialverbrauch errechnet werden.

Die laut Materialentnahmeschein dem Lager entnommenen ME in den 4 Wochen sind in der nebenstehenden Tabelle aufgeführt.

	1. Woche	2. Woche	3. Woche	4. Woche
M_1	2400	2140	2420	2440
M_2	1600	1240	1420	1400
M_3	8000	7360	8480	8640

Ermitteln Sie, wie viele ME von den Produkten P_1, P_2 und P_3 in den jeweiligen Wochen hergestellt worden sind.

Es sind 4 LGS zu lösen, die alle dieselbe Koeffizientenmatrix $\boldsymbol{A}$ besitzen und sich nur in den rechten Seiten

$\vec{b} = \begin{pmatrix} b_1 \\ b_2 \\ b_3 \end{pmatrix}$ unterscheiden.

$$\begin{aligned} 2x_1 + 2x_2 + 2x_3 &= b_1 \\ 2x_2 + 2x_3 &= b_2 \\ 8x_1 + 4x_2 + 8x_3 &= b_3 \end{aligned} \qquad \boldsymbol{A} = \begin{pmatrix} 2 & 2 & 2 \\ 0 & 2 & 2 \\ 8 & 4 & 8 \end{pmatrix}$$

	1. W	2. W	3. W	4. W
b_1	2400	2140	2420	2440
b_2	1600	1240	1420	1400
b_3	8000	7360	8480	8640

$$\left.\begin{array}{ccc|ccc} 2 & 2 & 2 & 1 & 0 & 0 \\ 0 & 2 & 2 & 0 & 1 & 0 \\ 8 & 4 & 8 & 0 & 0 & 1 \end{array}\right.$$

$$\left.\begin{array}{ccc|ccc} 1 & 1 & 1 & 0{,}5 & 0 & 0 \\ 0 & 2 & 2 & 0 & 1 & 0 \\ 0 & -4 & 0 & -4 & 0 & 1 \end{array}\right.$$

$$\left.\begin{array}{ccc|ccc} 1 & 0 & 0 & 0{,}5 & -0{,}5 & 0 \\ 0 & 1 & 1 & 0 & 0{,}5 & 0 \\ 0 & 0 & 4 & -4 & 2 & 1 \end{array}\right.$$

$$\left.\begin{array}{ccc|ccc} 1 & 0 & 0 & 0{,}5 & -0{,}5 & 0 \\ 0 & 1 & 0 & 1 & 0 & -0{,}25 \\ 0 & 0 & 1 & -1 & 0{,}5 & 0{,}25 \end{array}\right.$$

$$\Rightarrow \boldsymbol{A}^{-1} = \begin{pmatrix} 0{,}5 & -0{,}5 & 0 \\ 1 & 0 & -0{,}25 \\ -1 & 0{,}5 & 0{,}25 \end{pmatrix}$$

Mit der zur Koeffizientenmatrix $\boldsymbol{A}$ gehörenden inversen Matrix $\boldsymbol{A}^{-1}$ lassen sich durch Ausführung der Multiplikation $\boldsymbol{A}^{-1} \cdot \vec{b}$ die Lösungen für alle 4 LGS ausrechnen.

In der 1. Woche sind von jedem Produkt 400 ME hergestellt worden.

$$\begin{pmatrix} 0{,}5 & -0{,}5 & 0 \\ 1 & 0 & -0{,}25 \\ -1 & 0{,}5 & 0{,}25 \end{pmatrix} \cdot \begin{pmatrix} 2400 \\ 1600 \\ 8000 \end{pmatrix} = \begin{pmatrix} 400 \\ 400 \\ 400 \end{pmatrix}$$

In der 2. Woche sind 450 ME von P_1, 300 ME von P_2 und 320 ME von P_3 gefertigt worden.

$$\begin{pmatrix} 0{,}5 & -0{,}5 & 0 \\ 1 & 0 & -0{,}25 \\ -1 & 0{,}5 & 0{,}25 \end{pmatrix} \cdot \begin{pmatrix} 2140 \\ 1240 \\ 7360 \end{pmatrix} = \begin{pmatrix} 450 \\ 300 \\ 320 \end{pmatrix}$$

In der 3. Woche wurden 500 ME von P_1, 300 ME von P_2 und 410 ME von P_3 produziert.

$$\begin{pmatrix} 0{,}5 & -0{,}5 & 0 \\ 1 & 0 & -0{,}25 \\ -1 & 0{,}5 & 0{,}25 \end{pmatrix} \cdot \begin{pmatrix} 2420 \\ 1420 \\ 8480 \end{pmatrix} = \begin{pmatrix} 500 \\ 300 \\ 410 \end{pmatrix}$$

In der 4. Woche betrugen die produzierten Mengen 520 ME von P_1, 280 ME von P_2 und 420 ME von P_3.

$$\begin{pmatrix} 0{,}5 & -0{,}5 & 0 \\ 1 & 0 & -0{,}25 \\ -1 & 0{,}5 & 0{,}25 \end{pmatrix} \cdot \begin{pmatrix} 2440 \\ 1400 \\ 8640 \end{pmatrix} = \begin{pmatrix} 520 \\ 280 \\ 420 \end{pmatrix}$$

Innerbetriebliche Verflechtungen

18

Die Fly Bike Werke GmbH stellen aus den mikroelektronischen Bauteilen B_1, B_2 und B_3 die Mikrochips M_1, M_2 und M_3 als Zwischenprodukte her, die wiederum zu den elektronischen Endprodukten E_1 (Elektromotor), E_2 (Tachometer) und E_3 (Luftdruckmessgerät) zusammengebaut werden.

Die nebenstehenden Listen stellen die Zusammenhänge zwischen den Bauteilen und Mikrochips sowie den Bauteilen und Endprodukten her.

	M_1	M_2	M_3
B_1	2	4	1
B_2	0	13	7
B_3	16	2	5

	E_1	E_2	E_3
B_1	50	9	14
B_2	94	20	53
B_3	262	39	16

a) Bestimmen Sie die Rohstoffkosten $\vec{k}_B$ der Bauteile B_1, B_2 und B_3, wenn die Kosten $\boldsymbol{K}_{BE}$ der Bauteile je Endprodukt E_1 62,10 €, je Endprodukt E_2 9,70 € und je Endprodukt E_3 7,25 € betragen.

b) Ermitteln Sie die Stückdeckungsbeiträge der einzelnen Endprodukte, wenn folgende Fertigungskosten der Zwischen- und Endprodukte sowie die Erlöse der Endprodukte je ME gegeben sind.

Herstellkosten der Zwischenprodukte			Herstellkosten der Endprodukte			Erlöse der Endprodukte		
M_1	M_2	M_3	E_1	E_2	E_3	E_1	E_2	E_3
1,50 €	2 €	1 €	52,90 €	11,80 €	9,75 €	200 €	65 €	40 €

Zu a) Zur Berechnung der Rohstoffkosten für die Bauteile B_1, B_2 und B_3 benötigen wir die inverse Matrix $\boldsymbol{BE}^{-1}$, die wir von links mit dem Kostenvektor der Bauteile je Endprodukt multiplizieren.

Wir erhalten Bauteilkosten von 0,10 € für B_1, 0,05 € für B_2 und 0,20 € für B_3.

Es gilt: $\vec{k}_B \cdot \boldsymbol{BE} = \boldsymbol{K}_{BE}$

$\Leftrightarrow \vec{k}_B \cdot \boldsymbol{BE} \cdot \boldsymbol{BE}^{-1} = \boldsymbol{K}_{BE} \cdot \boldsymbol{BE}^{-1}$

$\Leftrightarrow \vec{k}_B = \boldsymbol{K}_{BE} \cdot \boldsymbol{BE}^{-1}$

$$\Rightarrow \vec{k}_B = (62{,}1 \quad 9{,}7 \quad 7{,}25) \cdot \begin{pmatrix} 50 & 9 & 14 \\ 94 & 20 & 53 \\ 262 & 39 & 16 \end{pmatrix}^{-1}$$

$= \mathbf{(0{,}1 \quad 0{,}05 \quad 0{,}2)}$ ▸ Rohstoffkosten je B

Zu b) Die Stückdeckungsbeiträge sind die Differenz aus Erlösen und variablen Kosten je Endprodukt.

$\vec{d} = \boldsymbol{E} - \boldsymbol{K}_v = \boldsymbol{E} - (\boldsymbol{K}_{BE} + \boldsymbol{K}_{ME} + \boldsymbol{K}_E)$

▸ $\boldsymbol{K}_{BE} = (62{,}1 \quad 9{,}7 \quad 7{,}25)$; $\boldsymbol{K}_E = (52{,}9 \quad 11{,}8 \quad 9{,}75)$

Wir berechnen die Kosten $\boldsymbol{K}_{ME}$ der Mikrochips für je 1 ME der Endprodukte, indem wir das Produkt $\vec{k}_M \cdot \boldsymbol{ME}$ bestimmen. Dabei ergibt sich $\boldsymbol{ME}$ aus der Gleichung $\boldsymbol{BM} \cdot \boldsymbol{ME} = \boldsymbol{BE}$ durch Multiplikation von links mit $\boldsymbol{BM}^{-1}$, also $\boldsymbol{ME} = \boldsymbol{BM}^{-1} \cdot \boldsymbol{BE}$.

Wir erhalten Mikrochipkosten von 35 € für E_1, 6 € für E_2 und 8 € für E_3.

Es gilt:

$\boldsymbol{K}_{ME} = \vec{k}_M \cdot \boldsymbol{ME}$ ▸ $\boldsymbol{ME} = \boldsymbol{BM}^{-1} \cdot \boldsymbol{BE}$

$= \vec{k}_M \cdot \boldsymbol{BM}^{-1} \cdot \boldsymbol{BE}$

$$= (1{,}5 \quad 2 \quad 1) \cdot \begin{pmatrix} 2 & 4 & 1 \\ 0 & 13 & 7 \\ 16 & 2 & 5 \end{pmatrix}^{-1} \cdot \begin{pmatrix} 50 & 9 & 14 \\ 94 & 20 & 53 \\ 262 & 39 & 16 \end{pmatrix}$$

$= \mathbf{(35 \quad 6 \quad 8)}$ ▸ Chipkosten je E

Die Kosten der Bauteile und Mikrochips je Endprodukt und die Herstellungskosten für die Endprodukte selbst ergeben die variablen Gesamtkosten je Endprodukt.

$\Rightarrow \boldsymbol{K}_v = \boldsymbol{K}_{BE} + \boldsymbol{K}_{ME} + \boldsymbol{K}_E$ ▸ variable Gesamtkosten je E

$= (62{,}1 \quad 9{,}7 \quad 7{,}25) + (35 \quad 6 \quad 8)$

$+ (52{,}9 \quad 11{,}8 \quad 9{,}75)$

$= \mathbf{(150 \quad 27{,}5 \quad 25)}$

Wir ermitteln Stückdeckungsbeiträge von 50 € für E_1, 37,50 € für E_2 und 15 € für E_3.

$\Rightarrow \vec{d} = \boldsymbol{E} - \boldsymbol{K}_v$

$= (200 \quad 65 \quad 40) - (150 \quad 27{,}5 \quad 25)$

$= \mathbf{(50 \quad 37{,}5 \quad 15)}$ ▸ Stückdeckungsbeiträge je E

4

Übungen zu 4.3.3

1. Berechnen Sie die inverse Matrix.

a) $\begin{pmatrix} 1 & -1 \\ 2 & 2 \end{pmatrix}$ oHi Mi

b) $\begin{pmatrix} 2 & 4 \\ 1 & 4 \end{pmatrix}$ oHi Mi

c) $\begin{pmatrix} 1 & 3 \\ -1 & 4 \end{pmatrix}$ oHi Mi

d) $\begin{pmatrix} 0{,}1 & -0{,}5 & 0{,}15 \\ -0{,}2 & -0{,}1 & 0{,}1 \\ -0{,}2 & -0{,}5 & 0{,}2 \end{pmatrix}$

e) $\begin{pmatrix} 1 & 0 & 1 \\ 0 & 2 & 2 \\ 8 & 4 & 8 \end{pmatrix}$

f) $\begin{pmatrix} 4 & -3 & 0 \\ 0 & 4 & -4 \\ 4 & 4 & -2 \end{pmatrix}$

g) $\begin{pmatrix} 5 & -2 & 0 & 3 \\ 5 & 2 & 0 & -1 \\ 0 & 1 & 1 & 0 \\ 0 & -1 & -1 & 2 \end{pmatrix}$

2. Lösen Sie das LGS mithilfe von Matrizen.

a)
$$\begin{aligned} x_1 \quad\quad + x_3 \quad\quad &= 1 \\ x_2 + x_3 \quad\quad &= 3 \\ 2x_2 + x_3 + x_4 &= 13 \\ 3x_2 - x_3 \quad\quad &= 13 \end{aligned}$$

b)
$$\begin{aligned} x_1 \quad\quad + x_3 \quad\quad &= -2 \\ x_2 + x_3 \quad\quad &= 2 \\ 2x_2 + x_3 + x_4 &= 9 \\ 3x_2 - x_3 \quad\quad &= 6 \end{aligned}$$

c)
$$\begin{aligned} x_1 \quad\quad + x_3 \quad\quad &= 22 \\ x_2 + x_3 \quad\quad &= 8 \\ 2x_2 + x_3 + x_4 &= 12 \\ 3x_2 - x_3 \quad\quad &= -24 \end{aligned}$$

3. Lösen Sie die Matrizengleichungen für die jeweils angegebene Matrix $\boldsymbol{A}$.

a) $\boldsymbol{A} = \begin{pmatrix} 2 & 1 & 2 \\ 2 & 1 & -1 \\ -4 & 3 & -4 \end{pmatrix}$ oHi Mi

a_1) $\boldsymbol{A} \cdot \vec{x} = \begin{pmatrix} 10 \\ 10 \\ 10 \end{pmatrix}$ a_2) $\boldsymbol{A} \cdot \vec{x} = \begin{pmatrix} 20 \\ 0 \\ 15 \end{pmatrix}$ a_3) $\boldsymbol{A} \cdot \vec{x} = \begin{pmatrix} -5 \\ 8 \\ 6 \end{pmatrix}$

b) $\boldsymbol{A} = \begin{pmatrix} 1 & 2 & 0 & 0 \\ -1 & 0 & 1 & 1 \\ 0 & 1 & 1 & 1 \\ 1 & -1 & -1 & 0 \end{pmatrix}$

b_1) $\boldsymbol{A} \cdot \vec{x} = \begin{pmatrix} 4 \\ -3 \\ 2 \\ 5 \end{pmatrix}$ b_2) $\boldsymbol{A} \cdot \vec{x} = \begin{pmatrix} 0 \\ 3 \\ 4 \\ -2 \end{pmatrix}$

b_3) $\boldsymbol{A} \cdot \vec{x} = \begin{pmatrix} 210 \\ 300 \\ 80 \\ -4 \end{pmatrix}$

c) $\boldsymbol{A} = \begin{pmatrix} 9 & -8 & -7{,}5 \\ -6{,}5 & 6 & 5{,}5 \\ 1 & -1 & -1 \end{pmatrix}$

c_1) $\boldsymbol{A} \cdot \vec{x} = \begin{pmatrix} 76 \\ 19 \\ 38 \end{pmatrix}$ c_2) $\boldsymbol{A} \cdot \vec{x} = \begin{pmatrix} 1 \\ -4 \\ 1 \end{pmatrix}$ c_3) $\boldsymbol{A} \cdot \vec{x} = \begin{pmatrix} 1 \\ 6 \\ 4 \end{pmatrix}$

4. Erläutern Sie, warum eine quadratische $n \times n$-Matrix nur dann eine Inverse besitzt, wenn sie den Rang n hat. oHi Mi

5. In der Versandabteilung eines Unternehmens werden 4 verschiedene Produkte P_1, P_2, P_3 und P_4 in unterschiedlichen Kombinationen zu den 4 Gebinden G_1, G_2, G_3 und G_4 zusammengestellt. Die jeweilige Anzahl der Produkte pro Gebinde ist in der folgenden Tabelle angegeben.

	G_1	G_2	G_3	G_4
P_1	2	2	2	4
P_2	0	1	4	8
P_3	2	4	2	0
P_4	4	4	2	2

In den 3 Wochen vor Weihnachten sind nachfolgende Stückzahlen verpackt worden.

	P_1	P_2	P_3	P_4
1. Woche	368	475	258	428
2. Woche	630	812	418	730
3. Woche	810	1070	570	940

Ermitteln Sie, wie viele Gebinde G_1, G_2, G_3 und G_4 in jeder Woche zusammengestellt worden sind.

6. Die Gesamtkosten K und der Gewinn G eines Betriebs können durch 2 ganzrationale Funktionen 3. Grades wiedergegeben werden:
$K(x) = ax^3 + bx^2 + cx + d$ und
$G(x) = ex^3 + fx^2 + gx + h$; $x \in [0; 8]$.
Bei der Produktion von 1 ME entstehen Kosten von 58 GE und ein Verlust von 30 GE. Werden 3 ME hergestellt, dann betragen die Kosten 72 GE, die Grenzkosten 3 GE, der Grenzgewinn 15 GE, und der Betrieb erreicht die Gewinnschwelle. Wenn 6 ME produziert werden, ist die Gewinngrenze erreicht und die Kosten haben dort eine Höhe von 108 GE.

a) Stellen Sie zur Ermittlung der Werte für a, b, c und d ein LGS und zur Ermittlung der Werte für e, f, g und h ein weiteres LGS auf.

b) Ermitteln Sie beide Funktionsterme.

c) Geben Sie die Terme der Erlösfunktion und der Preis-Absatz-Funktion an.

7. Ein Betrieb stellt in einem zweistufigen Herstellungsprozess aus 3 Rohstoffen zunächst 3 Zwischenprodukte und daraus 3 Endprodukte her.
Die nebenstehenden Listen geben Auskunft über die benötigten Rohstoffe je ME der Zwischenprodukte und je ME der Endprodukte.
Die Kosten für die Rohstoffe und die Herstellungskosten für die Zwischen- und Endprodukte in GE je ME ergeben sich aus nachstehender Tabelle.

	Z_1	Z_2	Z_3
R_1	21	13	16
R_2	4	14	19
R_3	16	8	23

	E_1	E_2	E_3
R_1	865	987	947
R_2	880	952	807
R_3	998	1056	981

Herstellkosten der Rohstoffe			**Herstellkosten der Zwischenprodukte**			**Herstellkosten der Endprodukte**		
R_1	R_2	R_3	Z_1	Z_2	Z_3	E_1	E_2	E_3
4 GE	7 GE	6 GE	15 GE	14 GE	11 GE	718 GE	757 GE	1432 GE

a) Ermitteln Sie die Gesamtkosten, wenn 160 ME von E_1, 120 ME von E_2 und 200 ME von E_3 hergestellt werden. Berücksichtigen Sie Fixkosten von 560 000 GE.

b) Der Betrieb möchte seine Gesamtkosten auf 8 Mio. GE senken. Die Zwischenproduktkosten betragen nur noch 13 GE für Z_1, 12 GE für Z_2 und 10 GE für Z_3.
Berechnen Sie, wie hoch die Rohstoffkosten pro ME sein dürfen, wenn bei gleichbleibenden Produktionsmengen und Endproduktkosten die Fixkosten nur noch 530 080 GE und die variablen Gesamtkosten 15 061 GE für E_1, 16 363 GE für E_2 und 15 483 GE für E_3 betragen.

8. Ein Gummibärchenproduzent stellt aus 3 ausgewählten Rohstoffen R_1, R_2 und R_3 die 3 Basisformen B_1, B_2 und B_3 her, die er wiederum zu 3 Premiummischungen P_1, P_2 und P_3 verpackt.

	B_1	B_2	B_3
R_1	2	1	4
R_2	3	0	1
R_3	4	2	1

Die nebenstehenden Listen geben Auskunft über die benötigten Rohstoffe je ME der Basisformen und je ME der Premiummischungen.

	P_1	P_2	P_3
R_1	22	8	13
R_2	18	4	18
R_3	23	9	26

a) Berechnen Sie die Herstellkosten $\boldsymbol{K_{BP}}$ der Basisformen für je 1 ME der Premiummischungen, wenn die Herstellung von 1 ME von B_1 0,10 €, von 1 ME von B_2 0,05 € und von 1 ME von B_3 0,02 € kostet.

b) Bestimmen Sie die Kosten $\vec{k}_R$ für die Rohstoffe R_1, R_2 und R_3, wenn die Rohstoffkosten $\boldsymbol{K_{RP}}$ je ME von $\boldsymbol{P}$ der Premiummischungen (1,68 € 0,56 € 1,71 €) betragen.

c) Gegeben sind $\boldsymbol{K_{RP}} = (1{,}68\,€ \;\; 0{,}56\,€ \;\; 1{,}71\,€)$, $\boldsymbol{K_{BP}} = (0{,}56\,€ \;\; 0{,}22\,€ \;\; 0{,}65\,€)$, $\boldsymbol{K_E} = (0{,}25\,€ \;\; 0{,}30\,€ \;\; 0{,}20\,€)$ sowie die Produktionsmengen $\vec{p} = \begin{pmatrix} 250 \\ 200 \\ 400 \end{pmatrix}$.
Ermitteln Sie den Gesamtdeckungsbeitrag $\boldsymbol{D}$, wenn der Gummibärchenproduzent 2,80 € für P_1, 0,95 € für P_2 und 2,90 € für P_3 erlöst.

d) Das Unternehmen strebt einen Gewinn von 20 % der Gesamtkosten an.
Bestimmen Sie den neuen Verkaufspreis für P_2, wenn das Gewinnziel erreicht werden soll, die Fixkosten 137,50 € betragen und die Verkaufspreise von P_1 und P_3 unverändert bleiben sollen.

4

Vermischte Übungen zu 4.3

1. Berechnen Sie zu dem auf S. 193 geschilderten Problem die Anzahl der Räder, die mit 500 Arbeitsstunden für die Montage und 134 Arbeitsstunden für die Lackierung produziert werden können.

oHi Mi

2. In einem zweistufigen Produktionsprozess werden aus 3 Rohstoffen R_1, R_2 und R_3 zuerst 5 Zwischenprodukte Z_1, Z_2, Z_3, Z_4 und Z_5 gefertigt, die dann zu 3 Endprodukten E_1, E_2 und E_3 weiterverarbeitet werden.
Die nachstehenden Stücklisten geben an, wie viele ME der Rohstoffe in je 1 ME der Zwischenprodukte und wie viele ME der Zwischenprodukte in je 1 ME der Endprodukte eingehen.

	Z_1	Z_2	Z_3	Z_4	Z_5
R_1	1	2	1	1	1
R_2	2	1	2	0	0
R_3	2	0	0	2	4

	E_1	E_2	E_3
Z_1	1	1	2
Z_2	2	3	2
Z_3	3	2	2
Z_4	1	4	0
Z_5	1	0	2

a) Ermitteln Sie die Matrix, die angibt, wie viele ME der Rohstoffe in je 1 ME der Endprodukte eingehen.

b) Berechnen Sie die Gesamtmengen der 3 Rohstoffe, die für eine Produktion von 100 ME von E_1, 150 ME von E_2 und 120 ME von E_3 benötigt werden.

c) Im ersten Vierteljahr sind nachstehende Rohstoffmengen zur Produktion verwendet worden.
Berechnen Sie, wie viele ME der Produkte E_1, E_2 und E_3 in den einzelnen Monaten hergestellt wurden.

	R_1	R_2	R_3
Januar	6130	5290	5620
Februar	7230	6390	6680
März	7280	6480	6744

d) Von R_1 sind 1035 ME und von R_3 sind 930 ME vorhanden. Untersuchen Sie, ob das Lager geräumt werden kann, wenn die Endprodukte im Verhältnis 1 : 3 : 2 produziert werden.

3. Das Unternehmen Inter Electronics braucht zur Fertigung ihrer 4 Mikroprozessoren M_1, M_2, M_3 und M_4 die 3 Rohstoffe R_1, R_2 und R_3. Die pro Mikroprozessor benötigten Mengeneinheiten an Rohstoffen ergeben sich aus der folgenden Tabelle.

	M_1	M_2	M_3	M_4
R_1	1	4	3	2
R_2	2	2	0	4
R_3	0	1	2	2

Das Unternehmen stellt aus den Mikroprozessoren die 3 Steuergeräte S_1, S_2 und S_3 her. Die Anzahl der pro Steuergerät benötigten Mikroprozessoren ist der nachstehenden Tabelle zu entnehmen.

	S_1	S_2	S_3
M_1	2	3	4
M_2	1	2	2
M_3	0	1	1
M_4	1	0	1

a) Die Rohstoffpreise pro ME betragen 0,25 GE für R_1, 2,4 GE für R_2 und 16,5 GE für R_3.
Berechnen Sie die Rohstoffgesamtkosten für jedes der drei Steuergeräte.

b) Die Firma Mineral liefert die Rohstoffe für 100 Geräte S_1, 300 Geräte S_2 und 200 Geräte S_3.
Berechnen Sie die gesamten Rohstoffkosten.

c) Ermitteln Sie, wie viele Steuergeräte S_1, S_2 und S_3 aus den folgenden Rohstoffmengen hergestellt werden können:
R_1: 11 050 ME; R_2: 9500 ME; R_3: 3550 ME.

d) Das Unternehmen produziert die Steuergeräte im Stückzahlenverhältnis $S_1 : S_2 : S_3 = 1 : 3 : 2$, wobei die Rohstoffe R_2 und R_3 nur in begrenzten Mengen erhältlich sind. Von R_2 sind maximal 1 368 000 ME und von R_3 sind maximal 391 500 ME vorhanden. Ermitteln Sie, wie viele Steuergeräte unter diesen Umständen maximal produziert werden können.

4. In einem Süßwarenbetrieb werden zu Weihnachten aus den 3 Schokoladenrohstoffen R_1, R_2 und R_3 die 3 Schokoladensorten S_1, S_2 und S_3 hergestellt. Aus diesen 3 Schokoladensorten werden wiederum verschiedene Weihnachtsmänner W_1, W_2 und W_3 produziert.

Die folgenden Stücklisten geben jeweils die ME der Rohstoffe für je 1 ME der Schokoladensorten bzw. die ME der Schokoladensorten für je 1 ME der Weihnachtsmänner an.

	S_1	S_2	S_3
R_1	20	8	19
R_2	35	14	44
R_3	25	10	25

	W_1	W_2	W_3
S_1	2	0	1
S_2	3	1	2
S_3	1	2	4

Sämtliche Kosten in € pro ME sind in der untenstehenden Tabelle vermerkt.

R_1	R_2	R_3	S_1	S_2	S_3	W_1	W_2	W_3
0,05	0,02	0,01	0,80	0,80	1,20	1,80	2,00	1,60

a) Ein Handelsdiscounter erteilt für die Nikolauszeit einen Auftrag über 20 ME von W_1, 14 ME von W_2 und 16 ME von W_3, wobei der Discounter mit Fixkosten von 159,40 € rechnet. Berechnen Sie die Gesamtherstellungskosten dieses Auftrags.

b) Die Verkaufspreise der Weihnachtsmänner sollen im Verhältnis 3 : 2 : 4 stehen. Ermitteln Sie, wie hoch die Verkaufspreise mindestens sein müssen, damit bei diesem Auftrag kein Verlust entsteht.

c) Von den Schokoladenrohstoffen existieren noch 86 ME von R_1 und 172 ME von R_2 im Kühllager. Ermitteln Sie, wie viele ME von R_3 zur Produktion der Schokoladensorten gebraucht werden, damit alle ME vollständig verarbeitet werden können.

5. Ein Betrieb fertigt – wie im nachfolgenden Verflechtungsdiagramm dargestellt – aus den 3 Rohstoffen R_1, R_2 und R_3 die 2 Zwischenprodukte Z_1 und Z_2, sowie aus den Zwischenprodukten und aus den Rohstoffen R_1 und R_3 die 3 Endprodukte E_1, E_2 und E_3.

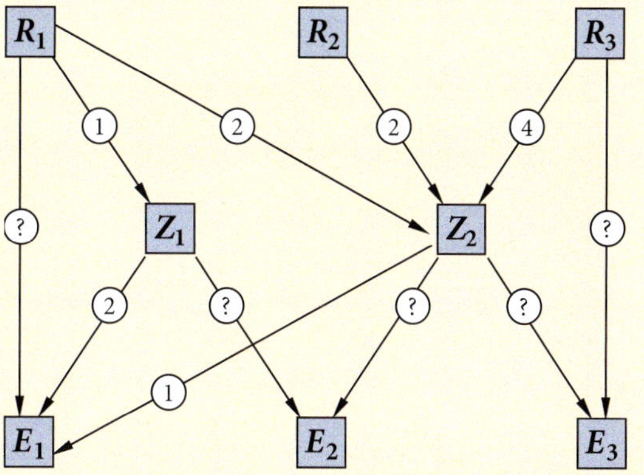

Die folgende Tabelle gibt jeweils die Gesamtzahl der einzelnen Rohstoffe an, die für je ein Endprodukt benötigt werden.

	E_1	E_2	E_3
R_1	6	9	10
R_2	2	8	10
R_3	4	16	23

a) Bestimmen Sie
- die Matrix ***RZ***, die den Rohstoffeinsatz für je ein Zwischenprodukt angibt,
- die Matrix ***ZE***, die den Zwischenprodukteinsatz für je ein Endprodukt angibt und
- die Matrix ***RE***, die den direkten Rohstoffeinsatz für je ein Endprodukt angibt.

b) Es ist ein Rohstoffvorrat von 570 ME von R_1, 390 ME von R_2 und 825 ME von R_3 verfügbar, der vollständig für die Produktion der Endprodukte verbraucht werden soll. Dabei sollen von E_3 75 % der Menge von E_2 hergestellt werden.
Bestimmen Sie die Anzahlen der herzustellenden Endprodukte.

c) Aufgrund einer Rohstoffknappheit von R_1 stehen nur 1176 ME von R_1 zur Verfügung. Aus Wettbewerbsgründen sollen 12 ME von E_1 hergestellt werden. Von E_2 soll viermal so viel wie von E_3 produziert werden.
Berechnen Sie die ME von E_2 und E_3, die noch hergestellt werden können, und wie viele ME von den Rohstoffen R_2 und R_3 dazu benötigt werden.

6. Für 4 Kreuzungen A, B, C und D, die durch Einbahnstraßen miteinander verbunden sind, sind jeweils die Anzahlen der zu- und abfahrenden Fahrzeuge pro Stunde bekannt. Die Verkehrsdichte zwischen den Kreuzungen ist unbekannt und mit x_1, x_2, x_3 und x_4 bezeichnet. Die Pfeile in der untenstehenden Abbildung geben die jeweiligen Fahrtrichtungen an.

a) Stellen Sie mit den Verkehrsdichten x_1, x_2, x_3 und x_4 ein lineares Gleichungssystem (LGS) mit 4 Gleichungen auf und lösen Sie das LGS mit dem Gauß'schen Eliminationsverfahren.
Zeigen Sie mithilfe des Rangkriteriums, dass das LGS mehrdeutig lösbar ist.

b) Geben Sie die Lösungen des LGS in Parameterdarstellung an und geben Sie den Zahlenbereich an, in dem der Parameter sinnvoll liegen darf.

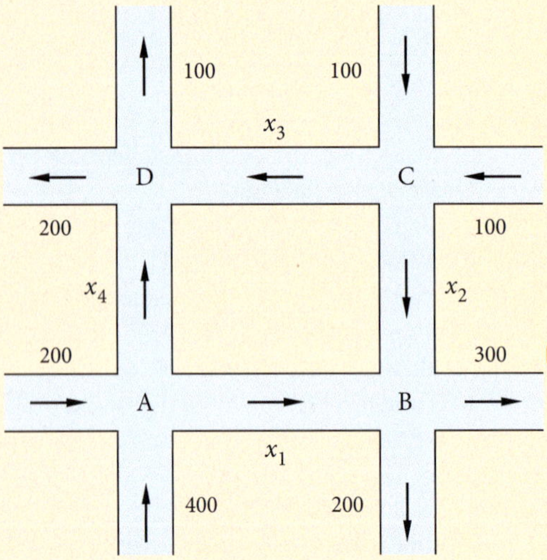

c) c_1) Bestimmen Sie die maximale Verkehrsdichte auf der Straße von C nach D.

c_2) Ermitteln Sie die minimale Verkehrsdichte auf der Straße von A nach B.

d) Entscheiden Sie, ob die Straße von C nach B ohne weitere verkehrstechnische Maßnahmen gesperrt werden kann.

e) Zeigen Sie, dass die Straße von A nach D nicht ohne weitere verkehrstechnische Maßnahmen gesperrt werden kann.

7. Ein Betrieb stellt aus 2 Einzelteilen 3 Mikroprozessoren M_1 bis M_3 und aus diesen die 3 Elektronikgeräte G_1 bis G_3 her.
Die drei nachfolgenden Tabellen geben an, wie viele ME der Einzelteile für je 1 Mikroprozessor bzw. wie viele Mikroprozessoren für je 1 Elektronikgerät bzw. wie viele Einzelteile für 1 Elektronikgerät benötigt werden.

	M_1	M_2	M_3
E_1	a	b	c
E_2	1	3	0

	G_1	G_2	G_3
M_1	2	2	0
M_2	1	2	1
M_3	0	1	1

	G_1	G_2	G_3
E_1	5	10	5
E_2	5	8	3

a) Berechnen Sie die ***EM***-Matrix, die den Verbrauch der Einzelteile für je 1 Mikroprozessor angibt, wobei a, b, c für positive reelle Zahlen stehen.

b) Die Kosten für die Einzelteile, die Herstellung der Mikroprozessoren und die Fertigung der Elektronikgeräte selbst können aus nachfolgender Tabelle entnommen werden.

	E_1	E_2	M_1	M_2	M_3	G_1	G_2	G_3
GE/ME	2	4	3	4	2	10	32	12

Berechnen Sie die Gesamtherstellungskosten für je 1 ME der Elektronikgeräte.

c) Der Betrieb möchte die günstigsten und höchsten Herstellungskosten errechnen.
In der kommenden Rechnungsperiode sollen folgende Mengen produziert werden:
$64a$ von G_1,
$(-0{,}2a^3 + 8a^2)$ von G_2 und
$(a^2 + 10a)$ von G_3,
wobei der Parameter a die Abhängigkeit vom Weltmarkt wiedergibt. Die betrieblichen Fixkosten sind 18 000 GE.
Bestimmen Sie $a \in [5; 30]$ so, dass die gesamten Produktionskosten am günstigsten bzw. am höchsten sind.

d) Ermitteln Sie die Gewinnzone im Intervall $[5; 30]$, wenn die Betriebserlöse durch $E(a) = -24a^3 + 1008a^2 + 4320a$ gegeben sind.

8. Ein Betrieb stellt aus 4 Rohstoffen 3 Zwischenprodukte her, aus denen 3 Endprodukte gefertigt werden.
Der Materialfluss und die Zahlenangaben sind dem Diagramm und der Tabelle zu entnehmen.

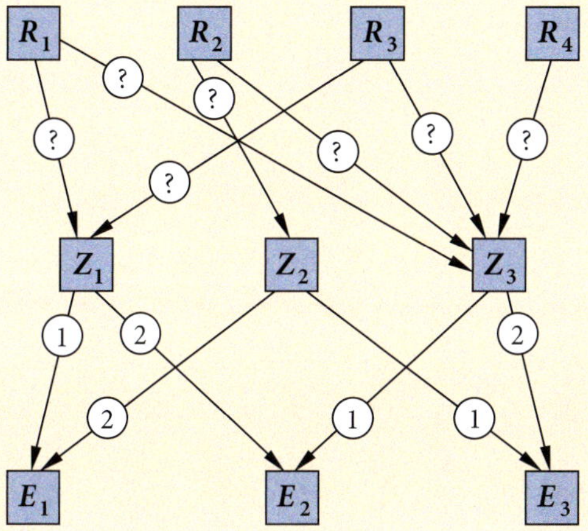

	E_1	E_2	E_3
R_1	1	3	2
R_2	2	1	3
R_3	1	3	2
R_4	0	1	2

a) Berechnen Sie die Matrix ***RZ***.

b) Der Betrieb hat einen Rohstoffvorrat von 44 ME von R_1, 50 ME von R_2, 44 ME von R_3 und 22 ME von R_4. Bestimmen Sie, wie viele ME von jedem Endprodukt hergestellt werden können, wenn der Rohstoffvorrat vollständig verarbeitet werden soll.

c) Es werden 10 ME von E_1, 6 ME von E_2 und 8 ME von E_3 produziert. Die Kosten für die Rohstoffe und die Herstellungskosten für die Zwischen- und Endprodukte je ME ergeben sich aus nachstehender Tabelle.

Mengen (ME)	R_1	R_2	R_3	R_4	Z_1	Z_2	Z_3	E_1	E_2	E_3
Kosten (GE)	0,25	0,25	0,5	0,25	1	0,5	1	2	1	0,5

Die Fixkosten betragen insgesamt 54 GE.
Die Endprodukte E_1 und E_3 werden zum gleichen Preis verkauft, der doppelt so hoch ist wie der Verkaufspreis von E_2.
Ermitteln Sie, welche Verkaufspreise mindestens festgesetzt werden müssen, damit der Betrieb keinen Verlust macht.

↗ 9. Ein Betrieb stellt in einem zweistufigen Produktionsprozess aus 4 Rohstoffen R_1, R_2, R_3 und R_4 3 Zwischenprodukte Z_1, Z_2 und Z_3 und daraus die 3 Endprodukte E_1, E_2 und E_3 her.
Der Materialfluss (bezogen auf ME) ist durch die beiden folgenden Stücklisten gegeben, wobei $a \geq 0$ ein technologieabhängiger Parameter ist.

	Z_1	Z_2	Z_3
R_1	6	8	2
R_2	2	0	$2 + a$
R_3	0	4	1
R_4	4	6	0

	E_1	E_2	E_3
Z_1	6	2	2
Z_2	2	4	4
Z_3	$6 + a$	2	6

a) Ermitteln Sie, wie groß für $a = 0$ der Vorrat an den einzelnen Rohstoffen sein muss, damit von den Endprodukten je 1000 ME hergestellt werden können.

b) Das Lager zeigt momentan einen Bestand von 18 800 ME von R_1, 4800 ME von R_2 und 6100 ME von R_3 an. Von R_4 ist keine ME auf Lager.
Berechnen Sie, wie viele ME des Rohstoffs R_4 noch gekauft werden müssen, damit für $a = 0$ der Lagerbestand vollständig verarbeitet werden kann.
Geben Sie an, wie viele ME dann von jedem Endprodukt hergestellt werden können.

c) Die Produktion soll auf eine neue Technologie umgestellt werden, deren Auswirkungen beim Materialfluss und bei den Kosten durch den Parameter $a \geq 0$ dargestellt werden.
Die Kosten (in GE je ME) sind durch die folgenden Vektoren gegeben:
$\vec{k}_R = (2 \;\; 1 \;\; 2 \;\; 1)$;
$\vec{k}_Z = (20 \;\; 60 - 6{,}4a + 0{,}2a^2 \;\; 2)$;
$\vec{k}_E = \left(15 \;\; 25 \;\; 40 + \frac{1}{3}a^3\right)$.

c_1) Berechnen Sie die Gesamtkosten für die Produktion von je einer ME der Endprodukte in Abhängigkeit von a.

c_2) Bestimmen Sie a so, dass die Gesamtkosten minimal werden.

c_3) Die Endprodukte werden zu einem Preis von jeweils 600 GE pro ME verkauft. Berechnen Sie den Gewinn, der höchstens erzielt werden kann.

4

10. Ein Fertighaushersteller produziert aus den 4 Rohprodukten Holz (R_1), Stahl (R_2), Glas (R_3) und Ziegel (R_4) 3 Baugruppen:
Treppen/Wände/Decken (B_1), Fenster/Türen (B_2) und Dächer (B_3).
Aus diesen Baugruppen werden die Rohbauten für 3 Häusertypen (H_1, H_2, H_3) gefertigt.
Der Materialfluss in ME bei der Fertigung geht aus den folgenden Stücklisten hervor.

	B_1	B_2	B_3
R_1	3	2	3
R_2	3	1	1
R_3	0	4	1
R_4	1	0	5

	H_1	H_2	H_3
B_1	12	13	11
B_2	10	11	9
B_3	1	1	1

Die Rohproduktkosten in € je ME sind
$\vec{k}_R = (400 \;\; 200 \;\; 100 \;\; 40)$.
Bei der Rohbauproduktion entstehen
$\vec{k}_L = (2800 \;\; 700 \;\; 500)$ Lohnkosten in € je verarbeiteter Baugruppe.
Beim Innenausbau entstehen dann noch die Kosten $\vec{k}_I = (40\,000 \;\; 42\,000 \;\; 39\,000)$ in € je Haustyp.
Bestimmen Sie die Kosten für die vollständige Erstellung eines jeden Haustyps.

a) Ermitteln Sie die Rohproduktmengen jeder Sorte, die bereitstehen müssen, wenn 3 Häuser von H_1, 4 Häuser von H_2 und 3 Häuser von H_3 gebaut werden sollen.

b) Es wird festgestellt, dass bei etwas höherem Verbrauch an Stahl sich die Lohnkosten bei Montage und Innenausbau senken lassen. Bei dieser Herstellungsart gilt: Der Verbrauch von Stahl verändert sich bei der Herstellung der Baugruppe B_1 auf $3 + \frac{t}{100}$.
Die Kostenvektoren lauten jetzt:
$\vec{k}_L^{\,*} = (2800 - 10t + t^2 \;\; 700 \;\; 500)$ und
$\vec{k}_I^{\,*} = (40\,000 - 9t^2 + t^3 \;\; 42\,000 - 10t^2 + t^3 \;\; 39\,000 + 22t - 9t^2 - t^3)$.
Bestimmen Sie $t \in [0; 30]$ so, dass bei gleichbleibenden Rohproduktkosten die gesamten Kosten für die Produktion von 3 Häusern des Typs H_1, 2 Häusern des Typs H_2 und 4 Häusern des Typs H_3 minimal werden.

11. In einem Betrieb werden für die Produktion der 4 Güter P_1, P_2, P_3 und P_4 die 5 Maschinen M_1, M_2, M_3, M_4 und M_5 benötigt. Die zur Herstellung je eines Stücks notwendigen Belegungszeiten und die freien Kapazitäten der Maschinen (in Minuten) sind in der nachstehenden Tabelle angegeben.

	P_1	P_2	P_3	P_4	Kapazität
M_1	1	6	0	2	220
M_2	4	1	2	1	140
M_3	15	24	12	12	1260
M_4	10	8	4	2	500
M_5	0	8	4	6	340

a) Berechnen Sie, wie viele Stücke jeweils von den 4 Produkten hergestellt werden können, wenn die Kapazitäten voll ausgenutzt werden.

b) Die Maschinen M_4 und M_5 müssen in der neuen Planperiode gegen zwei andere ausgetauscht werden. Damit ergibt sich die folgende veränderte Tabelle.

	P_1	P_2	P_3	P_4	Kapazität
M_1	1	6	0	2	220
M_2	4	1	2	1	140
M_3	15	24	12	12	1260
M_4	5	8,5	5	4,5	450
M_5	0	6	12	6	360

b_1) Lösen Sie das zugehörige LGS ohne Rücksicht auf die Unteilbarkeit der Produkte.

b_2) Ermitteln Sie, wie viele Stücke höchstens von P_4 produziert werden können. Geben Sie auch die resultierenden Stückzahlen für die anderen Produkte an.

b_3) Ermitteln Sie, wie viele Stücke mindestens von P_4 produziert werden müssen, wenn die Kapazitäten voll ausgenutzt werden. Geben Sie auch die resultierenden Stückzahlen für die anderen Produkte an.

Ich kann …

… ein **lineares Gleichungssystem** (LGS) zu einer Matrizengleichung **umformen**.
▶ Test-Aufgaben 1, 3, 4

$$\begin{aligned} x_1 + 3x_2 &= -10 \\ 10x_1 + 2x_2 &= 12 \end{aligned}$$

$$\begin{pmatrix} 1 & 3 \\ 10 & 2 \end{pmatrix} \cdot \begin{pmatrix} x_1 \\ x_2 \end{pmatrix} = \begin{pmatrix} -10 \\ 12 \end{pmatrix}$$

$$\boldsymbol{A} \cdot \vec{x} = \vec{b}$$

Matrizengleichung $\boldsymbol{A} \cdot \vec{x} = \vec{b}$ mit
$\boldsymbol{A}$: Koeffizientenmatrix
$\vec{x}$: Spaltenvektor der Variablen
$\vec{b}$: Spaltenvektor der rechten Seite des LGS

… ein **LGS** mithilfe des Gauß'schen Eliminationsverfahrens **lösen**.
▶ Test-Aufgaben 1, 3, 4

$$\left(\begin{array}{cc|c} 1 & 3 & -10 \\ 10 & 2 & 12 \end{array}\right) \quad |\cdot(-10) \text{ zur 2. Zeile } +$$

$$\left(\begin{array}{cc|c} 1 & 3 & -10 \\ 0 & -28 & 112 \end{array}\right) \quad |:(-28)\ |\cdot(-3) \text{ zur 1. Zeile } +$$

$$\left(\begin{array}{cc|c} 1 & 0 & 2 \\ 0 & 1 & -4 \end{array}\right) \quad \blacktriangleright\ x_1 = 2,\ \blacktriangleright\ x_2 = -4$$

$(\boldsymbol{A}\,|\,\vec{b})$ ist die erweiterte Koeffizientenmatrix.
Das Gauß'sche Eliminationsverfahren ist nichts anderes als das Additionsverfahren mit dem Ziel, die Matrix in Diagonalgestalt zu bringen.

… die **Inverse** A^{-1} einer Matrix A ermitteln.
▶ Test-Aufgabe 2

$$\left(\begin{array}{cc|cc} 1 & 3 & 1 & 0 \\ 10 & 2 & 0 & 1 \end{array}\right) \quad |\cdot(-10) \text{ zur 2. Zeile } +$$

$$\left(\begin{array}{cc|cc} 1 & 3 & 1 & 0 \\ 0 & -28 & -10 & 1 \end{array}\right) \quad |:(-28)\ |\cdot(-3) \text{ zur 1. Zeile } +$$

$$\left(\begin{array}{cc|cc} 1 & 0 & -\frac{1}{14} & \frac{3}{28} \\ 0 & 1 & \frac{5}{14} & -\frac{1}{28} \end{array}\right)$$

$$\boldsymbol{A}^{-1} = \begin{pmatrix} -\frac{1}{14} & \frac{3}{28} \\ \frac{5}{14} & -\frac{1}{28} \end{pmatrix}$$

Für die zu einer Matrix $\boldsymbol{A}$ inverse Matrix $\boldsymbol{A}^{-1}$ gilt:
$\boldsymbol{A} \cdot \boldsymbol{A}^{-1} = \boldsymbol{A}^{-1} \cdot \boldsymbol{A} = \boldsymbol{E}$.
Die inverse Matrix erhält man, indem man dieselben Rechenoperationen an der Einheitsmatrix vollzieht, die an der Matrix $\boldsymbol{A}$ angewendet werden, um die Einheitsmatrix zu erhalten.
Die Inverse existiert nur für quadratische $n \times n$-Matrizen, deren Rang gleich n ist.

… die Lösungen eines LGS mithilfe der Inversen der Koeffizientenmatrix berechnen.
▶ Test-Aufgabe 2

$$\begin{pmatrix} x_1 \\ x_2 \end{pmatrix} = \begin{pmatrix} -\frac{1}{14} & \frac{3}{28} \\ \frac{5}{14} & -\frac{1}{28} \end{pmatrix} \cdot \begin{pmatrix} -10 \\ 12 \end{pmatrix} = \begin{pmatrix} 2 \\ -4 \end{pmatrix}$$

Man multipliziert den Spaltenvektor der rechten Seite von links mit der Inversen:
$\vec{x} = \boldsymbol{A}^{-1} \cdot \vec{b}$

… auf der Grundlage des Rangs der Koeffizientenmatrix und des Rangs der erweiterten Koeffizientenmatrix auf die **Lösbarkeit eines LGS** schließen.
▶ Test-Aufgabe 5

$$\begin{pmatrix} 2 & 4 & -2 \\ 0 & 4 & 1 \\ 0 & 0 & (a-2)\cdot(a-3) \end{pmatrix} \cdot \vec{x} = \begin{pmatrix} 6 \\ 9 \\ a-2 \end{pmatrix}$$

$a = 2$:
$\text{Rg}\,\boldsymbol{A} = \text{Rg}\,(\boldsymbol{A}\,|\,\vec{b}) = 2 < 3 = n$
$\Rightarrow$ lösbar, unendlich viele Lösungen

$a = 3$:
$\text{Rg}\,\boldsymbol{A} = 2 < \text{Rg}\,(\boldsymbol{A}\,|\,\vec{b}) = 3$
$\Rightarrow$ nicht lösbar

$a \in \mathbb{R} \setminus \{2; 3\}$:
$\text{Rg}\,\boldsymbol{A} = \text{Rg}\,(\boldsymbol{A}\,|\,\vec{b}) = n = 3$
$\Rightarrow$ eindeutig lösbar

Der Rang einer Matrix $\boldsymbol{A}$ ist die Anzahl der vom Nullvektor verschiedenen Zeilenvektoren der Matrix in Stufenform, die aus $\boldsymbol{A}$ durch Umwandlung nach dem Gauß'schen Eliminationsverfahren entstanden ist. Es gilt:

$\text{Rg}\,\boldsymbol{A} = \text{Rg}\,(\boldsymbol{A}\,|\,\vec{b}) = n$
$\Rightarrow$ eindeutig lösbar

$\text{Rg}\,\boldsymbol{A} = \text{Rg}\,(\boldsymbol{A}\,|\,\vec{b}) < n$
$\Rightarrow$ unendlich viele Lösungen

$\text{Rg}\,\boldsymbol{A} \neq \text{Rg}\,(\boldsymbol{A}\,|\,\vec{b})$
$\Rightarrow$ keine Lösung

Test zu 4.3

1. Stellen Sie die linearen Gleichungssysteme als Matrizengleichung dar und lösen Sie diese.

a) $\begin{aligned} 5x_1 - 10x_2 &= -5 \\ 8x_1 + 4x_2 &= 32 \end{aligned}$

b) $\begin{aligned} 3x + 5y + z &= 0 \\ 2x + 4y + 5z &= 8 \\ x + 2y + 2z &= 3 \end{aligned}$

c) $\begin{aligned} x_1 + 2x_2 + 4x_3 &= -7 \\ x_1 + 4x_2 - 3x_3 &= 18 \\ 2x_1 - 8x_2 + 3x_3 &= -23 \end{aligned}$

2. Lösen Sie die linearen Gleichungssysteme mithilfe der Inversen der Koeffizientenmatrix.

$\begin{pmatrix} 2 & 1 & 2 \\ -2 & 1 & 4 \\ 6 & 1 & 3 \end{pmatrix} \cdot \vec{x} = \vec{b}$ mit a) $\vec{b} = \begin{pmatrix} 2 \\ 0 \\ 7 \end{pmatrix}$ b) $\vec{b} = \begin{pmatrix} -3 \\ -19 \\ 1 \end{pmatrix}$ c) $\vec{b} = \begin{pmatrix} 17 \\ 1 \\ 39 \end{pmatrix}$ d) $\vec{b} = \begin{pmatrix} -1 \\ 9 \\ -14 \end{pmatrix}$

3. Ein Betrieb fertigt aus den 4 Rohstoffen R_1, R_2, R_3 und R_4 die 3 Zwischenprodukte Z_1, Z_2 und Z_3. Aus den Zwischenprodukten werden dann die 4 Endprodukte E_1, E_2, E_3 und E_4 hergestellt. Der Input kann den Stücklisten (Angaben in ME) entnommen werden.

	Z_1	Z_2	Z_3
R_1	2	1	0
R_2	0	1	3
R_3	1	2	0
R_4	3	1	1

	E_1	E_2	E_3	E_4
Z_1	1	3	0	2
Z_2	2	1	3	0
Z_3	3	2	1	1

Ermitteln Sie die Anzahl der Endprodukte, die aus 2359 ME von R_1, 3459 ME von R_2, 2372 ME von R_3 und 4029 ME von R_4 hergestellt werden können.

4. An einem Beruflichen Gymnasium werden in der G 13 zur Abiturvorbereitung 2 T-Shirts aus 3 Rohstoffen bzw. 4 Zwischenprodukten gemäß nachstehender Tabellen gefertigt.

	Z_1	Z_2	Z_3	Z_4
R_1	3	3	6	7
R_2	4	0	2	5
R_3	5	8	1	0

	T_1	T_2
Z_1	5	6
Z_2	a	0
Z_3	0	b
Z_4	c	4

	T_1	T_2
R_1	42	70
R_2	35	52
R_3	41	34

a) Bestimmen Sie die Matrix ZT.

b) Zuerst sollen alle von den Eltern gespendeten Rohstoffe verbraucht werden. Das sind noch 1554 ME von R_1, 1200 ME von R_2 und 1002 ME von R_3. Berechnen Sie, wie viele T-Shirts hergestellt werden können.

c) 42 Schülerinnen und Schüler haben ein T-Shirt T_1 bestellt, für das T-Shirt T_2 interessieren sich auch Lehrkräfte und Eltern, sodass davon 75 Exemplare bestellt werden müssen. Ermitteln Sie, wie viele ME der einzelnen Rohstoffe benötigt werden.

d) Wegen der noch nicht gesicherten Finanzierung der Abifete entschließt man sich, die T-Shirts nicht zu verschenken. Die Kosten für die Rohstoffe und die Verkaufspreise je ME ergeben sich aus nachstehender Tabelle. Berechnen Sie, welcher Deckungsbeitrag erwirtschaftet wird, wenn alle 42 T-Shirts T_1 und 75 T-Shirts T_2 verkauft werden.

Rohstoff	R_1	R_2	R_3
Kosten in €	0,025	0,051	0,0375

Produkt	T_1	T_2
Verkaufspreis in €	5	8

5. Gegeben ist die Matrix $A_a = \begin{pmatrix} 1 & 1 & a+4 \\ 3 & a+1 & -2 \\ a & 2 & 2 \end{pmatrix}$; $a \in \mathbb{R}$ und der Vektor $\vec{b} = \begin{pmatrix} 5 \\ -1 \\ 1 \end{pmatrix}$.

Untersuchen Sie, für welche Zahlen anstelle von a das LGS $A_a \cdot \vec{x} = \vec{b}$ keine Lösung, eine Lösung bzw. unendlich viele Lösungen hat.

4 Mehrstufige Prozesse – Matrizenrechnung

4.4 Das Leontief-Modell

Die Fly Bike Werke GmbH produzieren zusätzlich zu Fahrrädern in ihren Zweigwerken in Altenberge (A) Felgen, in Burgneustadt (B) Ketten und in Chemnitz (C) Rahmen.

In der vergangenen Rechnungsperiode lieferte Werk A 10 000 Felgen an Werk B, 4000 an Werk C und verarbeitete selbst 2000 Felgen; 4000 Felgen wurden direkt vermarktet.
Das Werk B lieferte 10 000 Ketten an das Werk A und 8000 Ketten an das Werk C, hielt für die eigene Produktion 2000 Ketten im eigenen Werk zurück und gab 5000 Ketten an andere Verbraucher weiter.
Das Werk C lieferte 4000 Rahmen an das Werk A, 6000 an das Werk B, behielt für den Eigenbedarf 6000 Rahmen im eigenen Werk und lieferte 4000 Rahmen an den außerbetrieblichen Markt weiter.

Mittelfristig ist nicht damit zu rechnen, dass sich die Produktionsbedingungen für die Felgen, Ketten und Rahmen ändern werden.

Deshalb wünscht sich der Geschäftsführer, Herr Peters, eine Aufstellung, die darüber Auskunft geben kann, wie viele Produkte jeweils in den drei Produktionsabteilungen eingesetzt werden müssen, um ein eigenes Produkt in der jeweiligen Abteilung herstellen zu können.

Zu dem Zweck soll die Auszubildende, Frau Lotto, zuerst einmal auf der Grundlage der oben beschriebenen Sachverhalte die Input-Output-Beziehungen in einer Tabelle festhalten und in einem Diagramm visualisieren.

▸ Aufgabe 1 auf Seite 233

Kompetenzen

- Volkswirtschaftliche und betriebliche Verflechtungen mithilfe von Verflechtungsdiagrammen und Input-Output-Tabellen mathematisch beschreiben
- den Güteraustausch zwischen Produzenten und Konsumenten mathematisch modellieren

Anwendungen

Ermittlung der
- Marktbelieferung bei gegebener Produktion
- benötigten Produktionsmengen bei geplanter Marktversorgung
- Auswirkungen von Veränderungen der Technologien auf Produktion und Konsum

4.4 Das Leontief-Modell

In den Jahren 1919 bis 1929 entwickelte der Amerikaner Wassily W. Leontief ein Modell, das dazu dienen sollte, die Strukturen einer Volkswirtschaft offenzulegen. Zu diesem Zweck unterteilte er die Volkswirtschaft in Sektoren (z.B. Industrie, Verkehr, Landwirtschaft, Dienstleistung) und beschrieb die Verflechtung der Sektoren untereinander dadurch, dass er angab, wie viele Güter aus den verschiedenen Sektoren in einer bestimmten Periode (z.B. ein Jahr) verbraucht wurden (**Input**), um die in dieser Periode an den Konsumenten gelieferten Güter (**Output**) herstellen zu können.
Diese volkswirtschaftliche Verflechtung kann grafisch als **Verflechtungsdiagramm** oder tabellarisch in der Form einer **Input-Output-Tabelle** dargestellt werden.

1 Verflechtung einer Volkswirtschaft

Eine Volkswirtschaft sei in die drei Sektoren A, B und C unterteilt. Der Sektor A liefert 130 Einheiten seines hergestellten Gutes an den Sektor B, 270 Einheiten an den Sektor C sowie 50 Einheiten an den Markt für den Endverbraucher (Konsum) und verbraucht selbst 50 Einheiten (interner Verbrauch).

Sektor B hat einen internen Verbrauch von 130 Einheiten und liefert an die Sektoren A 200 Einheiten und C 270 Einheiten und ebenfalls 50 Einheiten an die Konsumenten.

Sektor C versorgt den Konsumentenmarkt mit 225 Einheiten, beliefert den Sektor A mit 50 Einheiten und den Sektor B mit 130 Einheiten. Der interne Verbrauch im Sektor C beträgt 45 Einheiten.

Stellen Sie die volkswirtschaftliche Verflechtung in einem Diagramm dar und in einer Input-Tabelle, die um eine Spalte für den Konsumenten zur Input-Output-Tabelle ergänzt werden soll.

Die **Verflechtung** der Volkswirtschaft wird durch Pfeile verdeutlicht, die vom liefernden zum belieferten Sektor und zum Konsumentenmarkt führen. An den Pfeilen stehen die jeweiligen Mengenangaben. Der interne Verbrauch wird an einem Pfeil angegeben, der vom betroffenen Sektor zu sich selbst führt.

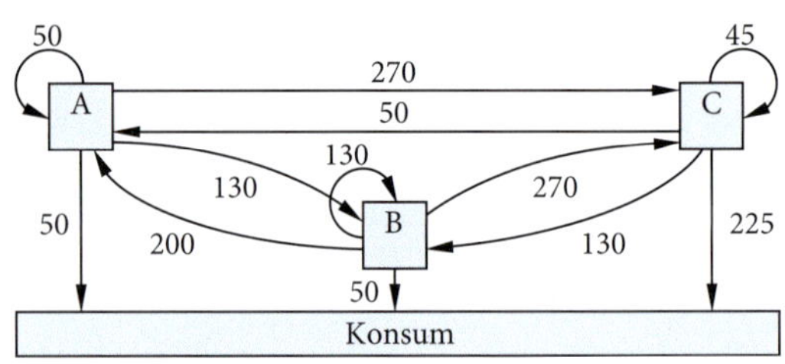

Die **Input-Tabelle** besteht aus Zeilen, in denen die Liefermengen eines Sektors an die zu beliefernden Sektoren stehen, und aus Spalten, in denen die Mengen stehen, die aus den jeweiligen Sektoren bezogen werden.

Input-Tabelle

geliefert an → / geliefert von	A	B	C
A	50	130	270
B	200	130	270
C	50	130	45

Wir ergänzen die Input-Tabelle um die Spalte *K*, in der die an den Konsumenten gelieferten Mengen der einzelnen Sektoren aufgeführt werden.
Diese Tabelle nennt man **Input-Output-Tabelle**.
Die Input-Output-Tabelle gibt an, wie viele Güter in den einzelnen Sektoren eingesetzt werden müssen, um die angegebenen Gütermengen am Markt absetzen zu können. Bei der Input-Tabelle fehlt dagegen die Abgabe an den Markt.

Input-Output-Tabelle

geliefert an → / geliefert von	A	B	C	*K*
A	50	130	270	50
B	200	130	270	50
C	50	130	45	225

Verflechtung einer Volkswirtschaft

2

Berechnen Sie jeweils die Gesamtproduktion der drei Sektoren aus dem vorstehenden Beispiel 1.
Ermitteln Sie, wie viele Einheiten aus den anderen Sektoren jeweils in einem Sektor benötigt werden, um eine Einheit der Gesamtproduktion herstellen zu können.

Die Summe der Einheiten, die ein Sektor an die anderen Sektoren, an sich selbst und an den Konsumentenmarkt liefert, ist die **Gesamtproduktion** dieses Sektors. Man erhält diese Summen, indem man die Zahlen in jeder Zeile der Input-Output-Tabelle addiert und das jeweilige Ergebnis dahinter in der sog. **Gesamtproduktionsspalte *X*** notiert.

geliefert von ↱ geliefert an	A	B	C	*K*	*X*
A	50	130	270	50	500
B	200	130	270	50	650
C	50	130	45	225	450

Im **Verflechtungsdiagramm** vermerkt man die Gesamtproduktion direkt an der Stelle, an der die Sektoren eingezeichnet sind.

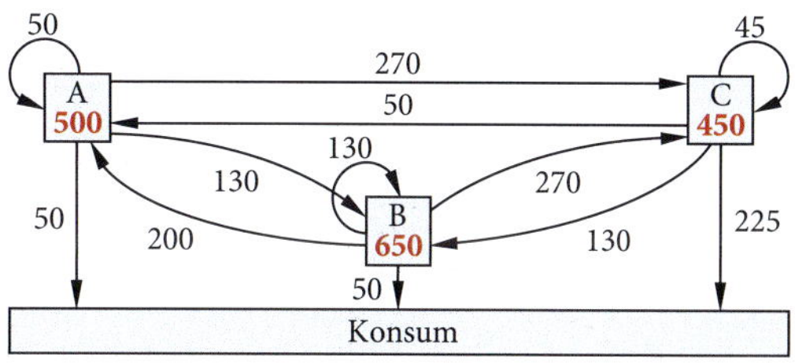

Der Sektor A hat 50 Einheiten aus A selbst, 200 Einheiten aus B und 50 Einheiten aus C verbraucht, um 500 Einheiten herstellen zu können.
Pro Produktionseinheit ergibt das im Sektor A einen Input von $\frac{50}{500}$ Einheiten aus A, $\frac{200}{500}$ Einheiten aus B und $\frac{50}{500}$ Einheiten aus C. Entsprechend verbraucht Sektor B pro Produktionseinheit je $\frac{130}{650}$ Einheiten aus A, B und C. Sektor C benötigt je Produktionseinheit $\frac{270}{450}$ Einheiten aus A und B sowie $\frac{45}{450}$ Einheiten aus der eigenen Herstellung.

benötigte Einheiten von ↱ für 1 Einheit von	A	B	C
A	$\frac{50}{500} = 0{,}1$	0,2	0,6
B	$\frac{200}{500} = 0{,}4$	0,2	0,6
C	$\frac{50}{500} = 0{,}1$	0,2	0,1

▸ 0,4 bedeutet hier, dass 0,4 Einheiten aus dem Sektor B benötigt werden um **eine Einheit** des Sektors A zu produzieren: $0{,}4 = \frac{200}{500}$.

Tabellen können in Matrizenform gut mathematisch weiterverarbeitet werden. So können wir aus der Input-Tabelle die Matrix ***S*** erstellen und die Spalten für den Konsum *K* und die Gesamtproduktion *X* als Spaltenvektoren $\vec{y}$ und $\vec{x}$ schreiben.

$$S = \begin{pmatrix} 50 & 130 & 270 \\ 200 & 130 & 270 \\ 50 & 130 & 45 \end{pmatrix}$$

$$\vec{y} = \begin{pmatrix} 50 \\ 50 \\ 225 \end{pmatrix}$$ ▸ Konsumvektor

$$\vec{x} = \begin{pmatrix} 500 \\ 650 \\ 450 \end{pmatrix}$$ ▸ Produktionsvektor

Ebenso können wir die Tabelle, in der der **Input je Produktionseinheit** steht, als Matrix ***A*** schreiben. ***A*** heißt **technologische Matrix** oder **Inputmatrix *A***, weil in ihr die technologischen Vorraussetzungen der Produktion als Input pro Produktionseinheit zum Ausdruck kommen.

$$A = \begin{pmatrix} 0{,}1 & 0{,}2 & 0{,}6 \\ 0{,}4 & 0{,}2 & 0{,}6 \\ 0{,}1 & 0{,}2 & 0{,}1 \end{pmatrix}$$ ▸ technologische Matrix, Inputmatrix

4

3 Beziehungen zwischen Konsum und Produktion

Stellen Sie eine Beziehung zwischen der Gesamtproduktion, dem Konsum und den in den Sektoren verbrauchten Gütermengen durch eine Matrizengleichung her.

Multiplizieren wir die technologische Matrix ***A*** mit dem Vektor $\vec{x}$ der Gesamtproduktion, so erhalten wir die Gütermengen, die die einzelnen Sektoren einsetzen müssen, damit alle Sektoren ihre Gesamtproduktion herstellen können (**gesamter Input**).

$$\boldsymbol{A}\cdot\vec{x} = \begin{pmatrix} 0,1 & 0,2 & 0,6 \\ 0,4 & 0,2 & 0,6 \\ 0,1 & 0,2 & 0,1 \end{pmatrix}\cdot\begin{pmatrix} 500 \\ 650 \\ 450 \end{pmatrix} = \begin{pmatrix} 450 \\ 600 \\ 225 \end{pmatrix}$$

▸ Zur Produktion von 500 Einheiten im Sektor A, 650 Einheiten im Sektor B und 450 Einheiten im Sektor C werden insgesamt 450 Einheiten aus dem Sektor A, 600 Einheiten aus dem Sektor B und 225 Einheiten aus dem Sektor C eingesetzt.

Die Differenz aus dem Vektor $\vec{x}$ der Gesamtproduktion und dem Vektor $\boldsymbol{A}\cdot\vec{x}$ für den Input ergibt dann den Konsumvektor $\vec{y}$.

$$\begin{pmatrix} 500 \\ 650 \\ 450 \end{pmatrix} - \begin{pmatrix} 450 \\ 600 \\ 225 \end{pmatrix} = \begin{pmatrix} 50 \\ 50 \\ 225 \end{pmatrix}$$

$$\vec{x} - \boldsymbol{A}\cdot\vec{x} = \vec{y}$$

Die technologische Matrix hat den Vorteil, dass sie **unabhängig** vom Konsum und der Gesamtproduktion ist. Sie bleibt so lange unverändert, bis sich die technologischen Gegebenheiten in der Produktion der Wirtschaftssektoren ändern.
Deshalb kann mit ihrer Hilfe das Leontief-Modell in der Wirtschaftspolitik dazu benutzt werden, Prognosen zu stellen und Entscheidungen zu untermauern. Denn bei gegebener technologischer Matrix ***A*** kann *einerseits* die Frage beantwortet werden, welche Gütermengen für den Konsumenten bei vorgegebener Gesamtproduktion zur Verfügung stehen; *anderseits* lässt sich ermitteln, wie viele Güter produziert werden müssen, um eine bestimmte Konsumentennachfrage befriedigen zu können.

4 Berechnung des Konsums

Berechnen Sie die Mengen, die an die Konsumenten geliefert werden können, wenn die Gesamtproduktion durch den Produktionsvektor

$\vec{x} = \begin{pmatrix} 600 \\ 700 \\ 500 \end{pmatrix}$ ausgedrückt wird.

Unterstellen Sie dieselbe technologische Matrix ***A*** wie in den Beispielen 1 bis 3.

Wir ziehen von der Gesamtproduktion den dafür benötigten Input ab und erhalten die Mengen, die für den Konsum zur Verfügung stehen.

$$\vec{y} = \vec{x} - \boldsymbol{A}\cdot\vec{x}$$

$$= \begin{pmatrix} 600 \\ 700 \\ 500 \end{pmatrix} - \begin{pmatrix} 0,1 & 0,2 & 0,6 \\ 0,4 & 0,2 & 0,6 \\ 0,1 & 0,2 & 0,1 \end{pmatrix}\cdot\begin{pmatrix} 600 \\ 700 \\ 500 \end{pmatrix}$$

$$= \begin{pmatrix} 600 \\ 700 \\ 500 \end{pmatrix} - \begin{pmatrix} 500 \\ 680 \\ 250 \end{pmatrix} = \begin{pmatrix} 100 \\ 20 \\ 250 \end{pmatrix}$$

100 Einheiten aus dem Sektor A, 20 Einheiten aus dem Sektor B und 250 Einheiten aus dem Sektor C werden für den Konsum zur Verfügung gestellt.

Leontief-Inverse

5

Gegeben ist die technologische Matrix $\boldsymbol{A}$ aus den Beispielen 1 bis 4. Für das nächste Jahr sollen 25 Einheiten aus dem Sektor A, 60 Einheiten aus dem Sektor B und 119 Einheiten aus dem Sektor C in den Konsum fließen. Ermitteln Sie die Gesamtproduktion in den einzelnen Sektoren.

Zur Ermittlung des Produktionsvektors $\vec{x}$ müssen wir die Matrizengleichung $\vec{y} = \vec{x} - \boldsymbol{A} \cdot \vec{x}$ nach $\vec{x}$ auflösen.

Wir klammern $\vec{x}$ rechtsseitig aus und multiplizieren dann beide Seiten der Matrizengleichung von links mit der Inversen von $(\boldsymbol{E} - \boldsymbol{A})$.

$$\vec{y} = \vec{x} - \boldsymbol{A} \cdot \vec{x} \qquad \blacktriangleright\ \vec{x} = \boldsymbol{E} \cdot \vec{x}$$

$$\vec{y} = \boldsymbol{E} \cdot \vec{x} - \boldsymbol{A} \cdot \vec{x} \qquad \blacktriangleright\ \vec{x} \text{ rechtsseitig ausklammern}$$

$$\Leftrightarrow \quad \vec{y} = (\boldsymbol{E} - \boldsymbol{A}) \cdot \vec{x}$$

$$\Leftrightarrow \quad (\boldsymbol{E} - \boldsymbol{A})^{-1} \cdot \vec{y} = (\boldsymbol{E} - \boldsymbol{A})^{-1} \cdot (\boldsymbol{E} - \boldsymbol{A}) \cdot \vec{x}$$

▸ $(\boldsymbol{E} - \boldsymbol{A})^{-1}$ ist Inverse zu $(\boldsymbol{E} - \boldsymbol{A})$; $(\boldsymbol{E} - \boldsymbol{A})^{-1} \cdot (\boldsymbol{E} - \boldsymbol{A}) = \boldsymbol{E}$

$$\Leftrightarrow \quad (\boldsymbol{E} - \boldsymbol{A})^{-1} \cdot \vec{y} = \boldsymbol{E} \cdot \vec{x} \qquad \blacktriangleright\ \boldsymbol{E} \cdot \vec{x} = \vec{x}$$

$$\Leftrightarrow \quad (\boldsymbol{E} - \boldsymbol{A})^{-1} \cdot \vec{y} = \vec{x}$$

Für die Berechnungen von $\vec{x}$ wird also zuerst einmal die Matrix $(\boldsymbol{E} - \boldsymbol{A})$ und dann deren **Inverse** benötigt.

$$(\boldsymbol{E} - \boldsymbol{A}) = \begin{pmatrix} 1 & 0 & 0 \\ 0 & 1 & 0 \\ 0 & 0 & 1 \end{pmatrix} - \begin{pmatrix} 0{,}1 & 0{,}2 & 0{,}6 \\ 0{,}4 & 0{,}2 & 0{,}6 \\ 0{,}1 & 0{,}2 & 0{,}1 \end{pmatrix} = \begin{pmatrix} 0{,}9 & -0{,}2 & -0{,}6 \\ -0{,}4 & 0{,}8 & -0{,}6 \\ -0{,}1 & -0{,}2 & 0{,}9 \end{pmatrix}$$

Die Inverse kann z.B. mit dem **Gauß'schen Eliminationsverfahren** bestimmt werden (▸ Abschnitt 4.3.3) oder mit dem GTR/CAS.

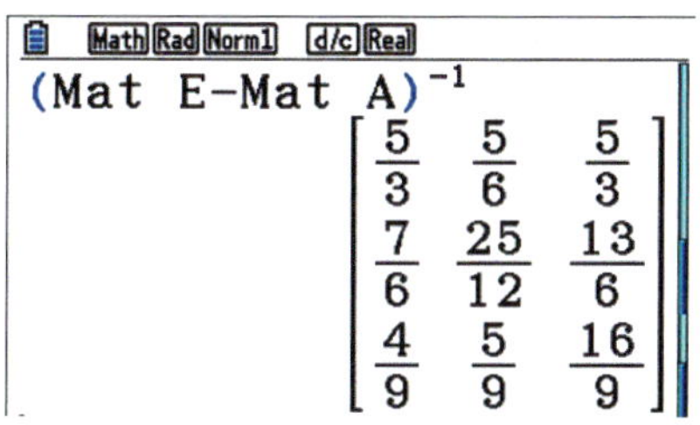

▸ CA Die Matrizen $\boldsymbol{E}$ und $\boldsymbol{A}$ wurden zuvor mit der Taste [→] einer Matrizenvariablen zugeordnet. Matrizenvariablen werden über [OPTN], MAT/VCT ([F2]), Mat ([F1]) aufgerufen.

Bestimmung von $(\boldsymbol{E} - \boldsymbol{A})^{-1}$:

$$\left(\begin{array}{ccc|ccc} 0{,}9 & -0{,}2 & -0{,}6 & 1 & 0 & 0 \\ -0{,}4 & 0{,}8 & -0{,}6 & 0 & 1 & 0 \\ -0{,}1 & -0{,}2 & 0{,}9 & 0 & 0 & 1 \end{array}\right) \begin{array}{l} |\cdot 10 \\ |\cdot 10 \\ |\cdot(-10) \end{array}$$

▸ Zeilen vertauschen

$$\left(\begin{array}{ccc|ccc} 1 & 2 & -9 & 0 & 0 & -10 \\ 9 & -2 & -6 & 10 & 0 & 0 \\ -4 & 8 & -6 & 0 & 10 & 0 \end{array}\right) \begin{array}{l} |\cdot(-9) \;|\cdot 4 \\ + \\ + \end{array}$$

$$\left(\begin{array}{ccc|ccc} 1 & 2 & -9 & 0 & 0 & -10 \\ 0 & -20 & 75 & 10 & 0 & 90 \\ 0 & 16 & -42 & 0 & 10 & -40 \end{array}\right) \begin{array}{l} + \\ |:(-20)\;|\cdot(-2)\;|\cdot(-16) \\ + \end{array}$$

$$\left(\begin{array}{ccc|ccc} 1 & 0 & -1{,}5 & 1 & 0 & -1 \\ 0 & 1 & -3{,}75 & -0{,}5 & 0 & -4{,}5 \\ 0 & 0 & 18 & 8 & 10 & 32 \end{array}\right) \begin{array}{l} + \\ + \\ |:18\;|\cdot 3{,}75\;|\cdot 1{,}5 \end{array}$$

$$\left(\begin{array}{ccc|ccc} 1 & 0 & 0 & \frac{5}{3} & \frac{5}{6} & \frac{5}{3} \\ 0 & 1 & 0 & \frac{7}{6} & \frac{25}{12} & \frac{13}{6} \\ 0 & 0 & 1 & \frac{4}{9} & \frac{5}{9} & \frac{16}{9} \end{array}\right)$$

▸ Inverse zu $(\boldsymbol{E} - \boldsymbol{A})$ existiert und hat nur nicht-negative Elemente

Man nennt die zu $(\boldsymbol{E} - \boldsymbol{A})$ inverse Matrix $(\boldsymbol{E} - \boldsymbol{A})^{-1}$ **Leontief-Inverse**.

$$\Rightarrow \quad (\boldsymbol{E} - \boldsymbol{A})^{-1} = \frac{1}{36} \cdot \begin{pmatrix} 60 & 30 & 60 \\ 42 & 75 & 78 \\ 16 & 20 & 64 \end{pmatrix}$$

▸ Leontief-Inverse zu $(\boldsymbol{E} - \boldsymbol{A})$

Die linksseitige Multiplikation der Inversen $(\boldsymbol{E} - \boldsymbol{A})^{-1}$ mit dem Konsumvektor $\vec{y}$ ergibt dann den Produktionsvektor $\vec{x}$.

$$\vec{x} = (\boldsymbol{E} - \boldsymbol{A})^{-1} \cdot \vec{y} = \frac{1}{36} \cdot \begin{pmatrix} 60 & 30 & 60 \\ 42 & 75 & 78 \\ 16 & 20 & 64 \end{pmatrix} \cdot \begin{pmatrix} 25 \\ 60 \\ 119 \end{pmatrix} = \begin{pmatrix} 290 \\ 412 \\ 256 \end{pmatrix}$$

Um die Nachfrage zu befriedigen, muss Sektor A somit 290 Einheiten, Sektor B 412 Einheiten und Sektor C 256 Einheiten herstellen.

4

6 Verflechtung einer Volkswirtschaft

Eine Volkswirtschaft sei nach dem Leontief-Modell eingeteilt in drei Sektoren: Industrie (I), Landwirtschaft (L) und Dienstleistungen (D). Ihre Verflechtung wird wiedergegeben durch das folgende Diagramm, in dem die Gesamtproduktion der Sektoren in den Kästchen angegeben ist.

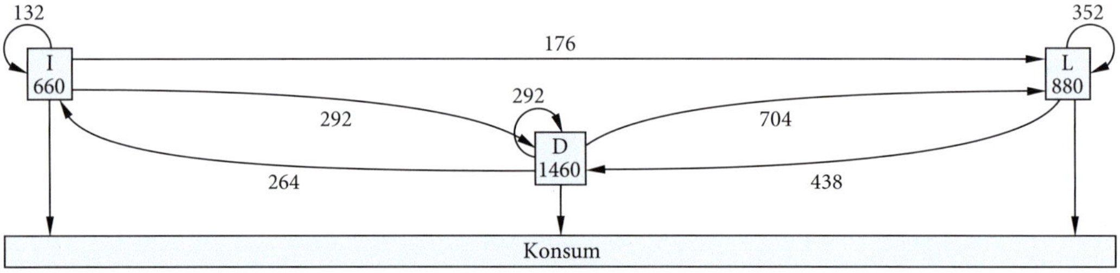

a) Ermitteln Sie, welche Mengen an den Endverbraucher gegeben werden.

b) Stellen Sie die technologische Matrix ***A*** auf.

c) Berechnen Sie, welche Mengen an den Konsumenten geliefert werden können, wenn die Gesamtproduktion 500 Einheiten in der Industrie, 350 Einheiten in der Landwirtschaft und 700 Einheiten im Dienstleistungsbereich betragen.

d) Bestimmen Sie die zu produzierenden Einheiten in den drei Sektoren, damit eine Nachfrage nach 520 Einheiten aus der Industrie, 270 Einheiten aus der Landwirtschaft und 600 Einheiten aus dem Dienstleistungsbereich befriedigt werden kann.

Zu a) Zur übersichtlichen Ermittlung des Konsumvektors $\vec{y}$ leiten wir eine Tabelle aus dem Verflechtungsdiagramm ab. Die Differenz aus der Gesamtproduktion und dem Input in den Sektoren ergibt die Mengen, die an den Konsumentenmarkt geliefert werden können.

Der Industriesektor beliefert den Markt mit 60 Einheiten, die Landwirtschaft mit 90 Einheiten und der Dienstleistungsbereich mit 200 Einheiten.

geliefert von / geliefert an	I	L	D	X
I	132	176	292	660
L	0	352	438	880
D	264	704	292	1460

$$\vec{y} = \begin{pmatrix} 660 - (132 + 176 + 292) \\ 880 - (352 + 438) \\ 1460 - (264 + 704 + 292) \end{pmatrix} = \begin{pmatrix} 60 \\ 90 \\ 200 \end{pmatrix}$$
► Konsumvektor

Zu b) Die spaltenweise Division der Zahlen in der Input-Tabelle durch die jeweilige Gesamtproduktion eines der drei Sektoren I, L und D ergibt die Elemente der technologischen Matrix ***A***.

$$\boldsymbol{A} = \begin{pmatrix} \frac{132}{660} & \frac{176}{880} & \frac{292}{1460} \\ \frac{0}{660} & \frac{352}{880} & \frac{438}{1460} \\ \frac{264}{660} & \frac{704}{880} & \frac{292}{1460} \end{pmatrix} = \begin{pmatrix} 0{,}2 & 0{,}2 & 0{,}2 \\ 0 & 0{,}4 & 0{,}3 \\ 0{,}4 & 0{,}8 & 0{,}2 \end{pmatrix}$$
► technologische Matrix

Zu c) Wir ziehen vom Produktionsvektor $\vec{x}$ den Vektor ab, der den Input wiedergibt; dieser ergibt sich als Produkt der technologischen Matrix ***A*** mit dem Produktionsvektor $\vec{x}$.

Aus dem Industriesektor fließen 190 Einheiten auf den Markt, aus dem Dienstleistungsbereich 80 Einheiten. Die gesamte Produktion der Landwirtschaft wird in den drei Sektoren als Input benötigt.

$$\vec{y} = \vec{x} - \boldsymbol{A} \cdot \vec{x}$$
$$= \begin{pmatrix} 500 \\ 350 \\ 700 \end{pmatrix} - \begin{pmatrix} 0{,}2 & 0{,}2 & 0{,}2 \\ 0 & 0{,}4 & 0{,}3 \\ 0{,}4 & 0{,}8 & 0{,}2 \end{pmatrix} \cdot \begin{pmatrix} 500 \\ 350 \\ 700 \end{pmatrix}$$
$$= \begin{pmatrix} 500 \\ 350 \\ 700 \end{pmatrix} - \begin{pmatrix} 310 \\ 350 \\ 620 \end{pmatrix}$$
$$= \begin{pmatrix} 190 \\ 0 \\ 80 \end{pmatrix}$$

Zu d) Zur Berechnung des Produktionsvektors $\vec{x}$ ermitteln wir die Inverse $(\boldsymbol{E}-\boldsymbol{A})^{-1}$ der Matrix $(\boldsymbol{E}-\boldsymbol{A})$ nach dem Gauß'schen Eliminationsverfahren oder mit dem GTR/CAS.

$$iea:=(\text{identity}(3)-a)^{-1} \quad \begin{bmatrix} 2. & 2.66667 & 1.5 \\ 1. & 4.66667 & 2. \\ 2. & 6. & 4. \end{bmatrix}$$

▸ TI Die Einheitsmatrix E erstellen Sie mit dem Befehl identity (n), welcher im Menü unter Matrix und Vektor, Erstellen, Identität zu finden ist.

Das Produkt aus der Inversen $(\boldsymbol{E}-\boldsymbol{A})^{-1}$ und dem Konsumvektor $\vec{y}$ ist dann der Produktionsvektor $\vec{x}$.

$$\vec{x} = (\boldsymbol{E}-\boldsymbol{A})^{-1} \cdot \vec{y}$$

$$x:=iea \cdot \begin{bmatrix} 520 \\ 270 \\ 600 \end{bmatrix} \quad \begin{bmatrix} 2660. \\ 2980. \\ 5060. \end{bmatrix}$$

In der Industrie müssen 2660 Einheiten, in der Landwirtschaft 2980 Einheiten und im Dienstleistungssektor 5060 Einheiten produziert werden, um die Nachfrage zu befriedigen.

4

Die Existenz der Leontief-Inversen $(\boldsymbol{E}-\boldsymbol{A})^{-1}$ reicht im Allgemeinen nicht aus, damit für jeden Konsumvektor $\vec{y}$ ein **zulässiger Outputvektor** $\vec{x}$ existiert, denn nur solche Outputvektoren sind ökonomisch sinnvoll und damit zulässig, deren Elemente **nicht negativ** sind. Um **jede** Nachfrage befriedigen zu können, müssen die Elemente von $(\boldsymbol{E}-\boldsymbol{A})^{-1}$ deshalb **nicht-negativ** sein.

- Das **Leontief-Modell** ist ein Input-Output-Modell, in dem die Volkswirtschaft in Sektoren eingeteilt wird. Die Gütermengen, die in einer Periode in den Sektoren eingesetzt (Input) und an den Markt geliefert (Output) werden, werden in einer Input-Output-Tabelle zusammengestellt.
- Aus dem Input, der benötigt wird, um eine ME eines Gutes im jeweiligen Sektor herzustellen, wird auf der Grundlage der Input-Output-Tabelle die **technologische Matrix *A*** gebildet.
  Die Gesamtproduktion wird durch den Spaltenvektor $\vec{x}$ ausgedrückt.
  Der Spaltenvektor $\vec{y}$ gibt die Liefermengen an den Konsumentenmarkt wieder.
- Die Beziehungen zwischen der technologischen Matrix $\boldsymbol{A}$, dem Produktionsvektor $\vec{x}$ und dem Konsumvektor $\vec{y}$ werden durch die Matrizengleichungen $\vec{y} = (\boldsymbol{E}-\boldsymbol{A}) \cdot \vec{x}$ und $\vec{x} = (\boldsymbol{E}-\boldsymbol{A})^{-1} \cdot \vec{y}$ wiedergegeben. Dabei wird vorausgesetzt, dass die **Leontief-Inverse** $(\boldsymbol{E}-\boldsymbol{A})^{-1}$ existiert und ausschließlich aus nicht-negativen Elementen besteht.

Eine Volkswirtschaft sei in die drei Sektoren A, B und C eingeteilt, die sich gegenseitig und den Markt gemäß der dargestellten Input-Output-Tabelle beliefern:

geliefert von \ geliefert an	A	B	C	*K*
A	3	16	4	7
B	0	24	6	10
C	9	0	4	7

a) Berechnen Sie, wie viele ME aus den drei Sektoren jeweils an die Konsumenten geliefert werden können, wenn im Sektor A 30 ME, im Sektor B 40 ME und im Sektor C 20 ME produziert werden.

b) Ermitteln Sie die Produktion in den drei Sektoren, die notwendig ist, um den Markt mit 19 ME des Gutes aus A, 57 ME des Gutes aus B und 38 ME des Gutes aus C beliefern zu können.

Das Leontief-Modell lässt sich auch auf innerbetriebliche Verflechtungen übertragen, bei denen mehrere Betriebe eines Unternehmens sich gegenseitig und den außerbetrieblichen Markt mit ihren Produkten beliefern.

7 Innerbetriebliche Verflechtung eines Unternehmens

Ein Unternehmen besteht aus den drei Betrieben B_1, B_2 und B_3, die sich gegenseitig mit ihren Produkten beliefern.

Diese Verflechtung kann aus nebenstehender Input-Tabelle abgelesen werden. Außerdem versorgt B_1 den Markt mit 60 ME, B_2 mit 80 ME und B_3 mit 40 ME.

geliefert von ↓ / geliefert an →	B_1	B_2	B_3
B_1	160	40	40
B_2	40	20	20
B_3	20	20	20

a) Bestimmen Sie die Gesamtproduktion in den drei Betrieben.
b) Erstellen Sie die technologische Matrix $\boldsymbol{A}$.
c) Das Unternehmen hat Lieferverpflichtungen in Höhe von 255 Einheiten der Produkte von B_1, 459 Einheiten der Produkte von B_2 und 153 Einheiten der Produkte von B_3.
Berechnen Sie die Gesamtproduktion, die notwendig ist, um die Lieferverpflichtungen zu erfüllen.

Zu a) Die Gesamtproduktion ist die Summe aus den Produktionsmengen, die an die Betriebe und an den Markt geliefert und selbst verbraucht werden.

$x_1 = 160 + 40 + 40 + 60 = 300$ ▶ Produktion von B_1
$x_2 = 40 + 20 + 20 + 80 = 160$ ▶ Produktion von B_2
$x_3 = 20 + 20 + 20 + 40 = 100$ ▶ Produktion von B_3

Zu b) Die Mengen in der Input-Tabelle, die in einer Spalte stehen, dividieren wir durch die Gesamtproduktion des jeweiligen Betriebs.
Dadurch beziehen wir den Input in einem Betrieb auf je eine Einheit der gesamten Produktion.

$$\boldsymbol{A} = \begin{pmatrix} \frac{160}{300} & \frac{40}{160} & \frac{40}{100} \\ \frac{40}{300} & \frac{20}{160} & \frac{20}{100} \\ \frac{20}{300} & \frac{20}{160} & \frac{20}{100} \end{pmatrix} = \begin{pmatrix} \frac{8}{15} & \frac{1}{4} & \frac{2}{5} \\ \frac{2}{15} & \frac{1}{8} & \frac{1}{5} \\ \frac{1}{15} & \frac{1}{8} & \frac{1}{5} \end{pmatrix}$$ ▶ technologische Matrix

Zu c) Die Mengen, die an den Markt geliefert werden müssen, fassen wir zum Konsumvektor $\vec{y}$ zusammen.

$$\vec{y} = \begin{pmatrix} 255 \\ 459 \\ 153 \end{pmatrix}$$

Aus der technologischen Matrix $\boldsymbol{A}$ und der Einheitsmatrix $\boldsymbol{E}$ wird die Matrix $(\boldsymbol{E} - \boldsymbol{A})$ ermittelt. Anschließend berechnen wir die Inverse $(\boldsymbol{E} - \boldsymbol{A})^{-1}$.

$$(\boldsymbol{E} - \boldsymbol{A}) = \begin{pmatrix} \frac{7}{15} & -\frac{1}{4} & -\frac{2}{5} \\ -\frac{2}{15} & \frac{7}{8} & -\frac{1}{5} \\ -\frac{1}{15} & -\frac{1}{8} & \frac{4}{5} \end{pmatrix}$$

$$(\boldsymbol{E} - \boldsymbol{A})^{-1} = \begin{pmatrix} \frac{135}{51} & \frac{50}{51} & \frac{80}{51} \\ \frac{72}{153} & \frac{208}{153} & \frac{88}{153} \\ \frac{5}{17} & \frac{5}{17} & \frac{25}{17} \end{pmatrix}$$ ▶ Leontief-Inverse

Das Produkt aus der Inversen $(\boldsymbol{E} - \boldsymbol{A})^{-1}$ und dem Konsumvektor $\vec{y}$ ergibt den Produktionsvektor $\vec{x}$.

$$\vec{x} = (\boldsymbol{E} - \boldsymbol{A})^{-1} \cdot \vec{y} = \begin{pmatrix} \frac{135}{51} & \frac{50}{51} & \frac{80}{51} \\ \frac{72}{153} & \frac{208}{153} & \frac{88}{153} \\ \frac{5}{17} & \frac{5}{17} & \frac{25}{17} \end{pmatrix} \cdot \begin{pmatrix} 255 \\ 459 \\ 153 \end{pmatrix} = \begin{pmatrix} 1365 \\ 832 \\ 435 \end{pmatrix}$$

1365 Einheiten müssen im Betrieb B_1, 832 Einheiten in B_2 und 435 Einheiten in B_3 hergestellt werden, damit die Lieferverpflichtungen des Unternehmens erfüllt werden können.

Übungen zu 4.4

1. Erstellen Sie aus den Angaben im Eingangsbeispiel zu 4.4 (Seite 225) die Input-Output-Tabelle, ein Verflechtungsdiagramm und die technologische Matrix.

2. Die volkswirtschaftliche Verflechtung der drei Sektoren A, B und C zeigt die untenstehende Input-Output-Tabelle.

von \ an	A	B	C	*K*
A	5	10	30	55
B	15	20	15	150
C	20	10	15	255

Ermitteln Sie den Konsum, wenn eine geänderte Gesamtproduktion $\vec{x} = \begin{pmatrix} 140 \\ 300 \\ 240 \end{pmatrix}$ geplant ist.

3. In einer Volkswirtschaft ist die Inputmatrix A wie folgt gegeben: $A = \begin{pmatrix} 0{,}1 & 0{,}2 & 0{,}2 \\ 0 & 0{,}6 & 0{,}4 \\ 0{,}4 & 0{,}5 & 0{,}1 \end{pmatrix}$.

a) Berechnen Sie die Produktion, mit der ein Konsum $\vec{y} = \begin{pmatrix} 5 \\ 4 \\ 3 \end{pmatrix}$ ermöglicht wird.

b) Kann in diesem Modell jede Nachfrage befriedigt werden?

4. Bei einer betriebswirtschaftlichen Verflechtung von drei Betrieben sind Input und Output in den drei Betrieben A, B und C für eine Periode durch die untenstehende Tabelle wiedergegeben.

Output \ Input	A	B	C	Außerbetrieblicher Markt
A	234	468	1404	2574
B	702	936	702	7020
C	936	468	2106	10530

a) Ermitteln Sie die technologische Matrix A und den Produktionsvektor $\vec{x}$.

b) Für die nächste Periode ist eine Produktion von 4680 ME für Betrieb A, 14040 ME für Betrieb B und 4680 ME für Betrieb C geplant.
Berechnen Sie den Absatz an den außerbetrieblichen Markt.

c) Zeichnen Sie ein Verflechtungsdiagramm auf der Grundlage der Produktionsmengen von Teil b).

5. Die drei Betriebe eines Unternehmens sind nach dem Leontief-Modell miteinander verflochten. In der letzten Periode belieferten sie sich gegenseitig und den Markt gemäß untenstehender Tabelle.

von \ an	B_1	B_2	B_3	Markt
B_1	40	195	65	100
B_2	0	195	130	325
B_3	160	0	65	100

a) Berechnen Sie die Gesamtproduktion in jedem Betrieb und stellen Sie die technologische Matrix A auf.

b) Die Geschäftsführung plant, in der nächsten Periode die Gesamtproduktion in den drei Betrieben im Verhältnis 4 : 2 : 1 zu fahren.
Äußern Sie sich dazu!

c) Die Produkte der Betriebe B_1 und B_2 sind nicht mehr gefragt, die Produktion ist deshalb danach auszurichten, dass 600 Einheiten aus dem Betrieb B_3 für den Markt produziert werden können.
Berechnen Sie die notwendige Gesamtproduktion in den drei Betrieben.

6. Die drei Zweige A, B und C einer Volkswirtschaft sind nach dem Leontief-Modell miteinander verflochten.

Gegeben ist $(E - A)^{-1} = \begin{pmatrix} \frac{9}{2} & \frac{53}{8} & 2 \\ \frac{9}{2} & \frac{73}{8} & 2 \\ 2 & \frac{7}{2} & 2 \end{pmatrix}$

a) Bestimmen Sie die Inputmatrix A.

b) Zeichnen Sie ein Verflechtungsdiagramm für einen Konsum von $\vec{y} = \begin{pmatrix} 300 \\ 120 \\ 700 \end{pmatrix}$.

c) In der nächsten Periode wird mit einem Anstieg des Konsums gerechnet. Die Steigerung des Konsums bei Produkten des Sektors A soll viermal so hoch sein wie bei den Produkten des Sektors C; die Konsumsteigerung bei Produkten des Sektors B soll wiederum viermal so hoch sein wie bei den Produkten des Sektors A. Aufgrund des Konsumanstiegs vergrößert sich die Gesamtproduktion um
$\Delta\vec{x} = \begin{pmatrix} 63 \\ 83 \\ 33 \end{pmatrix}$.
Berechnen Sie den **Konsumanstieg** der Produkte der einzelnen Sektoren.

7. Eine Volkswirtschaft ist in drei Sektoren eingeteilt, die sich und den Konsumentenmarkt gemäß des abgebildeten Verflechtungsdiagramms mit ihren Produkten versorgen.

oHi Mi

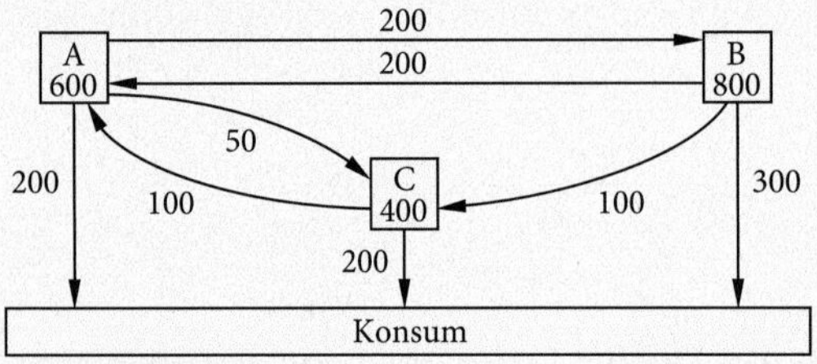

a) Ermitteln Sie den internen Verbrauch und stellen Sie die technologische Matrix A auf.
b) Lässt es die Art der Verflechtung zu, dass alle drei Sektoren dieselbe Anzahl von Mengeneinheiten herstellen können? Begründen Sie Ihre Antwort.
c) Berechnen Sie die Produktionsmengen, die benötigt werden, um im nächsten Jahr eine um 400 ME höhere Nachfrage nach den Produkten des Sektors A befriedigen zu können; die Nachfrage in den beiden anderen Sektoren wird als konstant angenommen.
d) In einem früheren Jahr wurde eine Nachfrage von 100 Einheiten aus jedem Sektor befriedigt. Berechnen Sie die damalige Produktion in den einzelnen Sektoren.

8. In einem Unternehmen beliefern sich drei Betriebe gegenseitig und den außerbetrieblichen Markt mit ihren Produkten. Im letzten Monat wurden die untenstehenden Daten festgehalten.

Input / Output	A	B	C	Außerbetrieblicher Markt
A	952	1904	5712	952
B	2720	5440	4080	1360
C	2720	5440	8160	4080

a) Ermitteln Sie die technologische Matrix A.
b) In den Betrieben A, B und C werden 2380 ME, 3000 ME bzw. 3500 ME produziert. Ermitteln Sie die Belieferung des außerbetrieblichen Marktes.
c) Begründen Sie, warum eine Verdoppelung aller Mengen, die auf dem außerbetrieblichen Markt abgesetzt werden, eine Verdoppelung der Gesamtproduktion in den Betrieben bedeutet.
d) Berechnen Sie den Produktionsvektor $\vec{x}$, wenn auf dem außerbetrieblichen Markt jeweils 1470 ME mehr abgesetzt werden sollen.

9. Im letzten Jahr wurden in den drei Sektoren S_1, S_2 und S_3 einer Volkswirtschaft die Mengen gemäß untenstehender Input-Tabelle eingesetzt, damit 1600 Einheiten in S_1, 4000 Einheiten in S_2 und 2000 Einheiten in S_3 produziert werden konnten.

oHi Mi

Input / Output	S_1	S_2	S_3
S_1	160	400	400
S_2	480	800	200
S_3	640	400	600

a) Veranschaulichen Sie die Verflechtung der drei Sektoren in einem Diagramm, in das Sie den Konsumentenmarkt einbeziehen.
b) Stellen Sie die technologische Matrix A auf.
c) Wie viele Einheiten könnte jeder Sektor an die Konsumenten weitergeben, wenn die Gesamtproduktion im ersten Sektor auf 2000 Einheiten, im zweiten Sektor auf 5000 Einheiten und im dritten Sektor auf 2500 Einheiten gesteigert würde?
d) Berechnen Sie die Gesamtproduktion in den Sektoren, damit aus dem ersten Sektor 1000 Einheiten, aus dem zweiten Sektor 1600 Einheiten und aus dem dritten Sektor 4000 Einheiten an den Konsumentenmarkt geliefert werden können.

10. Die Werke A, B und C der G13-Firma sind nach dem Leontief-Modell wie in der abgebildeten Input-Output-Tabelle miteinander verflochten und beliefern den Markt.

von → an	A	B	C	X
A	40	20	30	100
B	10	40	10	100
C	0	20	70	100

a) Berechnen Sie die Marktabgabe der drei Werke und die Inputmatrix A.
b) Bestimmen Sie den Produktionsvektor, wenn die externe Nachfrage $\vec{y} = \begin{pmatrix} 210 \\ 70 \\ 420 \end{pmatrix}$ beträgt.
Entscheiden Sie begründet, ob jede Nachfrage befriedigt werden kann.
c) Ermitteln Sie die Marktabgabe für $\vec{x} = \begin{pmatrix} 50 \\ 50 \\ 50 \end{pmatrix}$.
Entscheiden Sie, ob der Verkauf bei einem Produktionskostenvektor $\vec{k} = (1{,}1 \;\; 1{,}2 \;\; 1{,}3)$ und einem Preisvektor $\vec{p} = (30 \;\; 40 \;\; 50)$ ökonomisch sinnvoll ist.

d) Berechnen Sie x_1, y_2 und y_3, wenn $\vec{x} = \begin{pmatrix} x_1 \\ 100 \\ 300 \end{pmatrix}$ und $\vec{y} = \begin{pmatrix} 10 \\ y_2 \\ y_3 \end{pmatrix}$ gegeben sind.

e) Saisonbedingt werden Produkte aus dem Werk A nicht mehr auf dem Markt abgesetzt, während von y_3 doppelt so viel wie von y_2 verkauft wird.
Die Produktion x_2 soll 30 ME betragen.
Berechnen Sie $\vec{x}$ und $\vec{y}$.

f) Aus technischen Gründen erfolgt die Produktion von x_1, x_2 und x_3 im Verhältnis 5 : 3 : 4.
Von y_1 werden 600 ME nachgefragt.
Leiten Sie den Produktionsvektor $\vec{x}$ her.

g) Marktanalysen haben ergeben, dass das Produkt y_2 konstant mit 400 ME nachgefragt wird. Wegen mangelnder Nachfrage können von y_1 und y_3 zusammen nur 200 ME abgesetzt werden. Aus transporttechnischen Gründen darf die Summe der Produktionsmengen x_2 und x_3 2000 ME nicht überschreiten.
Zeigen Sie, dass die Ergebnisvektoren $\vec{x} = \begin{pmatrix} 1000 \\ 1000 \\ 1000 \end{pmatrix}$ und $\vec{y} = \begin{pmatrix} 100 \\ 400 \\ 100 \end{pmatrix}$ lauten.

h) Aufgrund einer neuen Entwicklung werden die Produkte y_1, y_2 und y_3 im Verhältnis 1 : 2 : 3 nachgefragt, wobei die folgenden maximalen Produktionskapazitäten gelten: $x_1 = 150$ ME; $x_2 = 110$ ME und $x_3 = 190$ ME.
Berechnen Sie den maximal möglichen Marktvektor. Dokumentieren Sie Ihren Lösungsweg und begründen Sie Ihre Entscheidung.

i) Die G13-Firma möchte demnächst im Werk A 300 ME und im Werk C 420 ME produzieren.
Bestimmen Sie die herzustellenden ME aus Werk B, damit mindestens 12 ME aus jedem Werk an den Markt abgegeben werden können.

j) Für die nächste Produktionsperiode wird in Abhängigkeit von einem Parameter a mit $0 \leq a \leq 1$, der eine neue steuerliche Belastung der Produkte berücksichtigt, mit der Produktion
$\vec{x} = \begin{pmatrix} 100 - 0{,}1\,a^2 \\ 80 - 0{,}1\,a \\ 100 \end{pmatrix}$ gerechnet.
Untersuchen Sie,

j_1) für welchen Wert von a die Summe der Marktabgaben maximal wird.

j_2) für welchen Wert von a die Marktabgabe y_1 maximal wird. Wie groß sind x_1 und x_2?

j_3) für welche Werte von a die Marktabgabe y_1 14 ME beträgt.

11. Die Verflechtung der drei Sektoren A, B und C einer Volkswirtschaft nach dem Leontief-Modell ist durch nachstehende Input-Tabelle beschrieben.

Input / Output	A	B	C	Gesamtproduktion
A	132	176	292	660
B	0	352	438	880
C	264	704	292	1460

a) Vervollständigen Sie obige Tabelle zu einer Input-Output-Tabelle und erstellen Sie ein Verflechtungsdiagramm.

b) Geben Sie die technologische Matrix ***A*** an.

c) Es wird vermutet, dass die Gesamtproduktion in den nächsten 5 Jahren abnimmt.
Berechnen Sie, welche Mengen an den Konsumenten geliefert werden können, wenn die Gesamtproduktion 500 ME im Sektor A, 350 ME im Sektor B und 700 ME im Sektor C beträgt.

d) Bestimmen Sie, wie viele Einheiten in den drei Sektoren jeweils produziert werden müssen, damit eine Nachfrage nach 520 ME aus dem Sektor A, 270 ME aus dem Sektor B und 600 ME aus dem Sektor C befriedigt werden kann.

12. Die drei Sektoren S_1, S_2 und S_3 einer Volkswirtschaft sind nach dem Leontief-Modell miteinander verflochten.
S_1 verbraucht intern 25 ME seiner eigenen Produktion und beliefert S_2 mit 50 ME und S_3 mit 150 ME.
S_2 liefert an S_1 und S_3 jeweils 75 ME und verbraucht aus eigener Produktion 100 ME.
S_3 hat einen internen Verbrauch von 225 ME und liefert an S_1 100 ME und an S_2 50 ME.

a) Stellen Sie das Verflechtungsdiagramm und die Input-Tabelle auf.

b) Ergänzen Sie die Input-Tabelle zur Input-Output-Tabelle mit den Marktabgaben der Sektoren: S_1 stellt 275 ME dem Markt zur Verfügung, S_2 750 ME und S_3 1125 ME.

c) Ermitteln Sie die technologische Matrix.

d) Berechnen Sie, wie viele ME die Sektoren an den Markt abgeben, wenn S_1 4000 ME, S_2 2000 ME und S_3 2800 ME produzieren.

e) Berechnen Sie die Produktion in den einzelnen Sektoren, wenn eine Nachfrage von 340 ME aus S_1, 105 ME aus S_2 und 165 ME aus S_3 befriedigt werden soll.

13. Für eine Volkswirtschaft sollen modellhaft anhand der 3 Sektoren „Automobile" (Sektor A), „Banken" (Sektor B, insbesondere das Einlagengeschäft) und „Wohnungsbau" (Sektor W) die Auswirkungen einer Senkung des Basiszinssatzes p der Europäischen Zentralbank (EZB) auf den privaten Konsum untersucht werden. Das folgende Diagramm gibt die gegenseitige Verflechtung an (in GE).

Gegeben ist der Produktionsvektor $\vec{x}^* = \begin{pmatrix} 40 \\ 10a \\ \frac{60}{a} \end{pmatrix}$

mit $a > 0$ als zinsabhängigem Parameter: $a = 0{,}4p$.

▶ p Zinssatz

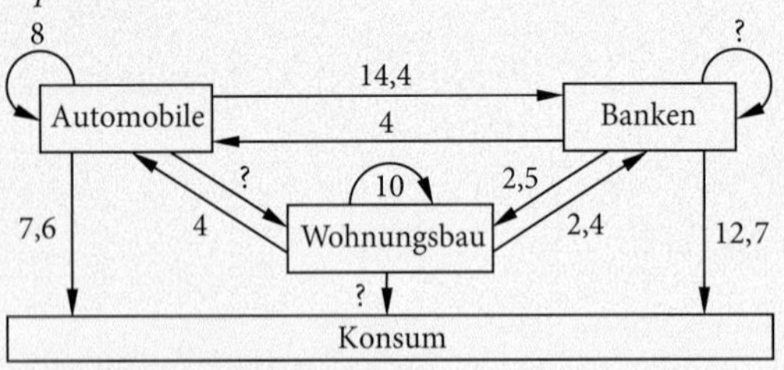

a) Für diesen Aufgabenteil ist $p = 6$.

a_1) Bestimmen Sie den Konsumvektor $\vec{y}$ und die technologische Matrix $\boldsymbol{A}$.

a_2) Der Sektor A produziert das Doppelte vom Sektor B. Die Konsumnachfrage nach Gütern des Sektors A beträgt 18 GE, die nach Gütern des Sektors W die Hälfte. Bestimmen Sie den Konsum- und den Produktionsvektor.

b) Es ist $a > 0$ mit dem oben angegebenen Produktionsvektor $\vec{x}^*$ zu ermitteln.

b_1) Berechnen Sie den Basiszinssatz, bei dem die Privatnachfrage nach Automobilen am größten ist.

b_2) Ermitteln Sie, wie sich die Senkung des Basiszinssatzes nach Teil b_1) auf den privaten Konsum im Vergleich zu Teil a_1) auswirkt. Überprüfen Sie die Aussagekraft des Modells auf seine Realitätsnähe.

14. Die 3 Zweigwerke A, B und C eines Unternehmens zur Produktion von Baustoffen sind nach dem Leontief-Modell wie nachstehend verflochten und beliefern sich selbst und den Markt.

von \ an	A	B	C	K
A	30	16	0	4
B	10	16	20	34
C	0	32	20	48

a) Bestimmen Sie die Inputmatrix $\boldsymbol{A}$.

b) Berechnen Sie die Leontief-Inverse $(\boldsymbol{E} - \boldsymbol{A})^{-1}$ und bestätigen Sie $(\boldsymbol{E} - \boldsymbol{A})^{-1} = \begin{pmatrix} \frac{35}{12} & \frac{5}{6} & \frac{5}{24} \\ \frac{5}{6} & \frac{5}{3} & \frac{5}{12} \\ \frac{5}{12} & \frac{5}{6} & \frac{35}{24} \end{pmatrix}$.

c) Zukünftig wird mit einer Marktabgabe von $\vec{y} = \begin{pmatrix} 12w \\ 24 \\ \frac{72}{w} \end{pmatrix}$ gerechnet, wobei $w > 0$ eine Größe ist, die vom Preis auf dem Weltmarkt abhängt.

c_1) Berechnen Sie die zur Deckung der Marktabgabe notwendige Produktion $\vec{x}$ der drei Werke, wenn für w die Zahl 3 gesetzt wird.

c_2) Berechnen Sie die zur Deckung der Marktabgabe notwendige Produktion $\vec{x}$ der 3 Werke und die Zahl anstelle von w, bei der die Summe der Produktionen aller 3 Werke minimal wird.

15. Die 3 Zweigwerke A, B und C eines Unternehmens zur Herstellung von Unterhaltungselektronik sind nach dem Leontief-Modell verflochten. Die Leontief-Inverse der aktuellen Rechnungsperiode lautet

$$(\boldsymbol{E} - \boldsymbol{A})^{-1} = \begin{pmatrix} 2 & \frac{8}{3} & 1{,}5 \\ 1 & \frac{14}{3} & 2 \\ 2 & 6 & 4 \end{pmatrix}.$$

a) Ermitteln Sie die Inputmatrix $\boldsymbol{A}$.

b) Im nächsten Jahr wird mit einem Konsum von $\vec{y} = \begin{pmatrix} 25 \\ 60 \\ 119 \end{pmatrix}$ gerechnet.

Berechnen Sie die Gesamtproduktion $\vec{x}$ sowie den internen Verbrauch der einzelnen Sektoren und erstellen Sie eine Input-Output-Tabelle.

c) In einer weiteren Volkswirtschaft gilt die Inputmatrix $\boldsymbol{A}^* = \begin{pmatrix} 0{,}1 & 0{,}2 & 0{,}16 \\ 0{,}25 & 0{,}05 & 0{,}16 \\ 0{,}5 & 0{,}4 & 0{,}08 \end{pmatrix}$.

Berechnen Sie den Konsum $\vec{y}^*$ bei einer Produktion von $\vec{x}^* = \begin{pmatrix} 492 \\ 492 \\ 590 \end{pmatrix}$.

d) Nach neueren Berechnungen ändert sich die Inputmatrix $\boldsymbol{B} = \begin{pmatrix} 0{,}1 & c & 0{,}4 \\ 0{,}4 & d & 0 \\ 0{,}2 & 0{,}2 & 0{,}1 \end{pmatrix}$ mit $c, d \in \mathbb{R}$.

Es wird ein Konsum von $\vec{y}_B = \begin{pmatrix} 30 \\ 30 \\ 5 \end{pmatrix}$ erwartet.

Die Gesamtproduktion beträgt 100 ME beim Sektor B und ist beim Sektor A doppelt so hoch wie beim Sektor C.

Ermitteln Sie die Matrix $\boldsymbol{B}$.

16. Die drei Zweige A, B und C einer Volkswirtschaft sind nach dem Leontief-Modell miteinander verflochten. Gegeben ist das Verflechtungsdiagramm:

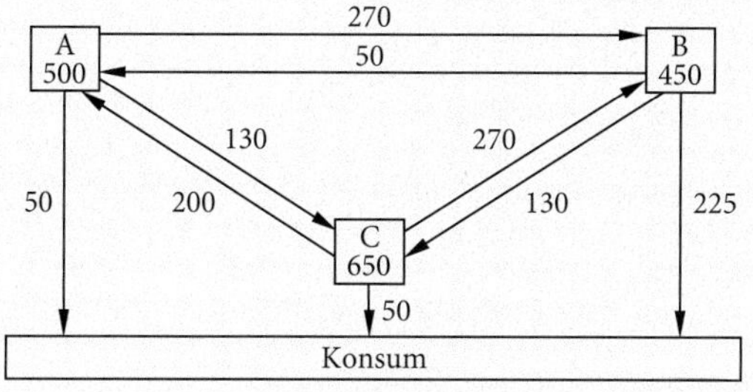

a) Berechnen Sie die Inputmatrix $\boldsymbol{A}$.

b) Erstellen Sie eine Input-Output-Tabelle, wenn der Konsumvektor $\vec{y} = \begin{pmatrix} 12 \\ 18 \\ 40 \end{pmatrix}$ beträgt.

c) Im nächsten Rechnungsjahr stellt $\vec{y}_p = \begin{pmatrix} 28 \cdot \ln p \\ 3p \\ 105p^{-1} \end{pmatrix}$ für $p \geq 2$ die wöchentliche Marktabgabe in der p-ten Woche dar.
Bestimmen Sie, wie viele ME im Werk B minimal zur Nachfragebefriedigung produziert werden müssen und ab welcher Woche dort der Produktionszuwachs abnimmt.

d) Für das übernächste Jahr ist ein neues Produktionsverfahren geplant. Alle für die Produktion einer Mengeneinheit benötigten Mengen werden im Werk A verdoppelt und im Werk B halbiert. Das Werk C benötigt keine ME für den Eigenverbrauch, produziert jedoch 200 ME, während das Zweigwerk B doppelt so viel herstellt wie das Werk A.
Berechnen Sie die Anteile für das Zweigwerk C und den Produktionsvektor $\vec{x}$, wenn das Werk A 5 ME, B 52,5 ME und C 25 ME für den Markt bereitstellen soll.

17. Die T-Shirt-Produktionsstätten A, B, C der G13-Firma sind nach dem Leontief-Modell miteinander verflochten und beliefern den Markt. Es gilt die nachstehende Inputmatrix $\boldsymbol{A}$.

$$\boldsymbol{A} = \begin{pmatrix} 0{,}4 & 0{,}05 & 0{,}4 \\ 0{,}3 & a_{22} & 0 \\ 0{,}12 & 0{,}1 & 0{,}2 \end{pmatrix}$$

a) Zeichnen Sie ein Verflechtungsdiagramm, wenn 800 ME von A, 520 ME von B und 450 ME von C produziert werden und $a_{22} = 0{,}25$ ist.

b) Entscheiden Sie, für welche Werte anstelle von $a_{22} \in [0;\, 1]$ jede Nachfrage befriedigt werden kann.

c) Für die kommende Rechnungsperiode wird mit $a_{22} = 0{,}25$ und $\vec{y} = \begin{pmatrix} 374 \\ 150 \\ 112 \end{pmatrix}$ gerechnet.
Ermitteln Sie die Gesamtproduktion.

d) Die Zukunftsstrategen der G13-Firma planen für das nächste Jahr eine Produktion von 760 ME im Werk B und von 600 ME im Werk C. Berechnen Sie, welche ME im Werk A hergestellt werden müssen, um eine Mindestabgabe aller Werke von jeweils 260 ME an den Markt zu ermöglichen.

e) Durch ein neues Produktionsverfahren ändern sich die Koeffizienten a_{11} und a_{21} der Inputmatrix $\boldsymbol{A}$. Außerdem soll die Produktion der Werke A, B und C auf das Verhältnis 10 : 8 : 5 umgestellt werden. Ermitteln Sie die neue Inputmatrix $\boldsymbol{A}^*$ und den neuen Produktionsvektor $\vec{x}$, wenn der neue Konsumvektor $\vec{y} = \begin{pmatrix} 549 \\ 297 \\ 180 \end{pmatrix}$ beträgt.

18. Die drei Sektoren Landwirtschaft L, Industrie I und Bergbau B einer Volkswirtschaft sind untereinander nach folgender Tabelle verbunden. Die Zahlen geben dabei die Liefermengen untereinander und an die Endverbraucher an (in ME).

von \ an	L	I	B	*K*
L	20	12	4	4
I	5	18	4	21
B	0	12	12	8

a) Berechnen Sie, wie viele ME in den einzelnen Sektoren produziert werden müssen, wenn jeder Sektor 20 ME für den Konsum bereitstellen soll.

b) Die Gesamtproduktion eines Rechnungsabschnitts soll $\vec{x}^* = \begin{pmatrix} 70 \\ 50 \\ 40 \end{pmatrix}$ betragen.
Bestimmen Sie, welche Mengen in diesem Fall an den Konsumbereich abgegeben werden können.

c) Veränderungen in den Produktionsbedingungen führen zu einer Inputmatrix

$$\boldsymbol{A}_a = 0{,}125 \cdot \begin{pmatrix} 4 & 2 & 1 \\ 1 & 3 & 2a \\ 0 & 2a & 11 - 4a \end{pmatrix}.$$

c₁) Zeigen Sie, warum für $a = 1$ ein Konsum von $\vec{y} = \begin{pmatrix} 20 \\ 20 \\ 15 \end{pmatrix}$ nicht befriedigt werden kann.

c₂) Für $a = 2$ sollen alle drei Sektoren die gleiche Menge produzieren. An den Konsum soll die Landwirtschaft 3 ME liefern, an die Industrie s ME und an den Bergbau t ME. Bestimmen Sie $\vec{x}$ und $\vec{y}$.

19. Ein Chemie-Unternehmen entwickelt seine Produkte an 3 Standorten, die den Markt und sich auch gegenseitig wie folgt mit $w \in [0{,}8; 1{,}3]$ als weltmarktpreisabhängiger Größe beliefern.

von \ an	A	B	C	*K*
A	600	200	$150\,w$	$200 - 150\,w$
B	0	1600	150	250
C	$(w^2 - 0{,}8\,w) \cdot 1000$	0	1050	$-1000\,w^2 + 800\,w + 450$

a) Bestimmen Sie für $w = 1$ die Inputmatrix A.

b) Ermitteln Sie, welche Produktionsmengen jeder Standort für $w = 1$ herstellen muss, wenn eine Marktabgabe von $\vec{y} = \begin{pmatrix} 900 \\ 90 \\ 450 \end{pmatrix}$ prognostiziert wird.

c) Der 1. Standort erleidet momentan einen Verlust von 12 GE je ME, der aus betriebsinternen Gründen noch geduldet wird, damit kein Mitarbeiter entlassen werden muss. Der 2. Standort erwirtschaftet einen Gewinn von 30 GE pro ME und Standort C einen Gewinn von 1 GE je ME.
Berechnen Sie die Zahl anstelle von w, für die bei einer Produktion von $\vec{x} = \begin{pmatrix} 2000 \\ 3000 \\ 2000 \end{pmatrix}$ der Gesamtgewinn maximal wird.
Geben Sie das Gewinnmaximum an.

20. Die Verflechtung dreier Zweigwerke A, B und C eines Betriebs nach dem Leontief-Modell ist durch folgende Input-Output-Tabelle mit $a \in [0{,}4; 1{,}2]$ als statistisch bedingter Anpassungsgröße gegeben.

von \ an	A	B	C	Konsum	Produktion
A	1200	300	$250\,a$		2000
B	0	2400	250		3000
C	$2000 \cdot (a^2 - 0{,}4\,a)$	0	1750		2500

a) Ergänzen Sie die Tabelle und bestimmen Sie die technologische Matrix A.

b) Berechnen Sie in Abhängigkeit von a den Konsum $\vec{y}$ bei einer Produktion von $\vec{x} = \begin{pmatrix} 2500 \\ 3000 \\ 2500 \end{pmatrix}$.

c) Der Gewinn beträgt pro verkaufte ME 20 GE bei Produkten aus dem Werk B und 1,5 GE bei Produkten aus dem Werk C. Bei Produkten aus dem Werk A muss mit einem Verlust von 12 GE je verkaufte ME gerechnet werden. Berechnen Sie $a \in \mathbb{R}$ so, dass der Gesamtgewinn bei dem im Aufgabenteil b) berechneten Konsum maximal ist.

d) Berechnen Sie für $a = 0{,}5$ die Produktion für einen Konsum von $\vec{y} = \begin{pmatrix} 20{,}5 \\ 25 \\ 39 \end{pmatrix}$.

e) Für $a = 0{,}5$ beträgt der Konsum $\vec{y} = \begin{pmatrix} y_1 \\ 4 \\ y_3 \end{pmatrix}$ bei einer Produktion von $\vec{x} = \begin{pmatrix} 160 \\ x_2 \\ 120 \end{pmatrix}$.

e₁) Bestimmen Sie x_2, y_1 und y_3.

e₂) Berechnen Sie für $a = 0{,}4$ die Leontief-Inverse.
Um welchen Faktor muss sich die Produktion des Werks B bei $a = 0{,}4$ ändern, wenn sich der Konsum von $\vec{y}_{\mathrm{I}} = \begin{pmatrix} 20 \\ 10 \\ 40 \end{pmatrix}$ auf $\vec{y}_{\mathrm{II}} = \begin{pmatrix} 100 \\ 40 \\ 120 \end{pmatrix}$ steigert?

Ich kann ...

... ein **Verflechtungsdiagramm** in eine **Input-Output-Tabelle** überführen und umgekehrt.
▶ Test-Aufgabe 1

Input-Output-Tabelle:

von \ an	A	B	C	K	X
A	20	50	60	30	160
B	60	10	100	30	200
C	60	60	20	20	160

Verflechtungsdiagramm:

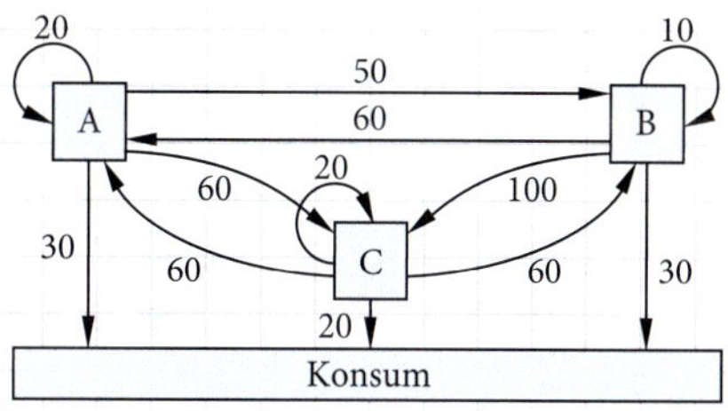

Die Volkswirtschaft ist in die Sektoren A, B und C eingeteilt.
K bezeichnet die Nachfrage des Marktes, X die Gesamtproduktion.

... die **technologische Matrix** aufstellen und ihre Elemente ökonomisch deuten.
▶ Test-Aufgaben 1, 2, 3

$$A = \begin{pmatrix} \frac{20}{160} & \frac{50}{200} & \frac{60}{160} \\ \frac{60}{160} & \frac{10}{200} & \frac{100}{160} \\ \frac{60}{160} & \frac{60}{200} & \frac{20}{160} \end{pmatrix} = \begin{pmatrix} \frac{1}{8} & \frac{1}{4} & \frac{3}{8} \\ \frac{3}{8} & \frac{1}{20} & \frac{5}{8} \\ \frac{3}{8} & \frac{3}{10} & \frac{1}{8} \end{pmatrix}$$

▶ Die Elemente der Spalte A werden durch die Gesamtproduktion von A dividiert usw.

Teilt man (spaltenweise) den Input in einen Sektor durch die Gesamtproduktion dieses Sektors, dann erhält man die technologische Matrix A.
Die Elemente in der technologischen Matrix A geben an, wie viele Einheiten in einem Sektor aus den anderen Sektoren jeweils eingesetzt werden müssen, um in diesem Sektor eine Einheit produzieren zu können.

... die Höhe der **Marktbelieferung** aus einer gegebenen Gesamtproduktion **berechnen**.
▶ Test-Aufgaben 1, 2, 3

$$\vec{y} = (E - A) \cdot \vec{x}$$
$$= \begin{pmatrix} \frac{7}{8} & -\frac{1}{4} & -\frac{3}{8} \\ -\frac{3}{8} & \frac{19}{20} & -\frac{5}{8} \\ -\frac{3}{8} & -\frac{3}{10} & \frac{7}{8} \end{pmatrix} \cdot \begin{pmatrix} 160 \\ 200 \\ 160 \end{pmatrix}$$
$$= \begin{pmatrix} 30 \\ 30 \\ 20 \end{pmatrix}$$

▶ Sektor A und B liefern je 30 ME und Sektor C liefert 20 ME an den Markt.

Zuerst wird eine neue Matrix gebildet, als Differenz der Einheitsmatrix und der technologischen Matrix. Mit dieser neuen Matrix multipliziert man den Spaltenvektor der Gesamtproduktion von links. Das Ergebnis der Multiplikation ist der Spaltenvektor, dessen Elemente für die Mengen stehen, die von den einzelnen Sektoren an den Markt bzw. an die Konsumenten gegeben werden.

... die notwendige **Gesamtproduktion** aus der Konsumentennachfrage **ermitteln**.
▶ Test-Aufgaben 1, 2, 3, 4

$$\vec{x} = (E - A)^{-1} \cdot \vec{y}$$
$$= \begin{pmatrix} \frac{206}{79} & \frac{106}{79} & \frac{164}{79} \\ \frac{180}{79} & \frac{200}{79} & \frac{220}{79} \\ \frac{150}{79} & \frac{114}{79} & \frac{236}{79} \end{pmatrix} \cdot \begin{pmatrix} 30 \\ 30 \\ 20 \end{pmatrix} = \begin{pmatrix} 160 \\ 200 \\ 160 \end{pmatrix}$$

▶ Sektor A produziert 160 ME, Sektor B 200 ME und Sektor C 160 ME.

Für die Berechnung der Gesamtproduktion bei gegebener Abgabe an den Markt benötigt man die **Leontief-Inverse** $(E - A)^{-1}$ der Matrix $(E - A)$.
Die Multiplikation des Konsumvektors von links mit der Inversen ergibt dann den Spaltenvektor, dessen Elemente die notwendige Gesamtproduktion wiedergeben.

... erläutern, unter welcher Bedingung jede Nachfrage auf dem Markt befriedigt werden kann.
▶ Test-Aufgabe 4

$$(E - A)^{-1} = \begin{pmatrix} \frac{206}{79} & \frac{106}{79} & \frac{164}{79} \\ \frac{180}{79} & \frac{200}{79} & \frac{220}{79} \\ \frac{150}{79} & \frac{114}{79} & \frac{236}{79} \end{pmatrix}$$

▶ Alle Einträge der Inversen sind positiv. Jede Nachfrage kann befriedigt werden.

Wenn alle Elemente der Leontief-Inversen positiv sind, dann ergibt die linksseitige Multiplikation des Konsumvektors mit dieser Inversen einen Spaltenvektor, dessen Elemente alle positiv sind.

Test zu 4.4

1. In einer Volkswirtschaft sind die drei Sektoren S_1, S_2 und S_3 nach dem Leontief-Modell so miteinander verflochten, wie es das untenstehende Verflechtungsdiagramm zeigt.

a) Ermitteln Sie die Gesamtproduktion der drei Sektoren und die technologische Matrix.

b) Welche Nachfrage kann befriedigt werden, wenn die Produktion in den Sektoren S_1 und S_2 verdoppelt und in Sektor 3 verdreifacht wird?

c) Ermitteln Sie die Gesamtproduktion in den drei Wirtschaftssektoren, wenn die Nachfrage nach Gütern im Sektor 2 auf das Doppelte der Vorperiode steigt.

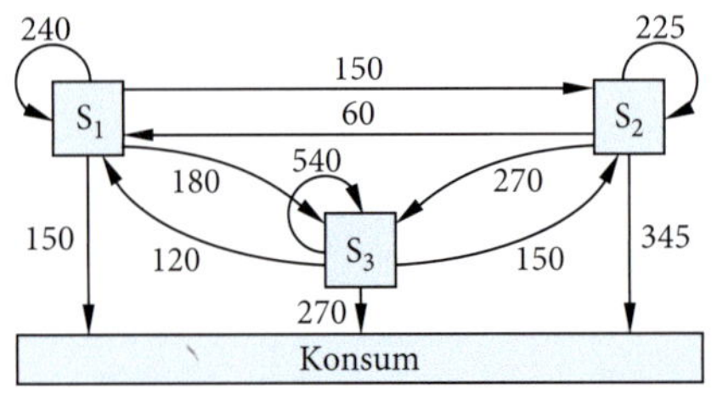

2. Die Verflechtung der drei Sektoren A, B und C einer Volkswirtschaft nach dem Leontief-Modell ist durch nachstehende Input-Output-Tabelle wiedergegeben:

von \ an	A	B	C	*K*
A	2464	0	3066	630
B	1232	924	2044	420
C	4928	1848	2044	1400

a) Erstellen Sie ein Verflechtungsdiagramm.

b) Ermitteln Sie die technologische Matrix $\boldsymbol{A}$.

c) Berechnen Sie, welche Mengen an den Markt geliefert werden können, wenn die Gesamtproduktion im Sektor A 2663 ME, im Sektor B 2091 ME und im Sektor C 4226 ME beträgt.

d) Berechnen Sie die jeweils notwendige Produktion in den drei Sektoren, wenn für den Markt 510 ME aus dem Sektor A, 715 ME aus dem Sektor B und 632 ME aus dem Sektor C vorgesehen sind.

3. Die drei Zweigwerke A, B und C eines Unternehmens beliefern sich gegenseitig nach dem Leontief-Modell. A hat einen internen Verbrauch von 280 ME und benötigt einen Input von 140 ME aus Werk B und 560 ME aus Werk C, um 280 ME an den Markt abgeben zu können. B liefert 175 ME an den Markt bei einem Input von 140 ME aus Werk A und 175 ME aus Werk C. Intern verbraucht Werk B 210 ME. Werk C produziert insgesamt 1750 ME bei einem internen Verbrauch von 350 ME. Die Gesamtproduktion von A beträgt 1400 ME, die von B 700 ME.

a) Ermitteln Sie die Anzahl der ME, die an den Markt abgegeben werden können, wenn in den Werken jeweils 2000 ME produziert werden.

b) Berechnen Sie die Gesamtproduktion der einzelnen Sektoren, wenn Werk A 360 ME, Werk B 396 ME und Werk C 528 ME an den Markt abgeben sollen.

4. Die drei Sektoren einer Volkswirtschaft A, B und C sind nach dem Leontief-Modell miteinander verflochten und beliefern sich selbst und den Markt.
Die Leontief-Inverse $(\boldsymbol{E}-\boldsymbol{A})^{-1}$ ist berechnet worden zu $(\boldsymbol{E}-\boldsymbol{A})^{-1} = \frac{1}{24} \cdot \begin{pmatrix} 70 & 20 & 5 \\ 20 & 40 & 10 \\ 10 & 20 & 35 \end{pmatrix}$.

a) In der nächsten Rechnungsperiode wird mit einer Nachfrage von $\vec{y} = \begin{pmatrix} 440 \\ 3740 \\ 5280 \end{pmatrix}$ nach Gütern der drei Sektoren gerechnet. Berechnen Sie die dafür notwendige Produktion in den drei Sektoren.

b) In einer vergangenen Rechnungsperiode betrug die Gesamtproduktion in den Sektoren $\vec{x} = \begin{pmatrix} 3550 \\ 5680 \\ 7100 \end{pmatrix}$.
Zeichnen Sie das zu dieser Rechnungsperiode gehörende Verflechtungsdiagramm.

c) Begründen Sie, warum in diesem Modell jede Nachfrage befriedigt werden kann.

4 Mehrstufige Prozesse – Matrizenrechnung

4.5 Übergangsmatrizen und Populationsentwicklungen

Die Geschäftsführung der Fly Bike Werke plant, ihren Mitarbeitern 90 Fahrräder des Auslaufmodells „City Surf" für das Werksgelände zur Verfügung zu stellen, um die Mobilität zwischen den Produktionsbetrieben (P), dem Verwaltungsgebäude (V) und den Lagern (L) zu verbessern.
Herr Knoop wird damit beauftragt, das Projekt zu begleiten und gegebenenfalls weiterzuentwickeln.
Aufgrund seiner Erfahrungen in einem anderen Unternehmen geht er allerdings davon aus, dass innerhalb einer Woche 90 % der bei P abgestellten Räder wieder dort hingestellt werden und jeweils 5 % an den beiden anderen Standorten V und L. Er erwartet, dass die am Verwaltungsgebäude deponierten Räder zu 80 % wieder an demselben Ort abgestellt werden und jeweils 10 % bei P und L. Herr Knoop rechnet damit, dass 85 % der Räder, die am Lager platziert wurden, dort auch verbleiben und 15 % von ihnen am Standort bei der Verwaltung verlassen werden.
Da Herr Knoop damit rechnet, dass diese Prozentzahlen über Wochen konstant bleiben, hofft er, ein mathematisches Modell zu entwickeln, das es ihm ermöglicht, vorauszusagen, wie viele Räder er z. B. nach der 1. Woche oder sogar nach 3 Monaten (13 Wochen) an den Standorten P, V und L erwarten kann.
Zum Anfang platziert er 40 Räder bei den Produktionsbetrieben, 30 vor der Verwaltung und 20 an den Lagern.

Produktionsstätten

Lager

Verwaltung

▸ Aufgabe 7 auf Seite 251

Kompetenzen

- Austauschprozesse modellieren und mathematisieren
- Matrizenmultiplikation zur Untersuchung stochastischer Prozesse nutzen
- Grenzmatrizen und Fixvektor berechnen und interpretieren

Anwendungen

- Potenzen von Matrizen bei mehrstufigen Prozessen nutzen
- Wähler- und Käuferverhalten voraussagen
- Entwicklungen von Populationen prognostizieren

4.5 Übergangsmatrizen und Populationsentwicklungen

Viele dynamische Prozesse bewirken im Laufe der Zeit Zustandsveränderungen, die mithilfe von Matrizen dargestellt werden können. Da mit diesen Matrizen der Übergang von einem Zustand in den nächsten erfasst wird, werden sie **Übergangsmatrizen** genannt.

1 Übergangsmatrix

In der Mensa einer Universität stehen täglich drei Essen zur Auswahl: ein vegetarisches (V), ein einfaches nichtvegetarisches (E) und ein teureres nichtvegetarisches (T).
Die Küchenleitung rechnet damit, dass die Studierenden von Tag zu Tag zwischen den Angeboten wechseln: Von denen, die am Vortag das vegetarische Gericht gegessen hatten, wechseln am nächsten Tag je 10 % zu den beiden nichtvegetarischen Gerichten; von denen, die am Vortag das einfache nichtvegetarische Essen gewählt hatten, nehmen am folgenden Tag 20 % das vegetarische und 10 % das teurere nichtvegetarische; diejenigen, die sich am Vortag für das teurere nichtvegetarische Angebot entschieden hatten, wechseln am nächsten Tag zu 10 % zum vegetarischen und zu 40 % zu dem einfachen nichtvegetarischen Essen.

a) Stellen Sie die **Übergangswahrscheinlichkeiten** durch ein Diagramm dar und erfassen Sie dieses **Übergangsdiagramm** in einer Tabelle. Stellen Sie anschließend die Tabelle durch eine **Übergangsmatrix** dar.

Am zweiten Montag des Semesters aßen 800 Studierende das vegetarische, 1000 das einfache nichtvegetarische und 600 das teurere nichtvegetarische Essen. Diese **Anfangsverteilung** wird durch den Zustandsvektor $\vec{v}_0^{\,T}$ ausgedrückt:
$\vec{v}_0^{\,T} = (800 \quad 1000 \quad 600)$

Wir schreiben hier $\vec{v}_0^{\,T}$, damit klar ist, dass es sich um einen Zeilenvektor handelt. T heißt transponiert:
$\begin{pmatrix} 800 \\ 1000 \\ 600 \end{pmatrix}^T = (800 \quad 1000 \quad 600)$

b) Berechnen Sie mithilfe der Übergangsmatrix, wie viele Studierende am Dienstag, Mittwoch, Donnerstag und Freitag jeweils die drei Essensangebote wahrnehmen.

Zu a) Wir drücken die Prozentangaben als Dezimale aus, also beispielsweise 10 % sind 0,1. Vom vegetarischen Essen wechseln je 10 % zu den beiden anderen Gerichten. Dies halten wir im Übergangsdiagramm durch zwei Pfeile mit der Angabe 0,1 fest.

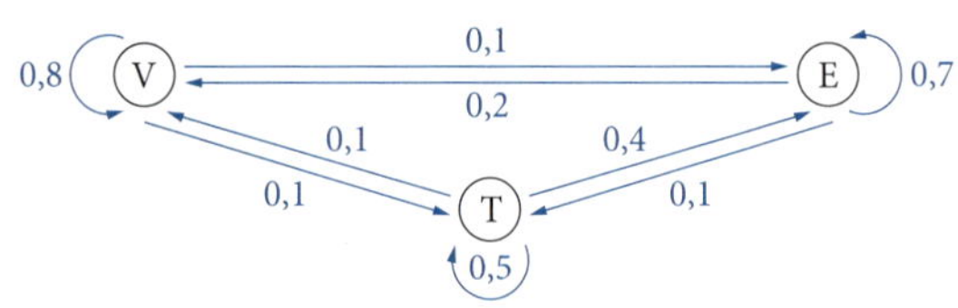

V: vegetarisches Essen
E: einfaches nichtvegetarisches Essen
T: teureres nichtvegetarisches Essen

Die 80 % der Studierenden, die das vegetarische Essen gewählt haben und am nächsten Tag wieder vegetarisch essen, sind im Übergangsdiagramm durch einen Pfeil von V zu V mit 0,8 gekennzeichnet. Analog müssen im Übergangsdiagramm von E zu E ein Pfeil mit der Angabe 0,7 und von T zu T einer mit der Angabe 0,5 gezeichnet werden.

Die Tabelle (und damit auch die Matrix) wird dann so aufgebaut, dass die Zeilen angeben, wie viel Prozent jeweils abgehen. Die Spalten geben an, wie viel Prozent jeweils aufgenommen werden.

Zum Beispiel gibt die Zahl 0,4 an, dass von T 40 % zu E wechseln bzw. dass E 40 % von T aufnimmt.

von \ nach	V	E	T
V	0,8	0,1	0,1
E	0,2	0,7	0,1
T	0,1	0,4	0,5

$$A = \begin{pmatrix} 0{,}8 & 0{,}1 & 0{,}1 \\ 0{,}2 & 0{,}7 & 0{,}1 \\ 0{,}1 & 0{,}4 & 0{,}5 \end{pmatrix}$$

Zu b) Wir multiplizieren den Vektor der Anfangsverteilung von rechts mit der Übergangsmatrix $\boldsymbol{A}$ und erhalten den Zustandsvektor für den nächsten Tag: Am Dienstag wird V von 900 Studierenden, E von 1020 und T von 480 gewählt.
Wenn wir den neuen Zustandsvektor wieder mit der Übergangsmatrix von rechts multiplizieren, dann haben wir den Zustandsvektor für den Mittwoch: 972 Studierende wählen V, 996 entscheiden sich für E und 432 für T.
Wiederholen wir den Prozess ein weiteres Mal und dann noch einmal, dann gewinnen wir die entsprechenden Zahlen für den Donnerstag und den Freitag.

Dienstag:

$$\vec{v}_0^{\,T} \cdot \boldsymbol{A} = (800 \;\; 1000 \;\; 600) \cdot \begin{pmatrix} 0{,}8 & 0{,}1 & 0{,}1 \\ 0{,}2 & 0{,}7 & 0{,}1 \\ 0{,}1 & 0{,}4 & 0{,}5 \end{pmatrix} = (900 \;\; 1020 \;\; 480)$$

Mittwoch:

$$(900\;1020\;480) \cdot \boldsymbol{A} = (972 \;\; 996 \;\; 432)$$

Donnerstag:

$$(972 \;\; 996 \;\; 432) \cdot \boldsymbol{A} \approx (1020 \;\; 967 \;\; 413)$$

Freitag:

$$(1020 \;\; 967 \;\; 413) \cdot \boldsymbol{A} \approx (1051 \;\; 944 \;\; 405)$$

Potenzen von Matrizen

Im Beispiel 1 ist der Zustandsvektor für den Freitag dadurch berechnet worden, dass die Übergangsmatrix vier Mal auf den jeweiligen Zustandsvektor des Vortages angewendet wurde.
Ermitteln Sie den Zustandsvektor für den Freitag, indem Sie nur den ersten Zustandsvektor, also die Anfangsverteilung $\vec{v}_0^{\,T}$ verwenden. Benutzen Sie dazu CAS/GTR als Hilfsmittel.

Wir hatten die Anfangsverteilung $\vec{v}_0^{\,T}$ von rechts mit der Übergangswahrscheinlichkeit $\boldsymbol{A}$ multipliziert und den Zustandsvektor $\vec{v}_{\text{Di}}^{\,T}$ für Dienstag erhalten, den wir dann wiederum von rechts mit $\boldsymbol{A}$ multipliziert hatten. Auf diese Weise wurde das Ergebnis noch zwei Mal mit $\boldsymbol{A}$ multipliziert und der Zustandsvektor $\vec{v}_{\text{Fr}}^{\,T}$ berechnet. Da die Matrizenmultiplikation assoziativ ist, können wir die Anfangsverteilung auch von rechts mit dem vierfachen Produkt der Matrix $\boldsymbol{A}$ multiplizieren. Dieses vierfache Produkt von $\boldsymbol{A}$ kürzen wir als vierfache **Potenz der Matrix** $\boldsymbol{A}$ ab.

$$(\vec{v}_0^{\,T} \cdot \boldsymbol{A} \cdot \boldsymbol{A} \cdot \boldsymbol{A} \cdot \boldsymbol{A}) = \vec{v}_0^{\,T} \cdot (\boldsymbol{A} \cdot \boldsymbol{A} \cdot \boldsymbol{A} \cdot \boldsymbol{A}) = \vec{v}_0^{\,T} \cdot \boldsymbol{A}^4$$

$$\vec{v}_{\text{Fr}}^{\,T} = (800 \;\; 1000 \;\; 600) \cdot \begin{pmatrix} 0{,}8 & 0{,}1 & 0{,}1 \\ 0{,}2 & 0{,}7 & 0{,}1 \\ 0{,}1 & 0{,}4 & 0{,}5 \end{pmatrix}^4 \approx (1051 \;\; 944 \;\; 405)$$

Mit dem GTR/CAS kann die Potenz einer Matrix üblicherweise gleich wie die Potenz einer Zahl eingegeben werden.

▶ CA Die Eingabe der Matrizen erfolgt entweder im Untermenü ▶ MAT/VCT (F3) oder wie hier unter MATH (F4), MAT/VCT (F1).

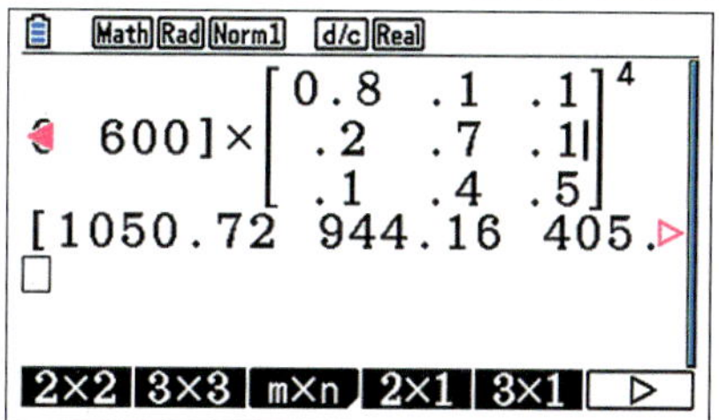

Eine besondere Art der Übergangsmatrizen sind die **stochastischen Matrizen**. Man verwendet sie, um Übergangswahrscheinlichkeiten zwischen verschiedenen Zuständen zu beschreiben. Im Beispiel 1 handelt es sich um eine stochastische Übergangsmatrix. Kennzeichnend für eine solche Matrix ist, dass ihre Zeilensummen jeweils immer 1 ergeben. Also zum Beispiel für die erste Zeile gilt: $0{,}8 + 0{,}1 + 0{,}1 = 1$. Außerdem ist in einer stochastischen Matrix kein Element negativ.

Die Aneinanderreihung der Ergebnisse aus den wiederholten Anwendungen einer stochastischen Übergangsmatrix $\boldsymbol{A}$ auf einen Zustandsvektor $\vec{v}^{\,T}$ nennt man eine **Markov-Kette** nach dem russischen Mathematiker Andrejewitsch Markov (1856 – 1922). Sie lässt sich allgemein beschreiben als $\vec{v}^{\,T} \cdot \boldsymbol{A}$, $\vec{v}^{\,T} \cdot \boldsymbol{A}^2$, $\vec{v}^{\,T} \cdot \boldsymbol{A}^3$, $\vec{v}^{\,T} \cdot \boldsymbol{A}^4$, … .

- **Übergangsmatrizen** sind quadratische Matrizen, die den Übergang von einem Zustand in den nächsten Zustand erfassen.
- **Stochastische Matrizen** sind Übergangsmatrizen, die Übergangswahrscheinlichkeiten zwischen zwei verschiedenen Verteilungszuständen beschreiben. In einer stochastischen Matrix ist kein Element negativ und jede Zeilensumme 1.
- Die Aneinanderreihung der Ergebnisse aus den wiederholten Anwendungen einer stochastischen Übergangsmatrix auf einen Zustandsvektor nennt man eine **Markov-Kette.**
- $\boldsymbol{A}^n$ ist die n-fache **Potenz einer Matrix $\boldsymbol{A}$**. Sie ist das Ergebnis der n-maligen Multiplikation der Matrix $\boldsymbol{A}$ mit sich selbst.

Im Jahr 2018 drohte die Afrikanische Schweinepest aus Osteuropa nach Deutschland überzuschwappen. Deshalb wurden im Dreiländereck Polen-Tschechien-Deutschland die Wanderungszahlen pro Woche der dort lebenden 900 Wildschweine registriert und als Übergangswahrscheinlichkeiten in der nebenstehenden Grafik veranschaulicht.

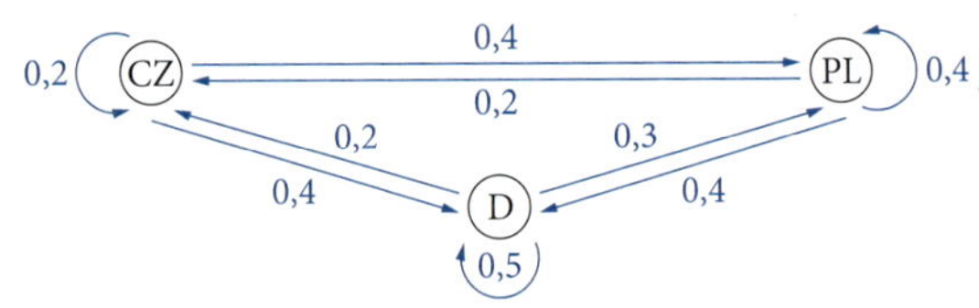

a) Stellen Sie eine Übergangstabelle und die stochastische Matrix auf.

b) Am Anfang der ersten Woche befanden sich 300 Wildschweine in Tschechien, 250 in Polen und 350 in Deutschland. Berechnen Sie die Zustände nach 1, 2 und 10 Wochen.

3 Fixvektor

Im Beispiel 1 verändern sich die Zustandsvektoren von Tag zu Tag.
Die Küchenleitung interessiert sich dafür, ob sie in Zukunft mit geringeren Schwankungen rechnen kann. Untersuchen Sie, ob sich die Verteilungen in eine bestimmte Richtung entwickeln.

Wir berechnen die Verteilungen an den nächsten 4 Montagen mithilfe der entsprechenden Potenzen $\boldsymbol{A}^n$ der Übergangsmatrizen und der Anfangsverteilung $\vec{v}_0^{\,T}$. Dabei muss für den nächsten Montag $n = 5$ gesetzt werden, für den Montag danach $n = 10$, usw. Offensichtlich werden ab dem 4. Montag an jedem weiteren Tag 1100 Studierende das vegetarische, 900 das einfache nichtvegetarische und 400 das teurere nichtvegetarische Essen wählen.
Wir haben also eine **stabile Verteilung** erreicht.

$$\vec{v}_0^{\,T} \cdot \boldsymbol{A}^5 = (800 \quad 1000 \quad 600) \cdot \begin{pmatrix} 0{,}8 & 0{,}1 & 0{,}1 \\ 0{,}2 & 0{,}7 & 0{,}1 \\ 0{,}1 & 0{,}4 & 0{,}5 \end{pmatrix}^5$$

$$\approx (1070 \quad 928 \quad 402)$$

$$\vec{v}_0^{\,T} \cdot \boldsymbol{A}^{10} = (1098 \quad 902 \quad 400)$$

$$\vec{v}_0^{\,T} \cdot \boldsymbol{A}^{15} = (1100 \quad 900 \quad 400)$$

$$\vec{v}_0^{\,T} \cdot \boldsymbol{A}^{20} = (1100 \quad 900 \quad 400)$$

Die Einträge des Vektors können wir aber auch jeweils als Prozentsatz von der Gesamtheit der Mensabesucher ausdrücken, indem wir die Elemente durch diese Gesamtheit dividieren. Dann erhalten wir eine stabile prozentuale Verteilung, die unabhängig von der Gesamtheit ist: etwa 45,8 % für V, 37,5 % für E und ungefähr 16,7 % für T.

$$\frac{1}{2400} \cdot (1100 \quad 900 \quad 400)$$

$$= \left(\tfrac{11}{24} \quad \tfrac{9}{24} \quad \tfrac{4}{24}\right)$$

$$\approx (0{,}458 \quad 0{,}375 \quad 0{,}167)$$

Der dieser stabilen prozentualen Verteilung entsprechende Vektor heißt **Fixvektor $\vec{v}_f^{\,T}$**.

$$\vec{v}_f^{\,T} \approx (0{,}458 \quad 0{,}375 \quad 0{,}167)$$

Den Fixvektor $\vec{v}_f^T$ haben wir erhalten, indem wir so oft den Vektor des Anfangszustands mit der Übergangsmatrix multipliziert haben, bis sich die Ergebnisse nicht mehr voneinander unterscheiden.
Wir können den Fixvektor aber auch berechnen, indem wir uns die Erkenntnis aus Beispiel 3 zunutze machen.

Berechnung des Fixvektors

4

In einem Land mit 3 politischen Parteien A, B und C soll gewählt werden. Analysen vergangener Wahlen haben ergeben, dass immer 10 % der Wahlberechtigten, die A gewählt haben, bei der nächsten Wahl zur Partei B und 5 % zur Partei C wechseln werden; von denjenigen, die B gewählt haben, werden beim nächsten Mal 5 % zu A und 15 % zu C abwandern; von denen, die C gewählt haben, werden jeweils 5 % zu A und B überlaufen.

a) Berechnen Sie den Fixvektor.

b) Ermitteln Sie den dem Fixvektor entsprechenden stabilen Zustandsvektor, wenn man von 40 Millionen Wahlberechtigten ausgeht.

Zu a) Wir stellen zuerst die Übergangsmatrix auf. Dazu wandeln wir die Prozentzahlen in Dezimale um und ergänzen die drei fehlenden Angaben in der Diagonalen, indem wir berücksichtigen, dass die Zeilensummen jeweils 1 sein müssen.

$$\boldsymbol{A} = \begin{pmatrix} 0{,}85 & 0{,}1 & 0{,}05 \\ 0{,}05 & 0{,}8 & 0{,}15 \\ 0{,}05 & 0{,}05 & 0{,}9 \end{pmatrix}$$

Der Fixvektor $\vec{v}_f^T$ ist derjenige Vektor, der sich bei Multiplikation mit der Übergangsmatrix nicht mehr ändert.

$$\vec{v}_f^T \cdot \boldsymbol{A} = \vec{v}_f^T$$
$$\Leftrightarrow \quad \vec{v}_f^T \cdot \boldsymbol{A} - \vec{v}_f^T = 0$$
$$\Leftrightarrow \quad \vec{v}_f^T \cdot (\boldsymbol{A} - \boldsymbol{E}) = 0$$

Die Matrizengleichung ist gleichbedeutend mit einem homogenen linearen Gleichungssystem mit der Koeffizientenmatrix $(\boldsymbol{A} - \boldsymbol{E})$ und den drei Unbekannten, den Elementen v_{f_1}, v_{f_2} und v_{f_3} des Fixvektors $\vec{v}_f^T$.

$$(v_{f_1} \quad v_{f_2} \quad v_{f_3}) \cdot \begin{pmatrix} -0{,}15 & 0{,}1 & 0{,}05 \\ 0{,}05 & -0{,}2 & 0{,}15 \\ 0{,}05 & 0{,}05 & -0{,}1 \end{pmatrix} = (0 \quad 0 \quad 0)$$

$$-0{,}15\, v_{f_1} + 0{,}05\, v_{f_2} + 0{,}05\, v_{f_3} = 0$$
$$\Leftrightarrow \quad 0{,}10\, v_{f_1} - 0{,}20\, v_{f_2} + 0{,}05\, v_{f_3} = 0$$
$$0{,}05\, v_{f_1} + 0{,}15\, v_{f_2} - 0{,}10\, v_{f_3} = 0$$

Die Koeffizientenmatrix besitzt den Rang 2. Deshalb ist das Gleichungssystem nicht eindeutig lösbar. Wenn wir als zusätzliche Bedingung hinzunehmen, dass die Zeilensumme des Fixvektors 1 sein muss, dann erhalten wir insgesamt eine eindeutige Lösung für den Fixvektor mit $v_{f_1} = v_{f_2} = 0{,}25$ und $v_{f_3} = 0{,}5$.

$$L = \{t \cdot (1 \quad 1 \quad 2)\}$$
$$t + t + 2t = 1 \quad \Leftrightarrow \quad t = 0{,}25$$

Das heißt, dass sich langfristig eine stabile Verteilung einstellen wird, bei der jeweils 25 % der Wahlberechtigten die Parteien A und B und 50 % die Partei C wählen werden.

$$\Rightarrow \quad \vec{v}_f^T = (0{,}25 \quad 0{,}25 \quad 0{,}5)$$

Zu b) Von 40 Millionen Wahlberechtigten werden jeweils 10 Millionen die Parteien A und B und 20 Millionen die Partei C wählen. Dieser Zustand ist stabil, er ändert sich auch bei vielfacher Multiplikation mit der Übergangsmatrix nicht mehr.

$$0{,}25 \cdot 40 \cdot 10^6 = 10 \cdot 10^6$$
$$0{,}50 \cdot 40 \cdot 10^6 = 20 \cdot 10^6$$
$$\Rightarrow \quad \vec{v}^T = (10 \cdot 10^6 \quad 10 \cdot 10^6 \quad 20 \cdot 10^6)$$

Wendet man die Übergangsmatrix $\boldsymbol{A}$ immer wieder auf den Vektor $\vec{v}_0^T$ des Anfangszustands an, dann erhält man schließlich einen stabilen Zustand, die **Grenzverteilung**.
Es muss also eine Matrix $\boldsymbol{A}_g$ geben, die sich aus der Potenz $\boldsymbol{A}^n$ durch fortwährendes Multiplizieren mit $\boldsymbol{A}$ ergibt:
$\boldsymbol{A}_g = \lim\limits_{n \to \infty} \boldsymbol{A}^n$ mit $\vec{v}_0^T \cdot \boldsymbol{A}_g = \vec{v}_f^T$. Eine solche Matrix heißt **Grenzmatrix**.

5 Grenzmatrix

In einem großen Einkaufscenter stehen die drei Läden A, B und C mit Damenoberbekleidung im Wettbewerb um die Kundinnen. Aus einer Befragung von täglich 200 Kundinnen ging hervor, dass sie gemäß der nebenstehenden Grafik die Läden wechseln.

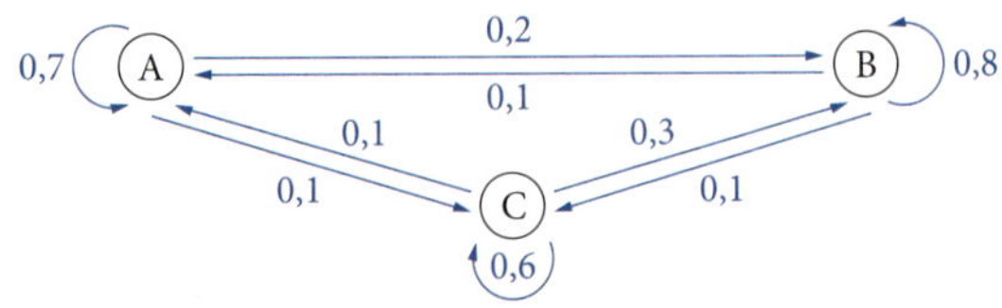

a) Berechnen Sie den Fixvektor $\vec{v}_f^T$ der durch den Übergangsgraphen gegebenen Übergangsmatrix $\boldsymbol{A}$ und die stabile Verteilung der 200 Kundinnen auf die drei Läden.

b) Zeigen Sie, dass die Matrix $\boldsymbol{A_g} = \begin{pmatrix} v_{f_1} & v_{f_2} & v_{f_3} \\ v_{f_1} & v_{f_2} & v_{f_3} \\ v_{f_1} & v_{f_2} & v_{f_3} \end{pmatrix}$ die Grenzmatrix zur stochastischen Matrix $\boldsymbol{A}$ ist.

Zu a) Dem Übergangsgraphen entnehmen wir die Elemente der stochastischen Matrix $\boldsymbol{A}$.

$$\boldsymbol{A} = \begin{pmatrix} 0,7 & 0,2 & 0,1 \\ 0,1 & 0,8 & 0,1 \\ 0,1 & 0,3 & 0,6 \end{pmatrix}$$

Zur Berechnung des Fixvektors $\vec{v}_f^T$ berücksichtigen wir, dass die Multiplikation des Fixvektors mit der Übergangsmatrix wieder den Fixvektor ergeben muss. Außerdem muss die Zeilensumme des Fixvektors 1 sein.

Insgesamt erhalten wir ein lineares Gleichungssystem mit 4 Gleichungen und den 3 Elementen des Fixvektors als Unbekannte. Dieses Gleichungssystem besitzt die eindeutige Lösung $v_{f_1} = 0,25$; $v_{f_2} = 0,55$; $v_{f_3} = 0,20$.

$$\vec{v}_f^T \cdot \boldsymbol{A} = \vec{v}_f^T \text{ mit } \vec{v}_f^T = (v_{f_1} \;\; v_{f_2} \;\; v_{f_3})$$

$$\Rightarrow \vec{v}_f^T \cdot (\boldsymbol{A} - \boldsymbol{E}) = 0$$

$$v_{f_1} + v_{f_2} + v_{f_3} = 1$$

```
linSolve( { v_f1·-0.3+v_f2·0.1+v_f3·0.1=0
            v_f1·0.2+v_f2·-0.2+v_f3·0.3=0
            v_f1·0.1+v_f2·0.1+v_f3·-0.4=0
            v_f1+v_f2+v_f3=1 , }
                                    {0.25,0.55,0.2}
```

Wenn 50 Kundinnen im Laden A kaufen, 110 im Laden *B* und 40 im Laden C, dann ist diese Verteilung stabil.

$0,25 \cdot 200 = 50$; $0,55 \cdot 200 = 110$; $0,2 \cdot 200 = 40$

$\vec{v}^T = (50 \;\; 110 \;\; 40)$

Zu b) Aus den Elementen des Fixvektors $\vec{v}_f^T$ konstruieren wir eine Matrix $\boldsymbol{A_g}$ so, wie in der Aufgabenstellung beschrieben: Alle 3 Elemente der 1. Spalte haben den Wert von v_{f_1}, die in der 2. Spalte den Wert von v_{f_2} und die Elemente in der 3. Spalte den Wert von v_{f_3}. Multiplizieren wir jetzt die Matrix $\boldsymbol{A_g}$ von links mit irgendeinem Zustandsvektor, dann ist das Ergebnis wieder der Vektor mit der stabilen Verteilung. $\boldsymbol{A_g}$ ist also die **Grenzmatrix** zur Matrix $\boldsymbol{A}$.

$$\boldsymbol{A_g} = \begin{pmatrix} 0,25 & 0,55 & 0,2 \\ 0,25 & 0,55 & 0,2 \\ 0,25 & 0,55 & 0,2 \end{pmatrix}$$

Es gilt sowohl
$(100 \;\; 60 \;\; 40) \cdot \boldsymbol{A_g} = (50 \;\; 110 \;\; 40)$
als auch
$(40 \;\; 20 \;\; 140) \cdot \boldsymbol{A_g} = (50 \;\; 110 \;\; 40)$

- Der Fixvektor $\vec{v}_f^T$ beschreibt den Verteilungszustand, der sich durch erneutes Anwenden der Übergangsmatrix $\boldsymbol{A}$ nicht mehr ändert. Es gilt also: $\vec{v}_f^T \cdot \boldsymbol{A} = \vec{v}_f^T$
- Als **Grenzmatrix** $\boldsymbol{A_g}$ einer stochastischen Matrix $\boldsymbol{A}$ bezeichnet man die Matrix, die das Ergebnis des Grenzprozesses $\lim\limits_{n \to \infty} \boldsymbol{A}^n$ ist, also $\boldsymbol{A_g} = \lim\limits_{n \to \infty} \boldsymbol{A}^n$. Jede der Zeilen dieser **Grenzmatrix** besteht aus den Elementen des **Fixvektors** $\vec{v}_f^T$. Wendet man die Grenzmatrix auf einen beliebigen Zustandsvektor an, ergibt sich immer derselbe stabile Zustand, die **Grenzverteilung**.

Betrachten Sie erneut die „Alles klar?“-Aufgabe von Seite 244.
a) Berechnen Sie den Fixvektor und die stabile Grenzverteilung.
b) Ermitteln Sie die Grenzmatrix und bestätigen Sie Ihr Ergebnis anhand der anfänglichen Verteilung.

Übergangsmatrizen haben sich nicht nur bei Verteilungen bewährt, sie werden auch zur Prognose von Populationsentwicklungen eingesetzt. Ausgangssituation ist ein System mit einem bestehenden Zustand. Im zeitlichen Ablauf verändert das System den Zustand durch Übergänge von einem Stadium in ein anderes, z. B. durch Geburten oder durch Mortalität.

Populationsentwicklung von Mäusen

6

Ein neugeborenes Mäusepaar ist nach 6 Wochen geschlechtsreif und bringt bis zu 4 neue Mäusepaare zur Welt, immer ein männliches und ein weibliches Tier. Nimmt man an, dass keine Umweltfaktoren diese Fortpflanzungsregeln beeinflussen (dass insbesondere kein Tier stirbt), dann lässt sich mithilfe von Matrizen berechnen, wie viele Tiere nach einer bestimmten Zeit existieren, wenn der Anfangszustand gegeben ist.
Ermitteln Sie die Größe der Population nach 6, 12, 18 und 24 Wochen, wenn am Anfang ein erwachsenes Mäusepaar existiert.

Die Fortpflanzungsregel kann man als Graph veranschaulichen. Die Zahlen an den Verbindungslinien bedeuten:

- Jedes Jungtierpaar wird zu einem fortpflanzungsfähigen Paar (1).
- Jungtierpaare bringen keine Jungtierpaare zur Welt (0).
- Erwachsene Paare bleiben erwachsene Paare (1).
- Erwachsene Paare bringen 4 Jungtierpaare zur Welt (4).

Dieser Graph lässt sich auch als Übergangsmatrix darstellen.
Geht man von einem erwachsenen Paar zu Beginn der Fortpflanzungskette aus ((0 1) beschreibt den Anfangszustand), dann gibt es nach 6 Wochen 5 Paare, nämlich das erwachsene Paar und 4 Jungtierpaare.

Nach weiteren 6 Wochen sind aus den 4 Jungtierpaaren 4 erwachsene geworden, das alte erwachsene Paar ist nicht gestorben und hat wieder 4 Jungtierpaare zur Welt gebracht. Insgesamt gibt es also nun 9 Mäusepaare.

Nach 18 Wochen existieren schon 29 Mäusepaare, davon 9 erwachsene.

6 Wochen später hat sich die Anzahl der Paare auf 65 erhöht. Die 9 erwachsenen Paare haben 36 Jungtierpaare zur Welt gebracht und zu den 9 erwachsenen Paaren sind 20 ehemalige Jungtierpaare dazugekommen.

x: aktuelle Anzahl der Jungtierpaare,
y: aktuelle Anzahl der fortpflanzungsfähigen Paare.

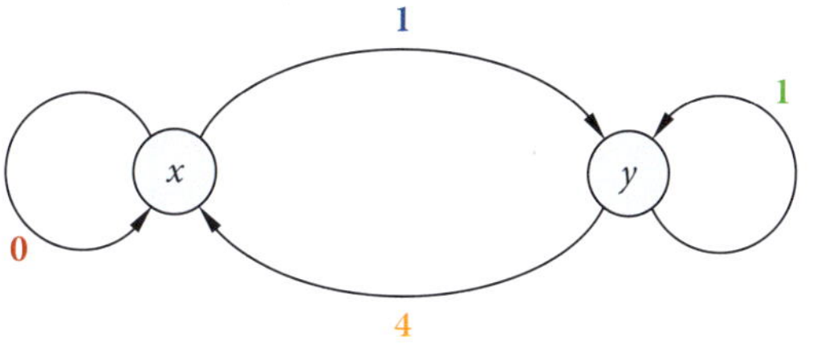

Übergangsmatrix: $A = \begin{pmatrix} 0 & 1 \\ 4 & 1 \end{pmatrix}$

Zustandsvektor: $\vec{v}^{\,T} = (x \;\; y)$

Anfangszustand: $\vec{v}_0^{\,T} = (0 \;\; 1)$

Zustand nach 6 Wochen
$\vec{v}_1^{\,T} = \vec{v}_0^{\,T} \cdot A = (0 \;\; 1) \cdot \begin{pmatrix} 0 & 1 \\ 4 & 1 \end{pmatrix} = (4 \;\; 1)$

Zustand nach 12 Wochen
$\vec{v}_2^{\,T} = \vec{v}_1^{\,T} \cdot A = (4 \;\; 1) \cdot \begin{pmatrix} 0 & 1 \\ 4 & 1 \end{pmatrix} = (4 \;\; 5)$

Zustand nach 18 Wochen
$\vec{v}_3^{\,T} = \vec{v}_2^{\,T} \cdot A = (4 \;\; 5) \cdot \begin{pmatrix} 0 & 1 \\ 4 & 1 \end{pmatrix} = (20 \;\; 9)$

Zustand nach 24 Wochen
$\vec{v}_4^{\,T} = \vec{v}_3^{\,T} \cdot A = (20 \;\; 9) \cdot \begin{pmatrix} 0 & 1 \\ 4 & 1 \end{pmatrix} = (36 \;\; 29)$

4

Viele Populationsentwicklungen laufen in drei verschiedenen Stufen A, B und C so ab, dass es nur Übergänge von Stadium A zu Stadium B, von Stadium B nur zu C und von Stadium C nur zu A gibt.
Die nebenstehende Übergangsgrafik veranschaulicht diese Art von Entwicklung.
Entsprechend ist die zugehörende Übergangsmatrix aufgebaut. Sie enthält nur drei von null verschiedene Elemente v, a und b. Dabei steht v für die Vermehrungsrate von A nach B, und a und b stehen für die Überlebensraten von B nach C bzw. von C nach A.

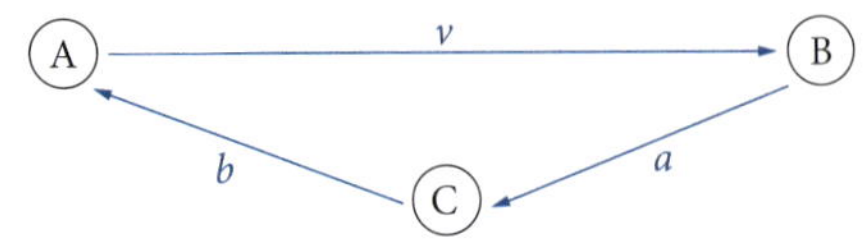

$$\boldsymbol{A} = \begin{pmatrix} 0 & v & 0 \\ 0 & 0 & a \\ b & 0 & 0 \end{pmatrix};\ v \geq 1;\ 0 < a < 1;\ 0 < b < 1$$

7 Abnehmende Population

Die Umweltschutzorganisation UWSO fordert vom Umweltministerium, in die Liste der vom Aussterben bedrohten Käferarten eine weitere Art aufzunehmen, und begründet ihre Forderung mit nebenstehender Übergangsgrafik, die auf langjährigen Beobachtungen beruhe.

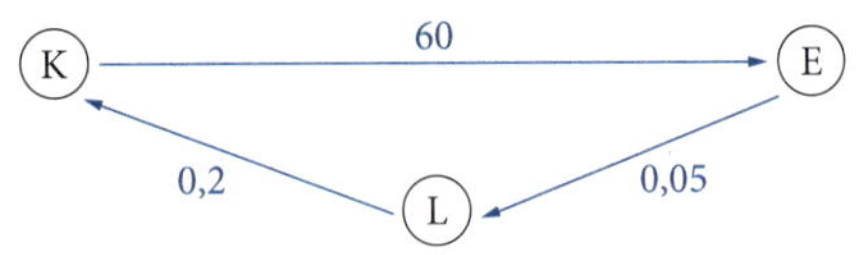

K: Käfer; E: Eier; L: Larven

a) Die UWSO geht für das Jahr 2019 von einem Bestand von ca. 12 Millionen Käfern aus. Stellen Sie anhand der Übergangsgrafik die Übergangsmatrix $\boldsymbol{A}$ auf und beurteilen Sie auf der Grundlage der 3. Potenz von $\boldsymbol{A}$, ob die Forderung der UWSO berechtigt ist. Geben Sie dazu den absoluten Käferbestand im Jahr 2022 an und ermitteln Sie, um wie viel Prozent der Käferbestand vom Jahr 2019 bis zum Jahr 2022 zurückgegangen sein wird.
b) Ermitteln Sie den voraussichtlichen Bestand im Jahr 2025 absolut und in Prozent des Bestandes im Jahr 2019.

Zu a) Die Übergangsgrafik zeigt, dass jeder Käfer 60 Eier legt, von denen aber nur 5 % zu Larven werden. Von den Larven überleben nur 20 % und werden zu Käfern. Die Vermehrungsrate v beträgt also 60, die Überlebensrate a der Eier 0,05 und die Überlebensrate der Larven ist $b = 0{,}2$. Daraus konstruieren wir die Übergangsmatrix $\boldsymbol{A}$.
Aus der Matrix $\boldsymbol{A}$ berechnen wir mithilfe von CAS/GTR die 3. Potenz von $\boldsymbol{A}$, also $\boldsymbol{A}^3$.
Wir betrachten $\boldsymbol{A}^3$ und stellen fest, dass diese Matrix das 0,6-Fache der Einheitsmatrix $\boldsymbol{E}$ ist.

$$v = 60; \quad a = 0{,}05; \quad b = 0{,}2 \qquad \boldsymbol{A} = \begin{pmatrix} 0 & 60 & 0 \\ 0 & 0 & 0{,}05 \\ 0{,}2 & 0 & 0 \end{pmatrix}$$

$$\boldsymbol{A}^3 = \begin{pmatrix} 0{,}6 & 0 & 0 \\ 0 & 0{,}6 & 0 \\ 0 & 0 & 0{,}6 \end{pmatrix} = 0{,}6 \cdot \begin{pmatrix} 1 & 0 & 0 \\ 0 & 1 & 0 \\ 0 & 0 & 1 \end{pmatrix} = 0{,}6 \cdot \boldsymbol{E}$$

Die Anzahl der Käfer, der Eier und der Larven beträgt nach drei Jahren das 0,6-Fache, also nur noch 60 %, der Anzahlen von 2019 und damit 7,2 Millionen. Damit ist der Bestand um 40 % zurückgegangen. Die Forderung der UWSO muss als berechtigt angesehen werden.

$$\vec{v}_3^{\,T} = \vec{v}_0^{\,T} \cdot \boldsymbol{A}^3 = \vec{v}_0^{\,T} \cdot 0{,}6 \cdot \boldsymbol{E} = 0{,}6 \cdot \vec{v}_0^{\,T}$$
$$= 0{,}6 \cdot (12\,000\,000 \;\; 0 \;\; 0)$$
$$= (7\,200\,000 \;\; 0 \;\; 0)$$

Zu b) Wir wissen, dass alle drei Jahre der Bestand auf 60 % schrumpfen wird. Deshalb wird nach 6 Jahren im Jahr 2025 nur noch das 0,62-Fache des Bestandes von 2019 vorhanden sein. Das sind 36 %. Im Jahr 2025 wird es also nur noch 4 320 000 Käfer dieser Art geben.

Bestand in Prozent:
$0{,}6^2 = 0{,}36 = 36\,\%$

Bestand in absoluten Zahlen:
$0{,}36 \cdot 12\,000\,000 = 4\,320\,000$

Zyklische Population

8

In der Nähe von Hannover soll eine Industriebrache begrünt werden. Unter anderem ist vorgesehen, Margariten auszusäen, von denen man vermutet, dass 25 % der Samen aufgehen und zu Sprösslingen werden und 40 % der Sprösslinge zu Blumen heranwachsen, die je 10 Samenkörner auswerfen. Es werden 10 Millionen Samenkörner ausgebracht. Berechnen Sie die Anzahl der Samenkörner, die im 3. Jahr vorhanden sind, und beurteilen Sie die Entwicklung der Population.

Wir zeichnen den Übergangsgraphen. Dabei steht Sa für Samen, Sp für Sprösslinge und Bl für Blume.

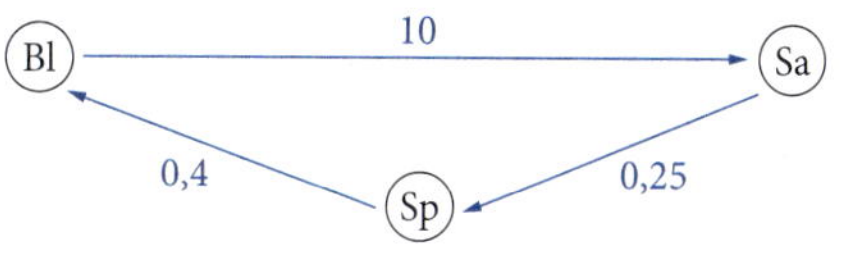

Die Vermehrungsrate der Blume beträgt 10 (Samen pro Blume), die Überlebensrate des Samens 0,25 und die der Sprösslinge 0,4.

Unter Zuhilfenahme des Übergangsgraphen stellen wir die Übergangsmatrix $\boldsymbol{A}$ auf.

$$\boldsymbol{A} = \begin{pmatrix} 0 & 10 & 0 \\ 0 & 0 & 0{,}25 \\ 0{,}4 & 0 & 0 \end{pmatrix}$$

Der anfängliche Zustandsvektor $\vec{v}_0^{\,T}$ berücksichtigt, dass 10 Millionen Samen, aber weder Sprösslinge noch Blumen vorhanden sind.

$$\vec{v}_0^{\,T} = (0 \;\; 10\,\text{Mio.} \;\; 0)$$

Nach der Aussaat entstehen aus den Samen 2,5 Millionen Sprösslinge, die dann zu 1 Million Blumen heranwachsen. Die Blumen verwelken, nachdem sie 10 Millionen Samen ausgeschüttet haben. Über das Jahr ändert sich also dreimal der Zustand und damit der Zustandsvektor. Da der dritte Zustandsvektor derselbe ist wie der Anfangsvektor, hat sich die Population über drei Wachstumsperioden hinweg nicht verändert. Sie hat sich zyklisch entwickelt.

$$\vec{v}_1^{\,T} = \vec{v}_0^{\,T} \cdot \boldsymbol{A} = (0 \;\; 0 \;\; 2{,}5\,\text{Mio.})$$
$$\vec{v}_2^{\,T} = \vec{v}_1^{\,T} \cdot \boldsymbol{A} = (1\,\text{Mio.} \;\; 0 \;\; 0)$$
$$\vec{v}_3^{\,T} = \vec{v}_2^{\,T} \cdot \boldsymbol{A} = (0 \;\; 10\,\text{Mio.} \;\; 0) = \vec{v}_0^{\,T}$$

Rechnerisch wird das deutlich daran, dass die dreifache Potenz von $\boldsymbol{A}$ gleich der Einheitsmatrix $\boldsymbol{E}$ ist.

$$\vec{v}_3^{\,T} = \vec{v}_0^{\,T} \cdot \boldsymbol{A}^3 = \vec{v}_0^{\,T}$$
$$\Rightarrow \boldsymbol{A}^3 = \boldsymbol{E}$$

Vermehrung einer Population

9

Von einer bestimmten Insektenart weiß man, dass nur 25 % der abgelegten Eier und nur 1 % der geschlüpften Larven überleben können. Ermitteln Sie, wie viele Eier dieses Insekt mindestens legen muss, damit sich seine Population vermehrt.

Wir stellen aus den Vorgaben die Übergangsmatrix auf. Die Vermehrungsrate v ist unbekannt. Die Überlebensrate der Eier ist 0,25, die Überlebensrate der Larven beträgt 0,01. Nach drei Entwicklungsphasen und damit drei Übergängen ist der Vektor $\vec{v}_0^{\,T}$ des Anfangszustands mit der dreifachen Potenz der Matrix $\boldsymbol{A}$, also mit $\boldsymbol{A}^3$ multipliziert worden.

$$\boldsymbol{A} = \begin{pmatrix} 0 & v & 0 \\ 0 & 0 & 0{,}25 \\ 0{,}01 & 0 & 0 \end{pmatrix}$$

$$\boldsymbol{A}^3 = \begin{pmatrix} 0 & v & 0 \\ 0 & 0 & 0{,}25 \\ 0{,}01 & 0 & 0 \end{pmatrix} \cdot \begin{pmatrix} 0 & v & 0 \\ 0 & 0 & 0{,}25 \\ 0{,}01 & 0 & 0 \end{pmatrix} \cdot \begin{pmatrix} 0 & v & 0 \\ 0 & 0 & 0{,}25 \\ 0{,}01 & 0 & 0 \end{pmatrix}$$
$$= \begin{pmatrix} 0 & v & 0 \\ 0 & 0 & 0{,}25 \\ 0{,}01 & 0 & 0 \end{pmatrix} \cdot \begin{pmatrix} 0 & 0 & 0{,}25\,v \\ 0{,}0025 & 0 & 0 \\ 0 & 0{,}01\,v & 0 \end{pmatrix}$$
$$= \begin{pmatrix} 0{,}0025\,v & 0 & 0 \\ 0 & 0{,}0025\,v & 0 \\ 0 & 0 & 0{,}0025\,v \end{pmatrix} = 0{,}0025\,v \cdot \begin{pmatrix} 1 & 0 & 0 \\ 0 & 1 & 0 \\ 0 & 0 & 1 \end{pmatrix}$$

Wir sehen uns die Matrix $\boldsymbol{A}^3$ genauer an und stellen nach dem Ausklammern des Terms fest:

$\boldsymbol{A}^3$ ist das $0{,}0025\,v$-Fache der Einheitsmatrix $\boldsymbol{E}$.

Damit die Population nach drei Übergängen größer ist als am Anfang, muss der Faktor $0{,}0025\,v$ vor der Einheitsmatrix größer als 1 sein. Das ist dann der Fall, wenn die Überlebensrate v größer als 400 ist.

Jedes Insekt muss also mehr als 400 Eier legen.

$$0{,}0025\,v > 1 \;\Leftrightarrow\; v > 400$$

10 Zunahme, Abnahme, Zyklus

Zeigen Sie, in welche Richtung die Elemente v, a und b der Übergangsmatrix $\boldsymbol{A}$ mit $\boldsymbol{A} = \begin{pmatrix} 0 & v & 0 \\ 0 & 0 & a \\ b & 0 & 0 \end{pmatrix}$ die Population beeinflussen, und formulieren Sie die Bedingungen für ein Zunehmen, ein Aussterben und ein zyklisches Verhalten der Population.

Die dreifache Anwendung der Übergangsmatrix $\boldsymbol{A}$ auf einen Zustandsvektor bedeutet, dass die dreifache Potenz der Matrix $\boldsymbol{A}$, also $\boldsymbol{A}^3$, von links mit dem Zustandsvektor multipliziert wird.
Die Matrix $\boldsymbol{A}^3$ besitzt nur in der Hauptdiagonalen von null verschiedene Elemente. Alle drei Elemente lauten $a \cdot b \cdot v$.
Wir klammern $a \cdot b \cdot v$ aus der Matrix aus und erhalten als Ergebnis, dass der neue Zustandsvektor das $(a \cdot b \cdot v)$-Fache des anfänglichen Vektors ist.

$$\vec{v}_3^{\,T} = \vec{v}_0^{\,T} \cdot \boldsymbol{A}^3 = \vec{v}_0^{\,T} \cdot \begin{pmatrix} a \cdot b \cdot v & 0 & 0 \\ 0 & a \cdot b \cdot v & 0 \\ 0 & 0 & a \cdot b \cdot v \end{pmatrix}$$
$$= \vec{v}_0^{\,T} \cdot a \cdot b \cdot v \cdot \begin{pmatrix} 1 & 0 & 0 \\ 0 & 1 & 0 \\ 0 & 0 & 1 \end{pmatrix}$$
$$= a \cdot b \cdot v \cdot \vec{v}_0^{\,T}$$

Von dem Produkt $a \cdot b \cdot v$ hängt es ab, ob die Population sich vermehrt, ausstirbt oder zyklisch ist:
Für $a \cdot b \cdot v > 1$ vermehrt sich die Population, für $a \cdot b \cdot v < 1$ stirbt die Population aus und für $a \cdot b \cdot v = 1$ bleibt die Population konstant, sie entwickelt sich zyklisch.

$a \cdot b \cdot v > 1 \Rightarrow$ Alle Elemente von $\vec{v}_3^{\,T}$ sind größer als die von $\vec{v}_0^{\,T}$.

$a \cdot b \cdot v < 1 \Rightarrow$ Alle Elemente von $\vec{v}_3^{\,T}$ sind kleiner als die von $\vec{v}_0^{\,T}$.

$a \cdot b \cdot v = 1 \Rightarrow$ Alle Elemente von $\vec{v}_3^{\,T}$ sind so groß wie die von $\vec{v}_0^{\,T}$; die Population ist zyklisch.

- Entwicklungen von Populationen lassen sich durch quadratische Matrizen $\boldsymbol{A}$ beschreiben, die den Übergang von einem Zustand zum nächsten abbilden.
- Der anfängliche Zustand wird durch den Zustandsvektor $\vec{v}_0^{\,T}$ beschrieben, der n-te darauf folgende Zustandsvektor wird mit $\vec{v}_n^{\,T}$ bezeichnet.
  Die Zustandsvektoren besitzen so viele Elemente, wie die Übergangsmatrix Spalten (und Zeilen) hat.
- Die Entwicklung einer Population, die in drei verschiedenen Erscheinungsarten existiert (z. B. Insekt, Eier, Larve oder Pflanze, Samen, Sprössling), kann mithilfe eines Graphen durch eine 3 × 3-Übergangsmatrix beschrieben werden. Falls jede Erscheinungsform nur in eine andere übergehen kann, dann besitzt die Übergangsmatrix nur drei von null verschiedene positive Elemente:

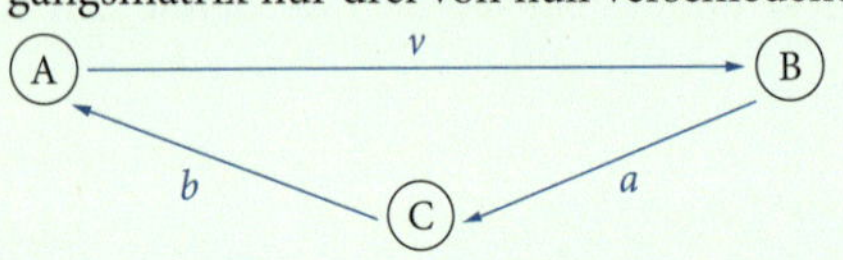

$$\boldsymbol{A} = \begin{pmatrix} 0 & v & 0 \\ 0 & 0 & a \\ b & 0 & 0 \end{pmatrix}$$

  a und b stehen für die Überlebensraten, v für die Vermehrungsrate der drei Arten der Population.
- Die Population vermehrt sich, wenn $a \cdot b \cdot v > 1$ ist; sie stirbt aus, wenn $a \cdot b \cdot v < 1$ ist; sie bleibt konstant, ihre Entwicklung ist also zyklisch, wenn $a \cdot b \cdot v = 1$ gilt.

Marienkäfer gibt es in vielen Varianten. Eine dieser Arten legt 400 Eier, aus denen nach 30 – 60 Tagen Larven schlüpfen. Ca. 1 Woche später werden aus den Larven wieder Käfer. Die Käfer sterben nach 1 Jahr, sowohl von den Eiern als auch von den Larven überleben erfahrungsgemäß je 5 %.

a) Erstellen Sie einen Übergangsgraphen und die Übergangsmatrix.

b) Hinter dem Holzrahmen eines Altbaus haben 100 Käfer überwintert. Berechnen Sie die Anzahl der Käfer, Eier und Larven nach 1, 2 und 3 Jahren.

c) Beurteilen Sie die Entwicklung der Population.

Übungen zu 4.5

1. Die Autohersteller A, B und C verkauften im letzten Jahr in Europa 19,8 Mio., 9,9 Mio. bzw. 3,3 Mio. Autos.

Eine Untersuchung der Fachhochschule DKW ergab auf der Grundlage einer Umfrage, dass sich im nächsten Jahr ebenfalls 33 Mio. Europäer ein neues Auto kaufen würden. Allerdings würden jeweils 10 % der Besitzer eines Autos von A zu den Marken B und C wechseln. Ebenfalls 80 % der Besitzer von Autos der Marke B würden weiterhin B kaufen, 15 % aber zu A und 5 % zu C wechseln. Die Käufer, die ein Auto der Marke C besitzen, sind sehr markentreu: 95 % würden wieder C kaufen, der Rest jeweils zur Hälfte die beiden anderen Marken.

a) Ermitteln Sie auf der Grundlage der Untersuchung den voraussichtlichen Absatz der Hersteller A, B und C in Europa im nächsten Jahr.

b) Berechnen Sie den Absatz der Hersteller im 2. Jahr nach der Untersuchung, wenn sich das Käuferverhalten nicht ändert.

c) Bestätigen Sie durch Rechnung, dass bei gleichbleibendem Käuferverhalten Hersteller A nach 7 Jahren die Marktführerschaft abgegeben hätte.

d) Berechnen Sie, wie viele der 33 Mio. Europäer Autos der Hersteller A, B bzw. C kaufen müssten, damit die Produzenten in der Zukunft von jeweils konstantem Absatz ausgehen können. Nehmen Sie dabei an, dass sich das Verhalten der Käufer nicht ändert.

2. Die drei Unternehmen A, B und C führen ein völlig neuartiges Konstruktionsteil auf dem Markt ein. Im ersten Jahr erreicht A einen Marktanteil von 50 %, B von 35 % und C von 15 %. Im Verlauf des 2. Jahres wechseln 10 % der Kunden von A zum Konkurrenten B und 13 % zu C, 10 % der Kunden von B gehen zu A bzw. zu C, 7 % der Kunden von C werden Kunden von A und 8 % der Kunden von C werden Kunden von B. In den folgenden Jahren verändern sich die Marktanteile immer nach demselben Schema.
Berechnen Sie die ersten 30 Glieder der Markov-Kette und interpretieren Sie Ihr Ergebnis.

3. Frau Kahabi hat sich beruflich damit selbstständig gemacht, dass sie Elektrowerkzeuge vermietet. Dabei hat sie eifrig Buch u. a. über ihre Schlagbohrhämmer (SBH) geführt und nach einiger Zeit festgestellt, dass von einem Tag auf den anderen von den ausgeliehenen SBH 80 % ausgeliehen bleiben, 5 % reparaturbedürftig zurückkommen und 15 % heil zurückgegeben werden und von ihr gelagert werden müssen. Von den in ihrem Lager befindlichen SBH verleiht sie am nächsten Tag 70 %, 30 % bleiben auf Lager. Von den in Reparatur befindlichen SBH kann sie am nächsten Tag 30 % vermieten, 10 % kommen so spät zurück, dass sie nur gelagert werden können, der Rest ist noch in Reparatur. Am 23. Februar 2019 sind 100 SBH vermietet, 30 auf Lager und 10 in Reparatur.
Ermitteln Sie, wo sich die 140 Geräte am 25. Februar 2019 befinden.

4. Bei der Kostenanalyse in einem Industriebetrieb wurde unter anderem die Reparaturanfälligkeit einiger Produktionsroboter untersucht. Dabei ging man davon aus, dass die Roboter sich in den drei Zuständen „voll funktionsfähig (f)“, „reparaturbedürftig (r)“ und „irreparabel (i)“ befinden. Nach einer Woche sind die voll funktionsfähigen zu 80 % immer noch voll funktionsfähig, zu je 10 % aber reparaturbedürftig bzw. irreparabel.
Die reparaturbedürftigen Roboter konnten nach einer Woche wieder zu 60 % voll eingesetzt werden, 10 % erwiesen sich aber als irreparabel. Die irreparablen Roboter werden immer vollständig durch funktionsfähige ersetzt.

a) Erstellen Sie einen Übergangsgraphen und eine stochastische Matrix, die den Übergang von einer Woche zur nächsten beschreibt.

b) Bei der Erfassung des aktuellen Zustands der Roboter in einer Woche stellte man fest: Von 150 Robotern waren 114 voll funktionsfähig, 22 reparaturbedürftig und 14 hoffnungslos kaputt. Ermitteln sie den Zustand in der folgenden Woche (Ergebnis sinnvoll runden).

c) Berechnen Sie den Zustand der Roboter in der Woche vor der Zustandserfassung aus Teil b).

d) Zeigen Sie, dass es unter denselben Modellvoraussetzungen nicht sinnvoll ist, 2 Jahre zurückzurechnen.

5. In Fantomland stellen sich immer dieselben vier Parteien *A*, *B*, *C* und *D* zur Wahl. Bei der letzen Wahl war der Stimmenanteil von *A* 42 %, von *B* 36 %, von *C* 12 % und von *D* 10 %. Daraufhin bildeten *A* und *C* eine Koalition und regierten das Land vier Jahre lang.
Ein halbes Jahr vor der nächsten Wahl untersuchte das Meinungsforschungsinstitut Ballensfach im Auftrag der Partei *C* die voraussichtliche Wählerwanderung und kam zu folgendem Ergebnis:
80 % der Wähler von Partei *A* bleiben ihrer Partei treu, jeweils 10 % wechseln zu den Parteien *B* und *D*. Der Partei *B* bleiben 85 % der Wähler treu, 10 % wechseln zu Partei *A* und 5 % zu Partei *D*.
Schlimm sieht es für Partei *C* aus: Ihr bleiben nur ein Viertel ihrer Wähler erhalten, die Hälfte ihrer bisherigen Wähler wechseln zu Partei *A*, 15 % zu Partei *B* und 10 % zu Partei *D*. Allerdings erhält Partei *C* noch 5 % der ehemaligen Wähler von Partei *D*, von der ebenfalls 15 % zu Partei *B* und 20 % zu Partei *A* abwandern.
Begründen Sie rechnerisch, welche Mehrheitskoalitionen unter diesen Umständen und unter Berücksichtigung der 5%-Klausel in der nächsten Legislaturperiode möglich wären.

6. Die Großspedition Rühling & Böker (R & B) beliefert mit ihren 487 Lkws vier Großlager in Frankreich (F), Österreich (Ö), Polen (P) und Deutschland (D), von denen aus die Waren an Kunden in kleineren Einheiten ausgeliefert werden. Von diesen Lagern aus müssen jeweils Güter auch zu den anderen Lagern transportiert werden.
Herr Dahlke vom Rechenzentrum in Dortmund erhält den Auftrag, die 487 Lkws so auf die vier Lager zu verteilen, dass in Zukunft keine Umverteilungen mehr vorgenommen werden müssen. Dabei kann er sich auf Erfahrungswerte stützen, die in der Tabelle angegeben sind. Dort steht, wie viel Prozent der Lkws aufgrund der Auftragslage zu den jeweiligen Großlagern fahren müssen.

von \ nach	F	Ö	P	D
F	0	0	0	1
Ö	0	0	0,4	0,6
P	0	0,3	0	0,7
D	0,6	0,2	0,2	0

Lösen Sie den Auftrag für Herrn Dahlke.

7. Lösen Sie das Problem von Herrn Knoop auf Seite 241.

8. Zeigen Sie, dass es zu einer stochastischen Übergangsmatrix vom Format 3 × 3 immer einen Fixvektor gibt.

9. Eine Blumenart kann in 3 Farben blühen: Dunkelblau (d), Hellblau (h) und Weiß (w). Bei der Kreuzung dieser Pflanzen mit einer hellblauen Blume entstehen in Abhängigkeit von deren Blütenfarben wieder Pflanzen mit dunkelblauen, hellblauen oder weißen Blüten und zwar in untenstehenden Anteilen.

	dunkelblau	hellblau	weiß
hellblau mit dunkelblau	40 %	60 %	0 %
hellblau mit hellblau	10 %	80 %	10 %
hellblau mit weiß	0 %	60 %	40 %

a) Stellen Sie die Übergänge der Blütenfarben von einer Generation zur nächsten grafisch dar.
b) Stellen Sie die Übergänge der Blütenfarben von einer Generation zur nächsten in einer stochastischen Übergangsmatrix dar.
c) Ermitteln Sie die Farbverteilung für die ersten 3 Nachfolgegenerationen, wenn die Kreuzung mit
c_1) je 5000 dunkelblau, hellblau und weiß blühenden Pflanzen begonnen wird;
c_2) 10 000 dunkelblau blühenden, 5000 hellblau blühenden und ohne weiß blühende Pflanzen begonnen wird;
c_3) 5000 dunkelblau blühenden, 6000 hellblau blühenden und 4000 weiß blühenden Pflanzen begonnen wird.
Ziehen Sie eine Schlussfolgerung aus den Ergebnissen.

Ich kann …

… **Übergangsdiagramme** interpretieren und in **Übergangstabellen** überführen.
▶ Test-Aufgabe 1

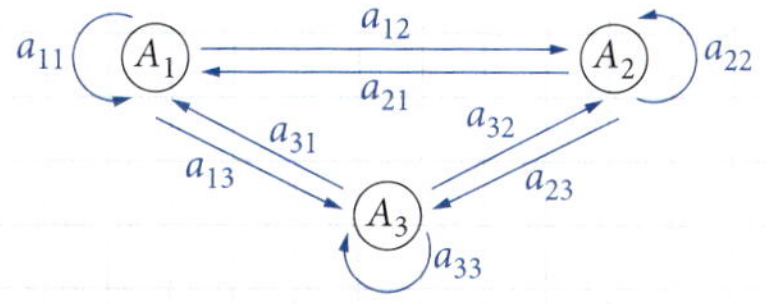

von ↱ nach	A_1	A_2	A_3
A_1	a_{11}	a_{12}	a_{13}
A_2	a_{21}	a_{22}	a_{23}
A_3	a_{31}	a_{32}	a_{33}

Ausgangssituation ist ein System (z. B. von Objekten, Individuen, Dingen) mit einem bestehenden Zustand.

Das Element a_{23} beschreibt den Übergang von A_2 zu A_3.
Das Element a_{22} beschreibt den Übergang von A_2 zu A_2, also den Nichtwechsel.

… aus Übergangsdiagrammen oder Übergangstabellen **Übergangsmatrizen** konstruieren.
▶ Test-Aufgaben 1, 3

$$\boldsymbol{A} = \begin{pmatrix} a_{11} & a_{12} & a_{13} \\ a_{21} & a_{22} & a_{23} \\ a_{31} & a_{32} & a_{33} \end{pmatrix}$$

Die Matrix ist quadratisch, keines ihrer Elemente ist negativ.

… die Voraussetzungen für **stochastische Matrizen** benennen.
▶ Test-Aufgabe 2

$$a_{11} + a_{12} + a_{13} = 1$$
$$a_{21} + a_{22} + a_{23} = 1$$
$$a_{31} + a_{32} + a_{33} = 1$$

Die Summe aller Elemente je einer Zeile (Zeilensumme) ist 1.

… aus einer Anfangsverteilung mithilfe von Potenzen einer Matrix **künftige Verteilungen** berechnen.
▶ Test-Aufgaben 1, 2, 3, 4

$$\vec{v}_1^{\,T} = \vec{v}_0^{\,T} \cdot \boldsymbol{A}$$
$$\vec{v}_n^{\,T} = \vec{v}_0^{\,T} \cdot \boldsymbol{A}^n$$

Der Zustand am Ende des n-ten Beobachtungszeitraums ist das Produkt aus der Anfangsverteilung und der n-ten Potenz der Matrix $\boldsymbol{A}$.

… den **Fixvektor** eines stochastischen Übergangsprozesses mithilfe eines LGS berechnen.
▶ Test-Aufgaben 2, 3

$$\vec{v}_f^{\,T} = (v_{f_1} \;\; v_{f_2} \;\; v_{f_3})$$
$$\vec{v}_f^{\,T} \cdot \boldsymbol{A} = \vec{v}_f^{\,T}$$
$$v_{f_1} + v_{f_2} + v_{f_3} = 1$$

Der Fixvektor ist unabhängig von der Anfangsverteilung. Er gibt die stabile Verteilung wieder, die sich im Laufe der Zeit nicht mehr ändern wird.

… die **Grenzmatrix** für einen stochastischen Übergangsprozess ermitteln.
▶ Test-Aufgabe 2

$$\boldsymbol{A}_g = \lim_{n \to \infty} \boldsymbol{A}^n = \begin{pmatrix} v_{f_1} & v_{f_2} & v_{f_3} \\ v_{f_1} & v_{f_2} & v_{f_3} \\ v_{f_1} & v_{f_2} & v_{f_3} \end{pmatrix}$$

Alle Zeilen haben identische Elemente. Jede Zeile entspricht dem Fixvektor.

… **Entwicklungen von Populationen** mithilfe von Übergangsmatrizen erfassen.
▶ Test-Aufgabe 4

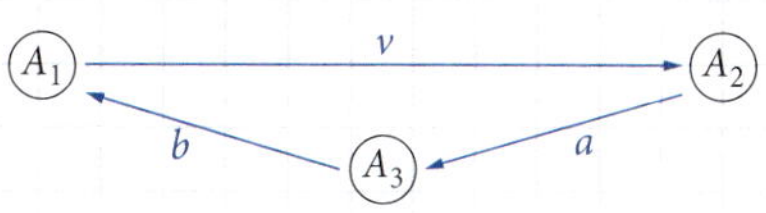

$$\boldsymbol{A} = \begin{pmatrix} 0 & v & 0 \\ 0 & 0 & a \\ b & 0 & 0 \end{pmatrix}; \; a, b \in \,]0, 1]; \; v \in \mathbb{R}^+$$

Das Element v beschreibt die Vermehrungsrate von Zeitraum/Stufe A_1 zu A_2.
Das Element a beschreibt die Überlebensrate von Zeitraum/Stufe A_2 zu A_3.
Das Element b beschreibt die Überlebensrate von Zeitraum/Stufe A_3 zu A_1.

… die Bedingungen ermitteln, unter denen eine **Population** sich **vermehrt**, **ausstirbt** oder sich **zyklisch** entwickelt.
▶ Test-Aufgabe 4

Ein zyklisches Verhalten liegt vor, wenn $\boldsymbol{A}^i = \boldsymbol{E}$ ist, wenn für $i = 3$ also gilt: $\boldsymbol{A}^3 = \begin{pmatrix} 1 & 0 & 0 \\ 0 & 1 & 0 \\ 0 & 0 & 1 \end{pmatrix}$

Für $a \cdot b \cdot v > 1$ vermehrt sich die Population.
Für $a \cdot b \cdot v < 1$ stirbt die Population aus.
Für $a \cdot b \cdot v = 1$ entwickelt sich die Population zyklisch.

4

Test zu 4.5

1. In einer Gärtnerei soll eine besondere Art mehrjähriger Stauden gezüchtet werden. Der Züchter geht vom nebenstehenden Übergangsdiagramm aus.

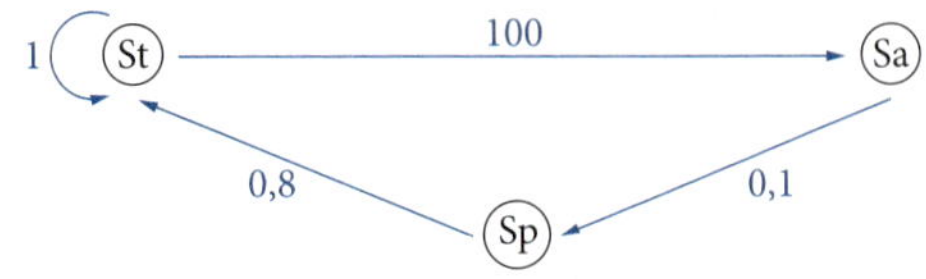

a) Erklären Sie das Diagramm.

b) Fertigen Sie eine Übergangstabelle an.

c) Konstruieren Sie aus der Übergangstabelle die Übergangsmatrix.

d) Der Züchter beginnt mit einer einzigen Staude. Ermitteln Sie die Anzahl der Jahre, die nötig sind, um mehr als 100 Stauden zu züchten.

2. Ein Unternehmen, das Pkws vermietet, unterhält in den Städten Hamburg, Essen und München Niederlassungen, die sowohl Pkws vermieten als auch vermietete Pkws wieder zurücknehmen. Aus Erfahrung schätzt man, dass ein Wagen, der in Hamburg vermietet wird, mit einer Wahrscheinlichkeit von 10 % in München und mit einer Wahrscheinlichkeit von 20 % in Essen zurückgegeben wird. In Essen vermietete Wagen werden jeweils zu 5 % in Hamburg und in München abgegeben. Von den in München vermieteten Pkws nimmt die Filiale in Hamburg 15 % und die in Essen 20 % zurück. Diese Statistiken beziehen sich immer auf eine Woche. Am Abend des 5. September befinden sich in Hamburg 90 Pkws, in Essen 70 Pkws und in München 110 Pkws.

a) Erläutern Sie die Art der Übergangsmatrix.

b) Ermitteln Sie, wie viele Pkws eine Woche bzw. zwei Wochen später in den einzelnen Städten deponiert sind.

c) Ermitteln Sie den Fixvektor mithilfe eines LGS und geben Sie die Grenzmatrix an.

d) Berechnen Sie, wie viele Pkws in den 3 Städten bereitgestellt werden sollten, damit am Anfang jeder Woche jeweils die gleiche Anzahl an Pkws zur Verfügung steht wie in der Vorwoche.

3. Die Pferdelausfliege lebt vornehmlich im Fell von Pferden, benutzt aber auch Rinder, Hirsche, Kamele und Hunde als Wirtstiere. Nach der Befruchtung entwickeln sich in der Fliege etwa 5 Larven, die sich zweimal häuten und nach dem Ablegen („Geburt") verpuppen. Aus der Puppe entwickelt sich dann wiederum die Fliege. 60 % der Larven überleben und werden geboren und 50 % der Puppen überleben im Fell eines Wildpferdes.

a) Konstruieren Sie ein Übergangsdiagramm und erstellen Sie auf seiner Grundlage die Übergangsmatrix.

b) Berechnen Sie die auf dem Pferd lebende Population nach 4 Jahren, wenn die Anfangspopulation nur aus 4 Fliegen besteht.

c) Auf einem Pferd, das als Haustier gehalten wird, überleben lediglich jeweils 20 % der Larven und Puppen. Erläutern Sie die Entwicklung der mit 4 Fliegen beginnenden Population.

d) Auf einem Kamel, das in einer Herde gehalten wird, entwickelt sich die Fliege zyklisch. Geben Sie dafür zwei Alternativen für die Überlebensraten der Larve und der Puppe an.

4. Eine Schmetterlingsart legt pro Jahr 60 Eier. Bei einem groß angelegten Projekt wurde festgestellt, dass aus lediglich 10 % der Eier Raupen werden und dass 85 % der Raupen sterben. Die Zählung der Schmetterlinge erbrachte im untersuchten Bereich etwa 2000 Stück.

a) Erstellen Sie ein Übergangsdiagramm.

b) Untersuchen Sie die Entwicklung der Population anhand der Übergangsmatrix und stellen Sie fest, wie viele Schmetterlinge in drei Jahren erwartet werden können.

c) Aufgrund der Resultate des Projekts wurde in dem betroffenen Gebiet nach den drei Jahren der Einsatz von Pestiziden verboten.
Dadurch verdoppelte sich die Überlebenschance der Schmetterlingseier und die Überlebensrate der Raupen stieg auf 20 %. Äußern Sie sich zu der neuen Entwicklungssituation und berechnen Sie die Größe der Population nach weiteren 3 Jahren.

d) Nach den in Teil c) betrachteten sechs Jahren haben sich aufgrund der gestiegenen Anzahl der Raupen deren Fressfeinde so vermehrt, dass nur noch ein Zwölftel von ihnen überleben kann.
Beurteilen Sie die neue Situation.

5 Raumanschauung und Koordinatisierung

5.1 Punkte und Vektoren – Maße und Lage im Raum

Ein Start-up testet die Just-in-time-Lieferung von Fahrrad-Ersatzteilen mit einer Drohne. Kunden sind Fahrradfahrer, die unterwegs einen Defekt haben und sofort ein Ersatzteil benötigen.
Die Flugbahn der Drohne muss für jeden Flug berechnet werden und die ungefähre Lieferzeit (Flugdauer) soll dem Kunden per Nachricht mitgeteilt werden.
Das Steuerungssystem der Drohne basiert auf einem dreidimensionalen Koordinatensystem, das Koordinatenangaben von Flugpunkten verarbeiten kann.

Derzeit werden Probeflüge mit einem Lieferort in der näheren Umgebung durchgeführt.
Die Drohne soll im Punkt $O(0|0|0)$ starten und am Ort $P(300|200|10)$ landen und die Ersatzteile abliefern.
Die Koordinatenangaben sind in der Einheit Meter.
Wie könnten der Flugverlauf und die Berechnungen dazu aussehen?

▶ Aufgabe 12 auf Seite 270

Kompetenzen

- Vektoren durch Pfeile anschaulich darstellen
- Mit Vektoren rechnen
- Addition, Subtraktion und skalare Multiplikation visualisieren

Anwendungen

- Aufbau und Konstruktion von Spielgeräten
- Konstruktion von Objekten im dreidimensionalen Raum
- Abstand zwischen zwei Punkten und die Länge von Strecken berechnen
- Konstruktionen auf Parallelität hin überprüfen

5

5.1 Punkte und Vektoren – Maße und Lage im Raum

5.1.1 Punkte im Raum

Für die Darstellung von Punkten im Raum benötigen wir ein dreidimensionales Koordinatensystem. Dazu wird das zweidimensionale Koordinatensystem um eine dritte Achse erweitert. Statt mit x, y und z bezeichnen wir die Achsen jetzt mit x_1, x_2 und x_3.

1 Koordinatendarstellung von Punkten im Raum

Beschreiben Sie, wie Punkte im Raum durch Koordinaten dargestellt werden können.

In einem rechtwinkligen **dreidimensionalen Koordinatensystem** beschreiben wir die Lage eines Punktes durch Angabe seiner Koordinaten p_1, p_2, p_3. Die Schreibweise ist das Zahlentripel $P(p_1|p_2|p_3)$.
Für die Darstellung auf Papier zeichnen wir die x_2-Achse als Horizontale und die x_3-Achse als Vertikale. Die x_1-Achse bildet *in der Zeichnung* einen Winkel von 135° zur x_2-Achse.
Bei folgender Achseneinteilung erscheint ein Körper im Koordinatensystem unserem Auge natürlich: Wenn auf kariertem Papier die Einheit auf der x_2-Achse und x_3-Achse jeweils 1 cm ist (Länge von zwei Kästchen), wird als Einheit auf der x_1-Achse eine halbe Kästchendiagonale gewählt, also $\sqrt{2} \cdot \frac{1}{2} \approx 0{,}71$ cm.

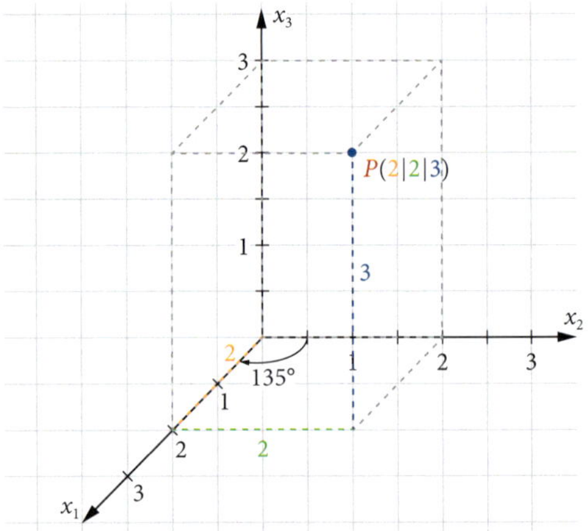

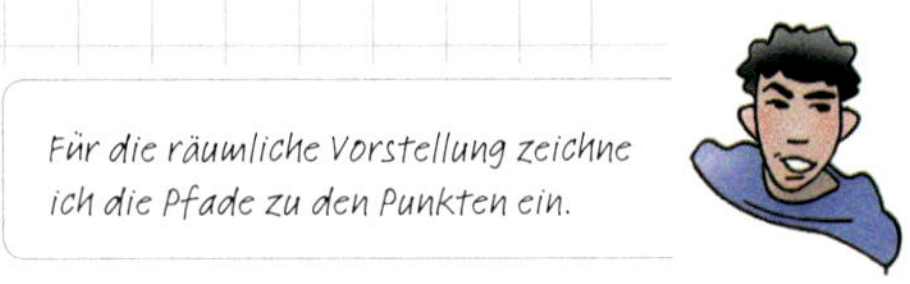

2 Koordinaten im Raum

Für einen Architekturwettbewerb hat Theo folgende Skizze eines Gebäudes eingereicht, in der einige Kantenlängen gegeben sind. Zusätzlich ist bereits ein dreidimensionales Koordinatensystem eingezeichnet.
Bestimmen Sie die Koordinaten der Punkte A und B.

Zum Punkt A gelangen wir, indem wir 30 Einheiten in x_1-Richtung, 20 Einheiten in x_3-Richtung und 20 Einheiten in x_2-Richtung gehen.
Wir erhalten also $A(30|20|20)$.

Zum Punkt B gelangen wir, indem wir 25 Einheiten in x_2-Richtung, 10 Einheiten in x_1-Richtung und 15 Einheiten in x_3-Richtung gehen.
Wir erhalten $B(10|25|15)$.

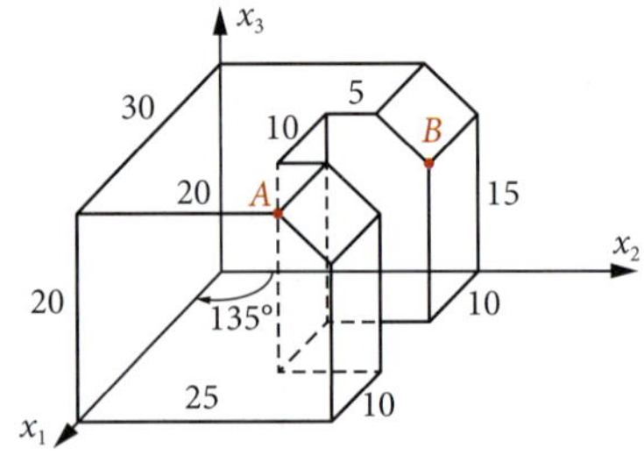

Im **dreidimensionalen Koordinatensystem** zeichnet man die x_2-Achse als Horizontale und die x_3-Achse als Vertikale ein. Die x_1-Achse bildet in der Zeichnung einen Winkel von 135° zur x_2-Achse.

Gegeben sind die Punkte $A(3|4|6)$, $B(2|8|3)$, $C(2|1|-5)$ und $D(0|0|0)$. Zeichnen Sie das Dreieck ABC sowie das Viereck $ABCD$ in ein dreidimensionales Koordinatensystem.

Abstand zwischen zwei Punkten

3

Bestimmen Sie die Abstände zwischen den Punkten $A(4|3|0)$, $B(4|3|3)$ und $C(4|0|3)$ in einem Koordinatensystem.

Die Punkte A und B unterscheiden sich nur in der x_3-Koordinate. Somit gibt diese den Abstand zwischen den Punkten an. Die Punkte liegen im Koordinatensystem im Abstand von 3 Einheiten senkrecht übereinander. Man schreibt $d(A;B) = 3$.

Die Punkte B und C unterscheiden sich nur in der x_2-Koordinate. Der Abstand zwischen B und C beträgt 3 Einheiten. Somit ist $d(B;C) = 3$.

Allgemein berechnet man den Abstand zwischen zwei Punkten $A(a_1|a_2|a_3)$ und $B(b_1|b_2|b_3)$ mithilfe der Formel:

$$d(A;B) = \sqrt{(b_1 - a_1)^2 + (b_2 - a_2)^2 + (b_3 - a_3)^2}$$

▶ Diese Formel basiert auf der zweifachen Anwendung des Satzes von Pythagoras.

Daraus ergibt sich für den Abstand von A und C:

$$d(A;C) = \sqrt{(4-4)^2 + (0-3)^2 + (3-0)^2} = \sqrt{18} \approx 4{,}24$$

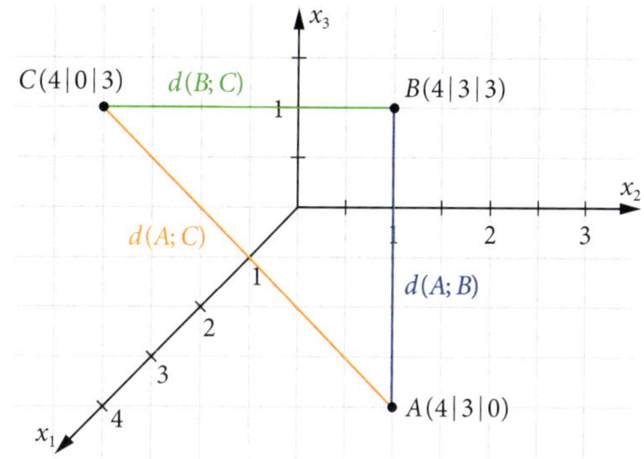

▶ In einem zweidimensionalen Koordinatensystem lautet die Formel: $d(A;B) = \sqrt{(b_1 - a_1)^2 + (b_2 - a_2)^2}$

Verschiedene GTR/CAS unterstützen die Konstruktion von geometrischen Figuren.

▶ TI In der Graphs-Anwendung können mit menu, Geometry, Punkte & Geraden einfache Formen konstruiert und ausgewertet werden. Im Beispiel hilft die Funktion menu, Geometry, Messung, Länge.

Zwei Punkte $A(a_1|a_2|a_3)$ und $B(b_1|b_2|b_3)$ haben im Raum den **Abstand** $d(A;B)$ mit:

$$d(A;B) = \sqrt{(b_1 - a_1)^2 + (b_2 - a_2)^2 + (b_3 - a_3)^2}$$

Zeichnen Sie das Viereck $ABCD$ mit $A(1|1|0)$, $B(1|4|0)$, $C(0|4|3)$ und $D(0|1|3)$ in ein Koordinatensystem und bestimmen Sie die Längen der Viereckseiten.

Übungen zu 5.1.1

1. Gegeben ist die Skizze des Gebäudes aus Beispiel 2.

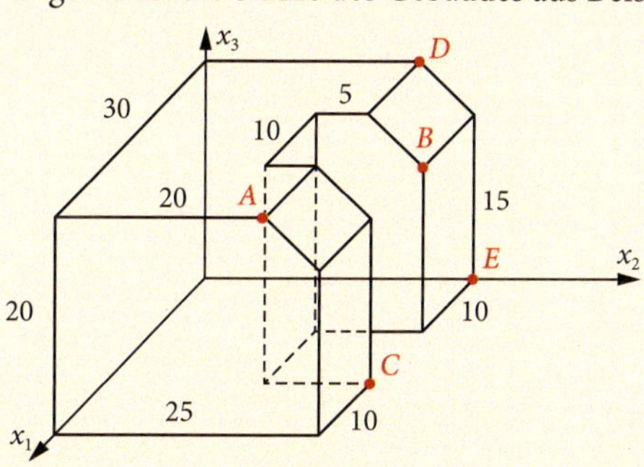

a) Berechnen Sie die Koordinaten der angegebenen Punkte C, D und E.

b) Berechnen Sie die Längen der Strecken $\overline{AB}$, $\overline{CE}$ und $\overline{AD}$.

2. Theo möchte die Skizze einer Pyramide mit rechteckiger Grundfläche vergrößern.

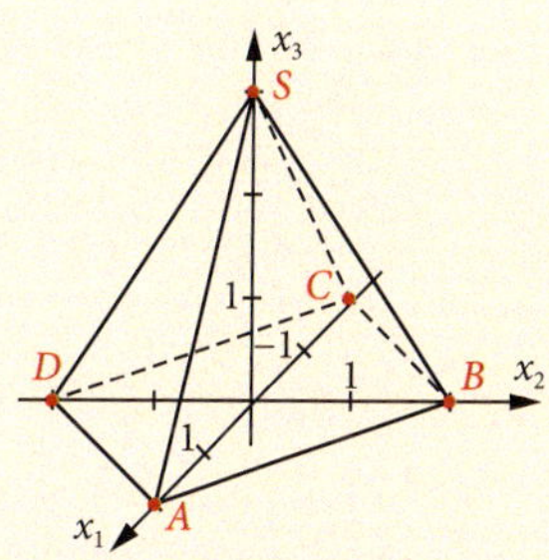

a) Bestimmen Sie die Koordinaten der fünf Eckpunkte. Berechnen Sie alle Kantenlängen.

b) Vergrößern Sie die Pyramide im Maßstab 2:1 und geben Sie die Koordinaten der neuen Eckpunkte an.

5.1.2 Vektoren in der Ebene und im Raum

Wie Wegweiser zeigen uns Vektoren die Richtung und die Entfernung zum Ziel an. Die Strecke, die ein Wegweiser markiert, ist durch ihre Länge, ihre Richtung und ihre Orientierung eindeutig festgelegt. In Kapitel 4 haben wir schon mit Vektoren gerechnet (▶ ab Seite 162), in diesem Kapitel geht es vor allem um die geometrische Darstellung von Vektoren.
Im Alltag werden vor allem technische und physikalische Größen durch Vektoren dargestellt, aber auch viele Grafik- oder Bildbearbeitungsprogramme arbeiten mit Vektoren.

5

4 Vektoren

Das Dreieck ABC mit $A(4|3|0)$, $B(4|3|3)$ und $C(4|0|3)$ wird parallel verschoben, sodass der Bildpunkt A' die Koordinaten $A'(0|3|0)$ hat. Beschreiben Sie diese Verschiebung.

Die Verschiebung des Dreiecks lässt sich mithilfe der roten Pfeile beschreiben.

- Die roten Pfeile haben die gleiche **Länge**.
- Die roten Pfeile sind parallel, haben also die gleiche **Richtung**.
- Da alle roten Pfeile mit der Spitze nach rechts zeigen, haben sie dieselbe **Orientierung**.

Daher reicht ein einzelner der Pfeile $\overrightarrow{AA'}$, $\overrightarrow{BB'}$ und $\overrightarrow{CC'}$ aus, um die Verschiebung darzustellen.
Die Menge aller Pfeile gleicher Länge, gleicher Richtung und gleicher Orientierung bezeichnet man als **Vektor**. Ein einzelner Pfeil aus dieser Menge heißt **Repräsentant** des Vektors.
▶ $\overrightarrow{AA'}$, $\overrightarrow{BB'}$ und $\overrightarrow{CC'}$ sind Repräsentanten von $\vec{a}$.
Vektoren werden in der Regel mit Kleinbuchstaben und einem Pfeil bezeichnet.

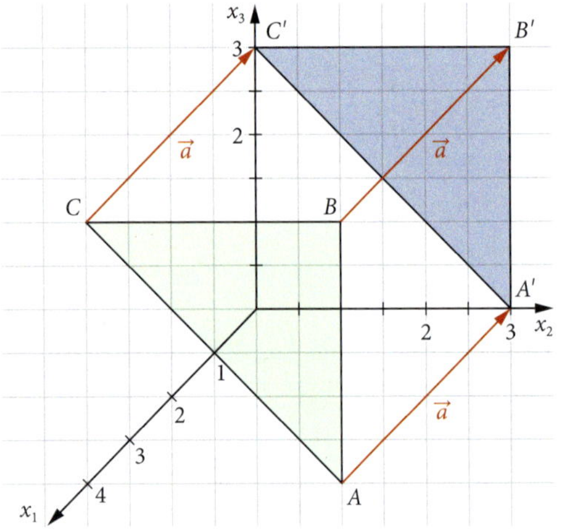

- Ein **Vektor** $\vec{a}$ ist die Menge aller Pfeile mit gleicher Länge, gleicher Orientierung und gleicher Richtung.
- Jeder Vektor $\vec{a}$ kann durch einen frei verschiebbaren Pfeil repräsentiert werden. Für einen Pfeil vom Punkt A zum Punkt B wird die Schreibweise $\overrightarrow{AB}$ verwendet.

5 Koordinaten eines Vektors in der Ebene

Beschreiben Sie den abgebildeten Vektor $\vec{a}$.

Den Vektor $\vec{a}$ können wir durch eine Verschiebung um 6 Einheiten in Richtung der x_1-Achse und um 1 Einheit in Richtung der x_2-Achse beschreiben. Man sagt, der Vektor hat die x_1-Koordinate 6 und die x_2-Koordinate 1.

Man schreibt $\vec{a} = \binom{6}{1}$ und nennt dies **Spaltenvektor**.

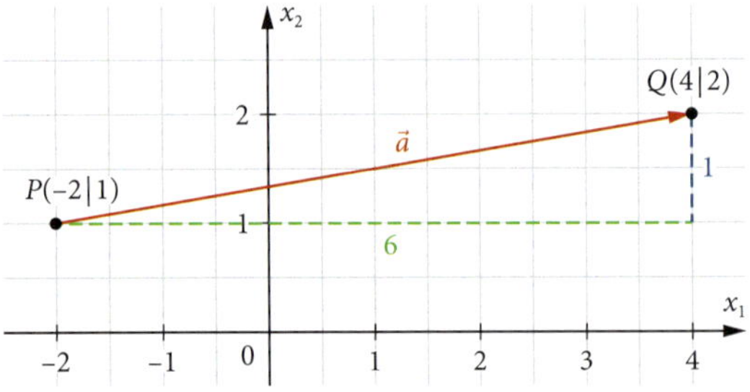

Koordinaten eines Vektors im Raum

6

Beschreiben Sie die Verschiebung aus Beispiel 4, indem Sie die Koordinaten des Vektors $\vec{a}$ angeben.

Der Vektor $\vec{a}$ beschreibt die Verschiebung des Punktes A um −4 Einheiten in x_1-Richtung, 0 Einheiten in x_2-Richtung und 0 Einheiten in x_3-Richtung.
Die drei Werte heißen **Koordinaten** des Vektors $\vec{a}$. Sie werden als Zahlentripel zusammengefasst:

Der Vektor $\vec{a}$ lautet $\vec{a} = \begin{pmatrix} -4 \\ 0 \\ 0 \end{pmatrix}$.

Vektoren können als Matrizen mit nur einer Spalte verstanden werden. Dies kann in den meisten GTR/CAS genutzt werden, um Vektoren darzustellen.

$$A(\;4 \mid 3 \mid 0\;)$$
$$\downarrow \quad \downarrow \quad \downarrow$$
$$A'(\;0 \mid 3 \mid 0\;)$$

$$\vec{a} = \overrightarrow{AA'} = \begin{pmatrix} 0-4 \\ 3-3 \\ 0-0 \end{pmatrix} = \begin{pmatrix} -4 \\ 0 \\ 0 \end{pmatrix}$$

▶ TI [menu], Matrix und Vektor, Erstellen, Matrix. Als Zeilenanzahl 3 und bei der Spaltenanzahl 1 auswählen.

▶ CA In der Run-Matrix-Anwendung [1] erfolgt die Eingabe unter MATH ([F4]), MAT/VCT ([F1]), 3x1 ([F5]).

Ortsvektor

7

Bestimmen Sie den Vektor, der durch den Pfeil vom Ursprung zum Punkt $P(2|5|3)$ gegeben ist.

Wir wählen als Repräsentanten des gesuchten Vektors den Pfeil, der vom Koordinatenursprung aus zum Punkt P geht. Ein solcher Vektor heißt **Ortsvektor $\vec{p}$ zum Punkt P**.

Wir bestimmen die Koordinaten des Vektors $\vec{p}$:

$$\vec{p} = \overrightarrow{OP} = \begin{pmatrix} 2-0 \\ 5-0 \\ 3-0 \end{pmatrix} = \begin{pmatrix} 2 \\ 5 \\ 3 \end{pmatrix}$$

Die Koordinaten des Ortsvektors $\vec{p}$ entsprechen den Koordinaten des Punktes P.

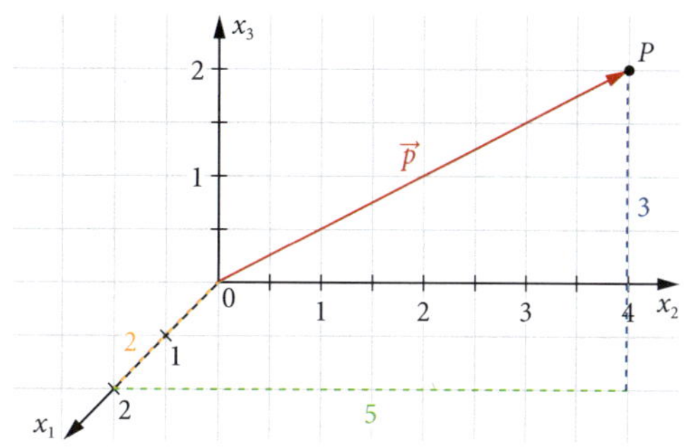

- Ein Vektor $\vec{a}$ wird als **Spaltenvektor** durch seine **Koordinaten** beschrieben:

  $\vec{a} = \begin{pmatrix} a_1 \\ a_2 \end{pmatrix}$ ▶ in der Ebene $\qquad \vec{a} = \begin{pmatrix} a_1 \\ a_2 \\ a_3 \end{pmatrix}$ ▶ im Raum
- Ein Vektor $\vec{p}$, der durch einen Pfeil vom Ursprung O des Koordinatensystems zum Punkt P repräsentiert wird, heißt **Ortsvektor** von P. Er hat dieselben Koordinaten wie der Punkt P.

Gegeben sind die Punkte $A(-2|1)$, $B(1|-1)$, $C(2|4)$, $D(5|2)$, $O(0|0)$ und $P(3|-2)$. Zeigen Sie durch Bestimmung der Vektorkoordinaten, dass die Pfeile $\overrightarrow{AB}$, $\overrightarrow{CD}$ und $\overrightarrow{OP}$ alle denselben Vektor $\vec{a}$ repräsentieren.

Länge eines Vektors in der Ebene

8

Bestimmen Sie die Länge des Pfeils, der den Punkt $P(-2|1)$ in den Punkt $Q(4|2)$ verschiebt.

Die Länge des Pfeils $\overrightarrow{PQ}$ entspricht dem Abstand der beiden Punkte P und Q. Dieser lässt sich mithilfe des Satzes von Pythagoras berechnen:

Länge von $\vec{a} = \sqrt{6^2 + 1^2} = \sqrt{37} \approx 6{,}08$

Die Länge eines Vektors $\vec{a}$ nennt man auch **Betrag** des Vektors und schreibt dafür $|\vec{a}|$: $|\vec{a}| \approx 6{,}08$

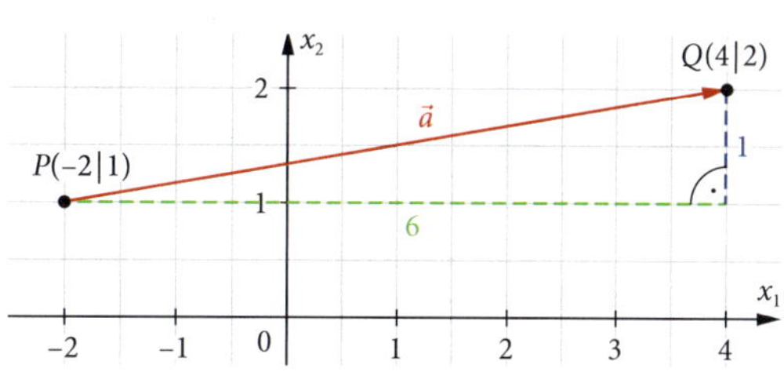

9 Länge eines Vektors im Raum

Berechnen Sie den Betrag des dargestellten Vektors $\vec{p}$.

Wir zeichnen die Hilfslinie d in die Zeichnung ein und markieren die rechten Winkel.

Nach dem Satz des Pythagoras gelten:

$|\vec{p}|^2 = d^2 + 3^2$ und $d^2 = 2^2 + 5^2$

Daraus ergibt sich für die Länge des Vektors $\vec{p}$:

$|\vec{p}| = \sqrt{d^2 + 3^2}$

$= \sqrt{2^2 + 5^2 + 3^2} = \sqrt{38} \approx 6{,}16$

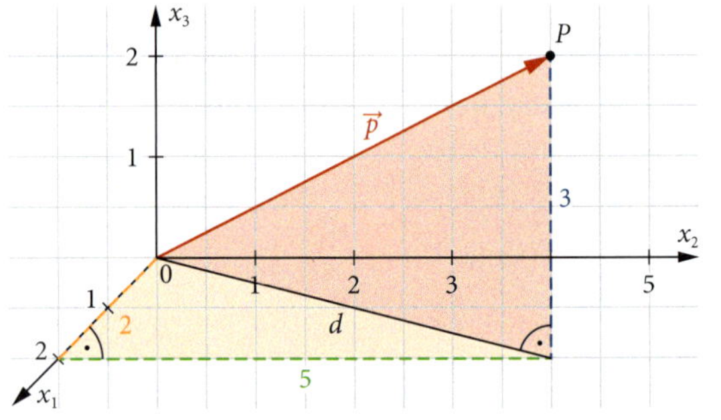

Der **Betrag $|\vec{a}|$ eines Vektors** gibt die Länge der zugehörigen Pfeile an:

$\vec{a} = \begin{pmatrix} a_1 \\ a_2 \end{pmatrix} \Rightarrow |\vec{a}| = \sqrt{a_1^2 + a_2^2}$ ▶ in der Ebene

$\vec{a} = \begin{pmatrix} a_1 \\ a_2 \\ a_3 \end{pmatrix} \Rightarrow |\vec{a}| = \sqrt{a_1^2 + a_2^2 + a_3^2}$ ▶ im Raum

Berechnen Sie die Länge der Raumdiagonalen eines Quaders mit der Grundfläche $ABCD$ und einer Höhe von 5 LE. Gegeben sind $A(3|0|0)$, $B(3|2{,}5|0)$, $C(0|2{,}5|0)$ und $D(0|0|0)$.

Übungen zu 5.1.2

1. Geben Sie die Pfeile mit
oHi Mi
a) gleicher Länge,
b) gleicher Orientierung,
c) gleicher Richtung an.

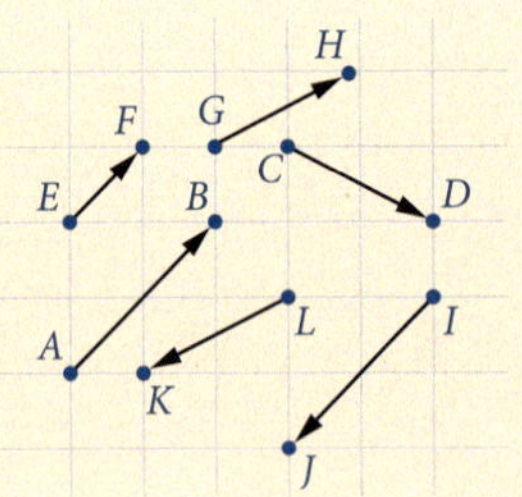

2. Zeichnen Sie folgende Vektoren in ein Koordinatensystem. Bestimmen Sie die Länge der Vektoren.

a) $\vec{a} = \begin{pmatrix} 5 \\ 4 \\ 6 \end{pmatrix}$ b) $\vec{b} = \begin{pmatrix} -2 \\ 4 \\ -5 \end{pmatrix}$ c) $\vec{c} = \begin{pmatrix} -1 \\ -5 \\ -3 \end{pmatrix}$

3. Gegeben sind folgende Punkte. Geben Sie die zugehörigen Ortsvektoren an.
oHi Mi
a) $P(5|7|1)$ b) $Q(-3|4|2)$ c) $R(0|-3|3)$

4. Gegeben ist das Dreieck ABC mit $A(4|-2|2)$, $B(0|2|2)$ und $C(2|-1|4)$. Stellen Sie die Seitenkanten des Dreiecks als Spaltenvektoren dar. Berechnen Sie den Umfang des Dreiecks.

5. Prüfen Sie, ob das Viereck $ABCD$ mit $A(2|1)$, $B(4|-1)$, $C(7|2)$, $D(1|4)$ ein Parallelogramm ist.

6. Berechnen Sie, wie a gewählt werden muss, damit $A(2|1|2)$ und $B(3|a|10)$ den Abstand 9 besitzen.

7. Die Pfeile $\overrightarrow{AB}$ und $\overrightarrow{CD}$ sollen zum gleichen Vektor gehören. Bestimmen Sie die Koordinaten des jeweils fehlenden Punktes.
a) $A(-3|4)$, $B(5|-7)$, $D(8|11)$
b) $A(1|8|7)$, $B(0|0|0)$, $D(3|3|7)$

8. Dargestellt ist eine regelmäßige Pyramide. Sie ist 5 LE hoch. Geben Sie die eingezeichneten Pfeile als Spaltenvektoren an.
oHi Mi

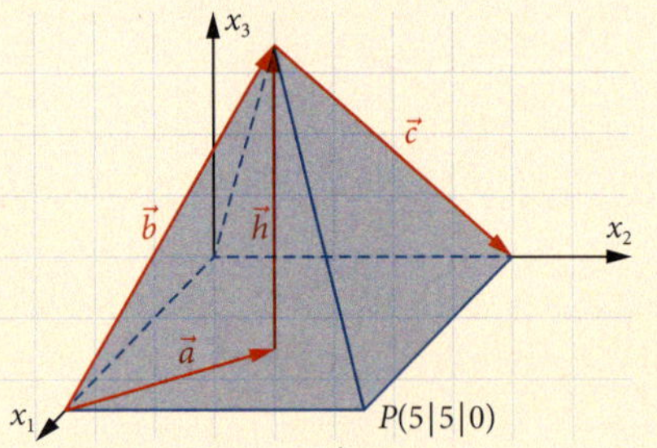

5.1.3 Einfache Vektoroperationen

Summe von Vektoren

10

Stellen Sie die Summe der Vektoren $\vec{a} = \begin{pmatrix}1\\2\end{pmatrix}$ und $\vec{b} = \begin{pmatrix}4\\1\end{pmatrix}$ grafisch dar.

Wir addieren die beiden Vektoren, indem wir ihre Koordinaten addieren:

$\begin{pmatrix}1\\2\end{pmatrix} + \begin{pmatrix}4\\1\end{pmatrix} = \begin{pmatrix}1+4\\2+1\end{pmatrix} = \begin{pmatrix}5\\3\end{pmatrix}$

▶ Ein Vektor ist eine Matrix mit nur einer Spalte. Entsprechend werden zwei Vektoren addiert, indem man jeweils die Elemente, die die gleiche Position haben, addiert.

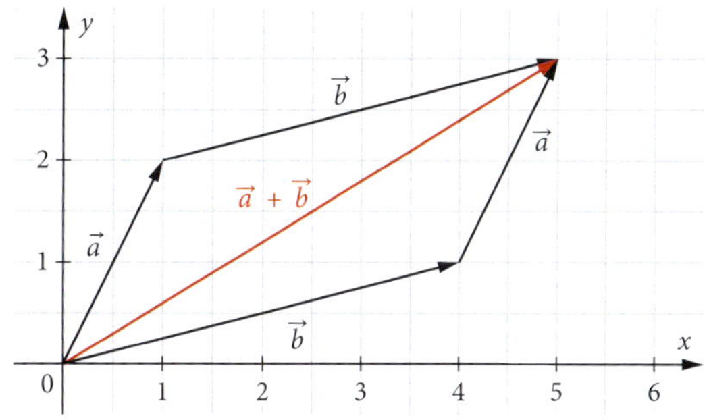

Die Addition stellt eine Hintereinanderausführung von Verschiebungen dar, die entlang der Vektoren verlaufen. Ein Punkt wird also zuerst um den Vektor $\vec{a}$ und anschließend um den Vektor $\vec{b}$ verschoben (oder umgekehrt).

Beim GTR/CAS kann mit Vektoren wie mit Matrizen gerechnet werden.

Summe mehrerer Vektoren

11

Gegeben sind die Vektoren $\vec{a}$, $\vec{b}$, $\vec{c}$ und $\vec{d}$. Die Punkte A bis H liegen auf Schnittpunkten von Gitterlinien und markieren Anfang und Ende der Vektoren.

a) Geben Sie die Punkte A bis H, den jeweils zugehörigen Ortsvektor $\overrightarrow{OA}$ bis $\overrightarrow{OH}$ und die Vektoren $\vec{a}$ bis $\vec{d}$ an.

b) Bilden Sie rechnerisch die Summen $\vec{a} + \vec{b}$, $\vec{c} + \vec{d}$ und $\vec{c} + \vec{a} + \vec{d}$.

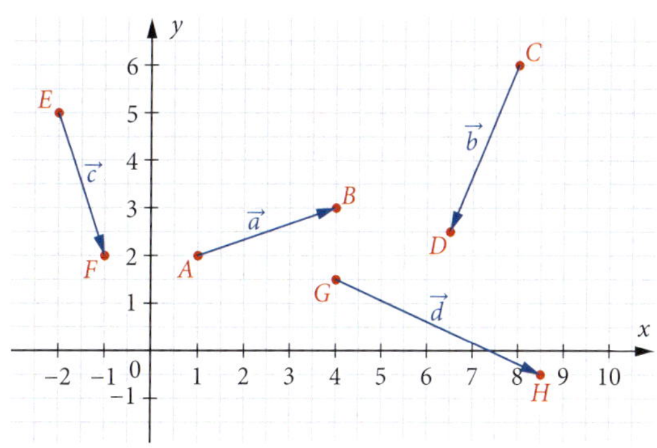

Zu a) Wir lesen die Koordinaten der Punkte ab und bilden mit der Regel „Spitze – Fuß" die zugehörigen Ortsvektoren.

$A(1|2)$, $B(4|3)$, $C(8|6)$, $D(6{,}5|2{,}5)$, $E(-2|5)$, $F(-1|2)$, $G(4|1{,}5)$, $H(8{,}5|-0{,}5)$

$\overrightarrow{OA} = \begin{pmatrix}1\\2\end{pmatrix}$, $\overrightarrow{OB} = \begin{pmatrix}4\\3\end{pmatrix}$, $\overrightarrow{OC} = \begin{pmatrix}8\\6\end{pmatrix}$, $\overrightarrow{OD} = \begin{pmatrix}6{,}5\\2{,}5\end{pmatrix}$,

$\overrightarrow{OE} = \begin{pmatrix}-2\\5\end{pmatrix}$, $\overrightarrow{OF} = \begin{pmatrix}-1\\2\end{pmatrix}$, $\overrightarrow{OG} = \begin{pmatrix}4\\1{,}5\end{pmatrix}$, $\overrightarrow{OH} = \begin{pmatrix}8{,}5\\-0{,}5\end{pmatrix}$

Die Vektoren $\vec{a}$ bis $\vec{d}$ können wir durch Abzählen der Gitterlinien entlang der x_1-Achse und der x_2-Achse ablesen.

$\vec{a} = \begin{pmatrix}3\\1\end{pmatrix}$, $\vec{b} = \begin{pmatrix}-1{,}5\\-3{,}5\end{pmatrix}$, $\vec{c} = \begin{pmatrix}1\\-3\end{pmatrix}$, $\vec{d} = \begin{pmatrix}4{,}5\\-2\end{pmatrix}$

Zu b) Die Summen $\vec{a} + \vec{b}$, $\vec{c} + \vec{d}$ und $\vec{c} + \vec{a} + \vec{d}$ bilden wir durch Addition der Koordinaten.

$\vec{a} + \vec{b} = \begin{pmatrix}1{,}5\\-2{,}5\end{pmatrix}$, $\vec{c} + \vec{d} = \begin{pmatrix}5{,}5\\-5\end{pmatrix}$, $\vec{c} + \vec{a} + \vec{d} = \begin{pmatrix}8{,}5\\-4\end{pmatrix}$

Übertragen Sie das Koordinatensystem sowie die Vektoren $\vec{a}$, $\vec{b}$, $\vec{c}$ und $\vec{d}$ aus Beispiel 11 in Ihr Heft. Führen Sie zeichnerisch die Vektoradditionen $\vec{a} + \vec{b}$, $\vec{c} + \vec{d}$ und $\vec{c} + \vec{a} + \vec{d}$ durch.

12 Rechnerisches Addieren

GTR CAS

In Monitoren werden die Farben durch additive Farbmischung erzeugt. Aus den Grundfarben Rot, Grün und Blau werden durch Addition alle darstellbaren Farben erzeugt. Dieses Farbmodell können wir durch Spaltenvektoren beschreiben, bei denen jede der drei Koordinaten für den Anteil der Grundfarben steht.

$\vec{w} = \begin{pmatrix} 255 \\ 255 \\ 255 \end{pmatrix} \begin{matrix} \leftarrow \text{Rot} \\ \leftarrow \text{Grün} \\ \leftarrow \text{Blau} \end{matrix}$ ▶ Die Mischung der drei Grundfarben ergibt Weiß.

Die Helligkeit jeder Grundfarbe wird bei 8-bit-Darstellung durch einen Wert von 0 bis 255 angegeben. Orange erhält man durch das additive Mischen von Rot und einem dunklen Grün.
Geben Sie den zugehörigen Spaltenvektor an.

Den Vektor für Orange erhalten wir, indem wir die Farben Rot und Grün additiv mischen, d. h. die zugehörigen Koordinaten addieren.

$\vec{r} = \begin{pmatrix} 255 \\ 0 \\ 0 \end{pmatrix}$ ▶ Rot $\quad \vec{g} = \begin{pmatrix} 0 \\ 102 \\ 0 \end{pmatrix}$ ▶ dunkles Grün

$$\vec{o} = \vec{r} + \vec{g} = \begin{pmatrix} 255 \\ 0 \\ 0 \end{pmatrix} + \begin{pmatrix} 0 \\ 102 \\ 0 \end{pmatrix} = \begin{pmatrix} 255 + 0 \\ 0 + 102 \\ 0 + 0 \end{pmatrix} = \begin{pmatrix} 255 \\ 102 \\ 0 \end{pmatrix}$$

Mit dem GTR/CAS kann die Addition in einem Schritt durchgeführt werden.

$$\begin{bmatrix} 255 \\ 0 \\ 0 \end{bmatrix} + \begin{bmatrix} 0 \\ 102 \\ 0 \end{bmatrix} \qquad \begin{bmatrix} 255 \\ 102 \\ 0 \end{bmatrix}$$

Für die Addition von Vektoren $\vec{a}$ und $\vec{b}$ gilt:

$\vec{a} + \vec{b} = \begin{pmatrix} a_1 \\ a_2 \end{pmatrix} + \begin{pmatrix} b_1 \\ b_2 \end{pmatrix} = \begin{pmatrix} a_1 + b_1 \\ a_2 + b_2 \end{pmatrix}$ ▶ in der Ebene

$\vec{a} + \vec{b} = \begin{pmatrix} a_1 \\ a_2 \\ a_3 \end{pmatrix} + \begin{pmatrix} b_1 \\ b_2 \\ b_3 \end{pmatrix} = \begin{pmatrix} a_1 + b_1 \\ a_2 + b_2 \\ a_3 + b_3 \end{pmatrix}$ ▶ im Raum

Berechnen Sie im RGB-Modell gemäß Beispiel 12 den Spaltenvektor für die Farbe Pink.
Mischen Sie diese aus den Farben Orange und Blau.

13 Gegenvektor und Nullvektor

Mithilfe eines Vektors kann man den Weg zu einem Ziel beschreiben. Der Vektor $\vec{a} = \begin{pmatrix} 3 \\ 2 \end{pmatrix}$ soll eine solche Wegbeschreibung darstellen. Bestimmen Sie den Vektor, der den Rückweg beschreibt.

Der gesuchte Vektor hat die gleiche Richtung, die gleiche Länge, aber eine entgegengesetzte Orientierung wie der Vektor $\vec{a}$. Solch ein Vektor heißt **Gegenvektor** $-\vec{a}$. Der Gegenvektor macht eine Verschiebung um $\vec{a}$ wieder rückgängig.

$\vec{a} = \begin{pmatrix} a_1 \\ a_2 \end{pmatrix} = \begin{pmatrix} 3 \\ 2 \end{pmatrix}$

$-\vec{a} = \begin{pmatrix} -a_1 \\ -a_2 \end{pmatrix} = \begin{pmatrix} -3 \\ -2 \end{pmatrix}$

Um die Koordinaten des Gegenvektors zu berechnen, ändern wir die Vorzeichen jeder Koordinate von $\vec{a}$.

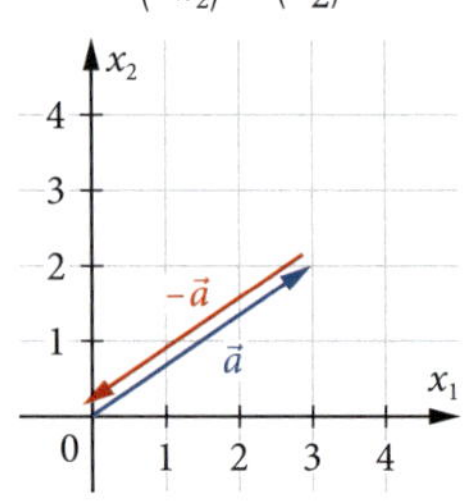

Addieren wir einen Vektor und seinen Gegenvektor, so erhalten wir den **Nullvektor** $\vec{0}$. Alle Koordinaten des Nullvektors sind 0.

$\vec{a} + (-\vec{a}) = \vec{0}$

$\Leftrightarrow \begin{pmatrix} a_1 \\ a_2 \end{pmatrix} + \begin{pmatrix} -a_1 \\ -a_2 \end{pmatrix} = \begin{pmatrix} 0 \\ 0 \end{pmatrix}$

14

Differenz von Vektoren

Stellen Sie den Vektor $\vec{c}$ mithilfe der Vektoren $\vec{a}$ und $\vec{b}$ dar und berechnen Sie die Koordinaten des Vektors $\vec{c}$.

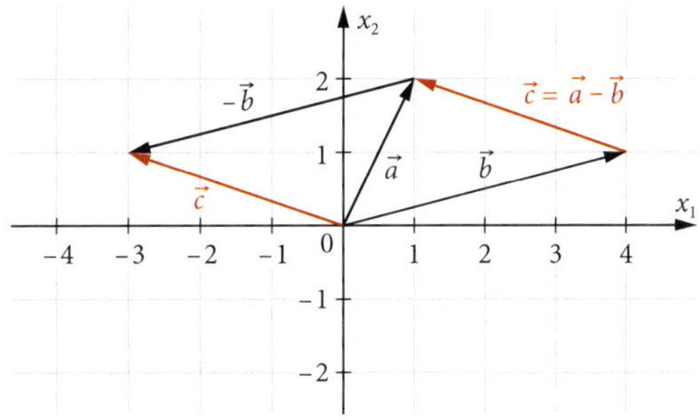

Um den Vektor $\vec{c}$ durch die Vektoren $\vec{a}$ und $\vec{b}$ darzustellen, benötigen wir einen Weg entlang der Vektoren vom Fuß zur Spitze des Vektors $\vec{c}$. Wir „laufen" also vom Ursprung aus zunächst entlang des Vektors $\vec{a}$ und „laufen" dann entlang $\vec{b}$, aber in entgegengesetzter Richtung.

Wir addieren also zum Vektor $\vec{a}$ den Gegenvektor des Vektors $\vec{b}$. Die Addition von Vektor und Gegenvektor fassen wir als **Subtraktion zweier Vektoren** auf.

$\vec{c} = \vec{a} + (-\vec{b}) = \vec{a} - \vec{b}$

Zur Berechnung des Spaltenvektors von $\vec{c}$ benötigen wir zunächst die Koordinaten der Vektoren $\vec{a}$ und $\vec{b}$. Diese lesen wir aus der Zeichnung ab.

$\vec{a} = \begin{pmatrix} 1 \\ 2 \end{pmatrix}, \vec{b} = \begin{pmatrix} 4 \\ 1 \end{pmatrix}$

Da die Subtraktion durch eine Addition des Gegenvektors dargestellt werden kann, können wir beim rechnerischen Subtrahieren auch direkt die entsprechenden Koordinaten subtrahieren, um das Ergebnis als Spaltenvektor zu erhalten.

$$\vec{c} = \begin{pmatrix} 1 \\ 2 \end{pmatrix} - \begin{pmatrix} 4 \\ 1 \end{pmatrix} = \begin{pmatrix} 1 \\ 2 \end{pmatrix} + \begin{pmatrix} -4 \\ -1 \end{pmatrix} = \begin{pmatrix} 1-4 \\ 2-1 \end{pmatrix} = \begin{pmatrix} -3 \\ 1 \end{pmatrix}$$

Für die Subtraktion von Vektoren $\vec{a}$ und $\vec{b}$ gilt:

$$\vec{a} - \vec{b} = \vec{a} + (-\vec{b}) = \begin{pmatrix} a_1 \\ a_2 \end{pmatrix} + \begin{pmatrix} -b_1 \\ -b_2 \end{pmatrix} = \begin{pmatrix} a_1 - b_1 \\ a_2 - b_2 \end{pmatrix}$$ ▶ in der Ebene

$$\vec{a} - \vec{b} = \vec{a} + (-\vec{b}) = \begin{pmatrix} a_1 \\ a_2 \\ a_3 \end{pmatrix} + \begin{pmatrix} -b_1 \\ -b_2 \\ -b_3 \end{pmatrix} = \begin{pmatrix} a_1 - b_1 \\ a_2 - b_2 \\ a_3 - b_3 \end{pmatrix}$$ ▶ im Raum

1. Addieren und subtrahieren Sie die Vektoren rechnerisch.

a) $\vec{a} = \begin{pmatrix} 5 \\ 1 \\ 6 \end{pmatrix}, \vec{b} = \begin{pmatrix} -1 \\ 2 \\ 2 \end{pmatrix}$

b) $\vec{a} = \begin{pmatrix} 0 \\ 1 \\ -1 \end{pmatrix}, \vec{b} = \begin{pmatrix} 2 \\ 2 \\ -2 \end{pmatrix}$

2. Gegeben ist der Vektor $\vec{a} = \begin{pmatrix} 2 \\ 5 \\ 3 \end{pmatrix}$. Bilden Sie dessen Gegenvektor.

3. Betrachten Sie die Zeichnung und

a) begründen Sie die Gültigkeit des Assoziativgesetzes der Addition für Vektoren im Raum:
$(\vec{a} + \vec{b}) + \vec{c} = \vec{a} + (\vec{b} + \vec{c})$

b) begründen Sie grafisch die Gültigkeit des Kommutativgesetztes für die Vektoraddition:
$\vec{a} + \vec{b} = \vec{b} + \vec{a}$
Fertigen Sie dazu eine zweidimensionale Skizze an.

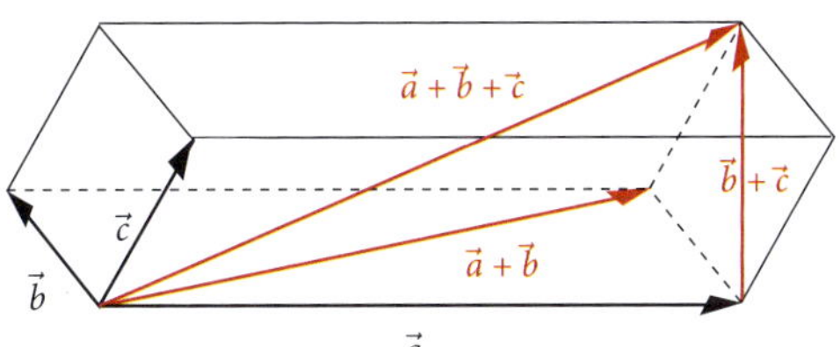

15 Vielfache eines Vektors

Ein Flugzeug setzt auf einer Landebahn zum Startvorgang an. Es hebt im Punkt $R(50|700|-10)$ ab. Der Tower liegt bei $O(0|0|0)$ (Angaben in m). Das Flugzeug bewegt sich nach dem Start in jeder Sekunde mit nahezu konstanter Geschwindigkeit entlang des Vektors $\vec{v} = \begin{pmatrix} 2 \\ 28 \\ 3 \end{pmatrix}$.

Bestimmen Sie die Position des Flugzeugs nach drei Sekunden.

Wir bestimmen zunächst den Vektor $\vec{a}$, der den Weg des Flugzeugs in den drei Sekunden nach dem Start beschreibt. Dazu addieren wir $\vec{v}$ dreimal. Wir fassen $\vec{a}$ als **Vielfaches** von $\vec{v}$ auf und schreiben $3 \cdot \vec{v}$. Wir multiplizieren also den Vektor $\vec{v}$ mit der reellen Zahl 3.

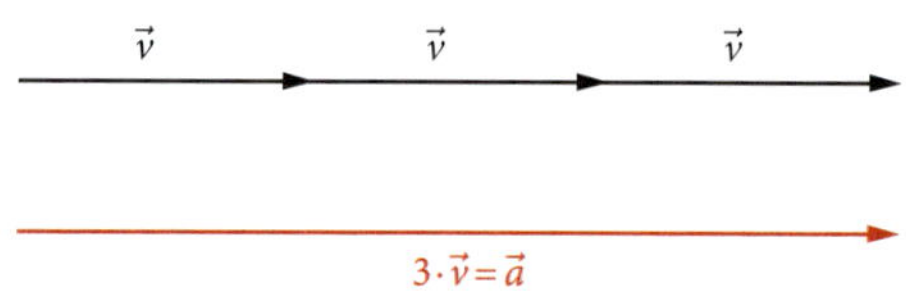

In der Rechnung ergibt sich aus der koordinatenweisen Addition der Spaltenvektor für $3 \cdot \vec{v}$, indem wir jede Koordinate von $\vec{v}$ mit 3 multiplizieren.

$$\vec{a} = \vec{v} + \vec{v} + \vec{v} = \begin{pmatrix} 2+2+2 \\ 28+28+28 \\ 3+3+3 \end{pmatrix} = \begin{pmatrix} 6 \\ 84 \\ 9 \end{pmatrix}$$

$$\vec{a} = 3 \cdot \vec{v} = 3 \cdot \begin{pmatrix} 2 \\ 28 \\ 3 \end{pmatrix} = \begin{pmatrix} 3 \cdot 2 \\ 3 \cdot 28 \\ 3 \cdot 3 \end{pmatrix} = \begin{pmatrix} 6 \\ 84 \\ 9 \end{pmatrix}$$

Nach drei Sekunden befindet sich das Flugzeug im Punkt $P(56|784|-1)$, also noch einen Meter unterhalb des Towers.

$$\vec{p} = \vec{r} + \vec{a} = \begin{pmatrix} 50 \\ 700 \\ -10 \end{pmatrix} + \begin{pmatrix} 6 \\ 84 \\ 9 \end{pmatrix} = \begin{pmatrix} 56 \\ 784 \\ -1 \end{pmatrix}$$

Der GTR/CAS unterstützt eine unmittelbare Berechnung des Ergebnisvektors.

Die Multiplikation einer Zahl s **(Skalar)** mit einem Vektor $\vec{a}$ heißt **Skalarmultiplikation** (S-Multiplikation). Sie gilt nicht nur für ganzzahlige Werte, sondern für beliebige reelle Zahlen.

Die Pfeile des Vektos $s \cdot \vec{a}$ sind parallel zu denen von $\vec{a}$ und haben die s-fache Länge.
Bei $s < 0$ kehrt sich die Orientierung um.
Bei Multiplikation mit -1 ergibt sich der Gegenvektor: $-\vec{a} = -1 \cdot \vec{a} = \begin{pmatrix} -a_1 \\ -a_2 \end{pmatrix}$
Bei Multiplikation mit 0 ergibt sich der Nullvektor:
$0 \cdot \vec{a} = \begin{pmatrix} 0 \cdot a_1 \\ 0 \cdot a_2 \end{pmatrix} = \begin{pmatrix} 0 \\ 0 \end{pmatrix} = \vec{0}$

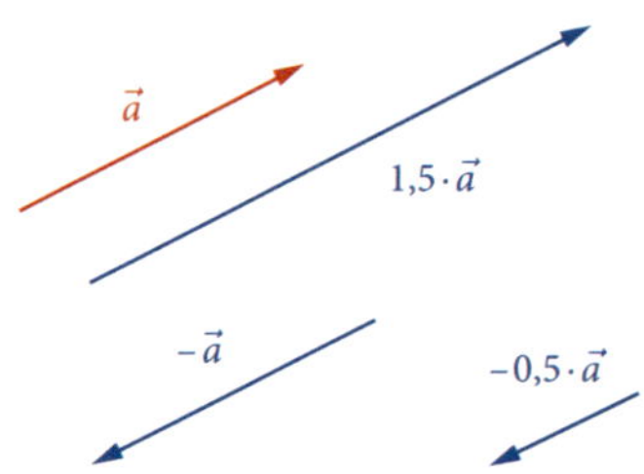

Bei der **Skalarmultiplikation** wird ein Vektor mit einer reellen Zahl s multipliziert, indem jede der Koordinaten mit s multipliziert wird:

$s \cdot \vec{a} = s \cdot \begin{pmatrix} a_1 \\ a_2 \end{pmatrix} = \begin{pmatrix} s \cdot a_1 \\ s \cdot a_2 \end{pmatrix}$ ▶ in der Ebene

$s \cdot \vec{a} = s \cdot \begin{pmatrix} a_1 \\ a_2 \\ a_3 \end{pmatrix} = \begin{pmatrix} s \cdot a_1 \\ s \cdot a_2 \\ s \cdot a_3 \end{pmatrix}$ ▶ im Raum

Berechnen Sie für $\vec{a} = \begin{pmatrix} 2 \\ 3 \\ 4 \end{pmatrix}$ und $\vec{b} = \begin{pmatrix} -1 \\ 5 \\ -3 \end{pmatrix}$.

a) $4\vec{a}$ b) $-2{,}5\vec{b}$ c) $\vec{a} + 3\vec{b}$ d) $3\vec{a} - 2\vec{b}$ e) $-2\vec{a} - 3\vec{b}$

Vektorkette

Gegeben sind die dargestellten Vektoren $\vec{u}$, $\vec{v}$, $\vec{w}$. Bestimmen Sie rechnerisch und zeichnerisch den Vektor $\vec{z} = \vec{u} + \vec{v} + 2\vec{w}$.

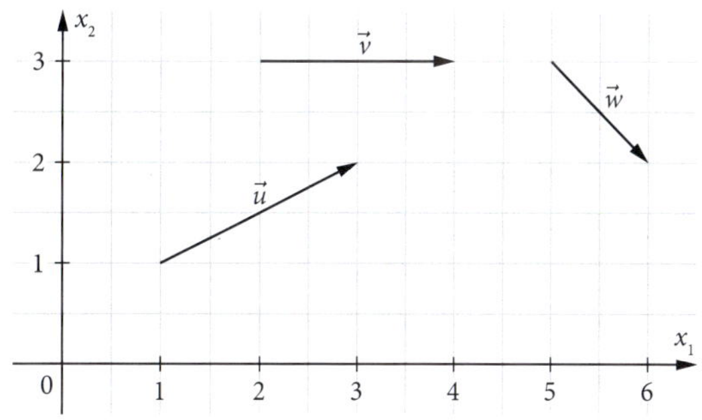

Die Vektoren liegen in der Ebene, haben also jeweils zwei Koordinaten, die wir ablesen:

$\vec{u} = \begin{pmatrix} 2 \\ 1 \end{pmatrix}$, $\vec{v} = \begin{pmatrix} 2 \\ 0 \end{pmatrix}$, $\vec{w} = \begin{pmatrix} 1 \\ -1 \end{pmatrix}$

Wir berechnen den Vektor $\vec{z}$:

$\vec{z} = \begin{pmatrix} 2 \\ 1 \end{pmatrix} + \begin{pmatrix} 2 \\ 0 \end{pmatrix} + 2 \cdot \begin{pmatrix} 1 \\ -1 \end{pmatrix} = \begin{pmatrix} 6 \\ -1 \end{pmatrix}$

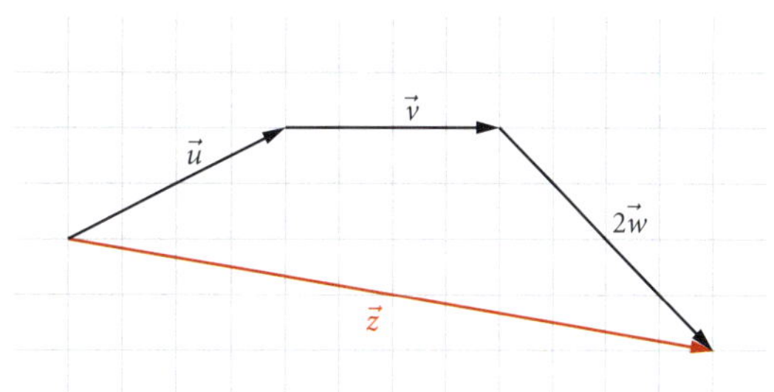

Zeichnerisch lösen wir die Aufgabe, indem wir die Vektoren $\vec{u}$, $\vec{v}$ und $2\vec{w}$ aneinandersetzen. Dabei verdoppeln wir die Länge des Vektors $\vec{w}$. Es entsteht eine **Vektorkette**. Die Vektoren werden aneinandergereiht. Der gesuchte Vektor $\vec{z}$ führt vom Anfang zum Ende der Vektorkette, d. h. vom Anfangspunkt des ersten Pfeils zur Spitze des letzten. Der Vektor $\vec{z}$ bewirkt die gleiche Verschiebung wie die drei Vektoren $\vec{u}$, $\vec{v}$ und $2\vec{w}$ zusammen.

Darstellung von Kräften

Kräfte können durch Vektoren im Koordinatensystem dargestellt werden. Dabei werden der Angriffspunkt und die Richtung aufgezeigt. Der Betrag entspricht der Länge des Vektors.

Nebenstehend sind die vier Kräfte $\vec{F}_1$ bis $\vec{F}_4$ abgebildet.

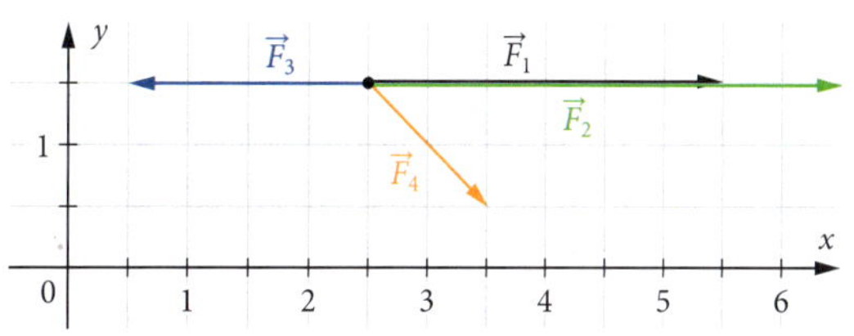

Ermitteln Sie zeichnerisch jeweils die resultierende Kraft und bestätigen Sie das Ergebnis durch Rechnung.

a) $\vec{F}_1$ und $\vec{F}_2$ wirken gleichzeitig. **b)** $\vec{F}_1$ und $\vec{F}_3$ wirken gleichzeitig. **c)** $\vec{F}_1$ und $\vec{F}_4$ wirken gleichzeitig.

Zu a) $\vec{F}_1$ und $\vec{F}_2$ wirken in die gleiche Richtung, können also einfach addiert werden:

$\vec{F}_1 + \vec{F}_2 = \begin{pmatrix} 3 \\ 0 \end{pmatrix} + \begin{pmatrix} 4 \\ 0 \end{pmatrix} = \begin{pmatrix} 7 \\ 0 \end{pmatrix}$

Die resultierende Kraft beträgt 7 N.

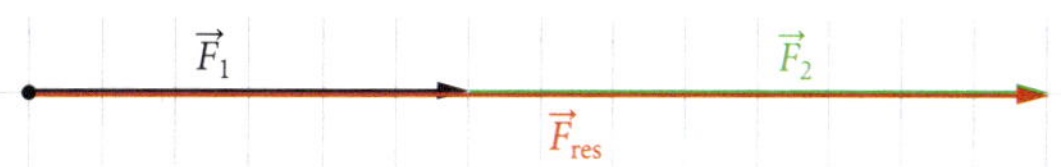

$\vec{F}_{res} = \begin{pmatrix} 7 \\ 0 \end{pmatrix}$; $|\vec{F}_{res}| = 7$

Zu b) $\vec{F}_1$ und $\vec{F}_3$ wirken in die entgegengesetzte Richtung. Die resultierende Kraft ergibt sich wieder durch Addition:

$\vec{F}_1 + \vec{F}_3 = \begin{pmatrix} 3 \\ 0 \end{pmatrix} + \begin{pmatrix} -2 \\ 0 \end{pmatrix} = \begin{pmatrix} 1 \\ 0 \end{pmatrix}$

Sie beträgt 1 N.

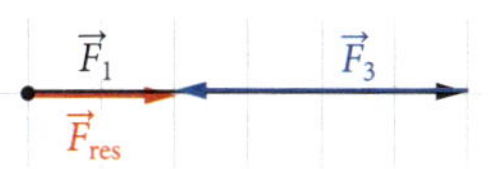

$\vec{F}_{res} = \begin{pmatrix} 1 \\ 0 \end{pmatrix}$; $|\vec{F}_{res}| = 1$

Zu c) $\vec{F}_1$ und $\vec{F}_4$ wirken unter einem Winkel α.

Auch hier ermitteln wir die resultierende Kraft durch Addition:

$\vec{F}_1 + \vec{F}_4 = \begin{pmatrix} 3 \\ 0 \end{pmatrix} + \begin{pmatrix} 1 \\ -1 \end{pmatrix} = \begin{pmatrix} 4 \\ -1 \end{pmatrix}$

Dabei entsteht das sogenannte Kräfteparallelogramm. Die abgelesene Pfeillänge entspricht auch hier dem rechnerisch ermittelten Betrag der resultierenden Kraft von ca. 4,1 N.

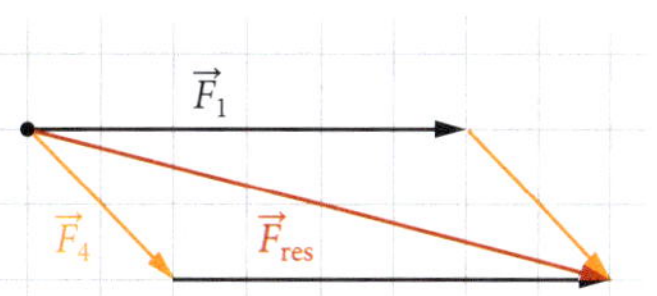

$\vec{F}_{res} = \begin{pmatrix} 4 \\ -1 \end{pmatrix}$; $|\vec{F}_{res}| = \sqrt{4^2 + (-1)^2} = \sqrt{17} \approx 4{,}1$

Übungen zu 5.1.3

1. Bestimmen Sie rechnerisch und zeichnerisch.

a) $\vec{a} + \vec{b}$
b) $\vec{a} + \vec{b} + \vec{c}$
c) $\vec{a} - \vec{c}$
d) $\vec{a} - \vec{b} - \vec{c}$
e) $-\vec{b} + \vec{c} + \vec{a}$
f) $2\vec{a} + \vec{b}$
g) $\vec{a} - 0{,}5\vec{b} + 3\vec{c}$
h) $2\vec{a} - 3\vec{b} + 0{,}5\vec{c}$

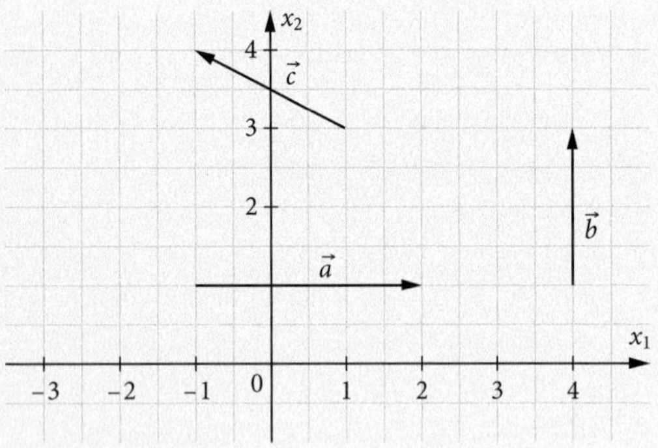

2. Gegeben sind die Vektoren
$\vec{a} = \begin{pmatrix} -1 \\ 0{,}5 \\ 6 \end{pmatrix}$, $\vec{b} = \begin{pmatrix} 0{,}75 \\ 10 \\ 0 \end{pmatrix}$ und $\vec{c} = \begin{pmatrix} -2 \\ -4 \\ -1 \end{pmatrix}$.
Berechnen Sie folgende Spaltenvektoren.

a) $\vec{a} + \vec{b}$
b) $\vec{a} - \vec{c}$
c) $-4\vec{a}$
d) $\vec{a} + 3\vec{b}$
e) $-0{,}5\vec{a} + \vec{c}$
f) $-\vec{b} + \frac{2}{3}\vec{c}$
g) $\vec{a} + 2\vec{b} - \vec{c}$
h) $-3\vec{a} + 2\vec{b} + 4\vec{c}$

3. Gegeben sind $\vec{a} = \begin{pmatrix} 1 \\ 0 \\ 0 \end{pmatrix}$, $\vec{b} = \begin{pmatrix} 0 \\ 1 \\ 0 \end{pmatrix}$ und $\vec{c} = \begin{pmatrix} 0 \\ 0 \\ 1 \end{pmatrix}$.
Zeichnen Sie deren Ortsvektoren in ein Koordinatensystem. Ergänzen Sie folgende Ortsvektoren.

a) $\vec{r} = \vec{a} + \vec{b} + \vec{c}$
b) $\vec{r} = \vec{a} + 2\vec{b} + \vec{c}$
c) $\vec{r} = \vec{a} - 2\vec{b} + \vec{c}$
d) $\vec{r} = 1{,}5\vec{a} - 2\vec{b} + 3\vec{c}$

4. Berechnen Sie die Koordinaten des Mittelpunkts M der Strecke $\overline{PQ}$ mit $P(3|6|7)$ und $Q(7|2|5)$ mithilfe der Ortsvektoren von P und Q.

5. Gegeben ist ein Viereck mit den Punkten $A(2|3|4)$, $B(1|2|3)$, $C(5|6|7)$ und $D(4|6|7)$. Untersuchen Sie, ob es sich bei dem Viereck $ABCD$ um ein Parallelogramm handelt.

6. Wählen Sie die richtige Antwort.

- $\vec{c} = \vec{a} + \vec{b}$
- $\vec{c} = \vec{b} - \vec{a}$
- $\vec{c} = \vec{a} - \vec{b}$

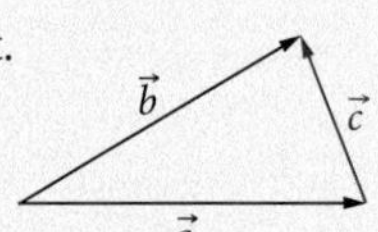

7. Die vier Eckpunkte eines Würfels sind $O(0|0|0)$, $A(4|0|0)$, $B(0|4|0)$ und $C(0|0|4)$.

a) Zeichnen Sie den Würfel in ein Koordinatensystem.
b) Ergänzen Sie die Diagonalen der Seitenflächen. Geben Sie jeweils die Koordinaten der Schnittpunkte der Diagonalen an.

8. In einem Quader sind die Vektoren $\vec{a} = \overrightarrow{AB}$, $\vec{b} = \overrightarrow{BC}$ und $\vec{c} = \overrightarrow{CG}$ gegeben. S ist der Schnittpunkt der Diagonalen im Rechteck $DCGH$. M ist der Mittelpunkt von $\overline{BC}$.

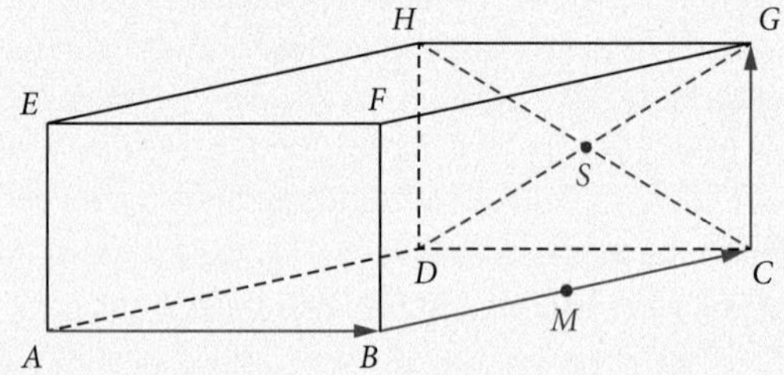

a) Geben Sie mithilfe von $\vec{a}$, $\vec{b}$ und $\vec{c}$ die Vektoren $\overrightarrow{AC}$, $\overrightarrow{AG}$, $\overrightarrow{AH}$, $\overrightarrow{HA}$ und $\overrightarrow{DF}$ an.
b) Stellen Sie $\overrightarrow{AM}$, $\overrightarrow{AS}$ und $\overrightarrow{SE}$ mit den gegebenen Vektoren dar.
c) Geben Sie den Vektor $\overrightarrow{MS}$ durch die Vektoren $\vec{a}$, $\vec{b}$ und $\vec{c}$ an.

9. Berechnen Sie den Wert der Variablen x, sofern eine Lösung existiert.

a) $x \cdot \begin{pmatrix} 3 \\ 5 \\ 1 \end{pmatrix} = \begin{pmatrix} 1 \\ 2 \\ 1 \end{pmatrix} - \begin{pmatrix} 7 \\ 12 \\ -1 \end{pmatrix}$

b) $\begin{pmatrix} 20 \\ 4 \\ -14 \end{pmatrix} = x \cdot \begin{pmatrix} 12 \\ 4 \\ 4 \end{pmatrix} - 2x \cdot \begin{pmatrix} 1 \\ 1 \\ 3 \end{pmatrix}$

c) $\begin{pmatrix} 4 \\ x \\ 2 \end{pmatrix} + 2 \cdot \begin{pmatrix} 1 \\ 2 \\ 3 \end{pmatrix} = \begin{pmatrix} x \\ 10 \\ x+2 \end{pmatrix}$

d) $\begin{pmatrix} 2 \\ x \\ 1 \end{pmatrix} - \begin{pmatrix} 4 \\ 0 \\ -1 \end{pmatrix} + \begin{pmatrix} x \\ 2 \\ 2x \end{pmatrix} = \begin{pmatrix} 2 \\ 6 \\ x+4 \end{pmatrix}$

10. Gegeben sind die Punkte $P(2|2|1)$, $Q(5|10|25)$, $R(3|a|0)$ und $S(4|6|5)$.
Bestimmen Sie a so, dass die Differenz der Vektoren $\overrightarrow{PQ}$ und $\overrightarrow{RS}$ den Betrag 11 besitzt.

5.1.4 Kollineare Vektoren

Lässt sich ein Vektor $\vec{a}$ als Vielfaches eines anderen Vektors $\vec{b}$ darstellen, so verlaufen die Vektoren parallel. Es gilt dann $\vec{a} = r \cdot \vec{b}$ bzw. $\vec{b} = s \cdot \vec{a}$.

Sie haben die gleiche Richtung, können aber eine unterschiedliche Orientierung und Länge haben. Solche Vektoren bezeichnet man als **kollinear**.

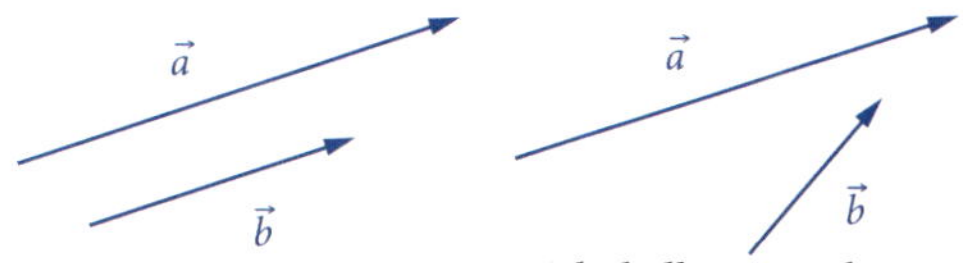

Kollineare Vektoren **Nicht kollineare Vektoren**

Parallele Flugrichtung

18

Bei einem Formationsflug müssen mehrere Flugzeuge nahezu parallel fliegen, um Zusammenstöße zu vermeiden. Eine Anzeige im ersten Flugzeug zeigt die Flugrichtung entlang des Vektors $\vec{v_1} = \begin{pmatrix} 10 \\ 3 \\ -0{,}1 \end{pmatrix}$. Das zweite Flugzeug fliegt entlang des Vektors $\vec{v_2} = \begin{pmatrix} 2 \\ 0{,}6 \\ -0{,}02 \end{pmatrix}$. Untersuchen Sie, ob die Flugzeuge parallel zueinander fliegen.

Beide Flugzeuge fliegen parallel zueinander, falls ihre Vektoren kollinear sind.
Damit dies der Fall ist, muss der Vektor $\vec{v_1}$ ein Vielfaches des Vektors $\vec{v_2}$ sein.
Diese Beziehung kann durch drei Gleichungen, die gleichzeitig erfüllt sein müssen, beschrieben werden. Es handelt sich somit um ein lineares Gleichungssystem (LGS) mit nur einer Unbekannten r.

$r = 5$ erfüllt alle drei Gleichungen und somit ist $\vec{v_1}$ fünfmal so lang wie $\vec{v_2}$. Die Vektoren sind kollinear.
Beim GTR kann das lineare Gleichungssystem eingegeben und gelöst werden.
Mit einem CAS kann die Überprüfung auch ohne eine explizite Darstellung als LGS erfolgen.

$\vec{v_1} = r \cdot \vec{v_2};\ r \in \mathbb{R}$

$\Leftrightarrow \begin{pmatrix} 10 \\ 3 \\ -0{,}1 \end{pmatrix} = r \cdot \begin{pmatrix} 2 \\ 0{,}6 \\ -0{,}02 \end{pmatrix}$

LGS:

(I) $10 = r \cdot 2 \quad \Rightarrow r = 5$

(II) $3 = r \cdot 0{,}6 \quad \Rightarrow r = 5$

(III) $-0{,}1 = r \cdot (-0{,}02) \Rightarrow r = 5$

$\text{linSolve}\left(\begin{cases} 10=r\cdot 2 \\ 3=r\cdot 0.6 \\ -0.1=r\cdot -0.02 \end{cases}, r\right) \qquad \{5.\}$

$\text{solve}\left(\begin{bmatrix} 10 \\ 3 \\ -0.1 \end{bmatrix}=r\cdot\begin{bmatrix} 2 \\ 0.6 \\ -0.02 \end{bmatrix}, r\right) \qquad r=5.$

- Zwei Vektoren $\vec{a}$ und $\vec{b}$ heißen **kollinear**, wenn einer der Vektoren ein Vielfaches des anderen ist: $\vec{a} = r \cdot \vec{b}$ oder $\vec{b} = s \cdot \vec{a}$
- Kollineare Vektoren sind parallel.

1. Prüfen Sie, ob die folgenden Vektoren kollinear sind.

a) $\vec{a} = \begin{pmatrix} 1 \\ -4 \\ 2{,}5 \end{pmatrix}$, $\vec{b} = \begin{pmatrix} 2 \\ 8 \\ 5 \end{pmatrix}$ b) $\vec{a} = \begin{pmatrix} -2 \\ 4 \\ 3 \end{pmatrix}$, $\vec{b} = \begin{pmatrix} 1 \\ -8 \\ -6 \end{pmatrix}$ c) $\vec{a} = \begin{pmatrix} 12 \\ 14 \\ 4 \end{pmatrix}$, $\vec{b} = \begin{pmatrix} -3 \\ -3{,}5 \\ -1 \end{pmatrix}$

2. Bestimmen Sie den Parameter k so, dass die beiden Vektoren zueinander kollinear sind.

a) $\vec{a} = \begin{pmatrix} 3 \\ k \end{pmatrix}$, $\vec{b} = \begin{pmatrix} 12 \\ 2 \end{pmatrix}$ b) $\vec{a} = \begin{pmatrix} k \\ -1 \\ 3 \end{pmatrix}$, $\vec{b} = \begin{pmatrix} 4 \\ -2 \\ 6 \end{pmatrix}$ c) $\vec{a} = \begin{pmatrix} 2 \\ 0 \\ 0 \end{pmatrix}$, $\vec{b} = \begin{pmatrix} k \\ 0 \\ 0 \end{pmatrix}$

19 Kollineare Vektoren

Die Punkte $A(8|0|0)$, $B(8|8|0)$, $C(4|6|5)$ und $D(4|2|5)$ sind die Eckpunkte eines Vierecks. Zeigen Sie, dass das Viereck $ABCD$ ein Trapez ist.

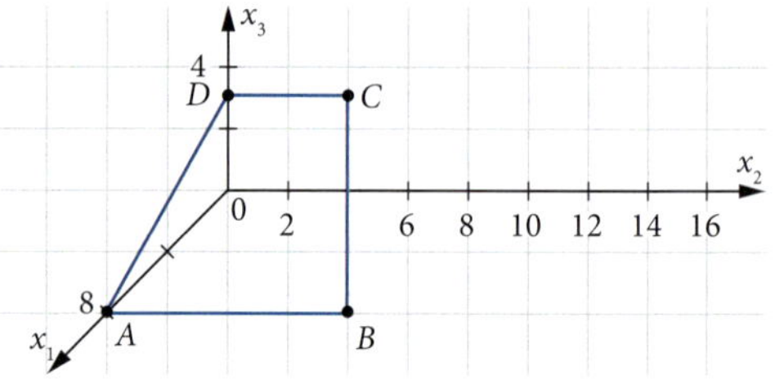

Wir stellen die Seiten des Vierecks durch Vektoren dar und überprüfen, ob zwei gegenüberliegende Seiten kollinear, also parallel sind.
Dazu stellen wir die Gleichungen $\overrightarrow{AB} = r \cdot \overrightarrow{CD}$ und $\overrightarrow{BC} = s \cdot \overrightarrow{DA}$ auf und überprüfen, ob reelle Zahlen r bzw. s existieren, die die jeweilige Gleichung erfüllen.

$$\overrightarrow{AB} = \begin{pmatrix} 0 \\ 8 \\ 0 \end{pmatrix}, \overrightarrow{BC} = \begin{pmatrix} -4 \\ -2 \\ 5 \end{pmatrix}$$

$$\overrightarrow{CD} = \begin{pmatrix} 0 \\ -4 \\ 0 \end{pmatrix}, \overrightarrow{DA} = \begin{pmatrix} 4 \\ -2 \\ -5 \end{pmatrix}$$

$$\overrightarrow{AB} = r \cdot \overrightarrow{CD} \Leftrightarrow \begin{pmatrix} 0 \\ 8 \\ 0 \end{pmatrix} = r \cdot \begin{pmatrix} 0 \\ -4 \\ 0 \end{pmatrix}$$

Für $r = -2$ ist die erste Gleichung erfüllt, somit sind die Vektoren $\overrightarrow{AB}$ und $\overrightarrow{CD}$ kollinear.
Sie verlaufen parallel, sind aber entgegengesetzt orientiert.

Gleichung für $r = -2$ erfüllt
$\Rightarrow \overrightarrow{AB}$ und $\overrightarrow{CD}$ kollinear

Um einen möglichen Wert für s zu bestimmen, stellen wir aus der Vektorgleichung ein lineares Gleichungssystem auf. Die drei Gleichungen liefern aber nicht die gleiche Lösung für s. Somit existiert kein $s \in \mathbb{R}$, das die Vektorgleichung erfüllt. Daher sind die Vektoren $\overrightarrow{BC}$ und $\overrightarrow{DA}$ nicht kollinear.

$$\overrightarrow{BC} = s \cdot \overrightarrow{DA} \Leftrightarrow \begin{pmatrix} -4 \\ -2 \\ 5 \end{pmatrix} = s \cdot \begin{pmatrix} 4 \\ -2 \\ -5 \end{pmatrix}$$

(I) $-4 = 4s \Leftrightarrow s = -1$
(II) $-2 = -2s \Leftrightarrow s = 1$
(III) $5 = -5s \Leftrightarrow s = -1$

Vektorgleichung für kein $s \in \mathbb{R}$ erfüllt
$\Rightarrow \overrightarrow{BC}$ und $\overrightarrow{DA}$ nicht kollinear

Das Viereck ist ein Trapez, weil nur ein Paar von gegenüberliegenden Seiten parallel ist.

Übungen zu 5.1.4

1. Untersuchen Sie, welche Vektoren zueinander parallel sind.
$\vec{v}_1 = \begin{pmatrix} 0 \\ 2 \\ -2 \end{pmatrix}$, $\vec{v}_2 = \begin{pmatrix} -1 \\ 0 \\ 4 \end{pmatrix}$, $\vec{v}_3 = \begin{pmatrix} -3 \\ 2 \\ 4 \end{pmatrix}$, $\vec{v}_4 = \begin{pmatrix} 0 \\ 0 \\ 0 \end{pmatrix}$

2. Bestimmen Sie jeweils die Parameter a und b so, dass die beiden Vektoren zueinander kollinear sind.
a) $\vec{v}_1 = \begin{pmatrix} a \\ 2 \\ 4 \end{pmatrix}$, $\vec{v}_2 = \begin{pmatrix} -5 \\ 1 \\ 2 \end{pmatrix}$
b) $\vec{v}_1 = \begin{pmatrix} 1 \\ a \\ -2 \end{pmatrix}$, $\vec{v}_2 = \begin{pmatrix} 3 \\ -2 \\ 2 \end{pmatrix}$
c) $\vec{v}_1 = \begin{pmatrix} a \\ 1 \\ b \end{pmatrix}$, $\vec{v}_2 = \begin{pmatrix} 10 \\ 0{,}1 \\ -1 \end{pmatrix}$
d) $\vec{v}_1 = \begin{pmatrix} a \\ 1 \\ 4 \end{pmatrix}$, $\vec{v}_2 = \begin{pmatrix} \frac{1}{2} \\ b \\ 2 \end{pmatrix}$

3. Zeigen Sie, dass die Aussage stimmt: Zu jedem Vektor können unendlich viele kollineare Vektoren gefunden werden.

4. Bei einer Wanderung planen Sie am Vorabend zwei parallele Wanderrouten. Dazu nehmen Sie eine Wanderkarte und zeichnen darauf mit einem Lineal exakt parallel die beiden Routen ein. Die erste geht vom Punkt $P_1(2|3)$ zum Punkt $P_2(10|8)$, die zweite vom Punkt $P_3(4|0)$ zum Punkt $P_4(8|2{,}5)$.
a) Überprüfen Sie, ob die beiden ausgewählten Routen parallel sind.
b) Zwei Gruppen wandern die gekennzeichneten Routen exakt ab und speichern die GPS-Koordinaten im Maßstab der Wanderkarte. Sie erhalten die Punkte $R_1(2|3|6)$ und $R_2(10|8|4)$ für die erste Route sowie $R_3(4|0|5)$ und $R_4(8|2{,}5|3)$ für die zweite Route. Überprüfen Sie, ob die abgewanderten Routen weiterhin parallel sind.
c) Begründen Sie etwaige Veränderungen im Ergebnis.

Vermischte Übungen zu 5.1

1. Berechnen Sie.

a) oHi Mi $\vec{a} = \begin{pmatrix} 8 \\ 1 \\ 3 \end{pmatrix} + 2 \cdot \begin{pmatrix} 10 \\ -3 \\ 5 \end{pmatrix}$

b) $\vec{b} = \frac{1}{2} \cdot \begin{pmatrix} 0{,}2 \\ 1{,}4 \\ -0{,}4 \end{pmatrix} - \begin{pmatrix} 11 \\ 10 \\ 9 \end{pmatrix}$

2. oHi Mi Zeigen Sie: Wenn in einem Viereck ein Paar Gegenseiten gleich lang und parallel sind, dann handelt es sich um ein Parallelogramm.

3. oHi Mi Zeigen Sie, dass die Mittelpunkte der Seiten eines beliebigen Vierecks die Eckpunkte eines Parallelogramms bilden.

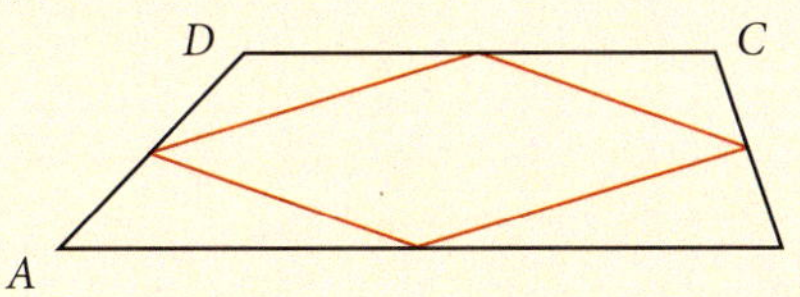

4. oHi Mi Zeigen Sie, dass die vektorielle Summe der Seitenhalbierenden eines Dreiecks null ergibt.

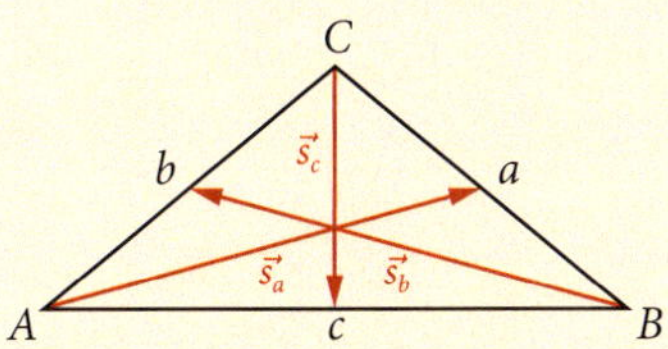

5. Ein Schiff wird von zwei Schleppern jeweils mit einer Kraft von 12 kN in Seilrichtung gezogen. Die beiden Seile der Schlepper bilden einen Winkel von 55°. Bestimmen Sie zeichnerisch die resultierende Kraft.

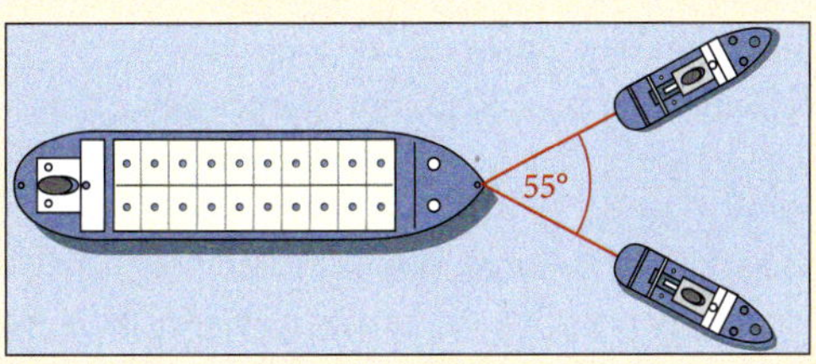

6. Die Diagonale im Kräfteparallelogramm wird resultierende Kraft genannt. Bestimmen Sie durch eine Zeichnung die resultierende Kraft.
Für die beiden wirkenden Kräfte gilt $|\vec{F}_1| = 40\,\text{N}$ und $|\vec{F}_2| = 30\,\text{N}$, der Winkel zwischen den beiden wirkenden Kräften ist $\alpha = 55°$.

7. Gegeben ist eine Pyramide mit rechteckiger Grundfläche durch folgende Punkte.
Grundfläche:
$P_1(2|1|1)$, $P_2(7|1|1)$, $P_3(7|5|1)$, $P_4(2|5|1)$
Spitze:
$P_5(4{,}5|3|6)$

a) Zeichnen Sie die Pyramide in ein Koordinatensystem.

b) Berechnen Sie die Spaltenvektoren $\overrightarrow{P_1P_2}$, $\overrightarrow{P_2P_3}$, $\overrightarrow{P_3P_4}$, $\overrightarrow{P_4P_5}$, $\overrightarrow{P_1P_3}$ und $\overrightarrow{P_4P_2}$.

c) Beschreiben Sie die geometrische Bedeutung von $\overrightarrow{P_1P_3}$, $\overrightarrow{P_4P_5}$ und $\overrightarrow{P_2P_5}$.
Ergänzen Sie diese drei Vektoren in der schon angefertigten Zeichnung.

d) Berechnen Sie $|\overrightarrow{P_2P_5}|$.
Beschreiben Sie die Bedeutung dieser Zahl.

e) Berechnen Sie den Spaltenvektor $\overrightarrow{OM}$ vom Ursprung zum Mittelpunkt der Grundfläche. Zeichnen Sie den Vektor ein.

f) Geben Sie die Höhe der Pyramide an.

g) Berechnen Sie den Flächeninhalt der Grundfläche der Pyramide.

8. oHi Mi In einer Vektorgrafik speichert man zur Angabe einer gezeichneten Linie deren Anfangspunkt, den Linienvektor sowie in einem mehrdimensionalen Vektor die Linienattribute wie Linienbreite, Farbe, Linienstil, Form des Linienendes usw. Der Ursprung des Koordinatensystems ist dabei in der Regel die linke untere Blattecke.

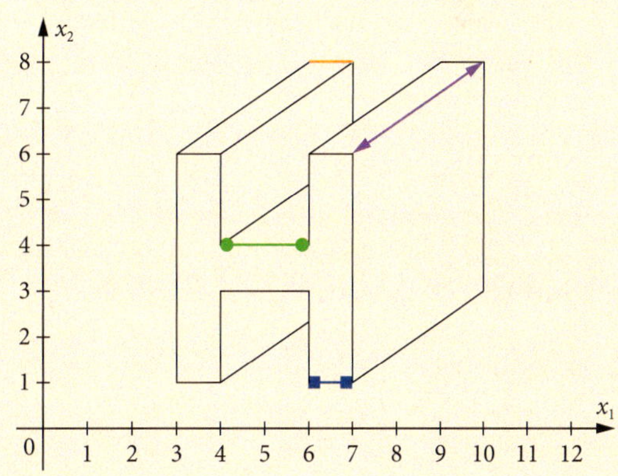

a) Geben Sie die Linienattribute der vier in der Abbildung markierten Linien an.

b) Modellieren Sie eine mögliche Darstellung mithilfe von Vektoren.

9. Berechnen Sie mit Ihrem GTR/CAS das Ergebnis der folgenden Vektoroperationen. Nutzen Sie dabei die eingebauten Funktionen, um Vektoren zu definieren und mit ihnen zu rechnen.

a) $\vec{a} = 4 \cdot \begin{pmatrix} 9 \\ 10 \\ -1 \end{pmatrix} - 6 \cdot \begin{pmatrix} 0 \\ -1 \\ 1{,}8 \end{pmatrix}$

b) $\vec{b} = 0{,}1 \cdot \begin{pmatrix} 2 \\ 10 \\ -5 \end{pmatrix} - 3 \cdot \begin{pmatrix} -1{,}5 \\ \frac{4}{3} \\ 2 \end{pmatrix} + \begin{pmatrix} 2 \\ -0{,}3 \\ 3{,}1 \end{pmatrix}$

10. In einer Computeranimation ist der Buchstabe E gegeben. Er wird durch folgende Angaben beschrieben: $P(4|1|2)$, $Q(4|2|1)$, $R(2{,}5|1|2)$. Weiterhin ist festgelegt, dass $\overline{RS}$ halb so lang ist wie $\overline{PQ}$.

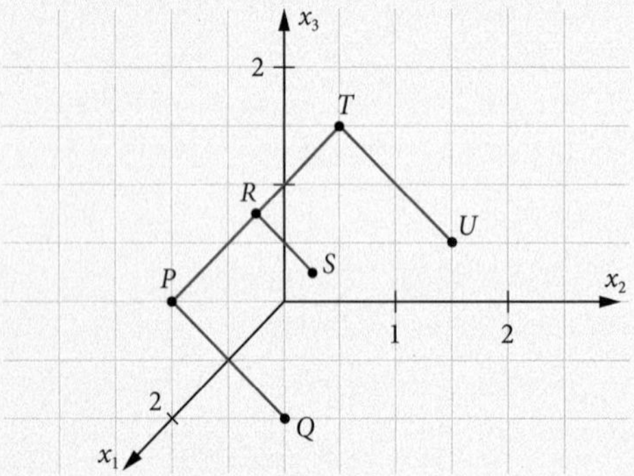

Der Buchstabe E soll nun um den Faktor 3 vergrößert werden.
Überlegen Sie, welche Informationen und Methoden Sie zur Lösung dieser Aufgabe benötigen. Wie können die Eckpunkte des Ausgangssymbols und des vergrößerten Symbols beschrieben werden, wie die Kantenvektoren? Beschreiben Sie Ihre Lösungsideen und die Lösung.

11. Zeichnen Sie mit den eingebauten Geometriefunktionen Ihres GTR/CAS die Punkte $P_1(0|0)$, $P_2(2|6)$, $P_3(-2|5)$, $P_4(-2|-1)$ in ein Koordinatensystem ein.

a) Verbinden Sie die vier Punkte zu einem Viereck.

b) Bestimmen Sie die Abstände zwischen den Eckpunkten des Vierecks. Nutzen Sie dazu – falls vorhanden – die eingebauten Geometriefunktionen Ihres GTR/CAS.

c) Bestimmen Sie die Länge der beiden Diagonalen des Vierecks.

d) Bestätigen Sie rechnerisch die Beobachtung, dass das durch die vier Punkte definierte Viereck keine parallelen gegenüberliegenden Seiten hat.

12. Betrachten Sie das Problem auf Seite 255. Die Drohne soll der Einfachheit halber auf allen Teilabschnitten geradlinig fliegen. Zuerst steigt sie senkrecht vom Punkt $O(0|0|0)$ aus in die Höhe, fliegt dann in dieser Höhe, bis sie sich senkrecht über dem Ziel befindet, und sinkt dann auf den Landepunkt $P(300|200|10)$.

a) Schätzen Sie ab, bis auf welche Höhe die Drohne steigen muss, um Kollisionen mit etwaigen Stromleitungen zu vermeiden.

b) Berechnen Sie die gesamte Länge der Flugstrecke in Metern, wenn die Drohne auf eine Höhe von 35 m steigt. Geben Sie auch die Koordinaten der Punkte an, in denen die Drohne ihre Flugrichtung ändert.

c) Berechnen Sie die ungefähre Flugdauer der Drohne vom Start- bis zum Landepunkt.

13. Die Verbindungsstrecke zwischen zwei Seitenmittelpunkten eines Dreiecks nennt man Mittelparallele. Zeigen Sie, dass jede Mittelparallele eines Dreiecks halb so lang ist wie die zu ihr parallel verlaufende Seite.

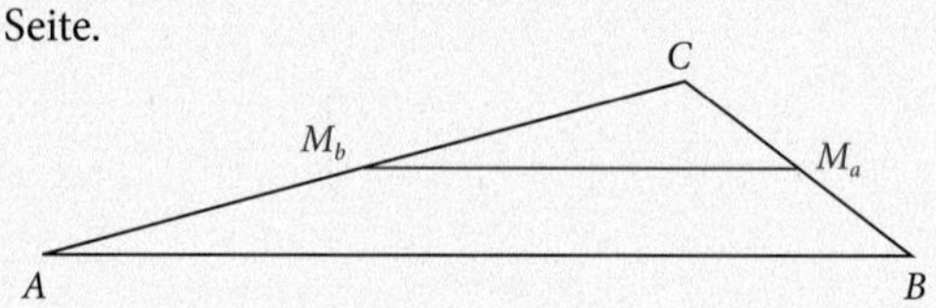

14. Auf einem Kinderspielplatz soll ein Sandkasten aufgebaut werden, welcher laut Plan exakt die Form eines Parallelogramms hat. Nach dem Aufbau des Sandkastens werden die Eckpunkte vermessen und die folgenden Koordinaten notiert: $A(0|0|0{,}3)$, $B(2|10|0{,}3)$, $C(21|5|0{,}3)$, $D(20|0|0{,}3)$. Alle Einheiten sind in Meter.

a) Erstellen Sie eine Skizze des Sandkastens.

b) Untersuchen Sie, ob die gegenüberliegenden Seiten parallel sind.

c) Begründen Sie anhand Ihrer Berechnungen, dass der Sandkasten nicht den Vorgaben entspricht.

d) Die Baufirma meint, dass ihr beim Aufbau nur in einem Eckpunkt ein Fehler unterlaufen sei. Bestätigen Sie diese Behauptung und geben Sie die richtigen Koordinaten dieses Punktes an.

e) Ein zusätzlicher Wunsch war, dass die lange Seite des Parallelogramms doppelt so lang wie die kurze Seite sein sollte. Überprüfen Sie, ob nun auch dieser Wunsch erfüllt werden kann.

Ich kann ...

... beschreiben, wie **Punkte im Raum** dargestellt werden. ▶ Test-Aufgaben 1, 2	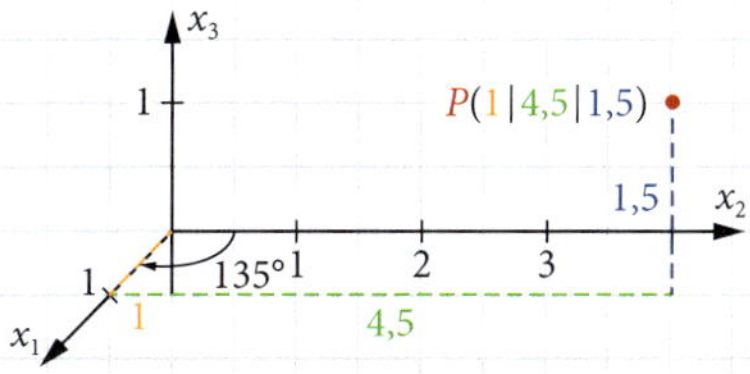	x_1-Koordinate „nach vorne/hinten“ x_2-Koordinate „nach rechts/links“ x_3-Koordinate „nach oben/unten“
... den **Abstand** zweier Punkte im Raum bestimmen. ▶ Test-Aufgaben 1, 3	$A(1\|-1\|2)$, $B(5\|7\|10)$ $d(A;B)$ $=\sqrt{(5-1)^2+(7-(-1))^2+(10-2)^2}$ $=12$	$d(A;B)=\sqrt{(b_1-a_1)^2+(b_2-a_2)^2+(b_3-a_3)^2}$
... die **Koordinaten eines Vektors** zwischen zwei Punkten berechnen. ▶ Test-Aufgaben 1, 3	$A(2\|3\|4)$, $E(5\|-2\|1)$ $\vec{v}=\overrightarrow{AE}=\begin{pmatrix}5-2\\-2-3\\1-4\end{pmatrix}=\begin{pmatrix}3\\-5\\-3\end{pmatrix}$	Koordinaten des Endpunkts „minus“ Koordinaten des Anfangspunkts „Spitze minus Fuß“
... die **Länge eines Vektors** berechnen. ▶ Test-Aufgaben 1, 3	$\|\vec{v}\|=\sqrt{3^2+(-5)^2+(-3)^2}\approx 6{,}56$	$\|\vec{a}\|=\left\|\begin{pmatrix}a_1\\a_2\\a_3\end{pmatrix}\right\|=\sqrt{a_1{}^2+a_2{}^2+a_3{}^2}$
... Vektoren **addieren** und **subtrahieren**. ▶ Test-Aufgabe 2	$\vec{a}=\begin{pmatrix}2\\3\\-1\end{pmatrix}$, $\vec{b}=\begin{pmatrix}1\\-2\\2\end{pmatrix}$ $\vec{a}+\vec{b}=\begin{pmatrix}2+1\\3+(-2)\\-1+2\end{pmatrix}=\begin{pmatrix}3\\1\\1\end{pmatrix}$ $\vec{a}-\vec{b}=\begin{pmatrix}2-1\\3-(-2)\\-1-2\end{pmatrix}=\begin{pmatrix}1\\5\\-3\end{pmatrix}$	Vektoren werden addiert bzw. subtrahiert, indem die einzelnen Koordinaten der Vektoren addiert bzw. subtrahiert werden.
... Vektoren mit einem **Skalar multiplizieren**. ▶ Test-Aufgabe 2	$\vec{a}=\begin{pmatrix}2\\3\\-1\end{pmatrix}$, $\vec{b}=\begin{pmatrix}1\\-2\\2\end{pmatrix}$, $r=3$ $r\cdot\vec{a}=\begin{pmatrix}6\\9\\-3\end{pmatrix}$, $r\cdot\vec{b}=\begin{pmatrix}3\\-6\\6\end{pmatrix}$	Vektoren werden mit einem Skalar multipliziert, indem jede Koordinate des Vektors mit dem Skalar multipliziert wird.
... zwei Vektoren auf **Kollinearität** prüfen. ▶ Test-Aufgabe 4	$\vec{a}=\begin{pmatrix}1\\-2\\4\end{pmatrix}$, $\vec{b}=\begin{pmatrix}-2\\4\\-8\end{pmatrix}$ $\vec{a}=r\cdot\vec{b}$ $\Rightarrow\ r=-\frac{1}{2}$ $\Rightarrow$ $\vec{a}$ und $\vec{b}$ sind kollinear (parallel).	Gilt $\vec{a}=r\cdot\vec{b}$ mit $r\in\mathbb{R}$, so sind $\vec{a}$ und $\vec{b}$ kollinear.

Test zu 5.1

1. Gegeben ist eine Pyramide mit dem Rechteck $ABCD$ als Grundfläche und S als Spitze. Hierbei ist $A(2|2|-1)$, $B(2|6|-1)$, $C(0|6|-1)$ und $S(1|4|2)$.

a) Bestimmen Sie die Koordinaten von D.

b) Zeichnen Sie die Pyramide in ein räumliches kartesisches Koordinatensystem.

c) Berechnen Sie den Umfang der Grundfläche.

d) Berechnen Sie die Koordinaten des Höhenfußpunkts F der Pyramide.

e) Berechnen Sie die Höhe der Pyramide.

2. Gegeben sind die Vektoren $\vec{a} = \begin{pmatrix} 4 \\ 6 \\ 3 \end{pmatrix}$, $\vec{b} = \begin{pmatrix} -3 \\ 1 \\ -2 \end{pmatrix}$ und $\vec{c} = \begin{pmatrix} 2 \\ 6 \\ 8 \end{pmatrix}$.

a) Zeichnen Sie die Vektoren als Ortsvektoren in ein Koordinatensystem.

b) Zeichnen und berechnen Sie $\vec{u} = 2\vec{a} - 3\vec{b} - \frac{1}{2}\vec{c}$.

3. Die rechts abgebildete Skizze zeigt die Grundkonstruktion eines Klettergerüsts mit der Grundform eines Quaders. Der Spielplatz ist abschüssig und das Klettergerüst soll in einen Hang hineingebaut werden. Die Punkte A, B, C und D liegen in der Hangebene. Alle Einheiten sind in Meter gegeben. Das Klettergerüst kann durch die folgenden Punkte beschrieben werden: $A(2|0|-1)$, $B(2|10|-1)$, $D(0|0|0)$, $E(2|0|3)$.

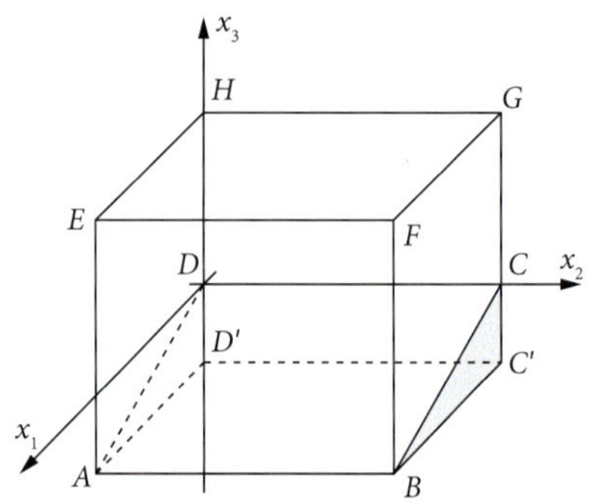

a) Geben Sie die Koordinaten der Punkte C, F, G und H an.

b) Berechnen Sie das Volumen des notwendigen Erdaushubs für den Bau der Grundkonstruktion des Klettergerüsts.

▶ Hinweis: Das Klettergerüst soll auf den Punkten A, B, C' und D' stehen.

4. Für ein Element eines Klettergartens müssen zwei exakt parallele Trageseile gespannt werden. Das erste Seil verläuft entlang des Vektors $\vec{v_1} = \begin{pmatrix} 6,6 \\ 4,2 \\ -0,1 \end{pmatrix}$. Das zweite Seil entlang des Vektors $\vec{v_2} = \begin{pmatrix} 6,27 \\ 4 \\ -0,09 \end{pmatrix}$.

a) Bestätigen Sie, dass die beiden Seile nicht parallel verlaufen.

b) Beim zweiten Seil können die x_2- und x_3-Koordinate noch angepasst werden. Bestimmen Sie den korrigierten Vektor $\vec{v_2}$, der kollinear zu $\vec{v_1}$ ist.

5 Raumanschauung und Koordinatisierung

5.2 Skalarprodukt und Orthogonalität

Die Fly Bike Werke GmbH braucht mehr Platz für die Verwaltung. Dazu wurde bereits ein benachbartes Haus gekauft, welches nun für die Nutzung als Bürogebäude umgebaut wird. Dabei soll die Grundfläche rechteckig sein und mindestens $100\,m^2$ betragen.
Für die Form des Daches schlägt der beauftragte Architekt ein Walmdach vor. Da der Dachboden aber genutzt werden soll, darf die Dachneigung nicht geringer als 30° sein.

Die beauftragte Firma zeigt der Fly Bike Werke GmbH die nebenstehende Skizze. Für die Einheiten auf den drei Koordinatenachsen gilt jeweils: 1 LE entspricht 1 m.
Die Maße des Hauses sind durch die Koordinaten folgender Punkte gegeben:
$A(8|0|0)$, $B(8|10|0)$, $D(0|0|0)$, $E(8|0|4)$, $I(4|2|8)$ und $K(4|8|8)$.
Sind die Anforderungen der Fly Bike Werke GmbH erfüllt?

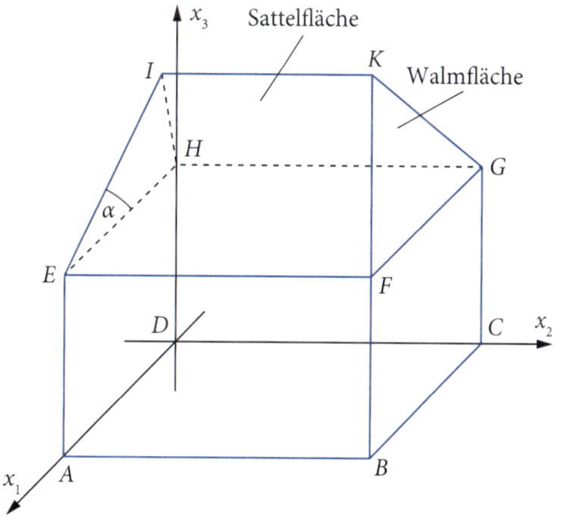

▶ Aufgabe 7 auf Seite 280

Kompetenzen

- Skalarprodukt zweier Vektoren berechnen und das Ergebnis geometrisch interpretieren
- Winkel zwischen Vektoren berechnen

Anwendungen

- Aufbau und Konstruktion von Spielgeräten
- Winkel bei der Konstruktion berechnen

5.2 Skalarprodukt und Orthogonalität

5.2.1 Definition des Skalarprodukts und Rechenregeln

Kosinusform des Skalarprodukts

In der Physik spielt der eingeschlossene Winkel zwischen vektoriellen Größen oft eine zentrale Rolle.

1 Verrichtete Arbeit als Skalarprodukt

Ein Waggon wird gleichmäßig von einem Traktor gezogen. Dabei wird eine Kraft in Richtung des Traktors aufgebracht, die sich durch den Kraftvektor $\vec{F}$ darstellen lässt. Der zurückgelegte Weg lässt sich vektoriell durch den Wegvektor $\vec{s}$ darstellen. Der von beiden Vektoren eingeschlossene Winkel sei α. Berechnen Sie für $|\vec{F}| = 200\,\text{N}$, $|\vec{s}| = 30\,\text{m}$ und $\alpha = 40°$ die verrichtete Arbeit W.

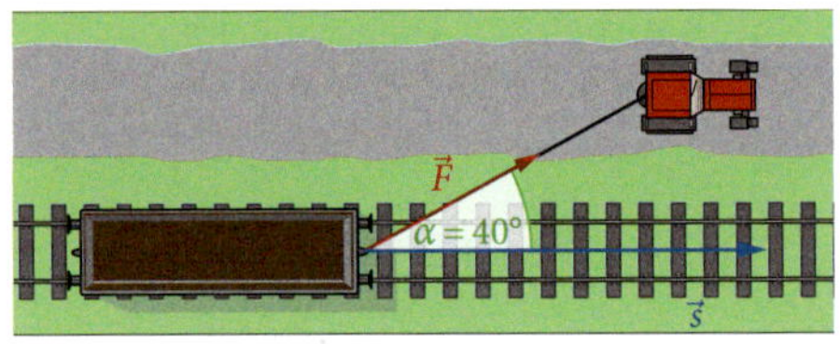

Wenn $\vec{F}$ mit dem Weg gleichgerichtet wäre, wäre die am Waggon verrichtete Arbeit W das Produkt aus den Beträgen von $\vec{F}$ und $\vec{s}$. Hier wirkt die Kraft $\vec{F}$ allerdings unter dem Winkel α längs des Weges. Daher ist nur die in Wegrichtung wirkende Kraft $\vec{F_s}$ bedeutsam für die Arbeit W.
Anhand der Abbildung erkennen wir, dass wir $|\vec{F_s}|$ im rechtwinkligen Dreieck mithilfe des Kosinus darstellen können. Wir erhalten für die Arbeit:
$W = |\vec{F}| \cdot |\vec{s}| \cdot \cos(\alpha)$.

Einsetzen der Werte ergibt: $W \approx 4596{,}27\,\text{J}$.

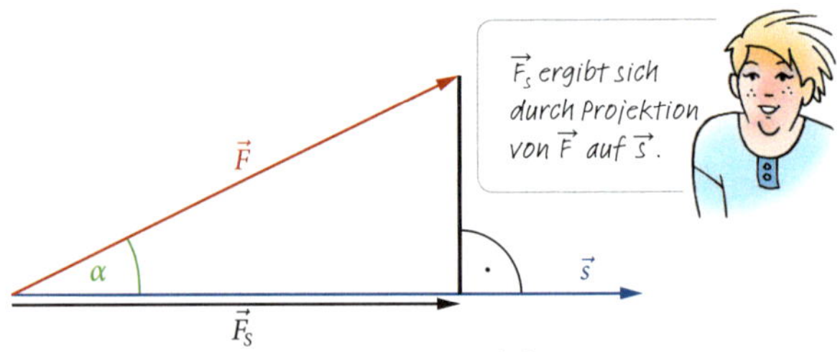

$|\vec{F_s}| = |\vec{F}| \cdot \cos(\alpha)$ ▶ $\cos(\alpha) = \frac{|\vec{F_s}|}{|\vec{F}|}$

$$W = |\vec{F_s}| \cdot |\vec{s}| = |\vec{F}| \cdot |\vec{s}| \cdot \cos(\alpha) = 200\,\text{N} \cdot 30\,\text{m} \cdot \cos(40°) \approx 4\,596{,}27\,\text{J}$$

Den Ausdruck $|\vec{F}| \cdot |\vec{s}| \cdot \cos(\alpha)$ bezeichnet man allgemein als das **Skalarprodukt** der Vektoren $\vec{F}$ und $\vec{s}$, da das Ergebnis kein Vektor, sondern ein Skalar ist, also eine reelle Zahl. Für das Skalarprodukt $|\vec{F}| \cdot |\vec{s}| \cdot \cos(\alpha)$ schreibt man kurz: $\vec{F} \circ \vec{s}$.

Skalarprodukt der Vektoren $\vec{F}$ und $\vec{s}$:
$\vec{F} \circ \vec{s} = |\vec{F}| \cdot |\vec{s}| \cdot \cos(\alpha)$

Sind $\vec{a}$ und $\vec{b}$ zwei Vektoren, die den Winkel α einschließen ($0° \leq \alpha \leq 180°$), dann heißt $\vec{a} \circ \vec{b} = |\vec{a}| \cdot |\vec{b}| \cdot \cos(\alpha)$ **Skalarprodukt** von $\vec{a}$ und $\vec{b}$.

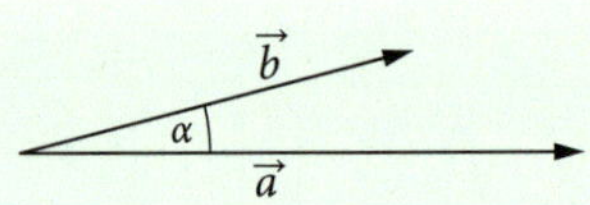

Geometrisch entspricht das Skalarprodukt dem Produkt aus der Länge des Vektors $\vec{a}$ und der orientierten Länge des Vektors $\vec{b_a}$, der sich als Projektion des Vektors $\vec{b}$ auf die Richtung von $\vec{a}$ ergibt.

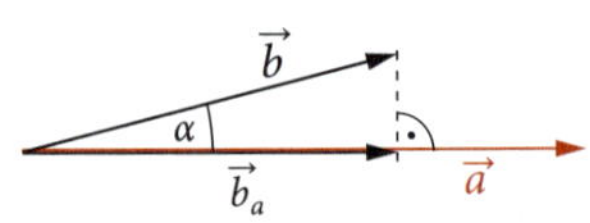

Berechnen Sie das Skalarprodukt $\vec{u} \circ \vec{v}$ für $|\vec{u}| = 15$; $|\vec{v}| = 13$ und $\alpha = 27°$.

Koordinatenform des Skalarprodukts

Oft ist der Winkel zwischen zwei Vektoren nicht bekannt und es ist trotzdem nach dem Skalarprodukt gefragt. Selbst wenn der Winkel und zwei Spaltenvektoren gegeben sind, müssten in einem ersten Schritt die Beträge der Vektoren berechnet werden, bevor man das Skalarprodukt berechnen kann. Daher nutzt man oft eine weitere Möglichkeit, das Skalarprodukt zweier gegebener Spaltenvektoren zu berechnen: die Koordinatenform des Skalarprodukts.

Herleitung der Koordinatenform

2

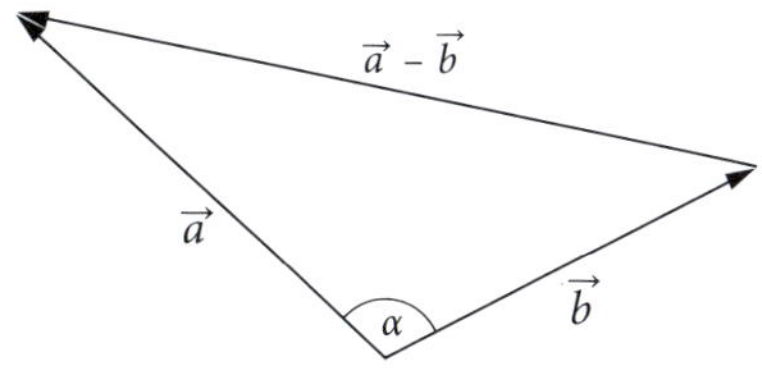

Leiten Sie mithilfe des Kosinussatzes eine vektor- und winkelfreie Darstellung des Skalarprodukts her.

Für das abgebildete Dreieck gilt nach dem Kosinussatz:

$$|\vec{a} - \vec{b}|^2 = |\vec{a}|^2 + |\vec{b}|^2 - 2|\vec{a}|^2|\vec{b}|^2\cos(\alpha) = |\vec{a}|^2 + |\vec{b}|^2 - 2(\vec{a} \circ \vec{b}).$$

Andererseits gilt $\vec{a} - \vec{b} = \begin{pmatrix} a_1 - b_1 \\ a_2 - b_2 \end{pmatrix}$, also:

$$\begin{aligned} |\vec{a} - \vec{b}|^2 &= (a_1 - b_1)^2 + (a_2 - b_2)^2 \\ &= (a_1^2 - 2a_1b_1 + b_1^2) + (a_2^2 - 2a_2b_2 + b_2^2) \\ &= \underbrace{(a_1^2 + a_2^2)}_{|\vec{a}|^2} + \underbrace{(b_1^2 + b_2^2)}_{|\vec{b}|^2} - 2\cdot(a_1b_1 + a_2b_2) \\ &= |\vec{a}|^2 + |\vec{b}|^2 - 2\cdot(a_1b_1 + a_2b_2) \end{aligned}$$

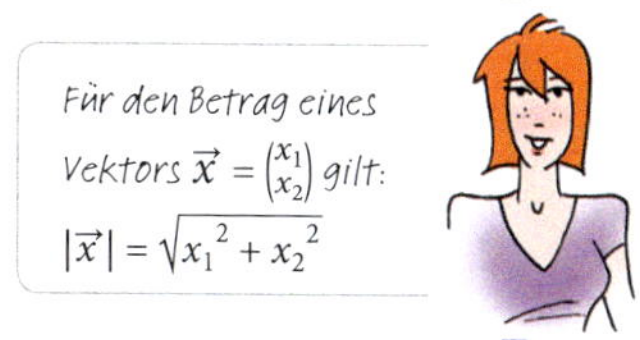

Vergleichen wir die letzte Zeile mit dem Ergebnis aus dem Kosinussatz, dann sehen wir: $\vec{a} \circ \vec{b} = a_1b_1 + a_2b_2$. Damit haben wir eine einfache Formel für die Berechnung des Skalarprodukts erhalten, für den Fall, dass die Koordinaten der beiden Vektoren gegeben sind.

Skalarprodukt mithilfe der Koordinatenform berechnen

3

Gegeben sind $\vec{a} = \begin{pmatrix} 1 \\ 2 \end{pmatrix}$, $\vec{b} = \begin{pmatrix} 3 \\ 4 \end{pmatrix}$, $\vec{c} = \begin{pmatrix} 2 \\ -1 \\ 3 \end{pmatrix}$ und $\vec{d} = \begin{pmatrix} 1 \\ 0 \\ -1 \end{pmatrix}$. Berechnen Sie die Skalarprodukte $\vec{a} \circ \vec{b}$ und $\vec{c} \circ \vec{d}$.

GTR CAS

Man bildet das Skalarprodukt, indem die entsprechenden Koordinaten der beiden Vektoren multipliziert und diese Produkte dann addiert werden. Dies gilt sowohl in der Ebene als auch im Raum.

Die gesuchten Skalarprodukte sind $\vec{a} \circ \vec{b} = 11$ und $\vec{c} \circ \vec{d} = -1$.

Ein GTR/CAS bietet üblicherweise einen Befehl zur Berechnung des Skalarprodukts zweier Vektoren.

$$\vec{a} \circ \vec{b} = \begin{pmatrix} 1 \\ 2 \end{pmatrix} \circ \begin{pmatrix} 3 \\ 4 \end{pmatrix} = 1\cdot 3 + 2\cdot 4 = 11$$

$$\vec{c} \circ \vec{d} = \begin{pmatrix} 2 \\ -1 \\ 3 \end{pmatrix} \circ \begin{pmatrix} 1 \\ 0 \\ -1 \end{pmatrix} = 2\cdot 1 + (-1)\cdot 0 + 3\cdot(-1) = -1$$

$$\text{DotP}\left(\begin{bmatrix} 2 \\ -1 \\ 3 \end{bmatrix}, \begin{bmatrix} 1 \\ 0 \\ -1 \end{bmatrix}\right) \qquad -1$$

▶ CA Der Befehl DotP des Skalarprodukts ist zu finden unter **OPTN**, MAT/VCT (**F2**), DotP (**F2**).

Für das Skalarprodukt gilt:

$\vec{a} \circ \vec{b} = \begin{pmatrix} a_1 \\ a_2 \end{pmatrix} \circ \begin{pmatrix} b_1 \\ b_2 \end{pmatrix} = a_1\cdot b_1 + a_2\cdot b_2$ ▶ in der Ebene

$\vec{a} \circ \vec{b} = \begin{pmatrix} a_1 \\ a_2 \\ a_3 \end{pmatrix} \circ \begin{pmatrix} b_1 \\ b_2 \\ b_3 \end{pmatrix} = a_1\cdot b_1 + a_2\cdot b_2 + a_3\cdot b_3$ ▶ im Raum

Berechnen Sie das Skalarprodukt der Vektoren $\vec{a} = \begin{pmatrix} 3 \\ -2 \\ 1 \end{pmatrix}$ und $\vec{b} = \begin{pmatrix} 1 \\ 1 \\ -2 \end{pmatrix}$.

Rechenregeln für das Skalarprodukt

4 Kommutativgesetz

Zeigen Sie, dass gilt: $\vec{a} \circ \vec{b} = \vec{b} \circ \vec{a}$

Wir können den Beweis mit der Kosinusform und der Koordinatenform führen. In beiden Fällen nutzen wir das Kommutativgesetz der Multiplikation reeller Zahlen.

Beweis mit der Kosinusform:
Für die Beträge gilt das Kommutativgesetz, der Winkel bleibt gleich.

$$\vec{a} \circ \vec{b} = |\vec{a}| \cdot |\vec{b}| \cdot \cos(\alpha) = |\vec{b}| \cdot |\vec{a}| \cdot \cos(\alpha) = \vec{b} \circ \vec{a}$$

Beweis mit der Koordinatenform:
Für die einzelnen Komponenten gilt das Kommutativgesetz

$$\vec{a} \circ \vec{b} = \begin{pmatrix} a_1 \\ a_2 \\ a_3 \end{pmatrix} \circ \begin{pmatrix} b_1 \\ b_2 \\ b_3 \end{pmatrix} = a_1 \cdot b_1 + a_2 \cdot b_2 + a_3 \cdot b_3$$
$$= b_1 \cdot a_1 + b_2 \cdot a_2 + b_3 \cdot a_3 = \begin{pmatrix} b_1 \\ b_2 \\ b_3 \end{pmatrix} \circ \begin{pmatrix} a_1 \\ a_2 \\ a_3 \end{pmatrix}$$
$$= \vec{b} \circ \vec{a}$$

5 Distributivgesetz

Zeigen Sie mit dem GTR/CAS, dass gilt: $(\vec{a} + \vec{b}) \circ \vec{c} = \vec{a} \circ \vec{c} + \vec{b} \circ \vec{c}$

Bei dem Skalarprodukt der Vektoraddition $(\vec{a} + \vec{b})$ mit dem Vektor $\vec{c}$ berechnet der GTR/CAS exakt dasselbe Ergebnis wie bei der Addition der Skalarprodukte $\vec{a} \circ \vec{c} + \vec{b} \circ \vec{c}$.
Für das Skalarprodukt gilt somit das Distributivgesetz.

```
dotP(v_a+v_b,v_c)
    a1·c1+a2·c2+a3·c3+b1·c1+b2·c2+b3·c3
dotP(v_a,v_c)+dotP(v_b,v_c)
    a1·c1+a2·c2+a3·c3+b1·c1+b2·c2+b3·c3
```

▶ TI Der Befehl dotP des Skalarprodukts ist zu finden unter menu, Matrix und Vektor, Vektor.

Rechenregeln für das Skalarprodukt
- $\vec{a} \circ \vec{b} = \vec{b} \circ \vec{a}$ — Kommutativgesetz
- $(\vec{a} + \vec{b}) \circ \vec{c} = \vec{a} \circ \vec{c} + \vec{b} \circ \vec{c}$ — Distributivgesetz
- $(r \cdot \vec{a}) \circ \vec{b} = r \cdot (\vec{a} \circ \vec{b})$ für $r \in \mathbb{R}$

1. Zeigen Sie, dass gilt: $(r \cdot \vec{a}) \circ \vec{b} = r \cdot (\vec{a} \circ \vec{b})$ für $r \in \mathbb{R}$.

2. Entscheiden Sie begründet, ob es folgende Rechengesetze gibt oder nicht:
a) $\vec{a} \circ \vec{b} \circ \vec{c} = \vec{b} \circ \vec{a} \circ \vec{c}$
b) $(\vec{a} \circ \vec{b}) \cdot r \cdot s = \vec{a} \circ (r \cdot s) \cdot \vec{b}$
c) $(r + s) \cdot \vec{a} = r \cdot \vec{a} + s \cdot \vec{a}$

6 Betrag eines Vektors und Skalarprodukt

Berechnen Sie das Skalarprodukt $\vec{a} \circ \vec{a}$ und deuten Sie das Ergebnis.

Für den eingeschlossenen Winkel α gilt: $\alpha = 0°$ und damit $\cos(0°) = 1$. Wir erhalten: $\vec{a} \circ \vec{a} = |\vec{a}|^2$.

Wir können den Betrag des Vektors $\vec{a}$ auch mithilfe des Skalarprodukts bestimmen: $|\vec{a}| = \sqrt{\vec{a} \circ \vec{a}}$

$$\vec{a} \circ \vec{a} = |\vec{a}| \cdot |\vec{a}| \cdot \cos(0°) = |\vec{a}| \cdot |\vec{a}| \cdot 1 = |\vec{a}|^2$$

also: $|\vec{a}| = \sqrt{\vec{a} \circ \vec{a}}$

Übungen zu 5.2.1

1. Berechnen Sie mit $\vec{r} = \begin{pmatrix} 2 \\ 4 \\ 5 \end{pmatrix}$, $\vec{s} = \begin{pmatrix} 1 \\ -6 \\ 2 \end{pmatrix}$ und $\vec{u} = \begin{pmatrix} -6 \\ -9 \\ 2 \end{pmatrix}$ die Skalarprodukte
oHi Mi

a) $\vec{r} \circ \vec{s}$ b) $\vec{r} \circ \vec{u}$ c) $\vec{r} \circ \vec{u} + \vec{s} \circ \vec{u}$

2. Herbert ermittelt in einer Schulaufgabe das Skalarprodukt der Vektoren $\vec{a} = \begin{pmatrix} 6 \\ 0 \\ -8 \end{pmatrix}$ und $\vec{b} = \begin{pmatrix} 12 \\ 3 \\ 4 \end{pmatrix}$, die einen Winkel von 72,08° einschließen. Herbert berechnet die Beträge der beiden Vektoren $|\vec{a}| = 10$ und $|\vec{b}| = 13$ und anschließend $\vec{a} \circ \vec{b} = 10 \cdot 13 \cdot \cos(72{,}08°) \approx 40$. Sarah sieht die Lösung bei der Herausgabe der Schulaufgabe und merkt an, dass das viel leichter zu rechnen ist, weil … Vervollständigen Sie den Satz.

3. Überprüfen Sie, ob für $\vec{a} \neq 0$ und $\vec{b} \neq 0$ die folgenden Terme eine Zahl oder einen Vektor darstellen oder gar nicht definiert sind.
oHi Mi

a) $\dfrac{\vec{a}}{\vec{a} \circ \vec{a}}$ c) $\dfrac{\vec{a} \circ \vec{b}}{\vec{b} \circ \vec{b}}$ e) $(\vec{a} + \vec{b})^2$

b) $\dfrac{\vec{a} \circ \vec{a}}{\vec{a}}$ d) $\dfrac{(\vec{a} \circ \vec{a}) \cdot \vec{a}}{(\vec{a} \circ \vec{a}) \cdot (\vec{a} \circ \vec{a})}$

4. Zeigen Sie, dass für zwei kollineare Vektoren $\vec{a}$, $\vec{b}$ gilt: $|\vec{a} \circ \vec{b}| = |\vec{a}| \cdot |\vec{b}|$.
oHi Mi

5. Das gemischte Assoziativgesetz gilt für das Skalarprodukt nicht, also:
oHi Mi
$\vec{a} \cdot (\vec{b} \circ \vec{c}) \neq (\vec{a} \circ \vec{b}) \cdot \vec{c}$.

a) Zeigen Sie dies mithilfe eines Gegenbeispiels.

b) Überlegen Sie den Grund und bringen Sie ihn in eine kurze Formulierung.

6. Berechnen Sie die Beträge der Vektoren.

a) $\begin{pmatrix} 1 \\ 0 \\ 0 \end{pmatrix}$ c) $\begin{pmatrix} 3 \\ 4 \\ 0 \end{pmatrix}$ e) $\begin{pmatrix} 3 \\ 4 \\ 5 \end{pmatrix}$

b) $\begin{pmatrix} 1 \\ 0 \\ 1 \end{pmatrix}$ d) $\begin{pmatrix} -3 \\ 4 \\ 0 \end{pmatrix}$ f) $\begin{pmatrix} -1 \\ 0 \\ 7 \end{pmatrix}$

7. Verkürzen oder verlängern Sie den Vektor $\begin{pmatrix} 4 \\ -2 \\ 4 \end{pmatrix}$, sodass sein Betrag den Wert

a) 1 b) 2 c) 1,5

annimmt. Geben Sie die jeweiligen Vektoren an.

8. Überprüfen Sie mit Ihrem GTR/CAS, dass beim Skalarprodukt das „Ausklammern" einer reellen Zahl möglich ist. Zeigen Sie somit, dass $(r \cdot \vec{a}) \circ \vec{b} = r \cdot (\vec{a} \circ \vec{b})$ für $r \in \mathbb{R}$ gilt.

9. Entscheiden Sie begründet, ob das Skalarprodukt der Vektoren $\vec{a}$ und $\vec{b}$ positiv, negativ oder gleich null ist.
oHi Mi

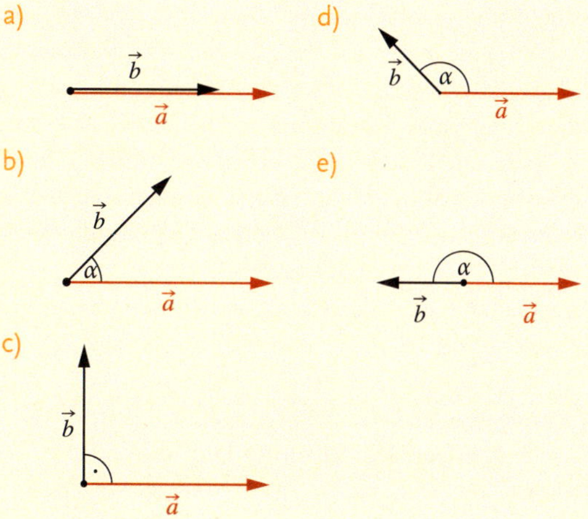

10. In einer Kita soll eine Seilrutsche zwischen der Hauswand der Kita und einer Metallkonstruktion angebracht werden. Die Seilrutsche wird an der Hauswand im Punkt $A(0|2|3)$ angebracht und ist über eine Treppe erreichbar. Das Seil der Rutsche wird zwischen A und dem Ende der Seilrutsche, dem Punkt $B(13|-3|1{,}5)$ gespannt. 1 LE entspricht 1 m.

a) Berechnen Sie die Länge des Seils, indem Sie das Skalarprodukt verwenden.

b) Vergleichen Sie das Ergebnis mit der alternativen Berechnung der Länge des Seils durch die Anwendung des Satzes von Pythagoras (vgl. Kapitel 5.1).

c) Diskutieren Sie beide Ansätze mit Blick auf die Verwendung eines GTR/CAS.

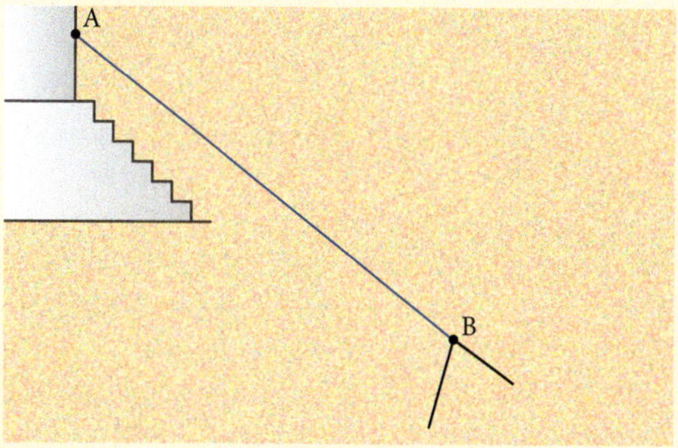

11. Ein Körper wird mit einer Kraft von 48 N um 2 m verschoben. Die Kraftrichtung schließt mit dem zurückgelegten Weg einen Winkel von 32° ein. Berechnen Sie die verrichtete Arbeit.

5

5.2.2 Winkel zwischen zwei Vektoren

7 Winkelberechnungen

Eine Gartenbaufirma bietet Sonnensegel in individuellen Formen und Größen an. Sie erhält den Auftrag, ein dreieckiges Segel für eine Kita herzustellen. Die genauen Winkel zwischen den Seiten des Segels werden durch die Lage der Befestigungspunkte bestimmt, denn über sie werden die Zugkräfte auf die Segelfläche übertragen und das Segel kann faltenfrei gespannt werden. Nach Absprache mit der Kitaleitung wurden folgende Befestigungspunkte festgelegt: $A(2|1|1)$, $B(5|3|8)$ und $C(3|3|4)$.
Berechnen Sie das Winkelmaß des Winkels α, der von den Seitenkanten AB und AC eingeschlossen wird.

Wir stellen zunächst die Seitenkanten AB und AC mithilfe der Regel „Spitze minus Fuß" durch Vektoren dar.

$\overrightarrow{AB} = \begin{pmatrix} 3 \\ 2 \\ 7 \end{pmatrix}$, $\overrightarrow{AC} = \begin{pmatrix} 1 \\ 2 \\ 3 \end{pmatrix}$

Wegen $\overrightarrow{AB} \neq 0$ und $\overrightarrow{AC} \neq 0$ können wir die Gleichung $\overrightarrow{AB} \circ \overrightarrow{AC} = |\overrightarrow{AB}| \cdot |\overrightarrow{AC}| \cdot \cos(\alpha)$ nach $\cos(\alpha)$ auflösen.

Mithilfe der Spaltenvektoren von $\overrightarrow{AB}$ und $\overrightarrow{AC}$ lassen sich sowohl das Skalarprodukt $\overrightarrow{AB} \circ \overrightarrow{AC}$ als auch die Beträge $|\overrightarrow{AB}|$ und $|\overrightarrow{AC}|$ berechnen.

Um α zu berechnen, nutzen wir die trigonometrische Umkehrfunktion $\cos^{-1}$ des GTR/CAS.
Wir erhalten das Ergebnis $\alpha \approx 18°$.

$$\overrightarrow{AB} \circ \overrightarrow{AC} = |\overrightarrow{AB}| \cdot |\overrightarrow{AC}| \cdot \cos(\alpha)$$
$$\Leftrightarrow \cos(\alpha) = \frac{\overrightarrow{AB} \circ \overrightarrow{AC}}{|\overrightarrow{AB}| \cdot |\overrightarrow{AC}|}$$
$$\Leftrightarrow \cos(\alpha) = \frac{3 \cdot 1 + 2 \cdot 2 + 7 \cdot 3}{\sqrt{3^2 + 2^2 + 7^2} \cdot \sqrt{1^2 + 2^2 + 3^2}}$$
$$\Leftrightarrow \cos(\alpha) = \frac{28}{\sqrt{62} \cdot \sqrt{14}}$$
$$\Rightarrow \alpha \approx 18{,}12°$$

Sind $\vec{a}$ und $\vec{b}$ zwei von null verschiedene Vektoren, dann gilt für den zwischen ihnen eingeschlossenen Winkel α:

$$\cos(\alpha) = \frac{\vec{a} \circ \vec{b}}{|\vec{a}| \cdot |\vec{b}|}$$

1. Berechnen Sie die Größe der Innenwinkel des Dreiecks ABC mit $A(2|1|0)$, $B(1|4|1)$ und $C(0|3|6)$.

2. Ein Schiff verbindet zwei gegenüberliegende Städte am Amazonas. Der Amazonas ist an dieser Stelle 50 km breit. Durch die starke Strömung wird das Schiff abgetrieben und kommt in einem Dorf an, das 30 km vom eigentlichen Ziel entfernt ist.

   Bestimmen Sie mithilfe des Skalarprodukts den Winkel, unter dem das Schiff flussaufwärts steuern muss, um seinen Zielhafen zu erreichen.

Senkrechte Vektoren

8

Erinnern Sie sich an die Situation aus Beispiel 1: Ein Waggon wurde gleichmäßig von einem Traktor gezogen. Dabei wurde eine Kraft in Richtung des Traktors aufgebracht, deren Betrag 200 N betrug. Der Winkel zwischen der wirkenden Kraft und dem Weg betrug $\alpha = 40°$. Für einen zurückgelegten Weg von 30 m betrug die verrichtete Arbeit ca. 4596 J:
$W = \vec{F} \circ \vec{s} = |\vec{F}| \cdot |\vec{s}| \cdot \cos(\alpha) = 200\,\text{N} \cdot 30\,\text{m} \cdot \cos(40°) \approx 4596\,\text{J}.$

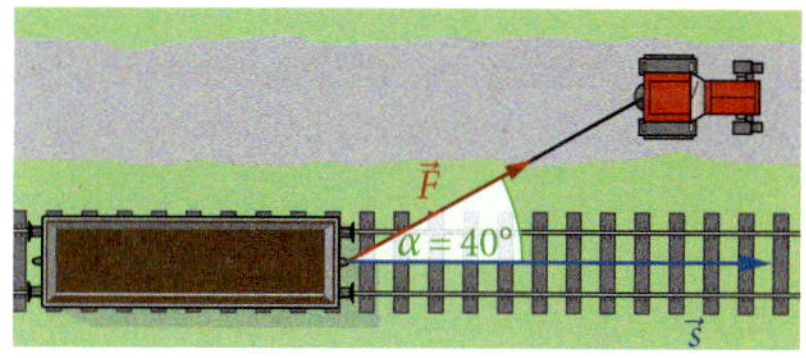

Berechnen Sie nun die verrichtete Arbeit, wenn die Zugrichtung des Traktors im 90°-Winkel zum Weg des Waggons steht.

Setzen wir die Werte $|\vec{F}| = 200\,\text{N}$, $|\vec{s}| = 30\,\text{m}$ und $\alpha = 90°$ in die Definition des Skalarprodukts ein, so erhalten wir $\vec{F} \circ \vec{s} = 0$, denn der Kosinus von 90° ist null.
Anschaulich wird dies klar, da durch den 90°-Winkel die Zugkraft des Traktors keine Auswirkung auf den Weg des Waggons hat.

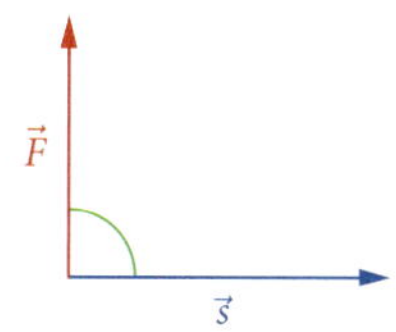

$$\begin{aligned}\vec{F} \circ \vec{s} &= |\vec{F}| \cdot |\vec{s}| \cdot \cos(\alpha) \\ &= 200\,\text{N} \cdot 30\,\text{m} \cdot \cos(90°) \\ &= 200\,\text{N} \cdot 30\,\text{m} \cdot 0 \\ &= 0\,\text{J}\end{aligned}$$

Allgemein gilt, dass das Skalarprodukt zweier senkrecht aufeinander stehender Vektoren stets null ist.
Man bezeichnet senkrecht aufeinander stehende Vektoren auch als **orthogonale Vektoren**.
Umgekehrt gilt ebenso: Ist das Skalarprodukt zweier Vektoren gleich 0, dann sind diese Vektoren orthogonal.

Zwei Vektoren $\vec{a}$ und $\vec{b}$ sind genau dann orthogonal, wenn gilt $\vec{a} \circ \vec{b} = 0$.

Normalenvektor bestimmen

9

Gegeben sind die Vektoren $\vec{a} = \begin{pmatrix} 2 \\ 3 \\ 1 \end{pmatrix}$ und $\vec{b} = \begin{pmatrix} -2 \\ 3 \\ 3 \end{pmatrix}$. Bestimmen Sie einen Vektor $\vec{n} = \begin{pmatrix} n_1 \\ n_2 \\ n_3 \end{pmatrix}$, der orthogonal zu $\vec{a}$ und $\vec{b}$ ist.

Der Vektor $\vec{n}$ soll sowohl zum Vektor $\vec{a}$ als auch zum Vektor $\vec{b}$ orthogonal sein.
Es gilt also: $\vec{a} \circ \vec{n} = 0$ und $\vec{b} \circ \vec{n} = 0$.

Wir erhalten ein lineares Gleichungssystem mit zwei Gleichungen und drei Variablen.
Eine Variable können wir also frei wählen. Wir wählen z. B. $n_3 = 1$.

Als Lösung erhalten wir: $\vec{n} = \begin{pmatrix} \frac{1}{2} \\ -\frac{2}{3} \\ 1 \end{pmatrix}$

$\vec{a} \circ \vec{n} = 0 \Leftrightarrow 2n_1 + 3n_2 + n_3 = 0$
$\vec{b} \circ \vec{n} = 0 \Leftrightarrow -2n_1 + 3n_2 + 3n_3 = 0$

(I) $2n_1 + 3n_2 + n_3 = 0$
(II) $-2n_1 + 3n_2 + 3n_3 = 0$ (I) + (II)

(III) $6n_2 + 4n_3 = 0$
$n_3 = 1$ ▶ frei gewählt
$\Rightarrow 6n_2 + 4 = 0 \Leftrightarrow n_2 = -\frac{2}{3}$
$\Rightarrow 2n_1 - 2 + 1 = 0 \Leftrightarrow n_1 = \frac{1}{2}$

Einen Vektor, der senkrecht auf zwei gegebenen Vektoren steht bzw. auf der von den beiden Vektoren aufgespannten Fläche, heißt **Normalenvektor**.

1. Zeigen Sie, dass die Vektoren $\vec{a} = \begin{pmatrix} -5 \\ 2 \\ -1 \end{pmatrix}$ und $\vec{b} = \begin{pmatrix} -1 \\ -2 \\ 1 \end{pmatrix}$ orthogonal zueinander sind.

2. Gegeben sind die Vektoren $\vec{a} = \begin{pmatrix} -2 \\ 1 \\ 0 \end{pmatrix}$ und $\vec{b} = \begin{pmatrix} 1 \\ 2 \\ 3 \end{pmatrix}$. Bestimmen Sie einen Normalenvektor zu $\vec{a}$ und $\vec{b}$.

5

Übungen zu 5.2.2

1. Berechnen Sie die Winkel zwischen den Vektoren.

a) $\vec{r} = \begin{pmatrix} -2 \\ 3 \end{pmatrix}$, $\vec{s} = \begin{pmatrix} 5 \\ -7 \end{pmatrix}$ b) $\vec{r} = \begin{pmatrix} 4 \\ 1 \\ 5 \end{pmatrix}$, $\vec{s} = \begin{pmatrix} 6 \\ -2 \\ 9 \end{pmatrix}$

2. Bestimmen Sie alle Winkel des Dreiecks, das durch die Vektoren aufgespannt wird.

a) $\vec{r} = \begin{pmatrix} 4 \\ 2 \end{pmatrix}$, $\vec{s} = \begin{pmatrix} -1 \\ 3 \end{pmatrix}$ b) $\vec{r} = \begin{pmatrix} 4 \\ 3 \\ -5 \end{pmatrix}$, $\vec{s} = \begin{pmatrix} -5 \\ 0 \\ 2 \end{pmatrix}$

3. Untersuchen Sie, welche Vektoren orthogonal zueinander sind.

oHi Mi

a) $\begin{pmatrix} 4 \\ 3 \\ 2 \end{pmatrix}$, $\begin{pmatrix} -2 \\ 4 \\ 2 \end{pmatrix}$ b) $\begin{pmatrix} 2 \\ 4 \\ 3 \end{pmatrix}$, $\begin{pmatrix} 4 \\ -2 \\ 0 \end{pmatrix}$ c) $\begin{pmatrix} 1 \\ 0 \\ 0 \end{pmatrix}$, $\begin{pmatrix} 0 \\ 1 \\ 0 \end{pmatrix}$

4. Ermitteln Sie zu den Vektorpaaren jeweils einen Vektor $\vec{n}$, der zu den beiden Vektoren gleichzeitig orthogonal ist.

a) $\vec{a} = \begin{pmatrix} -3 \\ 0 \\ 0 \end{pmatrix}$, $\vec{b} = \begin{pmatrix} 1 \\ -5 \\ 0 \end{pmatrix}$

b) $\vec{a} = \begin{pmatrix} 4 \\ -2 \\ 1 \end{pmatrix}$, $\vec{b} = \begin{pmatrix} 4 \\ 5 \\ 6 \end{pmatrix}$

5. Geben Sie zu den folgenden Vektoren jeweils zwei orthogonale Vektoren an und weisen Sie die Orthogonalität nach.

oHi Mi

$\vec{a} = \begin{pmatrix} 4 \\ -3 \\ 7 \end{pmatrix}$, $\vec{b} = \begin{pmatrix} -2 \\ -1 \\ 9 \end{pmatrix}$, $\vec{c} = \begin{pmatrix} -4 \\ 0 \\ 1 \end{pmatrix}$, $\vec{d} = \begin{pmatrix} 0 \\ -3 \\ 0 \end{pmatrix}$, $\vec{e} = \begin{pmatrix} 8 \\ 8 \\ 8 \end{pmatrix}$, $\vec{f} = \begin{pmatrix} 0 \\ 0 \\ 5 \end{pmatrix}$

Vermischte Übungen zu 5.2

1. Berechnen Sie das Skalarprodukt der Vektoren $\vec{a}$ und $\vec{b}$ und den eingeschlossenen Winkel.

a) $\vec{a} = \begin{pmatrix} 4 \\ 3 \\ -2 \end{pmatrix}$, $\vec{b} = \begin{pmatrix} 2 \\ 0 \\ 1 \end{pmatrix}$ c) $\vec{a} = \begin{pmatrix} 6 \\ 2 \\ -3 \end{pmatrix}$, $\vec{b} = \begin{pmatrix} -4 \\ 3 \\ 1 \end{pmatrix}$

b) $\vec{a} = \begin{pmatrix} 0 \\ 4 \\ 3 \end{pmatrix}$, $\vec{b} = \begin{pmatrix} -3 \\ 8 \\ 11 \end{pmatrix}$

2. Dargestellt ist eine regelmäßige Pyramide. Sie ist 5 LE hoch. Berechnen Sie das Winkelmaß aller Winkel, die von den Kanten der Pyramide eingeschlossen werden, sowie den Neigungswinkel der Seitenfläche gegenüber der Grundfläche.

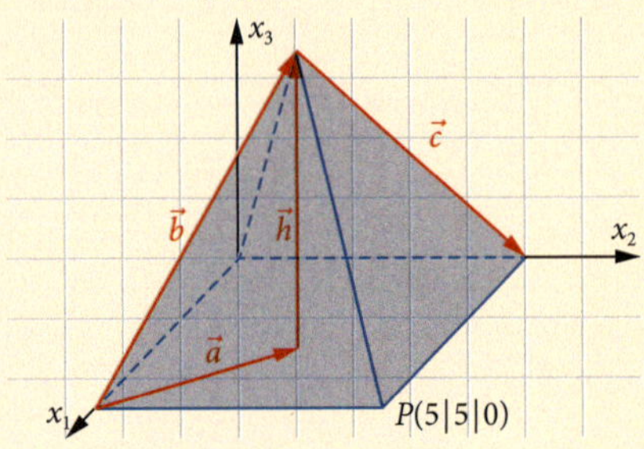

3. Ermitteln Sie zu den folgenden Vektorpaaren jeweils einen Normalenvektor.

a) $\vec{v_1} = \begin{pmatrix} -3 \\ 0 \\ 0 \end{pmatrix}$, $\vec{v_2} = \begin{pmatrix} 1 \\ -5 \\ 0 \end{pmatrix}$ c) $\vec{v_1} = \begin{pmatrix} -2 \\ 3 \\ 4 \end{pmatrix}$, $\vec{v_2} = \begin{pmatrix} 4 \\ 0 \\ 0 \end{pmatrix}$

b) $\vec{v_1} = \begin{pmatrix} -1 \\ 0 \\ 2 \end{pmatrix}$, $\vec{v_2} = \begin{pmatrix} 3 \\ -1 \\ 0 \end{pmatrix}$ d) $\vec{v_1} = \begin{pmatrix} 4 \\ -2 \\ 1 \end{pmatrix}$, $\vec{v_2} = \begin{pmatrix} 4 \\ 5 \\ 6 \end{pmatrix}$

4. Zeigen Sie, dass das Dreieck mit den Eckpunkten $A(1|0|4)$, $B(3|2|2)$, $C(1|3|1)$ rechtwinklig ist.

5. Bestimmen Sie einen Vektor $\vec{b}$, der mit dem Vektor $\vec{a} = \begin{pmatrix} 1 \\ 1 \\ 0 \end{pmatrix}$ einen Winkel von 45° einschließt.
Hinweis: Es gibt mehrere Lösungen.

6. Für einen Kinderspielplatz soll eine neue Schaukel anhand der folgenden Skizze erstellt werden.

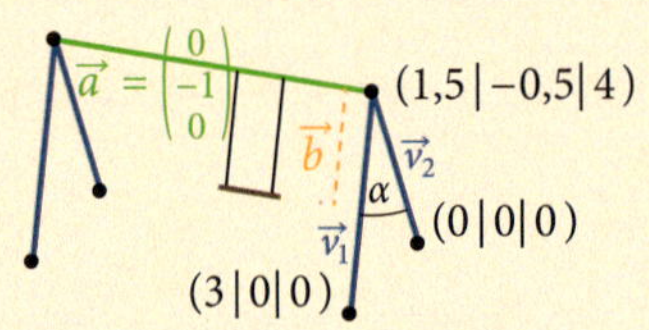

a) Berechnen Sie den Winkel α.

b) Um die Kettenlänge der Schaukel zu bestimmen, muss der Vektor $\vec{b}$ (siehe Skizze) bestimmt werden. Ermitteln Sie einen geeigneten Vektor $\vec{b}$, welcher orthogonal zum Vektor $\vec{a} = \begin{pmatrix} 0 \\ -1 \\ 0 \end{pmatrix}$ ist.

c) Bestimmen Sie den Normalenvektor zu den Vektoren $\vec{v_1}$ und $\vec{v_2}$ und interpretieren Sie das Ergebnis im Kontext der Aufgabe.

7. Prüfen Sie, ob der auf Seite 273 vorgestellte Entwurf die ebenfalls dort formulierten Anforderungen der Fly Bike Werke GmbH erfüllt.

Ich kann …

… das **Skalarprodukt** berechnen …

$\vec{a} = \begin{pmatrix} 4 \\ 0 \end{pmatrix}$, $\vec{b} = \begin{pmatrix} 3 \\ 4 \end{pmatrix}$

$\alpha \approx 53{,}13°$

$|\vec{a}| = \sqrt{4^2 + 0^2} = 4$

$|\vec{b}| = \sqrt{3^2 + 4^2} = 5$

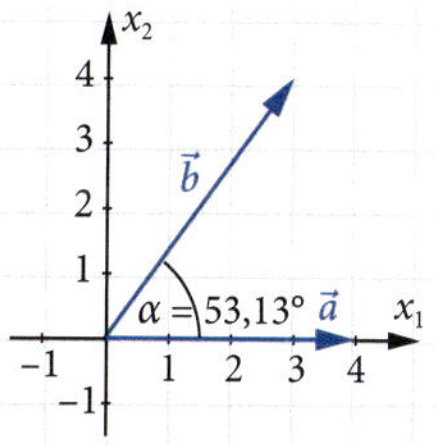

… mit der **Kosinusform**.
▶ Test-Aufgaben 1, 2, 4

$\vec{a} \circ \vec{b}$
$\approx 4 \cdot 5 \cdot \cos(53{,}13°) \approx 12$

Kosinusform in Ebene und Raum:
$\vec{a} \circ \vec{b} = |\vec{a}| \cdot |\vec{b}| \cdot \cos(\alpha)$
$(0° \le \alpha \le 180°)$

… mit der **Koordinatenform**.
▶ Test-Aufgaben 3, 5

$\vec{a} \circ \vec{b}$
$= 4 \cdot 3 + 0 \cdot 4 = 12$

$\vec{a} = \begin{pmatrix} 2 \\ 3 \\ 4 \end{pmatrix}$; $\vec{b} = \begin{pmatrix} 3 \\ 4 \\ -1 \end{pmatrix}$

$\vec{a} \circ \vec{b} = 2 \cdot 3 + 3 \cdot 4 - 4 \cdot 1 = 14$

Koordinatenform in der Ebene:
$\vec{a} \circ \vec{b} = \begin{pmatrix} a_1 \\ a_2 \end{pmatrix} \circ \begin{pmatrix} b_1 \\ b_2 \end{pmatrix} = a_1 \cdot b_1 + a_2 \cdot b_2$

Koordinatenform im Raum:
$\vec{a} \circ \vec{b} = \begin{pmatrix} a_1 \\ a_2 \\ a_3 \end{pmatrix} \circ \begin{pmatrix} b_1 \\ b_2 \\ b_3 \end{pmatrix}$
$= a_1 \cdot b_1 + a_2 \cdot b_2 + a_3 \cdot b_3$

… die **Rechenregeln** für das Skalarprodukt anwenden.

$\vec{a} \circ \vec{b} = \vec{b} \circ \vec{a}$ — Kommutativgesetz

$(\vec{a} + \vec{b}) \circ \vec{c}$
$= \vec{a} \circ \vec{c} + \vec{b} \circ \vec{c}$ — Distributivgesetz

$(r \cdot \vec{a}) \circ \vec{b} = r \cdot (\vec{a} \circ \vec{b})$ für $r \in \mathbb{R}$ — gemischtes Assoziativgesetz

… den **Winkel** zwischen zwei Vektoren bestimmen.
▶ Test-Aufgaben 1, 6

$\cos(\alpha) = \frac{\vec{a} \circ \vec{b}}{|\vec{a}| \cdot |\vec{b}|} = \frac{14}{\sqrt{29} \cdot \sqrt{26}} \approx 0{,}5098$
$\Rightarrow \alpha \approx 59{,}3°$

Mit dem Skalarprodukt und den Beträgen der Vektoren $\cos(\alpha)$ berechnen.
Mit dem Taschenrechner α bestimmen.

… prüfen, ob zwei Vektoren **orthogonal** zueinander stehen.
▶ Test-Aufgaben 1, 5

$\vec{a} = \begin{pmatrix} 2 \\ 3 \\ 4 \end{pmatrix}$, $\vec{b} = \begin{pmatrix} 3 \\ -2 \\ 0 \end{pmatrix}$

$\vec{a} \circ \vec{b} = 2 \cdot 3 - 3 \cdot 2 + 4 \cdot 0 = 0$
$\Rightarrow$ $\vec{a}$ und $\vec{b}$ orthogonal zueinander

Zwei Vektoren stehen orthogonal zueinander, wenn deren Skalarprodukt 0 ist.

… einen **Normalenvektor** bestimmen.
▶ Test-Aufgabe 3

$\vec{a} \circ \vec{n} = 0 \Leftrightarrow 2n_1 + 3n_2 + 4n_3 = 0$
$\vec{b} \circ \vec{n} = 0 \Leftrightarrow 3n_1 - 2n_2 + 0 = 0$
LGS:
(I) $2n_1 + 3n_2 + 4n_3 = 0$
(II) $3n_1 - 2n_2 + 0 = 0$
$3n_1 = 2n_2 \Leftrightarrow n_1 = \frac{2}{3} n_2$
$n_2 = 3$ ▶ frei gewählt
$n_1 = 2$
$4 + 9 + 4n_3 = 0 \Leftrightarrow n_3 = -\frac{13}{4}$

$\vec{n} = \begin{pmatrix} 2 \\ 3 \\ -\frac{13}{4} \end{pmatrix}$

Der Normalenvektor $\vec{n}$ zu den Vektoren $\vec{a}$ und $\vec{b}$ steht senkrecht auf der von $\vec{a}$ und $\vec{b}$ aufgespannten Ebene:
$\vec{n} \perp \vec{a}$ und $\vec{n} \perp \vec{b}$, also gilt:
$\vec{a} \circ \vec{n} = 0$ und $\vec{b} \circ \vec{n} = 0$
Man erhält ein LGS, wobei eine Variable frei gewählt werden kann.

Test zu 5.2

1. Gegeben ist ein Dreieck mit den Eckpunkten $A(2|3|-2)$, $B(3|4|5)$ und $C(-3|1|-1)$.

a) Geben Sie die Spaltenvektoren $\overrightarrow{AB}$, $\overrightarrow{BC}$ und $\overrightarrow{AC}$ an.

b) Zeigen Sie, dass das Dreieck rechtwinklig ist.

c) Bestimmen Sie die Koordinaten des Punktes D so, dass ein Rechteck $ABCD$ entsteht.

d) Berechnen Sie den Schnittwinkel der Diagonalen des Rechtecks.

2. Eine Person zieht einen Schlitten mit der Kraft $|\vec{F}| = 50\,\text{N}$. Die Zugstange hat eine Neigung von $\alpha = 25°$.

a) Berechnen Sie die Spaltenvektoren für die Kräfte F_1 und F_2.

b) Berechnen Sie die Arbeit, die die Person aufbringen muss, um den Schlitten 100 m weit zu ziehen.

oHi Mi **3.** Gegeben sind die vier Punkte $A(3|1|-2)$, $B(3|3|-2)$, $C(3|3|0)$ und $D(3|1|0)$.

a) Weisen Sie nach, dass die vier Punkte ein Quadrat $ABCD$ bilden, und geben Sie den Flächeninhalt des Quadrats an.

b) Bestimmen Sie einen Spaltenvektor $\vec{n}$, der orthogonal zur Fläche des Quadrats $ABCD$ ist und die Länge 1 hat.

oHi Mi **4.** Erklären Sie die zugehörige geometrische Bedeutung:

a) $\vec{a} \circ \vec{b} = |\vec{a}| \cdot |\vec{b}|$

b) $\vec{a} \circ \vec{b} = -|\vec{a}| \cdot |\vec{b}|$

oHi Mi **5.** Bestimmen Sie, für welche reellen Werte von a und b die beiden Vektoren $\begin{pmatrix} a \\ b \\ 1 \end{pmatrix}$ und $\begin{pmatrix} b \\ a-1 \\ 0 \end{pmatrix}$ orthogonal zueinander sind.

6. In einem Hochseilgarten soll als letztes Element eine Seilrutsche installiert werden, die auch als Ausstieg aus der Route dienen soll. Das Seil wird zwischen den Punkte $A(-25|2|1)$ und $B(0|4|8)$ gespannt.

a) Bestimmen Sie den Fallwinkel α des Seils.

b) Berechnen Sie die Länge der Seilrutsche.

6 Daten und Zufall

6.1 Grundbegriffe der Wahrscheinlichkeitstheorie

Die Personalabteilung der Fly Bike Werke GmbH ist für die Personalbedarfsplanung verantwortlich. Für das nächste Jahr hat eine Kaufhauskette einen Großauftrag angekündigt. Sie möchte ein bestimmtes Mountainbike unter eigenem Namen in ihren Kaufhäusern anbieten. Deswegen soll die Personalabteilung die Geschäftsführung der Fly Bike Werke beraten, ob zusätzliche Maßnahmen nötig sind, um die erwartete Produktionssteigerung zu bewältigen.

Hierfür analysiert die Personalabteilung auch, inwieweit die fest angestellten Mitarbeiter während des vergangenen Jahres der Produktion voll zur Verfügung standen. Frau Linden, aus der Personalabteilung, führt die Statistik über die Abwesenheit der 12 Arbeiter und des einen Auszubildenden der Produktion.

Monat	Jan	Feb	März	April	Mai	Juni	Juli	Aug	Sep	Okt	Nov	Dez
Summe Fehltage	3	5	2	0	5	2	4	2	1	4	2	5
Summe Arbeitstage NRW	21	20	22	20	18	21	23	21	22	22	21	22

Dabei wurde in der Statistik als „abwesend“ gezählt, wer aufgrund von Urlaub, Krankheit, Weiterbildung oder sonstigen Gründen nicht in der Produktion eingesetzt war.

Aufgrund der Fehlliste möchte die Geschäftsführung auf die Wahrscheinlichkeit für Abwesenheit folgern und formuliert als Ziel:
Falls die Wahrscheinlichkeit für Abwesenheit im nächsten Jahr in einem Monat über 25 % liegt, so sollen für diesen Monat Maßnahmen ergriffen werden, um Produktionsengpässe zu vermeiden (z.B. der Einsatz zusätzlicher Mitarbeiter oder eine optimierte Urlaubsplanung).

▶ Aufgabe 4 auf Seite 298

Kompetenzen

- Zufallsexperimente beschreiben
- Wahrscheinlichkeiten berechnen
- Baumdiagramme erstellen
- Kombinatorische Überlegungen anstellen

Anwendungen

- Wirtschaftsbezogene Daten mathematisch beschreiben
- Wahrscheinlichkeiten ermitteln von:
  - Güte und Fehlern bei Produktentwicklungen
  - Käuferverhalten

6.1 Grundbegriffe der Wahrscheinlichkeitstheorie

6.1.1 Zufallsexperiment, Ergebnisse und Ereignisse

Die Wahrscheinlichkeitstheorie beschäftigt sich mit der mathematischen Beschreibung und Untersuchung von zufälligen Ereignissen und Vorgängen. Der zentrale mathematische Begriff dafür lautet **Zufallsexperiment**. Das ist ein Vorgang, der eine genau definierte Menge an *möglichen* Ausgängen besitzt, dessen tatsächlicher Ausgang aber in jedem Fall rein zufällig eintritt.

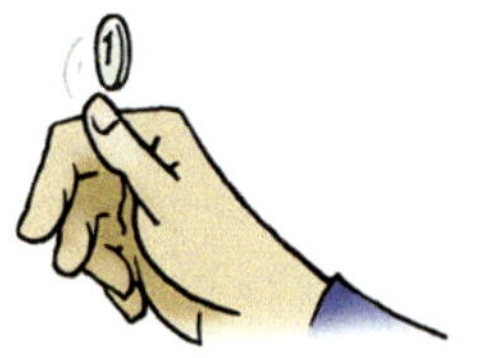

6

1 Einfacher Münzwurf

Der Münzwurf ist ein typisches **Zufallsexperiment**. Jeder mögliche Ausgang eines Zufallsexperiments heißt **Ergebnis**. Beim Münzwurf treten im idealisierten Fall zwei Ergebnisse auf:

Kopf/Wappen (K) Zahl (Z)

Die Menge aller möglichen Ergebnisse können wir zusammenfassen. Diese Menge heißt **Ergebnismenge Ω** (sprich: „Omega“).

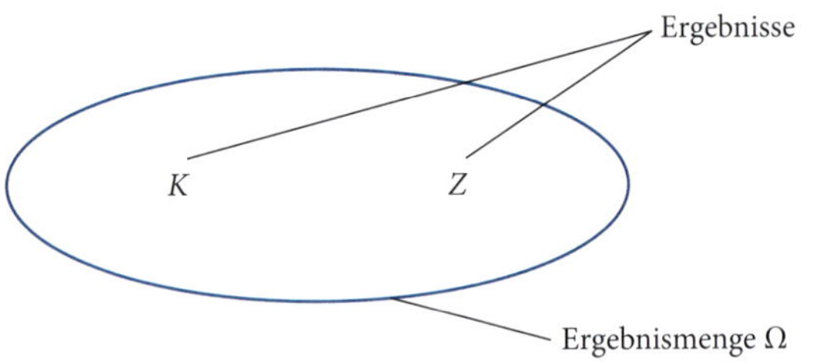

Ergebnismenge: $\Omega = \{K; Z\}$

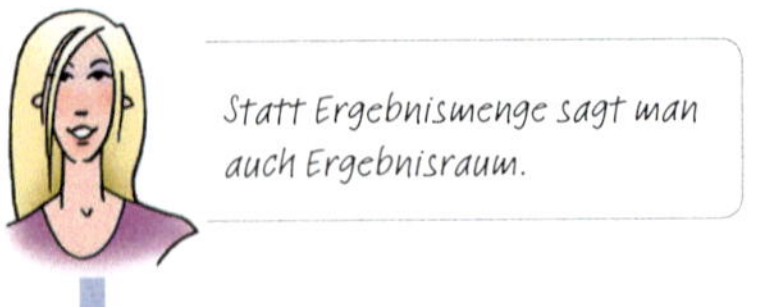

Hinweis: „Zufall ist nicht gleich Zufall.“
In der Mathematik werden Zufallsexperimente stets als idealisierte Modelle verstanden: Bei einem Münzwurf setzt man meist voraus, dass beide Seiten der Münze die gleiche Chance haben, oben zu liegen. Es dürfen keine Unregelmäßigkeiten in Form oder Gewicht der Münze, des Untergrunds oder andere Umwelteinflüsse die Häufigkeit beeinflussen, mit der die Ergebnisse „Kopf“ oder „Zahl“ eintreten. Zudem setzt man voraus, dass neben diesen beiden Fällen kein weiteres Ergebnis möglich ist, dass die Münze also nicht auf dem Rand stehen bleiben kann.

Die Realität sieht dagegen manchmal anders aus:

Im Europapokalspiel der Landesmeister im Fußball zwischen dem 1. FC Köln und dem FC Liverpool am 24.3.1965 stand es im Entscheidungsspiel nach der Verlängerung unentschieden. Ein Elfmeterschießen war damals noch nicht vorgesehen.

Der Schiedsrichter musste für die Entscheidung erstmals eine Münze werfen. Beim ersten Wurf blieb sie allerdings senkrecht im Boden stecken. Erst beim zweiten Wurf entschied sie zugunsten der Engländer.

Der einmalige Münzwurf ist ein einstufiges Zufallsexperiment. Werden derartige Zufallsexperimente mehrmals hintereinander ausgeführt, dann spricht man von **mehrstufigen Zufallsexperimenten**.

Zweifacher Münzwurf

Der zweimal hintereinander ausgeführte Wurf einer Münze ist ein **zweistufiges Zufallsexperiment**.
Die möglichen Ergebnisse lauten:
(K; K), (K; Z), (Z; K), (Z; Z)
Die Ergebnismenge besteht also aus vier Elementen.

Doppelter Münzwurf ▸ zweistufiges Zufallsexperiment

(K; K), (K; Z), (Z; K), (Z; Z) ▸ Ergebnisse

$\Omega = \{(K; K); (K; Z); (Z; K); (Z; Z)\}$ ▸ Ergebnismenge

Mehrstufige Zufallsexperimente können wir gut in einem **Baumdiagramm** veranschaulichen. Jede Stufe des nebenstehenden Baumdiagramms stellt einen Wurf dar.

Die vier Ergebnisse lassen sich entlang der vier **Pfade** ablesen. Auf jeder Stufe des linken Pfades wird z.B. Kopf geworfen, sodass das Ergebnis (K; K) ist.

Mehrere Ergebnisse können zu einem **Ereignis** zusammengefasst werden.

Baumdiagramm:

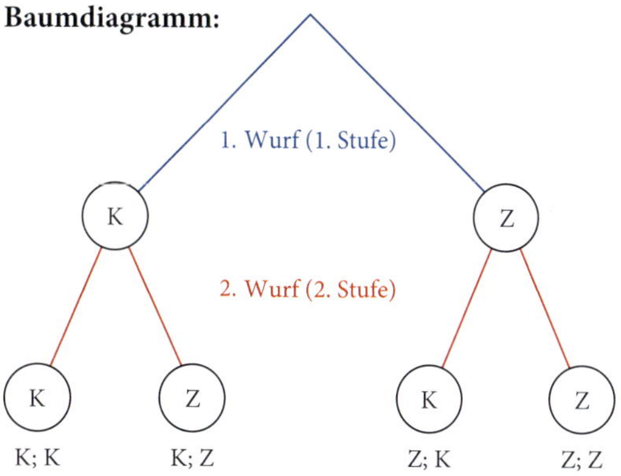

Das Ereignis E_1 „bei einem zweimaligen Münzwurf wird genau einmal Kopf geworfen“ besteht aus den beiden Ergebnissen (K; Z) und (Z; K).
Die Ergebnisse (K; K), (K; Z), (Z; K) bilden das Ereignis E_2 „bei einem zweimaligen Münzwurf wird mindestens einmal Kopf geworfen“.

$E_1 = \{(K; Z); (Z; K)\}$
▸ Ereignis E_1 „genau einmal Kopf“
$E_1 \subseteq \Omega$

$E_2 = \{(K; K); (K; Z); (Z; K)\}$
▸ Ereignis E_2 „mindestens einmal Kopf“
$E_2 \subseteq \Omega$

Ereignisse, die nur ein einziges Element besitzen, heißen **Elementarereignisse**.
Ein Ereignis E ist immer eine Teilmenge der Ergebnismenge Ω: $E \subseteq \Omega$.
Man sagt, ein Ereignis E tritt ein, wenn das Experiment mit einem Ergebnis endet, das in der Menge E enthalten ist.
Die Ergebnismenge Ω selbst kann somit ein Ereignis sein. Da sie alle möglichen Ergebnisse enthält, tritt dieses Ereignis immer ein. Es heißt **sicheres Ereignis**.

Elementarereignisse:
$\{(K; K)\}, \{(K; Z)\}, \{(Z; K)\}, \{(Z; Z)\}$
▸ Die Elementarereignisse entsprechen den möglichen Ergebnissen, sind aber im Gegensatz dazu Mengen.

E_1 tritt ein, wenn das Ergebnis (K; Z) oder (Z; K) lautet. ▸ E_1 „genau einmal Kopf“

$\Omega = \{(K; K); (K; Z); (Z; K); (Z; Z)\}$
▸ Beim zweimaligen Wurf einer Münze fällt in jeder Stufe immer entweder Kopf oder Zahl.

Dagegen tritt die leere Menge { } niemals ein; sie wird daher auch **unmögliches Ereignis** genannt.

- Der Ausgang eines **Zufallsexperiments** heißt **Ergebnis**.
- Die Zusammenfassung von einem oder mehreren Ergebnissen zu einer Menge heißt **Ereignis**.
- Die Menge aller Ergebnisse heißt **Ergebnismenge Ω**.

1. Geben Sie für den zweifachen Münzwurf alle 16 möglichen Ereignisse verbal und in Mengenschreibweise an. oHi Mi

2. Stellen Sie den dreifachen Münzwurf in einem Baumdiagramm dar.
Geben Sie alle Elementarereignisse und drei weitere beliebige Ereignisse verbal und in Mengenschreibweise an. oHi Mi

3 Vereinigung und Schnitt von Ereignissen

Stellen Sie beim einmaligen Würfeln die folgenden Ereignisse jeweils als Menge dar:
A „es tritt eine ungerade Zahl *oder* eine Primzahl ein"
B „es tritt eine ungerade Zahl *und* eine Primzahl ein"

Das Ereignis E_1 „ungerade Augenzahl" besteht aus den Ergebnissen 1, 3, 5 und das Ereignis E_2 „Primzahl" aus den Ergebnissen 2, 3, 5.

$E_1 = \{1; 3; 5\}$ ▸ Ereignis „ungerade Zahl"
$E_2 = \{2; 3; 5\}$ ▸ Ereignis „Primzahl"

Das Ereignis A „ungerade Augenzahl *oder* Primzahl" ist die **Vereinigungsmenge** von E_1 und E_2.

$A = E_1 \cup E_2 = \{1; 3; 5\} \cup \{2; 3; 5\} = \{1; 2; 3; 5\}$
▸ Ereignis „ungerade Zahl oder Primzahl"

Das Ereignis B „ungerade Augenzahl *und* Primzahl" ist die **Schnittmenge** von E_1 und E_2.

$B = E_1 \cap E_2 = \{1; 3; 5\} \cap \{2; 3; 5\} = \{3; 5\}$
▸ Ereignis „ungerade Zahl und Primzahl"

Das **Gegenereignis** $\overline{E}$ eines Ereignisses E tritt genau dann ein, wenn das Ereignis E nicht eintritt. Das Gegenereignis $\overline{E}$ enthält also alle Ergebnisse der Ergebnismenge Ω, die nicht in E enthalten sind.

6

4 Gegenereignis

Bilden Sie beim zweifachen Münzwurf das Gegenereignis $\overline{E}$ zum Ereignis $E = \{(K; K)\}$.

Die Ergebnismenge Ω besteht aus den Ergebnissen (K; K), (K; Z), (Z; K), (Z; Z).

Ergebnismenge:
$\Omega = \{(K; K); (K; Z); (Z; K); (Z; Z)\}$

Entnehmen wir Ω das Ergebnis (K; K), dann bleiben die drei Ergebnisse (K; Z), (Z; K) und (Z; Z) zurück. Die Menge mit diesen Ergebnissen ist das gesuchte **Gegenereignis** $\overline{E}$ „es wird nicht zweimal Kopf geworfen".

Ereignis:
$E = \{(K; K)\}$
Gegenereignis:
$\overline{E} = \Omega \setminus E$
$= \{(K; K); (K; Z); (Z; K); (Z; Z)\} \setminus \{(K; K)\}$
$= \{(K; Z); (Z; K); (Z; Z)\}$

Zwei Ereignisse E_1 und E_2 sowie ihre Gegenereignisse $\overline{E_1}$ und $\overline{E_2}$ lassen sich paarweise miteinander schneiden. Diese Schnittmengen können wir in einer **Vierfeldertafel** darstellen.

5 Vierfeldertafel

Zeigen Sie anhand der folgenden Ereignisse E_1 und E_2 eines Würfelwurfs, dass die Mengen in den vier Feldern der Vierfeldertafel untereinander keine gemeinsamen Elemente haben.
E_1 „es wird höchstens eine 4 geworfen"
E_2 „es wird eine 4 oder eine 5 geworfen"

Wir bilden zunächst die jeweiligen Gegenereignisse zu E_1 und E_2:
$E_1 = \{1; 2; 3; 4\} \Rightarrow \overline{E_1} = \{5; 6\}$
$E_2 = \{4; 5\} \Rightarrow \overline{E_2} = \{1; 2; 3; 6\}$
Schneiden wir diese vier Mengen jeweils miteinander, dann erhalten wir die vier Mengen in der Vierfeldertafel.
Diese Mengen haben keine gemeinsamen Elemente, sie sind untereinander **elementfremd**.

Vierfeldertafel

	E_1	$\overline{E_1}$
E_2	$E_1 \cap E_2 = \{4\}$	$\overline{E_1} \cap E_2 = \{5\}$
$\overline{E_2}$	$E_1 \cap \overline{E_2} = \{1; 2; 3\}$	$\overline{E_1} \cap \overline{E_2} = \{6\}$

$\{4\} \cap \{5\} = \{\ \}$; $\{4\} \cap \{6\} = \{\ \}$; $\{4\} \cap \{1; 2; 3\} = \{\ \}$;
$\{5\} \cap \{1; 2; 3\} = \{\ \}$; $\{5\} \cap \{6\} = \{\ \}$;
$\{1; 2; 3\} \cap \{6\} = \{\ \}$

Mithilfe der Beschreibung von Ereignissen durch Mengen lassen sich Ereignisse einer Ergebnismenge leicht verknüpfen. Sind E_1, E_2 und E Ereignisse aus der Ergebnismenge Ω, so gilt:

- Das verknüpfte Ereignis „Ereignis E_1 *oder* Ereignis E_2 tritt ein" ist die **Vereinigungsmenge** $E_1 \cup E_2$.
  ▶ $E_1 \cup E_2$ tritt genau dann ein, wenn wenigstens eines der beiden Ereignisse E_1 oder E_2 eintritt.

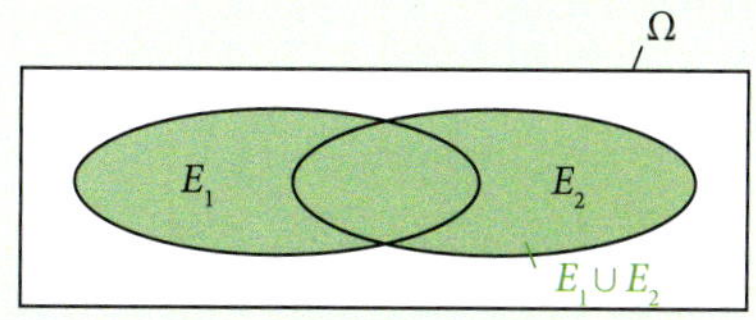

- Das verknüpfte Ereignis „beide Ereignisse E_1 und E_2 treten ein" ist die **Schnittmenge** $E_1 \cap E_2$.
  ▶ $E_1 \cap E_2$ tritt genau dann ein, wenn sowohl das Ereignis E_1 als auch das Ereignis E_2 eintreten.

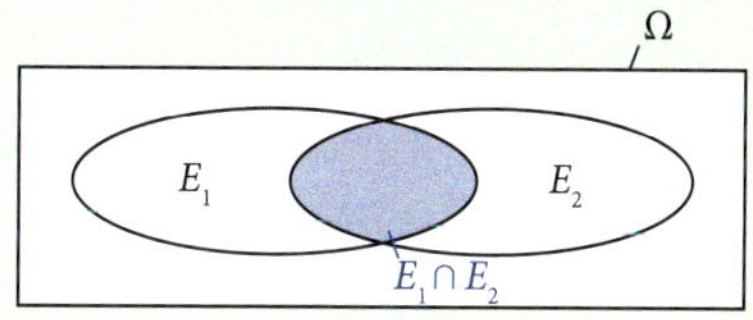

- Zu jedem Ereignis E gibt es ein **Gegenereignis** $\overline{E}$.
  ▶ $\overline{E}$ tritt ein, wenn E nicht eintritt. Die Differenzmenge $\overline{E} = \Omega \setminus E$ ist die Menge der Elemente, die zu Ω, aber nicht zu E gehören.

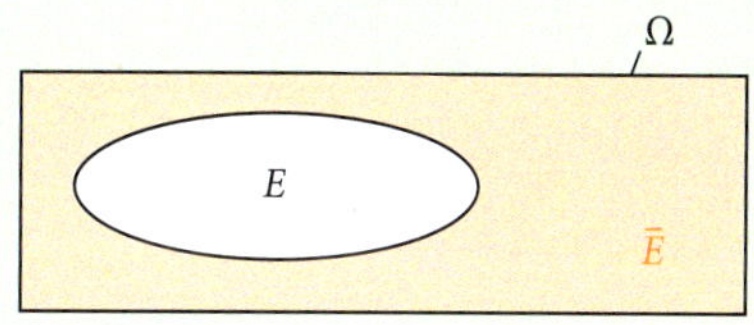

1. Bilden Sie beim einfachen Würfeln für die folgenden Ereignisse paarweise die Vereinigungsmenge und die Schnittmenge sowie jeweils das Gegenereignis. Beschreiben Sie diese Mengen in Worten.
   E_1 „es fällt die 1" E_2 „es fällt eine ungerade Zahl" E_3 „es fällt eine Zahl"

2. Stellen Sie für den zweifachen Münzwurf die Verknüpfungen von E_1 „es wird Kopf geworfen" und E_2 „es wird genau einmal Zahl geworfen" sowie ihrer Gegenereignisse in einer Vierfeldertafel dar.

Übungen zu 6.1.1

1. Ein Glücksrad besitzt 10 gleich große Sektoren, die von 0 bis 9 durchnummeriert sind. Das Rad wird einmal gedreht.
   a) Geben Sie die Ergebnismenge an.
   b) Stellen Sie das Ereignis E „es kommt eine Primzahl" als Menge dar.
   c) Geben Sie die Elementarereignisse an.
   d) Beschreiben Sie die Ereignisse
   $E_1 = \{3; 6; 9\}$, $E_2 = \{2; 4; 6; 8\}$, $E_3 = \{0; 2; 4; 6; 8\}$, $E_4 = \{\,\}$, $E_5 = \{0; 1; 2; 3; 4; 5; 6; 7; 8; 9\}$.

2. Anna und Berta spielen gemeinsam Roulette. Anna setzt auf „Pair" (alle geraden Zahlen) und Berta auf „Manque" (die Zahlen von 1 bis 18).
   a) Stellen Sie die drei Ereignisse E_1 „Anna gewinnt", E_2 „Berta gewinnt" und E_3 „Anna und Berta verlieren beide" jeweils als Menge dar.
   b) Geben Sie jeweils die Ereignisse $E_1 \cup E_2$, $E_1 \cap E_2$, $E_1 \cap E_3$ als Menge an.

3. Stellen Sie beim einmaligen Würfeln die folgenden Ereignisse als Mengen dar. Geben Sie diese dazu zunächst als Vereinigung bzw. Schnitt zweier Mengen an.
   a) Es tritt eine ungerade Zahl oder eine Zahl größer als 3 ein.
   b) Es wird eine gerade Augenzahl geworfen, die kleiner als 5 ist.
   c) Es wird eine Primzahl geworfen, die größer als 5 ist.

4. Bei einem regelmäßigen Oktaeder sind die acht Flächen von 1 bis 8 nummeriert. Das Oktaeder wird einmal geworfen. Stellen Sie die Verknüpfungen der Ereignisse E_1 „das Oktaeder fällt auf eine Fläche mit einer Nummer unter 5" und E_2 „das Oktaeder fällt auf eine Fläche mit einer geraden Nummer" sowie ihrer Gegenereignisse $\overline{E_1}$ und $\overline{E_2}$ in einer Vierfeldertafel dar.

6.1.2 Von der relativen Häufigkeit zur Wahrscheinlichkeit

Den Ausgang eines Zufallsexperiments können wir nie exakt vorhersagen. Durch mehrmaliges Ausführen eines Experiments können wir aber abschätzen, mit welcher Wahrscheinlichkeit ein bestimmtes Ereignis eintritt.

6 1000-maliger Münzwurf und Würfelwurf

Simulieren Sie mit Ihrem GTR/CAS den n-fachen Wurf einer Münze und eines Würfels (bis $n = 1000$). Erstellen Sie eine Tabelle mit den relativen Häufigkeiten für „Zahl" bzw. „1 geworfen".
Interpretieren Sie die Ergebnisse.

GTR CAS

In einer Tabellenanwendung simulieren wir den n-fachen Wurf einer Münze sowie eines Würfels und lassen zählen, wie oft die beiden fraglichen Ereignisse E auftreten.
Damit können wir die relativen Häufigkeiten $h_n(E)$ berechnen: $h_n(E) = \frac{H(E)}{n}$.

Anzahl der Versuche n	**absolute Häufigkeiten $H(E)$**		**relative Häufigkeiten $h_n(E)$**	
	Münze	Würfel	Münze	Würfel
100	47	14	0,4700	0,1400
500	251	86	0,5020	0,1720
1000	501	167	0,5010	0,1670
			↓ **0,5**	↓ $\mathbf{\frac{1}{6}}$

Durch die grafische Auswertung der Ergebnisse erkennen wir, dass sich die relativen Häufigkeiten mit wachsender Zahl von Versuchen dem Wert 0,5 beim Münzwurf und $\frac{1}{6}$ beim Würfeln nähern.

Bei Wiederholung der Versuchsserie würden sich zwar andere Zahlenwerte für die relativen Häufigkeiten ergeben. Aber sie nähern sich immer den Werten 0,5 bzw. $\frac{1}{6}$ ($\approx 0{,}167$).

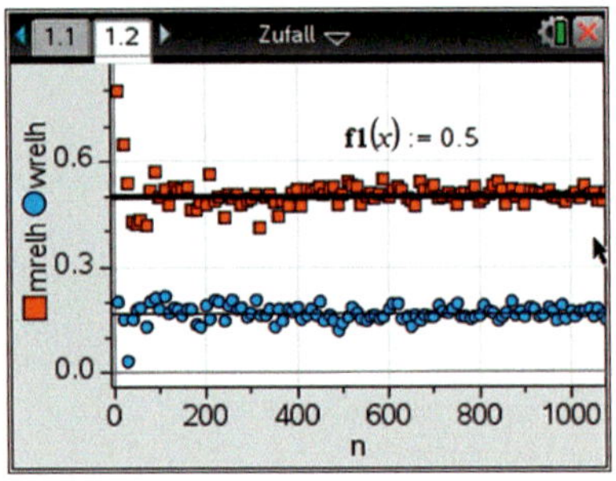

Diese Beobachtung entspricht einem mathematischen Gesetz, dem **empirischen Gesetz der großen Zahlen**.

Bei wachsender Zahl n von Durchführungen eines Zufallsexperiments nähern sich die relativen Häufigkeiten $h_n(E)$ eines Ereignisses E einem festen Wert p zwischen 0 und 1.

Dieser Wert p sagt aus, wie stark mit dem Eintreten des Ereignisses E zu rechnen ist. Wir definieren daher p als die **Wahrscheinlichkeit des Ereignisses E**.
Jedem Ereignis E einer Ergebnismenge Ω können wir auf diese Weise eine Zahl als Wahrscheinlichkeit zuordnen. Diese Zuordnung ist eine Funktion, die **Wahrscheinlichkeitsfunktion P**. Da jedem Ereignis E eine „eigene" Wahrscheinlichkeit zugeordnet wird, schreiben wir $P(E)$ statt p.
Damit wir mit einer solchen Funktion P die Realität mathematisch sinnvoll beschreiben können, müssen noch die **Axiome von Kolmogoroff** gelten:

Eine **Wahrscheinlichkeitsfunktion** P ordnet jedem Ereignis E einer Ergebnismenge Ω eine reelle Zahl $P(E) \in [0; 1]$ zu. Zudem gilt:
- $P(E) \geq 0$ ► Wahrscheinlichkeiten sind nie negativ (Nichtnegativität).
- $P(\Omega) = 1$ ► Das sichere Ereignis hat die Wahrscheinlichkeit 1 (Normiertheit).
- $P(E_1 \cup E_2) = P(E_1) + P(E_2)$, falls $E_1 \cap E_2 = \{\ \}$ ► Additivität

Die Wahrscheinlichkeitswerte bei einer Wahrscheinlichkeitsfunktion definieren wir meist über die relativen Häufigkeiten. Es ist aber auch möglich, sie auf andere Weise „sinnvoll“ festzulegen. Wichtig ist in jedem Fall, dass die Axiome von Kolmogoroff gelten.

Wahrscheinlichkeiten bei einer Produktentwicklung

7

Ein Automobilhersteller plant einen neuen Kompaktwagen. Für die Motorisierung sollen zum Produktstart drei Varianten verfügbar sein:
1. Ottomotor mit 80 PS
2. Ottomotor mit 150 PS
3. Dieselmotor mit 120 PS

Auf Grundlage bisheriger Verkaufsstatistiken werden die in der Tabelle stehenden Wahrscheinlichkeiten festgelegt. Dabei gilt ein Ereignis als eingetreten, wenn der Motor mit der jeweiligen Nummer verkauft wird.

Zeigen Sie, dass durch diese Festlegungen eine Wahrscheinlichkeitsfunktion P auf der Ergebnismenge $\Omega = \{1; 2; 3\}$ erklärt ist.

$E \subset \Omega$	$\{\}$	$\{1\}$	$\{2\}$	$\{3\}$
$P(E)$	0	$\frac{1}{4}$	$\frac{1}{3}$	$\frac{5}{12}$
$E \subset \Omega$	$\{1; 2\}$	$\{1; 3\}$	$\{2; 3\}$	Ω
$P(E)$	$\frac{7}{12}$	$\frac{2}{3}$	$\frac{3}{4}$	1

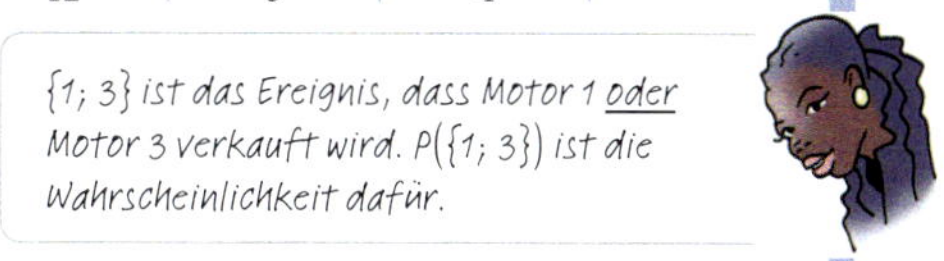

Es gibt insgesamt 8 Teilmengen von Ω. Durch P wird jeder dieser Teilmengen eine reelle Zahl aus $[0; 1]$ zugeordnet. Also erfüllt P die Grundvoraussetzung für eine Wahrscheinlichkeitsfunktion. Wir müssen nun noch die Axiome von Kolmogoroff prüfen:

- Die in der Tabelle festgelegten Wahrscheinlichkeiten sind alle nicht negativ, also erfüllt P die Bedingung der **Nichtnegativität**.

  $P(E) \geq 0$

- Ebenso lesen wir aus der Tabelle ab, dass P die Bedingung der **Normiertheit** erfüllt.

  $P(\Omega) = 1$

- Auch die **Additivität** gilt für P, was wir für jede Vereinigung zweier elementfremder Teilmengen von Ω zeigen können.
  ▶ „Alles klar?“-Aufgabe 2 (siehe unten)

  Zum Beispiel gilt einerseits:
  $P(\{1; 2\} \cup \{3\}) = P(\{1; 2; 3\}) = 1$
  ▶ sicheres Ereignis
  Andererseits gilt:
  $P(\{1; 2\}) + P(\{3\}) = \frac{7}{12} + \frac{5}{12} = 1$
  Also gilt insgesamt:
  $P(\{1; 2\} \cup \{3\}) = P(\{1; 2\}) + P(\{3\})$

Damit haben wir bewiesen, dass P eine Wahrscheinlichkeitsfunktion ist.

1. oHi Mi Ein Zylinder wird geworfen. Die drei Flächen sind mit den Zahlen 1, 2 und 3 durchnummeriert. Ein Ereignis gilt dann als eingetreten, wenn der Zylinder auf einer der drei Flächen zum Liegen kommt. Prüfen Sie, ob durch die nachfolgenden Festlegungen eine Wahrscheinlichkeitsfunktion P auf der Ergebnismenge $\Omega = \{1; 2; 3\}$ erklärt ist: $P(\{\}) = 0\,\%$, $P(\{1\}) = P(\{2\}) = 20\,\%$, $P(\{3\}) = 60\,\%$, $P(\{1; 2\}) = 40\,\%$, $P(\{2; 3\}) = 80\,\%$, $P(\{1; 3\}) = 80\,\%$ und $P(\{1; 2; 3\}) = 100\,\%$.

2. oHi Mi Prüfen Sie in Beispiel 7 die Additivität für alle Kombinationen elementfremder Teilmengen von Ω.

Die Eigenschaften der Wahrscheinlichkeitsfunktion können wir nutzen, um die Wahrscheinlichkeit des Gegenereignisses $\overline{E}$ zu einem Ereignis E zu berechnen. Auch die Wahrscheinlichkeiten des Schnitts und der Vereinigung zweier Ereignisse E_1 und E_2 lassen sich damit bestimmen.

8 Wahrscheinlichkeit eines Gegenereignisses

Ermitteln Sie die Wahrscheinlichkeit, beim einmaligen Würfeln keine 1 zu werfen.

Bei einem idealen Würfel ist die Wahrscheinlichkeit für jede Augenzahl gleich hoch, sie beträgt $\frac{1}{6}$.

Wir können die Wahrscheinlichkeit, keine 1 zu werfen, als Summe der Wahrscheinlichkeiten berechnen, eine 2, 3, 4, 5 oder 6 zu werfen, da diese Ereignisse elementfremd sind.
▸ 3. Axiom von Kolmogoroff

$\Omega = \{1; 2; 3; 4; 5; 6\}$
$E = \{2; 3; 4; 5; 6\}$ ▸ Ereignis „keine 1“

$$P(E) = P(\{2\}) + P(\{3\}) + P(\{4\}) + P(\{5\}) + P(\{6\}) = \frac{1}{6} + \frac{1}{6} + \frac{1}{6} + \frac{1}{6} + \frac{1}{6} = \mathbf{\frac{5}{6}}$$

Häufig berechnet man die **Wahrscheinlichkeit des Gegenereignisses** schneller als die Wahrscheinlichkeit des Ereignisses selbst. Dies können wir nutzen:

Da das Ereignis E „keine 1“ und das Gegenereignis $\overline{E}$ „1“ elementfremd sind und zusammen die gesamte Ergebnismenge Ω darstellen, gilt:
$P(E) + P(\overline{E}) = 1$ ▸ Axiome 2 und 3

Für die Wahrscheinlichkeit des Ereignisses E folgt:
$P(E) = 1 - P(\overline{E})$.

Wir erhalten wie oben $P(E) = \frac{5}{6} \approx 83{,}3\%$.

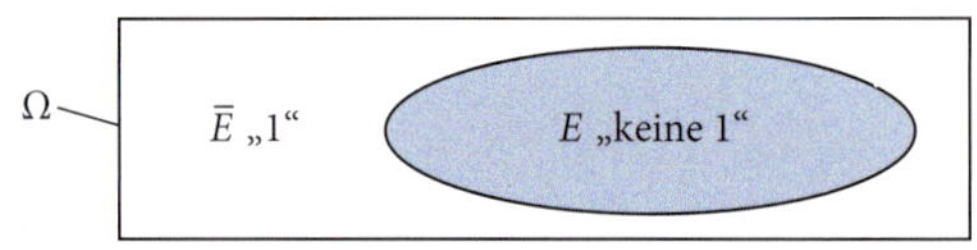

$E \cap \overline{E} = \{\,\}$ und $E \cup \overline{E} = \Omega$
$\Rightarrow P(E) + P(\overline{E}) = 1$

$P(E) = 1 - P(\overline{E})$ ▸ $\overline{E} = \{1\}$ mit $P(\overline{E}) = \frac{1}{6}$
$= 1 - \frac{1}{6} = \mathbf{\frac{5}{6}}$

9 Wahrscheinlichkeit eines Schnitts von Ereignissen

Ein idealer Würfel mit den Augenzahlen 1 bis 6 wird geworfen.
Ermitteln Sie die Wahrscheinlichkeit, dass eine gerade Augenzahl geworfen wird, die kleiner als 5 ist.

Wir bezeichnen mit E_1 das Ereignis „gerade Augenzahl“ und mit E_2 das Ereignis „Augenzahl kleiner als 5“. Dann stellt die Schnittmenge $\{2; 4\}$ das Ereignis E „gerade Augenzahl kleiner als 5“ dar.

Die gesuchte **Wahrscheinlichkeit** für die **Schnittmenge** $E_1 \cap E_2 = \{2; 4\}$ beträgt $\frac{1}{3}$, also ca. 33,3 %. Zur Berechnung nutzen wir das 3. Axiom von Kolmogoroff und die bekannten Wahrscheinlichkeiten für die Elementarereignisse.

$E_1 = \{2; 4; 6\}$ ▸ Ereignis „gerade Augenzahl“
$E_2 = \{1; 2; 3; 4\}$ ▸ Ereignis „Augenzahl < 5“
$E = E_1 \cap E_2$ ▸ Ereignis „gerade Augenzahl < 5“
$= \{2; 4; 6\} \cap \{1; 2; 3; 4\} = \{2; 4\}$

$P(E_1 \cap E_2) = P(\{2; 4\})$ ▸ 3. Axiom
$= P(\{2\}) + P(\{4\})$
$= \frac{1}{6} + \frac{1}{6} = \mathbf{\frac{1}{3}}$

Wahrscheinlichkeit einer Vereinigung von Ereignissen

10

Ein idealer Würfel mit den Augenzahlen 1 bis 6 wird geworfen.
Ermitteln Sie für die beiden Ereignisse $E_1 = \{1; 2; 3\}$ und $E_2 = \{1; 2; 4\}$ die Wahrscheinlichkeit $P(E_1 \cup E_2)$.

Die **Wahrscheinlichkeit** für die **Vereinigungsmenge** $E_1 \cup E_2 = \{1; 2; 3; 4\}$ ist die Summe der Wahrscheinlichkeiten der Elementarereignisse.
Sie beträgt $\frac{2}{3} \approx 66{,}7\,\%$.

$E_1 \cup E_2 = \{1; 2; 3\} \cup \{1; 2; 4\} = \{1; 2; 3; 4\}$

$$\begin{aligned} P(E_1 \cup E_2) &= P(\{1; 2; 3; 4\}) \quad \text{▸ 3. Axiom} \\ &= P(\{1\}) + P(\{2\}) + P(\{3\}) + P(\{4\}) \\ &= 4 \cdot \tfrac{1}{6} = \tfrac{2}{3} \end{aligned}$$

Diese Wahrscheinlichkeit erhalten wir auch, wenn wir von der Summe der Wahrscheinlichkeiten der Ereignisse E_1 und E_2 die Wahrscheinlichkeit des Ereignisses mit den beiden gemeinsamen Elementen 1 und 2 subtrahieren ($E_1 \cap E_2$):

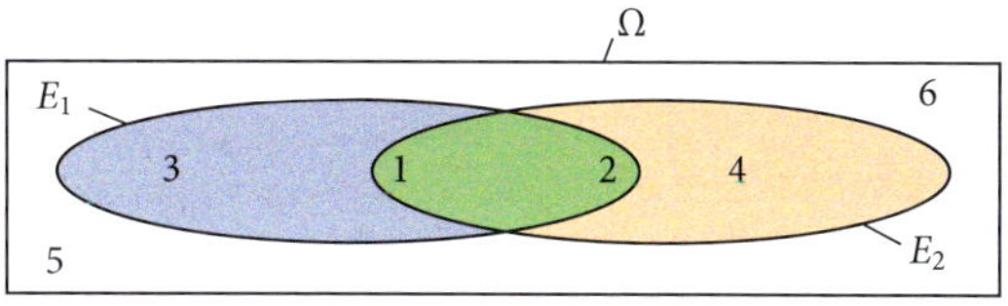

$$\begin{aligned} P(E_1 \cup E_2) &= P(\{1; 2; 3; 4\}) \\ &= \underbrace{P(\{1\}) + P(\{2\}) + P(\{3\})}_{P(E_1)} + \underbrace{P(\{1\}) + P(\{2\}) + P(\{4\})}_{P(E_2)} - \underbrace{[P(\{1\}) + P(\{2\})]}_{P(E_1 \cap E_2)} \\ &= P(E_1) + P(E_2) - P(E_1 \cap E_2) \\ &= 3 \cdot \tfrac{1}{6} + 3 \cdot \tfrac{1}{6} - 2 \cdot \tfrac{1}{6} \\ &= \tfrac{2}{3} \end{aligned}$$

Verallgemeinern wir das Ergebnis aus dem vorhergehenden Beispiel, so erhalten wir den sogenannten **Additionssatz** bzw. **Satz von Sylvester**:
Für zwei beliebige Ereignisse E_1 und E_2 eines Zufallsexperiments mit dem Ergebnisraum Ω gilt:
$P(E_1 \cup E_2) = P(E_1) + P(E_2) - P(E_1 \cap E_2)$

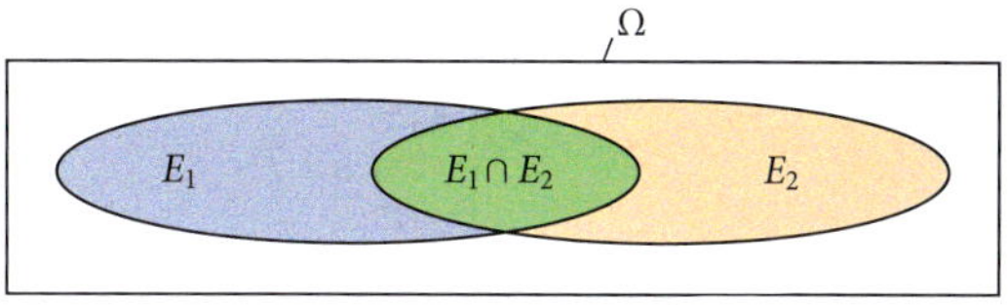

▸ Sind die beiden Ereignisse E_1 und E_2 elementfremd, so gilt $P(E_1 \cap E_2) = 0$. Der Additionssatz von Sylvester lautet in diesem Fall $P(E_1 \cup E_2) = P(E_1) + P(E_2)$, stimmt also mit dem 3. Axiom von Kolmogoroff überein.

Der Additionssatz ist anschaulich leicht zu verstehen. Addiert man die Wahrscheinlichkeiten der Elementarereignisse in E_1 und derjenigen in E_2, so werden dabei diejenigen Elementarereignisse, die im Schnitt $E_1 \cap E_2$ liegen, doppelt aufgelistet. Sie müssen folglich einmal wieder abgezogen werden.

- **Wahrscheinlichkeit des Gegenereignisses**
  Die Summe der Wahrscheinlichkeit eines Ereignisses E und der des Gegenereignisses $\overline{E}$ ist gleich 1:
  $P(E) + P(\overline{E}) = 1$.
- **Additionssatz von Sylvester**
  Für zwei beliebige Ereignisse E_1, E_2 gilt $P(E_1 \cup E_2) = P(E_1) + P(E_2) - P(E_1 \cap E_2)$.

1. Ermitteln Sie die Wahrscheinlichkeit, beim Werfen von zwei idealen Würfeln eine Augensumme von mindestens 3 zu erhalten.
oHi Mi

2. Ein idealer sechsseitiger Würfel wird geworfen. Gegeben sind die Ereignisse $A = \{2; 4; 6\}$, $B = \{1; 2; 3\}$ und $C = \{6\}$. Berechnen Sie die folgenden Wahrscheinlichkeiten.
oHi Mi
a) $P(A \cap B)$ b) $P(A \cup B)$ c) $P(B \cap C)$

6

11 Wahrscheinlichkeiten mithilfe der Vierfeldertafel

Ein Spielwarenhersteller führt in seinem Sortiment verschiedene „gezinkte“ Würfel. Das Modell „Mensch ärgere dich nicht“ wird damit beworben, dass die 6 sehr häufig fällt.

Weiterhin ist bekannt, dass in 5 von 12 Fällen das Ereignis „es fällt eine 3, 4 oder 5“ eintritt.
Ermitteln Sie mithilfe einer Vierfeldertafel die exakte Wahrscheinlichkeit dafür, dass eine 6 gewürfelt wird.

Mit unserem Würfel „Mensch ärgere dich nicht“ sind Sie immer wieder am Zug!
- *Fast jeder zweite Wurf eine 6*
- *Nur eine Wahrscheinlichkeit von insgesamt 25 % für die Ergebnisse 1, 2 oder 3*
- *Nur in einem von 12 Fällen fällt die 3*

Wir beschreiben zunächst die gegebenen Informationen als mathematische Ereignisse:
E_1 „es fällt eine 1, 2 oder 3“
E_2 „es fällt eine 3, 4 oder 5“
Um die Vierfeldertafel aufstellen zu können, bilden wir die Gegenereignisse $\overline{E_1}$ und $\overline{E_2}$ sowie die nötigen Schnittmengen.

$\Omega = \{1; 2; 3; 4; 5; 6\}$

$E_1 = \{1; 2; 3\}$	$E_2 = \{3; 4; 5\}$
$\overline{E_1} = \{4; 5; 6\}$	$\overline{E_2} = \{1; 2; 6\}$
$E_1 \cap E_2 = \{3\}$	$E_1 \cap \overline{E_2} = \{1; 2\}$
$\overline{E_1} \cap E_2 = \{4; 5\}$	$\overline{E_1} \cap \overline{E_2} = \{6\}$

Wir tragen die erhaltenen Mengen in die Vierfeldertafel ein und ergänzen sie um je eine weitere Spalte und Zeile. In diese neuen Felder werden die Vereinigungsmengen einer Zeile bzw. Spalte eingetragen.
▸ Dies können wir hier nur machen, da die Einträge der Vierfeldertafel untereinander elementfremd sind.

Vierfeldertafel

$E_1 \cap E_2$

	E_1	$\overline{E_1}$	
E_2	$\{3\}$	$\{4; 5\}$	$\{3; 4; 5\} = E_2$
$\overline{E_2}$	$\{1; 2\}$	$\{6\}$	$\{1; 2; 6\} = \overline{E_2}$
	$\{1; 2; 3\} = E_1$	$\{4; 5; 6\} = \overline{E_1}$	$\{1; 2; 3; 4; 5; 6\} = \Omega$

Die bekannten Wahrscheinlichkeiten für die Ereignisse der Vierfeldertafel können wir nun in eine analoge Tafel eintragen.

Die fehlenden Wahrscheinlichkeiten lassen sich leicht ergänzen, da die Mengen in der obigen Vierfeldertafel elementfremd sind.

$P(E_1 \cap E_2)$ $P(E_2)$

	E_1	$\overline{E_1}$	
E_2	$\frac{1}{12}$	$\frac{4}{12}$	$\frac{5}{12}$
$\overline{E_2}$	$\frac{2}{12}$	$\frac{5}{12}$	$\frac{7}{12}$
	$\frac{1}{4} = \frac{3}{12}$	$\frac{9}{12}$	1

▸ Aus $P(\{3\}) = \frac{1}{12}$ und $P(\{1; 2; 3\}) = \frac{1}{4} = \frac{3}{12}$ folgt
$P(\{1; 2\}) = P(\{1; 2; 3\}) - P(\{3\}) = \frac{3}{12} - \frac{1}{12} = \frac{2}{12}$.

▸ Aus $P(\{3; 4; 5\}) = \frac{5}{12}$ und $P(\Omega) = 1$ folgt
$P(\{1; 2; 6\}) = P(\Omega) - P(\{3; 4; 5\}) = 1 - \frac{5}{12} = \frac{7}{12}$.

▸ Aus $P(\{1; 2; 6\}) = \frac{7}{12}$ und $P(\{1; 2\}) = \frac{1}{6} = \frac{2}{12}$ folgt
$P(\{6\}) = P(\{1; 2; 6\}) - P(\{1; 2\}) = \frac{7}{12} - \frac{2}{12} = \frac{5}{12}$.

Wir erhalten somit als Wahrscheinlichkeit dafür, dass mit dem gezinkten Würfel eine 6 geworfen wird, den Wert $\frac{5}{12} \approx 42\,\%$.

Die Aussage, dass fast jeder zweite Wurf eine 6 ist, ist also als Werbeaussage akzeptabel.

oHi Mi Stellen Sie die Ereignisse E_1 und E_2 aus Beispiel 10 in einer Vierfeldertafel dar. Erstellen Sie auch eine Vierfeldertafel mit den zugehörigen Wahrscheinlichkeiten.

Übungen zu 6.1.2

1. Betrachten Sie das Zufallsexperiment „Werfen einer Reißzwecke“ mit den Elementarereignissen „Reißzwecke landet auf dem Kopf“ und „Reißzwecke landet auf der Seite“.

a) Definieren Sie mithilfe des empirischen Gesetzes der großen Zahlen Wahrscheinlichkeiten für diese beiden Ereignisse. Führen Sie dazu das Zufallsexperiment 100-mal aus.

b) Zeigen Sie, dass dadurch eine Wahrscheinlichkeitsfunktion definiert ist.

c) Vergleichen Sie Ihre Wahrscheinlichkeitsfunktion mit derjenigen Ihrer Mitschülerinnen und Mitschüler. Beurteilen Sie vorhandene Unterschiede.

2. Ein Glücksrad ist in viele gleich große Sektoren unterteilt, die entweder blau, rot, gelb oder weiß sind. Die Wahrscheinlichkeit, auf einen blauen Sektor zu treffen, beträgt $\frac{1}{16}$, auf einen roten zu treffen, $\frac{5}{16}$, auf einen gelben $\frac{1}{4}$ und auf einen weißen $\frac{3}{8}$.

a) Begründen Sie, warum die gegebenen Wahrscheinlichkeiten bei einem solchen Glücksrad möglich sind. Fertigen Sie dazu eine Skizze des Glücksrads an.

b) Weisen Sie die Axiome von Kolmogoroff für diese Wahrscheinlichkeitsverteilung nach.

c) Bestimmen Sie die Wahrscheinlichkeit, auf einen blauen oder roten Sektor zu treffen.

d) Ermitteln Sie, in wie viele gleich große Sektoren das Glücksrad eingeteilt sein könnte.

3. Geben Sie ein Zufallsexperiment mit zugehöriger Wahrscheinlichkeitsfunktion an, wobei das Beispiel nicht aus diesem Buch stammen darf. Überprüfen Sie die Axiome von Kolmogoroff.

a) Die Wahrscheinlichkeiten werden mithilfe des empirischen Gesetzes der großen Zahlen über die relativen Häufigkeiten definiert.

b) Die Wahrscheinlichkeiten werden „einfach so“ definiert, weil sie nur auf eine Weise zum Experiment passen.

4. Begründen Sie: Wenn bei einem Zufallsexperiment die Wahrscheinlichkeiten für alle Elementarereignisse mithilfe des empirischen Gesetzes der großen Zahlen definiert werden, gelten die Axiome von Kolmogoroff immer.

5. Eine schiefe dreiseitige Pyramide, deren Flächen mit den Zahlen 1 bis 4 durchnummeriert sind, wird geworfen. Ein Ereignis gilt als eingetreten, wenn die Pyramide auf einer ihrer vier Flächen zum Liegen kommt.
Die zugehörigen Wahrscheinlichkeiten sind:
$P(\{1\}) = \frac{1}{4}$, $P(\{2\}) = \frac{1}{5}$, $P(\{3\}) = \frac{3}{8}$, $P(\{4\}) = \frac{7}{40}$.

Ermitteln Sie aus den gegebenen Werten die Wahrscheinlichkeiten für folgende Ereignisse:
E_1 „es wird eine 3 oder eine 4 gewürfelt“
E_2 „es wird eine 1 oder eine 3 gewürfelt“
$E_3 = \overline{E_1 \cap E_2}$
$E_4 = \overline{\overline{E_1} \cap E_2}$
$E_5 = E_1 \cap \overline{E_2}$
$E_6 = \overline{\overline{E_1} \cup \overline{E_2}}$

6. $E_1 = \{1; 2\}$ und $E_2 = \{2; 3; 4\}$ sind zwei Teilmengen der Ergebnismenge $\Omega = \{1; 2; 3; 4; 5; 6\}$, auf der eine Wahrscheinlichkeitsfunktion P erklärt ist.
Für P gilt: $P(E_1) = 0{,}4$; $P(E_2) = 0{,}5$; $P(E_1 \cap E_2) = 0{,}1$.

a) Stellen Sie die Ereignisse E_1 und E_2 und ihre Gegenereignisse in einer Vierfeldertafel dar.

b) Bestimmen Sie die folgenden Ereignisse:
1) $\overline{E_1}$
2) $\overline{E_2}$
3) $E_1 \cup E_2$
4) $\overline{E_1} \cap \overline{E_2}$
5) $\overline{E_1} \cup \overline{E_2}$
6) $E_1 \cap \overline{E_2}$
7) $\overline{E_1} \cap E_2$

c) Ermitteln Sie die Wahrscheinlichkeiten für die Ereignisse aus b).

7. Der Fürst der Toskana wandte sich einst in einem Brief an Galileo Galilei mit folgendem Problem: „Beim gleichzeitigen Wurf von drei einwandfreien Würfeln konnte ich beobachten, dass die Summe 11 häufiger erschien als die Summe 12 und die Summe 10 häufiger als die Summe 9.
Jedoch müssten meiner Meinung nach alle Summen gleich wahrscheinlich sein. Können Sie, verehrter Galilei, den Widerspruch zu meinen Beobachtungen erklären?“
Simulieren Sie die Würfelsumme mit drei einwandfreien Würfeln mit 500 Würfen und stellen Sie Ihr Ergebnis in einem Säulendiagramm dar.

6

6.1.3 Laplace-Experimente

Die elementarsten Zufallsexperimente sind diejenigen, bei denen alle Ergebnisse gleich wahrscheinlich sind.
Ein solches Zufallsexperiment heißt **Laplace-Experiment**.
Pierre Simon de Laplace war Astronom, Physiker und Mathematiker. Auf ihn geht die Definition der „klassischen Wahrscheinlichkeit" zurück. Kurz gefasst sagt die Definition: Die Wahrscheinlichkeiten für beliebige Ereignisse eines Laplace-Experiments lassen sich berechnen, indem wir **die „günstigen Fälle" durch die „möglichen Fälle" teilen**.

Pierre Simon de Laplace (1749 – 1827)

(12) Einige Laplace-Experimente

Geben Sie drei Zufallsexperimente an, die Laplace-Experimente sind.

- Der Wurf eines idealen Würfels ist ein Laplace-Experiment, da jedes Elementarereignis dieselbe Wahrscheinlichkeit $\frac{1}{6}$ besitzt.
- Der Wurf einer idealen Münze ist ein Laplace-Experiment, da jedes Elementarereignis die Wahrscheinlichkeit $\frac{1}{2}$ hat.
- Das Roulettespiel ist ein Laplace-Experiment, da jedes Elementarereignis dieselbe Wahrscheinlichkeit $\frac{1}{37}$ besitzt.

- $\Omega = \{1; 2; 3; 4; 5; 6\}$
  $P(\{1\}) = P(\{2\}) = P(\{3\}) = P(\{4\}) = P(\{5\}) = P(\{6\})$
  $= \frac{1}{6} \approx$ **16,7 %**
- $\Omega = \{K; Z\}$
  $P(\{K\}) = P(\{Z\}) = \frac{1}{2} =$ **50 %**
- $\Omega = \{0; 1; 2; 3; \ldots; 36\}$
  $P(\{0\}) = P(\{1\}) = P(\{2\})$
  $= \ldots = P(\{36\}) = \frac{1}{37} \approx$ **2,7 %**

Da bei einem Laplace-Experiment jedem Elementarereignis die gleiche Wahrscheinlichkeit zugeordnet ist, spricht man auch von einer **Gleichverteilung**.
Besteht ein Ergebnisraum Ω aus n Ergebnissen, dann hat bei einer Gleichverteilung jedes Elementarereignis die Wahrscheinlichkeit $p = \frac{1}{n}$.
Ein zusammengesetztes Ereignis E, das aus k Ergebnissen besteht, hat bei einer Gleichverteilung dann die Wahrscheinlichkeit $P(E) = k \cdot \frac{1}{n} = \frac{k}{n}$. ► Additionssatz von Sylvester, S. 291

(13) Zweifacher Würfelwurf

Ein idealer Würfel wird zweimal geworfen. Ermitteln Sie die Wahrscheinlichkeit, dass ein Augenpaar mindestens eine 2 enthält.

Wir schreiben jedes Ergebnis als Paar $(i; j)$, wobei die erste Zahl i für den 1. Wurf und die zweite Zahl j für den 2. Wurf steht. Da es sich hierbei um ein Laplace-Experiment handelt, hat jedes von den 36 Elementarereignissen die gleiche Eintrittswahrscheinlichkeit $\frac{1}{36}$.
► Gleichverteilung

$\Omega = \{(1; 1); (1; 2); (1; 3); (1; 4); (1; 5); (1; 6);$
$(2; 1); (2; 2); (2; 3); (2; 4); (2; 5); (2; 6);$
$(3; 1); (3; 2); (3; 3); (3; 4); (3; 5); (3; 6);$
$(4; 1); (4; 2); (4; 3); (4; 4); (4; 5); (4; 6);$
$(5; 1); (5; 2); (5; 3); (5; 4); (5; 5); (5; 6);$
$(6; 1); (6; 2); (6; 3); (6; 4); (6; 5); (6; 6)\}$
► Laplace-Experiment

Von 36 möglichen Ergebnissen haben 11 Ergebnisse mindestens eine 2. Die Wahrscheinlichkeit, dass eine 2 auftritt, ist damit $\frac{11}{36}$.

$E = \{(1; 2); (2; 1); (2; 2); (2; 3); (2; 4); (2; 5);$
$(2; 6); (3; 2); (4; 2); (5; 2); (6; 2)\}$ ► $k = 11$
$P(E) = k \cdot \frac{1}{n} = 11 \cdot \frac{1}{36} = \frac{11}{36} \approx$ **30,56 %**

Dreifacher Münzwurf

14

Eine Münze wird dreimal hintereinander geworfen. Bestimmen Sie die Wahrscheinlichkeit, dass in den drei Würfen öfter „Kopf" als „Zahl" vorkommt.

Die Ergebnismenge enthält 8 Elementarereignisse, von denen jedes gleich wahrscheinlich ist.
Bei 4 dieser 8 Ergebnisse wird häufiger „Kopf" als „Zahl" geworfen. Wir haben also vier „günstige" Ergebnisse von 8 „möglichen". Die gesuchte Wahrscheinlichkeit ist somit $\frac{4}{8} = \frac{1}{2} = 50\,\%$.

$\Omega = \{(K; K; K); (K; K; Z); (K; Z; K); (K; Z; Z); (Z; K; K); (Z; K; Z); (Z; Z; K); (Z; Z; Z)\}$

$E = \{(K; K; K); (K; K; Z); (K; Z; K); (Z; K; K)\}$

$P(E) = k \cdot \frac{1}{n} = 4 \cdot \frac{1}{8} = \frac{4}{8} = \frac{1}{2}$

Hat ein Zufallsexperiment endlich viele mögliche Ergebnisse, die alle mit der gleichen Wahrscheinlichkeit eintreten, so heißt es **Laplace-Experiment**. Ein beliebiges Ereignis E hat dabei die Wahrscheinlichkeit:

$P(E) = \frac{\text{Anzahl der für } E \text{ günstigen Ergebnisse}}{\text{Anzahl der möglichen Ergebnisse}}$ (Regel von Laplace).

6

1. Emre hat die letzte Ziffer von Anjas 10-stelliger Handynummer vergessen. Er tippt eine Ziffer ein.
a) Bestimmen Sie die Wahrscheinlichkeit, dass die zufällig gewählte Ziffer richtig ist.
b) Ermitteln Sie die Wahrscheinlichkeit, wenn Emre weiß, dass die richtige Ziffer gerade ist.

2. Ermitteln Sie die Wahrscheinlichkeit, bei einem doppelten Münzwurf
oHi Mi
a) genau einmal „Kopf" zu werfen,
b) genau zweimal „Zahl" zu werfen,
c) mindestens einmal „Zahl" zu werfen,
d) ein gemischtes Ergebnis zu erzielen.

Übungen zu 6.1.3

1. Gegeben sind folgende Zufallsexperimente. Entscheiden Sie, welche davon Laplace-Experimente sind, und begründen Sie Ihre Antwort.
oHi Mi
a) Es wird eine zufällige achtstellige Telefonnummer gewählt.
b) Auf einer Kirmes wird ein Los gekauft. Es gibt Nieten und Gewinne.
c) Es wird „blind" auf eine Zielscheibe mit fünf Ringen geschossen.
d) In einem Eiscafé wird ein Überraschungsbecher mit zwei vom Eisverkäufer beliebig ausgewählten Kugeln angeboten.

2. Aus einem gut gemischten Kartenspiel mit 32 Karten wird zufällig eine Karte gezogen. Ermitteln Sie die Wahrscheinlichkeit, dass
oHi Mi
a) eine Herzkarte, b) ein schwarzes Ass, c) der Kreuz-König gezogen wird.

3. Es werden gleichzeitig zwei ideale Würfel geworfen. Bestimmen Sie die Wahrscheinlichkeit, dass die Augensumme 2 bzw. 6 beträgt. Welche der 11 möglichen Augensummen hat die größte Wahrscheinlichkeit?
oHi Mi

4. In einem Behälter befinden sich drei Karten. Die erste ist blau auf beiden Seiten, die zweite rot auf beiden Seiten, die dritte hat eine blaue und eine rote Seite.
oHi Mi
Nun wird zufällig eine Karte gezogen und eine Seite betrachtet: Sie ist blau. Bestimmen Sie die Wahrscheinlichkeit, dass die andere Seite ebenfalls blau ist.

6.1.4 Baumdiagramme und Pfadregeln

Ein mehrstufiges Zufallsexperiment können wir mithilfe eines Baumdiagramms übersichtlich darstellen (▶ Beispiel 2, S. 285). Auch Wahrscheinlichkeiten von Ereignissen können wir damit oft einfach berechnen.

15 Ein Urnenexperiment

In einer Urne liegen 5 rote und 5 schwarze Kugeln. Nacheinander werden 3 Kugeln entnommen, ohne dass die gezogenen Kugeln wieder in die Urne zurückgelegt werden.
Berechnen Sie die Wahrscheinlichkeiten der folgenden Ereignisse:
E_1 „es werden nur rote Kugeln gezogen"
E_2 „auf zwei rote folgt eine schwarze Kugel"
E_3 „unter den gezogenen Kugeln sind mindestens zwei rote"

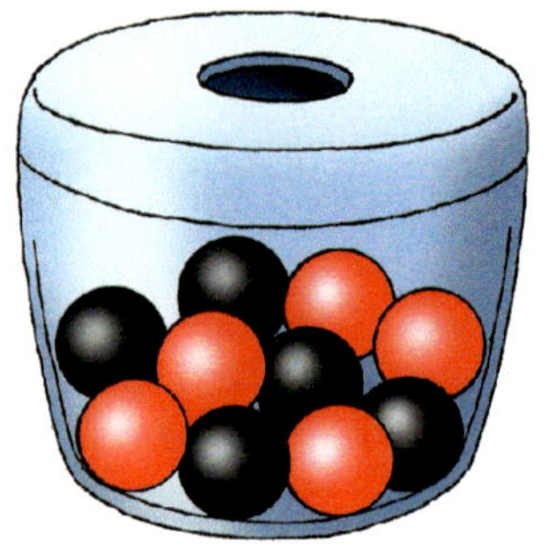

Wir veranschaulichen das Experiment in einem Baumdiagramm. Es besteht aus 3 Stufen (3 Ziehungen) und besitzt 8 Pfade. Jeder Pfad führt zu einem Ergebnis des Zufallsexperiments.

An die Äste des Baumdiagramms schreiben wir jeweils die Wahrscheinlichkeit, mit der das Ergebnis der nächsten Ziehung eintritt.
Diese berechnen wir mit der Regel von Laplace.

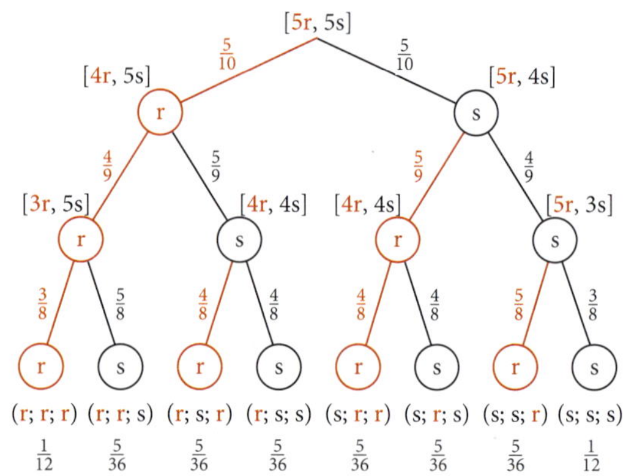

Dabei ist zu beachten, dass nach jeder Ziehung eine Kugel weniger in der Urne liegt. Als Hilfe schreiben wir am Baumdiagramm in eckige Klammern, wie viele Kugeln der beiden Farben in jeder Stufe in der Urne liegen.

Für E_1 (nur rote Kugeln, linker Pfad):
1. Stufe: 5 günstige durch 10 mögliche: $\frac{5}{10}$
2. Stufe: 4 günstige durch 9 mögliche: $\frac{4}{9}$
3. Stufe: 3 günstige durch 8 mögliche: $\frac{3}{8}$

Um die Wahrscheinlichkeit des Ereignisses E_1 zu erhalten, werden die Wahrscheinlichkeiten der drei Äste des Pfades multipliziert, der zu E_1 gehört. Genauso können wir bei E_2 vorgehen.
Dieses Vorgehen bezeichnet man als **1. Pfadregel**.

$$P(E_1) = P(\{(r;r;r)\}) = \frac{5}{10} \cdot \frac{4}{9} \cdot \frac{3}{8} = \mathbf{\frac{1}{12}} \approx \mathbf{8{,}33\,\%}$$

$$P(E_2) = P(\{(r;r;s)\}) = \frac{5}{10} \cdot \frac{4}{9} \cdot \frac{5}{8} = \mathbf{\frac{5}{36}} \approx \mathbf{13{,}89\,\%}$$

Die 1. Pfadregel hilft uns allerdings nicht direkt für E_3 weiter. E_3 besteht nämlich aus mehreren Ergebnissen. Aber wir können für jedes Ergebnis, das zu E_3 gehört, die Wahrscheinlichkeit berechnen und anschließend addieren.
Dieses Vorgehen heißt **2. Pfadregel**.

$$E_3 = \{(r;r;r); (r;r;s); (r;s;r); (s;r;r)\}$$
$$\begin{aligned} P(E_3) &= P(\{(r;r;r); (r;r;s); (r;s;r); (s;r;r)\}) \\ &= P(\{(r;r;r)\}) + P(\{(r;r;s)\}) + P(\{(r;s;r)\}) \\ &\quad + P(\{(s;r;r)\}) \\ &= \frac{1}{12} + \frac{5}{36} + \frac{5}{36} + \frac{5}{36} = \mathbf{\frac{1}{2}} = \mathbf{50\,\%} \end{aligned}$$

Längs des Pfades wird multipliziert, waagerecht wird addiert.

1. Pfadregel:
Um in einem mehrstufigen Zufallsexperiment die **Wahrscheinlichkeit eines Elementarereignisses** zu bestimmen, werden die Wahrscheinlichkeiten entlang des zugehörigen Pfades multipliziert.
2. Pfadregel:
Um in einem mehrstufigen Zufallsexperiment die **Wahrscheinlichkeit eines beliebigen Ereignisses** zu bestimmen, werden die Wahrscheinlichkeiten am Ende der zugehörigen Pfade addiert.

1. Bestimmen Sie in Beispiel 15 die Wahrscheinlichkeit für das Ereignis E „unter den gezogenen Kugeln ist höchstens eine rote Kugel".

2. Aus einer Urne, die 3 schwarze und 5 weiße Kugeln enthält, wird dreimal hintereinander eine Kugel zufällig gezogen und wieder zurückgelegt.
a) Stellen Sie den Zufallsversuch in einem Baumdiagramm dar.
b) Ermitteln Sie die Wahrscheinlichkeit, mit der 1) zwei schwarze und eine weiße Kugel, 2) mindestens eine weiße Kugel und 3) mindestens zwei weiße Kugeln gezogen werden.

3. Mit einem Würfel wird dreimal gewürfelt. Bestimmen Sie die Wahrscheinlichkeit für
a) genau eine Sechs, b) eine Sechs im ersten Wurf, c) mindestens zwei Sechsen.

6

Übungen zu 6.1.4

1. Eine Münze wird dreimal geworfen. Ermitteln Sie die Wahrscheinlichkeit, dass
oHi Mi
a) mindestens einmal Zahl,
b) mindestens dreimal Zahl,
c) Zahl und Kopf mindestens je einmal,
d) öfter Zahl als Kopf geworfen wird.

2. Aus einer Urne, die 2 blaue, 2 rote und 3 gelbe Kugeln enthält, wird dreimal nacheinander eine Kugel gezogen. Fertigen Sie je ein Baumdiagramm an für den Fall, dass die Kugeln
a) immer wieder zurückgelegt werden,
b) nicht zurückgelegt werden.
Berechnen Sie die Wahrscheinlichkeit jeweils für den Fall a) und b), dass
c) zwei blaue und eine rote Kugel gezogen werden,
d) jeweils eine Kugel von jeder Farbe gezogen wird.

3. Ein Produkt durchläuft eine dreistufige Qualitätskontrolle. Zuerst wird das Gewicht, dann die Ausmaße und zuletzt die Lackierung geprüft. 10 % der Produkte haben ein falsches Gewicht, 5 % falsche Ausmaße und 15 % Lackschäden. Ein Produkt gilt als nicht verkäuflich, wenn es mindestens zwei Kontrollen nicht besteht. Bestimmen Sie mithilfe eines Baumdiagramms die Wahrscheinlichkeit hierfür.

4. Anna und Berta spielen „Papier, Schere, Stein". Dabei halten sie die rechte Hand unter dem Tisch versteckt und strecken dann auf Kommando über dem Tisch entweder alle Finger aus (Papier) oder spreizen nur 2 Finger (Schere) oder ballen die Faust (Stein). Bei Papier und Schere gewinnt Schere, bei Papier und Stein gewinnt Papier und bei Schere und Stein gewinnt Stein. Zeigen beide Spieler dasselbe, dann ist das Spiel unentschieden ausgegangen.
Zeichnen Sie ein Baumdiagramm und beurteilen Sie die Gewinnchancen von Anna und Berta.

5. In der JoRo GmbH werden Mikrochips hergestellt. Erfahrungsgemäß verlassen 5 % der Produkte den Herstellungsprozess mit Mängeln. Deshalb wurde zur Qualitätssicherung ein Testgerät angeschafft, das mit einer Wahrscheinlichkeit von 97 % die mangelhaften Geräte als mangelhaft erkennt.
Geräte ohne Mangel werden mit einer Wahrscheinlichkeit von 93 % als fehlerfrei erkannt.
Berechnen Sie mithilfe eines Baumdiagramms die Wahrscheinlichkeit, mit der das Testgerät
a) Mängel anzeigt.
b) keine Mängel anzeigt.

6

Vermischte Übungen zu 6.1

1. oHi Mi Bei einem Test der IHK zur Ausbildungsfähigkeit wurde insgesamt 1000 Jungen und Mädchen eine umfangreiche Aufgabe gestellt. 700 Jugendliche lösten die Aufgabe. Von den Jungen waren nur 180 erfolgreich; 50 Mädchen fielen durch.

a) Ermitteln Sie anhand einer Vierfeldertafel, wie viel Prozent der Mädchen die Aufgabe lösen konnten.
b) Überprüfen Sie anhand der Tafel den Additionssatz von Sylvester.

2. oHi Mi Für die Zulassung eines neuen Medikaments wurden in einem Tierversuch männliche (m) und weibliche (w) Mäuse einem Virus ausgesetzt. Die Ergebnisse des Versuchs sind in der folgenden Tabelle festgehalten worden (die Prozentzahlen beziehen sich auf die gesamte Anzahl der Mäuse):

	Infiziert und mit Krankheitssymptomen	Infiziert, aber ohne Krankheitssymptome	Nicht infiziert
m	20 %	12,5 %	17,5 %
w	30 %	7,5 %	12,5 %

Ermitteln Sie die Wahrscheinlichkeit, dass eine zufällig gewählte Maus
a) weiblich und nicht infiziert ist.
b) infiziert ist.
c) weiblich oder ohne Anzeichen von Krankheit infiziert ist.
d) männlich mit Krankheitssymptomen oder weiblich ohne Krankheitssymptome ist.
e) männlich oder infiziert ist.

3. oHi Mi Beweisen Sie:
Aus $P(A) > P(B)$ folgt $P(\overline{A}) < P(\overline{B})$.

4. oHi Mi Bilden Sie bei der Aufgabe auf Seite 283 die relativen Häufigkeiten sowohl in Bezug auf die Arbeiter als auch auf die Arbeitstage pro Monat, um der Geschäftsführung bei ihren Entscheidungen zu helfen.

5. Ein Einzelhändler für Haushaltsgeräte plant eine Sonderaktion für die erste Wohnung junger Paare. Die Marketingabteilung des Herstellers „Ehe“ liefert folgende Erfahrungswerte: Von 400 Kunden, die einen Kühlschrank und einen Elektroherd kaufen, entscheiden sich 160 für einen Herd des Herstellers „Ehe“ und 100 für einen „Ehe“-Kühlschrank; 180 Kunden kaufen weder Elektroherd noch Kühlschrank von „Ehe“.
a) Erstellen Sie zu diesem Problem eine Vierfeldertafel mit absoluten Zahlen und Prozenten.
b) Berechnen Sie, mit welcher Wahrscheinlichkeit beide Geräte von „Ehe“ gekauft werden.
c) Ermitteln Sie die Wahrscheinlichkeit, dass kein Kühlschrank von „Ehe“ gekauft wird.

6. An einer Wirtschaftsschule beträgt der Anteil der Jungen 44 %. Eine Umfrage hat gezeigt, dass 40 % der Mädchen und 75 % der Jungen einen Laptop besitzen.
a) Stellen Sie den Sachverhalt in einem Baumdiagramm und in einer Vierfeldertafel dar.
b) Bestimmen Sie den Anteil der Schülerschaft, der weiblich ist und einen Laptop besitzt.
c) Ermitteln Sie die Wahrscheinlichkeit, auf Schülerinnen und Schüler mit Laptop zu treffen.

7. Bei 2 % der Bevölkerung liegt eine bestimmte erblich bedingte Stoffwechselkrankheit vor. Mithilfe eines in der JoRo GmbH erstellten Labortests wird die Erkrankung mit einer Wahrscheinlichkeit von 92 % erkannt (Test positiv). Jedoch ergibt der Test auch bei gesunden Personen in 5 % aller Fälle ein positives Ergebnis.
a) Bei der Überprüfung der Wirksamkeit des Tests soll der Anteil der Personen ermittelt werden, die nicht gesund sind oder positiv getestet wurden. Nutzen Sie hierfür ein Baumdiagramm oder eine Vierfeldertafel.
b) Ermitteln Sie die Wahrscheinlichkeit, einem negativ getesteten Menschen zu begegnen.

8. Ein Verkehrsbetrieb in Niedersachsen hat ermittelt, dass an Werktagen 60 % und an Sonn- und Feiertagen 85 % aller S-Bahnen pünktlich sind. Ein Fahrgast fährt eine Strecke mit zweimaligem Umsteigen. Nutzen Sie das Baumdiagramm als Hilfsmittel bei den folgenden Aufgaben.

a) Ermitteln Sie die Wahrscheinlichkeit, mit der ein Fahrgast werktags bei zweimaligem Umsteigen pünktlich sein Ziel erreicht.

b) Berechnen Sie die Wahrscheinlichkeit, dass ein Fahrgast sonntags höchstens zweimal unpünktlich sein wird.

c) Untersuchen Sie, wie groß die Wahrscheinlichkeit ist, genau einmal am Freitag oder am Sonntag unpünktlich zu sein.

9. Ein Unternehmen produziert Energygels für Sportler. Bei der Abfüllung des Gels in die Beutel können unabhängig voneinander zwei Fehler auftreten.
A: Der Beutel ist undicht.
B: Der Beutel ist mit zu wenig Inhalt gefüllt.
Die Produktionsabteilung teilt mit, dass die Ereignisse $A \cap B$ und $A \cup B$ mit folgenden Wahrscheinlichkeiten eintreten:
$P(A \cap B) = 0{,}003$
$P(A \cup B) = 0{,}114$

a) Erläutern Sie die Bedeutung der Ereignisse $A \cap B$, $A \cup B$, $A \setminus B$ und $\overline{A} \cap B$ im Sachkontext.

b) Berechnen Sie die Wahrscheinlichkeit, mit der ein zufällig der Produktion entnommener Beutel genau einen der beiden Fehler aufweist.

c) Die Wahrscheinlichkeit für den Fehler A beträgt 7,91 %. Berechnen Sie die Wahrscheinlichkeit für den Fehler B.

10. Die Lebensdauer einer LED unterliegt zufälligen Schwankungen. A sei das Ereignis, dass eine LED eine Lebensdauer von mehr als 300 Tagen hat, und B das Ereignis, dass eine LED eine Lebensdauer von mehr als 600 Tagen besitzt.
Bekannt ist:
$P(A) = 0{,}7$ und $P(B) = 0{,}4$.

a) Beschreiben Sie die Bedeutung der folgenden Ereignisse: $A \setminus B$, $A \cup B$, $\overline{A} \cup B$ und $A \cap B$.

b) Berechnen Sie die Wahrscheinlichkeiten der Ereignisse aus a).

c) Ermitteln Sie die Wahrscheinlichkeiten, dass genau eines der beiden Ereignisse sowie dass höchstens eines der beiden Ereignisse eintritt.

11. Bei einer Sportartikelhändlerin arbeiten nur Sportstudenten und -studentinnen. 45 % aller Beschäftigten sind Sportstudentinnen, 25 % aller Beschäftigten sind Sportstudentinnen und arbeiten nachmittags und 35 % aller Beschäftigten arbeiten vormittags.

a) Formulieren Sie beide Ereignisse und stellen Sie sie in einer Vierfeldertafel dar.

b) Bestimmen Sie die Wahrscheinlichkeit für eine nachmittags arbeitende Sportstudentin.

12. Eine Schulmensa bietet normale Brötchen, Vollkornbrötchen und Schlemmerbrötchen an und untersucht das Kaufverhalten ihrer Kunden. Dabei wird ermittelt, dass 70 % der Kunden normale Brötchen, 20 % Vollkornbrötchen und 10 % Schlemmerbrötchen kaufen. Beim Kauf von normalen Brötchen entscheiden sich ein Fünftel der Kunden für ein Getränk, bei Vollkornbrötchen ein Viertel und beim Kauf von Schlemmerbrötchen 55 %.

a) Erstellen Sie ein vollständiges Baumdiagramm und eine Sechsfeldertafel.

b) Bestimmen Sie die Wahrscheinlichkeiten folgender Ereignisse.
b_1) Ein zufällig ausgewählter Kunde kauft ein Vollkornbrötchen ohne Getränk.
b_2) Ein zufällig ausgewählter Kunde kauft ein Schlemmerbrötchen oder ein Brötchen mit Getränk.
b_3) Ein zufällig ausgewählter Kunde kauft ein Brötchen mit Getränk.

13. Eine Schokoladenfabrikantin stellt im Frühjahr Schokoladenosterhasen her. 16 % dieser Schokoladenosterhasen sind zu weich und bei 12 % stimmt der Kakaoanteil nicht. In 5 % aller Fälle treten beide Fehler gleichzeitig auf.

a) Fertigen Sie ein vollständiges Baumdiagramm und eine Vierfeldertafel an.

b) Geben Sie die Wahrscheinlichkeit für einen fehlerfreien Schokoladenosterhasen an.

c) Berechnen Sie die Wahrscheinlichkeit, dass die Festigkeit der Schokoladenosterhasen stimmt, aber der Kakaoanteil nicht.

d) Bestimmen Sie die Wahrscheinlichkeit, dass genau einer der beiden Fehler auftritt.

e) Überprüfen Sie die Aussage eines Mitarbeiters: „Die Wahrscheinlichkeit für einen fehlerhaften Schokoladenosterhasen beträgt insgesamt 28 %."

f) Berechnen Sie die Wahrscheinlichkeit, dass höchstens einer der beiden Fehler auftritt.

14. Bei den Chips der JoRo GmbH zur Herstellung von elektronischen Bauteilen werden Fehler in der Verpackung (V) und bei der Elektronik (E) festgestellt.

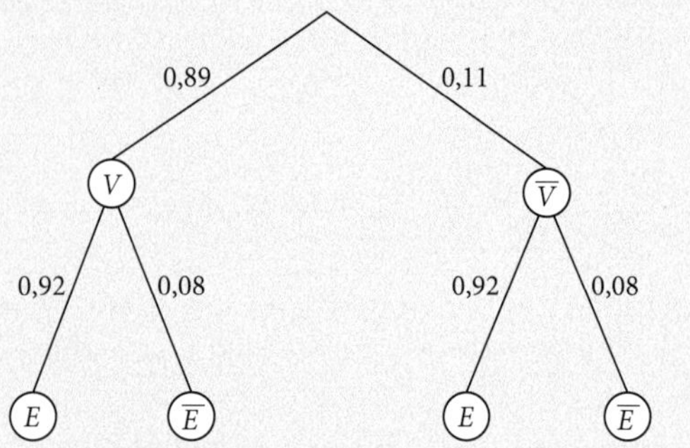

V = Verpackung einwandfrei
$\overline{V}$ = Verpackung fehlerhaft
E = Elektronik einwandfrei
$\overline{E}$ = Elektronik fehlerhaft

a) Formulieren Sie die Fehlersituation bei der Herstellung der elektronischen Bauteile und vervollständigen Sie das Baumdiagramm.

b) Erstellen Sie die entsprechende Vierfeldertafel und geben Sie die Wahrscheinlichkeiten folgender Ereignisse an.

b_1) Ein Chip hat beide Fehler.
b_2) Ein Chip hat mindestens einen der beiden Fehler.
b_3) Ein Chip hat keinen der beiden Fehler.
b_4) Ein Chip hat genau einen der beiden Fehler.

15. Die JoRo GmbH bietet Schülerlaptops mit Reparaturservice an. Innerhalb der Garantiezeit treten bei diesen Schülerlaptops unabhängig voneinander die zwei Fehler „fehlerhaftes Display“ mit einer Wahrscheinlichkeit von 8 % und „fehlerhafter Akku“ auf. 12 % der Geräte haben mindestens einen der beiden Fehler.

a) Erstellen Sie aus obigen Angaben ein vollständiges Baumdiagramm sowie eine Vierfeldertafel.

b) Beweisen Sie, dass die Wahrscheinlichkeit eines defekten Akkus ungefähr 4,3 % beträgt.

c) Berechnen Sie die Wahrscheinlichkeit, mit der bei einem Gerät sowohl das Display als auch der Akku defekt sind.

d) Eine Lehrerin überprüft einen Karton mit vier Schülerlaptops. Ermitteln Sie die Wahrscheinlichkeit, dass sie mindestens einen defekten Schülerlaptop entdeckt.

e) Bestimmen Sie die Wahrscheinlichkeit, dass höchstens einer der beiden Fehler auftritt.

16. Die Fly Bike Werke GmbH verkauft spezielle Sportrennräder und überprüft deren Anteil an ihrem Fahrradabsatz und dem Gesamtfahrradabsatz in der Stadt.

	F	**$\overline{F}$**	**Summe**
S	0,15	0,15	0,3
$\overline{S}$	0,28	0,42	0,7
Summe	0,43	0,57	1

S = Sportrennrad, $\overline{S}$ = kein Sportrennrad,
F = Fahrradabsatz Fly Bike Werke,
$\overline{F}$ = Fahrradabsatz der Konkurrenz

a) Formulieren Sie anhand der Vierfeldertafel die Absatzsituation der Fly Bike Werke GmbH.

b) Erstellen Sie ein vollständiges Baumdiagramm mit allen Pfad- und Elementarwahrscheinlichkeiten.

c) Überprüfen Sie begründet die folgenden Aussagen auf Richtigkeit.

c_1) 43 % des Gesamtabsatzes sind Sportrennräder der Fly Bike Werke GmbH.

c_2) Die Fly Bike Werke GmbH verkauft insgesamt mehr Sportrennräder als andere Fahrräder.

c_3) 15 % der verkauften Fahrräder der Fly Bike Werke GmbH sind Sportrennräder.

17. Anton, Bibi, Caren und Dodo kandidieren mit gleichen Wahlchancen in zwei Wahlgängen zur Klassensprecherwahl, zuerst wird der/die Klassensprecher/in und dann der/die Vertreter/in gewählt. Bestimmen Sie mithilfe eines Baumdiagramms die Wahrscheinlichkeit, dass

a) Bibi Klassensprecherin,
b) Anton Stellvertreter,
c) Dodo Klassensprecher und Anton Stellvertreter,
d) Caren weder Klassensprecherin noch Stellvertreterin wird.

18. Die Fly Bike Werke GmbH befürchtet Folgefehler an den Radfelgen ihrer Fahrräder, falls deren Radspeichen fehlerhaft sind. Untersuchungen ergeben, dass 10 % aller Radspeichen einen Fehler aufweisen. 70 % der Räder mit fehlerhaften Radspeichen haben einen Felgenfehler, 99 % der Räder mit fehlerfreien Radspeichen sind ohne Felgenfehler.

a) Erstellen Sie ein vollständiges Baumdiagramm und eine Vierfeldertafel.

b) Berechnen Sie die Wahrscheinlichkeiten, dass mindestens ein Fehler auftritt sowie dass ein Fahrrad beide Fehler aufweist.

Ich kann ...

... ein **Zufallsexperiment** beschreiben und die Begriffe **Ergebnis**, **Ergebnismenge** und **Ereignis** erklären.
▶ Test-Aufgabe 1

Experiment: Werfen eines Würfels
Ergebnisse: 1; 2; 3; 4; 5; 6
Ergebnismenge $\Omega = \{1; 2; 3; 4; 5; 6\}$
Ereignis E: $\{2; 4; 6\}$ („gerade Zahl“)

Ergebnis: Ausgang eines Experiments
Ergebnismenge: Menge aller möglichen Ergebnisse
Ereignis: Menge mit einem Ergebnis oder mehreren Ergebnissen

... mit **Wahrscheinlichkeiten** rechnen.
▶ Test-Aufgabe 1

Werfen eines Würfels:
$P(\{6\}) = \frac{1}{6}$
$P(\{\text{keine } 6\}) = 1 - \frac{1}{6} = \frac{5}{6}$

Wahrscheinlichkeit des **Gegenereignisses**:
$P(E) + P(\overline{E}) = 1$
$\Rightarrow P(\overline{E}) = 1 - P(E)$

$E_1 = \{1; 2; 3\}$; $P(E_1) = \frac{1}{2}$
$E_2 = \{1; 6\}$; $P(E_2) = \frac{1}{3}$
$P(E_1 \cap E_2) = P(\{1\}) = \frac{1}{6}$
$P(E_1 \cup E_2) = P(\{1; 2; 3; 6\})$
$= \frac{1}{2} + \frac{1}{3} - \frac{1}{6} = \frac{2}{3}$

Additionssatz von Sylvester:
$P(E_1 \cup E_2) = P(E_1) + P(E_2) - P(E_1 \cap E_2)$

... die Wahrscheinlichkeit bei einem **Laplace-Experiment** berechnen.
▶ Test-Aufgabe 1

$P(\{\text{keine } 6\}) = \frac{|\{1; 2; 3; 4; 5\}|}{|\{1; 2; 3; 4; 5; 6\}|} = \frac{5}{6}$

$P(E) = \frac{\text{Anzahl günstige Ergebnisse}}{\text{Anzahl mögliche Ergebnisse}}$

... ein **Baumdiagramm** zeichnen und die Wahrscheinlichkeiten mithilfe der **Pfadregeln** bestimmen.
▶ Test-Aufgabe 2

zweimaliges Würfeln:
„6“ oder „keine 6“

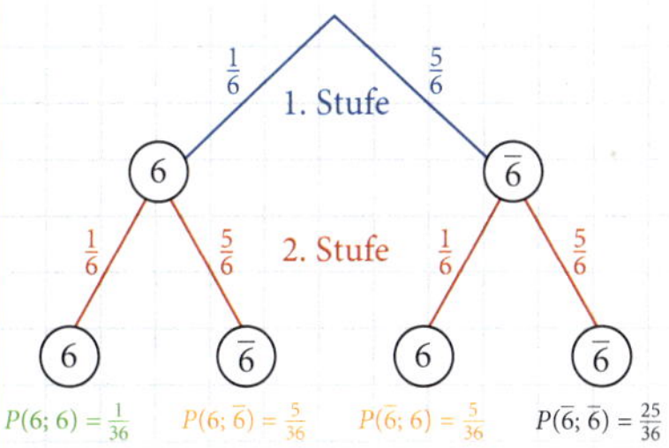

Für jedes Ergebnis einen Ast erstellen und mit der entsprechenden Wahrscheinlichkeit beschriften.

$P(\text{„zweimal 6“}) = \frac{1}{6} \cdot \frac{1}{6} = \frac{1}{36}$

$P(\text{„genau einmal 6“}) = \frac{5}{36} + \frac{5}{36} = \frac{5}{18}$

1. Pfadregel („senkrecht“):
Die Wahrscheinlichkeiten werden längs eines Pfades multipliziert.
2. Pfadregel („waagerecht“):
Die Wahrscheinlichkeiten mehrerer Pfade werden addiert.

... **Vierfeldertafeln** zur Darstellung von Ereignissen nutzen.
▶ Test-Aufgabe 4

Darstellen der Ereignisse $E_1 = \{1; 2; 3; 4\}$ und $E_2 = \{4; 5\}$ eines Würfelwurfs sowie ihrer Gegenereignisse in einer Vierfeldertafel:

	E_1	$\overline{E_1}$	
E_2	$E_1 \cap E_2 = \{4\}$	$\overline{E_1} \cap E_2 = \{5\}$	$E_2 = \{4; 5\}$
$\overline{E_2}$	$E_1 \cap \overline{E_2} = \{1; 2; 3\}$	$\overline{E_1} \cap \overline{E_2} = \{6\}$	$\overline{E_2} = \{1; 2; 3; 6\}$
	$E_1 = \{1; 2; 3; 4\}$	$\overline{E_1} = \{5; 6\}$	

In der letzten Zeile bzw. Spalte stehen die Elementarereignisse E_1 und E_2 sowie ihre Gegenereignisse $\overline{E_1}$ und $\overline{E_2}$. An den Schnittstellen der Vierfeldertafel stehen die Schnittmengen der Elementarereignisse.

Test zu 6.1

1. Zwei verschiedenfarbige Würfel werden geworfen.
a) Geben Sie die Ergebnismenge an.
b) Bei dem Spiel gewinnt man, wenn die Augensumme zweistellig ist. Geben Sie das Gewinnereignis *E* an.
c) Berechnen Sie jeweils die Wahrscheinlichkeit, mit der man gewinnt und mit der man verliert.

2. Bei der Produktion eines USB-Sticks findet eine dreifache Qualitätsprüfung statt: Die Funktionstüchtigkeit des Sticks, die Qualität der Verpackung und die Richtigkeit des Barcodes auf der Verpackung werden nacheinander kontrolliert.
Laut Betriebsleitung bestehen 95 % der Sticks die Funktionsprüfung, 90 % die Prüfung der Verpackung und ebenfalls 90 % die Barcode-Prüfung.

a) Ein USB-Stick wird nicht zum Verkauf zugelassen, wenn bei mindestens zwei Kontrollen Fehler festgestellt werden. Berechnen Sie hierfür die Wahrscheinlichkeit.
b) Diskutieren Sie, wie sinnvoll es ist, den Stick nicht in den Verkauf zu geben, wenn er bei mehr als zwei Prüfungen durchfällt. Geben Sie ein alternatives Verfahren zum Aussortieren an und berechnen Sie hierfür die Wahrscheinlichkeit, dass ein USB-Stick nicht zum Verkauf zugelassen wird.

6

3. In einer Umfrage möchte eine große Elektro-Handelskette die Kaufneigung für DVD-Player und Blu-ray-Player ermitteln. Von insgesamt 500 befragten Personen erklären 400, wenigstens eines der beiden Produkte gekauft zu haben. 20 Interviewte haben nur einen DVD-Player und 300 nur einen Blu-ray-Player gekauft.
a) Berechnen Sie den Anteil der Personen, die kein Gerät gekauft haben.
b) Ermitteln Sie mithilfe einer Vierfeldertafel, wie viele Personen sowohl den DVD-Player als auch den Blu-ray-Player gekauft haben.
c) Vergleichen Sie die Anteile der Besitzer eines DVD-Players mit denen für einen Blu-ray-Player.

4. Die Fly Bike Werke GmbH stellt ein Supersportrad her und bezieht dafür den speziellen Sattel „Ergonomsitz" von 3 verschiedenen Lieferanten. Von den Lieferanten A und C werden je 250 Sättel und vom Lieferanten B 1000 Sättel bezogen. Die Sättel von Lieferant A sind zu 3 % fehlerhaft, von Lieferant B zu 4 % und von Lieferant C zu 6 % fehlerhaft.
a) Zur objektiven Qualitätsprüfung wird aus der Gesamtmenge von allen 1500 Sätteln zufällig ein Sattel geprüft.
   a_1) Stellen Sie den Sachverhalt in einem Baumdiagramm und in einer Sechsfeldertafel dar.
   a_2) Berechnen Sie folgende Wahrscheinlichkeiten.
   a_{21}) Der Sattel ist von Lieferant A bezogen worden und fehlerfrei.
   a_{22}) Der Sattel ist fehlerhaft.
   a_{23}) Der Sattel ist nicht von Lieferant B und fehlerfrei.
   a_{24}) Der Sattel ist von Lieferant C und fehlerhaft.
b) Die Sättel werden in Paketen zu je 20 Stück geliefert. In einem Paket von Lieferant C befinden sich fehlerhafte Sättel. Aus dem Paket werden nacheinander zwei Sättel untersucht.
Ermitteln Sie die Wahrscheinlichkeit, dass
   b_1) höchstens ein Sattel fehlerhaft ist,
   b_2) der zweite Sattel fehlerhaft ist,
   b_3) mindestens ein Sattel einwandfrei ist,
   b_4) beide Sättel einwandfrei sind,
   b_5) nur der zweite Sattel defekt ist.

6 Daten und Zufall

6.2 Bedingte und totale Wahrscheinlichkeit sowie stochastische Unabhängigkeit

Die Fly Bike Werke GmbH stellen fast alle Fahrräder aus ihrer Produktpalette selbst her. Ihr wirtschaftlicher Erfolg hängt im Wesentlichen von der Qualität ihrer Produkte ab.
Der Leiter der Produktionsabteilung, Herr Tenras, stellt immer wieder Produktionsmängel fest und kritisiert die häufigen Kundenreklamationen.

Herr Tenras hat festgestellt, dass 5 % der E-Bikes aufgrund elektronischer Fehler reklamiert werden. Daraufhin hat er ein Testgerät angeschafft, das den Elektromotor vor dem Einbau nochmals testet. Das Gerät erkennt 98 % der fehlerfreien Elektromotoren und 3 % der fehlerhaften Motoren als fehlerfrei an.
Insbesondere interessiert Herrn Tenras, mit welcher Wahrscheinlichkeit E-Bikes fehlerhaft sind, obwohl die Elektromotoren als fehlerfrei getestet wurden.

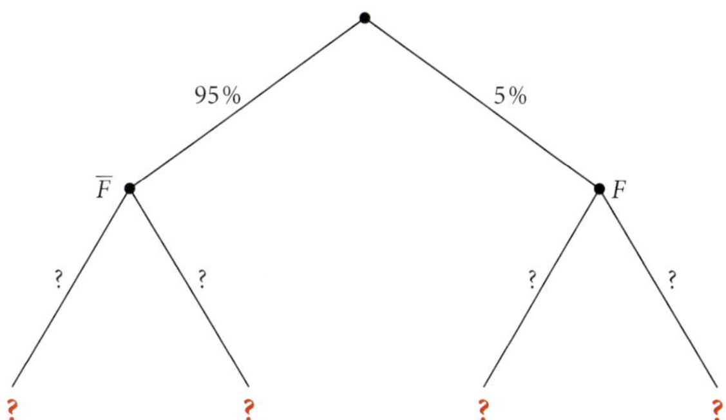

▸ Aufgabe 7 auf Seite 314

Kompetenzen

- Unterscheidung in
  - elementare Wahrscheinlichkeiten
  - totale Wahrscheinlichkeiten
  - bedingte Wahrscheinlichkeiten
- Unterscheidung zwischen
  - stochastischer Abhängigkeit
  - stochastischer Unabhängigkeit
- Baumdiagramme und inverse Baumdiagramme erstellen

Anwendungen

- Anhand ökonomischer Beispiele elementare, totale und bedingte Wahrscheinlichkeiten berechnen
- Wahrscheinlichkeiten von Güte und Fehlern bei Produktentwicklungen ermitteln

6.2. Bedingte und totale Wahrscheinlichkeit sowie stochastische Unabhängigkeit

6.2.1 Bedingte und totale Wahrscheinlichkeit

Interessiert man sich bei einem Zufallsexperiment dafür, wie hoch die Wahrscheinlichkeit für ein Ereignis B ist, wenn man weiß, dass ein Ereignis A bereits eingetreten ist, so sucht man die **bedingte Wahrscheinlichkeit** $P_A(B)$, sprich: „die Wahrscheinlichkeit von B unter der Bedingung von A".

1 Bedingte Wahrscheinlichkeit

In einer Lostrommel sind 25 Lose, darunter 10 Gewinne. Lisa zieht nacheinander zwei Lose.

a) Berechnen Sie die Wahrscheinlichkeit, dass das 2. Los ein Gewinn ist, wenn auch das 1. Los schon ein Gewinn war.

b) Ermitteln Sie, wie groß die Wahrscheinlichkeit ist, dass Lisa zwei Gewinne zieht.

Zu a) Wenn das erste Los schon ein Gewinn war, sind unter den verbleibenden 24 Losen nur noch 9 Gewinne. Die Wahrscheinlichkeit beim 2. Ziehen einen Gewinn zu erhalten, unter der Bedingung, dass beim 1. Ziehen schon ein Gewinn erzielt wurde, beträgt also $\frac{9}{24} = 37{,}5\,\%$.

Zu b) Nach der 1. Pfadregel gilt:
$P(A \cap B) = P(A) \cdot P_A(B) = \frac{10}{25} \cdot \frac{9}{24} = 15\,\%$.

Die Wahrscheinlichkeit, zwei Gewinne zu ziehen, beträgt somit 15 %.

A „1. Los ist ein Gewinn"
B „2. Los ist ein Gewinn"

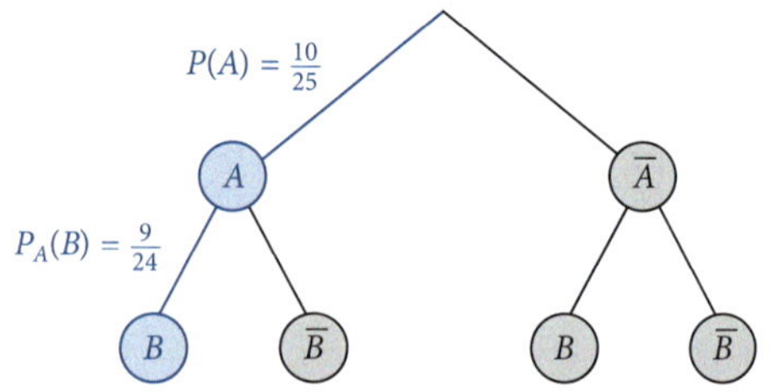

$P(A \cap B) = \frac{10}{25} \cdot \frac{9}{24} = 15\,\%$

Mit der Formel $P(A \cap B) = P(A) \cdot P_A(B)$ können wir die bedingte Wahrscheinlichkeit $P_A(B)$ definieren:

Die **bedingte Wahrscheinlichkeit** $P_A(B)$ ist die Wahrscheinlichkeit, dass das Ereignis B eintritt, unter der Bedingung, dass A eingetreten ist.
Es gilt: $P_A(B) = \frac{P(A \cap B)}{P(A)}$. ▶ $P(A) \neq 0$

Hier ist A das bedingende und B das bedingte Ereignis.

2 Skatspiel

Aus einem Stapel gut gemischter Skatkarten wird eine Karte gezogen. Berechnen Sie, wie hoch die Wahrscheinlichkeit für „Kreuz-Dame" ist, wenn wir schon wissen, dass die gezogene Karte „schwarz" ist.

Gesucht ist die bedingte Wahrscheinlichkeit $P_A(B)$, dass eine „Kreuz-Dame" (Ereignis B) eintritt unter der Bedingung, dass diese Karte „schwarz" ist (Ereignis A).
Die gesuchte Wahrscheinlichkeit beträgt $\frac{1}{16}$.

▶ Es gibt 16 schwarze Karten, von denen eine die „Kreuz-Dame" ist.

A „schwarze Karte" und B „Kreuz-Dame"

$$P_A(B) = \frac{P(A \cap B)}{P(A)}$$
▶ $P(A \cap B) = \frac{1}{32}$
▶ $P(A) = \frac{16}{32} = \frac{1}{2}$

$$= \frac{\frac{1}{32}}{\frac{1}{2}} = \frac{1}{16}$$

Totale Wahrscheinlichkeit

3

Nach Beendigung der Unterrichtsreihe „Bedingte Wahrscheinlichkeit" im Stochastikunterricht eines Grundkurses haben 80 % der Schülerinnen und Schüler das Gefühl, das Thema verstanden zu haben. Von diesen 80 % bestehen 70 % den Test. Von den Schülerinnen und Schülern, die nicht das Gefühl hatten, das Thema verstanden zu haben, bestehen immerhin 40 % den Test. Wie viele Schüler und Schülerinnen haben den Test insgesamt bestanden? Erstellen Sie zur Lösung ein Baumdiagramm.

Die gegebenen Wahrscheinlichkeiten werden im Baumdiagramm eingetragen. Gesucht ist $P(B)$.

$P(B)$ setzt sich aus den beiden **Elementarwahrscheinlichkeiten** $P(A \cap B)$ und $P(\overline{A} \cap B)$ zusammen:
$P(B) = P(A \cap B) + P(\overline{A} \cap B)$.
Unter Verwendung der 1. Pfadregel erhält man:
$P(B) = P(A) \cdot P_A(B) + P(\overline{A}) \cdot P_{\overline{A}}(B)$.
Diese Formel wird als **totale Wahrscheinlichkeit** von B bezeichnet.
Wir erhalten $P(B) = 0{,}64$. Insgesamt haben also 64 % der Schüler und Schülerinnen den Test bestanden.

A „Gefühl, das Thema verstanden zu haben"
B „Test bestanden"

Baumdiagramm:

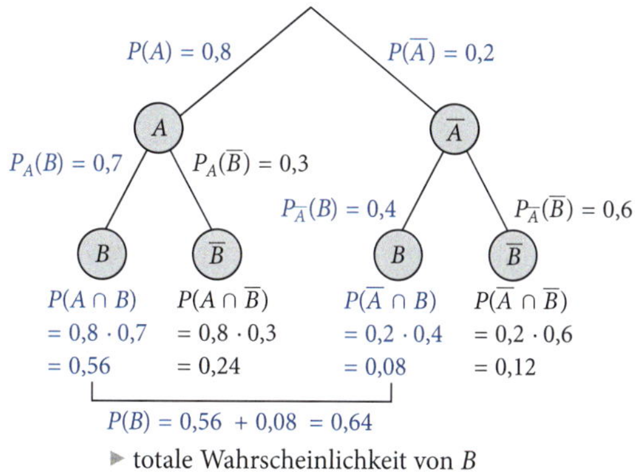

Totale Wahrscheinlichkeit: Sind A und B zwei Ereignisse mit $P(A) \neq 0$, dann gilt:
$P(B) = P(A) \cdot P_A(B) + P(\overline{A}) \cdot P_{\overline{A}}(B)$.

An einem Beruflichen Gymnasium besuchen 28 Schülerinnen und 24 Schüler die Jahrgangsstufe 12. Es wählen 14 Schülerinnen und 8 Schüler Mathematik auf erhöhtem Anforderungsniveau. Berechnen Sie die Wahrscheinlichkeit, eine Schülerin oder einen Schüler aus der Stufe 12 anzutreffen, die oder der Mathematik auf erhöhtem Niveau belegt.

Satz von Bayes – Herleitung

4

Ermitteln Sie für zwei Ereignisse A und B ($P(A) \neq 0$ und $P(B) \neq 0$) eine Formel für $P_B(A)$ in Abhängigkeit von $P(A)$, $P(B)$ und $P_A(B)$.

Analog zu $P_A(B) = \frac{P(A \cap B)}{P(A)}$ gilt $P_B(A) = \frac{P(B \cap A)}{P(B)}$.

Da $A \cap B$ und $B \cap A$ die gleichen Ereignisse darstellen und $P(A \cap B) = P(A) \cdot P_A(B)$ gilt, erhalten wir den **Satz von Bayes**: $P_B(A) = \frac{P(A) \cdot P_A(B)}{P(B)}$.

$P_B(A) = \frac{P(B \cap A)}{P(B)}$ ▶ $P(A \cap B) = P(B \cap A)$

$= \frac{P(A \cap B)}{P(B)}$ ▶ $P_A(B) = \frac{P(A \cap B)}{P(A)}$ $\Leftrightarrow$ $P(A \cap B) = P(A) \cdot P_A(B)$

$= \frac{P(A) \cdot P_A(B)}{P(B)}$ ▶ Satz von Bayes

Ersetzt man $P(B)$ mithilfe der Formel für die totale Wahrscheinlichkeit von B, so erhält man:
$P_B(A) = \frac{P(A) \cdot P_A(B)}{P(A) \cdot P_A(B) + P(\overline{A}) \cdot P_{\overline{A}}(B)}$. ▶ totale Wahrscheinlichkeit von B: $P(B) = P(A) \cdot P_A(B) + P(\overline{A}) \cdot P_{\overline{A}}(B)$

Satz von Bayes: Für zwei Ereignisse A und B mit $P(A) \neq 0$ und $P(B) \neq 0$ gilt:
$P_B(A) = \frac{P(A) \cdot P_A(B)}{P(B)} = \frac{P(A) \cdot P_A(B)}{P(A) \cdot P_A(B) + P(\overline{A}) \cdot P_{\overline{A}}(B)}$.

5 Satz von Bayes – Anwendung

In einer statistischen Untersuchung wurde festgestellt, dass 2 % der Bevölkerung an einer bestimmten erblich bedingten Stoffwechselkrankheit leiden. Mithilfe von Labortests wird die Erkrankung mit einer Wahrscheinlichkeit von 92 % erkannt (positiver Test). Allerdings zeigt der Test auch bei gesunden Personen in 5 % aller Fälle ein positives Ergebnis an.

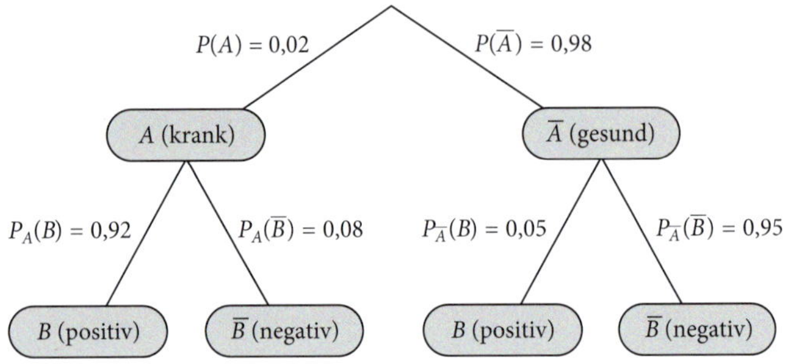

a) Bestimmen Sie bei diesem Test die Wahrscheinlichkeit, dass eine positiv getestete Person tatsächlich an der Erkrankung leidet.

b) Ermitteln Sie die Wahrscheinlichkeit, mit der eine Person gesund ist, die zweimal hintereinander positiv getestet wurde.

Zu a) Gesucht ist die bedingte Wahrscheinlichkeit $P_B(A)$, dass eine positiv getestete Person tatsächlich krank ist.
Nach dem Satz von Bayes gilt: $P_B(A) = \frac{P(A) \cdot P_A(B)}{P(B)}$.

$P(B)$ wird mithilfe der Formel für die totale Wahrscheinlichkeit berechnet.

Die Wahrscheinlichkeit, dass eine Person mit einem positiven Testergebnis wirklich an der Stoffwechselerkrankung leidet, beträgt nur 27 %.

A „Person ist krank" $\quad \overline{A}$ „Person ist gesund"
B „Test ist positiv" $\quad \overline{B}$ „Test ist negativ"

$P_B(A) = \frac{P(A) \cdot P_A(B)}{P(B)}$ ▶ Formel von Bayes

$P(B) = P(A) \cdot P_A(B) + P(\overline{A}) \cdot P_{\overline{A}}(B)$ ▶ Formel von der totalen Wahrscheinlichkeit
$= 0{,}02 \cdot 0{,}92 + 0{,}98 \cdot 0{,}05$
$= \mathbf{0{,}0674}$

$\Rightarrow P_B(A) = \frac{P(A) \cdot P_A(B)}{P(B)} = \frac{0{,}02 \cdot 0{,}92}{0{,}0674}$
$\approx 0{,}273 = \mathbf{27{,}3\,\%}$

Zu b) Sei nun C das Ereignis „die Person wurde 2-mal hintereinander positiv getestet". Gesucht ist die Wahrscheinlichkeit $P_C(\overline{A})$.

Da sowohl $P_A(C)$ als auch $P_{\overline{A}}(C)$ leicht berechnet werden können (▶ 1. Pfadregel), kann man die gesuchte Wahrscheinlichkeit mittels des Satzes von Bayes bestimmen.

Die Wahrscheinlichkeit, dass eine zweimal hintereinander positiv getestete Person in Wirklichkeit gesund ist, beträgt etwa 12,6 %.

A „Person ist krank"
C „Test 2-mal hintereinander positiv"

$P_A(C) = 0{,}92 \cdot 0{,}92 = 0{,}8464$
$P_{\overline{A}}(C) = 0{,}05 \cdot 0{,}05 = 0{,}0025$
$P(C) = P(A) \cdot P_A(C) + P(\overline{A}) \cdot P_{\overline{A}}(C)$
$= 0{,}02 \cdot 0{,}8464 + 0{,}98 \cdot 0{,}0025$
$= \mathbf{0{,}019378}$

$P_C(\overline{A}) = \frac{P(\overline{A}) \cdot P_{\overline{A}}(C)}{P(C)} = \frac{0{,}98 \cdot 0{,}0025}{0{,}019378}$
$\approx 0{,}126 = \mathbf{12{,}6\,\%}$

In einem Betrieb verlassen erfahrungsgemäß 5 % aller Produkte den Herstellungsprozess mit Mängeln. Deshalb wurde zur Qualitätssicherung ein Testgerät angeschafft, das mit einer Wahrscheinlichkeit von 97 % mangelhafte Geräte als solche erkennt und mit einer Wahrscheinlichkeit von 93 % Geräte ohne Mängel als solche erkennt.

a) Ermitteln Sie die Wahrscheinlichkeit, mit der ein Produkt mangelhaft ist, wenn das Testgerät den Mangel angezeigt hat.

b) Berechnen Sie die Wahrscheinlichkeit, mit der ein Produkt fehlerfrei ist, wenn das Testgerät keinen Mangel angezeigt hat.

Bedingte Wahrscheinlichkeit im Baumdiagramm und in der Vierfeldertafel

6

Ein Berufliches Gymnasium hat insgesamt 1000 Schülerinnen und Schüler. Von den 440 Jungen besitzen 330 einen PC, 224 Mädchen haben keinen PC.

a) Erstellen Sie ein 1. Baumdiagramm mit den Ereignissen Mädchen (*M*) und Jungen (*J*) in der 1. Stufe sowie Schülerinnen und Schüler mit PC (*mPC*) und ohne PC (*oPC*) in der 2. Stufe.
Fertigen Sie anschließend ein weiteres Baumdiagramm mit den Ereignissen Schülerinnen und Schüler mit PC (*mPC*) und ohne PC (*oPC*) in der 1. Stufe sowie Mädchen (*M*) und Jungen (*J*) in der 2. Stufe an. Dieses zweite Baumdiagramm nennt man auch **inverses Baumdiagramm**.
Vergleichen Sie die beiden Baumdiagramme.

b) Stellen Sie eine Vierfeldertafel mit den Ereignissen Mädchen (*M*), Jungen (*J*), mit PC (*mPC*) und ohne PC (*oPC*) auf und berechnen Sie die Anzahlen und Wahrscheinlichkeiten der Ereignisse.

c) Vergleichen Sie die Werte im Baumdiagramm und in der Vierfeldertafel.

Zu a) Wir berechnen zunächst die absoluten Zahlen für die einzelnen Ereignisse mithilfe der gegebenen, hier rot markierten Werte.
Dabei ist zu beachten, dass beim inversen Baumdiagramm die gegebenen Zahlen 224, 440 und 330 aus der 2. Diagrammstufe zur Berechnung der Summe der Schüler „ohne PC" in der 1. Stufe führt.

1. Baumdiagramm

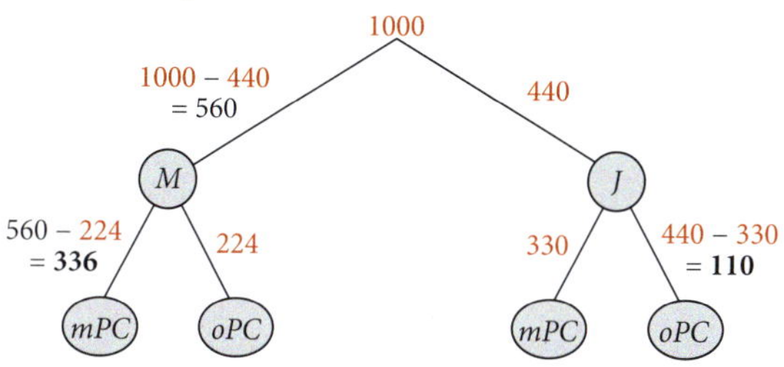

Inverses Baumdiagramm

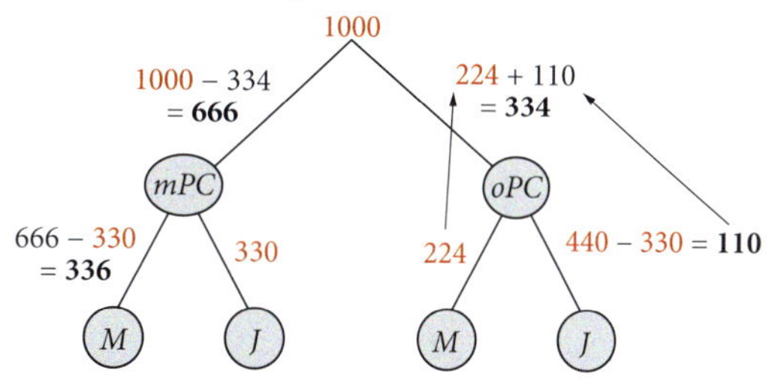

Mithilfe der Pfadregeln mit obigen Werten werden nun die einzelnen Wahrscheinlichkeiten berechnet.

1. Baumdiagramm

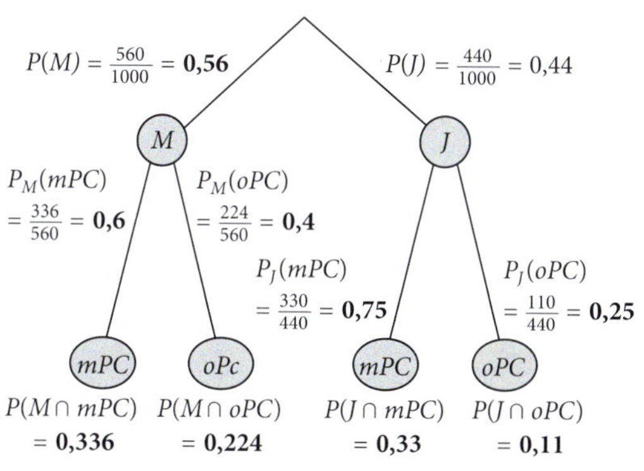

Inverses Baumdiagramm

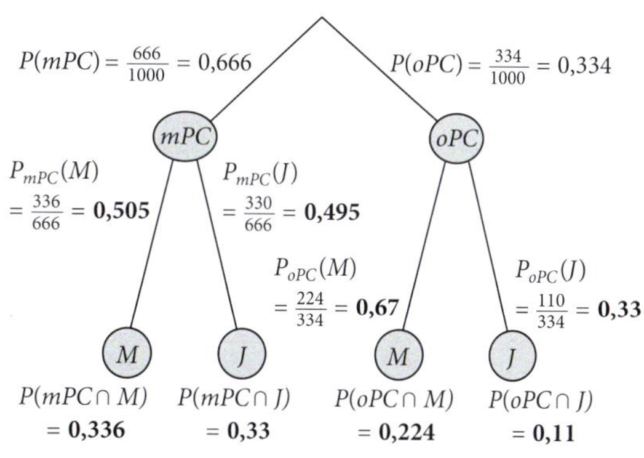

An den Ästen der 2. Stufe stehen die **bedingten Wahrscheinlichkeiten**, die bestimmen, wie wahrscheinlich das Eintreten eines Ereignisses der 2. Stufe unter der Bedingung des Eintretens eines Ereignisses der 1. Stufe ist.
Im Vergleich zum 1. Baumdiagramm sind die beiden Stufen im inversen Baumdiagramm vertauscht.

- Die **totalen Wahrscheinlichkeiten** von den Mädchen und Jungen, die in der 1. Stufe des 1. Baumdiagramms stehen, finden sich als Summe von je 2 Elementarwahrscheinlichkeiten am Ende des inversen Baumdiagramms wieder.

Umgekehrt stehen die **totalen Wahrscheinlichkeiten** von den Schülern mit PC und ohne PC in der 1. Stufe des inversen Baumdiagramms und als Summe von je 2 Elementarwahrscheinlichkeiten am Ende des 1. Baumdiagramms.

$P(M) = P(mPC \cap M) + P(oPC \cap M)$
$= 0{,}336 + 0{,}224 = \mathbf{0{,}56}$

$P(J) = P(mPC \cap J) + P(oPC \cap J)$
$= 0{,}33 + 0{,}11 = \mathbf{0{,}44}$

$P(mPC) = P(M \cap mPC) + P(J \cap mPC)$
$= 0{,}336 + 0{,}33 = \mathbf{0{,}666}$

$P(oPC) = P(M \cap oPC) + P(J \cap oPC)$
$= 0{,}224 + 0{,}11 = \mathbf{0{,}334}$

Zu b) Die im Aufgabentext angegebenen, hier rot markierten Werte werden zuerst in absoluten Zahlen und anschließend als Wahrscheinlichkeiten eingetragen.
Die fehlenden Werte erhält man schnell mithilfe von Differenzen.

Vierfeldertafel:

	mPC	*oPC*	
M	$M \cap mPC$ 336	$M \cap oPC$ 224	560
J	$J \cap mPC$ 330	$J \cap oPC$ 110	440
	666	334	1000

In den orangen Zellen stehen die Elementarwahrscheinlichkeiten („Schnitt"-Wahrscheinlichkeiten) der 4 Ereignisse *M*, *J*, *mPC* und *oPC*.
In der grünen Summenzeile und -spalte stehen die totalen Wahrscheinlichkeiten der Ereignisse *M*, *J*, *mPC* und *oPC*.

	mPC	*oPC*	**Summe**
M	$P(M \cap mPC)$ 0,336	$P(M \cap oPC)$ 0,224	$P(M) = 0{,}56$
J	$P(J \cap mPC)$ 0,33	$P(J \cap oPC)$ 0,11	$P(J) = 0{,}44$
Summe	$P(mPC) = 0{,}666$	$P(oPC) = 0{,}334$	1

Auch mithilfe der Vierfeldertafel kann man **bedingte Wahrscheinlichkeiten** berechnen.
Gesucht ist zum Beispiel $P_{mPC}(M)$, also die Wahrscheinlichkeit, mit der es sich bei einer Person um ein Mädchen handelt, wenn bekannt ist, dass die Person einen PC besitzt. Diese Wahrscheinlichkeit ergibt sich aus dem Quotienten der Elementarwahrscheinlichkeit $P(M \cap mPC)$ und der totalen Wahrscheinlichkeit $P(mPC)$.

z.B.: $P_{mPC}(M) = \frac{0{,}336}{0{,}666} \approx \mathbf{0{,}505}$

Allgemein: $P_B(A) = \frac{\text{Elementarwahrscheinlichkeit von } A \cap B}{\text{totale Wahrscheinlichkeit von } B}$

Zu c) Die orange unterlegten Zellen der Vierfeldertafel beinhalten die Elementarwahrscheinlichkeiten („Schnitt"-Wahrscheinlichkeiten), die auch am Ende des Baumdiagramms stehen.
Die grün unterlegten Zellen beinhalten die totalen Wahrscheinlichkeiten, die beim Baumdiagramm in der 1. Stufe bzw. als Summe je zweier Elementarwahrscheinlichkeiten in der 2. Stufe stehen.
Die bedingten Wahrscheinlichkeiten, die wir im Baumdiagramm an den Ästen der 2. Stufe finden, sind in der Vierfeldertafel nicht vorhanden, sondern müssen noch gesondert berechnet werden.

Bedingte und totale Wirtschaftlichkeit

7

10 % der von der JoRo GmbH produzierten MP3-Player sind fehlerhaft. Bei einer betriebsinternen Prüfung werden 85 % der mangelhaften Geräte beanstandet und 4 % der fehlerfreien MP3-Player bemängelt.

a) Stellen Sie ein Baumdiagramm und eine Vierfeldertafel auf.

b) Ermitteln Sie, mit welcher Wahrscheinlichkeit ein MP3-Player fehlerhaft ist, der die Kontrolle bestanden hat.

c) Bestimmen Sie die Wahrscheinlichkeit, mit der ein negativ kontrollierter MP3-Player fehlerfrei ist.

d) Kontrollieren Sie Ihre Berechnungen mithilfe des inversen Baumdiagramms.

Zu a) In der 1. Ebene stehen die Wahrscheinlichkeiten für die MP3-Player mit und ohne Mängel

In der 2. Ebene folgen die von den Mängeln abhängigen Wahrscheinlichkeiten, mit denen die Kontrolle bestanden bzw. nicht bestanden wird.

Am Ende des Baumdiagramms notieren wir die einzelnen Elementarwahrscheinlichkeiten.

M „mit Mängeln“
K „Kontrolle bestanden“

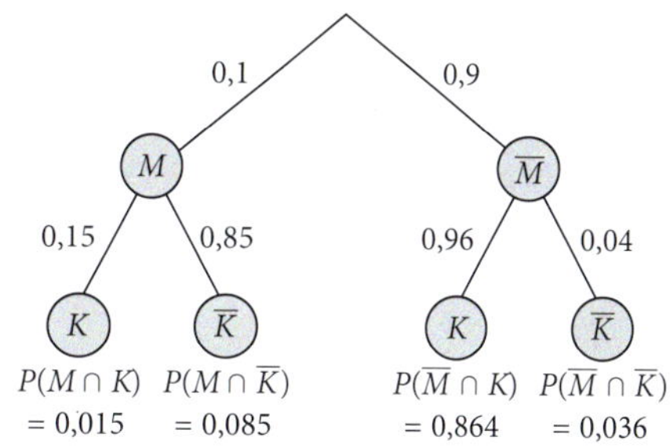

Die gegebenen und aus den Angaben berechneten Werte, werden als Wahrscheinlichkeiten eingetragen. Die fehlenden Werte erhält man schnell mithilfe von Differenzen.
In den orangen Zellen stehen die Elementarwahrscheinlichkeiten („Schnitt“-Wahrscheinlichkeiten) der 4 Ereignisse M, $\overline{M}$, K und $\overline{K}$.
In der grünen Summenzeile und -spalte stehen die totalen Wahrscheinlichkeiten der Ereignisse M, $\overline{M}$, K und $\overline{K}$.

Vierfeldertafel:

	K	$\overline{K}$	Summe
M	0,015	0,085	0,1
$\overline{M}$	0,864	0,036	0,9
Summe	0,879	0,121	1

Zum Beispiel:
$P(M \cap \overline{K}) = 0{,}85 \cdot 0{,}1 = 0{,}085$
$P(\overline{M} \cap \overline{K}) = 0{,}04 \cdot 0{,}9 = 0{,}036$

Zu b) Gesucht ist die Wahrscheinlichkeit, dass ein Gerät fehlerhaft ist unter der Bedingung, dass es die Kontrolle bestanden hat. Diese lässt sich mithilfe des Satzes von Bayes oder der Viefeldertafel bestimmen.

Satz von Bayes:

$$P_K(M) = \frac{P(M) \cdot P_M(K)}{P(M) \cdot P_M(K) + P(\overline{M}) \cdot P_{\overline{M}}(K)}$$

$$= \frac{0{,}1 \cdot 0{,}15}{0{,}1 \cdot 0{,}15 + 0{,}9 \cdot 0{,}96} \approx 0{,}0171 = \mathbf{1{,}71\,\%}$$

Die Wahrscheinlichkeit, dass ein MP3-Player, der die Kontrolle bestanden hat, fehlerhaft ist, beträgt ca. 1,71 %.

Vierfeldertafel:

$$P_K(M) = \frac{0{,}015}{0{,}879} \approx 0{,}0171 = \mathbf{1{,}71\,\%}$$

Zu c) Die Wahrscheinlichkeit, dass ein beanstandeter MP3-Player fehlerfrei ist, beträgt 29,75 %.

$$P_{\overline{K}}(\overline{M}) = \frac{0{,}036}{0{,}121}$$ ▸ Vierfeldertafel

$$\approx 0{,}2975 = \mathbf{29{,}75\,\%}$$

- **Zu d)** Das **inverse Baumdiagramm** bestätigt die bedingten Wahrscheinlichkeiten aus den Aufgabenteilen b) und c).

Die blau unterlegten bedingten Wahrscheinlichkeiten sind die Quotienten aus den orange unterlegten Elementarwahrscheinlichkeiten und den grün unterlegten totalen Wahrscheinlichkeiten von K.

Inverses Baumdiagramm:

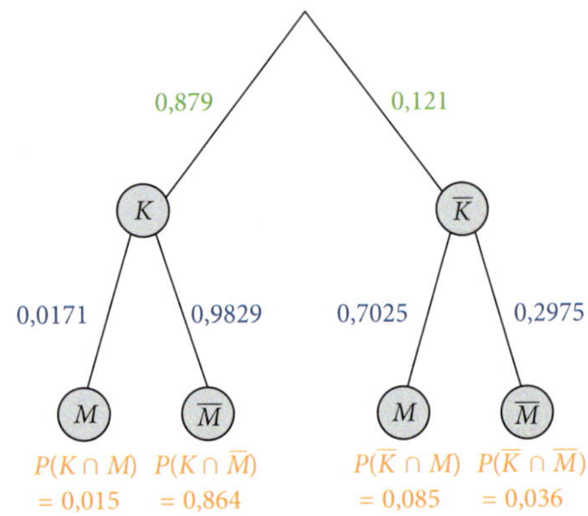

8 Pünktlichkeit im ÖPNV

Ein Verkehrsbetrieb in Niedersachsen hat ermittelt, dass an Werktagen 60 % und an Sonn- und Feiertagen 85 % aller S-Bahnen pünktlich sind.
Bestimmen Sie die Wahrscheinlichkeit, mit der ein Fahrgast werktags gefahren ist, wenn bei zweimaligem Umsteigen alle 3 S-Bahnen pünktlich sind.

Vorausgesetzt werden 300 Werktage (W) und 65 Sonn- und Feiertage ($\overline{W}$) im Jahr.

$P(W) = \frac{300}{365}$; $P(\overline{W}) = \frac{65}{365}$

Gesucht ist die Wahrscheinlichkeit, dass der Fahrgast werktags gefahren ist unter der Bedingung, dass alle 3 S-Bahnen pünktlich sind, also $P_{ppp}(W)$.

$P_W(p) = 0{,}6$ ▸ S-Bahn ist pünktlich am Werktag

$P_W(ppp) = 0{,}6^3$ ▸ S-Bahn ist dreimal pünktlich am Werktag

$P_{\overline{W}}(p) = 0{,}85$ ▸ S-Bahn ist pünktlich am Sonn- oder Feiertag

$P_{\overline{W}}(ppp) = 0{,}85^3$ ▸ S-Bahn ist dreimal pünktlich am Sonn- oder Feiertag

Diese lässt sich mithilfe der Formel von Bayes bestimmen.

$$P_{ppp}(W) = \frac{P(W) \cdot P_W(ppp)}{P(W) \cdot P_W(ppp) + P(\overline{W}) \cdot P_{\overline{W}}(ppp)}$$

$$= \frac{\frac{300}{365} \cdot 0{,}6^3}{\frac{300}{365} \cdot 0{,}6^3 + \frac{65}{365} \cdot 0{,}85^3} \approx 0{,}6188 = \mathbf{61{,}88\,\%}$$

Mit einer Wahrscheinlichkeit von 61,88 % ist der Fahrgast werktags gefahren.

Die Fly Bike Werke GmbH erhält zusätzlich Reifen von 2 Lieferanten L_1 und L_2, wobei L_2 80 % der zusätzlichen Reifen liefert. Die Reifen von L_1 weisen zu 6 % und von L_2 zu 2 % Fehler auf.

a) Erstellen Sie ein vollständiges Baumdiagramm und eine Vierfeldertafel.
b) Berechnen Sie die Wahrscheinlichkeit, dass ein fehlerhafter Reifen vom Lieferanten L_1 kommt.
c) Bestimmen Sie die Wahrscheinlichkeit, mit der ein Reifen fehlerfrei ist.
d) Ermitteln Sie die Wahrscheinlichkeit, mit der ein von L_1 gelieferter Reifen fehlerfrei ist.
e) Untersuchen Sie anhand des inversen Baumdiagramms die Wahrscheinlichkeit, mit der ein fehlerfreier Reifen vom Lieferanten L_2 kommt.

Übungen zu 6.2.1

1. Für zwei Ereignisse A und B gelte: $P(A) = \frac{1}{3}$, $P(B) = \frac{1}{2}$, $P(A \cap B) = \frac{2}{9}$.

oHi Mi

Berechnen Sie: $P_B(A)$, $P_A(B)$, $P_B(\overline{A})$, $P_A(\overline{B})$, $P_{\overline{B}}(A)$, $P_{\overline{A}}(B)$, $P_{\overline{B}}(\overline{A})$, $P_{\overline{A}}(\overline{B})$.

2. Berechnen Sie, mit welcher Wahrscheinlichkeit eine zufällig herausgegriffene Zahl zwischen 1 und 100 durch 7 teilbar ist, wenn sie durch 3 teilbar ist.

oHi Mi

3. In einem Sportverein sind 80 männliche (m) und 64 weibliche (w) Nichtschwimmer (NS) sowie 120 männliche und 96 weibliche Schwimmer (S) als Mitglieder eingeschrieben. Eine Person wird zufällig aus der Mitgliederliste ausgelost.
Berechnen Sie die Wahrscheinlichkeit für folgende Ereignisse.

a) Die Person ist männlich.
b) Die Person ist weiblich.
c) Die Person ist Schwimmer.
d) Die Person ist Nichtschwimmer.
e) Die Person ist männlich, wenn man weiß, dass sie ein Schwimmer ist.
f) Die Person ist männlich, wenn man weiß, dass sie ein Nichtschwimmer ist.
g) Die Person ist weiblich, wenn man weiß, dass sie ein Schwimmer ist.
h) Die Person ist weiblich, wenn man weiß, dass sie ein Nichtschwimmer ist.
i) Die Person ist Schwimmer, wenn man weiß, dass sie männlich ist.
j) Die Person ist Schwimmer, wenn man weiß, dass sie weiblich ist.
k) Die Person ist Nichtschwimmer, wenn man weiß, dass sie männlich ist.

4. Die JoRo GmbH stellt Modellfahrzeuge her. Nach der Endmontage werden zurzeit bei 30 % aller Modellfahrzeuge Fehler in der Steuerelektronik festgestellt. Da eine Reparatur der Modellfahrzeuge nach der Endmontage zeitaufwändig ist und sich demzufolge kostenintensiv gestaltet, erwägt man die Steuerelektronik vor dem Zusammenbau auszutesten.
Zu diesem Zweck werden Prüfgeräte gebaut, die mit einer Wahrscheinlichkeit von 90 % Fehler in der Elektronik erkennen können, aber auch mit einer Wahrscheinlichkeit von 2 % fälschlicherweise einwandfreie Elektronik als defekt anzeigen.

a) Erstellen Sie ein vollständiges Baumdiagramm und eine Vierfeldertafel.
b) Berechnen Sie, mit welcher Wahrscheinlichkeit ein Prüfgerät die Elektronik als defekt anzeigt.
c) Mit welcher Wahrscheinlichkeit ist eine als defekt angezeigte Elektronik tatsächlich defekt?
d) Bestimmen Sie die Wahrscheinlichkeit, mit der die Elektronik fehlerfrei ist und auch als solche angezeigt wird.
e) Ermitteln Sie die Wahrscheinlichkeit, mit der eine einwandfreie Elektronik auch als einwandfrei getestet wird.
f) Mit welcher Wahrscheinlichkeit ist eine als einwandfrei angezeigte Elektronik einwandfrei?

5. Ein Sommermodenfabrikant erhält seine Seidenstoffe zur Weiterverarbeitung von zwei exklusiven Lieferanten.
Lieferant A liefert 65 % der Stoffe. Die Stoffe von Lieferant A sind zu 2 % fehlerhaft, die Stoffe von Lieferant B weisen zu 5 % Fehler auf.
Berechnen Sie mithilfe eines Baumdiagramms und einer Vierfeldertafel die Wahrscheinlichkeit, dass

a) ein zufällig ausgewählter fehlerfreier Stoff von Lieferant B stammt.
b) der zufällig ausgewählte Stoff von Lieferant A stammt und fehlerhaft ist.
c) der zufällig ausgewählte Stoff, der fehlerhaft ist, auch von Lieferant A stammt.
d) der von A gelieferte Stoff fehlerfrei ist.
e) ein zufällig ausgewählter Stoff fehlerfrei ist.

Überprüfen Sie Ihre Ergebnisse anhand eines inversen Baumdiagramms.

6

6.2.2 Unabhängigkeit von Ereignissen

Hängt die Wahrscheinlichkeit des Ereignisses B nicht davon ab, ob das Ereignis A eingetreten ist, dann nennt man die beiden Ereignisse **stochastisch unabhängig** oder auch nur kurz **unabhängig**.

9 (Un-)Abhängigkeit beim Urnenmodell mit und ohne Zurücklegen

Aus einer Urne, die 6 schwarze und 4 rote Kugeln enthält, werden nacheinander 2 Kugeln gezogen. Sei A das Ereignis „die erste Kugel ist schwarz“ und B das Ereignis „die zweite Kugel ist schwarz“. Zeigen Sie, dass die Ereignisse A und B

a) unabhängig sind, wenn die Kugel nach dem ersten Zug wieder zurückgelegt wird.

b) abhängig sind, wenn die Kugel nach dem ersten Zug *nicht* wieder zurückgelegt wird.

Zu a) Es muss gezeigt werden, dass die Wahrscheinlichkeit von B denselben Wert wie die Wahrscheinlichkeit von B unter der Bedingung von A (bzw. $\overline{A}$) besitzt. Das lässt sich anhand des nebenstehenden Baumdiagramms leicht überprüfen:

$$P_A(B) = \frac{P(A \cap B)}{P(A)} = \frac{\frac{9}{25}}{\frac{6}{10}} = \frac{3}{5} = P(B).$$

Die Ereignisse A und B sind also tatsächlich **stochastisch unabhängig**.

Baumdiagramm

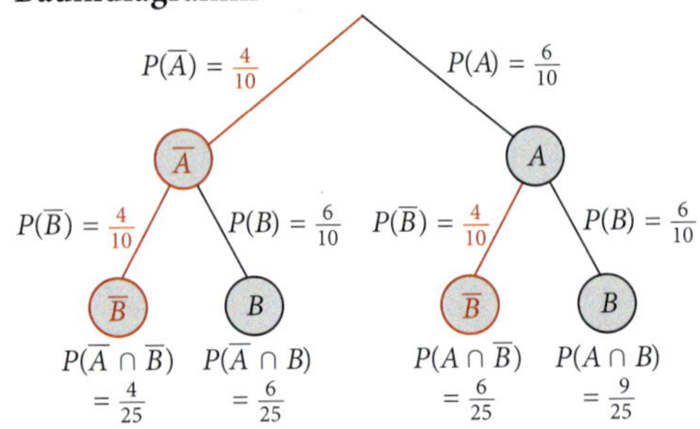

Zu b) Für die Wahrscheinlichkeit $P(B)$ gilt:

$$P(B) = \frac{4}{10} \cdot \frac{6}{9} + \frac{6}{10} \cdot \frac{5}{9} = \frac{4}{15} + \frac{1}{3} = \frac{3}{5}.$$

Für die bedingte Wahrscheinlichkeit $P_A(B)$ gilt:

$$P_A(B) = \frac{P(A \cap B)}{P(A)} = \frac{\frac{1}{3}}{\frac{6}{10}} = \frac{5}{9}.$$

Also gilt $P_A(B) \neq P(B)$ und somit sind A und B **stochastisch abhängig**.

Baumdiagramm

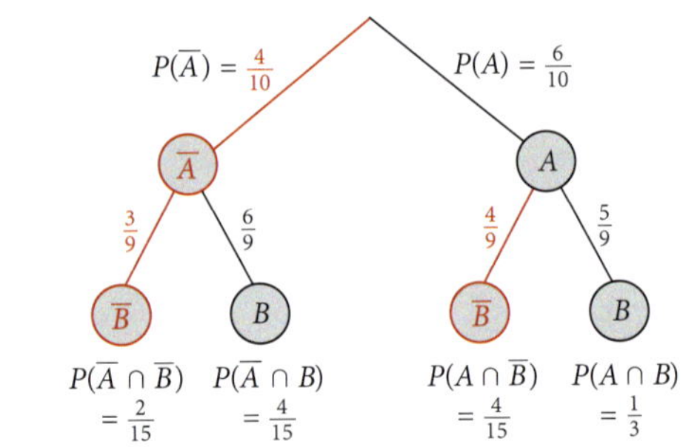

Formt man die Bedingung $P_A(B) = \frac{P(A \cap B)}{P(A)} = P(B)$ bzw. $P_B(A) = \frac{P(A \cap B)}{P(B)} = P(A)$ um, erhält man die Definition für die stochastische Unabhängigkeit.

Zwei Ereignisse A und B heißen **(stochastisch) unabhängig**, wenn gilt:
$P(A \cap B) = P(A) \cdot P(B)$.
Andernfalls heißen die Ereignisse **(stochastisch) abhängig**.

Bei vielen statistischen Erhebungen ist ein Zusammenhang zwischen 2 zufälligen Ereignissen unklar. In solchen Fällen versucht man, durch einen Vergleich der Wahrscheinlichkeiten $P(A \cap B)$ mit $P(A) \cdot P(B)$ die Abhängigkeit bzw. die Unabhängigkeit der Ereignisse festzustellen.

Stochastische Abhängigkeit

10

Für eine Studie zum schnellen Internetzugang wurde überprüft, wie viele deutsche Haushalte an ein Glasfasernetz angeschlossen sind. Dazu wurden 35 528 zufällig ausgewählte Haushalte (davon 28 831 aus dem früheren Bundesgebiet und 6697 aus den neuen Bundesländern) untersucht. Bei 1411 Haushalten standen Glasfaseranschlüsse zur Verfügung. Davon waren 731 Anschlüsse in den neuen Bundesländern.
Untersuchen Sie die Ereignisse A „aus dem früheren Bundesgebiet" und B „mit Glasfaseranschluss" auf ihre Abhängigkeit bzw. Unabhängigkeit.

Der Ereignisraum Ω ist die Menge der untersuchten Haushalte. A bzw. B bezeichnet die Teilmenge der Haushalte aus dem früheren Bundesgebiet bzw. der Haushalte mit Glasfaseranschluss.

A = {„Haushalt aus dem früheren Bundesgebiet"}
$\overline{A}$ = {„Haushalt aus den neuen Bundesländern"}
B = {„Haushalt mit Glasfaseranschluss"}
$\overline{B}$ = {„Haushalt ohne Glasfaseranschluss"}

Mithilfe der Vierfeldertafel lassen sich $P(A \cap B)$, $P(A)$ und $P(B)$ leicht bestimmen.

Dabei gibt $P(A)$ die Wahrscheinlichkeit an, ein Haushalt aus dem früheren Bundesgebiet zu sein, $P(B)$ gibt die Wahrscheinlichkeit an, dass ein Haushalt am Glasfasernetz angeschlossen ist, und $P(A \cap B)$ gibt die Wahrscheinlichkeit an, mit der ein Haushalt aus dem früheren Bundesgebiet einen Glasfaserzugang hat.

Wegen $P(A \cap B) \neq P(A) \cdot P(B)$ sind die Ereignisse A und B abhängig voneinander. Die Wahrscheinlichkeit, dass ein Haushalt einen Glasfaseranschluss hat, hängt davon ab, ob er sich in den neuen oder alten Bundesländern befindet.

Vierfeldertafel

	B	$\overline{B}$	Summe
A	680	28 151	28 831
$\overline{A}$	731	5966	6697
Summe	1411	34 117	35 528

$P(A) = \frac{28\,831}{35\,528} \approx \mathbf{0{,}8115}$; $P(B) = \frac{1411}{35\,528} \approx \mathbf{0{,}0397}$

$P(A \cap B) = \frac{680}{35\,528} \approx \mathbf{0{,}0191}$

$P(A) \cdot P(B) = 0{,}8115 \cdot 0{,}039 \approx \mathbf{0{,}0322}$

$\Rightarrow P(A \cap B) \neq P(A) \cdot P(B)$

Um die Präsentation seiner Produkte auf das Käuferverhalten abzustimmen, führt das Unternehmen HaushaltHilf GmbH – ein Hersteller von Haushaltsgeräten – eine statistische Erhebung durch:
Von 400 Kunden, die einen Kühlschrank und einen Elektroherd kauften, entschieden sich 160 für einen Herd und 100 für einen Kühlschrank des Herstellers HaushaltHilf GmbH; 180 Kunden kauften weder Elektroherd noch Kühlschrank dieses Produzenten.
Untersuchen Sie, ob die Käufe von Elektroherden und Kühlschränken vom Produzenten HaushaltHilf GmbH stochastisch unabhängig voneinander sind.

Übungen zu 6.2.2

1. Von 200 Kunden, die einen Waschautomaten und einen Trockner kauften, entschieden sich 50 für eine Waschmaschine der HaushaltHilf GmbH. Unter den 55 Kunden, die einen Trockner desselben Herstellers kauften, hatten 25 Kunden Waschautomaten konkurrierender Unternehmen gekauft.
Untersuchen Sie, ob die Käufe von Waschautomaten und Trocknern stochastisch unabhängig voneinander sind.

2. Von einer T-Shirt-Produktion haben 10 % einen Web- und 20 % einen Farbfehler, 75 % aller T-Shirts sind einwandfrei.
oHi Mi
Erstellen Sie eine vollständige Vierfeldertafel und überprüfen Sie die Fehler auf Unabhängigkeit.

Vermischte Übungen zu 6.2

1. Berechnen Sie, mit welcher Wahrscheinlichkeit man
   a) beim zweifachen Würfelwurf eine gerade Augensumme erhält, wenn man weiß, dass 2 verschiedene Zahlen oben liegen.
   b) beim Roulette eine gerade Zahl erhält, wenn man weiß, dass „Rot" bereits eingetreten ist.

2. Aus einer Urne mit 5 schwarzen und gleichartigen 5 roten Kugeln werden nacheinander 2 Kugeln zufällig gezogen, ohne dass sie wieder zurückgelegt werden. Berechnen Sie die Wahrscheinlichkeiten dafür, dass
   a) die 1. Kugel schwarz ist.
   b) die 2. Kugel schwarz ist.
   c) die 2. Kugel schwarz ist, wenn die 1. Kugel bereits schwarz war.
   d) die 1. Kugel und die 2. Kugel schwarz sind.
   e) Sind die Ereignisse unter a) und b) stochastisch abhängig?

3. Lösen Sie die Aufgaben unter 2 a) bis e) für den Fall, dass die 1. Kugel zurückgelegt wird.

4. Lösen Sie die Aufgaben unter 2 a) bis e) für den Fall, dass in der Urne 3 schwarze und 5 rote Kugeln liegen und dass
   a) die 1. Kugel wieder zurückgelegt wird.
   b) die 1. Kugel nicht wieder zurückgelegt wird.

5. Familie Tenrühl nimmt sich vor, jeden Sonntag gemeinsam zu frühstücken. Vater Teddy steht zu 60 %, Mutter Mary zu 30 % und Tochter Marieke zu 10 % zuerst auf. Wenn Teddy zuerst aufsteht, macht er zu 80 % Frühstück, Mary zu 98 % und Marieke zu 20 %, wenn sie zuerst aufstehen, ansonsten frühstückt jeder für sich selbst.
   a) Erstellen Sie ein Baumdiagramm und eine Sechsfeldertafel.
   b) Bestimmen Sie die Wahrscheinlichkeit, dass jeder für sich frühstückt.
   c) Untersuchen Sie, ob Marieke beliebig einmal im Jahr als Erste aufsteht und das Frühstück macht.
   d) Berechnen Sie die Wahrscheinlichkeit, dass Teddy als Erster aufgestanden ist, falls jeder für sich frühstückt bzw. dass Mary als Erste aufgestanden ist, falls alle zusammen frühstücken.

6. oHi Mi Achtung Verwechslungsgefahr: In einer Schule wurden Schülerinnen und Schüler befragt, ob sie an einer Ski-Fahrt teilnehmen würden.
   Interpretieren Sie die unten veröffentlichten bedingten Wahrscheinlichkeiten.
   a) Der Anteil der Schülerinnen, die an der Ski-Fahrt teilnehmen möchten, beträgt 60 %.
   b) Der Anteil der Personen, die männlich sind und an der Ski-Fahrt teilnehmen möchten, beträgt 25 %.
   c) Der Anteil der männlichen Teilnehmer an einer Ski-Fahrt wäre 55 %.
   d) Unter den Teilnehmern an der Ski-Fahrt wären 45 % Schülerinnen.

7. Helfen Sie Herrn Tenras bei der Beantwortung seiner Frage nach der gesuchten Wahrscheinlichkeit (▶ Seite 303).

8. Die JoRo GmbH bietet neuerdings Chips mit Assistenzfunktionen an, die zum Bedauern der Geschäftsführung jedoch von Anfang an nicht völlig fehlerfrei funktionieren. In 5 % aller Fälle ist die Chipoberfläche verschmutzt (Fehler A), bei 6 % der Chips ist die Steuerelektronik defekt (Fehler B). Die beiden Fehler A und B treten unabhängig voneinander auf.
   a) Zeichnen Sie anhand der gegebenen Informationen das zugehörige Baumdiagramm.
   b) Bestätigen Sie rechnerisch die stochastische Unabhängigkeit beider Fehler.
   c) Geben Sie die Wahrscheinlichkeiten der folgenden Ereignisse an.
   E_1 „überprüfter Chip arbeitet fehlerfrei"
   E_2 „überprüfter Chip weist beide Fehler auf"

9. Aus einer Jahrgangsstufe eines Beruflichen Gymnasiums nehmen 20 Mädchen und 10 Jungen an der AHR-Prüfung teil. 15 Mädchen und 7 Jungen bestehen die Prüfung.

a) Stellen Sie die Ereignisse A „der Prüfling ist ein Mädchen“ und B „der Prüfling besteht die Prüfung“ in einer Vierfeldertafel dar.

b) Stellen Sie die Ereignisse A „der Prüfling ist ein Mädchen“ und B „der Prüfling besteht die Prüfung“ in einem Baumdiagramm dar.

c) Wie groß ist die Wahrscheinlichkeit, dass die Prüfung bestanden wird, unter der Bedingung, dass der Prüfling ein Mädchen ist.

d) Ermitteln Sie, ob die Ereignisse A und B stochastisch unabhängig sind.

10. An einem Beruflichen Gymnasium wird ein Gesundheitstag zum Thema „Rauchen“ geplant. Zu diesem Zweck hat sich die Schulsprecherin bereit erklärt, eine Umfrage unter den 3000 Schülerinnen und Schülern des Beruflichen Gymnasiums nach deren Rauchgewohnheiten zu organisieren. Auf einem Workshop am Gesundheitstag präsentiert sie die Ergebnisse anhand von zwei Vierfeldertafeln:

	Raucher	Nichtraucher
Minderjährige	600	1000
Volljährige	600	800

	Raucher	Nichtraucher
Weiblich	620	930
Männlich	580	870

a) Die Schulsprecherin behauptet, dass das Ereignis A „Raucher“ stochastisch unabhängig ist von dem Ereignis B „Volljährigkeit“. Überprüfen Sie diese Aussage.

b) Die Schulsprecherin behauptet, dass das Ereignis A „Raucher“ stochastisch abhängig von dem Ereignis W „weiblich“ ist. Überprüfen Sie diese Aussage.

11. Der Mathematikkurs der 12. Jahrgangsstufe eines Beruflichen Gymnasiums hatte sich zur Aufgabe gemacht, bei den Schülerinnen und Schülern des Beruflichen Gymnasiums zu untersuchen, ob

a) bei den Schülerinnen ein stochastischer Zusammenhang zwischen deren blonder Haarfarbe und ihren blauen Augen und

b) bei den Schülern ein stochastischer Zusammenhang zwischen deren schwarzer Haarfarbe und ihren braunen Augen bestehen könnte.

Insgesamt waren an dieser statistischen Erhebung 1500 Schülerinnen und 1400 Schüler beteiligt. 450 Schülerinnen waren blond, von denen immerhin 5 Sechstel blaue Augen besaßen; insgesamt hatten aber nur 60 % aller Schülerinnen blaue Augen. 392 Schüler hatten weder braune Augen noch schwarze Haare; 252 Schüler waren schwarzhaarig mit braunen Augen; 980 Schüler waren nicht schwarzhaarig.

Ermitteln Sie das Ergebnis der Untersuchung.

12. Im Halbfinale der Rugby-Weltmeisterschaft stehen sich im ersten Spiel die beiden Nationalmannschaften A und B und im zweiten Spiel die Mannschaften C und D gegenüber. Aufgrund langjähriger Statistiken weiß man, mit welchen Wahrscheinlichkeiten die vier Mannschaften jeweils gegeneinander gewinnen. Diese Wahrscheinlichkeiten sind in der folgenden Tabelle eingetragen:

	A	B	C	D
A	–	0,6	0,4	0,3
B		–	0,8	0,5
C			–	0,1

Zum Beispiel gewinnt A gegen B mit einer Wahrscheinlichkeit von 0,6.

a) Berechnen Sie die Wahrscheinlichkeit, mit der Team B im Finale gegen Team C gewinnt.

b) Bestimmen Sie die Wahrscheinlichkeit, mit der Team A Weltmeister wird.

c) Untersuchen Sie, ob die Ereignisse „Team A wird Weltmeister“ und „Team C verliert das Halbfinale“ unabhängig voneinander sind.

13. Ein Skatblatt wird gut gemischt. Berechnen Sie die Wahrscheinlichkeit dafür, dass

a) die 1. Karte der Kreuz-Bube ist.

b) die 1. Karte schwarz ist.

c) die 1. Karte der Kreuz-Bube ist, wenn man weiß, dass die 1. Karte schwarz ist.

14. Das Karl-Schiller-Gymnasium hat 2952 Schülerinnen und Schüler, von denen 1848 mit öffentlichen Verkehrsmitteln zur Schule gelangen, die restlichen zu Fuß oder mit einem Pkw. Von den 1584 männlichen Schülern sind 484 zu Fuß oder mit einem Pkw zum Unterricht erschienen.
Untersuchen Sie, ob die gewählte Anreise vom Geschlecht abhängig ist.

15. Die Fly Bike Werke GmbH produziert 70 % ihrer Tachos in ihrem Werk 1, 10 % im Werk 2 und 20 % im Werk 3. Dabei werden im 1. Werk zu 97 % einwandfreie Tachos hergestellt, im 2. und 3. Werk werden 15 % Mängel bzw. 10 % Mängel bei der Produktion festgestellt.
Die Werksleitung möchte die Qualität testen und sucht zufällig einen Tacho zur Prüfung heraus.
a) Berechnen Sie die Wahrscheinlichkeit dafür, dass der Tacho fehlerfrei ist.
b) Bestimmen Sie die Wahrscheinlichkeit, mit der ein mangelhafter Tacho von Werk 1 oder Werk 2 ist.
c) Ermitteln Sie die Wahrscheinlichkeit, mit der ein fehlerfreier Tacho von Werk 2 ist.
d) Mit welcher Wahrscheinlichkeit ist ein Tacho mangelhaft?
e) Bestimmen Sie die Wahrscheinlichkeit, dass ein Tacho aus Werk 2 fehlerfrei ist.
f) Berechnen Sie die Wahrscheinlichkeit, mit der ein fehlerhafter Tacho nicht aus Werk 2 ist.
g) Ermitteln Sie die Wahrscheinlichkeit, dass ein Tacho fehlerfrei und aus Werk 3 ist.
h) Bestimmen Sie die Wahrscheinlichkeit, dass ein fehlerfreier Tacho aus Werk 3 ist.

6

Ich kann …

… *Baumdiagramme* und *Vierfeldertafeln* zur Berechnung von Wahrscheinlichkeiten nutzen.
► Test-Aufgaben 1, 2, 3

Von 200 Absolventen sind 75 % weiblich. Unabhängig vom Geschlecht entscheiden sich 60 % aller Absolventen für ein Studium.
A „weiblich“ $\overline{A}$ „männlich“
B „Studium“ $\overline{B}$ „kein Studium“

Im Baumdiagramm werden in der Regel nur Wahrscheinlichkeiten angegeben. In der Vierfeldertafel können zusätzlich die absoluten Zahlen angegeben werden.

Vierfeldertafel:

	A	$\overline{A}$	Σ
B	$90 \mathrel{\widehat{=}} 0{,}45$ $P(A \cap B)$	$30 \mathrel{\widehat{=}} 0{,}15$ $P(\overline{A} \cap B)$	$120 \mathrel{\widehat{=}} 0{,}6$ $P(B)$
$\overline{B}$	$60 \mathrel{\widehat{=}} 0{,}3$ $P(A \cap \overline{B})$	$20 \mathrel{\widehat{=}} 0{,}1$ $P(\overline{A} \cap \overline{B})$	$80 \mathrel{\widehat{=}} 0{,}4$ $P(\overline{B})$
Σ	$150 \mathrel{\widehat{=}} 0{,}75$ $P(A)$	$50 \mathrel{\widehat{=}} 0{,}25$ $P(\overline{A})$	200 1

An den Schnittstellen der Vierfeldertafel stehen die Elementarwahrscheinlichkeiten („Schnittwahrscheinlichkeiten“) $P(A \cap B)$, $P(A \cap \overline{B})$, $P(\overline{A} \cap B)$ und $P(\overline{A} \cap \overline{B})$.
In der Summenzeile bzw. -spalte stehen die totalen Wahrscheinlichkeiten $P(A)$, $P(\overline{A})$, $P(B)$ und $P(\overline{B})$.

Baumdiagramm:

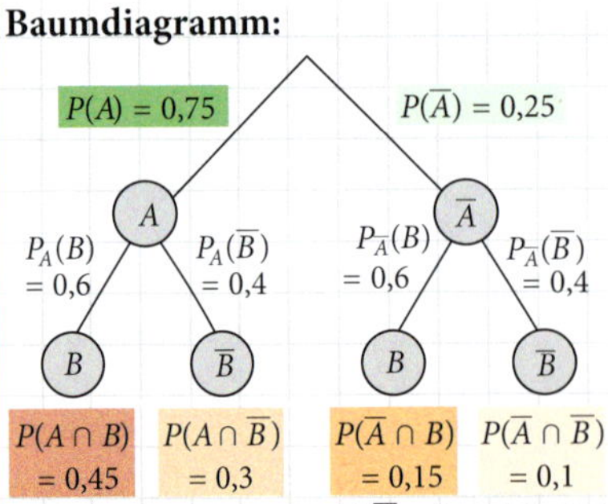

$P(B) = 0{,}45 + 0{,}15 = 0{,}6$ $P(\overline{B}) = 0{,}3 + 0{,}1 = 0{,}4$

Die Elementarwahrscheinlichkeiten $P(A \cap B)$, $P(A \cap \overline{B})$, $P(\overline{A} \cap B)$ und $P(\overline{A} \cap \overline{B})$ stehen am Ende des Baumdiagramms. Die totalen Wahrscheinlichkeiten $P(A)$, $P(\overline{A})$, $P(B)$ und $P(\overline{B})$ stehen an den einzelnen Ästen oder ergeben sich als Summe zweier Elementarwahrscheinlichkeiten.

► Hier steht Ereignis A auf der 1. Stufe und folglich $P(A)$ sowie $P(\overline{A})$ an den 1. Ästen. $P(B)$ und $P(\overline{B})$ erhält man als Summe der entsprechenden Elementarwahrscheinlichkeiten, z.B. $P(B) = P(A \cap B) + P(\overline{A} \cap B)$.

Ich kann …

… ein *inverses Baumdiagramm* erstellen.

▶ Test-Aufgabe 3

Inverses Baumdiagramm:

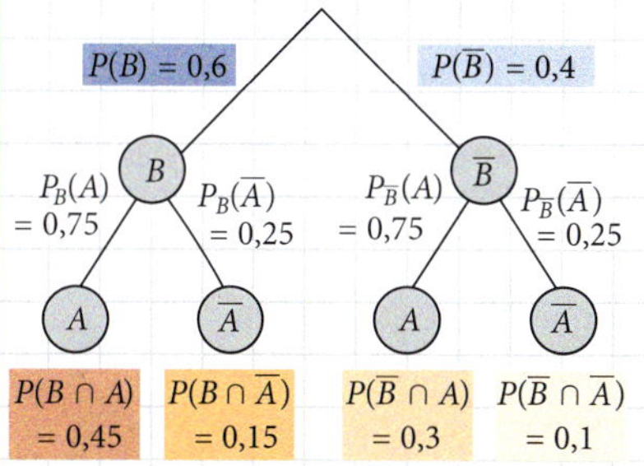

$P(A) = 0{,}45 + 0{,}3 = 0{,}75$ $\quad P(\overline{A}) = 0{,}15 + 0{,}1 = 0{,}25$

Beim **inversen Baumdiagramm** werden die 1. und die 2. Stufe vertauscht, sodass jetzt das Ereignis B auf der 1. Stufe steht, wenn es vorher auf der 2. Stufe stand.
Entsprechendes gilt für das Ereignis A.

▸ Nun stehen $P(B)$ und $P(\overline{B})$ an den 1. Ästen und $P(A)$ sowie $P(\overline{A})$ erhält man als Summe der entsprechenden Elementarwahrscheinlichkeiten.

… die *bedingte Wahrscheinlichkeit $P_A(B)$* eines Ereignisses B unter der Bedingung A ermitteln.

▶ Test-Aufgaben 1, 2, 3

$$P_A(B) = \frac{P(A \cap B)}{P(A)} = \frac{0{,}45}{0{,}75} = 0{,}6$$

▸ $P_A(B)$, $P_A(\overline{B})$, $P_{\overline{A}}(B)$ und $P_{\overline{A}}(\overline{B})$ stehen an den Ästen der 2. Stufe des ersten Baumdiagramms.
$P_B(A)$, $P_B(\overline{A})$, $P_{\overline{B}}(A)$ und $P_{\overline{B}}(\overline{A})$ stehen an den Ästen der 2. Stufe des inversen Baumdiagramms.

Die **bedingte Wahrscheinlichkeit** $P_A(B)$ bestimmt die Wahrscheinlichkeit eines Ereignisses B unter der Bedingung, dass das Ereignis A schon eingetreten ist.
z.B.: $P_A(B) = \frac{P(A \cap B)}{P(A)}$

Die bedingten Wahrscheinlichkeiten stehen an den Ästen der 2. Stufe des Baumdiagramms.

… die *totale Wahrscheinlichkeit P(B)* eines Ereignisses B bestimmen.

▶ Test-Aufgaben 1, 2, 3

$$P(B) = P(A \cap B) + P(\overline{A} \cap B) = 0{,}45 + 0{,}15 = 0{,}6$$
$$P(B) = P(A) \cdot P_A(B) + P(\overline{A}) \cdot P_{\overline{A}}(B) = 0{,}75 \cdot 0{,}6 + 0{,}25 \cdot 0{,}6 = 0{,}6$$

Die **totale Wahrscheinlichkeit** $P(B)$ setzt sich als Summe der Elementarwahrscheinlichkeiten $P(A \cap B)$ sowie $P(\overline{A} \cap B)$ zusammen.
$$P(B) = P(A \cap B) + P(\overline{A} \cap B) = P(A) \cdot P_A(B) + P(\overline{A}) \cdot P_{\overline{A}}(B)$$

… den *Satz von Bayes* anwenden.

▶ Test-Aufgaben 1, 2, 3

$$P_B(A) = \frac{P(A) \cdot P_A(B)}{P(B)} = \frac{P(A) \cdot P_A(B)}{P(A) \cdot P_A(B) + P(\overline{A}) \cdot P_{\overline{A}}(B)} = \frac{0{,}75 \cdot 0{,}6}{0{,}75 \cdot 0{,}6 + 0{,}25 \cdot 0{,}6} = 0{,}75$$

Satz von Bayes:
Für zwei Ereignisse A und B mit $P(A) \neq 0$ und $P(B) \neq 0$ gilt:
$$P_B(A) = \frac{P(A) \cdot P_A(B)}{P(B)} = \frac{P(A) \cdot P_A(B)}{P(A) \cdot P_A(B) + P(\overline{A}) \cdot P_{\overline{A}}(B)}$$

… zwei Ereignisse A und B auf *stochastische Unabhängigkeit untersuchen*.

▶ Test-Aufgaben 1, 3, 4

$P(A \cap B) = 0{,}45$
$P(A) \cdot P(B) = 0{,}75 \cdot 0{,}6 = 0{,}45$
$\Rightarrow P(A \cap B) = P(A) \cdot P(B)$
$\Rightarrow$ A und B sind **stochastisch unabhängig**.

▸ Da die Absolventen unabhängig vom Geschlecht mit einer Wahrscheinlichkeit von 60 % ein Studium aufnehmen, ist klar, dass das Geschlecht und das Aufnehmen eines Studiums in diesem Fall unabhängig voneinander sind.

Zwei Ereignisse sind dann **stochastisch unabhängig**, wenn das Eintreten des 2. Ereignisses nicht vom Eintreten des 1. Ereignisses abhängt und umgekehrt, wenn also gilt:
$P(A \cap B) = P(A) \cdot P(B)$.
Gilt $P(A \cap B) \neq P(A) \cdot P(B)$, so sind A und B **stochastisch abhängig**.

Test zu 6.2

1. Von insgesamt 200 Schülerinnen und Schülern eines Beruflichen Gymnasiums treiben 56 Sport als Mitglied eines Sportvereins. 96 von insgesamt 118 Schülerinnen sind nicht in einem Sportverein organisiert.

a) Stellen Sie das Problem in einer Vierfeldertafel dar.
b) Berechnen Sie die Wahrscheinlichkeit, dass unter den männlichen Schülern ein Vereinsmitglied ist.
c) Ermitteln Sie die Wahrscheinlichkeit, dass unter den Vereinsmitgliedern ein männlicher Schüler ist.
d) Bestimmen Sie die Wahrscheinlichkeit für ein weibliches Sportvereinsmitglied.
e) Untersuchen Sie, ob die Vereinszugehörigkeit stochastisch abhängig vom Geschlecht ist.

2. Aus einer Urne mit 4 grünen und 5 roten Kugeln werden nacheinander blind 3 Kugeln gezogen und nicht zurückgelegt. Berechnen Sie die Wahrscheinlichkeit, dass

a) alle 3 Kugeln grün sind.
b) die 3. Kugel grün ist, wenn die ersten beiden Kugeln rot waren.
c) die 1. Kugel rot war, wenn die 2. Kugel grün ist.
d) die 1. Kugel grün war, wenn unter den 3 gezogenen Kugeln genau 2 Kugeln rot sind.
e) die ersten beiden Kugeln grün waren, wenn unter den 3 gezogenen Kugeln genau 2 Kugeln grün sind.
f) unter den ersten beiden Kugeln genau 1 rote Kugel war, wenn unter den 3 gezogenen Kugeln genau 2 Kugeln grün sind.

3. Die JoRo GmbH stellt hochauflösende PC-Monitore her. Wegen der relativ hohen Fehlerquote von 5 % werden die Geräte noch einem Abschlusstest unterzogen, der fehlerhafte Geräte zu 97 % auch als fehlerhaft erkennt und nur 1 % der fehlerfreien Geräte als fehlerhaft aussortiert. Als fehlerfrei getestete Geräte gelangen in den Verkauf.

a) Stellen Sie das Problem in einem Baumdiagramm dar.
b) Ermitteln Sie die Wahrscheinlichkeit, mit der ein aussortiertes Gerät nicht defekt ist.
c) Berechnen Sie die Wahrscheinlichkeit, dass ein Gerät in den Verkauf gelangt.
d) Ermitteln Sie die Wahrscheinlichkeit, dass ein als fehlerfrei getestetes Gerät tatsächlich defekt ist.
e) Bestimmen Sie die Wahrscheinlichkeit, dass ein fehlerfreies Gerät in den Verkauf gelangt.
f) Untersuchen Sie die stochastische Abhängigkeit der Monitorqualität von der Testqualität.
g) Überprüfen Sie Ihre Ergebnisse anhand des inversen Baumdiagramms.

4. Die Klasse G 12/1 eines Beruflichen Gymnasiums besuchen 15 Mädchen und 12 Jungen. 5 Mädchen und 4 Jungen haben blonde Haare. Einer Untersuchung zufolge haben beide Elternteile dieser 9 und weiterer 12 Schülerinnen und Schüler blonde Haare.
Beurteilen Sie, ob die Haarfarbe der Schülerinnen und Schüler
a) geschlechtsabhängig ist,
b) von der Haarfarbe der Eltern abhängt.

6 Daten und Zufall

6.3 Zufallsgrößen

Frau Dogan und Herr Sales aus der Marketingabteilung der Fly Bike Werke GmbH organisieren den jährlich stattfindenden Tag der offenen Tür. Dieses Jahr möchten sie den Kunden und Lieferanten ein Projekt vorstellen, für das sich der Betrieb in Oldenburg engagiert:
Eine fahrradbegeisterte Jugendgruppe baut mithilfe von Sponsoren im Wald an einem Mountainbike-Parcours. Dieser soll nach Fertigstellung von der Stadt offiziell als Treffpunkt der Mountainbiker zugelassen werden.

Um für den Bau einer „Wallride“ Spenden zu sammeln, wird am Tag der offenen Tür ein Glücksrad aufgestellt.

Für einen Einsatz von 5 € kann das Rad einmal gedreht werden.
Als Gewinne sind vorgesehen:
- Flickzeug für Radpannen (Einkaufspreis: 1 €)
- eine Trinkflasche für Fahrradtouren (Einkaufspreis: 2 €)
- eine Lenkertasche (Einkaufspreis: 5 €)

Den Betrag, der durch das Glücksrad am Tag der offenen Tür eingespielt wird, möchte die Geschäftsleitung verdoppeln und als Spende für die Mountainbike-Strecke an die Jugendlichen weitergeben.

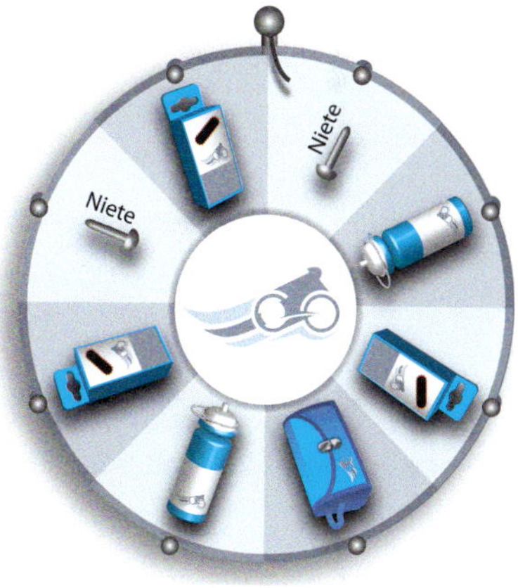

▸ Aufgabe 2 auf Seite 329

Kompetenzen

- Wahrscheinlichkeitsverteilungen von Zufallsgrößen bestimmen
- Erwartungswert einer Zufallsgröße berechnen
- Varianz und Standardabweichung einer Zufallsgröße berechnen

Anwendungen

- Kosten und Gewinne abschätzen
- Prognosen entwickeln
- Investitionsentscheidungen treffen
- Preise kalkulieren
- Maschinenlaufzeiten vergleichen
- Versicherungsprämien berechnen

6.3 Zufallsgrößen

Die Wahrscheinlichkeitsrechnung hat ihren Ursprung im Glücksspiel: Ein Spieler interessiert sich für die Wahrscheinlichkeiten, die die möglichen Ausgänge eines Glücksspiels besitzen. Um aber sein finanzielles Risiko abschätzen zu können, muss er außerdem wissen, welche Gewinne bzw. Verluste mit den jeweiligen Ergebnissen verknüpft sind. Entscheidend für ihn ist also, dass jedes Ergebnis mit einer bestimmten Größe verbunden ist (z.B. einem Geldbetrag).

6.3.1 Zufallsgrößen und ihre Verteilungen

1 Gewinn und Verlust bei einer Wette

Tugba und Michael vereinbaren folgende Wette: Tugba wirft dreimal nacheinander eine Münze. Erscheint dreimal Kopf oder dreimal Zahl, erhält sie von Michael 4 €. Wenn die Münzen in der Reihenfolge K, K, Z bzw. Z, Z, K fallen, muss Tugba 2 € an Michael zahlen. In allen restlichen Fällen muss sie nur 1 € abgeben. Setzen Sie die Ergebnisse des Zufallsexperiments mit Tugbas möglichem Gewinn bzw. Verlust in Beziehung. Geben Sie jeweils die Wahrscheinlichkeiten an, mit denen Tugba 4 € gewinnt, 1 € verliert oder 2 € verliert.

Es gibt $2^3 = 8$ mögliche Ergebnisse, die alle gleich wahrscheinlich sind.

Wir können jedem Ergebnis einen Gewinn $X (= x)$ zuordnen. Dieser kann aus Tugbas Sicht 4 €, −1 € oder −2 € betragen.

Der Verlust wird durch das Minuszeichen verdeutlicht.

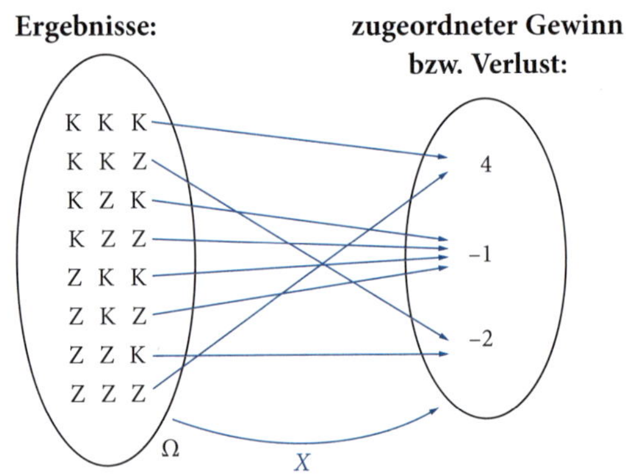

Da es vom Zufall abhängt, welcher Wert den Wurfergebnissen zugeordnet wird, bezeichnet man diese **Zuordnung** als **Zufallsgröße** (oder auch Zufallsvariable).
Eine Zufallsgröße ist also eine Funktion, die jedem Ergebnis eines Zufallsversuchs eine Zahl zuordnet.

Alle Ergebnisse, denen der gleiche Gewinn bzw. Verlust zugeordnet wird, können wir zu einem Ereignis zusammenfassen. Die Ergebnisse (K; K; K) und (Z; Z; Z) bilden z.B. das Ereignis „Tugba gewinnt 4 €". Dafür schreiben wir kurz $X = 4$ €.
Diesen Ereignissen können wir nun ihre Wahrscheinlichkeiten zuordnen:

Mit einer Wahrscheinlichkeit von 25 % macht Tugba einen Gewinn von 4 €. Sie macht 1 € Verlust mit einer Wahrscheinlichkeit von 50 % und 2 € Verlust mit einer Wahrscheinlichkeit von 25 %.

$P(X = 4\,€) = \frac{2}{8} = \frac{1}{4} = 25\,\%$

▶ Laplace-Experiment mit $p = \frac{1}{8}$

$P(X = -1\,€) = \frac{4}{8} = \frac{1}{2} = 50\,\%$

$P(X = -2\,€) = \frac{2}{8} = \frac{1}{4} = 25\,\%$

Die Zuordnung von Wahrscheinlichkeiten zu den einzelnen Werten einer Zufallsgröße X heißt allgemein **Wahrscheinlichkeitsverteilung** P der Zufallsgröße X.

Wahrscheinlichkeitsverteilung von X

x_i	4 €	−1 €	−2 €
$P(X = x_i)$	$\frac{1}{4}$	$\frac{1}{2}$	$\frac{1}{4}$

▶ $i = 1; 2; 3 \rightarrow x_1 = 4\,€;\ x_2 = -1\,€;\ x_3 = -2\,€$

Das folgende Schema fasst die auf der vorherigen Seite durchgeführten Schritte zusammen:
Die Zufallsgröße X ordnet den Ergebnissen aus Ω Werte zu. Diesen Werten werden wiederum durch die Wahrscheinlichkeitsverteilung P Wahrscheinlichkeiten zugeordnet.

Ergebnisse	$\xrightarrow{X}$	**Werte der Zufallsgröße x_i**	$\xrightarrow{P}$	**Wahrscheinlichkeiten $P(X=x_i)$**
(K; K; K); (Z; Z; Z)	→	4 €	→	$\frac{1}{4}$
(K; Z; K); (Z; K; K) (K; Z; Z); (Z; K; Z)	→	−1 €	→	$\frac{1}{2}$
(K; K; Z); (Z; Z; K)	→	−2 €	→	$\frac{1}{4}$

Wahrscheinlichkeitsverteilungen können wir tabellarisch, aber auch grafisch darstellen. Dabei orientieren wir uns an den Darstellungen für Häufigkeiten und nutzen meistens Säulen- oder Stabdiagramme.

Darstellung im Säulendiagramm

2

Geben Sie den Definitionsbereich und den Wertebereich der Wahrscheinlichkeitsfunktion P aus Beispiel 1 an und stellen Sie die Funktion als Säulendiagramm dar.

Der Definitionsbereich umfasst alle Beträge, die von der Zufallsgröße X angenommen werden, also −2 €, −1 € und 4 €: $D_P = \{-2\,€; -1\,€; 4\,€\}$.

Zum Wertebereich der Wahrscheinlichkeitsfunktion P gehören die diesen Geldbeträgen zugeordneten Wahrscheinlichkeiten: $W_P = \left\{\frac{1}{4}; \frac{1}{2}\right\}$.

Grafische Darstellung der Wahrscheinlichkeitsverteilung von X

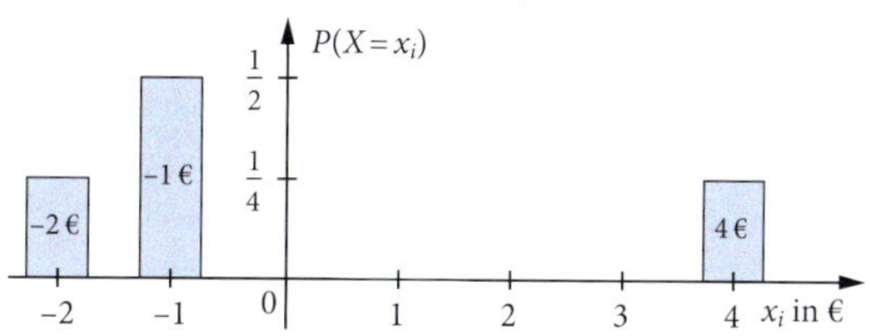

- Eine **Zufallsgröße** X ordnet jedem Ergebnis aus einer Ergebnismenge Ω eine reelle Zahl x_i zu.
- Die Funktion P, die allen möglichen Werten x_i Wahrscheinlichkeiten $P(X=x_i)$ zuordnet, heißt **Wahrscheinlichkeitsverteilung** von X.

1. Zwei Spieler A und B werfen gleichzeitig je einen Würfel. Ist die Augenzahl des Spielers A höher, so erhält er 1 € von Spieler B. Hat Spieler B eine höhere Augenzahl, so erhält dieser 2 € von Spieler A. Bei gleicher Augenzahl zahlt Spieler B den Betrag von 5 € an seinen Gegner.
   Stellen Sie die Wahrscheinlichkeitsverteilung aus Sicht des Spielers A in einer Tabelle und in einem Säulendiagramm dar.

2. Ein Hersteller für Spielautomaten plant ein neues Zwei-Walzen-Modell. Dabei drehen sich zwei Walzen, auf denen jeweils die vier Kartenfarben Herz, Karo, Pik und Kreuz abgebildet sind. Der Einsatz pro Spiel beträgt 1 €. Taucht zweimal Pik auf, gewinnt man 5 €, bei einer anderen „doppelten Farbe" erhält man 2 €. In den restlichen Fällen ist der Einsatz verloren.
   X ist die Zufallsgröße, die den Gewinn (bzw. Verlust) angibt.
   Stellen Sie die zugehörige Wahrscheinlichkeitsverteilung tabellarisch und grafisch dar.

3 Kosten bei Produktionsfehlern

Die JoRo GmbH produziert 3D-Blu-ray-Player. Leider treten bei dem neuesten Modell immer wieder zwei Fehler unabhängig voneinander auf:

- Bei 3 % der Geräte arbeitet der Lesestift fehlerhaft (Fehler A).
- 8 % der Player haben Antriebsprobleme (Fehler B).

Die durch die Fehler entstehenden Folgekosten bei Reklamationen betragen beim Fehler A 30 €, beim Fehler B 65 € und bei beiden Fehlern zusammen 80 €. Die Zufallsgröße X gibt diese Folgekosten an.

Stellen Sie das Problem in einem Baumdiagramm dar. Geben Sie die Wahrscheinlichkeitsverteilung für die Folgekosten an und stellen Sie diese grafisch dar.

Baumdiagramm:
Im Baumdiagramm bezeichnen wir das Auftreten von Fehler A als Ereignis A. Das Gegenereignis $\overline{A}$ heißt dann, dass der Fehler A nicht auftritt. Analog stellen wir Fehler B dar.

Da die Fehler unabhängig voneinander auftreten, ist die Wahrscheinlichkeit für den Fehler A immer 3 % und für den Fehler B immer 8 %.
Die Wahrscheinlichkeit, dass nur Fehler A auftritt, beträgt 2,76 %, dass nur Fehler B auftritt 7,76 % und dass beide Fehler auftreten 0,24 %.

▸ 1. Pfadregel, S. 297

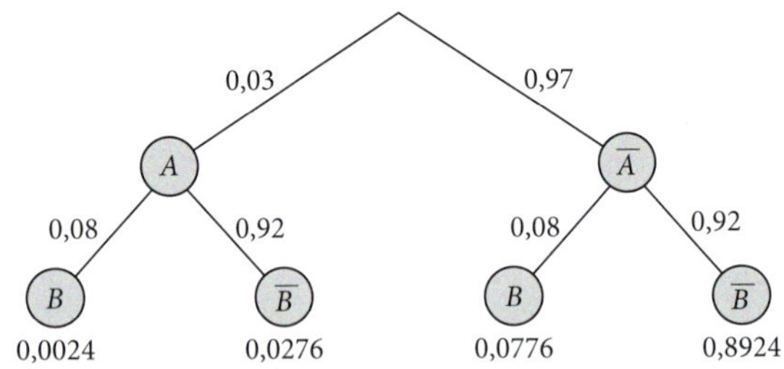

Tabelle zur Wahrscheinlichkeitsverteilung von X:
Die Folgekosten und deren Wahrscheinlichkeiten stellen wir übersichtlich in einer Tabelle dar.
Die JoRo GmbH muss für jeden Blu-ray-Player mit einer Wahrscheinlichkeit von 2,76 % Folgekosten von 30 € einplanen. Mit Wahrscheinlichkeiten von 7,76 % bzw. 0,24 % sind Folgekosten von 65 € bzw. 80 € zu erwarten.

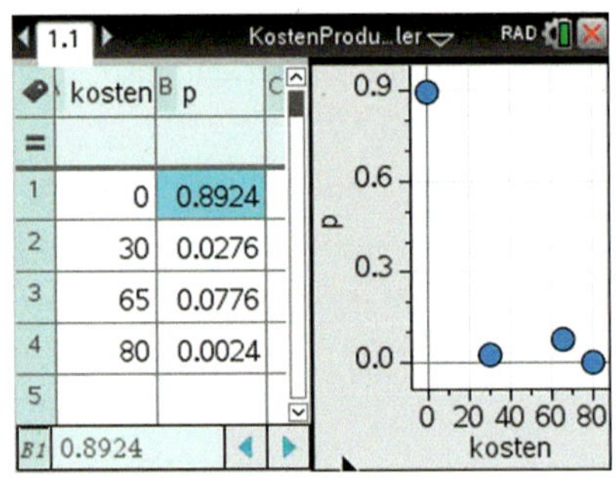

▸ TI In der Anwendung Lists & Spreadsheet können Daten mit dem Menüeintrag Daten, SchnellGraph einfach veranschaulicht werden.

1. Ein Textilhersteller führt bei einer Jeans der Farbe *dark washed* vor dem Verkauf routinemäßig Qualitätskontrollen durch. Erfahrungsgemäß sind 12 % der produzierten Jeans fehlerhaft. Bei 7,5 % der Jeans weicht die Farbgebung zu stark von der Norm ab. 4,5 % der Jeans weisen große Unregelmäßigkeiten bei der Verarbeitung auf. Bei 0,3 % der Jeans treten sogar beide Fehler auf. Die regulären Jeans werden an den Einzelhandel zum Preis von 20 € verkauft. Farblich abweichende Jeans werden für 15 € und schlecht verarbeitete für 12 € an ein Outlet-Center verkauft. Jeans mit Verarbeitungsfehlern und Farbabweichungen sollen im Zuge einer Marketingmaßnahme gespendet werden.
Stellen Sie eine passende Wahrscheinlichkeitsverteilung P tabellarisch und in einem Säulendiagramm dar, wenn die zugehörige Zufallsgröße X die Preise misst.

2. Aus einer Urne mit 3 blauen und 2 roten Kugeln werden nacheinander 2 Kugeln mit Zurücklegen gezogen. Die Zufallsgröße X gibt die Anzahl der gezogenen blauen Kugeln an. Ermitteln Sie die Wahrscheinlichkeitsverteilung von X und stellen Sie diese in einem Säulendiagramm dar.

Übungen zu 6.3.1

1. oHi Mi In einem Karton mit 8 LED-Lampen befinden sich 2 defekte. Dem Karton werden zufällig 3 LED-Lampen entnommen. X sei die Zufallsgröße, die die Anzahl der defekten Lampen angibt.
Ermitteln Sie die Wahrscheinlichkeitsverteilung von X und stellen Sie diese tabellarisch und grafisch dar.

2. oHi Mi In einer Lostrommel befinden sich 10 Lose, von denen 5 Nieten sind. Jemand zieht 3 Lose. Die Zufallsgröße X gibt die Anzahl der gezogenen Gewinne an.
Ermitteln Sie die Wahrscheinlichkeitsverteilung von X und stellen Sie diese tabellarisch und grafisch dar.

3. Die Brauerei „Trinkfit" stellt eine neue Fassbrause her. In der Qualitätskontrolle fällt auf, dass 7,5 % aller Flaschen nicht mit der richtigen Menge befüllt werden und bei 4,5 % aller Flaschen der Drehverschluss nicht richtig sitzt. Eine Kiste Fassbrause enthält 20 Flaschen à 0,5 Liter und soll zu einem UVP von 10 € angeboten werden. Kisten mit geringer befüllten Flaschen können nur noch im Großhandel für Gastronomie zum Endpreis von 8,50 € angeboten werden; Kisten mit defektem Verschluss zu einem Preis von 4 €. Flaschen mit zu geringer Füllmenge und defektem Verschluss werden nicht angeboten, sondern entsorgt und neu der Produktion zugeführt. Dabei fallen Kosten von 0,50 € an.

a) Wählen Sie eine geeignete Zufallsgröße, um Aussagen zu Gewinn und Kosten machen zu können. Stellen Sie die zugehörige Wahrscheinlichkeitsverteilung dar.

b) Bestimmen Sie die Wahrscheinlichkeit, mit der eine Kiste Fassbrause nicht zum normalen Preis von 10 € verkauft wird.

4. Maria hat für vier Fächer Hausaufgaben auf. Diese werden aber in jedem Fach nur mit einer Wahrscheinlichkeit von 30 % kontrolliert.

a) Stellen Sie die Wahrscheinlichkeitsverteilung einer Zufallsgröße dar, die die Anzahl der Kontrollen misst.

b) Ermitteln Sie die Wahrscheinlichkeit, mit der Maria mindestens zweimal kontrolliert wird.

5. Jan Busnetz kommt montags häufig zu spät zur Schule. Seine Ausrede ist, dass er an vielen roten Ampeln warten musste. Sein Mathelehrer fordert ihn daraufhin auf, seine Verspätungen in Abhängigkeit von den Wartezeiten an den jeweiligen roten Ampeln zu berechnen. Jan kommt an 5 Ampeln vorbei, die im Mittel jeweils zu 40 % auf Rot geschaltet sind. Er kommt pünktlich in der Schule an, wenn alle Ampeln grün sind. Er hat 3 Minuten Verspätung, wenn eine Ampel auf Rot steht, 6 Minuten Verspätung, wenn 2 oder 3 Ampeln rot sind und er kommt 10 Minuten zu spät, wenn 4 oder alle 5 Ampeln auf Rot geschaltet sind. Die Zufallsgröße X misst die einzelnen Verspätungen.
Stellen Sie die Wahrscheinlichkeitsverteilung der Zufallsgröße tabellarisch und grafisch dar.

6. Die nebenstehende Tabelle ist ein Auszug aus der Sterbetafel des Statistischen Bundesamts (Stand: 2017). Sie gibt an, wie viele von 100 000 Frauen eines Geburtenjahrgangs ein Alter von 60 Jahren, 61 Jahren usw. erreichen und überleben. Eine 60-jährige Frau möchte eine Risiko-Lebensversicherung über 200 000 € für 5 Jahre abschließen. Die Versicherungssumme wird hierbei nur ausbezahlt, wenn die Frau innerhalb der 5 Jahre verstirbt. Bestimmen Sie aus Sicht der Versicherung die Wahrscheinlichkeitsverteilung der Zufallsgröße X, die die Wahrscheinlichkeit eines Todesfalls in den 5 Jahren beschreibt.
Tipp: Es macht für die Versicherung einen Unterschied, in welchem Jahr die Versicherte versterben würde.

Sterbetafel weiblich

Alter	Überlebende
60	94 655
61	94 148
62	93 609
63	93 035
64	92 415
65	91 738

6.3.2 Erwartungswert, Varianz und Standardabweichung

4 Zu erwartender Gewinn oder Verlust

Tugba möchte wissen, ob sie beim dreifachen Münzwurf „auf lange Sicht“, also bei einer großen Anzahl von Durchführungen des Zufallsexperiments, eher mit einem Gewinn oder mit einem Verlust rechnen kann. ▸ Beispiel 1, S. 320
Ermitteln Sie den Gewinn oder Verlust, den Tugba „im Mittel“ erwarten kann, indem Sie die einzelnen Wahrscheinlichkeiten für einen Gewinn oder Verlust berücksichtigen.

Ergebnis	(K; K; K) (Z; Z; Z)	(K; Z; K) (Z; K; K) (K; Z; Z) (Z; K; Z)	(K; K; Z) (Z; Z; K)
Gewinn/Verlust x_i	4 €	−1 €	−2 €
$P(X = x_i)$	$\frac{1}{4}$	$\frac{1}{2}$	$\frac{1}{4}$

Um den Betrag zu ermitteln, den Tugba auf lange Sicht pro Spiel erwarten kann, werden die möglichen Gewinne mit ihren Wahrscheinlichkeiten multipliziert und dann addiert. Das Ergebnis nennt man den **Erwartungswert der Zufallsgröße X**. Diesen bezeichnet man mit $E(X)$.

$P(X = 4\,€) = \frac{1}{4}$; $P(X = -1\,€) = \frac{1}{2}$; $P(X = -2\,€) = \frac{1}{4}$

$E(X) = 4\,€ \cdot \frac{1}{4} + (-1\,€) \cdot \frac{1}{2} + (-2\,€) \cdot \frac{1}{4} = \mathbf{0\,€}$

▸ analog zum gewichteten arithmetischen Mittel der möglichen „Gewinne“ von 4 €, −1 € und −2 €

Tugbas Erwartungswert beträgt 0 €, sie wird auf lange Sicht weder Gewinn noch Verlust machen.

Beim Erwartungswert kommt es auf die Perspektive an: Der Verlust des Spielers ist der Gewinn des Spielbetreibers!

Ein Spiel mit dem Erwartungswert Null heißt **faires Spiel**. Weder Spieler noch Spielbetreiber gewinnen oder verlieren dann auf lange Sicht. Ist der Erwartungswert positiv, wird auf lange Sicht Gewinn gemacht; ist er negativ, werden Verluste eingefahren.

5 Zu erwartende Reklamationskosten

Wir betrachten die Folgekosten bei der Produktion von Blu-ray-Playern der JoRo GmbH (▸ Beispiel 3, S. 322). Die Wahrscheinlichkeitsverteilung für die Folgekosten der auftretenden Fehler ist wie nebenstehend bestimmt worden.

Ergebnis	kein Fehler	Fehler A	Fehler B	Fehler A und B
Kosten x_i	0 €	30 €	65 €	80 €
$P(X = x_i)$	0,8924	0,0276	0,0776	0,0024

Berechnen Sie die zu erwartenden durchschnittlichen Folgekosten bei Reklamationen. Interpretieren Sie den Erwartungswert im Hinblick darauf, dass das Unternehmen die Folgekosten finanziell auffangen möchte.

Den Erwartungswert für die Folgekosten können wir „per Hand“ oder mit einem GTR/CAS berechnen.

$E(x) = 30\,€ \cdot 0{,}0276 + 65\,€ \cdot 0{,}0776 + 80\,€ \cdot 0{,}0024$
$\approx \mathbf{6{,}06\,€}$

▸ TI Wir übertragen die Wahrscheinlichkeitsverteilung in die Tabelle der Anwendung Lists & Spreadsheet. Zur Berechnung des Erwartungswertes $E(X)$ wählen wir: menu, Statistik, Statistische Berechnung, Statistik mit einer Variablen. Im Dialogfenster wählen wir für die X1-Liste die Variable kosten und für die Häufigkeitsliste die Variable p.

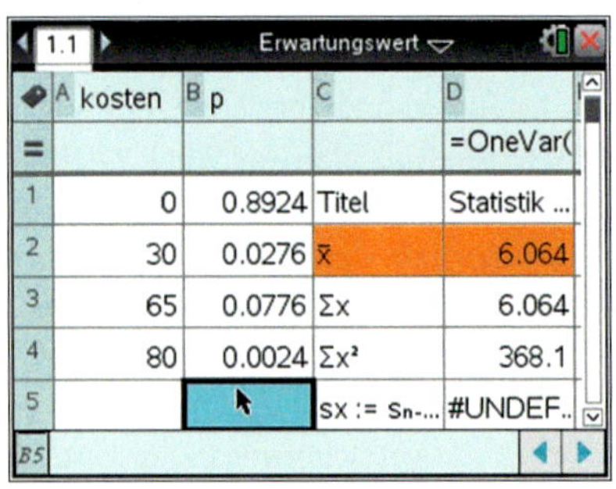

Die insgesamt zu erwartenden durchschnittlichen Folgekosten entsprechen dem Erwartungswert $E(X)$ bzw. $\bar{x}$ und betragen rund 6,06 €.

Um die durchschnittlichen Folgekosten pro Gerät aufzufangen, müsste die JoRo GmbH gut 6 € zusätzlichen Erlös pro Gerät erwirtschaften und dazu ggf. den Verkaufspreis entsprechend erhöhen.

Prüfen einer Investition

6

Vor Auslieferung von täglich 1500 produzierten Smartphones werden die Displays dieser Geräte geprüft. Dabei werden bei 20 % der Smartphones Fehler festgestellt. Da eine Reparatur der Displays nach der Endfertigung teuer ist, sollen die Displays vor dem Einbau auf ihre Funktionsfähigkeit geprüft werden. Das Prüfgerät erkennt mit einer Wahrscheinlichkeit von 95 % defekte Displays, zeigt jedoch auch mit einer Wahrscheinlichkeit von 3 % einwandfreie Displays als fehlerhaft an. Die Reparatur eines Displays vor dem Einbau kostet 2 €, nach der Endfertigung aber 4,50 €. Die Kosten für ein Prüfgerät betragen 256 200 €.
Ermitteln Sie, nach welcher Zeit sich ein Prüfgerät bezahlt macht.

Zunächst notieren wir mithilfe eines Baumdiagramms die Elementarereignisse mit ihren Wahrscheinlichkeiten am Ende der einzelnen Äste, wenn das Prüfgerät eingesetzt wird. ▶ 1. Pfadregel, S. 297

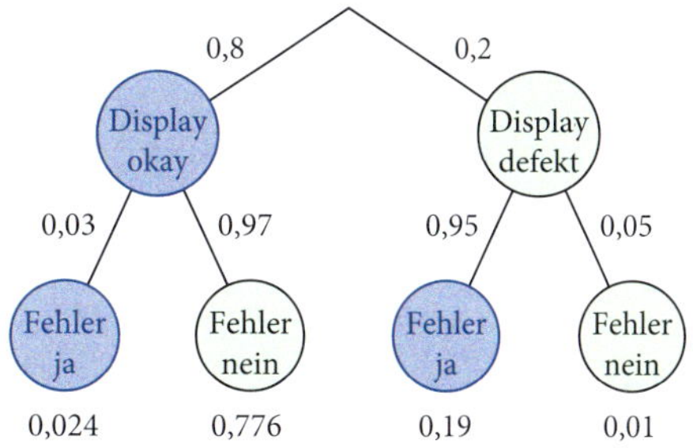

X_{vor} gibt die Reparaturkosten an, wenn man die Displays vor der Endfertigung mit dem Prüfgerät prüft. X_{nach} gibt die Reparaturkosten nach der Endfertigung an.

Wir berechnen die Erwartungswerte und vergleichen sie: Die durchschnittlichen Reparaturkosten pro Handy sind bei der Prüfung vor der Endfertigung um 0,427 € geringer.

$E(X_{vor}) = 2\,€ \cdot 0{,}024 + 2\,€ \cdot 0{,}19 + 4{,}5\,€ \cdot 0{,}01 = \mathbf{0{,}473\,€}$

$E(X_{nach}) = 4{,}5\,€ \cdot 0{,}2 = \mathbf{0{,}90\,€}$

Kostenersparnis pro Gerät:
$0{,}90\,€ - 0{,}473\,€ = \mathbf{0{,}427\,€}$

Bei 1500 kontrollierten Smartphones ergibt sich eine tägliche Kostenersparnis von 640,50 €, wenn die Displays bereits vor der Endfertigung geprüft werden.

Tägliche Kostenersparnis bei Prüfung vor Endfertigung:
$1500 \cdot 0{,}427\,€ = \mathbf{640{,}50\,€}$

Insgesamt lohnt sich die Investition, wenn man das Prüfgerät mindestens 400 Tage einsetzt.

Tage bis zur Amortisierung des Prüfgeräts:
$256\,200\,€ : 640{,}50\,€ = \mathbf{400}$

Nimmt eine Zufallsgröße X die Werte $x_1, x_2, \ldots, x_n$ mit den Wahrscheinlichkeiten $P(X=x_i)$ an, dann ist der **Erwartungswert der Zufallsgröße** X die Zahl

$$E(X) = x_1 \cdot P(X=x_1) + x_2 \cdot P(X=x_2) + \ldots + x_n \cdot P(X=x_n) = \sum_{i=1}^{n} x_i \cdot P(X=x_i).$$

1. Das rote Segment ist dreimal, das grüne und blaue Segment jeweils doppelt so groß wie das weiße Segment der Drehscheibe.
   Die Zahlen geben den Gewinn in Euro an.
   Berechnen Sie den Einsatz des Spielers, damit das Spiel fair ist.

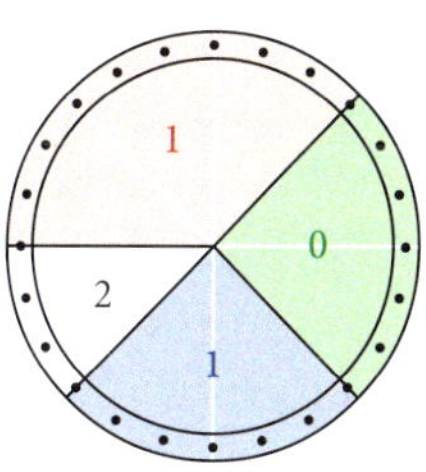

2. Berechnen Sie den durchschnittlichen Verkaufspreis für die Jeans *dark washed*, mit dem der Textilhersteller aus Aufgabe 1 von Seite 322 langfristig kalkulieren kann.

Der Erwartungswert gibt den „mittleren Wert“ einer Zufallsgröße an – vergleichbar mit dem arithmetischen Mittel bei Beobachtungswerten. Er sagt jedoch nichts darüber aus, wie stark die Werte der Zufallsgröße von diesem „Mittelwert“ abweichen.
Um sagen zu können, wie stark die Werte einer Zufallsgröße um den Erwartungswert „streuen“, führt man deshalb die **Varianz** $V(X)$ und **Standardabweichung** $\sigma(X)$ einer Zufallsgröße X ein.

7 Vergleich zweier Maschinen

GTR CAS

Bei der Fertigung von Bauteilen für Mikrochips kommt es auf die exakte Länge an. In einer Produktionsstätte stehen zwei ältere Maschinen zur Verfügung, die beide nicht immer ausreichend genau arbeiten:
Maschine A fertigt Produkte in 10 % der Fälle mit einer Längenabweichung von +1 mm, in 5 % der Fälle mit einer Abweichung von +2 mm und in 1 % der Fälle mit einer Abweichung von +3 mm.
Maschine B fertigt 20 % der Produkte mit einer Abweichung von −0,5 mm, 10 % mit einer Abweichung von −1 mm und 1 % mit einer Abweichung von −1,5 mm.
Die folgende Grafik zeigt die Wahrscheinlichkeitsverteilung der Abweichung. Auf die Darstellung der Wahrscheinlichkeiten für mangelfreie Produkte wurde dabei verzichtet.

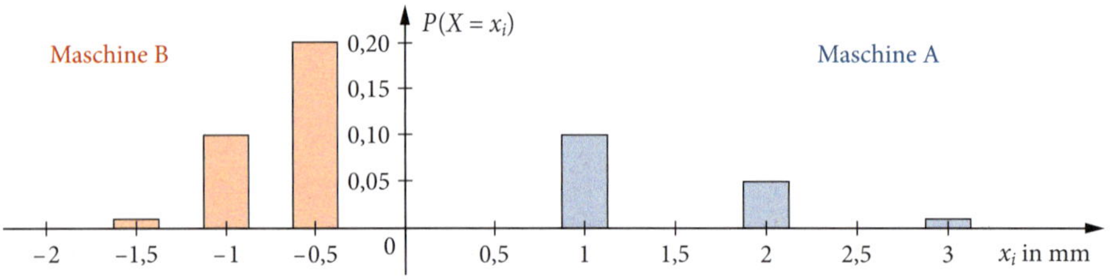

Die mangelhaften Produkte können zwar noch verkauft werden, aber nur mit zum Teil erheblichen Abschlägen beim Verkaufspreis, was zu Mindereinnahmen führt:

Abweichung	+3 mm	+2 mm	+1 mm	−0,5 mm	−1 mm	−1,5 mm
Mindereinnahmen	250 €	100 €	10 €	20 €	40 €	50 €

Entscheiden Sie, für welche Maschine sich der Betriebsleiter entscheiden sollte, wenn für einen Auftrag die Kapazität einer einzelnen Maschine ausreicht.

Der Betriebsleiter wird sich für die Maschine entscheiden, die die geringeren durchschnittlichen Mindereinnahmen verursacht.
Um diese zu bestimmen, berechnen wir jeweils den Erwartungswert der beiden Zufallsgrößen X und Y. Dabei steht X für die Mindereinnahmen bei Maschine A und Y für die Mindereinnahmen bei Maschine B.

Für beide Maschinen ist der Erwartungswert gleich: $E(X) = E(Y) = 8{,}50\,€$. Der Erwartungswert hilft hier als Entscheidungskriterium nicht weiter.

X: Mindereinnahmen bei Maschine A
Y: Mindereinnahmen bei Maschine B

Maschine A

x_i	250 €	100 €	10 €	0 €
$P(X = x_i)$	0,01	0,05	0,1	0,84

$E(X) = 250\,€ \cdot 0{,}01 + 100\,€ \cdot 0{,}05 + 10\,€ \cdot 0{,}1 + 0\,€ \cdot 0{,}84 = \mathbf{8{,}50\,€}$

Maschine B

y_i	20 €	40 €	50 €	0 €
$P(Y = y_i)$	0,2	0,1	0,01	0,69

$E(Y) = 20\,€ \cdot 0{,}2 + 40\,€ \cdot 0{,}1 + 50\,€ \cdot 0{,}01 + 0\,€ \cdot 0{,}69 = \mathbf{8{,}50\,€}$

Deshalb sollte der Betriebsleiter nun die Streuung der Mindereinnahmen als Entscheidungskriterium heranziehen. Wir berechnen dafür die Varianz und die Standardabweichung der beiden Zufallsgrößen X und Y.

Die **Varianz** berechnen wir analog zur Statistik:

- Wir bilden für jeden Wert der Zufallsgröße die Differenz zum Erwartungswert.
  ▸ Abstand zum Erwartungswert
- Diese Differenz quadrieren wir für jeden Wert.
  ▸ geringe Abstände fallen weniger stark ins Gewicht, große viel stärker
- Abschließend multiplizieren wir diese „Quadrate" mit den zugehörigen Wahrscheinlichkeiten und addieren die Ergebnisse.

Die **Standardabweichung** ermitteln wir, indem wir die Wurzel aus der Varianz ziehen.

Die Standardabweichung der Maschine B berechnen wir mit dem GTR/CAS. Der zuvor berechnete Erwartungswert $E(X) = 8{,}50\,€$ ($\bar{x}$) wird bestätigt und eine Standardabweichung von $\sigma(X) \approx 13{,}88\,€$ wird berechnet.

Der Betriebsleiter wird sich sehr wahrscheinlich für Maschine B entscheiden. Bei ihr ist die Standardabweichung und damit die Streuung der Mindereinnahmen geringer als bei Maschine A. Somit werden die Kunden zufriedener sein.

Maschine A

$$\begin{aligned} V(X) &= (250\,€ - 8{,}50\,€)^2 \cdot 0{,}01 \\ &\quad + (100\,€ - 8{,}50\,€)^2 \cdot 0{,}05 \\ &\quad + (10\,€ - 8{,}50\,€)^2 \cdot 0{,}1 \\ &\quad + (0\,€ - 8{,}50\,€)^2 \cdot 0{,}84 \\ &= 1062{,}75\,€^2 \end{aligned}$$

$$\sigma(X) = \sqrt{1062{,}75\,€^2} \approx \mathbf{32{,}60\,€}$$

Die Standardabweichung hat die „richtige" Einheit.

Maschine B

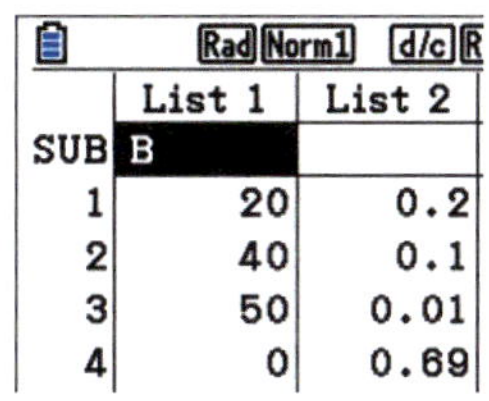

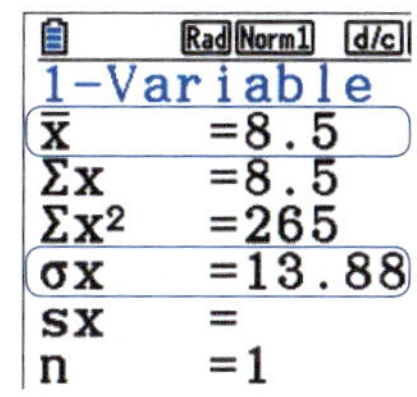

▸ CA Wählen Sie in der Anwendung Statistik unter CALC (F2), SET (F6) für 1Var XList die Liste List1 und List2 für 1Var Freq aus. Berechnet wird mit dem Befehl 1-VAR (F1).

Die Standardabweichung gibt an, wie „nah" die Werte einer Zufallsgröße X am Erwartungswert liegen. Bei einer Zufallsgröße X mit Erwartungswert $E(X)$ und Standardabweichung σ liegen die Werte zu

- ca. 68,3 % im Intervall $[E(X) - \sigma; E(X) + \sigma]$,
- ca. 95,4 % im Intervall $[E(X) - 2\sigma; E(X) + 2\sigma]$,
- fast 99,7 % im Intervall $[E(X) - 3\sigma; E(X) + 3\sigma]$. ▸ Abschnitt 6.4.3, S. 347

Die angegebenen Wahrscheinlichkeiten gelten nur bei $\sigma > 3$.

Je kleiner die Standardabweichung ist, desto kleiner werden die Intervalle – und desto „näher" liegen also die Werte von X um den Erwartungswert.

- Die **Varianz einer Zufallsgröße** X mit den Werten $x_1, x_2, \ldots, x_n$ und dem Erwartungswert $E(X)$ berechnet sich wie folgt:
  $$\begin{aligned} V(X) &= (x_1 - E(X))^2 \cdot P(X = x_1) + (x_2 - E(X))^2 \cdot P(X = x_2) + \ldots + (x_n - E(X))^2 \cdot P(X = x_n) \\ &= \sum_{i=1}^{n} (x_i - E(X))^2 \cdot P(X = x_i) \end{aligned}$$
- Die **Standardabweichung einer Zufallsgröße** X ist die Wurzel der Varianz: $\sigma(X) = \sqrt{V(X)}$

Bei einem Glücksspiel gibt es zwei Spielvarianten, die durch die Zufallsgrößen X und Y beschrieben werden. Die nebenstehenden Tabellen geben die zugehörigen Wahrscheinlichkeitsverteilungen an. Dabei stehen negative Werte für Verlust, positive für Gewinn. Beide Spiele sind fair. Berechnen Sie jeweils Varianz und Standardabweichung. Vergleichen Sie die Ergebnisse und interpretieren Sie diese.

Wahrscheinlichkeitsverteilung von *X*

x_i	4 €	−1 €	−2 €
$P(X = x_i)$	$\frac{1}{4}$	$\frac{1}{2}$	$\frac{1}{4}$

Wahrscheinlichkeitsverteilung von *Y*

y_i	1 €	0 €	−2 €
$P(Y = y_i)$	$\frac{2}{5}$	$\frac{2}{5}$	$\frac{1}{5}$

Übungen zu 6.3.2

1. Berechnen Sie Erwartungswert, Varianz und die Standardabweichung der Zufallsgröße X.
Die Wahrscheinlichkeitsverteilungen sind durch die folgenden Tabellen gegeben.

a)

x_i	0	1	2
$P(X=x_i)$	$\frac{1}{2}$	$\frac{1}{4}$	$\frac{1}{4}$

b)

x_i	−5	0	10
$P(X=x_i)$	40 %	40 %	20 %

c)

x_i	−4	7	18
$P(X=x_i)$	$\frac{1}{2}$	$\frac{3}{8}$	$\frac{1}{8}$

d)

x_i	2	−2	1	−1
$P(X=x_i)$	$\frac{1}{6}$	$\frac{1}{6}$	0	$\frac{2}{3}$

2. Marie möchte die Kosten für eine große Geburtstagsfeier durch ein Glücksspiel ausgleichen, das während der Fete stattfinden soll. Sie bereitet eine Dose mit 4 schwarzen und 2 roten Kugeln vor. Die Gäste sollen „blind" eine Kugel ziehen. Marie hat zwei verschiedene Ideen für das Spiel.
Bei einer Spielvariante möchte Marie 3 € von ihren Gästen erhalten, wenn diese eine schwarze Kugel ziehen; Marie muss 3 € zahlen, wenn eine rote Kugel gezogen wird.
In einer anderen Spielvariante können die Freunde 9 € beim Ziehen einer roten Kugel gewinnen und 6 € beim Ziehen einer schwarzen Kugel verlieren.

a) Ermitteln Sie jeweils den zu erwartenden Gewinn für die beiden Spielvarianten.

b) Empfehlen Sie Marie begründet ein Spiel.

3. Aus einer Urne mit 5 weißen und 2 schwarzen Kugeln und 1 roten Kugel zieht Lucas 2 Kugeln ohne Zurücklegen. Für 2 schwarze Kugeln erhält er 1 €, für 2 weiße Kugeln 30 Cent und für eine schwarze und eine weiße Kugel 20 Cent. Ist die rote Kugel unter den beiden gezogenen Kugeln, muss Lucas 80 Cent bezahlen.

a) Stellen Sie die Wahrscheinlichkeitsverteilung für Lucas Gewinn in Tabellenform dar. Nutzen Sie bei Bedarf ein Baumdiagramm.

b) Beurteilen Sie, ob das Spiel fair ist.
Bestimmen Sie ggf. Lucas' Einsatz, damit das Spiel fair wird.

4. Beim Roulette setzt ein Spieler jeweils 20 € auf:

- *Manque* (Es fällt eine der Zahlen 1 bis 18, man erhält den 1-fachen Spielgewinn.)
- *Mittleres Dutzend* (Es fällt eine der Zahlen 13 bis 24, man erhält den 2-fachen Spielgewinn.)

a) Bestimmen Sie jeweils die Gewinnerwartung für die Tipps *Manque* bzw. *Mittleres Dutzend*.
Bestimmen Sie die Gewinnerwartung für den gesamten Tipp.

b) Berechnen und interpretieren Sie Varianz und Standardabweichung für diese drei Fälle.

5. Die Brauerei „Trinkfit" bekommt zur automatischen Abfüllung ihrer Halbliterflaschen zwei Abfüllautomaten A und B angeboten. Die Hersteller geben folgende Wahrscheinlichkeiten für Abweichungen von der Zielmenge 0,5 ℓ an.

Füllmenge (in Liter)	0,48	0,49	0,5	0,51	0,52
Wahrscheinlichkeit bei A	1 %	7 %	79,9 %	10 %	2 %
Wahrscheinlichkeit bei B	9,5 %	3 %	60 %	7 %	20 %

▶ Die restlichen Abweichungen werden vernachlässigt.

Beraten Sie die Brauerei beim Kauf eines Abfüllautomaten.

6. Ein Fischhändler bietet an jedem Wochentag einen besonderen Fischsalat an. Dieser muss am Herstellungstag verkauft werden, weil er sonst verdirbt. Nach einem Jahr zieht der Fischhändler Bilanz: Er verkauft durchschnittlich an 10 % der Tage 10 Portionen, an 15 % der Tage 15 Portionen, an 25 % der Tage 30 Portionen, an 20 % der Tage 35 Portionen, an 15 % der Tage 40 Portionen, an 10 % der Tage 45 und an 5 % der Tage 50 Portionen.
Pro verkaufter Portion macht er einen Gewinn von 3 €. Kann er eine Portion nicht verkaufen, dann macht er einen Verlust von 7 €.

a) Bestimmen Sie die Anzahl der Portionen, die der Fischhändler täglich bereithalten muss, damit der Gewinn maximal wird. Geben Sie diesen an.

b) Berechnen und interpretieren Sie den Erwartungswert und die Standardabweichung für die Anzahl der verkauften Portionen.

Vermischte Übungen zu 6.3

1. oHi Mi Aus einer Urne mit 5 roten und 3 grünen Kugeln werden mit einem Griff 3 Kugeln entnommen. X bezeichnet die Zufallsgröße für die Anzahl der auftretenden grünen Kugeln.

a) Bestimmen Sie tabellarisch die Wahrscheinlichkeitsverteilung von X.

b) Ermitteln Sie die Wahrscheinlichkeitsverteilung von X, wenn die Kugeln nacheinander mit Zurücklegen gezogen werden.

2. oHi Mi Bestimmen Sie die Kostenverteilung beim „Glücksradspiel" der Fly Bike Werke GmbH auf der Startseite 319.

3. Eine Münze wird zweimal hintereinander geworfen. Der Einsatz pro Spiel beträgt 18 €. Wird zweimal Zahl geworfen, werden 58 € ausbezahlt. Wenn Kopf erscheint, wird ein Drittel des Einsatzes am Ende ausbezahlt. Die Zufallsgröße X steht für den Betrag, der dem Spieler nach zwei Münzwürfen zusteht. Ermitteln Sie den Erwartungswert von X. Ist das Spiel fair?

4. oHi Mi Ein Spielautomat besteht aus zwei Scheiben, die sich unabhängig voneinander drehen. Jede Scheibe ist in 10 gleich große Segmente eingeteilt, die mit 0 bis 9 durchnummeriert sind. Der Spieleinsatz beträgt 1 €. Man erhält 20 €, wenn auf beiden Scheiben die Zahl 9 oder auf beiden Scheiben die Zahl 0 erscheint. Erscheinen auf beiden Scheiben zwei andere gleiche Zahlen, so erhält man 5 €. In den restlichen Fällen ist der Einsatz verloren.

a) Berechnen Sie den Gewinn bzw. Verlust, den der Spieler langfristig im Mittel erwarten kann.

b) Beschreiben Sie, wie das Spiel fair gestaltet werden kann.

5. oHi Mi „Pentagramm" wird mit drei fairen Würfeln gespielt: Fällt eine 5, so erhält der Spieler 5 €, bei 2 Fünfen 9 € und bei 3 Fünfen 30 €.
Berechnen Sie den Einsatz des Spielers, damit das Spiel fair wird.

6. Das Spiel „Die böse 7" wird mit zwei fairen Würfeln gespielt. Der Bankhalter erklärt die Regeln:
Fällt die Augensumme 7, muss der Spieler 35 € an die Bank zahlen; in allen anderen Fällen erhält er die Augensumme in Euro von der Bank.

a) Prüfen Sie, ob das Spiel fair ist.

b) Ermitteln Sie den Erwartungswert, wenn vorab ein Einsatz von 3 € verlangt wird.

c) Berechnen und interpretieren Sie jeweils die Varianzen und die Standardabweichungen.

7. Die Brauerei „Trinkfit" erstellt für eine Limonade folgende Wahrscheinlichkeitsverteilung als Verkaufsprognose (▸ Aufgabe 3, S. 323):

x_i (Ertrag pro Kiste)	10 €	8,50 €	4 €	−0,50 €
$P(X=x_i)$	0,8834	0,0716	0,0416	0,0034

Berechnen Sie den zu erwartenden durchschnittlichen Ertrag und interpretieren Sie sowohl dessen Varianz als auch dessen Standardabweichung.

8. Frau Baldus möchte ihre Erfahrung als Elektrotechnikerin nutzen und sich selbstständig machen. Ihre Geschäftsidee: Reparatur von Küchenkleingeräten zu einem Pauschalpreis. Für die Reparatur von Handmixern geht sie davon aus, dass die defekten Teile mit der unten angegebenen Wahrscheinlichkeit eintreffen und mit den angegebenen Material- und Lohnkosten für die Reparatur verbunden sind. Der Versand des Mixers zum Kunden in Höhe von 6 € soll in dem Pauschalpreis eingeschlossen werden.

defektes Teil	Wahrscheinlichkeit für Defekt	Material- und Lohnkosten
Motor	10,4 %	16,50 €
Schalter	25,2 %	1,25 €
Hemmlatte	27,5 %	10,75 €
Gehäuse	12,6 %	9,50 €
Platine	14,3 %	7,20 €
Sonstiges	10,0 %	4,30 €

Frau Baldus rechnet mit einem Gewinn von 20 %. Berechnen Sie den Pauschalbetrag, wenn sie die Standardabweichung auf den Erwartungswert des Gewinns aufschlägt, und erläutern Sie, warum das sinnvoll ist.

9. Die JoRo GmbH stellt MP3-Player her. Von den produzierten MP3-Playern sind allerdings 10 % fehlerhaft. Bei einer betriebsinternen Prüfung werden 85 % der mangelhaften Geräte beanstandet und 4 % der fehlerfreien MP3-Player bemängelt.

a) Erstellen Sie ein Baumdiagramm und eine Vierfeldertafel.

b) Eine Reklamation der MP3-Player nach ihrem Verkauf kostet 4,60 €, die betriebsinterne Prüfung zur Fehlerbehebung vor dem Verkauf kostet 0,50 € pro Stück. Für Geräte, die nach dieser Prüfung als fehlerhaft eingestuft werden, fallen zusätzliche Kosten von 1,00 € an. Untersuchen Sie die Kostensituation.

c) Beurteilen Sie die Kostensituation bei einer täglichen Produktion von 2000 Geräten.

d) Ermitteln Sie, wie teuer die betriebsinterne Prüfung maximal sein darf, damit sie nicht teurer ist als die Reparatur nach der Fertigstellung.

10. Die JoRo GmbH möchte ihre Arbeitsabläufe optimieren und analysiert die Störungen im Betriebsablauf. Diese beruhen

- zu 15% auf Fehlern in der Elektrik, die zu durchschnittlichen Kosten von 2400 € pro Woche führen;
- zu 10% auf mechanischen Fehlern, die durchschnittlich 4200 € pro Woche an Kosten verursachen;
- zu 45% auf menschlichem Versagen mit Fehlerkosten von 750 € pro Woche;
- zu 10% auf Pannen bei der Software mit Fehlerkosten von 7500 € je Woche.

Die übrigen Störungen ergeben sich daraus, dass die von den Zulieferern bezogenen Produkte mangelhaft sind: Sie ziehen Kosten von 1500 € wöchentlich nach sich.

a) Stellen Sie die Wahrscheinlichkeitsverteilung mit einer geeigneten Zufallsgröße tabellarisch dar.

b) Bestimmen Sie die durchschnittlich zu erwartenden Fehlerkosten pro Woche.

c) Ermitteln Sie die Wahrscheinlichkeit, dass die Fehlerkosten zwischen 1000 € und 5000 € pro Woche betragen.

d) Berechnen und interpretieren Sie die Varianz und Standardabweichung der Zufallsgröße X.

11. Die nebenstehende Tabelle ist ein Auszug aus der Sterbetafel des Statistischen Bundesamts (Stand: 2017). Sie gibt an, wie viele von 100 000 Frauen eines Geburtenjahrgangs ein Alter von 60 Jahren, 61 Jahren usw. erreichen und überleben.

▸ vgl. Aufgabe 6, S. 323

Sterbetafel weiblich

Alter	Überlebende
60	94 655
61	94 148
62	93 609
63	93 035
64	92 415
65	91 738

Eine 60-jährige Kauffrau möchte eine Risiko-Lebensversicherung über 200 000 € abschließen.

Erstellen Sie ein Versicherungsangebot, das sowohl für die Kauffrau als auch für die Versicherungsgesellschaft akzeptabel ist. Die Kauffrau möchte maximal 1200 € pro Jahr Prämie zahlen und möglichst eine 5-jährige Versicherungsdauer.

a) Bestimmen Sie die Wahrscheinlichkeiten eines möglichen Todesfalls, wenn die Kauffrau die Versicherung über 2 bzw. 5 Jahre abschließt.

b) Berechnen Sie die Erlöse der Versicherung, wenn die Kauffrau die Versicherung über 2 bzw. 5 Jahre abschließt und jährlich 1200 € Versicherungsprämie zahlt.

c) Ermitteln Sie die Versicherungsprämie, die die Kauffrau für die oben genannten Laufzeiten entrichten muss, wenn die Versicherung weder Gewinn noch Verlust erwirtschaften darf.

12. Beweisen Sie allgemein:

Aus $X^* = a \cdot X$ folgt $E(X^*) = a \cdot E(X)$ und $V(X^*) = a^2 \cdot V(X)$.

Ich kann ...

... eine **Zufallsgröße** und ihre **Verteilung** beschreiben und darstellen.
▶ Test-Aufgaben 1, 3, 4

Die Zufallsgröße X ordnet beim Werfen eines Würfels einer geraden Zahl den Wert 2 € zu (Gewinn), einer ungerade Zahl den Wert −1 € (Verlust).

x_i	2 €	−1 €
$P(X=x_i)$	$\frac{1}{2}$	$\frac{1}{2}$

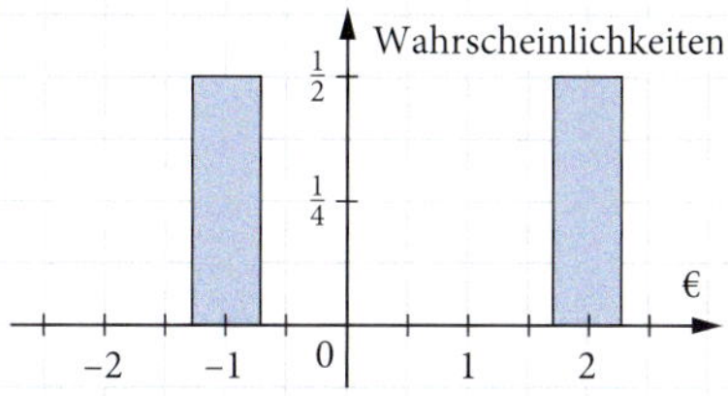

Zufallsgröße:
Ordnet jedem Ergebnis eines Zufallsversuchs eine Zahl zu.

Wahrscheinlichkeitsverteilung:
Gibt die Wahrscheinlichkeit für das Eintreten der Werte der Zufallsgröße an.
Darstellung:
Tabellarisch oder im Säulendiagramm

... den **Erwartungswert** einer Zufallsgröße bestimmen.
▶ Test-Aufgaben 2, 3, 4

$E(X) = 2\,€ \cdot \frac{1}{2} + (-1\,€) \cdot \frac{1}{2} = 0{,}5\,€$
Langfristig stellt sich ein Gewinn von 50 Cent pro Spiel ein.

Der Erwartungswert $E(X)$ ist das langfristig zu erwartende Ergebnis:

$$E(X) = x_1 \cdot P(X=x_1) + x_2 \cdot P(X=x_2) + \ldots + x_n \cdot P(X=x_n)$$

Ist $E(X) = 0$, so ist das Spiel fair.

... die **Varianz** und die **Standardabweichung** einer Zufallsgröße bestimmen.
▶ Test-Aufgaben 3, 4, 5

$$\begin{aligned} V(X) &= (2 - 0{,}5)^2 \cdot \tfrac{1}{2} + (-1 - 0{,}5)^2 \cdot \tfrac{1}{2} \\ &= 2{,}25 \cdot \tfrac{1}{2} + 2{,}25 \cdot \tfrac{1}{2} \\ &= 2{,}25 \end{aligned}$$

$\sigma(X) = \sqrt{2{,}25} = 1{,}50$ (in €)

Die Varianz $V(X)$ und die Standardabweichung $\sigma(X)$ sind Maße zur Berechnung der Streuung um den Erwartungswert.

$$\begin{aligned} V(X) = &(x_1 - E(X))^2 \cdot P(X=x_1) \\ &+ (x_2 - E(X))^2 \cdot P(X=x_2) \\ &+ \ldots + (x_n - E(X))^2 \cdot P(X=x_n) \end{aligned}$$

$\sigma(X) = \sqrt{V(X)}$

... **Gewinn- und Kostenabschätzungen** mithilfe des Erwartungswerts durchführen.
▶ Test-Aufgabe 4

Die Zufallsgröße Y ordnet beim Werfen eines Würfels folgende Gewinne oder Verluste zu:
- 1 oder 2 ⇒ Gewinn 2 €
- 3 oder 4 ⇒ kein Gewinn
- 5 oder 6 ⇒ Verlust 1 €

Vergleich der Erwartungswerte:
$E(X) = 0{,}5\,€$; $E(Y) \approx 0{,}33\,€$
Bei X (erste Spielvariante) ist langfristig ein höherer Gewinn zu erwarten.

Durch das Vergleichen von Erwartungswerten können Gewinne bzw. Kosten bei verschiedenen Voraussetzungen analysiert werden.

Test zu 6.3

1. Beim Werfen von drei Würfeln sind folgende Gewinn- bzw. Verlustauszahlungen vorgesehen:
- 10 € Gewinn für einen Dreierpasch
- 2 € Gewinn für einen Zweierpasch
- 4 € Gewinn für drei aufeinanderfolgende Zahlen
- 5 € Gewinn, wenn nur verschiedene ungerade oder nur verschiedene gerade Augenzahlen auftreten
- 3 € Verlust in allen anderen Fällen

Geben Sie die Wahrscheinlichkeitsverteilung der Zufallsgröße X an, die den Gewinn bzw. Verlust des Spielers beschreibt.

2. In einer Lostrommel befinden sich 200 Lose, davon 10 Stück mit einem Gewinn von 10 €, 20 Stück mit einem Gewinn von 5 € und 40 Stück mit einem Gewinn von 1 €. Die restlichen Lose sind Nieten.
Berechnen Sie den Verkaufspreis der Lose, damit der Veranstalter weder Gewinn noch Verlust macht.

3. Jost und Rolf haben sich auf ein Glücksspiel mit zwei Würfeln geeinigt: Jost zahlt an Rolf 1,50 €, wenn die Augenzahl kleiner als 8 ist. Ansonsten erhält er von Rolf nebenstehende Beträge.

Augenzahl	8	9	10	11	12
Zahlbetrag	1 €	2 €	3 €	4 €	5 €

Die Zufallsgröße X gibt an, wie viele Euro Jost erhält (positive Beträge) bzw. an Rolf zahlt (negative Beträge).

a) Stellen Sie die Wahrscheinlichkeitsverteilung von X in einer Tabelle und einem Säulendiagramm dar.

b) Überprüfen Sie, ob das Spiel fair ist.

c) Berechnen und interpretieren Sie die Varianz und die Standardabweichung von X.

d) Berechnen Sie die Wahrscheinlichkeit, dass Jost
d_1) höchstens 3 €, d_2) mehr als 2 €, d_3) mindestens 1 €, aber höchstens 4 € erhält.

4. Die JoRo GmbH produziert hochwertige Heimkino-Anlagen. Zur optimalen Qualitätsgewährleistung misst das Unternehmen alle Kontakte in einem dreistufigen Test. Die Reparatur auf der ersten Teststufe kostet pro Gerät 2 €, wobei mögliche Fehler zu 80 % gefunden werden. Auf der zweiten Teststufe werden Fehler zu 45 % ermittelt; die Reparatur auf dieser Teststufe verursacht Kosten von 5 €. Beim dritten Test werden Fehler nur noch zu 15 % gefunden. Eine Reparatur kostet dann 10 €. Eine verkaufte fehlerhafte Anlage wird mit 90 %iger Wahrscheinlichkeit reklamiert und erfordert durchschnittlich weitere 150 € Zusatzkosten für den Austausch oder die Reparatur des Geräts. Die Zufallsgröße X gibt die einzelnen Folgekosten an.

a) Stellen Sie die Wahrscheinlichkeitsverteilung von X tabellarisch und in einem Säulendiagramm dar. Nutzen Sie ein Baumdiagramm als Hilfe.

b) Bestimmen Sie die zu erwartenden Reparaturkosten.

c) Berechnen und interpretieren Sie die Standardabweichung von X.

5. Die Fly Bike Werke GmbH bezieht ihre Fahrradketten von zwei Lieferanten A und B. Die Lieferverträge sehen in beiden Fällen eine Lieferzeit von maximal 6 Werktagen vor. Der Einkaufsleiter möchte sich einen Überblick über die Termintreue der beiden Lieferanten schaffen. Er stellt anhand seiner Unterlagen eine Übersicht über die tatsächlichen Lieferzeiten zusammen:

Lieferzeit t in Werktagen	4	5	6	7	8
$P(X = t)$ bei A	5 %	10 %	60 %	20 %	5 %
$P(X = t)$ bei B	0 %	15 %	65 %	15 %	5 %

Beurteilen Sie die Termintreue.

6 Daten und Zufall

6.4 Binomialverteilung

Die Fly Bike Werke GmbH stellt jeden ihrer Fahrradtypen auf einem eigenen Montageband her.
Die Geschäftsleitung schätzt die Wahrscheinlichkeit für ein defektes *Mountain Unlimited* aufgrund der in letzter Zeit eingegangenen Reklamationen auf 10 %. Bevor allerdings in ein neues Montageband investiert wird, soll überprüft werden, ob die Höhe der Reklamationen auch der Fehlerhäufigkeit in der Produktion entspricht.

Herr Schimanski arbeitet in der Abteilung Qualitätssicherung. Er erhält den Auftrag, aus der laufenden Produktion 20 Fahrräder zu entnehmen und diese auf Defekte zu untersuchen.
Unter den 20 getesteten Rädern wird ein defektes Rad gefunden.
Herr Schimanski möchte der Geschäftsleitung eine Einschätzung der Situation in Prozenten mitteilen:
Er überlegt, wie wahrscheinlich es ist, nur ein defektes Rad unter 20 Rädern zu finden, obwohl das Montageband tatsächlich mit einer Wahrscheinlichkeit von 10 % defekte Räder produziert.

▶ Aufgabe 8 auf Seite 352

Kompetenzen

- Bernoulli-Experimente erkennen und beschreiben
- Wahrscheinlichkeit, Erwartungswert, Standardabweichung und Varianz bei der Binomialverteilung bestimmen
- Grafische Darstellungen erstellen und interpretieren

Anwendungen

- Wahrscheinlichkeit von Produktfehlern berechnen – Qualitätsprüfungen
- Sicherheitswahrscheinlichkeiten bei Garantieversprechen berechnen – Ermittlung von Prognoseintervallen

6.4 Binomialverteilung

6.4.1 Der Binomialkoeffizient und das Pascal'sche Dreieck

Wir beschäftigen uns mit der Frage, wie viele Möglichkeiten existieren, um aus einer Menge von n Elementen k Elemente auszuwählen.

1 Binomialkoeffizient

Yannick hat nach einem Hockeyspiel Appetit auf ein Eis mit 3 verschiedenen Geschmackssorten bekommen und kann in der Eisdiele „Venetia" unter 5 verschiedenen Geschmacksrichtungen wählen. Bestimmen Sie die Anzahl der möglichen Zusammenstellungen.

Yannick hat zunächst 5 Möglichkeiten, die erste Kugel zu wählen, dann 4 Möglichkeiten für die zweite Kugel und 3 Möglichkeiten für die dritte Kugel, also insgesamt $5 \cdot 4 \cdot 3 = 60$ Möglichkeiten.

Anzahl der Möglichkeiten, 3 aus 5 Kugeln auszuwählen:
$5 \cdot 4 \cdot 3 = 60$ Möglichkeiten

Da es ihm aber nicht darauf ankommt, in welcher Reihenfolge die Kugeln in eine Schale gelangen, können mögliche Anordnungen zusammengefasst werden.
Die 1. Kugel hat nur 1 mögliche Position. Die 2. Kugel hat 2 mögliche Positionen: links oder rechts neben der 1. Kugel. Die 3. Kugel lässt sich an je 3 Positionen den beiden ersten Kugel zuordnen. Yannick kann also $1 \cdot 2 \cdot 3 = 6$ Möglichkeiten zu einer Möglichkeit zusammenfassen.

Anzahl der Möglichkeiten, 3 Kugeln anzuordnen:
$1 \cdot 2 \cdot 3 = 6$ Möglichkeiten

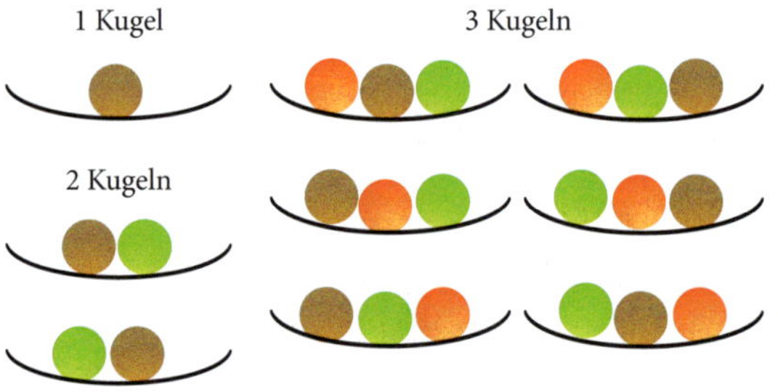

Yannick hat also nur noch ein Sechstel der ursprünglichen 60 Möglichkeiten und damit 10 verschiedene Möglichkeiten, aus 5 verschiedenen Eiskugeln 3 verschiedene auszuwählen.

Anzahl der Möglichkeiten, 3 aus 5 Kugeln zu wählen:
$\frac{5 \cdot 4 \cdot 3}{1 \cdot 2 \cdot 3} = 10$

Erweitert man den Bruch mit $2 \cdot 1$, so erhält man im Zähler ein Produkt der Form $1 \cdot 2 \cdot 3 \cdot 4 \cdot 5$. Dafür schreibt man auch 5! (gelesen: „5 Fakultät").
Im Nenner entstehen mit 3! und 2! zwei Produkte dieser Form.

$$\frac{5 \cdot 4 \cdot 3}{1 \cdot 2 \cdot 3} = \frac{5 \cdot 4 \cdot 3 \cdot 2 \cdot 1}{1 \cdot 2 \cdot 3 \cdot 1 \cdot 2} = \frac{5!}{3! \cdot 2!} = 10$$

Ersetzt man 2! durch $(5-3)!$, so erhält man mit $\frac{5!}{3! \cdot (5-3)!}$ eine Formel, für die man $\binom{5}{3}$ schreibt (gelesen: „5 über 3"). $\binom{5}{3}$ heißt auch **Binomialkoeffizient**.

$$\frac{5!}{3! \cdot 2!} = \frac{5!}{3! \cdot (5-3)!} = \binom{5}{3} = 10$$

Gehen wir allgemein von einer Menge mit n Elementen aus und wählen eine Teilmenge mit k Elementen aus, so gibt es dafür $\frac{n!}{k! \cdot (n-k)!}$ Möglichkeiten.

Für $\frac{n!}{k! \cdot (n-k)!}$ schreibt man auch kurz $\binom{n}{k}$.

Der Term $\binom{n}{k}$ heißt **Binomialkoeffizient**.

Mit der Taste nCr wird der Wert $\binom{n}{k}$ ausgerechnet.

Pascal'sches Dreieck

Stellen Sie anhand des Beispiels 1 den Zusammenhang zwischen dem Binomialkoeffizienten und dem Pascal'schen Dreieck her. ▶ Blaise Pascal (1623–1662), französischer Mathematiker, Physiker, Literat und christlicher Philosoph

Zählt man im Beispiel 1 die möglichen Zusammenstellungen der Eiskugeln anhand eines Baumdiagramms ab, benötigt man 5 Stufen für die 5 verschiedenen Geschmacksrichtungen. Geht man von oben nach unten, entscheidet man sich auf jeder Stufe gegen eine Geschmacksrichtung (nach links, rot) oder dafür (nach rechts, blau).
Yannick zählt genau 10 Wege mit je 3 blauen und 2 roten Ästen für die 10 Möglichkeiten, 3 aus 5 Kugeln auszuwählen.

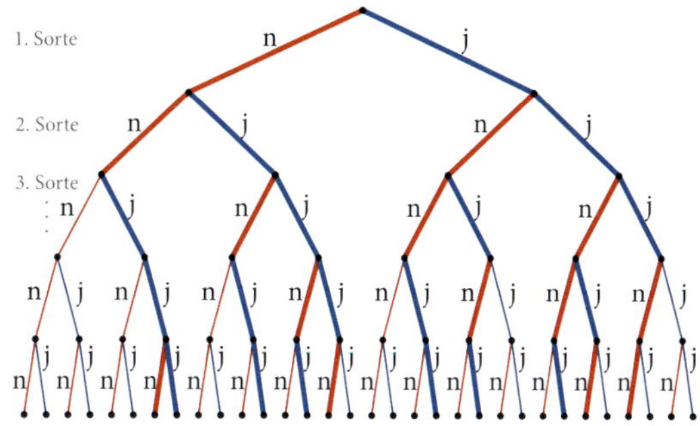

Wir zählen nun, wie viele Wege dazu führen, dass Yannick insgesamt 0, 1, 2, 4 oder 5 Kugeln erhält.
Dies kann man auch übersichtlich in einer Dreiecksform darstellen. Das Dreieck heißt **Pascal'sches Dreieck** und ist so aufgebaut, dass oben in dem „0-ten Kästchen" und in den „Außenkästchen" eine 1 und in jedem weiteren Kästchen die Summe der beiden Zahlen in den darüber liegenden Kästchen steht. Die weiteren Zahlen im Pascal'schen Dreieck geben an, wie viele Wege zu diesem Kästchen führen.
In der untersten Zeile des Dreiecks lesen wir ab, dass es 1 Möglichkeit gibt 0 aus 5 Kugeln zu wählen (Yannick hat sich 5-mal hintereinander für „nein" entschieden). Weiterhin gibt es 5 Möglichkeiten 1 aus 5 Kugeln zu wählen usw.

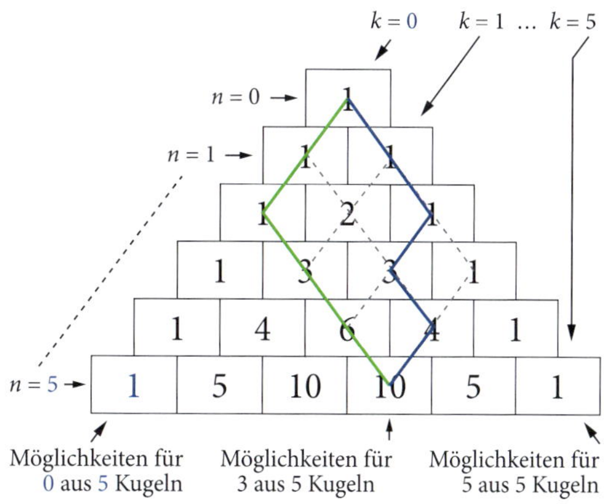

Nun kann man auch die entsprechenden Binomialkoeffizienten in das Dreieck einfügen; man definiert $\binom{0}{0} = 1$. Jeder Binomialkoeffizient „über 0" ist gleich 1, da dorthin nur ein Weg führt, z. B. $\binom{2}{0} = 1$. Genauso gilt aber auch $\binom{n}{n} = 1$, da dorthin auch nur ein Weg führt, z. B. $\binom{4}{4} = 1$.

Anhand des Pascal'schen Dreiecks erkennt man auch, dass $\binom{5}{3} = 10$ ist.

$$\binom{0}{0}$$
$$\binom{1}{0} \quad \binom{1}{1}$$
$$\binom{2}{0} \quad \binom{2}{1} \quad \binom{2}{2}$$
$$\binom{3}{0} \quad \binom{3}{1} \quad \binom{3}{2} \quad \binom{3}{3}$$
$$\binom{4}{0} \quad \binom{4}{1} \quad \binom{4}{2} \quad \binom{4}{3} \quad \binom{4}{4}$$
$$\binom{5}{0} \quad \binom{5}{1} \quad \binom{5}{2} \quad \binom{5}{3} \quad \binom{5}{4} \quad \binom{5}{5}$$

Die Zeile für $n = 2$ im Pascal'schen Dreieck lautet 1 2 1. Mithilfe dieser 3 Zahlen berechnet man z. B. die 2. Binomische Formel zu $(a - b)^2 = 1\,a^2 - 2\,a\,b + 1\,b^2$. Berechnen Sie $(a + b)^3$, $(a - b)^5$ und $(a + b)^6$.

Übungen zu 6.4.1

1. Beweisen Sie, dass folgende Formeln gelten: $\binom{n}{k} = \frac{n-k+1}{k} \cdot \binom{n}{k-1}$ und $\binom{n+1}{k} = \frac{n+1}{n-k+1} \cdot \binom{n}{k}$.

2. Berechnen Sie mithilfe der Formeln aus Aufgabe 1: $\binom{7}{0}, \binom{7}{1} \ldots \binom{7}{7}$ und $\binom{3}{3}, \binom{4}{3} \ldots \binom{7}{3}$.

6.4.2 Vom Bernoulli-Experiment zur Binomialverteilung

Bei vielen Zufallsexperimenten interessieren nur zwei mögliche Ausgänge, z. B.:
- beim Werfen einer Münze (Kopf oder Zahl)
- beim Ziehen aus einer Urne mit weißen und schwarzen Kugeln (weiß oder schwarz)
- beim Prüfen eines Werkstückes (brauchbar oder unbrauchbar)

Jakob Bernoulli (1655 – 1705)

Ein solches Zufallsexperiment, bei dem genau zwei Ereignisse E und $\overline{E}$ eintreten können, heißt **Bernoulli-Experiment**.
Das Ereignis E heißt „Erfolg" oder „Treffer", das Gegenereignis $\overline{E}$ „Misserfolg" oder „Niete".
Die Wahrscheinlichkeit für das Eintreten eines Erfolgs bzw. eines Treffers (Ereignis E) heißt **Trefferwahrscheinlichkeit** und wird mit p bezeichnet: $P(E) = p$.
Für die Wahrscheinlichkeit q des Misserfolgs (Gegenereignis $\overline{E}$) gilt dann: $P(\overline{E}) = q = 1 - p$.

Bernoulli-Experiment: Werfen eines Würfels

Erfolg E: Sechs geworfen
Misserfolg $\overline{E}$: keine Sechs geworfen

Wahrscheinlichkeiten:

$p = \frac{1}{6}$

$q = 1 - \frac{1}{6} = \frac{5}{6}$

Wird ein Bernoulli-Experiment n-mal hintereinander ausgeführt, dann spricht man von einer **Bernoulli-Kette** der Länge n. Eine Bernoulli-Kette setzt voraus, dass die Wahrscheinlichkeiten für die einzelnen Versuche in der Kette gleich sind.

3 Viermaliges Ziehen mit Zurücklegen

Aus einer Urne mit 3 blauen und 2 roten Kugeln wird viermal eine Kugel *mit Zurücklegen* gezogen. Bestimmen Sie die Wahrscheinlichkeit, mit der genau dreimal eine blaue Kugel entnommen wird.

Die Zufallsgröße X zählt die gezogenen blauen Kugeln. Bei jedem Ziehen ist die Trefferwahrscheinlichkeit für eine blaue Kugel $\frac{3}{5} = 0{,}6$ und für eine rote Kugel $1 - 0{,}6 = 0{,}4$.

▶ Bernoulli-Kette der Länge $n = 4$ mit $p = 0{,}6$

Anhand des Baumdiagramms erkennen wir, dass jeder Pfad mit genau 3 Treffern (3 blaue Kugeln) die Wahrscheinlichkeit $0{,}6^3 \cdot 0{,}4$ hat.

▶ 1. Pfadregel, S. 297

Wir zählen nun, wie viele Möglichkeiten wir haben, die 3 Treffer auf die 4 Stufen eines Pfades zu verteilen. Es gibt genau $\binom{4}{3} = 4$ Pfade, mit genau 3 Treffern.

▶ Binomialkoeffizient, S. 334

Mit einer Wahrscheinlichkeit von 34,56 % werden beim viermaligen Ziehen einer Kugel mit Zurücklegen genau 3 blaue Kugeln aus einer Urne mit 3 blauen und 2 roten Kugeln gezogen.

X: Anzahl der gezogenen blauen Kugeln

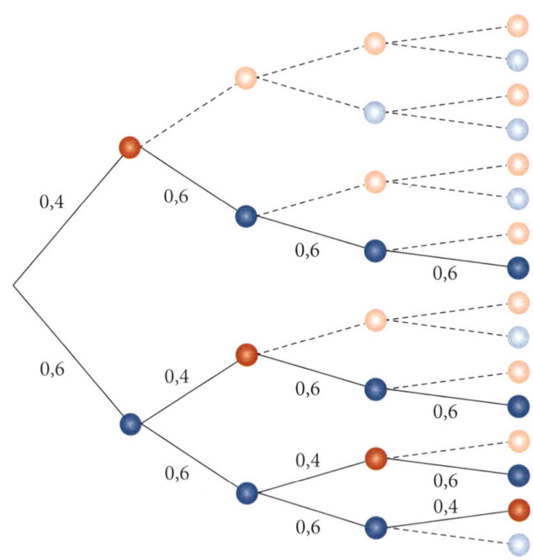

$P(X = 3) = \binom{4}{3} \cdot 0{,}6^3 \cdot 0{,}4^1 = \mathbf{0{,}3456}$

In einer Bernoulli-Kette muss die Grundgesamtheit immer die gleiche bleiben. Deswegen ist das *Zurücklegen* in jeder Stufe notwendig. Ist die Grundgesamtheit in Relation zu den entnommenen Proben aber *sehr groß*, dann ist die Wahrscheinlichkeit von Experiment zu Experiment annähernd die gleiche. In so einem Fall kann in der Praxis auf ein Zurücklegen verzichtet werden.

Produktionskontrolle mithilfe einer Bernoulli-Kette

In einem Betrieb werden bei einer Produktion von 1000 Stück täglich 3 Werkstücke einer Qualitätskontrolle unterzogen. Aufgrund der Erfahrungen des Betriebs rechnet man mit einer Fehlerquote von 6 %.

Ermitteln Sie die Wahrscheinlichkeiten, mit denen 3, 2, 1 bzw. 0 fehlerhafte Werkstücke unter den 3 entnommenen Werkstücken vorkommen.

Es handelt sich bei dieser Stichprobe um eine Bernoulli-Kette der Länge 3, da 3 Bernoulli-Experimente hintereinander geschaltet sind.

▶ Die Grundgesamtheit 1000 ist groß genug, um bei allen 3 Bernoulli-Experimenten von derselben Wahrscheinlichkeit $p = 0{,}06$ ausgehen zu können, auch wenn fehlerhafte Werkstücke aussortiert und nicht zurückgelegt werden.

F „Werkstück ist fehlerhaft"
$\overline{F}$ „Werkstück ist fehlerfrei"

$P(F) = 0{,}06$ ▶ $p = 0{,}06$
$P(\overline{F}) = 1 - p = 1 - 0{,}06 = 0{,}94$ ▶ $q = 0{,}94$

Die Zufallsgröße X zählt die Anzahl der fehlerhaften Werkstücke unter den 3 entnommenen Werkstücken. Wir berechnen beispielhaft die Wahrscheinlichkeit, mit der 2 fehlerhafte Werkstücke gezogen werden ($P(X=2)$):

- Es gibt $\binom{3}{2} = 3$ verschiedene Ergebnisse, bei denen unter den drei gezogenen Werkstücken genau zwei fehlerhafte vorkommen.
- Die Wahrscheinlichkeit dieser drei Ergebnisse beträgt jeweils $0{,}06^2 \cdot 0{,}94$.
- Somit beträgt die gesuchte Wahrscheinlichkeit

$$P(X=2) = \binom{3}{2} \cdot 0{,}06^2 \cdot 0{,}94^1 = 0{,}010152 \approx 1{,}0\,\%.$$

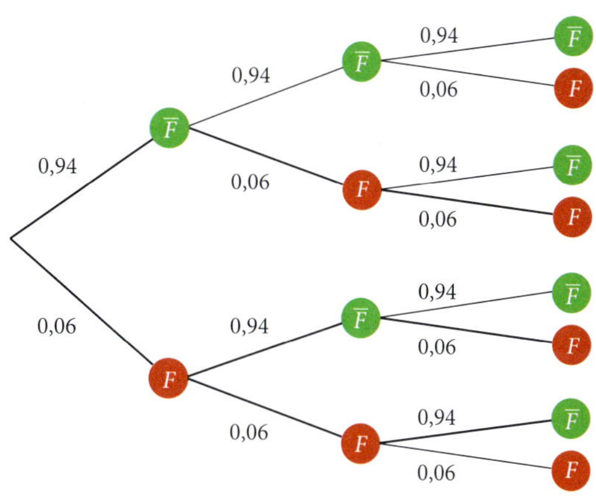

Analog können die Wahrscheinlichkeiten $P(X=0)$, $P(X=1)$ und $P(X=3)$ bestimmt werden.

▶ Es gilt $\binom{n}{k} = \frac{n!}{k!(n-k)!}$ und $0! = 1$.

▶ Die Summe aller Wahrscheinlichkeiten ist 1.

$$P(X=0) = \binom{3}{0} \cdot 0{,}06^0 \cdot 0{,}94^3 = \mathbf{0{,}830584} \approx 83{,}1\,\%$$
$$P(X=1) = \binom{3}{1} \cdot 0{,}06^1 \cdot 0{,}94^2 = \mathbf{0{,}159048} \approx 15{,}9\,\%$$
$$P(X=2) = \binom{3}{2} \cdot 0{,}06^2 \cdot 0{,}94^1 = \mathbf{0{,}010152} \approx 1{,}0\,\%$$
$$P(X=3) = \binom{3}{3} \cdot 0{,}06^3 \cdot 0{,}94^0 = \mathbf{0{,}000216} \approx 0{,}0\,\%$$

Diese Rechnung können wir verallgemeinern und erhalten damit die wichtige **Bernoulli-Formel** zur Bestimmung von Wahrscheinlichkeiten bei Bernoulli-Ketten.

- **Bernoulli-Formel:** Bei einer Bernoulli-Kette der Länge n mit Trefferwahrscheinlichkeit p gilt für die Wahrscheinlichkeit, genau k Treffer zu erzielen:

  $P(X=k) = B(n; p; k) = \binom{n}{k} \cdot p^k \cdot (1-p)^{n-k}$ für $k = 0, 1, 2, \ldots, n$.

- Die Zufallsgröße X, die die Anzahl der Treffer angibt, heißt binomialverteilt mit den Parametern n und p. Ihre Wahrscheinlichkeitsverteilung heißt **Binomialverteilung**. Der Wert der Binomialverteilung an der Stelle k wird mit $\boldsymbol{B(n; p; k)}$ bezeichnet.

5 Anwendung der Bernoulli-Formel

Berechnen Sie die Wahrscheinlichkeit, beim 10-maligen Würfeln genau 3-mal die 6 zu erhalten.

GTR CAS

Betrachtet man die Ereignisse „6 geworfen“ und „keine 6 geworfen“, kann man das Werfen eines Würfels als Bernoulli-Experiment auffassen mit der Trefferwahrscheinlichkeit $p = \frac{1}{6}$ für „6 geworfen“ und der **Gegenwahrscheinlichkeit** $q = \frac{5}{6}$ für „keine 6 geworfen“.

Das zehnmalige Werfen ist dann eine Bernoulli-Kette der Länge 10.

Beschreibt die Zufallsgröße X die Anzahl der Sechsen, ist diese also binomialverteilt mit $p = \frac{1}{6}$ und $n = 10$.

Die gesuchte Wahrscheinlichkeit berechnen wir mit der Formel von Bernoulli. ▶ $k = 3$

Beim 10-maligen Werfen eines Würfels wird die Augenzahl 6 mit einer Wahrscheinlichkeit von ungefähr 15,5 % genau 3-mal auftreten.

Bernoulli-Kette mit $n = 10$, $p = \frac{1}{6}$

$P(X=k) = B(n; p; k) = \binom{n}{k} \cdot p^k \cdot (1-p)^{n-k}$

$P(X=3) = B\left(10; \frac{1}{6}; 3\right) = \binom{10}{3} \cdot \left(\frac{1}{6}\right)^3 \cdot \left(\frac{5}{6}\right)^7$

$= 120 \cdot \frac{78\,125}{60\,466\,176}$

$\approx 0{,}155$

$= \mathbf{15{,}5\,\%}$

6 Darstellung der Binomialverteilung im Säulendiagramm

Stellen Sie die Binomialverteilung aus Beispiel 5 grafisch dar.

GTR CAS

Wir berechnen $P(X=k) = B\left(10; \frac{1}{6}; k\right)$ für jedes k von 0 bis 10.

Diese Wahrscheinlichkeiten nennt man oft auch **Punktwahrscheinlichkeiten**.

Wir können diese in einem Histogramm veranschaulichen.

▶ Das Histogramm ist hier ein spezielles Säulendiagramm, da die Fläche einer Säule der zugehörigen Wahrscheinlichkeit entspricht und wir alle Wahrscheinlichkeiten darstellen.

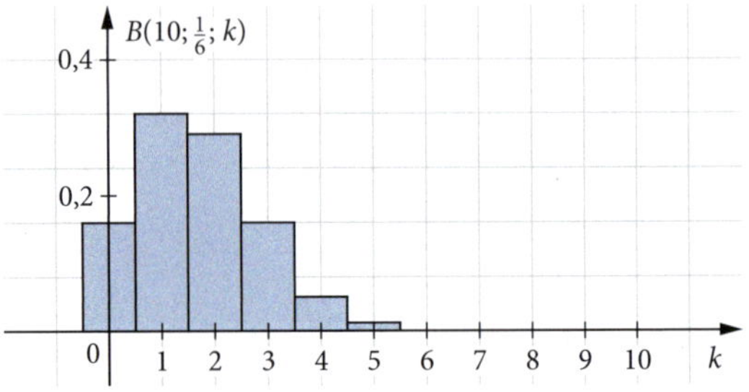

1. Berechnen Sie jeweils die Wahrscheinlichkeit, dass beim 10-maligen Werfen eines idealen Würfels genau 2-mal, 5-mal und 7-mal die Sechs geworfen wird.

2. Stellen Sie die Binomialverteilung aus Beispiel 4 (▶ S. 337) in einem Säulendiagramm dar.

3. Die JoRo GmbH ist mit einem ihrer Lieferanten unzufrieden: Erfahrungsgemäß müssen 10 % der gelieferten Mikrochips dieses Zulieferers aussortiert werden. Berechnen Sie die Wahrscheinlichkeit, dass in einer Lieferung von 50 Chips genau 5 Chips fehlerhaft und genau 45 Chips fehlerfrei sind.

Oft interessiert man sich bei Binomialverteilungen nicht nur für eine einzelne Wahrscheinlichkeit $P(X = k)$. In der Realität möchte man bei umfangreichen Stichproben eher wissen, ob die Anzahl der Treffer in einem bestimmten Bereich liegt, also z.B. kleiner als ein bestimmter Wert k ist.

Summierte Binomialverteilung

7

Ermitteln Sie die Wahrscheinlichkeit dafür, dass beim 10-maligen Würfeln *höchstens* 3-mal die Sechs fällt.

Gesucht ist die Wahrscheinlichkeit, dass die binomialverteilte Zufallsgröße X höchstens den Wert 3 annimmt, also auch kleinere Werte als 3 annehmen kann (d.h., die Sechs darf auch weniger oft fallen).
Für dieses Ereignis schreiben wir kurz: $X \leq 3$.

Die gesuchte Wahrscheinlichkeit $P(X \leq 3)$ ist die Summe der Wahrscheinlichkeiten, genau 0-mal, 1-mal, 2-mal und 3-mal das Ergebnis „6“ zu erhalten:
$P(X \leq 3) = P(X=0) + P(X=1) + P(X=2) + P(X=3)$.
Die einzelnen Wahrscheinlichkeiten können wir mithilfe der Binomialverteilung berechnen und erhalten als Summe die gesuchte Wahrscheinlichkeit.

Binomialverteilung mit $n = 10$ und $p = \frac{1}{6}$:

$B\left(10; \frac{1}{6}; 0\right) = \binom{10}{0} \cdot \left(\frac{1}{6}\right)^0 \cdot \left(\frac{5}{6}\right)^{10} \approx 0{,}1615$

$B\left(10; \frac{1}{6}; 1\right) = \binom{10}{1} \cdot \left(\frac{1}{6}\right)^1 \cdot \left(\frac{5}{6}\right)^{9} \approx 0{,}3230$

$B\left(10; \frac{1}{6}; 2\right) = \binom{10}{2} \cdot \left(\frac{1}{6}\right)^2 \cdot \left(\frac{5}{6}\right)^{8} \approx 0{,}2907$

$B\left(10; \frac{1}{6}; 3\right) = \binom{10}{3} \cdot \left(\frac{1}{6}\right)^3 \cdot \left(\frac{5}{6}\right)^{7} \approx 0{,}1550$

$P(X \leq 3) = B\left(10; \frac{1}{6}; 0\right) + \ldots + B\left(10; \frac{1}{6}; 3\right)$
$\approx \mathbf{0{,}9303 = 93{,}03\,\%}$

Mit einer Wahrscheinlichkeit von 93,03 % werden somit unter 10 Würfen höchstens 3 Sechsen sein.

Bei einer Fragestellung wie in Beispiel 7 sprechen wir von einer kumulierten oder **summierten Binomialverteilung**. Dabei ist bei einer Binomialverteilung die Wahrscheinlichkeit gesucht, dass die Werte kleiner oder gleich einer bestimmten Zahl k sind. Um die summierte Binomialverteilung in der Schreibweise von der Binomialverteilung bei einzelnen Punktwahrscheinlichkeiten zu unterscheiden, nennen wir sie F:

$P(X \leq 3) = \boldsymbol{F}\left(\mathbf{10}; \tfrac{\mathbf{1}}{\mathbf{6}}; \mathbf{3}\right) = B\left(10; \tfrac{1}{6}; 0\right) + \ldots + B\left(10; \tfrac{1}{6}; 3\right)$.

Grafische Darstellung im Säulendiagramm:

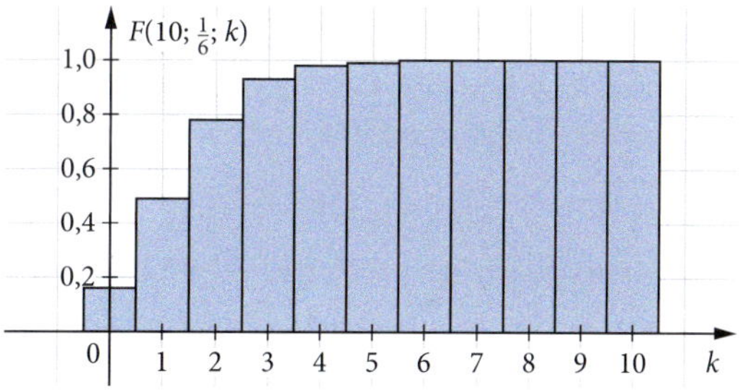

▸ Berechnen der Wahrscheinlichkeiten $P(X \leq k) = F\left(10; \frac{1}{6}; k\right)$ für jedes k, z.B.: $P(X \leq 5) \approx 0{,}9976$

Ist X eine binomialverteilte Zufallsgröße mit den Parametern n und p, so gilt für die Wahrscheinlichkeit, *höchstens* k Treffer zu erzielen

$$P(X \leq k) = F(n; p; k) = B(n; p; 0) + \ldots + B(n; p; k) = \sum_{i=0}^{k} \binom{n}{i} \cdot p^i \cdot (1-p)^{n-i}.$$

Die entsprechende Verteilung wird **summierte Binomialverteilung** genannt.

1. Prüfen Sie, ob beim 10-maligen Würfeln folgende Wahrscheinlichkeiten gelten.
   a) 77,52 % für „höchstens 2-mal die Sechs“ b) 99,76 % für „höchstens 5-mal die Sechs“

2. In einem Betrieb werden täglich tausende Werkstücke produziert. Jeden Tag werden drei Werkstücke einer Qualitätskontrolle unterzogen. Der Betrieb rechnet mit einer Fehlerquote von 6 %.
   Bestimmen Sie die Wahrscheinlichkeit, dass bei der Prüfung
   a) höchstens 1 Werkstück, b) maximal 2 Werkstücke, c) alle 3 Werkstücke fehlerhaft sind.

8 Summierte Binomialverteilung für weitere Intervalle

Ermitteln Sie die Wahrscheinlichkeit dafür, dass beim 10-maligen Würfeln
a) *zwischen* 2-mal und 6-mal eine Sechs gewürfelt wird.
b) *mindestens* 4-mal eine Sechs gewürfelt wird.

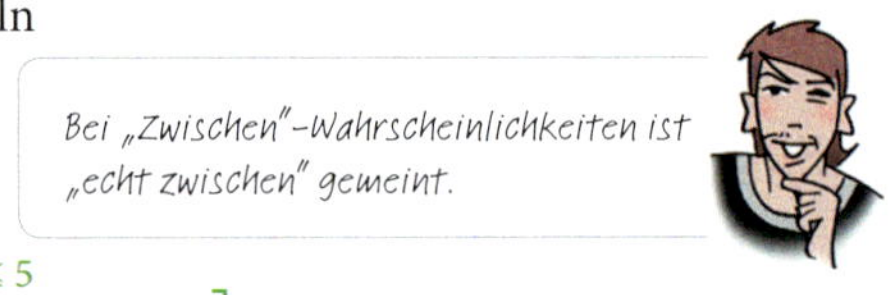

Zu a) Bei der Ermittlung der „Zwischen"-Wahrscheinlichkeit hilft der Zahlenstrahl.
Gesucht ist die Wahrscheinlichkeit $P(2 < X < 6)$ bzw. $P(3 \leq X \leq 5) = P(X=3) + P(X=4) + P(X=5)$.

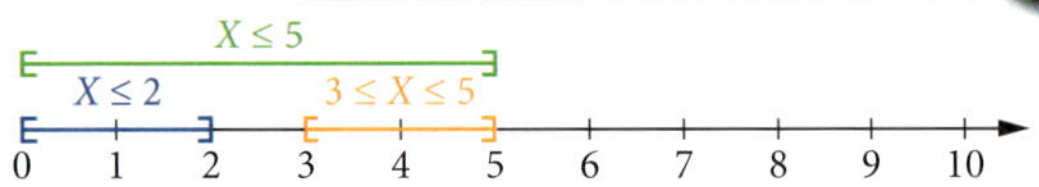

$P(3 \leq X \leq 5) = P(X=3) + P(X=4) + P(X=5)$

Anstatt die Einzelwahrscheinlichkeiten zu addieren, können wir auch mit den summierten Wahrscheinlichkeiten rechnen.
Die Wahrscheinlichkeit, beim 10-maligen Würfeln zwischen 2-mal und 6-mal eine Sechs zu werfen, beträgt 22,24 %.

$$\begin{aligned} P(3 \leq X \leq 5) &= P(X \leq 5) - P(X \leq 2) \\ &= F\left(10; \tfrac{1}{6}; 5\right) - F\left(10; \tfrac{1}{6}; 2\right) \\ &= 0{,}9976 - 0{,}7752 \\ &= \mathbf{0{,}2224 = 22{,}24\,\%} \end{aligned}$$

Zu b) Auch zur Berechnung der „Mindestens"- oder „Mehr als"-Wahrscheinlichkeit hilft häufig ein Blick auf den Zahlenstrahl.
Gesucht ist die Wahrscheinlichkeit
$P(X \geq 4) = P(X=4) + P(X=5) + \ldots + P(X=10)$.

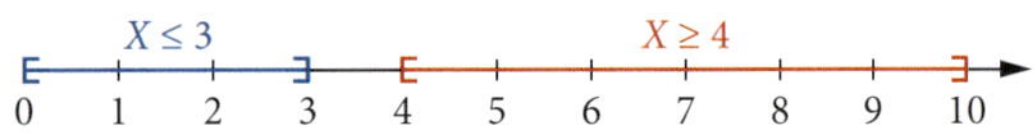

$P(X \geq 4) = P(X=4) + P(X=5) + \ldots + P(X=10)$

Diese können wir mithilfe der Gegenwahrscheinlichkeit $P(X \geq 4) = 1 - P(X \leq 3)$ berechnen.
Die Wahrscheinlichkeit, beim 10-maligen Würfeln mindestens 4-mal eine Sechs zu werfen, beträgt 6,97 %.

$$\begin{aligned} P(X \geq 4) &= 1 - P(X \leq 3) \\ &= 1 - F\left(10; \tfrac{1}{6}; 3\right) \\ &= 1 - 0{,}9303 \\ &= \mathbf{0{,}0697 = 6{,}97\,\%} \end{aligned}$$

Vor allem bei langen Bernoulli-Ketten hilft ein GTR/CAS bei den Berechnungen.

9 Punkt- und summierte Wahrscheinlichkeit mithilfe von GTR/CAS

GTR/CAS

Die JoRo GmbH stellt DVD-Rohlinge her und rechnet mit einem Ausschuss von 3 %. Bestimmen Sie mithilfe eines GTR/CAS die Wahrscheinlichkeiten, dass unter 10 DVD-Rohlingen
a) genau 2 DVDs Ausschuss,
b) höchstens 2 DVDs Ausschuss,
c) zwischen 0 und 4 DVDs fehlerhaft und
d) mehr als 2 DVDs fehlerhaft sind.

X steht für die Anzahl der Ausschuss-DVDs und ist binomialverteilt.

Binomialverteilung mit $n = 10$ und $p = 0{,}03$

Zu a) Gesucht ist die Punktwahrscheinlichkeit $P(X=2)$.
Im GTR/CAS kann die Binomialverteilung auch direkt ausgewählt werden.
Die Punktwahrscheinlichkeit
$P(X=2) = B(10; 0{,}03; 2) = 3{,}17\,\%$
können wir mit der PD-Variante (probability density) der Binomialverteilung berechnen.

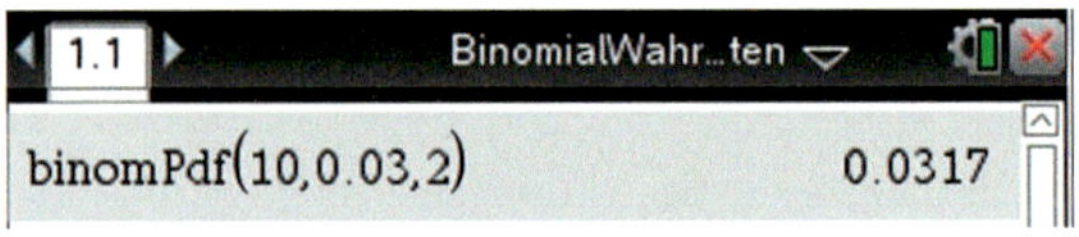

▸ TI Der Befehl ist im Menü unter: menu, Statistik, Verteilung, Binomial Pdf zu finden.

Zu b) Gesucht ist $P(X \leq 2) = F(10;\, 0{,}03;\, 2)$.
Die summierte Wahrscheinlichkeit können wir mit der CD-Variante (cummulative density) der Binomialverteilung berechnen. Mit 99,72 % ist es sehr wahrscheinlich, dass höchstens 2 Rohlinge defekt sind.

```
binomCdf(10,0.03,0,2)          0.9972
```

▶ TI Der Befehl ist im Menü unter [menu], Statistik, Verteilungen, Binomial Cdf zu finden. 0 ist die untere und 2 die obere Schranke der Berechnung. 0 als unterer Wert kann auch weggelassen werden.

Zu c) Gesucht ist $P(0 < X < 4) = P(1 \leq X \leq 3)$.
Die meisten GTR/CAS können die „summierte“ Wahrscheinlichkeit $F(n; p;$ „unterer Wert“; „oberer Wert“) berechnen. Die Wahrscheinlichkeit, dass zwischen 0 und 4 DVDs fehlerhaft sind, beträgt 26,24 %,

```
binomCdf(10,0.03,1,3)          0.2624
```

▶ TI Werden dem Befehl binomCdf (n, p, k_u, k_o) 4 Zahlen übergeben, so wird die summierte Wahrscheinlichkeit von der unteren Grenze k_u (hier 1) bis zur oberen Grenze k_o (hier 3) berechnet.

Zu d) Gesucht ist
$P(X > 2) = P(X \geq 3) = F(10;\, 0{,}03;\, 3;\, 10)$.
Die Wahrscheinlichkeit, dass mehr als 2 DVDs fehlerhaft sind, ist mit rund 0,28 % recht gering.

```
BinomialCD(3,10,10,0▷
        2.764949451E-03
```

▶ CA Zuerst werden die untere und obere Schranke eingegeben. An der 3. und 4. Stelle folgen $n = 10$ und $p = 0{,}03$.

Wie in den Beispielen 8 und 9 kann es vorkommen, dass wir die summierte Binomialverteilung nicht direkt nutzen können. Wir müssen dann die Aufgabenstellung so mathematisch übersetzen, dass wir die summierte Binomialverteilung anwenden können. Die folgende Tabelle gibt hierzu eine Übersicht. Wir setzen dort $n = 10$ als Anzahl der Experimente voraus.

Mit der PD-Variante der Binomialverteilung kann eine Punktwahrscheinlichkeit (B) berechnet werden, die CD-Variante bestimmt die Wahrscheinlichkeit einer summierten Binomialverteilung (F).

Sprechweise	relevante Treffer	Schreibweise	Berechnung mit Binomialverteilung summiert (*F*) oder punktgenau (*B*)	GTR/CAS
genau 2	2	$P(X=2)$	$B(10;\, p;\, 2)$	$B(10;\, p;\, 2)$
höchstens 4	0; 1; 2; 3; 4	$P(X \leq 4)$	$F(10;\, p;\, 4)$	$F(10;\, p;\, 4)$
weniger als 5	0; 1; 2; 3; 4	$P(X<5)$ $= P(X \leq 4)$	$F(10;\, p;\, 4)$	$F(10;\, p;\, 4)$
mindestens 6	6; 7; 8; 9; 10	$P(X \geq 6)$ $= 1 - P(X \leq 5)$	$1 - F(10;\, p;\, 5)$	$F(10;\, p;\, 6;\, 10)$
mehr als 5	6; 7; 8; 9; 10	$P(X>5) = P(X \geq 6)$ $= 1 - P(X \leq 5)$	$1 - F(10;\, p;\, 5)$	$F(10;\, p;\, 6;\, 10)$
zwischen 2 und 6	3; 4; 5	$P(2<X<6)$ $= P(3 \leq X \leq 5)$	$F(10;\, p;\, 5) - F(10;\, p;\, 2)$	$F(10;\, p;\, 3;\, 5)$
mindestens 2 und höchstens 6	2; 3; 4; 5; 6	$P(2 \leq X \leq 6)$ $= P(X \leq 6) - P(X \leq 1)$	$F(10;\, p;\, 6) - F(10;\, p;\, 1)$	$F(10;\, p;\, 2;\, 6)$

Berechnen Sie folgende Wahrscheinlichkeiten bei der Binomialverteilung mit $n = 8$ und $p = 0{,}1$.
a) höchstens 3 Treffer b) mindestens 7 Treffer c) mehr als 4 Treffer, aber höchstens 5 Treffer

Die folgenden Beispiele fragen nun nach der Trefferwahrscheinlichkeit p bzw. der Länge n.

10 Trefferwahrscheinlichkeit

Eine Fußballmannschaft besteht aus 11 Spielern und 3 Auswechselspielern. Damit die gesamte Mannschaft mit einer hohen Wahrscheinlichkeit konstant leistungsfähig ist, muss jeder einzelne Spieler mit einer gewissen Mindestwahrscheinlichkeit an einem Spieltag fit und damit einsatzfähig sein. Diese Mindestwahrscheinlichkeit soll für jeden Spieler gleich hoch veranschlagt werden.
Ermitteln Sie die Wahrscheinlichkeit, mit der jeder einzelne der 14 Spieler fit sein muss, damit mit über 90 % Wahrscheinlichkeit die gesamte Mannschaft einsatzfähig ist.

Gibt X die Anzahl der einsatzfähigen Spieler an, so lautet die Forderung: $P(X=14) > 90\,\% = 0{,}9$.
Die Zufallsgröße X ist binomialverteilt mit den Parametern n und p, wobei $n = 14$ die Gesamtzahl der Spieler angibt und p die Fitnesswahrscheinlichkeit für jeden einzelnen. Die obige Ungleichung ist somit gleichbedeutend mit $B(14; p; 14) > 0{,}9$. Lösen wir diese Ungleichung nach p auf, so folgt $p > 0{,}9925$.

Mit dem GTR/CAS kann das Problem $P(X=14) = B(14; p; 14) = 0{,}9$ auch direkt als Gleichung mit der Unbekannten p gelöst werden.

X: Anzahl der voll leistungsfähigen Spieler
n: Anzahl der Spieler ($n = 14$)

$$P(X=14) = B(14; p; 14) = \binom{14}{14} \cdot p^{14} \cdot (1-p)^0 = p^{14}$$

$$P(X=14) > 0{,}9 \;\Leftrightarrow\; p^{14} > 0{,}9$$

$$\Rightarrow\; p > \sqrt[14]{0{,}9} \approx \mathbf{0{,}9925}$$

```
nSolve(binomPdf(14,p,14)=0.9,p,0)    0.9925
```

▶ TI Der Befehl nSolve zum numerischen Lösen von Gleichungen kommt zum Einsatz. Ein geeigneter Startwert (hier 0) für die Nullstellensuche muss angegeben werden.

Jeder Spieler muss also mit einer Wahrscheinlichkeit von mehr als 99,25 % spielfähig sein, damit mit einer Wahrscheinlichkeit von mehr als 90 % die gesamte Mannschaft eingesetzt werden kann.

11 Länge einer Bernoulli-Kette

Untersuchen Sie, wie oft man eine Kugel aus einer mit drei blauen und zwei roten Kugeln gefüllten Urne mindestens ziehen und wieder zurücklegen muss, wenn man mit einer Wahrscheinlichkeit von mindestens 99 % mindestens einmal eine rote Kugel ziehen will.

Die Zufallsgröße X zählt die gezogenen roten Kugeln. Gesucht ist die Anzahl n der Ziehungen.
Da mit einer Wahrscheinlichkeit von mindestens 99 % mindestens eine rote Kugel gezogen werden soll, muss gelten: $P(X \geq 1) \geq 0{,}99$.

Es müssen mindestens 10 Kugeln gezogen und jeweils zurückgelegt werden, die Bernoulli-Kette muss also mindestens die Länge 10 haben.

X: Anzahl der gezogenen roten Kugeln
n: Anzahl der Ziehungen

$$P(X \geq 1) \geq 0{,}99 \;\Leftrightarrow\; 1 - P(X=0) \geq 0{,}99$$

$$\Leftrightarrow\; P(X=0) \leq 0{,}01 \;\Leftrightarrow\; B(n; 0{,}4; 0) \leq 0{,}01$$

$$\Leftrightarrow\; \binom{n}{0} \cdot 0{,}4^0 \cdot 0{,}6^n \leq 0{,}01 \qquad \blacktriangleright \binom{n}{0} = 1$$

$$\Leftrightarrow\; 0{,}6^n \leq 0{,}01 \qquad \blacktriangleright \lg a^n = n \cdot \lg a$$

$$\Leftrightarrow\; n \cdot \lg 0{,}6 \leq \lg 0{,}01 \qquad \blacktriangleright \lg 0{,}6 < 0$$

$$\Leftrightarrow\; n \geq \mathbf{9{,}02}$$

1. Die JoRo GmbH benutzt eine Präzisionsmaschine zur Herstellung von Smartphone-Displays. Die sechs Elemente der Maschine arbeiten unabhängig voneinander mit der gleichen Zuverlässigkeit. Fällt ein Element aus, ist die ganze Maschine defekt. Ermitteln Sie die Wahrscheinlichkeit, mit der jedes der sechs Maschinenelemente zuverlässig funktionieren muss, damit die Präzisionsmaschine mit einer Wahrscheinlichkeit von mindestens 95 % funktioniert.

2. Ein Verkehrsverbund rechnet mit 10 % Schwarzfahrern bei Nachtbuslinien.
Bestimmen Sie die Anzahl der Kontrollen, die mindestens durchgeführt werden müssen, um mit einer Wahrscheinlichkeit von mindestens 95 % mindestens einen Schwarzfahrer zu erwischen.

Übungen zu 6.4.2

1. Beurteilen Sie, ob es sich um eine Bernoulli-Kette handelt. Geben Sie ggf. auch das Erfolgsereignis sowie die Parameter n und p an.

oHi Mi

a) 100-maliger Münzwurf
b) Prüfen einer Maschine auf Funktionsfähigkeit
c) 3-maliges Würfeln. Es wird bei jedem Wurf die Augenzahl aufgeschrieben.
d) 10-maliges Ziehen einer Karte aus einem Skatspiel. Das Ass ist die Gewinnkarte.
e) Ausfüllen eines Totoscheins

2. Die Zufallsgröße X sei binomialverteilt. Bestimmen Sie die Wahrscheinlichkeiten $P(X = k)$ mit
a) $n = 10; p = 0{,}1; k = 1$ ($k = 2, k = 3, k = 4$)
b) $n = 20; p = 0{,}2; k = 1$ ($k = 2, k = 3, k = 4$)
c) $n = 30; p = 0{,}3; k = 5$ ($k = 6, k = 7, k = 8$)

3. Ein Glücksrad ist zu gleichen Teilen in eine rote, weiße und schwarze Fläche aufgeteilt.
a) Berechnen Sie die Wahrscheinlichkeit, beim 8-maligen Drehen des Glücksrads genau 4-mal die rote Fläche zu treffen.
b) Stellen Sie das k-fache Treffen der roten Fläche in einem Säulendiagramm für $0 \le k \le 8$ dar.

4. Überlegen Sie sich ein passendes Bernoulli-Experiment und ein Ereignis, das zu den folgenden Wahrscheinlichkeiten passt. Berechnen Sie die gegebene Wahrscheinlichkeit.
a) $\binom{20}{2} \cdot \left(\frac{1}{6}\right)^2 \cdot \left(\frac{5}{6}\right)^{18}$
b) $\binom{10}{8} \cdot 0{,}75^8 \cdot 0{,}25^2$
c) $\binom{5}{0} \cdot 0{,}7^5$
d) $\binom{50}{49} \cdot 0{,}35^{49} \cdot 0{,}65^1 + \binom{50}{50} \cdot 0{,}35^{50}$
e) $\binom{1}{0} \cdot 0{,}5^0 \cdot 0{,}5^1$

5. Beschreiben Sie die folgenden Wahrscheinlichkeiten in Worten und veranschaulichen Sie diese am Zahlenstrahl.

oHi Mi

Notieren und berechnen Sie sie auch mithilfe der Bernoulli-Formel.
a) $P(X = 3)$ mit $n = 5$ und $p = 0{,}4$
b) $P(X \le 2)$ mit $n = 5$ und $p = 0{,}7$
c) $P(X \ge 9)$ mit $n = 10$ und $p = 0{,}45$
d) $P(2 < X \le 7)$ mit $n = 11$ und $p = 0{,}3$
e) $P(X \le 4)$ oder $P(X = 5)$ mit $n = 10$ und $p = 0{,}2$

6. Aus einer Urne mit 3 roten, 2 gelben und 5 grünen Kugeln wird viermal eine Kugel gezogen und wieder zurückgelegt.
Ermitteln Sie die Wahrscheinlichkeit,
a) genau 2 grüne Kugeln zu ziehen.
b) höchstens 2 gelbe Kugeln zu ziehen.
c) mindestens 2 rote Kugeln zu ziehen.
d) mehr als 1 grüne Kugel zu ziehen.
e) zwischen 1 und 4 rote Kugeln zu ziehen.
f) weniger als 4 gelbe Kugeln zu ziehen.
g) genau 4 rote Kugeln zu ziehen.

7. Auf einem Jahrmarkt befinden sich zwei Losbuden. Bei beiden muss man für ein Los dasselbe bezahlen und erhält für ein Gewinnlos denselben Preis. Die blauen bzw. roten Säulen in dem Diagramm geben die kumulierte Verteilung der Gewinne beim zehnmaligen Ziehen eines Loses an. Bei welcher Bude würden Sie ein Los ziehen?

oHi Mi

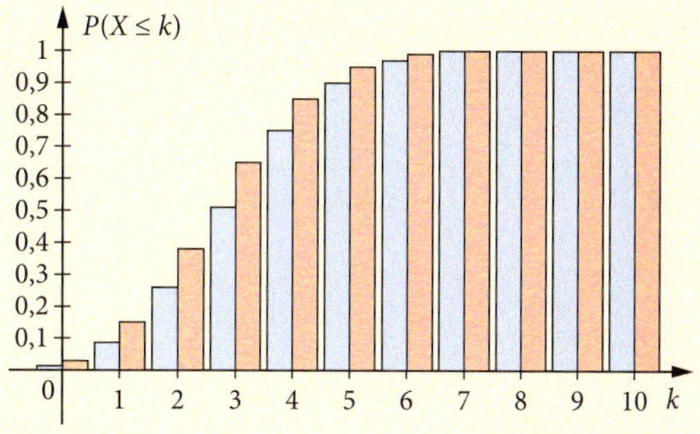

8. Die JoRo GmbH produziert USB-Sticks. Stichproben haben ergeben, dass 15 % Fehler aufweisen. Ermitteln Sie die Anzahl der Sticks, die man mindestens überprüfen muss, um mit einer Wahrscheinlichkeit von mehr als 97 %
a) mindestens 1 fehlerhaften Stick und
b) mindestens 3 fehlerhafte Sticks zu finden.

9. Nach einigen Schätzungen haben ungefähr 2 % der Haushalte ein Fernsehgerät, ohne Rundfunk- und Fernsehgebühren zu bezahlen. Die Gebühren-Einzugs-Zentrale (GEZ) kontrolliert die Haushalte. Untersuchen Sie, wie viele Haushalte mindestens kontrolliert werden müssten, um mit einer Wahrscheinlichkeit von mehr als 99 %
a) mindestens 1 Haushalt und
b) mindestens 4 Haushalte zu finden,
der/die keine Gebühren bezahlt/bezahlen.

6.4.3 Eigenschaften und Kennzahlen der Binomialverteilung

Jede Binomialverteilung ist durch Angabe der Parameter n (Länge der Bernoulli-Kette) und p (Trefferwahrscheinlichkeit) gekennzeichnet.

Im Folgenden betrachten wir, wie sich die Binomialverteilungen verändern, wenn man jeweils einen Parameter variiert, während man den anderen konstant hält.

12 p ist konstant und n variiert

$\boldsymbol{B(5;\ 0{,}4;\ k)}$

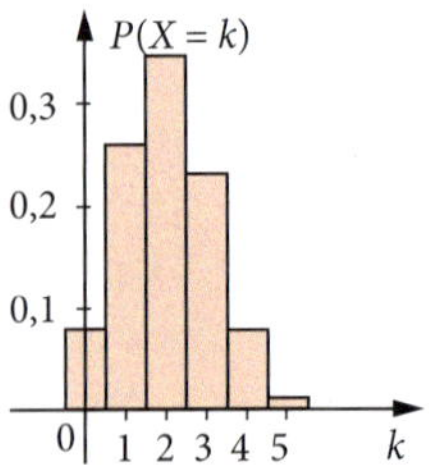

$\boldsymbol{B(10;\ 0{,}4;\ k)}$

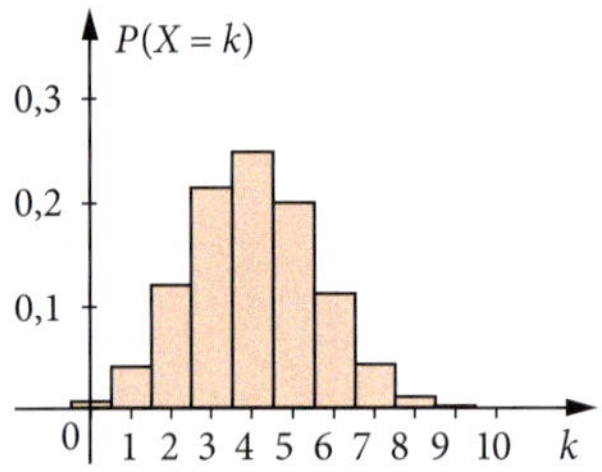

$\boldsymbol{B(15;\ 0{,}4;\ k)}$

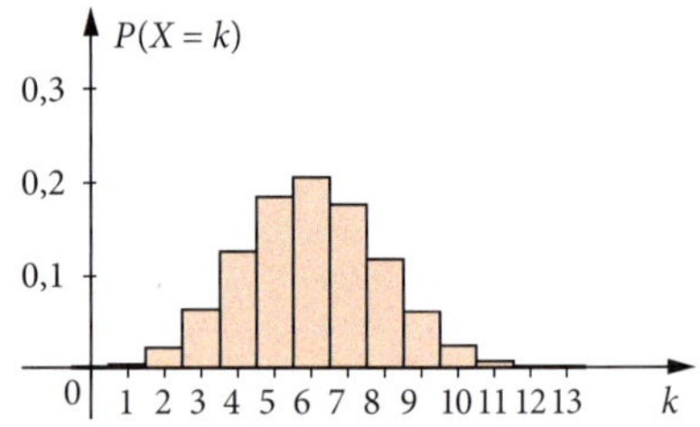

Wir erkennen, dass mit wachsendem n die Histogramme immer flacher werden und sich immer mehr einer symmetrischen Form nähern.

13 n ist konstant und p variiert

$\boldsymbol{B(10;\ 0{,}25;\ k)}$

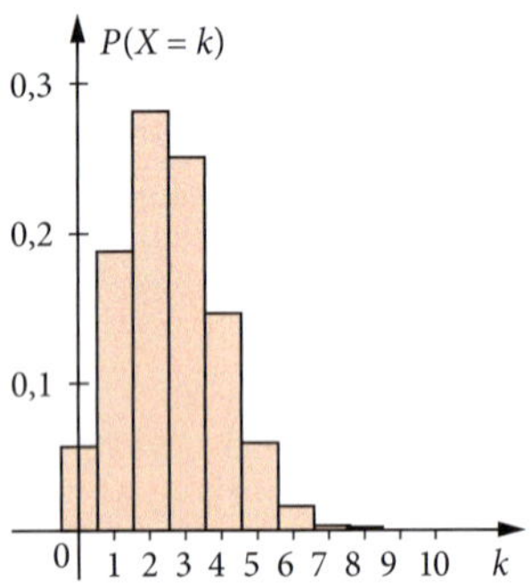

$\boldsymbol{B(10;\ 0{,}5;\ k)}$

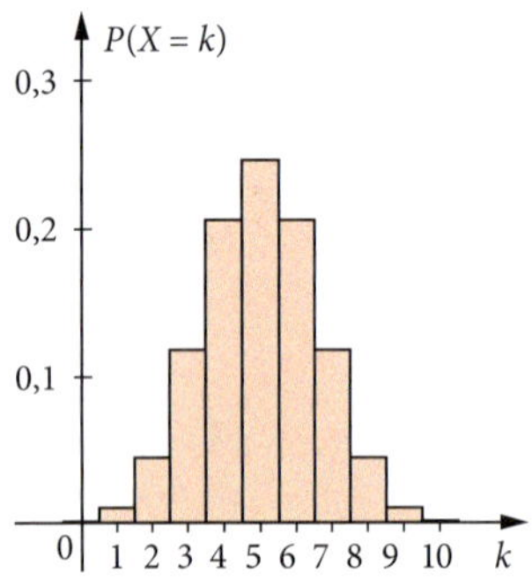

$\boldsymbol{B(10;\ 0{,}75;\ k)}$

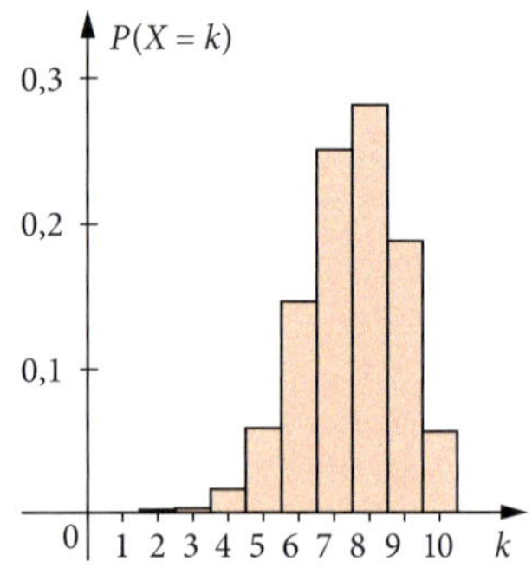

Wir erkennen, dass das Maximum der Verteilung mit wachsendem p immer weiter nach rechts wandert. Außerdem stellen wir fest, dass für $p = 0{,}5$ das Histogramm symmetrisch ist.

Für **Binomialverteilungen** $B(n;\ p;\ k)$ gelten folgende Eigenschaften:
- Je größer p ist, desto weiter rechts liegt das Maximum der Verteilung.
- Mit wachsendem n werden die Verteilungen flacher und symmetrischer.
- Für $p = 0{,}5$ ist die Verteilung symmetrisch: $B(n;\ p;\ k) = B(n;\ p;\ n - k)$.

Stellen Sie die folgenden Binomialverteilungen dar und bestätigen Sie die ermittelten Eigenschaften.

a) $B(15;\ 0{,}3;\ k)$; $B(15;\ 0{,}5;\ k)$; $B(15;\ 0{,}8;\ k)$

b) $B(10;\ 0{,}6;\ k)$; $B(15;\ 0{,}6;\ k)$; $B(20;\ 0{,}6;\ k)$

Erwartungswert bei einer Binomialverteilung

In einer Lostrommel sind ein Viertel der Lose Gewinne. Bestimmen Sie, wie viele Gewinne man erwarten kann, wenn man 8 Lose zieht. Verallgemeinern Sie das Ergebnis zu einer Formel für den Erwartungswert einer binomialverteilten Zufallsgröße X mit den Parametern n und p.

Wenn wir 8 Lose ziehen und jeweils mit einer Wahrscheinlichkeit von $\frac{1}{4}$ einen Gewinn erhalten, so können wir in der Regel 2 Gewinne erwarten.
Allgemein können wir vermuten, dass für den **Erwartungswert** einer binomialverteilten Zufallsgröße gilt: $E(X) = n \cdot p$.

Um diese Formel herzuleiten, fassen wir die Zufallsgröße X als Summe von n einzelnen Zufallsgrößen $X_1, X_2, \ldots, X_n$ auf. Dabei darf jede dieser einzelnen Zufallsgrößen X_i nur 2 Werte annehmen: 1 für „Erfolg" und 0 für „Misserfolg".

Beispiel:
$8 \cdot \frac{1}{4} = 2$

Vermutung:
$E(X) = n \cdot p$

Beweis:
▶ Erwartungswert jeder „einzelnen" Zufallsgröße X_i:
$E(X_i) = 1 \cdot p + 0 \cdot (1-p) = 1 \cdot p$ für $1 \le i \le n$

$$\begin{aligned} E(X) &= E(X_1 + X_2 + \ldots + X_n) \\ &= E(X_1) + E(X_2) + \ldots + E(X_n) \\ &= 1 \cdot p + 1 \cdot p + \ldots + 1 \cdot p \quad \text{▶ } n \text{ Summanden} \\ &= \boldsymbol{n \cdot p} \end{aligned}$$

Analog kann man herleiten, dass für die **Varianz** entsprechend gilt:
$V(X) = n \cdot p \cdot (1-p)$. ▶ Beweis: Aufgabe 16, S. 354
Für die **Standardabweichung** folgt dann:
$\sigma(X) = \sqrt{n \cdot p \cdot (1-p)}$.

Die Standardabweichung ist die Wurzel aus der Varianz.

Nebenwirkungen bei einem Medikament

Bei einem Medikament treten mit einer Wahrscheinlichkeit von 8 % Nebenwirkungen auf. In einer Klinik werden 25 Patienten mit diesem Medikament behandelt. Ermitteln Sie, bei wie vielen Patienten Nebenwirkungen zu erwarten sind.
Berechnen Sie die Streuung um diesen Mittelwert und deren Wahrscheinlichkeit.

Die Zufallsgröße X gibt die Anzahl der Patienten an, bei denen Nebenwirkungen aufgetreten sind.
Bei 2 von den 25 Patienten sind Nebenwirkungen zu erwarten.

Um die Stärke der Streuung zu bestimmen, wird die Varianz bzw. Standardabweichung ermittelt.
Die Patientenanzahl mit Nebenwirkungen schwankt mit einer Wahrscheinlichkeit von ca. 95 % zwischen 0 und 4 Personen.

X ist binomialverteilt mit $n = 25$ und $p = 0{,}08$.

$E(X) = n \cdot p = 25 \cdot 0{,}08 = \mathbf{2}$

$V(X) = n \cdot p \cdot (1-p) = 25 \cdot 0{,}08 \cdot 0{,}92 = \mathbf{1{,}84}$
$\sigma(X) = \sqrt{n \cdot p \cdot (1-p)} = \sqrt{25 \cdot 0{,}08 \cdot 0{,}92} \approx \mathbf{1{,}356}$
$\Rightarrow [2 - 1{,}356;\ 2 + 1{,}356] \approx [0;\ 4]$
$\Rightarrow P(0 \le X \le 4) = P(X \le 4) \approx \mathbf{0{,}9549}$

Für eine mit den Parametern n und p binomialverteilte Zufallsgröße X gilt:
- **Erwartungswert** $E(X) = n \cdot p$
- **Varianz** $V(X) = n \cdot p \cdot (1-p)$
- **Standardabweichung** $\sigma(X) = \sqrt{n \cdot p \cdot (1-p)}$

Eine Zufallsgröße X ist binomialverteilt mit $n = 100$ und $p = 0{,}3$.
Ermitteln Sie den Erwartungswert, die Varianz und die Standardabweichung von X.

16 Maximum und Erwartungswert bei der Binominalverteilung

Formulieren Sie eine Vermutung über den Zusammenhang zwischen der Lage des Maximums und dem Erwartungswert einer Binomialverteilung, indem Sie die Erwartungswerte der sechs Binomialverteilungen aus den Beispielen 12 und 13 berechnen. ▶ S. 344

Ein Vergleich der Erwartungswerte mit den Histogrammen führt zu der Erkenntnis, dass das Maximum einer Binomialverteilung

- **genau** an der Stelle $k = E(X)$ liegt, wenn $E(X)$ **ganzzahlig** ist, oder
- **dicht bei** der Stelle $k = E(X)$ liegt, wenn $E(X)$ **nicht ganzzahlig** ist.

Das bedeutet, dass diejenige Trefferanzahl die größte Wahrscheinlichkeit besitzt, die gleich oder annähernd gleich dem Erwartungswert ist.

$E(X) = n \cdot p$

$p = 0{,}4$	$n = 5$	$\Rightarrow$	$E(X) = 2$	Max.: 2
	$n = 10$	$\Rightarrow$	$E(X) = 4$	Max.: 4
	$n = 15$	$\Rightarrow$	$E(X) = 6$	Max.: 6
$n = 10$	$p = 0{,}25$	$\Rightarrow$	$E(X) = 2{,}5$	Max.: 2
	$p = 0{,}5$	$\Rightarrow$	$E(X) = 5$	Max.: 5
	$p = 0{,}75$	$\Rightarrow$	$E(X) = 7{,}5$	Max.: 8

Die Anzahl der Treffer konzentriert sich bei einer Binomialverteilung somit am stärksten um den Erwartungswert. Mithilfe der Standardabweichung σ lässt sich eine Aussage über die Wahrscheinlichkeit machen, *wie stark* die Trefferanzahl vom Erwartungswert abweichen kann.

Für den Erwartungswert schreiben wir statt E(X) auch μ.

Diese σ-Regeln wurden schon in Abschnitt 6.3.2 genannt (▶ S. 327). Mithilfe der Binomialverteilung können wir sie aber nun an einem Beispiel plausibel machen. Dabei kürzen wir im Folgenden den Erwartungswert mit dem griechischen Buchstaben μ ab.

17 Sigmaregeln

70 Prozent der 14- bis 18-jährigen Einwohner einer Stadt besitzen einen MP3-Player. Ein Online-Musikanbieter startet eine Umfrage zu den Musikhörgewohnheiten und wählt zufällig 100 Zielpersonen aus.
Bestimmen Sie jeweils die Wahrscheinlichkeit, mit der die Anzahl der Personen mit MP3-Player höchstens um den Wert σ, 2σ und 3σ vom Erwartungswert abweicht.

Die Zufallsgröße X gibt die Anzahl der Personen mit einem MP3-Player wieder. X besitzt den Erwartungswert $\mu = 70$ und die Standardabweichung $\sigma \approx 4{,}58$.

Wir suchen zunächst die Wahrscheinlichkeit, dass der Wert von X um höchstens 4,58 von 70 abweicht, also $P(65{,}42 \le X \le 74{,}58)$. Diese Wahrscheinlichkeit entspricht $P(66 \le X \le 74)$, da die Binomialverteilung nur ganzzahlige Werte zulässt.
Mit einer Wahrscheinlichkeit von ca. 67,4 % besitzen mindestens 66 und höchstens 74 der 100 Zielpersonen einen MP3-Player.

Entsprechend ergibt sich für eine 2σ-Umgebung ($2\sigma \approx 9{,}17$) um den Erwartungswert 70 eine Wahrscheinlichkeit von 96,25 %. Für eine 3σ-Umgebung ergibt sich eine Wahrscheinlichkeit von 99,69 %.

$\mu = n \cdot p = 100 \cdot 0{,}7 = 70$ ▶ $\mu = E(X)$

$\sigma = \sqrt{n \cdot p \cdot (1-p)} = \sqrt{100 \cdot 0{,}7 \cdot 0{,}3} \approx \mathbf{4{,}58}$

$$\begin{aligned} P(|X-\mu| \le \sigma) &= P(|X-70| \le 4{,}58) \\ &= P(65{,}42 \le X \le 74{,}58) \\ &= P(66 \le X \le 74) \\ &= F(100; 0{,}7; 66; 74) \\ &\approx \mathbf{0{,}6740 = 67{,}4\,\%} \end{aligned}$$

$$\begin{aligned} P(|X-\mu| \le 2\sigma) &= P(|X-70| \le 9{,}17) \\ &= P(60{,}83 \le X \le 79{,}17) \\ &= P(61 \le X \le 79) \\ &= F(100; 0{,}7; 61; 79) \\ &\approx \mathbf{0{,}9625 = 96{,}25\,\%} \end{aligned}$$

$$\begin{aligned} P(|X-\mu| \le 3\sigma) &= P(|X-70| \le 13{,}75) \\ &= P(56{,}25 \le X \le 83{,}75) \\ &= P(57 \le X \le 83) \\ &= F(100; 0{,}7; 57; 83) \\ &\approx \mathbf{0{,}9969 = 99{,}69\,\%} \end{aligned}$$

Mit einer Wahrscheinlichkeit von ca. 67,4 % werden mindestens 66 und höchstens 74 der gefragten Personen einen MP3-Player besitzen.
Mit einer Wahrscheinlichkeit von 96,25 % werden mindestens 61 und höchstens 79 Personen einen MP3-Player besitzen.
Mit 99,69 % Wahrscheinlichkeit befinden sich unter den befragten Personen mindestens 57 und höchstens 83 Besitzer eines MP3-Players.

Histogramm der $B(100; 0{,}7; k)$-Verteilung

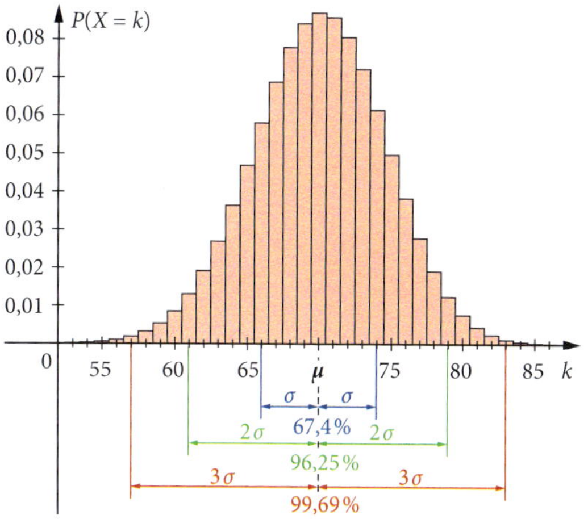

6

Es lässt sich zeigen, dass die in dem Beispiel gefundenen Werte allgemeingültig sind.

Sigmaregeln

Ist X eine mit den Parametern n und p binomialverteilte Zufallsgröße mit dem Erwartungswert $\mu = n \cdot p$ und der Standardabweichung $\sigma = \sqrt{n \cdot p \cdot (1-p)}$, dann liegen die Werte für X in der Regel mit einer Wahrscheinlichkeit von ungefähr

- 68,3 % im Intervall $[\mu - \sigma; \mu + \sigma]$ bzw. $P(|X - \mu| \leq \sigma) \approx 0{,}683$,
- 95,4 % im Intervall $[\mu - 2\sigma; \mu + 2\sigma]$ bzw. $P(|X - \mu| \leq 2\sigma) \approx 0{,}955$ und
- 99,7 % im Intervall $[\mu - 3\sigma; \mu + 3\sigma]$ bzw. $P(|X - \mu| \leq 3\sigma) \approx 0{,}997$.

Es liegen also bei einer Binomialverteilung fast alle Werte im Intervall $[\mu - 3\sigma; \mu + 3\sigma]$.
Die in den Sigmaregeln angegebenen Wahrscheinlichkeiten sind allerdings nur ungefähre Angaben. Sie sind umso genauer, je größer die Länge n der Bernoulli-Kette ist.
Anwenden sollten wir sie aber nur, falls $\sigma = \sqrt{n \cdot p \cdot (1-p)} > 3$ gilt (**Laplace-Bedingung**).

Garantieversprechen

18

Für eine Sorte Saatkartoffeln gibt der Lieferant eine Keimgarantie von 90 %. Berechnen Sie, wie viele Kartoffeln aus einer Stichprobe von 200 Stück mit einer Sicherheit von mindestens 95 % keimen werden.

Gibt X die Anzahl der keimfähigen Kartoffeln an, so liegen die Werte von X in der Regel mit einer Wahrscheinlichkeit von 95,4 % in der 2σ-Umgebung des Erwartungswerts von X.

$n = 200;\ p = 0{,}9$
$\mu = n \cdot p = 200 \cdot 0{,}9 = 180$
$\sigma = \sqrt{n \cdot p \cdot (1-p)} = \sqrt{200 \cdot 0{,}9 \cdot 0{,}1} \approx 4{,}24$
$\Rightarrow\ 2\sigma \approx 8{,}5$

▶ Laplace-Bedingung ist erfüllt: $\sigma > 3$.

Man kann mit einer Wahrscheinlichkeit von über 95 % erwarten, dass mindestens 172 und höchstens 188 Kartoffeln keimen werden.

$|X - \mu| \leq 2\sigma$
$\Leftrightarrow\ |X - 180| \leq 8{,}5$
$\Rightarrow\ \mathbf{172 \leq X \leq 188}$

Eine Zufallsgröße X ist binomialverteilt mit $n = 100$ und $p = 0{,}3$.
Berechnen Sie die Wahrscheinlichkeit, mit der die Werte für X im Intervall $[\mu - \sigma; \mu + \sigma]$ liegen.
Vergleichen Sie das Ergebnis mit den Aussagen der Sigmaregeln.

Schluss von der Gesamtheit auf die Stichprobe

Die **Sigmaregeln** legen Intervalle fest, in denen die Werte der Zufallsgröße X mit einer Wahrscheinlichkeit von 68,3 % (σ-Umgebung) bzw. 95,4 % (2σ-Umgebung) bzw. 99,7 % (3σ-Umgebung) liegen.
Diese Regeln lassen sich dahingehend abwandeln, dass man Aussagen über Ergebnisse von Bernoulli-Versuchen machen kann, die mit hoher Wahrscheinlichkeit eintreten;
z.B. mit einer Wahrscheinlichkeit von
90 % (entspricht ca. einer $1{,}64\,\sigma$-Umgebung) bzw.
95 % (entspricht ca. einer $1{,}96\,\sigma$-Umgebung) bzw.
99 % (entspricht ca. einer $2{,}58\,\sigma$-Umgebung).

▶ Herleitung der Sigmaregeln siehe Seite 364

Abwandlung der Sigmaregeln
$P(\mu - 1{,}64\,\sigma \le X \le \mu + 1{,}64\,\sigma) \approx 90\,\%$
$P(\mu - 1{,}96\,\sigma \le X \le \mu + 1{,}96\,\sigma) \approx 95\,\%$
$P(\mu - 2{,}58\,\sigma \le X \le \mu + 2{,}58\,\sigma) \approx 99\,\%$

19 Sicherheitswahrscheinlichkeit mit der 99 %-Regel

Ein Einzelhändler, der sich auf den Verkauf von Restposten spezialisiert hat, bietet 1000 Hainbuchen im 60-cm-Topf an und verspricht, dass bei fachgerechter Pflanzung 80 % der Buchen angehen.
Berechnen Sie, wie viele Pflanzen mit einer Gewissheit von 99 % anschlagen werden.

X misst die Anzahl der anwachsenden Pflanzen. Es liegt eine Binomialverteilung vor mit $n = 1000$ und $p = 0{,}8$.

$\mu = n \cdot p = 1000 \cdot 0{,}8 = \mathbf{800}$
$\sigma = \sqrt{n \cdot p \cdot (1-p)} = \sqrt{1000 \cdot 0{,}8 \cdot 0{,}2} \approx \mathbf{12{,}65}$

Die Anwendung der 99 %-Regel ergibt das **Prognoseintervall**:
Mindestens 768 und höchstens 832 Pflanzen werden mit einer **Sicherheitswahrscheinlichkeit** von 99 % anwachsen.

$P(\mu - 2{,}58\,\sigma \le X \le \mu + 2{,}58\,\sigma)$ ▶ 99 %-Regel
$= P(800 - 32{,}637 \le X \le 800 + 32{,}637)$
$= P(768 \le X \le 832) \approx 99\,\%$ ▶ Prognoseintervall [768; 832]

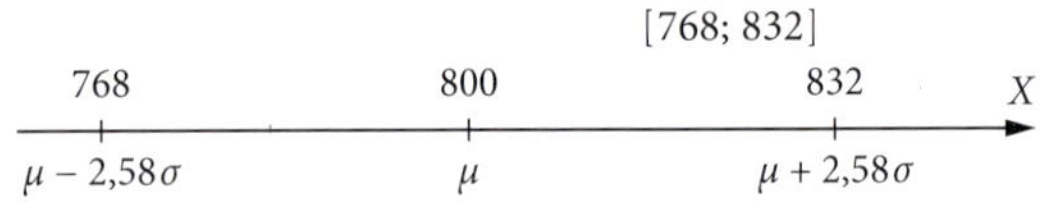

Eine Intervallschätzung liegt auch dann vor, wenn nach der relativen Häufigkeit gesucht wird, mit der eine Zufallsgröße einen bestimmten Wert annimmt.

20 Relative Häufigkeit mit der 90 %-Regel

Ein fairer Würfel wird 720-mal geworfen. Schätzen Sie die relative Häufigkeit, mit der bei einer Sicherheitswahrscheinlichkeit von 90 % eine 4 geworfen wird.

X misst die Anzahl der geworfenen Vieren. Es soll ein Intervall abgeschätzt werden, in dem mit 90 %iger Sicherheit die relativen Häufigkeiten $\frac{X}{n}$ liegen, mit denen eine 4 geworfen wird.

$P(X=4) = p = \frac{1}{6}$
$\sigma = \sqrt{n \cdot p \cdot (1-p)}$
$= \sqrt{720 \cdot \frac{1}{6} \cdot \frac{5}{6}} = \mathbf{10}$

Die relative Häufigkeit, mit der zu einer 90 %igen Sicherheit eine 4 geworfen wird, liegt zwischen 14,4 % und 19 %.

$\mu - 1{,}64\,\sigma \le X \le \mu + 1{,}64\,\sigma$ ▶ 90 %-Regel
$\Leftrightarrow \frac{\mu}{n} - \frac{1{,}64\,\sigma}{n} \le \frac{X}{n} \le \frac{\mu}{n} + \frac{1{,}64\,\sigma}{n}$ ▶ $\frac{\mu}{n} = \frac{p \cdot n}{n} = p$
$\Leftrightarrow \frac{1}{6} - \frac{1{,}64 \cdot 10}{720} \le \frac{X}{720} \le \frac{1}{6} + \frac{1{,}64 \cdot 10}{720}$ ▶ $\frac{1{,}64 \cdot 10}{720} \approx 0{,}023$
$\Rightarrow 14{,}4\,\% \le \frac{X}{720} \le 19\,\%$

▶ Analoge Berechnungen für die Sicherheitswahrscheinlichkeiten 95 % ($1{,}96\,\sigma$) bzw. 99 % ($2{,}58\,\sigma$)

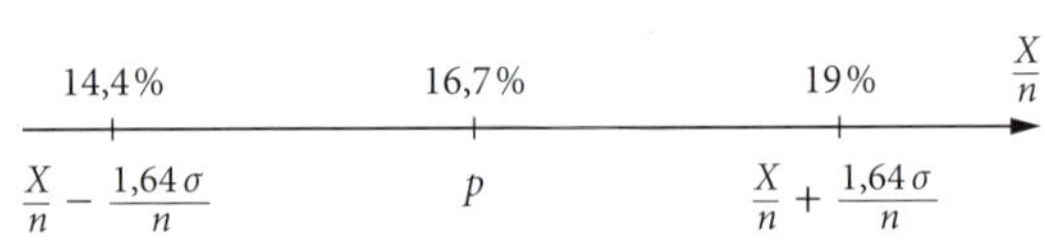

Oft interessiert man sich dafür, welchen Umfang n eine Stichprobe mindestens haben muss, damit eine vorgegebene Sicherheitswahrscheinlichkeit eingehalten werden kann. Das folgende Beispiel zeigt, dass der Wert für n abhängig ist von der zugrunde gelegten Erfolgswahrscheinlichkeit.

Stichprobenumfang mit der 95 %-Regel

21

Das Unternehmen MoSys, ein Hersteller von Handys, beauftragt das Meinungsforschungsinstitut Meifo damit, die Verbreitung des Handys MoSys 4.3 in der Postleitzahlregion 30159 zu untersuchen.
Das Ergebnis soll mit einer Sicherheitswahrscheinlichkeit von 95 % nicht mehr als 2 Prozentpunkte von dem tatsächlichen Anteil p der Einwohner mit MoSys 4.3 abweichen. Der mit der Untersuchung beauftragte Mitarbeiter von Meifo macht sich zuerst einmal Gedanken über den notwendigen Umfang der Stichprobe.

▸ p ist die Wahrscheinlichkeit dafür, dass die Einwohner mit MoSys 4.3 ausgestattet sind.

X gibt die Anzahl der Einwohner mit dem Handy MoSys 4.3 an und ist binomialverteilt. Nach der Sigmaregel gilt: $P(\mu - 1{,}96\,\sigma \le X \le \mu + 1{,}96\,\sigma) \approx 95\,\%$. Wir formen das Intervall bzw. die Umgebung so um, dass eine Aussage zur relativen Häufigkeit $\frac{X}{n}$ möglich ist. Wir erhalten $\left|\frac{X}{n} - p\right| \le \frac{1{,}96\,\sigma}{n}$. Das bedeutet, dass die relativen Häufigkeiten $\frac{X}{n}$ der Stichprobe sich in 95 % der Fälle um höchstens $\frac{1{,}96\,\sigma}{n}$ von der zugrunde gelegten Erfolgswahrscheinlichkeit p unterscheiden. Diese Differenz darf höchstens 2 % betragen.

Der Mindestumfang $n_{\min}$ der Stichprobe ist eine quadratische Funktion in Abhängigkeit von der Erfolgswahrscheinlichkeit p.

Ihr Graph ist eine nach unten geöffnete Parabel mit den Nullstellen 0 und 1 und dem absoluten Maximum im Punkt $(0{,}5\,|\,2401)$.

Wenn nichts über die Erfolgswahrscheinlichkeit bekannt ist, dann muss der Stichprobenumfang mindestens 2401 sein.

$\mu - 1{,}96\,\sigma \le X \le \mu + 1{,}96\,\sigma$ ▸ 95 %-Regel

$\Leftrightarrow \frac{\mu}{n} - \frac{1{,}96\,\sigma}{n} \le \frac{X}{n} \le \frac{\mu}{n} + \frac{1{,}96\,\sigma}{n}$ ▸ $\frac{\mu}{n} = \frac{p \cdot n}{n} = p$

$\Leftrightarrow p - \frac{1{,}96\,\sigma}{n} \le \frac{X}{n} \le p + \frac{1{,}96\,\sigma}{n}$

$\Leftrightarrow \left|\frac{X}{n} - p\right| \le \frac{1{,}96\,\sigma}{n}$

$\frac{1{,}96\,\sigma}{n} \le 0{,}02$ ▸ $\sigma = \sqrt{n \cdot p \cdot (1-p)}$

$\Leftrightarrow \frac{1{,}96 \cdot \sqrt{n \cdot p \cdot (1-p)}}{n} \le 0{,}02$

$\Leftrightarrow \sqrt{n \cdot p \cdot (1-p)} \le \frac{0{,}02}{1{,}96} \cdot n$

$\Rightarrow n \cdot p \cdot (1-p) \le \left(\frac{0{,}02}{1{,}96}\right)^2 \cdot n^2$

$\Leftrightarrow n \ge p \cdot (1-p) \cdot \left(\frac{1{,}96}{0{,}02}\right)^2$

$\Leftrightarrow n \ge -9604\,p^2 + 9604\,p$

$\Rightarrow n_{\min}(p) = -9604 \cdot p \cdot (p-1)$ ▸ Nullstellen 0 und 1

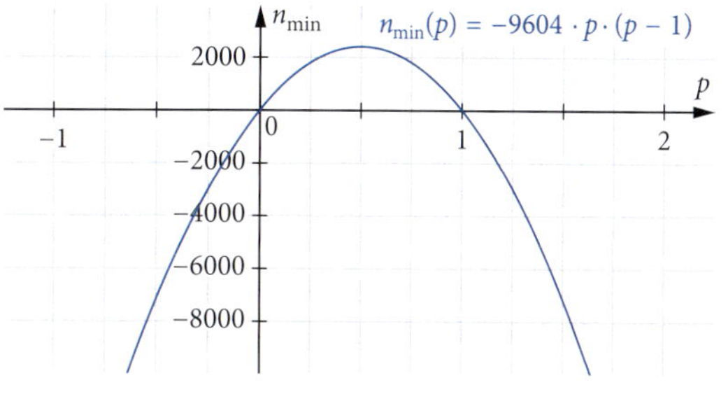

$\Rightarrow$ Scheitelstelle 0,5 $\Rightarrow$ $n_{\min}(0{,}5) = \mathbf{2401}$

6

1. Eine faire Münze wird 400-mal geworfen. Berechnen Sie das Prognoseintervall für die Stichprobe zu einer Sicherheitswahrscheinlichkeit von 95 % dafür, dass „Kopf“ geworfen wird.

2. Bei einem Gewinnspiel liegt die Wahrscheinlichkeit für einen Gewinn bei 40 %. Am Spiel nehmen 630 Spieler teil. Schätzen Sie die relative Häufigkeit, mit der bei einer Sicherheitswahrscheinlichkeit von 99 % ein Gewinn erzielt wird.

3. Berechnen Sie ausgehend von Beispiel 21 den Umfang der notwendigen Stichprobe, falls die Abweichung von p höchstens 1 % bei einer Sicherheitswahrscheinlichkeit von 99 % betragen darf.

Häufig werden z. B. gebuchte Flüge, Urlaube oder Fortbildungskurse von Kunden nicht angetreten. Deshalb lassen Veranstalter Mehrfachbuchungen in einem bestimmten Umfang zu, den sie mithilfe der abgewandelten Sigmaregeln vorherzusagen versuchen.

22 Überbuchung eines IT-Fortbildungskurses

Das Unternehmen „Mein PC und ich" veranstaltet Fortbildungsveranstaltungen mit großen Teilnehmerzahlen und geht aufgrund von Erfahrungswerten davon aus, dass 93 % der angemeldeten Kursteilnehmer auch tatsächlich an dem gebuchten Fortbildungskurs teilnehmen. Das Unternehmen bietet 700 Fortbildungsplätze pro Woche an.

a) Berechnen Sie auf der Basis einer Sicherheitswahrscheinlichkeit von 95 %, wie viele Fortbildungsplätze überbucht werden können.

b) Ermitteln Sie mithilfe von GTR/CAS die Anzahl der Überbuchungen auf der Grundlage einer 99-prozentigen Sicherheitswahrscheinlichkeit.

Zu a) Die Zufallsgröße X ist binomialverteilt mit $n = 700$ und $p = 0{,}93$; die Laplace-Bedingung ist mit $\sigma > 3$ erfüllt.
Bei einer 95 %igen Sicherheitswahrscheinlichkeit liegt die Anzahl der antretenden Kursteilnehmer im Intervall $[638; 664]$. Das Unternehmen kann 36 Kursplätze zusätzlich vergeben.

X „Anzahl der Kursteilnehmer, die den Kurs antreten"

$n = 700;\ p = 0{,}93 \ \Rightarrow\ \mu = n \cdot p = 700 \cdot 0{,}93 = 651$

$\sigma = \sqrt{n \cdot p \cdot (1-p)} = \sqrt{700 \cdot 0{,}93 \cdot 0{,}07} \approx 6{,}75\ (>3)$

$[\mu - 1{,}96 \cdot \sigma;\ \mu + 1{,}96 \cdot \sigma] \approx [651 - 13{,}23;\ 651 + 13{,}23]$
$= [637{,}77;\ 664{,}23] \approx \mathbf{[638;\ 664]}$ ▸ $P(638 \le X \le 664) = 95\,\%$

$700 - 664 = \mathbf{36}$ ▸ 36 Überbuchungen möglich

Zu b) Bei einer 99 %igen Sicherheitswahrscheinlichkeit liegt die Anzahl der antretenden Kursteilnehmer im Intervall $[634; 668]$.

$[\mu - 2{,}58 \cdot \sigma;\ \mu + 2{,}58 \cdot \sigma]$
$\approx [651 - 17{,}42;\ 651 + 17{,}42]$
$= [633{,}58;\ 668{,}42] \approx \mathbf{[634;\ 668]}$
$P(634 \le X \le 668) \approx 99\,\%$; X ist binomialverteilt mit $n = 700$ und $p = 0{,}93$.

Mit dem GTR/CAS kann die Wahrscheinlichkeit exakt überprüft werden. Die Sicherheitswahrscheinlichkeit für das berechnete Intervall liegt sogar etwas über 99 %.
Das Unternehmen kann noch 32 Kursplätze zusätzlich vergeben.

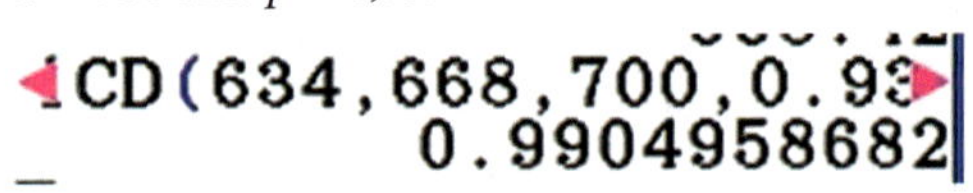

▸ CA In der Anwendung Run-Matrix ist die Binomialverteilung unter OPTN, STAT (F5), DIST (F3), BINOMIAL (F5), Bcd (F2) zu finden.

$700 - 668 = \mathbf{32}$ ▸ 32 Überbuchungen möglich

Ist X eine mit den Parametern n und p binomialverteilte Zufallsgröße mit dem Erwartungswert $\mu = n \cdot p$ und der Standardabweichung $\sigma = \sqrt{n \cdot p \cdot (1-p)}$, dann liegen analog zu den **Sigmaregeln** die Werte für X mit einer **Sicherheitswahrscheinlichkeit** von ungefähr

- 90 % im Intervall $[\mu - 1{,}64\,\sigma;\ \mu + 1{,}64\,\sigma]$ bzw.
- 95 % im Intervall $[\mu - 1{,}96\,\sigma;\ \mu + 1{,}96\,\sigma]$ bzw.
- 99 % im Intervall $[\mu - 2{,}58\,\sigma;\ \mu + 2{,}58\,\sigma]$.

Alle mit dem Stichprobenergebnis der **relativen Wahrscheinlichkeiten** $\frac{X}{n}$ verträglichen Erfolgswahrscheinlichkeiten p liegen

- mit einer 90 %igen Sicherheitswahrscheinlichkeit in dem Intervall $\left|\frac{X}{n} - p\right| \le 1{,}64 \cdot \frac{\sigma}{n}$ bzw.
- mit einer 95 %igen Sicherheitswahrscheinlichkeit in dem Intervall $\left|\frac{X}{n} - p\right| \le 1{,}96 \cdot \frac{\sigma}{n}$ bzw.
- mit einer 99 %igen Sicherheitswahrscheinlichkeit in dem Intervall $\left|\frac{X}{n} - p\right| \le 2{,}58 \cdot \frac{\sigma}{n}$.

Je nach Vorgabe von zwei der drei Werte für X, n oder p lässt sich der jeweils dritte Wert berechnen, sodass der benötigte **Stichprobenumfang** n bzw. das **Prognoseintervall** für p berechnet werden kann.

Übungen zu 6.4.3

1. Berechnen Sie Erwartungswert, Varianz und Standardabweichung der Binomialverteilungen.
   a) $n = 50; p = 0{,}2$
   b) $n = 26; p = \frac{5}{6}$

2. Ein Großhändler kauft 4200 Waagen. Erfahrungsgemäß geben 2 % der Waagen etwas zu ungenaue Ergebnisse an. Berechnen Sie, wie viele ungenau arbeitende Waagen der Händler erwarten kann.

oHi Mi

3. Bei einer Wohltätigkeitsveranstaltung wird für eine Tombola mit dem Versprechen geworben, dass jedes fünfte Los gewinnt. Ein Los kostet 1 €, die Gewinne sind 4 € wert.
   a) Prüfen Sie, ob die Tombola fair ist, wenn man 10 Lose kauft. Gestalten Sie ggf. das Spiel fair.
   b) Untersuchen Sie, in welchem Bereich die Gewinnerwartung beim Kauf von 10 Losen schwankt.

4. In einer Packung mit 50 Schaumküssen sind im Mittel 4 % der Schaumküsse „angestoßen".
   a) Ermitteln Sie, mit welcher Wahrscheinlichkeit man genau die erwartete Anzahl „kaputter" Schaumküsse in einer zufällig ausgewählten Packung findet.
   b) Untersuchen Sie, mit welcher Wahrscheinlichkeit die Anzahl der „kaputten" Schaumküsse im Bereich der Standardabweichung um den Erwartungswert liegt.

5. Bestimmen Sie die Wahrscheinlichkeit, mit der das Ergebnis „Zahl" beim 100-maligen Werfen einer idealen Münze in der σ-, 2σ- bzw. 3σ-Umgebung um den „erwarteten" Wert liegt.

6. Fluggesellschaften haben ständig mit dem Problem zu kämpfen, dass Kunden ihren reservierten Flug nicht antreten. Deshalb besetzen sie in ihren Flugzeugen einen bestimmten Prozentsatz der Sitze mehrfach. Die „Wir-erfüllen-alle-Wünsche-Fluglinie" geht erfahrungsgemäß davon aus, dass 95 % ihrer Kunden die Reise mit dem Airbus A380 auf dem Linienflug AC423 von Frankfurt nach New York planmäßig antreten.
   Die Kapazität der A380 auf diesem Flug beträgt 526 Passagiere.
   Berechnen Sie auf der Grundlage einer Sicherheitswahrscheinlichkeit von 99 %, wie viele Sitze überbucht werden können.

7. Ein Hersteller von hochwertigen Smartphones und Tablets erhält von seinem Zulieferer die Garantie, dass 98 % der gelieferten Chips völlig fehlerlos funktionieren. Der Hersteller überprüft eine Stichprobe von 1000 Stück.

   a) Berechnen Sie, wie viele Chips einwandfrei funktionieren müssen, wenn der Produzent für seinen Test die erste Sigmaregel zugrunde legt.
   b) Bei der Prüfung einer Charge funktionieren 970 Chips einwandfrei, bei einer anderen Charge 978. Interpretieren Sie diese Ergebnisse aus der Sicht des Produzenten.

8. Eine große Discount-Kette beabsichtigt, in einer Sonderaktion ein Dampfbügeleisen zu einem Preis von 29,90 € anzubieten. Sie erhält von zwei Herstellern A und B Angebote zu Einkaufspreisen von 24,90 € (A) und 25,10 € (B). Bevor er sich entscheidet, möchte der Discounter die Geräte von einem unabhängigen Institut prüfen lassen. Das Prüfinstitut gibt an, dass die Funktionssicherheit der Geräte von A zu 97 % gewährleistet ist; die der Geräte von B zu 98 %. Diese Aussage kann es aber nur mit einer Sicherheit von 95,4 % treffen.
   In den Fällen einer berechtigten Reklamation seiner Kunden muss der Discounter mit Kosten von 12,00 € (A) bzw. 10,50 € (B) rechnen.
   a) Beraten Sie den Discounter bei seiner Entscheidung für ein Angebot, wenn er 25 000 Bügeleisen an- und verkaufen möchte.
   b) Der Discounter entscheidet sich für das Angebot des Herstellers B und verkauft alle 25 000 Bügeleisen. Davon werden 535 Geräte reklamiert. Prüfen Sie, ob diese Anzahl in dem vom Prüfinstitut angegebenen Bereich liegt.

6

Vermischte Übungen zu 6.4

1. Ein Glücksrad ist in 10 gleich große Flächen aufgeteilt, die mit den Ziffern 0 bis 9 versehen sind. Bestimmen Sie die Wahrscheinlichkeiten folgender Ereignisse beim achtmaligen Drehen des Rads.

a) genau sechsmal die 2
b) genau drei gerade Zahlen
c) genau zweimal die 5 oder dreimal eine ungerade Zahl
d) weniger als drei Zahlen kleiner als 6
e) mindestens zwei durch 3 teilbare Zahlen
f) höchstens zwei gerade und höchstens zwei ungerade Zahlen
g) weniger als die ersten drei geraden und weniger als die letzten zwei ungeraden Zahlen
h) genau drei hintereinander liegende ungerade oder die letzten drei Zahlen
i) höchstens die Zahlen zwischen 2 und 8

2. Zur Vorbereitung einer Mathematikklausur wird ein Multiple-Choice-Test mit 20 Aufgaben durchgeführt. Jede Aufgabe verfügt über 4 Antwortmöglichkeiten, von denen nur eine richtig ist. Ermitteln Sie die Wahrscheinlichkeit, mit der ein vollkommen unvorbereiteter Schüler durch bloßes Raten folgende Anzahl von Aufgaben richtig beantwortet.

a) genau 5 Aufgaben b) weniger als 7 Aufgaben c) mindestens 3 Aufgaben
d) mehr als 2 und höchstens 8 Aufgaben e) zwischen 4 und 7 Aufgaben

3. In der Jahrgangsstufe 12 besitzen 95 % der Schülerinnen und Schüler ein Smartphone. Berechnen Sie die Wahrscheinlichkeit, mit der man bei einer Stichprobe von 100 Schülerinnen und Schülern

a) genau 5, b) zwischen 3 und 7, c) mehr als 10, d) weniger als 12
Schülerinnen und Schüler ohne Smartphone antrifft. Berechnen Sie auch die Wahrscheinlichkeit, dass man
e) genau 90, f) zwischen 85 und 95, g) mindestens 90, h) höchstens 95
Schülerinnen und Schülern mit Smartphone begegnet.

4. Ein Taxistandplatz ist für 50 Taxen vorgesehen. Im Durchschnitt hält sich ein Wagen 12 Minuten je Stunde am Standplatz auf. Beurteilen Sie, ob es genügt, 20 Plätze auf dem Standplatz zur Verfügung zu stellen, wenn in 95 % aller Fälle der Platz ausreichen soll.

5. In einer Telefonauskunft sitzen 20 Kundenbetreuer. Erfahrungsgemäß rufen 100 Kunden pro Stunde unabhängig voneinander an und telefonieren im Schnitt 6 Minuten. Berechnen Sie die Wahrscheinlichkeit, mit der jeder Anrufer eine Beratung ohne Wartezeit bekommt.

6. Der Vorstand eines Vereins lädt seine 100 Mitglieder zur Hauptversammlung ein. Aufgrund langjähriger Erfahrung geht der Vorstand davon aus, dass jedes Mitglied nur mit einer Wahrscheinlichkeit von 30 % erscheint. Bestimmen Sie, mit welcher Wahrscheinlichkeit die Bestuhlung des Vereinsraumes ausreicht

a) bei 30 Stühlen, b) bei 40 Stühlen.
c) Interpretieren Sie Ihr Ergebnis vor dem Hintergrund, dass 30 % von 100 genau 30 Personen sind.

7. Ein Auto benötigt zum Starten 30 verschiedene technische Vorgänge, die alle unabhängig voneinander mit der gleichen Wahrscheinlichkeit funktionieren. Fällt ein Vorgang aus, startet das Auto nicht. Bestimmen Sie die Wahrscheinlichkeit, mit der jeder Vorgang funktionieren muss, damit das Auto mit einer Wahrscheinlichkeit von mindestens 95 % startet.

8. Berechnen Sie die geforderte Wahrscheinlichkeit für Herrn Schimanski auf Seite 333.

9. Berechnen Sie, wie oft ein Würfel geworfen werden muss, damit mit einer Wahrscheinlichkeit von

a) 50 %,
b) 60 %,
c) 75 %,
d) 80 %,
e) 90 %,
f) 95 %

mindestens einmal eine 6 gewürfelt wird.

10. Das Säulendiagramm zeigt die Binomialverteilung $B(10; 0{,}5; k)$.

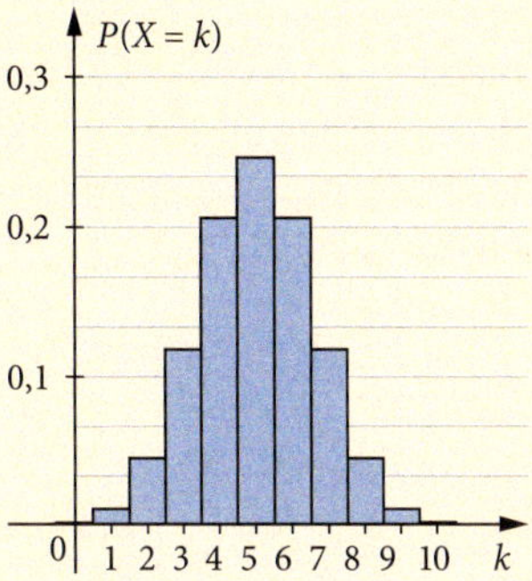

Erklären Sie das Diagramm und fertigen Sie das entsprechende Säulendiagramm zur summierten Wahrscheinlichkeit $F(10; 0{,}5; k)$ an.

11. Das Säulendiagramm zeigt die summierte Wahrscheinlichkeitsverteilung $F(20; 0{,}1; k)$ für $k \leq 10$.

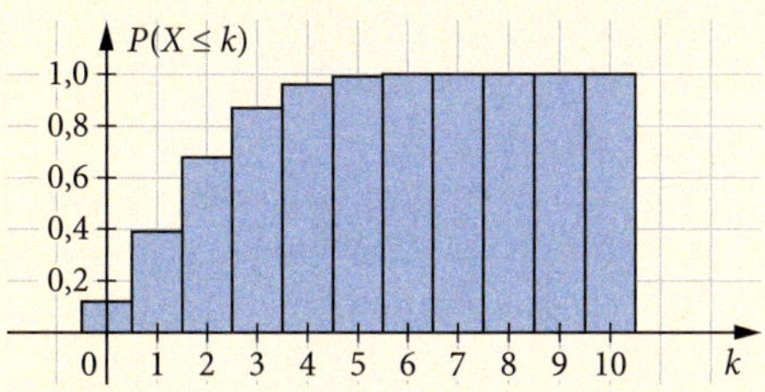

Erklären Sie das Diagramm und skizzieren Sie das entsprechende Säulendiagramm zur Punktwahrscheinlichkeit $B(20; 0{,}1; k)$.

12. Erklären Sie das kombinierte Säulendiagramm für $n = 10$ und $p = 0{,}3$.

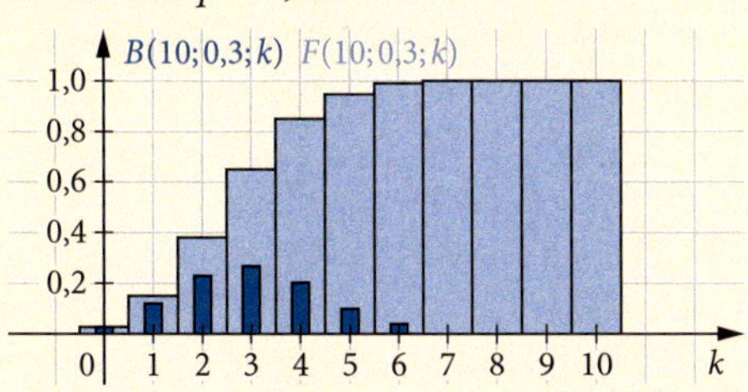

13. Ein Anlageberater wirbt damit, dass bisher 80 % seiner Empfehlungen bzw. Prognosen eingetreten seien. Eine ehemalige Lottogemeinschaft aus 20 Personen, die vom staatlichen Lotto enttäuscht ist, folgt unabhängig voneinander den Anlageempfehlungen des Beraters.

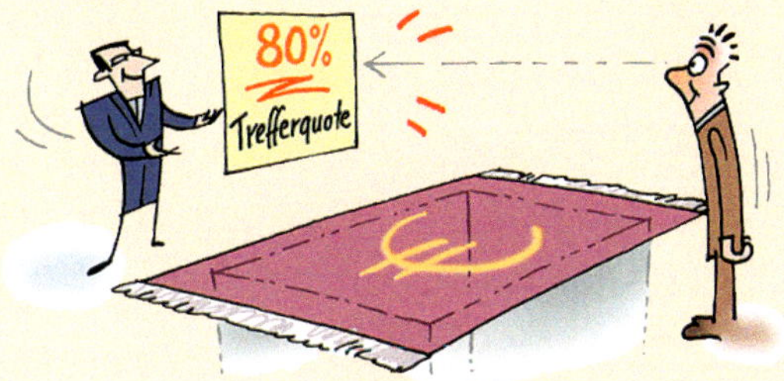

a) Berechnen Sie die Wahrscheinlichkeit, mit der mindestens 75 % der neuen Kunden richtig beraten werden.
b) Ermitteln Sie den Erwartungswert, die Varianz und die Standardabweichung.
c) Bestimmen Sie die Wahrscheinlichkeit, mit der die Anzahl der richtig beratenen Kunden in diesem Fall höchstens um die Standardabweichung vom Erwartungswert abweicht. Setzen Sie das Ergebnis mit den σ-Regeln in Beziehung.

14. Die Marketingabteilung eines Schokoriegel-Herstellers plant ein Gewinnspiel. Jeder fünfte Riegel wird so verpackt, dass in der Verpackung ein Gutscheincode für einen Online-Shop abgedruckt ist. Die Schokoriegel werden an den Einzelhandel in Kartons zu 100 Stück abgegeben.

a) Bestimmen Sie folgende Wahrscheinlichkeiten: In einem Karton
   a_1) befindet sich genau die erwartete Anzahl von „Gewinn-Riegeln“.
   a_2) befinden sich mehr als 25 „Gewinn-Riegel“.
   a_3) befinden sich mindestens 15 und weniger als 22 „Gewinn-Riegel“.
   a_4) weicht die Anzahl der „Gewinn-Riegel“ höchstens um die Standardabweichung vom Erwartungswert ab.
b) Untersuchen Sie, wie viele Riegel gekauft werden müssen, um mit mindestens 99 %iger Wahrscheinlichkeit mindestens einmal zu gewinnen.
c) In einer Auslagebox an der Kasse mit 20 Riegeln befinden sich – wie erwartet – 4 „Gewinn-Riegel“. Es werden zufällig 5 Riegel mit einem Griff aus der Box geholt. Bestimmen Sie die Wahrscheinlichkeit dafür, dass man gewonnen hat.

15. In 3 % aller Fälle weisen die USB-Sticks der JoRo GmbH einen Fehler auf.

a) Berechnen Sie die Wahrscheinlichkeit, dass man in einem Paket mit 20 USB-Sticks mehr als einen fehlerhaften Stick findet.

b) Ein Mitarbeiter der JoRo GmbH sagt, dass er Pakete mit 100 USB-Sticks kontrolliert und immer nur 2 bis 5 fehlerhafte Sticks gefunden habe. Bewerten Sie seine Aussage.

16. Leiten Sie die Formel $V(X) = n \cdot p \cdot (1 - p)$ für die Varianz einer binomialverteilten Zufallsgröße X mit den Parametern n und p her.

17. Eine Münze wird 324-mal geworfen und dabei die Anzahl von „Zahl" gezählt.

a) Untersuchen Sie, welches Intervall die σ-Umgebung des Zufallsexperiments beschreibt.

(1) [162; 171] (3) [153; 171]
(2) [152; 170] (4) [147; 177]

b) Bestimmen Sie das Intervall, in dem die Anzahl der „Zahl" mit einer Wahrscheinlichkeit von ca. 90 % liegt.

(1) [148; 176] (3) [145; 176]
(2) [144; 180] (4) [162; 190]

18. Das Unternehmen Lin Chen aus Wenzhou in China, das sich auf die Produktion von Würfeln spezialisiert hat, möchte eine neue Produktionsmaschine für Würfel hoher Qualität anschaffen. Diese Anlage soll aber zuerst darauf hin geprüft werden, ob sie tatsächlich ideale Würfel herstellt. Lin Chen legt für den Test fest, dass die Abweichung von der Erfolgswahrscheinlichkeit maximal 0,5 Prozentpunkte bei einer Sicherheitswahrscheinlichkeit von 99 % betragen darf.
Bestimmen Sie den Umfang der Stichprobe unter diesen Bedingungen.

19. Bei der Klausurvorbereitung haben Sie eine Tasse Kaffee über Ihr Merkheft zu den Sigmaregeln verschüttet.
Rekonstruieren Sie die Merksätze:

a) Bei einer binomialverteilten Zufallsgröße liegen ___ aller Werte in der 2σ-Umgebung.

b) 99 % aller Werte einer binomialverteilten Zufallsgröße liegen im Intervall [___].

c) X ist binomialverteilt. Die Wahrscheinlichkeit $P(\mu - \sigma \leq X \leq \mu + \sigma)$ ist ___ .

20. Die Zufallsgröße X ist binomialverteilt mit $n = 100$ und $p = 0{,}3$ (▶ „Alles klar?"-Aufgabe S. 347).
Bestimmen Sie experimentell den Parameter k mit $P(\mu - k \leq X \leq \mu + k) = 0{,}99$ und vergleichen Sie Ihr Ergebnis mit den Sigmaregeln.

21. Bei der Flamingo-Airline treten erfahrungsgemäß 90 % der gebuchten Fluggäste den Flug auch tatsächlich an. Deshalb werden einige Sitze von der Airline doppelt besetzt. Die Kapazität des Flugzeugs für einen Interkontinentalflug beträgt 460 Passagiere. Der Gewinn pro gebuchtem Fluggast beträgt 100 €, im Fall einer Überbuchung muss die Airline 500 € pro abgewiesenem Fluggast zahlen.

a) Berechnen Sie auf der Basis einer Sicherheitswahrscheinlichkeit von 99 %, wie viele Sitzplätze überbucht werden können.

b) Berechnen Sie die Wahrscheinlichkeit, dass der Flug nicht ausgebucht ist, und die Wahrscheinlichkeit, dass mindestens ein Fluggast abgewiesen wird.

c) Berechnen Sie den zu erwartenden Gewinn bei 490 Buchungen.

d) Untersuchen Sie mithilfe einer Tabellenkalkulation, bei wie vielen Buchungen der Gewinn maximal ist.

22. Die Bäckerei „Backfit GmbH" aus Braunschweig stellt Weihnachtsgebäck in großen Mengen her. Die Gebäckmischung „Weihnachtsflair" weist zu 15 % Fehler in der Verpackung auf.

a) Ermitteln Sie die Anzahl der Gebäckmischungen, die man mindestens überprüfen muss, um mit einer Wahrscheinlichkeit von mehr als 97 % mindestens drei fehlerhafte Mischungen zu finden.

b) Rechtzeitig zur Weihnachtszeit werden 2 000 000 Gebäckmischungen an die Händler geliefert, von denen 299 223 aufgrund fehlerhafter Verpackung reklamiert und zurückgesendet werden.
Beurteilen Sie dieses Ergebnis durch Untersuchung der σ-, der 2σ- und der 3σ-Umgebungen.

c) Bestimmen Sie drei verschiedene Anzahlen von Rücksendungen aufgrund von Reklamationen, sodass mit einer Sicherheitswahrscheinlichkeit von ca. 99,7 % keine Abweichung vom erwarteten Ergebnis mehr bestätigt werden kann.

d) Die „Backfit GmbH" verkauft kurz vor Weihnachten noch einen Restposten von 15 000 Gebäckmischungen. Berechnen Sie, wie viele Mischungen mit einer Sicherheitswahrscheinlichkeit von 99 % nicht beanstandet werden.

23. Die Fly Bike Werke GmbH liefert an einen Radrennstall 100 „21-Gang"-Schaltungen, von denen im Schnitt 5 % noch einmal vom Rennteam nachjustiert werden müssen. Die Gangschaltungen sind in Boxen zu 20 Stück verpackt.

a) Berechnen Sie die Wahrscheinlichkeit, dass eine Box genau die zu erwartende Menge an fehlerhaften Schaltungen enthält.

b) Beurteilen Sie die Aussage der Fly Bike Werke GmbH, dass fast immer weniger als 7 Schaltungen aus einer Box nachjustiert werden müssen.

c) Ermitteln Sie die Wahrscheinlichkeit, mit der jede einzelne der 20 Gangschaltungen einwandfrei sein muss, damit mit einer Wahrscheinlichkeit von mehr als 90 % alle Gangschaltungen in einer Box einwandfrei sind. Beurteilen Sie diese Wahrscheinlichkeit aus Sicht der Fly Bike Werke.

d) Der gesamte Auftrag soll storniert werden, wenn unter 5 geprüften Boxen mindestens eine Box mehr als 2 fehlerhafte Gangschaltungen aufweist. Bestimmen Sie die Wahrscheinlichkeit hierfür.

24. In einem Großraumbüro arbeiten 20 Kollegen. Es stehen zwei Laserdrucker für alle zur Verfügung. In letzter Zeit wird vermehrt der Wunsch nach einem weiteren Gerät geäußert, um nicht zu lang an einem Gerät anstehen zu müssen. Erfahrungsgemäß beansprucht jeder Kollege einen Drucker für ungefähr 6 Minuten pro Stunde (= 60 Minuten).

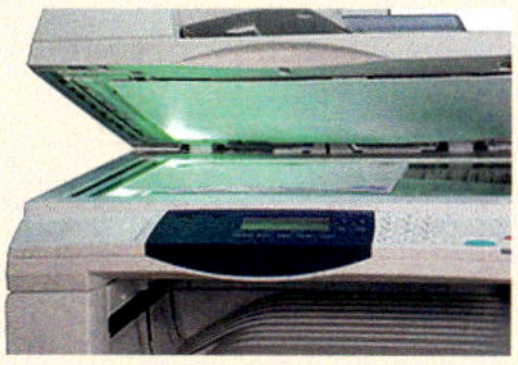

Beraten Sie die Geschäftsführung, inwieweit die Anschaffung weiterer Geräte sinnvoll ist. Nutzen Sie hierfür ggf. eine Tabellenkalkulation.

a) Wählen Sie als binomialverteilte Zufallsgröße X, die „zählt", wie viele Personen zu einem beliebigen Zeitpunkt auf den Drucker zugreifen. Berechnen Sie die Wahrscheinlichkeiten, dass nur 2 bzw. 3 Druckvorgänge zu diesem Zeitpunkt stattfinden.

b) Bestimmen Sie die Anzahl der Drucker, sodass diese mit einer Wahrscheinlichkeit von 95 % ausreichen, ohne dass jemand anstehen muss.

25. Ein Hotel mit 100 Gästen hat im Frühstücksraum 30 Plätze. Zwischen 7 und 10 Uhr nutzt jeder Gast einen Platz für durchschnittlich 30 Minuten.

a) Bestimmen Sie die zu erwartende Anzahl der Gäste im Frühstücksraum zu einem bestimmten Zeitpunkt. Gehen Sie davon aus, dass die Gäste unabhängig voneinander und zufällig während der Frühstückszeiten eintreffen.

b) Berechnen Sie die Wahrscheinlichkeit, mit der jeder Gast einen Platz bekommt, wenn die Voraussetzungen aus a) gelten.

c) Ein Tisch mit 6 Plätzen fällt weg. Berechnen Sie die Wahrscheinlichkeit, dass nun ein Gast auf einen Sitzplatz warten muss.

d) Beurteilen Sie, inwieweit das vorausgesetzte Modell in a) wirklichkeitsnah ist.

26. Aus der 16. Shell-Jugendstudie entnehmen Sie, dass ca. 40 % der Jugendlichen im Alter von 15 bis 24 Jahren Interesse an Politik haben. Dies soll im Politikunterricht in Ihrer Schule überprüft werden. Dazu befragen Sie 250 Schülerinnen und Schüler und notieren sich die Antwort.

Interesse an Politik: Seit 2002 wieder verhaltener Anstieg
Jugendliche im Alter von 15 bis 24 Jahren (Angaben in %)

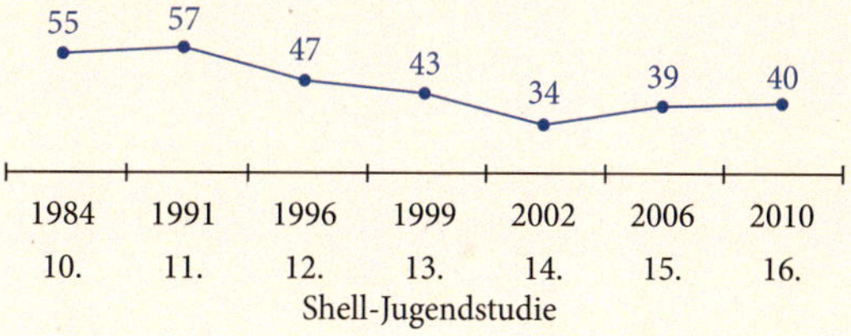

a) Geben Sie an, wie oft Sie die Antwort „Ich bin an Politik interessiert" erwarten.

b) Berechnen Sie den Bereich, in dem die Anzahl der an Politik interessierten Schülerinnen und Schüler zu 95 % liegen wird.

27. Ein Sägewerk liefert Dielenbretter mit einer erwartbaren Dicke von 25 mm. Bei der Produktion wird eine Ausschussquote von 12 % toleriert. Zur Qualitätssicherung wird einmal pro Woche eine Stichprobe entnommen und überprüft, ob diese den Anforderungen entspricht. Bestimmen Sie mit einer Sicherheitswahrscheinlichkeit von ca. 95 %, mit wie vielen beanstandeten Dielenbrettern bei einer Stichprobe von 120 Brettern gerechnet werden kann, ohne dass Grund zur Beunruhigung besteht.

28. Eine kleine IT-Firma entwickelt einen neuen Zufallsgenerator, der sehr zuverlässig Zufallszahlen erstellen soll. Zur Überprüfung der Qualität werden 500 000 ganzzahlige Zufallszahlen im Bereich von 1 bis 10 generiert und gezählt wie oft die Zahl 1 vorkommt. Beim ersten Versuch wurde 49 632-mal zufällig die Zahl 1 generiert. Beurteilen Sie dieses Ergebnis durch Untersuchung der σ-, der 2σ- und der 3σ-Umgebungen.

29. Ein Elektronikkonzern produziert in 5 verschiedenen Werken Handy-Akkus. Eine Untersuchung der gesamten Tagesproduktion ergab, dass von den 9150 produzierten Akkus 530 defekt waren. Im Detail verteilten sich die defekten Akkus wie folgt auf die 5 Werke:

	Werk 1	**Werk 2**	**Werk 3**	**Werk 4**	**Werk 5**
Tagesproduktion	1500	2200	2550	1100	1800
davon defekte Akkus	100	92	158	69	111

a) Untersuchen Sie, ob es bei einer Sicherheitswahrscheinlichkeit von 99 % bei einigen Werken eine signifikante Abweichung (außerhalb des Prognoseintervalls) der relativen Häufigkeiten gab.

b) Bei Werken mit einem signifikant höheren Anteil von defekten Akkus muss die interne Qualitätssicherung verbessert werden. Geben Sie eine Empfehlung ab.

30. Bei einem Gewinnspiel ist die Wahrscheinlichkeit p für einen Gewinn unbekannt. Sie sollen nun p abschätzen, dürfen jedoch mit einer Sicherheitswahrscheinlichkeit von 90 % höchstens einen Prozentpunkt von der tatsächlichen Gewinnwahrscheinlichkeit abweichen.
Berechnen Sie, wie oft das Gewinnspiel wiederholt werden muss, um die Gewinnwahrscheinlichkeit p unter diesen Bedingungen zu bestimmen.

31. Die Fernseh-Show „Deutschland sucht den Mathestar“ (DSDM) hatte bei der letzten Ausstrahlung eine bundesweite Einschaltquote von 14,6 %. Schätzen Sie, in welchem Intervall die Einschaltquote (= relative Häufigkeit) in einer Stadt mit rund 15 000 Einwohnern bei einer Sicherheitswahrscheinlichkeit von 95 % liegt.

32. Danna Linnbeug spielt sehr gerne Brettspiele und ist gleichzeitig an Statistik interessiert. Seit Jahren notiert sie sich daher, wie oft sie mit einem normalen Würfel eine 6 gewürfelt hat. Sie behauptet, dass sie bei bisher insgesamt 2300 Würfen 403-mal eine 6 gewürfelt hat.

Beurteilen Sie die Glaubwürdigkeit der Statistik von Danna Linnbeug.

a) Berechnen Sie das Prognoseintervall für die Statistik bei einer Sicherheitswahrscheinlichkeit von 95 %.

b) Beurteilen Sie anhand des Ergebnisses der Teilaufgabe a), ob die Statistik von Danna Linnbeug glaubwürdig ist.

c) Untersuchen Sie, ob die Glaubwürdigkeit von Danna Linnbeug mit einer Sicherheitswahrscheinlichkeit von 99 % hinterfragt werden kann.

33. Die Hotelkette „Urlaub von Anfang an“ hat in Niedersachsen 1150 Reservierungen von Hotelbetten pro Tag und geht davon aus, dass 88 % der reservierten Betten auch tatsächlich belegt werden. Berechnen Sie auf der Basis der 95 %-Regel, wie viele Hotelbetten überbucht werden können.

Ich kann ...

... ***Bernoulli-Experimente*** und ***Bernoulli-Ketten*** erkennen.

► Test-Aufgabe 2

Würfeln mit dem Ziel, eine 6 zu erhalten.
Treffer: „6 gewürfelt“
Niete: „keine 6 gewürfelt“
Trefferwahrscheinlichkeit: $p = \frac{1}{6}$
Wahrscheinlichkeit der Niete: $q = \frac{5}{6}$
Beim 10-maligen Würfeln ist $n = 10$.

Bernoulli-Experiment:
Es treten nur genau zwei Ergebnisse auf: „Treffer“ oder „Niete“

Bernoulli-Kette:
n-mal durchgeführtes Bernoulli-Experiment

... die ***Bernoulli-Formel*** anwenden und ***Wahrscheinlichkeiten*** bei der ***Binomialverteilung*** berechnen.

► Test-Aufgaben 2 und 4

Wahrscheinlichkeit, beim 10-maligen Würfeln genau 3-mal eine 6 zu würfeln:

$P(X=3) = \binom{10}{3} \cdot \left(\frac{1}{6}\right)^3 \cdot \left(\frac{5}{6}\right)^7$

$= B\left(10; \frac{1}{6}; 3\right) \approx 0{,}155$

Punktwahrscheinlichkeiten:
Bei einer Bernoulli-Kette der Länge n mit der Trefferwahrscheinlichkeit p gilt für die Wahrscheinlichkeit, genau k Treffer zu erzielen, die **Bernoulli-Formel:**

$P(X=k) = \binom{n}{k} \cdot p^k \cdot (1-p)^{n-k};\ k = 0, 1, \dots, n$

$= B(n; p; k)$

Wahrscheinlichkeit, beim 10-maligen Würfeln höchstens 3-mal eine 6 zu Würfeln:

$P(X \leq 3) = F\left(10; \frac{1}{6}; 3\right) \approx 0{,}9303$

Wahrscheinlichkeit, beim 10-maligen Würfeln zwischen 2- und 6-mal eine 6 zu würfeln:

$P(2 < X < 6) = P(3 \leq X \leq 5)$

$= F\left(10; \frac{1}{6}; 3; 5\right) \approx 0{,}2224$

Wahrscheinlichkeiten für summierte Binomialverteilung:
$P(X \leq k) = F(n; p; k)$

Wahrscheinlichkeiten bei Intervallen:
$P(k_u \leq X \leq k_o) = F(n; p; k_o) - F(n; p; k_u - 1)$
► GTR/CAS: $F(n; p; k_u; k_o)$

... Eigenschaften einer ***Binomialverteilung grafisch*** darstellen.

► Test-Aufgabe 3

10-mal Würfeln, *genau* k-mal eine 6

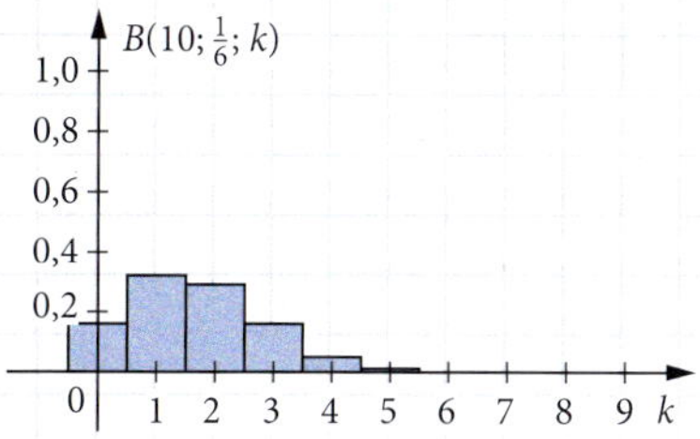

10-mal Würfeln, *höchstens* k-mal eine 6

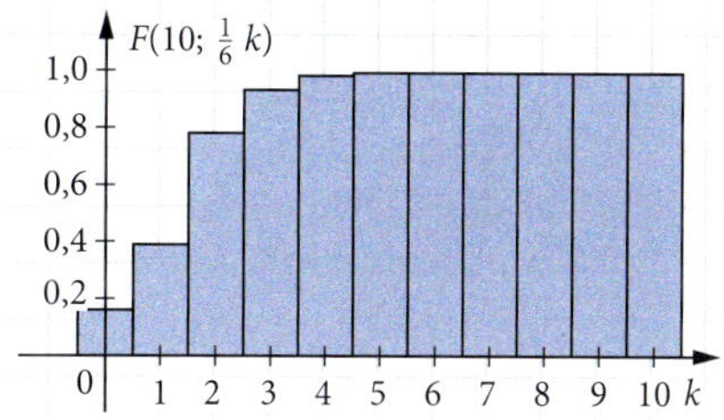

... den ***Erwartungswert*** $E(X)$ und die ***Standardabweichung*** $\sigma(X)$ berechnen.

► Test-Aufgabe 4

Beim 18-maligen Würfeln „erwarten“ wir im Schnitt 3-mal eine 6:

$E(X) = n \cdot p = 18 \cdot \frac{1}{6} = 3$

$\sigma(X) = \sqrt{18 \cdot \frac{1}{6} \cdot \frac{5}{6}} \approx 1{,}58$

Erwartungswert und Standardabweichung einer binomialverteilten Zufallsgröße X mit den Parametern n und p:

$E(X) = \mu = n \cdot p$

$\sigma(X) = \sqrt{n \cdot p \cdot (1-p)}$

... die ***Sigmaregeln*** anwenden.

► Test-Aufgaben 3, 4

Die Werte für X liegen in der Regel mit einer Wahrscheinlichkeit von ca.
68,3 % im Intervall $[\mu - \sigma; \mu + \sigma]$,
95,4 % im Intervall $[\mu - 2\sigma; \mu + 2\sigma]$,
99,7 % im Intervall $[\mu - 3\sigma; \mu + 3\sigma]$.

Die Werte für X liegen in der Regel mit einer Wahrscheinlichkeit von ungefähr
90 % im Intervall $[\mu - 1{,}64\sigma; \mu + 1{,}64\sigma]$,
95 % im Intervall $[\mu - 1{,}96\sigma; \mu + 1{,}96\sigma]$,
99 % im Intervall $[\mu - 2{,}58\sigma; \mu + 2{,}58\sigma]$.

6

Test zu 6.4

1. Ein Multiple-Choice-Test besteht aus 20 Fragen, bei denen jeweils nur eine von vier Antwortmöglichkeiten richtig ist. Bestimmen Sie die Wahrscheinlichkeit, dass durch zufälliges Ankreuzen

a) genau 10, b) mehr als 5, c) mindestens 5 und höchstens 10

Fragen richtig beantwortet werden.

2. Aus einer Urne mit 6 roten und 4 grünen Kugeln wird 10-mal eine Kugel gezogen und wieder zurückgelegt.

a) Bestimmen Sie mit der Bernoulli-Formel die Wahrscheinlichkeit, beim 10-maligen Ziehen mit Zurücklegen genau 3 grüne Kugeln zu erhalten.

b) Bestimmen Sie mit der Bernoulli-Formel die Wahrscheinlichkeit, beim 10-maligen Ziehen mit Zurücklegen genau 3 rote Kugeln zu erhalten.

c) Stellen Sie das k-fache Ziehen einer grünen Kugel mit Zurücklegen aus einer Urne mit 6 roten und 4 grünen Kugeln in einem Säulendiagramm für $0 \leq k \leq 10$ dar.

d) Erläutern Sie, warum Sie beim fünfmaligen Ziehen 3 rote und 2 grüne Kugeln erwarten.

e) Ermitteln Sie die Wahrscheinlichkeit in Aufgabenteil b), wenn die Kugeln nach dem Ziehen nicht zurückgelegt werden.

3. oHi Mi Ein Zulieferer für Fahrradzubehör produziert Fahrradlampen und verpackt sie in Paketen zu 20 Stück. 10 % der Lampen weisen Defekte auf. Für ein technisches Datenblatt wird das nebenstehende Diagramm angefertigt. Es zeigt die summierten Wahrscheinlichkeiten für die Zufallsgröße X, die hier für die Anzahl der defekten Lampen steht.

► X ist binomialverteilt, für alle k mit $k \geq 10$ beträgt die summierte Wahrscheinlichkeit 1.

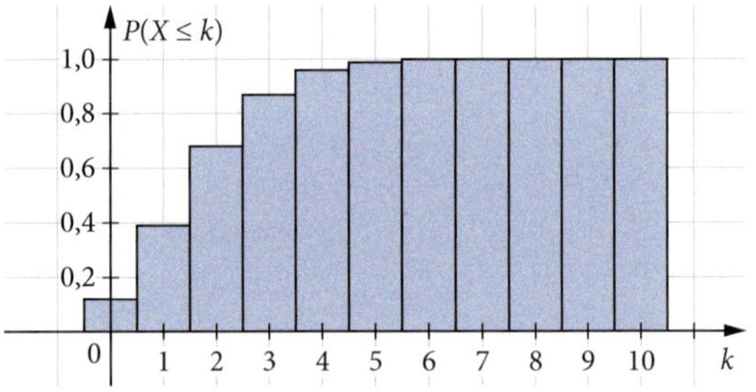

Beurteilen Sie folgende Aussagen anhand des Diagramms.

a) Die Wahrscheinlichkeit, dass in einem Paket höchstens eine Lampe fehlerhaft ist, beträgt ca. 39,5 %.

b) Die Wahrscheinlichkeit, dass in einem Paket genau eine Lampe defekt ist, beträgt ca. 27 %.

c) Die Wahrscheinlichkeit, dass sich in einem Paket zwischen zwei und höchstens sechs defekte Lampen befinden, liegt bei ca. 60 %.

d) Die Wahrscheinlichkeit, dass zwei oder fünf defekte Lampen im Paket sind, ist fast gleich hoch.

e) Die Wahrscheinlichkeit, dass mindestens drei Lampen defekt sind, liegt bei ca. 95 %.

4. Die JoRo GmbH produziert Smartphones und versendet den Typ JR2 in Kartons zu je 50 Geräten. Stichproben haben ergeben, dass 4 % der Smartphones kleinere Fehler beim Display aufweisen.

a) Bestimmen Sie die Wahrscheinlichkeit, dass

a_1) in einem Karton genau 5 Smartphones Fehler aufweisen,

a_2) sich in einem Karton weniger als 2 fehlerhafte Smartphones befinden,

a_3) ein Karton höchstens 45 fehlerfreie Smartphones enthält,

a_4) mehr als 3 und höchstens 6 Smartphones in einem Karton Fehler haben,

a_5) in einem Karton mindestens 4 Smartphones fehlerhaft sind.

b) Ermitteln Sie den Erwartungswert für die fehlerhaften Smartphones und die Wahrscheinlichkeit, mit der bei 50 kontrollierten Smartphones die Anzahl der fehlerhaften Smartphones höchstens um die Standardabweichung vom Erwartungswert abweicht.

c) Vor dem Verpacken werden die Smartphones kontrolliert. Untersuchen Sie, wie viele Smartphones überprüft werden müssen, um mit mindestens 95 %iger Wahrscheinlichkeit mindestens 1 Smartphone mit fehlerhaftem Display zu finden.

6 Daten und Zufall

6.5 Normalverteilung

Bei der Herstellung der E-Bikes der Fly Bike Werke GmbH werden Schwungscheiben mit einem Gewicht von 50 g verbaut, die von einem Zulieferer hergestellt werden. Diese Schwungscheiben haben einen wichtigen Einfluss auf ein flüssiges und ruckfreies Fahrverhalten der E-Bikes. Leider gibt es diesbezüglich in letzter Zeit aber Reklamationen durch Kunden, weshalb eine Stichprobe von 20 Scheiben einer Lieferung entnommen und exakt gewogen wurde.

Das folgende Ergebnis für das gemessene Gewicht g wurde notiert.

Gewichtsklasse	$49{,}0 \leq g < 49{,}5$	$49{,}5 \leq g < 50{,}0$	$50{,}0 \leq g < 50{,}5$	$50{,}5 \leq g < 51{,}0$
Anzahl der Scheiben	3	8	7	2

Der Zulieferer wird durch den Werksleiter der Fly Bike Werke mit dem Ergebnis konfrontiert. Dieser verweist auf den Liefervertrag, in dem erklärt wird, dass das Gewicht der Schwungscheiben mit $\mu = 50\,\text{g}$ und $\sigma = 0{,}5\,\text{g}$ normalverteilt ist. Daher wären diese Messergebnisse durchaus normal und kein Grund für eine Beanstandung.
Daraufhin beschließt die Geschäftsleitung der Fly Bike Werke GmbH zwei Sofortmaßnahmen zur Verbesserung der Qualität in der Produktion der E-Bikes:

1. Es sollen ab sofort nur Schwungscheiben in den E-Bikes eingebaut werden, deren Gewicht zwischen 49,7 und 50,3 Gramm liegt.
2. Der Liefervertrag wird verändert und die Geschäftsleitung der Fly Bike Werke empfiehlt dem Zulieferer, seine Herstellungsmaschinen zu verbessern, damit die Gewichte der Scheiben weniger um den Erwartungswert streuen.

▸ Aufgabe 7 auf Seite 370

Kompetenzen

- Die Binomialverteilung durch die lokale und globale Näherungsformel von Laplace und De Moivre annähern
- Die Wahrscheinlichkeit, den Erwartungswert und die Standardabweichung bei normalverteilten stetigen Zufallsgrößen bestimmen

Anwendungen

- Wahrscheinlichkeiten stetiger Zufallsgrößen (z. B. Gewicht einer Person) untersuchen
- Qualitätsprüfung stetiger Zufallsgrößen

6.5 Normalverteilung

6.5.1 Approximation der Binomialverteilung

Bei der Binomialverteilung können die Punktwahrscheinlichkeiten $B(n; p; k)$ und die summierten Wahrscheinlichkeiten $F(n; p; k)$ bzw. $F(n; p; k_u; k_o)$ mithilfe von GTR/CAS ermittelt werden ▶ Beispiel 9, Seite 340.
Für bestimmte Fragestellungen ist es jedoch sehr hilfreich, wenn die Wahrscheinlichkeit der Binomialverteilung als **Wahrscheinlichkeitsfunktion** angenähert wird und daher mit Methoden der Differenzialrechnung bearbeitet werden kann. Mit diesen Methoden ergeben sich auch die **Sigmaregeln**. Die Sigmaregeln kamen bereits bei der Binomialverteilung (▶ Seite 347) zur Anwendung; hier werden sie formal hergeleitet.

Standardisierung und lokale Näherungsformel

Binomialverteilungen sehen im Histogramm unterschiedlich aus. Abhängig von den Parametern n und p unterscheiden sie sich in der Form und Lage (▶ Seite 344):
- Je größer n wird (p konstant), desto weiter rechts liegt die höchste Säule des Histogramms und damit auch die Stelle des Erwartungswertes μ. Außerdem ist das Histogramm flacher und symmetrischer.
- Bei größerem p und konstantem n liegt das Maximum ebenfalls weiter rechts.
- Für $p = 0{,}5$ ist die Verteilung symmetrisch.

Möchte man alle Binomialverteilungen durch eine Funktion erfassen, muss man die Verteilungen zunächst auf ein einheitliches „Aussehen" **standardisieren**.

1 Standardisierung der Binomialverteilungen

Führen Sie die Standardisierung der Binomialverteilung durch.

Betrachtet werden die folgenden drei Binomialverteilungen:

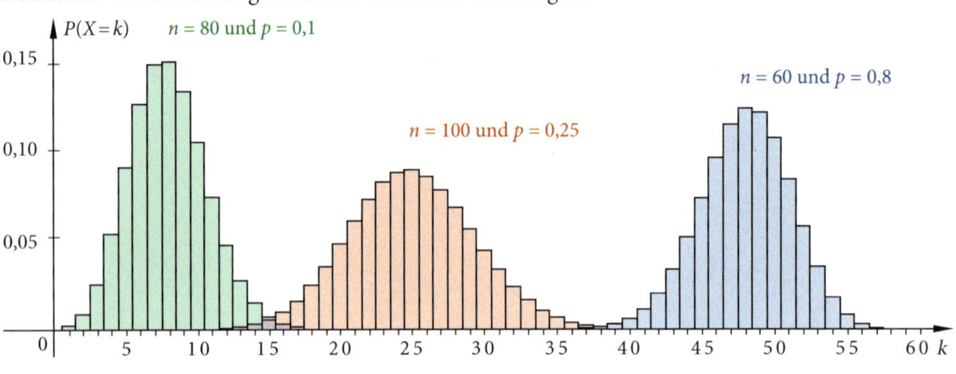

Die Standardisierung der Binomialverteilungen geschieht jeweils in drei Teilschritten:

1. Teilschritt:
Der Erwartungswert $E(X) = \mu$ wird durch eine Koordinatentransformation $Y = X - \mu$ in den Ursprung verschoben, sodass $E(Y) = 0$ gilt.
Das entsprechende Histogramm hat seine höchste Säule somit an der Stelle $Y = 0$.

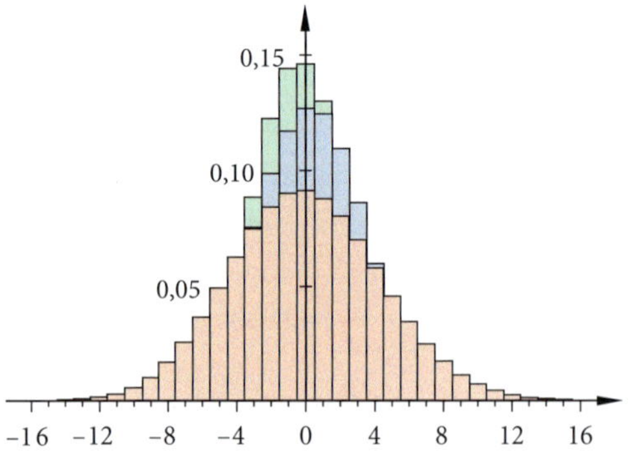

2. Teilschritt:
Mit $Z = \frac{Y}{\sigma} = \frac{X - \mu}{\sigma}$ wird die Standardabweichung auf 1 normiert.
Dadurch ist das Histogramm unabhängig von n immer etwa gleich breit. Die Breite der Säulen verändert sich von 1 auf $\frac{1}{\sigma}$.
Der Erwartungswert $E(Y) = E(Z) = 0$ bleibt erhalten.

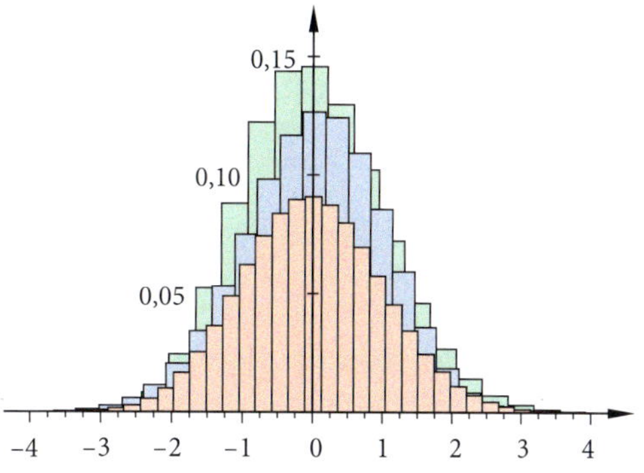

3. Teilschritt:
Da die Säulenbreite im 2. Teilschritt verändert wurde, wird nun die Säulenhöhe mit σ multipliziert. Dadurch erhält man die ursprünglichen Flächeninhalte der Säulen zurück. Der Flächeninhalt der Säule zu $z = \frac{k - \mu}{\sigma}$ entspricht dann der Wahrscheinlichkeit $B(n; p; k)$ und das Histogramm hat die Gesamtmaßzahl 1.

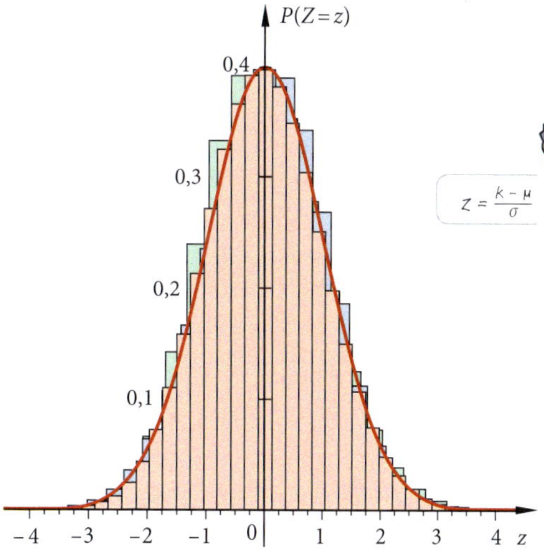

Jedes Histogramm einer in dieser Weise standardisierten binomialverteilten Zufallsgröße Z kann nun durch die nach dem deutschen Mathematiker Carl Friedrich Gauß (1777 – 1855) benannte **Gauß'sche Glockenkurve** mit der Gleichung $\varphi(z) = \frac{1}{\sqrt{2 \cdot \pi}} \cdot e^{-0{,}5\, z^2}$ angenähert werden. Das folgt aus dem **Zentralen Grenzwertsatz**, der ein sehr grundlegendes Theorem der Wahrscheinlichkeitstheorie formuliert, hier aber nicht bewiesen werden soll. Der Funktionswert von φ an der Stelle $z = \frac{k - \mu}{\sigma}$ entspricht ungefähr der Höhe der k-ten Säule der standardisierten Binomialverteilung, also $\sigma \cdot B(n; p; k)$. Somit gilt $B(n; p; k) \approx \frac{1}{\sigma} \cdot \varphi(z)$ mit $z = \frac{k - \mu}{\sigma}$.

De Moivre hatte bereits erkannt, dass die Histogramme standardisierter Binomialverteilungen einen fast gleichen Verlauf wie die Gauß'sche Glockenkurve zeigen. Laplace hat die Untersuchungen von De Moivre weitergeführt und herausgefunden, dass diese Annäherung umso genauer wird, je größer die Standardabweichung σ ist. Mit größerem σ wird der Fehler aufgrund der Asymmetrie der Binomialverteilung (bei $p \neq 0{,}5$) zur symmetrischen Gauß'schen Glockenkurve immer kleiner. Diese Asymmetrie wird kleiner, je näher p an 0,5 ist oder je größer n ist.

Damit die Approximation der Binomialverteilungen durch die Gauß'sche Glockenkurve hinreichend genau ist, muss für die Standardabweichung die Laplace-Bedingung $\sigma = \sqrt{n \cdot p \cdot (1 - p)} > 3$ erfüllt sein.

Lokale Näherungsformel von Laplace und De Moivre:
Ist X eine binomialverteilte Zufallsgröße mit dem Erwartungswert $\mu = n \cdot p$ und der Standardabweichung $\sigma = \sqrt{n \cdot p \cdot (1 - p)}$ und erfüllt X die Laplace-Bedingung $\sigma > 3$, dann gilt:
$P(X = k) = B(n; p; k) \approx \frac{1}{\sigma} \cdot \varphi(z) = \frac{1}{\sigma \cdot \sqrt{2 \cdot \pi}} \cdot e^{-0{,}5 \cdot z^2}$ mit $z = \frac{k - \mu}{\sigma}$.

2 Münzwurf mit der lokalen Näherungsformel

Eine ideale Münze wird 100-mal geworfen. Wie groß ist die Wahrscheinlichkeit, dass genau 55-mal „Zahl" erscheint? Vergleichen Sie den für die Binomialverteilung berechneten Wert und den mithilfe der lokalen Näherungsformel bestimmten Wert.

Eine Berechnung des Wertes der Binomialverteilung ergibt, dass die gesuchte Wahrscheinlichkeit 4,85 % beträgt.

Mithilfe der lokalen **Näherungsformel** von Laplace und De Moivre erhält man eine Wahrscheinlichkeit von 4,84 %.

▸ Die Laplace-Bedingung $\sigma > 3$ ist erfüllt.

Dieser Wert liegt sehr dicht an der mit der Binomialverteilung bestimmten Wahrscheinlichkeit.

Ein GTR/CAS bietet auch die Möglichkeit, die Näherungswerte direkt mit dem Rechner zu bestimmen.

▸ CA Den Befehl NormPD(z)=φ(z) findet man unter OPTN, STAT (F5), DIST (F3), NORM (F1), Npd (F1).

$n = 100;\ p = 0{,}5;\ k = 55$

$P(X=55) = B(100;\ 0{,}5;\ 55) \approx \mathbf{0{,}0485}$

$\mu = n \cdot p = 100 \cdot 0{,}5 = 50$

$\sigma = \sqrt{n \cdot p \cdot (1-p)} = \sqrt{100 \cdot 0{,}5 \cdot 0{,}5} = 5$ ▸ $\sigma > 3$

$\Rightarrow\ z = \frac{k-\mu}{\sigma} = \frac{55-50}{5} = 1$

$B(n;\ p;\ k) \approx \frac{1}{\sigma}\varphi(z)$

$B(100;\ 0{,}5;\ 55) \approx \frac{1}{5}\varphi(1) = \frac{1}{5 \cdot \sqrt{2 \cdot \pi}} \cdot e^{-0{,}5 \cdot 1^2}$

$\approx \mathbf{0{,}0484 = 4{,}84\,\%}$

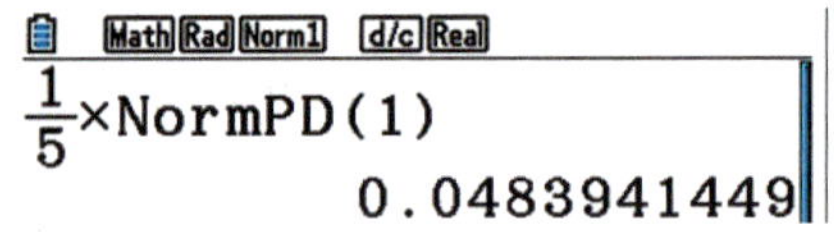

Berechnen Sie mithilfe der lokalen Näherungsformel die Wahrscheinlichkeiten, dass bei 1000 Würfen mit einem idealen Würfel genau 150-mal eine „6" erscheint und dass genau 850-mal keine „6" erscheint.

Integrale Näherungsformel von Laplace und De Moivre

Nach der Annäherung der Binomialverteilung durch die lokale Näherungsformel soll nun die **summierte Binomialverteilung** (F) durch eine Näherung beschrieben werden.

3 Gauß'sche Glockenkurve

Beschreiben Sie die Annäherung der summierten Binomialverteilung durch die Gauß'sche Glockenkurve.

Der Wert der summierten Binomialverteilung $F(n;\ p;\ k_0)$ entspricht dem Flächeninhalt der ersten k_0 Säulen des Histogramms.

Für große n wird die Summation der Flächeninhalte der Säulen durch die Integration der Gauß'schen Glockenkurve angenähert:

$F(n;\ p;\ k_0) \approx \int_{-\infty}^{z_0} \varphi(t)\,dt = \frac{1}{\sqrt{2 \cdot \pi}} \cdot \int_{-\infty}^{z_0} e^{-0{,}5\,t^2}\,dt$

bzw. $F(n;\ p;\ k_0) \approx \Phi(z_0)$, wenn Φ die Stammfunktion von φ ist.

Der rechte Rand z_0 des Integrationsintervalls muss gleich dem rechten Rand der standardisierten Säule k_0 sein, damit die gesamte Breite $\frac{1}{\sigma}$ der Säule k_0 berücksichtigt wird. Deshalb addiert man zu $\frac{k_0-\mu}{\sigma}$ die halbe Säulenbreite, also $\frac{0{,}5}{\sigma}$ hinzu:

$z_0 = \frac{k_0 - \mu + 0{,}5}{\sigma}$. ▸ Für große n kann die Korrektur $+\frac{0{,}5}{\sigma}$ entfallen.

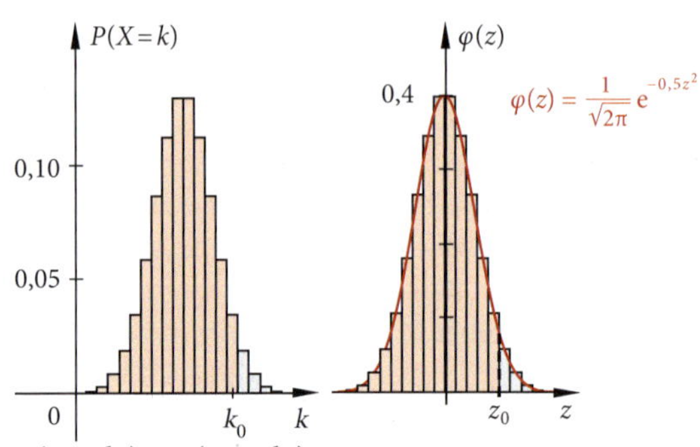

$P(X \le k_0) = F(n;\ p;\ k_0)$

$F(n;\ p;\ k_0) \approx \int_{-\infty}^{z_0} \varphi(t)\,dt = \frac{1}{\sqrt{2 \cdot \pi}} \cdot \int_{-\infty}^{z_0} e^{-0{,}5\,t^2}\,dt$

$F(n;\ p;\ k_0) \approx \Phi(z_0)$ mit $z_0 = \frac{k_0 - \mu + 0{,}5}{\sigma}$

▸ Die Funktionswerte von $\Phi(z_0)$ können mithilfe eines Rechners bestimmt werden (siehe Beispiel 4).

Die Funktion Φ mit der Gleichung $\Phi(z) = \frac{1}{\sqrt{2 \cdot \pi}} \cdot \int_{-\infty}^{z} e^{-0,5\,t^2}\,dt$ heißt **Gauß'sche Integralfunktion** oder **Gauß'sche Summenfunktion**.

Globale bzw. integrale Näherungsformel von Laplace und De Moivre:
Ist X eine binomialverteilte Zufallsgröße mit dem Erwartungswert $E(X) = \mu = n \cdot p$ und der Standardabweichung $\sigma = \sqrt{n \cdot p \cdot (1 - p)} > 3$, dann lässt sich $P(X \leq k)$ durch die Gauß'sche Integralfunktion Φ approximieren:
$P(X \leq k) = F(n; p; k) \approx \Phi(z)$ mit $z = \frac{k - \mu + 0,5}{\sigma}$ und $\Phi(z) = \frac{1}{\sqrt{2 \cdot \pi}} \cdot \int_{-\infty}^{z} e^{-0,5\,t^2}\,dt$.

Münzwurf mit der globalen Näherungsformel

4

Ermitteln Sie mithilfe der Gauß'schen Integralfunktion Φ die Wahrscheinlichkeit, dass bei 100 Würfen einer idealen Münze höchstens 55-mal „Kopf" erscheint, und vergleichen Sie diesen Wert mit dem Wert der summierten Binomialverteilung.

Zur Berechnung der Gauß'schen Integralfunktion werden die Werte für μ, σ und z benötigt.

$n = 100$; $p = 0,5$; $k = 55$; $\mu = n \cdot p = 100 \cdot 0,5 = 50$

$\sigma = \sqrt{n \cdot p \cdot (1 - p)} = \sqrt{100 \cdot 0,5 \cdot 0,5} = 5$ ▸ $\sigma > 3$

$\Rightarrow\ z = \frac{k - \mu + 0,5}{\sigma} = \frac{55 - 50 + 0,5}{5} = 1,1$

Wir berechnen den summierten Wert $\Phi(z)$ bis $z = 1,1$. Es ergibt sich die Wahrscheinlichkeit von ca. 86,43 %, dass höchstens 55-mal „Kopf" erscheint.

$P(X \leq 55) \approx \Phi(1,1)$

```
normCdf(-∞,1.1)                0.864334
```

▸ TI Der Befehl wendet die Gauß'sche Summenformel Φ im Bereich zwischen x_u und x_o an. Für $\Phi(z)$ kann $x_o = z$ und im CAS $x_u = -\infty$ verwendet werden. Beim GTR kann das Ergebnis durch eine große negative Zahl als untere Grenze angenähert werden.

Der summierte Wert $\Phi(z)$ wird durch das Integral $\Phi(z) = \frac{1}{\sqrt{2\pi}} \cdot \int_{-\infty}^{z} e^{-0,5\,t^2}\,dt$ berechnet. Mit dem GTR/CAS könnte dieses Integral auch explizit berechnet werden.

$$\frac{1}{\sqrt{2 \cdot \pi}} \cdot \int_{-\infty}^{1.1} e^{-0.5 \cdot t^2}\,dt \qquad 0.864334$$

Mit der summierten Binomialverteilung ergibt sich ein Wert von 86,44 %. Der mit der Näherungsformel ermittelte Wert weicht um nur 0,01 % vom exakten Wert der Binomialverteilung ab.

```
binomCdf(100,0.5,55)           0.864373
```

Globale Näherungsformel mit negativem z

5 GTR CAS

Ein Sägewerk garantiert, dass 95 % der gelieferten Dielenbretter die Dicke von 25 mm haben. Ein Baumarkt wird mit 4000 Brettern beliefert. Bestimmen Sie mithilfe der globalen Näherungsformel die Wahrscheinlichkeit, mit der mehr als 180 Bretter von der angegebenen Dicke abweichen.

X misst die Anzahl der Bretter, die von der angegebenen Dicke abweichen, und ist binomialverteilt mit: $n = 4000$; $p = 0,05$; $k = 180$.
Nach der Berechnung von σ und z wird die gesuchte Wahrscheinlichkeit $P(X > 180)$ mithilfe der **Gegenwahrscheinlichkeit** $P(X \leq 180)$ ermittelt.
Es ergibt sich eine Wahrscheinlichkeit von rund 92 % dafür, dass mehr als 180 Bretter von der angegebenen Dicke abweichen.

$\mu = n \cdot p = 4000 \cdot 0,05 = 200$

$\sigma = \sqrt{n \cdot p \cdot (1 - p)} = \sqrt{4000 \cdot 0,05 \cdot 0,95} \approx 13,8$ ▸ $\sigma > 3$

$\Rightarrow\ z = \frac{k - \mu + 0,5}{\sigma} = \frac{180 - 200 + 0,5}{13,8} \approx -1,41$

$P(X > 180) = 1 - P(X \leq 180) \approx 1 - \Phi(-1,41)$

```
1-normCdf(-∞,-1.41)            0.92073
```

▸ TI Beim GTR kann das Ergebnis durch eine große negative Zahl anstelle von $-\infty$ angenähert werden.

6

Der Graph der Gauß'schen Glockenkurve ist symmetrisch zur y-Achse und der gesamte Flächeninhalt zwischen dem Graphen G_φ und der x-Achse hat die Maßzahl 1.

Daraus folgt:
$\Phi(0) = 0{,}5$ und $\Phi(-z) = 1 - \Phi(z)$.

Es können sich bei der Berechnung von z also durchaus auch negative Werte ergeben. ▶ Beispiel 5

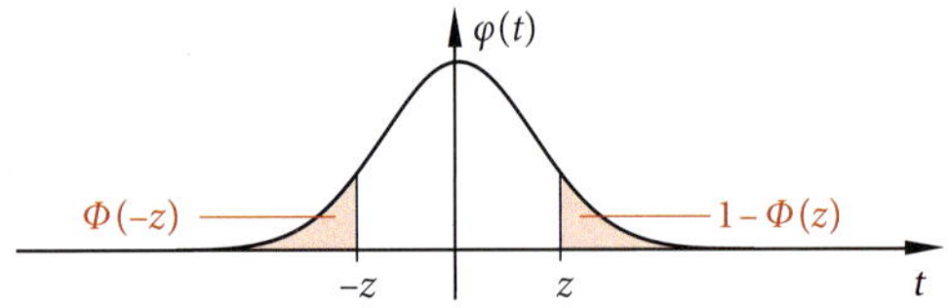

Ein idealer Würfel wird 600-mal geworfen.
Berechnen Sie mithilfe der Näherungsformel die Wahrscheinlichkeit, dass

a) höchstens 95-mal die „6",
b) mindestens 110-mal die „6",
c) die „6" zwischen 98- und 105-mal erscheint.

Sigmaregeln

Besonders nützlich zum Bestimmen von Intervallen, in denen mit einer hohen Wahrscheinlich der Wert einer Zufallsgröße liegt, sind die **Sigmaregeln** (▶ Seite 347). Mit der Gauß'schen Glockenkurve können die Sigmaregeln nun allgemein hergeleitet werden.

6 Sigmaregeln

Eine ideale Münze wird 100-mal geworfen. Bestimmen Sie die Wahrscheinlichkeit dafür, dass die Anzahl der Würfe, bei denen „Kopf" erscheint, innerhalb des Intervalls von einer (zwei oder drei) Standardabweichung(en) um den Erwartungswert liegt.

X gibt an, wie oft „Kopf" geworfen wird.

Einfache σ-Umgebung:
Da die Laplace-Bedingung erfüllt ist, kann die Wahrscheinlichkeit $P(\mu - \sigma \leq X \leq \mu + \sigma)$ durch die Fläche unter der Gauß'schen Glockenkurve angenähert werden. Bei der einfachen σ-Umgebung erhalten wir für das bestimmte Integral die untere Grenze -1 und die obere Grenze 1.

$$P(\mu - \sigma \leq X \leq \mu + \sigma) \approx \int_{-1}^{1} \varphi(x)\,dx \approx 68{,}3\,\%$$

Die Wahrscheinlichkeit, dass die Anzahl der Würfe in der einfachen σ-Umgebung liegt, beträgt also 68,3 %. Da sich die Integrationsgrenzen -1 und 1 unabhängig von μ und σ bzw. n und p ergeben haben, gilt allgemein für beliebige Binomialverteilungen, dass ca. 68,3 % der Werte in der einfachen σ-Umgebung um den Erwartungswert μ liegen.

Doppelte σ-Umgebung:
Analog können die Werte für die 2σ-Umgebung bestimmt werden.

$$P(\mu - 2\sigma \leq X \leq \mu + 2\sigma) \approx \int_{-2}^{2} \varphi(x)\,dx \approx 95{,}4\,\%$$

Dreifache σ-Umgebung:
Für die 3σ-Umgebung erhalten wir rund 99,7 %.

$n = 100;\ p = 0{,}5$

$\mu = n \cdot p = 100 \cdot 0{,}5 = 50$

$\sigma = \sqrt{n \cdot p \cdot (1 - p)} = \sqrt{100 \cdot 0{,}5 \cdot 0{,}5} = 5$ ▶ $\sigma > 3$

$P(\mu - \sigma \leq X \leq \mu + \sigma) \approx \int_{z_1}^{z_2} \varphi(x)\,dx$ mit

$z_1 = \frac{(\mu - \sigma) - \mu}{\sigma} = -1;\ z_2 = \frac{(\mu + \sigma) - \mu}{\sigma} = 1$

▶ In der allgemeinen Form wird auf die Korrektur $\frac{+0{,}5}{\sigma}$ verzichtet. Die Annäherung ist umso genauer, je größer die Länge n der Bernoulli-Kette ist.

```
∫_{-1}^{1} NormPD(x)dx
                0.6826894921
```

▶ CA Den Befehl NormPD(z)=φ(z) findet man unter [OPTN], STAT ([F5]), DIST ([F3]), NORM ([F1]), Npd ([F1]).

```
∫_{-2}^{2} NormPD(x)dx
                0.9544997361
```

```
∫_{-3}^{3} NormPD(x)dx
                0.9973002039
```

Mit dem GTR/CAS kann die Fragestellung auch umgedreht werden.

Bestimmung der Sigma-Umgebung

7

Eine ideale Münze wird 100-mal geworfen und die Anzahl von „Kopf" gezählt. Bestimmen Sie die Sigma-Umgebung, in der mit mindestens 90 %iger Wahrscheinlichkeit das Ergebnis des Zufallsexperiments liegt.

Hier ist die Wahrscheinlichkeit vorgegeben, die Sigma-Umgebung (man spricht auch vom **Radius**) ist aber unbekannt. Da σ und μ fest sind, wird ein neuer unbekannter Parameter $c > 0$ eingeführt:

$$P(\mu - c \cdot \sigma \leq X \leq \mu + c \cdot \sigma) = 0{,}9$$

$$\Leftrightarrow \int_{-c}^{c} \varphi(x)\,dx = 0{,}9$$

Diese Gleichung wird von unserem GTR/CAS gelöst; es ergibt sich $c = 1{,}64$.

Die Anzahl, wie oft „Kopf" geworfen wird, liegt mit einer Wahrscheinlichkeit von mindestens 90 % in der 1,64-Sigma-Umgebung.

$n = 100;\ p = 0{,}5$

$\mu = n \cdot p = 100 \cdot 0{,}5 = 50$

$\sigma = \sqrt{n \cdot p \cdot (1-p)} = \sqrt{100 \cdot 0{,}5 \cdot 0{,}5} = 5$ ▸ $\sigma > 3$

$z_1 = \frac{(\mu - c \cdot \sigma) - \mu}{\sigma} = -c$

$z_2 = \frac{(\mu + c \cdot \sigma) - \mu}{\sigma} = c$

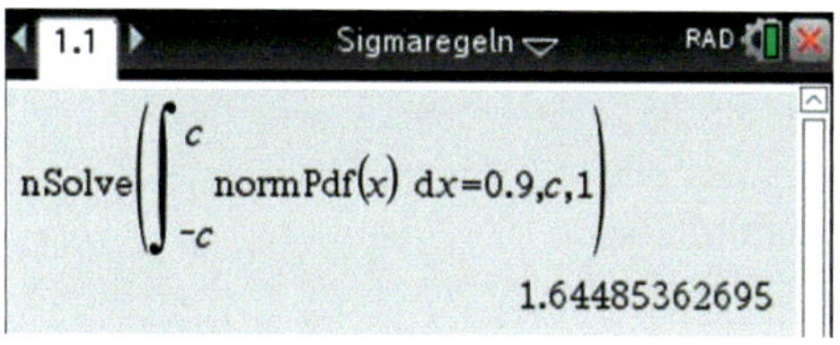

▸ TI Der Befehl normPdf(x) berechnet den Wert der Gauß'schen Glockenkurve φ an der Stelle x.

Auch hier sind die Integrationsgrenzen unabhängig von μ und σ bzw. n und p. Damit gilt allgemein, dass die Werte einer beliebigen Binomialverteilung mit einer Wahrscheinlichkeit von mindestens 90 % in der 1,64-Sigma-Umgebung des Erwartungswerts μ liegen.

Im konkreten Beispiel entspricht die 1,64-Sigma-Umgebung dem Intervall [42; 58].
Mit einer Wahrscheinlichkeit von rund 90 % wird also mindestens 42-mal und höchstens 58-mal „Kopf" geworfen.

$c = 1{,}64$

$\Rightarrow \mu - c \cdot \sigma = 41{,}8$

$\quad \mu + c \cdot \sigma = 58{,}2$

$\Rightarrow [42;\ 58]$

Die Beispiele 6 und 7 zeigen, dass sich für Binomialverteilungen bzw. Zufallsgrößen, die durch die Gauß'sche Glockenkurve beschrieben werden können, allgemeine **Sigmaregeln** aufstellen lassen.
Die folgende Tabelle fasst die geläufigsten **Sigmaregeln** zusammen mit $P = P(\mu - c \cdot \sigma \leq X \leq \mu + c \cdot \sigma)$:

P	**c**
0,8	1,28
0,9	1,64
0,95	1,96
0,98	2,33
0,99	2,58
0,999	3,29

P	**c**
0,683	1
0,866	1,5
0,954	2
0,988	2,5
0,997	3
1,000	3,5

▸ Lesebeispiel:
$P(\mu - 3 \cdot \sigma \leq X \leq \mu + 3 \cdot \sigma) \approx 0{,}997$

1. Ein Glücksrad wird 200-mal gedreht, die Wahrscheinlichkeit für einen Gewinn beträgt 10 %.
Bestimmen Sie die Wahrscheinlichkeit, dass die Anzahl der Gewinne im Bereich von 1,5 Standardabweichungen um den Erwartungswert liegt.

2. Ein idealer Würfel wird 1000-mal geworfen. Bestimmen Sie das Sigma-Intervall, in dem mit 95 %iger Wahrscheinlichkeit die Anzahl der Sechserwürfe liegt.

6

Übungen zu 6.5.1

1. Untersuchen Sie die Gauß'sche Glockenkurve φ mit $\varphi(z) = \frac{1}{\sqrt{2\pi}} e^{-0,5z^2}$ auf:
a) Symmetrie,
b) ihr Verhalten an den Rändern des Definitionsbereiches,
c) Extrema sowie
d) Wendepunkte.

2. Aus einem Skatblatt wird ein Ass mit einer Wahrscheinlichkeit von $\frac{1}{8}$ gezogen. In einem Zufallsexperiment wird aus dem Blatt 500-mal eine Karte gezogen.
a) Prüfen Sie die Laplace-Bedingung.
b) Bestimmen Sie die Parameter μ, σ und z der Standardisierung.
c) Berechnen Sie die Wahrscheinlichkeit, dass genau 65-mal Ass gezogen wird, mithilfe der lokalen Näherungsformel von Laplace und de Moivre.
d) Kontrollieren Sie Ihr Ergebnis, indem Sie die Berechnung mit der Funktion für die Binomialverteilung durchführen.
Vergleichen Sie alle Ergebnisse und diskutieren Sie die Genauigkeit der Näherungslösung.

3. In einer Lostrommel befinden sich 25 % Gewinnlose. Jemand zieht 50 Lose.

a) Prüfen Sie die Laplace-Bedingung.
b) Ermitteln Sie mithilfe der globalen Näherungsformel von Laplace und de Moivre die Wahrscheinlichkeit dafür, dass er höchstens 8 Gewinne erhält.
c) Diskutieren Sie die Genauigkeit der Näherungslösung.

4. Bei einem manipulierten Würfel wird eine „6" mit einer Wahrscheinlichkeit von 25 % geworfen. Bestimmen Sie die Wahrscheinlichkeiten zu den unten genannten Fällen bei 1000 Würfen mithilfe der globalen Näherungsformel von Laplace und de Moivre.
a) höchstens 240-mal eine „6"
b) mehr als 280-mal eine „6"
c) nicht mehr als 280-mal eine „6"
d) zwischen 220- und 290-mal eine „6"
e) genau 240-mal eine „6"

5. Berechnen Sie, mit welcher Wahrscheinlichkeit das Ergebnis „Zahl" beim 200-maligen Werfen einer idealen Münze in der Sigma-Umgebung $(2\sigma, 3\sigma)$ vom Erwartungswert liegt.

6. Bei einem Werbespiel mit Glücksrad müssen ausreichend Gewinne zur Verfügung stehen. Es wird erwartet, dass es 5000 Teilnehmer gibt. Jeder Teilnehmer darf das Glücksrad einmal drehen. Die Wahrscheinlichkeit für einen Gewinn beträgt 30 %. Mit mindestens 99 %iger Wahrscheinlichkeit sollen die vom Veranstalter mitgebrachten Gewinne ausreichen. Ermitteln Sie, wie viele Gewinne der Veranstalter mitbringen muss.

7. Bestätigen Sie allgemein die Sigmaregeln (▶ Seite 365) für eine binomialverteilte Zufallsgröße X für
a) $P = 0{,}8$;
b) $P = 0{,}99$;
c) $c = 2{,}5$;
d) $c = 3{,}5$.
Dabei ist $P = P(\mu - c \cdot \sigma \leq X \leq \mu + c \cdot \sigma)$.

8. In einem Spiel wird der Würfel insgesamt 100-Mal geworfen. Dabei wurde genau 22-mal die Augenzahl 6 geworfen. Es steht der Verdacht im Raum, dass der Würfel gezinkt ist.
Um diesen Verdacht zu widerlegen, berechnen Sie die Wahrscheinlichkeit, dass das beobachtete Ergebnis eintritt. Dafür soll die Zufallsgröße X: „Anzahl der gewürfelten Sechsen" binomialverteilt mit $p = \frac{1}{6}$ angenommen werden.
a) Bestimmen Sie die Wahrscheinlichkeit, dass $X = 22$ ist.
b) Bestimmen Sie $P(X = 22)$ mit der lokalen Näherungsformel von Laplace und De Moivre.
c) Vergleichen und interpretieren Sie die Ergebnisse.
d) Betrachten Sie weiterhin das Ereignis, dass 22-mal die Augenzahl 6 geworfen wurde. Überprüfen Sie, ob das beobachtete Ergebnis in der Sigma-Umgebung liegt, in der 90 % aller Ergebnisse zu erwarten sind.
e) Betrachten Sie nun die Sigma-Umgebung, in der ein Ergebnis mit mindestens 80 %iger Wahrscheinlichkeit fällt. Überlegen Sie, ob das Ergebnis aus dem Aufgabenteil d) auf dieses Intervall übertragen werden kann. Überprüfen Sie Ihre Überlegung, indem Sie die Sigma-Umgebung berechnen.

6.5.2 Normalverteilung – eine stetige Zufallsgröße

Diskrete und stetige Zufallsgrößen

8

Bei der Produktion von Achsen der Länge 1,5 m gibt es leichte Abweichungen. Eine Abweichung von ±1 cm kann aber noch akzeptiert werden. Es wird eine Stichprobe von 3 Achsen entnommen und deren Länge gemessen. Begründen Sie, ob es sich bei der Zufallsgröße X_1: „Anzahl der nicht akzeptierten Achsen“ und X_2: „Länge einer Achse“ um eine diskrete oder um eine stetige Zufallsgröße handelt.

Es können 0, 1, 2, 3 Achsen dabei sein, welche nicht akzeptiert werden. Bei X_1 handelt es sich um eine **diskrete Zufallsgröße.**

$n = 3; X_1 \in \{0; 1; 2; 3\}$

Die Achsenlänge kann jeden beliebigen Wert um den Durchschnittswert von 1,5 m annehmen. Bei X_2 handelt es sich um eine **stetige Zufallsgröße.**

$X_2 \in \mathbb{R}$

Die Anzahl der Nachkommastellen ist nur von der Genauigkeit der verwendeten Messmethode abhängig.

Eine **diskrete Zufallsgröße** kann nur endlich viele verschiedene Werte annehmen. **Stetige Zufallsgrößen** hingegen können innerhalb eines Intervalls eine beliebige reelle Zahl annehmen. Dabei sind einige Werte wahrscheinlicher; andere eher unwahrscheinlich.

6

Entscheiden Sie, ob es sich bei X um eine stetige oder um eine diskrete Zufallsgröße handelt.

a) X: „Geschwindigkeit eines Autos“
b) X: „Umsatz pro Monat“
c) X: „Anzahl an Retouren pro Monat bei einem Versandhändler“
d) X: „Menge des erzeugten Stroms eines Windrades“

Mathematisches Modell einer stetigen Zufallsgröße

9

Zur Qualitätssicherung wird bei der Produktion von 10-kg-Hanteln jede Hantel automatisch gewogen. Aufgrund der derzeitigen Messgenauigkeit von 0,5 kg konnten die folgenden relativen Häufigkeiten gemessen werden.

Gewicht g in kg	$9{,}0 \le g < 9{,}5$	$9{,}5 \le g < 10{,}0$	$10{,}0 \le g < 10{,}5$	$10{,}5 \le g < 11{,}0$
relative Häufigkeit	0,1	0,41	0,39	0,1

Im Zuge einer Qualitätsoffensive soll die Messgenauigkeit der Gewichtskontrolle auf 0,1 kg erhöht werden.

a) Stellen Sie die Messergebnisse in einem Histogramm dar. Stellen Sie auch dar, wie sich das Histogramm bei der geplanten Verbesserung der Messgenauigkeit verändern könnte.

b) Ermitteln Sie ein Modell der Verteilung des Gewichts, wenn angenommen wird, dass die Gewichte theoretisch exakt bestimmt werden können.

Zu a) Die stetige Zufallsgröße X: „Gewicht einer Hantel“ wird bei Gewichtsklassen mit einer Breite von 0,5 kg in wenige diskrete Stufen eingeteilt. Eine Erhöhung der Messgenauigkeit verringert die Klassenbreite auf 0,1 kg und unterteilt jede bisherige Gewichtsklasse in fünf neue. Die Zufallsvariable wird wesentlich detaillierter erfasst.

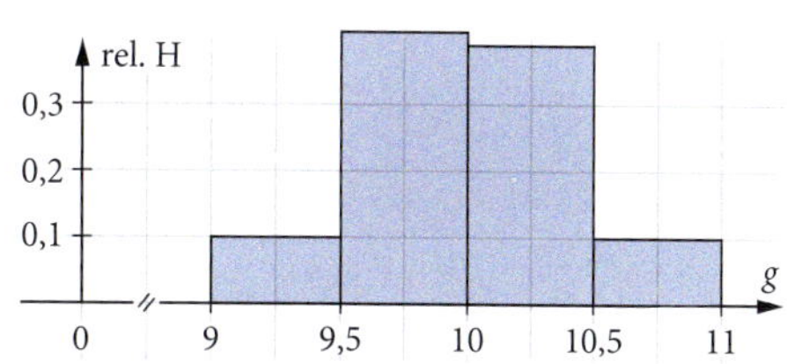

Zu b) Da es sich beim Gewicht einer Hantel um eine stetige Zufallsgröße handelt, kann die Klassenbreite beliebig klein werden und die Anzahl der Klassen beliebig hoch. Im Grenzfall lösen sich die Klassen auf und die Verteilung der Gewichte kann durch eine stetige Funktion beschrieben werden.

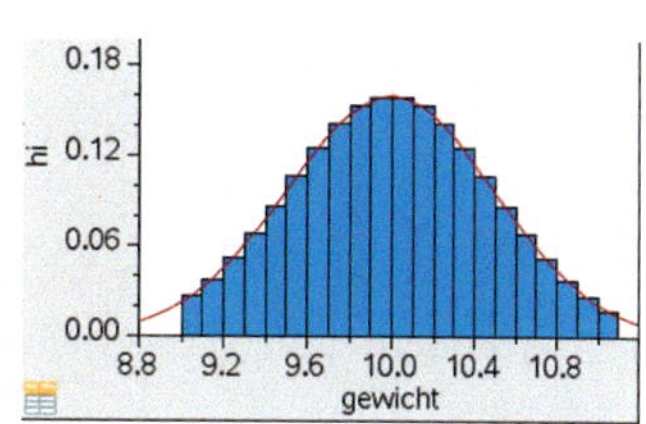

Die Wahrscheinlichkeitsverteilung stetiger Zufallsgrößen aus der Natur und Technik haben häufig die Form einer Gauß'schen Glockenkurve. Man spricht dabei auch von einer normalverteilten Zufallsgröße.

Eine Zufallsgröße X heißt **normalverteilt** mit dem Erwartungswert μ und der Standardabweichung σ (Schreibweise $\varphi_{\mu;\sigma}(x)$), falls deren Wahrscheinlichkeitsverteilung durch

$\varphi_{\mu;\sigma}(x) = \frac{1}{\sigma \cdot \sqrt{2\pi}} e^{-0{,}5 z^2}$ mit $z = \frac{x-\mu}{\sigma}$

beschrieben werden kann. $\varphi_{\mu;\sigma}$ nennt man auch **Dichtefunktion**. Bei $\mu = 0$ und $\sigma = 1$ spricht man von der **Standard-Normalverteilung** $\varphi(x) = \varphi_{0;1}(x)$. Diese entspricht der Gauß'schen Glockenkurve.

Für die Wahrscheinlichkeit P, dass X im Intervall $[a; b]$ liegt, gilt: $P(a \le X \le b) = \int_a^b \varphi_{\mu;\sigma}(x)\,dx$.

Die Wahrscheinlichkeit $P(X \le x)$ wird auch durch die **Verteilungsfunktion der Normalverteilung (Gauß'sche Summenfunktion)** $\Phi_{\mu;\sigma}$ dargestellt.

$\Phi_{\mu;\sigma}(x) = \int_{-\infty}^{x} \varphi_{\mu;\sigma}(t)\,dt$

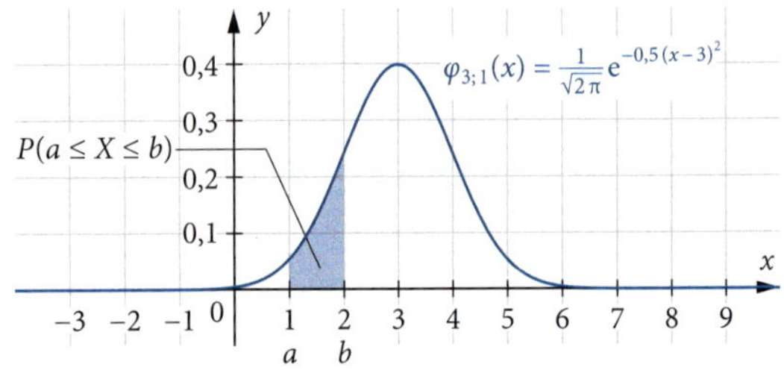

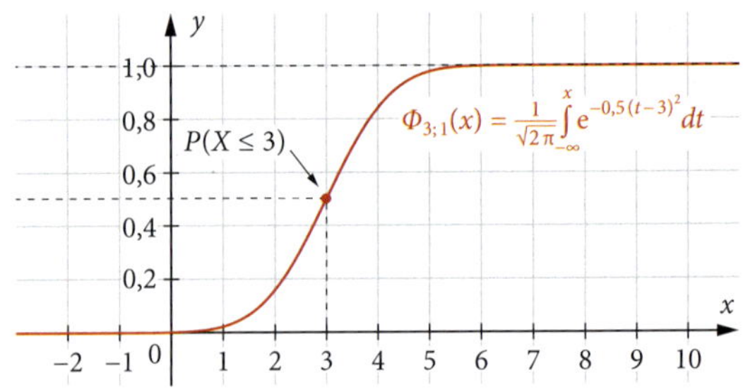

10 Normalverteilte Zufallsgröße

Die Produktion der Achsen aus Beispiel 8 wird genauer untersucht. Der Erwartungswert der Achsenlänge liegt bei 1,5 m und σ bei 0,012 m. Die Zufallsgröße X: „Länge einer Achse" ist normalverteilt.
Berechnen Sie die Wahrscheinlichkeit dafür, dass eine zufällig ausgewählte Achse akzeptiert wird.

Gesucht ist die Wahrscheinlichkeit, dass die Länge einer Achse im Intervall [1,49; 1,51] liegt, was im stetigen Fall für unendlich viele Werte zutrifft. Mit dem GTR/CAS berechnen wir die Fläche unter der Normalverteilung.

▶ „Summe" unendlich vieler Wahrscheinlichkeitswerte

Eine zufällig ausgewählte Achse wird mit einer Wahrscheinlichkeit von rund 59,5 % akzeptiert.

Alternativ kann die Wahrscheinlichkeit mit der Gauß'schen Summenformel Φ bestimmt werden. Die Wahrscheinlichkeit im Intervall wird durch die Subtraktion der beiden Einzelwahrscheinlichkeiten bestimmt.

$\mu = 1{,}5$; $\sigma = 0{,}012$; X ist normalverteilt. ▶ $\varphi_{1,5;\,0,012}$

$P(1{,}49 \le X \le 1{,}51) = \int_{1,49}^{1,51} \varphi_{1,5;\,0,012}(x)\,dx$

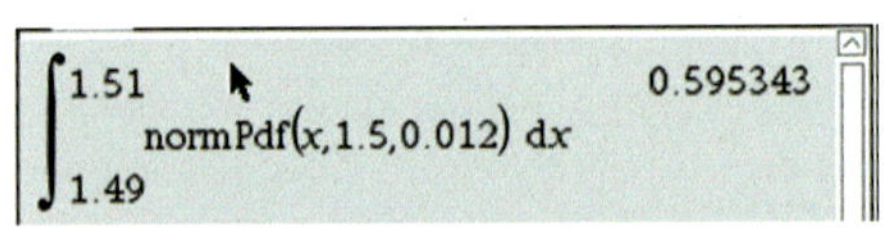

▶ TI Der Befehl normPdf(x,μ,σ) berechnet den Wert der Normalverteilung $\varphi_{\mu,\sigma}$ an der Stelle x.

$P(1{,}49 \le X \le 1{,}51) = P(X \le 1{,}51) - P(X < 1{,}49)$
$\Phi_{1,5;0,012}(1{,}51) - \Phi_{1,5;0,012}(1{,}49) \approx 0{,}595$

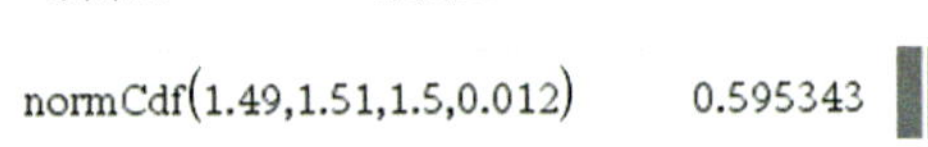

▶ TI Der Befehl normCdf wendet die Gauß'sche Summenformel $\Phi_{\mu;\sigma}$ im Bereich zwischen x_u und x_o an.
Beide Befehle normPdf und normCdf sind unter menu, Wahrscheinlichkeit, Verteilungen zu finden.

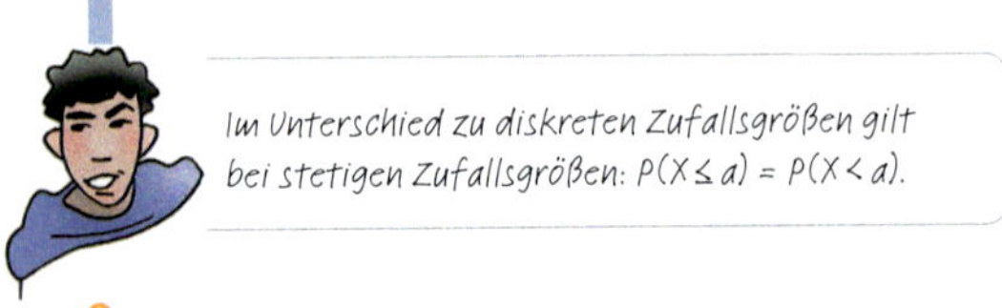

Das Gewicht g der 10-kg-Hanteln (▶ Beispiel 9) kann annähernd durch eine Normalverteilung mit $\mu = 10$ und $\sigma = 0{,}4$ beschrieben werden. Untersuchen Sie, mit welcher Wahrscheinlichkeit eine Hantel der geforderten Toleranz von ± 1 % entspricht.

Berechnen von Kenngrößen

11

Sie untersuchen die Körpergröße von weiblichen Erwachsenen. Sie haben herausgefunden, dass Frauen im Schnitt eine Größe von 165 cm haben. Mit einer Wahrscheinlichkeit von 5 % ist eine Frau größer als 2 Meter. Berechnen Sie unter der Annahme, dass die Körpergröße normalverteilt ist, die Wahrscheinlichkeit, dass eine zufällig ausgewählte Frau kleiner als 150 cm ist.

Bei einem großen Stichprobenumfang kann der arithmetische Mittelwert als Schätzwert für den Erwartungswert verwendet werden: $\mu = \bar{x}$.

Mit einer Wahrscheinlichkeit von 5 % ist eine Frau größer als 2 Meter (200 cm). Anhand dieser Information können wir die Standardabweichung σ berechnen. Wir können somit annehmen, dass die Körpergröße mit $\mu = 165$ und $\sigma \approx 21{,}278$ normalverteilt ist. Damit ergibt sich eine Wahrscheinlichkeit von rund 24 %, dass eine zufällig ausgewählte Frau kleiner als 150 cm ist.

X: „Körpergröße weiblicher Erwachsener“
X ist normalverteilt mit $\mu = 165$ und unbekanntem σ.

$P(X > 200) = 0{,}05 \Leftrightarrow 1 - P(X \leq 200) = 0{,}05$
$\Leftrightarrow 1 - \Phi_{165;\sigma}(200) = 0{,}05 \Leftrightarrow \Phi_{165;\sigma}(200) = 0{,}95$
$\Rightarrow \sigma \approx 21{,}278$

```
nSolve(normCdf(0,200,165,s)=0.95,s,1)
                                 21.278491
```

▶ Als untere Grenze wurde die theoretisch minimale Körpergröße von 0 cm angenommen.

$\Phi_{165;21,278}(150) \approx 0{,}240$

6

Übungen zu 6.5.2

1. Entscheiden Sie, ob es sich um eine stetige oder diskrete Zufallsgröße handelt. (OHi Mi)

a) systolischer Blutdruck in einer Untersuchungspopulation von 80 Patienten
b) Zeitdauer bei einem Handytelefonat
c) Note bei einer Mathematikklausur
d) Anzahl der an einer bestimmten Krankheit leidenden Personen
e) Längenabweichung eines Bauteils vom Sollwert

2. Der Gehalt eines Wirkstoffs in einer Tablette unterliegt geringfügigen Schwankungen. Er ist annähernd normalverteilt mit $\mu = 500$ mg und $\sigma = 15$ mg.

a) Bestimmen Sie das Intervall um den Erwartungswert, in dem der Wirkstoffgehalt von 95 % aller Tabletten liegt.
b) Damit die Tabletten wie gewünscht wirken, muss mindestens ein Wirkstoffgehalt von 450 mg enthalten sein. Bestimmen Sie, wie viel Prozent der Tabletten dieser Anforderung genügen und wie viel Prozent der Tabletten nicht hätten verkauft werden dürfen.
c) Zusätzlich zum minimalen Wirkstoffgehalt von 450 mg genügen Tabletten mit einem Wirkstoffgehalt von über 512 mg auch nicht den Anforderungen. Bestimmen Sie, wie viel Prozent der Tabletten Ausschuss sind.

3. In einer Fabrik werden Werkstücke mit einem bestimmten Durchmesser hergestellt. Die Zufallsgröße X: „Durchmesser in mm“ ist annähernd normalverteilt mit $\mu = 25$ mm und $\sigma = 1$ mm.

a) Bestimmen Sie den zu erwartenden Ausschuss in Prozent, wenn das Werkstück mindestens einen Durchmesser von 24,7 mm haben muss.
b) Aufgrund gestiegener Qualitätsansprüche muss nun der Durchmesser des Werkstücks mindestens 24,8 mm und höchstens 25,2 mm betragen. Bestimmen Sie den Ausschuss in Prozent, mit dem man nun rechnen muss.
c) Bestimmen Sie die zulässigen Abweichungen vom Erwartungswert, damit der Ausschuss auf 5 % reduziert werden kann. Vergleichen Sie das Ergebnis mit dem Ergebnis der Teilaufgabe b).
d) Eine Reduktion des Ausschusses auf 5 % soll nun durch eine Erneuerung der Fertigungsmaschinen erreicht werden.
Der Durchmesser des Werkstücks darf weiterhin nur 0,2 mm vom Erwartungswert $\mu = 25$ mm abweichen. Welche Standardabweichung dürfen die Fertigungsmaschinen nun höchstens haben, damit die Qualitätsvorgaben eingehalten werden können?

Übungen zu 6.5

1. Bestimmen Sie mit der globalen Näherungsformel von Laplace und De Moivre die Wahrscheinlichkeit, beim 800-maligen Würfeln eine Augensumme zu erhalten, die kleiner als 2500 ist.

2. Von 2700 Schülern wurde jeweils das Gewicht bestimmt. Die Zufallsgröße X: „Gewicht" war dabei annähernd normalverteilt mit dem Mittelwert $\mu = 70\,\text{kg}$ und der Standardabweichung $\sigma = 5\,\text{kg}$. Wie viele der untersuchten Schüler hatten ein Gewicht
a) zwischen 60 kg und 90 kg, b) über 85 kg?

3. Beraten Sie sowohl die Fly Bike Werke GmbH sowie den Zulieferer der Schwungscheiben (▶ Seite 359).
a) Angenommen, die vom Zulieferer versprochene Normalverteilung ist korrekt. Überprüfen Sie, ob das Ergebnis der Stichprobe unter diesen Voraussetzungen wahrscheinlich ist.
b) Bestimmen Sie, wie viel Prozent der angelieferten Scheiben nach der ersten Sofortmaßnahme nicht mehr verwendet werden können. Gehen Sie bei Ihrer Berechnung davon aus, dass das Gewicht der Scheiben wie vom Zulieferer angegeben normalverteilt ist.
c) Beraten Sie den Zulieferer bei der Verbesserung der Herstellungsmaschinen (zweite Sofortmaßnahme). Bestimmen Sie dazu, wie groß σ maximal sein dürfte, damit der Ausschuss bei den neuen hohen Qualitätsansprüchen auf 5 % reduziert werden könnte (das Gewicht der Schwungscheiben muss zwischen 49,7 und 50,3 g liegen).

4. Die Körpergröße von Erwachsenen in Deutschland kann als normalverteilt angesehen werden. Bei einer statistischen Erhebung wurde die Körpergröße von Männern in 5-cm-Intervallen erfasst. Das Intervall von 174,5 cm bis 179,5 cm wurde mit 26,1 % aller befragten Männer am häufigsten ausgewählt.
a) Ermitteln Sie die Parameter der Normalverteilung, die die Körpergröße erwachsener Männer annähernd beschreibt.
b) 6,3 % aller befragten Männer gaben an, dass ihre Körpergröße über 189,5 cm liegt. Vergleichen Sie dieses Ergebnis mit der Wahrscheinlichkeit, die sich aus der berechneten Normalverteilung für dieses Intervall ergibt.

5. Das Geburtsgewicht von Neugeborenen sei mit dem Erwartungswert $\mu = 3500\,\text{g}$ und der Standardabweichung $\sigma = 500\,\text{g}$ normalverteilt.
a) Berechnen Sie die Wahrscheinlichkeit, dass ein Neugeborenes nicht mehr als 4700 g wiegt.
b) Ermitteln Sie die Grenze für das Geburtsgewicht, die nur von 2,5 % aller Neugeborenen übertroffen wird.

6. Die in der Mathematikklausur erreichte Punktezahl ist näherungsweise normalverteilt mit $\mu = 25$ Punkten und $\sigma = 5$ Punkten. 87 % der Schüler hatten eine Note, die besser als ausreichend war. Bestimmen Sie die Mindestpunktzahl, die man erreichen musste, um eine Note besser als ausreichend zu erhalten.

7. Eine Maschine fertigt Teile, deren Länge annähernd durch eine normalverteilte Zufallsgröße mit $\mu = 45\,\text{mm}$ und $\sigma = 2\,\text{mm}$ beschrieben werden kann. Der Normbereich für die Längen ist durch das Intervall $[\mu - 0{,}5\,\sigma; \mu + 0{,}5\,\sigma]$ vorgegeben.
a) Wie groß ist die Wahrscheinlichkeit, dass ein gefertigtes Stück in der Norm liegt?
b) Wie viel Prozent der Teile sind mindestens 43 mm lang?
c) Für welchen Wert b gilt $P(43 \le X \le b) = 0{,}75$?
d) Für welchen Wert c gilt $P(|X - \mu| \le c) \approx 0{,}95$?
e) Wie ändert sich der Normbereich, wenn sich μ nach 45,2 mm verschiebt, σ jedoch gleich bleibt?

8. Bei einer schulischen Laufveranstaltung über 10 km konnte festgestellt werden, dass 90 % aller Schülerinnen und Schüler mehr als 50 Minuten und 90 % aller Schülerinnen und Schüler weniger als 90 Minuten benötigt haben. Es kann angenommen werden, dass die für 10 km benötigte Zeit normalverteilt ist.
a) Bestimmen Sie die Wahrscheinlichkeit, dass die Laufzeit rund 60 Minuten beträgt (im Intervall [59,5; 60,5] liegt).
b) Berechnen Sie, wie wahrscheinlich es ist, dass eine Schülerin oder ein Schüler die Strecke in weniger als 45 Minuten absolviert.
c) Für die Laufveranstaltung muss eine Straße gesperrt werden. Die Sperrung wurde für 2 Stunden beantragt. Bestimmen Sie die Wahrscheinlichkeit, dass die beantragte Zeit ausreichend ist.

Ich kann …

… die Binomialverteilung durch die **lokale** und durch die **globale Näherungsformel von Laplace und De Moivre** annähern. ▶ Test-Aufgabe 1	Eine Würfelsimulation wird 6000-Mal wiederholt wobei die Augenzahl „6“ exakt 1000-Mal auftritt. Bei einem idealen Würfel liegt die Wahrscheinlichkeit für dieses Ergebnis bei: $\mu = 6000 \cdot \frac{1}{6} = 1000$ $\sigma = \sqrt{6000 \cdot \frac{1}{6} \cdot \frac{5}{6}} \approx 28{,}87 > 3$ $z = \frac{1000 - \mu}{\sigma} = 0$ $P(X = 1000) \approx \frac{1}{\sigma} \cdot \varphi(0) \approx 0{,}0138$ Die Wahrscheinlichkeit, dass die Anzahl der Augenzahl „6“ höchstens 1000-Mal auftritt ist: $z = \frac{1000 - \mu + 0{,}5}{\sigma} \approx 0{,}0173$ $P(X \leq 1000) \approx \Phi(z) \approx 0{,}507$	Die Zufallsgröße X ist binomialverteilt. Erwartungswert: $\mu = n \cdot p$ Standardabweichung: $\sigma = \sqrt{n \cdot p \cdot (1 - p)}$ **Laplace-Bedingung** $\sigma > 3$ muss erfüllt sein. **Lokale Näherungsformel von Laplace und De Moivre:** $P(X = k) = B(n; p; k) \approx \frac{1}{\sigma} \cdot \varphi(z)$ mit $z = \frac{k - \mu}{\sigma}$ **Globale Näherungsformel von Laplace und De Moivre:** $P(X \leq k) = F(n; p; k) \approx \Phi(z)$ mit $z = \frac{k - \mu + 0{,}5}{\sigma}$
… **diskrete** und **stetige Zufallsgrößen** voneinander unterscheiden. ▶ Test-Aufgaben 3, 4	**Stetig:** Maßzahlen wie Länge, Gewicht, Zeit und Größe	**Diskret:** Anzahl an Personen oder Geräten mit einer besonderen Eigenschaft
… die **Gauß'sche Glockenkurve** skizzieren und interpretieren. ▶ Test-Aufgaben 2, 4	In der Grafik ist die Dichtefunktion einer normalverteilten Zufallsgröße X mit $\mu = 10$ und $\sigma = 1$ und der Wahrscheinlichkeit, dass $P(X \leq 9{,}5)$ ist, abgebildet.	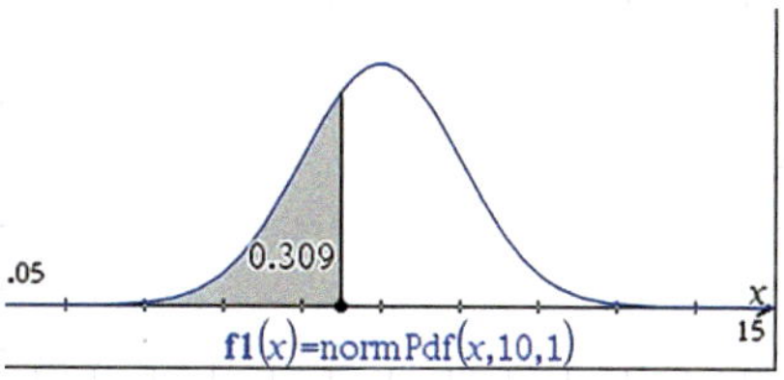
… **Wahrscheinlichkeiten** einer **normalverteilten Zufallsgröße** berechnen. ▶ Test-Aufgaben 2, 4	Die Höhe von 4-jährigen Christbäumen ist normalverteilt mit $\mu = 1{,}5$ Meter und $\sigma = 0{,}2$ Meter. Die Wahrscheinlichkeit, dass ein Baum zwischen 1 und 2 Meter liegt, ist somit: $P(1 \leq X \leq 2) = \Phi_{\mu;\sigma}(2) - \Phi_{\mu;\sigma}(1)$ $\approx 0{,}988$	Die **Verteilungsfunktion der Normalverteilung (Gauß'sche Summenfunktion)** $\Phi_{\mu;\sigma}$: $P(X \leq x) = \Phi_{\mu;\sigma}(x)$ $= \int_{-\infty}^{x} \varphi_{\mu;\sigma}(t)\, dt$
… die **Kenngrößen** einer **normalverteilten Zufallsgröße** bestimmen. ▶ Test-Aufgabe 4	Bei einer normalverteilten Zufallsgröße X mit $\mu = 40$ ist die Standardabweichung σ so zu bestimmen, dass 90 % aller Werte kleiner als 50 sind: $P(X < 50) = 0{,}9 \Rightarrow \Phi_{40;\sigma}(50) = 0{,}9$ $\Rightarrow \sigma \approx 7{,}8$	Die Gleichung $\Phi_{\mu;\sigma}(50) = p$ kann für eine gegebene Wahrscheinlichkeit p nach μ oder σ aufgelöst werden.

Test zu 6.5

1. Für eine Gesundheitsstudie werden zufällig 5000 Personen ausgewählt und per Post gebeten an der Studie teilzunehmen. Erfahrungsgemäß willigen nur etwa 15 % in eine Teilnahme ein. Die Studie gilt als erfolgreich, falls an der Studie mindestens 1000 Personen teilnehmen. Wenden Sie die lokale bzw. globale Näherungsformel von Laplace und De Moivre an, um folgende Fragen zu klären.

a) Bestimmen Sie die Wahrscheinlichkeit, dass die Studie erfolgreich wird.

b) Bestimmen Sie die Wahrscheinlichkeit, dass an der Studie genau 750 Personen teilnehmen.

c) Wie viele Personen müssten angeschrieben werden, damit mit einer Wahrscheinlichkeit von mindestens 95 % mehr als 1000 Personen sich bereit erklären, an der Studie teilzunehmen?

d) Durch monetäre Anreize soll die Prozentzahl p der Personen, die in eine Teilnahme einwilligen, erhöht werden. Bestimmen Sie, wie hoch p mindestens werden müsste, damit bei 5000 Personen mit einer Wahrscheinlichkeit von mindestens 95 % mehr als 1000 Personen sich bereit erklären, an der Studie teilzunehmen.

2. An einer Universitätsklinik ergab die Untersuchung von 2000 Neugeborenen eine mittlere Körpergröße von 50 cm, die Standardabweichung betrug 4 cm. Man kann eine Normalverteilung der Körpergröße voraussetzen.

a) Skizzieren Sie die Wahrscheinlichkeitsverteilung der Körpergröße der Neugeborenen.

b) Bestimmen Sie:

b_1) Wie viele Neugeborene waren größer als 55 cm?

b_2) Wie viele Neugeborene waren kleiner als 44 cm?

b_3) Wie viele der Neugeborenen hatten eine Körpergröße zwischen 48 cm und 52 cm?

b_4) Wie viele Neugeborene hatten eine Körpergröße von genau 53 cm?

c) Ermitteln Sie die Wahrscheinlichkeit, dass ein zufällig ausgewähltes Neugeborenes kleiner als 90 % aller neugeborenen Kinder ist.

d) Bestimmen Sie die Körpergröße, die von nur 3 % aller Neugeborenen übertroffen wird.

3. Entscheiden Sie, ob es sich um eine stetige oder diskrete Zufallsgröße handelt:

a) Gewicht eines Neugeborenen

b) Anzahl der Neugeborenen, die weniger als 2800 Gramm wiegen

c) Geschwindigkeit eines Autos

d) Prozentanzahl der Produkte, welche nicht den Qualitätsansprüchen genügen

4. Ein Sägewerk liefert Dielenbretter mit einer erwarteten Dicke von 25 mm. ▶ Beispiel 5, Seite 363
Aus einer Qualitätskontrolle weiß man, dass die Dicke der hergestellten Dielenbretter näherungsweise als normalverteilt mit $\mu = 25$ mm und $\sigma = 0{,}9$ mm angesehen werden kann.

a) Der Erwartungswert μ liegt bei 25 mm und entspricht somit genau dem Sollwert. Interpretieren Sie dies im Kontext der Aufgabenstellung.

b) Als Ausschuss gilt, wenn die Dicke eines Dielenbretts um mehr als 1 mm von der Normdicke 25 mm abweicht. Bestimmen Sie den Ausschuss in Prozent, mit dem das Sägewerk rechnen muss, und stellen Sie die Wahrscheinlichkeitsverteilung sowie den Ausschuss anschaulich dar.

c) Bei dem Bau einer hochwertigen Wohnung verlangt der Bauherr, dass die Dicke der Dielenbretter im Bereich zwischen 25,00 mm und 25,10 mm liegen muss. Es werden 100 Dielenbretter mit diesen hohen Anforderungen benötigt. Reicht eine Tagesproduktion von 2000 Brettern aus, um diese Bestellung abzudecken?

d) Um den Ausschuss der Produktion zu verringern, soll die Qualitätsstufe 2. Wahl eingeführt werden. 99 % aller produzierten Dielenbretter sollen zumindest als 2. Wahl verkauft werden können. Berechnen Sie die dafür erlaubte Abweichung von der Normdicke von 25 mm.

e) Die Verarbeitungsmaschinen sollen erneuert werden. Berechnen Sie die Standardabweichung, die die neuen Maschinen erreichen müssen, damit 99 % aller produzierten Dielenbretter die Qualitätsstufe 1. Wahl einhalten.

6 Daten und Zufall

6.6 Beurteilung von Daten

Die Fly Bike Werke GmbH stellt fast alle Fahrräder aus ihrer Produktpalette selbst her. Ihr wirtschaftlicher Erfolg hängt im Wesentlichen von der Qualität ihrer Produkte ab.
Der Leiter der Produktionsabteilung, Herr Tenras, weiß, dass die Schrauben, die für die Fahrräder benötigt werden, für die Belastbarkeit der Fahrräder sehr wichtig sind, da sie besonderen Zugkräften standhalten müssen. Deshalb muss die Maschine, die diese Schrauben herstellt, immer dann nachjustiert werden, wenn die produzierten Schrauben nicht mehr den Qualitätsanforderungen genügen.

Herr Tenras hat angeordnet, in regelmäßigen Zeitabständen Stichproben von 200 Schrauben aus der Schraubenproduktion zu entnehmen. Er weiß, dass normalerweise 6 % der Schrauben fehlerhaft sind. Er weiß allerdings auch, dass das Stichprobenergebnis zufällig von diesen 6 % fehlerhaften Schrauben abweichen kann, ohne dass die Maschine wirklich nachjustiert werden muss. Dieses Nachjustieren der Maschine ist jedoch recht zeitaufwendig und es ist besser, wenn so eine Justierung nur selten durchgeführt wird. Er setzt fest, dass die Maschine nicht nachjustiert werden muss, wenn das Stichprobenergebnis im 95 %igen Sicherheitsbereich liegt.

Für eine Handlungsanweisung, die er für die Mitarbeiter schreiben muss, möchte er die konkreten Grenzen für diesen 95 %igen Sicherheitsbereich notieren.
„Wenn wir zu 95 % sicher sein wollen, dass die Maschine nur 6 % Ausschuss produziert, fallen bei 200 entnommenen Schrauben zwischen ____ und ____ fehlerhafte Schrauben an. Ab ____ fehlerhaften Schrauben muss die Maschine nachjustiert werden."

▸ Aufgabe 8 auf Seite 378

Kompetenzen

- Konfidenzintervalle für die Erfolgswahrscheinlichkeit p einer Grundgesamtheit ermitteln und interpretieren
- Die Intervallgrenzen von Konfidenzintervallen als zufällige Größen erläutern
- Die Sicherheitswahrscheinlichkeit als relative Häufigkeit deuten, mit der die Konfidenzintervalle bei Verwendung der Normalverteilung den wahren Wert überdecken

Anwendungen

- Anhand ökonomischer Beispiele Vertrauensintervalle und alle dazugehörigen Größen berechnen oder grafisch ermitteln
- Toleranzintervalle für die Qualitätssicherung ermitteln

6

6.6 Beurteilung von Daten

In den vorangegangenen Beispielen wurde auf der Grundlage einer bekannten oder vermuteten Erfolgswahrscheinlichkeit von der Grundgesamtheit auf das Stichprobenergebnis geschlossen. Untersuchungen werden aber oft durchgeführt, um auf der Grundlage einer Stichprobe eine Aussage über die Erfolgswahrscheinlichkeit der Grundgesamtheit zu erhalten; dann muss also von der Stichprobe auf die Gesamtheit geschlossen werden.

1 Konfidenzintervall für eine konkrete Sicherheitswahrscheinlichkeit berechnen

Vor der Einführung eines neuen Computerspiels lässt ein Unternehmen 1000 zufällig ausgewählte Personen zwischen 16 und 30 Jahren befragen, ob sie den Kauf dieses Spiels in Erwägung ziehen. 214 Personen bejahen diese Frage. Berechnen Sie zu einer Sicherheitswahrscheinlichkeit von 95 % das Intervall, in dem die tatsächliche Erfolgswahrscheinlichkeit liegt. Man nennt dieses Intervall **Vertrauens-** oder **Konfidenzintervall**.

X misst die Anzahl der Kaufinteressenten. Alle mit dem Stichprobenergebnis $\frac{X}{n}$ verträglichen Erfolgswahrscheinlichkeiten p liegen in dem Intervall $\left|\frac{X}{n} - p\right| \le \frac{1{,}96\,\sigma}{n}$.

Aus der Sicherheitswahrscheinlichkeit 95 % ergibt sich die 1,96-Sigma-Umgebung (siehe Tabelle Seite 365).

Nach dem Quadrieren der Ungleichung und der anschließenden Auflösung nach p erhält man als Ergebnis, dass die Erfolgswahrscheinlichkeit für die Grundgesamtheit mit einer Sicherheit von 95 % zwischen 19 % und 24 % liegt.
In diesem Bereich liegt auch der Prozentsatz von $\frac{214}{1000} = 21{,}4\,\%$ der Testpersonen, die das Spiel kaufen würden.

$$\frac{X}{n} = \frac{214}{1000} = 0{,}214;\ \sigma = \sqrt{1000 \cdot p \cdot (1-p)}$$

$$\left|\frac{X}{n} - p\right| \le \frac{1{,}96\,\sigma}{n}$$

$$\Leftrightarrow\ |0{,}214 - p| \le \frac{1{,}96 \cdot \sqrt{1000 \cdot p \cdot (1-p)}}{1000}$$

$$\Leftrightarrow\ |214 - 1000p| \le 1{,}96 \cdot \sqrt{1000p - 1000p^2}$$

$$\Leftrightarrow\ (214 - 1000p)^2 \le 1{,}96^2 \cdot (1000p - 1000p^2)$$

$$\Leftrightarrow\ 1\,000\,000p^2 - 428\,000p + 45\,796 \le -3841{,}6p^2 + 3841{,}6p$$

$$\Leftrightarrow\ 1\,003\,841{,}6p^2 - 431\,841{,}6p + 45\,796 \le 0$$

$$\Leftrightarrow\ (p - 0{,}215\,094\,4)^2 \le 0{,}000\,644\,897\,56$$

$$\Leftrightarrow\ |p - 0{,}215\,094\,4| \le 0{,}025\,394\,8$$

$$\Rightarrow\ 0{,}189\,699\,6 \le p \le 0{,}240\,489\,2$$

$$\Rightarrow\ \mathbf{19\,\% \le p \le 24\,\%}$$ ▶ Konfidenzintervall für p

Ist X eine mit den Parametern n und p binomialverteilte Zufallsgröße mit dem Erwartungswert $\mu = n \cdot p$ und der Standardabweichung $\sigma = \sqrt{n \cdot p \cdot (1-p)}$, dann liegen analog zu den **Sigmaregeln** die Werte für X mit einer **Sicherheitswahrscheinlichkeit** von ungefähr
- 90 % im Intervall $[\mu - 1{,}64\sigma;\ \mu + 1{,}64\sigma]$ bzw.
- 95 % im Intervall $[\mu - 1{,}96\sigma;\ \mu + 1{,}96\sigma]$ bzw.
- 99 % im Intervall $[\mu - 2{,}58\sigma;\ \mu + 2{,}58\sigma]$.

Alle mit dem Stichprobenergebnis der **relativen Wahrscheinlichkeiten** $\frac{X}{n}$ verträglichen Erfolgswahrscheinlichkeiten p liegen
- mit einer 90 %igen Sicherheitswahrscheinlichkeit in dem Intervall $\left|\frac{X}{n} - p\right| \le 1{,}64 \cdot \frac{\sigma}{n}$ bzw.
- mit einer 95 %igen Sicherheitswahrscheinlichkeit in dem Intervall $\left|\frac{X}{n} - p\right| \le 1{,}96 \cdot \frac{\sigma}{n}$ bzw.
- mit einer 99 %igen Sicherheitswahrscheinlichkeit in dem Intervall $\left|\frac{X}{n} - p\right| \le 2{,}58 \cdot \frac{\sigma}{n}$.

Je nach Vorgabe von zwei der drei Werte für X, n oder p lässt sich der jeweils dritte Wert berechnen, sodass der benötigte **Stichprobenumfang** n bzw. das **Vertrauensintervall** für p berechnet werden kann.

Berechnen Sie ausgehend vom Beispiel 1 das Vertrauensintervall für p bei einer Sicherheitswahrscheinlichkeit von 99 %.

Konfidenzintervall für eine konkrete Sicherheitswahrscheinlichkeit bestimmen: Parabelansatz

2

In Beispiel 1 ergibt sich bei der Berechnung des Konfidenzintervalls für p die Ungleichung $(214 - 1000p)^2 \leq 1{,}96^2 \cdot (1000p - 1000p^2)$. Stellen Sie diese Ungleichung grafisch dar und leiten Sie daraus das Konfidenzintervall für p bei einer Sicherheitswahrscheinlichkeit von 95 % ab.

In der 5. Zeile der Rechnung aus Beispiel 1 heißt es: $(214 - 1000p)^2 \leq 1{,}96^2 \cdot (1000p - 1000p^2)$.

Um diese Ungleichung zu lösen, subtrahieren wir auf beiden Seiten die rechte Seite der Ungleichung und erhalten: $(214 - 1000p)^2 - 1{,}96^2 \cdot (1000p - 1000p^2) \leq 0$. Wir formen weiter um zu: $1000\,(0{,}214 - p)^2 - 1{,}96^2 p\,(1 - p) \leq 0$.

Damit wir die gesuchten Werte für p berechnen können, setzen wir den gesamten Term der linken Seite „$= y$" und erhalten die Funktionsgleichung einer Parabel. Wir berechnen die Nullstellen dieser Funktion, denn zwischen diesen beiden Nullstellen gilt die obige Ungleichung. Die Berechnung der Nullstellen dieser Parabel ergibt $p_{N_1} = 0{,}1897$ und $p_{N_2} = 0{,}2405$.

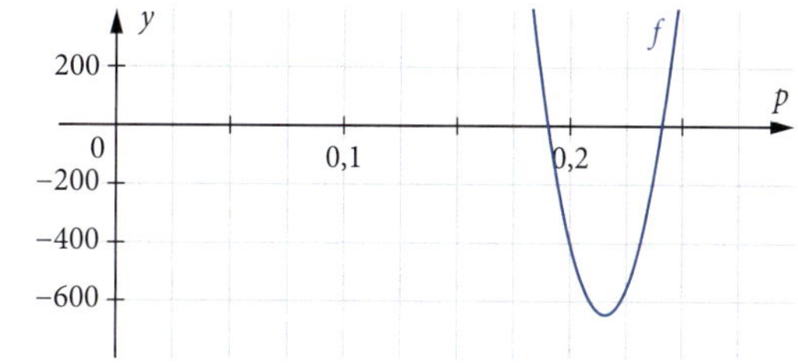

Parabelgleichung:
$f(p) = 1000\,(0{,}214 - p)^2 - 1{,}96^2 p\,(1 - p)$

Nullstellen: $p_{N_1} = 0{,}1897$; $p_{N_2} = 0{,}2405$

Vertrauensintervall: VI = [0,1897; 0,2405]

Mit einer Sicherheitswahrscheinlichkeit von 95 % liegt die tatsächliche Wahrscheinlichkeit p der Käufer zwischen 18,97 % und 24,05 %.

Allgemein hat die zu lösende Ungleichung die Form $(h_n - p)^2 \leq c^2 \cdot \frac{p(1-p)}{n}$, d. h., die Parabel, die wir zeichnen, lautet $f(p) = n\,(h_n - p)^2 - c^2 \cdot p\,(1 - p)$. In Beispiel 2 sind $h_n = 0{,}214$, $c = 1{,}96$ und $n = 1000$ (siehe auch Beispiel 1).

Konfidenzintervall für eine konkrete Sicherheitswahrscheinlichkeit bestimmen: Ellipsenansatz

3

Wir wissen, dass die Zufallsgröße X für eine Sicherheitswahrscheinlichkeit von 95 % in dem Bereich $\mu - 1{,}96\sigma \leq X \leq \mu + 1{,}96\sigma$ liegt. Dies können wir umformen zu $p - 1{,}96\sqrt{\frac{p(1-p)}{n}} \leq h_n \leq p + 1{,}96\sqrt{\frac{p(1-p)}{n}}$. Wenden wir diese Erkenntnis auf das Beispiel 1 an, so bewegt sich die Wahrscheinlichkeit p zwischen der linken Grenze des Vertrauensintervalls, die mit $0{,}214 = p - 1{,}96\sqrt{\frac{p(1-p)}{1000}}$ berechnet werden kann, und der rechten Grenze, die mit $0{,}214 = p + 1{,}96\sqrt{\frac{p(1-p)}{1000}}$ berechnet werden kann. Stellen Sie diese Gleichungen grafisch dar und leiten Sie daraus das Konfidenzintervall für p bei einer Sicherheitswahrscheinlichkeit von 95 % ab.

Die Graphen der beiden Funktionen $u(p) = p - 1{,}96\sqrt{\frac{p(1-p)}{1000}}$ und $o(p) = p + 1{,}96\sqrt{\frac{p(1-p)}{1000}}$ schneiden sich in den Punkten $(0|0)$ und $(1|1)$ und bilden zwischen diesen beiden Punkten eine Ellipse.

Die Schnittpunkte zwischen der Ellipse und der Geraden h_n mit $h_n = 0{,}214$ sind die gesuchten Intervallgrenzen zu der vorgegebenen relativen Häufigkeit h_n. Die Berechnung der Schnittpunkte ergibt: $p_1 = 0{,}1897$ und $p_2 = 0{,}2405$.

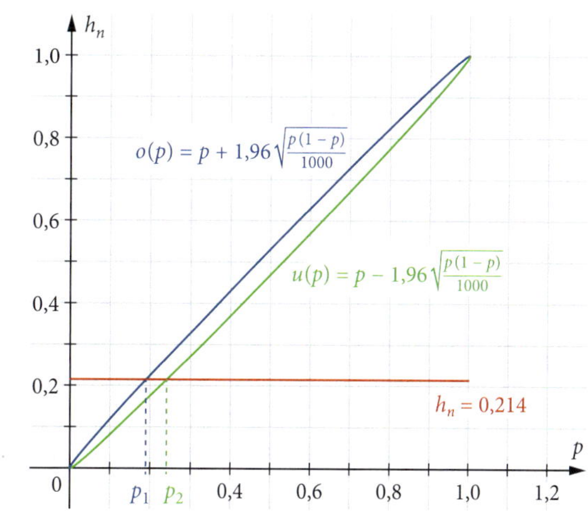

- Für $p_1 = 0{,}1897$ gilt die Ungleichung $0{,}214 \leq p_1 + 1{,}96 \cdot \sqrt{\frac{p_1(1-p_1)}{1000}}$ und $p_2 = 0{,}2405$ erfüllt $0{,}214 \leq p_2 - 1{,}96 \cdot \sqrt{\frac{p_2(1-p_2)}{1000}}$.

Schnittpunkte: $p_1 = 0{,}1897$ und $p_2 = 0{,}2405$

Vertrauensintervall VI = $[0{,}1897; 0{,}2405]$

Somit liegt die tatsächliche Wahrscheinlichkeit p der Käufer mit einer Sicherheitswahrscheinlichkeit von 95 % im Intervall $[0{,}1897; 0{,}2405]$, und damit zwischen 18,97 % und 24,05 %.

Das Vertrauensintervall können wir also ermitteln, indem wir die Ungleichung $h_n \leq p \pm c \cdot \sqrt{\frac{p(1-p)}{n}}$ grafisch lösen. In Beispiel 3 sind $h_n = 0{,}214$, $c = 1{,}96$ und $n = 1000$ (siehe Beispiel 1).

4 Konfidenzintervall für eine konkrete Sicherheitswahrscheinlichkeit näherungsweise berechnen

Das Konfidenzintervall kann für eine Anzahl $n \geq 1000$ näherungsweise bestimmt werden durch $\text{VI} = \left[h_n - c \cdot \sqrt{\frac{h_n(1-h_n)}{n}};\ h_n + c \cdot \sqrt{\frac{h_n(1-h_n)}{n}}\right]$. Bestätigen Sie dies anhand der Werte aus Beispiel 1.

Mit einer Sicherheitswahrscheinlichkeit von 95 % liegt die tatsächliche Wahrscheinlichkeit p, mit der das neue Computerspiel gekauft wird, näherungsweise zwischen 18,86 % und 23,94 %.

Mit $h_n = 0{,}214$, $c = 1{,}96$ und $n = 1000$:

$$\text{VI} = \left[h_n - c \cdot \sqrt{\frac{h_n(1-h_n)}{n}};\ h_n + c \cdot \sqrt{\frac{h_n(1-h_n)}{n}}\right]$$
$$= \left[0{,}214 - 1{,}96\sqrt{\frac{0{,}214 \cdot 0{,}786}{1000}};\ 0{,}214 + 1{,}96\sqrt{\frac{0{,}214 \cdot 0{,}786}{1000}}\right]$$
$$\approx [0{,}1886; 0{,}2394]$$

Beim GTR/CAS sind teilweise bereits Befehle eingebaut, damit die Konfidenzintervalle direkt berechnet werden können.

```
zInterval_1Prop 214,1000,0.95: stat.results
   "Titel"     "1-Prop z-Intervall"
   "CLower"    0.188580544057
   "CUpper"    0.239419455943
```

▶ TI menu, Statistik, Konfidenzintervalle, 1-Prop z-Intervall mit der Anzahl $x = 214$ an Erfolgen und $n = 1000$ sowie dem Konfidenzniveau von 0,95.

Die obige Annäherung des Konfidenzintervalls [18,86 %; 23,94 %] kann bestätigt werden.

▶ Genauso kann das Konfidenzintervall auch bei kleinen Stichproben bestimmt werden, falls $0{,}3 \leq h_n \leq 0{,}7$ gilt.

Es gibt zwei **grafische Lösungsverfahren**, um die Grenzen eines Vertrauensintervalls zu bestimmen:

Parabelansatz

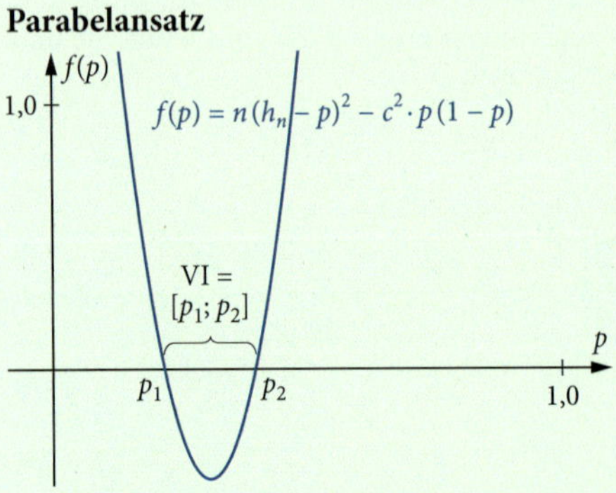

Für den Parabelansatz wird die Ungleichung des Vertrauensintervalls in eine Parabelform umgeformt.
Die Nullstellen der Parabel sind die Grenzen des gesuchten Vertrauensintervalls.

Ellipsenansatz

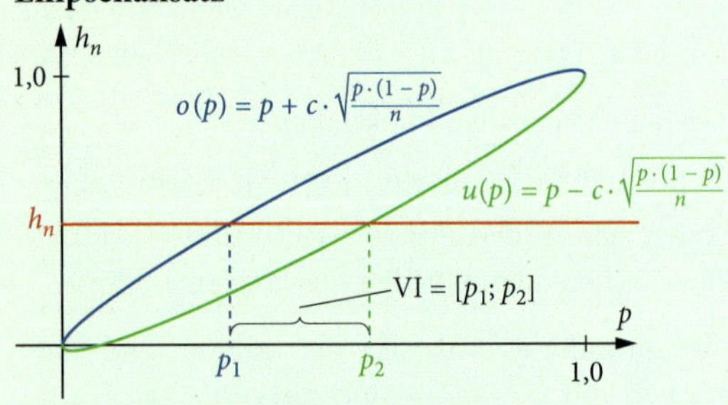

Für den Ellipsenansatz wird die Ungleichung des Vertrauensintervalls in zwei Funktionen für Ellipsenbögen umgeformt. Die Schnittstellen der Ellipsenbögen mit der relativen Häufigkeit sind die Grenzen des gesuchten Vertrauensintervalls. Dabei liefert der obere Ellipsenbogen die linke und der untere Ellipsenbogen die rechte Grenze des Vertrauensintervalls.

Sie haben bereits gelernt, die Wahrscheinlichkeit, mit der die Werte in einer vorgegebenen Sigma-Umgebung liegen, zu bestimmen (▶ Seite 364). Am Beispiel (▶ Seite 365) haben Sie auch bereits umgekehrt eine Sigma-Umgebung zu einer gegebenen Sicherheitswahrscheinlichkeit bestimmt. Wir wollen nun Konfidenzintervalle für beliebige Sicherheitswahrscheinlichkeiten bestimmen.

Konfidenzintervall für eine beliebige Sicherheitswahrscheinlichkeit berechnen

5

Leiten Sie allgemein her, wie die Sigma-Umgebung zu einer beliebigen Sicherheitswahrscheinlichkeit bestimmt werden kann. Berechnen Sie dann die Sigma-Umgebung, in der die Werte mit einer mindestens 95 %igen Wahrscheinlichkeit liegen.

Für die Wahrscheinlichkeit p innerhalb eines beliebigen Vertrauensintervalls gilt $h_n \leq p \pm c \cdot \sqrt{\frac{p(1-p)}{n}}$.
Die wirklichen Werte für p streuen also um den erwarteten Wert h_n herum.
Dabei gibt der Faktor c an, wie weit das Vertrauensintervall gefasst ist. Gilt zum Beispiel $c = 1$, dann beträgt die Sicherheitswahrscheinlichkeit 68,3 %. Das heißt, die rot schraffierte Fläche umfasst 68,3 % der Gesamtfläche. Die blauen Flächen betragen dann 31,7 % der Gesamtfläche, also auf jeder Seite 15,85 %.

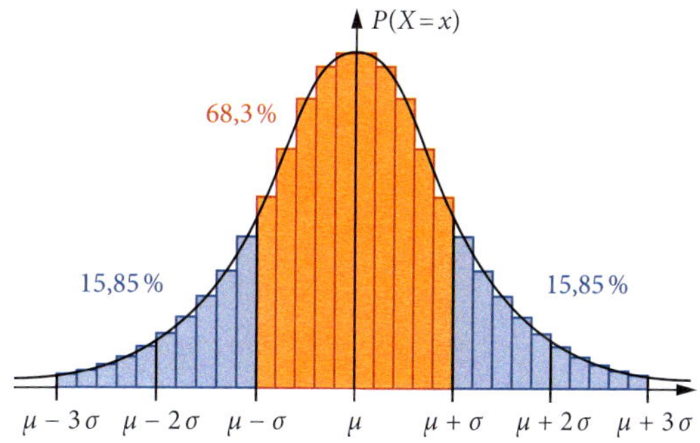

Bei der Standardnormalverteilung ist die Fläche unter der Dichtefunktion 1. Die Dichtefunktion lautet
$\varphi(z) = \frac{1}{\sqrt{2\pi}} e^{-\frac{1}{2}z^2}$.
In der nebenstehenden Zeichnung entspricht dem rot schraffierten Bereich das Integral der Dichtefunktion φ von $-c$ bis c: $P(\text{VI}) = \frac{1}{\sqrt{2\pi}} \cdot \int_{-c}^{c} e^{-\frac{1}{2}z^2}\,dz$.

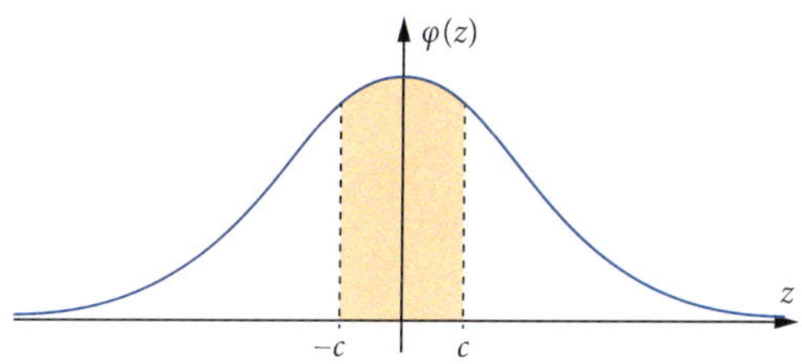

Mit der Bezeichnung $\Phi(z) = \int_{-\infty}^{z} \varphi(x)\,dx$ ergibt sich die Formel $P(\text{VI}) = 2\,\Phi(z) - 1$.

$$P(\text{VI}) = P(-c \leq X \leq c) = \Phi(z) - \Phi(-z)$$
$$= \Phi(z) - (1 - \Phi(z)) = 2\,\Phi(z) - 1$$

Die Sicherheitswahrscheinlichkeit beträgt hier 95 %. Das heißt, wir wollen das Intervall berechnen, in dem die zur y-Achse symmetrische Fläche unter dem Graphen der Standardnormalverteilung 95% der Gesamtfläche unter dem Graphen einnimmt.
Den Wert für z ermitteln wir aus der Gleichung $\Phi(z) = 0{,}975$ mithilfe der im GTR/CAS eingebauten Funktionen.

$$0{,}95 = 2\,\Phi(z) - 1$$
$$\Leftrightarrow\ 1{,}95 = 2\,\Phi(z)$$
$$\Leftrightarrow\ \Phi(z) = 0{,}975$$

```
InvNormCD(0.975)
          1.959963985
```

▶ CA OPTN, Stat (F5), DIST (F3), NORM (F1), InvN (F3).

z entspricht dem Wert für $c = 1{,}96$.

1. Berechnen Sie den Wert für c bei einer Sicherheitswahrscheinlichkeit von 93 %.

2. Von 500 befragten Personen geben 50 an, dass sie ein neues Haarshampoo verwenden würden. Es soll das 95 %-Sicherheitsintervall für die tatsächliche Wahrscheinlichkeit der neuen Shampoobenutzer angegeben werden.

a) Überprüfen Sie, ob diese Aufgabe mit dem Näherungverfahren berechnet werden kann.

b) Berechnen Sie das gesuchte Vertrauensintervall.

Übungen zu 6.6

1. Um die Anzahl der Tierarten auf einer Insel zu schätzen, wurden 300 Tiere mit einer Ohrmarke markiert. Bei einer Beobachtung stellte man fest, dass von 270 Tieren 54 Tiere diese Ohrmarke besitzen.
   a) Berechnen Sie das 95%-Vertrauensintervall der Tiere dieser Tierart, die auf dieser Insel leben.
   b) Stellen Sie den hier beschriebenen Sachverhalt grafisch mithilfe einer Ellipse dar.

2. In einer Meinungsumfrage gaben 54% der 1000 Befragten an, das amtierende Regierungsbündnis wieder zu wählen.
   a) Geben Sie an, welche Wahlergebnisse bei einer Sicherheitswahrscheinlichkeit von 95,4% mit dem Stichprobenergebnis verträglich sind.
   b) Ermitteln Sie die Anzahl der Personen, die unter den gegebenen Bedingungen im besten bzw. schlechtesten Fall für das amtierende Regierungsbündnis stimmen, falls 62 Millionen Bürger an der Wahl teilnehmen.
   c) Beurteilen Sie, ob das Regierungsbündnis mit einem Wahlerfolg rechnen kann. Geben Sie auch an, mit welcher Wahrscheinlichkeit es keinen Erfolg haben wird.
   d) Berechnen Sie das 99,7%-Vertrauensintervall.

3. Ein Obstlieferant gibt an, dass höchstens 2% der gelieferten Ware Ausschuss sei. In einer Lieferung von 1500 Äpfeln wurde 3% Ausschuss festgestellt.
   a) Ermitteln Sie, ob die Angaben innerhalb eines 95,4%-Vertrauensintervalls liegen.
   b) Beurteilen Sie eine Lieferung von 3000 Äpfeln und einem Ausschuss von 2,8% bezüglich einer 99%igen Sicherheitswahrscheinlichkeit.

4. In der Stadt Prag waren die Preise für öffentliche Verkehrsmittel traditionell sehr niedrig. Nach einer Fahrpreiserhöhung berichteten die Kontrolleure, dass der Anteil der Schwarzfahrer um 5% gestiegen sei. Die Verkehrsbetriebe überprüften daraufhin 5000 Fahrgäste und fanden 227 Schwarzfahrer unter ihnen.
   a) Überprüfen Sie bei einer Sicherheitswahrscheinlichkeit von 94%, ob die Aussage der Kontrolleure stimmt.
   b) Lösen Sie den Sachverhalt grafisch mithilfe einer Parabel in einem geeigneten Koordinatensystem.

5. In einem Betrieb werden in einer Woche 1225 Akkus für Elektroautos hergestellt. Von diesen 1225 Akkus weisen normalerweise 13 Mängel auf.
   a) Bestimmen Sie das 92%-Vertrauensintervall für die nicht einwandfreien Akkus.
   b) Erläutern Sie für diesen Sachverhalt einen exakten und einen angenäherten Lösungsweg.
   c) Bei der Qualitätskontrolle werden 23 nicht einwandfreie Akkus aussortiert. Entscheiden Sie, ob diese Anzahl mit dem 92%-Vertrauensintervall verträglich ist.

6. In einer Süßwarenfabrik werden Gummibärchen produziert. Als Stichprobe werden der laufenden Produktion 200 Gummibärchen entnommen. Von diesen Gummibärchen sind 80 rot, und der Rest hat andere Farben. Bestimmen Sie das 95,4%-Vertrauensintervall für die Wahrscheinlichkeit p der roten Gummibärchen.

7. Beurteilen Sie begründet, bei welchen der Aufgaben 1 bis 6 eine Näherungsrechnung verwendet werden darf.

8. Betrachten Sie erneut die Situation auf Seite 373. Vervollständigen Sie die Handlungsanweisung des Herrn Tenras.

9. Eine Investorengruppe überlegt, in Deutschland fair und umweltschonend Jeanshosen zu produzieren. Innerhalb einer Machbarkeitsstudie werden 1500 zufällig ausgewählte Personen befragt, ob sie diese Hosen zu einem etwas höheren Preis kaufen würden. 350 Personen waren von der Idee begeistert und würden sich die Hosen kaufen. Berechnen Sie für die Machbarkeitsstudie, mit wie vielen herzustellenden Hosen bei einer Sicherheitswahrscheinlichkeit von 99% zu rechnen ist.

10. Das neu gegründete Bauunternehmen SieBau startet eine Werbekampagne mit dem Ziel „70% der Bevölkerung in der Region kennen SieBau“. Um den Erfolg der Werbekampagne zu testen, werden zufällig 600 Personen aus der Region befragt. 430 kannten SieBau. Untersuchen Sie, ob mit einem Sicherheitsniveau von 90% bestätigt werden kann, dass das Ziel erreicht wurde.

Ich kann ...

... eine **Sicherheitswahrscheinlichkeit** erklären und darstellen.
▶ Test-Aufgabe 6

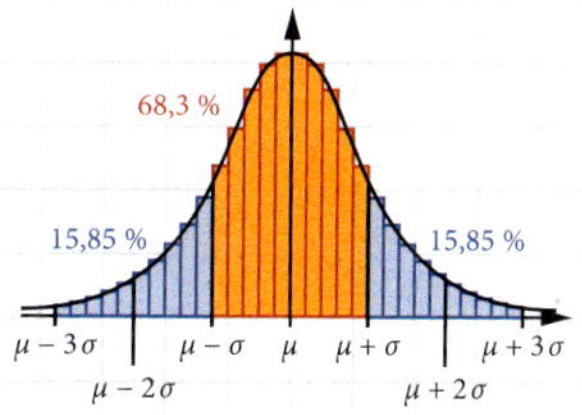

Das 68,3 %-Vertrauensintervall hat die Länge 2σ und beinhaltet 68,3 % aller Werte.

Man kann nicht sicher von einer Stichprobe auf die Grundgesamtheit schließen. Man kann nur sagen, dass ein Ergebnis mit einer bestimmten Wahrscheinlichkeit (der Sicherheitswahrscheinlichkeit) zutrifft.
Je höher die Sicherheitswahrscheinlichkeit sein soll (die Garantie, dass die Werte in dem Bereich liegen), desto länger ist das Vertrauensintervall. Typische Werte sind zum Beispiel 68,3 %, 95 % oder 99 %.

... die **Breite** der **σ-Umgebung** c aus der Formelsammlung bestimmen.
▶ Test-Aufgabe 6

Für ein 95 %-Vertrauensintervall ist der Faktor für die σ-Umgebung $c = 1{,}96$.

c	1,96	2,0	2,2	2,4	2,58
p	0,950	0,955	0,972	0,984	0,990

... **Grenzen** eines Vertrauensintervalls **grafisch** bestimmen:

Mit $n = 200$; $c = 2$; $h_n = 0{,}4$:

– mithilfe einer **Parabel**
▶ Test-Aufgaben 1, 3

$f(p) = 200\,(0{,}4 - p)^2 - 2^2 \cdot p\,(1-p)$
Die Nullstellenberechnung der Parabel liefert: VI = [0,333; 0,471]

$|h_n - p| \leq c \cdot \sqrt{\frac{p\,(1-p)}{n}}$

– mithilfe einer **Ellipse**
▶ Test-Aufgaben 1, 2

$u(p) = p - 2\sqrt{\frac{p\,(1-p)}{200}}$;

$o(p) = p + 2\sqrt{\frac{p\,(1-p)}{200}}$; $h_n = 0{,}4$

Die Schnittpunktberechnung zwischen h_n und den Ellipsenbögen liefert: VI = [0,333; 0,471]

$p - c \cdot \sqrt{\frac{p\,(1-p)}{n}} \leq h_n \leq p + c \cdot \sqrt{\frac{p\,(1-p)}{n}}$

... **Grenzen** eines Vertrauensintervalls **rechnerisch** bestimmen:

Mit $n = 200$; $c = 2$; $h_n = 0{,}4$:

– genau
▶ Test-Aufgabe 1

$200\,(0{,}4 - p)^2 \leq 4\,(p - p^2)$
$\Leftrightarrow\ 51\,p^2 - 41\,p + 8 \leq 0$
$\Rightarrow\ p_1 \approx 0{,}333;\ p_2 \approx 0{,}471$
VI = [0,333; 0,471]

$(h_n - p)^2 \leq c^2 \cdot \frac{p\,(1-p)}{n}$

– näherungsweise
▶ Test-Aufgaben 1, 5

$\text{VI} = \left[0{,}4 - 2\sqrt{\frac{0{,}4\,(1-0{,}4)}{200}};\ 0{,}4 + 2\sqrt{\frac{0{,}4\,(1-0{,}4)}{200}}\right]$

$\approx [0{,}3307;\ 0{,}4693]$

Die Näherung liefert brauchbare Werte für $n \geq 1000$. Bei kleineren Stichproben ist die Näherung nur geeignet für $0{,}3 \leq h_n \leq 0{,}7$.

$\text{VI} = \left[h_n - c \cdot \sqrt{\frac{h_n\,(1-h_n)}{n}};\ h_n + c \cdot \sqrt{\frac{h_n\,(1-h_n)}{n}}\right]$

... die **Breite** der **σ-Umgebung** c berechnen für Vertrauensintervalle zu **beliebigen Wahrscheinlichkeiten**.
▶ Test-Aufgabe 4

Faktor c für ein 97 %-Vertrauensintervall: $0{,}97 = 2\,\Phi(z) - 1$
$\Leftrightarrow\quad 1{,}97 = 2\,\Phi(z)$
$\Leftrightarrow\quad \Phi(z) = 0{,}985$
$\Rightarrow\quad z = c = 2{,}17$

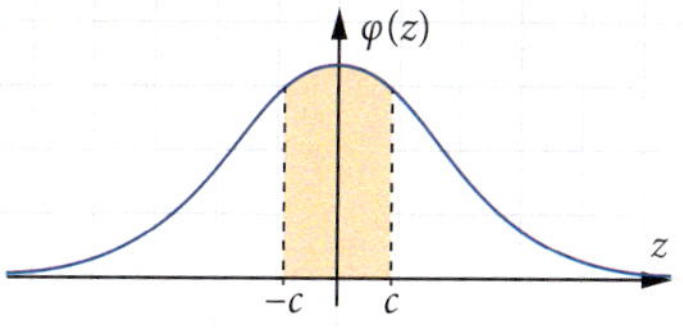

Test zu 6.6

1. Von 1000 befragten Personen gaben 187 Personen an, Self-Tracking-Daten zu sammeln, also zum Beispiel ihre tägliche Schrittzahl festzuhalten. Susanna behauptet, dass schon 23 % der deutschen Bevölkerung Self-Tracking-Daten sammelt. Überprüfen Sie, ob diese Aussage mit der oben beschriebenen Untersuchung innerhalb einer 95 %-Sicherheitswahrscheinlichkeit vereinbar ist.

2. Bei der nebenstehenden Ellipse ist $n = 300$, $c = 1{,}96$ und $h_n = 0{,}2$.

a) Übertragen Sie die Zeichnung in Ihr Heft und ergänzen Sie die fehlende Beschriftung für die Achsen und die Funktionsgraphen.

b) Entwickeln Sie eine Sachaufgabe, die zu der dargestellten Grafik passt.

c) Markieren und erläutern Sie die Intervallgrenzen anhand der dargestellten Grafik.

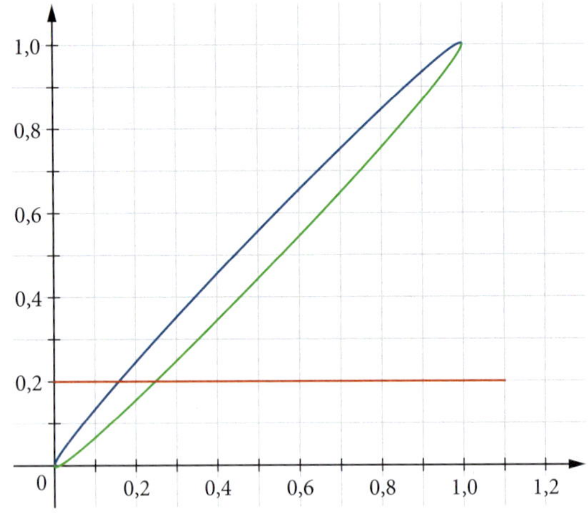

3. Bei der Qualitätskontrolle in einem Industriebetrieb wurden von 500 Schrauben 16 als fehlerhaft eingestuft.

a) Bestimmen Sie das 95 %-Vertrauensintervall für diesen Sachverhalt.

b) Stellen Sie den Sachverhalt grafisch mithilfe einer Parabel dar und kennzeichnen Sie das Vertrauensintervall farbig.

4. Der Inhaber einer Bar überlegt, einen Raum als separates Raucherzimmer umzubauen. Bei einer Befragung von 1236 Gästen waren 200 für einen Rauchersalon. Bestimmen Sie mit einer Sicherheitswahrscheinlichkeit von 97,8 % den wahren Anteil der Befürworter eines Rauchersalons.

5. Ein Medikament wurde bei einer Langzeitstudie getestet. 96 von 1440 Patienten klagten nach der Einnahme über Kopfschmerzen. Für die Ärzte gab es daher bei diesem Medikament die Information, dass zwischen 5,4825 % und 7,851 % der Patienten nach der Einnahme unter Kopfschmerzen leiden. Geben Sie die dazugehörige Sicherheitswahrscheinlichkeit an.

6. Auf dem Sommerfest eines Internats sollen besondere vegetarische Snacks angeboten werden. Es werden zu diesem Sommerfest etwa 2000 Besucher erwartet. Um mehr Planungssicherheit für das Sommerfest zu haben, haben die Schüler vorher 500 zufällig ausgewählte Personen befragt, ob sie diesen besonderen vegetarischen Snack zu dem festgelegten Preis kaufen würden. 375 befragte Personen sagten aus, dass sie ihn kaufen würden.

a) Geben Sie jeweils den Radius des Sigma-Intervalls c für ein 68,3 %-, 90 %- und 95 %-Vertrauensintervall an.

b) Berechnen Sie für jedes der oben angegebenen Intervalle, wie viele vegetarische Snacks vorbereitet werden sollten.

c) Erläutern Sie die Bedeutung des 90 %-Vertrauensintervalls im Sachzusammenhang.

7 Vernetzung und Prüfungsvorbereitung

Der Geschäftsführer der Fly Bike Werke GmbH sorgt sich um die Gewinnsituation bei dem Rennrad *Fly and Win*. Bei diesem Rennrad handelt es sich um eine Spezialanfertigung für den Radsport. Zur Analyse der Gewinnsituation wird die Unternehmensberatung „Panke, Petersen & Partner“ beauftragt. Sie soll eine in die Zukunft reichende Kosten- und Marktanalyse erstellen.

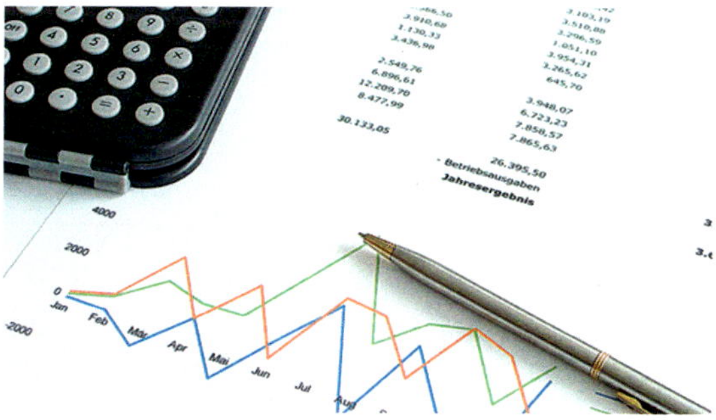

Der folgende Auszug ist Teil des Berichts der Unternehmensberaterin Bettina Panke:

Panke, Petersen & Partner

Bericht Fly Bike Werke GmbH

Aufgrund der speziellen Ausstattung und der hervorragenden Qualität dieses Modells hat die Fly Bike Werke GmbH eine **Monopolstellung** am Anbietermarkt.

Die augenblickliche **Nachfrage** lässt sich durch die Funktion p_N mit $p_N(x) = 2450 - 350x$ beschreiben ($p_N(x)$ in €/ME; x in ME, 1 ME entspricht 10 Fahrrädern). Die Marktlage wird sich aber mittelfristig dahingehend verändern, dass mit einer Wahrscheinlichkeit von 30 % der Höchstpreis nur noch bei 2400 € liegen wird; dann wird der Markt auch mit einem Absatz von 80 Stück gesättigt sein.

Die **Kostensituation** bei diesem Fahrradtyp kann durch die Kostenfunktion K mit $K(x) = 50x^3 - 300x^2 + 750x + 1600$ annähernd beschrieben werden ($K(x)$ in €; x in ME, 1 ME entspricht 10 Fahrrädern). Aber auch hier sind Änderungen mittelfristig möglich: Die Fixkosten können um 6,25 % gesenkt werden; allerdings fallen dann an der Gewinnschwelle bei gleichbleibenden Gesamtkosten die Grenzkosten um 200 € höher aus. Das künftige Betriebsminimum wird unter diesen Umständen um 10 Fahrräder sinken. Wir schätzen, dass diese neue Kostensituation mit einer Wahrscheinlichkeit von 20 % eintreffen wird.

Trotz dieser Veränderungen der Kosten- und Marktsituationen rechnen wir in jedem Fall mit einer unveränderten Gewinnschwelle bei 10 Fahrrädern.

Eine weitergehende Analyse, speziell der Gewinnsituation, wird durch Ihren Auftrag an Panke, Petersen & Partner nicht abgedeckt.

Bericht Fly Bike Werke GmbH

▶ Beispiel 1 auf Seite 382

Kompetenzen

- Komplexe und themenübergreifende Probleme lösen
- Strategien zur Lösung prüfungsähnlicher Aufgaben nutzen
- Lösungsansätze und -strategien für Problemstellungen entwickeln
- Korrekte Fachsprache verwenden
- Grenzen von Hilfsmitteln beurteilen

7.1 Aufgabenanalyse und Arbeitsmethodik

In vielen beruflichen und privaten Situationen müssen wir komplexe Probleme lösen, bei denen Mittel aus verschiedenen mathematischen Themengebieten genutzt werden müssen. Auch bei Aufgaben in Prüfungssituationen müssen wir uns schnell orientieren, mit welchen mathematischen Methoden wir welche Teilaufgabe lösen.
GTR und CAS helfen uns dabei rechenaufwändige Probleme schnell zu lösen, sodass wir uns auf den mathematischen Kern der Aufgabe konzentrieren können.

Für die Lösung von komplexen und themenübergreifenden Aufgaben empfiehlt sich folgende Vorgehensweise in fünf Schritten:

1. **Aufgabe lesen**
   Lesen Sie die Aufgabe genau. Versuchen Sie die Situation und das dargestellte Problem zu verstehen. Fragen Sie bei Unklarheiten nach.
2. **Gesamtproblem strukturieren**
   Entnehmen Sie der Situation, nach welchen Elementen genau gefragt ist und welche Teilschritte für die Lösung des Gesamtproblems erforderlich sind. (Bei Aufgaben mit Unternummerierungen ist dieser Schritt meist einfacher.)
3. **Mathematische Themen identifizieren und Lösungsansätze bereitstellen**
   „Übersetzen" Sie die Teilprobleme in die Sprache der Mathematik: Überlegen Sie, um welches Themengebiet es sich handelt und welcher mathematische Ansatz der passende ist.
4. **Einzelne Aufgabenteile lösen**
   Führen Sie anhand des gewählten Lösungsansatzes alle nötigen mathematischen Berechnungen aus, um ein rechnerisches Ergebnis zu erhalten. Strukturieren Sie Ihre Rechnung und kommentieren Sie ggf. einzelne Schritte oder Teilergebnisse.
5. **Ergebnisse reflektieren und bezogen auf das Gesamtproblem interpretieren**
   Setzen Sie die Teilergebnisse aus Schritt 4 bezogen auf das Gesamtproblem zusammen. Beurteilen Sie, welches Teilergebnis wie relevant für die Gesamtlösung ist. Weisen Sie auch darauf hin, falls einige der erhaltenen „mathematischen" Lösungen nicht zu dem echten Problem passen.

1 Analyse der Gewinnsituation

Lösen Sie das Problem von der vorangegangen Auftaktseite. Um sich dieser Aufgabe zu nähern, gehen wir in den fünf Schritten vor:

1. Aufgabe lesen
Bevor wir rechnen, müssen wir uns zuerst klar machen, welches Problem hier gelöst werden soll, und dazu die Aufgabe genau lesen:

Wir finden im ersten Satz den Hinweis, dass sich der Geschäftsführer um die **Gewinnsituation** Gedanken macht. Im letzten Satz des Berichts der Unternehmensberaterin wird aber festgestellt, dass die Analyse der Gewinnsituation nicht Bestandteil des Berichts ist.

Daraus können wir folgern, dass es um die künftige Gewinnsituation bezüglich des Rennrades *Fly and Win* geht.

Ausschnitte aus der Problemstellung:
„Der Geschäftsführer der Fly Bike Werke GmbH sorgt sich um die Gewinnsituation bei dem Rennrad *Fly and Win.*"
„Eine weitergehende Analyse, speziell der Gewinnsituation, wird durch Ihren Auftrag an Panke, Petersen & Partner nicht abgedeckt."

2. Gesamtproblem strukturieren

Aussagen über den Gewinn können wir nur machen, wenn wir die **Erlös- und Kostensituation** erfasst haben, da der Gewinn die Differenz aus Erlös und Kosten ist. Der Erlös ergibt sich aus der gegebenen Nachfrage und auch eine Kostensituation ist gegeben. Da die Fly Bike Werke GmbH als Monopolist am Markt handelt, ist die Nachfragefunktion ihre Preis-Absatz-Funktion.

Die künftigen Erlös- und Kostensituationen sind aber nicht eindeutig: Der Untersuchungsbericht geht von zwei möglichen Marktkonstellationen (und somit zwei möglichen Erlösmodellen) sowie von zwei möglichen Kostensituationen aus. Damit gibt es insgesamt also **vier verschiedene Gewinnsituationen**, die wir untersuchen und gegeneinander abwägen oder miteinander verbinden müssen.

$G(x) = E(x) - K(x)$

$E(x) = p_N(x) \cdot x$

Ausschnitte aus der Problemstellung:

„Die augenblickliche Nachfrage lässt sich durch die Funktion p_N mit $p_N(x) = 2450 - 350x$ beschreiben … Die Marktlage wird sich aber mittelfristig dahingehend verändern, dass …“

„Die Kostensituation bei diesem Fahrradtyp kann durch die Kostenfunktion K mit $K(x) = 50x^3 - 300x^2 + 750x + 1600$ annähernd beschrieben werden … Aber auch hier sind Änderungen mittelfristig möglich …“

„… hat die Fly Bike Werke GmbH eine Monopolstellung am Anbietermarkt.“

3. Mathematische Themen identifizieren

Um die unbekannten Kosten- und Erlösfunktionen zu erhalten, müssen wir die Gleichungen zunächst allgemein aufstellen.

Zur Bestimmung der **unbekannten Koeffizienten** nutzen wir Mittel der *Analysis* und ggf. den *Gauß'schen Algorithmus.*

$K(x) = ax^3 + bx^2 + cx + d$

$p_N(x) = mx + n$

$E(x) = p_N(x) \cdot x$

$G(x) = E(x) - K(x)$

▸ vgl. S. 18 und 194
Lösung für diese Aufgabe auf dieser und der nächsten Seite, Untersuchung der Gewinnsituation ab S. 385

Da die vier möglichen künftigen Gewinnsituationen mit **unterschiedlichen Wahrscheinlichkeiten** eintreten können, benötigen wir auch Mittel aus der *Wahrscheinlichkeitsrechnung*. Da der Geschäftsführer mit dem durchschnittlich zu erwartenden Gewinn kalkulieren sollte, müssen wir insbesondere den **Erwartungswert** nutzen.

▸ vgl. S. 324
Lösung für die Aufgabe auf S. 386

4. Aufgabenteile lösen

Die folgende Vorgehensweise ist nur eine von mehreren möglichen Alternativen.

▸ Schritt 5 auf S. 386

Aufstellen der Funktionsgleichungen:

Wir bezeichnen die augenblickliche Nachfragefunktion mit p_{N_1} und die jetzige Kostenfunktion mit K_1. Die unbekannten Funktionen für die mögliche künftige Entwicklung sollen p_{N_2} bzw. K_2 heißen. Wir gehen davon aus, dass die neuen Funktionen von demselben Grad sind wie die alten.

$p_{N_1}(x) = 2450 - 350x$

$K_1(x) = 50x^3 - 300x^2 + 750x + 1600$

$p_{N_2}(x) = mx + n$

$K_2(x) = ax^3 + bx^2 + cx + d$

Wir bestimmen zunächst die Gleichung von p_{N_2}. Dabei nutzen wir die Information, dass der neue Höchstpreis 2400 € beträgt: Der Graph der Nachfragefunktion schneidet also die y-Achse bei 2400. Die Sättigungsmenge von 80 Fahrrädern ist die Nullstelle der Funktion p_{N_2}.

$p_{N_2}(0) = 2400 \Rightarrow n = 2400$

$p_{N_2}(8) = 0$ ▸ 80 Stück = 8 ME

$\Rightarrow m \cdot 8 + 2400 = 0 \Leftrightarrow m = -300$

$\Rightarrow p_{N_2}(x) = -300x + 2400$

7

Bei der Bestimmung der Gleichung für die neue Kostenfunktion können wir nutzen, dass d die Fixkosten angibt.

$K_2(x) = ax^3 + bx^2 + cx + d$

Von den neuen Fixkosten wissen wir, dass sie 6,25 % unter den alten Fixkosten liegen.

$d = 1600 - \frac{6{,}25}{100} \cdot 1600 = 1500$

$K_2(x) = ax^3 + bx^2 + cx + 1500$

Um die restlichen drei Koeffizienten zu bestimmen, müssen wir drei Bedingungsgleichungen aufstellen. Diese erhalten wir aus folgenden Informationen:

1. An der Gewinnschwelle x_{GS} sind die Gesamtkosten so hoch wie bei der alten Kostenfunktion. — $K_2(x_{GS}) = K_1(x_{GS})$
2. Die Grenzkosten sind dort um 200 € pro ME höher. — $K_2'(x_{GS}) = K_1'(x_{GS}) + 200$
3. Das Betriebsminimum liegt um 1 ME unter dem alten Betriebsminimum. — $x_{BM_2} = x_{BM_1} - 1$

Wir benötigen nun zunächst die entsprechenden Zahlen der alten Kostenfunktion. Dabei berücksichtigen wir, dass die Gewinnschwelle für alle vier Gewinnkonstellationen bei 10 Fahrrädern ($x_{GS} = 1$) liegt.

$K_1(1) = 50 \cdot 1^3 - 300 \cdot 1^2 + 750 \cdot 1 + 1600 = 2100$

$\Rightarrow K_2(1) = 2100$ ▶ 10 Stück = 1 ME

I $a + b + c + 1500 = 2100$

An dieser Stelle betragen die aktuellen Grenzkosten 300 € pro ME und damit die möglichen künftigen Grenzkosten 500 € pro ME.

$K_1'(x) = 150x^2 - 600x + 750$

$K_1'(1) = 150 \cdot 1^2 - 600 \cdot 1 + 750 = 300$

$\Rightarrow K_2'(1) = 500$ ▶ $K_2'(x) = 3ax^2 + 2bx + c$

II $3a + 2b + c = 500$

Das Betriebsminimum ist die Stelle, an der die durchschnittlichen variablen Kosten minimal sind (bei den variablen Kosten wird d nicht berücksichtigt). Zur Bestimmung des Betriebsminimums benötigen wir die erste Ableitung der durchschnittlichen variablen Kosten.

Das alte Betriebsminimum liegt bei 30 Fahrrädern; für die neue Kostensituation liegt es bei 20 Fahrrädern ($x = 2$).

$k_{v_1}(x) = \frac{K_{v_1}(x)}{x} = 50x^2 - 300x + 750$

$k_{v_1}'(x) = 100x - 300;\ k_{v_1}''(x) = 100$

$k_{v_1}'(x_E) = 0 \Leftrightarrow 100x_E - 300 = 0 \Leftrightarrow x_E = 3$

$k_{v_1}''(3) = 100\ (> 0)$ ▶ Minimum

$\Rightarrow k_{v_2}'(2) = 0$ ▶ $k_{v_2}'(x) = 2ax + b$

III $4a + b = 0$

Damit haben wir drei Bestimmungsgleichungen, um die Koeffizienten a, b und c der neuen Kostenfunktion berechnen zu können.

I $a + b + c + 1500 = 2100$ | −1500

II $3a + 2b + c = 500$

III $4a + b = 0$

Das Gleichungssystem lässt sich auch als Matrizengleichung schreiben. Diese Matrizengleichung können wir mit dem Gauß'schen Algorithmus oder GTR/CAS lösen.

$$\begin{pmatrix} 1 & 1 & 1 \\ 3 & 2 & 1 \\ 4 & 1 & 0 \end{pmatrix} \cdot \begin{pmatrix} a \\ b \\ c \end{pmatrix} = \begin{pmatrix} 600 \\ 500 \\ 0 \end{pmatrix}$$

Durch Addieren von Zeilen oder ihrem Vielfachen sorgen wir dafür, dass in jeder Zeile und in jeder Spalte der Koeffizientenmatrix genau einmal eine 1 und sonst nur Nullen erscheinen.

$$\left(\begin{array}{ccc|c} 1 & 1 & 1 & 600 \\ 3 & 2 & 1 & 500 \\ 4 & 1 & 0 & 0 \end{array}\right) \rightarrow \left(\begin{array}{ccc|c} 0 & 0 & 1 & 750 \\ 0 & 1 & 0 & -200 \\ 1 & 0 & 0 & 0 \end{array}\right)$$

▶ $c = 750$ ▶ $b = -200$ ▶ $a = 50$

Aus dem letzten Schema können wir die Lösung ablesen: $a = 50$, $b = -200$, $c = 750$.

$\Rightarrow K_2(x) = 50x^3 - 200x^2 + 750x + 1500$

Bildung der Gewinnfunktionen:
Wir haben die Gleichungen für zwei mögliche Nachfragefunktionen, p_{N_1} und p_{N_2}; und damit zwei mögliche Erlösfunktionen E_1 und E_2.
Zusammen mit den Gleichungen für die beiden möglichen Kostenfunktionen K_1 und K_2 können wir aus den Erlös- und Kostenfunktionen vier Gewinnfunktionen G_{11}, G_{21}, G_{12} und G_{22} kombinieren.

$p_{N_1}(x) = -350x + 2450$
$\Rightarrow E_1(x) = -350x^2 + 2450x$
$p_{N_2}(x) = -300x + 2400$
$\Rightarrow E_2(x) = -300x^2 + 2400x$

$K_1(x) = 50x^3 - 300x^2 + 750x + 1600$
$K_2(x) = 50x^3 - 200x^2 + 750x + 1500$

$G_{11}(x) = E_1(x) - K_1(x)$ ▸ Nachfrage alt, Kosten alt
$G_{21}(x) = E_2(x) - K_1(x)$ ▸ Nachfrage neu, Kosten alt
$G_{12}(x) = E_1(x) - K_2(x)$ ▸ Nachfrage alt, Kosten neu
$G_{22}(x) = E_2(x) - K_2(x)$ ▸ Nachfrage neu, Kosten neu

$G_{11}(x) = -50x^3 - 50x^2 + 1700x - 1600$
$G_{21}(x) = -50x^3 + 1650x - 1600$
$G_{12}(x) = -50x^3 - 150x^2 + 1700x - 1500$
$G_{22}(x) = -50x^3 - 100x^2 + 1650x - 1500$

Untersuchung der Funktion G_{11}:
Wir ermitteln die Gewinnzone, von der wir die Gewinnschwelle bereits kennen: $x_{GS} = 1$.
Zur Bestimmung der Gewinngrenze müssen wir die Gleichung $G_{11}(x_{GG}) = 0$ lösen.
Wir erhalten die Gewinngrenze: $x_{GG} = 4{,}7$.
Beim Verkauf von 47 Fahrrädern endet die Gewinnzone.

G_{11}: alte Marktsituation; alte Kostenfunktion
$G_{11}(x) = -50x^3 - 50x^2 + 1700x - 1600$
$G_{11}(x_{GG}) = 0$ ▸ $x_{GS} = 1$
$\Leftrightarrow \; -50x_{GG}^3 - 50x_{GG}^2 + 1700x_{GG} - 1600 = 0$
$\Leftrightarrow \; x_{GG}^3 + x_{GG}^2 - 34x_{GG} + 32 = 0$
$\Rightarrow \; x_{GG} = -1 + \sqrt{32 + 1} \approx \mathbf{4{,}7}$ ▸ $x_3 \approx -6{,}7 \notin D_{ök}$

Der höchste Gewinn liegt im Maximum des Graphen der Gewinnfunktion. Zu seiner Berechnung setzen wir die erste Ableitung der Gewinnfunktion gleich 0 und lösen die quadratische Gleichung.

Die zweite Lösung der quadratischen Gleichung ist negativ und damit außerhalb des ökonomischen Definitionsbereichs.
Bei $x_E = 3$ liegt eine mögliche Extremstelle vor.

$G'_{11}(x) = -150x^2 - 100x + 1700$
$G'_{11}(x_E) = 0$
$\Leftrightarrow \; -150x_E^2 - 100x_E + 1700 = 0$
$\Rightarrow \; x_{E_{1,2}} = -\frac{1}{3} \pm \sqrt{\frac{34}{3} + \frac{1}{9}}$
$\Rightarrow \; x_{E_1} = -\frac{1}{3} + \sqrt{\frac{103}{9}} \approx \mathbf{3{,}0}$ und $x_{E_2} < 0$

Durch Überprüfung mit der zweiten Ableitung der Gewinnfunktion stellen wir fest, dass der Graph von G_{11} dort ein Maximum hat.
Der höchste Gewinn beträgt 1700 €.
Wir berechnen zuletzt noch den Verkaufspreis, zu dem die Fahrräder angeboten werden müssen, um den maximalen Gewinn zu erreichen.
Der höchste Gewinn von 1700 € wird erzielt bei einem Verkauf von 30 Fahrrädern zum Preis von 1400 €.

$G''_{11}(x) = -300x - 100$
$G''_{11}(3) = -1000 \; (< 0)$
$G_{11}(3) = -50 \cdot 3^3 - 50 \cdot 3^2 + 1700 \cdot 3 - 1600$
$= \mathbf{1700}$
$\Rightarrow G_{max}(3|1700)$

$p_{N_1}(3) = -350 \cdot 3 + 2450$
$= \mathbf{1400}$

Der Cournot'sche Punkt $C(3|1400)$ gibt die gewinnmaximale Menge (hier 3 ME) und den zugehörigen Preis (hier 1400 €) beim Monopol an.

▸ $C(3|1400)$ Cournot'scher Punkt

Ganz analog müssen nun auch die Funktionen G_{21}, G_{12} und G_{22} untersucht werden. Wir geben auf der nächsten Seite nur kurz die Ergebnisse an.

G_{21}: neue Marktsituation; alte Kostenfunktion
G_{12}: alte Marktsituation; neue Kostenfunktion
G_{22}: neue Marktsituation; neue Kostenfunktion

Untersuchungsergebnisse:

Bei G_{21} beginnt die Gewinnzone bei einer Produktion von einem Fahrrad und endet bei 52 Fahrrädern. Der höchste Gewinn beträgt 2048,15 €. Dieser wird erzielt bei einem Verkauf von 33 Fahrrädern zum Preis von 1410 €.

$G_{21}(x) = -50x^3 + 1650x - 1600$ ▶ G_{21} ↙ Nachfrage neu ↘ Kosten alt
$x_{GG} \approx 5{,}2$
$G_{21_{\max}}(3{,}3 \mid 2048{,}15)$
$p_{N_2}(3{,}3) = 1410$

Bei G_{12} beginnt die Gewinnzone bei einer Produktion von einem Fahrrad und endet bei 38 Fahrrädern. Der höchste Gewinn beträgt 1031,25 €. Dieser wird erzielt bei einem Verkauf von 25 Fahrrädern zum Preis von 1575 €.

$G_{12}(x) = -50x^3 - 150x^2 + 1700x - 1500$
$x_{GG} \approx 3{,}8$
$G_{12_{\max}}(2{,}5 \mid 1031{,}25)$
$p_{N_1}(2{,}5) = 1575$

Bei G_{22} beginnt die Gewinnzone bei einer Produktion von einem Fahrrad und endet bei 42 Fahrrädern. Der höchste Gewinn beträgt 1241,85 €. Dieser wird erzielt bei einem Verkauf von 27 Fahrrädern zum Preis von 1590 €.

$G_{22}(x) = -50x^3 - 100x^2 + 1650x - 1500$
$x_{GG} \approx 4{,}2$
$G_{22_{\max}}(2{,}7 \mid 1241{,}85)$
$p_{N_2}(2{,}7) = 1590$

Erwarteter Gewinn:
Welche der möglichen Markt- und Kostenkonstellationen tatsächlich eintreten wird, kann die Unternehmensberaterin nicht mit Sicherheit sagen; sie schätzt das Eintreten der neuen Marktsituation mit einer Wahrscheinlichkeit von 30 % und das Eintreten der neuen Kostensituation mit 20 %.

Mit diesen Angaben zeichnen wir ein Baumdiagramm, aus dem wir die Wahrscheinlichkeiten für die vier Gewinnsituationen ablesen können.

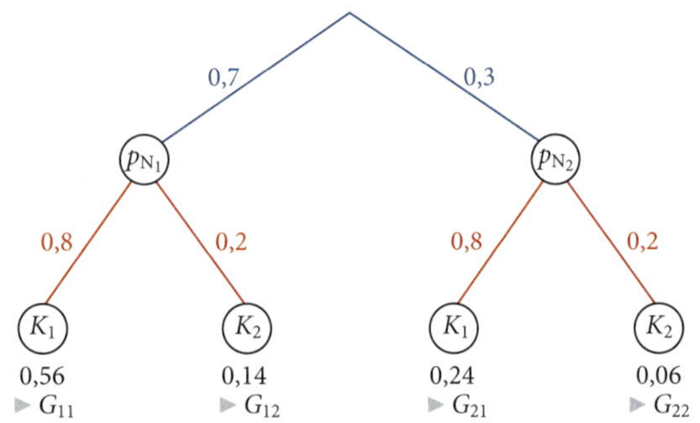

Fassen wir den Gewinn G als Zufallsgröße auf, dann können wir abschließend die zukünftig im Mittel zu erwartende Gewinnsituation durch ihren Erwartungswert erfassen: Er beträgt 1662,44 €.

$$E(G) = 0{,}56 \cdot 1700 + 0{,}14 \cdot 1031{,}25 + 0{,}24 \cdot 2048{,}15 + 0{,}06 \cdot 1241{,}85 \approx \mathbf{1662{,}44}$$

5. Ergebnisse reflektieren
Wir veranschaulichen uns nochmal alle vier möglichen Gewinnkonstellationen durch nebenstehende Grafik. Wenn wir diese Ergebnisse vor der geschilderten Situation betrachten, können wir folgende Aussage treffen:
Der insgesamt höchste Gewinn würde sich einstellen, wenn sich die Nachfrage änderte, die Kostensituation aber dieselbe bliebe. Die Geschäftsführung sollte also versuchen, die Marktlage gemäß dieser Prognose zu steuern.
Der berechnete Erwartungswert des Gewinns kann aber bei einem Angebotsmonopolisten als Kalkulationsgrundlage verwendet werden, da er alle möglichen Fälle anteilig berücksichtigt

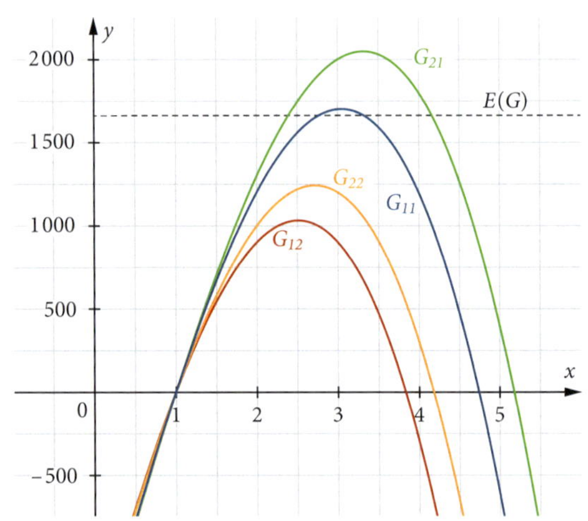

Modellbau

Das Modellbauunternehmen Baufix stellt aus den Rohstoffen Holz (R_1) und Kunststoff (R_2) die 3 Baugruppen Wände (B_1), Decken (B_2) und Fenster/Türen (B_3) her. Daraus fertigt Baufix die 3 Modellhausrohbauten Ferienhaus (H_1), Holzschuppen (H_2) und Einfamilienhaus (H_3). Die Dächer werden gesondert hergestellt.

a) Herr Herzklotz aus dem Rohstofflager skizziert den Materialfluss. Leider fehlen ihm ein paar Zahlen. Er findet in seinen Unterlagen eine Tabelle, die den Rohstoffeinsatz für je einen Hausrohbautyp angibt.

	H_1	H_2	H_3
R_1	2	16	9
R_2	9	18	19

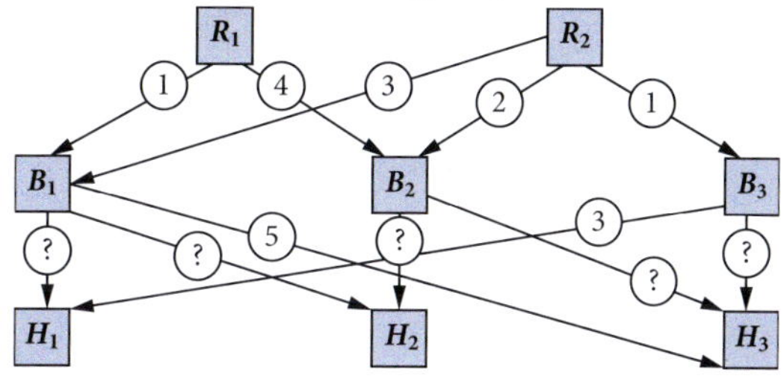

Herr Herzklotz hat 111 Holzstücke (R_1) und 101 Stücke Kunststoff (R_2) auf Lager. Er bekommt die Vorgabe, das Lager innerhalb von drei Monaten vollständig zu räumen. Ermitteln Sie die fehlenden Zahlen und stellen Sie den Materialfluss dar.

Berechnen Sie außerdem, welche Anzahl von jeder Baugruppe hergestellt werden kann. Berücksichtigen Sie dabei, dass dreimal so viele Decken (B_2) wie Fenstern/Türen (B_3) benötigt werden.

b) Das Modellbauunternehmen Baufix interessiert sich für die Kostensituation und betrachtet dazu seine Stückkosten und -erlöse. Die Kosten für die Modellrohstoffe sowie die Produktionskosten für die Baugruppen und Haustypen sind in der Tabelle angegeben. Dem Unternehmen entstehen Fixkosten von 100 €. Die Stückerlöse betragen 19,90 € für H_1 und je 24,90 € für H_2 sowie H_3.

	R_1	R_2	B_1	B_2	B_3	H_1	H_2	H_3
Kosten in €	0,40	0,30	1	1,50	3	4	3	2

Untersuchen Sie die Kostensituation und geben Sie den Gewinn für einen Auftrag von 20 Modellferienhäusern, 30 Modellholzschuppen und 50 Modelleinfamilienhäusern an.

c) In einer späteren Rechnungsperiode lassen sich die Gesamtkosten von Baufix für die Rohstoffe, Baugruppen und Haustypen durch eine ertragsgesetzliche Kostenfunktion dritten Grades darstellen. Baufix hat bei einer Ausbringungsmenge von 2 ME Gesamtkosten von 116 GE und Grenzkosten von 21 GE. Die kurzfristige Preisuntergrenze beträgt 44 GE bei einer Produktionsmenge von 5 ME. Der Produktionsvektor $\vec{h}$ ist von der Form $\vec{h} = \begin{pmatrix} 0{,}5x \\ 2x \\ x \end{pmatrix}$, wobei x die Ausbringungsmenge angibt.

H_1	H_2	H_3
30	15	25

Die in dieser Rechnungsperiode erzielbaren Erlöse je Einheit eines Endprodukts sind in der Tabelle aufgelistet. Untersuchen Sie die Gewinnsituation und berechnen Sie die langfristige Preisuntergrenze.

d) Die Baufix erhält eine neue Maschine zur Modellherstellung. Diese produziert nach Auskunft des Lieferanten aufgrund der neuen Technik zu mindestens 90 % fehlerfrei. Nach mehreren Einsatzzeiten der Maschine ist die Geschäftsführerin der Baufix, Frau Semrühl, misstrauisch bezüglich der Funktionsfähigkeit der Maschine und testet zufällig 100 Modellbauten. Zu ihrer Verwunderung sind nur 84 Modelle fehlerfrei.

Beurteilen Sie die Funktionsfähigkeit der Maschine, indem Sie die Aussage des Lieferanten anhand eines Prognoseintervalls mit einer Sicherheitswahrscheinlichkeit von 95 % überprüfen.

e) 10 % der hergestellten Modelle haben einen Farbfehler. Eine betriebsinterne Prüfung erkennt bei 96 % der fehlerhaften Modelle den Farbfehler und übergibt diese der Reparaturabteilung. Die Prüfung stuft aber auch 2 % der fehlerfreien Modelle als fehlerhaft ein. Die Folgekosten bei Auslieferung eines fehlerhaften Modells betragen 22 € pro Modell. Die Kosten für die Prüfung liegen bei 0,20 € pro Modell.

e₁) Für die Reparatur fallen Kosten in Höhe von 8 € pro Modell an. Bewerten Sie die Kostensituation.

e₂) Die Reparaturkosten sind für kurze Zeit teurer als 8 € pro Modell. Untersuchen Sie, was die Reparatur maximal kosten darf, wenn keine höheren Folgekosten als ohne Prüfung entstehen sollen.

1. Aufgabe lesen
In der Aufgabe geht es um ein Modellbauunternehmen, das in einem zweistufigen Produktionsprozess aus zwei Rohstoffen drei verschiedene Endprodukte herstellt. In den Teilaufgaben gibt es verschiedene Problemstellungen: die Darstellung des Materialflusses und die Auslastung des Rohstofflagers; die Kosten- und Gewinnsituation; zuletzt geht es um die Funktionsfähigkeit einer neuen Maschine und die Kosten der Qualitätsprüfung.

Ausschnitt aus der Problemstellung:
„Das Modellbauunternehmen Baufix stellt aus den Rohstoffen Holz (R_1) und Kunststoff (R_2) die 3 Baugruppen Wände (B_1), Decken (B_2) und Fenster/Türen (B_3) her. Aus diesen Baugruppen fertigt Baufix die 3 Modellhausrohbauten Ferienhaus (H_1), Holzschuppen (H_2) und Einfamilienhaus (H_3)."

2. Gesamtproblem strukturieren
Dieser Schritt fällt uns hier leichter, da die Aufgabe schon in Teilaufgaben gegliedert ist. Das Markieren der Operatoren hilft, genauer zu erkennen, was in den Teilaufgaben jeweils gefordert ist:

Ausschnitte aus der Problemstellung:

Zu a) Wir müssen den Materialfluss darstellen und die optimale Ausnutzung des restlichen Lagerbestandes bestimmen.

„**Ermitteln** Sie die fehlenden Zahlen und **stellen** Sie den Materialfluss **dar. Berechnen** Sie außerdem, welche Anzahl von jeder Baugruppe hergestellt werden kann."

Zu b) Wir müssen die Kostensituation untersuchen und den Gewinn berechnen.

„**Untersuchen** Sie die Kostensituation und geben Sie den Gewinn an …"

Zu c) Wir müssen die Gewinnsituation untersuchen und die langfristige Preisuntergrenze (LPU) berechnen.

„**Untersuchen** Sie die Gewinnsituation und berechnen Sie die langfristige Preisuntergrenze."

Zu d) Wir müssen die Funktionsfähigkeit der Maschine beurteilen.

„**Beurteilen** Sie die Funktionsfähigkeit der Maschine."

Zu e) Wir müssen die Kostensituation bei der Qualitätsprüfung bewerten.

„**Bewerten** Sie die Kostensituation."

▸ Lösung ab S. 389

3. Mathematische Themen identifizieren
In diesem Schritt formulieren wir unsere Arbeitsaufträge aus Schritt 2 genauer und benennen die mathematischen Themengebiete.

Zu a) Für die Darstellung des Materialflusses müssen wir die Matrizen ***RB*** und ***BH*** bestimmen und das Verflechtungsdiagramm vervollständigen.
Dann lösen wir ein lineares Gleichungssystem, um die Menge der einzelnen Baugruppen zu bestimmen, die aus den restlichen Holzstücken und dem restlichen Kunststoff hergestellt werden kann. Dafür benötigen wir Kenntnisse der *Matrizenrechnung*.

$\boldsymbol{RB} \cdot \boldsymbol{BH} = \boldsymbol{RH}$ ▸ Matrizenrechnung
▸ vgl. S. 171

$\boldsymbol{RB} \cdot \vec{b} = \vec{r}$ ▸ LGS
▸ vgl. S. 194

Zu b) Wir müssen die Stückdeckungsbeiträge und den Gewinn berechnen. Dafür benötigen wir die *Anwendung der Matrizenrechnung in der Wirtschaft*.

Stückdeckungsbeitrag
= Stückerlöse − variable Stückkosten
Gewinn = Deckungsbeitrag − Fixkosten

Zu c) Wir wissen, dass die Gewinnfunktion die Differenz aus Erlös- und Kostenfunktion ist. Also müssen wir zunächst die Kosten- und Erlösfunktion ermitteln. Die Kostenfunktion erhalten wir, indem wir ein lineares Gleichungssystem lösen.

Mithilfe der Gewinnfunktion berechnen wir dann die Gewinnzone, also die Gewinnschwelle und -grenze, sowie das Gewinnmaximum. Um die langfristige Preisuntergrenze zu berechnen, müssen wir das Betriebsoptimum ermitteln.
Wir benötigen dafür Kenntnisse der *Differenzialrechnung und ihrer Anwendung in der Wirtschaft* sowie ggf. den *Gauß'schen Algorithmus*.

Ausschnitt aus der Problemstellung:
„ertragsgesetzliche Kostenfunktion dritten Grades"
$K(x) = ax^3 + bx^2 + cx + d$
$E(x) =$ Stückerlöse · Produktionsvektor
$G(x) = E(x) - K(x)$

Gewinnzone: $G(x) = 0 \Rightarrow x_{GS}$ und x_{GG}
$\Rightarrow$ [Gewinnschwelle x_{GS}; Gewinngrenze x_{GG}]
Gewinnmaximum: $G'(x_{max}) = 0$ und $G''(x_{max}) < 0$
$\Rightarrow G(x_{max})$
langfristige Preisuntergrenze (LPU):
$k'(x_{BO}) = 0$ und $k''(x_{BO}) > 0$
$\Rightarrow k(x_{BO}) = \text{LPU}$

Zu d) Wir untersuchen, ob 84 fehlerfreie Modelle noch in dem Prognoseintervall liegen, dem eine Sicherheitswahrscheinlichkeit von 95 % zugrunde liegt. Hier geht es um die Beurteilung von Daten. Wir benötigen dazu Kenntnisse der Stochastik.

Zu einer Sicherheitswahrscheinlichkeit von 95 % und zu $p = 0{,}9$ wird das Prognoseintervall gesucht.
▶ vgl. Seite 374

Zu e) Wir berechnen die zu erwartenden Kosten bei betriebsinterner Prüfung und ohne Prüfung. Daraus folgern wir die maximalen Kosten für die betriebsinterne Prüfung. Dafür benötigen wir Kenntnisse aus der *Stochastik*.

$E(x) = \sum_{i=1}^{n} x_i \cdot P(X = x_i)$ ▶ vgl. S. 324

4. Aufgabenteile lösen
Zu a) Die Matrix ***RB*** gibt den Rohstoffeinsatz je Baugruppe an. Aus dem Verflechtungsdiagramm lesen wir ab, dass z.B. 4 Stück Holz (R_1) für je eine Modellbaudecke (B_2) benötigt werden.
Die Matrix ***RH*** zeigt den Rohstoffeinsatz je Haustyp.
Gesucht ist die Matrix ***BH***, die angibt, wie viele Baugruppen benötigt werden.
Zur Berechnung der fünf Variablen in der Matrix ***BH*** erstellen wir fünf Gleichungen aus der Matrizengleichung ***RB*** · ***BH*** = ***RH***.

$$\boldsymbol{RB} = \begin{pmatrix} 1 & 4 & 0 \\ 3 & 2 & 1 \end{pmatrix}, \boldsymbol{RH} = \begin{pmatrix} 2 & 16 & 9 \\ 9 & 18 & 19 \end{pmatrix}$$

$$\boldsymbol{BH} = \begin{pmatrix} b_{11} & b_{12} & 5 \\ 0 & b_{22} & b_{23} \\ 3 & 0 & b_{33} \end{pmatrix}, \boldsymbol{RB} \cdot \boldsymbol{BH} = \boldsymbol{RH}$$

$$\Rightarrow \begin{aligned} b_{11} &= 2 \\ \left.\begin{aligned} b_{12} + 4b_{22} &= 16 \\ 3b_{12} + 2b_{22} &= 18 \end{aligned}\right\} &\Rightarrow b_{12} = \mathbf{4} \text{ und } b_{22} = \mathbf{3} \\ 5 + 4b_{23} = 9 \quad &\Rightarrow b_{23} = \mathbf{1} \\ 15 + 2b_{23} + b_{33} = 19 \quad &\Rightarrow b_{33} = \mathbf{2} \end{aligned}$$

$$\Rightarrow \boldsymbol{BH} = \begin{pmatrix} 2 & 4 & 5 \\ 0 & 3 & 1 \\ 3 & 0 & 2 \end{pmatrix}$$

Ziel ist es nun, dass beide Rohstoffe bei der Produktion der Bauteile aufgebraucht werden. Wir bezeichnen den Produktionsvektor mit $\vec{b}$ und den Rohstoffvektor mit $\vec{r}$. Dann gilt: $\boldsymbol{RB} \cdot \vec{b} = \vec{r}$.
Von den Baugruppen ist nur bekannt, dass b_2 das Dreifache von b_3 ist. Dadurch ist klar, dass wir die zwei Variablen b_1 und b_3 berechnen müssen.
Setzen wir die gegebenen Stückzahlen für die Rohstoffe ein, so erhalten wir eine Matrizengleichung, in der $\vec{b}$ gesucht ist.
Wir müssen also ein lineares Gleichungssystem lösen, das durch die Matrizengleichung gegeben ist.

$$\boldsymbol{RB} \cdot \vec{b} = \vec{r};\ \vec{b} = \begin{pmatrix} b_1 \\ 3b_3 \\ b_3 \end{pmatrix}$$

$$\begin{pmatrix} 1 & 4 & 0 \\ 3 & 2 & 1 \end{pmatrix} \cdot \begin{pmatrix} b_1 \\ 3b_3 \\ b_3 \end{pmatrix} = \begin{pmatrix} 111 \\ 101 \end{pmatrix} \Rightarrow \begin{aligned} 1b_1 + 12b_3 &= 111 \\ 3b_1 + 7b_3 &= 101 \end{aligned}$$

Dieses LGS ist eindeutig lösbar, weil sich die Koeffizientenmatrix mithilfe des Gauß'schen Algorithmus zur Einheitsmatrix entwickeln lässt.
Mit $b_2 = 3 \cdot b_3 = 24$ erhalten wir die Lösung: Es können 15 Wände, 24 Decken und 8 Türen bzw. Fenster hergestellt werden.

$$\begin{array}{cc|c} b_1 & b_3 & \\ 1 & 12 & 111 \\ 3 & 7 & 101 \end{array} \rightarrow \begin{array}{cc|c} 1 & 0 & 15 \\ 0 & 1 & 8 \end{array} \begin{array}{l} \Rightarrow b_1 = \mathbf{15} \\ \Rightarrow b_3 = \mathbf{8} \end{array}$$

$$\Rightarrow b_2 = 3b_3 \Rightarrow \vec{b} = \begin{pmatrix} 15 \\ 24 \\ 8 \end{pmatrix}$$

Zu b) Zur Bestimmung der Stückdeckungsbeiträge müssen wir zunächst die Kosten für je einen Haustyp berechnen. Dazu werden die Rohstoffkosten $\vec{k}_R$ mit der Matrix ***RH*** multipliziert, die den Rohstoffeinsatz je Haustyp angibt. Dann werden die Baugruppenkosten $\vec{k}_B$ mit der Matrix ***BH*** multipliziert, die die benötigten Baugruppen für je einen Haustyp anzeigt.

$$\vec{k}_R \cdot \boldsymbol{RH} = (0{,}40\,€ \;\; 0{,}30\,€) \cdot \begin{pmatrix} 2 & 16 & 9 \\ 9 & 18 & 19 \end{pmatrix} = \mathbf{(3{,}50\,€ \;\; 11{,}80\,€ \;\; 9{,}30\,€)}$$

▶ 1 × 2-Matrix · 2 × 3-Matrix = 1 × 3-Matrix

$$\vec{k}_B \cdot \boldsymbol{BH} = (1\,€ \;\; 1{,}50\,€ \;\; 3\,€) \cdot \begin{pmatrix} 2 & 4 & 5 \\ 0 & 3 & 1 \\ 3 & 0 & 2 \end{pmatrix} = \mathbf{(11\,€ \;\; 8{,}50\,€ \;\; 12{,}50\,€)}$$

▶ 1 × 3-Matrix · 3 × 3-Matrix = 1 × 3-Matrix

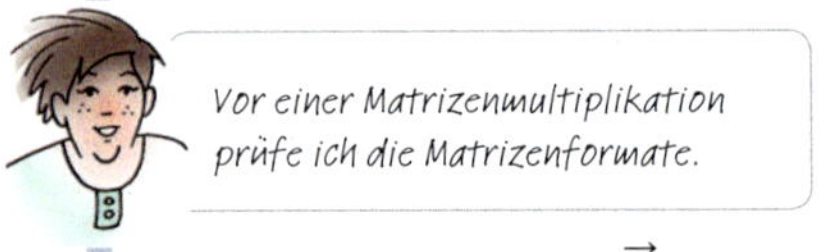

$$\vec{k}_H = \mathbf{(4\,€ \;\; 3\,€ \;\; 2\,€)}$$

Die Produktionskosten $\vec{k}_H$ für die Haustypen müssen mit keiner Matrix mehr multipliziert werden. Wir addieren die einzelnen Stückkosten je Haustyp und erhalten variable Stückkosten von 18,50 € bei den Ferienhäusern, von 23,30 € bei den Holzschuppen und von 23,80 € bei den Einfamilienhäusern. Danach subtrahieren wir die variablen Stückkosten von den Stückerlösen und erhalten **Stückdeckungsbeiträge** von 1,40 € für H_1, 1,60 € für H_2 und 1,10 € für H_3.

variable Stückkosten:

Kosten je Haustyp	H_1	H_2	H_3
Rohstoffkosten	3,50 €	11,80 €	9,30 €
Baugruppenkosten	11,00 €	8,50 €	12,50 €
Haustypkosten	4,00 €	3,00 €	2,00 €
Variable Stückkosten	**18,50 €**	**23,30 €**	**23,80 €**
Stückerlöse	19,90 €	24,90 €	24,90 €
Stückdeckungsbeitrag	**1,40 €**	**1,60 €**	**1,10 €**

Um den Gewinn zu ermitteln, bestimmen wir zunächst den Gesamtdeckungsbeitrag ***DB*** für diesen Auftrag. Der Gewinn ergibt sich dann aus der Differenz vom Gesamtdeckungsbeitrag und den Fixkosten. Er beträgt 31 €.

$$\boldsymbol{DB} = (1{,}40\,€ \;\; 1{,}60\,€ \;\; 1{,}10\,€) \cdot \begin{pmatrix} 20 \\ 30 \\ 50 \end{pmatrix} = \mathbf{131\,€}$$

Gewinn = DB – Fixkosten = 131 € – 100 € = **31 €**

Zu c) Zunächst müssen wir die Gleichung der Kostenfunktion bestimmen.

Bestimmung der Kostenfunktion:
Wir entnehmen dem Text, dass für die Gesamtkosten $K(2) = 116$ und für die Grenzkosten $K'(2) = 41$ gilt. Die kurzfristige Preisuntergrenze (KPU) gehört zum Betriebsminimum, das mithilfe von $k_v(x)$ bestimmt wird. Es gilt $k_v(5) = 44$ und $K_v'(5) = 0$.

$$\begin{aligned} K(x) &= ax^3 + bx^2 + cx + d; \\ K'(x) &= 3ax^2 + 2bx + c; \\ k_v(x) &= \tfrac{K_v(x)}{x} = ax^2 + bx + c; \quad k_v'(x) = 2ax + b \end{aligned}$$

$$\begin{aligned} K(2) &= 116 \Rightarrow 8a + 4b + 2c + d = 116 \\ K'(2) &= 41 \Rightarrow 12a + 4b + c = 41 \\ k_v(5) &= 44 \Rightarrow 25a + 5b + c = 44 \\ K_v'(5) &= 0 \Rightarrow 10a + b = 0 \end{aligned}$$

Das erhaltene LGS besteht aus 4 Gleichungen, mit deren Hilfe die Werte für die 4 Variablen ermittelt werden sollen. Nach Durchführung des Gauß'schen Algorithmus können wir die Lösung eindeutig ablesen, weil in jeder Spalte und Zeile eine 1 und drei Nullen stehen. Alternativ können wir natürlich – wie immer – auch GTR/CAS einsetzen.

a	b	c	d	
8	4	2	1	116
12	4	1	0	41
25	5	1	0	44
10	1	0	0	0

→

$$\begin{array}{cccc|l} 0 & 0 & 0 & 1 & 10 \Rightarrow d = 10 \\ 0 & 0 & 1 & 0 & 69 \Rightarrow c = 69 \\ 1 & 0 & 0 & 0 & 1 \Rightarrow a = 1 \\ 0 & 1 & 0 & 0 & -10 \Rightarrow b = -10 \end{array}$$

Mit $a = 1$, $b = -10$, $c = 69$ und $d = 10$ lautet die Gleichung der Kostenfunktion K:
$K(x) = x^3 - 10x^2 + 69x + 10$

$$\Rightarrow K(x) = x^3 - 10x^2 + 69x + 10$$

Bestimmung der Erlös- und Gewinnfunktion:
Die Gleichung der **Erlösfunktion** ist das Produkt aus dem Stückerlösvektor $\vec{e}$ (= Verkaufspreise) und dem Produktionsvektor $\vec{h}$ (= Produktionsmengen).
Wir erhalten $E(x) = 70x$.

$$E(x) = \vec{e} \cdot \vec{h} = (30\ \ 15\ \ 25) \cdot \begin{pmatrix} 0{,}5x \\ 2x \\ x \end{pmatrix} = 15x + 30x + 25x = 70x$$

Die Gleichung der Gewinnfunktion ist die Differenz aus den Termen der Erlös- und Kostenfunktion.

$$G(x) = E(x) - K(x) = 70x - (x^3 - 10x^2 + 69x + 10) = -x^3 + 10x^2 + x - 10$$

Für die Beschreibung der Gewinnsituation des Modellbauunternehmens sind die Gewinnzone und das Gewinnmaximum bedeutsam.

Die **Gewinnzone** erstreckt sich von der Gewinnschwelle bis zur Gewinngrenze, die beide die positiven Nullstellen der Gewinnfunktion G sind.

Gewinnzone:
$G(x_N) = 0 \Leftrightarrow -x_N^3 + 10x_N^2 + x_N - 10 = 0$
$\Rightarrow x_{N_1} = \mathbf{1}$; $x_{N_2} = -1$ ($\notin D_{ök}$) und
$x_{N_3} = \mathbf{10}$

Die erste positive Nullstelle ist die Gewinnschwelle $x_{GS} = 1$, da dort G steigt.
Die zweite positive Nullstelle ist die Gewinngrenze $x_{GG} = 10$, da dort G fällt.

$G'(1) = 18\ (> 0)$ ▸ G steigt bei 1 streng monoton
$\Rightarrow x_{GS} = \mathbf{1\ ME}$ ▸ Gewinnschwelle
$G'(10) = -99\ (< 0)$ ▸ G fällt bei 10 streng monoton
$\Rightarrow x_{GG} = \mathbf{10\ ME}$ ▸ Gewinngrenze

Das **Gewinnmaximum** berechnen wir, indem wir die Lösungen der Gleichung $G'(x) = 0$ bestimmen.
Die negative Nullstelle $-0{,}05$ von G' ist kein Element der Definitionsmenge von G.
Die positive Nullstelle 6,72 von G' ist eine lokale Maximalstelle von G. Beim Verkauf von 6,72 ME ist der Gewinn maximal und beträgt 144,84 GE.

Gewinnmaximum:
$G'(x) = -3x^2 + 20x + 1$
$G'(x_E) = 0 \Leftrightarrow -3x_E^2 + 20x_E + 1 = 0$
$\Rightarrow x_{E_{1,2}} = \frac{10}{3} \pm \sqrt{\frac{103}{9}}$
$\Rightarrow x_{E_1} \approx -0{,}05$ ($\notin D_{ök}$) und $x_{E_2} \approx \mathbf{6{,}72}$
$G''(x) = -6x + 20$
$G''(6{,}72) = -20{,}32\ (< 0)$ ▸ lokale Maximalstelle
$G(6{,}72) \approx 144{,}84 \Rightarrow \mathbf{G_{max}(6{,}72\,|\,144{,}84)}$

Berechnung der langfristigen Preisuntergrenze:
Zur Ermittlung der langfristigen Preisuntergrenze berechnen wir das Betriebsoptimum. Das ist die Produktionsmenge im Minimum der Stückkosten.
Wir lösen also die Gleichung $k'(x_{BO}) = 0$ ggf. mithilfe des Newton-Verfahrens oder GTR/CAS.
Bei einer Ausbringungsmenge von 5,19 ME sind die Stückkosten minimal und betragen 45,96 GE, 45,96 GE ist die langfristige Preisuntergrenze (LPU).

$k(x) = \frac{K(x)}{x} = x^2 - 10x + 69 + \frac{10}{x}$
$k'(x) = 2x - 10 - \frac{10}{x^2}$
$k'(x_{BO}) = 0 \Leftrightarrow 2x_{BO} - 10 - \frac{10}{x_{BO}^2} = 0$
$\Rightarrow x_{BO} \approx \mathbf{5{,}19}$
$k''(x) = 2 + \frac{20}{x^3}$
$k''(5{,}19) \approx 2{,}14\ (> 0)$ ▸ lokale Minimalstelle
$k(5{,}19) \approx 45{,}96 \Rightarrow \mathbf{BO(5{,}19\,|\,45{,}96)}$

Zu d) Laut der Aussage des Herstellers sind zumindest 90 % der von der Maschine produzierten Modelle fehlerfrei. Wir nehmen an, dass diese Aussage auch zutrifft ($p = 0{,}9$) und berechnen den Erwartungswert sowie die Standardabweichung.

X: „Anzahl der fehlerfreien Modellbauten"
$p = 0{,}9$
$\mu = n \cdot p = 100 \cdot 0{,}9 = 90$
$\sigma = \sqrt{n \cdot p \cdot (1 - p)} = 3$

7

Dann ermitteln wir das Prognoseintervall auf der Basis einer Sicherheitswahrscheinlichkeit von 95 %, was einem Radius von 1,96 σ um den Erwartungswert herum entspricht.
Unter der Voraussetzung, dass die Angabe des Herstellers korrekt ist, liegt die Anzahl der fehlerfreien Modelle mit einer Wahrscheinlichkeit von etwa 95 % im Intervall von 85 bis 95 Stück.

$\mu + 1{,}96 \cdot \sigma = 95{,}88$
$\mu - 1{,}96 \cdot \sigma = 84{,}12$
Prognoseintervall: [85; 95]

▸ Intervallgrenzen so runden, dass die Werte innerhalb des Intervalls [84,12; 95,88] liegen.

Eine Überprüfung des gefundenen Intervalls mit dem GTR/CAS bestätigt die berechneten Werte.

```
binomCdf(100,0.9,85,95)    0.936398390739
```

▸ $\sigma = 3$ relativ klein.

84 liegt nicht mehr in diesem Prognoseintervall. Die Aussage des Lieferanten kann also berechtigt angezweifelt werden.
Hätte man eine Sicherheitswahrscheinlichkeit von 99% zugrunde gelegt, dürfte man die Aussage des Lieferanten nicht anzweifeln.

$84 \notin [85; 95]$

99 % Sicherheitswahrscheinlichkeit $\rightarrow c = 2{,}58$
Prognoseintervall: $[82{,}26; 97{,}74] = [83; 97]$
$84 \in [83; 97]$

Zu e) Die Frage nach den Folgekosten der fehlerhaften Produktion beantworten wir durch die Berechnung der entsprechenden Erwartungswerte.

F = Fehler
$\overline{F}$ = fehlerfrei
Fe = Fehler erkannt und repariert
$\overline{Fe}$ = Fehler nicht erkannt

Zunächst gibt das Baumdiagramm Auskunft über die Wahrscheinlichkeiten der vier Elementarereignisse.
Die Wahrscheinlichkeit, dass ein Modell fehlerhaft ist und zur Reparatur geschickt wird, beträgt 9,6 %. 1,8 % aller Modelle werden zur Reparatur geschickt, obwohl sie fehlerfrei sind.
Die Wahrscheinlichkeit, dass ein fehlerhaftes Modell unerkannt ausgeliefert wird, liegt bei 0,4 %.
Mit einer Wahrscheinlichkeit von 88,2% ist ein Modell fehlerfrei und wird auch als solches erkannt und ausgeliefert.

Baumdiagramm:

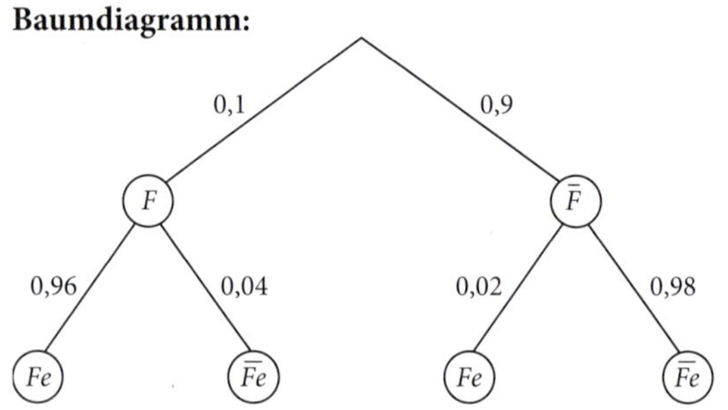

$P(F \cap Fe) = 0{,}096$ $P(F \cap \overline{Fe}) = 0{,}004$ $P(\overline{F} \cap Fe) = 0{,}018$ $P(\overline{F} \cap \overline{Fe}) = 0{,}882$

Wird bei der betriebsinternen Prüfung ein Fehler erkannt (Fe), so werden die Reparaturkosten von 8 € mit den Wahrscheinlichkeiten am Ende beider Fe-Äste multipliziert. Wird ein fehlerhaftes Modell als fehlerfrei eingestuft und ausgeliefert, dann werden die Folgekosten von 22 € mit $P(F \cap \overline{Fe})$ multipliziert. Die Kosten für die Prüfung betragen jeweils 0,20 € und müssen addiert werden.
Pro Modell kann man 1,20 € als Folgekosten bei stattfindender Prüfung und Reparatur erwarten.

Kosten bei betriebsinterner Prüfung:
$E(X_{\text{Prüf}}) = 8\,€ \cdot 0{,}096 + 8\,€ \cdot 0{,}018 + 22\,€ \cdot 0{,}004 + 0{,}2$ ▸ Kosten für die Prüfung 0,20 €
$= \mathbf{1{,}20\,€}$

Die Kosten ohne Prüfung bei 10 % fehlerhaften Modellen betragen 2,20 € pro Modell.

Kosten ohne Prüfung:
$E(X_{\text{ohnePrüf}}) = 22\,€ \cdot 0{,}1 = \mathbf{2{,}20\,€}$

Insgesamt ergibt sich eine durchschnittliche Kostenersparnis von 1 € pro Modell, wenn die betriebsinterne Prüfung stattfindet.

Kostenersparnis je Modell:
$2{,}20\,€ - 1{,}20\,€ = \mathbf{1{,}00\,€}$

Zuletzt prüfen wir, bis zu welchem Betrag sich die Reparaturkosten erhöhen dürfen: Setzen wir x für die Kosten, so dürfen die erwarteten Prüf- und Reparaturkosten insgesamt 2,20 € nicht übersteigen.
Die Reparatur darf nicht mehr als 16,77 € kosten.

$$x\,€ \cdot 0{,}096 + x\,€ \cdot 0{,}018 + 22\,€ \cdot 0{,}004 + 0{,}20 \leq 2{,}20\,€$$
$$\Leftrightarrow \quad x\,€ \cdot (0{,}096 + 0{,}018) \leq 2{,}20\,€ - 22\,€ \cdot 0{,}004 - 0{,}20$$
$$\Leftrightarrow \quad x\,€ \cdot 0{,}114 \leq 1{,}912\,€$$
$$\Leftrightarrow \quad x\,€ \leq \frac{1{,}912\,€}{0{,}114} \approx \mathbf{16{,}77\,€}$$

5. Ergebnisse reflektieren

Zu a) Das vollständige **Verflechtungsdiagramm** zeigt noch deutlicher, welcher Rohstoffeinsatz für je eine Baugruppe und wie viele Baugruppen für je einen Haustyp gebraucht werden. Um das Lager optimal zu leeren, werden 15 Wände, 24 Decken und 8 Türen bzw. Fenster hergestellt.

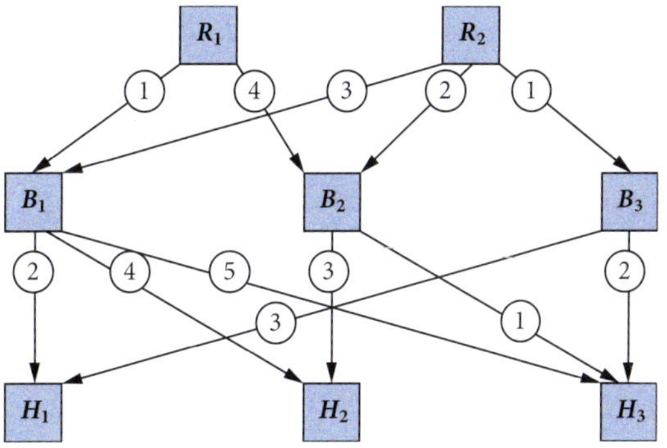

$$\vec{b} = \begin{pmatrix} 15 \\ 24 \\ 8 \end{pmatrix}$$

Zu b) Da der **Gesamtdeckungsbeitrag** positiv ist, werden alle Fixkosten gedeckt. Bei einem Auftrag von 20 Modellferienhäusern, 30 Modellholzschuppen und 50 Modelleinfamilienhäusern macht die Baufix also einen **Gewinn** von 31 €.

$DB = 131$ €, Gewinn = 31 €

Zu c) Die Zeichnung verdeutlicht die **Gewinnschwelle** bei 1 ME und die **Gewinngrenze** bei 10 ME sowie das **Gewinnmaximum** bei 6,72 ME und 144,84 GE.

Die **langfristige Preisuntergrenze** (LPU) ist das Minimum der Stückkosten. Ein Verkaufspreis unter der langfristigen Preisuntergrenze könnte nie die Stückkosten decken. Hier muss der Verkaufspreis also langfristig mindestens 44 GE betragen.

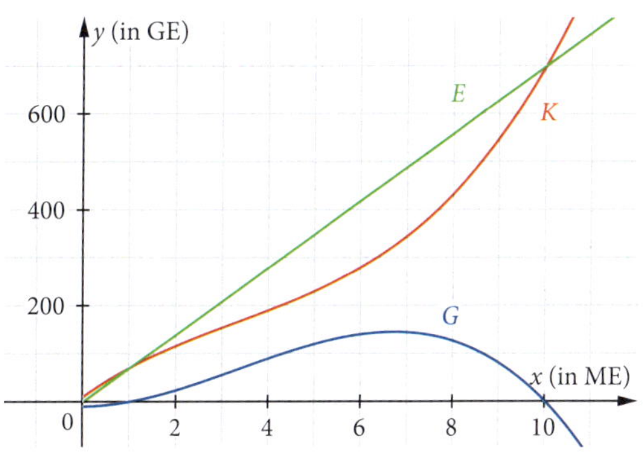

Zu d) Die von Frau Semrühl gefundenen 84 Modelle liegen nicht mehr im Prognoseintervall. Deshalb zweifelt sie berechtigt die Funktionsfähigkeit der Maschine an.

$84 \notin [85; 95]$

Zu e) Für die **Kostensituation** ist es gut, eine interne Prüfung zu machen, da dann durchschnittlich 1 € pro Modell gespart wird. Damit jedoch keine höheren Folgekosten als ohne Prüfung entstehen, darf die Reparatur nicht mehr als 16,77 € kosten. Derzeit kostet sie 8 €. Selbst bei einer moderaten Erhöhung ist mit höheren Folgekosten nicht zu rechnen.

Kosten bei betriebsinterner Prüfung: 1,20 €
Kosten ohne Prüfung: 2,20 €
$\Rightarrow$ Kostenersparnis je Modell: 1,00 €

$x\,€ < 16{,}77\,€$

7

7.2 Klausur- und Abituraufgaben

Die zentrale schriftliche Abiturprüfung im Fach Mathematik ist in zwei Teile gegliedert: einen Pflichtteil und einen Wahlteil.
Die Aufgaben im Pflichtteil müssen ohne Hilfsmittel, d.h. ohne Taschenrechner und ohne Formelsammlung, bearbeitet werden.
Lesen Sie die Aufgaben stets zuerst genau durch und markieren Sie die Operatoren. Diese geben Ihnen genauere Hinweise, was in der Aufgabe erwartet wird. So macht es zum Beispiel einen Unterschied, ob etwas nur angegeben bzw. genannt oder erläutert werden soll. Eine Beschreibung der relevanten Operatoren finden Sie auf dem Niedersächsischen Bildungsserver.

oHi Mi 7.2.1 Aufgaben zum Pflichtteil

Analysis

1. Gegeben ist eine Kostenfunktion mit ertragsgesetzlichem Verlauf.

1.1 Weisen Sie nach, dass der Graph der Grenzkostenfunktion den Graphen der Stückkostenfunktion in dessen Minimum schneidet.

1.2 Interpretieren Sie den Schnittpunkt im Sachzusammenhang.

2. Begründen Sie, warum K mit $K(x) = ax^3 + bx^2 + cx + d$ eine ertragsgesetzliche Kostenfunktion ist, wenn $a, c, d > 0$ und $b < 0$ gilt.

3. Es sei K eine Kostenfunktion mit ertragsgesetzlichem Verlauf: $K(x) = 0{,}5x^3 - ax^2 + 7{,}5x + 28$ mit $a \in \mathbb{N}$. Bei einer Produktion von 4 ME betragen die Stückkosten 10,5 GE/ME.

3.1 Bestimmen Sie a und zeigen Sie, dass bis zur Stelle $x = 2$ die Kosten degressiv steigen, danach progressiv.

3.2 Beschreiben Sie den rechnerischen Weg zur Ermittlung der langfristigen Preisuntergrenze und erläutern Sie deren Bedeutung, indem Sie sie gegen die kurzfristige Preisuntergrenze abgrenzen.

4. Die Werte der Grenzkosten K', der durchschnittlichen variablen Kosten k_v und der Durchschnittskosten k beruhen auf einer Kostenfunktion K mit ertragsgesetzlichem Verlauf.

x in ME	1	2	3	4	5	6	7	8
K' in GE/ME	11	4	3	8	19	36	59	88
k_v in GE/ME	17	12	9	8	9	12	17	24
k in GE/ME	67	37	25,67	20,5	19	20,33	24,14	30,25

Beurteilen Sie die Richtigkeit der folgenden Aussagen und korrigieren Sie die falschen Aussagen.

4.1 Das Betriebsminimum wird bei 4 ME erreicht.

4.2 Die langfristige Preisuntergrenze beträgt 19 GE/ME.

4.3 Die Kosten steigen von 0 ME bis zu 4 ME degressiv.

4.4 Die Fixkosten betragen 50 GE.

5. Für ein neu auf den Markt gebrachtes Gut wird prognostiziert, dass sich der Absatz im Laufe der Zeit t gemäß der Funktion a' mit $a'(t) = \left(-0{,}3\,t^2 + 2\,t\right)e^{-0{,}3\,t}$ verändern wird (t in Monaten, a' in ME/Monat²).

5.1 Zeigen Sie, dass der Absatz pro Monat durch die Funktion a mit $a(t) = t^2 e^{-0{,}3\,t}$ beschrieben werden kann.

5.2 Erläutern Sie, wie man den Zeitpunkt des größten Rückgangs der Absatzzahlen berechnen kann.

6. Die Absatzentwicklung eines Produkts kann durch die Funktion a mit $a(t) = 50t \cdot e^{-0{,}1t} + 10$ ausgedrückt werden. Der Graph von a ist nebenstehend abgebildet. Dabei bezeichnet a den Absatz pro Monat in ME und t den Monat von der Einführung des Produkts an.

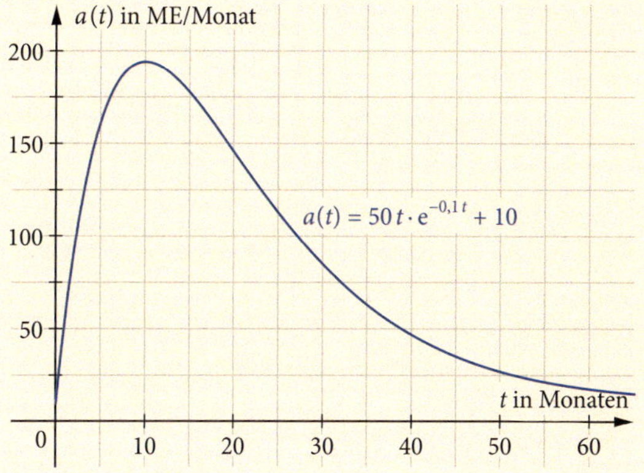

6.1 Geben Sie den anfänglichen Absatz direkt nach der Einführung des Produkts an.

6.2 Ermitteln Sie den Monat, in dem der höchste monatliche Absatz erzielt wird.

6.3 Bestimmen Sie den Monat mit dem größten monatlichen Absatzrückgang.

6.4 Begründen Sie, warum der Monatsabsatz nicht unter 10 ME pro Monat sinken kann.

7. Die Abbildung zeigt den Graphen der Funktion A mit $A(t) = (2800 - 40t) \cdot e^{0{,}05t}$. $A(t)$ gibt zu jedem Monat t $(t \geq 0)$ den im Zeitintervall $[0; t]$ erzielten gesamten Absatz in ME an.

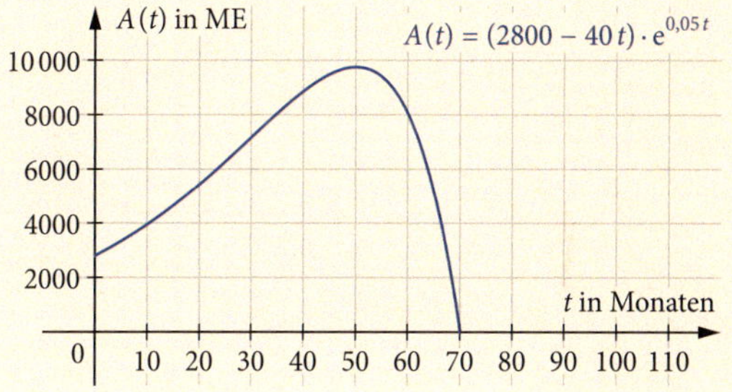

7.1 Geben Sie einen im Sachzusammenhang sinnvollen ökonomischen Definitionsbereich für A an.

7.2 Ermitteln Sie den Monat, in dem der monatliche Absatz am höchsten ist.

7.3 Ermitteln Sie den Monat, in dem der monatliche Absatz am stärksten zunimmt.

8. Die JoRo GmbH misst ihren Unternehmenserfolg unter anderem anhand von Kennziffern, die auch den Vergleich mit anderen Unternehmen oder zwischen Unternehmensteilen ermöglichen.
Die Kennziffer Wirtschaftlichkeit (W) setzt die Erlöse ins Verhältnis zu den Kosten: $W(x) = \frac{E(x)}{K(x)}$.
Die Kennziffer Umsatzrentabilität (U) setzt den Gewinn ins Verhältnis zu den Erlösen: $U(x) = \frac{G(x)}{E(x)}$.
Die drei nebenstehenden Graphen veranschaulichen den Gewinn (G), die Wirtschaftlichkeit (W) und die Umsatzrentabilität (U).

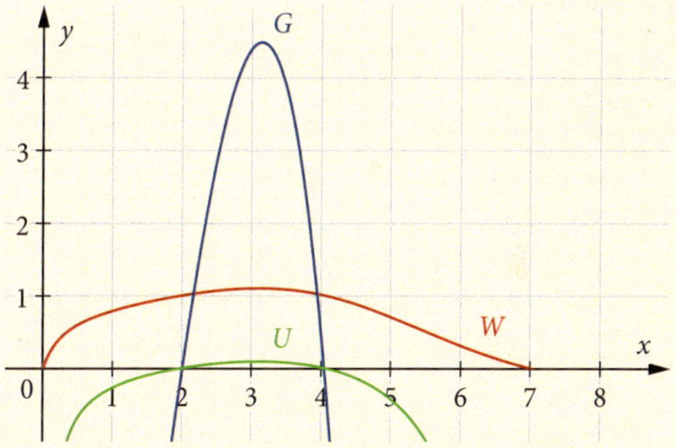

8.1 Beurteilen Sie begründet die Richtigkeit der folgenden Aussagen:

8.1.1 In den Verlustzonen ist die Wirtschaftlichkeit kleiner als 1.

8.1.2 In der Gewinnzone liegen die Maxima der Wirtschaftlichkeit und der Umsatzrentabilität.

8.1.3 Die Wirtschaftlichkeit und die Umsatzrentabilität können negativ sein.

8.1.4 Die Wirtschaftlichkeit ist immer größer als die Umsatzrentabilität.

8.1.5 Ist die Wirtschaftlichkeit größer als 1, so macht die JoRo GmbH Gewinn.

8.1.6 Die Wirtschaftlichkeit ist immer um 1 größer als das Verhältnis vom Gewinn zu den Kosten.

▶ Fortsetzung auf der nächsten Seite.

8.2 Die JoRo GmbH vergleicht die Wirtschaftlichkeit zweier Standorte, an denen TV-Sticks hergestellt werden. Die Graphen beider Funktionen sind nebenstehend dargestellt.
Beurteilen Sie die Richtigkeit der im Folgenden gegebenen Aussagen:

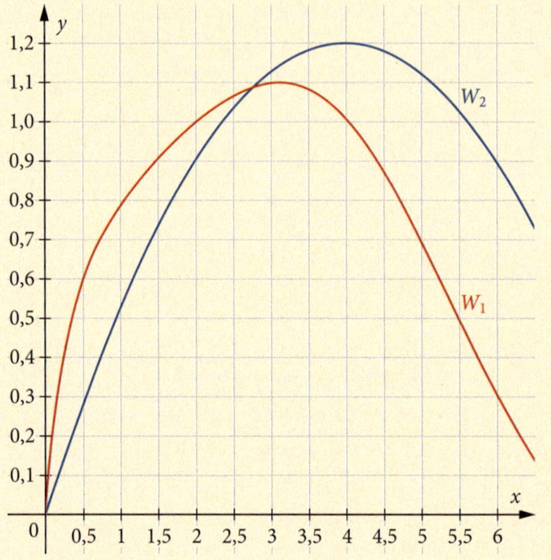

8.2.1 Die Gewinnzone von Standort 2 ist größer als die Gewinnzone von Standort 1.

8.2.2 Die Gewinnzone von Standort 2 beginnt eher als die Gewinnzone von Standort 1.

8.2.3 Falls beide Standorte die gleichen Erlöse erwirtschaften, hat der Standort 1 im Bereich zwischen 300 Stück und 550 Stück niedrigere Kosten als der Standort 2.

8.2.4 Im Bereich zwischen 200 Stück und 550 Stück machen beide Standorte immer Gewinn.

8.2.5 Falls beide Standorte mit gleichen Kosten produzieren, hat der Standort 1 im Bereich zwischen 300 Stück und 550 Stück höhere Erlöse als der Standort 2.

9. Betrachten Sie die folgenden Teilaufgaben unter dem Aspekt „Flächenberechnung".
Die Integrationsgrenzen a, b und c sind aufeinander folgende Nullstellen der Funktion f.

9.1 Erläutern Sie den Unterschied zwischen der Summe $\int_a^b f(x)\,dx + \int_b^c f(x)\,dx$ und der Summe $\left|\int_a^b f(x)\,dx\right| + \left|\int_b^c f(x)\,dx\right|$.

9.2 Nennen Sie die Bedingung, unter der die Gleichung $\int_a^c f(x)\,dx = \left|\int_a^b f(x)\,dx\right| + \left|\int_b^c f(x)\,dx\right|$ gilt.

9.3 Nennen Sie eine hinreichende Bedingung für die Gültigkeit der Gleichung $\int_{-a}^a f(x)\,dx = 0$.

9.4 Berechnen Sie den Inhalt der Fläche zwischen dem Graphen der Funktion f mit $f(x) = 2x^3 - 50x$ und der x-Achse.

10. Zwischen dem Graphen von f mit $f(x) = 4x \cdot e^{-0,25x}$ und der x-Achse soll im ersten Quadranten ein rechtwinkliges Dreieck einbeschrieben werden. Ein Eckpunkt dieses Dreiecks soll mit dem Punkt $(0|0)$ zusammenfallen.
Berechnen Sie die Längen der Katheten des Dreiecks, dessen Flächeninhalt maximal ist.

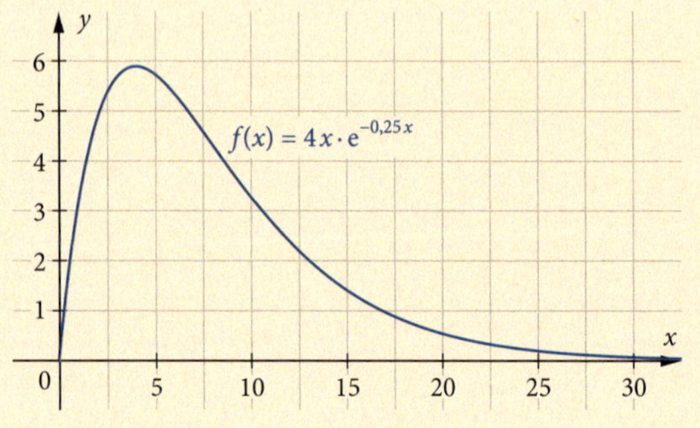

Lineare Algebra

1. Gegeben ist das rechtstehende lineare Gleichungssystem.

$$\begin{aligned} x_1 - x_2 - 2ax_3 &= -3 \\ x_1 - 2x_2 - 3a^2x_3 &= 3 \\ 2x_1 + 3x_2 - 4ax_3 &= 9 \end{aligned}$$

1.1 Ermitteln Sie, für welche reellen Zahlen anstelle von a das Gleichungssystem eindeutig lösbar, mehrdeutig lösbar oder unlösbar ist. Begründen Sie Ihre Antwort mithilfe des Rangkriteriums.

1.2 Ermitteln Sie die Lösung für $a = 1$.

2. Bei einer zweistufigen Produktion gehen die Rohstoffe R_1, R_2 und R_3 in die Zwischenprodukte Z_1 und Z_2 und die beiden Zwischenprodukte in die Endprodukte E_1, E_2 und E_3 gemäß der beiden Stücklisten ein.

	Z_1	Z_2
R_1	3	2
R_2	6	2
R_3	3	3

	E_1	E_2	E_3
Z_1	2	2	c
Z_2	a	b	1

2.1 Ermitteln Sie die Werte für a, b und c, wenn von R_1 12 ME in E_1, 16 ME in E_2 und 14 ME in E_3 eingehen.
Stellen Sie die Matrix ***RE*** auf.

2.2 Im Lager befinden sich y_1 ME von R_1, y_2 ME von R_2 und y_3 ME von R_3. Die Mengen der einzelnen Endprodukte, die sich daraus herstellen lassen, sind x_1, x_2 und x_3. Erläutern Sie ohne weitere Rechnung, welche mathematischen Voraussetzungen erfüllt sein müssen, damit mit dem vorgegebenen Lagerbestand genau eine Mengenkombination hergestellt werden kann.

2.3 Im Lager befinden sich 720 ME von R_1 und es werden 10 ME von E_1 und 20 ME von E_2 produziert. Berechnen Sie den notwendigen Lagerbestand von R_2 und R_3.

3. Die Endprodukte E_1, E_2 und E_3 werden aus den Bauteilen B_1, B_2 und B_3 gemäß der Stückliste hergestellt.
Von B_1 stehen 440 Stück, von B_2 60 Stück und von B_3 320 Stück zur Verfügung.

	E_1	E_2	E_3
B_1	2	4	6
B_2	1	1	0
B_3	0	2	6

3.1 Ermitteln Sie wie viele Endprodukte hergestellt werden können.

3.2 Ermitteln Sie, wie viele Endprodukte hergestellt werden können, wenn von E_1 genau so viele wie von E_3 produziert werden sollen.

4. Die drei Betriebe A, B und C eines Unternehmens sind gemäß der Tabelle nach dem Leontief-Modell miteinander verflochten.

	A	**B**	**C**	**K**	**X**
A	96	48	72	y_1	240
B	48	24	24	24	x_2
C	48	48	96	y_3	240

4.1 Ermitteln Sie die Zahlen für y_1, y_3 und x_2.

4.2 Geben Sie die technologische Matrix ***A*** an.

4.3 Berechnen Sie, wie viele ME die Betriebe für den außerbetrieblichen Konsum zur Verfügung stellen können, wenn die Betriebe A und C jeweils 800 ME und der Betrieb B 400 ME herstellen.

5. Die Sektoren A, B und C sind nach dem Leontief-Modell miteinander verflochten. Das Verflechtungsdiagramm für ein bestimmtes Jahr ist gegeben.

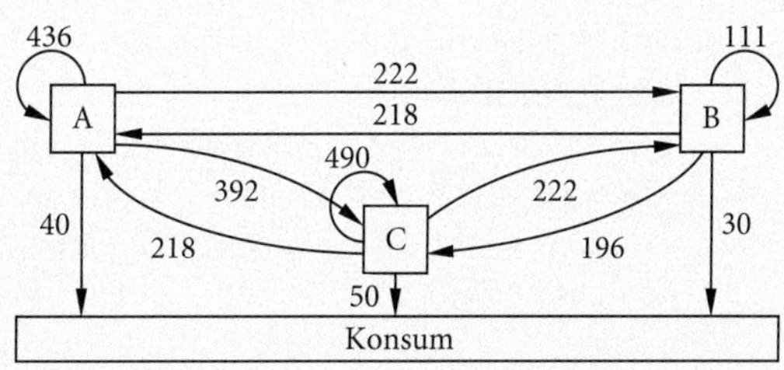

5.1 Ermitteln Sie die technologische Matrix ***A*** und die Matrix $(\boldsymbol{E} - \boldsymbol{A})$.

5.2 Zeigen Sie, dass $(\boldsymbol{E} - \boldsymbol{A})^{-1} = \begin{pmatrix} 8 & 9 & 10 \\ 3{,}5 & 5{,}5 & 5 \\ 6 & 8 & 10 \end{pmatrix}$ die Inverse zur Matrix $(\boldsymbol{E} - \boldsymbol{A})$ ist.

5.3 Die Güter aus dem Sektor A werden von den Konsumenten in einem anderen Jahr in doppelter Menge nachgefragt. Berechnen Sie für dieses Jahr die Gesamtproduktion in den drei Sektoren, wenn die Technologie und damit die technologische Matrix gleich bleiben.

6. Gegeben ist die stochastische Matrix $S = \begin{pmatrix} 0{,}6 & a & b \\ a & 0{,}5 & c \\ b & c & 0{,}4 \end{pmatrix}$. Die Elemente von S sind symmetrisch zur Hauptdiagonalen angeordnet.

6.1 Berechnen Sie die Elemente.

6.2 Zeigen Sie, dass die stochastische Matrix $S^* = \begin{pmatrix} 0{,}7 & 0{,}05 & 0{,}25 \\ 0{,}3 & 0{,}5 & 0{,}2 \\ 0{,}1 & 0{,}1 & 0{,}8 \end{pmatrix}$ jede anfängliche Verteilung von 100 Objekten zu der stabilen Verteilung führt, die durch den Vektor $\vec{v}_f^{\,T} = (32 \;\; 14 \;\; 54)$ wiedergegeben wird. Geben Sie die Grenzmatrix an.

7. Die 2-Euro-Gedenkmünze aus der Bundesländer-Serie „Hamburg“ wurde Anfang des Jahres 2008 in einer Auflage von 30 Millionen Stück ausgegeben. Man stellte fest, dass diese Münzen von Deutschland (D) aus entsprechend des abgebildeten Übergangsdiagramms nach Italien (I) und in die anderen Euroländer (A) wanderten.

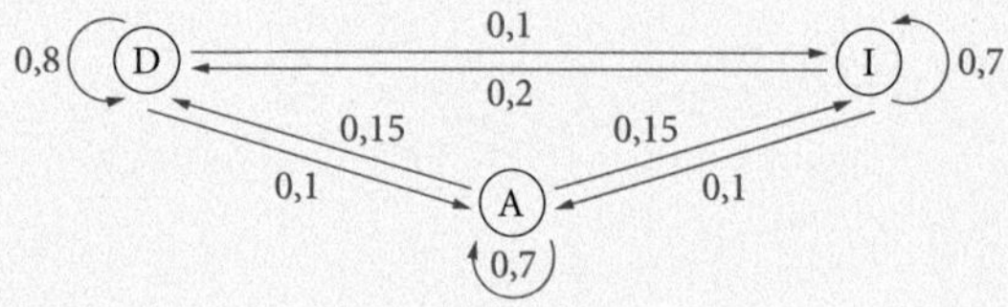

M sei die Übergangsmatrix.

$M = \begin{pmatrix} a & 0{,}2 & b \\ 0{,}1 & 0{,}8 & 0{,}1 \\ c & d & e \end{pmatrix}$

7.1 Geben Sie die Werte für a, b, c, d und e in der Übergangsmatrix M an.

7.2 Ermitteln Sie den Wert m_{31} in der Matrix M^2 und erklären Sie seine Bedeutung im Sachzusammenhang.

7.3 Zeigen Sie, dass die Matrix M_g mit $M_g = \frac{1}{18} \cdot \begin{pmatrix} 3 & 7 & 8 \\ 3 & 7 & 8 \\ 3 & 7 & 8 \end{pmatrix}$ die Grenzmatrix des obigen Übergangssystems ist.
Geben Sie außerdem die stabile Verteilung der 30 Millionen Münzen an.

8. Ein Landwirt zieht eine Herde Milchkühe heran und kauft 10 geschlechtsreife Kühe. Er besitzt einen Stall für 20 ausgewachsene Kühe und einen, in dem er maximal 20 Kälber und Jungtiere zusammen aufziehen kann. In keiner Periode entstehen Verluste bei den Kühen. 70 % der geborenen Kälber sind weiblich. Die männlichen Kälber werden verkauft. 10 % der weiblichen Kälber und 5 % der weiblichen Jungtiere werden geschlachtet. Die restlichen weiblichen Kälber wachsen in einer Periode zu Jungtieren heran, die weiblichen Jungtiere zu geschlechtsreifen Kühen. Von anderen Todesursachen soll abgesehen werden.

8.1 Erstellen Sie ein Übergangsdiagramm und eine Übergangsmatrix.

8.2 Ermitteln Sie, welcher Stall als erstes an seine Kapazitätsgrenze stößt. Runden Sie Dezimalzahlen dabei nach jedem Übergang auf ganze Zahlen.

9. Bei Straßenbauarbeiten in Hannover sollen Leitungen verlegt werden. Laut den bisherigen Planungen soll eine Rohrleitung vom Punkt $A(-1|2|-2)$ zum Punkt $B(1|4|-3)$ verlaufen. Desweiteren soll ein Glasfaserkabel vom Punkt $C(2|-3|-1)$ zum Punkt $D(3|-2|-4)$ verlegt werden. Die Koordinaten der Punkte sind dabei in Metern gegeben.

9.1 Im verwendeten Konstruktionsprogramm wird mit Vektoren gearbeitet. Geben Sie je einen Vektor an, der die Rohrleitung $\overrightarrow{AB}$ und das Glasfaserkabel $\overrightarrow{CD}$ beschreibt.

9.2 Die Materialkosten pro Meter der zu verlegenden Rohrleitung belaufen sich auf 100 GE. Berechnen Sie die zu erwartenden Kosten im vorliegenden Bauabschnitt.

9.3 Um Kosten zu sparen, sollten beide Leitungen parallel verlaufen. Prüfen Sie, ob das der Fall ist.

9.4 In der frühen Bauphase kann die Tiefe des Punktes B noch angepasst werden. Verändern Sie die Koordinaten des Punktes so, dass die beiden Leitungen parallel zueinander verlaufen.
Hinweis: Die Tiefe wird durch die x_3-Koordinate beschrieben.

10. Zur Konstruktion eines Klettergerüstturms dienen Punkte eines dreidimensionalen Koordinatensystems. Dabei entspricht 1 LE einem Meter. An den Punkten $K(0|0|-1)$, $L(2|0|-1)$, $M(2|2|-1)$ und $N(0|2|-1)$ sind die senkrechten Stangen des Turms in der Erde verankert. Sie liegen 1 m tief in der Erde und ragen 3 m hoch über den Sand. Das Dach des Turms hat die Form einer quadratischen Pyramide. Die Spitze des Dachs liegt mittig der Punkte *K*, *L*, *M* und *N* und 1 m über dem Ende der Stangen.

10.1 Bestimmen Sie die Koordinaten der Spitze *S* sowie der oberen Endpunkte *A*, *B*, *C* und *D* der Stangen, wobei *A* über *K* liegt, *B* über *L*, *C* über *M* und *D* über *N*.

10.2 Zeichnen Sie das Klettergerüst in ein dreidimensionales Koordinatensystem. Dabei sollen 2 cm auf dem Papier einem Meter in der Wirklichkeit entsprechen.

10.3 Zwischen den Punkten *A* und *C* sowie zwischen *A* und *S* werden Seile gespannt. Geben Sie jeweils einen Vektor an, der die Lage des Seils beschreibt.

10.4 Zur besseren Sicherheit sollen die gleichen Stangen nun 1,5 m unter der Erde verankert werden. Geben Sie an, wie sich dadurch die Koordinaten der Punkte verändern

10.5 Es werden weitere Seile gespannt, deren Ausrichtung anhand der Vektoren $\vec{v}_1 = \begin{pmatrix} 2 \\ -1 \\ 6 \end{pmatrix}$ und $\vec{v}_2 = \begin{pmatrix} 2 \\ 1 \\ -0{,}5 \end{pmatrix}$ beschrieben werden. Prüfen Sie, ob die beiden Vektoren orthogonal zueinander stehen.

Stochastik

1. Ein Glücksrad besteht aus den drei Sektoren Weiß, Rot und Gelb. Die Mittelpunktswinkel der Sektoren betragen 180° (Weiß), 120° (Rot) und 60° (Gelb). Das Glücksrad wird dreimal hintereinander gedreht.

1.1 Zeigen Sie, dass die Wahrscheinlichkeit, drei verschiedene Farben zu erzielen genau so groß ist wie die Wahrscheinlichkeit drei Mal hintereinander dieselbe Farbe zu erhalten.

1.2 Der Einsatz für das Spiel beträgt 1 €. Gelingt es dem Spieler beim dreimaligen Drehen dreimal dieselbe Farbe zu erzielen, dann erhält er 4 €. Erreicht er beim dreimaligen Drehen immer eine andere Farbe, dann erhält er seinen Einsatz zurück. Beurteilen Sie, ob das Spiel fair ist.

1.3 Bei dem Glücksrad wird der weiße Sektor so verkleinert, dass die Wahrscheinlichkeit ihn zu treffen nur noch 40 % beträgt. Andererseits werden bei einem dreimaligen Drehen des Glücksrades mit einer Wahrscheinlichkeit von 12 % drei verschiedene Farben erzielt. Berechnen Sie die Mittelpunktswinkel für die drei Sektoren.

2. In einer Urne befinden sich 50 rote, 30 schwarze und 20 weiße Kugeln. Es wird immer eine Kugel entnommen und sofort eine Kugel der gleichen Farbe in die Urne zurückgelegt.

2.1 Es werden nacheinander 5 Kugeln gezogen. Berechnen Sie die Höhe der Wahrscheinlichkeit, dass keine einzige rote Kugel gezogen wird.

2.2 Bestimmen Sie die Anzahl der weißen Kugeln, die zusätzlich in die Urne gelegt werden müssen, damit die Wahrscheinlichkeit, eine weiße Kugel zu ziehen, auf 50 % steigt. Ermitteln Sie für diesen Fall die Wahrscheinlichkeiten, eine rote bzw. eine schwarze Kugel zu ziehen.

3. Die 12. Jahrgangsstufe eines Beruflichen Gymnasiums wird von 40 Jugendlichen besucht, die sich zwischen Mathematik und Deutsch als Kurse auf erhöhtem Anforderungsniveau entscheiden müssen. 40 % der Jugendlichen sind Mädchen, von denen sich 50 % für Mathematik entscheiden. 12 Jugendliche wählen Mathematik auf erhöhtem Anforderungsniveau.

3.1 Erstellen Sie auf der Basis des obigen Sachverhalts eine Vierfeldertafel, in der die absoluten Zahlen und die zugehörigen Wahrscheinlichkeiten stehen.

3.2 Ermitteln Sie die Wahrscheinlichkeit für folgende Ereignisse.

3.2.1 Eine zufällig ausgesuchte Person hat Mathematik auf erhöhtem Anforderungsniveau gewählt.

3.2.2 Eine zufällig ausgesuchte Person, die Mathematik auf erhöhtem Anforderungsniveau gewählt hat, ist ein Mädchen.

4. Die nebenstehende Abbildung zeigt das Histogramm einer Binomialverteilung.

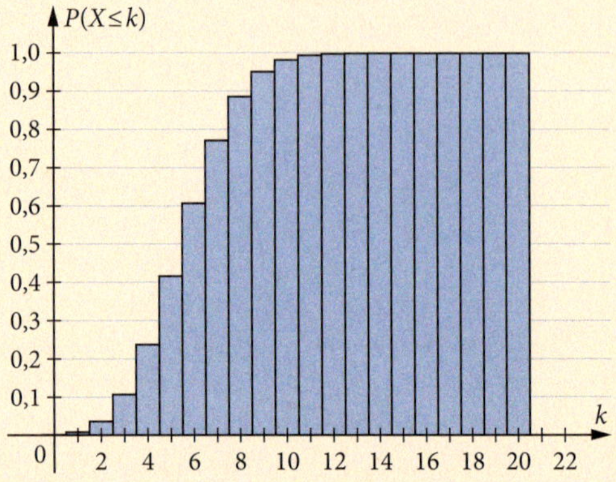

4.1 Erläutern Sie, warum es sich um die Darstellung einer kumulierten Binomialverteilung handelt.

4.2 Beurteilen Sie, ob die folgenden Aussagen wahr oder falsch sind. Begründen Sie mit dem Histogramm.

4.2.1 Die Wahrscheinlichkeit für mehr als 12 Treffer liegt ungefähr bei 1.

4.2.2 Die Wahrscheinlichkeit für 8 Treffer liegt bei ca. 0,9.

4.2.3 Die Wahrscheinlichkeit p der zugrundeliegenden Binomialverteilung ist größer als 0,5.

4.2.4 Die Wahrscheinlichkeit für maximal 5 Treffer liegt etwas höher als 0,4.

4.2.5 Die Wahrscheinlichkeit für mehr als 6 Treffer liegt bei ca. 0,5.

5. Bei der Herstellung von Bauteilen sind erfahrungsgemäß 10 % defekt. Zur Kontrolle erfolgt eine Stichprobe.

5.1 Erläutern Sie, welche Bedingung die Stichprobe erfüllen muss, damit man insgesamt von einer binomialverteilten Anzahl defekter Teile ausgehen kann.

5.2 Berechnen Sie die Wahrscheinlichkeit für folgende Ereignisse.

5.2.1 Die ersten zwei Bauteile sind einwandfrei.

5.2.2 Genau zwei der ersten drei Teile sind einwandfrei.

5.3 Die Standardabweichung für die Anzahl defekter Bauteile beträgt 6. Ermitteln Sie den Stichprobenumfang.

6. In einer Packung mit 50 Schaltern sind erfahrungsgemäß 4 % beschädigt.
Lösen Sie die folgenden Aufgaben mithilfe der Tabelle.

n	45	46	47	48	49	50
$0{,}96^n$	0,1593	0,1529	0,1468	0,1409	0,1353	0,1299

6.1 Ermitteln Sie, mit welcher Wahrscheinlichkeit man genau die erwartete Anzahl defekter Schalter in einer zufällig ausgewählten Packung findet.

6.2 Beschreiben Sie, wie man die Standardabweichung berechnen kann.

6.3 Die Standardabweichung beträgt rund 1,39. Untersuchen Sie, mit welcher Wahrscheinlichkeit die Anzahl der defekten Schalter im Bereich der Standardabweichung um den Erwartungswert liegt.

7. Ein Unternehmen bringt Wundertüten in den Handel. Jede Tüte enthält entweder ein oder zwei Bilder von Bundesligaspielern. Die Wahrscheinlichkeit, dass in einer Tüte zwei Bilder liegen, beträgt 25 %. Die Zufallsgröße X „Anzahl der Tüten mit zwei Bildern" sei innerhalb einer Stichprobe binomialverteilt.

7.1 Kevin kauft 10 Tüten. Geben Sie einen Term zur Berechnung der folgenden Wahrscheinlichkeiten an.

7.1.1 In jeder Tüte liegen genau zwei Bilder.

7.1.2 In den 10 Tüten liegen insgesamt mindestens 12 Bilder.

7.2 Benennen Sie eine der untenstehenden Abbildungen als Wahrscheinlichkeitsverteilung der Zufallsgröße X bei einer Stichprobe von 8 Tüten und begründen Sie, warum Sie die anderen drei ausgeschlossen haben.

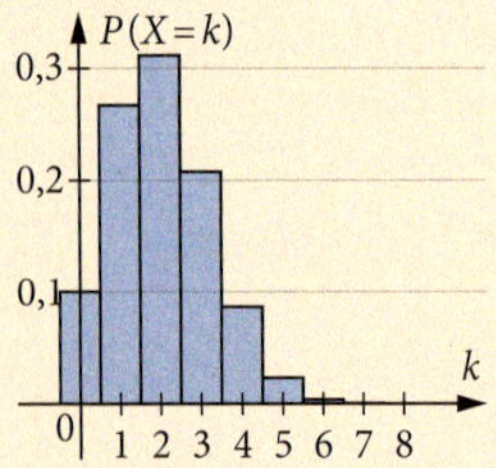

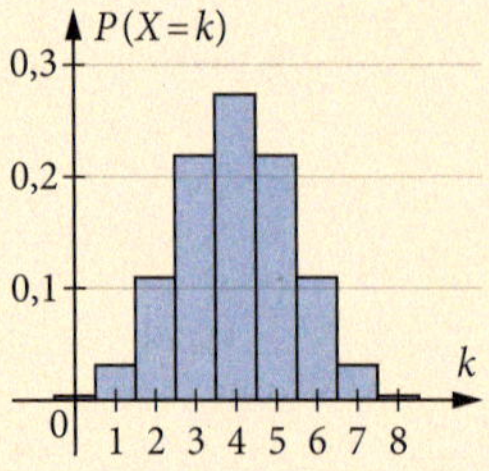

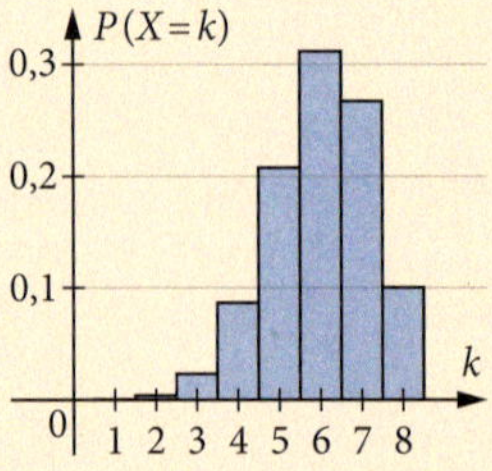

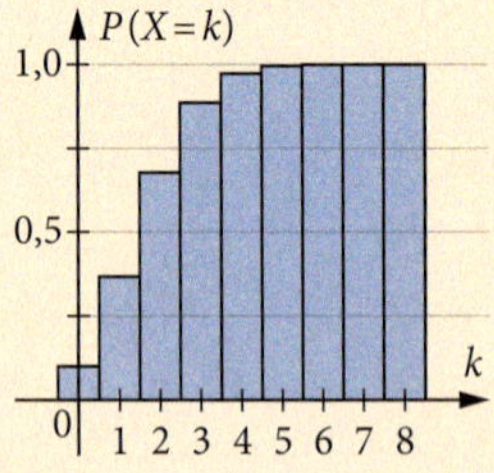

8. Einer Grundgesamtheit wird eine binomialverteilte Stichprobe vom Umfang 400 entnommen. Dabei ergibt sich eine Standardabweichung von 8.

8.1 Berechnen Sie den Erwartungswert μ und die Wahrscheinlichkeit p.

8.2 Nehmen Sie an, dass bei gleichbleibendem Erwartungswert μ der Parameter p gesenkt wurde. Entscheiden Sie begründet, welche der Aussagen wahr ist:

8.2.1 Der Umfang der Stichprobe wurde vergrößert und die Standardabweichung sinkt.

8.2.2 Der Umfang der Stichprobe wurde vergrößert und die Standardabweichung steigt.

8.2.3 Der Umfang der Stichprobe wurde vergrößert und die Standardabweichung bleibt gleich.

9. In einer 13. Jahrgangsstufe sind 80 % der Schülerinnen und Schüler unzufrieden mit ihrem Mathematiklehrer, Herrn Untermeier-Schwarz. Eltern der betroffenen Schülerinnen und Schüler initiieren daraufhin eine Umfrage unter ehemaligen Schülerinnen und Schülern dieses Lehrers, von denen man annimmt, dass ebenfalls 80 % unzufrieden waren. Dabei sind Mehrfachbefragungen nicht ausgeschlossen, da mehrere Personen diese Umfrage vornehmen. X sei die binomialverteilte Zufallsgröße, die die Anzahl der Unzufriedenen angibt.

9.1 Interpretieren Sie den Term $1 - \sum_{i=0}^{95} \binom{120}{i} \cdot 0{,}8^i \cdot 0{,}2^{120-i}$ im Sachzusammenhang.

9.2 Ein Elternpaar hat getrennt von den anderen Eltern 100 ehemalige Schülerinnen und Schüler befragt. Dabei äußerten sich 77 negativ zu den Unterrichtsmethoden von Herrn Untermeier-Schwarz. Untersuchen Sie, ob dieses Ergebnis innerhalb der Sigma-Umgebung $[\mu - \sigma; \mu + \sigma]$ um den Erwartungswert herum liegt.

10. Bei der Produktion eines Gutes hat sich herausgestellt, dass 10 % der Produkte nur 2. Wahl sind. Aus der laufenden Produktion wird eine Stichprobe entnommen. X sei die Zufallsgröße, die die Anzahl der Produkte aus der Stichprobe angibt, die 1. Wahl sind.

10.1 Geben Sie die Werte von a, b, c und d aus dem folgenden Term an: $P(X=4) = \binom{a}{b} \cdot c^3 \cdot d^7$.

10.2 Geben Sie den Term für die Wahrscheinlichkeit an, dass von 5 entnommenen Produkten genau eines 2. Wahl ist.

10.3 Drücken Sie die Standardabweichung der Zufallsgröße X in Abhängigkeit vom Umfang der Stichprobe aus.

11. In einem Schützenverein wird über die Schießerfolge der Mitglieder Buch geführt. Herr Müller trifft die Wildschweinattrappe mit einer Wahrscheinlichkeit von 80 %, Herr Meier nur mit 60 %.
X sei die Anzahl der Treffer und binomialverteilt.
Ordnen Sie jeweils eine der vier Abbildungen Herrn Müller und Herrn Meier zu und begründen Sie sowohl Ihre Auswahl als auch den Ausschluss der beiden anderen Abbildungen.

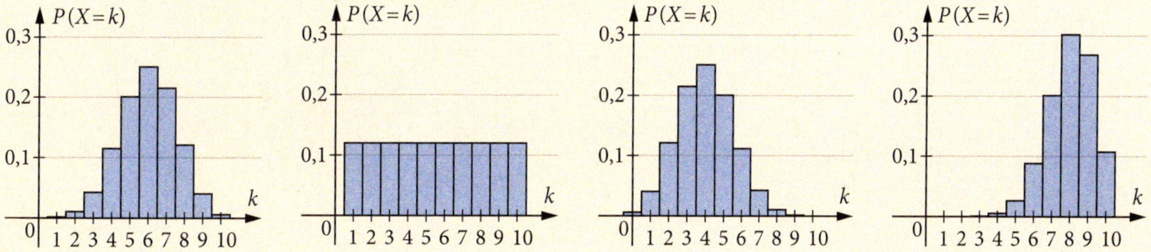

7.2.2 Aufgaben zum Wahlteil und Klausuraufgaben

Analysis

1. Die JoRo GmbH bringt ein neues Handy mit einer 20-Megapixel-Kamera auf den Markt. Für die Gewinnberechnung verwendet sie die Preis-Absatz-Funktion p_N mit $p_N(x) = 30 - 0{,}5x$ eines Angebotsmonopolisten und die Kostenfunktion K mit $K(x) = 10x + 5$. Dabei gibt x die Produktions- und Absatzmenge in ME, p_N den Preis in GE pro ME und K die Kosten in GE an.

1.1 Ermitteln Sie den Preis im Gewinnmaximum.

1.2 Die Marketing-Abteilung beauftragt ein Marktforschungsinstitut, den Absatz für die nächsten 40 Monate zu prognostizieren. Das Institut modelliert den künftigen Absatz pro Monat mit der Funktion a, deren Werte vom Zeitpunkt t abhängen (t in Monaten): $a(t) = -0{,}0001\,t^4 + 0{,}012\,t^3 - 0{,}48\,t^2 + 6{,}4\,t$.

1.2.1 Ermitteln Sie, wann der Absatz am größten ist.

1.2.2 Berechnen Sie den Zeitpunkt, wann das Gewinnmaximum erreicht wird.

1.2.3 Der Absatz soll nicht unter 16 ME sinken. Berechnen Sie den Zeitpunkt, wann der Verkauf des Handys eingestellt werden soll.

1.2.4 Berechnen Sie den Absatz im ersten Jahr.

1.2.5 Ermitteln Sie den Absatz für die gesamte Vertriebsdauer. Veranschaulichen Sie das Ergebnis.

2. Am Eröffnungstag einer Messe wird ein unerwartet hoher Andrang verzeichnet. Damit alle Beteiligten für den zweiten Tag besser gewappnet sind, soll am Abend des ersten Tages eine Analyse der Besucherzahlen vorgenommen werden. Dafür stehen folgende Informationen zur Verfügung:

- Die Messe öffnete pünktlich um 9:00 Uhr.
- Der Andrang war zunächst sehr dürftig, der Besucheranstieg war zum Zeitpunkt der Öffnung gleich 0.
- Um 11:00 Uhr hatten 11 200 Besucher die Eingangsschleusen passiert. Zu dieser Uhrzeit hatte noch niemand die Halle verlassen.
- Obwohl die Messe eigentlich um 17:30 Uhr schließt, verließ sie der letzte Besucher erst um 18:00 Uhr.
- Der Verlauf der Besucherzahlen kann durch eine ganzrationale Funktion 3. Grades angemessen beschrieben werden.

2.1 Berechnen Sie, wie viele Besucher maximal gleichzeitig in der Halle waren und zu welchem Zeitpunkt diese Maximalzahl auftrat.

2.2 Berechnen Sie, wie viele Besucher zum eigentlichen Messeende um 17:30 Uhr noch in der Halle waren.

2.3 In dem Zeitraum, in dem mehr als 30 000 Besucher in der Halle sind, sollen für das Catering zusätzliche Hilfskräfte eingesetzt werden. Bestimmen Sie diesen Zeitraum.

2.4 Für den Zeitpunkt, an dem der Andrang am Eingang am größten war, die Änderung der Besucherzahl also ihren Maximalwert hatte, sollen zusätzliche Eingangsschleusen geöffnet werden.
Ermitteln Sie diesen Zeitpunkt.

3. Die JoRo GmbH möchte einen neuartigen TV-Stick auf den Markt bringen und testet in drei Filialen die Absatzmengen bei verschiedenen Verkaufspreisen. Bei einem Stückpreis von 12,60 € verkauft die JoRo GmbH 400 Sticks, bei einem Verkaufspreis von 4,20 € sogar 600 Stück. Bei einem Preis von 25,20 € je Stick werden allerdings nur 100 Stück verkauft.

3.1 Prüfen Sie, in welchem Zusammenhang die verkauften Stückzahlen zu den jeweiligen Verkaufspreisen stehen, und ermitteln Sie die entsprechende Preis-Absatz-Funktion p_N, wobei 100 TV-Sticks 1 ME entsprechen.

3.2 Berechnen Sie den Höchstpreis und die Sättigungsmenge.

3.3 Die JoRo GmbH untersucht ihre Kostensituation und stellt fest, dass sie Grenzkosten von 6 € je ME bei einer Ausbringungsmenge von 4 ME hat. Die kurzfristige Preisuntergrenze (KPU) in Höhe von 9,75 € pro ME wird bei einer Produktionsmenge von 450 Sticks erreicht Die Kosten an der Gewinnschwelle betragen 42 €.

3.3.1 Ermitteln Sie die Funktionsgleichung der ganzrationalen Kostenfunktion dritten Grades einschließlich ihres Definitionsbereichs.

3.3.2 Zeigen Sie, dass es sich um eine ertragsgesetzliche Kostenfunktion handelt.

3.4 Die JoRo GmbH erzielt ihre Gewinne gemäß der Gewinnfunktion G mit $G(x) = -x^3 + 4{,}8x^2 - 0{,}6x - 10$.

3.4.1 Bestimmen Sie die Gewinnzone.

3.4.2 Untersuchen Sie, zu welchem Preis die JoRo GmbH ihren TV-Stick verkaufen muss, wenn sie auf dieser Basis das Gewinnmaximum erreichen möchte. Bestimmen Sie das zugehörige Gewinnmaximum.

3.5 Die JoRo GmbH klagt über steigende Fixkosten:
Die Erhöhung der Fixkosten um 15 € verteuert die Produktion des TV-Sticks.

3.5.1 Berechnen Sie das Betriebsoptimum vor und nach der Fixkostensteigerung.

3.5.2 Untersuchen Sie, zu welchem Preis die JoRo GmbH den TV-Stick bei dieser Ausbringungsmenge langfristig anbieten kann.

4. Der Lederwarenhersteller Hautgout fertigt eine neue Umhängetasche, die auch die auch für Laptops geeignet ist. Der Verkauf erfolgt ausschließlich über unternehmenseigene Läden. In den ersten drei Monaten sollen in drei Filialen Testverkäufe erfolgen, um das Kundenverhalten zu untersuchen. Dazu werden die Taschen in jeder Filiale zu einem anderen Preis angeboten.
Der Vertriebsleiter teilt dem Vorstand mit, dass er aufgrund des Testergebnisses von einer linearen Preis-Absatz-Funktion ausgeht, die für alle drei Filialen gleichermaßen gilt. Befragungen der Kunden ergaben außerdem, dass das Kaufverhalten in allen drei Filialen identisch ist. Der Produktionsleiter informiert den Vorstand davon, dass die Fixkosten 2500 € betragen und sich bei einer Produktion von 40 Stück die gesamten Herstellungskosten auf 3700 € und die Grenzkosten auf 30 € pro Stück belaufen; bei einer Produktion von 100 Stück sind die Gesamtkosten auf 23 500 € gestiegen. Der Produktionsleiter geht bei seinen Angaben von einer Kostenkurve mit ertragsgesetzlichem Verlauf aus.

	Filiale 1	Filiale 2	Filiale 3
Preis (€ pro Stück)	75	90	105
Erlös (€ pro Monat)	7500	7920	7980

Sie erhalten vom Vorstand den Auftrag, folgende Aufgaben zu lösen:

4.1 Berechnen Sie die Menge, die maximal abgesetzt werden kann.

4.2 Berechnen Sie den maximal erzielbaren Erlös.

4.3 Ermitteln Sie den Break-even-Punkt.

4.4 Berechnen Sie die Gewinnzone.

4.5 Berechnen Sie den maximal erzielbaren Gewinn.

4.6 Vergleichen Sie die Menge und den Preis im Gewinnmaximum mit dem Betriebsoptimum und der langfristigen Preisuntergrenze.

5. Die JoRo GmbH untersucht die Kostenstruktur des Unternehmens in der Mikrochip-Produktion. Der Chef-Controller, Herr Herzklotz, registriert Grenzkosten von 1,75 GE bei einer Produktion von 2 ME und minimale Grenzkosten von 0,25 GE bei einer Ausbringungsmenge von 4 ME. Dabei entspricht 1 ME 100 000 Stück und 1 GE 10 000 €.

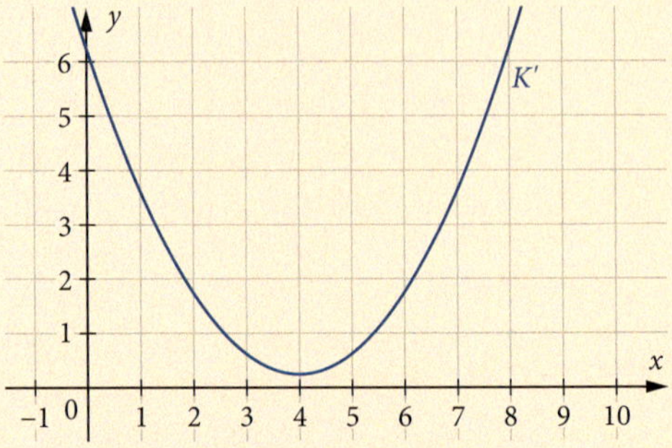

5.1 Bestimmen Sie den Funktionsterm $K'(x)$ der ganzrationalen Grenzkostenfunktion 2. Grades.
▶ Zur Kontrolle: $K'(x) = 0{,}375x^2 - 3x + 6{,}25$

5.2 Beschreiben Sie den Verlauf von $G_{K'}$ und die Auswirkungen auf den Graphen der Kostenfunktion K.

5.3 Die JoRo GmbH hat Fixkosten von 100 GE. Geben Sie den Funktionsterm der Kostenfunktion K an.

5.4 Berechnen Sie die Ausbringungsmenge, bei der die Kosten von einem degressiven zu einem progressiven Verlauf wechseln. Berechnen Sie die Kosten bei der Produktion dieser Ausbringungsmenge. Vergleichen Sie diesen Punkt W mit dem Punkt GKM des Grenzkostenminimums. Zeichnen Sie die Graphen von K und K' in ein neues Koordinatensystem.

5.5 Herr Herzklotz kann beim Graphen von K im Punkt $(4|109)$ kaum eine Steigung feststellen. Zeigen Sie rechnerisch, dass G_K bei einer Produktionsmenge von 4 ME steigt.

5.6 Aus Konkurrenzgründen möchte die JoRo GmbH beim Verkauf ihrer Mikrochips für einen kurzen Zeitraum eine aggressive Preispolitik betreiben, in dem die Fixkosten nicht gedeckt werden müssen.
Berechnen Sie, zu welchem Preis die Mikrochips kurzfristig angeboten werden können.

5.7 Die Konkurrenz bietet die Mikrochips dauerhaft zu einem Preis von 14 GE an.
Untersuchen Sie, ob und bei welcher Ausbringungsmenge die JoRo GmbH den Preis unterbieten kann.

5.8 Das Betriebsoptimum soll bei 6 ME erreicht werden. Ermitteln Sie dazu die neuen Fixkosten der JoRo GmbH.
Bestimmen Sie den Preis, den das Unternehmen dann langfristig halten kann.

5.9 Im nebenstehenden Koordinatensystem sind die Graphen von K', k_v und k abgebildet. Zusätzlich sind die Graphen zweier Preisfunktionen zu erkennen. Die JoRo GmbH hat ihre Mikrochips bis vor einem Monat zu einem Preis von $p_1 = 14{,}5$ GE/ME und danach zu einem Preis von $p_2 = 12{,}5$ GE/ME verkauft.

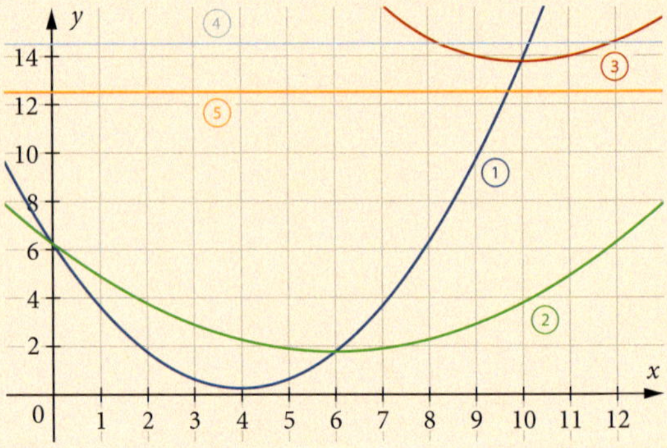

5.9.1 Ordnen Sie den Graphen ihre Bezeichnungen zu.

5.9.2 Entscheiden Sie, ob die folgenden Aussagen wahr oder falsch sind.

5.9.2.1 Der Graph der Grenzkostenfunktion K' schneidet den Graphen der variablen Stückkostenfunktion k_v im Betriebsminimum und den Graphen der Stückkostenfunktion k im Betriebsoptimum.

5.9.2.2 Wenn die JoRo GmbH ihre Chips dauerhaft zu 12,5 GE verkauft, erzielt sie keinen Gewinn.

5.9.2.3 Wenn die JoRo GmbH ihre Chips zu 14,5 GE verkauft, hat sie ihr Betriebsminimum an der ersten Schnittstelle und ihr Betriebsoptimum an der zweiten Schnittstelle des Stückkostengraphen G_k mit dem Graphen der (hellblauen) Preisfunktion p_1.

5.9.2.4 Die beiden Schnittpunkte von G_k und G_{p_1} markieren die Gewinnzone der JoRo GmbH.

5.9.2.5 Der Graph der variablen Stückkosten G_{k_v} übersteigt den Graphen der Stückkosten G_k.

5.9.2.6 Der Graph der Grenzkosten $G_{K'}$ fällt nach seinem lokalen Hochpunkt.

5.9.2.7 Die Funktion k_v ist an der Stelle 0 nicht definiert.

5.9.2.8 Der Graph der Grenzkostenfunktion K' schneidet immer zuerst den Graphen von k_v und danach den Graphen von k.

5.10 In der Sparte der Hochleistungsmikrochips gestaltet sich die Nachfrage gemäß der Funktion p_N mit $p_N(x) = -6{,}875x + 82{,}5$.
Die Anbieter verhalten sich gemäß der Funktion p_A mit $p_A(x) = e^{0{,}25x} + 1$.
Ermitteln Sie das Marktgleichgewicht.

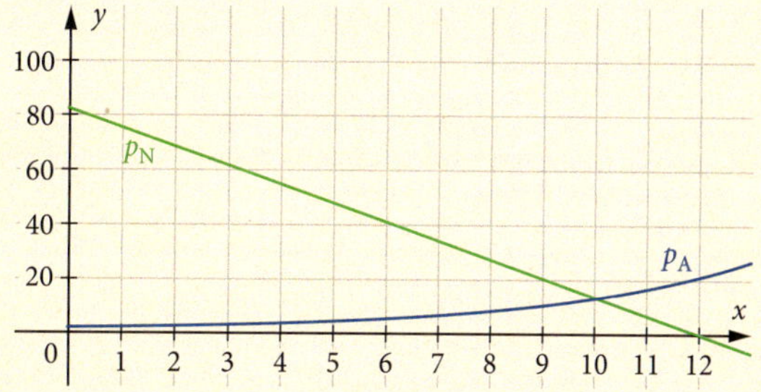

5.11 Entscheiden Sie, ob bei einem Preis von 10,49 € ein Angebots- oder ein Nachfrageüberschuss entsteht, und beziffern Sie ihn.

5.12 Bestimmen Sie die Konsumentenrente und die Produzentenrente.

6. Bei der Produktion eines speziellen Hochleistungschips ist die JoRo GmbH Monopolist mit der Preis-Absatz-Funktion p_N mit $p_N(x) = -6{,}875x + 82{,}5$ und K mit $K(x) = 0{,}125x^3 - 1{,}5x^2 + 6{,}25x + 100$.

6.1 Berechnen Sie die Gewinnzone, wenn die Gewinngrenze bei einer Ausbringungsmenge von 10 ME liegt.

6.2 Untersuchen Sie, wie sich die Fixkosten ändern müssten, wenn die Gewinnschwelle bei einer Produktionsmenge von 1 ME liegen soll.

6.3 Berechnen Sie die gewinnmaximale Ausbringungsmenge und zeigen Sie, dass sie unabhängig von der Höhe der Fixkosten ist. Geben Sie das Gewinnmaximum an.

6.4 Ermitteln Sie die Ausbringungsmenge mit dem stärksten Gewinnanstieg, beziffern Sie ihn und begründen Sie, warum diese Ausbringungsmenge unabhängig von der Höhe der Fixkosten ist.

6.5 Berechnen Sie den Elastizitätskoeffizienten e_N für p_N und zeichnen Sie die Graphen von p_N und e_N in ein neues Koordinatensystem.

6.6 Ermitteln Sie die Ausbringungsmenge, bei der Kosten- und Preisänderung proportional elastisch sind, und interpretieren Sie den unelastischen Bereich.

7. Gegeben ist die Isoquantenfunktion I mit $I(x) = \frac{4}{x-1} + 3$ zur Herstellung von 200 ME eines Kinderspielzeugs. Die Einheiten der beiden Produktionsfaktoren x bzw. y kosten jeweils 30 GE, es stehen insgesamt 270 GE für die Produktion zur Verfügung.

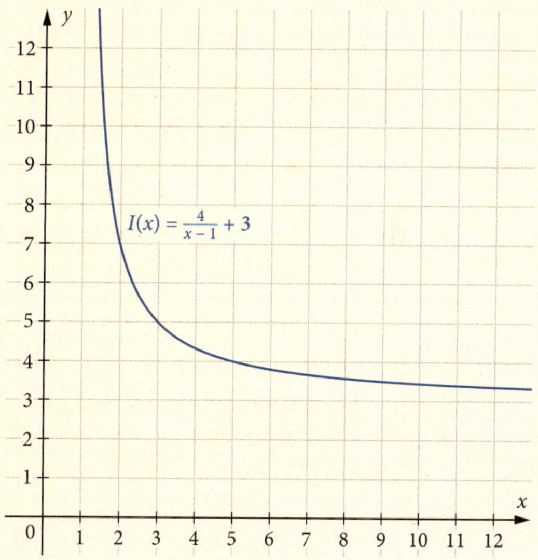

7.1 Bestimmen Sie D_I und W_I sowie die Funktionsgleichung $y = mx + n$ der Isokostenkurve I_K.
Übertragen Sie den Graphen von I in Ihr Heft und zeichnen Sie den Graphen von I_K in das Koordinatensystem ein.

7.2 Zeigen Sie, dass beide Produktionsfaktoren x und y jeweils nicht vollständig durch den anderen ersetzt werden können.

7.3 Nennen Sie zwei mögliche ganzzahlige Kombinationen der beiden Produktionsfaktoren zur Herstellung von 200 ME.

7.4 Ermitteln Sie die größtmögliche Kombination der Produktionsfaktoren unter der Voraussetzung, dass sich weder deren Kosten, noch die Gesamtsumme von 270 GE ändern und die Isoquantenfunktionenschar I vom Typ $I(x) = \frac{4}{x-1} + c$ mit $c \geq 0$ ist.

7.5 Überprüfen Sie die Rechnung aus 7.4, indem Sie durch Vergleich der Steigungsmaße der Funktionen I und I_K aus 7.4 an der Berührstelle beider Graphen die Minimalkostenkombination bestätigen.

7.6 Erklären Sie anhand der Werte der Ableitungen $I'(2)$ und $I'(5)$ die jeweilige Grenzrate der Substitution.

8. Die Fly Bike Werke GmbH hat nach der Auswertung des Fahrradabsatzes im letzten Jahr festgestellt, dass der Absatz durch die Funktion a mit $a(t) = (50\,t - 50) \cdot e^{-0{,}5\,t}$; $t \geq 1$ wiedergegeben werden kann.
Dabei gibt t die Zeit in Monaten an (Jahresbeginn bei $t = 0$) und $a(t)$ den Absatz in 1000 Stück.

8.1 Ermitteln Sie rechnerisch, zu welchem Zeitpunkt im Jahr der Absatz beginnt und äußern Sie sich zu möglichen Gründen dieses etwas verzögerten Absatzbeginns im Jahresverlauf.

8.2 Die nebenstehende Abbildung zeigt den Graphen der Absatzfunktion a und ihrer ersten Ableitungsfunktion a'. Ordnen Sie die Graphen den Funktionen a und a' zu. Erläutern Sie die Bedeutung der ersten Ableitungsfunktion a' im Sachzusammenhang.

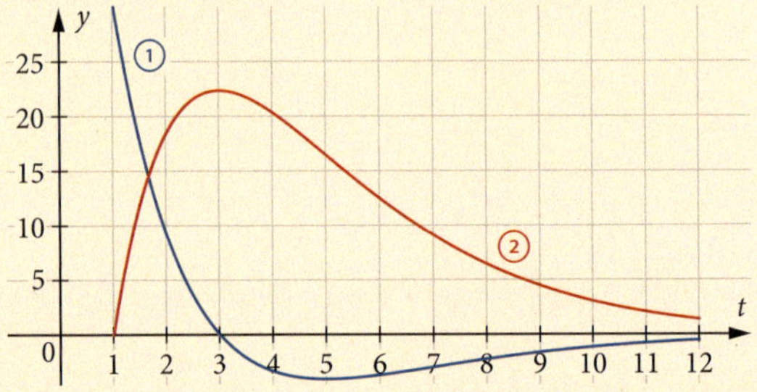

8.3 Begründen Sie anhand der Abbildung, dass der maximale Absatz ungefähr Ende März erreicht wird, und lesen Sie den maximalen Absatz ab. Bestätigen Sie Ihre Überlegung durch Rechnung.

8.4 Bestimmen Sie jeweils den Zeitpunkt, an dem der Absatz am stärksten steigt bzw. fällt (für $t \geq 1$).
Berechnen Sie sowohl den stärksten Absatzrückgang als auch den Absatz zu dem berechneten Zeitpunkt.

8.5 Beschreiben Sie beide Graphenverläufe unter ökonomischen Gesichtspunkten, indem Sie zusätzlich den Graphenverlauf von a über den Monat Dezember hinaus betrachten. Erläutern Sie, in welchen Intervallen der Absatz progressiv bzw. degressiv steigt bzw. fällt (für $t \geq 1$).

A mit $A(t) = (-100\,t - 100) \cdot e^{-0{,}5\,t}$ ist eine Stammfunktion von a.

8.6 Ermitteln Sie, wie viele Produkte im ersten Jahr abgesetzt werden können.

8.7 Untersuchen Sie, wie viele Produkte insgesamt abgesetzt werden können und vergleichen Sie Ihr Ergebnis mit dem Ergebnis aus 8.6.

8.8 Berechnen Sie das Maß der Fläche zwischen dem Graphen von a' und der t-Achse im Intervall $[3; 12]$ und interpretieren Sie das Ergebnis unter ökonomischen Aspekten.

8.9 Im vorletzten Jahr betrug der Absatz konstant 10 000 Stück pro Monat.

8.9.1 Berechnen Sie, in welchem Zeitraum der Absatz im letzten Jahr im Vergleich zum vorletzten Jahr mehr als doppelt so hoch war.

8.9.2 Berechnen Sie, in welchem Zeitraum der Absatz des letzten Jahres über dem des vorletzten Jahres lag.

8.9.3 Bestimmen Sie den gesamten Mehrabsatz in diesem Zeitraum.

9. Die Fruchtgummi GmbH vertreibt ihre Fruchtgummis in Konkurrenz zu anderen Unternehmen und stellt fest, dass der Absatz der Gummis pro Monat gemäß der Absatzfunktion a mit $a(t) = 24 \cdot e^{-0{,}006\,t^2 + 0{,}12\,t}$; $D_a = [0; 48]$ verläuft. Dabei gibt t die Monate und $a(t)$ den Absatz in 10 000 Tüten pro Monat innerhalb der ersten vier Jahre wieder.

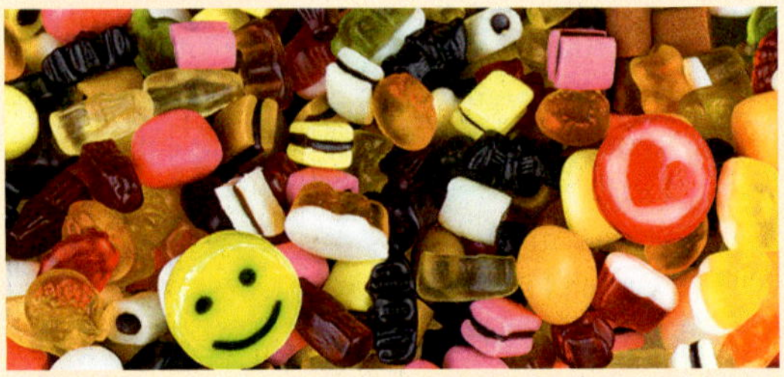

9.1 Zeichnen Sie den Graphen von a.

9.2 Die Fruchtgummi GmbH möchte den Anfangsbestand in Höhe des prognostizierten Absatzes zu Beginn der Absatzperiode einlagern. Berechnen Sie den Anfangsbestand.

9.3 Ermitteln Sie den Zeitpunkt des maximalen Absatzes und den maximalen Absatz.

9.4 Bestimmen Sie die Zeitpunkte der maximalen Absatzsteigerung und des maximalen Absatzrückgangs. Beziffern Sie jeweils die maximale Absatzsteigung und den maximalen Absatzrückgang.

9.5 Untersuchen Sie, wie sich der Absatz über die 4 Jahre hinaus entwickelt.

9.6 Die Fruchtgummis sollen nicht länger angeboten werden, wenn der Absatz unter 20 000 Tüten fällt. Berechnen Sie, in welchem Monat das der Fall ist.

9.7 Beschreiben Sie für die Geschäftsführung die Absatzkurve unter Einbeziehung der berechneten Ergebnisse.

10. Die Schülerfirma G13 bringt deutschlandweit ein neues Super-Abi-T-Shirt Rent'Abi'lität auf den Markt.

10.1 Bei einer Produktionsanfrage überprüft die G13 zunächst ihre ertragsgesetzliche Kostenfunktion vom Typ $K(x) = ax^3 + bx^2 + cx + d$ (x ME $\triangleq$ 1000 Stück). Bei einer Produktion von 3 ME entstehen Kosten von 545 GE, die Fixkosten machen 200 GE aus. Die Grenzkosten betragen 10 GE pro ME bei einer Produktion von 4 ME. Das Betriebsminimum liegt bei einer Ausbringungsmenge von 40 w ME, wobei w die Abhängigkeit von den Rohstoffen angibt.

10.1.1 Begründen Sie mithilfe des Rangkriteriums, welchen Wert w nicht annehmen darf.

10.1.2 Die momentane Marktsituation erfordert $w = 0{,}15$. Berechnen Sie $K(x)$ und zeigen Sie, dass K unter diesen Bedingungen eine ertragsgesetzliche Kostenfunktion ist.

10.2 Zur Gewinnberechnung verwendet G13 die Preis-Absatz-Funktion $p_N(x) = 312{,}5 - 31{,}25x$ eines Angebotsmonopolisten und die Kostenfunktion $K(x) = ax^3 - 60x^2 + 250x + 200$. Dabei gibt x die Produktionsmenge in 1000 Stück und $K(x)$ die Kosten bzw. Preise in GE an, $a > 0$ hängt von Textilweltmarktpreisen ab.

10.2.1 Bestimmen Sie den Definitionsbereich von p_N.

10.2.2 Zeigen Sie, dass für die Nachfragemenge 5 ME die Mengen- und Preisänderungen proportional elastisch sind, und bestätigen Sie allgemein, dass für die Preis-Absatz-Funktion eines Angebotsmonopolisten vom Typ $p_N(x) = -\frac{p_h}{x_s} \cdot x + p_h$ die Mengen- und Preisänderungen proportional elastisch bei der Nachfragemenge $0{,}5x_s$ sind ($x_s \triangleq$ Sättigungsmenge; $p_h \triangleq$ Höchstpreis).

10.2.3 Erläutern Sie, welcher Summand im Term der Kostenfunktion K jeweils keine Auswirkung auf das Grenzkostenminimum und das Betriebsminimum sowie das Betriebsoptimum hat.

10.2.4 Bestimmen Sie für $a = 5$ die langfristige Preisuntergrenze.

10.2.5 Ermitteln Sie, für welchen Parameter anstelle von a das Betriebsoptimum bei 6 ME liegt.

10.2.6 Geben Sie für $a = 5$ die Gewinnzone an, wenn die Gewinnschwelle bei 2 ME liegt.

10.2.7 Berechnen Sie, bei welcher Produktionsmenge in Abhängigkeit von a das Gewinnmaximum erreicht wird, und geben Sie für $a = 5$ das Gewinnmaximum an.

10.2.8 Die Angebotsfunktion lautet $p_A(x) = e^{0{,}8x}$.
Berechnen Sie zunächst das Marktgleichgewicht und dann die Produzentenrente.

10.3 Die G13-Marketingstrategen gehen nach intensiven Marktforschungen von der Absatzfunktion $a_k(t) = 20kt^2 \cdot e^{-kt^2-0{,}1}$ aus. Dabei gibt t die Zeit in Monaten und $a_k(t)$ den Absatz in 1000 Stück an, wobei $k > 0$ für die Abhängigkeit von den Schülerzahlen eines jeweiligen Abiturjahrgangs steht.

10.3.1 Ermitteln Sie in Abhängigkeit von k den Zeitpunkt des maximalen Absatzes sowie den maximalen Absatz für $k = 0{,}15$ und interpretieren Sie das Ergebnis ökonomisch.

10.3.2 Bestimmen Sie die Ortskurve der Absatzmaxima und erläutern Sie deren Bedeutung für das G13-Unternehmen. Ermitteln Sie, zu welchen Zeitpunkten das Unternehmen einen maximalen Absatz von ca. 6660 ME hat. Erläutern Sie die Konsequenzen, die sich daraus ergeben.

10.3.3 Untersuchen Sie, zu welchen Zeitpunkten der maximale Gewinn von 209,73 GE erwirtschaftet wird.

10.3.4 Ermitteln Sie in Abhängigkeit von k die Zeitpunkte, ab denen die Absatzsteigerungen und -minderungen nicht mehr zunehmen, und begründen Sie rechnerisch den Absatzverlauf bis zum Jahresende.

10.3.5 Skizzieren Sie den Verlauf von $a_k(t)$ im Bereich $0 \le t \le 12$ für $k = 0{,}15$.

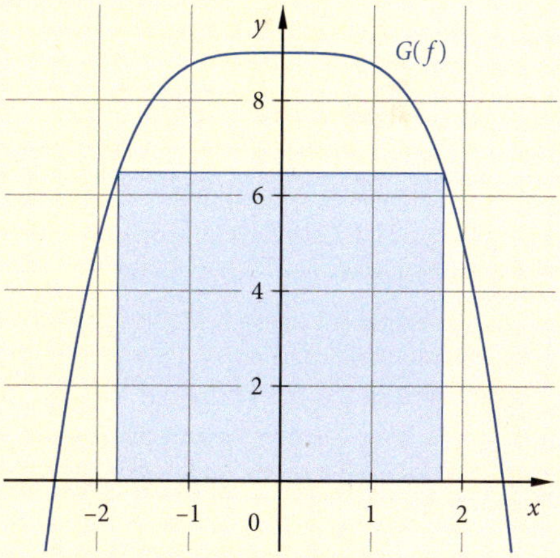

10.3.6 Das Motiv auf dem T-Shirt soll eine moderne Designer-Form haben, dessen Rand durch die Funktion $f(x) = 9 - \frac{1}{4}x^4$ abgebildet wird (siehe Skizze).
Berechnen Sie, wie groß ein rechteckiger Aufdruck auf dem T-Shirt maximal sein kann.

11. Die JoRo GmbH bringt ein neues Smartphone mit hochauflösendem Display auf den Markt.

11.1 Bei einer Produktionsanfrage überprüft das Unternehmen zunächst seine ertragsgesetzliche Kostenfunktion vom Typ $K(x) = ax^3 + bx^2 + cx + d$. Bei einer Produktion von 4 ME entstehen Kosten von 44 GE, die Fixkosten betragen 4 GE. Die Grenzkosten bei einer Produktion von 1 ME betragen 3 GE pro ME. Bis zu einer Produktion von t ME steigen die Kosten degressiv, danach progressiv.

11.1.1 Bestimmen Sie den Funktionsterm in Abhängigkeit vom Technologieparameter $t \in \mathbb{R}$ und begründen Sie mithilfe des Rangkriteriums, dass t nicht den Wert $\frac{13}{6}$ annehmen darf.

11.1.2 Bei näherer Überprüfung wird festgestellt, dass $a > 0$ und $b = -3$ ist.
Ermitteln Sie die Beziehung zwischen a und c, damit eine ertragsgesetzliche Kostenfunktion vorliegt.

11.2 Für die Gewinnberechnung verwendet die JoRo GmbH die Preis-Absatz-Funktion $p_N(x) = 30 - 0{,}5x$ eines Angebotsmonopolisten und die Kostenfunktion $K(x) = 10x + 5$. Dabei gibt x die Produktionsmenge in ME und $K(x)$ die Kosten bzw. Preise in GE an.

11.2.1 Bestimmen Sie den Definitionsbereich von p_N.

11.2.2 Ermitteln Sie, für welche Nachfragemenge Mengen- und Preisänderung proportional elastisch sind.

11.2.3 Berechnen Sie, bei welcher Absatzmenge das Gewinnmaximum erreicht wird, und geben Sie dieses an.

11.3 Damit die Produktion erhöht werden kann, sollen die Fertigungsstätten einen Anbau erhalten. Die Baukosten in Höhe von 600 000 € sollen durch ein Bankdarlehen zum Zinssatz von 4 % finanziert werden.

11.3.1 Unter einer Annuitätentilgung versteht man die Tilgung (Rückzahlung) eines Darlehens durch jährlich gleich hohe Zahlungen, Annuitäten genannt. Eine Annuität A besteht aus einem Zinsanteil und einem Tilgungsanteil. Indem der Tilgungsanteil die Darlehensschuld verringert, sinkt der Anteil der Zinsen, der in der gleich bleibenden Annuität enthalten ist. Dadurch steigt der Tilgungsanteil.

Für die Annuität A gilt: $A = K_0 \cdot \frac{q^n \cdot (q-1)}{q^n - 1}$, wobei K_0 der Darlehensbetrag, q der Zinsfaktor und n die Laufzeit in Jahren ist.
Die Annuität wird auf 54 000 € festgelegt. Berechnen Sie die Laufzeit des Darlehens.

11.3.2 Die Unternehmensleitung erwartet, dass durch die Kapazitätserweiterung nach 5 Jahren ein zusätzlicher Gewinn von 48 000 € pro Jahr erwirtschaftet wird. Berechnen Sie die neue 15-jährige Annuität, wenn durch den zusätzlichen Gewinn, der mit 2 % verzinst wird, die Restschuld getilgt werden kann.

11.4 Die Marketing-Abteilung beauftragt ein Marktforschungsinstitut, das folgende Absatzfunktion in Abhängigkeit von dem Werbebudget w der JoRo GmbH erstellt: $f_w(t) = \frac{1}{w}t^2 \cdot e^{-0{,}1 \cdot \frac{1}{w}t}$.
Dabei gibt t die Zeit in Monaten und $f_w(t)$ den Absatz in ME an. Rechnen Sie zunächst mit $w = 0{,}5$.

11.4.1 Zur Bestimmung eines optimalen Produktportfolios möchte die Unternehmensleitung wissen, zu welchem Zeitpunkt der Absatz am höchsten ist und welcher Absatzhöhe er sich langfristig nähert. Berechnen Sie die gefragten Daten.

11.4.2 Ermitteln Sie den Zeitpunkt, ab dem die Absatzsteigerungen und -minderungen nicht mehr zunehmen.

11.4.3 Skizzieren Sie den Verlauf des Graphen von $f_{0,5}$ im Bereich $0 \leq t \leq 25$.

11.4.4 Untersuchen Sie, zu welchen Zeitpunkten der maximale Gewinn von 195 GE erwirtschaftet wird.

11.4.5 Berechnen Sie, wie hoch der Absatz insgesamt im 1. Halbjahr ist.

11.5 In einer Modellrechnung ermittelt das Unternehmen, wie sich eine Veränderung des Parameters w mit $0{,}5 \leq w \leq 1$ auf das Absatzmaximum auswirkt. Rechnen Sie wieder mit $f_w(t) = \frac{1}{w}t^2 \cdot \mathrm{e}^{-0{,}1\frac{1}{w}t}$.

11.5.1 Berechnen Sie die Koordinaten des Absatzmaximums, in Abhängigkeit von w.

11.5.2 Untersuchen Sie, bei welchem Wert für den Parameter w mit $0{,}5 \leq w \leq 1$ der Absatz am größten ist, und zu welchem Zeitpunkt das der Fall sein wird.

11.5.3 Marktforschungen gehen davon aus, dass der maximal mögliche Absatz 50 ME beträgt. Berechnen Sie den zugehörigen Zeitpunkt.

12. Die Fly Bike Werke GmbH engagiert sich stark im Ausbildungswesen und möchte ihren Auszubildenden einen möglichst guten Einblick in viele Abteilungen des Unternehmens zukommen lassen. Daher werden die Auszubildenden auch regelmäßig damit beauftragt, Protokolle in Sitzungen anzufertigen.
So erstellte ein Auszubildender das Protokoll der letzten Abteilungsleitersitzung und legte es der Gruppenleiterin im Controlling vor. Diese hatte zu TOP 4 einiges zu beanstanden.

Auszug aus dem Protokoll:

TOP 4: Entwicklung der Kosten in der Produktion von Faltschlössern

Datum: ______ *Anwesende:* ______

Frau Sommer (Controlling) beobachtete in der letzten Zeit die Produktionskosten der Faltschlösser sehr genau. Sie entwickelte aus ihren Daten zunächst Funktionen, die die Zusammenhänge zwischen Menge und Kosten darstellen. Folgende Funktionen wurden dann in einer Grafik (s. Abb.) dargestellt.

Grenzkosten: $K'(x) = 0{,}042x^2 - 2{,}3x + 55$

Stückkosten: $k(x) = 0{,}014x^2 - 1{,}15x + 55 + \frac{500}{x}$

variable Stückkosten: $k_v(x) = 0{,}014x^2 - 1{,}15x + 55$

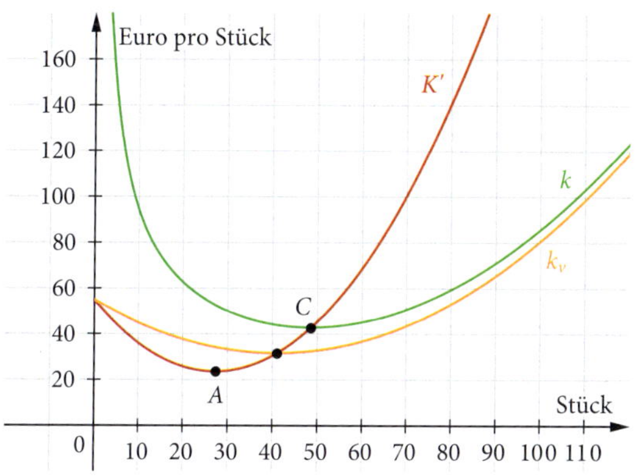

Abb.: Stückkosten k, variable Stückkosten k_V und Grenzkosten K' bei der Produktion von Faltschlössern

Sie erläuterte die Situation wie folgt:

1. Bei einer Produktionsmenge von ca. 27 Faltschlössern pro Tag (Punkt A) ist unser Kostenzuwachs am größten.
2. In der letzten Produktionsperiode haben wir 52 Faltschlösser pro Tag hergestellt und abgesetzt. Bei unserem bisherigen Verkaufspreis von 50 € pro Schloss erzielten wir damit einen Gewinn.
3. Wenn wir den Verkaufspreis auf ca. 31 € senken (Punkt C), sind nur noch unsere variablen Stückkosten gedeckt. Wir müssten dann allerdings ca. 48 Stück absetzen.
4. Langfristig können wir bei einer Verkaufspreissenkung um 7,50 € pro Faltschloss (Punkt C) am Markt mithalten, denn unter diesen Bedingungen sind unsere gesamten Stückkosten gerade noch gedeckt. Unsere Produktionsmenge müsste dann bei ca. 48 Stück pro Tag liegen.

Fazit: Da sich unsere Kostensituation aber in absehbarer Zeit nicht ändern wird und der Marktpreis pro Faltschloss zurzeit bei 30 € liegt, sollten wir die Produktion der Faltschlösser einstellen.

Beurteilen und korrigieren Sie das Protokoll.

13. Ein PC-Hersteller kann die Gesamtkosten seines Betriebs bei der Produktion von x ME durch die Funktion $K(x) = 5x^3 - 60x^2 + 250x + 200$, $x \in [0; 10]$ beschreiben. Neben K sind die Erlösfunktionen $E_a(x) = ax$ gegeben, G_a sind die zugehörigen Gewinnfunktionen.
Bestimmen Sie die reelle Zahl anstelle von a so, dass $\int_0^2 G_a(x)\,dx = 40$ gilt.

14. Für ein neuartiges Notebook wird eine Marktanalyse durchgeführt, wobei sich die Nachfragesituation entsprechend der Funktion p_N mit $p_N(x) = 10\,e^{-0,1x} + e^2$ und die Angebotssituation entsprechend der Funktion p_A mit $p_A(x) = e^{0,2x} + 10\,e^{-1}$ darstellt. Bei diesen Bedingungen wird das Marktgleichgewicht bei 10 ME angenommen. Zeichnen Sie die Graphen von p_N und p_A und ermitteln Sie die Produzentenrente.

15. Aufgrund einer Marktforschung liegen folgende Informationen über die preisabhängige Nachfrage nach einem Produkt vor: Bei einem Preis von 6 GE beträgt die nachgefragte Menge 1 ME. Kostet das Produkt 3,75 GE, werden 2 ME nachgefragt und bei einem Preis von 1,875 GE sogar 4 ME.

15.1 Das Verhältnis zwischen Preis P und Nachfrage x soll durch eine Funktion P vom Typ $P(x) = \frac{a}{x^2 + bx + c}$ näherungsweise beschrieben werden. Bestimmen Sie die Zahlen für a, b und c.

15.2 Für die weiteren Untersuchungen soll von der Funktion $P(x) = \frac{90}{x^2 + 6x + 8}$ ausgegangen werden.

15.2.1 Bestimmen Sie den Definitionsbereich von P.

15.2.2 Ermitteln Sie, für welche Nachfragemenge die Mengen- und Preisänderungen proportional elastisch sind.

15.2.3 Die Absatzmenge soll gleich der Nachfragemenge sein. Zeigen Sie für die differenzierbare Funktion P allgemein, dass bei der umsatzmaximalen Absatzmenge Mengen- und Preisänderung proportional elastisch sind.

15.3 Der Marktpreis liegt bei 1,875 GE. Stellen Sie die Konsumentenrente in einem Schaubild dar und berechnen Sie diese.

16. Gegeben sind die Funktionen f_a mit $f_a(x) = \frac{1}{a} + \ln(ax^2 + a)$ mit $a > 0$.

16.1 Bestimmen Sie den maximalen Definitionsbereich von f_a und ermitteln Sie das Grenzwert- und Symmetrieverhalten der Graphen von f_a.

16.2 Berechnen Sie die Achsenschnittpunkte, Extrem- und Wendestellen von G_{f_a}.

16.3 Ein Designer hat eine Likörschale in der abgebildeten Form entworfen. Der Designer möchte, dass das Glas eine Gesamthöhe von 6,5 cm und einen Durchmesser von 8 cm am oberen Glasrand hat. Für die Produktion soll dabei $a = 0,19$ zugrunde gelegt werden.
Ermitteln Sie, welches Likörvolumen in das Glas gefüllt werden kann, wenn man davon ausgeht, dass das Glas nur bis 0,5 cm unter den oberen Rand gefüllt wird.

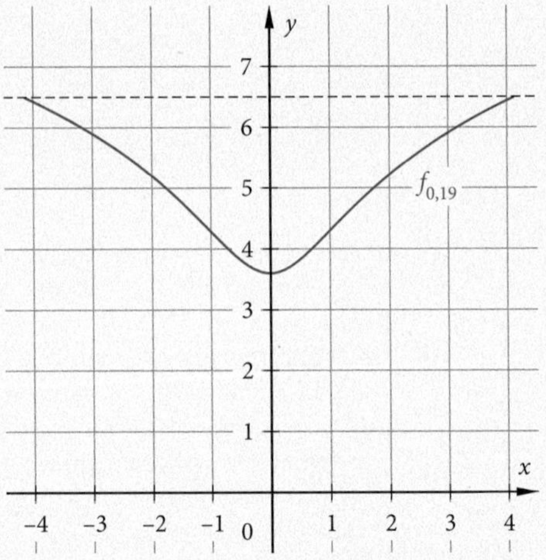

16.4 Die Gläserfabrikantin geht für $x \in [0; 150]$ von der Erlösfunktion $E(x) = 1,2x$ und der Kostenfunktion $K(x) = x \cdot (\ln(0,01x))^2 + x \cdot \ln(0,01x) + x + 10$ aus.
Bestimmen Sie die gewinnmaximale Ausbringungsmenge.

16.5 Der Betrieb rechnet zukünftig mit einer Gewinnfunktion $G(x) = -\frac{x}{(\ln x)^2} + \frac{5x}{4 \cdot \ln x} - \frac{x}{4}$; $x > 1$.
Ermitteln Sie die Gewinnschwelle und -grenze.

17. Der Abbau von Jod lässt sich durch die Funktion J mit $J(t) = a \cdot e^{kt}$; $k < 0$ beschreiben. Zu Beginn einer wissenschaftlichen Untersuchung in einer Klinik sind 50 mg Jod im Körper eines Probanden vorhanden. Nach zwei Tagen sind nur noch 44 mg vorhanden.

17.1 Zeigen Sie, dass sich der Sachverhalt annähernd durch die Funktion J mit $J(t) = 50 \cdot e^{-0,06t}$ beschreiben lässt.

17.2 Ermitteln Sie, wie viel Jod nach 10 Tagen noch vorhanden ist.

17.3 Berechnen Sie die Halbwertszeit von Jod.

18. Der Marktwert eines Pkw (in Euro) lässt sich durch die Gleichung $w(t) = 23\,000\,e^{kt} + 500$ beschreiben, wobei $t \geq 0$ das Alter des Pkw in Jahren angibt und k eine noch zu ermittelnde reelle Konstante ist.

18.1 Geben Sie den Neupreis des Pkw an.

18.2 Bestimmen Sie den Wert der Konstanten k, wenn bekannt ist, dass das Fahrzeug nach sechs Jahren 70 % des Neupreises an Wert verloren hat.

18.3 Nach 10 Jahren soll das Auto verkauft werden. Ein Händler bietet 3000 Euro. Ermitteln Sie den Prozentsatz, um den das Händlerangebot unter bzw. über dem Marktwert liegt.

18.4 Das Auto soll nun doch nicht verkauft, sondern so lange wie möglich weitergefahren werden. Bestimmen Sie den theoretischen Wert des Autos, wenn es schließlich nach langer Zeit zur Entsorgung ansteht.

19. In der Nuklearmedizin werden Bleiplatten benutzt, um Röntgenstrahlen abzuschwächen. Bei einer Strahlungsintensität von 100 % nimmt die Strahlung durch eine 1 mm dicke Platte um ca. 5 % ab.

19.1 Geben Sie eine Funktion zur Basis e an, die diesen Sachverhalt modelliert. ▸ Zur Kontrolle: $f(x) = 100 \cdot e^{-0{,}0513x}$

19.2 Ermitteln Sie, wie viel Prozent der Strahlung bei Verwendung einer 3 mm dicken Platte übrig bleibt.

19.3 Bestimmen Sie, wie dick eine Bleiplatte sein muss, damit sich die Strahlungsintensität auf die Hälfte der Anfangsstrahlung reduziert.

20. Eine kreisförmige Petrischale mit dem Radius $r = 3{,}6$ cm ist bei Beobachtungsbeginn zu einem Drittel mit einer Pilzkultur bedeckt. Nach 7 Tagen sind 30 cm² der Petrischale von der Pilzkultur überdeckt.

20.1 Ermitteln Sie die beschränkte Funktion f mit $f(t) = g - (g - f(0))\,e^{-kt}$. Dabei ist $f(t)$ die nach t Tagen bedeckte Fläche der Petrischale in cm².

20.2 Berechnen Sie die Fläche in cm², die nach 14 Tagen in der Petrischale von der Pilzkultur bedeckt ist.

20.3 Bestimmen Sie den Zeitpunkt, zu dem 60 % der Petrischale mit der Pilzkultur bedeckt sind.

21. Das Wachstum der Wasserlilie Nymphaea lotus „rot“ ist als sehr schnell einzustufen. In einer Kleingartenanlage wird sie in einen 400 m² großen Teich gesetzt. Die Wasseroberfläche ist anfangs mit 1 m² der Schwimmblätter bedeckt.

21.1 Begründen Sie, dass dieses Wachstum mit einer beschränkten Funktion modelliert werden sollte.

21.2 In der fünften Woche nach Beobachtungsbeginn sind ca. 40 m² der Wasseroberfläche mit Schwimmblättern bedeckt. Ermitteln Sie die Funktionsgleichung $f(x) = g - (g - f(0))\,e^{-kx}$, wobei $f(x)$ die bedeckte Fläche in m² am Ende der Woche x angibt.

21.3 Sobald die Wasserlilie mehr als 40 % der Wasseroberfläche bedeckt, sollen die Schwimmblätter im Uferbereich zurückgeschnitten werden. Ermitteln Sie den entsprechenden Zeitpunkt im beschränkten Modell 21.2.

21.4 Die logistische Funktion l mit $l(x) = \frac{400}{1 + 399\,e^{-0{,}15x}}$ beschreibt ebenfalls den Wachstumsprozess der Wasserlilie. Zeichnen Sie die Graphen der Funktionen f und l in ein gemeinsames Koordinatensystem. Vergleichen Sie die beiden Modelle anhand der Flächen, die nach 30 bzw. 60 Wochen mit Schwimmblättern bedeckt sind.

22. Die Ausbreitung einer Fruchtfliegensorte in einem Gewächshaus lässt sich durch die folgende Funktionsgleichung beschreiben: $f(x) = \frac{900\,000}{1 + 44\,999\,e^{-1{,}74x}}$ ▸ x in Tagen, $f(x)$ Anzahl der Fruchtfliegen zum Zeitpunkt x

22.1 Berechnen Sie die Anzahl der Fruchtfliegen zu Beobachtungsbeginn.

22.2 Berechnen Sie, wie viele Fruchtfliegen sich nach 7 Tagen im Gewächshaus befinden, wenn keine Gegenmaßnahmen ergriffen werden.

22.3 Ermitteln Sie die Sättigungsgrenze der Funktion f.

22.4 Zeichnen Sie den Graphen von f im Bereich $0 \leq x \leq 11$.

22.5 Für das Aufhängen von Fliegenfallen sollte der Zeitpunkt, zu dem 100 000 Fruchtfliegen im Gewächshaus sind, nicht verpasst werden. Ermitteln Sie diesen Zeitpunkt rechnerisch sowie anhand der Zeichnung.

Aufgaben mit CAS

1. Der Markt für elektronikgesteuerte Flugobjekte ist stark umkämpft. Die technischen Anforderungen an die Ausstattung und Leistung der Geräte steigen. Das Unternehmen *Rieger KG* bringt deshalb einen neuen ferngesteuerten Helikopter auf den Markt. Nachdem die Marketingabteilung eine umfangreiche Marktanalyse durchgeführt hat, konnte eine Prognose für die Absatzzahlen der Helikopter aufgestellt werden. Die Absatzzahlen pro Monat werden durch die Funktion $a_{k,m}$ mit $a_{k,m}(t) = (-0{,}5\,t^2 + k \cdot t)\,e^{-0{,}8\,t+m}$; $k, m \in \mathbb{R}$ dargestellt. Dabei steht t für die Zeit in Monaten und $a_{k,m}(t)$ für die Absatzzahlen in ME pro Monat (1 ME $\widehat{=}$ 1000 Stück).

1.1 Nach einem Monat wird die maximale Absatzmenge von 1,124 ME pro Monat erwartet.
Bestimmen Sie die Werte der Parameter k und m.

1.2 Im Folgenden soll die Absatzfunktion $a_{k,m}$ für $k = 3$ betrachtet werden:
$a_{3,m}(t) = (-0{,}5\,t^2 + 3\,t)\,e^{-0{,}8\,t+m}$.

1.2.1 Geben Sie den ökonomisch sinnvollen Definitionsbereich an.

1.2.2 Untersuchen Sie, welchen Einfluss der Parameter m auf den Verlauf der Absatzzahlen hat. Erläutern Sie Ihre Aussage anhand einer Skizze.

1.2.3 Untersuchen Sie für $a_{3,m}$ den Einfluss des Parameters m auf den Zeitpunkt, an welchem die Absatzzahlen am stärksten zurückgehen.

1.2.4 Berechnen Sie den Zeitpunkt mit den maximalen Absatzzahlen und die Höhe des Absatzes zu diesem Zeitpunkt. Erläutern Sie den Einfluss des Parameters m auf diesen Punkt.

1.2.5 Ermitteln Sie den Wert des Parameters m, sodass
- die Gesamtabsatzmenge für dieses Produkt während der ersten drei Monate 2,675 ME beträgt und
- die durchschnittliche Absatzmenge für die ersten 4 Monate 1,2 ME pro Monat beträgt.

1.3 Aus technischen Gründen kann nur eine konstante Menge pro Monat produziert werden. Das Unternehmen plant mit einer Produktionsmenge von 0,4 ME pro Monat.
Das Unternehmen erwartet einen Ansturm auf den neuen Helikopter. Um dem gerecht zu werden, beginnt die Produktion bereits 2 Monate vor dem Start des Verkaufs (Verkaufsstart: $t = 0$).
Am Anfang entsteht ein Vorrat, da mehr produziert als abgesetzt wird. Später übersteigt die Nachfrage die Produktion für eine gewisse Zeitspanne, in der der Vorrat dann abgebaut wird.
Die waagerechte Gerade stellt die Produktionsfunktion, der andere Graph die erwarteten Absatzzahlen mit $a_{3,\,0{,}00028} = (-0{,}5\,t^2 + 3\,t) \cdot e^{-0{,}8\,t+0{,}00028}$ dar.
Beurteilen Sie, ob das Unternehmen die Nachfrage jederzeit bedienen kann.

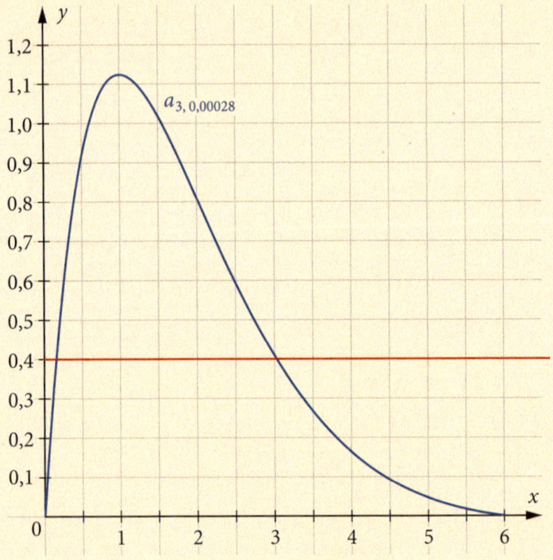

1.4 Für eine Produktionsperiode können die Kosten des Produkts durch eine ertragsgesetzliche Kostenfunktion dritten Grades beschrieben werden. Die folgende Tabelle gibt die Funktionswerte der Kostenfunktion in GE und die x-Werte in ME wieder.

x	1	2	3	4	5	6	7	8	9	10
$k(x)$	339	180	123	93	75	64	57,86	55,5	56,33	60
$K(x)$	339	360	369	372	375	384	405	444	507	600
$K'(x)$	29	14	5	2	5	14	29	50	77	110
$K''(x)$	−18	−12	−6	0	6	12	18	24	30	36

Geben Sie mit den Werten der Tabelle an:

1.4.1 die fixen Kosten,

1.4.2 den Wendepunkt der Kostenfunktion,

1.4.3 die Bereiche für eine degressive und progressive Kostenentwicklung,

1.4.4 die Lage des Betriebsoptimums.
Begründen Sie Ihre Angaben mit der Tabelle.

1.5 Die *Rieger KG* hat Kosten gemäß der Funktion K_a mit $K_a(x) = x^3 - ax^2 + 50x + 300$, wobei $a \in \mathbb{R}$ vom Preis eines besonderen Rohstoffs abhängt.
Untersuchen Sie, für welche reellen Zahlen a die Funktion K_a eine ertragsgesetzliche Kostenfunktion ist.

1.6 Der Markt für Helikopter ist ein polypolistischer Markt. Eine Marktuntersuchung ergab die Angebotsfunktion p_{Aa} mit $p_{Aa}(x) = a \cdot e^{0,2x} + 35$ und die Nachfragefunktion p_N mit $p_N(x) = -1{,}1\,e^{0,15x} + 85$; x in ME, $p_{Aa}(x)$ und $p_N(x)$ in GE/ME.

1.6.1 Leiten Sie die einschränkenden Bedingungen für a her, damit $p_{Aa}(x)$ streng monoton steigt, und erläutern Sie, warum eine Angebotsfunktion in der Regel streng monoton steigt.

1.6.2 Untersuchen Sie, welchen Einfluss der Parameter a auf den Verlauf des Graphen von $p_{Aa}(x)$ und damit auf den Sachzusammenhang hat. Skizzieren Sie dazu einige markante Graphen.

1.6.3 Berechnen Sie die Ausbringungsmenge, bei der keine Nachfrage nach dem Helikopter mehr erfolgt. Wie heißt dieser Punkt? Geben Sie auch den Höchstpreis (Prohibitivpreis) an.

1.7 Das Unternehmen *Rieger KG* muss in Abhängigkeit vom Marktpreis häufig auf Angebots- bzw. Nachfrageüberhänge reagieren.

1.7.1 Untersuchen Sie, welche Art von Überhang bei einem Marktpreis von 70 GE vorliegt, und berechnen Sie diesen Überhang.

1.7.2 Benennen und berechnen Sie den Überhang bei einem Marktpreis von 45 GE.

1.8 Für den Parameter a gilt nun $a = 0{,}6$.

1.8.1 Berechnen Sie die Konsumentenrente und Produzentenrente.
Zeigen Sie dazu, dass das Marktgleichgewicht im Punkt $MGG(19{,}485 \mid 64{,}55)$ liegt.

1.8.2 Legen Sie selbst einen Preis fest, um die Konsumentenrente mithilfe eines Teilmarktes abzuschöpfen, und berechnen Sie, um wie viel Prozent die Produzentenrente aufgrund dieser Abschöpfung steigt.

1.8.3 Skizzieren Sie die Situation und markieren Sie die abgeschöpfte Konsumentenrente.

1.9 Die *Rieger KG* interessiert sich für ihre Gewinnsituation.
▶ Beachten Sie die Informationen aus 1.5 und 1.6.

1.9.1 Bestimmen Sie den Term der Gewinnfunktion G_a.

1.9.2 Bezeichnen Sie die nebenstehenden Graphen und begründen Sie Ihre Vorgehensweise. Gehen Sie dabei von $a = 12$ aus.

1.9.3 Berechnen Sie, für welche Zahl anstelle von a die Gewinngrenze bei 10 ME liegt.

1.9.4 Bestimmen Sie die größte ökonomisch noch sinnvolle Gewinngrenze.

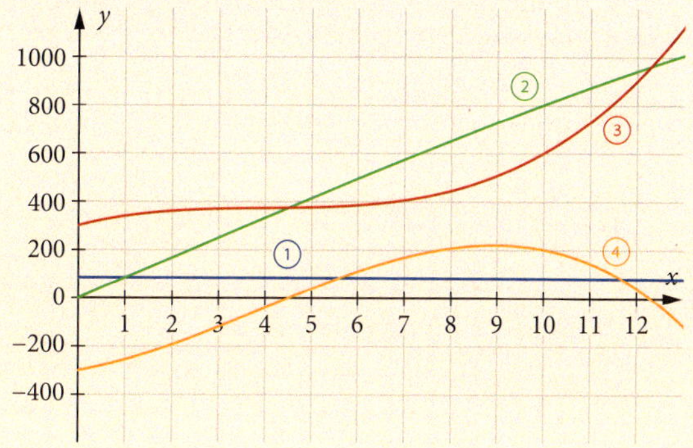

2. Das Unternehmen *Holzig* produziert Schränke in unterschiedlichen Qualitätsstufen. Der Rechnungsabteilung liegen für die Produktionskosten der Schränke folgende Daten vor:
Die fixen Kosten betragen 200 GE. Bei einer Ausbringungsmenge von 5 ME betragen die Grenzkosten 37,5 GE/ME. Das Betriebsoptimum liegt bei einer Produktionsmenge von 11,0464 ME und der Wechsel von der degressiven zur progressiven Kostenzunahme findet bei 7 ME statt.

2.1 Bestimmen Sie den Term der ganzrationalen Kostenfunktion dritten Grades.

2.2 Das Unternehmen hat zwei Kostenfunktionen zur Auswahl:
$K_1(x) = 1{,}5x^3 - 31{,}5x^2 + 240x + 200$ und $K_2(x) = 1{,}5x^3 - 35x^2 + 240x + 200$.

2.2.1 Entscheiden Sie, ob es sich um ertragsgesetzliche Kostenfunktionen handelt.

2.2.2 In der Abbildung sind die Graphen zweier Grenzkostenfunktionen abgebildet.
Erläutern Sie anhand der Graphenverläufe, welche der Grenzkostenfunktionen zu einer ertragsgesetzlichen Kostenfunktion gehört.
Erklären Sie dazu auch die Bedeutung der Tiefpunkte der Grenzkostenfunktionen für die jeweils zugehörige Kostenfunktion.

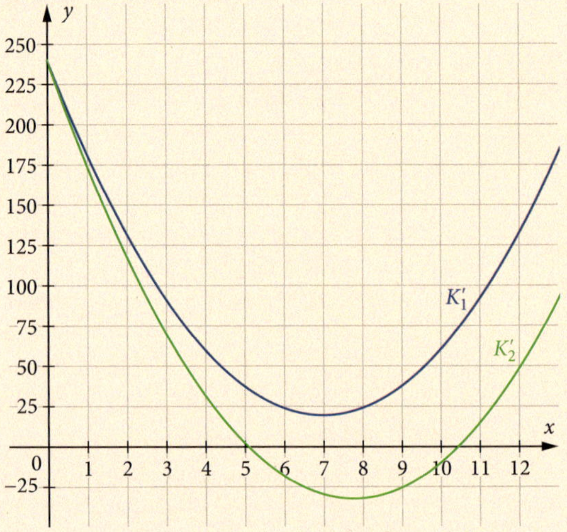

2.3 Um auf Marktveränderung reagieren zu können, werden die Grenzkosten K_1' und die variablen Stückkosten k_{1v} untersucht.

2.3.1 Berechnen Sie den Schnittpunkt der Graphen der Grenzkostenfunktion und der Funktion der variablen Stückkosten.
Zeigen Sie, dass der berechnete x-Wert der betriebsminimalen Ausbringungsmenge entspricht.

2.3.2 Ein Konkurrenzunternehmen bietet Schränke vergleichbarer Qualität unter 100 GE/ME an. Die Geschäftsführerin vermutet: „Zu diesem Preis können wir unseren Schrank nicht auf Dauer anbieten.“
Beurteilen Sie die Vermutung der Geschäftsführerin. Erläutern Sie dabei das Betriebsoptimum.

2.3.3 Der Preis für das Produkt ist noch nicht festgelegt. Das Unternehmen möchte ab einem Verkauf von 5 ME Gewinn erwirtschaften. Bestimmen Sie den Preis, ab dem das möglich ist.

2.4 Durch eine Veränderung im Produktionsverfahren ist das Unternehmen *Holzig* Alleinanbieter bei einem Luxusschrank. Die Preis-Absatz-Funktion lautet: $p_N(x) = 1000 \cdot e^{-0{,}1x-1}$.

2.4.1 Erläutern Sie, warum eine Preis-Absatz-Funktion in der Regel streng monoton fallend ist, und weisen Sie das bei $p_N(x)$ nach.

2.4.2 Begründen Sie, dass die Funktionsgleichung der Gewinnfunktion folgendermaßen lautet:
$G(x) = 1000x \cdot e^{-0{,}1x-1} - 1{,}5x^3 + 31{,}5x^2 - 240x - 200$.
Erläutern Sie die Bedeutung des y-Achsenabschnitts der Gewinnfunktion im Sachzusammenhang.

2.4.3 Berechnen Sie die Gewinnschwelle und die Gewinngrenze.

2.4.4 Bestimmen Sie die gewinnmaximale Produktionsmenge und den dazugehörigen Gewinn.

2.4.5 Skizzieren Sie die Kostenfunktion, die Erlösfunktion sowie die Gewinnfunktion in ein geeignetes Koordinatensystem und tragen Sie Ihre errechneten Punkte dort ein.

2.5 In der nebenstehenden Abbildung ist der Graph einer Gewinnfunktion zu sehen.
Erläutern Sie, welche Auswirkung eine Veränderung der fixen Kosten auf den Verlauf des Graphen, auf die Gewinnschwelle und die Gewinngrenze sowie auf das Gewinnmaximum hat.

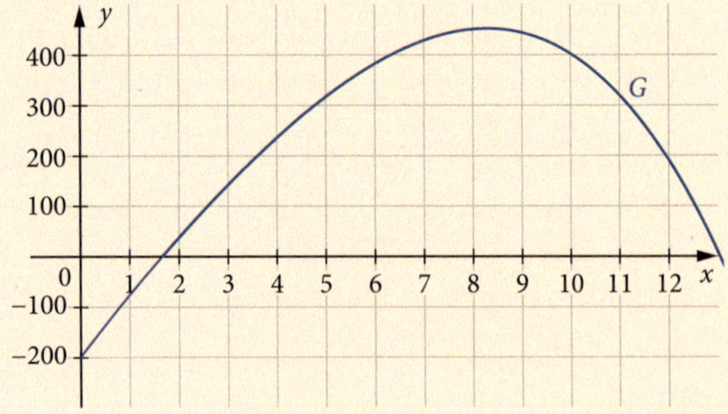

Lineare Algebra

1. Ein Konzern fertigt in seinem Zweigwerk A aus den vier Rohstoffen R_1, R_2, R_3 und R_4 die zwei Zwischenprodukte Z_1 und Z_2. Im Zweigwerk B werden aus den Zwischenprodukten die drei Endprodukte E_1, E_2 und E_3 hergestellt. Das Diagramm und die Tabelle geben die Einsatzmengen zur Herstellung von jeweils 1 ME der Zwischenprodukte bzw. der Endprodukte an.

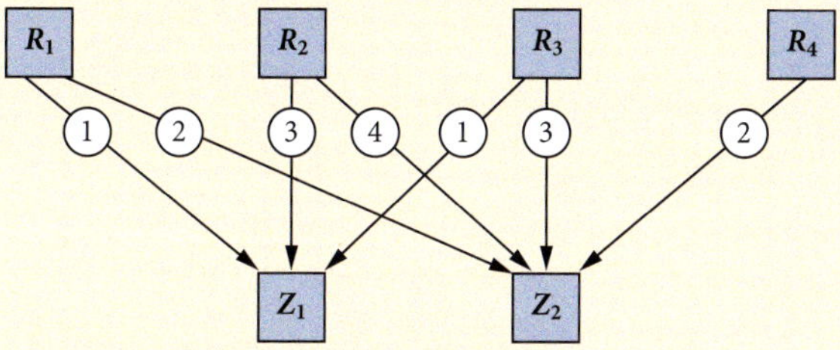

	E_1	E_2	E_3
Z_1	2	3	4
Z_2	0	1	2

1.1 Ergänzen Sie den Gozintographen.

1.2 Bestimmen Sie die Matrix, die angibt, wie viele ME an verschiedenen Rohstoffen zur Herstellung jeweils 1 ME der verschiedenen Endprodukte benötigt werden.

1.3 Das Unternehmen erhält einen Auftrag über 100 ME von E_1, 184 ME von E_2 und 54 ME von E_3.
Die Verkaufspreise liegen bei 340 GE pro ME von E_1, 450 GE pro ME von E_2 und 500 GE pro ME von E_3.
Ermitteln Sie den Gewinn aus dem Auftrag, wenn folgende Stückkosten in GE pro ME bekannt sind.

Einkauf der Rohstoffe				Fertigungskosten im Werk A		Transportkosten		Fertigungskosten im Werk B		
R_1	R_2	R_3	R_4	Z_1	Z_2	Z_1	Z_2	E_1	E_2	E_3
1,5	2	1	0,5	20	40	0,3	0,65	56	90	60

1.4 Innerhalb gewisser Grenzen können die Verkaufspreise für die drei Endprodukte variiert werden.
Für $2 \le p \le 5$ ergeben sich die Stückpreise zu $p_{St} = (p^2 \quad -p^3+6p^2-14 \quad -p^3+3p^2+56)$.

1.4.1 Zeigen Sie durch nachvollziehbare Rechnung, dass sich bei einer Verkaufsmenge von 60 ME von E_1, 80 ME von E_2 und 20 ME von E_3 ein Gesamterlös E mit $E(p) = 600p^2 - 100p^3$ ergibt.

1.4.2 Bestimmen Sie denjenigen Wert für $2 \le p \le 5$, für den sich ein maximaler Gesamterlös ergibt. Nutzen Sie dazu die in 1.4.1 angegebene Gleichung von $E(p)$.

2. Seit zwei Jahren gibt es in der Fly Bike Werke GmbH einen werkseigenen Verkauf des Fahrradzubehörs. Damit keine oder möglichst wenig Ladenhüter entstehen, werden jedes Jahr nach dem Sommer Restbestände zusammengefasst und in verschiedenen Sets kostengünstig zum Verkauf angeboten. Es werden vier Sets zusammengestellt und mit den entsprechenden Verkaufspreisen etikettiert. In diesem Jahr sollen 15 % des hieraus entstehenden Verkaufserlöses durch die Fly Bike Werke für karitative Zwecke gespendet werden.

Die Sets sind wie folgt bestückt:

Verkaufssets	S	M	L	XL
Kettenschlösser				1
Trinkflaschen	1		1	2
Reparaturkästchen	2	3	2	4
Reifenmontierhebel	1	1	2	2
Minipumpe		1	1	1

Folgende Restbestände wurden gezählt:

	Stückzahl	Stückpreis
Reifenmontierhebel	170	1,99 €
Kettenschlösser	20	18,65 €
Reparaturkästchen	330	2,95 €
Trinkflaschen	120	1,75 €
Minipumpe	70	8,99 €

Beurteilen Sie die gegebene Situation im Hinblick auf den möglichen Spendenerlös.

3. Ein Betrieb stellt aus drei Rohstoffen R_1, R_2 und R_3 zwei Zwischenprodukte Z_1 und Z_2 her.
Aus den Rohstoffen und den Zwischenprodukten produziert er drei Endprodukte E_1, E_2 und E_3.

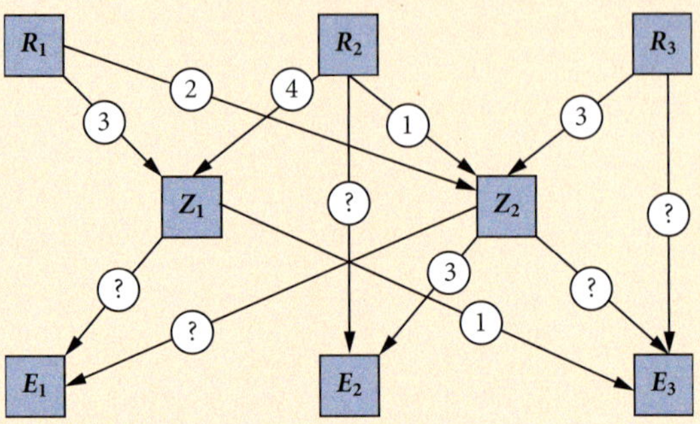

Die Tabelle gibt jeweils die Gesamtzahl der einzelnen Rohstoffe an, die für je ein Endprodukt benötigt werden.

	E_1	E_2	E_3
R_1	8	6	3
R_2	9	5	4
R_3	3	9	4

3.1 Bestimmen Sie

3.1.1 die Matrix $\boldsymbol{RZ}$, die den Rohstoffeinsatz für je ein Zwischenprodukt angibt;

3.1.2 die Matrix $\boldsymbol{ZE}$, die den Zwischenprodukteinsatz für je ein Endprodukt angibt;

3.1.3 die Matrix $\boldsymbol{RE}_{\text{dir}}$, die den direkten Rohstoffeinsatz für je ein Endprodukt angibt.

3.2 Berechnen Sie den Vorrat an den einzelnen Rohstoffen, damit 5 ME von E_1, 6 ME von E_2 und 3 ME von E_3 hergestellt werden können.

3.3 Zur Herstellung der Zwischenprodukte werden 48 ME von Rohstoff R_1, 44 ME von R_2 und 36 ME von R_3 verbraucht. Berechnen Sie, wie viele ME der einzelnen Zwischenprodukte produziert werden können.

3.4 Der Produktionsvektor ist $\vec{x} = \begin{pmatrix} 5 \\ 6 \\ 3 \end{pmatrix}$.

Die Rohstoffkosten betragen in GE pro ME: $\vec{k}_R = (2 \;\; 1 \;\; 5)$.
Die Herstellungskosten je ME für die einzelnen Zwischenprodukte Z_1 und Z_2 sind gleich groß.
Die Produktionskosten für E_1 und E_2 sind dreimal, die Kosten für E_3 viermal so groß wie die Kosten für jedes einzelne Zwischenprodukt.
Die Fixkosten betragen 103 GE.
Aus Wettbewerbsgründen sind die Verkaufspreise für je eine ME der Endprodukte wie nebenstehend festgelegt.

E_1	E_2	E_3
90	50	140

Berechnen Sie, wie hoch die Produktionskosten je ME für die Zwischen- bzw. Endprodukte sein müssen, wenn weder Gewinn noch Verlust erwirtschaftet werden soll.

3.5 Berechnen Sie zu $\boldsymbol{RE}$ die inverse Matrix $(\boldsymbol{RE})^{-1}$. ▸ Zur Kontrolle: $(\boldsymbol{RE})^{-1} = \begin{pmatrix} \frac{8}{37} & -\frac{3}{74} & -\frac{9}{74} \\ \frac{12}{37} & -\frac{23}{74} & \frac{5}{74} \\ -\frac{33}{37} & \frac{27}{37} & \frac{7}{37} \end{pmatrix}$

3.6 Bestimmen Sie die Rohstoffkosten für R_1, R_2 und R_3, wenn die Rohstoffkosten je Endprodukt 148 € für E_1, 222 € für E_2 und 111 € für E_3 betragen.

3.7 Ermitteln Sie, wie viele Endprodukte E_1, E_2 und E_3 hergestellt werden können, wenn noch 3330 ME von R_1, 3700 ME von R_2 und 2590 ME von R_3 im Lager vorhanden sind.

4. Ein Betrieb stellt aus zwei Rohstoffen R_1 und R_2 drei Zwischenprodukte Z_1, Z_2 und Z_3 sowie aus den Zwischenprodukten drei Endprodukte E_1, E_2 und E_3 her. Gegeben ist die Matrix $\boldsymbol{A}$, die die Anzahl der Rohstoffe für je ein Zwischenprodukt angibt, die Matrix $\boldsymbol{B}$, die die Anzahl der Zwischenprodukte für je ein Endprodukt darstellt und die Matrix $\boldsymbol{C}$, die den Rohstoffeinsatz für je ein Endprodukt angibt.

$$\boldsymbol{A} = \begin{pmatrix} 1 & 4 & 0 \\ 3 & 2 & 1 \end{pmatrix}, \boldsymbol{B} = \begin{pmatrix} b_{11} & b_{12} & 5 \\ 0 & b_{22} & b_{23} \\ 3 & 0 & b_{33} \end{pmatrix}, \boldsymbol{C} = \begin{pmatrix} 2 & 16 & 9 \\ 9 & 18 & 19 \end{pmatrix}$$

4.1 Bestimmen Sie die Matrix $\boldsymbol{B}$ und zeichnen Sie ein Verflechtungsdiagramm. ▸ Zur Kontrolle: $\boldsymbol{B} = \begin{pmatrix} 2 & 4 & 5 \\ 0 & 3 & 1 \\ 3 & 0 & 2 \end{pmatrix}$

4.2 Der Betrieb hat 111 ME von R_1 und 101 ME von R_2 auf Lager.
Bestimmen Sie die Anzahl, die von jedem Zwischenprodukt hergestellt werden kann, wenn von Z_2 das Dreifache wie von Z_3 benötigt wird und R_1 sowie R_2 vollständig verarbeitet werden sollen.

4.3 Für einen weiteren Auftrag wurden insgesamt 820 ME von R_1 und 1750 ME von R_2 verarbeitet. Der Auftraggeber bestellte 40 ME vom Endprodukt E_3.
Ermitteln Sie, wie viele Endprodukte E_1 und E_2 von ihm geordert worden sind.

4.4 Der Betrieb hat vom Endprodukt E_1 doppelt so viel wie von E_2 und halb so viel wie von E_3 gefertigt und dabei 210 ME vom Zwischenprodukt Z_2 verarbeitet.
Berechnen Sie, welche Mengen von Z_1 und Z_3 benötigt und wie viele Endprodukte jeweils hergestellt worden sind.

4.5 Die Gesamtkosten für die Rohstoffe, Zwischen- und Endprodukte lassen sich durch die Kostenfunktion K mit $K(x) = x^3 + 28{,}5x^2 + 36{,}5x + 2;\ x \geq 0$ darstellen.
Der Produktionsvektor $\vec{x}$ ist von der Form $\vec{x} = \begin{pmatrix} x^2 \\ 2x \\ 0{,}5x \end{pmatrix}$.
Die Erlöse je Einheit eines Endprodukts (in GE) kann man der nebenstehenden Tabelle entnehmen.

E_1	E_2	E_3
30	15	25

Berechnen Sie das Gewinnmaximum.

4.6 Die Kosten dieses Betriebs für eine neue Produktserie betragen 60 GE bei einer Ausbringungsmenge von 4 ME, die minimalen Grenzkosten 3 GE bei einer Produktion von 2 ME. Die kurzfristige Preisuntergrenze ist durch einen Stückpreis von 6 GE festgelegt (bei einer Ausbringungsmenge von 3 ME).
Ermitteln Sie den Term der Gesamtkostenfunktion dritten Grades.

5. Ein chemischer Betrieb stellt aus den 5 Rohstoffen R_1 bis R_5 die 3 Grundsubstanzen G_1 bis G_3 und aus diesen die 3 Fettcremes F_1 bis F_3 her. Die Tabellen geben an, wie viele ME der jeweiligen Rohstoffe für je 1 ME der Grundsubstanzen bzw. wie viele ME der Grundsubstanzen für je 1 ME der Fettcremes benötigt werden. Die letzte Tabelle gibt die Rohstoffpreise in GE pro ME an.

	G_1	G_2	G_3
R_1	4	8	0
R_2	0	2	3
R_3	3	0	2
R_4	5	1	2
R_5	0	5	6

	F_1	F_2	F_3
G_1	4	2	2
G_2	1	3	3
G_3	2	2	6

	R_1	R_2	R_3	R_4	R_5
GE/ME	15	20	10	20	30

5.1 Die Marketingabteilung behauptet, dass Creme F_2 hinsichtlich der Rohstoffkosten die teuerste Creme in der Produktpalette ist.
Überprüfen Sie diese Behauptung.

5.2 Wegen einer Renovierung muss das Lager geräumt werden. Die Lagerbuchhaltung meldet, dass zur Herstellung der Fettcremes folgende Bestände noch auf Lager sind: 3584 ME von R_1, 1888 ME von R_2, 1776 ME von R_3, 2144 ME von R_4 und 4100 ME von R_5.
Bestimmen Sie, wie viele ME von den 3 Fettcremes produziert werden können, wenn alle Rohstoffe aufgebraucht werden sollen und R_4 sowie R_5 ergänzt werden dürfen.

5.3 Die Grundsubstanz G_1 wird im Zweigwerk Z_1, G_2 im Zweigwerk Z_2 und G_3 im Zweigwerk Z_3 produziert. Die Zweigwerke beliefern sich untereinander und den Markt gemäß nebenstehender Tabelle und sind nach dem Leontief-Modell miteinander verflochten.

	Z_1	Z_2	Z_3	Markt
Z_1	16	10	12	10
Z_2	4	15	18	23
Z_3	8	10	36	18

5.3.1 Berechnen Sie die technologische Matrix $\boldsymbol{A}$.

5.3.2 Ermitteln Sie, welche Mengen der einzelnen Grundsubstanzen hergestellt werden müssen, wenn die Marktabgabe 11 ME von G_1, 13 ME von G_2 und 16 ME von G_3 betragen soll.
Begründen Sie, warum jede Marktabgabe befriedigt werden kann.

6. Als Mitarbeiter in einem Krankenhaus erhalten Sie folgendes Dokument von Ihrem Vorgesetzten:

Renovierung

Wegen der anstehenden Renovierung muss der kleine Lagerraum 403 geräumt werden.
Bitte packen Sie aus dem vorhandenen Lagerbestand Verbandmaterial-Nachfüllsets in unseren üblichen Zusammenstellungen (s. beigefügte Tabelle), so dass möglichst viel aufgebraucht wird. Die verbleibenden Restmaterialien übergeben Sie dann an Schwester Stefanie.

Einen Ausdruck der aktuellen Bestandsliste habe ich ebenfalls beigelegt.

Lagerbestand Raum 403

Bezeichnung	Stückzahl (Packungen)	Einzelpreis in € (Packung)
Einmalhandschuh nach DIN EN 455	10	11,35
Fingerverband – 120 mm × 20 mm	0	1,95
Heftpflaster DIN 13019 – A 5 m × 2,5 cm	260	3,95
Kompresse – 100 mm × 100 mm	610	0,29
Schere DIN 58279 – B 190	1	2,95
Verbandpäckchen DIN 13151 – M	400	1,10
Verbandtuch DIN 13152 – A	3	3,39

Inhalt der Verbandmaterial-Nachfüllsets

Verbandsets	Set klein	Set mittel	Set groß	Set extra
Verbandpäckchen	3	6	8	12
Heftpflaster	3	3	4	6
Kompresse	6	9	8	12
Verbandtuch			1	

Antworten Sie auf die einige Stunden später folgende Anweisung:

Memo

Wie ich eben erfahre, sind im Haupthaus noch genügend Nachfüllsets vorhanden.
Wir schicken daher die gepackten Sets an unsere Nebenstelle, die uns diese dann erstattet.
Dazu benötige ich die Materialpreise für die einzelnen Sets sowie den Gesamtpreis für die komplette Lieferung.

7. Ein Transportunternehmen mit drei über Deutschland verteilten Standorten A, B und C hat die Erfahrung gemacht, dass durchschnittlich jeweils 10 % der Lkws, die in A losfahren, am Ende einer Wirtschaftsperiode in B bzw. in C geparkt sind. Von denen, die von B aus fahren, sind 10 % in A und 20 % in C aufzufinden. Die von C aus startenden Lkws landen zu jeweils 15 % in A und in B.
Berechnen Sie, wie man am Anfang einer neuen Periode die 27 von dem Unternehmen eingesetzten Lkws auf die Standorte A, B und C verteilen sollte, damit von Periode zu Periode immer die gleichen Anzahlen zur Verfügung stehen.

8. Ein Unternehmen besteht aus 2 Betrieben B_1 und B_2, in denen ein und dasselbe Rohprodukt hergestellt wird. Außerdem gehören zu dem Unternehmen 3 Betriebe V_1, V_2 und V_3, in denen dieses Rohprodukt zu einem Endprodukt veredelt wird. Wegen der regionalen Unterschiede unterscheiden sich in allen Betrieben die Stückkosten voneinander. Alle Betriebe arbeiten mit voller Kapazitätsauslastung. V_1 verarbeitet 60 000 Stück, V_2 50 000 Stück und V_3 70 000 Stück.
B_1 fertigt 100 000 Stück Rohprodukte zu Stückkosten von 20 €, B_2 80 000 Stück zu Stückkosten von 25 €. Die Fixkosten im Betrieb B_1 betragen 200 000 €, in B_2 150 000 €.
In den Veredlungsbetrieben fallen Stückkosten von 20 € (in V_1), 22 € (in V_2) bzw. 19 € (in V_3) an. Die Fixkosten sind in allen 3 Betrieben gleich hoch und betragen jeweils 100 000 €. Die Produkte können zu einem Stückpreis von 60 € verkauft werden.

Ermitteln Sie den maximal erzielbaren Gewinn unter der Bedingung, dass die Transportkosten von den Rohproduktbetrieben zu den Veredlungsbetrieben gemäß nebenstehender Tabelle zu berücksichtigen sind.

Transportkosten in Euro pro Stück

	V_1	V_2	V_3
B_1	7,50	10,00	5,00
B_2	2,50	12,50	10,00

9. Die JoRo GmbH stellt aus den elektronischen Bauteilen B_1, B_2 und B_3 kleine Spielzeugmotoren M_1, M_2 und M_3 her, die in 3 Modellfahrzeuge F_1, F_2 und F_3 eingebaut werden.
Die nebenstehenden Listen stellen die Zusammenhänge zwischen den elektronischen Bauteilen und Modellfahrzeugen sowie den Spielzeugmotoren und Modellfahrzeugen her.

	F_1	F_2	F_3
B_1	5	6	4
B_2	6	7	3
B_3	8	9	5

	F_1	F_2	F_3
M_1	1	2	0
M_2	2	1	1
M_3	2	2	2

9.1 Ermitteln Sie die Produktionskosten der einzelnen Modellfahrzeuge, wenn folgende Bauteilkosten und Fertigungskosten der Spielzeugmotoren und Modellfahrzeuge je ME gegeben sind.

Kosten der Bauteile			**Herstellkosten der Motoren**			**Herstellkosten der Fahrzeuge**		
B_1	B_2	B_3	M_1	M_2	M_3	F_1	F_2	F_3
0,20 €	0,40 €	0,30 €	5 €	10 €	5 €	19,20 €	13,30 €	16,50 €

9.2 Die Fixkosten betragen 6775 €. Die Modellfahrzeuge können zu Preisen von 89 € (für F_1), 74,50 € (für F_2) und 59 € (für F_3) verkauft werden. Berechnen Sie die Gesamtkosten, den Stückdeckungsbeitrag je ME der Modellfahrzeuge und den Gesamtdeckungsbeitrag sowie den Gesamtgewinn, wenn 300 Fahrzeuge von F_1, 350 von F_2 und 500 Fahrzeuge von F_3 produziert und abgesetzt werden.

9.3 Die JoRo GmbH muss sich am Markt behaupten und auf Konkurrenzpreise reagieren. Sie passt ihre Verkaufspreise an, indem sie nur noch 84,90 € für das Modellfahrzeug F_1, 69,90 € für F_2 und 55 € für F_3 verlangt. Bei gleichbleibenden Bauteil- und Fertigungskosten der Modellfahrzeuge je ME und den gleichen Produktionsmengen sollen die gesamten Produktionskosten je ME auf 52,50 € für F_1, 43 € für F_2 und 36 € für F_3 gesenkt werden. Erläutern Sie, wie sich die Fertigungskosten der Spielzeugmotoren und die Fixkosten entwickeln müssen, wenn derselbe Gesamtgewinn wie in Aufgabenteil 9.2 erzielt werden soll.

9.4 Für die übernächste Herstellungsperiode wird die Produktion $\vec{x} = \begin{pmatrix} 10 - 0{,}1\,a \\ 0{,}5\,a^2 + 1 \\ a^3 \end{pmatrix}$ erwartet, wobei $a \in [0\,;1]$ ein werbeabhängiger Parameter ist. Begründen Sie, dass es eine reelle Zahl anstelle von $a \in [0\,;1]$ gibt, sodass die Produktionskosten minimal sind.

10. Die drei Produktionsstandorte P_1, P_2 und P_3 für Thermokleidung der KloVo GmbH aus dem Vinschgau sind nach dem Leontief-Modell miteinander verflochten.

Dabei ist die Leontief-Inverse mit $(\boldsymbol{E} - \boldsymbol{A})^{-1} = \begin{pmatrix} 2 & \frac{8}{3} & \frac{3}{2} \\ 1 & \frac{14}{3} & 2 \\ 2 & 6 & 4 \end{pmatrix}$ gegeben.

10.1 Berechnen Sie die Abgabe an den Markt, wenn a Stück in P_1, 1800 Stück in P_2 und 3200 Stück in P_3 hergestellt werden, und zeichnen Sie für $a = 2000$ ein Verflechtungsdiagramm.

10.2 Untersuchen Sie, welche reellen Zahlen a ökonomisch sinnvoll annehmen kann.

10.3 Bestimmen Sie die Leontief-Inverse bei einem internen Verbrauch von b Stück am Produktionsstandort P_2 und untersuchen Sie, welche reellen Zahlen b ökonomisch sinnvoll annehmen kann.

10.4 Die drei Thermoprodukte T_1 bis T_3 werden auf drei Maschinen M_1 bis M_3 entsprechend dem nebenstehenden Ausgangstableau gefertigt.

10.4.1 Erläutern Sie das Ausgangstableau, wenn Sie davon ausgehen, dass die Maschinenbelegungszeiten in Minuten und die Stückdeckungsbeiträge in der Zielzeile in € angegeben sind.

	T_1	T_2	T_3	u_1	u_2	u_3	
M_1	6	2	8	1	0	0	490
M_2	3	5	8	0	1	0	400
M_3	2	2	3	0	0	1	240
	40	w	70	0	0	0	

► $w > 0$ ist ein Werbeparameter.

11. Drei Sektoren S_1, S_2 und S_3 einer Volkswirtschaft sind nach dem Leontief-Modell miteinander verknüpft. Die gegenseitigen Lieferungen während einer Produktionsperiode (in GE), die Abgabe an den Markt und die Gesamtproduktion (in ME) sind der nebenstehenden Tabelle zu entnehmen.

	S_1	S_2	S_3	Markt	Produktion
S_1	x_1	0	100	20	240
S_2	48	x_2	0	80	160
S_3	72	64	40	24	x_3

11.1 Bestimmen Sie die fehlenden Elemente und erläutern Sie, wie man das Element a_{32} der technologischen Matrix $\boldsymbol{A} = \begin{pmatrix} 0{,}5 & 0 & 0{,}5 \\ 0{,}2 & 0{,}2 & 0 \\ 0{,}3 & 0{,}4 & 0{,}2 \end{pmatrix}$ berechnet.

11.2 Berechnen Sie die Produktionsmengen, wenn eine Marktabgabe von $\vec{y} = \begin{pmatrix} 32 \\ 96 \\ 48 \end{pmatrix}$ ermöglicht werden soll.

11.3 Die Produktion von S_1 steigt auf 350 ME, die von S_2 auf 100 ME und von S_3 auf 250 ME.

11.3.1 Berechnen Sie die Mengen, die an den Markt abgegeben werden können.

11.3.2 Erstellen Sie eine Tabelle, die die Verflechtung untereinander, die Abgabe an den Markt und die Produktion darstellt.

11.4 Für die nächste Periode plant man in S_1 eine Produktion von 300 ME, in S_2 von 220 ME. Jeder Sektor soll so viel produzieren, dass von den Gütern jedes Sektors mindestens 20 ME an den Markt abgegeben werden können. Untersuchen Sie, in welchem ganzzahligen Mengenbereich S_3 produzieren muss.

11.5 In einer weiteren Produktionsperiode stellt S_2 100 ME weniger her als S_1. An den Markt liefern S_1 und S_3 je 25 ME. Bestimmen Sie die fehlenden Produktions- und Marktabgabezahlen der Sektoren.

11.6 Beurteilen Sie, ob eine Produktion von S_1, S_2 und S_3 in einem Verhältnis von 4:1:1 möglich ist.

11.7 Gegeben ist in einem anderen Produktionszeitraum die technologischen Matrix $\boldsymbol{T} = \begin{pmatrix} 0{,}2 & 0 & 0{,}6 \\ 0 & 0{,}8 & 0{,}2 \\ 0{,}2 & 0{,}05 & 0{,}7 - t \end{pmatrix}$ mit $0 \leq t \leq 0{,}7$.
Untersuchen Sie, für welche Werte des Parameters t die Leontief-Inverse existiert.

12. Das Start-up-Unternehmen „Gesunde Pfunde“ hat es innerhalb eines halben Jahres geschafft, für seine Bio-Produkte einen festen Stamm von 960 Kunden zu gewinnen. Das Unternehmen bietet ihnen die wöchentliche Lieferung einer Kiste entweder ausschließlich mit Gemüse (**B**asis) oder eine Kiste mit Gemüse und Obst (**S**uper) oder eine Kiste mit Gemüse, Obst und Saft (**P**remium) an. Die Kunden können mit einem Vorlauf von einer Woche in der darauffolgenden Woche von einem Produkt zum anderen wechseln.

12.1 Die letzten Wochen haben gezeigt:
- 70 % der Kunden, die **B** gewählt hatten, wählten in der nächsten Woche ebenfalls **B**; 20 % wechselten zu **S** und 10 % zu **P**.
- 80 % der Kunden, die **S** erhalten hatten, blieben bei **S**, aber je 10 % bestellten danach **B** und **P**.
- Nur die Hälfte der Kunden, die in der Vorwoche **P** bestellt hatten, entschied sich danach wieder für **P**, 20 % wechselten zu **B** und 30 % zu **S**.
- Am Anfang der 40. Kalenderwoche hatten sich jeweils 400 Kunden für **B** und **S** entschieden.

12.1.1 Stellen Sie die Übergangsmatrix auf.

12.1.2 Zeigen Sie allgemein, dass sich von Woche zu Woche immer 160 Kunden für **P** entscheiden werden.

12.1.3 Berechnen Sie, wie viele Kunden in der 48. Kalenderwoche des Jahres 2019 **B** bzw. **S** beziehen.

12.1.4 Berechnen Sie, wie viele Kisten der einzelnen Sorten in der 39. Kalenderwoche geliefert worden wären, wenn zu der Zeit dieselben Übergangswahrscheinlichkeiten gegolten hätten.

12.1.5 Der Unternehmer möchte den stationären Zustand kennen, um besser planen zu können. Helfen Sie ihm, indem Sie mithilfe eines LGS den Fixvektor berechnen. Geben Sie die Grenzmatrix und die Grenzverteilung an.

12.2 Das Unternehmen konnte expandieren und 1000 Kunden in einer anderen Stadt gewinnen. Hier rechnet der Unternehmer damit, dass auf lange Sicht immer 30 % der Kunden die Kiste **B** und nur 10 % die Kiste **P** wählen. Außerdem ist er sicher, dass die Übergangsmatrix die folgende Struktur haben wird: $\boldsymbol{A} = \begin{pmatrix} a & b & 0{,}1 \\ c & 3d & 0{,}1 \\ 2d & 3b & 0{,}1 \end{pmatrix}$.

In der 1. Woche wählen 400 Kunden Kiste **B** und jeweils 300 Kunden die Kisten **S** und **P**. Zeigen Sie, dass in der 2. Woche die Anzahl der Kunden, die **B** beziehen, zunimmt, in der 3. Woche aber abnimmt.

13. 60 Millionen Nord- und Mitteleuropäer verbringen ihren Urlaub in Italien (I), in Spanien (E), in Griechenland (GR) oder in einem anderen Sonnenland (S).
- Von denen, die in Italien Urlaub machen, kehren im nächsten Sommer wieder 70 % nach Italien zurück, 15 % wechseln nach Spanien, 10 % nach Griechenland und 5 % in ein anderes Land.
- Von denen, die in Spanien Urlaub machen, kehren im nächsten Sommer wieder 60 % nach Spanien zurück, jeweils 10 % wechseln nach Italien und nach Griechenland und 20 % in ein anderes Land.
- Von denen, die in Griechenland Urlaub machen, verbringen im nächsten Sommer wieder 70 % ihren Urlaub in Griechenland, 15 % wechseln nach Italien, 10 % nach Spanien und 5 % in ein anderes Land.
- Von denen, die in einem anderen Land Urlaub machen, kehren im nächsten Sommer wieder 40 % in diese Länder zurück, jeweils 20 % wechseln nach Spanien, Griechenland und Italien.

13.1 Stellen Sie den Übergangsgraphen und die Übergangsmatrix auf.

13.2 Ermitteln Sie, wie sich die 60 Millionen Touristen in einem stabilen Zustand auf die Länder verteilen würden.

14. Die Populationsentwicklung einer Krankheit übertragenden Insektenart ist über einen längeren Zeitraum untersucht worden. Dabei hat man festgestellt, dass ein Exemplar durchschnittlich 40 Eier legt, von denen 25 % überleben und innerhalb eines Monats zu Larven werden. Von den Larven werden 40 % von Fressfeinden – überwiegend Vögeln – vertilgt; die Überlebenden wachsen dann innerhalb eines weiteren Monats zu einem geschlechtsreifen Insekt heran. Nach der Eiablage sterben die Insekten.

14.1 Beschreiben Sie die Populationsentwicklung innerhalb von 2 Monaten und eines Jahres.

14.2 Durch Verbesserung der Umweltbedingungen erreicht man eine nachhaltige Vermehrung der Vögel, die die Insektenlarven fressen. Dadurch wird eine Senkung der Überlebensrate der Larven auf 10 % erreicht. Beurteilen Sie diese Maßnahme, auf rein ökologischer Basis die Ausbreitung der Insekten zu verhindern.

14.3 Im Bundesamt für Gesundheit erwägt man zusätzlich durch Insektizid-Einsatz die Anzahl der Insekten zu verringern. Man strebt an, ihre Anzahl innerhalb eines Entwicklungsdurchlaufs um 20 % zu reduzieren.

14.3.1 Ermitteln Sie die Überlebensrate der Eier, die notwendig ist, um das Ziel zu erreichen.

14.3.2 Ermitteln Sie, nach wie vielen Monaten man die Insektenpopulation unter 50 % gedrückt hätte.

15. Von einem Übergangsdiagramm kennt man zwar alle Übergänge, aber nur 2 Zahlen, den Vektor des Anfangszustands $\vec{v_0}$ und den Fixvektor $\vec{v_f}$.

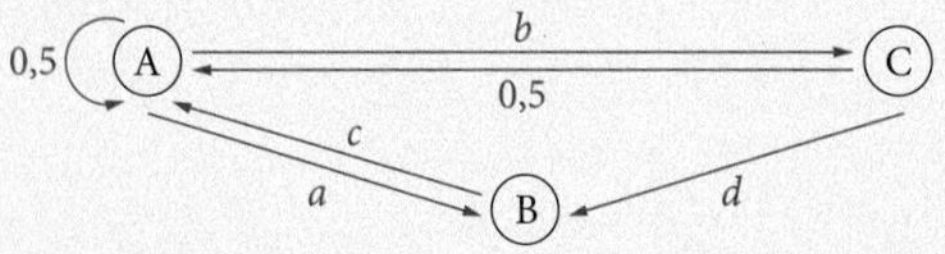

$\vec{v_f} = \begin{pmatrix} \frac{5}{8} \\ \frac{1}{4} \\ \frac{1}{8} \end{pmatrix}$; $\vec{v_0} = \begin{pmatrix} 60 \\ 40 \\ 10 \end{pmatrix}$

Berechnen Sie den Zustandsvektor nach dem ersten Übergang und die stabile Verteilung.

16. Eine staatliches Institut züchtet auf großen Flächen Pflanzen und untersucht u. a. deren Wachstum. Entsprechend ihrer Höhe werden die Pflanzen am Frühlingsanfang in die Größenklassen K (klein), M (mittel) und G (groß) eingeteilt. Im Folgenden werden die Übergänge während eines Jahres zwischen den drei Größenklassen modellhaft beschrieben. Ungesunde Pflanzen werden im Laufe des Jahres aus dem Bestand entfernt.

16.1 Auf einer der Flächen erreichen innerhalb eines Jahres 65 % der Pflanzen der Größe K die Größe M und 10 % die Größe G, 20 % bleiben allerdings klein (K); 30 % der Pflanzen der Größe M bleiben mittelgroß (M) und 65 % wachsen in die Größe G hinein. 95 % der Pflanzen der Größenklasse G bleiben weiterhin in G.

16.1.1 Stellen Sie zu dem beschriebenen Wachstumsverhalten ein Übergangsdiagramm auf.

16.1.2 Berechnen Sie sowohl den prozentualen Anteil der Pflanzen aus der Größe K, die sich nach 2 Jahren in der Größe M befinden als auch den prozentualen Anteil der Pflanzen aus der Größenklasse K, die sich nach 2 Jahren in der Größe G befinden.

16.1.3 Zeigen Sie, dass die Anzahl der Pflanzen innerhalb eines Jahres um 5 % abnimmt.
Hinweis: Verwenden Sie den allgemeinen Bestandsvektor $\vec{v}^T = (k \;\; m \;\; g)$.

16.2 Auf einer anderen Fläche findet ein ähnlicher Versuch mit einer Pflanze statt, deren Übergänge zwischen den Größenklassen K, M und G durch die nebenstehende Tabelle beschrieben werden. Im Frühjahr des Jahres 2019 betrug der Bestand in der Größenklasse K 400, in der Größenklasse M 1600 und in der Größenklasse G 2400 Pflanzen.

von \ nach	K	M	G
K	0,2	0,6	0
M	0	0,4	0,4
G	0	0	0,8

16.2.1 Beschreiben Sie am Beispiel des Übergangs der Pflanzen der Größenklasse K, wie sich das Wachstumsverhalten auf dieser Fläche von dem der in Aufgabenteil 1 betrachteten Pflanzen unterscheidet. Zeigen Sie, dass die Verlustrate der Pflanzen aus Teil 2 innerhalb eines Jahres erheblich größer ist als die im Aufgabenteil 1.

16.2.2 Bestimmen Sie die Anzahl der Pflanzen in den einzelnen Größenklassen im Frühjahr 2021.

16.2.3 Bestimmen Sie die Anzahl der Pflanzen in den einzelnen Größenklassen im Frühjahr 2018.

16.2.4 Zeigen Sie durch Rechnungen, dass die Anwendung des beschriebenen Modells nur für einen begrenzten Zeitraum sinnvoll sein kann.

16.2.5 Im Frühjahr eines Jahres lässt sich der Bestand an Pflanzen durch den Vektor $\vec{v}^T = (k \;\; m \;\; g)$ wiedergeben. Dieser Bestand entwickelt sich gemäß der angegebenen Tabelle.
Am Ende der Wachstumsperiode werden 50 % der Pflanzen der Größenklasse G geerntet, also aus dem Feld entfernt. Berechnen Sie, wie viele Pflanzen neu gepflanzt werden müssen, damit die Anzahl der Pflanzen anschließend mit derjenigen zu Beginn des letzten Frühjahrs übereinstimmt.

17. Die Metamorphose der Eier einer Stubenfliege über Larven, Puppen bis zur geschlechtsreifen Fliege dauert in gemäßigten Breiten etwa 4 Wochen. Eine Stubenfliege legt 400 Eier, je nach Umgebung, bis zu 15 Mal, z. B. in einem Stall. Die Überlebensraten der Larven und Puppen hängen stark von der Umgebung und der Anzahl ihrer Fressfeinde ab. Im Folgenden soll davon ausgegangen werden, dass die Fliege insgesamt 4000 Eier legt, von denen 20 % überleben. Die Überlebensrate der Larven betrage 5 % und die der Puppen ebenfalls 5 %.

17.1 Ermitteln Sie, auf wie viel Prozent die Überlebensrate der Eier gesenkt werden müsste, damit die Anzahl der Stubenfliegen weder zu- noch abnimmt.

17.2 Durch verstärkte Desinfektion von Wänden, Decke und Boden und schnellerem Entfernen des Kuhdungs gelingt es dem Landwirt, die Anzahl der Fliegen in seinem Stall innerhalb von 16 Wochen zu halbieren. Konstruieren Sie dazu ein mögliches Übergangsdiagramm.

Aufgaben mit CAS

1. Das Unternehmen *Holzig* stellt aus 4 verschiedenen Holzsorten H_1 bis H_4 die 4 Schrankgrundelemente G_1 bis G_4 (Böden, Seitenwände, Türen, Decken) und aus den Grundelementen wiederum 6 verschiedene Schränke S_1 bis S_6 her. Die benötigten ME der verschiedenen Holzsorten je ME der Grundelemente bzw. je ME der Schränke geben die beiden nebenstehenden Matrizen wieder. Die Rohstoffkosten der Holzsorten je ME eines Grundelements betragen 9 € für G_1, 9 € für G_2, 10 € für G_3 und 10 € für G_4.

$$HG = \begin{pmatrix} 2 & 1 & 2 & 1 \\ 2 & 2 & 1 & 2 \\ 1 & 1 & 1 & 2 \\ 1 & 2 & 2 & 2 \end{pmatrix} \quad HS = \begin{pmatrix} 12 & 8 & 12 & 10 & 12 & 11 \\ 11 & 8 & 14 & 13 & 14 & 13 \\ 8 & 6 & 11 & 8 & 11 & 8 \\ 12 & 9 & 14 & 12 & 14 & 11 \end{pmatrix}$$

▸ Zur Kontrolle: $(HG)^{-1} = \begin{pmatrix} 0{,}4 & 0{,}4 & 0 & -0{,}6 \\ -0{,}4 & 0{,}6 & -1 & 0{,}6 \\ 0{,}4 & -0{,}6 & 0 & 0{,}4 \\ -0{,}2 & -0{,}2 & 1 & -0{,}2 \end{pmatrix}$

1.1 Bestimmen Sie die Rohstoffkosten der Holzsorten H_1, H_2, H_3 und H_4.

1.2 Die Rohstoffkosten der Sorten H_1 bis H_4 betragen (2 € 1 € 1 € 2 €). Zusätzlich zu den Rohstoffkosten der Holzsorten je ME eines Grundelements kosten die Grundelemente G_1 bis G_4 je ME (59 € 58 € 58 € 68 €). Die Herstellung der Schränke verursacht je Schrank S_1 bis S_6 direkte Kosten von (48 € 53 € 50 € 52 € 50 € 51 €).

1.2.1 Berechnen Sie die Produktionskosten pro Schrank.

1.2.2 Die Verkaufspreise der 6 Schränke betragen (639 € 499 € 679 € 589 € 749 € 699 €). Ermitteln Sie die einzelnen Stückdeckungsbeiträge.

1.2.3 Es liegt ein Auftrag von 10 Schränken S_1, 20 Schränken S_2, 30 Schränken S_3, 10 Schränken S_4, 40 Schränken S_5 und 40 Schränken S_6 vor. Bestimmen Sie den Gesamtdeckungsbeitrag und den Gewinn, wenn die Fixkosten der Firma *Holzig* 2550 € betragen.

2. Das Unternehmen *Rieger KG* baut aus 5 Mikrochips M_1 bis M_5 3 Steuerelemente S_1 bis S_3 und aus den Steuerelementen wiederum 3 Tablets T_1 bis T_3, die zur Helikoptersteuerung benötigt werden.

$$ST_a = \begin{pmatrix} 2 & 2 & 2a^2 - 4a \\ 2 & 4 & 0 \\ 4 & 10 & 8a^2 - 16a \end{pmatrix} \quad MT = \begin{pmatrix} 20 & 30 & 96 \\ 24 & 36 & 112 \\ 20 & 26 & 144 \\ 26 & 36 & 160 \\ 18 & 24 & 112 \end{pmatrix}$$

Die benötigten Steuerelemente und die einzelnen Mikrochips zur Herstellung je 1 ME der Tablets sind den nebenstehenden Matrizen zu entnehmen. Dabei ist $a \in R$ abhängig von den Weltmarktpreisen für Elektronikbauteile.

2.1 Bestimmen Sie den Definitionsbereich für $a \in \mathbb{R}$, sodass die Matrix $\boldsymbol{ST_a}$ ökonomisch sinnvoll die benötigten Steuerelemente für je ein Tablet angeben kann.

2.2 Momentan werden die Weltmarktpreise für die einzelnen Elektronikbauteile mit $a = 4$ am besten wiedergegeben. Bestimmen Sie, wie viele Mikrochips zur Herstellung je eines Steuerelements benötigt werden.

2.3 Ermitteln Sie, wie viele Mikrochips für je ein Tablet in Abhängigkeit von $a \in \mathbb{R}$ benötigt werden.

2.4 Untersuchen Sie, für welche reellen Zahlen anstelle von $a \in \mathbb{R}$ die Matrix $\boldsymbol{ST_a}$ invertierbar ist.

2.5 Die Kosten der Steuerelemente je Tablet betragen $(44 + 2a)$ € für ein Tablet T_1, $(58 + 2a)$ € für T_2 und $(2a^3 + 36a^2 - 80a)$ € für T_3.
Bestimmen Sie die Kosten für die benötigten Steuerelemente S_1, S_2 und S_3.

2.6 Die Kosten für die 5 Mikrochips betragen pro Stück (0,05 € 0,08 € 0,06 € 0,02 € 0,04 €), die Herstellungskosten für die Tablets ergeben je Tablet $((2{,}94 + 15a)$ € $(6 + 20a)$ € $(8 + 17a)$ €$)$.

2.6.1 Berechnen Sie die Gesamtkosten für die Produktion je eines Tablets, indem Sie die Kosten der Steuerelemente je Tablet aus Teil 2.5 und fixe Kosten von 30 € berücksichtigen.

2.6.2 Das Unternehmen *Rieger KG* erzielt seine Erlöse gemäß der Erlösfunktion $E(a) = 80a^2 - 120a$ für $a > 2$. Ermitteln Sie, für welche weltmarktpreisabhängigen Werte anstelle von $a > 2$ das Unternehmen Gewinn macht bzw. den maximalen Gewinn erzielt.

7

Stochastik

1. Ein Hersteller von Fahrradzubehör stellt Tachometer her. Diese werden in Kartons zu 50 Stück verpackt und an Sportgeschäfte geliefert. Aufgrund von Stichprobentests bei der ersten Produktionscharge geht der Hersteller davon aus, dass 10 % der Geräte Mängel am Display aufweisen.

1.1 Ein Karton mit 50 Tachos wird untersucht. Bestimmen Sie die folgenden Wahrscheinlichkeiten.

1.1.1 In dem Karton befinden sich genau 2 mangelhafte Geräte.

1.1.2 Die ersten 2 untersuchten Geräte sind mangelhaft.

1.1.3 Zwischen 3 und 9 Tachos sind mangelhaft.

1.1.4 Höchstens 5 Geräte sind mangelhaft.

1.1.5 Genau 40 Tachos sind mangelfrei.

1.1.6 Die Anzahl der mangelhaften Tachos weicht höchstens um die Standardabweichung vom Erwartungswert ab.

1.2 Der Hersteller untermauert seine Qualitätsanalyse grafisch mit einem Diagramm der summierten Wahrscheinlichkeiten. Dabei bezeichnet die binomialverteilte Zufallsgröße X die Anzahl der Tachos mit Mängeln am Display.

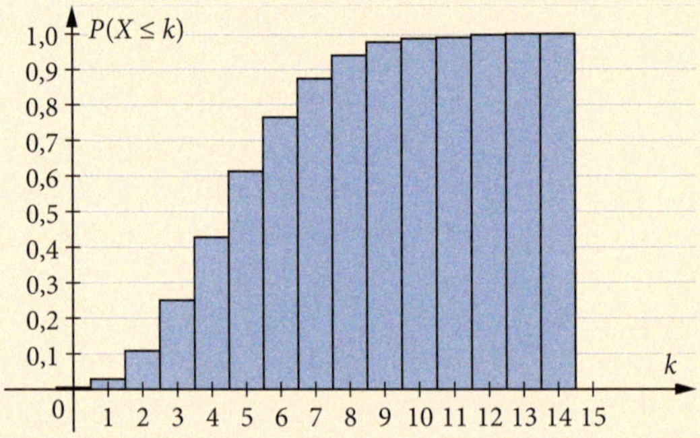

Beurteilen Sie anhand des Diagramms folgende Aussagen.

1.2.1 Die Wahrscheinlichkeit, dass in einem Karton höchstens 4 Tachos mangelhaft sind, beträgt ca. 42 %.

1.2.2 Die Wahrscheinlichkeit, dass in einem Karton genau 5 Tachos mangelhaft sind, beträgt ca. 62 %.

1.2.3 Die Wahrscheinlichkeit für mehr als 2 und höchstens 7 mangelhafte Tachos pro Karton ist ca. 35 %.

1.2.4 Die Wahrscheinlichkeit, dass mehr als ein Tacho mangelhaft ist, beträgt über 90 %.

1.2.5 Die Wahrscheinlichkeit, dass 10 oder 11 mangelhafte Tachos im Karton sind, ist fast gleich hoch.

1.2.6 Die Wahrscheinlichkeit, dass genau 3 Tachos fehlerfrei sind, beträgt 20 %.

1.3 Ein Auszubildender eines belieferten Sportgeschäfts möchte sichergehen und überlegt sich, wie viele Tachos er mindestens testen muss, um mit einer Wahrscheinlichkeit von mehr als 95 % mindestens einen mangelhaften Tacho zu finden.
Ermitteln Sie, wie viele Tachos der Auszubildende mindestens testen muss.

1.4 Der Hersteller bietet aufgrund von Beschwerden über die mangelhaften Tachos an, dem Kunden einen Karton nicht in Rechnung zu stellen, wenn von 50 Tachos mindestens 10 defekte Displays haben.

1.4.1 Ermitteln Sie die Wahrscheinlichkeit, dass ein verkaufter Karton für den Kunden kostenlos ist.

1.4.2 Bestimmen Sie den Verkaufspreis eines Kartons, wenn das Unternehmen im Schnitt 1500 € pro Karton erlösen möchte.

2. Die JoRo GmbH produziert spezielle Mikrochips auf zwei verschiedenen Maschinen. Die ältere Maschine *A* stellt die Chips mit einer Fehlerquote von 10 % her. Aufgrund dieser Fehlerhäufigkeit, aber auch aus Kapazitätsgründen ist eine neue Maschine *B* angeschafft worden, die nur zu 5 % fehlerhafte Chips produziert.

2.1 Bestimmen Sie die Wahrscheinlichkeit, mit der bei einer Lieferung von 80 auf der Maschine *A* hergestellten Chips genau 10 Chips fehlerhaft sind.
Vergleichen Sie diese Wahrscheinlichkeit mit der Wahrscheinlichkeit, mit der genau 10 von 80 auf der Maschine *B* produzierte Chips fehlerhaft sind.

2.2 Vergleichen Sie die Wahrscheinlichkeiten für beide Maschinen, wenn die Anzahl der mangelhaften Chips höchstens um die Standardabweichung vom Erwartungswert abweicht.

2.3 Für einen neuen Auftrag wird ein Hochleistungschip zuerst auf Maschine *B* hergestellt und danach auf einer Spezialmaschine *C* endgefertigt. Beide Maschinen arbeiten unabhängig voneinander. Maschine *B* produziert mit einer Fehlerquote von 5 %. Ein Hochleistungschip ist einwandfrei, wenn er weder einen Fehler von Maschine *B* noch einen Fehler von Maschine *C* aufweist, was erfahrungsgemäß bei 94 % der Chips der Fall ist.
Stellen Sie die Zusammenhänge in einem Baumdiagramm dar und ermitteln Sie die Wahrscheinlichkeit, mit der ein Fehler bei der Produktion auf Maschine *C* auftritt.

2.4 Wegen der anschließenden Bearbeitung der Chips auf Maschine *C* ist es für den reibungslosen Produktionsablauf wichtig, dass mit einem gleichmäßigen Output gerechnet werden kann. Deshalb werden die beiden Maschinen *A* und *B* unabhängig von der Fehlerquote bei der Produktion auf ihren mengenmäßigen Output hin untersucht. Von der älteren Maschine *A* wird noch ein Ausstoß von 80 Chips pro Stunde erwartet, während der Lieferant der neuen Maschine *B* einen Ausstoß von 100 Stück pro Stunde garantiert. Dabei ergeben Messungen während eines Arbeitstages folgende Datenreihen (Output in Stück pro Stunde):

A	78	78	79	80	75	78	74	81	80	71
B	103	100	100	100	97	97	100	100	100	103

Vergleichen Sie die Zuverlässigkeit der beiden Maschinen hinsichtlich des Outputs.

2.5 Vor dem Verkauf werden alle Chips noch einmal kontrolliert. Die Kosten dafür betragen für einen Karton mit 80 Chips 297,60 €. Ein fehlerfreier Chip kann für 90 € abgesetzt werden. 6 % der Chips sind nur leicht deformiert und in ihrer Funktionsfähigkeit nicht beeinträchtigt; sie können noch für 69 € pro Chip verkauft werden. 8 % der Chips sind so fehlerhaft, dass sie mit Folgekosten von 4 € entsorgt werden müssen.
Ermitteln Sie den zu erwartenden Gewinn für einen Karton mit 80 Chips, wenn die gesamte Produktion 1200 € kostet.

2.6 Die Elektronik der auf der neuen Maschine *B* gefertigten Chips wird in einem weiteren Testverfahren geprüft. Dabei werden 2 % der Chips mit fehlerfreier Elektronik als defekt und 95 % der fehlerhaften Chips als solche markiert.

2.6.1 Bestimmen Sie die Wahrscheinlichkeit, mit der ein Chip als fehlerfrei getestet wird.

2.6.2 Ermitteln Sie die Wahrscheinlichkeit, dass ein Chip fehlerhaft ist und als fehlerhaft getestet wird.

2.6.3 Berechnen Sie die Wahrscheinlichkeit, mit der ein als fehlerhaft getesteter Chip fehlerfrei ist.

2.6.4 Ermitteln Sie die Wahrscheinlichkeit, dass ein Chip fehlerfrei ist oder als fehlerfrei getestet wird.

2.6.5 Berechnen Sie die Wahrscheinlichkeit, mit der ein fehlerhafter Chip als fehlerfrei getestet wird.

2.6.6 Bestimmen Sie die Wahrscheinlichkeit, dass ein als fehlerfrei getesteter Chip tatsächlich fehlerfrei ist.

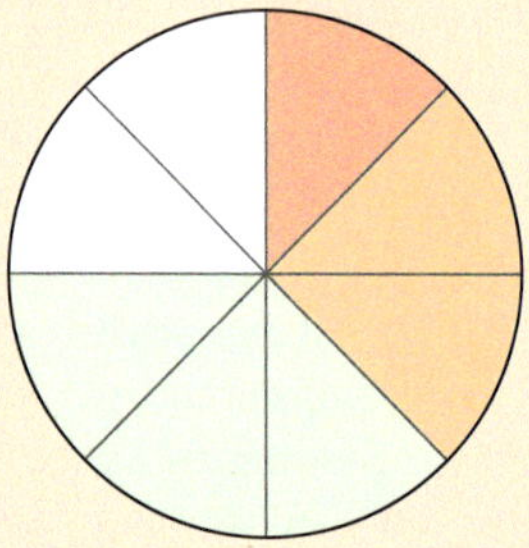

3. Eine Sprachschule eröffnet und wirbt mit einer neuen Selbst-Lern-Methode. Bei dieser sollen die Schülerinnen und Schüler an modernen PC-Plätzen eigenständig lernen und gemäß der individuellen Lerngeschwindigkeit üben können.

3.1 Die Schule hat zum Eröffnungsfest ein Glücksrad gebastelt. Das Glücksrad besteht aus 8 gleich großen Sektoren, die rot, orange, grün oder weiß sind (siehe Abbildung). Jeder Besucher darf das Glücksrad dreimal drehen. Wenn das Glücksrad zweimal bei der gleichen Farbe anhält, erhält der Besucher einen Gewinn: Bei zweimal rot gibt es einen MP3-Player, bei zweimal gelb einen USB-Stick und bei zweimal grün einen Schlüsselanhänger.

3.1.1 Bestimmen Sie jeweils die Wahrscheinlichkeit, mit der die einzelnen Produkte gewonnen werden können.

3.1.2 Stellen Sie die Situation anhand eines Baumdiagramms dar. Geben Sie auch an, mit welchem Urnenmodell sich das Gewinnspiel modellieren lässt.

3.2 Die Sprachschule bietet allen Kunden Sprachtests an, mit denen man seinen momentanen Kenntnisstand überprüfen kann. Zur Vorbereitung des Tests bietet sie sowohl einen „Probetest" als auch einen Crashkurs an. 70 % der Teilnehmer des Probetests belegen den Crashkurs. 80 % der Teilnehmer des Crashkurses geben an, den richtigen Test besser als den Probetest absolviert zu haben. Von allen Teilnehmern des Probetests schneiden 72 % besser ab.

3.2.1 Stellen Sie diesen Sachverhalt sowohl anhand eines Baumdiagramms als auch anhand einer Vierfeldertafel das. Vergleichen und beurteilen Sie beide Darstellungsweisen.

3.2.2 Ermitteln Sie, wie wahrscheinlich es ist, nicht am Crashkurs teilgenommen zu haben und sich trotzdem verbessert zu haben.

3.2.3 Ermitteln Sie, wie wahrscheinlich es ist, am Crashkurs teilgenommen zu haben und sich nicht verbessert zu haben.

3.3 In der Sprachschule stehen 46 PC-Einzelplätze zum Lernen zur Verfügung. Die Schule nimmt aber 50 Teilnehmer pro Tag an, da erfahrungsgemäß 10 % der angemeldeten Teilnehmer nicht erscheinen.
Die Sprachschule erzielt 10 € Gewinn je teilnehmende Person pro Tag und nimmt 5 € Verwaltungsgebühr pro Tag von jedem nicht anwesenden Teilnehmer zur Deckung der Kosten. Für den Fall, dass mehr als 46 Teilnehmer an einem Tag erscheinen, muss die Sprachschule jedem abgewiesenen Teilnehmer 50 € Entschädigung an diesem Tag zahlen.

3.3.1 Berechnen Sie die Wahrscheinlichkeit, dass der Kurs nicht ausgelastet ist.

3.3.2 Berechnen Sie die Wahrscheinlichkeit, dass mindestens ein Teilnehmer abgewiesen wird.

3.3.3 Berechnen Sie den zu erwartenden Gewinn bei 50 Buchungen.

3.4 In der Sprachschule kommen PC-Bildschirme mit besonders augenschonender Backlight-Technik zum Einsatz. Der Hersteller gibt an, dass eine dreistufige Qualitätskontrolle die Anzahl der fehlerhaft ausgelieferten Geräte reduziert. Dieser Qualitätstest sortiert auf der ersten Stufe 80 % der fehlerhaften Geräte aus. Von den nicht aussortierten Geräten werden auf einer zweiten Stufe 70 % und danach auf einer dritten Stufe noch einmal 50 % der defekten Bildschirme gefunden.

3.4.1 Bestimmen Sie die Wahrscheinlichkeit, dass ein defekter Bildschirm nach der zweiten Stufe aussortiert wird.

3.4.2 Untersuchen Sie, mit welcher Wahrscheinlichkeit ein defektes Gerät unerkannt bleibt.

3.4.3 Je später ein fehlerhafter Bildschirm entdeckt wird, desto höher sind die Ausfallkosten:
Kann ein defektes Gerät nach der ersten Teststufe aussortiert werden, so kostet es den Hersteller 5 €. Auf der zweiten Stufe fallen 15 € Kosten und auf der dritten Stufe 45 € Kosten an. Fehlerhafte PC-Bildschirme werden zu 75 % reklamiert und verursachen 100 € Zusatzkosten.
Berechnen Sie, mit welchen Kosten der Hersteller durchschnittlich rechnen muss.

3.4.4 Durchschnittlich werden 3 % der Flachbildschirme fehlerhaft ausgeliefert.
Ermitteln Sie den Verkaufspreis der Flachbildschirme, wenn der Hersteller einen Erlös von 350 € pro Gerät erzielen möchte, wobei die defekten Geräte den Kunden nicht berechnet werden.

4. In einem kleinen Familienbetrieb werden Buchstützen aus Metall hergestellt. Auf der 1. Produktionsstufe werden zugeschnittene Metallplatten rechtwinklig gebogen, auf der 2. Stufe werden sie dann beschichtet. Erfahrungsgemäß betragen die Fehlerquoten auf der 1. Stufe 2 % und auf der 2. Stufe 8 %. Die Fehler treten unabhängig voneinander auf.

4.1 Ermitteln Sie die Wahrscheinlichkeit für ein fehlerhaftes Produkt.

4.2 Am Ende des gesamten Produktionsprozesses werden täglich zufällig 20 Buchstützen entnommen. Unterstellen Sie eine Wahrscheinlichkeit von 10 %, mit der eine Buchstütze fehlerhaft ist.
Berechnen Sie die folgenden Wahrscheinlichkeiten.

4.2.1 Genau die als 2., 3. und 4. entnommenen Buchstützen sind fehlerhaft.

4.2.2 Höchstens 3 Buchstützen sind fehlerhaft.

4.2.3 Genau 3 Buchstützen sind fehlerhaft.

4.2.4 Mindestens 3 Buchstützen sind fehlerhaft.

4.2.5 Höchstens 2 oder genau 4 Buchstützen sind fehlerhaft.

4.2.6 Zwischen 2 und 4 Buchstützen sind fehlerhaft.

4.3 In einem anderen Betrieb des Unternehmens werden aus Blechen DVD-Halter gebogen und mit Farbe beschichtet. Dabei treten 2 Fehler unabhängig voneinander auf. Fehlertyp B: Die Bleche werden nicht exakt gebogen; Fehlertyp F: Die Farbe wird nicht korrekt aufgetragen. 10 % der Produkte haben mindestens einen der beiden Fehler.

4.3.1 Bestimmen Sie die Wahrscheinlichkeit dafür, dass die Bleche nicht exakt gebogen werden, wenn bekannt ist, dass die Wahrscheinlichkeit für die Fehlerart F 7 % beträgt.

4.3.2 Bestimmen Sie die Wahrscheinlichkeit, mit der genau einer der Fehlerarten B oder F auftritt.

4.4 Eine Veränderung des Produktionsprozesses bewirkte, dass die Fehlerquote bei den DVD-Haltern auf 6 % gesenkt werden konnte. Der laufenden Produktion wird eine Stichprobe von 100 Stück entnommen. 8 Stück aus dieser Stichprobe stellen sich als fehlerhaft heraus.

4.4.1 Prüfen Sie, ob diese Anzahl bei einer Sicherheitswahrscheinlichkeit von 95 % noch in der Sigma-Umgebung um den Erwartungswert liegt.

4.4.2 Berechnen Sie das Prognoseintervall für p bei einer Sicherheitswahrscheinlichkeit von 95 %.

4.5 Am Ende des Produktionsprozesses werden die DVD-Halter einer Kontrolle unterzogen, bei der mit einer Wahrscheinlichkeit von 97 % ein Fehler erkannt und das Produkt daraufhin aussortiert wird. Allerdings wird in 2 % der Fälle ein fehlerloses Produkt aus Versehen aussortiert. Tatsächlich weisen 4 % der DVD-Halter Fehler auf.

4.5.1 Bestimmen Sie den Anteil der als fehlerlos erkannten (und damit nicht aussortierten) DVD-Halter.

4.5.2 Ermitteln Sie die Wahrscheinlichkeit dafür, dass unbeanstandete DVD-Halter Fehler haben.

4.5.3 Ermitteln Sie die Wahrscheinlichkeit dafür, dass ein aussortierter DVD-Halter tatsächlich fehlerfrei ist.

4.6 Die Endkontrolle wurde bisher von einem Mitarbeiter als Sichtkontrolle vorgenommen; dabei entstanden Kosten von 0,50 € pro produziertem Stück. Allerdings muss pro berechtigter Reklamation mit Kosten von 100 € gerechnet werden.
Der Produktionsleiter zieht deshalb die Anschaffung eines elektronischen Prüfgeräts in Betracht, bei dem mit variablen Kosten von 0,10 € pro produziertem Stück und in einer Periode mit fixen Kosten von 500 € pro Periode kalkuliert werden muss. Der Hersteller des Prüfgeräts garantiert, dass es jedes fehlerhafte Produkt erkennt.
Untersuchen Sie, ab welcher Produktionsmenge pro Periode sich eine Umstellung des Kontrollverfahrens lohnt. Dabei kann man davon ausgehen, dass die Kosten für ungerechtfertigte Reklamationen vernachlässigbar gering sind.

5. Der Medipharmkonzern möchte für sein neues Schmerzmittel den benötigten Grundstoff Ranitidinhydrochlorid (RHC) von der Chem AG beziehen. Dieser Lieferer hat in den letzten Jahren festgestellt, dass bei der Produktion von RHC höchstens 5 % Ausschuss entstehen.

5.1 Berechnen Sie die Wahrscheinlichkeit, dass von 50 ME mindestens 3 ME fehlerhaft sind.

5.2 Aufgrund vermehrter Reklamationen scheint der Anteil fehlerhafter Produkte in letzter Zeit über 5 % zu liegen. Deshalb wird in der Fertigungsabteilung darüber nachgedacht, einen Test einzuführen: Der laufenden Produktion wird eine Stichprobe von 50 ME entnommen und überprüft. Sind davon mehr als 3 ME fehlerhaft, so wird die Produktion gestoppt und die Fertigungsanlagen werden überprüft sowie neu eingestellt.

5.2.1 Berechnen Sie die Wahrscheinlichkeit, mit der die Produktion irrtümlich gestoppt wird.

5.2.2 Bei dem Test stellt sich heraus, dass 10 % (statt der erwarteten 5 %) fehlerhaft sind. Berechnen Sie hierfür, wie groß die Wahrscheinlichkeit ist, dass die Produktion nicht unterbrochen wird.

5.3 Die Chem AG geht weiterhin davon aus, dass höchstens 5 % der Produktion von RHC fehlerhaft sind. Es wird darüber nachgedacht, ein neues Testverfahren einzuführen:
Sind bei einer Stichprobe von 50 ME höchstens 2 ME fehlerhaft, dann wird die Produktion nicht unterbrochen, sind mehr als 5 ME fehlerhaft, dann wird die Produktion gestoppt.
Außerdem werden bei 3, 4 und 5 fehlerhaften ME weitere 25 ME überprüft. Ist davon mehr als 1 ME fehlerhaft, dann wird die Produktion ebenfalls gestoppt, andernfalls weitergeführt.
Stellen Sie dieses Testverfahren übersichtlich in einem Baumdiagramm dar. Berechnen Sie, wie groß das Risiko ist, dass die Produktion unnötigerweise unterbrochen wird.

5.4 Gehen Sie jetzt davon aus, dass 6 % der ME fehlerhaft sind. Trotzdem soll die Produktion nicht unterbrochen werden. Stattdessen werden alle ME einer Endkontrolle unterworfen.
Allerdings ist diese Kontrolle nicht fehlerfrei: 2 % der fehlerlosen ME werden als fehlerhaft eingestuft und 4 % der fehlerhaften ME passieren die Kontrolle ohne Beanstandungen.

5.4.1 Stellen Sie die Situation in einem Baumdiagramm und in einer Vierfeldertafel dar.

5.4.2 Ermitteln Sie die Wahrscheinlichkeit, dass eine als fehlerhaft eingestufte ME einwandfrei ist.

5.4.3 Berechnen Sie die Wahrscheinlichkeit, dass eine als einwandfrei eingestufte ME fehlerhaft ist.

5.4.4 Beurteilen Sie das Testverfahren.

6. Zur laufenden Fußballbundesligasaison bringt ein Produzent Tüten mit Sammelbildern von Fußballern der Bundesliga heraus, wobei sich nur in jeder 4. Tüte ein Nationalspieler befindet.

6.1 Ein Kunde kauft 20 Tüten. Erläutern Sie, welche Bedeutung in diesem Zusammenhang die folgende Rechnung hat:
$P(X=2) = \binom{20}{2} \cdot \left(\frac{1}{4}\right)^2 \cdot \left(\frac{3}{4}\right)^{18} \approx 0{,}0669.$
Ermitteln Sie die Wahrscheinlichkeiten der Ereignisse A, B und C.
A „In keiner der 20 Tüten ist das Bild eines Nationalspielers."
B „Es befinden sich genau 3 Bilder von Nationalspielern in den 20 Tüten."
C „Es befinden sich höchstens 3 Bilder von Nationalspielern in den 20 Tüten."

6.2 Ein Käufer möchte unbedingt das Bild eines Nationalspielers erhalten. Berechnen Sie, wie viele Tüten er erwerben muss, um mit einer Sicherheit von 99,9 % mindestens eine Tüte mit dem Bild eines Nationalspielers zu bekommen.

6.3 Bei der Herstellung der Bilder der Nationalspieler treten ausschließlich die beiden Fehler F_1 und F_2 auf, die unabhängig voneinander sind. Ein Bild ist einwandfrei, wenn es keinen der beiden Fehler aufweist. Erfahrungsgemäß sind 90 % der Bilder einwandfrei und bei 7,5 % tritt der Fehler F_1 auf.
Veranschaulichen Sie die Zusammenhänge in einem Baumdiagramm und bestimmen Sie die Wahrscheinlichkeit, mit der der Fehler F_2 auftritt.

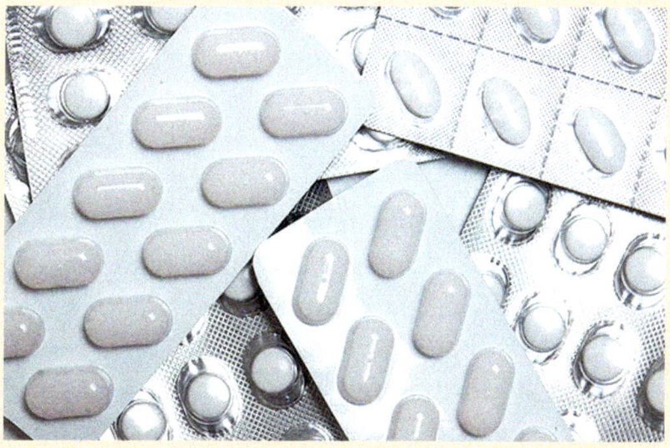

7. Der Arzneimittelkonzern Medipharm lud im Mai 500 Pharmareferenten aus der ganzen Welt zu einem Tag der offenen Tür mit anschließendem Kongress nach Hannover ein. Ziel der Veranstaltung war die Vorstellung eines neuen Schmerzmittels, das schon vorab für Schlagzeilen in Fachzeitschriften und sogar in der Tagespresse gesorgt hatte. Um auszuloten, wie groß der Bekanntheitsgrad des neuen Mittels bereits war, wurde ein Marktforschungsinstitut (MFI) mit einigen Umfragen beauftragt.

7.1 Die Marketingabteilung geht davon aus, dass sich 20 % der Pharmareferenten schon detailliert über das neue Medikament informiert haben. Berechnen Sie die folgenden Wahrscheinlichkeiten.

7.1.1 Von 100 Befragten besitzen genau 30 Vorabinformationen.

7.1.2 Von 100 Befragten besitzen mehr als 30 Vorabinformationen.

7.1.3 Von 100 Befragten besitzen wenigstens 18, aber höchstens 24 detaillierte Vorabinformationen.

7.2 Gehen Sie weiter davon aus, dass 20 % der Kongressbesucher schon detailliert informiert sind. Das MFI möchte bei seiner Umfrage mindestens 58 informierte Händler befragen. Ermitteln Sie den Stichprobenumfang, damit diese Bedingung mit einer Sicherheitswahrscheinlichkeit von 95,4 % erfüllt wird.

7.3 Nach Vorstellung des neuen Medikaments sollten alle 500 Teilnehmer die Frage beantworten: „Würden Sie das neue Medikament bei Ihren Arztbesuchen empfehlen?" 256 Referenten antworteten mit „ja".
Daraufhin stellte das MFI in seinem Bericht an die Marketingabteilung fest: „Die Mehrheit der Pharmareferenten ist bereit, das Medikament zu empfehlen."
Überprüfen Sie, ob diese Behauptung mit einer Sicherheitswahrscheinlichkeit von 99,7 % aufgestellt werden kann.

8. Die JoRo GmbH erwartet für den nächsten Monat drei mögliche Einnahmen und zwei mögliche Ausgaben: Zu einer Wahrscheinlichkeit von 10 % werden 800 000 € Einnahmen aus der Neuentwicklung erwartet, zu 30 % Einnahmen über 400 000 € von Mahnungen und zu 60 % werden Einnahmen aus der laufenden Produktpalette über 100 000 € erwartet.
Die JoRo GmbH muss zu 60 % mit Ausgaben über 540 000 € rechnen, die in die Neuentwicklung gesteckt wurden, und zu 40 % mit 360 000 € Ausgaben aus laufenden Gerichtsverfahren.

8.1 Die Einnahmen sind unabhängig von den Ausgaben.
Die Geschäftsführerin möchte von ihrem Finanzberater wissen, ob zu erwarten ist, dass das Unternehmen zahlungsunfähig wird. Berechnen Sie die Wahrscheinlichkeit, dass dieser Fall eintritt.
Tipp: Veranschaulichen Sie den Sachverhalt zuerst mithilfe einer Tabelle.

8.2 Erläutern Sie, warum hier ein Erwartungswert keine Aussagekraft besitzt.

9. Ein beliebtes Gerät im Fitnessstudio ist die Beinpresse. Trainiert werden fast sämtliche Muskeln der Beine und der große Gesäßmuskel. Eine Empfehlung für Fortgeschrittene lautet: 10 Sekunden drücken, 1 Sekunde halten, 4 Sekunden zurückführen. Je mehr Wiederholungen ausgeführt werden, desto höher ist der Trainingseffekt. 20 Sportler benötigen eine der beiden Beinpressen durchschnittlich 5 Minuten pro Stunde.

9.1 Ermitteln Sie die Wahrscheinlichkeit, dass ein Sportler zu einem beliebigen Zeitpunkt warten muss.

9.2 Der Fitnessstudiobetreiber möchte die Wartewahrscheinlichkeit auf 10 % senken. Geben Sie an, wie viele Geräte er zur Verfügung stellen muss.

9.3 Bestimmen Sie die Minuten, auf die die Verweildauer an dem Gerät reduziert werden müsste, damit die Wartewahrscheinlichkeit bei zwei Beinpressen auf 10 % gesenkt werden kann.

10. Das Modehaus „Düsselpalais“ vertreibt Bekleidung unter eigenem Markennamen. Es bietet vier verschiedene Paare Schuhe, zehn unterschiedliche Hemden und Pullover in sechs verschiedenen Farbdesigns an.

Schuhe	Hemden	Pullover
schwarz	weiß	dunkelblau
blau	hellblau	lila
beige	marine	anthrazit
braun	mittelblau	hellgrau
	dunkelblau	orange
	grau	rot-weiß
	anthrazit	
	blaugestreift	
	graugestreift	
	blaukariert	

10.1 Die Mitarbeiterinnen und Mitarbeiter von „Düsselpalais“ tragen als „Dienstkleidung“ spezielle Poloshirts: 20 % tragen schwarze Poloshirts, 50 % weiße und 30 % rote Poloshirts. Von der gesamten Belegschaft im Verkauf sind bei „Düsselpalais“ 75 % weiblich.
In der Mittagszeit betreten zehn Kunden das Geschäft. Bestimmen Sie die folgenden Wahrscheinlichkeiten.

10.1.1 Genau ein Kunde trifft eine Mitarbeiterin mit einem roten Poloshirt.

10.1.2 Der erste Kunde wird von einem Mitarbeiter in einem schwarzen Poloshirt bedient.

10.1.3 Genau vier Kunden werden von einer Frau in einem weißen oder schwarzen Poloshirt bedient.

10.1.4 Alle Kunden werden von einem Herrn mit beliebigem Poloshirt oder einer Person mit weißem Poloshirt bedient.

10.2 „Düsselpalais“ untersucht das Kaufverhalten und wertet dazu die Statistik des Schuhverkaufs aus: Von besonderem Interesse sind aber die rot-weißen Pullover, da dessen Farben denen des ortsansässigen Fußballclubs entsprechen. Die Daten zeigen, dass 47 % die schwarzen Schuhe kaufen, von denen wiederum jeder Vierte den rot-weißen Pullover als Ergänzung wählt. 24 % wählen die blauen Schuhe, davon 18 % den rot-weißen Pullover. Von den 20 %, die beige Schuhe wählen, ergänzt jeder Dreißigste den rot-weißen Pullover. Vom Rest der Schuhkäufer erwirbt jeder fünfte zusätzlich den rot-weißen Pullover.
Berechnen Sie den Anteil aller Kunden, die den rot-weißen Pullover wählen. Ermitteln Sie auch den Anteil aller Kunden, die schwarze oder blaue Schuhe, aber keinen rot-weißen Pullover kaufen.

10.3 „Düsselpalais“ fertigt auch eine eigene Sonderverpackung für die angebotenen Hemden an. Doch es gibt Schwierigkeiten mit der Verpackungsmaschine: Es werden $\frac{1}{6}$ der Hemden fehlerhaft verpackt.
Berechnen Sie die folgenden Wahrscheinlichkeiten für den Fall, dass ein Paket mit 50 Hemden betrachtet wird.

10.3.1 In einem Paket befinden sich genau 7 fehlerhaft verpackte Hemden.

10.3.2 Mehr als 12 Hemden wurden fehlerhaft verpackt.

10.3.3 Höchstens 8 Hemden wurden fehlerhaft verpackt.

10.3.4 Zwischen 5 und 12 fehlerhafte Verpackungen werden gefunden.

10.4 Bevor eine neue Verpackungsmaschine angeschafft werden soll, möchte sich die Geschäftsleitung die Auswirkungen der fehlerhaften Verpackungen veranschaulichen.
Das nebenstehende Histogramm zeigt die Verteilung der Zufallsgröße X, die die Anzahl der fehlerhaften Verpackungen von insgesamt 50 Verpackungen zählt $\left(p = \frac{1}{6}\right)$.
Erläutern Sie, warum es sich um die Darstellung einer punktgenauen Binomialverteilung handelt.

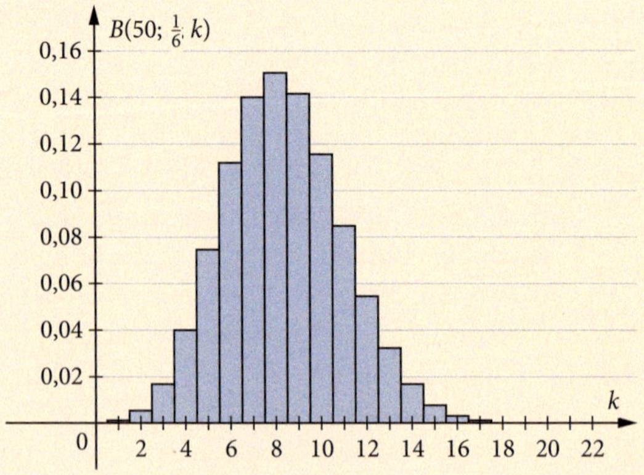

10.5 Beurteilen Sie mithilfe des Histogramms folgende Aussagen der Qualitätsabteilung:

10.5.1 Es ist ungefähr gleich wahrscheinlich, dass 3 oder 14 Hemden fehlerhaft verpackt sind.

10.5.2 Die Wahrscheinlichkeit, genau 12 fehlerhaft verpackte Hemden zu erhalten, beträgt 4 %.

10.5.3 Die Wahrscheinlichkeit, zwischen 3 und 6 fehlerhaft verpackte Hemden zu finden, liegt bei 11,5 %.

10.5.4 Die Wahrscheinlichkeit, dass genau 8 Hemden fehlerhaft verpackt sind, ist die größte von allen auftretenden Wahrscheinlichkeiten und mit ca. 150 % auch größer als 100 %.

10.5.5 Die Wahrscheinlichkeit, dass weniger als 3 Hemden fehlerhaft verpackt sind, ist größer als 4 %.

10.5.6 Die Wahrscheinlichkeit, dass genau 18 Hemden fehlerhaft verpackt sind, ist fast null.

10.5.7 Die Wahrscheinlichkeit, dass mindestens 13 Hemden fehlerhaft verpackt sind, ist kleiner als 9 %.

10.6 Auch mit der neuen Verpackungsmaschine gibt es Schwierigkeiten:
Hier werden 7,5 % der Hemden fehlerhaft verpackt.

10.6.1 Ermitteln Sie den Erwartungswert und die Standardabweichung, wenn 200 Verpackungen geprüft werden.

10.6.2 Erläutern Sie die Bedeutung der beiden Werte für den Betrieb.

10.6.3 Berechnen Sie die Wahrscheinlichkeit dafür, dass die Anzahl der fehlerhaft verpackten Hemden innerhalb einer σ-Umgebung um den Erwartungswert liegt.

10.7 Der Einkaufspreis und die Verpackungskosten betragen für einen verkaufsfertigen Karton mit zwei Hemden 70 €; der Karton soll für 100 € verkauft werden. Für ein Gewinnspiel wird bei 10 % der Kartons ein Einkaufsgutschein von 150 € beigelegt.
Prüfen Sie, ob der Betrieb den angestrebten Gewinn von 15 % des Umsatzes erreichen kann.

11. Ein Hersteller von Badarmaturen fertigt das Modell „Luxus“ in drei Produktionsstufen, auf denen unabhängig voneinander Mängel auftreten können. Der Hersteller rechnet aus Erfahrung damit, dass auf der 1. Stufe 10 %, auf der 2. Stufe 5,5 % und auf der 3. Stufe 11,8 % Mängel entstehen. Zwischen den einzelnen Produktionsstufen findet keine Qualitätskontrolle statt.

11.1 Zeigen Sie, dass mit einer Wahrscheinlichkeit von ungefähr 75 % eine fertig gestellte Armatur völlig ohne Mängel ist (Qualität A).

11.2 Die Zufallsgröße X gibt die Anzahl der Armaturen an, die nicht die Qualität A erreichen. X ist binomialverteilt. Die Wahrscheinlichkeit, dass eine fertig gestellte Armatur Mängel aufweist beträgt 25 %.

11.2.1 Erläutern Sie, warum man davon ausgehen kann, dass X binomialverteilt ist.

11.2.2 Geben Sie die Wahrscheinlichkeitsfunktion von X, ihren Erwartungswert, ihre Varianz und ihre Standardabweichung in Abhängigkeit vom Umfang n der Produktion an.

11.3 Nach der 3. Produktionsstufe werden die Armaturen auf ihre Qualität hin überprüft, weil nur Geräte der Qualität A in den Verkauf kommen sollen. Dabei werden erfahrungsgemäß aber 2 % der fehlerhaften Armaturen fälschlicherweise als Qualität A und 1 %, die eigentlich der Qualität A zuzurechnen sind, als fehlerhaft eingestuft.

11.3.1 Weisen Sie nach, dass der Anteil der in den Verkauf gehenden Armaturen 74,75 % beträgt, und bestimmen Sie die Wahrscheinlichkeit, dass eine als Qualität A eingestufte Armatur fehlerhaft ist.

11.3.2 Die durchschnittlichen variablen Produktionskosten einer Armatur betragen 269,10 €. Jede an den Großhändler verkaufte Armatur ergibt einen Stückdeckungsbeitrag von 60 €. Ermitteln Sie den Verkaufspreis.

11.3.3 Bemerkt der Großhändler, dass eine ihm verkaufte Armatur nicht der Qualität A entspricht, dann muss der Hersteller laut Vertrag das Gerät umtauschen.
Bestimmen Sie den Prozentsatz an gerechtfertigten Reklamationen, von dem an der Stückdeckungsbeitrag unter 55 € sinkt (eine weitere Reklamation wird ausgeschlossen). Beurteilen Sie Ihr Ergebnis.

12. Das Unternehmen *Lammers* produziert Handtaschen und bringt eine neue Trapeztasche auf den Markt. Aufgrund der neuen Produktion gibt es noch zwei Probleme mit der Qualität.

12.1 Der Verschluss ist zu 15 % defekt (Ereignis E_1) und das Leder weist zu 32 % einen Farbfehler auf (Ereignis E_2). 9 % der Taschen weisen beide Fehler auf. Erläutern Sie die folgenden Ereignisse im Sachzusammenhang und berechnen Sie deren Wahrscheinlichkeiten.
$A = E_1 \cup E_2$; $B = E_1 \cap E_2$; $C = E_1 \setminus E_2$; $D = \overline{E_1}$; $E = E_1 \cup \overline{E_2}$; $F = \overline{E_1} \cap \overline{E_2}$

12.2 Die Wahrscheinlichkeit, dass eine Trapeztasche einen Fehler aufweist, beträgt 38 %. Der laufenden Produktion werden 80 Taschen entnommen.

12.2.1 Erläutern Sie, warum man von einem Bernoulli-Experiment ausgehen kann.

12.2.2 Berechnen Sie die Wahrscheinlichkeiten der folgenden Ereignisse.

- **12.2.2.1** Genau 25 Trapeztaschen weisen einen Fehler auf.
- **12.2.2.2** Mehr als 35 Trapeztaschen weisen einen Fehler auf.
- **12.2.2.3** Höchstens 40 Trapeztaschen weisen einen Fehler auf.
- **12.2.2.4** Maximal 50 Trapeztaschen weisen keinen Fehler auf.

12.2.3 Beurteilen Sie folgende Aussage, wobei X eine binomialverteilte Zufallsgröße ist: Ist $P(X = k)$ maximal, so gilt $E(X) = k$.

7

12.3 Die Produktionsprozesse werden nochmals optimiert. Der Produktionsleiter entnimmt wieder eine Stichprobe, diesmal 100 Stück, und stellt fest, dass 20 Stück fehlerhaft sind.

12.3.1 Überprüfen Sie mithilfe des Parabelansatzes, ob zu einer Sicherheitswahrscheinlichkeit von 95 % die Aussage richtig ist, dass die Fehlerwahrscheinlichkeit verringert werden konnte.

12.3.2 Berechnen Sie die notwendige Sicherheitswahrscheinlichkeit, damit die alte Fehlerquote noch im Konfidenzintervall liegt.

12.4 Ein Händler möchte gern 100 Trapeztaschen bestellen. Da Taschen mit Fehler beim Kunden Ärger hervorrufen, möchte das Unternehmen *Lammers* einige Taschen dazugeben, so dass der Händler mit 95 % Wahrscheinlichkeit 100 Taschen ohne Fehler bekommt.
Berechnen Sie, wie viele Taschen zusätzlich zu den 100 Taschen geliefert werden müssen, wenn Fehler mit einer Wahrscheinlichkeit von 10 % auftreten.

12.5 Für eine bessere Qualität werden in der neuen Produktionslinie der Trapeztaschen Qualitätskontrollen eingeführt. Jede Tasche wird nacheinander in verschiedenen Kontrollgängen auf Farbfehler, Verschlussfehler und Nähfehler geprüft. Erfahrungsgemäß muss bei 4 % der Taschen die Farbe beanstandet werden. 96 % der Taschen passieren die Verschlusskontrolle ohne Beanstandungen, 2 % haben Nähfehler.
Nur wenn alle drei Kontrollen ohne Beanstandungen durchlaufen sind, kann eine Tasche als 1. Wahl verkauft werden. Eine Tasche ist 2. Wahl, wenn die Qualität an nur einer Kontrollstelle nicht ausreicht. Alle übrigen Taschen gelten als Ausschussware.
Die Produktionskosten (einschließlich fixer Kosten) belaufen sich auf 17 € pro Tasche, eine Tasche 1. Wahl wird für 39 € verkauft, eine Tasche 2. Wahl für 25 €. Ausschussware verursacht zusätzliche Kosten für Entsorgung von 5 €.
Berechnen Sie, mit welchem Gewinn durchschnittlich pro produzierter Tasche zu rechnen ist.
Berechnen Sie dazu die Wahrscheinlichkeiten für eine Tasche 1. Wahl und 2. Wahl sowie für Ausschussware mithilfe eines Baumdiagramms.

12.6 In einem Einkaufszentrum ist eine Werbemaßnahme geplant. Dazu wird ein Glücksrad mit vier Sektoren erstellt. Ein Sektor (Kreisausschnitt) des Rades soll ein Gewinnsektor sein, die anderen drei Sektoren wären dann Nieten. Das Glücksrad wird 2-mal gedreht. Wird zweimal hintereinander der Gewinnsektor angezeigt, ist eine Tasche der Gewinn.
Ermitteln Sie die Größe des Gewinnsektors und der drei anderen Sektoren, so dass die Wahrscheinlichkeit für den Gewinn einer Tasche bei 1 % liegt.

Stochastik mit CAS

1. Das Unternehmen *Holzig* stellt elektronische Schließsysteme für Türen her. Jedoch haben 4 % der Schließsysteme einen Materialfehler und unabhängig davon 7 % einen Elektronikfehler. Beide Fehler können nicht zusammen auftreten. Zur Vermeidung hoher Reklamationskosten durchlaufen die Schließsysteme vor dem Einbau noch einen Test, der ein fehlerfreies System zu 98 % bestätigt und bei den fehlerfreien Systemen zu 0,5 % einen Materialfehler sowie zu 1,5 % einen Elektronikfehler feststellt. Die Schließsysteme mit Materialfehler werden zu 95 % und diejenigen mit Elektronikfehler zu 96 % vom Testgerät als solche erkannt.

1.1 Erstellen Sie ein vollständiges zweistufiges Baumdiagramm und berechnen Sie die Wahrscheinlichkeiten der folgenden Ereignisse.

1.1.1 Ein Schließsystem ist fehlerfrei und wird als fehlerfrei getestet.

1.1.2 Ein als elektronikfehlerhaft getestetes Schließsystem hat einen Elektronikfehler.

1.1.3 Der Test hat ein Schließsystem mit Materialfehler ergeben.

1.1.4 Ein Schließsystem mit Materialfehler wird als fehlerfrei getestet.

1.1.5 Ein Schließsystem hat einen Elektronikfehler oder ist als elektronikfehlerhaft getestet worden.

1.1.6 Ein fehlerhaftes Schließsystem wird als fehlerfrei getestet.

1.2 Ohne Test betragen die Reparaturkosten bei einem Schließsystem mit Materialfehler 15 € und bei einem System mit Elektronikfehler 10 €. Nach der Testdurchführung kostet eine Materialreparatur 8 € und eine Elektronikreparatur 3 €. Täglich werden 200 Schließsysteme getestet.

1.2.1 Berechnen Sie die durchschnittlich zu erwartenden täglichen Reparaturkosten ohne und mit Test.

1.2.2 Ermitteln Sie die Kosten des Testgeräts, wenn es sich nach 100 Tagen amortisiert haben soll.

1.3 Die nur noch zu 8 % fehlerhaften Schließsysteme werden in Einheiten zu je 25 Stück verpackt.

1.3.1 Ermitteln Sie die Wahrscheinlichkeiten für folgende Ereignisse.

1.3.1.1 In einer Einheit befinden sich genau 2 fehlerhafte Schließsysteme.

1.3.1.2 Das dritte gefundene Schließsystem ist fehlerhaft.

1.3.1.3 Nur das dritte gefundene Schließsystem ist fehlerhaft.

1.3.1.4 In einer Einheit sind mehr als 3 Schließsysteme fehlerhaft.

1.3.1.5 In einer Einheit befinden sich weniger als 3 fehlerhafte Schließsysteme.

1.3.1.6 Eine Einheit hat höchstens 22 fehlerfreie Schließsysteme.

1.3.2 Vor dem Verkauf der Schließsysteme erfolgt eine Endkontrolle. Berechnen Sie, wie viele Schließsysteme mindestens überprüft werden müssen, um mit mindestens 90 %iger Wahrscheinlichkeit mindestens ein fehlerhaftes System zu finden.

2. Die im Datenblatt von Handys genannte Kapazität des Akkus muss möglichst exakt eingehalten werden. Eine Produktionsstraße stellt Akkus mit einer Soll-Kapazität von 3000 mAh her. In einer detaillierten Untersuchung von 100 produzierten Akkus konnte für die Kapazität der Akkus ein Erwartungswert $\mu = 2930$ mAh und eine Standardabweichung von 32 mAh ermittelt werden. Die Kapazität eines Akkus ist dabei näherungsweise normalverteilt.

2.1 Im Datenblatt des Handys wird weiterhin eine Akku-Kapazität von 3000 mAh angegeben. Untersuchen Sie, welche Auswirkung diese Ergebnisse für den Handyhersteller haben können.

2.2 Bestimmen Sie für die Geschäftsleitung die Wahrscheinlichkeit, dass ein beliebiger Akku mindestens die angegebene Kapazität von 3000 mAh aufweist.

2.3 Laut Datenblatt werden in den Handys nur Akkus verbaut, die eine Toleranz von ± 3 % zur angegebenen Soll-Kapazität von 3000 mAh aufweisen. Ein Akku, der nicht verbaut werden kann, erzeugt Zusatzkosten von etwa 15 Euro für die Aufbereitung. Berechnen Sie die Zusatzkosten für eine Tagesproduktion von derzeit 1500 Akkus.

2.4 Die Geschäftsführung muss Kosten sparen. Dazu soll für die Akkus die Qualitätsstufe B eingeführt werden. Es ist geplant, diese auf dem Weltmarkt mit einer Toleranz von $\pm x$ % zur angegebenen Soll-Kapazität von 3000 mAh zu vertreiben. Bestimmen Sie die notwendige Toleranz x, damit mindestens 99 % aller Akkus zumindest die Qualitätsstufe B erreichen.

3. Das Unternehmen *Rieger KG* will einen neuen Helikopter auf den Markt bringen und möchte absehbare Risiken einschätzen können.

3.1 In der ersten Produktionsperiode hat das Unternehmen noch Qualitätsprobleme in der Produktion. Folgende Fehler treten auf:
In 3 % der Fälle hat der Helikopter Steuerungsfehler (S).
Helikopter mit einem Steuerungsfehler haben zu 2 % einen Rotorfehler (R).
Helikopter ohne Steuerungsfehler haben nur in 1,5 % der Fälle einen Rotorfehler.

3.1.1 Berechnen Sie die Wahrscheinlichkeit, dass ein Helikopter einen Steuerungsfehler und einen Rotorfehler hat.

3.1.2 Ein Kunde hat einen Helikopter mit einem Rotorfehler bekommen. Ermitteln Sie die Wahrscheinlichkeit, mit der der Helikopter keinen Steuerungsfehler hat. Fertigen Sie dazu ein Baumdiagramm an.

3.1.3 Erläutern Sie die folgenden Ausdrücke und berechnen Sie deren Wahrscheinlichkeiten:

3.1.3.1 $P(\overline{S} \cap \overline{R})$

3.1.3.2 $P_{\overline{R}}(S)$

3.1.3.3 $P(S \cap R) + P(\overline{S} \cap R)$

3.2 In einer anderen Produktionsperiode treten unabhängig voneinander folgende drei Fehler auf: Ein Helikopter hat mit einer Wahrscheinlichkeit von 0,03 Akkuprobleme (F_1), mit 2 %iger Wahrscheinlichkeit einen Gehäusefehler (F_2) und mit einer unbekannten Wahrscheinlichkeit x Probleme mit der Fernsteuerung (F_3).

3.2.1 Stellen Sie die Situation grafisch in einem Baumdiagramm dar und erläutern Sie die stochastische Unabhängigkeit anhand des Baumdiagramms.

3.2.2 Ermitteln Sie die Wahrscheinlichkeit für die Probleme mit der Fernsteuerung, wenn im Schnitt 9,38 % der Helikopter genau einen der drei Fehler aufweisen.

3.2.3 Die Wahrscheinlichkeit für ein Problem mit der Fernsteuerung ist $x = 0{,}05$.

3.2.3.1 Zeigen Sie, dass nur ein Helikopter von ca. 333 Geräten mit genau zwei Fehlern und ein Helikopter von ca. 33 333 Geräten mit allen drei Fehlern zu erwarten ist.

3.2.3.2 Ermitteln Sie die Wahrscheinlichkeit dafür, dass ein Helikopter keinen Fehler aufweist.

3.3 Die Wahrscheinlichkeit für einen defekten Helikopter, der aus der laufenden Produktion entnommen wird, liegt bei 0,097.
Berechnen Sie die Wahrscheinlichkeiten nachfolgender Ereignisse, wenn 350 Stück untersucht werden.
E_1 „Weniger als 18 Helikopter sind defekt."
E_2 „Mehr als 15 und weniger als 25 Helikopter sind defekt."
E_3 „Mindestens 320 Helikopter sind intakt."
E_4 „Überdurchschnittlich viele Helikopter sind defekt."
E_5 „Die Anzahl der defekten Helikopter weicht nicht mehr als die Standardabweichung vom Erwartungswert ab."
E_6 „Höchstens 20 % oder genau 22 Helikopter sind defekt."

3.4 Die Reparaturkosten und die dadurch entstehenden Verwaltungskosten für die defekten Helikopter (9,7 % der produzierten Helikopter) betragen zusammen durchschnittlich 60 € pro defektem Helikopter. Die Unternehmensführung überlegt daher eine Abschlusskontrolle jedes Helikopters einzuführen. Die Kosten der Kontrolle pro Helikopter betragen 0,50 €. Defekte Helikopter verursachen dann nur noch Reparaturkosten von durchschnittlich 28 €.
Ermitteln Sie, ob sich diese Abschlusskontrolle bei einer Wochenproduktion von 350 Helikoptern lohnt.

3.5 Die Außendienstmitarbeiter für die Betreuung des Fachhandels, in dem die Helikopter verkauft werden, benötigen für 10 % ihrer Arbeitszeit einen Arbeitsplatz (Schreibtisch mit PC) im Unternehmen *Rieger KG*. Das Unternehmen beschäftigt 20 Außendienstmitarbeiter. Sie kommen unabhängig voneinander ins Büro und haben die gleiche Arbeitszeit.

3.5.1 Berechnen Sie, wie viele Arbeitsplätze das Unternehmen vorhalten muss, damit mit einer Wahrscheinlichkeit von mindestens 90 % jeder Außendienstmitarbeiter einen Arbeitsplatz im Unternehmen hat, wenn er dort ist.

3.5.2 Erläutern Sie, warum es sich um eine Binomialverteilung handelt.

3.6 In einer Umfrage wurden Personen im Alter zwischen 12 und 25 Jahren nach ihrem Interesse an ferngesteuerten Helikoptern befragt. Das Diagramm gibt die Wahrscheinlichkeitsverteilung wieder, wie viele Personen in einer Gruppe von 100 Personen Interesse an einem Helikopter hätten.

3.6.1 Beurteilen Sie die Aussagen mithilfe des Diagramms und begründen Sie Ihre Antwort kurz.

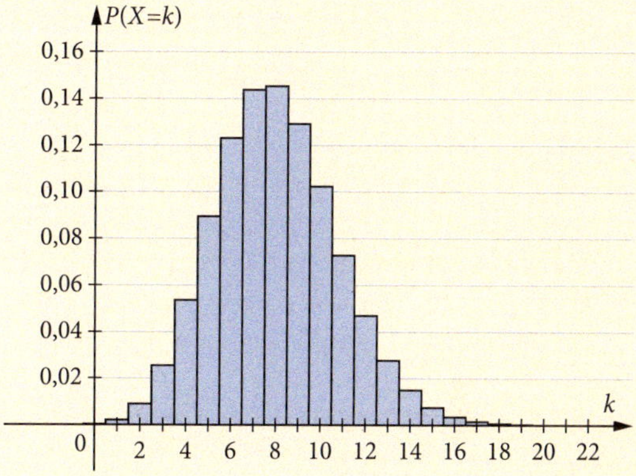

3.6.1.1 Die Wahrscheinlichkeit, dass genau 20 Personen Interesse an einem Helikopter haben, ist verschwindend gering.

3.6.1.2 Die Wahrscheinlichkeit, dass 8 Personen Interesse an einem Helikopter haben, ist am höchsten.

3.6.1.3 Die Wahrscheinlichkeit, dass weniger als 5 Personen Interesse an einem Helikopter haben, liegt knapp unter 6 %.

3.6.1.4 Die Wahrscheinlichkeit, dass genau 88 Personen kein Interesse an einem Helikopter haben, liegt über 96 %.

3.6.1.5 Die Wahrscheinlichkeit, dass mehr als 10 Personen Interesse an einem Helikopter haben, liegt über 23 %.

3.6.1.6 Die Wahrscheinlichkeit, dass genau 2 Personen Interesse an einem Helikopter haben, ist ungefähr so groß wie die Wahrscheinlichkeit, dass 15 Personen Interesse daran haben.

3.6.2 Skizzieren Sie ein geeignetes Diagramm mit der kumulierten Wahrscheinlichkeit, d. h, dass auf der y-Achse $P(X \leq k)$ eingetragen wird.

4. Sie lesen die folgende Schlagzeile: „Das Alter der deutschen Passagiere beim ersten Flug sinkt". Das wollen Sie genauer untersuchen. Sie nehmen sich die beiden im Diagramm dargestellten Bevölkerungsgruppen im Alter von bis zu 39 Jahren vor und wollen diese beiden Gruppen miteinander vergleichen. Im Text zur Schlagzeile finden Sie noch, dass derzeit das durchschnittliche Alter eines Passagiers beim ersten Flug 12 Jahre ist.
Nehmen Sie an, dass die Zufallsgröße X: „Alter des ersten Flugs für unter-30-Jährige" annähernd normalverteilt ist.

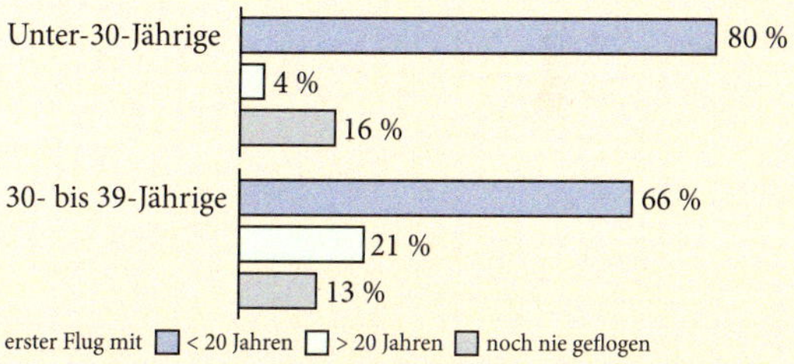

Die Befragten gaben an, wann sie das erste Mal geflogen sind.
Quelle: Forschungsgruppe Wahlen

4.1 Stellen Sie aus den gegebenen Informationen und der Information aus dem Diagramm für „erster Flug mit < 20 Jahren" eine Normalverteilung für X auf. ▶ Zur Kontrolle: $\sigma = 7{,}54$

4.2 Kontrollieren Sie die Angaben des Diagramms anhand der gefundenen Normalverteilung für X und diskutieren Sie etwaige Abweichungen.

4.3 Bei der Altersgruppe der 30- bis 39-Jährigen ändern Sie Ihr Vorgehen. Sie nehmen an, dass für diese Gruppe weiterhin die Standardabweichung $\sigma = 7{,}54$ gilt. Bestimmen Sie den Erwartungswert μ, indem Sie die Information aus dem Diagramm für „erster Flug mit < 20 Jahren" verwenden.

4.4 Diskutieren Sie kritisch das Ergebnis und das gewählte Vorgehen zur Untersuchung der Statistik.

Lösungen der „Alles klar?“-Aufgaben

Lösungen zu 1.1

Seite 23

1. $a(0) = 0; a(12) = 130\,000;$
   $a(18) = 175\,000; a(24) = 105\,000$
   Sowohl mit kubischer Regression als auch durch Lösung mithilfe von LGS:
   $a(t) = -58{,}835\,t^3 + 1579{,}86\,t^2 + 347{,}22\,t$

2. $a_1(t) = \frac{1}{9}t^3 - \frac{7}{3}t^2 + 15\,t - 27;\ H_1(5|3{,}56)$
   $a_2(t) = 0{,}1\,t^3 - 2{,}21\,t^2 + 14{,}36\,t - 26{,}03;\ H_2(4{,}84|3{,}04)$
   Die durch kubische Regression erstellte Absatzfunktion a_2 hat etwas früher gegen Ende des Monats Mai ihr Absatzmaximum, das mit ca. 3040 Stück etwas geringer als bei a_1 ausfällt (Ende Mai, ca. 3560 Stück).

Seite 27

(I) $k + 5b - ab = 35 - 7a$
(II) $k + 6b - ab = 36 - 6a$
(III) $k + 8b - ab = 40 - 5a$

$\Rightarrow a = 2; b = 3; k = 12$

$\Rightarrow I(x) = \frac{12}{x-2} + 3$

Seite 28

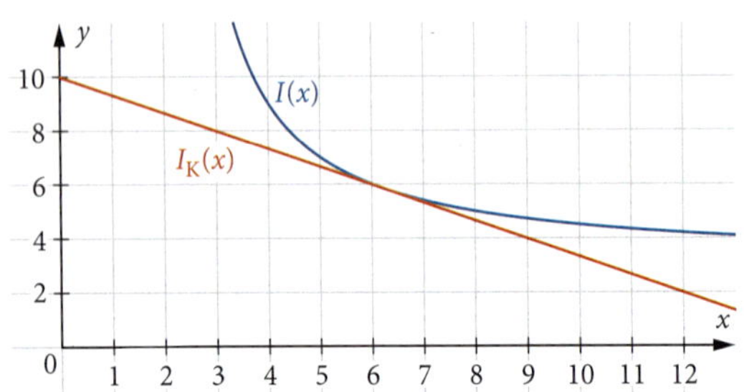

An der Stelle 6,24 berühren sich die beiden Graphen. Mit $I(6{,}24) = 5{,}83$ ergibt sich $MKK(6{,}24|5{,}83)$.

Seite 29

$I_{K,n}(x) = -\frac{2}{3}x + n$ mit $n = \frac{K}{30}$

$I'_{K,n}(x) = -\frac{2}{3};\ I'(x) = \frac{-24}{(x-3)^2}$

$I'(x) = I'_{K,n}(x) \Leftrightarrow \frac{-24}{(x-3)^2} = -\frac{2}{3}$

$\Rightarrow x_1 \approx -3\ (\notin D_I)$ und $x_2 \approx 9\ (\in D_I =]3; \infty[)$

$I(9) \approx 9 \Rightarrow MKK(9|9);\ K = 20 \cdot 9 + 30 \cdot 9 = 450$

Seite 33

a) $e_N(x) = \frac{p_N(x)}{x \cdot p'_N(x)} = \frac{49 - 7x}{x \cdot (-7)} = 1 - \frac{7}{x}$

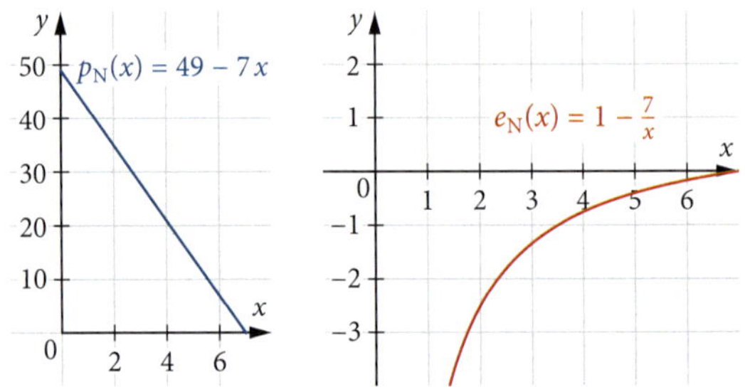

$e_N(x) = 1 - \frac{7}{x} = -1 \Leftrightarrow x = 3{,}5$
Unelastischer Bereich: $[0; 3{,}5[$
Große relative Preisänderungen bewirken kleine relative Mengenänderungen.
Elastischer Bereich: $]3{,}5; 7]$
Kleine relative Preisänderungen haben große relative Mengenänderungen zur Folge.

b) $p_N(x) = 49 \Leftrightarrow x = 0;\ p_N(x) = 38{,}5 \Leftrightarrow x = 1{,}5;$
$p_N(x) = 21 \Leftrightarrow x = 4$
Bei 49 GE; 38,5 GE: unelastischer Nachfragebereich; bei 21 GE: elastischer Nachfragebereich.

c) Z. B. bewirkt bei einem Preis von 42 GE und der daraus resultierenden nachgefragten Menge von 1 ME eine große relative Preisänderung eine kleine relative Mengenänderung (unelastischer Bereich). Entsprechend bewirkt z. B. bei einem Preis von 14 GE und der zugehörigen nachgefragten Menge von 5 ME eine kleine relative Preisänderung eine große relative Mengenänderung (elastischer Bereich).

d) $e_N(x) = -\frac{1{,}5}{3} \Leftrightarrow 1 - \frac{7}{x} = -0{,}5 \Rightarrow x = \frac{14}{3} \approx 4{,}67$
$\Rightarrow p_N\left(\frac{14}{3}\right) = 49 - 7 \cdot \frac{14}{3} = \frac{49}{3} \approx 16{,}33$
Bei einem Preis von ca. 16,33 GE löst eine 3 %ige Preiserhöhung eine 1,5 %ige Mengenänderung aus.

Seite 34

a) $e_A(x) = \frac{-0{,}5x^2 + 6x + 10{,}5}{x \cdot (-x + 6)} = \frac{-0{,}5x^2 + 6x + 10{,}5}{-x^2 + 6x};\ D_{ök} =]0; 6[$
Bei $x = 6$ hat p_A ein lokales Maximum. Eine streng monoton fallende Angebotsfunktion für $x > 6$ ist ökonomisch sinnlos.

b) $p_A(x) = 28 \Rightarrow x = 5;\ e_A(5) = 5{,}6\ (= 560\,\%)$; d. h., bei einem Angebot von 5 ME bewirkt eine prozentuale Preisveränderung eine prozentuale Veränderung des Angebots um das 5,6-Fache der Preisänderung.

$p_A(x) = 20{,}5 \;\Rightarrow\; x = 2;\; e_A(2) = 2{,}5625\; (= 256{,}25\,\%)$;
d.h., bei einem Angebot von 2 ME bewirkt eine prozentuale Preisveränderung eine prozentuale Veränderung des Angebots um das 2,5625-Fache der Preisänderung.

$p_A(x) = 16 \;\Rightarrow\; x = 1;\; e_A(1) = 3{,}2\; (= 320\,\%)$;
d. h., bei einem Angebot von 1 ME bewirkt eine prozentuale Preisveränderung eine prozentuale Veränderung des Angebots um das 3,2-Fache der Preisänderung.

c) $e_A(x) = \frac{58}{20} = 2{,}9 \;\Leftrightarrow\; \frac{-0{,}5x^2 + 6x + 10{,}5}{-x^2 + 6x} = 2{,}9$
$\Leftrightarrow\; x = 1{,}25 \;\text{ oder }\; x = 3{,}5$
$\Rightarrow\; p_A(1{,}25) = 17{,}21875 \approx 17{,}22$
$\quad p_A(3{,}5) = 25{,}375 \approx 25{,}38$
Bei Preisen von 17,22 GE und 25,38 GE führt eine 20-prozentige Preiserhöhung zu einer 58-prozentigen Mengenerhöhung.

Seite 36

$$e_K(x) = \frac{K'(x)}{K(x)} \cdot x = \frac{9x^2 - 16x + 24}{3x^3 - 8x^2 + 24x + 50} \cdot x = \frac{9x^3 - 16x^2 + 24x}{3x^3 - 8x^2 + 24x + 50}$$

$$e_K(x) = \frac{9x^3 - 16x^2 + 24x}{3x^3 - 8x^2 + 24x + 50} = 1 \;\blacktriangleright\; x \in D_{\text{ök}}$$

$$\Leftrightarrow\; 9x^3 - 16x^2 + 24x = 3x^3 - 8x^2 + 24x + 50$$

$$\Leftrightarrow\; 6x^3 - 8x^2 - 50 = 0 \;\Rightarrow\; x \approx 2{,}58$$

Unelastischer Bereich: $[0;\, 2{,}58[$
Elastischer Bereich: $]2{,}58;\, 10]$

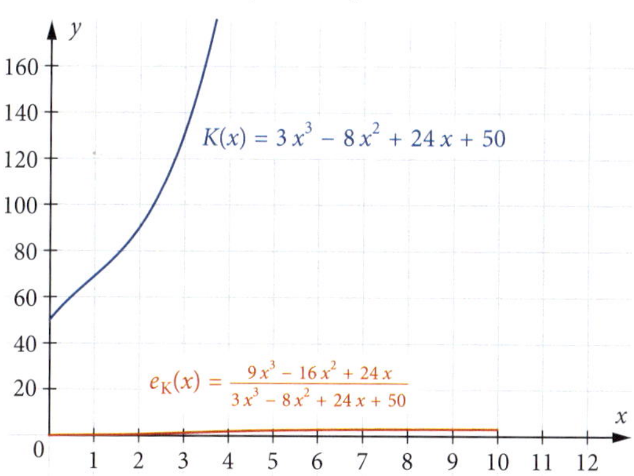

Lösungen zu 1.2

Seite 48

1. $f_a(x) = 0{,}25x^4 + ax^2;\; a \neq 0$

Achsenschnittpunkte

$f_a(0) = 0$ für alle $a \neq 0 \;\Rightarrow\; S_y(0|0)$
$f_a(x_N) = 0 \;\Leftrightarrow\; 0{,}25{x_N}^4 + a{x_N}^2 = 0$
$\quad\Leftrightarrow\; 0{,}25{x_N}^2 \cdot ({x_N}^2 + 4a) = 0$
$\quad\Leftrightarrow\; 0{,}25{x_N}^2 = 0$ oder ${x_N}^2 + 4a = 0$
$\Rightarrow\; x_{N_1} = 0$ (doppelt) für $a \neq 0$;
$\quad x_{N_{2,3}} = \pm\sqrt{-4a}$ für $a < 0$
$\Rightarrow\; N_1(0|0);\; N_2(-\sqrt{-4a}|0);\; N_3(\sqrt{-4a}|0)$

Lokale Extrempunkte

$f_a'(x) = x^3 + 2ax;\; f_a''(x) = 3x^2 + 2a$
$f_a'(x_E) = 0 \;\Leftrightarrow\; {x_E}^3 + 2ax_E = 0$
$\quad\Leftrightarrow\; x_E \cdot ({x_E}^2 + 2a) = 0$
$\quad\Leftrightarrow\; x_E = 0 \;\text{ oder }\; {x_E}^2 + 2a = 0$
$\Rightarrow\; x_{E_1} = 0$ für $a \neq 0$; $x_{E_{2,3}} = \pm\sqrt{-2a}$ für $a < 0$
$f_a''(0) = 2a \quad$ (> 0 für $a > 0$, lokale Minimalstelle)
$\quad$ (< 0 für $a < 0$, lokale Maximalstelle)
$f(0) = 0 \;\Rightarrow\; T(0|0)$ für $a > 0$
$\quad H(0|0)$ für $a < 0$
$f_a''(\pm\sqrt{-2a}) = 3 \cdot (-2a) + 2a$
$\quad = -4a\,(> 0$ für $a < 0$, LK)
$f_a(\pm\sqrt{-2a}) = 0{,}25 \cdot 4a^2 - 2a^2$
$\quad = -a^2 \;\Rightarrow\; T_{1,2}\left(\pm\sqrt{-2a}\,\middle|\,-a^2\right)$

Wendepunkte

$f_a''(x) = 3x^2 + 2a;\; f_a'''(x) = 6x$
$f_a''(x_W) = 0 \;\Leftrightarrow\; 3x_W^2 + 2a = 0$
$\Rightarrow\; x_{W_{1,2}} = \pm\sqrt{-\frac{2}{3}a}$ für $a < 0$;
für $a > 0$ gibt es keine möglichen Wendestellen.
$f_a\left(\pm\sqrt{-\frac{2}{3}a}\right) = 0{,}25 \cdot \frac{4}{9}a^2 + a \cdot \left(-\frac{2}{3}\right) \cdot a$
$\quad = -\frac{5}{9}a^2 \;\Rightarrow\; W_{1,2}\left(\pm\sqrt{-\frac{2}{3}a}\,\middle|\,-\frac{5}{9}a^2\right)$

Wendetangenten

$t_{W_1}(x) = -\frac{4}{3}a \cdot \sqrt{-\frac{2}{3}a} \cdot x + \frac{1}{3}a^2$ für $a < 0$
$t_{W_2}(x) = \frac{4}{3}a \cdot \sqrt{-\frac{2}{3}a} \cdot x + \frac{1}{3}a^2$ für $a < 0$

Ortskurven der Extrem- und Wendepunkte

$f_E(x) = -0{,}25x^4;\; x \in \mathbb{R};\; f_W(x) = -1{,}25x^4;\; x \neq 0.$

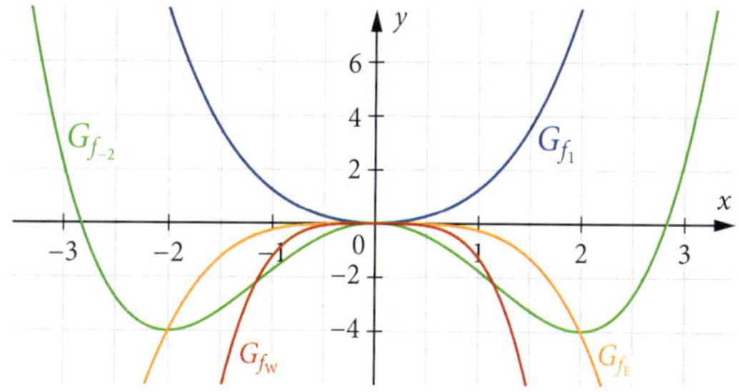

2. **Ortskurve der Minima**
$x = 4a \Leftrightarrow a = 0{,}25x \Rightarrow f_E(x) = -\frac{32}{3}(0{,}25x)^3 = -\frac{1}{6}x^3$

Ortskurve der Wendepunkte
$x = 2a \Leftrightarrow a = 0{,}5x \Rightarrow f_W(x) = -\frac{16}{3}(0{,}5x)^3 = -\frac{2}{3}x^3$

Seite 49

Betriebsminimum:
$k_{v,w}(x) = 10wx^2 - 60x + 250$
$k'_{v,w}(x) = 20wx - 60;\ k''_{v,w}(x) = 20w$
$k'_{v,w}(x) = 0 \Leftrightarrow 20wx - 60 = 0 \Rightarrow x_{BM} = \frac{3}{w}$ für $w > 0$
$k''_{v,w}\left(\frac{3}{w}\right) = 20w$ (> 0, lokales Minimum)

Ortskurve der Betriebsminima:
$x = \frac{3}{w} \Leftrightarrow w = \frac{3}{x}$ ▸ Setzen von $\frac{3}{x}$ für w in $k_{v,w}(x)$
$f_{BM}(x) = 10\cdot\frac{3}{x}\cdot x^2 - 60x + 250 = -30x + 250$

Betriebsoptimum:
$k_w(x) = 10wx^2 - 60x + 250 + \frac{4000}{x}$
$k'_w(x) = 20wx - 60 - \frac{4000}{x^2};\ k''_w(x) = 20w + \frac{8000}{x^3}$
$k'_{1,5}(x) = 0 \Leftrightarrow 30x - 60 - \frac{4000}{x^2} = 0 \Rightarrow x_{BO} \approx 5{,}87$
$k''_{1,5}(5{,}87) \approx 69{,}55$ (> 0, lokales Minimum)

Seite 51

a) $D_{\text{ök}} = [0;\,5]$ für alle $c > 0$, da p_A bei $x = 5$ ein lokales Maximum hat und somit danach fällt, was für eine Angebotsfunktion ökonomisch sinnlos ist.
$W_{\text{ök}} = \,]0;\,\infty[$

b) $p_A(3) = p_{N_c}(3) \Rightarrow c = 2{,}95 \Rightarrow MGG(3\,|\,9{,}2)$

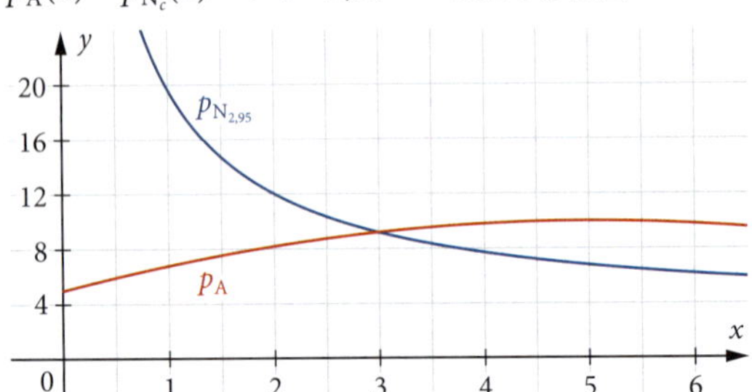

c) $p_A(x) = 9 \Rightarrow x \approx 2{,}76\ (7{,}24 \notin D_{\text{ök}})$
$p_{N_c}(x) = 9 \Rightarrow x = \frac{0{,}2c + 18{,}2}{9 - c};\ c \neq 9 \Rightarrow$ Nachfrageüberschuss für $c > 2{,}24$ von $\left(\frac{0{,}2c + 18{,}2}{9 - c} - 2{,}76\right)$ ME bzw. Angebotsüberschuss für $c < 2{,}24$ von $\left(2{,}76 - \frac{0{,}2c + 18{,}2}{9 - c}\right)$ ME

Seite 53

a) Die Gesamtkosten K_{G_a} setzen sich aus den Bestellkosten K_B und den von a abhängigen Lagerkosten K_{L_a} zusammen.

$K_{G_a}(x) = K_B(x) + K_{L_a}(x) = 700x + 0{,}2\cdot\frac{a}{2x}\cdot 35$
$= 700x + \frac{3{,}5a}{x}$

▸ Anzahl der Bestellungen x; Anzahl der MP3-Player a

$K'_{G_a}(x) = 700 - \frac{3{,}5a}{x^2};\ K''_{G_a}(x) = \frac{7a}{x^3}$
$K'_{G_a}(x_E) = 0 \Leftrightarrow x_E = \sqrt{\frac{5a}{1000}} = \sqrt{\frac{a}{200}}$
$\left(\text{oder } x_E = -\sqrt{\frac{5a}{1000}}\ (\notin D_{\text{ök}},\ \text{da} < 0)\right)$
$K''_{G_a}\left(\sqrt{\frac{a}{200}}\right) = \frac{280\,000\cdot\sqrt{\frac{a}{200}}}{a}$ (> 0, lokales Minimum)
$\sqrt{\frac{a}{200}}$ ist die optimale Anzahl der Bestellungen.

b) $6 = \sqrt{\frac{a}{200}} \Leftrightarrow 36 = \frac{a}{200} \Leftrightarrow a = 7200$
$K_{G_{7200}}(6) = 8400$; optimale Bestellmenge: $\frac{7200}{6} = 1200$
Bei einer optimalen Bestellmenge von 1200 Stück werden minimale Kosten von 8400 € verursacht und insgesamt 7200 MP3-Player benötigt.

Seite 55

a) $I_a(x) = \frac{a}{x-1} + 3;\ D_I = \,]1;\,\infty[;\ W_I = \,]3;\,\infty[$
$20x + 10y = K \Rightarrow I_{K,n}(x) = y = -2x + n$ mit $n = \frac{K}{10}$

b) $I'_a(x) = I'_{K,n}(x) \Leftrightarrow \frac{-a}{(x-1)^2} = -2$
$\Rightarrow x_1 = 1 - \sqrt{\frac{a}{2}}\ (\notin D_{I_a})$ und $x_2 = 1 + \sqrt{\frac{a}{2}}$
$\Rightarrow I_a\left(1 + \sqrt{\frac{a}{2}}\right) = 3 + 2\cdot\sqrt{\frac{a}{2}} \Rightarrow MKK\left(1 + \sqrt{\frac{a}{2}}\,\middle|\,3 + 2\cdot\sqrt{\frac{a}{2}}\right)$
$\Rightarrow K = 20\cdot\left(1 + \sqrt{\frac{a}{2}}\right) + 10\cdot\left(3 + 2\cdot\sqrt{\frac{a}{2}}\right) = 50 + 40\cdot\sqrt{\frac{a}{2}}$

c) $a = 9$: $MKK(3{,}12\,|\,7{,}24)$
$\Rightarrow K \approx 20\cdot 3{,}12 + 10\cdot 7{,}24 = 134{,}8$
$\Rightarrow I_K(x) = -2x + 13{,}48$

Lösungen zu 2.1

Seite 66

a) $O_n = \frac{5}{5}\sum_{i=1}^{5} f\left(i\cdot\frac{5}{5}\right) = 1\cdot\left(f(1) + f(2) + f(3) + f(4) + f(5)\right)$
$= 15\,120 + 22\,295 + 30\,720 + 40\,095 + 50\,000$
$= 158\,320$

$U_n = \frac{5}{5}\sum_{i=1}^{5} f\left((i-1)\cdot\frac{5}{5}\right)$
$= 1\cdot\left(f(0) + f(1) + f(2) + f(3) + f(4)\right)$
$= 9\,375 + 15\,120 + 22\,295 + 30\,720 + 40\,095$
$= 117\,905$

Der Erlös liegt zwischen 117 905 GE und 158 320 GE.

b) $O_n = \frac{5}{10}\sum_{i=1}^{10} f\left(i \cdot \frac{5}{10}\right)$

$= 0{,}5 \cdot \left(f(0{,}5) + f(1) + \ldots + f(4{,}5) + f(5)\right)$

$= 0{,}5 \cdot 295\,610{,}9375 \approx 147\,805$

$U_n = \frac{5}{10}\sum_{i=1}^{10} f\left((i-1) \cdot \frac{5}{10}\right)$

$= 0{,}5 \cdot \left(f(0) + f(0{,}5) + \ldots + f(4) + f(4{,}5)\right)$

$\approx 127\,493$

Der Erlös liegt zwischen 127 493 GE und 147 805 GE.

Seite 68

a) $O_n = \sum_{i=1}^{n} \frac{3}{n} \cdot f\left(i \cdot \frac{3}{n}\right) = \frac{3}{n} \cdot \sum_{i=1}^{n}\left(\left(i \cdot \frac{3}{n}\right)^2 + 2\right)$

$= \frac{3}{n} \cdot \left(\sum_{i=1}^{n} i^2 \cdot \frac{9}{n^2} + \sum_{i=1}^{n} 2\right) = \frac{3}{n} \cdot \left(\frac{9}{n^2} \cdot \sum_{i=1}^{n} i^2 + 2n\right)$

$= \frac{27}{n^3} \cdot \frac{n \cdot (n+1) \cdot (2n+1)}{6} + 6$

$= 4{,}5 \cdot 1 \cdot \left(1 + \frac{1}{n}\right) \cdot \left(2 + \frac{1}{n}\right) + 6$

$\lim\limits_{n \to \infty} O_n = \lim\limits_{n \to \infty} \left(4{,}5 \cdot \left(1 + \frac{1}{n}\right) \cdot \left(2 + \frac{1}{n}\right) + 6\right)$

$= 4{,}5 \cdot (1 + 0) \cdot (2 + 0) + 6 = 15$

$U_n = \sum_{i=1}^{n} \frac{3}{n} \cdot f\left((i-1) \cdot \frac{3}{n}\right) = \frac{3}{n} \cdot \sum_{i=1}^{n}\left((i-1)^2 \cdot \frac{9}{n^2} + 2\right)$

$= \frac{27}{n^3} \cdot \frac{(n-1) \cdot n \cdot (2n-1)}{6} + 6$

$= 4{,}5 \cdot \left(1 - \frac{1}{n}\right) \cdot 1 \cdot \left(2 - \frac{1}{n}\right) + 6$

$\lim\limits_{n \to \infty} U_n = 15$

b) $O_n = \sum_{i=1}^{n} \frac{b}{n} \cdot f\left(i \cdot \frac{b}{n}\right) = \frac{b}{n} \cdot \sum_{i=1}^{n}\left(\left(i \cdot \frac{b}{n}\right)^2 + 2\right)$

$= \frac{b}{n} \cdot \left(\sum_{i=1}^{n} i^2 \cdot \frac{b^2}{n^2} + \sum_{i=1}^{n} 2\right) = \frac{b}{n} \cdot \left(\frac{b^2}{n^2} \cdot \sum_{i=1}^{n} i^2 + 2n\right)$

$= \frac{b^2}{n^3} \cdot \frac{n \cdot (n+1) \cdot (2n+1)}{6} + 2b$

$= \frac{b^3}{6} \cdot 1 \cdot \left(1 + \frac{1}{n}\right) \cdot \left(2 + \frac{1}{n}\right) + 2b$

$\lim\limits_{n \to \infty} O_n = \lim\limits_{n \to \infty} \left(\frac{b^3}{6} \cdot \left(1 + \frac{1}{n}\right) \cdot \left(2 + \frac{1}{n}\right) + 2b\right)$

$= \frac{1}{3}b^3 + 2b$

$A(x) = \frac{1}{3}x^3 + 2x$

Seite 70

1. a) und 2); b) und 2); c) und 3); d) und 5); e) und 4)

2. a) $F(x) = \frac{1}{3}x^3 + 2x + c$ c) $F(x) = \frac{1}{2}x^2 + x + c$

b) $F(x) = \frac{2}{3}x^3 + 2x + c$ d) $F(x) = \frac{5}{2}x^2 - 3x + c$

Seite 72

$\int\left(-5x^3 + \frac{3}{x^4} + \sin(x)\right)dx = -\frac{5}{4}x^4 - \frac{1}{x^3} - \cos(x) + c$

Seite 73

$F(x) = -\frac{2}{x^2} + c$; $A = F(4) - F(0{,}25) = 31{,}875$

Seite 74

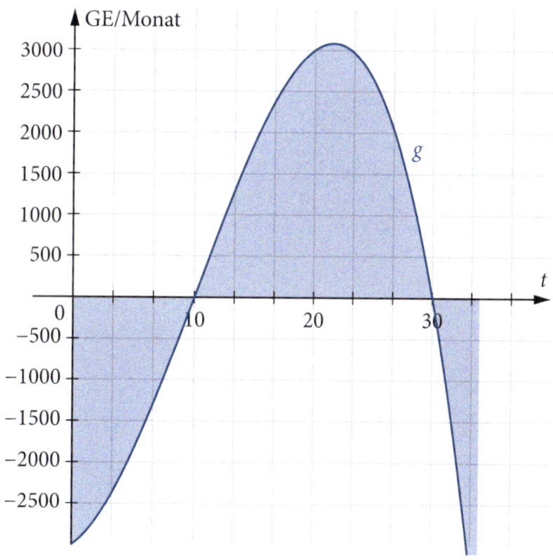

Die Fläche zwischen Graph und x-Achse liegt im Intervall [0; 10] sowie [30; 34] unterhalb der x-Achse, das heißt, es wird Verlust gemacht. Im Intervall [10; 30] liegt die Fläche oberhalb der x-Achse, das heißt, in diesem Zeitraum wird Gewinn erwirtschaftet.

Seite 75

Die Funktion hat bei −5, −2 und 1 ihre Nullstellen. Der Graph verläuft zwischen −5 und −2 oberhalb und zwischen −2 und 1 unterhalb der x–Achse.

$\int_{-5}^{-2}(x^3 + 6x^2 + 3x - 10)\,dx$ gibt den Inhalt der positiv orientierten Fläche wieder, $\left|\int_{-2}^{1}(x^3 + 6x^2 + 3x - 10)\,dx\right|$ den Inhalt der negativ orientierten Fläche. Die Summe gibt den Inhalt der gesamten eingeschlossenen Fläche von $x = -5$ bis $x = 1$ an.

Bildet man die Summe, ohne Betragsstriche zu setzen, so berechnet man den Wert des bestimmten Integrals von −5 bis 1 und damit die Flächenbilanz.

L

Seite 76

F ist Stammfunktion von f, wenn gilt: $F'(x) = f(x)$. Die Flächeninhaltsfunktion A ist diejenige Stammfunktion F von f, die das Absolutglied null hat.

Das Integral $\int_a^b f(x)\,dx$ ist der Wert, der sich aus der Differenz der Stammfunktion F an der oberen Grenze b und der Stammfunktion an der unteren Grenze a ergibt: $\int_a^b f(x)\,dx = F(b) - F(a)$.

$\int_a^x f(t)\,dt$ ist Integralfunktion: Jedem Wert für die obere Grenze x wird das entsprechende Integral als Funktionswert zugeordnet.

Seite 77

a) richtig (Summenregel)

b) richtig $\left(\text{Summenregel und } \int_8^{-4} x\,dx = -\int_{-4}^{8} x\,dx\right)$

c) richtig (Intervalladditivität)

d) falsch $\left(\int_{-4}^{-2} f(x)\,dx < 0\right)$

Lösungen zu 2.2

Seite 85

1. a) $A = 7{,}\overline{6}$ [FE] b) $A = 16{,}1\overline{6}$ [FE] c) $A = 30{,}25$ [FE]

2. a) $\int \frac{8}{x^3}\,dx = -\frac{4}{x^2} + c \qquad \lim\limits_{b \to \infty} \int_3^b f(x)\,dx = 0 - \left(-\frac{4}{3^2}\right) = \frac{4}{9}$

   b) $\int \left(-\frac{30}{x^4}\right)dx = \frac{10}{x^3} + c \qquad \lim\limits_{a \to -\infty} \int_a^{-2} f(x)\,dx = \frac{10}{(-2)^3} - 0 = -\frac{5}{4}$

Seite 87

a) $A = 20{,}8\overline{3}$ [FE]

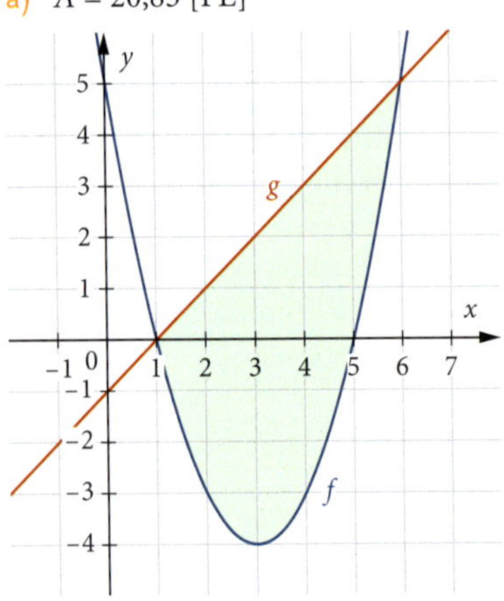

b) $A = 16$ [FE]

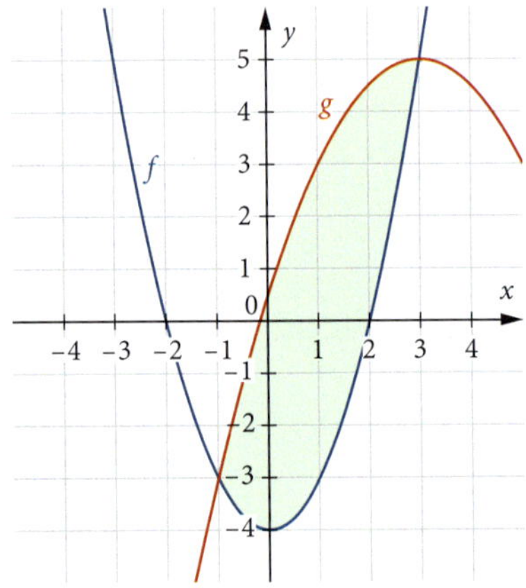

Seite 88

a) $A = 67{,}4\overline{6}$ [FE]

b) $A = 4{,}9\overline{3}$ [FE]

c) $A = 10{,}175$ [FE]

d) $A \approx 16{,}82$ [FE]

Seite 93

a) $V = \pi \cdot \int_0^4 [f(x)]^2\,dx = \pi \cdot \int_0^4 x\,dx = \pi \cdot \left[\frac{1}{2}x^2\right]_0^4 = 8\pi$

b) $V = \pi \cdot \int_0^4 [f(x)]^2\,dx = \pi \cdot \int_0^4 (x + 2\sqrt{x} + 1)\,dx$

$= \pi \cdot \left[\frac{1}{2}x^2 + \frac{4}{3}x^{\frac{3}{2}} + x\right]_0^4 = \frac{68}{3}\pi$

Seite 94

$V = \pi \cdot \int_{-3}^{2} x^2\,dy = \pi \cdot \int_{-3}^{2} (y + 3)\,dy = \pi \cdot \left[0{,}5y^2 + 3y\right]_{-3}^{2}$

$= 12{,}5\pi$

Seite 97

1. Marktgleichgewicht: $p_N(x_G) = p_A(x_G)$

   $\Leftrightarrow x_G = 50$

   $p_A(50) = p_G = 15$

   $KR = \int_0^{50} (p_N(x) - 15)\,dx = \int_0^{50} (-0{,}5x + 25)\,dx$

   $= \left[-0{,}25x^2 + 25x\right]_0^{50} = 625$

   Die Konsumentenrente beträgt 625 GE.

2. Marktgleichgewicht: $x_G = 3$; $p_G = 17{,}5$

   $p_N(3) = 17{,}5 \Rightarrow c = 30$

   $KR = \int_0^3 \left(-0{,}5(x+2)^2 + 30 - 17{,}5\right)dx$

   $= \left[-\frac{1}{6}x^3 - x^2 + 10{,}5x\right]_0^3 = 18$

   Die Konsumentenrente beträgt 18 GE.

Seite 99 (OBEN)

Marktgleichgewicht: $p_N(x_G) = p_A(x_G)$
$\Leftrightarrow x_G = 6$

$p_A(6) = p_G = 3$

$KR = \int_0^6 (p_N(x) - 3)\,dx = \int_0^6 (-x + 6)\,dx$

$= \left[-\frac{1}{2}x^2 + 6x\right]_0^6 = 18$

Die Konsumentenrente beträgt 18 GE.

$PR = \int_0^6 (3 - p_A(x))\,dx = \left[3x - \left(\frac{1}{6}x^2 + x\right)\right]_0^6$

$= \left[2x - \frac{1}{6}x^2\right]_0^6 = 6$

Die Produzentenrente beträgt 6 GE.

Seite 99 (UNTEN)

1. $a(t) = -\frac{1}{800}t^2 + t$
2. $F(t) = 30\,(t-9)^3 + c$
   $F(9) = c = 1000$
   $F(t) = 30\,(t-9)^3 + 1000$

Seite 102

a₁) $\int_0^{100} (0{,}00025\,t^3 - 0{,}6\,t^2 + 185\,t + 4500)\,dt$
$= \left[0{,}0000625\,t^4 - 0{,}2\,t^3 + 92{,}5\,t^2 + 4500\,t\right]_0^{100}$
$= 1\,181\,250$

a₂) $\int_0^{300} a(t)\,dt = 4\,781\,250$

b) a hat ihre Nullstelle bei ungefähr 391.
$\int_0^{391} a(t)\,dt = 5\,406\,486$

Lösungen zu 3.1

Seite 113

1. a) $f'(x) = \lim\limits_{h\to 0} \frac{4^h - 1}{h} \cdot 4^x \approx 1{,}386 \cdot 4^x = 1{,}386 \cdot f(x)$
   b) $f'(x) = \lim\limits_{h\to 0} \frac{0{,}5^h - 1}{h} \cdot 0{,}5^x \approx -0{,}693 \cdot 0{,}5^x$
   $= -0{,}693 \cdot f(x)$
2. a) $f'(x) = e^x$
   b) $f'(x) = 2\,e^x$
   c) $f'(x) = 2 + e^x$
   d) $f'(x) = -5 + 4\,e^x$
   e) $f'(x) = 3\,e^x$

Seite 117

$u(x) = x^2 - 3x \Rightarrow u'(x) = 2x - 3$
$v(x) = \sqrt{x} = x^{0,5} \Rightarrow v'(x) = 0{,}5\,x^{-0,5}$
$\Rightarrow f'(x) = (2x-3)\cdot x^{0,5} + (x^2 - 3x)\cdot 0{,}5 \cdot x^{-0,5}$
$= x^{0,5} \cdot \left((2x-3) + (x^2 - 3x)\cdot 0{,}5 \cdot x^{-1}\right)$
$= \sqrt{x} \cdot ((2x-3) + 0{,}5 \cdot (x-3))$
$= \sqrt{x} \cdot (2{,}5\,x - 4{,}5)$

Seite 118

a) $f(g(x)) = (3x+1)^2 + 5 = 9x^2 + 6x + 6;\ D_{f(g(x))} = \mathbb{R}$
$g(f(x)) = 3\cdot(x^2+5) + 1 = 3x^2 + 16;\ D_{g(f(x))} = \mathbb{R}$

b) $f(g(x)) = (2x^3+5)^2 - 3\cdot(2x^3+5) - 4$
$= 4x^6 + 14x^3 + 6;\ D_{f(g(x))} = \mathbb{R}$
$g(f(x)) = 2\cdot(x^2 - 3x - 4)^3 + 5$
$= 2x^6 - 18x^5 + 30x^4 + 90x^3 - 120x^2 - 288x - 123;$
$D_{g(f(x))} = \mathbb{R}$

c) $f(g(x)) = \sqrt{x^2} = x;\ D_{f(g(x))} = \mathbb{R}$
$g(f(x)) = (\sqrt{x})^2 = x;\ D_{g(f(x))} = \left]0;\infty\right[$

Seite 120 (OBEN)

a) $i(x) = 2x - 1 \Rightarrow i'(x) = 2$
$a(i(x)) = e^{i(x)} \Rightarrow a'(i(x)) = e^{i(x)} = e^{2x-1}$
$f'(x) = e^{2x-1}\cdot 2 = 2\cdot e^{2x-1}$

b) $i(x) = x^3 + 2x \Rightarrow i'(x) = 3x^2 + 2$
$a(i(x)) = (i(x))^4$
$\Rightarrow a'(i(x)) = 4\cdot(i(x))^3 = 4\cdot(x^3+2x)^3$
$f'(x) = 4\cdot(x^3+2x)^3\cdot(3x^2+2)$

c) $u(x) = 0{,}5x^2 - 2x \Rightarrow u'(x) = x - 2$ ▸ Produktregel
$v(x) = e^{-5x} \Rightarrow v'(x) = -5\cdot e^{-5x}$
$\Rightarrow f'(x) = (x-2)\cdot e^{-5x} + (0{,}5x^2 - 2x)\cdot(-5)\cdot e^{-5x}$
$= e^{-5x}\cdot(-2{,}5x^2 + 11x - 2)$

Seite 120 (UNTEN)

a) $f(x) = \frac{4x-2}{x+3} = (4x-2)\cdot(x+3)^{-1};\ D_f = \mathbb{R}\setminus\{-3\}$
$u(x) = 4x - 2 \Rightarrow u'(x) = 4$
$v(x) = \frac{1}{x+3} = (x+3)^{-1} \Rightarrow v'(x) = -(x+3)^{-2}\cdot 1$
$= \frac{-1}{(x+3)^2}$
$f'(x) = 4\cdot\frac{1}{x+3} + (4x-2)\cdot\frac{-1}{(x+3)^2} = \frac{4\cdot(x+3) - (4x-2)}{(x+3)^2}$
$= \frac{14}{(x+3)^2}$

b) $f(x) = \frac{e^{2x}}{1-x} = e^{2x} \cdot (1-x)^{-1}$; $D_f = \mathbb{R}\backslash\{1\}$

$u(x) = e^{2x} \Rightarrow u'(x) = e^{2x} \cdot 2$

$v(x) = \frac{1}{1-x} = (1-x)^{-1} \Rightarrow v'(x) = -(1-x)^{-2} \cdot (-1)$

$= \frac{1}{(1-x)^2}$

$f'(x) = 2e^{2x} \cdot \frac{1}{1-x} + e^{2x} \cdot \frac{1}{(1-x)^2} = \frac{2e^{2x} \cdot (1-x) + e^{2x}}{(1-x)^2}$

$= e^{2x} \cdot \frac{(-2x+3)}{(1-x)^2}$

c) $f(x) = \frac{1}{e^x} = 1 \cdot e^{-x}$; $D_f = \mathbb{R}$

$u(x) = 1 \Rightarrow u'(x) = 0$

$v(x) = \frac{1}{e^x} = (e^x)^{-1} \Rightarrow v'(x) = -(e^x)^{-2} \cdot e^x = \frac{-1}{e^x}$

$f'(x) = 0 \cdot \frac{1}{e^x} + 1 \cdot \frac{-1}{e^x} = \frac{-1}{e^x} = -e^{-x}$

d) $f(x) = \frac{x^2+x}{1+e^{2x}} = (x^2+x) \cdot (1+e^{2x})^{-1}$; $D_f = \mathbb{R}$

$u(x) = x^2 + x \Rightarrow u'(x) = 2x + 1$

$v(x) = \frac{1}{1+e^{2x}} = (1+e^{2x})^{-1}$

$\Rightarrow v'(x) = -(1+e^{2x})^{-2} \cdot (e^{2x} \cdot 2) = \frac{-2e^{2x}}{(1+e^{2x})^2}$

$f'(x) = (2x+1) \cdot \frac{1}{1+e^{2x}} + (x^2+x) \cdot \frac{-2e^{2x}}{(1+e^{2x})^2}$

$= \frac{(2x+1) \cdot (1+e^{2x}) - (x^2+x) \cdot 2e^{2x}}{(1+e^{2x})^2}$

$= \frac{2x+1+e^{2x}(2x+1) - e^{2x}(2x^2+2x)}{(1+e^{2x})^2}$

$= \frac{e^{2x}(-2x^2+1) + (2x+1)}{(1+e^{2x})^2}$

Seite 123

a) $f(x) = 3^x = e^{\ln(3) \cdot x}$

$\Rightarrow f'(x) = \ln(3) \cdot e^{\ln(3) \cdot x} = \ln(3) \cdot 3^x \approx 1{,}0986 \cdot 3^x$

b) $f(x) = 20 \cdot e^{\ln(5) \cdot x}$

$\Rightarrow f'(x) = 20 \cdot \ln(5) \cdot e^{\ln(5) \cdot x} \approx 32{,}19 \cdot 5^x$

c) $f(x) = -2 \cdot e^{\ln(1,2) \cdot x}$

$\Rightarrow f'(x) = -2 \cdot \ln(1{,}2) \cdot e^{\ln(1,2) \cdot x} \approx -0{,}365 \cdot 1{,}2^x$

d) $f(x) = 2^{3x} = e^{3 \cdot \ln(2) \cdot x}$

$\Rightarrow f'(x) = 3 \cdot \ln(2) \cdot e^{3 \cdot \ln(2) \cdot x}$

$= \ln(8) \cdot 2^{3x} \approx 2{,}079 \cdot 2^{3x}$

Seite 124

a) $f'(x) = 2 \cdot \frac{1}{x} = \frac{2}{x}$

b) $f'(x) = 2 \cdot \frac{1}{2x} = \frac{1}{x}$

c) $f'(x) = a \cdot \frac{1}{bx^2} \cdot (b \cdot 2x) = \frac{2a}{x}$

d) $f'(x) = -1 \cdot \frac{1}{-x} = \frac{1}{x}$

Lösungen zu 3.2

Seite 131

Grenzwerte

$\lim\limits_{x \to -\infty} (-2x-2) \cdot e^{-0,5x} = \infty$

$\lim\limits_{x \to \infty} (-2x-2) \cdot e^{-0,5x} = 0^-$

Symmetrie

$f(-1) = 0 \neq f(1) = -4 \cdot e^{-0,5}$ ▶ keine y-Achsensymmetrie

$-f(-1) = 0 \neq f(1) = -4 \cdot e^{-0,5}$ ▶ keine Punktsymmetrie zu $(0|0)$

Achsenschnittpunkte

$f(0) = -2 \Rightarrow S_y(0|-2)$

$f(x_N) = 0 \Leftrightarrow -2x_N - 2 = 0 \Leftrightarrow x_N = -1$

Extrempunkte

$f'(x) = (x-1) \cdot e^{-0,5x}$; $f''(x) = (-0{,}5x + 1{,}5) \cdot e^{-0,5x}$;

$f'(x_E) = 0 \Leftrightarrow x_E = 1$; $f''(1) = e^{-0,5}$ (> 0); $T(1|-2{,}43)$

Wendepunkte

$f'''(x) = (0{,}25x - 1{,}25) \cdot e^{-0,5x}$; $f''(x_W) = 0 \Leftrightarrow x_W = 3$;

$f'''(3) = -0{,}5e^{-1,5}$ (< 0); $W(3|-1{,}79)$ mit LR-KW

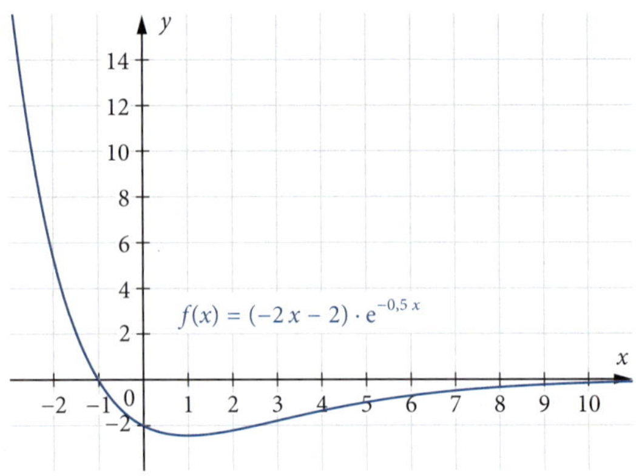

Seite 133

$f_{a,b}(t) = a \cdot t \cdot e^{-bt}$

Gleichungssystem:

(I) $f_{a,b}(0{,}5) = 7 \Leftrightarrow a \cdot 0{,}5 \cdot e^{-b \cdot 0,5} = 7$

(II) $f_{a,b}(3) = 8 \Leftrightarrow a \cdot 3 \cdot e^{-b \cdot 3} = 8$

Umstellen beider Gleichungen nach a:

(I) $a = 14 \cdot e^{0,5 \cdot b}$ und (II) $a = \frac{8}{3} \cdot e^{3b}$

Gleichsetzen beider Gleichungen und nach b auflösen:

$b = \frac{\ln(5{,}25)}{2{,}5} \approx 0{,}663$ und $a \approx 19{,}506$

Seite 134

$a_{k,m}(t) = k t^2 \cdot e^{-mt}$

Gleichungssystem:
(I) $a_{k,m}(18) = 475$
(II) $a'_{k,m}(18) = 0$ ▶ lokales Maximum

Lösen des Gleichungssystems:
$k = \frac{475 \cdot e^2}{324} \approx 10{,}833$ und $m = \frac{1}{9}$

Seite 135

1. Modellierung durch eine ganzrationale Funktion g_1 dritten Grades:
$g_1(t) = a \cdot t^3 + b \cdot t^2 + c \cdot t + d$
Die Bedingungen, die g_1 erfüllen muss, sind:
(I) $g_1(6) = 0$
(II) $g_1''(12) = 0$
(III) $g_1'(18) = 0$
(IV) $g_1(18) = 250$

Lösen des linearen Gleichungssystems ergibt:
$g_1(t) = -\frac{125}{432} \cdot t^3 + \frac{125}{12} \cdot t^2 - \frac{375}{4} \cdot t + 250$

Gewinnzone: $g_1(t_N) = 0 \Rightarrow t_{N_1} = 6;\ t_{N_2} = 24$

Modellierung durch eine zusammengesetzte Exponentialfunktion g_2:
$g_2(t) = (a \cdot t^2 + b \cdot t + c) \cdot e^{-d \cdot t}$
Für g_2 gelten die gleichen Bedingungen.
Lösen des Gleichungssystems:
$g_2(t) = (-0{,}535\, t^2 + 15{,}579\, t - 74{,}198) \cdot e^{0{,}1129 \cdot t}$
Gewinnzone: $g_2(t_N) = 0 \Rightarrow t_{N_1} = 6;\ t_{N_2} = 23{,}09$
Die smarte Küchenmaschine könnte nun zumindest im Bereich der Gewinnzone mit beiden Funktionen in geeigneter Weise modelliert werden.

2. a) Bei der Betrachtung des Graphen des mathematischen Modells (▶ Seite 133) erhält man den Eindruck, dass es sich um eine geeignete Funktion zur Modellierung der Besucherzahlen auf einem Festival handelt. Dies soll anhand sinnvoller Annahmen überprüft werden.
Das mathematische Modell $f_{a,b}$ mit $f_{a,b}(t) = a \cdot t \cdot e^{-bt}$ wird betrachtet, wobei t die Zeit in Stunden beschreibt. Es wird angenommen, dass nach einer Stunde 5000 Besucher auf dem Festivalgelände sind. Nach vier Stunden sind etwas weniger (etwa 4500) Besucher auf dem Gelände. Die Lösung des Gleichungssystems ergibt das mathematische Modell $f(t) = 8220{,}71 \cdot t \cdot e^{-0{,}497\,t}$.
Die Funktion modelliert das Verhalten, dass sich das Festivalgelände auch wieder leert $\left(\lim\limits_{t \to \infty} f(t) = 0\right)$.
Der Punkt $O(0|0)$ ist die einzige Nullstelle. Dies entspricht den Erwartungen, da die Besucher erst mit dem Beginn der Veranstaltung auf das Gelände gelassen werden.
Nach etwa zwei Stunden erreicht die Besucherzahl des Festivals mit 6085 Besuchern ihr Maximum. Dies ist bei einem kleinen Festival oder Konzert plausibel. Nach etwa 4 Stunden verlassen die meisten Besucher das Gelände. Dies könnte nach einem Konzert möglich sein.
Das Modell ist im Prinzip geeignet, kann aber in Details auch kritisiert werden.

b) Modellierung
- von Konzentrationen, wie die Konzentration eines Schadstoffes in der Luft oder im Wasser
- von einer Menschengruppe, die zu einem bestimmten Zeitpunkt an einem Ort sein muss
- der Geschwindigkeit, sobald ein Fahrzeug beschleunigt wird und anschließend ohne weitere Energiezufuhr ausrollt
- von Besucherströmen
- der Absatzzahlen (bei einem Sonderangebot)
- der Anzahl der Käufer im Verlauf des Tages

Seite 139

Ableitungen

$f_a(x) = \frac{4e^x}{(e^x + a)^2}$

$f_a'(x) = 4 \cdot \frac{-e^x(e^x - a)}{(e^x + a)^3};\ f_a''(x) = 4 \cdot \frac{e^x(e^{2x} - 4ae^x + a^2)}{(e^x + a)^4};$

$f_a'''(x) = \frac{-4e^x(e^{3x} - 11ae^{2x} + 11a^2e^x - a^3)}{(e^x + a)^5}$

Extrempunkte

$f_a'(x_E) = 0 \Leftrightarrow e^{x_E} - a = 0 \Leftrightarrow x_E = \ln a$

$f_a''(\ln a) = \frac{-1}{2a} < 0$ und $f_a(x) = \frac{1}{a} \Rightarrow H\left(\ln a \middle| \frac{1}{a}\right)$

Ortskurve der Maxima

$x = \ln a \Rightarrow a = e^x \Rightarrow f_E(x) = \frac{4e^x}{(e^x + e^x)^2} = \frac{1}{e^x} = e^{-x}$

Wendepunkte

$f_a''(x_W) = 0 \Leftrightarrow e^{2x_W} - 4ae^{x_W} + a^2 = 0$
$\Leftrightarrow (e^{x_W} - 2a)^2 = 3a^2$
$\Leftrightarrow e^{x_W} = (2 - \sqrt{3}) \cdot a$ oder
$e^{x_W} = (2 + \sqrt{3}) \cdot a$

$\Rightarrow x_{W_1} = \ln((2 - \sqrt{3}) \cdot a);\ x_{W_2} = \ln((2 + \sqrt{3}) \cdot a)$

L

$f_a'''(x_{W_1}) < 0; f_a'''(x_{W_2}) > 0$

$f_a(x_{W_1}) = \frac{4 \cdot (2 - \sqrt{3})}{(3 - \sqrt{3})^2 \cdot a}; f_a(x_{W_2}) = \frac{4 \cdot (2 + \sqrt{3})}{(3 + \sqrt{3})^2 \cdot a}$

Ortskurve der Wendepunkte

Bezüglich x_{W_1}: $x = \ln((2 - \sqrt{3}) \cdot a)$

$\Rightarrow e^x = (2 - \sqrt{3}) \cdot a$

$\Rightarrow a = \frac{e^x}{2 - \sqrt{3}} \Rightarrow f_{W_1}(x) = 4 \cdot \left(\frac{2 - \sqrt{3}}{3 - \sqrt{3}}\right)^2 \cdot e^{-x}$

Bezüglich x_{W_2}: $x = \ln((2 + \sqrt{3}) \cdot a)$

$\Rightarrow e^x = (2 + \sqrt{3}) \cdot a$

$\Rightarrow a = \frac{e^x}{2 + \sqrt{3}} \Rightarrow f_{W_2}(x) = 4 \cdot \left(\frac{2 + \sqrt{3}}{3 + \sqrt{3}}\right)^2 \cdot e^{-x}$

Asymptote

$\lim\limits_{x \to \pm\infty} f_a(x) = 0^+$

Seite 141

a) $g_a(0) = -5 \Rightarrow$ Fixkosten 5 GE

b) $g_a(t_{GS}) = 0 \Leftrightarrow 5t_{GS} - 5 = 0 \Leftrightarrow t_{GS} = 1$

$g_a'(t) = e^{-0{,}5at} \cdot (-2{,}5at + 5 + 2{,}5a)$

$g_a'(1) = 5 \cdot e^{-0{,}5a}$ $(> 0) \Rightarrow g_a$ streng monoton steigend an der Gewinnschwelle $t_{GS} = 1$ (Anfang Februar)

c) $g_a''(t) = e^{-0{,}5at} \cdot (1{,}25a^2t - 5a - 1{,}25a^2)$ ▸ $a > 0$

$g_a'(t_E) = 0 \Leftrightarrow -2{,}5a\,t_E + 5 + 2{,}5a = 0$

$\Leftrightarrow t_E = 1 + \frac{2}{a}$

$g_a''\left(1 + \frac{2}{a}\right) = e^{-0{,}5a - 1} \cdot (-2{,}5a)$ $(< 0$, RK$)$ ▸ $a = 1$

$g_1(3) = 10 \cdot e^{-1{,}5} \approx 2{,}23 \Rightarrow g_{max}(3|2{,}23)$

Für $a = 1$ ist der Gewinn Ende März $\left(t_E = 1 + \frac{2}{a} = 3\right)$ maximal und beträgt ca. 2,23 GE.

d) $g_a'''(t) = e^{-0{,}5at} \cdot (-0{,}625a^3t + 3{,}75a^2 + 0{,}625a^3)$

▸ $a > 0$

$g_a''(t_W) = 0 \Leftrightarrow 1{,}25a^2t_W - 5a - 1{,}25a^2 = 0$

$\Leftrightarrow t_W = 1 + \frac{4}{a}$

$g_a'''\left(1 + \frac{4}{a}\right) = e^{-0{,}5a - 2} \cdot 1{,}25a^2$ $(> 0$, RL-KW$)$ ▸ $a = 1$

$g_1(5) = 20 \cdot e^{-2{,}5} \approx 1{,}64 \Rightarrow W(5|1{,}64)$

$g_1'(5) = -5 \cdot e^{-2{,}5} \approx -0{,}41$

Für $a = 1$ fällt der Gewinn Ende Mai $\left(t_E = 1 + \frac{4}{a} = 5\right)$ am stärksten mit ca. 0,41 GE pro Monat.

Seite 143

a) $F(x) = \frac{1}{2}e^{2x} + c$

b) $F(x) = e^{5x} + c$

c) $F(x) = \frac{1}{28}e^{4x} + c$

d) $F(x) = e^{3x + 1} + c$

e) $F(x) = e^{-0{,}5x + 8} + c$

f) $F(x) = \frac{1}{7}e^{7x - 1} + \frac{1}{3}x^3 + c$

Seite 144

1. Stammfunktion

$V(t) = \int v(t)\,dt = 50t + 200 \cdot e^{-0{,}25t} + c; c \in \mathbb{R}$

$\int_0^3 v(t)\,dt = V(3) - V(0) \approx 44{,}47$

In den ersten 3 Sekunden hat das Motorrad eine Strecke von 44,47 Metern zurückgelegt.

2. a) Gesamtkosten: $\int_0^6 k(t)\,dt \approx 16{,}124$

Gesamterlös: $\int_0^6 e(t)\,dt \approx 29{,}180$

In den ersten 6 Jahren liegen die Gesamtkosten bei rund 1,6 Mio. Euro, während der gesamte Erlös mit rund 2,9 Mio. Euro deutlich höher liegt.

b) Gewinnfunktion:

$g(t) = e(t) - k(t) = 6t \cdot e^{-0{,}1t^2} + t^2 \cdot e^{-t} - 3$

Gewinnzone: $g(t) = 0 \Rightarrow t_1 \approx 0{,}487; t_2 \approx 4{,}829$

$(t_3 \approx -1{,}505 \notin D_{ök})$

Nach etwa einem halben Jahr macht das Unternehmen einen positiven Gewinn. Nach fast 5 Jahren kann mit dem IT-Produkt kein Gewinn mehr erzielt werden.

Gesamtgewinn: $\int_{t_1}^{t_2} g(t)\,dt \approx 15{,}05$

In der Gewinnzone kann insgesamt ein Gewinn von etwa 1,5 Mio. Euro erwirtschaftet werden.

Seite 145

1. $G_2(t) = (-3{,}53t^2 + 158{,}27t - 1696{,}61) \cdot e^{0{,}116 \cdot t} + c$

$u(t) = -3{,}53t^2 + 158{,}27t - 1696{,}61$

$\Rightarrow u'(t) = -7{,}06t + 158{,}27$

$v(t) = e^{0{,}116 \cdot t} \Rightarrow v'(t) = e^{0{,}116 \cdot t} \cdot 0{,}116$

$g_2(t) = G_2'(t)$

$= (-7{,}06t + 158{,}27) \cdot e^{0{,}116 \cdot t} + (-3{,}53t^2 + 158{,}27t - 1696{,}61) \cdot e^{0{,}116 \cdot t} \cdot 0{,}116$

$= e^{0{,}116 \cdot t} \cdot (-7{,}06t + 158{,}27 - 0{,}4095t^2 + 18{,}36t - 196{,}81)$

$= (-0{,}4095t^2 + 11{,}3t - 38{,}54) \cdot e^{0{,}116 \cdot t}$

Die leichten Abweichungen ergeben sich aus Rundungsfehlern.

2. a) $\int_0^{10} f(t)\,dt \approx 43{,}67 \frac{mg \cdot h}{\ell}$

b) $\frac{1}{5}\int_0^5 f(t)\,dt \approx 7{,}119 \frac{mg}{\ell}$

c) $\frac{1}{3 - 1}\int_1^3 f(t)\,dt \approx 9{,}228 \frac{mg}{\ell}$

Seite 148 (oben)

$f(t) = f(0) \cdot e^{kt}$; $k < 0$

$f(8) = f(0) \cdot 0{,}5 \Leftrightarrow f(0) \cdot e^{8k} = f(0) \cdot 0{,}5$

$\Leftrightarrow e^{8k} = 0{,}5 \Rightarrow k = \frac{\ln(0{,}5)}{8} \approx -0{,}087$

$\Rightarrow f(t) = f(0) \cdot e^{-0{,}087t}$

$f(4) = f(0) \cdot e^{-0{,}087 \cdot 4} \approx f(0) \cdot 0{,}707$

Nach 4 Tagen sind noch ca. 71 % der ursprünglichen Menge vorhanden.

Seite 148 (unten)

1. a) $\lim\limits_{t \to \infty} f(t) = 10$
   Langfristig nähert sich die Anzahl der verkauften E-Scooter der Marke von 10 Millionen.
   b) $f(t) = 5 \Rightarrow t \approx 3{,}1$
   Nach etwa 3 Jahren ist der Markt zu 50 % gesättigt.

2. Es ist zu erwarten, dass der Markt irgendwann gesättigt ist und daher die Anzahl der Mobilfunkanschlüsse in Deutschland nicht beliebig wächst. Das mathematische Modell f des begrenzten Wachstums scheint daher ein geeigneter Ansatz zu sein:
   $f(t) = g - (g - f(0)) \cdot e^{-kt}$; $k > 0$ (t Zeit in Jahren seit dem Jahr 2000; $f(t)$ Anzahl der Mobilfunkanschlüsse in Deutschland in Millionen)
   Aus der gegebenen Statistik kann ein Gleichungssystem aufgestellt werden:
   (I) $f(0) = 48{,}25$
   (II) $f(10) = 108{,}9$
   (III) $f(18) = 135$
   Lösen des Gleichungssystems: $g = 171{,}02$ und $k = 0{,}0681$
   $\Rightarrow f(t) = 171{,}02 - (171{,}02 - 48{,}25) \cdot e^{-0{,}0681t}$
   $= 171{,}02 - 122{,}77 \cdot e^{-0{,}0681t}$
   Maximal kann mit $g = 171{,}02$ Millionen Anschlüssen gerechnet werden.

Seite 150

1. $f'(x) = \ln(2) \cdot 2^x \approx 0{,}693 \cdot 2^x \neq 2^x = f(x)$

2. $T(t) = 20 - (20 - 80) \cdot e^{-0{,}128 \cdot t}$ modelliert die begrenzte Temperaturabnahme.
   $T'(t) = -(20 - 80) \cdot e^{-0{,}128 \cdot t} \cdot (-0{,}128)$
   $= 0{,}128 \cdot (20 - 80) \cdot e^{-0{,}128 \cdot t}$
   ▸ $(20 - 20) = 0$ einfügen
   $= 0{,}128 \cdot ((20 - 20) + (20 - 80) \cdot e^{-0{,}128 \cdot t})$
   $= 0{,}128 \cdot (20 - (20 - (20 - 80) \cdot e^{-0{,}128 \cdot t}))$
   $= 0{,}128 \cdot (g - T(t))$ ▸ $g = 20$

Seite 151

Die Geschwindigkeitsfunktion v soll die Geschwindigkeit nach der Ortsdurchfahrt ($t = 0$) beschreiben.
Somit: $v(0) = 50\,\frac{km}{h}$; der Grenzwert g ist $100\,\frac{km}{h}$ und $k = 0{,}01$ ist gegeben.
Wir erhalten die Geschwindigkeitsfunktion v mit
$v(t) = \frac{100 \cdot 50}{50 + (100 - 50) \cdot e^{-0{,}01 \cdot 100 \cdot t}} = \frac{5000}{50 + 50 \cdot e^{-t}} = \frac{100}{1 + e^{-t}}$.

Lösungen zu 4.1

Seite 161

Einkaufsmatrix $= \begin{pmatrix} 1 & 0{,}5 & 5 & 5 \\ 2 & 1 & 0 & 8 \\ 1 & 0 & 8 & 0 \end{pmatrix}$

Seite 163 (oben)

a) Format von $\boldsymbol{A}$: 6×5
b) $a_{21} = 5$; $a_{12} = 4$; $a_{35} = 1$; $a_{45} = 0$; $a_{33} = 7$
c) $a_2 = (5\ \ 0\ \ -3\ \ 4\ \ 2)$
d) $\begin{pmatrix} 7 \\ -3 \\ 7 \\ 1 \\ \frac{2}{3} \\ 0 \end{pmatrix}$

Seite 163 (unten)

1. Verflechtungsdiagramm:

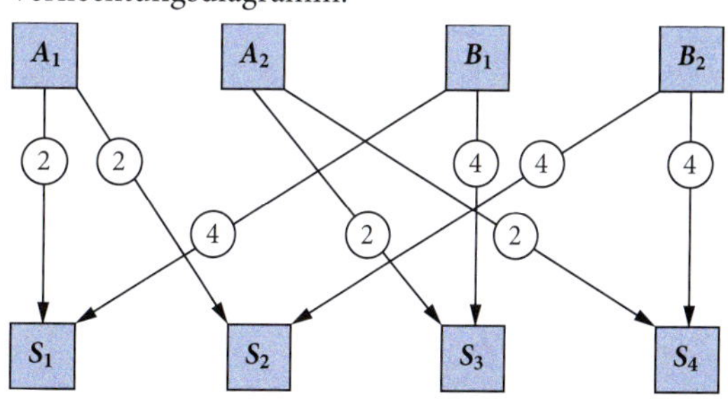

Stückliste:

	S_1	S_2	S_3	S_4
A_1	2	2	0	0
A_2	0	0	2	2
B_1	4	0	4	0
B_2	0	4	0	4

Verflechtungsmatrix: $\boldsymbol{M} = \begin{pmatrix} 2 & 2 & 0 & 0 \\ 0 & 0 & 2 & 2 \\ 4 & 0 & 4 & 0 \\ 0 & 4 & 0 & 4 \end{pmatrix}$

2. Tabelle:

	T_1	T_2	T_3	T_4
S_1	200	350	450	500
S_2	200	250	150	200
S_3	600	400	400	300

Verflechtungsdiagramm:

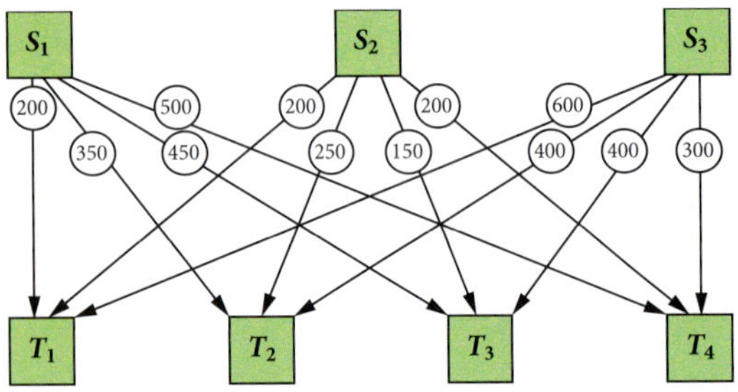

Seite 166

1. a) $\boldsymbol{A} + \boldsymbol{B} = \begin{pmatrix} 2 & -4 & 1 \\ -2 & 7 & 6 \end{pmatrix}$ c) $-2 \cdot \boldsymbol{A} = \begin{pmatrix} -4 & 0 & 2 \\ 6 & -8 & -10 \end{pmatrix}$

b) $\boldsymbol{A} - \boldsymbol{B} = \begin{pmatrix} 2 & 4 & -3 \\ -4 & 1 & 4 \end{pmatrix}$

2. a) $3 \cdot \boldsymbol{K_1} = \begin{pmatrix} 18 & 39 & 64{,}8 & 45 \\ 24 & 48 & 101{,}7 & 37{,}5 \\ 34{,}5 & 37{,}2 & 75 & 30 \end{pmatrix}$

b) $0{,}2 \cdot \boldsymbol{K_1} + 4 \cdot \boldsymbol{K_2} = \begin{pmatrix} 13{,}2 & 8{,}6 & 12{,}32 & 36{,}68 \\ 13{,}44 & 19{,}2 & 9{,}18 & 26{,}5 \\ 22{,}3 & 42{,}08 & 17 & 30 \end{pmatrix}$

c) $3 \cdot \boldsymbol{K_1} - 0{,}1 \cdot \boldsymbol{K_2} = \begin{pmatrix} 17{,}7 & 38{,}85 & 64{,}6 & 44{,}16 \\ 23{,}70 & 47{,}6 & 101{,}64 & 36{,}9 \\ 34 & 36{,}21 & 74{,}7 & 29{,}3 \end{pmatrix}$

d) halbierte Preise:

$\frac{1}{2} \cdot \boldsymbol{K_1} = \begin{pmatrix} 3 & 6{,}5 & 10{,}8 & 7{,}5 \\ 4 & 8 & 16{,}95 & 6{,}25 \\ 5{,}75 & 6{,}2 & 12{,}5 & 5 \end{pmatrix}$

verdoppelte Preise:

$2 \cdot \boldsymbol{K_1} = \begin{pmatrix} 12 & 26 & 43{,}2 & 30 \\ 16 & 32 & 67{,}8 & 25 \\ 23 & 24{,}8 & 50 & 20 \end{pmatrix}$

Preise um 20 % gesenkt:

$0{,}8 \cdot \boldsymbol{K_1} = \begin{pmatrix} 4{,}8 & 10{,}4 & 17{,}28 & 12 \\ 6{,}4 & 12{,}8 & 27{,}12 & 10 \\ 9{,}2 & 9{,}92 & 20 & 8 \end{pmatrix}$

Preise um 20% erhöht:

$1{,}2 \cdot \boldsymbol{K_1} = \begin{pmatrix} 7{,}2 & 15{,}6 & 25{,}92 & 18 \\ 9{,}6 & 19{,}2 & 40{,}68 & 15 \\ 13{,}8 & 14{,}88 & 30 & 12 \end{pmatrix}$

Seite 168

1. a) $\vec{a} \cdot \vec{b} = 4$

b) $\boldsymbol{A} \cdot \vec{b} = \begin{pmatrix} 15 \\ 1 \\ -3 \end{pmatrix}$

c) $\vec{a} \cdot \boldsymbol{B} = (6 \;\; -3)$

2. $\begin{pmatrix} 0{,}2 & 0{,}35 & 0{,}45 & 0{,}5 \\ 0{,}2 & 0{,}25 & 0{,}15 & 0{,}2 \\ 0{,}6 & 0{,}4 & 0{,}4 & 0{,}3 \end{pmatrix} \cdot \begin{pmatrix} 27 \\ 14 \\ 29 \\ 18 \end{pmatrix} = \begin{pmatrix} 32{,}35 \\ 16{,}85 \\ 38{,}8 \end{pmatrix}$

Das Unternehmen muss 32,35 t von Teesorte 1, 16,85 t von Teesorte 2 und 38,8 t von Teesorte 3 bestellen.

Seite 171

1. $\boldsymbol{A} \cdot \boldsymbol{B} = \begin{pmatrix} 9 & -4 \\ 4 & 13 \end{pmatrix}$ $\boldsymbol{B} \cdot \boldsymbol{A} = \begin{pmatrix} 19 & -22 & 10 \\ 5 & 0 & 9 \\ -2 & 6 & 3 \end{pmatrix}$

$\boldsymbol{A} \cdot \boldsymbol{C} = \begin{pmatrix} 8 & -7 & -17 \\ 13 & 37 & 0 \end{pmatrix}$

$\boldsymbol{C} \cdot \boldsymbol{A}$ ist nicht definiert („3×3“ · „2×3“).

$\boldsymbol{B} \cdot \boldsymbol{C}$ ist nicht definiert („3×2“ · „3×3“).

$\boldsymbol{C} \cdot \boldsymbol{B} = \begin{pmatrix} 1 & -6 \\ 6 & 5 \\ 56 & 15 \end{pmatrix}$

2. a) $(1 \;\; 1 \;\; 1) \cdot \begin{pmatrix} 2 & 0{,}5 & 5 & 5 \\ 4 & 1 & 0 & 8 \\ 1 & 0 & 10 & 4 \end{pmatrix} = (7 \;\; 1{,}5 \;\; 15 \;\; 17)$

Insgesamt kaufen die Kinder 7 Liter Apfelsaft, 1,5 kg Erdbeeren, 15 Kiwis und 17 Brötchen.

b) $\begin{pmatrix} 2 & 0{,}5 & 5 & 5 \\ 4 & 1 & 0 & 8 \\ 1 & 0 & 10 & 4 \end{pmatrix} \cdot \begin{pmatrix} 1{,}2 \\ 4{,}8 \\ 0{,}3 \\ 0{,}25 \end{pmatrix} = \begin{pmatrix} 7{,}55 \\ 11{,}6 \\ 5{,}2 \end{pmatrix}$

Anna zahlt 7,55 €, Benny 11,60 € und Charlotte muss nur 5,20 € bezahlen. Der Gesamtpreis beträgt 24,35 €.

Seite 172

a) $\boldsymbol{RE} = \boldsymbol{RZ} \cdot \boldsymbol{ZE} = \begin{pmatrix} 4 & 10 & 8 \\ 14 & 16 & 16 \\ 12 & 15 & 17 \\ 9 & 13 & 20 \end{pmatrix}$

b) $\boldsymbol{RE} \cdot \vec{p} = \boldsymbol{RE} \cdot \begin{pmatrix} 10 \\ 20 \\ 15 \end{pmatrix} = \begin{pmatrix} 360 \\ 700 \\ 675 \\ 650 \end{pmatrix}$

Es sind 360 ME von Rohstoff 1, 700 Mengeneinheiten von Rohstoff 2, 675 ME von Rohstoff 3 und 650 ME von Rohstoff 4 bereitzustellen.

Lösungen zu 4.2

Seite 181

1. $\begin{pmatrix} 2 & 4 \\ 2 & 3 \end{pmatrix} \cdot \begin{pmatrix} 5 \\ 10 \end{pmatrix} = \begin{pmatrix} 50 \\ 40 \end{pmatrix}$

2. a) $\boldsymbol{RE} = \boldsymbol{RZ} \cdot \boldsymbol{ZE} = \begin{pmatrix} 56 & 47 & 72 \\ 58 & 64 & 29 \\ 43 & 34 & 69 \\ 43 & 47 & 35 \end{pmatrix}$

b) $\boldsymbol{RE} \cdot \begin{pmatrix} 100 \\ 80 \\ 150 \end{pmatrix} = \begin{pmatrix} 20\,160 \\ 15\,270 \\ 17\,370 \\ 13\,310 \end{pmatrix}$

Seite 185

a) Kosten:
$K = K_f + (\vec{k}_E + \vec{k}_Z \cdot \boldsymbol{ZE} + \vec{k}_R \cdot \boldsymbol{ME}) \cdot \vec{p}$
$= 40\,000 + ((410 \;\; 510 \;\; 620)$
$+ (80 \;\; 100 \;\; 120) \cdot \boldsymbol{ZE} + (10 \;\; 15 \;\; 20) \cdot \boldsymbol{ME}) \cdot \vec{p}$
$= 40\,000 + (1440 \;\; 1660 \;\; 2180) \cdot \vec{p} = 844\,700$
Erlös: $E = \vec{v} \cdot \vec{p} = 910\,000$
Gewinn: $G = E - K = 65\,300$

b) Der Erlös pro Mengeneinheit von E_3 ist niedriger als der variable Kostenanteil für dieses Endprodukt (2180 GE). Die Produktion von E_3 sollte also eingestellt werden.

Seite 186

1. a) Anzahlen der Zwischenprodukte für die Gesamtproduktion
   b) Herstellungskosten der Zwischenprodukte je Endprodukt
   c) Rohstoffkosten je Endprodukt
   d) Herstellungskosten für alle Endprodukte
   e) Erlöse für alle Endprodukte
   f) Rohstoffkosten je Zwischenprodukt

2. a) Wenn die Matrix $\boldsymbol{RZ}$ nicht symmetrisch ist, lässt sich keine eindeutige Lösung für die Matrix $\boldsymbol{ZE}$ finden.
   b) Das Gleichungssystem, das sich aus der Matrizengleichung

$$\begin{pmatrix} 2 & 2 & 2 \\ 4 & 1 & 3 \\ 3 & 2 & 1 \end{pmatrix} \cdot \boldsymbol{ZE} = \begin{pmatrix} 36 & 14 & 18 \\ 50 & 21 & 22 \\ 40 & 12 & 19 \end{pmatrix} \text{ mit } \boldsymbol{ZE} = \begin{pmatrix} ze_{11} & ze_{12} & ze_{13} \\ ze_{21} & ze_{22} & ze_{23} \\ ze_{31} & ze_{32} & ze_{33} \end{pmatrix}$$

ergibt ein Gleichungssystem mit 9 Gleichungen und 9 Variablen und führt zu der Matrix

$$\boldsymbol{ZE} = \begin{pmatrix} 8 & 2 & 3 \\ 6 & 1 & 4 \\ 4 & 4 & 2 \end{pmatrix}.$$

Lösungen zu 4.3

Seite 194

$$\begin{pmatrix} -5 & 3 \\ 4 & -6 \end{pmatrix} \cdot \begin{pmatrix} x_1 \\ x_2 \end{pmatrix} = \begin{pmatrix} -30 \\ 42 \end{pmatrix}$$

$$\begin{array}{rr|r} -5 & 3 & -30 \\ 4 & -6 & 42 \end{array} \sim \begin{array}{rr|r} 1 & -0{,}6 & 6 \\ 0 & -3{,}6 & 18 \end{array}$$

$$\begin{array}{rr|r} 1 & 0 & 3 \\ 0 & 1 & -5 \end{array} \Rightarrow x_1 = 3;\ x_2 = -5;\ L = \left\{\begin{pmatrix} 3 \\ -5 \end{pmatrix}\right\}$$

Seite 198

Gleichungssystem:
$3x_1 + 4x_2 + 5x_3 = 4250$
$3x_1 + 3x_2 + 2x_3 = 2895$
$4x_1 + 2x_2 + 3x_3 = 3335$

$$\Rightarrow \left(\begin{array}{rrr|r} 3 & 4 & 5 & 4250 \\ 3 & 3 & 2 & 2895 \\ 4 & 2 & 3 & 3335 \end{array}\right) \sim \left(\begin{array}{rrr|r} 1 & 0 & 0 & 415 \\ 0 & 1 & 0 & 320 \\ 0 & 0 & 1 & 345 \end{array}\right)$$

Es können 415 Stück von Produkt 1, 320 Stück von Produkt 2 und 345 Stück von Produkt 3 hergestellt werden.

Seite 200

a) $L = \left\{\begin{pmatrix} 3 \\ -9 \\ 5 \end{pmatrix}\right\}$

b) $L = \left\{\begin{pmatrix} 1 \\ 2 \\ -1 \\ 0 \end{pmatrix} + s \cdot \begin{pmatrix} -158 \\ 137 \\ -217 \\ 43 \end{pmatrix};\ s \in \mathbb{R}\right\}$

c) $L = \{\,\}$

Seite 205

a) Beispiel 1: $Rg\,\boldsymbol{A} = Rg(\boldsymbol{A}\,|\,\vec{b}) = 2$
Beispiel 2: $Rg\,\boldsymbol{A} = Rg(\boldsymbol{A}\,|\,\vec{b}) = 3$
Beispiel 3: $Rg\,\boldsymbol{A} = Rg(\boldsymbol{A}\,|\,\vec{b}) = 3$
Beispiel 4: $Rg\,\boldsymbol{A} = Rg(\boldsymbol{A}\,|\,\vec{b}) = 4$
Beispiel 5: $Rg\,\boldsymbol{A} = Rg(\boldsymbol{A}\,|\,\vec{b}) = 3$
Beispiel 6: $Rg\,\boldsymbol{A} = Rg(\boldsymbol{A}\,|\,\vec{b}) = 2$
Beispiel 7: $Rg\,\boldsymbol{A} = Rg(\boldsymbol{A}\,|\,\vec{b}) = 2$
Beispiel 8: $Rg\,\boldsymbol{A} = 2;\ Rg(\boldsymbol{A}\,|\,\vec{b}) = 3$
Beispiel 9: $Rg\,\boldsymbol{A} = Rg(\boldsymbol{A}\,|\,\vec{b}) = 2$

b) Es gibt keine Lösung, wenn $Rg\,\boldsymbol{A} \neq Rg(\boldsymbol{A}\,|\,\vec{b})$.
Es gibt genau eine Lösung, wenn $Rg\,\boldsymbol{A} = Rg(\boldsymbol{A}\,|\,\vec{b}) = n$ (n gleich Anzahl der Variablen).
Es gibt unendlich viele Lösungen, wenn $Rg\,\boldsymbol{A} = Rg(\boldsymbol{A}\,|\,\vec{b}) < n$.

Seite 207

a) $Rg\,\boldsymbol{A} = Rg(\boldsymbol{A}\,|\,\vec{b}) = n = 3;\ L = \left\{\begin{pmatrix} 2 \\ 4 \\ -10 \end{pmatrix}\right\}$

b) $Rg\,\boldsymbol{A} = 2 \neq Rg(\boldsymbol{A}\,|\,\vec{b}) = 3;\ L = \{\,\}$

c) $Rg\,\boldsymbol{A} = Rg(\boldsymbol{A}\,|\,\vec{b}) = 2;\ n = 3;$
$L = \left\{\begin{pmatrix} -4 \\ 6 \\ 0 \end{pmatrix} + s \cdot \begin{pmatrix} 2 \\ -3 \\ 1 \end{pmatrix};\ s \in \mathbb{R}\right\}$

L

d) $Rg\,\boldsymbol{A} = Rg(\boldsymbol{A}\,|\,\vec{b}) = 2;\ n = 3;\ L = \left\{ s \cdot \begin{pmatrix} -5{,}4 \\ 0{,}2 \\ 1 \end{pmatrix};\ s \in \mathbb{R} \right\}$

e) $Rg\,\boldsymbol{A} = Rg(\boldsymbol{A}\,|\,\vec{b}) = 2;\ n = 3;$

$$L = \left\{ \begin{pmatrix} \frac{53}{14} \\ -\frac{8}{7} \\ 0 \end{pmatrix} + s \cdot \begin{pmatrix} -\frac{13}{14} \\ -\frac{2}{7} \\ 1 \end{pmatrix};\ s \in \mathbb{R} \right\}$$

f) $Rg\,\boldsymbol{A} = Rg(\boldsymbol{A}\,|\,\vec{b}) = n = 3;\ L = \left\{ \begin{pmatrix} -3 \\ 4 \\ 1 \end{pmatrix} \right\}$

Seite 209

$$\begin{array}{ccc|cl} a & -1 & 2 & 0 & \\ 2 & 2a+4 & -2a+6 & 8 & |:2 \\ 3 & 3 & 3a-3 & -6 & |:3 \end{array}$$

$$\begin{array}{ccc|cl} \color{red}{1} & 1 & a-1 & -2 & |\cdot(-1)\ +\quad |\cdot(-a)\ + \\ 1 & a+2 & -a+3 & 4 & \leftarrow \\ a & -1 & 2 & 0 & \leftarrow \end{array}$$

▶ 1. und 3. Zeile vertauscht.

$$\begin{array}{ccc|c} 1 & -1 & a-1 & -2 \\ 0 & \color{red}{a+1} & -2a+4 & 6 \\ 0 & -a-1 & -a^2+a+2 & 2a \end{array}$$

$\sim$

$$\begin{array}{ccc|c} 1 & -1 & a-1 & -2 \\ 0 & a+1 & -2a+4 & 6 \\ 0 & 0 & -(a-2)\cdot(a+3) & 2\cdot(a+3) \end{array}$$

a) $a = -3$: $Rg\,\boldsymbol{A} = Rg(\boldsymbol{A}\,|\,\vec{b}) = 2;\ n = 3$
LGS mehrdeutig lösbar (Lösung, siehe Teil b)

$a = 2;\ a = -1$: $Rg\,\boldsymbol{A} < Rg(\boldsymbol{A}\,|\,\vec{b})$
LGS unlösbar

$a \in \mathbb{R}\backslash\{-3;\ -1;\ 2\}$: $Rg\,\boldsymbol{A} = Rg(\boldsymbol{A}\,|\,\vec{b}) = n = 3$
LGS eindeutig lösbar

b) $L = \left\{ \begin{pmatrix} 1 \\ -3 \\ 0 \end{pmatrix} + s \cdot \begin{pmatrix} -1 \\ 5 \\ 1 \end{pmatrix};\ s \in \mathbb{R} \right\}$

Seite 213

$$\boldsymbol{A}^{-1} = \begin{pmatrix} 1 & 4 & 2 & -5 \\ 0 & 1 & 0 & -1 \\ 1 & 2 & 1 & -3 \\ -2 & -8 & -4 & 11 \end{pmatrix}$$

a) $\vec{x} = \boldsymbol{A}^{-1} \cdot \vec{b} = \begin{pmatrix} 21 \\ 2 \\ 13 \\ -44 \end{pmatrix}$ b) $\vec{x} = \begin{pmatrix} 25 \\ 3 \\ 15 \\ -52 \end{pmatrix}$

Lösungen zu 4.4

Seite 231

a) $\vec{y} = (\boldsymbol{E} - \boldsymbol{A}) \cdot \vec{x}$

$$= \begin{pmatrix} 0{,}9 & -0{,}4 & -0{,}2 \\ 0 & 0{,}4 & -0{,}3 \\ -0{,}3 & 0 & 0{,}8 \end{pmatrix} \cdot \begin{pmatrix} 30 \\ 40 \\ 20 \end{pmatrix} = \begin{pmatrix} 7 \\ 10 \\ 7 \end{pmatrix}$$

b) $\vec{x} = (\boldsymbol{E} - \boldsymbol{A})^{-1} \cdot \begin{pmatrix} 19 \\ 57 \\ 38 \end{pmatrix} = \begin{pmatrix} 140 \\ 217{,}5 \\ 100 \end{pmatrix}$

Lösungen zu 4.5

Seite 244

a)

	CZ	PL	D
CZ	0,2	0,4	0,4
PL	0,2	0,4	0,4
D	0,2	0,3	0,5

$$\boldsymbol{A} = \begin{pmatrix} 0{,}2 & 0{,}4 & 0{,}4 \\ 0{,}2 & 0{,}4 & 0{,}4 \\ 0{,}2 & 0{,}3 & 0{,}5 \end{pmatrix}$$

b) $\vec{v}_0^{\,T} = (300\ \ 250\ \ 350)$

$\vec{v}_1^{\,T} = \vec{v}_0^{\,T} \cdot \boldsymbol{A} = (180\ \ 325\ \ 395)$

$\vec{v}_2^{\,T} = \vec{v}_0^{\,T} \cdot \boldsymbol{A}^2 = (180\ \ 320{,}05\ \ 399{,}95) \approx (180\ \ 320\ \ 400)$

$\vec{v}_{10}^{\,T} = \vec{v}_0^{\,T} \cdot \boldsymbol{A}^{10} = (180\ \ 320\ \ 400)$

Seite 246

a) $\vec{v}_f^{\,T} \cdot \boldsymbol{A} = \vec{v}_f^{\,T}$ und $v_{f_1} + v_{f_2} + v_{f_3} = 1$

$\Rightarrow \vec{v}_f^{\,T} = \left(\frac{9}{45}\ \ \frac{16}{45}\ \ \frac{20}{45} \right)$

b) $\boldsymbol{A}_g = \begin{pmatrix} \frac{9}{45} & \frac{16}{45} & \frac{20}{45} \\ \frac{9}{45} & \frac{16}{45} & \frac{20}{45} \\ \frac{9}{45} & \frac{16}{45} & \frac{20}{45} \end{pmatrix};\quad \vec{v}_0^{\,T} \cdot \boldsymbol{A}_g = (180\ \ 320\ \ 400)$

Seite 250

a)

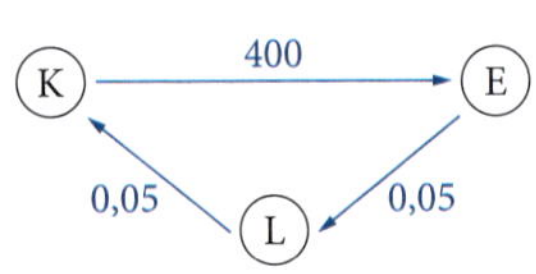

$$\boldsymbol{A} = \begin{pmatrix} 0 & 400 & 0 \\ 0 & 0 & 0{,}05 \\ 0{,}05 & 0 & 0 \end{pmatrix}$$

b) $(100\ \ 0\ \ 0) \cdot \boldsymbol{A} = (0\ \ 40000\ \ 0)$
$(100\ \ 0\ \ 0) \cdot \boldsymbol{A}^2 = (0\ \ 0\ \ 2000)$
$(100\ \ 0\ \ 0) \cdot \boldsymbol{A}^3 = (100\ \ 0\ \ 0)$

c) Die Entwicklung ist zyklisch.

Lösungen zu 5.1

Seite 256

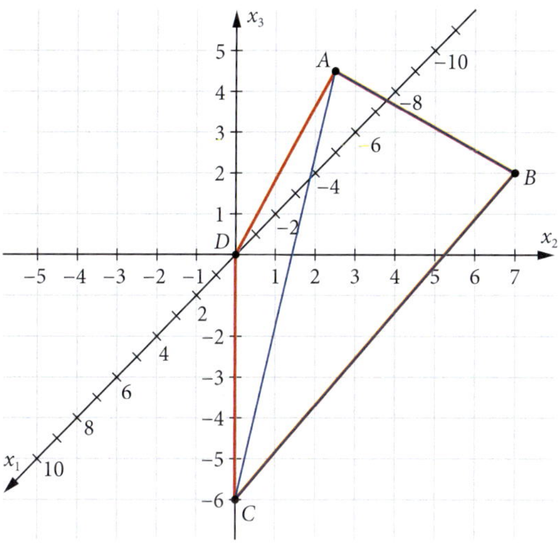

Seite 257

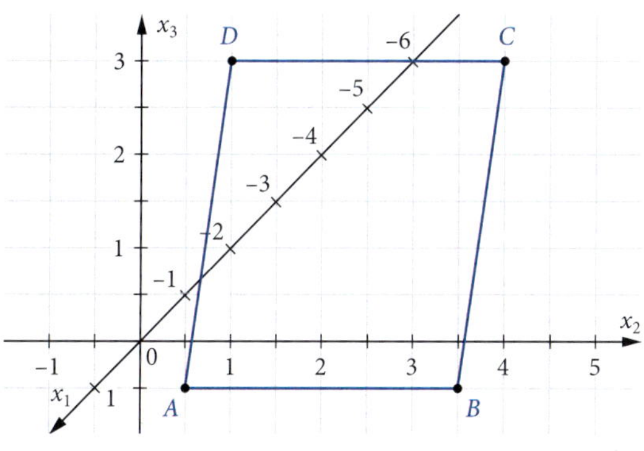

$d(A;B) = \sqrt{0^2 + 3^2 + 0^2} = 3$

$d(B;C) = \sqrt{(-1)^2 + 0^2 + 3^2} = \sqrt{10} \approx 3{,}16$

$d(C;D) = \sqrt{0^2 + (-3)^2 + 0^2} = 3$

$d(D;A) = \sqrt{1^2 + 0^2 + (-3)^2} = \sqrt{10} \approx -3{,}16$

Seite 259

$\overrightarrow{AB} = \begin{pmatrix} 1-(-2) \\ -1-1 \end{pmatrix} = \begin{pmatrix} 3 \\ -2 \end{pmatrix}$; $\overrightarrow{CD} = \begin{pmatrix} 5-2 \\ 2-4 \end{pmatrix} = \begin{pmatrix} 3 \\ -2 \end{pmatrix}$;

$\overrightarrow{OP} = \begin{pmatrix} 3-0 \\ -2-0 \end{pmatrix} = \begin{pmatrix} 3 \\ -2 \end{pmatrix}$

Seite 260

$E(3|0|5)$, $F(3|2{,}5|5)$, $G(0|2{,}5|5)$, $H(0|0|5)$

$\overrightarrow{AG} = \begin{pmatrix} 0-3 \\ 2{,}5-0 \\ 5-0 \end{pmatrix} = \begin{pmatrix} -3 \\ 2{,}5 \\ 5 \end{pmatrix}$

$\Rightarrow |\overrightarrow{AG}| = \sqrt{(-3)^2 + 2{,}5^2 + 5^2} = \sqrt{40{,}25} \approx 6{,}34$

$\overrightarrow{BH} = \begin{pmatrix} 0-3 \\ 0-2{,}5 \\ 5-0 \end{pmatrix} = \begin{pmatrix} -3 \\ -2{,}5 \\ 5 \end{pmatrix}$

$\Rightarrow |\overrightarrow{BH}| = \sqrt{(-3)^2 + (-2{,}5)^2 + 5^2} = \sqrt{40{,}25} \approx 6{,}34$

$\overrightarrow{CE} = \begin{pmatrix} 3-0 \\ 0-2{,}5 \\ 5-0 \end{pmatrix} = \begin{pmatrix} 3 \\ -2{,}5 \\ 5 \end{pmatrix}$

$\Rightarrow |\overrightarrow{CE}| = \sqrt{3^2 + (-2{,}5)^2 + 5^2} = \sqrt{40{,}25} \approx 6{,}34$

$\overrightarrow{DF} = \begin{pmatrix} 3-0 \\ 2{,}5-0 \\ 5-0 \end{pmatrix} = \begin{pmatrix} 3 \\ 2{,}5 \\ 5 \end{pmatrix}$

$\Rightarrow |\overrightarrow{DF}| = \sqrt{3^2 + 2{,}5^2 + 5^2} = \sqrt{40{,}25} \approx 6{,}34$

Seite 261

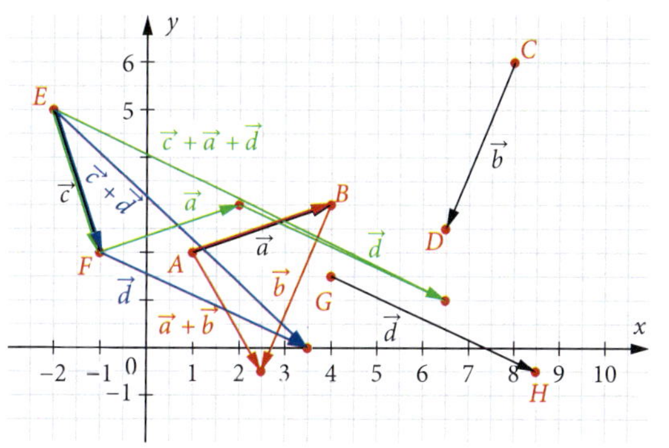

Seite 262

$\vec{b} = \begin{pmatrix} 0 \\ 0 \\ 255 \end{pmatrix}$; $\vec{o} = \begin{pmatrix} 225 \\ 102 \\ 0 \end{pmatrix} \Rightarrow \vec{p} = \begin{pmatrix} 0+255 \\ 0+102 \\ 255+0 \end{pmatrix} = \begin{pmatrix} 255 \\ 102 \\ 255 \end{pmatrix}$

Seite 263

1. a) $\vec{a} + \vec{b} = \begin{pmatrix} 5+(-1) \\ 1+2 \\ 6+2 \end{pmatrix} = \begin{pmatrix} 4 \\ 3 \\ 8 \end{pmatrix}$

$\vec{a} - \vec{b} = \begin{pmatrix} 5-(-1) \\ 1-2 \\ 6-2 \end{pmatrix} = \begin{pmatrix} 6 \\ -1 \\ 4 \end{pmatrix}$

b) $\vec{a} + \vec{b} = \begin{pmatrix} 0+2 \\ 1+2 \\ -1+(-2) \end{pmatrix} = \begin{pmatrix} 2 \\ 3 \\ -3 \end{pmatrix}$

$\vec{a} - \vec{b} = \begin{pmatrix} 0-2 \\ 1-2 \\ -1-(-2) \end{pmatrix} = \begin{pmatrix} -2 \\ -1 \\ 1 \end{pmatrix}$

2. $-\vec{a} = \begin{pmatrix} -2 \\ -5 \\ -3 \end{pmatrix}$

3. a) $(\vec{a} + \vec{b}) + \vec{c}$ und $\vec{a} + (\vec{b} + \vec{c})$ ergeben in jedem Fall die Raumdiagonale $\vec{a} + \vec{b} + \vec{c}$, es gilt daher:
$(\vec{a} + \vec{b}) + \vec{c} = \vec{a} + (\vec{b} + \vec{c})$

b)

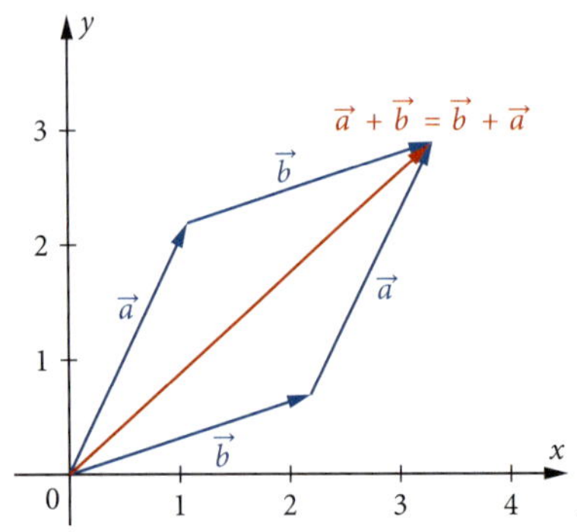

Seite 264

a) $4\vec{a} = \begin{pmatrix} 8 \\ 12 \\ 16 \end{pmatrix}$

b) $-2{,}5\,\vec{b} = \begin{pmatrix} 2{,}5 \\ -12{,}5 \\ 7{,}5 \end{pmatrix}$

c) $\vec{a} + 3\vec{b} = \begin{pmatrix} -1 \\ 18 \\ -5 \end{pmatrix}$

d) $3\vec{a} - 2\vec{b} = \begin{pmatrix} 8 \\ -1 \\ 18 \end{pmatrix}$

e) $-2\vec{a} - 3\vec{b} = \begin{pmatrix} -1 \\ -21 \\ 1 \end{pmatrix}$

Seite 267

1. a) $\vec{a} = r \cdot \vec{b};\, r \in \mathbb{R}$
(I) $1 = r \cdot 2 \Rightarrow r = \frac{1}{2}$
(II) $-4 = r \cdot 8 \Rightarrow r = -\frac{1}{2}$
(III) $2{,}5 = r \cdot 5 \Rightarrow r = \frac{1}{2}$
Es gibt einen Widerspruch, da r nicht gleichzeitig $-\frac{1}{2}$ und $+\frac{1}{2}$ sein kann. Die Vektoren sind nicht kollinear.

b) $\vec{a} = r \cdot \vec{b};\, r \in \mathbb{R}$
(I) $-2 = r \cdot 1 \Rightarrow r = -2$
(II) $4 = r \cdot (-8) \Rightarrow r = -\frac{1}{2}$
(III) $3 = r \cdot (-6) \Rightarrow r = -\frac{1}{2}$
Es gibt einen Widerspruch, da r nicht gleichzeitig $-\frac{1}{2}$ und -2 sein kann. Die Vektoren sind nicht kollinear.

c) $\vec{a} = r \cdot \vec{b};\, r \in \mathbb{R}$
(I) $12 = r \cdot (-3) \Rightarrow r = -4$
(II) $14 = r \cdot (-3{,}5) \Rightarrow r = -4$
(III) $4 = r \cdot (-1) \Rightarrow r = -4$
$r = -4$ erfüllt alle drei Gleichungen. Die Vektoren sind somit kollinear.

2. a) $\vec{a} = r \cdot \vec{b};\, r \in \mathbb{R}$
(I) $3 = r \cdot 12 \Rightarrow r = \frac{1}{4}$
(II) $k = r \cdot 2 \Rightarrow k = \frac{1}{2}$, da auch hier $r = \frac{1}{4}$ angesetzt werden muss.

b) $\vec{a} = r \cdot \vec{b};\, r \in \mathbb{R}$
(I) $k = r \cdot 4 \Rightarrow k = 2$, da auch hier $r = \frac{1}{2}$ angesetzt werden muss.
(II) $-1 = r \cdot (-2) \Rightarrow r = \frac{1}{2}$
(III) $3 = r \cdot 6 \Rightarrow r = \frac{1}{2}$

c) $\vec{a} = r \cdot \vec{b};\, r \in \mathbb{R}$
(I) $2 = r \cdot k$
(II) $0 = r \cdot 0 \Rightarrow r \in \mathbb{R}$ beliebig
(III) $0 = r \cdot 0 \Rightarrow r \in \mathbb{R}$ beliebig
Da r beliebig sein kann, ist auch k eine beliebige reelle Zahl.

Lösungen zu 5.2

Seite 274

$\vec{u} \circ \vec{v} = 15 \cdot 13 \cdot \cos(27°) \approx 173{,}75$

Seite 275

-1

Seite 276

1. Linke Seite: $\left(r \cdot \begin{pmatrix} a_1 \\ a_2 \\ a_3 \end{pmatrix}\right) \circ \begin{pmatrix} b_1 \\ b_2 \\ b_3 \end{pmatrix} = \begin{pmatrix} r \cdot a_1 \\ r \cdot a_2 \\ r \cdot a_3 \end{pmatrix} \circ \begin{pmatrix} b_1 \\ b_2 \\ b_3 \end{pmatrix}$
$= r \cdot a_1 \cdot b_1 + r \cdot a_2 \cdot b_2 + r \cdot a_3 \cdot b_3$

Rechte Seite: $r \cdot \left(\begin{pmatrix} a_1 \\ a_2 \\ a_3 \end{pmatrix} \circ \begin{pmatrix} b_1 \\ b_2 \\ b_3 \end{pmatrix}\right) = r \cdot (a_1 \cdot b_1 + a_2 \cdot b_2 + a_3 \cdot b_3)$
$= r \cdot a_1 \cdot b_1 + r \cdot a_2 \cdot b_2 + r \cdot a_3 \cdot b_3$

Linke Seite = Rechte Seite. Damit ist die Gleichheit bewiesen.

2. a) falsch b) richtig c) richtig

Seite 278

1. $\cos(\alpha) = \frac{\overrightarrow{AB} \circ \overrightarrow{AC}}{|\overrightarrow{AB}| \cdot |\overrightarrow{AC}|} = \frac{14}{\sqrt{11} \cdot \sqrt{44}} \approx 0{,}64 \Rightarrow \alpha \approx 50{,}48°$

$\cos(\beta) = \frac{\overrightarrow{BA} \circ \overrightarrow{BC}}{|\overrightarrow{BA}| \cdot |\overrightarrow{BC}|} = \frac{-3}{\sqrt{11} \cdot \sqrt{27}} \approx -0{,}17 \Rightarrow \beta \approx 100{,}02°$

$\cos(\gamma) = \frac{\overrightarrow{CB} \circ \overrightarrow{CA}}{|\overrightarrow{CB}| \cdot |\overrightarrow{CA}|} = \frac{30}{\sqrt{27} \cdot \sqrt{44}} \approx 0{,}87 \Rightarrow \gamma \approx 29{,}50°$

2. $\overrightarrow{AB} = \begin{pmatrix}50\\0\end{pmatrix}$, $\overrightarrow{AC} = \begin{pmatrix}50\\-30\end{pmatrix}$
$\Rightarrow \cos(\alpha) = \frac{2500}{50 \cdot \sqrt{3400}} \approx 0{,}86 \Rightarrow \alpha \approx 30{,}96°$

Seite 279

1. $\vec{a} \circ \vec{b} = (-5)\cdot(-1) + 2\cdot(-2) + (-1)\cdot 1 = 0$
$\Rightarrow \vec{a}, \vec{b}$ sind orthogonal.

2. z. B. $\begin{pmatrix}3\\6\\-5\end{pmatrix}$

Lösungen zu 6.1

Seite 285

1. { } – unmögliches Ereignis
{(K; K)} – Kopf, Kopf
{(K; Z)} – Kopf, Zahl
{(Z; K)} – Zahl, Kopf
{(Z; Z)} – Zahl, Zahl
{(K; K); (K; Z)} – Im 1. Wurf wird Kopf geworfen.
{(K; K); (Z; K)} – Im 2. Wurf wird Kopf geworfen.
{(K; K); (Z; Z)} – Zweimal Kopf oder zweimal Zahl wird geworfen.
{(K; Z); (Z; K)} – Kopf und Zahl werden je einmal geworfen.
{(K; Z); (Z; Z)} – Im 2. Wurf wird Zahl geworfen.
{(Z; K); (Z; Z)} – Im 1. Wurf wird Zahl geworfen.
{(K; K); (K; Z); (Z; K)} – Mindestens einmal Kopf wird geworfen.
{(K; Z); (Z; K); (Z; Z)} – Mindestens einmal Zahl wird geworfen.
{(K; K); (Z; K); (Z; Z)} – Nicht „Kopf, dann Zahl“ wird geworfen.
{(K; K); (K; Z); (Z; Z)} – Nicht „Zahl, dann Kopf“ wird geworfen.
Ω – sicheres Ereignis

2.

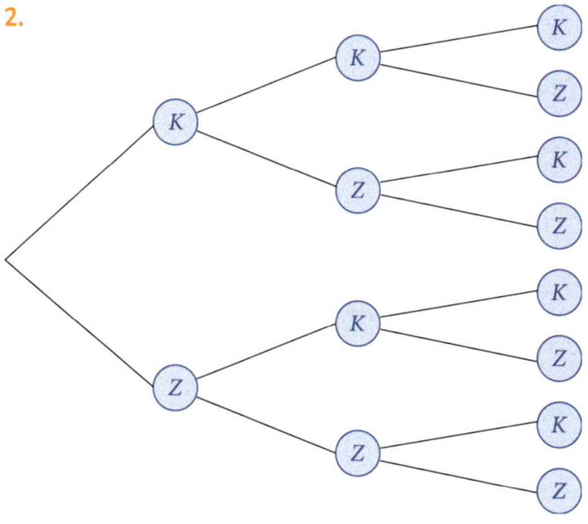

Elementarereignisse:
E_1 = {(K; K; K)} – Dreimal Kopf
E_2 = {(K; K; Z)} – Kopf, Kopf, Zahl
E_3 = {(K; Z; K)} – Kopf, Zahl, Kopf
E_4 = {(K; Z; Z)} – Kopf, Zahl, Zahl
E_5 = {(Z; K; K)} – Zahl, Kopf, Kopf
E_6 = {(Z; K; Z)} – Zahl, Kopf, Zahl
E_7 = {(Z; Z; K)} – Zahl, Zahl, Kopf
E_8 = {(Z; Z; Z)} – Dreimal Zahl
Drei weitere Ereignisse:
{(K; K; K); (K; K; Z); (K; Z; K); (Z; K; K)}
– Mindestens zweimal Kopf
{(K; K; Z); (K; Z; K); (Z; K; K)}
– Genau einmal Zahl
{(K; Z; K); (Z; K; Z)}
– Kopf und Zahl im Wechsel

Seite 287

1. $E_1 \cup E_2 = \{1; 3; 5\}$ $\quad E_1 \cap E_2 = \{1\}$
$E_1 \cup E_3 = \Omega$ $\quad E_1 \cap E_3 = \{1\}$
$E_2 \cup E_3 = \Omega$ $\quad E_2 \cap E_3 = \{1; 3; 5\}$
$\overline{E_1} = \{2; 3; 4; 5; 6\}$ $\quad \overline{E_2} = \{2; 4; 6\}$ $\quad \overline{E_3} = \{\,\}$

2.

	E_1	$\overline{E_1}$
E_2	{(K; Z); (Z; K)}	{ }
$\overline{E_2}$	{(K; K)}	{(Z; Z)}

Seite 289

1. Durch die Festlegungen ist eine Wahrscheinlichkeitsfunktion definiert. Alle 3 Axiome von Kolmogoroff sind erfüllt.

2. $P(\{1\}) + P(\{2\}) = \frac{1}{4} + \frac{1}{3} = \frac{7}{12} = P(\{1; 2\})$
$P(\{1\}) + P(\{3\}) = \frac{1}{4} + \frac{5}{12} = \frac{2}{3} = P(\{1; 3\})$
$P(\{2\}) + P(\{3\}) = \frac{1}{3} + \frac{5}{12} = \frac{3}{4} = P(\{2; 3\})$
$P(\{1; 2\}) + P(\{3\}) = \frac{7}{12} + \frac{5}{12} = 1 = P(\Omega)$
$P(\{1; 3\}) + P(\{2\}) = \frac{2}{3} + \frac{1}{3} = 1 = P(\Omega)$
$P(\{2; 3\}) + P(\{1\}) = \frac{3}{4} + \frac{1}{4} = 1 = P(\Omega)$

Seite 291

1. E: Augensumme mindestens 3
$P(E) = 1 - P(\overline{E}) = 1 - P(\{1; 1\}) = 1 - \frac{1}{36} = \frac{35}{36}$

2. a) $P(A \cap B) = P(\{2\}) = \frac{1}{6}$
b) $P(A \cup B) = P(A) + P(B) - P(A \cap B) = \frac{1}{2} + \frac{1}{2} - \frac{1}{6} = \frac{5}{6}$
c) $P(B \cap C) = P(\{\,\}) = 0$

Seite 292

	E_1	$\overline{E_1}$
E_2	{1; 2}	{4}
$\overline{E_2}$	{3}	{5; 6}

	E_1	$\overline{E_1}$	Summe
E_2	$\frac{1}{3}$	$\frac{1}{6}$	$\frac{1}{2} = \frac{3}{6}$
$\overline{E_2}$	$\frac{1}{6}$	$\frac{1}{3}$	$\frac{1}{2} = \frac{3}{6}$
Summe	$\frac{1}{2} = \frac{3}{6}$	$\frac{1}{2} = \frac{3}{6}$	1

Seite 295

1. a) $P(\text{letzte Ziffer}) = \frac{1}{10}$
   b) $P(\text{letzte Ziffer ist gerade}) = \frac{1}{5}$
2. a) $P(\text{genau einmal Kopf}) = \frac{1}{2}$
   b) $P(\text{genau zweimal Zahl}) = \frac{1}{4}$
   c) $P(\text{mindestens einmal Zahl}) = \frac{3}{4}$
   d) $P(\text{gemischt}) = \frac{1}{2}$

Seite 297

1. $P(\{s; s; s\}) + P(\{r; s; s\}) + P(\{s; r; s\}) + P(\{s; s; r\})$
   $= \frac{1}{12} + \frac{5}{36} + \frac{5}{36} + \frac{5}{36} = \frac{1}{2} = 50\,\%$
2. a)

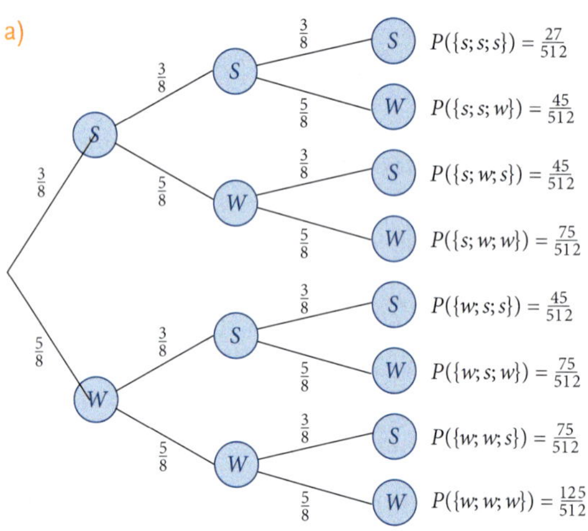

   b) $P(2\,s; 1\,w) = 3 \cdot \frac{45}{512} = \frac{135}{512} \approx 0{,}26$
   $P(\text{mindestens } 1\,w) = 1 - \frac{27}{512} \approx 0{,}95$
   $P(\text{mindestens } 2\,w) = \frac{125}{512} + 3 \cdot \frac{75}{512} = \frac{350}{512} \approx 0{,}68$

3. a) $P(\{6\}) = 3 \cdot \left(\frac{1}{6} \cdot \frac{5}{6} \cdot \frac{5}{6}\right) = \frac{75}{216} \approx 0{,}35$
   b) $P(6 \text{ im 1. Wurf}) = \frac{1}{6}$
   c) $P(\text{mindestens zweimal } 6) = 3 \cdot \left(\frac{1}{6} \cdot \frac{1}{6} \cdot \frac{5}{6}\right) + \left(\frac{1}{6}\right)^3$
   $= \frac{16}{216} \approx 0{,}07$

Lösungen zu 6.2

Seite 305

$P(M\text{-eA}) = \frac{7}{13} \cdot \frac{1}{2} + \frac{6}{13} \cdot \frac{1}{3} = \frac{11}{26} \approx 0{,}4231 = 42{,}31\,\%$

Seite 306

M: Produkt ist mangelhaft T: Test zeigt Mängel an

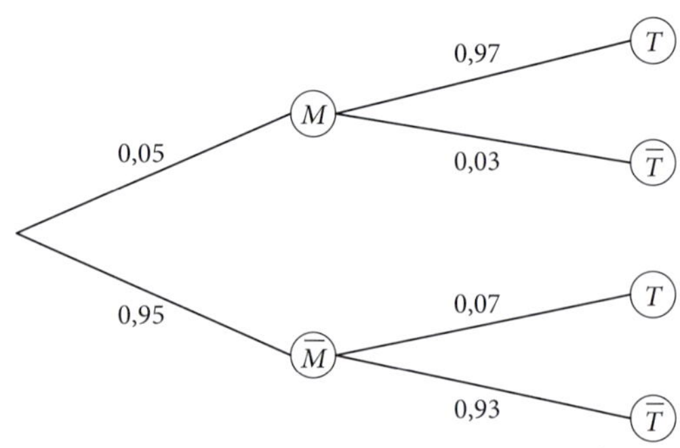

a) $P_T(M) = \frac{P(M) \cdot P_M(T)}{P(M) \cdot P_M(T) + P(\overline{M}) \cdot P_{\overline{M}}(T)}$
$= \frac{0{,}05 \cdot 0{,}97}{0{,}05 \cdot 0{,}97 + 0{,}95 \cdot 0{,}07} \approx 42{,}2\,\%$

b) $P_{\overline{T}}(\overline{M}) = \frac{P(\overline{M}) \cdot P_{\overline{M}}(\overline{T})}{P(\overline{M}) \cdot P_{\overline{M}}(\overline{T}) + P(M) \cdot P_M(\overline{T})}$
$= \frac{0{,}95 \cdot 0{,}93}{0{,}95 \cdot 0{,}93 + 0{,}05 \cdot 0{,}03} \approx 99{,}8\,\%$

Seite 310

a) Baumdiagramm:

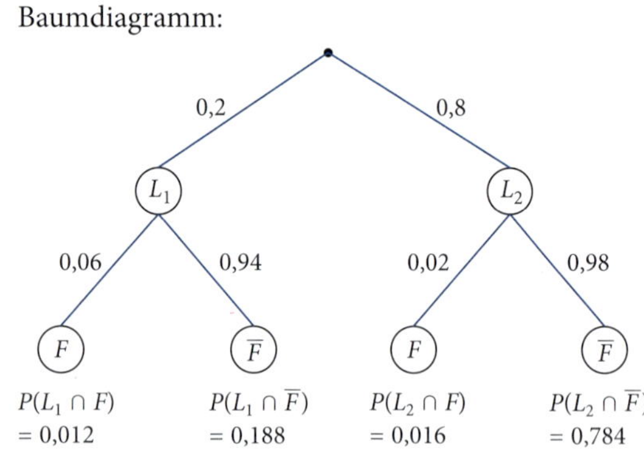

Vierfeldertafel:

	F	$\overline{F}$	Σ
L_1	$0{,}2 \cdot 0{,}06 = 0{,}012$	$0{,}2 \cdot 0{,}94 = 0{,}188$	0,2
L_2	$0{,}8 \cdot 0{,}02 = 0{,}016$	$0{,}8 \cdot 0{,}98 = 0{,}784$	0,8
Σ	0,028	0,972	1

b) $P_F(L_1) = \frac{0{,}012}{0{,}012 + 0{,}016} \approx 0{,}4286 = 42{,}86\,\%$

c) $P(\overline{F}) = 0{,}2 \cdot 0{,}94 + 0{,}8 \cdot 0{,}98 = 0{,}972 = 97{,}2\,\%$

d) $P_{L_1}(\overline{F}) = 0{,}94 = 94\,\%$ ▸ Ablesen am 2. Ast

e) Inverses Baumdiagramm:

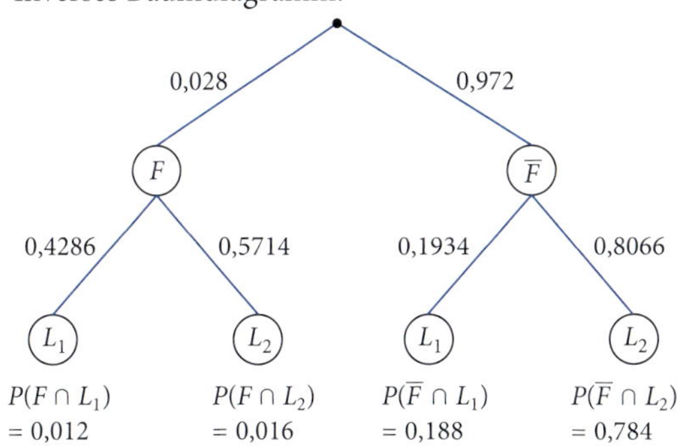

$P_{\overline{F}}(L_2) = 0{,}8066 = 80{,}66\,\%$ ▸ Ablesen am 2. Ast

Seite 313

A: Kauf eines Elektroherds von H
B: Kauf eines Kühlschranks von H

	B	$\overline{B}$	
A	40	120	160
$\overline{A}$	60	180	240
	100	300	400

$P(A) = 160 : 400 = 0{,}4$; $P(B) = 100 : 400 = 0{,}25$
$P(A \cap B) = 40 : 400 = 0{,}1 = P(A) \cdot P(B)$

Der Kauf von Elektroherden und Kühlschränken des Herstellers HaushaltHilf GmbH ist stochastisch unabhängig voneinander.

Lösungen zu 6.3

Seite 321

1.

x_i	−2	1	5
$P(X = x_i)$	$\frac{15}{36}$	$\frac{15}{36}$	$\frac{1}{6}$

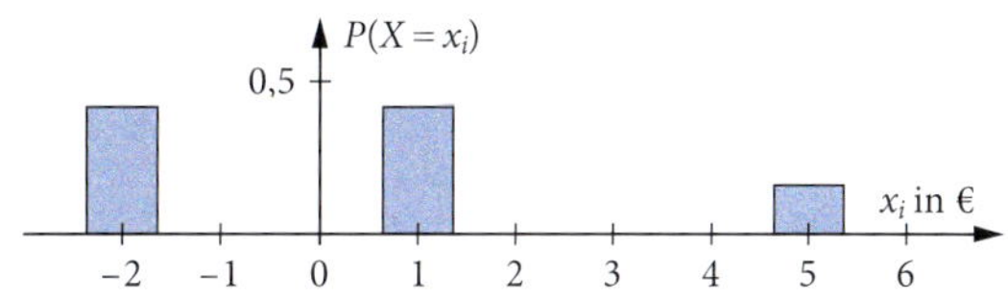

2.

x_i	−1	1	4
$P(X = x_i)$	$\frac{3}{4}$	$\frac{3}{16}$	$\frac{1}{16}$

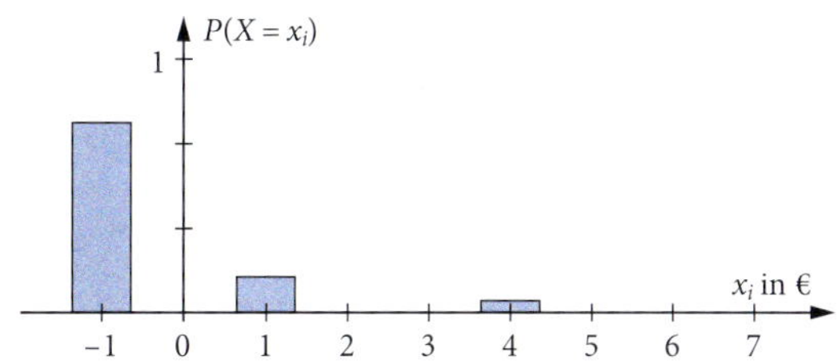

Seite 322

1.

x_i	0	12	15	20
$P(X = x_i)$	0,003	0,042	0,072	0,883

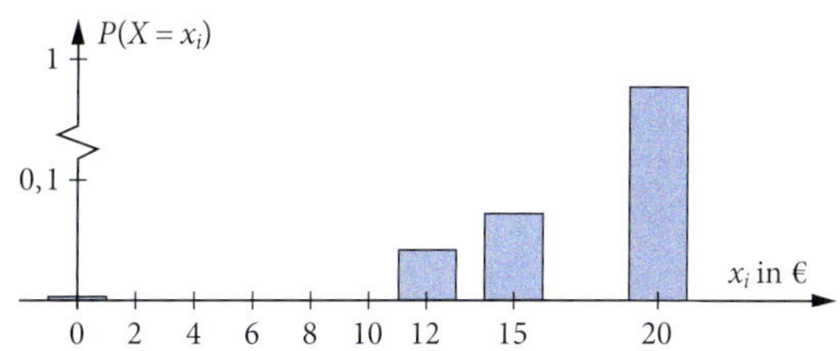

2.

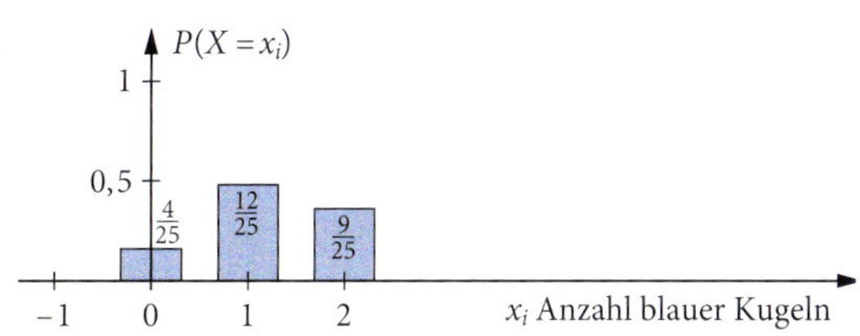

Seite 325

1. $E(X) = 1\,€ \cdot \frac{3}{8} + 2\,€ \cdot \frac{1}{8} + 1\,€ \cdot \frac{1}{4} = \frac{7}{8}\,€ = 0{,}875\,€$
Das Spiel ist bei einem Einsatz von 0,875 € fair.

2. Verkaufspreis:
$E(X) = 12\,€ \cdot 0{,}042 + 15\,€ \cdot 0{,}072 + 20\,€ \cdot 0{,}883$
$\approx 19{,}24\,€$

Seite 327

Man erhält $V(X) = 5{,}5$ und $\sigma(X) \approx 2{,}345$ sowie $V(Y) = 1{,}2$ und $\sigma(Y) \approx 1{,}095$. Varianz und Streuung von X sind wesentlich größer als bei Y. Damit ist das Spiel, das durch X beschrieben wird, riskanter.

Lösungen zu 6.4

Seite 335

$$(a+b)^3 = 1a^3 + 3a^2b + 3ab^2 + 1b^3$$
$$(a-b)^5 = 1a^5 - 5a^4b + 10a^3b^2 - 10a^2b^3 + 5ab^4 - 1b^5$$
$$(a+b)^6 = 1a^6 + 6a^5b + 15a^4b^2 + 20a^3b^3 + 15a^2b^4 + 6ab^5 + 1b^6$$

Seite 338

1. $B\left(10; \frac{1}{6}; 2\right) \approx 0{,}2907$; $B\left(10; \frac{1}{6}; 5\right) \approx 0{,}013$; $B\left(10; \frac{1}{6}; 7\right) \approx 0{,}0002$
2. 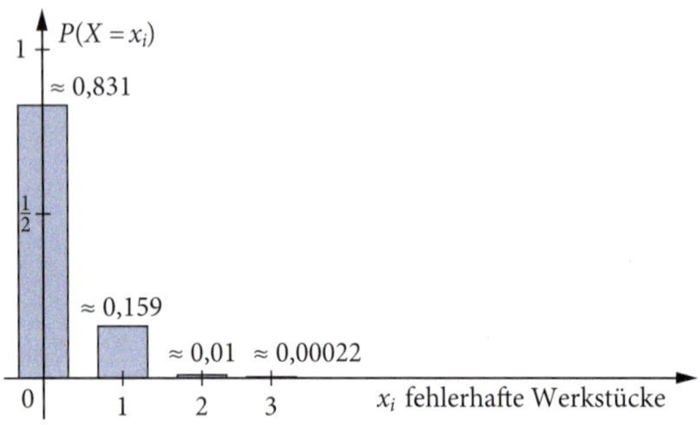

3. $B(50; 0{,}1; 5) = B(50; 0{,}9; 45) \approx 0{,}185$

Seite 339

1. a) $F\left(10; \frac{1}{6}; 2\right) = B\left(10; \frac{1}{6}; 0\right) + B\left(10; \frac{1}{6}; 1\right) + B\left(10; \frac{1}{6}; 2\right) \approx 0{,}7752$
   b) $F\left(10; \frac{1}{6}; 5\right) = B\left(10; \frac{1}{6}; 0\right) + B\left(10; \frac{1}{6}; 1\right) + \ldots + B\left(10; \frac{1}{6}; 5\right) \approx 0{,}9976$
2. a) $F(3; 0{,}06; 1) \approx 0{,}9896$
   b) $F(3; 0{,}06; 2) \approx 0{,}9998$
   c) $B(3; 0{,}06; 3) \approx 0{,}0002$

Seite 341

a) $F(8; 0{,}1; 3) \approx 0{,}9950$
b) $1 - F(8; 0{,}1; 6) \approx 1 - 1 = 0$
c) $B(8; 0{,}1; 5) \approx 0{,}0004$

Seite 342

1. $P(X=6) = B(6; p; 6) \geq 0{,}95 \Leftrightarrow p^6 > 0{,}95$
   $\Rightarrow p > \sqrt[6]{0{,}95} \approx 0{,}9915$
2. $P(X \geq 1) \geq 0{,}95 \Leftrightarrow 1 - P(X=0) \geq 0{,}95$
   $\Leftrightarrow B(n; 0{,}1; 0) \leq 0{,}05 \Leftrightarrow 0{,}9^n \leq 0{,}05$
   $\Leftrightarrow n \geq 28{,}43 \Rightarrow$ mindestens 29 Kontrollen

Seite 344

a)

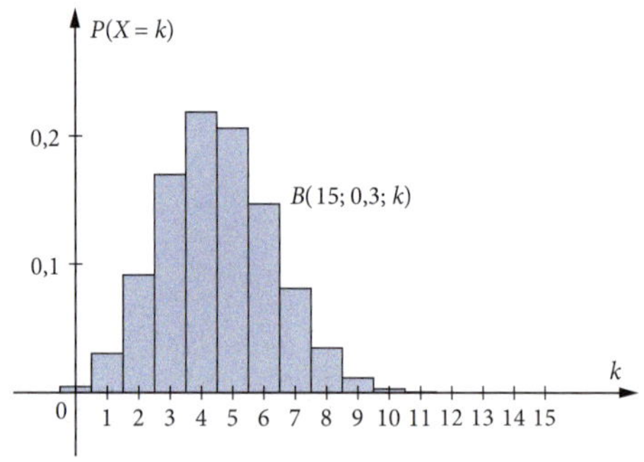

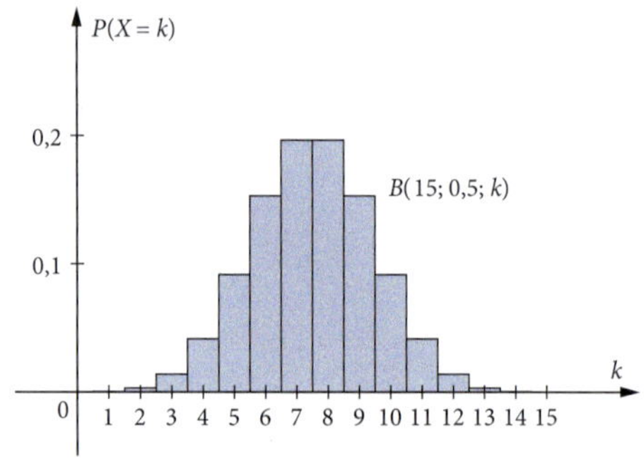

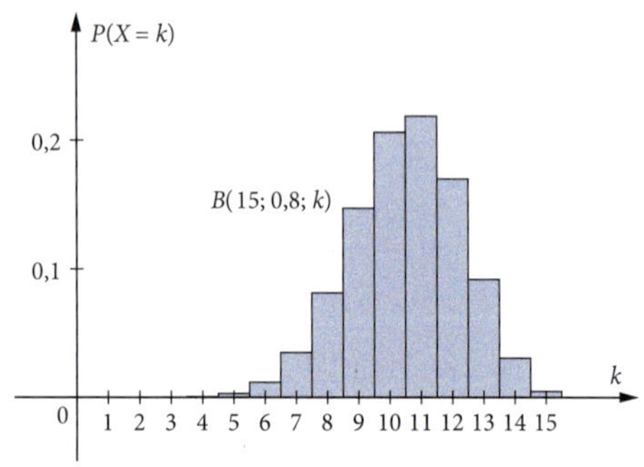

b)

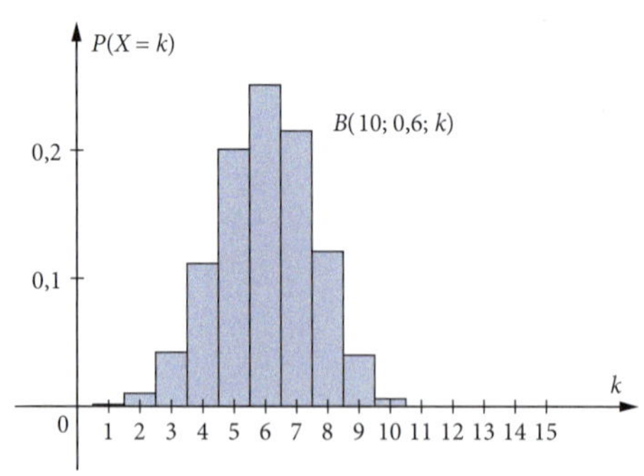

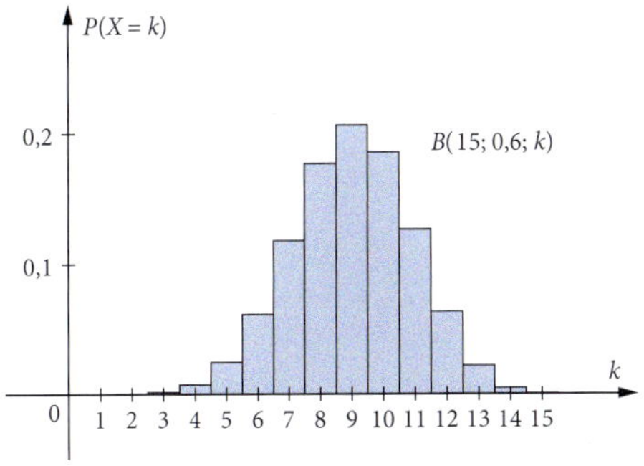

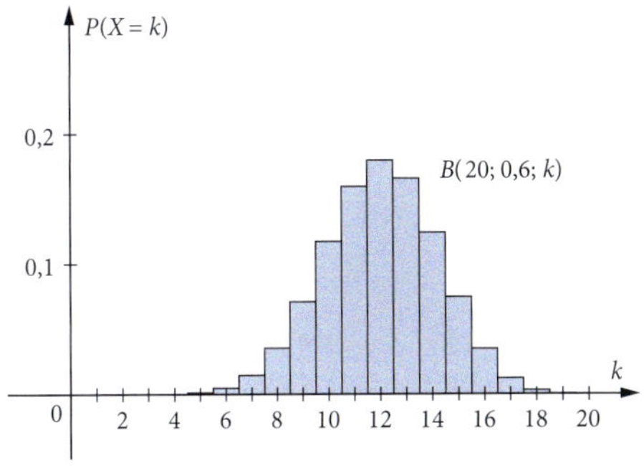

Seite 345

Es ergeben sich $E(X) = 30$, $V(X) = 21$ und $\sigma(X) \approx 4{,}583$.

Seite 347

Mit $E(X) = 30$ und $\sigma(X) \approx 4{,}58$ ist also die Frage, mit welcher Wahrscheinlichkeit die Zufallsgröße einen Wert zwischen 26 und 34 annimmt (nur ganzzahlige Werte werden zugelassen). Man erhält:
$F(100; 0{,}3; 34) - F(100; 0{,}3; 25)$
$\approx 0{,}8371 - 0{,}1631 = 0{,}6740$. Die Sigmaregel ist hier erfüllt. Das ist nicht erstaunlich, denn diese Binomialverteilung erfüllt auch die Laplace-Bedingung ($\sigma > 3$).

Seite 349

1. $p = 0{,}5$; $n = 400$;
   $\mu = 0{,}5 \cdot 400 = 200$; $\sigma = \sqrt{400 \cdot 0{,}5 \cdot 0{,}5} = 10$
   $\Rightarrow P(200 - 1{,}96 \cdot 10 \le X \le 200 + 1{,}96 \cdot 10)$
   $= P(180{,}4 \le X \le 219{,}6) = 95\,\%$
   $\Rightarrow$ Prognoseintervall $[181; 219]$

2. $p = 0{,}4$; $n = 630$;
   $\mu = 0{,}4 \cdot 630 = 252$; $\sigma = \sqrt{630 \cdot 0{,}4 \cdot 0{,}6} \approx 12{,}296$
   99 %-Regel $\Rightarrow \mu - 2{,}58\sigma \le X \le \mu + 2{,}58\sigma$
   Die relative Häufigkeit $\frac{X}{n}$ soll geschätzt werden:
   $\Rightarrow \frac{\mu}{n} - \frac{2{,}58\sigma}{n} \le \frac{X}{n} \le \frac{\mu}{n} + \frac{2{,}58\sigma}{n}$
   $\Rightarrow \frac{252}{630} - \frac{2{,}58 \cdot 12{,}296}{630} \le \frac{X}{630} \le \frac{252}{630} + \frac{2{,}58 \cdot 12{,}296}{630}$
   $\Rightarrow 34{,}96\,\% \le \frac{X}{630} \le 45{,}04\,\%$

3. $\left|\frac{X}{n} - p\right| \le \frac{2{,}58\sigma}{n}$ mit $\frac{2{,}58\sigma}{n} \le 0{,}01$
   2,58 aufgrund der 99 %-Regel; maximale Abweichung der relativen Häufigkeit von p ist 1 %.
   $\frac{2{,}58\sigma}{n} = \frac{2{,}58 \cdot \sqrt{n \cdot p \cdot (1-p)}}{n} \le 0{,}01$
   $\Leftrightarrow n \cdot p \cdot (1-p) \le \left(\frac{0{,}01}{2{,}58}\right)^2 \cdot n^2$
   $\Leftrightarrow n \ge p \cdot (1-p) \cdot 66\,564$
   $\Rightarrow n(p) = 66\,564 \cdot p \cdot (1-p)$
   $\Rightarrow$ Scheitelstelle bei 0,5 $\Rightarrow n_{\min}(0{,}5) = 16\,641$

Lösungen zu 6.5

Seite 362

X: „Anzahl der gewürfelten 6"
$p = \frac{1}{6}$; $n = 1000$; $k = 150$;
$\mu = \frac{1}{6} \cdot 1000 \approx 166{,}67$; $\sigma = \sqrt{1000 \cdot \frac{1}{6} \cdot \frac{5}{6}} \approx 11{,}785$
▸ $\sigma > 3$; Laplace-Bedingung erfüllt
$z = \frac{k - \mu}{\sigma} \approx -1{,}414$
$P(X = 150) = B\left(1000; \frac{1}{6}; 150\right)$
$\approx \frac{1}{\sigma}\,\varphi(z) = \frac{1}{11{,}785 \cdot \sqrt{2\pi}} \cdot e^{-0{,}5(-1{,}414)^2} \approx 1{,}25\,\%$
Das Ereignis „850-mal keine 6" entspricht dem Ereignis „150-mal eine 6": $B\left(1000; \frac{5}{6}; 850\right)$.

Seite 364

X: „Anzahl der gewürfelten 6"
$p = \frac{1}{6}$; $n = 600$; $\mu = \frac{1}{6} \cdot 600 = 100$;
$\sigma = \sqrt{600 \cdot \frac{1}{6} \cdot \frac{5}{6}} \approx 9{,}129$ ▸ $\sigma > 3$

a) $P(X \le 95) = F\left(600; \frac{1}{6}; 95\right) \approx \Phi(z)$ mit
   $z = \frac{k - \mu + 0{,}5}{\sigma} = \frac{95 - 100 + 0{,}5}{9{,}129} \approx -0{,}4929$
   $\Phi(-0{,}4929) \approx 31{,}10\,\%$

b) $P(X \ge 110) = 1 - P(X \le 109) = 1 - F\left(600; \frac{1}{6}; 109\right)$
   $\approx 1 - \Phi(z)$ mit $z = \frac{k - \mu + 0{,}5}{\sigma} = \frac{109 - 100 + 0{,}5}{9{,}129} \approx 1{,}041$
   $\Rightarrow P(X \ge 110) = 1 - \Phi(1{,}041) \approx 14{,}89\,\%$

c) $P(98 < X < 105) = P(X \le 104) - P(X \le 98)$
   $\approx \Phi(z_1) - \Phi(z_2)$
   mit $z_1 = \frac{104 - 100 + 0{,}5}{9{,}129} \approx 0{,}4929$
   $z_2 = \frac{98 - 100 + 0{,}5}{9{,}129} \approx -0{,}1643$
   $\Rightarrow P(98 < X < 105) \approx \Phi(0{,}4929) - \Phi(-0{,}1643)$
   $\approx 25{,}42\,\%$

Seite 365

1. X: „Anzahl der Gewinne"
$p = 0{,}1$; $n = 200$;
$\mu = 0{,}1 \cdot 200 = 20$; $\sigma = \sqrt{200 \cdot 0{,}1 \cdot 0{,}9} \approx 4{,}2426$
▶ $\sigma > 3$

$P(\mu - 1{,}5 \cdot \sigma \le X \le \mu + 1{,}5 \cdot \sigma) \approx 86{,}6\,\%$
▶ Sigmaregel

2. X: „Anzahl der 6"
$p = \frac{1}{6}$; $n = 1000$; $\mu = \frac{1}{6} \cdot 1000 = 166{,}67$;
$\sigma = \sqrt{1000 \cdot \frac{1}{6} \cdot \frac{5}{6}} \approx 11{,}785$ ▶ $\sigma > 3$
Sigmaintervall 95 % $\Rightarrow c = 1{,}96$
$P(\mu - 1{,}96 \cdot \sigma \le X \le \mu + 1{,}96 \cdot \sigma)$
$= P(143{,}57 \le X \le 189{,}76)$
$\Rightarrow$ Konfidenzintervall: $[144; 189]$

Seite 367

a) X ist eine **stetige** Zufallsgröße, da die Geschwindigkeit zwischen $0\,\frac{\text{km}}{\text{h}}$ und der Maximalgeschwindigkeit des Autos jeden beliebigen Wert annehmen kann.
b) X ist eine **stetige** Zufallsgröße, da der Umsatz pro Monat eines Unternehmens theoretisch jeden positiven reellen Wert annehmen kann. Praktisch sind Geldeinheiten oft auf 2 Nachkommastellen begrenzt, weshalb man auch argumentieren kann, dass zwischen 0 und einer vorgegebenen oberen Grenze die Zufallsgröße X nur endlich viele verschiedene Werte annehmen kann.
c) Bei X handelt es sich um eine **diskrete** Zufallsgröße, da die Anzahl der Retouren durch ganzzahlige Werte ausgedrückt wird.
d) Bei X handelt es sich um eine **stetige** Zufallsgröße, da die produzierte Strommenge eine beliebige reelle Zahl sein kann.

Seite 368

Eine Toleranz von ± 1 % bedeutet, dass Hanteln mit einem Gewicht g im Intervall $[10 - 10 \cdot 0{,}01; 10 + 10 \cdot 0{,}01] = [9{,}9; 10{,}1]$ akzeptiert werden. Die stetige Zufallsgröße X: „Gewicht g einer 10-kg-Hantel" ist normalverteilt mit $\mu = 10$ und $\sigma = 0{,}4$.
Somit:
$$P(9{,}9 \le X \le 10{,}1) = \int_{9{,}9}^{10{,}1} \varphi_{10;0{,}4}(x)\,dx$$
$$= \phi_{10;0{,}4}(10{,}1) - \phi_{10;0{,}4}(9{,}9) \approx 0{,}1974$$

Da nur jede fünfte Hantel der Anforderung entspricht, besteht ein dringender Handlungsbedarf.

Lösungen zu 6.6

Seite 374

$|0{,}214 - p| \le \frac{2{,}58 \cdot \sqrt{1000 \cdot p \cdot (1 - p)}}{1000}$
$\Leftrightarrow |214 - 1000p| \le 2{,}58 \cdot \sqrt{1000\,p - 1000\,p^2}$
$\Leftrightarrow (214 - 1000\,p)^2 \le 2{,}58^2 \cdot (1000\,p - 1000\,p^2)$
$\Leftrightarrow 1\,006\,656{,}4\,p^2 - 434\,656{,}4\,p \le -45\,796$
$\Leftrightarrow (p - 0{,}215\,8911)^2 \le 0{,}001\,157\,879$
$\Leftrightarrow |p - 0{,}215\,8911| \le 0{,}033\,403\,4$
$\Rightarrow 18{,}2\,\% \le p \le 24{,}9\,\%$ ▶ Vertrauensintervall für p

Seite 377

1. $0{,}93 = 2\,\Phi(z) - 1$
$\Leftrightarrow 1{,}93 = 2\,\Phi(z)$
$\Leftrightarrow \Phi(z) = 0{,}965$
$z = 1{,}81 = c$

2. a) Nein, denn $n < 1000$ und $h_n = 0{,}1 < 0{,}3$.
b) Lösung z. B. mit Ellipse:
$o(p) = p + 1{,}96\sqrt{\frac{p(1-p)}{500}}$;
$u(p) = p - 1{,}96\sqrt{\frac{p(1-p)}{500}}$;
$h_n = \frac{50}{500} = 0{,}1$
Schnittpunkt $o(p)$ und h_n: $p_1 = 0{,}0767$
Schnittpunkt $u(p)$ und h_n: $p_2 = 0{,}1294$
VI = $[0{,}0767; 0{,}1294]$
Die tatsächliche Wahrscheinlichkeit der Leute, die das neue Shampoo benutzen würden, liegt zu 95 % zwischen 7,67 % und 12,94 %.

Arbeiten mit dem GTR/CAS

Auf den folgenden Seiten werden ausgewählte Beispiele der Kapitel 1–6 mithilfe eines grafikfähigen Taschenrechners (GTR) und eines Computer-Algebra-Systems (CAS) gelöst. Auf diese Weise lernen wir die wichtigsten Befehle beider Systeme kennen.

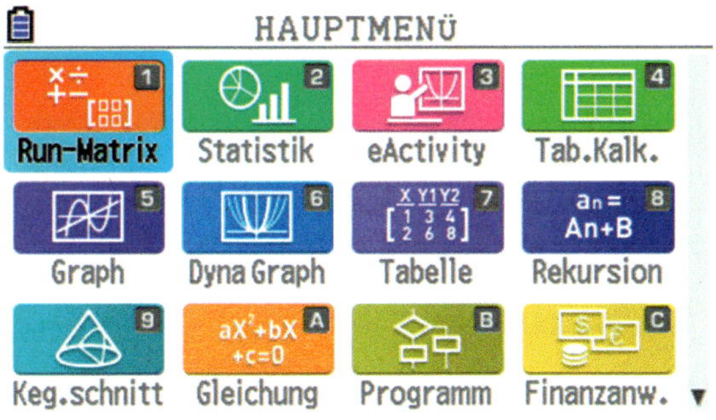

CA Casio fx-CG20/50: Seiten 458–464

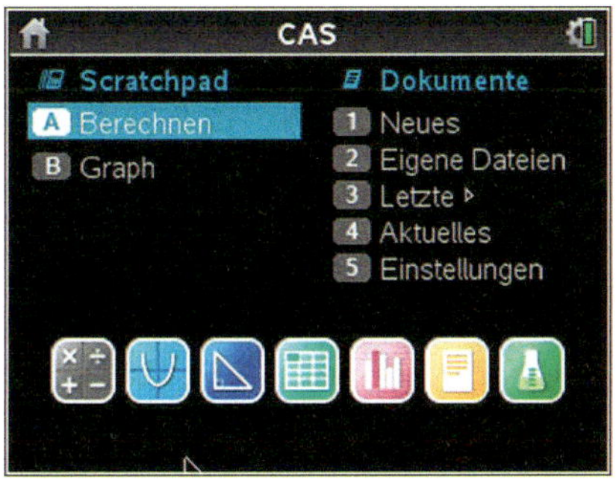

TI TI-*n*spire CX bzw. TI-*n*spire CX CAS: Seiten 465–472

Arbeiten mit GTR und CAS

CA Casio fx-CG20/50

Analysis

1 Kurvendiskussion

Diskutieren Sie die Funktion f mit $f(x) = -0{,}5x^3 + 2x^2 + 1{,}5x - 9$.

In der Anwendung Graph ([MENU], [5]) definieren wir die Funktion f sowie deren erste und zweite Ableitung.

▶ Die in der Graph-Anwendung definierten Funktionen Y1 bis Y3 können auch in anderen Anwendungen verwendet werden. Den Funktionsspeicher erreichen wir in der Run-Matrix-Anwendung über [VARS], GRAPH ([F4]), Y ([F1]).

Wir wechseln zur Anwendung Run-Matrix ([MENU], [1]).
Der **y-Achsenabschnitt** wird durch $f(0)$ bestimmt. Mit dem Befehl SolveN lösen wir die Gleichung $f(x) = 0$ und erhalten damit die **Nullstellen** von G_f.

Lokale Extrempunkte: Die Nullstellen von f' müssen berechnet und in die zweite Ableitung f'' eingesetzt werden.
Da $f''\left(-\frac{1}{3}\right) > 0$ ist, erhalten wir den lokalen Tiefpunkt $T(-0{,}33\,|\,-9{,}26)$. Analog bestimmen wir den lokalen Hochpunkt $H(3\,|\,0)$.

Wendestellen: Die Nullstellen von f'' sind die möglichen Wendestellen von f. Mit dem GTR kann die dritte Ableitung in einem Punkt nicht ermittelt werden, weshalb wir anhand des Graphen G_f oder durch eine Rechnung „per Hand" bestätigen, dass bei $W(1{,}33\,|\,-4{,}63)$ ein Wendepunkt vorliegt.

Den Graphen von f stellen wir in der Anwendung Graph ([MENU], [5], [F6]) dar (blauer Graph) und lesen das Verhalten von f für $x \to \pm\infty$ sowie die Symmetrieeigenschaften ab.

▶ Wichtig: Alle Extrempunkte von f müssen dargestellt sein.

Alternativ kann in der Anwendung Graph die Funktion f auch mit den eingebauten Befehlen zur Analyse eines Graphen untersucht werden. Diese sind im Untermenü G-SOLVE ([F5]) zu finden.

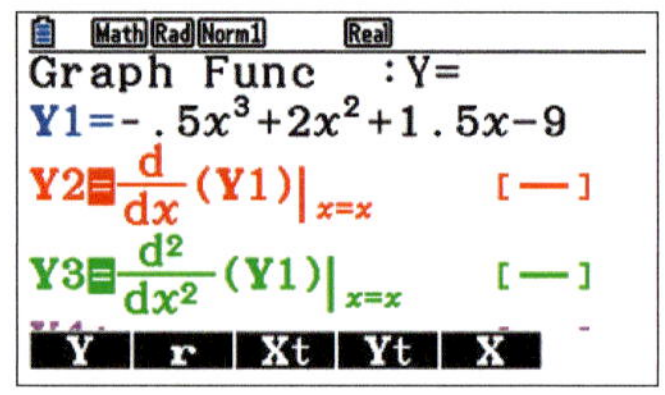

▶ Eingabe der Funktionen Y2 = f' durch [OPTN], CALC ([F2]), d/dx ([F1]), Y ([F1]), [1]. Zur Eingabe von $x = x$ muss die Taste [X,θ,T] verwendet werden. Die Eingabe von Y3 = f'' erfolgt analog mit dem Befehl d²/dx² ([F2]).

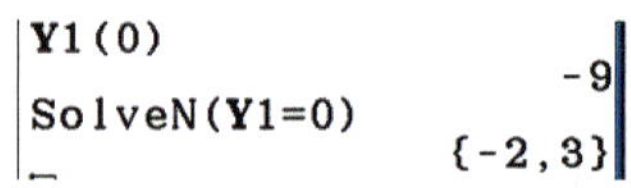

▶ SolveN kann unter [OPTN], CALC ([F4]), SolveN ([F5]) ausgewählt werden.

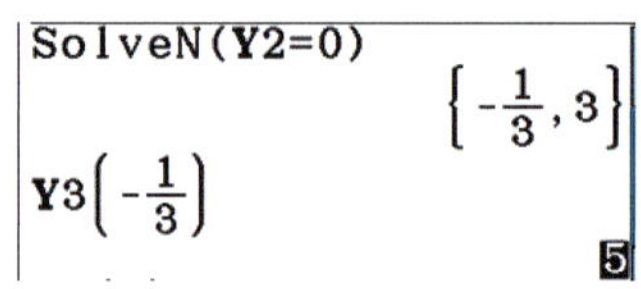

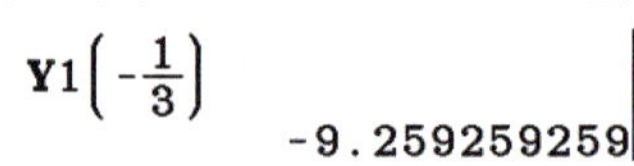

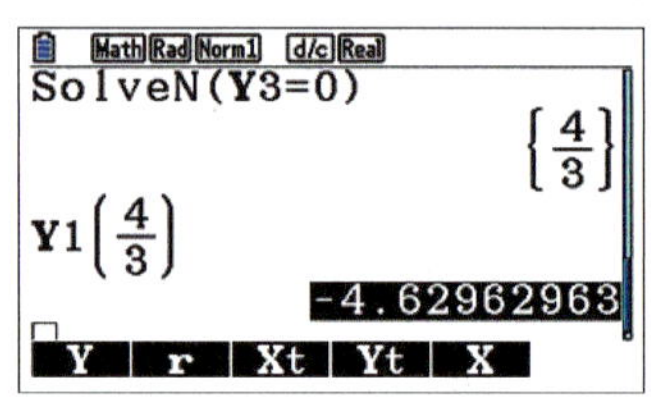

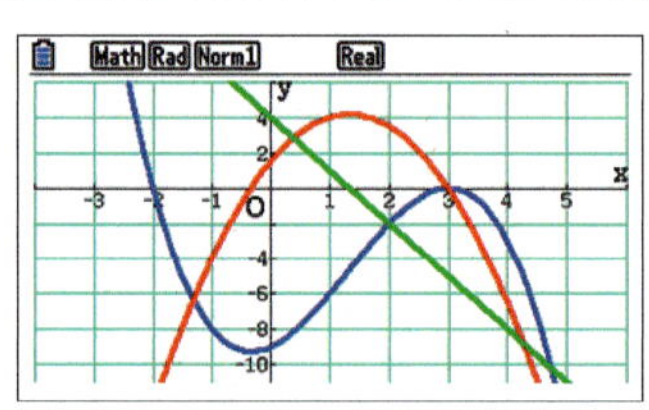

y-Achsenabschnitt	$S_y(0\,|\,-9)$	Y-ICEPT ([F4])
Nullstellen	$x_1 = -2;\ x_{2,3} = 3$	ROOT ([F1])
Tiefpunkte	$T(-0{,}33\,|\,-9{,}26)$	MIN ([F3])
Hochpunkte	$H(3\,|\,0)$	MAX ([F2])

Fläche zwischen Funktionsgraph und x-Achse ▶ Seite 84

Bestimmen Sie den Flächeninhalt der zwischen der x-Achse und dem Graphen von f mit $f(x) = 0{,}25x^4 - 1{,}25x^2 + 1$ im Intervall $[0{,}5; 2{,}5]$ eingeschlossenen Fläche.

Durch die Verwendung der Betragsfunktion können wir über das gesamte Intervall integrieren, da keine negativen Flächen entstehen.

Der Flächeninhalt kann in der Run-Matrix-Anwendung direkt mithilfe der Betragsfunktion berechnet werden.

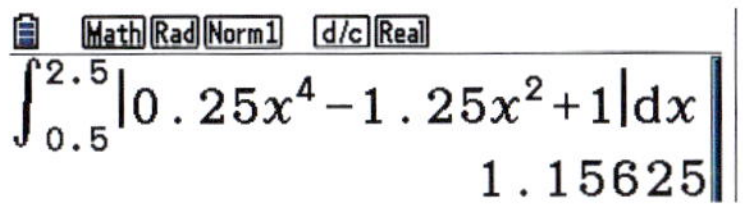

▶ Das Integral ist unter MATH ([F4]), $\int dx$ ([F1]) auf der zweiten Seite zu finden. Die Betragsfunktion wird über MATH ([F4]), Abs ([F3]) eingegeben.

In der Graph*-Anwendung kann die Betragsfunktion über* [OPTN], NUMERIC ([F5]), Abs ([F1]) *ausgewählt werden.*

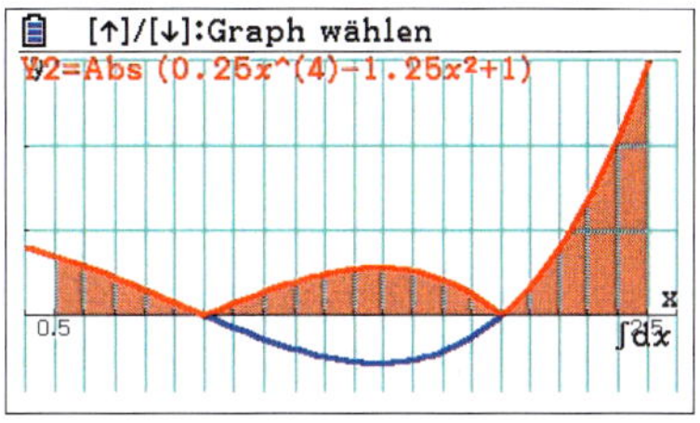

▶ In der Graph-Anwendung kann der Graph von $f(x)$ (blau) und von $|f(x)|$ (rot) im Intervall $[0{,}5; 2{,}5]$ dargestellt und der Flächeninhalt der Funktion mit G-Solv ([F5]), $\int dx$ ([F3]), $\int dx$ ([F1]) ermittelt werden. Wählen Sie als Funktion Y2 = $|f(x)|$ aus und geben Sie die untere Grenze 0,5 und die obere Grenze 2,5 ein.

Alternativ berechnen wir den Flächeninhalt, indem wir in der Anwendung Run-Matrix mit dem SolveN-Befehl ([OPTN], CALC ([F4]), SolveN ([F5])) die Nullstellen der Funktion bestimmen und in einem zweiten Schritt die Inhalte der Teilflächen addieren.

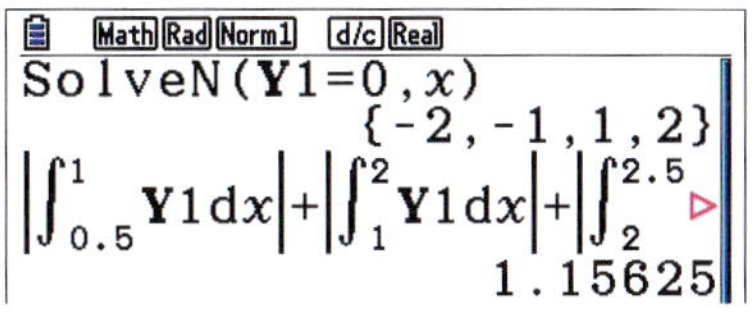

▶ Über den Funktionsspeicher [VARS], GRAPH ([F4]), Y ([F1]) greifen wir auf die in der Graph-Anwendung definierte Funktion Y1 = $f(x)$ zu.

Der Flächeninhalt ist immer ein positiver Wert. Der Betrag garantiert uns dies.

Eingeschlossene Fläche ▶ Seite 86

Berechnen Sie den Inhalt der Fläche, die von den beiden Funktionen f und g mit den Gleichungen $f(x) = -x^2 + 4x + 10$ und $g(x) = x^2 - 6x + 4{,}5$ eingeschlossen wird.

In der Graph-Anwendung geben wir die Funktion $f(x)$ bei Y1 und $g(x)$ bei Y2 ein.

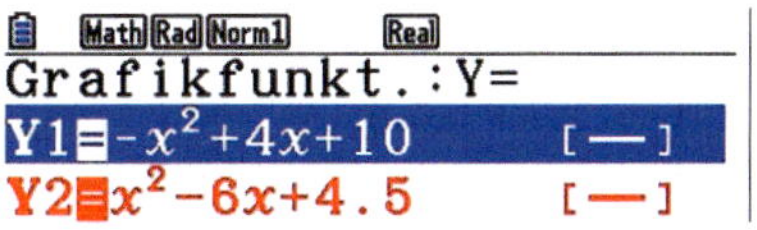

In der Anwendung Run-Matrix ([MENU], [1]) berechnen wir die Schnittpunkte von f und g: [OPTN], CALC ([F4]), SolveN ([F5]).

▶ Über den Funktionsspeicher [VARS], GRAPH ([F4]), Y ([F1]) greifen wir auf die in der Graph-Anwendung definierten Funktionen zu.

Die durch f und g eingeschlossene Fläche kann nun direkt mithilfe des Betrags der Differenz der beiden Funktionen und dem Integral-Befehl ermittelt werden. Die Grenzen des Integrals bilden dabei die kleinste und die größte Schnittstelle von f und g.
Wir erhalten eine Fläche von 72 FE.

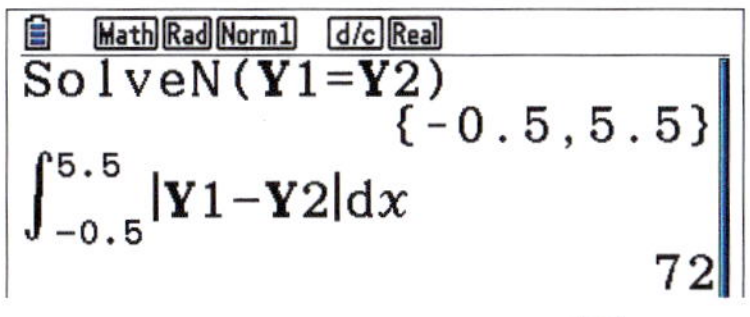

▶ Das Integral ist unter MATH ([F4]), $\int dx$ ([F1]) zu finden. Die Betragsfunktion wird über MATH ([F4]), Abs ([F3]) eingegeben.

Lineare Algebra

4 Darstellung von Matrizen und deren Verknüpfungen ▶ Seite 169

Ein Börsenmakler kauft an zwei verschiedenen Tagen für vier Kunden AAG-, BAG- und CAG-Aktien. Kurse (in €) und Kauforder (in Stück) sind den beiden folgenden Tabellen zu entnehmen.

Tag \ Aktie	AAG	BAG	CAG
Donnerstag	136	1040	402
Freitag	140	1050	450

Aktie \ Kunde	1. K	2. K	3. K	4. K
AAG	30	60	15	10
BAG	50	70	0	30
CAG	20	0	25	30

Ermitteln Sie, welchen Betrag jeder Kunde am jeweiligen Tag zu zahlen hat.

Wir stellen die Aktienkurse als Matrix $\boldsymbol{A}$ dar. Die Kauforder der vier Kunden fassen wir als Matrix $\boldsymbol{B}$ auf.

▶ In der Anwendung Run-Matrix erstellen wir eine Matrix, indem wir das Untermenü MATH ([F4]), MAT/VCT ([F1]) öffnen und eine geeignete Matrizenvorlage auswählen.

Durch die Matrizenmultiplikation $\boldsymbol{A} \cdot \boldsymbol{B}$ (Taste [×]) erhalten wir die gesuchten Beträge, die jeder Kunde am jeweiligen Tag zu zahlen hat. Beispielsweise muss der 3. Kunde am Freitag 13 350 € bezahlen.

▶ Mehrere Matrizen können im Matrizenspeicher unter ▸MAT/VCT ([F3]) eingegeben werden.

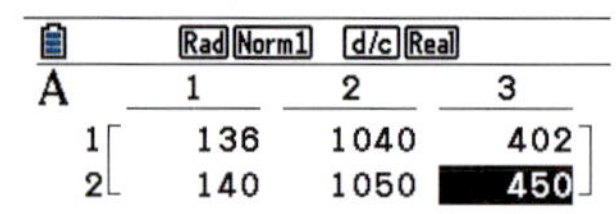

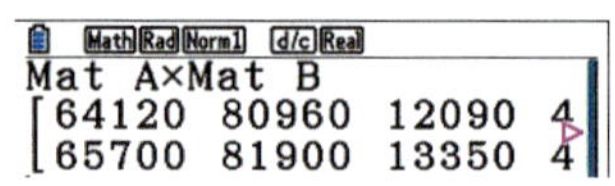

▶ Auf den Matrizenspeicher greift man über [OPTN], MAT/VCT ([F2]), Mat ([F1]) zu.

5 Lineare Gleichungssysteme ▶ Seiten 195, 199 und 200

Lösen Sie die folgenden linearen Gleichungssysteme und interpretieren Sie die Ausgabe.

a)
$$\begin{aligned} 2x_1 + 8x_2 + 6x_3 &= 9000 \\ 4x_1 + 6x_2 + x_3 &= 5200 \\ 7x_1 + 2x_3 &= 5100 \end{aligned}$$

b)
$$\begin{aligned} 2x_1 + 2x_2 + 2x_3 &= 6 \\ 2x_1 + x_2 - x_3 &= 2 \\ 4x_1 + 3x_2 + x_3 &= 8 \end{aligned}$$

c)
$$\begin{aligned} 2x_1 + 2x_2 + 2x_3 &= 6 \\ 2x_1 + x_2 - x_3 &= 2 \\ 4x_1 + 3x_2 + x_3 &= 10 \end{aligned}$$

Zu a) Wir lösen das LGS, indem wir in der Anwendung Gleichung ([MENU], [A]) den Befehl SIMUL ([F1]) auswählen. Unser LGS besteht aus 3 Gleichungen. Wir übertragen die erweiterte Koeffizientenmatrix $(\boldsymbol{A}|\boldsymbol{b})$ und lösen das LGS mit SOLVE ([F1]). Wir erhalten das eindeutige Ergebnis $x_1 = 500$, $x_2 = 400$ und $x_3 = 800$.

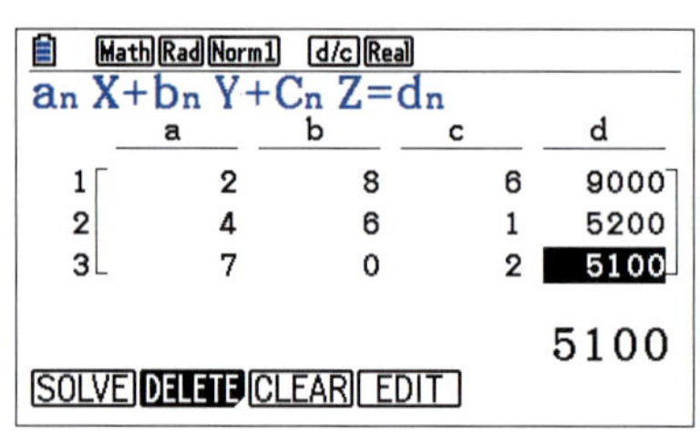

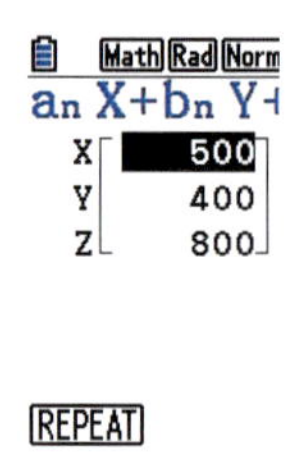

▶ Die Unbekannten werden immer mit X, Y, Z bezeichnet.

Zu b) Nach der Eingabe von $(\boldsymbol{A}|\boldsymbol{b})$ liefert der GTR als Ergebnis $x_1 = -1 + 2{*}Z$, $x_2 = 4 - 3{*}Z$ und $x_3 = Z$. Offensichtlich kann für x_3 eine beliebige reelle Zahl Z eingesetzt werden.
Dieses LGS ist nicht eindeutig lösbar und besitzt daher unendlich viele Lösungen.

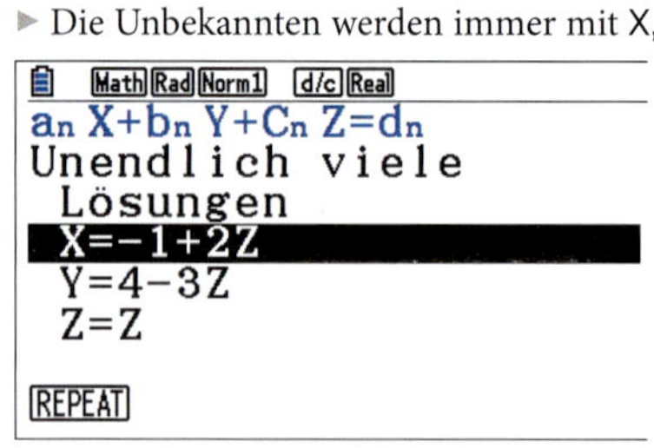

Zu c) Dieses LGS besitzt keine Lösung.
$L = \{\ \}$

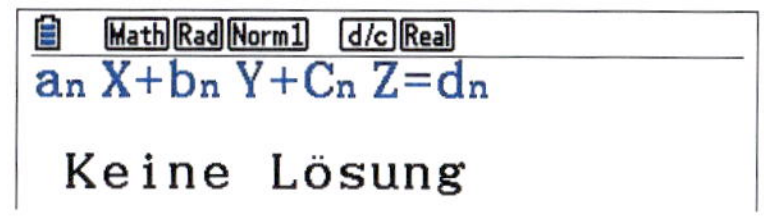

Alternativ kann ein Gleichungssystem gelöst werden, indem die erweiterte Koeffizientenmatrix mit den Gesetzen des Gauß'schen Eliminationsverfahrens umgeformt wird. In der Anwendung Run-Matrix kann dafür der Befehl [OPTN], MAT/VCT ([F2]), Rref ([F5]) oder Ref ([F4]) angewendet werden.

Rangbestimmung von Matrizen ▸ Seite 205

6

Bestimmen Sie den Rang der Matrizen A und $(A|b)$, die aus dem linearen Gleichungssystem entstehen.

$$\begin{aligned} x_1 + 3x_2 + x_3 &= 1 \\ 2x_1 + 8x_2 + 4x_3 &= 6 \\ 2x_1 \qquad + 4x_3 &= -2 \end{aligned}$$

In der Anwendung Run-Matrix wenden wir den Befehl Rref ([OPTN], MAT/VCT ([F2]), Rref ([F5])) auf die erweiterte Koeffizientenmatrix $(A|b)$ an. Wir erhalten die Matrix in Stufenform, wie sie durch eine Umformung nach dem Gauß'schen Eliminationsverfahren entsteht. Den Rang der Matrizen A und $(A|b)$ können wir nun direkt ablesen.
Rg A = 3, Rg $(A|b)$ = 3.
Das LGS ist eindeutig lösbar.

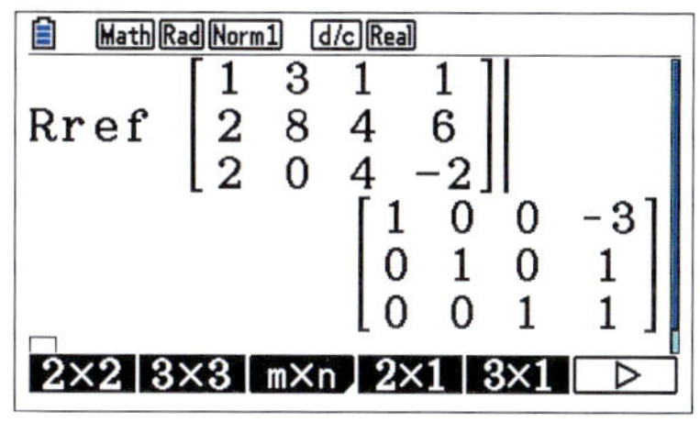

▸ Eingabe der Matrix über MATH ([F4]), MAT/VCT ([F1]).

Konstruktion der Inversen ▸ Seite 213

7

a) Konstruieren Sie die Inverse zur Matrix $A = \begin{pmatrix} 2 & 4 \\ -1 & 2 \end{pmatrix}$.

b) Lösen Sie mithilfe der Inversen die Matrizengleichung $A \cdot x = \begin{pmatrix} 10 \\ 7 \end{pmatrix}$.

Zu a) Wir geben in der Anwendung Run-Matrix die Matrix ein und speichern diese in der Matrizenvariablen A ab.
▸ Taste [→] und [OPTN], MAT/VCT ([F2]), Mat ([F1])

Die inverse Matrix erhalten wir durch Eingabe von A^{-1} mithilfe der Taste [^].

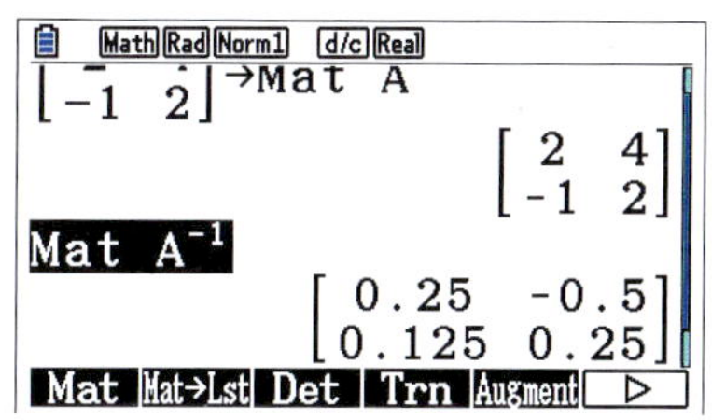

▸ Die Matrizenvariable wird über [OPTN], MAT/VCT ([F2]), Mat ([F1]) aufgerufen.

Hat die n×n-Matrix nicht den Rang n, so existiert auch keine inverse Matrix. Es wird eine entsprechende Fehlermeldung angezeigt.

Zu b) Wir lösen die Gleichung, indem wir den Spaltenvektor von links mit der Inversen multiplizieren, und erhalten die Lösung $x_1 = -1$ und $x_2 = 3$.

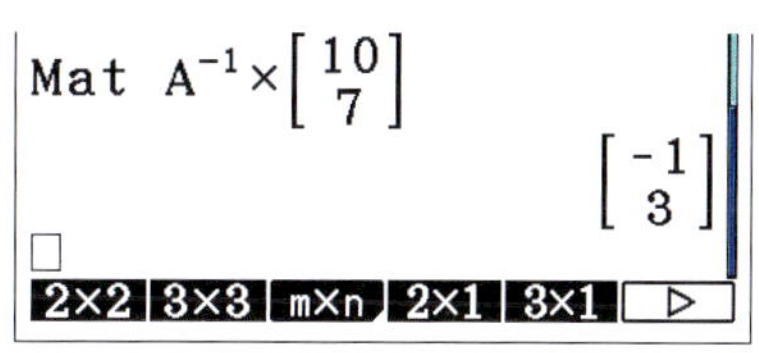

Darstellen von Vektoren und einfache Vektoroperationen ▸ Seite 262

8

In Monitoren werden die Farben durch additive Farbmischung erzeugt. Aus den Grundfarben Rot, Grün und Blau werden durch Addition alle darstellbaren Farben erzeugt.

Erzeugen Sie ein Grau mit Blauanteilen aus den Vektoren $\vec{g} = \begin{pmatrix} 150 \\ 150 \\ 150 \end{pmatrix}$ und $\vec{b} = \begin{pmatrix} 0 \\ 0 \\ 50 \end{pmatrix}$.

Vektoren können als Matrizen mit nur einer Spalte verstanden werden und somit in der Anwendung Run-Matrix mit MATH ([F4]), MAT/VCT ([F1]), 3x1 ([F5]) erstellt werden. Die Vektoren addiert oder subtrahiert man mit den üblichen Operatoren.

$$\begin{bmatrix}150\\150\\150\end{bmatrix}+\begin{bmatrix}0\\0\\50\end{bmatrix}$$

$$\begin{bmatrix}150\\150\\200\end{bmatrix}$$

9 Skalarprodukt ▶ Seite 275

Berechnen Sie das Skalarprodukt $\begin{pmatrix}2\\-1\\3\end{pmatrix}\circ\begin{pmatrix}1\\0\\-1\end{pmatrix}$.

Wir stellen die Vektoren als Matrizen mit nur einer Spalte dar. Den Befehl für das Skalarprodukt DotP finden wir unter [OPTN], MAT/VCT ([F2]), DotP ([F2]).

$$\text{DotP}\left(\begin{bmatrix}2\\-1\\3\end{bmatrix},\begin{bmatrix}1\\0\\-1\end{bmatrix}\right)$$

$$-1$$

Stochastik

10 1000-maliger Würfelwurf ▶ Seite 288

Simulieren Sie mit Ihrem GTR den mehrmaligen Wurf eines Würfels (bis $n = 1000$). Erstellen Sie eine Tabelle mit den relativen Häufigkeiten für das Ereignis „1 geworfen". Interpretieren Sie die Ergebnisse.

In der Tabellenanwendung Tab.Kalk. ([MENU], [4]) erstellen wir zuerst mit dem Befehl EDIT ([F2]), SEQ ([F5]) in der Spalte A eine Reihe der Zahlen von 50 bis 1000.

Mit dem Befehl RanBin# tragen wir in der Spalte B die absolute Häufigkeit für „1 geworfen" ein.

Mit EDIT ([F2]), FILL ([F1]) übertragen wir die Eingabe für die Spalte B auf die Zeilen 1 bis 20 (entsprechen 50 bis 1000 Wiederholungen des Zufallsexperiments).

▶ RanBin#(n,p) ([OPTN], PROB ([F5]), RAND ([F4]), Bin ([F4])) simuliert die Anzahl der Erfolge eines binomialverteilten Zufallsversuchs.

```
Sequenz
 Expr    :X
 Var     :X
 Start   :50
 End     :1000
 Incre   :50
1st Cell:A1
```

```
Formeleintrag
 Formula  :=RanBin#(A
Cell Range:B1:B20
```

$=\text{RanBin\#}(A1,\frac{1}{6})$

▶ Bei Formula nicht das Symbol = vergessen.

In der Spalte C berechnen wir mit EDIT ([F2]), FILL ([F1]) die relative Häufigkeit $h(E)$, indem wir die Werte der Spalte B durch die Anzahl der Wiederholungen (Spalte A) dividieren. Wir erhalten die Tabelle, welche die Ergebnisse der Simulation des mehrmaligen Wurfs eines Würfels darstellt.

```
Formeleintrag
 Formula  :=B1÷A1
Cell Range:C1:C20
```

DUN	A	B	C	D
1	50	12	0.24	
2	100	18	0.18	
3	150	31	0.2066	
4	200	29	0.145	
5	250	33	0.132	

Die Auswertung der Daten erfolgt im Untermenü GRAPH ([F1]) der Tabelle. Mit SET ([F6]) passen wir die Einstellungen von GRAPH1 ([F1]) an.

```
StatGraph1
Graph Type:Scatter
XCellRange:A1:A20
YCellRange:C1:C20
Frequency :1
```

Wir schließen das Fenster ([EXIT]) und stellen $h(E)$ für das Zufallsexperiment mit GRAPH1 ([F1]) dar. Wir erkennen, dass sich die relativen Häufigkeiten mit wachsender Zahl von Versuchen dem Wert $\frac{1}{6}$ ($\approx 0{,}167$) nähern. Zur besseren Veranschaulichung fügen wir mit DefG ([F2]) die Gerade Y1 = 1/6 ein.

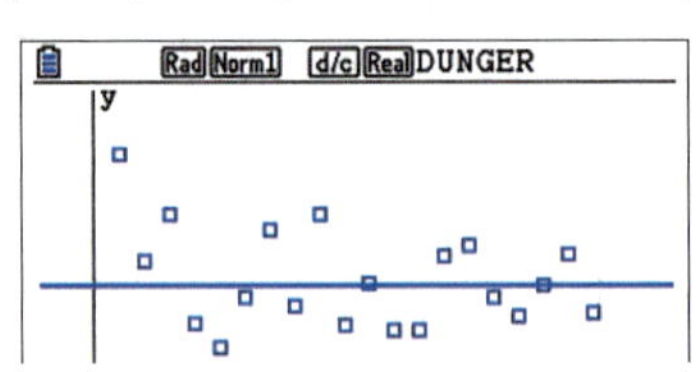

Erwartungswert und Standardabweichung ▸ Seite 326

11

Bei der Fertigung von Bauteilen für Mikrochips kommt es auf die exakte Länge an. In einer Produktionsstätte steht eine ältere Maschine zur Verfügung, die nicht immer ausreichend genau arbeitet, wobei erhebliche Abschläge beim Verkaufspreis entstehen. In 1 % der Fälle muss der Preis um 250 € verringert werden, in 5 % der Fälle um 100 € und in 10 % der Fälle um 10 €.
Bestimmen Sie die erwarteten Mindereinnahmen sowie deren Standardabweichung.

Wir erstellen die Wahrscheinlichkeitsverteilung der Zufallsgröße X „Mindereinnahmen bei der Produktion" und übertragen diese in die Anwendung Statistik ([MENU], [2]).
Den Erwartungswert $E(X)$ als auch die Standardabweichung $\sigma(X)$ berechnen wir im Untermenü CALC ([F2]). Über SET ([F6]) wählen wir für 1Var XList und für 1Var Freq die entsprechenden Listen aus. Mit [EXIT] schließen wir das Einstellungsfenster und berechnen mit dem Befehl 1-VAR ([F1]) den Erwartungswert und die Standardabweichung.
Die zu erwartenden Mindereinnahmen entsprechen dem Erwartungswert $\bar{x}$ und betragen 8,50 €. Die Standardabweichung $\sigma(X)$ ergibt sich zu ca. 32,60 €.

x_i	250 €	100 €	10 €	0 €
$P(X = x_i)$	0,01	0,05	0,1	0,84

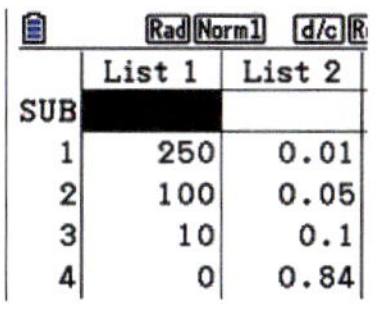

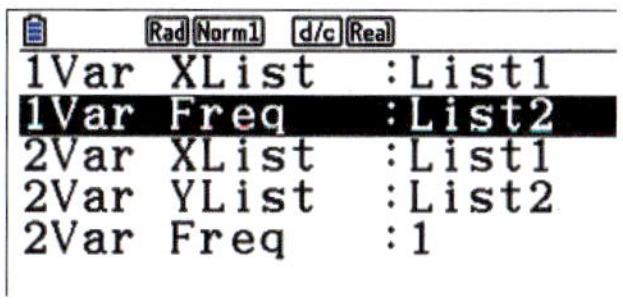

▸ Die Auswahl einer Liste erfolgt über LIST ([F2]).

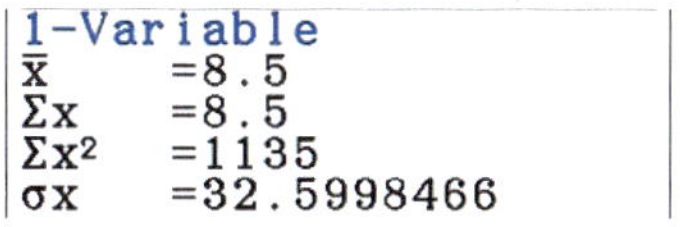

Punktwahrscheinlichkeit und Darstellung der Binomialverteilung ▸ Seite 338

12

Berechnen Sie die Wahrscheinlichkeit, dass beim 10-maligen Werfen eines idealen Würfels *genau* 3-mal die 6 eintritt, und stellen Sie die entsprechende Binomialverteilung grafisch dar.

Da X binomialverteilt ist, berechnen wir die Wahrscheinlichkeit des Ereignisses mit dem Befehl BinomialPD ([OPTN], STAT ([F5]), DIST ([F3]), BINOMIAL ([F5]), Bpd ([F1])) in der Anwendung Run-Matrix.

Für die grafische Darstellung der Binomialverteilung erstellen wir in der Anwendung Statistik ([MENU], [2]) eine Liste mit den Punktwahrscheinlichkeiten $B(10; \frac{1}{6}; k)$ für $0 \leq k \leq 10$.
Dazu geben wir in der ersten Liste die Zahlen für k vor. Über DIST ([F5]), BINOMIAL ([F5]), Bpd ([F1]) fügen wir die gesuchte Binomialverteilung in der zweiten Liste ein. ▸ Die dargestellte Tabelle erhalten Sie über mehrmaliges Drücken der [EXIT]-Taste.
Die Darstellung erfolgt über den Menüeintrag GRAPH ([F1]). Mit SET ([F6]) passen wir die Einstellungen von GRAPH1 ([F1]) wie rechts dargestellt an. Wir schließen das Fenster ([EXIT]) und stellen die Wahrscheinlichkeitsverteilung mit GRAPH1 ([F1]) dar.

Über DIST ([F5]), BINOMIAL ([F5]), Bcd ([F2]) *kann genauso die summierte Binomialverteilung dargestellt werden.*

X: Anzahl der Sechsen beim Würfelwurf
$P(X = 3) = B(n; p; 3)$ ▸ $n = 10, p = \frac{1}{6}$

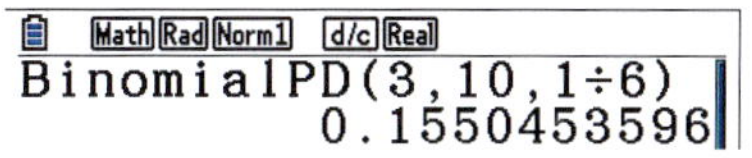

▸ Der Reihe nach werden $k = 3$, $n = 10$ und $p = \frac{1}{6}$ eingegeben.

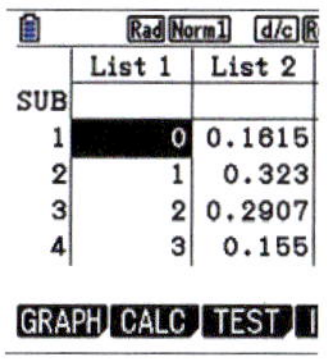

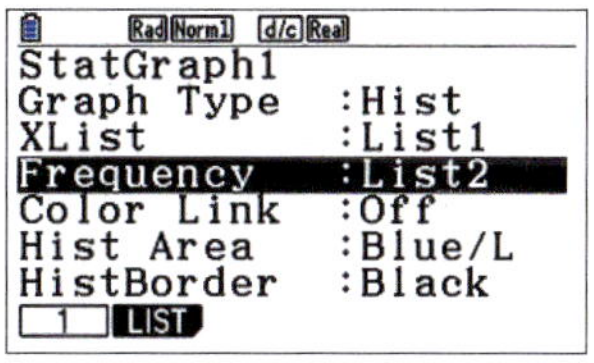

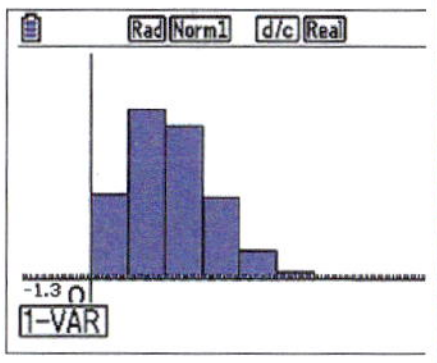

▸ Das Histogramm wurde mit dem Startwert 0 und der Breite (Width) 1 erstellt.

13 Summierte Wahrscheinlichkeit der Binomialverteilung ▶ Seite 340

Die JoRo GmbH stellt DVD-Rohlinge her und rechnet mit einem Ausschuss von 3 %.
Bestimmen Sie mithilfe des GTR die Wahrscheinlichkeiten, dass unter 10 DVD-Rohlingen
a) höchstens 2 DVDs Ausschuss und **b)** mehr als 0 und weniger als 4 DVDs fehlerhaft sind.

X steht für die Anzahl der Ausschuss-DVDs und ist binomialverteilt.

Zu a) Gesucht ist $P(X \leq 2) = F(10; 0{,}03; 2)$. Die summierte Wahrscheinlichkeit der Binomialverteilung können wir in der Anwendung Run-Matrix über OPTN, STAT (F5), DIST (F3), BINOMIAL (F5), Bcd (F2) berechnen. Mit 99,72 % ist es sehr wahrscheinlich, dass höchstens 2 Rohlinge defekt sind.

X: Anzahl der Ausschuss-DVDs
Binomialverteilung mit $n = 10$ und $p = 0{,}03$

```
Math Rad Norm1 d/c Real
BinomialCD(0,2,10,0.▷
          0.9972350505
```

▶ Zuerst wird die untere und obere Schranke eingegeben. An der 3. und 4. Stelle folgen $n = 10$ und $p = 0{,}03$.

Zu b) Gesucht ist:
$P(0 < X < 4) = P(1 \leq X \leq 3) = F(10; 0{,}03; 1; 3)$. Die summierte Wahrscheinlichkeit von $k = 1$ bis $k = 3$ können wir wie zuvor mit dem Befehl BinomialCD berechnen.

```
BinomialCD(1,3,10,0.▷
          0.2624287881
```

Mit einer Wahrscheinlichkeit von 26,24 % sind (echt) zwischen 0 und 4 DVDs fehlerhaft.

14 Lokale und globale Näherungsformel ▶ Seite 363

Ein Sägewerk garantiert, dass 95 % der gelieferten Dielenbretter die Dicke von 25 mm haben. Ein Baumarkt wird mit 4000 Brettern beliefert. Bestimmen Sie mithilfe der lokalen bzw. der globalen Näherungsformel die Wahrscheinlichkeit, mit der **a)** kein Brett von der angegebenen Dicke abweicht und mit der **b)** mehr als 180 Bretter von der angegebenen Dicke abweichen.

Die binomialverteilte Zufallsgröße X gibt die Anzahl der Bretter an, die von der Dicke von 25 mm abweichen.

$n = 4000$; $p = 0{,}05$; $\mu = n \cdot p = 4000 \cdot 0{,}05 = 200$

$\sigma = \sqrt{n \cdot p \cdot (1 - p)} \approx 13{,}8$ ▶ $\sigma > 3$

Zu a) Die Wahrscheinlichkeit, dass kein Brett von der angegebenen Dicke abweicht, soll mit der lokalen Näherungsformel angenähert werden. Für die Berechnung verwenden wir die im GTR eingebaute Normalverteilung NormPD (Anwendung Run-Matrix).

$P(X = 0) \approx \frac{1}{\sigma}\varphi(z)$; $z = \frac{k - \mu}{\sigma} \approx \frac{0 - 200}{13{,}8} \approx -14{,}51$

```
Math Rad Norm1 d/c Real
1÷13.8×NormPD(-14.5)
        6.394749982E-48
```

▶ Der Befehl ist unter OPTN, STAT (F5), DIST (F3), NORM (F1), Npd (F1) zu finden. Beim Befehl NormPD wird standardmäßig $\mu = 0$ und $\sigma = 1$ verwendet.

Erwartungsgemäß ist das Ereignis sehr unwahrscheinlich.

Zu b) Die gesuchte Wahrscheinlichkeit berechnen wir mithilfe der Gegenwahrscheinlichkeit und der summierten Normalverteilung (NormCD). Für die globale Näherungsformel muss ebenfalls z berechnet werden.
Es ergibt sich eine Wahrscheinlichkeit von rund 92 % dafür, dass mehr als 180 Bretter von der angegebenen Dicke abweichen.

$P(X > 180) = 1 - P(X \leq 180) \approx 1 - \Phi(z)$

$z = \frac{k - \mu + 0{,}5}{\sigma} = \frac{180 - 200 + 0{,}5}{13{,}8} \approx -1{,}41$

```
1-NormCD(-1000,-1.41
          0.9207301585
```

▶ Der Befehl ist unter OPTN, STAT (F5), DIST (F3), NORM (F1), Ncd (F2) zu finden. Beim Befehl muss eine untere und eine obere Grenze eingegeben werden. $-\infty$ kann dabei durch eine große negative Zahl (z.B. -1000) ausreichend gut angenähert werden.

TI TI-*n*spire CX und TI-*n*spire CX CAS

Analysis

Kurvendiskussion

Diskutieren Sie die Funktion f mit $f(x) = -0{,}5x^3 + 2x^2 + 1{,}5x - 9$.

In der Calculator-Anwendung bestimmen wir den **y-Achsenabschnitt** durch $f(0)$. Für die **Nullstellen** von G_f lösen wir die Gleichung $f(x) = 0$.

Abhängig von der Funktionsart können die Befehle nSolve, polyRoots *oder* solve *(CAS) angewendet werden.*

1.1 1.2 Kurvendiskussion	
$f(x):=-0.5\cdot x^3+2\cdot x^2+1.5\cdot x-9$	*Fertig*
$f(0)$	-9.
polyRoots($f(x)$,x)	{-2.,3.,3.}

Lokale Extrempunkte: Wir bilden die 1. und die 2. Ableitung von f. Anschließend berechnen wir die Nullstellen von f' und setzen diese in f'' ein.

$d2f(x):=\frac{d^2}{dx^2}(f(x))$	*Fertig*
$df(x):=\frac{d}{dx}(f(x))$	*Fertig*
nSolve($df(x)$=0,x)	-0.333333
nSolve($df(x)$=0,x,2)	3.

d2f(-0.33333)	4.99999 Tiefpunkt
f(-0.33333)	-9.25926

Wir erhalten den lokalen Tiefpunkt $T(-0{,}33\,|\,-9{,}26)$ und analog den lokalen Hochpunkt $H(3\,|\,0)$.

Wendestellen: Die Nullstellen von f'' sind die möglichen Wendestellen von f. Mit dem GTR kann die dritte Ableitung in einem Punkt nicht ermittelt werden. Deshalb bestätigen wir anhand des Graphen G_f oder durch eine Rechnung „per Hand", dass bei $W(1{,}33\,|\,-4{,}63)$ ein Wendepunkt vorliegt.

nSolve($d2f(x)$=0,x)	1.33333
f(1.3333)	-4.62977

Mit dem CAS können auch Ableitungen höheren Grades gebildet werden.

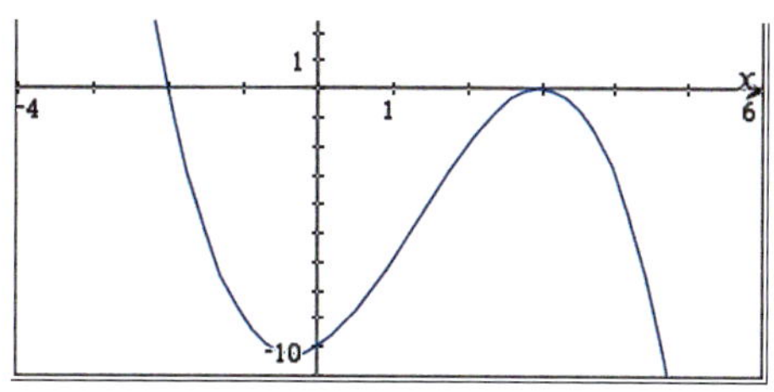

▸ Einen geeigneten Ausschnitt des Betrachtungsfensters über menu, Fenster/Zoom, Fenstereinstellungen wählen.

Das Verhalten von f für $x \to \pm\infty$ und die Symmetrieeigenschaften von G_f können wir aus dem Graphen ablesen. ▸ Wichtig: Alle berechneten Extrempunkte von f müssen dargestellt sein.

Im CAS können wir die Symmetrieeigenschaften $f(x) = f(-x)$ bzw. $f(x) = -f(-x)$ allgemein zeigen.

solve($f(x)=f(-x)$,x)	x=-1.73205 or x=0. or x=1.73205

▸ Nicht achsensymmetrisch. Im positiven Fall würde das Ergebnis true ausgegeben werden.

In der Anwendung Graphs kann die Funktion f mit den eingebauten Befehlen zur Analyse eines Graphen untersucht werden. Diese finden wir im Menü unter menu, Graph analysieren.
Im gewählten Ausschnitt des Graphen müssen dazu alle interessanten Punkte dargestellt werden. Mit dem CAS können zusätzlich **Wendepunkte** direkt bestimmt werden.

Nullstellen	$x_1 = -2$, $x_{2,3} = 3$	Nullstelle
Tiefpunkte	$T(-0{,}33\,|\,-9{,}26)$	Minimum
Hochpunkte	$H(3\,|\,0)$	Maximum

▸ Der zu untersuchende Bereich des Graphen muss ausgewählt werden.

Wendepunkte	$W(1{,}33\,|\,-4{,}63)$	Wendepunkt ▸ nur CAS

GTR CAS

2 Fläche zwischen Funktionsgraph und x-Achse ▶ Seite 84

Bestimmen Sie den Flächeninhalt der zwischen der x-Achse und dem Graphen von f mit $f(x) = 0{,}25x^4 - 1{,}25x^2 + 1$ im Intervall $[0{,}5; 2{,}5]$ eingeschlossenen Fläche.

Der Flächeninhalt kann im Calculator direkt mithilfe der Betragsfunktion berechnet werden.

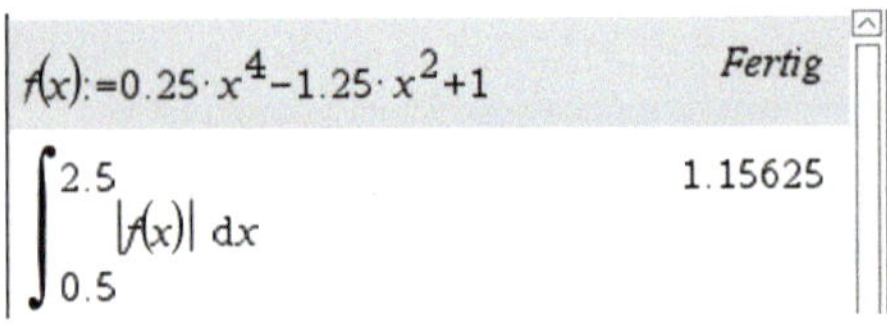

▶ Das Integralzeichen ist in den mathematischen Vorlagen [Taste] unter [Vorlage] zu finden, die Betragsstriche |□| ebenso.

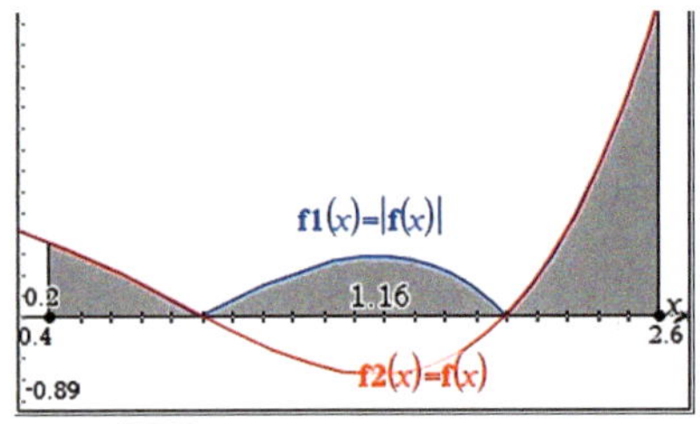

▶ Mit menu, Graph analysieren, Integral kann der Flächeninhalt einer Funktion – hier $|f(x)|$ – in der Graph-Anwendung ermittelt werden. Als untere Grenze soll 0,5 und als obere Grenze 2,5 eingegeben werden.

Durch die Verwendung der Betragsfunktion können wir über das gesamte Intervall integrieren, da keine negativen Flächen entstehen.

Alternativ berechnen wir den Flächeninhalt, indem wir mit dem nsolve-Befehl (GTR) oder dem solve-Befehl (CAS) die Nullstellen der Funktion bestimmen und in einem zweiten Schritt die Inhalte der Teilflächen addieren.

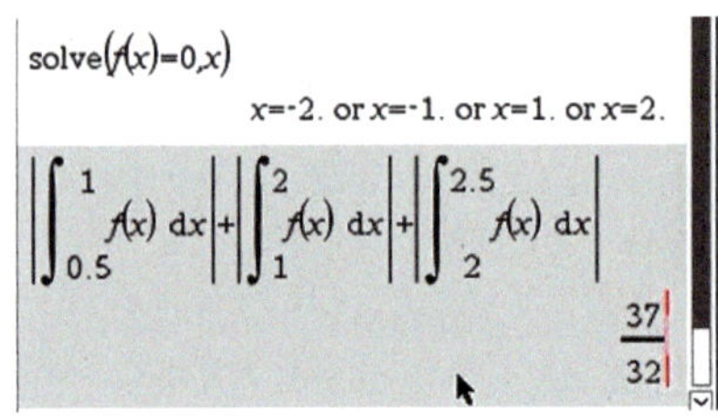

Der Flächeninhalt ist immer ein positiver Wert. Der Betrag garantiert uns dies.

3 Eingeschlossene Fläche ▶ Seite 86

Berechnen Sie den Inhalt der Fläche, die von den beiden Funktionen f und g mit den Gleichungen $f(x) = -x^2 + 4x + 10$ und $g(x) = x^2 - 6x + 4{,}5$ eingeschlossen wird.

Im Calculator definieren wir die beiden Funktionen f und g und berechnen deren Schnittpunkte.

Beim CAS kann alternativ zu nSolve der solve-Befehl verwendet werden.

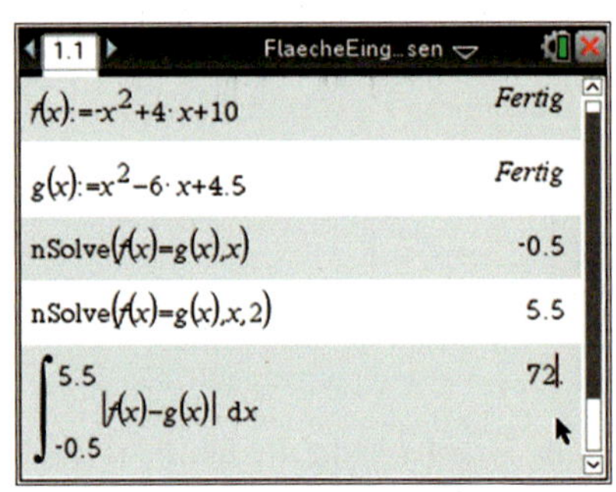

▶ Bei nSolve können unterschiedliche Startwerte zu unterschiedlichen Lösungen führen.

Die durch f und g eingeschlossene Fläche kann nun direkt mithilfe des Betrags der Differenz der beiden Funktionen und dem Integral-Befehl ermittelt werden. Die Grenzen des Integrals bilden dabei die kleinste und die größte Schnittstelle von f und g. Wir erhalten eine Fläche von 72 FE.

Unbestimmtes und uneigentliches Integral (CAS) ▸ Seite 84

Bestimmen Sie die Stammfunktion von $f(x) = \frac{1}{x^2}$ und den Inhalt der Fläche, die im Intervall $[1; \infty[$ zwischen dem Graphen der Funktion f und der x-Achse liegt.

In der Calculator-Anwendung des CAS bestimmen wir die Stammfunktion von f, indem wir aus den Vorlagen [Vorlagen-Taste] das unbestimmte Integral [Integral-Symbol] auswählen. Wir erhalten die Stammfunktion
$F(x) = -\frac{1}{x} + c,\ c \in \mathbb{R}$.
▸ Die Integrationskonstante muss selbst hinzugefügt werden.

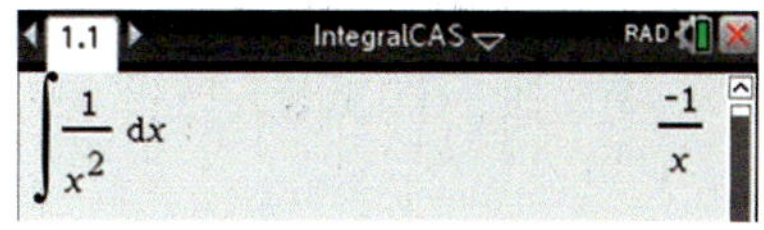

Für ein unbestimmtes Integral können nicht immer Lösungen gefunden werden.

Bei einem bestimmten Integral kann als uneigentliche Grenze auch ∞ eingegeben werden. In unserem Beispiel erhalten wir eine Fläche von 1 FE.

Lineare Algebra

Darstellung von Matrizen und deren Verknüpfungen ▸ Seite 169

Ein Börsenmakler kauft an zwei verschiedenen Tagen für vier Kunden AAG-, BAG- und CAG-Aktien. Kurse (in €) und Kauforder (in Stück) sind den beiden folgenden Tabellen zu entnehmen.

Tag \ Aktie	AAG	BAG	CAG
Donnerstag	136	1040	402
Freitag	140	1050	450

Aktie \ Kunde	1. K	2. K	3. K	4. K
AAG	30	60	15	10
BAG	50	70	0	30
CAG	20	0	25	30

Ermitteln Sie, welchen Betrag jeder Kunde am jeweiligen Tag zu zahlen hat.

Wir stellen die Aktienkurse als Matrix $\boldsymbol{K}$ dar. Die Kauforder der vier Kunden fassen wir als Matrix $\boldsymbol{A}$ auf. Durch die Matrizenmultiplikation $\boldsymbol{K} \cdot \boldsymbol{A}$ erhalten wir die gesuchten Beträge, die jeder Kunde am jeweiligen Tag zu zahlen hat. Beispielsweise muss der 3. Kunde am Freitag 13 350 € bezahlen.

Die Matrizenmultiplikation wird wie eine Multiplikation von Zahlen eingegeben. Dementsprechend können die Tasten + und − verwendet werden, um Matrizen miteinander zu addieren und zu subtrahieren.

▸ In der Anwendung Calculator erstellen wir eine Matrix, indem wir [Matrix-Symbol] aus den mathematischen Vorlagen [Vorlagen-Taste] auswählen.

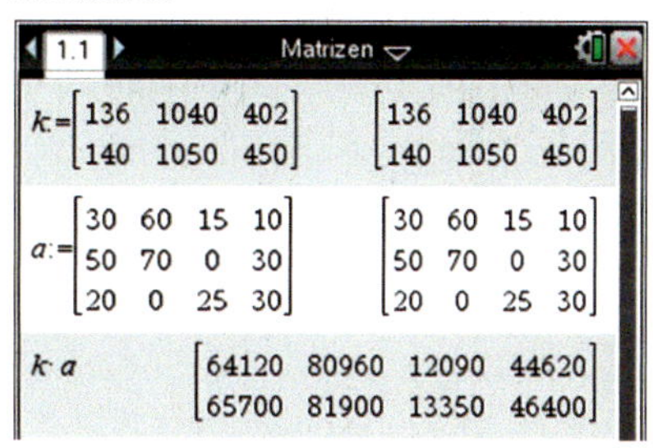

Lineare Gleichungssysteme ▸ Seiten 195, 199 und 200

Lösen Sie die folgenden linearen Gleichungssysteme und interpretieren Sie die Ausgabe des GTR/CAS.

a)
$$\begin{aligned} 2x_1 + 8x_2 + 6x_3 &= 9000 \\ 4x_1 + 6x_2 + x_3 &= 5200 \\ 7x_1 \qquad + 2x_3 &= 5100 \end{aligned}$$

b)
$$\begin{aligned} 2x_1 + 2x_2 + 2x_3 &= 6 \\ 2x_1 + x_2 - x_3 &= 2 \\ 4x_1 + 3x_2 + x_3 &= 8 \end{aligned}$$

c)
$$\begin{aligned} 2x_1 + 2x_2 + 2x_3 &= 6 \\ 2x_1 + x_2 - x_3 &= 2 \\ 4x_1 + 3x_2 + x_3 &= 10 \end{aligned}$$

GTR
CAS

Zu a) Wir lösen das LGS, indem wir in der Anwendung Calculator den Befehl linSolve (menu, Algebra, System linearer Gleichungen lösen) auswählen. Unser LGS besteht aus 3 Gleichungen und wir verwenden die Variablen x1, x2, x3. Wir erhalten das eindeutige Ergebnis $x_1 = 500$, $x_2 = 400$ und $x_3 = 800$.

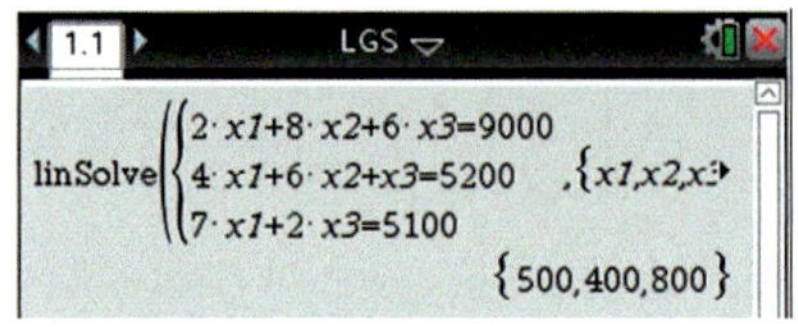

Zu b) Der GTR/CAS liefert als Ergebnis $x_1 = 2 \cdot \mathrm{c1} - 1$, $x_2 = 4 - 3 \cdot \mathrm{c1}$ und $x_3 = \mathrm{c1}$. Offensichtlich kann für x_3 eine beliebige reelle Zahl c1 eingesetzt werden.
Dieses LGS ist nicht eindeutig lösbar und besitzt daher unendlich viele Lösungen.

$$L = \left\{ \begin{pmatrix} -1 + 2t \\ 4 - 3t \\ t \end{pmatrix}; t \in \mathbb{R} \right\}$$

Zu c) Dieses LGS besitzt keine Lösung. $L = \{\ \}$

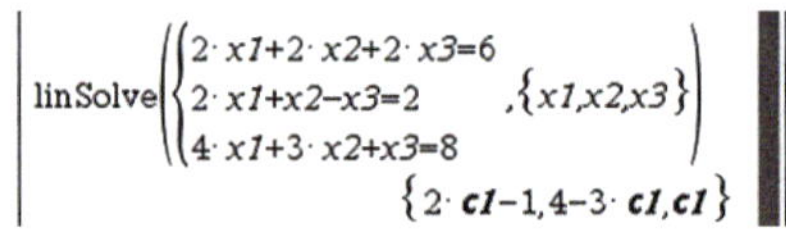

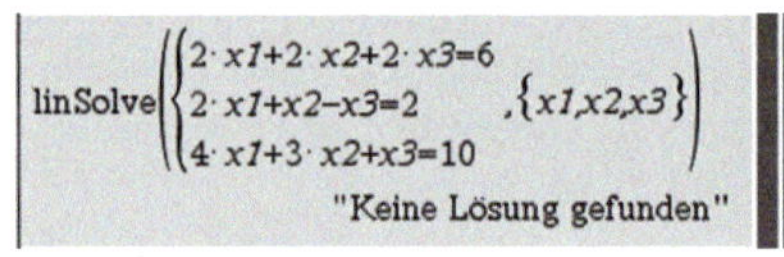

Alternativ kann ein Gleichungssystem gelöst werden, indem die erweiterte Koeffizientenmatrix mit den Gesetzen des Gauß'schen Eliminationsverfahrens umgeformt wird. In der Anwendung Calculator sind die dafür anwendbaren Befehle unter menu, Matrix und Vektor, Zeilenoperationen zu finden. Daneben kann der Befehl rref eingesetzt werden.

GTR CAS

7 Rangbestimmung von Matrizen ▸ Seite 205

Bestimmen Sie den Rang der Matrizen $\boldsymbol{A}$ und $(\boldsymbol{A}|\boldsymbol{b})$, die aus dem linearen Gleichungssystem entstehen.

$$\begin{aligned} x_1 + 3x_2 + x_3 &= 1 \\ 2x_1 + 8x_2 + 4x_3 &= 6 \\ 2x_1 + 4x_3 &= -2 \end{aligned}$$

In der Anwendung Calculator definieren wir die erweiterte Koeffizientenmatrix $(\boldsymbol{A}|\boldsymbol{b})$. Mit dem Befehl rref (menu, Matrix und Vektor, Reduzierte Diagonalform) erhalten wir die Matrix in Stufenform, wie sie durch eine Umformung nach dem Gauß'schen Eliminationsverfahren entsteht. Den Rang der Matrizen $\boldsymbol{A}$ und $(\boldsymbol{A}|\boldsymbol{b})$ können wir nun direkt ablesen.
$\mathrm{Rg}\,\boldsymbol{A} = 3$, $\mathrm{Rg}(\boldsymbol{A}|\boldsymbol{b}) = 3$.

Das LGS ist eindeutig lösbar.

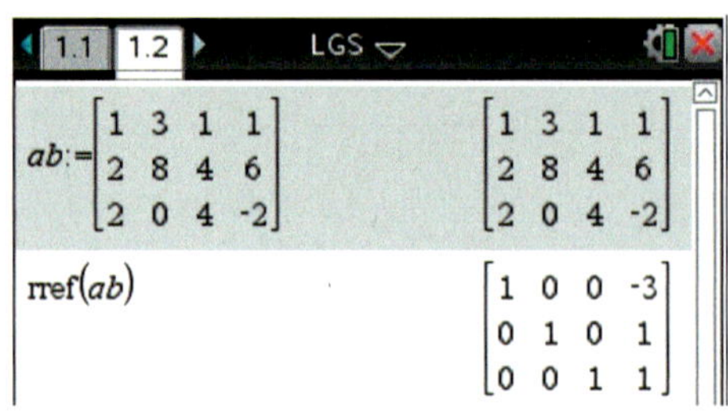

8 Lineare Gleichungssysteme mit Parameter (CAS) ▸ Seite 209

Für welche reellen Zahlen anstelle von a ist das LGS ($n = 3$) eindeutig lösbar, mehrdeutig lösbar oder nicht lösbar?

$$\begin{aligned} 4x - 6y - 2z &= a + 4 \\ -2x + 8y + (a+4)z &= 2 \\ -2x + (a+4)y + (a+2)z &= 0 \end{aligned}$$

Ein LGS mit Parametern kann im CAS direkt mit dem solve-Befehl gelöst werden.
Wir erhalten eine Lösung für x, y und z in Abhängigkeit des Parameters a, wobei für a verschiedene Fälle untersucht werden müssen:

- **1. Fall:** $a = -1$: Es gibt keine reelle Lösung des LGS.
- Bei $a = -1$ werden die Nenner der Lösungen null.
- ▸ Division durch 0.

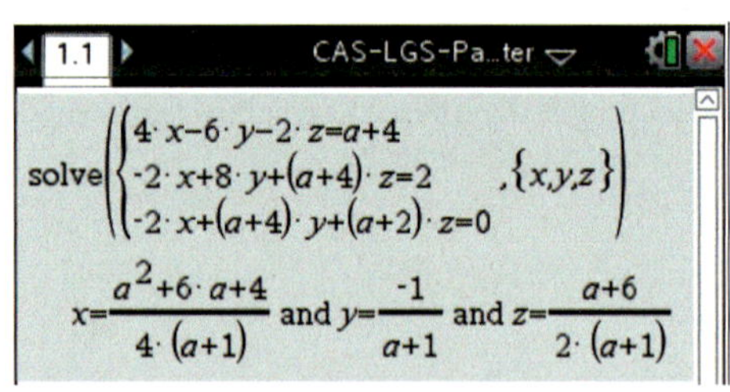

Um weitere Fälle für a zu finden, lösen wir das LGS ein zweites Mal und setzen dabei den Parameter a als zusätzliche Lösungsvariable.
Man sieht, dass noch ein weiterer Fall ($a = 2$) diskutiert werden muss.

2. Fall: $a = 2$: Wir lösen das LGS, wobei der Parameter a den Wert 2 annehmen soll (|a = 2). Das LGS hat unendlich viele Lösungen. ▸ Beispiel 13

Da nun alle Sonderfälle für a betrachtet wurden, bleibt:
3. Fall: $a \in \mathbb{R}\setminus\{-1; 2\}$: Das LGS ist eindeutig lösbar.
▸ Die Lösung kann dem ersten solve-Befehl entnommen werden.

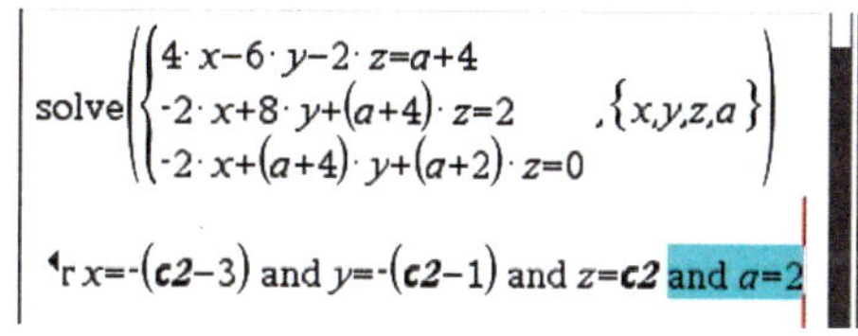

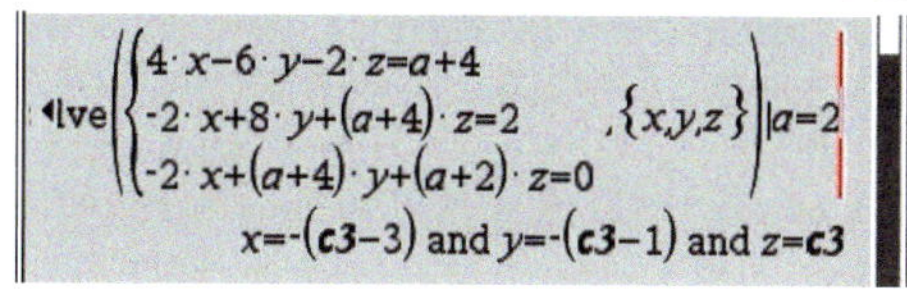

▸ Das Symbol | kann mit der Tastenkombination ctrl + = ausgewählt werden.

Konstruktion der Inversen ▸ Seite 211

9

a) Konstruieren Sie die Inverse zur Matrix $\boldsymbol{A} = \begin{pmatrix} 2 & 4 \\ -1 & 2 \end{pmatrix}$.

b) Lösen Sie mithilfe der Inversen die Matrizengleichung $\boldsymbol{A} \cdot x = \begin{pmatrix} 10 \\ 7 \end{pmatrix}$.

Zu a) Wir definieren in der Anwendung Calculator die Matrix $\boldsymbol{A}$. Die inverse Matrix erhalten wir durch Eingabe von A^{-1} mithilfe der Taste ^.

Hat die nxn-Matrix nicht den Rang n, so existiert auch keine inverse Matrix. Es wird eine entsprechende Fehlermeldung angezeigt.

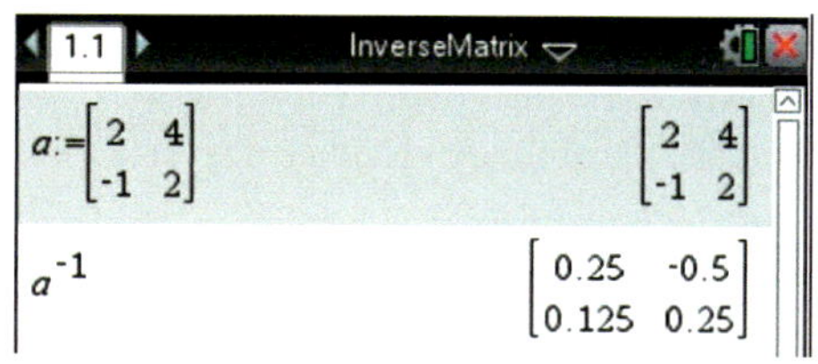

Zu b) Wir lösen die Gleichung, indem wir den Spaltenvektor von links mit der Inversen multiplizieren, und erhalten die Lösung $x_1 = -1$ und $x_2 = 3$.

GTR CAS

Darstellen von Vektoren und einfache Vektoroperationen ▸ Seite 262

10

In Monitoren werden die Farben durch additive Farbmischung erzeugt. Aus den Grundfarben Rot, Grün und Blau werden durch Addition alle darstellbaren Farben erzeugt.

a) Erzeugen Sie ein Grau mit Blauanteilen aus den Vektoren $\vec{g} = \begin{pmatrix} 150 \\ 150 \\ 150 \end{pmatrix}$ und $\vec{b} = \begin{pmatrix} 0 \\ 0 \\ 50 \end{pmatrix}$.

b) Die Farbe soll kräftiger werden, indem alle Farbwerte um 20 % erhöht werden. Bestimmen Sie den zur Farbe gehörenden Vektor.

Vektoren können als Matrizen mit nur einer Spalte verstanden werden und somit in der Anwendung Calculator mit menu, Matrix und Vektor, Erstellen, Matrix, erstellt werden. Als Zeilenanzahl wählen wir 3 und als Spaltenzahl 1.

Zu a) Die Vektoren können mit den üblichen Operatoren addiert oder subtrahiert werden.

Zu b) Es bietet sich eine Skalarmultiplikation an, die unmittelbar unterstützt wird.

▸ Matrizen bzw. Vektoren können auch mit der Vorlagen-Taste aus den mathematischen Vorlagen erstellt werden.

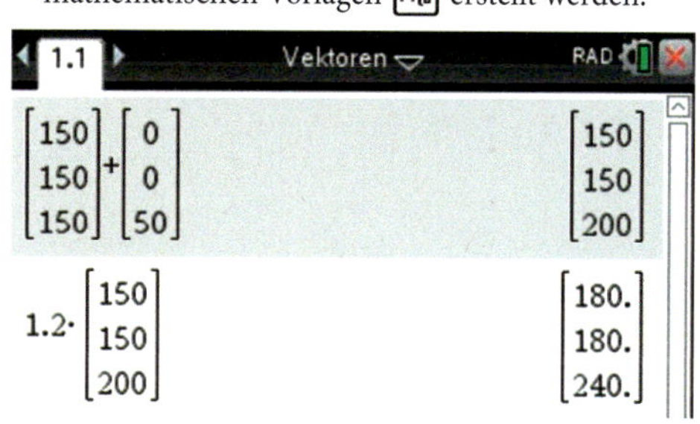

11 Skalarprodukt ▸ Seite 275

Berechnen Sie das Skalarprodukt $\begin{pmatrix} 2 \\ -1 \\ 3 \end{pmatrix} \circ \begin{pmatrix} 1 \\ 0 \\ -1 \end{pmatrix}$.

Wir stellen die Vektoren als Matrizen mit nur einer Spalte dar. Den Befehl für das Skalarprodukt dotP finden wir unter [menu], Matrix und Vektor, Vektor, Skalarprodukt.

Stochastik

12 1000-maliger Würfelwurf ▸ Seite 288

Simulieren Sie mit Ihrem GTR/CAS den mehrmaligen Wurf eines Würfels (bis $n = 1000$). Erstellen Sie eine Tabelle mit den relativen Häufigkeiten für das Ereignis „1 geworfen“. Interpretieren Sie die Ergebnisse.

In der Tabellenanwendung Lists & Spreadsheet können wir mit dem Befehl randint(1,6,n) n zufällige Zahlen von 1 bis 6 generieren.

Das Eintreten des Ereignisses E „1 geworfen“ lassen wir automatisch mit dem Befehl countif zählen und erhalten dabei die absoluten Häufigkeiten $H(E)$.

Zum Anlegen der Tabelle nutzen wir zusätzlich den Befehl seq, welcher eine Zahlenfolge generiert: In der Spalte A erzeugen wir mit seq(k*10,k,1,100) Werte für n von 10 bis 1000. Für die Spalte B kombinieren wir den Befehl seq mit countif und randint (siehe Abbildung). Bei C berechnen wir absh/n.

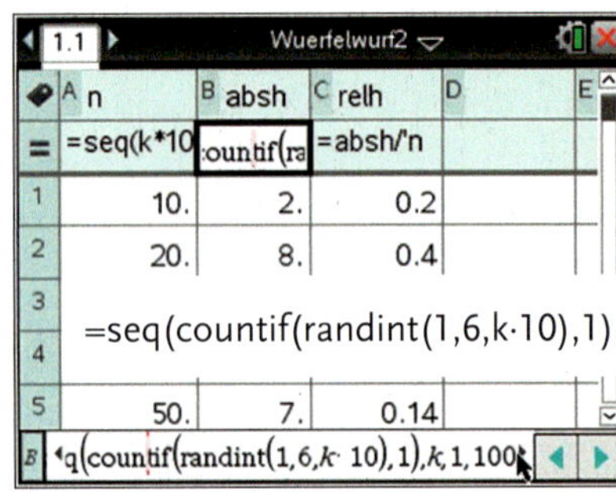

▸ Bei der Eingabe von =absh/n in der Spalte C erscheint ein Dialogfenster. Wählen Sie aus, dass es sich um einen Variablenverweis handelt.

Dort erhalten wir somit die gesuchte relative Häufigkeit des Würfel-Experiments in Abhängigkeit der Anzahl der Würfe.

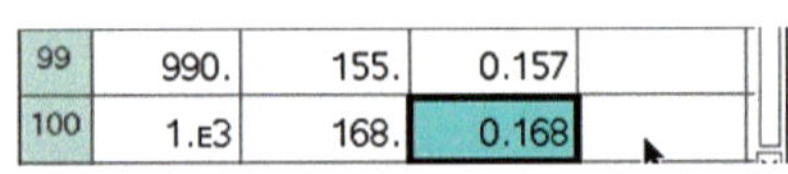

Die Auswertung der Daten erfolgt in der Anwendung Data & Statistics [+page].
Bei der x-Achse wählen wir die Variable n, bei der y-Achse die Variable relh um die relative Häufigkeit des Ereignisses „1 geworfen“ darzustellen.

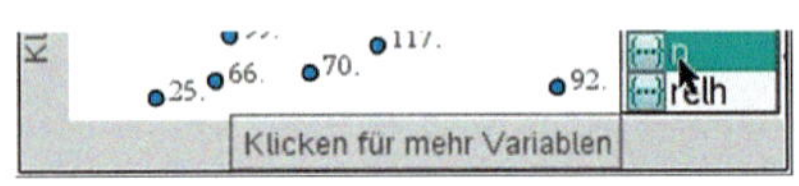

Wir erkennen, dass sich die relativen Häufigkeiten mit wachsender Zahl von Versuchen dem Wert $\frac{1}{6}$ ($\approx 0{,}167$) nähern. Zur besseren Veranschaulichung fügen wir mit [menu], Analysieren, Funktion zeichnen die Gerade f1 (x): = 1/6 ein.

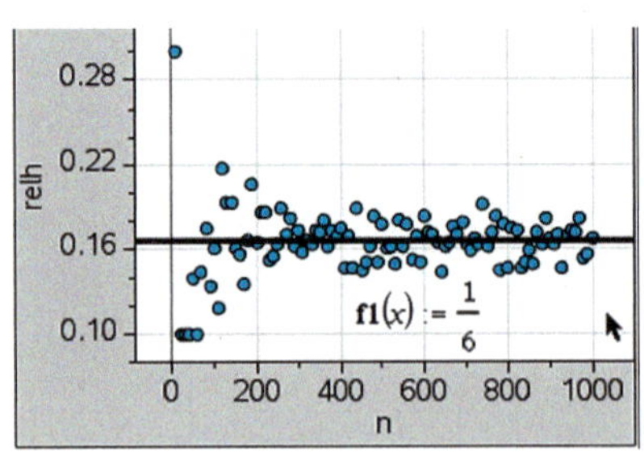

Erwartungswert und Standardabweichung ▶ Seite 326

13

Bei der Fertigung von Bauteilen für Mikrochips kommt es auf die exakte Länge an. In einer Produktionsstätte steht eine ältere Maschine zur Verfügung, die nicht immer ausreichend genau arbeitet, wobei erhebliche Abschläge beim Verkaufspreis entstehen. In 1 % der Fälle muss der Preis um 250 € verringert werden, in 5 % der Fälle um 100 € und in 10 % der Fälle um 10 €.
Bestimmen Sie die erwarteten Mindereinnahmen sowie deren Standardabweichung.

Wir übertragen die Wahrscheinlichkeitsverteilung von X in die Tabelle der Anwendung Lists & Spreadsheet.
Den Erwartungswert $E(X)$ als auch die Standardabweichung $\sigma(X)$ berechnen wir mit dem Befehl menu, Statistik, Statistische Berechnungen, Statistik mit einer Variablen.

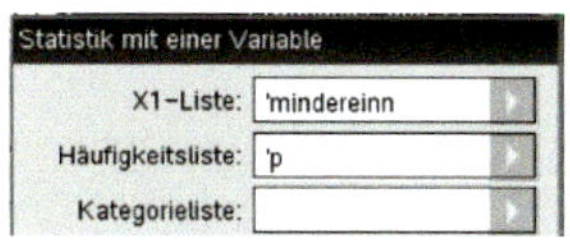

Im Dialogfenster wählen wir für die Anzahl der Listen 1, für die X1-Liste die Variable mindereinn und für die Häufigkeitsliste die Variable p.
Die zu erwartenden Mindereinnahmen entsprechen dem Erwartungswert $\bar{x}$ und betragen 8,50 €. Die Standardabweichung $\sigma(X)$ ergibt sich zu ca. 32,60 €.

X: Mindereinnahmen bei der Produktion

x_i	250 €	100 €	10 €	0 €
$P(X = x_i)$	0,01	0,05	0,1	0,84

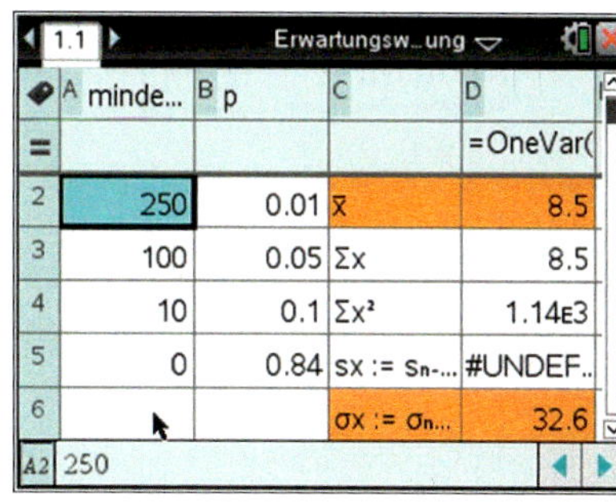

▶ Die Spalte A trägt die Bezeichnung mindereinn.

Punktwahrscheinlichkeit und Darstellung der Binomialverteilung ▶ Seite 338

14

Berechnen Sie die Wahrscheinlichkeit, dass beim 10-maligen Werfen eines idealen Würfels *genau* 3-mal die 6 eintritt, und stellen Sie die entsprechende Binomialverteilung grafisch dar.

Da X binomialverteilt ist, berechnen wir die Wahrscheinlichkeit des Ereignisses als Punktwahrscheinlichkeit der Binomialverteilung.

In der Anwendung Calculator verwenden wir den Befehl binomPdf (menu, Wahrscheinlichkeit, Verteilungen, Binomial Pdf).
Die Anzahl der Versuche n ist 10, die Trefferwahrscheinlichkeit p beträgt $\frac{1}{6}$ und der X-Wert ist 3.

Für die grafische Darstellung der Binomialverteilung erstellen wir zuerst in der Anwendung Lists & Spreadsheet eine Tabelle mit den Punktwahrscheinlichkeiten $B(10; \frac{1}{6}; k)$ für $0 \leq k \leq 10$.
Die Darstellung erfolgt in der Anwendung Data & Statistics. Bei der x-Achse wählen wir die Variable k und wechseln unter menu, Plot-Typ in die Histogramm-Darstellung. Mit dem Befehl menu, Plot-Eigenschaften, Y-Ergebnisliste hinzufügen wählen wir die Variable binvert bei der y-Achse und erhalten die dargestellte Wahrscheinlichkeitsverteilung.

▶ Mit dem Befehl binomCdf kann genauso die summierte Binomialverteilung dargestellt werden.

X: Anzahl der Sechsen beim Würfelwurf
$P(X = 3) = B(n; p; 3)$ ▶ $n = 10, p = \frac{1}{6}$

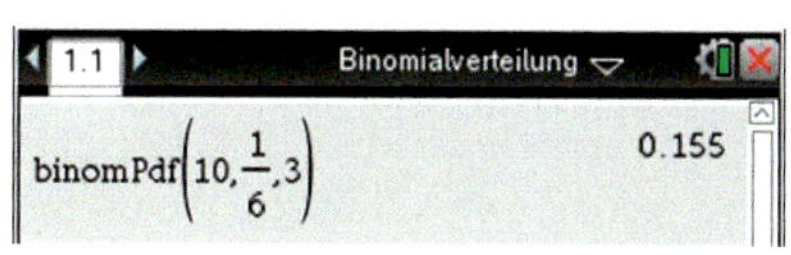

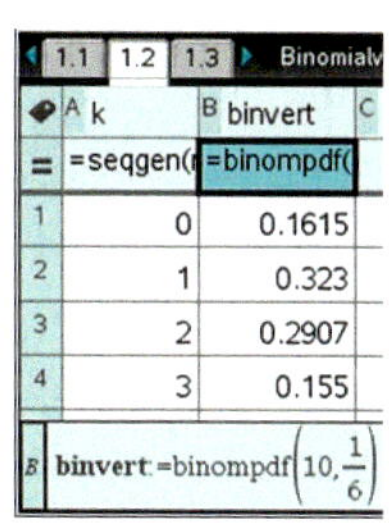

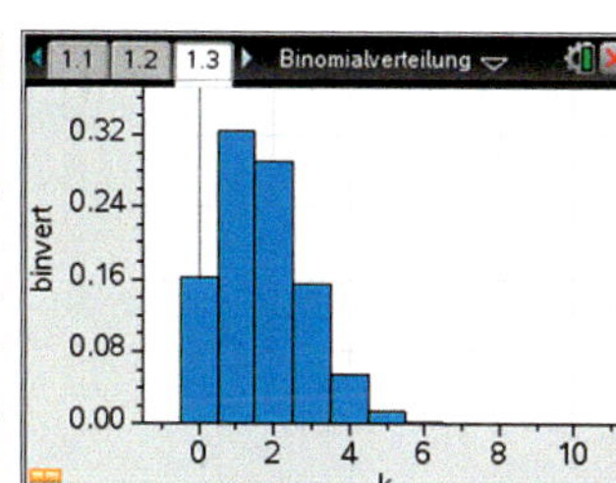

▶ Die Zahlen von 0 bis n können automatisch mit menu, Daten, Folge erzeugen erstellt werden.

GTR CAS

15 Summierte Wahrscheinlichkeit der Binomialverteilung ▶ Seite 340

Die JoRo GmbH stellt DVD-Rohlinge her und rechnet mit einem Ausschuss von 3 %.
Bestimmen Sie mithilfe eines GTR/CAS die Wahrscheinlichkeiten, dass unter 10 DVD-Rohlingen
a) höchstens 2 DVDs Ausschuss und **b)** mehr als 0 und weniger als 4 DVDs fehlerhaft sind.

X steht für die Anzahl der Ausschuss-DVDs und ist binomialverteilt.
Zu a) Gesucht ist $P(X \leq 2) = F(10; 0{,}03; 2)$. Die summierte Wahrscheinlichkeit der Binomialverteilung können wir in der Anwendung Calculator mit dem Befehl binomCdf berechnen. Mit 99,72 % ist es sehr wahrscheinlich, dass höchstens 2 Rohlinge defekt sind.
Zu b) Gesucht ist:
$P(0 < X < 4) = P(1 \leq X \leq 3) = F(10; 0{,}03; 1; 3)$. Für die summierte Wahrscheinlichkeit von $k = 1$ bis $k = 3$ verwenden wir den Befehl binomCdf. Mit einer Wahrscheinlichkeit von 26,24 % sind (echt) zwischen 0 und 4 DVDs fehlerhaft.

Binomialverteilung mit $n = 10$ und $p = 0{,}03$

```
1.1   Binomialverteilung
binomCdf(10,0.03,2)          0.9972
```

▶ Der Befehl ist im Menü unter: menu, Statistik, Verteilungen, Binomial Cdf zu finden.

```
binomCdf(10,0.03,1,3)        0.2624
```

▶ Werden dem Befehl binomCdf (n, p, k_u, k_o) 4 Zahlen übergeben, so wird die summierte Wahrscheinlichkeit von der unteren Grenze k_u (hier 1) bis zur oberen Grenze k_o (hier 3) berechnet.

16 Lokale und globale Näherungsformel ▶ Seite 363

GTR CAS

Ein Sägewerk garantiert, dass 95 % der gelieferten Dielenbretter die Dicke von 25 mm haben. Ein Baumarkt wird mit 4000 Brettern beliefert. Bestimmen Sie mithilfe der lokalen bzw. der globalen Näherungsformel die Wahrscheinlichkeit, mit der **a)** kein Brett von der angegebenen Dicke abweicht und mit der **b)** mehr als 180 Bretter von der angegebenen Dicke abweichen.

Die binomialverteilte Zufallsgröße X gibt die Anzahl der Bretter an, die von der Dicke von 25 mm abweichen.
Zu a) Die Wahrscheinlichkeit, dass kein Brett von der angegebenen Dicke abweicht, soll mit der lokalen Näherungsformel angenähert werden. Für die Berechnung verwenden wir die im GTR/CAS eingebaute Normalverteilung: menu, Statistik, Verteilungen, Normal Pdf. Erwartungsgemäß ist das Ereignis sehr unwahrscheinlich.

Zu b) Die gesuchte Wahrscheinlichkeit berechnen wir mithilfe der Gegenwahrscheinlichkeit und der summierten Normalverteilung (normCdf). Für die globale Näherungsformel muss ebenfalls z berechnet werden.

Es ergibt sich eine Wahrscheinlichkeit von rund 92 % dafür, dass mehr als 180 Bretter von der angegebenen Dicke abweichen.

In der GTR-Version kann als untere Grenze nicht $-\infty$ verwendet werden. Das Ergebnis muss daher durch eine große negative Zahl angenähert werden.

$n = 4000$; $p = 0{,}05$; $\mu = n \cdot p = 4000 \cdot 0{,}05 = 200$
$\sigma = \sqrt{n \cdot p \cdot (1-p)} \approx 13{,}8$ ▶ $\sigma > 3$

$P(X = 0) \approx \frac{1}{\sigma}\,\varphi(z)$; $z = \frac{k-\mu}{\sigma} \approx \frac{0-200}{13{,}8} \approx -14{,}51$

```
sigma:=√(4000·0.05·0.95)       13.8
z:=(0-200)/sigma               -14.5
(1/sigma)·normPdf(z)           5.58E-48
```

▶ Beim Befehl normPdf wird standardmäßig $\mu = 0$ und $\sigma = 1$ verwendet.

$P(X > 180) = 1 - P(X \leq 180) \approx 1 - \Phi(z)$

$z = \frac{k-\mu+0{,}5}{\sigma} = \frac{180-200+0{,}5}{13{,}8} \approx -1{,}41$

```
1-normCdf(-∞,-1.41,0,1)    0.920730108638
```

▶ Der Befehl normCdf (−∞, z, μ, σ) mit $\mu = 0$ und $\sigma = 1$ berechnet die Gauß'sche Summenfunktion $\Phi(z)$.

```
1-normCdf(-10000,-1.41,0,1)
                           0.920730108638
```

Glossar

Hinweis: Die folgenden Begriffe werden so erklärt, wie sie in diesem Lehrbuch verwendet werden. Die Erklärungen erheben nicht den Anspruch einer exakten Definition im volks- oder betriebswirtschaftlichen Sinn.

Absatz (*sales*) ist die verkaufte Menge eines Produktes pro Zeiteinheit (z. B. pro Monat) und als Gesamtabsatz die in einem bestimmten Zeitraum (z. B. von Februar bis August des nächsten Jahres) verkaufte Menge.

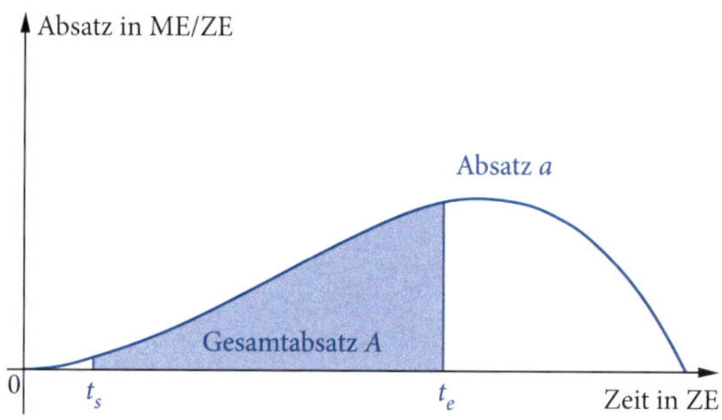

Amortisation (*amortization*) ist der Prozess, in dem die Anschaffungskosten einer Investition durch die Einzahlungen gedeckt werden, die durch die Investition entstehen.

Angebot (*supply*) ist die Bereitschaft zum Verkauf eines Gutes.

Angebotsmonopol (*supply monopoly*) ist eine Marktform, bei der nur ein einziger Anbieter eines bestimmten Gutes existiert.

Angebotsüberschuss (*excess supply*) besteht, wenn das Angebot größer ist als die Nachfrage. Das kann dann der Fall sein, wenn der Verkaufspreis über dem Gleichgewichtspreis liegt.

Aufwand (*expenses*) ist der wertmäßige Einsatz von Gütern und Dienstleistungen, um einen Ertrag zu erzielen.

Ausbringungsmenge (*output*) ist die Menge eines Gutes, die in einer Produktionsperiode hergestellt wird.

Betriebsminimum ist die Ausbringungsmenge, bei der die geringsten variablen Stückkosten entstehen.

Betriebsoptimum ist die Ausbringungsmenge, bei der die geringsten Stückkosten entstehen (kostengünstigste Produktionsmenge).

Break-even-Punkt (*Break-even-Point*), siehe **Gewinnschwelle**

Cournot'scher Punkt gibt die gewinnmaximale Menge und den zugehörigen Preis beim Monopol an.

Deckungsbeitrag (*contribution margin*) ist der Betrag, der vom Erlös übrig bleibt, wenn die variablen Kosten bereits gedeckt sind. Er dient zur Deckung der fixen Kosten.

Degressiver Kostenverlauf (*degressive cost schedule*), siehe **ertragsgesetzlicher Kostenverlauf**

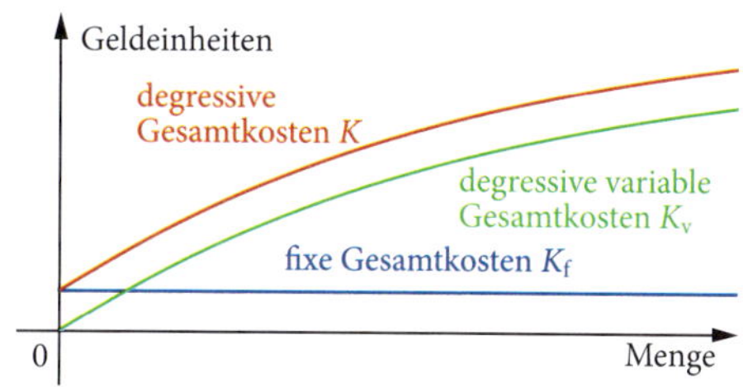

Durchschnittlicher Lagerbestand (*average stock*) gibt Auskunft darüber, wie groß die Vorräte im Durchschnitt sind.

Erlös (*revenue*) ist der Wert des Absatzes.

Erlösgrenze (*revenue limit*) ist die Absatzmenge, bei der der Preis null ist.

Erlösschwelle *(revenue barrier)* ist bei der Absatzmenge 0 ME.

Erlöszone (*revenue area*) liegt zwischen der Erlösschwelle und der Erlösgrenze.

Ertrag (*revenue*), siehe **Erlös**

Ertragsgesetzlicher Kostenverlauf (*costs in the law of* ***diminishing returns***) ist der Kostenverlauf, bei dem der Anstieg der Kosten bis zu einem bestimmten Punkt immer schwächer wird (**degressiver Verlauf**) und danach immer stärker (**progressiver Verlauf**).

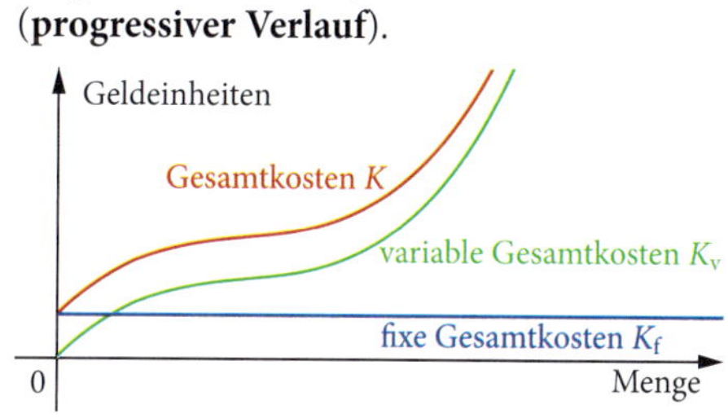

Fixe Kosten (*fixed costs*) sind der Bestandteil der Gesamtkosten, der unabhängig von der Produktionsmenge in einem bestimmten Zeitraum anfällt, z. B. Miete, Lohnkosten.

Gesamtdeckungsbeitrag (*contribution margin*), siehe **Deckungsbeitrag**

Gesamtkosten (*total costs*) sind die Summe aus variablen und fixen Kosten.

Gewinn (*profit*) ist die Differenz zwischen Ertrag (Erlös/Umsatz) und Aufwand (Kosten).

Gewinngrenze (*profit limit*) ist der Absatz am Übergang von einem positiven Gewinn zu einem negativen Gewinn (Verlust).

Gewinnschwelle (*Break-even-Point*) ist der Absatz am Übergang vom Verlust (negativer Gewinn) zu einem (positiven) Gewinn.

Gewinnzone (*profit area*) ist der Bereich zwischen Gewinnschwelle und Gewinngrenze.

Grenzgewinn (*marginal profit*) ist der Mehrgewinn pro verkaufter Mehreinheit.

Grenzkosten (*marginal costs*) sind Mehrkosten, die bei der Produktion einer zusätzlichen Mengeneinheit eines Produkts entstehen.

Höchstpreis (*maximum price*) ist der Preis, bei dem die Käufer nicht mehr bereit sind, ein Gut zu kaufen. Die Nachfrage ist also null. Der Höchstpreis befindet sich im Schnittpunkt der Nachfragekurve mit der y-Achse.

Isoquante *(isoquant)* ist die Kurve, auf der alle möglichen Kombinationen von Produktionsfaktormengen liegen, die denselben Output erzeugen.

Isokostenkurve *(isocost)* ist in der Produktionstheorie die Kurve aller möglichen Kombinationen von Produktionsfaktormengen, die gleich hohe Faktorkosten verursachen. In der Haushaltstheorie ist die Isokostenkurve identisch mit der Bilanzgeraden.

Kapazitätsgrenze (*capacity limit*) ist die größtmögliche Ausbringungsmenge in einem bestimmten Zeitraum. Sie ist technisch oder organisatorisch bedingt.

Konsumentenrente *(consumer surplus)* ist der Gesamtnutzen, der daraus resultiert, dass einige Konsumenten bereit sind, ein Produkt auch für einen höheren Preis als den Gleichgewichtspreis zu erwerben.

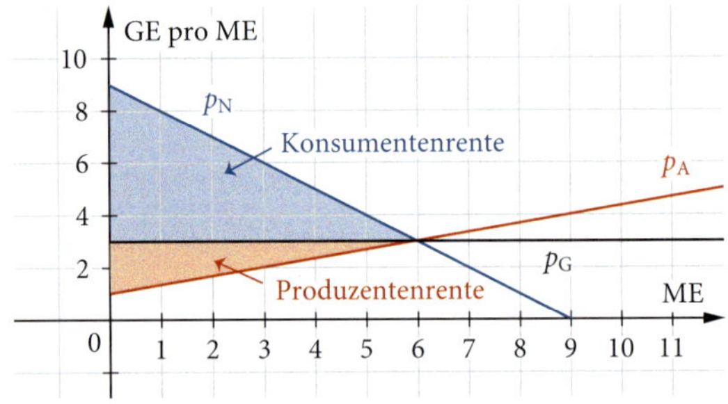

Kostenelastizität *(cost elasticity)* ist ein Maß dafür, wie stark die Kosten auf Änderungen der Produktionsmenge reagieren.

Kurzfristige Preisuntergrenze (*short-term lower price limit*) ist der Preis, unterhalb dessen die variablen Kosten nicht mehr gedeckt sind (unabhängig von der Ausbringungsmenge). Sie ist so hoch wie die geringsten variablen Stückkosten im Betriebsminimum.

Langfristige Preisuntergrenze (*long-term lower price limit*) ist der Preis, unterhalb dessen die gesamten Kosten nicht mehr gedeckt sind (unabhängig von der Ausbringungsmenge). Sie ist so hoch wie die geringsten durchschnittlichen Gesamtkosten im Betriebsoptimum.

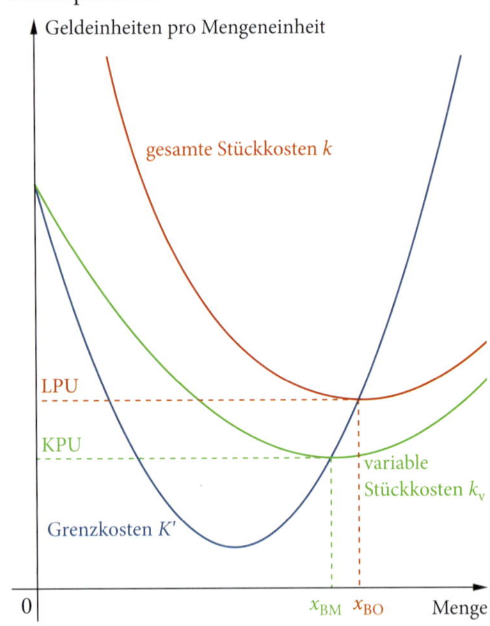

Losgröße (***batch size***) bezeichnet die Menge einer Produktionsserie, die hintereinander ohne Umrüstung der Fertigungsanlagen hergestellt werden kann. Sie ist so zu planen, dass die relevanten Stückkosten minimiert werden (optimale Losgröße).

Marktgleichgewicht (***market equilibrium***) stellt sich ein, wenn Angebot und Nachfrage nach einem Gut übereinstimmen. Es wird bestimmt durch die Gleichgewichtsmenge und den Gleichgewichtspreis.

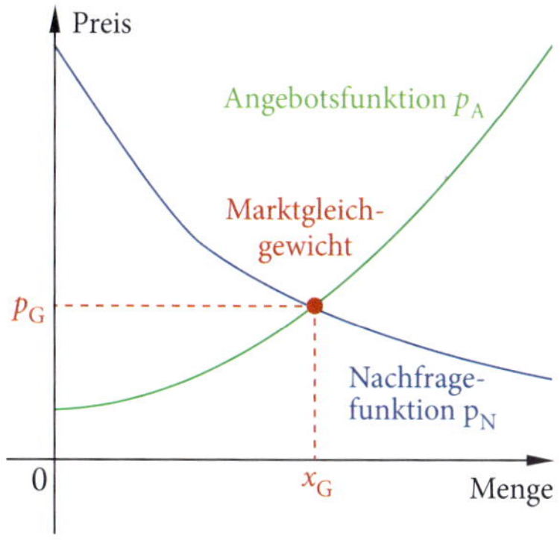

Materialeinsatz (***input***) oder **Input** ist der mengenmäßige Einsatz von Produktionsfaktoren, z.B. von Rohstoffen.

Mehrstufige Produktionsprozesse ***(multi-stage production processes)*** sind Prozesse, die die einzelnen Phasen (Stufen) der Herstellung eines Produkts beschreiben.

Mengenanpassung (***quantity adjustment***) bedeutet, dass der Gewinn nicht durch den Preis eines angebotenen Gutes beeinflusst werden kann, sondern nur durch die Höhe des Absatzes.

Minimalkostenkombination ***(least cost combination)*** gibt die kostenoptimale Mengenkombination der Produktionsfaktoren wieder. Sie ist dort, wo der Graph der minimalen Isokostenfunktion den Graphen einer Isoquantenfunktion berührt.

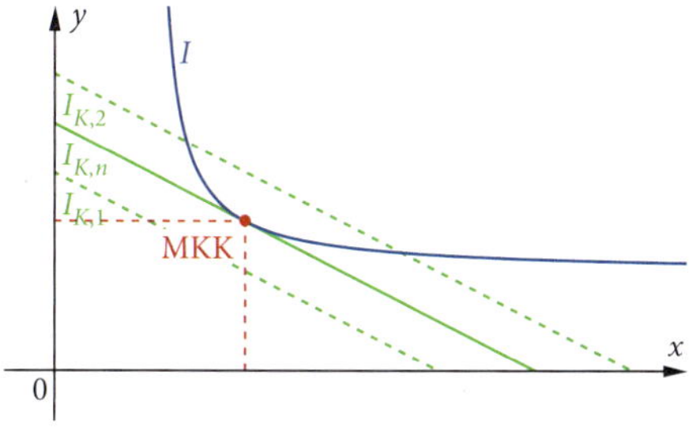

Nachfrage (***demand***) ist die Bereitschaft zum Kauf eines Gutes.

Nachfrageelastizität ***(demand elasticity)*** ist ein Maß dafür, wie die nachgefragte Menge auf Preisänderungen reagiert.

Nachfrageüberschuss (***excess demand***) besteht, wenn die Nachfrage größer ist als das Angebot. Das kann dann der Fall sein, wenn der Verkaufspreis unter dem Gleichgewichtspreis liegt.

Optimale Bestellmenge (***optimal order quantity***) ist die Menge, bei der die Gesamtkosten als Summe der Bestellkosten und der Lagerhaltungskosten minimal sind. Diese Menge ist zugleich die Stelle, an der die Bestellkosten genauso groß sind wie die Lagerhaltungskosten, also die Schnittstelle zwischen der Kurve der Bestell- und der Kurve der Lagerhaltungskosten.

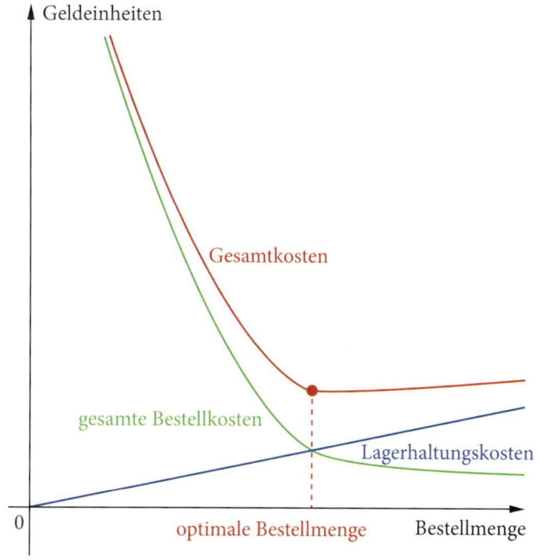

Output (***output***), siehe **Ausbringungsmenge**

Preis-Absatz-Funktion (***price-sales function***) gibt an, welche Menge eines Gutes ein Unternehmen in Abhängigkeit vom Preis absetzen kann. Die Preis-Absatz-Funktion eines Angebotsmonopolisten ist die Nachfragefunktion der Käufer.

Produktionsmenge (***output***), siehe **Ausbringungsmenge**

Produktlebenszyklus (*product life cycle*)
Einführungsphase: geringe Nachfrage, hohe Stückkosten.
Wachstumsphase: höherer Absatz, geringere Stückkosten; etwa ab Gewinnschwelle steigt der Gewinn bis zum Gewinnmaximum.
Reifephase: Konkurrenten treten auf, Preise fallen, Nachfrage sinkt.
Sättigungsphase: Gewinne sinken, Marktsättigung ist erreicht.

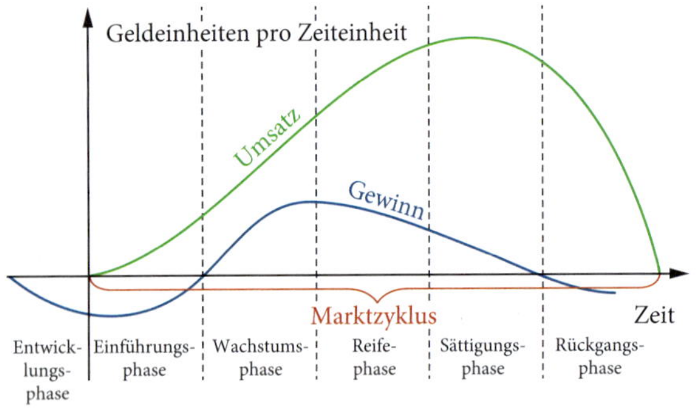

Produzentenrente *(producer surplus)* ist der Gesamtnutzen, der daraus resultiert, dass einige Anbieter bereit sind, ein Produkt auch für einen niedrigeren Preis als den Gleichgewichtspreis anzubieten, siehe auch **Konsumentenrente**.

Progressiver Kostenverlauf (*progressive cost schedule*), siehe **ertragsgesetzlicher Kostenverlauf**

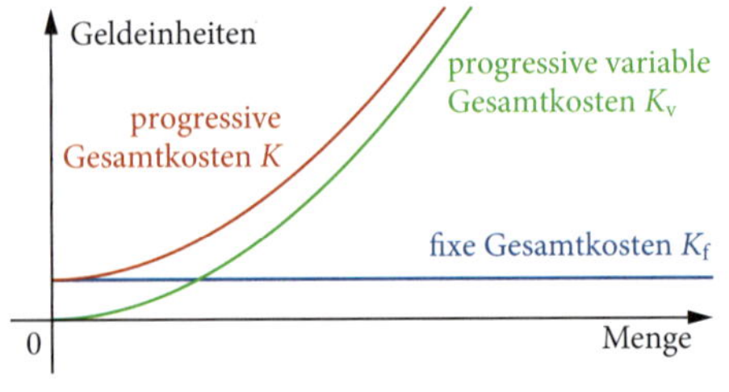

Prohibitivpreis (*prohibitive price*) siehe **Höchstpreis**

Rüstkosten (*preproduction costs*) sind die Kosten, die bei der Umrüstung einer Fertigungsanlage anfallen.

Sättigungsmenge (*saturation quantity*) ist die Menge, bei der keine weiteren Mengen mehr nachgefragt werden, obwohl der Preis schon bei null liegt (Nullstelle der Nachfragefunktion).

Stückdeckungsbeitrag (*unit contribution margin*) gibt an, wie viele Geldeinheiten **eine** Mengeneinheit eines Produkts zur Deckung der Fixkosten beiträgt.

Stückkosten (*unit costs*) sind die Kosten pro Mengeneinheit.

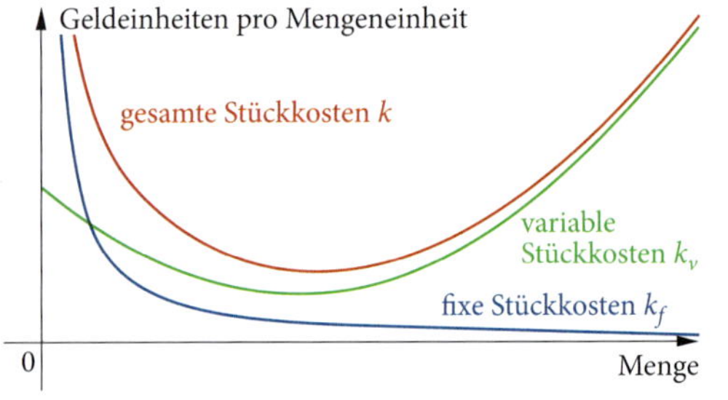

Umsatz (*revenue*), siehe **Erlös**

Umsatzrentabilität (*return on sales*) ist eine Kennzahl, die den prozentualen Anteil des Gewinns am Umsatz wiedergibt (Gewinn/Umsatz).

Variable Kosten (*variable costs*) sind der Bestandteil der Gesamtkosten, dessen Höhe von der produzierten Menge abhängt.

Vollständige Konkurrenz (*perfect competition*) ist eine idealisierte Marktsituation. Sie ist u. a. dadurch gekennzeichnet, dass sehr viele Anbieter sehr vielen Nachfragern gegenüberstehen.

Wirtschaftlichkeit (*economic efficiency*) ist eine Kennzahl, die das Verhältnis von Ertrag (Erlös) und Aufwand (Kosten) angibt (Ertrag/Aufwand).

Stichwortverzeichnis

A
Ableitung 10
- von Exponentialfunktionen 112, 122
- von Produkten 117
- von Quotienten 120
- von verketteten Funktionen 119

Ableitungsregeln 11
Abstand zwischen zwei Punkten 257
Additionssatz 291
Addition von Matrizen 165
Anfangsverteilung 242
Angebotselastizitätskoeffizient 34
äußere Funktion 118
Axiome von Kolmogoroff 288

B
Baumdiagramm 285
- inverses 307

bedingte Wahrscheinlichkeit 304
Bedingungsgleichungen 18
begrenzte Abnahme 149
begrenztes Wachstum 148
Bernoulli-Experiment 336
Bernoulli-Formel 338
Bernoulli-Kette 336
bestimmtes Integral 75
Betrag eines Vektors 259
Binomialkoeffizient 334
Binomialverteilung 338, 344
- summierte 339

D
Deckungsbeitrag 185
Definitionsbereich 9
Dichtefunktion 368
Differenzenquotient 10
Differenzialgleichung 150
Differenzialquotient 10
Differenz von Vektoren 263
diskrete Zufallsgröße 367
dreidimensionales Koordinatensystem 256
Dreiecksmatrix
- obere 199

E
effektiver Zinssatz 114
e-Funktion 113
Einheitsmatrix 162
elastisch 32, 35
Elastizitäten 31
Elementarereignis 285
Elemente einer Matrix 160
Ellipsenansatz 375
empirisches Gesetz der großen Zahlen 288
Ereignis 285
- sicheres 285
- unmögliches 285

Ergebnis 284
Ergebnismenge 284
Erwartungswert 324
erweiterte Koeffizientenmatrix 194
Euler'sche Zahl 113
Exponentialfunktionen 112

F
faires Spiel 324
Faktorregel für Integrale 71, 77
Fakultät 334
Falk-Schema 170
Fixvektor 244
Flächeninhaltsbilanz 75
Flächeninhaltsfunktion 67
Format einer Matrix 160
Funktion 9
Funktionenschar 46

G
Gauß'sche Glockenkurve 361
Gauß'sche Integralfunktion 363
Gauß'sches Eliminationsverfahren 194
Gauß'sche Summenfunktion 363
Gegenereignis 286
Gegenvektor 262
Gesamtdeckungsbeitrag 185
Gesamtproduktionsspalte 227
Gesetz der großen Zahlen 288
Gleichverteilung 294
Gozintograph 163
Graph 9
Graphenschar 46
Grenzmatrix 245
Grenzrate der Substitution 29
Grenzverteilung 245

H
Hauptdiagonale 162
Hauptsatz der Differenzial- und Integralrechnung 75
Hauptsatz für Flächeninhaltsfunktionen 68
Histogramm 338
Hochpunkt 11
homogenes LGS 196

I
individuelle Konsumentenrente 96
inhomogenes LGS 196
innere Funktion 118
Input-Matrix 227
Input-Output-Tabelle 226
Integral
- bestimmtes 75
- unbestimmtes 69
- uneigentliches 84

Integralfunktion 76
Integration 69
Integrationskonstante 69
Integrationsregeln 71, 77
Intervalladditivität 77
inverse Matrix 212
inverses Baumdiagramm 307
Isokostenkurve 27
Isoquante 26

K
Kegel 91
Kettenregel 119
Koeffizientenmatrix 194
kollineare Vektoren 267
Konfidenzintervall 374
Konsumentenrente 97
- individuelle 96

Koordinaten eines Vektors 259
Koordinatensystem
- dreidimensionales 256

Kostenelastizitätskoeffizient 35
Kostenmatrix 160
kumulierte Binomialverteilung 339

L
Lagerkosten 53
Laplace-Bedingung 347
Laplace-Experiment 294
Länge eines Vektors 259
Leontief-Inverse 229
lineares Gleichungssystem 194
- homogenes 196
- inhomogenes 196

Logarithmengesetze 122
logistisches Wachstum 151
Losgröße 53

M
Markov-Kette 243
Matrix 160
Matrizenaddition 165
Matrizenmultiplikation 167, 169
Matrizensubtraktion 165
mehrstufiges Zufallsexperiment 284
Minimalkostenkombination 28
Multiplikation von Matrizen 167, 169

N
Nachfrageelastizitätskoeffizient 32
Näherungsformel von Laplace und De Moivre 361, 363
natürliche Exponentialfunktion 113
natürlicher Logarithmus 123
negativ orientierte Fläche 74
neutrales Element der Matrizenmultiplikation 173
nominaler Zinssatz 114
Normalenvektor 279
Normalverteilung 368
Nullvektor 162, 262

O
obere Dreiecksmatrix 199
Obersumme 64
orthogonale Vektoren 279
Ortskurve
- der Extrempunkte 48
- der Wendepunkte 48

Ortsvektor 259

P
Pascal'sches Dreieck 335
Parabelansatz 375
Parameter 46
periodenbezogener Zinssatz 114
Pfadregeln 296
Populationsentwicklung 250
positiv orientierte Fläche 74
Potenz einer Matrix 243
Produktionsmatrix 160
Produktregel 116
Produzentenrente 98
Prognoseintervall 348
proportional elastisch 32, 35
Punktwahrscheinlichkeiten 338

Q
quadratische Matrix 162

R
Rang einer Matrix 205
Regel von Laplace 295
Rekonstruktion von Beständen 99
Repräsentant eines Vektors 258
Rotationskörper 91
Rüstkosten 53

S
Sättigungsmanko 150
Satz von Bayes 305
Satz von Sylvester 291
Schnittmenge von Ereignissen 286
senkrechte Vektoren 279
sicheres Ereignis 285
Sicherheitswahrscheinlichkeit 348
Sigmaregeln 346, 364
Skalarmultiplikation 166, 264
Skalarprodukt 274, 276
Spaltenvektor 162, 258
stabile Verteilung 244
Stammfunktionen 69
- von Exponentialfunktionen 143
- von ganzrationalen Funktionen 71
- von gebrochen-rationalen Funktionen 71
- von Kosinusfunktionen 72
- von Sinusfunktionen 72
- von Wurzelfunktionen 71

Standardabweichung 326
Standard-Normalverteilung 368
Steckbriefaufgaben 18
stetige Verzinsung 115
stetige Zufallsgröße 367
stochastisch abhängig 312
stochastische Matrix 243
stochastisch unabhängig 312
Stückdeckungsbeitrag 185
Stufenform 199
Subtraktion von Matrizen 165
Subtraktion von Vektoren 263
Summenregel für Integrale 71, 77
Summe von Vektoren 261
summierte Binomialverteilung 339

T
technologische Matrix 227
Tiefpunkt 11
totale Wahrscheinlichkeit 305
transponieren 162
Transportmatrix 160
Trefferwahrscheinlichkeit 336

U
Übergangsdiagramm 242
Übergangsmatrix 242
Übergangswahrscheinlichkeit 242
unabhängige Ereignisse 312
unbegrenztes Wachstum 147
unbestimmtes Integral 69
uneigentliches Integral 84
unelastisch 32, 35
unmögliches Ereignis 285
unterjährige Verzinsung 114
Untersumme 64

V
Varianz 326
Vektor 162, 258
Vektorkette 265
Vereinigung von Ereignissen 286
Verflechtungsdiagramm 163, 226
verkettete Funktion 118
Vertauschen der Integrationsgrenzen 77
Vertrauensintervall 374
Verzinsung
- stetige 115
- unterjährige 114

Vierfeldertafel 286
Volumenberechnung 91

W
Wachstumsmodelle 147
Wahrscheinlichkeit
- bedingte 304
- des Gegenereignisses 290
- eines Ereignisses 288
- eines Schnitts von Ereignissen 290
- einer Vereinigung von Ereignissen 291
- totale 305

Wahrscheinlichkeitsfunktion 288
Wahrscheinlichkeitsverteilung 320
Wendepunkt 11
Wertebereich 9
Winkel zwischen Vektoren 278

Z
Zeilenvektor 162
Zentraler Grenzwertsatz 361
Zufallsexperiment 284
- mehrstufiges 284

Zufallsgröße 320
- diskrete 367
- stetige 367

zweistufiger Produktionsprozess 180, 186
Zylinder 91

Bildquellenverzeichnis

Umschlag-Innenseite/1 stock.adobe.com/ emberiza | **2** stock.adobe.com/ Brocreative | **S. 24** stock.adobe.com/ Kzenon | **S. 26** stock.adobe.com/ Bjoern Wylezich | **S. 38** stock.adobe.com/ Delphotostock | **S. 60/1** stock.adobe.com/ stockphoto-graf | **S. 60/2** stock.adobe.com/markus dehlzeit | **S. 61** stock.adobe.com/Unclesam | **S. 62** stock.adobe. com/marcus_hofmann | **S. 80** stock.adobe.com/mauromod | **S. 82** stock.adobe.com/von Lieres | **S. 83/1** stock.adobe. com/ emberiza | **S. 83/2** stock.adobe.com/ Brocreative | **S. 89/1** stock.adobe.com/Harald Biebel | **S. 89/2** stock.adobe. com/ muhor | **S. 91** stock.adobe.com/Jag_cz | **S. 96** stock.adobe.com/ animaflora | **S. 105** stock.adobe.com/Brocreative | **S. 111** www.colourbox.de/MyImages – Micha Klootwijk | **S. 113** Interfoto e. k./Sammlung Rauch | **S. 123** Shutter stock.com/Phonlamai Photo | **S. 129** www.colourbox.de/www.fotoliza.com.ua | **S. 137** www.colourbox.de/Michael Weirauch | **S. 138** stock.adobe.com/von Lieres | **S. 140** stock.adobe.com/Spectral-Design | **S. 145** Shutterstock.com/ funnyangel | **S. 153** Shutterstock.com/paulista | **S. 156** stock.adobe.com/industrieblick | **S. 159/1** Shutterstock.com/ Gena73 | **S. 159/2** Shutterstock.com/Jula Store | **S. 159/3** Shutterstock.com/Ugorenkov Aleksandr | **S. 159/4** Shutter stock.com/Kitch Bain | **S. 159/5** stock.adobe.com/jufo | **S. 159/6** stock.adobe.com/DarwelShots | **S. 159/7** Shutter stock.com/Tatuasha | **S. 159/8** Shutterstock.com/Julian Rovagnati | **S. 168** stock.adobe.com/rdnzl | **S. 175** stock. adobe.com/Picture-Factory | **S. 176** stock.adobe.com/ipag | **S. 178/1** stock.adobe.com/Maris Kiselov | **S. 178/2** stock. adobe.com/zhu difeng | **S. 179** laif/Oliver Soulas | **S. 183** stock.adobe.com/3dmentat | **S. 187** stock.adobe.com/ Fontanis | **S. 193/1** stock.adobe.com/Ingo Bartussek | **S. 193/2** Shutterstock.com/steamroller_blues | **S. 193/3** stock. adobe.com/stockphoto-graf | **S. 197** stock.adobe.com/industrieblick | **S. 203/1** Shutterstock.com/Peter Sobolev | **S. 203/2** Shutterstock.com/jules2000 | **S. 203/3** Shutterstock.com/Iasha | **S. 211** stock.adobe.com/Ralf Gosch | **S. 212** stock.adobe.com/716 | **S. 218** stock.adobe.com/carloscastilla | **S. 219** stock.adobe.com/Inge Knol | **S. 220** stock.adobe. com/eyetronic | **S. 222** stock.adobe.com/Marco Herrndorff | **S. 225/1** stock.adobe.com/jufo | **S. 225/2** stock.adobe. com/jules | **S. 225/3** Shutterstock.com/Iasha | **S. 228** stock.adobe.com/xy | **S. 231** stock.adobe.com/Sergey Ryzhov | **S. 238** stock.adobe.com/industrieblick | **S. 241/1** Shutter stock.com/Peydg | **S. 241/2** Shutterstock.com/ENRIQUE ALAEZ PEREZ | **S. 241/3** Shutterstock.com/Hatsaniuk | **S. 247** stock.adobe.com/Igrik | **S. 251** stock.adobe.com/ mirpic | **S. 252** adobe.stock.com/roibu | **S. 255** Shutterstock.com/Slavoljub Pantelic | **S. 258** stock.adobe.com/ swisshippo | **S. 262** stock.adobe.com/pit24 | **S. 264** Shutterstock.com /frank_peters | **S. 273** stock.adobe.com/Kara | **S. 278/1** Shutterstock.com/Eugene Sergeev | **S. 278/2** Shutterstock.com/f11photo | **S. 282/1** mauritius images/alamy/ Design Pics Inc | **S. 282/2** Shutterstock.com/Corepics VOF | S. 283/1 stock.adobe.com/pio3 | **S. 283/2** stock.adobe. com/Sergey Ryzhov | **S. 284/1** stock.adobe.com/ Vladimir Liverts | **S. 284/2** stock.adobe.com/mpanch | **S. 289** stock. adobe.com/black_magic | **S. 290** stock.adobe.com/Brian Jackson | **S. 294/1** stock.adobe.com/Georgios Kollidas | **S. 294/2** stock.adobe.com/ktsdesign | **S. 298** stock.adobe.com/zinkevych | **S. 302** stock.adobe.com/megakunstfoto | **S. 303** stock. adobe.com/industrieblick | **S. 304** ClipDealer GmbH/Rebmann | **S. 307** stock.adobe.com/Oleksiy Mark | **S. 308** stock. adobe.com/Minerva Studio | **S. 309** stock.adobe.com/Csák István | **S. 310** Deutsche Bahn AG | **S. 311** stock.adobe. com/sociopat_empat | **S. 314** stock.adobe.com/Kara | **S. 315** stock.adobe.com/Kathrin39 | **S. 318/1** stock.adobe.com/ blachowicz102 | **S. 318/2** stock.adobe.com/satopon | **S. 319** stock.adobe.com/ARochau | **S. 322** stock.adobe.com/ Spectral-Design | **S. 325** stock.adobe.com/Maksym Yemelyanov | **S. 333/1** stock.adobe.com/Robert Neumann | **S. 333/2** stock.adobe.com/Kadmy | **S. 336** Interfoto e. k./ Sammlung Rauch | **S. 337** stock.adobe.com/Ingo Bartussek | **S. 351** stock.adobe.com/Edelweiss | **S. 355** stock.adobe.com/Konstantin Shevtsov | **S. 359** Shutterstock.com/paffy | **S. 366** stock.adobe.com/H. Brauer | **S. 372** stock.adobe.com/Oleksii Sergieiev | **S. 373** Panther Media GmbH/Sarah Marchant | **S. 381** stock.adobe.com/Tomm Lee | **S. 402/1** stock.adobe.com/Anthony Brown | **S. 402/2** stock.adobe. com/davis | **S. 403** Shutterstock.com/Chesky | **S. 406** stock.adobe.com/magele | **S. 408** stock.adobe.com/vvoe | **S. 411** Shutterstock.com/AVAVA | **S. 412** stock.adobe.com/boffixpics | **S. 423** stock.adobe.com/alexandre zveiger | **S. 424** stock.adobe.com/Demian | **S. 425** stock.adobe.com/art-studio_pro | **S. 427** stock.adobe.com/Feng Yu | **S. 428** epd-bild/Guido Schiefer | **S. 429** stock.adobe.com/Di Studio | **S. 432** stock.adobe.com/Voyagerix | **S. 434** stock.adobe. com/Insp.Clouseau

Im Buch wurden folgende Hilfsmittel (zur Berechnung und Darstellung) verwendet:
- TI-*n*spire™ CX und TI-*n*spire™ CX CAS (Version: 4.5, eingetragene Warenzeichen von Texas Instruments)
- Casio fx-CG20/50 (Version: 3.10)

Mathematische Symbole und Schreibweisen		
Symbol	**Bedeutung, Sprechweise**	**Beispiel, Erläuterung, Verwendung**
$\sqrt[n]{}$	n-te Wurzel aus ($n = 2$: Quadratwurzel aus)	$\sqrt[5]{243} = 3$
$\lvert a \rvert$	Betrag von a	$\lvert -3 \rvert = \lvert 3 \rvert = 3$
$=$	gleich	$11 = 3 + 8$
$\neq$	ungleich, nicht gleich	$6 \neq 4$
$\approx$	ungefähr, nahezu gleich	$\frac{1}{3} \approx 0{,}33$
$<$	kleiner als	$5 < 8$
$>$	größer als	$6 > 2$
$\leq$	kleiner als oder gleich	$4 \leq 5;\ 4 \leq 4$
$\geq$	größer als oder gleichdaraus folgt; aus … folgt …;	$5 \geq 4;\ 5 \geq 5$
$\Rightarrow$	folglich ist …	$A = \{1; 2; 3\} \Rightarrow 2 \in A$
$\Leftrightarrow$	… gilt genau dann, wenn …; ist … äquivalent mit …; … ist gleichwertig mit …	$3x = 6 \Leftrightarrow x = 2$
L	Lösungsmenge	$x^2 = 4$ ▶ $L = \{-2; 2\}$ in $\mathbb{R}$
$\{a; b; c\}$	Menge mit den Elementen a, b, c	$A = \{1; 2; 3\}$
$\mathbb{N}$	Menge der natürlichen Zahlen	$\mathbb{N} = \{0; 1; 2; 3; \ldots\}$
$\mathbb{Z}$	Menge der ganzen Zahlen	$\mathbb{Z} = \{\ldots; -2; -1; 0; 1; 2; \ldots\}$
$\mathbb{Q}$	Menge der rationalen Zahlen	$\mathbb{Q} = \left\{\frac{a}{b} \middle\vert a, b \in \mathbb{Z}; b \neq 0\right\}$
$\mathbb{R}$	Menge der reellen Zahlen	
$\{\ \}$	leere Menge	Die leere Menge hat kein Element.
$\in$	ist Element von	$5 \in \mathbb{N}$
$\notin$	ist nicht Element von	$0{,}5 \notin \mathbb{Z}$
$\subset$	ist Teilmenge von	$\mathbb{N} \subset \mathbb{R}$
$\not\subset$	ist nicht Teilmenge von	$\mathbb{Z} \not\subset \mathbb{N}$
$\cup$	vereinigt mit	$\{1; 2\} \cup \{2; 3; 4\} = \{1; 2; 3; 4\}$
$\cap$	geschnitten mit	$\{1; 2\} \cap \{2; 3; 4\} = \{2\}$
$\setminus$	Differenzmenge; ohne	$\mathbb{N} \setminus \{0\} = \{1, 2, 3; \ldots\}$
$[a; b]$	abgeschlossenes Intervall von a bis b	$[a; b] = \{x \vert a \leq x \leq b\}$
$]a; b[$	offenes Intervall von a bis b	$]a; b[= \{x \vert a < x < b\}$
$]a; b]$	linksseitig offenes und rechtsseitig abgeschlossenes Intervall von a bis b	$]a; b] = \{x \vert a < x \leq b\}$
$[a; b[$	rechtsseitig offenes und linksseitig abgeschlossenes Intervall von a bis b	$[a; b[= \{x \vert a \leq x < b\}$
$P(x \vert y)$ bzw. $P(x \vert y \vert z)$	Punkt der reellen Zahlenebene bzw. des -raumes mit den Koordinaten x und y bzw. x, y, z	$P(5 \vert -3)$; $P(5 \vert -3 \vert 2)$
f	reelle Funktion	$f(x) = x^2 + 1;\ D_f = \mathbb{R}_0^+ = [0; \infty[$
D_f	Definitionsbereich von f	$D_f = \mathbb{R}_0^+$
W_f	Wertebereich von f	$W_f = [1; \infty[$
G_f	Graph von f	Darstellung der Funktion f im Koordinatensystem
f'	Ableitungsfunktion von f	$f(x) = x^2 + 1;\ f'(x) = 2x$
$\sum$	Summenzeichen	$\sum_{i=1}^{4} i^2 = 1^2 + 2^2 + 3^2 + 4^2$
e	Euler'sche Zahl	$e \approx 2{,}71828$
$\log_b(y)$	Logarithmus	$\log_2(8) = 3$, weil $2^3 = 8$
$\ln(y)$	natürlicher Logarithmus	$e^x = 23 \Rightarrow x = \ln(23) \approx 3{,}135$
F	Stammfunktion zu f	$f(x) = 2x + 1$ $F(x) = x^2 + x + 5 \Rightarrow F'(x) = f(x) = 2x + 1$